FUNDAMENTOS DO DIREITO CIVIL

VOLUME 3

CONTRATOS

O GEN | Grupo Editorial Nacional – maior plataforma editorial brasileira no segmento científico, técnico e profissional – publica conteúdos nas áreas de concursos, ciências jurídicas, humanas, exatas, da saúde e sociais aplicadas, além de prover serviços direcionados à educação continuada.

As editoras que integram o GEN, das mais respeitadas no mercado editorial, construíram catálogos inigualáveis, com obras decisivas para a formação acadêmica e o aperfeiçoamento de várias gerações de profissionais e estudantes, tendo se tornado sinônimo de qualidade e seriedade.

A missão do GEN e dos núcleos de conteúdo que o compõem é prover a melhor informação científica e distribuí-la de maneira flexível e conveniente, a preços justos, gerando benefícios e servindo a autores, docentes, livreiros, funcionários, colaboradores e acionistas.

Nosso comportamento ético incondicional e nossa responsabilidade social e ambiental são reforçados pela natureza educacional de nossa atividade e dão sustentabilidade ao crescimento contínuo e à rentabilidade do grupo.

GUSTAVO **TEPEDINO**
CARLOS NELSON **KONDER**
PAULA GRECO **BANDEIRA**

FUNDAMENTOS DO DIREITO CIVIL

VOLUME 3

CONTRATOS

6ª edição revista, atualizada e ampliada

- Os autores deste livro e a editora empenharam seus melhores esforços para assegurar que as informações e os procedimentos apresentados no texto estejam em acordo com os padrões aceitos à época da publicação, e todos os dados foram atualizados pelos autores até a data de fechamento do livro. Entretanto, tendo em conta a evolução das ciências, as atualizações legislativas, as mudanças regulamentares governamentais e o constante fluxo de novas informações sobre os temas que constam do livro, recomendamos enfaticamente que os leitores consultem sempre outras fontes fidedignas, de modo a se certificarem de que as informações contidas no texto estão corretas e de que não houve alterações nas recomendações ou na legislação regulamentadora.

- Fechamento desta edição: *17.02.2025*

- Os Autores e a editora se empenharam para citar adequadamente e dar o devido crédito a todos os detentores de direitos autorais de qualquer material utilizado neste livro, dispondo-se a possíveis acertos posteriores caso, inadvertida e involuntariamente, a identificação de algum deles tenha sido omitida.

- Atendimento ao cliente: (11) 5080-0751 | faleconosco@grupogen.com.br

- Direitos exclusivos para a língua portuguesa
  Copyright © 2025 by
  Editora Forense Ltda.
  Uma editora integrante do GEN | Grupo Editorial Nacional
  Travessa do Ouvidor, 11 – Térreo e 6º andar
  Rio de Janeiro – RJ – 20040-040
  www.grupogen.com.br

- Reservados todos os direitos. É proibida a duplicação ou reprodução deste volume, no todo ou em parte, em quaisquer formas ou por quaisquer meios (eletrônico, mecânico, gravação, fotocópia, distribuição pela Internet ou outros), sem permissão, por escrito, da Editora Forense Ltda.

- Capa: Aurélio Corrêa

- **CIP-BRASIL. CATALOGAÇÃO NA PUBLICAÇÃO**
  SINDICATO NACIONAL DOS EDITORES DE LIVROS, RJ

T292f
6. ed.

    Tepedino, Gustavo
        Fundamentos do direito civil : contratos / Gustavo Tepedino, Carlos Nelson Konder, Paula Greco Bandeira. - 6. ed., rev., atual. e reform. - Rio de Janeiro : Forense, 2025.
        688 p. ; 24 cm.   (Fundamentos do direito civil ; 3)

        Inclui bibliografia
        ISBN 978-85-3099-671-0

        1. Direito civil - Brasil. 2. Contratos. I. Konder, Carlos Nelson. II. Bandeira, Paula Greco. III. Título. IV. Série.

25-96296   CDU: 347.44(81)

Meri Gleice Rodrigues de Souza - Bibliotecária - CRB-7/6439

SOBRE OS AUTORES

Gustavo Tepedino (Coordenador e Autor)

Professor Titular de Direito Civil e ex-diretor da Faculdade de Direito da Universidade do Estado do Rio de Janeiro (UERJ). Livre-docente pela mesma Universidade. Doutor em Direito Civil pela Universidade de Camerino (Itália). Membro Titular da Academia Internacional de Direito Comparado. Membro da Academia Brasileira de Letras Jurídicas (ABLJ). Presidente do Instituto Brasileiro de Direito Civil (IBDCivil). Sócio-fundador do escritório Gustavo Tepedino Advogados.

Carlos Nelson Konder

Professor Titular da Faculdade de Direito da Universidade do Estado do Rio de Janeiro (UERJ). Professor do Departamento de Direito da Pontifícia Universidade Católica do Rio de Janeiro (PUC-Rio). Doutor e Mestre em Direito Civil pela UERJ. Especialista em Direito Civil pela Universidade de Camerino (Itália). Sócio-fundador da Konder Sociedade de Advogados, onde atua como parecerista e árbitro.

Paula Greco Bandeira

Professora adjunta de Direito Civil da Faculdade de Direito da Universidade do Estado do Rio de Janeiro (UERJ). Doutora em Direito Civil pela Universidade do Estado do Rio de Janeiro (UERJ). Membro do Instituto Brasileiro de Direito Civil (IBDCivil). Sócia do escritório Gustavo Tepedino Advogados.

AGRADECIMENTOS À 6ª EDIÇÃO

Os autores gostariam de agradecer especialmente aos jovens pesquisadores Bruna Vilanova Machado, Danielle Tavares Peçanha, Simone Cohn Dana e Vitor Rodrigues Fontoura, que contribuíram de maneira decisiva, com pesquisas e revisão, para a elaboração deste volume; e ao mestre em Direito Civil pela UERJ Francisco de Assis Viegas, por sua preciosa colaboração para o capítulo referente à extinção dos contratos.

APRESENTAÇÃO GERAL DA OBRA

Diante de uma biblioteca jurídica repleta de manuais, cursos, compilações, esquemas didáticos impressos e eletrônicos, o leitor se perguntará qual a justificativa para mais uma obra sistematizadora como estes *Fundamentos do Direito Civil*.

Fruto de longos anos de pesquisa e de experiência didática de seus autores, os Fundamentos se contrapõem a dois vetores que ameaçam, constantemente, o mercado editorial. O primeiro deles é a repetição acrítica da dogmática tradicional, haurida dos postulados históricos do direito romano, com cosméticas adaptações, em suas sucessivas edições, à evolução legislativa. O segundo é a aderência casuística a soluções jurisprudenciais de ocasião, que aparentemente asseguram feição prática e abrangente aos manuais, sem aprofundar, contudo, a justificativa doutrinária dos problemas jurídicos e a forma de solucioná-los.

A coleção ora trazida a público, em sentido oposto, encontra-se inteiramente construída a partir do sistema instaurado pela Constituição da República de 1988, que redefiniu os modelos jurídicos com os princípios e valores que se incorporam às normas do Código Civil e à legislação infraconstitucional, estabelecendo, assim, novas bases dogmáticas que, unificadas pelo Texto Constitucional, alcançam coerência sistemática apta à compreensão dos problemas jurídicos e de seus alicerces doutrinários.

Para os estudantes e estudiosos do direito civil, pretende-se oferecer instrumento de conhecimento e de consulta a um só tempo didático e comprometido com o aprofundamento das teses jurisprudenciais mais atuais, voltado para a interpretação e aplicação do direito em sua contínua transformação.

No sentido de facilitar a leitura, as ideias-chave de cada capítulo encontram-se destacadas na margem das páginas. Ao iniciar cada capítulo, o leitor terá acesso a um *QR Code* que o conduzirá ao vídeo de apresentação do capítulo. Adicionalmente, também foram incluídos, ao final de cada capítulo, problemas práticos relacionados aos temas estudados, acompanhados por um *QR Code* para acesso a vídeos com comentários dos autores sobre alguns dos temas mais emblemáticos, bem como o acesso a material jurisprudencial e bibliográfico de apoio ao debate e aprofundamento teórico.

O leitor perceberá, certamente, que a metodologia do direito civil constitucional se constitui na mais genuína afirmação do direito civil, revitalizado em suas possibilidades aplicativas mediante a incorporação dos valores e das normas da Constituição Federal à totalidade dos institutos e categorias, na formulação da legalidade constitucional.

VOLUMES DA COLEÇÃO
Coleção
Fundamentos do Direito Civil

Vol. 1 – Teoria Geral do Direito Civil
Autores: Gustavo Tepedino e Milena Donato Oliva

Vol. 2 – Obrigações
Autores: Gustavo Tepedino e Anderson Schreiber

Vol. 3 – Contratos
Autores: Gustavo Tepedino, Carlos Nelson Konder e Paula Greco Bandeira

Vol. 4 – Responsabilidade Civil
Autores: Gustavo Tepedino, Aline de Miranda Valverde Terra e Gisela Sampaio da Cruz Guedes

Vol. 5 – Direitos Reais
Autores: Gustavo Tepedino, Carlos Edison do Rêgo Monteiro Filho e Pablo Renteria

Vol. 6 – Direito de Família
Autores: Gustavo Tepedino e Ana Carolina Brochado Teixeira

Vol. 7 – Direito das Sucessões
Autores: Gustavo Tepedino, Ana Luiza Maia Nevares e Rose Melo Vencelau Meireles

APRESENTAÇÃO DO VOLUME 3 – CONTRATOS

A partir de sua origem no direito das obrigações, o contrato expandiu-se para os demais ramos do direito civil. Infiltrou-se pela tutela da personalidade, como exemplificam os vultosos contratos de cessão remunerada do uso da imagem. Adentrou o direito de família, pelos acordos de convivência e pactos antenupciais. Mesmo no direito das sucessões, as estratégias de planejamento sucessório fundamentam-se nos contratos. Indo além, o contrato ultrapassou as próprias fronteiras do direito civil, como se constata ao examinar o contrato de trabalho, os contratos administrativos, os negócios processuais e os contratos internacionais. Trata-se de instituto jurídico basilar da nossa sociedade e apto a desempenhar numerosas funções.

Por conta disso, é fundamental que seu estudo não mais se limite ao exame dogmático dos elementos que compõem sua estrutura, mas priorize a perspectiva funcional, reconhecendo-o como instrumento destinado a perseguir determinados fins práticos que atendam ao exercício da autonomia negocial. Essa orientação metodológica distingue esses Fundamentos, que oferecem ao leitor abordagem clara e didática do direito dos contratos sem, contudo, sacrificar a profundidade das reflexões jurídicas nem o rigor científico no tratamento dos conceitos. O propósito principal consiste, assim, em oferecer ao leitor, de forma objetiva e sistemática, os fundamentos dogmáticos do direito contratual, sem descurar de sua aplicação prática pelos tribunais.

O presente volume abrange a teoria geral dos contratos e os contratos em espécie. Na teoria geral dos contratos são abordadas as normas gerais sobre o tema, em especial os princípios de direito contratual – que assumiram protagonismo nos últimos anos –, apresentando, por outro lado, diretrizes técnicas para evitar sua invocação falaciosa e pouco fundamentada. Nos contratos em espécie, cada tipo contratual disciplinado pelo legislador é analisado sob a referida perspectiva funcional, identificando-se a finalidade por ele pretendida, de sorte a concretizar os interesses perseguidos pelos contratantes com o concreto regulamento contratual. Consagra-se, enfim, a autonomia privada no exercício das atividades econômicas à luz dos princípios e valores que orientam o ordenamento jurídico.

SUMÁRIO

PARTE 1 – CONTRATOS: TEORIA GERAL
Autores: Gustavo Tepedino e Carlos Nelson Konder

CAPÍTULO I – CONCEITO DE CONTRATO E SUAS CARACTERÍSTICAS ESSENCIAIS......   **3**
1. Desafios à definição de contrato: a necessária contextualização histórica.......   3
2. A natureza jurídica do contrato e os negócios unilaterais.................................   5
3. A patrimonialidade do objeto do contrato e os negócios não patrimoniais....   7
4. A obrigatoriedade do contrato e as relações de cortesia e pactos de honra (*gentlemen's agreement*)..   8
   📝 Problemas práticos...   12

CAPÍTULO II – AUTONOMIA CONTRATUAL **13**
1. Da autonomia da vontade à autonomia negocial......................................   13
2. Dirigismo contratual e intervenção do Estado..   16
3. A legislação especial e o impacto do Código de Defesa do Consumidor   18
4. Declaração, responsabilidade e confiança...   19
5. Comportamento concludente e contratos sem negócio jurídico fundante. As chamadas relações contratuais de fato...   20
6. Funcionalização da autonomia contratual   26
7. Interpretação e qualificação dos contratos...   27
   📝 Problemas práticos...   31

CAPÍTULO III – PRINCÍPIOS DE DIREITO CONTRATUAL **33**
1. Principiologia contratual e fundamento constitucional...............................   33
2. Liberdade de contratar e suas restrições...   35
3. Relatividade dos efeitos do contrato   37
4. Consensualismo, força obrigatória e intangibilidade do conteúdo do contrato   38
5. Boa-fé   40
6. Função social do contrato...   46
7. Equilíbrio contratual e proteção dos vulneráveis   51
   📝 Problemas práticos...   52

Capítulo IV – Elementos e requisitos do contrato 53

1. Elementos subjetivo, objetivo, formal e causal 53
2. A manifestação de vontade e a relativização do seu papel 54
3. Situações jurídicas subjetivas e seus titulares 55
4. O objeto do contrato 56
5. A causa do contrato 58
6. A forma do contrato 62

   📝 Problemas práticos 64

Capítulo V – Classificação dos contratos 65

1. Relevância das classificações dos contratos 65
2. Contratos típicos e atípicos 66
3. Contratos unilaterais e bilaterais ou sinalagmáticos: os contratos plurilaterais 68
4. Contratos gratuitos e onerosos 70
5. Contratos comutativos e contratos aleatórios 71
6. Contratos solenes, reais e consensuais 73
7. Contratos paritários e de adesão 74
8. Contratos instantâneos e duradouros. Contratos de execução imediata, diferida e sucessiva 77
9. Contratos pessoais e impessoais 77
10. Contratos de consumo 78
11. Contratos coligados. Contrato principal e acessório 80

    📝 Problemas práticos 83

Capítulo VI – Formação dos contratos 85

1. O período pré-contratual: negociações e responsabilidade 85
2. Formação progressiva do contrato 87
3. Proposta, oferta ao público e publicidade 89
4. Aceitação e momento de formação do contrato 91
5. Lugar de conclusão do contrato 93

   📝 Problemas práticos 93

Capítulo VII – Contrato preliminar 95

1. Conceito de contrato preliminar 95
2. Requisitos do contrato preliminar 97
3. Efeitos do contrato preliminar 101
4. Contrato preliminar unilateral 103

   📝 Problemas práticos 104

Capítulo VIII – Contratos e terceiros 105

1. Mitigação da relatividade dos efeitos do contrato 105
2. Estipulação em favor de terceiro 107
3. Promessa de fato de terceiro 110
4. Contrato com pessoa a declarar 111

5. Distinções relevantes: cessão da posição contratual e subcontrato	113
📝 Problemas práticos	115

Capítulo IX – Garantias contra vícios e evicção 117
1. Conceito de garantia aplicado aos vícios e à evicção	117
2. Garantia contra vícios redibitórios	119
3. Responsabilidade por vícios nas relações de consumo	122
4. Garantia contra evicção	126
📝 Problemas práticos	130

Capítulo X – Onerosidade excessiva 133
1. Equilíbrio contratual e fatos supervenientes	133
2. Pressupostos e requisitos da onerosidade excessiva	136
3. Efeitos da onerosidade excessiva	139
4. A onerosidade excessiva nas relações de consumo	141
📝 Problemas práticos	143

Capítulo XI – Extinção dos contratos 145
1. Causas de extinção dos contratos	145
2. Resilição e distrato	146
3. Resolução por inadimplemento	155
4. A cláusula resolutiva expressa	159
5. Exceções de suspensão de eficácia do contrato	161
📝 Problemas práticos	162

Parte 2 – Contratos em Espécie
Autores: Gustavo Tepedino e Paula Greco Bandeira

Capítulo I – Compra e venda. Modalidades especiais da compra e venda. Contrato estimatório. Troca 165
COMPRA E VENDA	165
1. Conceito e efeitos essenciais	165
1.1. Preço	166
1.2. Coisa	168
1.3. Consenso	171
1.4. Causa da compra e venda	171
2. Alocação de riscos no contrato de compra e venda	173
3. Venda *ad corpus* e *ad mensuram*	175
4. Contrato de compra e venda aleatório	177
4.1. Compra e venda da esperança (*emptio spei*)	177
4.2. Compra e venda da coisa esperada (*emptio res speratae*)	179
4.3. Compra e venda de coisa exposta a risco	181
5. Vícios na compra e venda	182

MODALIDADES ESPECIAIS DA COMPRA E VENDA 183

6. Retrovenda.. 183
7. Venda a contento ou venda sujeita à prova 184
8. Preempção ou preferência.. 185
9. Venda com reserva de domínio 189
10. Venda sobre documentos.. 191
11. Promessa de compra e venda 192

CONTRATO ESTIMATÓRIO.. 194

TROCA... 196

📝 Problemas práticos... 197

Capítulo II – Doação... 199

1. Conceito e efeitos essenciais... 199
2. Promessa de doação 202
3. Modalidades de doação... 204
4. Validade e eficácia da doação... 206
5. Revogação da doação 211

📝 Problemas práticos... 215

Capítulo III – Locação de coisas. Lei do Inquilinato: generalidades. *Leasing* ou arrendamento mercantil.. 217

LOCAÇÃO DE COISAS.. 217

1. Âmbito de incidência 217
2. Conceito e efeitos essenciais... 218
3. Obrigações e direitos do locador 225
4. Obrigações e direitos do locatário... 228

LEI DO INQUILINATO: GENERALIDADES 236

5. Modalidades de locação... 237
6. Direitos e deveres do locador e do locatário 250
7. Direito de preferência.. 252
8. Extinção do contrato de locação.. 256
9. Os impactos da pandemia de covid-19 nos contratos de locação................. 259

LEASING OU ARRENDAMENTO MERCANTIL 263

10. Conceito.. 263
11. Modalidades 265
12. O pagamento do Valor Residual Garantido e a (des)caracterização do *leasing*... 267

📝 Problemas práticos... 268

Capítulo IV – Contrato de empréstimo. Comodato. Mútuo............ 271

COMODATO 271

1. Conceito. Efeitos essenciais 271
2. Deveres do comodatário 276

3.	Deveres do comodante..	278
MÚTUO		279
4.	Conceito. Efeitos essenciais..	279
5.	Direitos e deveres do mutuante	283
6.	Direitos e deveres do mutuário..	288
7.	Usura e anatocismo	289
8.	Os efeitos da pandemia de covid-19 nos contratos de mútuo bancário....................	292
📝	Problemas práticos...	295

Capítulo V – Prestação de serviços.. 297
1.	Conceito e efeitos essenciais..	297
2.	Características	301
3.	Obrigações do tomador do serviço	304
4.	Obrigações do prestador de serviços	304
5.	Prazo e formas de extinção do contrato	304
6.	Responsabilidade civil do terceiro cúmplice..................................	307
📝	Problemas práticos...	309

Capítulo VI – Empreitada 311
1.	Conceito e efeitos essenciais..	311
2.	Características	313
3.	Empreitada de lavor (ou de mão de obra) e empreitada de materiais (ou mista)........	315
4.	Empreitada a preço global, empreitada por medida e *turn key*	319
5.	Regras aplicáveis a todas as espécies de empreitada	323
📝	Problemas práticos...	325

Capítulo VII – Contrato de depósito 327
1.	Conceito e efeitos essenciais..	327
2.	Características	328
3.	Direitos e deveres do depositário	331
4.	Direitos e deveres do depositante	336
5.	Depósito necessário...	337
6.	Prisão do depositário infiel	338
📝	Problemas práticos...	339

Capítulo VIII – Mandato. Comissão 341
MANDATO..		341
1.	Conceito	341
2.	Características	342
3.	Representação	344
	3.1. Teoria da aparência...	346
	3.2. A figura do autocontrato ou contrato consigo mesmo	347
	3.2.1. Mandato em causa própria	348

4. Efeitos do mandato	350
5. Direitos e deveres do mandatário	353
6. Direitos e deveres do mandante	358
7. Extinção do mandato	360
8. Mandato judicial	363

COMISSÃO 367

9. Conceito. Efeitos essenciais	367
10. Características	369
11. Direitos e deveres do comissário	370
12. Direitos e deveres do comitente	373
📝 Problemas práticos	374

Capítulo IX – Agência e distribuição. Corretagem 377

AGÊNCIA E DISTRIBUIÇÃO 377

1. Introdução	377
2. Conceito. Efeitos essenciais do contrato de agência	380
2.1. O elemento da representação	384
3. Efeitos essenciais do contrato de distribuição	388
4. Direitos e deveres do proponente	391
5. Direitos e deveres do agente ou distribuidor	392
6. Extinção dos contratos de agência e distribuição	395

CORRETAGEM 396

7. Conceito. Efeitos essenciais. Resultado útil obtido pelo corretor	396
8. Direitos e deveres dos contratantes	401
9. Extinção do contrato de corretagem	404
📝 Problemas práticos	405

Capítulo X – Contrato de transporte 407

1. Conceito. Efeitos essenciais	407
2. Características	411
3. Incidência de leis especiais, tratados e convenções internacionais	415
4. Transporte de pessoas	417
4.1. Conceito	417
4.2. Natureza da responsabilidade do transportador. As cláusulas de não indenizar	418
4.3. Direitos e deveres do transportador	428
4.4. Direitos e deveres do passageiro	431
5. Transporte de coisas	436
5.1. Objeto	436
5.2. Direitos e deveres do transportador	440
5.3. Direitos e deveres do remetente	445
📝 Problemas práticos	447

SUMÁRIO

CAPÍTULO XI – CONTRATO DE SEGURO 449

PARTE GERAL.. 449

1. Conceito. Efeitos essenciais e normativa aplicável 449
2. Características 455
3. Contrato comutativo ou aleatório?... 473
4. Princípios aplicáveis ao contrato de seguro... 479
   4.1. Princípio do mutualismo 479
   4.2. Princípio do equilíbrio econômico dos pactos: a relevância da delimitação do risco segurado 480
   4.3. A incidência reforçada do princípio da boa-fé objetiva e a relevância da boa-fé subjetiva 484
   4.4. Função social do contrato de seguro 497
5. As cláusulas excludentes da cobertura securitária em caso fortuito 500

SEGURO DE DANO 503

6. Conceito. Efeitos essenciais 503
7. Direitos e deveres das partes 510

SEGURO DE PESSOA 519

8. Conceito. Efeitos essenciais 519
9. Direitos e deveres das partes 523
10. Seguro de vida para o caso de morte. A questão do suicídio....................... 527
11. Os efeitos da pandemia de covid-19 no contrato de seguro 535
📝 Problemas práticos.. 537

CAPÍTULO XII – CONSTITUIÇÃO DE RENDA. JOGO E APOSTA.................. 539

CONSTITUIÇÃO DE RENDA... 539

1. Conceito.. 539
2. Características 541
3. Execução do contrato de constituição de renda 543
4. Extinção do contrato de constituição de renda 545

JOGO E APOSTA 545

5. Conceito.. 545
6. Caráter aleatório dos contratos de jogo e aposta 547
7. Jogos autorizados, tolerados e proibidos 548
8. Contratos diferenciais 553
📝 Problemas práticos.. 553

CAPÍTULO XIII – FIANÇA 555

1. Conceito. Efeitos essenciais 555
2. Espécies 556
3. Características 557
4. Efeitos da fiança 562
5. Extinção da fiança... 569
📝 Problemas práticos.. 571

VOL. 3 | FUNDAMENTOS DO DIREITO CIVIL | TEPEDINO | KONDER | BANDEIRA

CAPÍTULO XIV – TRANSAÇÃO. COMPROMISSO E CONVENÇÃO DE ARBITRAGEM 573

TRANSAÇÃO 573

1. Conceito 573
2. Características 574
3. Eficácia da transação 575

Compromisso e convenção de arbitragem 577

4. Conceito 577
5. Convenção de arbitragem: compromisso arbitral e cláusula compromissória ... 577
6. Objeto do compromisso e da cláusula compromissória 580
7. Extensão subjetiva e objetiva da cláusula compromissória 583
8. Poderes dos árbitros 588
9. Sentença arbitral 589

📝 Problemas práticos 593

CAPÍTULO XV – ACORDOS DE COLABORAÇÃO PREMIADA 595

ACORDOS DE COLABORAÇÃO PREMIADA 595

1. Conceito 595
2. Características 596
3. Critérios de interpretação dos acordos de colaboração premiada 601
4. Incidência dos princípios contratuais 603
5. A disciplina do adimplemento e do inadimplemento 604

📝 Problemas práticos 610

CAPÍTULO XVI – CONTRATO DE ADMINISTRAÇÃO FIDUCIÁRIA DE GARANTIAS 611

📝 Problema prático 614

PARTE 3 – ATOS UNILATERAIS
Autores: Gustavo Tepedino, Carlos Nelson Konder e Paula Greco Bandeira

CAPÍTULO I – PROMESSA DE RECOMPENSA **617**

📝 Problemas práticos 622

CAPÍTULO II – GESTÃO DE NEGÓCIOS 623

📝 Problemas práticos 628

CAPÍTULO III – PAGAMENTO INDEVIDO 629

📝 Problemas práticos 632

CAPÍTULO IV – ENRIQUECIMENTO SEM CAUSA 635

📝 Problemas práticos 638

REFERÊNCIAS BIBLIOGRÁFICAS 639

GUSTAVO **TEPEDINO**
CARLOS NELSON **KONDER**

PARTE 1
CONTRATOS: TEORIA GERAL

Capítulo I

CONCEITO DE CONTRATO E SUAS CARACTERÍSTICAS ESSENCIAIS

Sumário: 1. Desafios à definição de contrato: a necessária contextualização histórica – 2. A natureza jurídica do contrato e os negócios unilaterais – 3. A patrimonialidade do objeto do contrato e os negócios não patrimoniais – 4. A obrigatoriedade do contrato e as relações de cortesia e pactos de honra (*gentlemen's agreement*) – Problemas práticos.

1. DESAFIOS À DEFINIÇÃO DE CONTRATO: A NECESSÁRIA CONTEXTUALIZAÇÃO HISTÓRICA

A adequada definição de contrato demanda advertência metodológica preliminar: todo conceito é plasmado pelos valores do contexto do qual se origina. Não existem institutos jurídicos válidos em todos os tempos e em todos os lugares: eles são construídos pelo jurista levando em conta a realidade que o cerca.[1] Consequentemente, em lugar de se estabelecer longo histórico que relate a evolução do contrato – o que acaba por torná-lo entidade abstrata e autônoma frente à realidade social – a orientação metodológica mais adequada é contextualizá-lo em cada experiência social em que o contrato se insere. Dessa forma, deve-se evitar a tradição de buscar no direito romano clássico ou nos povos da antiguidade algum "início" da trajetória histórica do contrato, como se o papel do historiador fosse buscar o embrião ou a origem de cada instituto.[2] O estudo do direito romano impõe a compreensão da rica complexidade social da qual se origina e na qual seus institutos jurídicos adquirem signifi-

---

[1] Pietro Perlingieri, Normas constitucionais nas relações privadas. *Revista da Faculdade de Direito da UERJ*, n. 6 e 7, 1998/1999, pp. 63-64.

[2] Marc Bloch refere-se ao "ídolo das origens" ou à "obsessão embriogênica" (*Apologia da história ou o ofício do historiador*, Rio de Janeiro: Zahar, 2008, p. 56 e ss.).

cado, como exercício metodologicamente adequado de direito comparado.[3] Assim, são temerárias as referências à figura do contrato na Antiguidade como se similares ao que entendemos hoje por contrato, pois por trás da continuidade terminológica, pode haver rupturas semânticas.[4] Se o direito somente existe como direito aplicado e interpretado, tamanho intervalo temporal torna arriscado afirmar que, ainda que sob o mesmo *nomen iuris* "contrato", se esteja a tratar do mesmo instituto, a desempenhar a mesma função em sociedades tão diversas.[5] Ademais, ao se atribuir ao contrato trajetória que deita raízes tão distantes, arrisca-se adotar perspectiva evolutiva, como se a visão atual do instituto fosse evolução natural e necessária de sua visão primitiva, descurando-se de toda a complexidade e riqueza do passado, filtrada pelos valores do observador, e da necessária visão crítica – e não legitimadora – que a abordagem histórica deve propiciar.[6]

Dessa forma, deve-se reconhecer que, ao lado da propriedade e do direito subjetivo, o conceito que recebemos de contrato foi forjado por específico contexto histórico e econômico, no qual se constitui em um dos pilares da concepção clássica do direito civil, fundada na autonomia privada. Por conta disso, as definições de contrato frequentemente se associam ao individualismo próprio do período de formação do substrato voluntarista que traduz a cultura jurídica dominante na Europa dos séculos XVIII e XIX. Nessa perspectiva, compreende-se a identificação do contrato como *acordo de vontades*, a sobressair a hegemonia da *vontade* como definição e fonte do principal mecanismo de regulação dos interesses privados.

Historicidade do conceito de contrato: voluntarismo e acordo de vontades

Na experiência brasileira, ao contrário de outros ordenamentos, as codificações não definiram o contrato, o que, em certa medida, favorece a evolução conceitual a partir de constante releitura e reinterpretação histórica do conceito pela doutrina, adaptando-o aos valores fundantes do ordenamento. Nesse processo evolutivo, fala-se da passagem da visão subjetiva do contrato, concebido como acordo de vontades, para a visão objetiva, tomando-se o contrato como norma de comportamento. Nessa direção, a atividade contratual afasta-se gradualmente do apego à manifestação livre de vontade. Já que esta, ainda quando presente, não preserva a mesma relevância do

---

[3]   Constantinesco alerta que, antes de comparar institutos jurídicos, é necessário conhecer o instituto em sua singularidade, conforme as fontes, os instrumentos e a perspectiva de seu ordenamento de origem, bem como compreender como o instituto é construído, apresentado e justificado no seu ordenamento de origem, reintegrando-o nas relações que mantêm com os outros elementos, jurídicos e extrajurídicos daquele sistema (Leontin-Jean Constantinesco, *Il metodo comparativo*, Torino: Giappichelli, 2000, 2ª ed., *passim*).

[4]   António Manuel Hespanha, *Cultura jurídica europeia: síntese de um milênio*, Florianópolis: Boiteux, 2005, pp. 26-27.

[5]   Pietro Perlingieri, destacando a importância de o civilista ter atenção ao problema, exemplifica com permanência do mesmo Código Civil nos dois lados do muro de Berlim: "Em dois regimes politicamente heterogêneos foi mantido um Código inspirado em um regime diverso de ambos. O que leva a compreender que as técnicas adotadas nos códigos podem ser funcionalizadas, sob alguns aspectos, a objetivos diversos. As escolhas ideológicas de fundo eram diversas, e diversas eram as funções que os dois distintos ordenamentos atribuíam àquelas técnicas" (Pietro Perlingieri, *O direito civil na legalidade constitucional*, Rio de Janeiro: Renovar, 2008, p. 141).

[6]   Ricardo Marcelo Fonseca, *Introdução teórica à história do direito*, Curitiba: Juruá, 2012, p. 23.

passado para a definição das normas que lhe são aplicáveis. Na percepção de Orlando Gomes, "passa-se a dissociar a *relação contratual do acordo de vontades*".[7]

Com as transformações pelas quais passou o direito civil ao longo do século XX, buscando conciliar a tutela individual da liberdade com o atendimento aos imperativos sociais de solidariedade, atenuaram a ênfase no papel da vontade na construção do conceito de contrato. Ao dar prioridade à perspectiva funcional do contrato ("para que serve") sobre sua análise estrutural ("como é"), sobressai na concepção desse instituto sua função preceptiva ou normativa: o contrato como instrumento de autorregulação de interesses. Assim, ainda que o contrato incorpore o acordo de vontades em sua estrutura, como seu fato gerador, é a função de autorregulação de interesses que se torna objeto de atenção prioritária do intérprete. Por outro lado, o contrato não é o único instrumento de autonomia negocial disponível no ordenamento, razão pela qual se torna necessário individuar seus caracteres distintivos, extremando-o de outras figuras.

> Contrato como instrumento de autorregulação de interesses

A definição de contrato, tal como outras categorias jurídicas (próprias do contato social, como os negócios unilaterais e os atos jurídicos *stricto sensu*), destina-se à função normativa: determinar a quais suportes fáticos se aplica a disciplina legal prevista para a relação contratual, assim como excluir de seu âmbito de incidência os demais fenômenos, aos quais as normas em questão somente poderiam ser aplicáveis por interpretação analógica ou extensiva, devidamente fundamentada. Busca-se delimitar o que é contrato para identificar sobre quais situações devem incidir as normas de direito contratual. Igualmente, a definição de contrato também serve, *a contrario sensu*, para determinar o que não pode ser compreendido como contrato e, dessa forma, indicar as situações que restam excluídas, a princípio, da incidência dessas normas. Por conseguinte, a elaboração da noção de contrato não se destina à construção de categoria pura ou de conceito imutável, para fins de aperfeiçoamento da ciência do direito, mas sim à finalidade prático-social. Busca-se a definição que sirva para identificar a quais fenômenos se reputa adequada, *a priori*, a aplicação das normas de direito contratual.

> Função normativa das categorias jurídicas

2. A NATUREZA JURÍDICA DO CONTRATO E OS NEGÓCIOS UNILATERAIS

A inserção da categoria dos contratos na sistemática mais ampla da teoria geral do direito civil normalmente se dá por meio da figura dos negócios jurídicos, como manifestação da autonomia – etimologicamente, *auto* (de si mesmo) *nomos* (lei), derivada do grego, significa o estabelecimento das próprias leis. O contrato é tido como espécie do gênero negócio jurídico, reunido já não tanto pela sua estruturação na manifestação de vontade, mas por sua função de autorregulação de interesses. Considera-se, nessa perspectiva, o contrato como o negócio jurídico, bilateral em sua formação e patrimonial no seu objeto, destinado a autorregulamentar interesses.

> O contrato como espécie do gênero negócio jurídico

---

[7] Orlando Gomes, *Contratos*, Rio de Janeiro: Forense, 2009 (1959), 26ª ed., p. 9, grifos no original.

O primeiro traço distintivo do contrato perante os demais negócios jurídicos é, portanto, a bilateralidade. Vale esclarecer, todavia, com que significado se apreende essa bilateralidade, já que ela pode se colocar em diversos sentidos no plano dos contratos: referindo-se às manifestações de vontade, às obrigações e às prestações.[8] Afirma-se, aqui, que todo contrato é negócio jurídico bilateral no sentido de que se forma por mais de uma manifestação de vontade, complementares entre si. Consequentemente, trata-se de negócio jurídico bilateral quanto à sua formação. Daí considerar-se o *consentimento* como elemento característico do contrato, referente ao encontro de vontades complementares: "a bilateralidade, quando se fala de negócios jurídicos bilaterais, concerne às manifestações de vontade, que ficam, uma diante da outra, com a cola – digamos assim – da concordância".[9]

Bilateralidade das manifestações de vontades

Nesse ponto, distingue-se o contrato dos negócios unilaterais, nos quais o ordenamento permite, em hipóteses específicas, a criação, modificação ou extinção da relação jurídica a partir de uma única fonte. A ampla e heterogênea categoria dos negócios unilaterais, que abrange desde o testamento ao reconhecimento de filhos, se caracteriza estruturalmente pela existência de um único centro de imputação subjetivo, do qual decorre o regulamento de interesses.[10] A partir desse centro de interesses podem até se originar mais de uma manifestação de vontade, mas todas produzidas de forma homogênea pelo mesmo polo, faltando-lhes a complementariedade das vontades que marca a bilateralidade do contrato.

Negócios unilaterais

Nos contratos, ao contrário, a gênese do regulamento de interesses necessariamente se estabelece por meio do envolvimento de dois ou mais centros de interesses, cujas manifestações complementam-se para a individuação dos efeitos jurídicos a serem perseguidos. Sob essa acepção ampla de bilateralidade se encontram abrangidos também os negócios que se convencionou chamar de plurilaterais, eis que também abrangidos na seara dos contratos, em clara distinção frente à estrutura dos negócios unilaterais. Trata-se de categoria construída doutrinariamente para ressaltar a peculiaridade de contratos que envolvem diversos centros de interesse reunidos na persecução de um objetivo comum, como nos contratos de sociedade.[11] Tais contratos possuem função instrumental, no sentido de organizar os interesses das várias partes para o desenvolvimento de atividade ulterior. Assim, no tocante à sua formação, isso geraria traços normativos próprios, como a abertura ao ingresso de outras partes no curso de sua execução, em um processo de conclusão prolongado, bem como o fato

Negócios plurilaterais

---

[8] Maria Celina Bodin de Moraes, A causa dos contratos. *Revista Trimestral de Direito Civil*, n. 21, 2005, p. 111.

[9] Pontes de Miranda, *Tratado de direito privado*, t. XXXVIII, São Paulo: Revista dos Tribunais, 2012, p. 61.

[10] Pietro Perlingieri, *Manuale di diritto civile*, Napoli: ESI, 2005, 4ª ed., p. 354.

[11] Pontes de Miranda, *Tratado de direito privado*, t. XXXVIII, São Paulo: Revista dos Tribunais, 2012, p. 65.

de os vícios da declaração de vontade de uma das partes não afetarem o contrato como um todo.[12]

Isso também acarreta distinções quanto aos efeitos jurídicos durante sua execução, e quanto às regras relativas ao sinalagma e à resolução, as quais serão objeto de exame oportuno no capítulo XI. Por ora, basta observar que a peculiaridade dos chamados negócios plurilaterais não é suficiente para retirá-los da categoria dos contratos, já que apresentam também a alteridade de centros de interesse originadores do instrumento de autorregulação de interesses.

3. A PATRIMONIALIDADE DO OBJETO DO CONTRATO E OS NEGÓCIOS NÃO PATRIMONIAIS

O segundo traço distintivo comumente utilizado para a caracterização dos contratos é a sua patrimonialidade.[13] A despeito do silêncio do legislador, a necessária distinção entre as situações jurídicas patrimoniais e as situações jurídicas existenciais parece demandar a patrimonialidade para a identificação do contrato no direito brasileiro. A preeminência das situações existenciais sobre as patrimoniais constitui-se em uma das premissas metodológicas da constitucionalização do direito civil, de maneira a tornar eficaz a opção do constituinte, ao eleger a dignidade da pessoa humana como fundamento da República (C.R., art. 1º, III), de priorizar o "ser" sobre o "ter". Por conseguinte, as situações jurídicas patrimoniais se revelam instrumentais à satisfação de interesses existenciais, devendo ser funcionalizadas à tutela daqueles bens jurídicos diretamente ligados à dignidade da pessoa humana. Essa premissa impõe tratamento normativo diferenciado entre as situações jurídicas existenciais e as patrimoniais, não apenas em termos quantitativos, mas em termos qualitativos. Neste sentido, leciona Pietro Perlingieri: "é necessário reconstruir o Direito Civil não com uma redução ou um aumento de tutela das situações patrimoniais, mas com uma tutela qualitativamente diversa".[14]

Preeminência das situações existenciais sobre as patrimoniais

Para a diferenciação do tratamento normativo das situações existenciais, deve-se identificar categorias próprias, compatíveis com os interesses em jogo. Não se deve buscar estender as clássicas categorias patrimoniais às situações existenciais, o que acaba por mercantilizar aqueles bens que o constituinte indicou não terem preço. Trata-se do mesmo argumento invocado para identificar a patrimonialidade das relações obrigacionais: permitir que negócios de cunho não patrimonial sejam reconduzidos ao mesmo tratamento normativo dos negócios patrimoniais acaba por desvirtuar a sua função, reduzindo-os à lógica mercantil das relações patrimoniais.[15]

Tratamento normativo qualitativamente diferenciado entre as situações jurídicas existenciais e as patrimoniais

---

[12] Cf. Tullio Ascarelli, O contrato plurilateral. *Problemas das sociedades anônimas e direito comparado*, São Paulo: Saraiva, 1945, pp. 255-312.

[13] Contra: J. M. de Carvalho Santos, *Código Civil brasileiro interpretado*, vol. XV, Rio de Janeiro: Freitas Bastos, 1975, 8ª ed., p. 6.

[14] Pietro Perlingieri, *O direito civil na legalidade constitucional*, Rio de Janeiro: Renovar, 2008, p. 122.

[15] Carlos Nelson Konder e Pablo Rentería, A funcionalização das relações obrigacionais: interesse do credor e patrimonialidade da prestação, In: Gustavo Tepedino e Luiz Edson Fachin (coords.), *Diálogos de direito civil*, t. II, Rio de Janeiro: Renovar, 2008, p. 291.

Cumpre reconhecer o alcance da autonomia negocial também sobre as situações existenciais, mas como forma de exercício direto do livre desenvolvimento da personalidade, submetendo-se, portanto, a princípios diversos da autonomia negocial patrimonial.[16] Assim, negócios como a gestação substituta (também chamada "cessão de útero") e os acordos de convivência que dispõem somente sobre aspectos existenciais da relação do casal não devem ser reputados contratos, pois a aplicação *sic et simpliciter* da normativa de direito contratual é incompatível com os valores neles envolvidos.

Situações dúplices

A tarefa torna-se mais árdua ao se constatar a existência de inúmeros negócios patrimoniais que envolvem interesses existenciais, bem como negócios verdadeiramente dúplices, situados em uma zona nebulosa entre a patrimonialidade e a extrapatrimonialidade, como ocorre na cessão onerosa de uso da imagem, de material biológico e nos pactos antenupciais que tratam também dos deveres conjugais.[17] Esses casos, todavia, servem apenas a destacar a importância de o intérprete não se deixar levar pelo ilusório e perigoso dogma da subsunção: a qualificação jurídica não se pauta por um processo mecânico, guiado pela lógica formal, de silogismo. A individuação da normativa aplicável impõe que se leve em conta todas as peculiaridades relevantes do caso concreto, em processo hermenêutico que é sempre analógico, teleológico e axiológico. Todo procedimento de interpretação e aplicação do direito é construído com base em uma série de hipóteses similares entre si; dois fatos totalmente iguais são impossíveis, então, ao avaliar se se trata ou não de um contrato e quais normas de direito contratual devem ser aplicadas, é necessário ter em mente os valores e fins que guiam a incidência dessas normas.[18] Assim, o intérprete deve estar atento para reconhecer que a presença de interesses existenciais em negócios jurídicos pode afastar a presunção de aplicabilidade das normas contratuais, criadas para o atendimento de interesses exclusivamente patrimoniais.

Individuação da normativa com base nos interesses relevantes

4. A OBRIGATORIEDADE DO CONTRATO E AS RELAÇÕES DE CORTESIA E PACTOS DE HONRA (*GENTLEMEN'S AGREEMENT*)

Como todo negócio jurídico, o contrato estabelece regulamento obrigatório. Ao lado do contrato, negócio jurídico dotado de bilateralidade e de patrimonialidade, há outros acordos de vontade que, embora relevantes juridicamente, não são dotados de obrigatoriedade e, em consequência, não configuram negócios jurídicos propriamente ditos. Existem, com efeito, acordos bilaterais e patrimoniais que não podem ser enquadrados como contratos por lhes faltar a obrigatoriedade. O contrato, por defi-

---

[16] Rose Melo Vencelau Meireles, *Autonomia privada e dignidade humana*, Rio de Janeiro: Renovar, 2009, *passim*.

[17] Ana Carolina Brochado Teixeira e Carlos Nelson Konder, Situações jurídicas dúplices: controvérsias na nebulosa fronteira entre patrimonialidade e extrapatrimonialidade. In: Gustavo Tepedino e Luiz Edson Fachin (coords.), *Diálogos sobre direito civil*, t. III, Rio de Janeiro: Renovar, 2012, pp. 3-24.

[18] Pietro Perlingieri, *O direito civil na legalidade constitucional*, Rio de Janeiro: Renovar, 2008, p. 623.

nição, insere-se em relação jurídica intersubjetiva regulamentada por norma jurídica. Não há que se falar em contrato se o acordo firmado entre as partes não se mostra hábil a produzir efeitos vinculantes. Como atividade teleologicamente orientada, a celebração do contrato dirige-se a um fim no plano do direito, criando, modificando ou extinguindo relação que se desenvolve sob determinada hipótese normativa. Isso não significa que as partes conheçam a totalidade dos efeitos jurídicos que se produzirão, mas que tenham perseguido o vínculo efetivamente normativo, dotado da coercitividade própria das normas jurídicas.[19] Os contratantes partilham o "sentimento de uma obrigação incondicionada", cuja violação implica a cominação de sanção externa e institucionalizada, própria da incidência das normas jurídicas.[20]

Da mesma forma, a obrigatoriedade aqui referida não se confunde com a exigência de que, para se tratar de contrato, haja a criação de novas relações obrigacionais, o que afastaria negócios como a remissão, a dação e os negócios de acertamento dessa categoria, tampouco de restringir a categoria dos contratos, *a priori*, a certos domínios do direito, afastando de sua abrangência negócios bilaterais e patrimoniais existentes no direito de família, das coisas e das sucessões. A obrigatoriedade se refere ao fato de o acordo firmado para as partes vinculá-las juridicamente ao seu cumprimento, que o torna exigível por meio dos instrumentos existentes no ordenamento. Assim, a definição de contrato abrange todos aqueles acordos de conteúdo patrimonial que são dotados de força obrigatória.

Tradicionalmente, a obrigatoriedade do contrato esteve associada à sua onerosidade, isto é, ao objetivo de criar vantagens e sacrifícios econômicos recíprocos para os contratantes. Os contratos gratuitos eram tutelados excepcionalmente, somente se presentes certos requisitos formais ou materiais (como a entrega de um bem), em virtude da desconfiança existente frente aos atos gratuitos, que se faz sentir até hoje na maior parte da doutrina.[21] Assim, sob uma perspectiva puramente estrutural, um contrato de transporte gratuito, por exemplo, era visto como uma mera relação de cortesia, que somente geraria algum tipo de responsabilidade se houvesse dolo do transportador.

Hoje, no entanto, observa-se que esse critério não é suficiente para avaliar a obrigatoriedade do acordo. Persistindo no exemplo, o transporte aparentemente gratuito pode vincular-se a outra relação, presente ou futura, em que esteja presente a onerosidade, quando se fala em "transporte interessado". A aparente gratuidade se dissolve quando examinado o complexo arranjo de interesses, hipótese especial-

---

[19] Vincenzo Roppo, *Il contratto*, Milano: Giuffrè, 2001, p. 11.
[20] Norberto Bobbio, *Teoria da norma jurídica*, Bauru: Edipro, 2003, 2ª ed., pp. 151-161.
[21] A controvérsia, centrada na promessa de doação, se coloca entre a proteção da confiança criada no beneficiário do contrato (nesse sentido, v. Maria Celina Bodin de Moraes, Notas sobre a promessa de doação. Civilistica.com, a. 2, n. 3, Rio de Janeiro: jul.-set. 2013, e, por outro lado, a observância da escolha do legislador no sentido de que certas promessas não sejam vinculativas, de modo que a realidade exigida para o contrato separa a cordialidade da juridicidade (Agostinho Alvim, *Da doação*, São Paulo: Saraiva, 1972, 2ª ed., (1ª ed., 1963), pp. 42-43).

mente comum no âmbito das relações de consumo.[22] Ademais, mesmo negócios genuinamente gratuitos podem tornar-se vinculantes pelo mero consenso, uma vez presentes valores que se revelem merecedores de tutela pelo ordenamento jurídico, como a confiança e a solidariedade. Tome-se como exemplo o contrato de advocacia *pro bono*, em que a obrigatoriedade de diligência na execução do mandato pelo advogado não é mitigada pela mera ausência de perspectiva de ganho de honorários. Igualmente, a gratuidade do empréstimo de um bem infungível (comodato) não autoriza que se descumpra o acordo e exija o bem de volta antes do término do prazo avençado, salvo necessidade imprevista e urgente. A despeito de a patrimonialidade ser marca distintiva dos contratos, deve-se ter em mente que ela não é o fundamento de sua juridicidade, que deita raízes na principiologia constitucional. Assim, sempre é necessário priorizar a perspectiva funcional, identificando os interesses em jogo e avaliando se, no acordo firmado, não obstante sua gratuidade, havia a finalidade de se empenhar reciprocamente na relação jurídica, e verificar se estavam presentes interesses jurídicos merecedores de tutela.

> "Pactos de honra" ou "acordos de cavalheiros"

Essa investigação pode identificar também a hipótese inversa: as partes, no exercício de sua autonomia, embora celebrem acordo que poderia preencher os requisitos para caracterizar o contrato, buscaram afastar a criação de vínculos jurídicos, mantendo os efeitos do pacto em esfera extrajurídica. Nesse caso, a doutrina referia-se usualmente a "pactos de honra" ou "acordos de cavalheiros", que teriam como característico o objetivo de, inversamente, não criar vínculos jurídicos entre as partes.[23] Assim, por exemplo, dois candidatos a cargos políticos podem fazer um acordo no sentido de não se atacarem durante o primeiro turno das eleições, com a perspectiva de se aliarem caso apenas um deles alcance o segundo turno, mas sem o objetivo de que tal acordo crie vínculos juridicamente exigíveis, direitos e obrigações específicos. De todo modo, embora os particulares não tenham o poder de afastar a incidência das normas jurídicas de qualquer relação que estabeleçam, já que não existem "espaços de não direito", o recurso aos "acordos de cavalheiros" sem fins ilícitos ou abusivos, não geram, por si só, quaisquer efeitos jurídicos.

A manifestação das partes no sentido de que não desejam criar, pelo exercício da sua autonomia negocial, novos direitos e deveres recíprocos, não pode prejudicar, naturalmente, a incidência daquelas normas impostas de forma heterônoma pelo ordenamento, como aquelas que tutelam a confiança, a solidariedade e a liberdade nas relações privadas. Desse modo, ainda que despidas do objetivo de estabelecer regulamento contratual vinculante, essas manifestações de vontade devem ser objeto de avaliação pelo ordenamento jurídico, e poderão eventualmente produzir efeitos jurídicos próprios, relevantes para a disciplina

---

[22] Esse entendimento se consolidou a partir do enunciado da Súmula 130 do Superior Tribunal de Justiça, segundo o qual "a empresa responde, perante o cliente, pela reparação de dano ou furto de veículo ocorridos em seu estacionamento". Ainda que o estacionamento fosse ofertado gratuitamente aos clientes, entendeu-se que funcionava como um chamariz para a clientela, aumentando seus lucros e refletindo, portanto, o fim de obtenção de benefício econômico.

[23] Sobre o tema, v. Vincenzo Roppo, *Il contratto*, Milano: Giuffrè, 2001, p. 16.

da relação estabelecida entre os particulares. No exemplo citado, a despeito de se tratar de declaração não contratual, a conduta violadora do acordo entre os candidatos poderia caracterizar-se como ato ilícito ou abuso do direito, em violação ao princípio da boa-fé.

Tome-se como exemplo, ainda, as chamadas cartas de conforto (*comfort letters*) fracas, que se limitam a prover informações acerca do devedor garantido, manifestações comuns durante a negociação pré-contratual que podem implicar a construção de expectativas legítimas, protegidas pela incidência do princípio da boa-fé, como se examinará no capítulo VI. Tal fenômeno adquire enorme repercussão prática no âmbito da responsabilidade civil e da interpretação contratual, atraindo por vezes, mercê do princípio da boa-fé objetiva, a incidência da disciplina jurídica dos contratos. Alude-se, ao propósito, à formação progressiva dos contratos, objeto, igualmente, do capítulo VI, *infra*.

A conjugação dos requisitos da bilateralidade, da patrimonialidade e da obrigatoriedade contribui para a construção do conceito de contrato, mas certamente não pode resolver em abstrato todas as questões relativas ao âmbito de incidência das normas contratuais. De fato, desde a superação, pelo direito romano, da distinção entre contratos e pactos, a classificação em abstrato de categorias, referidas por vezes como acordos ou convenções, que orbitam a figura do contrato tem sido controversa e obscura. Parece mais prudente reconhecer que a tais figuras, ainda que desprovidas das características apontadas como distintivas dos contratos, seria possível conceber a aplicação das normas de direito contratual se, tendo em vista o fim almejado, se aproximem suficientemente da figura do contrato, em termos funcionais, reconhecendo-se a identidade de *ratio* que justifica a interpretação analógica.

> Acordos e convenções

As características estruturantes da bilateralidade, da patrimonialidade e da obrigatoriedade podem constituir eficaz ponto de partida para o intérprete. Certamente não configurarão, todavia, o ponto de chegada. A aplicabilidade da normativa contratual, como destacado, não se constrói a partir de mero silogismo, cabendo ao intérprete priorizar a análise do perfil funcional, verificando a compatibilidade dos interesses em exame com a *ratio* das normas aplicáveis, de maneira a proceder à construção de verdadeiro ordenamento do caso concreto.

Assim, é possível que a esses fenômenos também se apliquem as normas de direito contratual, em virtude de certa "força expansiva" que se lhes pode atribuir, mas somente se e na medida em que compatíveis com a natureza das relações jurídicas sobre as quais estão destinadas a incidir.[24] A definição não exime o intérprete de proceder à verificação da compatibilidade de cada norma com os interesses tutelados na relação em exame.

---

[24] Pietro Perlingieri, *Manuale di diritto civile*, Napoli: ESI, 2005, 4ª ed., p. 354.

PROBLEMAS PRÁTICOS

1. É contrato o acordo de vontade entre dois casais, pelo qual a mulher do primeiro se oferece gratuitamente para gerar a criança cuja filiação será atribuída ao segundo, obrigando o primeiro casal a zelar por uma gravidez saudável e entregar a criança ao segundo casal imediatamente após o parto?

2. Caio aceitou não se candidatar a deputado e figurar como vice na chapa de Tício para esse cargo, porque eles combinaram entre si que, no meio do mandato, Tício, se eleito, renunciaria ao cargo para concorrer a prefeito, deixando Caio como deputado em seu lugar. Entretanto, Tício mudou de ideia quanto à prefeitura e se recusou a renunciar ao cargo de deputado. Pode Caio exigir alguma coisa, com base na alegação de que eles celebraram um contrato juridicamente vinculante?

 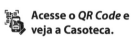
Acesse o *QR Code* e veja a Casoteca.
> http://uqr.to/1pd1z

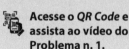
Acesse o *QR Code* e assista ao vídeo do Problema n. 1.
> https://uqr.to/ntix

Capítulo II
AUTONOMIA CONTRATUAL

Sumário: 1. Da autonomia da vontade à autonomia negocial – 2. Dirigismo contratual e intervenção do Estado – 3. A legislação especial e o impacto do Código de Defesa do Consumidor – 4. Declaração, responsabilidade e confiança – 5. Comportamento concludente e contratos sem negócio jurídico fundante. As chamadas relações contratuais de fato – 6. Funcionalização da autonomia contratual – 7. Interpretação e qualificação dos contratos – Problemas práticos.

1. DA AUTONOMIA DA VONTADE À AUTONOMIA NEGOCIAL

O desenvolvimento do contrato como instituto do direito civil se deu marcadamente durante os séculos XVII e XVIII, período de apogeu do liberalismo econômico. Nesse contexto, a liberdade individual era reputada uma noção pré-jurídica, apenas reconhecida pelos ordenamentos nacionais. A ascensão da burguesia ao poder e o consequente processo de codificação do direito resultaram na primazia da autonomia normativa dos Códigos, verdadeiros monumentos legislativos que passaram a funcionar como repositório do direito natural, no âmbito do qual o predomínio da vontade nos contratos se revelava como a expressão genuína da liberdade nas relações privadas. Liberdade como noção pré--jurídica

Por conseguinte, a vontade assumiu importância formidável na construção do significado e fundamento do contrato. A escolha das partes por contratar desponta, nesse contexto, não apenas como origem do contrato, mas também como seu fundamento de legitimidade, como razão pela qual suas regras são obrigatórias. Compreendido como "acordo de vontades", o contrato emerge no esplendor do voluntarismo jurídico, onde o postulado fundante de toda a teoria contratual era a autonomia da Papel da vontade na construção do contrato vontade: "toda obrigação para ser sancionada pelo direito, deve ser livremente consentida; mas, ao revés, toda obrigação, a partir do momento em que for livremente assumida, deve ser sancionada pelo direito".[1]

Transformações do século XX

As drásticas transformações sociais e econômicas vividas a partir da segunda metade do Século XIX e ao longo do Século XX, agravadas pelas duas grandes guerras, colocaram em xeque o modelo liberal em que o Estado e, consequentemente, o Direito assistiam inertes ao funcionamento do livre jogo de vontades. As desigualdades entre os contratantes revelavam que a manifestação de concordância ao contrato não era, na realidade, verdadeiramente livre, por encontrar-se o sujeito mais fraco premido por necessidades econômicas. A igualdade formal que guarnecia os contratantes servia apenas a consolidar e legitimar a desigualdade substancial que os separava. Na expressão irônica de Anatole France, "a majestosa igualdade das leis, que proíbe tanto o rico como o pobre de dormir sob as pontes, de mendigar nas ruas e de roubar pão".[2]

A lei como fundamento de obrigatoriedade do contrato

Nesse novo contexto, o nascimento do contrato não poderia mais basear-se apenas no exercício formal da liberdade, nem seu fundamento de obrigatoriedade ter por única raiz a vontade individual. A lei, ou mais precisamente o Direito, torna-se gradualmente o fundamento da obrigatoriedade do contrato, selecionando os interesses que são merecedores da tutela jurídica. Na conhecida expressão de Lacordaire, "entre os fortes e fracos, entre ricos e pobres, entre senhor e servo é a liberdade que oprime e a lei que liberta".[3]

Da autonomia da vontade à autonomia privada

Em lugar da perspectiva subjetivista e voluntarista, passa-se à perspectiva normativista da autonomia privada, entendida em geral como "o poder, reconhecido ou concedido pelo ordenamento estatal a um indivíduo ou a um grupo, de determinar 'vicissitudes jurídicas' como consequência de comportamentos – em qualquer medida – livremente adotados".[4]

Autonomia privada como expressão de liberdades fundamentais

A ideia de autonomia privada já não se funda na perspectiva voluntarista do direito civil clássico, mas é tida como expressão das liberdades fundamentais, asse-

---

[1] Miguel Maria de Serpa Lopes, *Curso de direito civil*, vol. 3, Fontes das obrigações: Contratos, Rio de Janeiro: Freitas Bastos, 1960, 3ª ed., p. 19. Explica o autor: "Na teoria clássica, todo o edifício do contrato assenta na vontade individual, que é a razão de ser de uma força obrigatória. As partes não se vinculam senão porque assim o quiseram e o papel da lei resume-se em consagrar esse entendimento. Nada pode o juiz ante essa vontade soberana; a sua função limita-se a assegurar-lhe o respeito, na proporção da inexistência de qualquer vício do consentimento ou de qualquer vulneração às regras de ordem pública" (*ibid.*).

[2] Tradução livre de Anatole France, *Le Lys rouge*, Calmann-Lévy, 1894, 14éme ed., p. 117. No original: "*Ils y doivent travailler devant la majestueuse égalité des lois, qui interdit au riche comme au pauvre de coucher sous les ponts, de mendier dans les rues et de voler du pain*".

[3] Tradução livre de Henri Dominique Lacordaire, *Conférences de Notre-Dame de Paris*, Tome 3éme, Paris: Librairie Poussielgue Frères, 1846-1848, p. 494. No original: "*Sachent donc ceux qui l'ignorent, sachent les ennemis de Dieu et du genre humain, quelque nom qu'ils prennent, qu'entre le fort et le faible, entre le riche et le pauvre, entre le maître et le serviteur, c'est la liberté qui opprime, et la loi qui affranchit*".

[4] Pietro Perlingieri. *O direito civil na legalidade constitucional*, Rio de Janeiro: Renovar, 2008, p. 335.

guradas pela ordem constitucional, no âmbito das relações privadas. Tal poder, cujo conteúdo se comprime e se expande de acordo com opções legislativas, constitui-se em princípio fundamental do direito civil, com particular inserção tanto no plano das relações patrimoniais – na teoria contratual, por legitimar a regulamentação da iniciativa econômica pelos próprios interessados –, quanto no campo das relações existenciais – por coroar a livre afirmação dos valores da personalidade inerentes à pessoa humana.

O princípio da autonomia privada, desse modo, insere-se no tecido axiológico do ordenamento, no âmbito do qual se pode extrair seu verdadeiro significado. Encontra--se informado pelo valor social da livre-iniciativa, que se constitui em fundamento da República (art. 1º, IV, C.R.), corroborado por numerosas garantias fundamentais às liberdades, que têm sede constitucional em diversos preceitos, com conteúdo negativo (princípio da legalidade, *ex vi* do arts. 5º, II, 170, parágrafo único, C.R.) e positivo (arts. 1º, III, 3º, I e III, C.R.).

Segundo o Texto Constitucional, a liberdade de agir, objeto das garantias fundamentais insculpidas no art. 5º, associa-se intimamente aos princípios da dignidade da pessoa humana (art. 1º, III), da solidariedade social (art. 3º, I) e da igualdade substancial (art. 3º, III), objetivos fundamentais da República. Significa dizer que a livre-iniciativa, além dos limites fixados por lei, para reprimir atuação ilícita, deve perseguir a justiça social, com a diminuição das desigualdades sociais e regionais e com a promoção da dignidade humana. A autonomia privada não se constitui, portanto, em princípio absoluto, e adquire conteúdo positivo, impondo deveres à autorregulamentação dos interesses individuais, de tal modo a vincular, já em sua definição conceitual, liberdade à responsabilidade.

Não se trata de exasperar ou demonizar a vontade, em processo de ideologização que acaba por prejudicar a dogmática do direito civil, reduzindo, de maneira inquietante, o debate jurisprudencial (relacionado ao controle da atividade econômica privada, à execução específica das obrigações e à responsabilidade civil) à posição política do magistrado em relação ao consumidor, ao fornecedor, à Fazenda Pública, ao empresário, ao empregado e assim por diante. O caminho parece ser, em contrapartida, o respeito à autonomia privada sem mistificá-la, controlando-se evidentemente as forças de produção e o mercado, para que não venham estes a moldar a doutrina contratual e a teoria da interpretação. Nessa esteira, observou-se que a noção de autonomia abrange tanto entes privados como públicos, aludindo-se por isso mesmo à autonomia contratual ou, mais amplamente, autonomia negocial: "o poder reconhecido ou atribuído pelo ordenamento ao sujeito de direito público ou privado de regular com próprias manifestações de vontade, interesses privados ou públicos, ainda que não necessariamente próprios".[5]

> *Desmistificação da vontade*

> *Autonomia negocial*

Essa reformulação de perspectiva impõe a releitura da normatividade do contrato. A autonomia não pode ser analisada de modo abstrato, pois o controle do seu exercício

---

[5] Pietro Perlingieri. *O direito civil na legalidade constitucional*, Rio de Janeiro: Renovar, 2008, p. 338.

vai levar em conta a diversidade de funções que os contratos visam a desempenhar. A partir do controle (positivo e negativo) da autonomia privada nas relações concretas, fragmenta-se o tratamento abstrato que reduz a atividade contratual a *standards* estáticos, incapazes de qualificar funcionalmente a autonomia de acordo com os interesses em jogo. O tratamento normativo da autonomia exercida no âmbito de relação interempresarial, por exemplo, deve ser distinto daquele aplicado às relações de consumo, a autonomia das assembleias de sociedades anônimas responde a imperativos diversos daquelas de condomínios residenciais, o regime da autonomia para escolher o regime de bens para o casamento deve diferir daquele voltado a planejar a própria sucessão. Enfim, o regime jurídico da autonomia negocial deve ser sensível ao fim a que seu exercício está voltado, bem como aos valores que pretende realizar.

Distinção entre autonomia patrimonial e existencial

Em seguida, e em consequência, autonomia patrimonial e existencial hão de ser apartadas, sendo incompatível com o sistema a utilização da técnica patrimonial para a tutela da personalidade. Como observado no capítulo I, a distinção entre as situações jurídicas existenciais e patrimoniais é resposta à preeminência daquelas sobre estas, exigindo-se tratamento qualitativamente diverso, já que, sob a influência da principiologia constitucional, a tutela do "ter" é instrumental à tutela do "ser". Nesse sentido, o regime jurídico da liberdade para contratar e testar deve ser qualitativamente diverso daquele imposto à autonomia da pessoa para escolher sua estrutura familiar, definir sua identidade pessoal, dispor do próprio corpo e delimitar o alcance das informações pessoais que reputa privadas. O ordenamento não pode tratar da mesma forma, por exemplo, a venda de mercadorias e o consentimento para transplante de órgãos, pois à distinção entre a autonomia para perseguir o maior lucro possível e para um ato vinculado diretamente à dignidade da pessoa corresponde "uma diversidade de avaliações no interno da hierarquia dos valores colocados pela Constituição".[6]

Autonomia deixa de ser um valor em si mesma

Na mesma vertente, a autonomia deixa de ser um valor em si mesma. Seu exercício somente será protegido se buscar realizar interesses reputados merecedores de tutela, de acordo com a legalidade constitucional. Em última análise, o contrato será protegido não por ser produzido por vontades livremente manifestadas, mas por realizar função compatível com os valores primordiais do ordenamento.

2. DIRIGISMO CONTRATUAL E INTERVENÇÃO DO ESTADO

Interferência do Estado nas relações privadas

A despeito da prevalência, até os dias de hoje, da dogmática voluntarista, a evolução política e econômica da sociedade, desde o final do século XIX, exigiu a interferência do Estado nas relações privadas, mitigando-se a força vinculante da vontade negocial. Diante das graves crises econômicas e seus nocivos efeitos sociais, que conduziam os potenciais contratantes à miséria e intensificavam as desigualdades, arrefeceu-se a tutela concedida ao interesse individual em favor de outros interesses jurídicos socialmente protegidos.

---

[6]   Pietro Perlingieri, *Perfis do direito civil: Introdução ao direito civil constitucional*, Rio de Janeiro: Renovar, 2002, p. 276.

Sucederam-se desde então diversos movimentos sociais, demandando a intervenção do Estado nas relações econômicas para proteger as partes mais fracas e reduzir os desequilíbrios nas contratações privadas. A abrangência totalizante do Código Civil deu lugar à atuação incessante do legislador, que, por meio de normas que se imaginavam temporárias e contingentes, e por isso mesmo chamadas de "leis extravagantes", intervinha nas diversas searas sensíveis da economia, criando regras específicas para o atendimento de certos interesses sociais. Chamou- -se a esse movimento de evolução qualitativa do direito contratual de "dirigismo contratual", pelo qual a liberdade de contratar sofre cada vez maior controle dos poderes públicos, que impõem requisitos, vedam cláusulas, restringem efeitos, cominam interpretações e determinam causas de dissolução, transformando o contrato, outrora fenômeno privado e individual, em cada vez mais fenômeno social: "a liberdade individual e a *autonomia da vontade dos particulares* recua diante do *intervencionismo* dos poderes públicos, e o contrato livre tende a tornar- -se um contrato *dirigido*".[7] Generaliza-se a intervenção heterônoma no contrato, que, deixando de ser regido exclusivamente pela vontade das partes, assegurada pelo Código Civil, passa a sujeitar-se à intervenção de fontes legislativas com metas sociais específicas, alheias à vontade individual, que se torna assim induzida ou dirigida ao alcance de tais propósitos legislativos.

No Brasil e alhures, essa intervenção nas atividades contratuais incidiu primeiramente nas relações laborais, por conta da desigualdade intensa verificada no contrato de trabalho, a suscitar a proteção social do empregado, mediante uma série de mecanismos que desafiava a igualdade formal do voluntarismo e se mostrava hostil ao direito civil clássico. Daqui a construção da autonomia do direito do trabalho, afastando-se do direito civil tudo o que se destinava a reduzir o papel da vontade como fonte soberana de vínculos obrigacionais. Paulatinamente, esse processo de intervenção legislativa, que muitos julgavam contingências momentâneas de crises econômicas, mostrou-se inevitável e irreversível, acirrando-se na primeira metade do Século XX como mecanismo de equilíbrio do mercado e do próprio regime capitalista de produção.

---

[7] Tradução livre de Louis Josserand, *Cours de droit civil positif français*, II, Paris: Recueil Sirey, 1939, 3éme ed., p. 11. No original: "*L'évolution qui s'est manifestée dans le domaine contractuel n'est par purement* quantitative; *elle présente aussi un aspect* qualitative. *Non seulement les contrats se sont accrus en nombre et en catégories, mais ils tendent visiblement a changer de nature; autrefois construits et aménagés par les intéressés en toute liberté, ils subissent de plus en plus le contrôle, l'emprise des pouvoirs publics que s'inquiètent des conditions dans lesquelles ils sont conclus, des clauses qu'ils renferment, des effets qu'ils produisent, de l'interprétation qu'ils comportent, des événement qui en entraîneront la dissolution; tantôt le législateur et plus souvent le juge interviennent et imposent leurs vues aux parties, depuis l'élaboration de la convention jusqu'à la fin de la carrière qu'elle doit fournir; autrefois phénomène privé et individuel, le contrat est de plus en plus volontiers traité comme un phénomène social; la liberté individuelle et l'autonomie des volontés privées rec) recular devant l'*interventionnisme des pouvoirs publics, et le contrat libre tend à devenir un contrat dirigé*".

3. A LEGISLAÇÃO ESPECIAL E O IMPACTO DO CÓDIGO DE DEFESA DO CONSUMIDOR

A necessidade de o Estado contemporizar os conflitos sociais emergentes e a veloz transformação da realidade econômica alteraram pouco a pouco o quadro liberal de estabilidade e segurança no qual o Código Civil figurava como a "constituição do direito privado" e pilar da tutela da autonomia privada. Contabiliza-se, a partir dos anos 30 do século passado, robusto contingente de leis extravagantes que, por serem destinadas a regular novos institutos, surgidos com a evolução econômica, apresentava características de especialização. Por meio de tais normas, o legislador brasileiro levou a cabo longa intervenção assistencialista, expressão da política legislativa brasileira do *Welfare State,* que se corporifica a partir dos anos 30, tem assento constitucional em 1934 e cuja expressão, na teoria das obrigações, se constituiu no fenômeno do dirigismo contratual.

O exemplo das locações e da economia popular

Nessa esteira, o mercado de locação imobiliária também foi objeto de forte intervenção legislativa, com o intuito de gerir a escassez de imóveis e as crescentes demandas locatícias. Ao longo do tempo, tem-se tutelado de modo imperativo tanto o direito à moradia quanto o fundo de comércio, assegurando-se desde os anos 30 do século passado a renovação do contrato de locação para fins comerciais (Decreto 24.150, de 20 de abril de 1934). O legislador interveio também intensamente na economia popular, combatendo os juros extorsivos, o curso de moeda estrangeira e assim por diante (cfr. Decreto 22.626, de 7 de abril de 1933; Lei 1.521, de 26 de dezembro de 1951). Esse longo processo de intervenção legislativa, que se acirrou na Europa a partir da Segunda Grande Guerra, destinado à tutela de direitos fundamentais alcançados pela atividade econômica e que, no Brasil, culminaria com a Constituição da República de 1988, acaba por colocar em crise a noção de autonomia privada e a teoria do negócio jurídico, incapazes de abranger a variedade de modelos e interesses mediante os quais a iniciativa privada se estabelece e é socialmente reconhecida.

Dito diversamente, a Constituição de 1988 retrata opção legislativa concordatária, em favor de um Estado Social destinado a incidir, no que concerne às relações jurídicas privadas, sobre um direito civil repleto de leis especiais, chamadas de estatutos, que disciplinam exaustivamente inteiras matérias extraídas da incidência do Código Civil. O Estatuto da Criança e do Adolescente, o Código de Defesa do Consumidor, a Lei das Locações, o Estatuto do Idoso, o Estatuto da Pessoa com Deficiência, na mesma esteira de outras leis anteriores à Constituição, como o Estatuto da Terra, todos esses universos legislativos apresentam-se radicalmente diversos das legislações excepcional e especial de outrora.[8]

Tais diplomas não se circunscrevem a tratar do direito civil, operando cortes transversais nas tradicionais classificações dos ramos do direito. Adotam técnica legislativa que se vale de cláusulas gerais, com a definição de diretrizes e objetivos. São

---

[8]   Gustavo Tepedino, Premissas metodológicas para a constitucionalização do direito civil, *Temas de direito civil,* Rio de Janeiro: Renovar, 2008, 4ª ed., p. 13.

leis que passam a ter linguagem menos jurídica e mais setorial, de modo a atender a exigências específicas das novas operações contratuais ou a transformações tecnológicas. No tocante aos objetivos, para além de coibir comportamentos indesejados – os atos ilícitos –, em atuação repressiva, agem como leis de incentivo, propondo vantagens ao destinatário da norma jurídica. Além disso, o legislador não mais se limita à disciplina das relações patrimoniais, prevendo deveres existenciais voltados para a tutela da dignidade da pessoa humana e para o livre desenvolvimento da personalidade. A nova técnica legislativa dá lugar ao "legislador-negociador", de modo a atender aos interesses dos grupos alcançados nos setores da sociedade objeto de regulação.

Tais leis não devem, contudo, ser concebidas como microssistemas autônomos, doutrina que representaria grave fragmentação da unidade do ordenamento jurídico. Tal cenário, além de politicamente indesejável, não parece possa ser admitido diante da realidade constitucional. De modo que, reconhecendo embora a existência dos mencionados universos legislativos setoriais, é de se buscar a unidade do sistema, deslocando para a tábua axiológica da Constituição da República o ponto de referência antes localizado no Código Civil. Crítica à teoria dos microssistemas

Nessa perspectiva, os preceitos do Código de Defesa do Consumidor dão expressão, corpo e vida ao ditado constitucional, em favor de valores extrapatrimoniais que devem proteger o contratante em situação de inferioridade. O respeito à dignidade, à saúde, à segurança; a proteção de interesses existenciais; a qualidade de vida e também os interesses patrimoniais, a atividade econômica livre e concorrencial são alguns dos aspectos que devem guiar o magistrado para dirimir os conflitos no âmbito das relações de consumo. Impacto do CDC

4.   DECLARAÇÃO, RESPONSABILIDADE E CONFIANÇA

A desmistificação do papel da vontade sobre a validade e obrigatoriedade do contrato projeta-se também sobre seu significado e alcance. O embate histórico entre as diversas teorias sobre a interpretação do negócio jurídico, abordado no volume I, abarca igualmente a compreensão do papel da vontade no âmbito dos contratos. A compreensão clássica de que o conteúdo do contrato era determinado exclusivamente pela perquisição da vontade interna do agente – a chamada "teoria da vontade" – viria a ser superada por outros procedimentos hermenêuticos. A chamada teoria da vontade

Concebeu-se, nessa linha crítica, doutrina conhecida como "teoria da declaração", que, em contraponto, destacava que a vontade real tem caráter interno e subjetivo, devendo a atenção do intérprete, portanto, centrar-se sobre a vontade declarada, já que é a declaração tal qual manifestada, e não a intenção subjetiva, a gerar vínculo e produzir o negócio jurídico. Privilegia-se, assim, a manifestação externa e objetiva da vontade, em detrimento da intenção do agente, cuja importância foi exasperada pelo voluntarismo do Século XIX, no âmbito do qual se forjou a teoria da vontade. Para esta teoria, a vontade, em si, não era relevante, mas tão somente a declaração. Teoria da declaração

Para contornar o excessivo formalismo representado pela atenção exclusiva à declaração, com supressão do papel da vontade, diversos esforços interpretativos foram envidados. Sem prescindir da vontade declarada, passou-se a considerar também fatores externos à declaração que, em certa medida, permitissem compreendê-la juntamente com a interpretação da vontade do agente. Desenvolveram-se nessa direção teorias cujo refinamento dogmático permitiu resgatar valor objetivo para a vontade, ainda que não expressamente declarada, na interpretação dos negócios jurídicos.

Teoria da confiança

Neste contexto, destaca-se a denominada teoria da confiança, que procurou prestigiar a declaração como tutela da legítima expectativa despertada pela relação contratual, valorizando-se, para tanto, a declaração de vontade juntamente com o comportamento das partes no negócio concretamente considerado.[9] Com a teoria da confiança, reconduz-se a compreensão do significado do contrato à efetivação dos valores tutelados pelo ordenamento: a vontade declarada deve prevalecer não por apego formal à declaração, mas pela confiança que incute na outra parte quanto ao comportamento esperado. Impõe-se ao declarante o ônus de arcar com as expectativas legítimas que gera no declaratário, de maneira a assegurar a proteção da boa-fé nas relações contratuais.

Extraída da conjugação dos arts. 112 e 113, do Código Civil, a teoria da confiança, na experiência brasileira, informada pelo princípio da boa-fé objetiva, considera vinculantes as manifestações que suscitam nas partes a compreensão comum quanto ao conteúdo da declaração, incutindo, assim, confiança, de modo a gerar, por isso mesmo, legítimas expectativas.

Situa-se esta linha interpretativa no contexto de remodelação do conceito de autonomia privada, funcionalizada a valores constitucionalmente tutelados, em que convergem na formação do conteúdo do negócio jurídico fontes heterônomas, na medida em que, ao autorregulamento avençado, agregam-se normas de ordem pública, atos de regulação econômica e a própria intervenção do Judiciário, no sentido de protegerem valores sociais relevantes (v.g., a livre-concorrência, o meio ambiente) e partes especialmente vulneráveis (v.g., o consumidor, o trabalhador). À declaração de vontade, portanto, agregam-se elementos externos, advindos da intervenção estatal em favor de interesses alcançados pela relação contratual. O negócio, todavia, não resulta da mera justaposição das normas oriundas da vontade das partes àquelas que resultam de imposição do ordenamento, como mero limite externo e excepcional ao poder da vontade, mas de verdadeira filtragem da manifestação das partes pelos valores da tábua axiológica constitucional, para a extração do conteúdo normativo efetivamente merecedor de tutela.

5. COMPORTAMENTO CONCLUDENTE E CONTRATOS SEM NEGÓCIO JURÍDICO FUNDANTE. AS CHAMADAS RELAÇÕES CONTRATUAIS DE FATO

A teoria das chamadas relações contratuais de fato

Em meio às transformações da teoria contratual ao longo do Século XX, desenvolveu-se a teoria das relações contratuais de fato, as quais, desprovidas de negócio

---

[9]   Cfr., sobre a teoria, António Pinto Monteiro, A tutela da confiança. *Revista Brasileira de Direito Civil – RBDCivil*, Belo Horizonte, vol. 32, n. 2, abr./jun. 2023, p. 136-177.

jurídico que lhes dê origem, produzem efeitos jurídicos. Sua designação associa-se justamente à ausência de vínculo jurídico formalmente assumido pelas partes, cujo comportamento, no entanto, é apreendido e reconhecido pelo direito.

Ao confrontar a realidade jurídica à realidade fática, essa teoria teve o mérito de alargar a admissibilidade de relações admitidas socialmente embora sem a proteção conferida pelo Direito ao negócio. De maneira geral, os países da família romano-germânica que adotam, de forma direta ou indireta, a doutrina do negócio jurídico, encontram dificuldade semelhante: o excessivo controle de validade do negócio acaba por excluir de seu espectro de incidência certas atividades que, em sua substância, despidas do aparato negocial, são admitidas e consideradas legítimas pelo corpo social.

Diante do contraste entre a legitimidade da atividade desenvolvida e a invalidação do ato negocial que a constitui, autores de renome sustentaram a preservação dos efeitos de tais atos a despeito de sua invalidade. No início do Século XX, Haupt construiu teoria pioneira nesta direção.[10] Com resultados semelhantes, Larenz produziu trabalho importantíssimo no qual concebeu a categoria dos comportamentos socialmente típicos.[11] De outra parte, na doutrina italiana, Ascarelli[12] e inúmeros outros conceituados autores desenvolveram, em diversos campos da autonomia privada, o que seria a teoria das relações jurídicas de fato, a qual atingiu o seu apogeu nos anos 60 e 70, com o seu reconhecimento pela Corte Suprema Alemã – BGH (*Bundesgerichtshof*). Verificou-se hipótese em que uma criança se acidentou no supermercado enquanto a mãe comprava e estava pagando no caixa. Discutiu-se se haveria responsabilidade extracontratual, contratual ou pré-contratual, já que a autora, sendo criança, não poderia efetuar compra e venda alguma, ou seja, não teria capacidade para o negócio, o que a impediria de propor ação contra o supermercado. A decisão invocou a boa-fé objetiva como fundamento para o acolhimento da responsabilidade civil decorrente do dever de proteção em face de terceiros.[13]

> *O acolhimento doutrinário e jurisprudencial da teoria*

Curiosamente, contudo, a partir dos anos 1970, assistiu-se, tanto na Alemanha quanto na Itália e em Portugal, à progressiva substituição dessa construção por uma ampliação da categoria do negócio jurídico, cuja abrangência o tornaria apto a compreender, segundo fontes doutrinárias de renome, inúmeras atividades socialmente

> *Declínio da teoria nos anos 1970*

---

[10] Günther Haupt, *Über faktische Vertragsverhältnisse*, 1941.

[11] Karl Larenz, O estabelecimento de relações obrigacionais por meio de comportamento social típico (1956). *Revista Direito GV*, vol. 2, n. 1, jan.-jun. 2006.

[12] Ao propósito, a obra de Tullio Ascarelli mostra-se particularmente importante. Cfr. *Lezioni di diritto commerciale – Introduzione*,1955, Milano, Giuffrè, pp. 102 a 108, onde se lê: "L'attività dovrà essere valutata in via autonomia, indipendentemente cioè dalla valutazione dei singoli atti, singolarmente considerati. Indipendentemente dalla disciplina dei singoli atti può essere illecito (o sottoposto a norme particolari) l'esercizio dell'attività" (p. 103). Sobre o tema, v. tambén o verbete fundamental de Giuseppe Auletta (*Attività (dir. priv.)*, in *Enciclopedia del diritto*, vol. III, Milano, Giuffrè, 1958, p. 982), que define attività "quale insieme di atti di diritto privato coordinati o unificati sul piano funzionale dalla unicità dello scopo".

[13] Carlo Angelici, Responsabilità precontrattuale e protezione dei terzi in una recente sentenza del Bundesgerichtshof. *Rivista del Diritto Commerciale e del Diritto Generale delle Obbligazioni*, I, ano LXXV, 1977, pp. 23-30.

típicas, ora mediante a invocação de vontade presumida dos seus agentes, ora por meio da ratificação de atos inválidos, ora mediante a mera admissão de efeitos patrimoniais ressarcitórios decorrentes de negócios inválidos – cuja fonte, portanto, seria o ato ilícito, não já o contrato.

Não é fácil entender, do ponto de vista dogmático, o arrefecimento da chamada doutrina das relações jurídicas de fato, já que, independentemente de sua nomenclatura, algo controvertido, mostra-se extremamente eficiente para solucionar inúmeros problemas e situações em que seria difícil, senão de modo artificial, justificar a produção de efeitos obrigacionais com base na técnica da vontade presumida ou, por outro lado, como mera liquidação de danos. Basta lembrar a hipótese do incapaz que compra e vende artigos de suas necessidades pessoais, se faz transportar e assim por diante. Não seria razoável admitir como válidos tais negócios, com fundamento em suposta vontade presumida de seus responsáveis já que, por vezes, as atividades desenvolvidas são levadas a cabo contra a vontade expressa de quem deveria autorizar. Também em outras hipóteses de atividade desenvolvidas por pessoas capazes, mostra-se insustentável cogitar-se de vontade presumida pelo simples fato de que o agente se recusa a celebrar o negócio. E tampouco se sustentaria a explicação circunscrita à liquidação de danos quando se pensa na execução específica de certos contratos fundados em negócio nulo, na esteira de tendência progressiva do direito obrigacional.

Contexto histórico-
-ideológico

Se assim é, mostra-se plausível imaginar que a rejeição à doutrina das relações jurídicas de fato se associe mais ao contexto histórico e ideológico em que se insere do que aos seus fundamentos teóricos. Por ter sido germinada como contraponto à teoria do negócio jurídico, aquela doutrina acabou sendo desenvolvida como construção crítica ao papel da vontade na teoria contratual, associando-se a orientações que, por diversos matizes, enalteceram, ao longo do Século XX, o papel do Estado intervencionista, seja em regimes autoritários de diversos países, seja no dirigismo contratual aliado ao *Welfare State*.

Com o fracasso dos regimes autoritários e do assistencialismo, as duas últimas décadas do século passado coincidem, em diversos países europeus e da América Latina, com o neoliberalismo e, especificamente na esfera jurídica, uma retomada entusiasmada da autonomia privada como expressão da liberdade individual, reduzindo-se, em diversos setores – *v.g.*, mercado de locação, relações de trabalho – o grau de intervenção do Estado, que adquire feição regulamentar, com suas agências e instrumentos que enaltecem o papel da livre contratação.

Europa e América Latina

A Europa, neste particular, diferencia-se da América Latina, onde, talvez pelas contradições sociais ainda muito evidentes, e por não ter alcançado níveis médios satisfatórios na promoção dos direitos sociais, é compreensível que se propugne por um grau de intervenção e de promoção de políticas públicas maior, capaz de favorecer a distribuição de rendas e diminuir a desigualdade social. Tal diferença, superficialmente percebida, explica, em certa medida, a persistência do debate, no direito brasileiro, acerca da aplicação direta das normas constitucionais nas relações privadas e, em contrapartida, a intensificação mais visível, na doutrina europeia, do papel da vontade nas atividades privadas.

Tal preocupação com a preservação da vontade negocial, associada a uma aparente conexão entre a crítica anterior ao papel da vontade e doutrinas estatizantes, parece relevante para a compreensão do alargamento das doutrinas do negócio jurídico e da rejeição, por muitos autores, das chamadas relações contratuais de fato.

Entretanto, tais ponderações, embora facilmente compreensíveis, nem sempre são justas, já que a análise das chamadas relações de fato, especialmente na perspectiva ascarelliana de atividade contratual sem negócio, não relega o papel da vontade, limitando-se a considerar secundário, para determinadas atividades socialmente típicas, a vontade negocial, ou seja, a existência de um negócio jurídico que inaugure a atividade já existente de fato e para a qual, indiscutivelmente, o papel da vontade pode ser imprescindível.

Se verdadeiras tais observações, como parecem, e considerando-se a insuficiência do negócio jurídico – e da vontade presumida – para justificar a presença de inúmeras atividades admitidas pelo grupo social ainda que desprovidas de negócio fundante, mas que produzem efeitos jurídicos carecedores de qualificação e interpretação, torna-se oportuno revisitar a teoria das chamadas relações jurídicas de fato.

A vontade presumida mostra-se definitivamente inapta a fundamentar diversas hipóteses. Bastaria invocar o atualizador do livro de Larenz, Manfred Wolf, para quem a vontade presumida "falha quando falta uma clara vontade de aceitação ou quando a conclusão do contrato é expressamente recusada, apesar da utilização do serviço".[14]

Crítica à técnica da vontade presumida

De todo modo, corrobora-se a impressão de que o papel da vontade e da autonomia privada parecia amesquinhado com a doutrina do comportamento social típico e que, sob outro ângulo, tal construção possa ser ainda profícua, desde que se consiga separar a vontade negocial da vontade contratual, esta presente nas atividades sem negócio.

A teoria do comportamento social típico, em última análise, mostra-se atual e insuperável, por lograr explicar hipóteses em que não há vontade presumida, ou em que não se trata de simplesmente estabelecer um *quantum* ressarcitório, cuidando-se, ao revés, de disciplinar o funcionamento de atividades típicas sem a presença do negócio que lhe servisse de título. Esta teoria, nos dias atuais, deve ser contextualizada, sendo indispensável examiná-la sem excluir, para sua admissão, o papel da vontade dos contratantes. Ao contrário, é de se examinar as atividades sem negócio em face das diversas formas de expressão e de valoração da vontade contratual. Desse modo, será possível avaliar o papel da vontade na presença e na ausência de negócio jurídico que celebre a atividade contratual.

Atualidade da teoria

Na jurisprudência brasileira dos anos 90, destaca-se significativo voto do Ministro Ruy Rosado de Aguiar Junior, no julgamento do Agravo Regimental no

---

[14] Karl Larenz, *Allgemeiner Teil des Bürgerlichen Rechts*, Beck Juristischer, 2004, p. 579 (tradução livre gentilmente efetuada por Karina Nunes Fritz).

Agravo de Instrumento 47.901-3-SP,[15] que admite a produção de efeitos da atividade do empresário que oferece o serviço de guarda de veículos ainda que inexistindo os requisitos formais indispensáveis para a caracterização do contrato de depósito.[16] Aludido voto merece atenção porque não se poderia admitir a produção de efeitos jurídicos com base em vontade presumida na ausência de solenidade essencial à validade do negócio. Para o relator, "a utilização de bens ou serviços massificados ocasiona algumas vezes comportamentos que, pelo seu significado social típico, produzem as consequências 'dela se distinguem". Tal instigante afirmação não restou ainda suficientemente explorada pela doutrina brasileira, embora suscite inúmeras reflexões e possíveis desdobramentos. Dentre as modalidades atuais de aplicação da problemática em apreço, identifica-se nas tratativas e negociações preliminares um campo fértil de atividades (contratuais, mas não negociais) que hão de ser examinadas sob tal perspectiva, objeto de estudo no capítulo VI.

Oportunidade de revisitar a doutrina dos comportamentos socialmente típicos

Considerando-se, de todo modo, a insuficiência da categoria do negócio jurídico – e da vontade presumida – para justificar a presença de atividades admitidas pelo grupo social, que produzem efeitos jurídicos carecedores de qualificação, ainda que desprovidas de negócio fundante, torna-se oportuno revisitar a doutrina dos comportamentos socialmente típicos. Do ponto de vista metodológico, a atividade con-

Qualificação da concreta relação jurídica a partir da sucessão de atos funcionalmente interligados

tratual sem negócio exige qualificação a partir da atividade efetivamente desenvolvida, em que o motor volitivo não é declarado, mas apreendido pela sucessão de atos funcionalmente interligados sem prévia tipificação. Confirma-se nessas hipóteses a insuficiência do método subsuntivo – como técnica hermenêutica a reclamar premissa legal abstrata, correspondente a suporte negocial determinado – em favor da verificação da disciplina aplicável ao conjunto de atos de natureza diversa que se manifestam em concreto. Amplia-se, dessa forma, o controle da atividade privada, permitindo-se proteger efeitos socialmente relevantes decorrentes de negócios nulos ou inexistentes, sem que a presença de negócio válido seja pressuposto para a tutela jurídica.

Valoração positiva de atividades socialmente típicas

O negócio jurídico, uma vez celebrado, mantém-se vinculado à disciplina estabelecida pelo Código Civil. Ao seu lado, contudo, uma série de atividades socialmente típicas, decorrentes de atos não negociais, é valorada positivamente e a ordem jurídica reconhece, como jurígenos, seus efeitos. Enquanto no negócio jurídico a declaração de vontade hígida é um *prius* para a sua validade (elemento essencial), nas atividades socialmente típicas a vontade suscita verificação *in posterius*, a partir dos

---

[15] Analisado na obra de Juliana Pedreira da Silva, *Contratos sem negócio: crítica das relações contratuais de fato*, São Paulo: Atlas, 2011.

[16] Eis a ementa do referido julgado: "Responsabilidade civil. Estacionamento. Relação contratual de fato. Dever de proteção derivado da boa-fé. Furto de veículo. O estabelecimento bancário que põe a disposição dos seus clientes uma área para estacionamento dos veículos assume o dever, derivado do princípio da boa-fé objetiva, de proteger os bens e a pessoa do usuário. O vínculo tem sua fonte na relação contratual de fato assim estabelecida, que serve de fundamento a responsabilidade civil pelo dano decorrente do descumprimento do dever. Agravo improvido" (STJ, 4ª T., AgRg no Ag 47.901-3, Rel. Min. Ruy Rosado de Aguiar, julg. 12.9.1994).

efeitos por elas produzidos, independentemente de declaração destinada à instauração do vínculo, conferindo-se juridicidade a situações jurídicas que, de outra maneira, não poderiam ser admitidas.

A admissão da relação contratual sem negócio permite atribuir tutela jurídica a efeitos socialmente reconhecidos, a partir de qualificação *a posteriori* da função da atividade realizada, estabelecendo-se, desse modo, controle de merecimento de tutela, à luz da legalidade constitucional, acerca de atos praticados sem negócio jurídico de instauração (mas que, nem por isso, podem ser considerados fora da lei), cuja eficácia, de ordinário, é mais restrita do que a gama de efeitos almejados pelo negócio. Basta lembrar as hipóteses do servidor público cujo acesso à carreira não se deu por concurso público;[17] ou do vínculo empregatício do apontador de jogo do bicho;[18] ou do policial militar em empresa de segurança privada, a despeito de vedação legal expressa;[19] ou do menor que adquire, por si mesmo, produtos ou serviços; ou ainda o exemplo dos sócios de sociedade irregular ou da pessoa que integra modalidade de família inadmitida pelo direito.[20] Em todos esses casos, a invalidade dos negócios não exclui a admissibilidade, para certos fins, de eficácia jurídica à atividade desenvolvida.

Admissão da relação contratual sem negócio

Portentosa afigura-se a jurisprudência a reconhecer, intuitivamente, efeitos de atividades decorrentes de relações jurídicas estabelecidas a partir de negócios nulos por ausência de capacidade das partes, de forma exigida por lei ou de objeto lícito, sendo significativa a solução preconizada na Justiça do Trabalho – que cogita, em tais hipóteses, para o reconhecimento da eficácia da relação laboral, do "princípio da primazia da realidade". Embora louvável pelos resultados positivos produzidos em favor do trabalhador, tal solução acaba por admitir, usando a expressão de Gaston Morin[21], a *vitória dos fatos contra o direito*, como se este não desse conta de promover

O exemplo da Justiça do Trabalho e da "primazia da realidade"

---

[17] A respeito, v. o Enunciado 363 da Súmula do TST: "Contrato nulo. Efeitos (nova redação) – Res. 121/2003, DJ 19, 20 e 21.11.2003. A contratação de servidor público, após a CF/1988, sem prévia aprovação em concurso público, encontra óbice no respectivo art. 37, II e § 2º, somente lhe conferindo direito ao pagamento da contraprestação pactuada, em relação ao número de horas trabalhadas, respeitado o valor da hora do salário-mínimo, e dos valores referentes aos depósitos do FGTS".

[18] A respeito, v. a O.J. 199 da SDI-1: "Jogo do bicho. Contrato de trabalho. Nulidade. Objeto ilícito (título alterado e inserido dispositivo) – DEJT divulgado em 16, 17 e 18.11.2010. É nulo o contrato de trabalho celebrado para o desempenho de atividade inerente à prática do jogo do bicho, ante a ilicitude de seu objeto, o que subtrai o requisito de validade para a formação do ato jurídico".

[19] A hipótese é disciplinada pelo art. 22 do Decreto-lei 667/1969: "Art. 22. Ao pessoal das Polícias Militares, em serviço ativo, é vedado fazer parte de firmas comerciais de empresas industriais de qualquer natureza ou nelas exercer função ou emprego remunerados".

[20] Em interessante precedente, o Superior Tribunal de Justiça, baseado no princípio da monogamia (compreendido pela Corte como essencial ao regime das famílias no ordenamento brasileiro), decidiu, ao analisar pretensões sucessórias das partes, pela impossibilidade de reconhecimento de duas uniões estáveis simultâneas do *de cuius* – que, após se divorciar, manteve união estável com a própria ex-esposa, bem como com segunda mulher. *In casu*, foi privilegiada a união estável com a companheira com a qual não foi casado, em detrimento da união com a ex-esposa (iniciada após o divórcio), reputada concubinato diante da preexistência da outra união (STJ, 3ª T., REsp 1.157.273, Rel. Min. Nancy Andrighi, julg. 18.5.2010).

[21] Gaston Morin, *La révolte du droit contre le code: la révision nécessaire des concepts juridiques: contrat, responsabilité, propriété*, Paris: Sirey, 1945.

a pessoa humana, e como se, por outro lado, o elemento formal se circunscrevesse à tutela patrimonial, podendo ser afastado, pura e simplesmente, como mero "formalismo", quando defasado do fato social, embora a forma essencial configure matéria de ordem pública.

Possibilidade de exame de licitude e de merecimento de tutela dos atos extranegociais

Para que se possa suplantar tais dificuldades teóricas, há de se abandonar o negócio como único instrumento de aferição do papel da vontade. Supera-se, nessa linha de raciocínio, a perspectiva que circunscreve a atuação da vontade à seara do negócio jurídico e à ausência de fontes heteronômicas de integração. Se a liberdade há de ser exercida à luz da legalidade constitucional, em respeito e em harmonia com a solidariedade social, o exame de licitude e de merecimento de tutela dos atos se projeta tanto nos negócios como em atividades realizadas mediante a prática de atos extranegociais.

6. FUNCIONALIZAÇÃO DA AUTONOMIA CONTRATUAL

Funcionalização da autonomia contratual

A superação da exasperação do papel da vontade, a intervenção do Estado na regulamentação dos contratos, a prioridade da confiança na leitura do significado da vontade declarada, a valorização da atividade contratual independentemente de negócio jurídico formal, todos os aspectos desse processo histórico associam-se ao que se considera o movimento de funcionalização da autonomia contratual.

Estrutura e função das situações jurídicas subjetivas

O reconhecimento da unidade do ordenamento jurídico em sua complexidade, sob a superioridade normativa do texto constitucional, impõe a leitura de todos os institutos de direito civil como instrumentos à realização do projeto constitucional. Dessa forma, a liberdade contratual é funcionalizada aos princípios positivados na Constituição, devendo ser exercida com fim consentâneo à satisfação daqueles valores. Como leciona Pietro Perlingieri, as situações jurídicas subjetivas apresentam dois aspectos distintos – o estrutural e o funcional. O primeiro identifica a estruturação de poderes conferida ao titular da situação jurídica subjetiva, enquanto o segundo explicita a finalidade prático-social a que se destina.[22] O aspecto funcional condiciona o estrutural, determinando a disciplina jurídica aplicável às situações jurídicas subjetivas.[23]

Função do contrato

A função do instituto, na acepção Pugliattiana, deve ser entendida como a síntese dos seus efeitos essenciais.[24] Assim, por exemplo, no contrato de compra e venda, seria a transferência da coisa contra o pagamento do preço, e no mandato, seria a obrigação do mandatário de cumprir um ou mais atos jurídicos por conta e

---

[22] Pietro Perlingieri, *Manuale di diritto civile*, Napoli: ESI, 1997, p. 60 e ss.

[23] Pietro Perlingieri, *Perfis de direito civil: Introdução ao direito civil constitucional*, Rio de Janeiro: Renovar, 2002, pp. 106-107, para o qual o aspecto funcional das situações subjetivas "é particularmente importante para a individuação da relevância, para a qualificação da situação, isto é, para a determinação da sua função no âmbito das relações sociojurídicas. (...) No ordenamento, o interesse é tutelado enquanto atende não somente ao interesse do titular, mas também àquele da coletividade" (*Manuale di diritto civile*, cit., p. 429).

[24] Salvatore Pugliatti, Precisazioni in tema di causa del negozio giuridico, *Diritto Civile: Metodo – Teoria – Pratica*, Milano: Giuffrè, 1951, pp. 110-111.

no interesse do mandante, pois sem isto, não pode haver compra e venda ou mandato. Entretanto, Perlingieri destaca que a determinação de quais efeitos devem ser reputados essenciais pressupõe avaliação que somente pode dar-se em vista dos interesses concretos envolvidos.[25] Por exemplo, uma condição, que normalmente é reputada um elemento acessório ao contrato, pode revelar-se efeito essencial para dado contrato em vista dos interesses nele envolvidos. Por conseguinte, o exame da função não deve se limitar à avaliação do esquema regulamentar abstrato ou do modelo típico adotado, pois cumpre superar a perspectiva da subsunção, com o objetivo de valorizar a identificação dos interesses e das peculiaridades que distinguem o negócio concreto.

Desse modo, de acordo com a função que a situação jurídica desempenha, serão definidos os poderes atribuídos ao titular do direito subjetivo e das situações jurídicas subjetivas. Nessa esteira, diante de toda e qualquer situação jurídica subjetiva, o intérprete deverá, a partir da finalidade pretendida pelos respectivos titulares e dos interesses a serem perseguidos, definir a disciplina jurídica aplicável. Compatibiliza-se assim a função (efeitos produzidos para certos efeitos práticos pretendidos) à estrutura de poderes e modelos postos à disposição pelo ordenamento.

> Função da situação jurídica define os poderes atribuídos ao seu titular

Nessa direção, para estabelecer o instrumento jurídico a ser utilizado, visando ao alcance de determinado regulamento de interesse, é a função a determinar a estrutura a ser adotada, e não o contrário. Vale dizer, que ao contrário de se ater a determinado instrumento oferecido pelo ordenamento (imagine-se os modelos disponíveis de direitos reais ou contratuais típicos) para, então, procurar conformá-la à atividade pretendida, deve o intérprete, ao reverso, uma vez definida a (função refletida na) atividade, identificar o instrumento jurídico (estrutura) adequado a realizá-la.

7. INTERPRETAÇÃO E QUALIFICAÇÃO DOS CONTRATOS

As transformações operadas sobre a realidade social regida pelo direito contratual – e, consequentemente, sobre os valores que o inspiram – atingem igualmente a forma de interpretá-lo. A historicidade e a relatividade da teoria da interpretação decorrem especialmente do fato de esta se vincular a uma multiplicidade de fatores sobre os quais frequentemente não se reflete: daí a importância da coerência com o método adotado e da consciência da escolha e dos resultados que a sua concretização comporta, de modo que ciência e metodologia se envolvem reciprocamente.[26]

Nessa esteira, a metodologia da atividade interpretativa, de um lado, deve garantir coerência dogmática sem resvalar para o dogmatismo, que, na linha da chamada Pandectística ou Jurisprudência dos Conceitos, relegava a praxe da reflexão, sacrificando o necessário contato com o dinamismo da realidade social em nome de suposta pureza teórica da ciência.[27] De outro lado, a consciência de que os conceitos

---

[25]   Pietro Perlingieri, *Manuale di diritto civile*, Napoli: ESI, 2005, 5ª ed., p. 370.
[26]   Pietro Perlingieri, *O direito civil na legalidade constitucional*, Rio de Janeiro: Renovar, 2008, p. 128.
[27]   Pietro Perlingieri, *O direito civil na legalidade constitucional*, Rio de Janeiro: Renovar, 2008, p. 94.

trazem implícitas escolhas valorativas não deve permitir ao intérprete voltar-se exclusivamente para a transformação da realidade concreta, nos moldes de "realismo sociológico" que troca a validade da norma jurídica pela efetividade da norma social, pois a escolha dessas normas sociais pelo intérprete não é menos tendenciosa do que aquelas institucionalizadas formalmente, como conquistas históricas que encontram fundamento na legalidade e na democracia.[28]

Na mesma linha, deve-se rejeitar as abordagens interpretativas puramente consequencialistas, que, exasperando a importância do argumento econômico, são criticáveis por sua unilateralidade e por seu papel individualista e materialista, já que o mercado não é critério autônomo de legitimidade.[29] Os elementos extraídos da realidade social devem ser incorporados à atividade hermenêutica, eis que o sistema do direito não é fechado, ou axiomático, mas sim um sistema aberto, em constante estado de complementação e evolução em razão da provisoriedade do conhecimento científico e, principalmente, da modificabilidade dos próprios valores fundamentais da ordem jurídica.[30] Entretanto, o processo de incorporação de elementos extrajurídicos não pode dar-se de forma arbitrária, devendo viabilizar-se por meio dos próprios mecanismos jurídicos, idôneos a manifestar seus fundamentos éticos, sociais e culturais.

Em referência à fidelidade ao texto, deve-se abrir mão dos últimos resquícios formalistas da chamada Escola de Exegese francesa, própria do contexto histórico pós-revolucionário pautado pelo receio de que a atividade interpretativa pudesse reavivar os valores aristocráticos que ameaçariam a consolidação da ordem burguesa.[31] O aprisionamento do intérprete à literalidade do texto descura da inevitável textura aberta da linguagem e de sua necessária ligação ao contexto social, do qual extrai significado.[32] Entretanto, tampouco é possível adotar posição pragmatista de que não há qualquer limite à atividade interpretativa, reduzindo todo o fenômeno jurídico ao arbítrio das decisões judiciais. Afinal, como explica Umberto Eco, "dizer que um texto potencialmente não tem fim não significa que todo ato de interpretação possa ter um final feliz".[33]

A atividade interpretativa, embora não guiada pela lógica formal ou demonstrada por evidência, pauta-se em racionalidade impositiva de constrições como adequação, razoabilidade, proporcionalidade, coerência e congruência.[34] A lógica informal dessa argumentação, voltada a persuadir seus interlocutores a acordo semântico e axiológico

---

[28] Pietro Perlingieri, *O direito civil na legalidade constitucional*, Rio de Janeiro: Renovar, 2008, p. 100.

[29] Pietro Perlingieri, *O direito civil na legalidade constitucional*, Rio de Janeiro: Renovar, 2008, p. 106.

[30] Claus-Wilhelm Canaris, *Pensamento sistemático e conceito de sistema na ciência do direito*, Lisboa: Fundação Calouste Gulbenkian, 1996, p. 104.

[31] Raoul Charles Van Caenegen, *Uma introdução histórica ao direito privado*, São Paulo: Martins Fontes, 2000, 2ª ed., p. 198.

[32] Pietro Perlingieri, *O direito civil na legalidade constitucional*, Rio de Janeiro: Renovar, 2008, p. 93.

[33] Umberto Eco, *Interpretação e superinterpretação*, São Paulo: Martins Fontes, 2005, p. 28.

[34] Pietro Perlingieri, *O direito civil na legalidade constitucional*, Rio de Janeiro: Renovar, 2008, pp. 604-605.

racionalmente motivado, torna central o dever de fundamentação das decisões: se ao intérprete é inevitável fazer escolhas, é sua responsabilidade assumi-las expressamente, não como forma de libertá-lo do direito institucionalizado, mas exatamente para permitir o debate argumentativo acerca da sua adequação ao ordenamento.[35] O princípio da legalidade, dessa forma, assume acepção renovada, não como fidelidade aos preceitos individuais, mas à coordenação entre eles a partir dos princípios fundamentais de relevância constitucional, impondo ao intérprete a construção da normativa adequada a partir do contexto do caso concreto diante da totalidade do sistema, de modo que toda interpretação se torna lógico-sistemática e teleológico-axiológica, isto é, orientada à realização dos valores constitucionais.[36]

Essas reflexões devem espraiar-se igualmente pelo direito contratual, pois a rígida separação entre interpretação da lei e interpretação dos contratos deita raízes na tradicional *summa divisio* entre direito público e direito privado, construção própria do contexto histórico liberal de desconfiança com relação à atividade do intérprete. Constatada a unidade do ordenamento, em que todas as normas encontram seu fundamento de validade na Constituição e têm por objetivo a mais plena realização de seus princípios fundamentais, o direito contratual deixa de ser o espaço em que reina isolado somente o império da vontade para também obedecer à tábua principiológica estabelecida pela legalidade constitucional.

A releitura da autonomia negocial, à luz da tutela da confiança e funcionalizada à realização de interesses merecedores de tutela, reconhece, na interpretação do contrato, o papel da normativa heterônoma, como aquela decorrente do princípio da boa-fé, da proteção da parte vulnerável e do equilíbrio contratual. O papel da vontade, embora permaneça determinante na gênese do contrato, não se mantém com a mesma relevância de outrora no processo de interpretação, uma vez que não é objeto da atenção do intérprete nem diretamente – já que somente será relevante a vontade de cada parte na medida em que contribuir para a construção objetiva da função concreta perseguida pelo contrato – nem exclusivamente – já que cabe ao intérprete assegurar adições e supressões de direitos e deveres à relação que se constitui de forma a atender aos imperativos colocados pelo ordenamento sob a forma de princípios constitucionais.[37] Não se trata de negar o papel da vontade na determinação do conteúdo normativo do contrato – fundamental, ainda que não suficiente, para identificar a função concreta do contrato – nem de relegar as normas do ordenamento que a reconhecem e tutelam, mas conciliá-las com as demais normas, de forma a reconhecer e garantir a unidade que caracteriza o sistema que tem por fundamento único de validade o texto constitucional e nele encontra seus objetivos primordiais.

---

[35] Pietro Perlingieri, *O direito civil na legalidade constitucional*, Rio de Janeiro: Renovar, 2008, p. 96.

[36] Pietro Perlingieri, *O direito civil na legalidade constitucional*, Rio de Janeiro: Renovar, 2008, p. 618.

[37] Carlos Nelson Konder, Interpretação dos contratos, interpretação da lei e qualificação: superando fronteiras. *Scientia Iuris*, vol. 19, 2015, pp. 47-63.

Nessa perspectiva, cumpre igualmente questionar a separação entre a interpretação do contrato, entendida como a descoberta do seu significado, e a sua qualificação, referente ao seu enquadramento na *fattispecie* normativa. Superado o modelo formalista da subsunção, em que o caso concreto é reconduzido à hipótese normativa a partir de simples silogismo, reconhece-se que a realidade é construída e reconstruída pelo intérprete, na mesma medida em que a norma é produzida a partir do cotejo entre o enunciado normativo e a totalidade do ordenamento, especialmente seus princípios fundamentais, e, continuamente, o diálogo entre o fato e a norma.[38] A própria legislação revela como não se pode conceber a qualificação como etapa posterior e distinta quando fornece exemplos de dispositivos regulatórios da interpretação cuja aplicação varia de acordo com a qualificação do contrato. Basta pensar, por exemplo, no art. 114 do Código Civil, que impõe interpretação restritiva aos negócios jurídicos benéficos: a qualificação do contrato como benéfico condicionará a sua interpretação, a qual não pode, consequentemente, constituir-se em antecedente lógico do processo qualificatório.

Nessa mesma linha, costuma-se transpor para a interpretação contratual os tradicionais elementos da interpretação da lei: o elemento literal quanto ao significado das palavras utilizadas no instrumento; o elemento lógico para buscar coerência em cada cláusula; o elemento histórico baseando-se nas tratativas que antecederam a celebração do negócio; o elemento teleológico para considerar o fim almejado pelas partes; e o elemento sistemático para interpretar cada cláusula em sintonia com as demais e com outros contratos que tenham sido celebrados de forma coligada. Entretanto, deve-se ter em mente que tais elementos não são fases distintas, mas critérios e aspectos do processo contínuo e unitário de interpretação. Do mesmo modo que interpretação e integração se inserem em um mesmo movimento por parte do intérprete, interpretação e qualificação configuram igualmente aspectos do mesmo processo cognitivo.[39] Sob esta perspectiva a integração não se dirige a adivinhar o que as partes desejariam ter disciplinado quanto àquela hipótese lacunosa, mas sim a determinar os efeitos que se atribuem ao contrato como fato, isto é, o impacto da relação jurídica que se constrói, sob a perspectiva funcional, como disciplina, regulamento de interesses.[40]

O processo de interpretação/qualificação dos contratos, portanto, não pode ser visto de modo linear, sequenciado em etapas preclusivas, uma vez que tais etapas – *rectius*, aspectos – imiscuem-se uns nos outros. Em oposição à visão clássica do trajeto único, subsuntivo, do fato à norma, a atitude do intérprete constrói-se em um constante ir e vir entre a reconstrução da realidade e seu diálogo com os enunciados normativos.

---

[38] Pietro Perlingieri, *O direito civil na legalidade constitucional*, Rio de Janeiro: Renovar, 2008, p. 652.

[39] Karl Larenz, *Metodologia da ciência do direito*, Lisboa: Fundação Calouste Gulbenkian, 2005, 4ª ed., p. 294.

[40] Pietro Perlingieri, *O direito civil na legalidade constitucional*, Rio de Janeiro: Renovar, 2008, p. 655.

PROBLEMAS PRÁTICOS

1. O contrato pelo qual um adolescente adquire jogo de computador pela internet é válido?

2. Semprônio deixou seu automóvel no estacionamento gratuitamente oferecido pelo estabelecimento bancário ao qual se dirigia. O acesso ao local era livre, sem cancela, e não houve a entrega de qualquer documento. Na volta do estabelecimento, descobriu que seu veículo fora furtado. Na pretensão indenizatória em face do banco, ele pode alegar que houve contrato?

Acesse o *QR Code* e veja a Casoteca.

> http://uqr.to/1pd20

Capítulo III
PRINCÍPIOS DE DIREITO CONTRATUAL

Sumário: 1. Principiologia contratual e fundamento constitucional – 2. Liberdade de contratar e suas restrições – 3. Relatividade dos efeitos do contrato – 4. Consensualismo, força obrigatória e intangibilidade do conteúdo do contrato – 5. Boa-fé – 6. Função social do contrato – 7. Equilíbrio contratual e proteção dos vulneráveis – Problemas práticos.

1. PRINCIPIOLOGIA CONTRATUAL E FUNDAMENTO CONSTITUCIONAL

O processo de constitucionalização do direito civil reflete-se, no âmbito do direito contratual, não somente na compreensão do conceito e da função do contrato, mas principalmente na normativa geral que disciplina o exercício da liberdade de contratar. Os princípios gerais do direito contratual passam a revelar, como não podia deixar de ser, o impacto da tábua axiológica estabelecida pelo texto constitucional. *Constitucionalização do direito contratual*

De maneira geral, nas últimas décadas, o direito civil assistiu ao deslocamento de seus princípios fundamentais do Código Civil para a Constituição, em difusa experiência contemporânea, da Europa Continental à América Latina. Tal realidade, vista por muitos com certa desconfiança, na tentativa de reduzi-la a fenômeno de técnica legislativa – ou mesmo à mera atecnia –, revela processo de profunda transformação axiológica, em que a autonomia privada passa a ser remodelada por valores não patrimoniais, de cunho existencial, inseridos na noção de ordem pública constitucional.

Nesse contexto, a promulgação da Constituição brasileira de 1988 veio a exigir que os institutos do direito civil, como os contratos, fossem funcionalizados à plena realização da dignidade da pessoa humana – princípio alçado pelo constituinte à *Sopesamento dos princípios colidentes* categoria de fundamento da República (art. 1º, III) – em prol da construção de uma sociedade livre, justa e solidária, objetivo central da nova ordem constitucional (art. 3º, I).[1]

A dignidade da pessoa humana constitui cláusula geral, remodeladora da dogmática do direito civil brasileiro, e principal elemento normativo para a promoção dos valores existenciais. Opera-se, segundo a axiologia constitucional, a funcionalização das situações jurídicas patrimoniais às existenciais, ou seja, a atividade econômica privada é protegida não como fim em si mesma, mas como instrumento que visa à realização plena da pessoa humana, a promover, assim, processo de inclusão social, com a ascensão à realidade normativa de interesses coletivos e de renovadas situações jurídicas existenciais desprovidas de titularidades patrimoniais, tuteladas independentemente (ou mesmo em detrimento) destas.

Imperativos constitucionais no direito contratual

Imperativos constitucionais como a livre-iniciativa, a livre-concorrência, a defesa do consumidor e do meio ambiente, a busca do pleno emprego e a redução das desigualdades sociais (art. 170) passam a guiar a interpretação e aplicação do direito contratual, em atendimento à supremacia da Constituição. Diante da unidade do ordenamento, o direito contratual deixa de ser considerado um microcosmo imune à incidência do dever de promoção existencial e do pleno desenvolvimento da personalidade.[2]

Na experiência brasileira, a passagem do modelo clássico para o contemporâneo da teoria contratual, com o consequente surgimento de novos princípios, tem por referência normativa fundamental a Constituição da República de 1988, que consagrou os valores da dignidade da pessoa humana (art. 1º, III, CR), da solidariedade social (art. 3º, I) e da isonomia substancial (art. 3º, III). Na esteira da nova ordem jurídica assim delineada, nitidamente solidarista, promulgou-se a Lei. 8.078/90, o Código de Defesa do Consumidor, que transporta para a disciplina legal dos contratos a nova tábua de valores. Tais normas mitigam, nas relações paritárias, os contornos dos princípios contratuais tradicionais, alterando-os qualitativamente, de modo a delinear a nova dogmática dos contratos.

Remodelam-se, assim, as relações de consumo, os contratos de massa, a atividade empresarial e o exercício da liberdade de contratar, que se solidarizam, sempre no sentido de conferir efetiva promoção da dignidade da pessoa humana, em conformidade com o mandamento constitucional. O texto constitucional não deixa de proteger o exercício legítimo das liberdades, os espaços de autonomia negocial, a livre-iniciativa: esses valores, contudo, deixam de desfrutar de uma posição de superioridade *prima facie* e passam a dever ser conciliados com as exigências de tutela da dignidade e da solidariedade social.

Em um contexto de uma Constituição compromissória, que assegura o pluralismo de valores junto à sociedade civil, é natural que tais princípios constitucionais – e os

---

[1] Paulo Luiz Netto Lôbo, *Direito civil: contratos*, São Paulo: Saraiva, 2006, 2ª ed., p. 54.

[2] Teresa Negreiros, *Teoria do contrato: novos paradigmas*, Rio de Janeiro: Renovar, 2002, 2ª ed., p. 492.

princípios contratuais deles decorrentes – venham a oferecer, em abstrato, soluções diversas. Diante desse cenário, que já foi denominado de "hipercomplexidade",[3] cumpre ao intérprete construir a normativa do caso concreto, sopesando os princípios em jogo à luz da relação jurídica sob exame, de maneira a determinar a solução mais adequada à totalidade do ordenamento, complexo, porém unitário.

Dessa forma, assim como o texto constitucional tutela, de um lado, princípios como a livre-iniciativa, a livre-concorrência e a propriedade privada, e, de outro lado, o valor social da livre-iniciativa, a defesa dos vulneráveis e a função social da propriedade, também a principiologia contratual busca conciliar a liberdade de contratar, a força obrigatória dos contratos, a relatividade e intangibilidade de seus efeitos com a boa-fé, a função social dos contratos, o equilíbrio contatual e a proteção dos vulneráveis.

A repercussão de tais princípios será aprofundada nos itens subsequentes. De todo modo, pode-se dizer, em síntese estreita, que a boa-fé objetiva atua preponderantemente sobre a liberdade de contratar. O equilíbrio contratual, por sua vez, altera substancialmente a força obrigatória dos pactos, dando ensejo a institutos como a lesão (art. 157, Código Civil), a revisão e a resolução por excessiva onerosidade (arts. 317, 478 e 479, Código Civil). E a função social, a seu turno, subverte o princípio da relatividade, impondo efeitos contratuais que extrapolam a avença negocial. Ou seja, os contratantes devem respeitar os titulares de interesses socialmente relevantes alcançados pela órbita do contrato. Essas ponderações somente se tornam possíveis à luz das circunstâncias do caso concreto, observadas as características gerais de sentido e alcance de cada um desses princípios, a serem projetadas sobre a necessária contextualidade do processo hermenêutico.[4]

2. LIBERDADE DE CONTRATAR E SUAS RESTRIÇÕES

O princípio da autonomia privada constitui-se no principal alicerce do direito civil clássico, tendo por corolários, no âmbito do direito contratual, a força obrigatória dos contratos, a intangibilidade e relatividade dos seus efeitos e, principalmente, a liberdade de contratar. Consoante clássica lição, esta configura a liberdade de escolha no que tange a quando, o quê e com quem contratar, tendo-se à disposição o aparato estatal para fazer valer a avença.[5]

Tamanha é a amplitude atribuída a essa liberdade que se costuma subdividi-la em liberdade de contratar, abarcando a escolha sobre contratar ou não, e a liberdade contratual, referente à determinação dos termos do contrato. Nesta se incluiriam a possibilidade de escolher o conteúdo do contrato, o tipo contratual (ou elaborar um

<small>Liberdade de contratar e liberdade contratual</small>

---

[3]   Antônio Junqueira de Azevedo, Os princípios do atual direito contratual e a desregulamentação do mercado. Direito de exclusividade nas relações contratuais de fornecimento. Função social do contrato e responsabilidade aquiliana do terceiro que contribui para inadimplemento contratual, *Estudos e pareceres de direito privado*, São Paulo: Saraiva, 2004, p. 40.

[4]   Luiz Edson Fachin, *Direito civil: sentidos, transformações e fim*, Rio de Janeiro; Renovar, 2015, p. 62.

[5]   Miguel Maria de Serpa Lopes, *Curso de direito civil*, vol. III, Rio de Janeiro, Freitas Bastos, 1962, 4ª ed., p. 19.

contrato atípico), a forma do pacto, a estrutura da contratação (unilateral, bilateral, plurilateral, mais de um contrato em coligação, utilização de contrato com fins indiretos), a eficácia do contrato, a sanção aplicável (cláusula penal, limitação do dever de indenizar), cláusula compromissória de arbitragem em caso de conflito, o direito aplicável ao contrato, entre outras cláusulas possíveis.[6]

Dirigismo contratual

No entanto, o processo de intervenção do Estado na economia, projetado nesta seara por meio do chamado *dirigismo contratual*, destacado no capítulo anterior, acabou por restringir significativamente esses espaços tradicionalmente atribuídos à liberdade de contratar. Para além das tradicionais exigências de licitude do objeto e adequação à ordem pública e aos bons costumes, que passam a ser ressignificadas à luz de valores solidaristas, o legislador passa a interferir de forma mais incisiva sobre a liberdade de contratar, eliminando-a por completo em certas situações.

Proibição de contratar

Esse é o caso das hipóteses de proibição de contratar, quando se criam condicionamentos sem os quais o exercício dessa liberdade é vedado aos particulares, como se costuma exemplificar com a alienação de bens indisponíveis, o contrato de trabalho sem carteira assinada e o contrato sem autorização estatal ou de terceiro quando

Dever de contratar

essa for exigida. Ainda mais significativas são as hipóteses de imposição de dever de contratar, quando é afastada a liberdade de recusar a contratação. Por exemplo, nos casos de existência de contrato preliminar, na concessão de serviços públicos (transporte, comunicação, água, luz), na existência de dever funcional (médico, advogado), no caso de seguro de responsabilidade civil obrigatório (DPVAT)[7] e na oferta de bens de consumo.

A proibição ou obrigação de contratar pode dar-se ainda de forma parcial, atingindo não a liberdade de contratar como um todo, mas somente certos aspectos da

Cláusulas vedadas ou compulsórias

liberdade contratual. Assim, não é incomum que o legislador imponha a presença de certas cláusulas em contratos de seguro, de transporte e bancários, como a cobertura obrigatória de certos serviços, bem como proíba a previsão de outras cláusulas, como a chamada "venda casada" nas relações de consumo. Aduza-se, ainda, a restrição à liberdade de escolher a vigência do contrato e com quem contratar, nas hipóteses de transmissão ou renovação forçada do contrato, como ocorre nos casos de locação de imóvel urbano.

Para além desses exemplos pontuais de interferência do legislador sobre o alcance da liberdade de contratar, prioritário é ter em vista a ressignificação do próprio espaço da liberdade de contratar no ordenamento. O contexto axiológico no qual se insere o Código Civil, a partir da Constituição da República de 1988, altera, de forma radical,

---

[6]   Pietro Perlingieri, *Manuale di diritto civile*, Napoli: ESI, 1997, pp. 350-351.

[7]   A Medida Provisória 904/2019, que pretendia a extinção do Seguro Obrigatório de Danos Pessoais causados por Veículos Automotores de Vias Terrestres – DPVAT e do Seguro Obrigatório de Danos Pessoais Causados por Embarcações ou por suas Cargas – DPEM, foi suspensa pelo Plenário do Supremo Tribunal Federal, por decisão liminar na Ação Direta de Inconstitucionalidade 6.262, em 20 de dezembro de 2019, e encerrou sua vigência em 20 de abril de 2020, pelo decurso do prazo sem sua conversão em lei pelo Congresso Nacional (Ato do Presidente da mesa do Congresso Nacional n. 28, de 2020).

o sentido tradicionalmente atribuído à autonomia privada e à liberdade de contratar, que deixa de desfrutar da posição de prioridade de outrora para figurar ao lado dos demais princípios, submetida ao juízo de ponderação.

Assim, não é possível abordar esse movimento, de maneira simplista e generalizante, somente como uma paulatina supressão dos espaços de liberdade. A liberdade de contratar continua a ser tutelada, de maneira que ainda se permite que as partes, na prática, concorram entre si na aquisição e manutenção de posições prevalentes e de proteção, o que é da essência das relações negociais. O comprador deseja o menor preço, o vendedor, o maior, e não há como esperar que renunciem a tais interesses, que são da lógica do negócio. O que ocorre é a mitigação da prioridade absoluta de que desfrutava esse princípio, que passa a ser instrumentalizado à satisfação igualmente de outros valores constitucionais.

Legitimidade da conquista de posições de vantagem

3. RELATIVIDADE DOS EFEITOS DO CONTRATO

A relatividade dos pactos, consagrada no aforismo latino *res inter alios acta tertio neque nocet neque prodest*, foi considerada, ao longo dos séculos, como ontológica e logicamente ínsita à noção de vínculo obrigacional restrito às próprias partes. Uma vez que o fundamento de juridicidade do contrato se encontrava na vontade manifestada pelos contratantes, somente seria admissível que o pacto produzisse efeitos jurídicos sobre esses sujeitos, descabida qualquer repercussão sobre aqueles que não tivessem manifestado sua concordância.

Assim, tomando por base o critério exclusivo da manifestação de vontade, os sujeitos se dividiam entre partes, sobre as quais recaíam os direitos e obrigações negocialmente estabelecidos, e terceiros, os quais, por exclusão, pertenciam a universo separado, imune aos efeitos do contrato. Esse modelo, no qual as repercussões do contrato permaneciam ilhadas das demais relações jurídicas, restou expresso na redação original do art. 1.165 do Código Civil francês (1804), segundo o qual "os contratos só têm efeito entre as partes contratantes; eles não prejudicam terceiros e não lhes geram benefícios [...]". Embora não expresso no nosso ordenamento, o princípio da relatividade sempre foi tido como um princípio geral do direito contratual brasileiro.

Partes e terceiros

Por conseguinte, para que o contrato pudesse vir a produzir efeitos junto a terceiros, seria necessário, em regra, que o terceiro em questão viesse a consentir, passando a integrar, portanto, o universo contratual, por meio de sua manifestação de vontade. A única exceção a esta regra, reconhecida já no direito civil clássico, era a estipulação em favor de terceiro, em que se permite, em certas hipóteses, que um terceiro venha a adquirir direitos em virtude de contrato para o qual não consentiu, como se observará oportunamente.[8]

---

[8] O tema será objeto de estudo no capítulo VIII.

No entanto, esse cenário transforma-se com o reconhecimento de que o contrato não pode ser concebido como uma ilha, indiferente às demais relações jurídicas que o cercam, devendo, ao revés, atuar como instrumento de desenvolvimento da pessoa humana e de efetivação do princípio constitucional de solidariedade social. Dessa forma, funcionalizado ao atendimento da principiologia constitucional, a interpretação do contrato torna-se permeável à consideração de interesses não contratuais juridicamente relevantes e mitiga-se a até então rígida barreira entre contratantes e não contratantes.

Interesses não contratuais juridicamente relevantes

Em primeiro lugar, ao lado dos próprios interesses patrimoniais, os contratantes devem respeitar os interesses socialmente relevantes alcançados pela órbita do contrato, por força da função social do contrato, como será observado no item 6 deste capítulo. Além disso, a disciplina contratual torna-se oponível a terceiros em função do princípio da boa-fé objetiva, o que assume especial relevância nos casos de danos provocados por terceiros a um dos contratantes (doutrina do terceiro cúmplice), como será analisado no capítulo VIII. A relativização da relatividade, portanto, opera-se por duas vias. Enquanto a função social dos contratos determina a observância pelas partes de interesses extracontratuais socialmente relevantes, a boa-fé objetiva impõe aos contratantes e a terceiros o respeito a efeitos contratuais que, sendo de conhecimento público, tornam-se bem jurídico digno de proteção por toda a sociedade.[9]

Impacto da boa-fé e da função social do contrato

4. CONSENSUALISMO, FORÇA OBRIGATÓRIA E INTANGIBILIDADE DO CONTEÚDO DO CONTRATO

A previsibilidade e estabilidade das relações contratuais, de maneira a garantir segurança jurídica para o livre jogo econômico das relações individuais, traduzem os objetivos e valores do contexto histórico liberal em que foi forjada a principiologia contratual clássica. Por conseguinte, ao lado da liberdade de contratar e da relatividade dos efeitos dos contratos, o consensualismo manifesta a proteção ao livre exercício da autonomia negocial, tutelando-se a vontade do contratante em contraponto à ameaça de intervenção. O *solus consensus obligat* constitui o coroamento, na mo-

Pacta sunt servanda

---

[9] Essas transformações não passaram despercebidas pelo Superior Tribunal de Justiça. Reconhece a Corte que "o tradicional princípio da relatividade dos efeitos do contrato (*res inter alios acta*), que figurou por séculos como um dos primados clássicos do Direito das Obrigações, merece hoje ser mitigado por meio da admissão de que os negócios entre as partes eventualmente podem interferir na esfera jurídica de terceiros – de modo positivo ou negativo –, bem assim, têm aptidão para dilatar sua eficácia e atingir pessoas alheias à relação inter partes. As mitigações ocorrem por meio de figuras como a doutrina do terceiro cúmplice e a proteção do terceiro em face de contratos que lhes são prejudiciais, ou mediante a tutela externa do crédito" (STJ, 2ª T., REsp 468.062, Rel. Min. Humberto Martins, julg. 11.11.2008). Mais recentemente, em caso em que a Corte confirmou a condenação por danos morais do terceiro ofensor, que enviou carta desabonadora à empresa patrocinadora de um atleta, relatando, de modo difamatório e vingativo, suposta conduta criminosa do patrocinado, destacou-se: "Terceiro ofensor também está sujeito à eficácia transubjetiva das obrigações, haja vista que seu comportamento não pode interferir indevidamente na relação, perturbando o normal desempenho da prestação pelas partes, sob pena de se responsabilizar pelos danos decorrentes de sua conduta" (STJ, 3ª T., Processo sob segredo de justiça, Rel. Min. Marco Aurélio Bellizze, julg. 26.4.2022).

dernidade, de que a palavra empenhada é suficiente para criar vínculo jurídico, prescindindo, em regra, de qualquer formalidade na expressão do consentimento ou mesmo da chancela estatal. Completa-se, afinal, com a força obrigatória do contrato, princípio fundamental do direito contratual, a exigir que os pactos sejam cumpridos. Sob o aforismo clássico *pacta sunt servanda*, construiu-se a noção de que "o contrato faz lei entre as partes", emprestando ao fruto da autonomia negocial o mesmo efeito das determinações do legislador.[10]

No contexto contemporâneo, são máximas que já não têm a mesma força, pois sua relativização em razão da prioridade de outros valores afasta a equiparação então pretendida: o ato de autonomia somente será protegido enquanto merecedor de tutela e, dessa forma, ocupa papel no sistema estrutural e funcionalmente diverso da lei. No entanto, o consensualismo e a força obrigatória dos contratos continuam a ser relevantes princípios de direito contratual, não mais em razão de um fetichismo da palavra empenhada, mas em atendimento ao valor jurídico da confiança e à função social do contrato.

Obrigatoriedade do contrato sob novo fundamento

De fato, observada a obrigatoriedade como elemento constitutivo do próprio conceito de contrato, no capítulo anterior, seria contraditório pensar em um contrato completamente desprovido de obrigatoriedade. Portanto, a obrigatoriedade do contrato persiste como princípio fundamental, embora seu fundamento passe a se extrair não mais da vontade em si, mas dos interesses dignos de proteção a que se pode atender.

Estabelecidas tais regras hermenêuticas, que concretizam a obrigatoriedade dos pactos na experiência jurídica brasileira, percebe-se, de fácil, a relevância, para a interpretação do negócio jurídico, do princípio da intangibilidade, e sua repercussão no âmbito contratual. Na medida em que o contrato vincula os contratantes, o acordo torna-se intangível, ou seja, insuscetível de modificação por vontade unilateral de uma das partes ou por interferência externa. Somente o consenso dos contratantes, mediante deliberação bilateral, poderia alterar o conteúdo contratual.[11]

Intangibilidade do conteúdo contratual

A intangibilidade do conteúdo contratual configura-se assim como pressuposto de cumprimento do papel social e político do contrato no contexto liberal, em atendimento à segurança e previsibilidade que devem pautar as relações jurídicas. Imunizado o contrato contra interferências externas, fica resguardada às partes a certeza de que os efeitos previstos na celebração do contrato serão os efeitos a se produzirem durante a sua execução.

No entanto, repise-se, o novo significado atribuído ao contrato pela ordem constitucional agrega à sua fundamentação outros imperativos além da estabilidade das relações. O equilíbrio entre essas exigências pode conduzir a que, em determinadas circunstâncias, o conteúdo do contrato seja reconstruído pelo intérprete, em

---

[10] J. M. de Carvalho Santos, *Código Civil brasileiro interpretado*, vol. XV, Rio de Janeiro: Freitas Bastos, 1975, 8ª ed., p. 22.

[11] Orlando Gomes, *Contratos*, Rio de Janeiro, Forense, 2009 (1959), 26ª ed., p. 39.

sua atividade hermenêutica, de maneira a compatibilizá-lo com a principiologia que rege o direito contratual e condiciona o exercício da autonomia negocial.

Relativização da intangibilidade

Dessa forma, são exemplos de relativização da intangibilidade do conteúdo do contrato a possibilidade da revisão, rescisão ou da resolução contratual, por lesão ou por excessiva onerosidade, em atendimento ao princípio do equilíbrio contratual, bem como o afastamento de cláusulas reputadas abusivas, o controle do exercício de direitos e a imposição de deveres não previstos pelas partes, com fundamento na boa-fé, na função social do contrato e na proteção dos vulneráveis. Nessa linha, o conteúdo do contrato pode ser determinado, na atividade hermenêutica, por uma conciliação entre fontes autônomas e heterônomas. Em outras palavras, na normativa contratual combinam-se as regras decorrentes do exercício da liberdade criativa das partes, que traduzem a autorregulamentação de seus interesses, com aquelas oriundas da intervenção legislativa e do dirigismo contratual, bem como, de forma mais ampla, direitos e deveres produzidos pela incidência direta da principiologia constitucional, como decorrência da funcionalização do contrato à realização do projeto constitucional.

5. BOA-FÉ

Da boa-fé subjetiva à boa--fé objetiva

O Código Comercial brasileiro, de 1850, em seu art. 131, referia-se à boa-fé como critério interpretativo dos contratos comerciais, mas o dispositivo, contudo, não obteve significativa relevância na jurisprudência pátria, merecendo apenas esparsa referência doutrinária.[12] De fato, até o advento do Código de Defesa do Consumidor, em 1990, o termo boa-fé era utilizado pelos tribunais brasileiros exclusivamente em sua acepção subjetiva, isto é, como desconhecimento de determinado vício jurídico; a indicar o estado psicológico do sujeito que, a despeito de atuar contrariamente à lei, merecia tratamento benéfico por conta da ausência de malícia caracterizada por sua crença ou suposição de estar agindo em conformidade com o direito. Era também neste sentido que o Código Civil de 1916 empregava o conceito, referindo-se, por exemplo, ao possuidor de boa-fé como aquele que tem a posse de um bem sem consciência do vício ou obstáculo que lhe impede de adquirir o domínio sobre a coisa.[13]

A positivação da boa-fé como princípio da Política Nacional de Relações de Consumo, em 1990, deu fundamento legal à adoção, no Brasil, da noção de boa-fé objetiva conforme construída pelos tribunais alemães e italianos, a partir do § 242 do Código Civil alemão e do artigo 1.375 do Código Civil italiano. Com a promulgação do Código de Defesa do Consumidor, desenvolveu-se, no direito brasileiro, a doutrina da boa-fé objetiva, inserida como princípio da política nacional de relações de consumo, a permear, em certa medida, o rol dos "direitos básicos do consumidor"

---

[12]   Clóvis Couto e Silva, *A obrigação como processo*, Rio de Janeiro: FGV, 2006, p. 37.

[13]   Lacerda de Almeida, *Direito das coisas*, Rio de Janeiro, J. Ribeiro Santos, 1908, pp. 217-218.

CAPÍTULO III | PRINCÍPIOS DE DIREITO CONTRATUAL 41

(art. 6º, CDC). Também o art. 51, em matéria de práticas comerciais abusivas, vale-se da boa-fé objetiva, declarando nulas as obrigações que fossem com ela incompatíveis.

A boa-fé objetiva aparece, assim, a partir de então, como cláusula geral que, assumindo diferentes feições, impõe às partes o dever de colaborarem mutuamente para a consecução dos fins perseguidos com a celebração do contrato. Embora até o advento do Código Civil de 2002 fosse prevista apenas no Código Comercial e no Código de Defesa do Consumidor, já se operava sua ampla aplicação às relações empresariais, por obra da jurisprudência e da doutrina.

Nessa vertente, previu o Código Civil a boa-fé como princípio incidente sobre todas as relações jurídicas, no âmbito da teoria geral, *ex vi* do art. 113 ("Os negócios jurídicos devem ser interpretados conforme a boa-fé e os usos do lugar de sua celebração"); e, especificamente do direito contratual, consoante o art. 422 ("Os contratantes são obrigados a guardar, assim na conclusão do contrato, como em sua execução, os princípios de probidade e boa-fé"), apto a produzir efeitos na fase pré-contratual, durante o contrato e mesmo após a consumação dos efeitos contratuais (eficácia pós-contratual). *(Incorporação pelo Código Civil de 2002)*

Como se vê, os preceitos não se referem à boa-fé subjetiva, como estado de consciência, mas à concepção de boa-fé que, desvinculada de elementos subjetivos, exige comportamentos objetivamente adequados aos parâmetros de lealdade, honestidade e colaboração para o alcance dos fins perseguidos na relação obrigacional.

Por se tratar de cláusula geral,[14] nenhum desses diplomas estabeleceu parâmetros específicos que servissem de auxílio na determinação de seu conteúdo. A tarefa foi deixada à discricionariedade do julgador, a quem cabe analisar, na situação concreta, a partir do comportamento esperado em cada campo específico de atividade, a honestidade e a lealdade compatíveis com o regulamento de interesses. Daí a importância de se buscar definir, em doutrina, os contornos dogmáticos da boa-fé objetiva, em especial as suas funções e os seus limites, a partir da previsão dos arts. 113 e 422 do Código Civil. *(Cláusula geral de boa-fé)*

Nessa perspectiva, a doutrina brasileira, na esteira dos autores estrangeiros,[15] atribui à boa-fé tríplice função: (i) função interpretativa; (ii) função restritiva do exercício abusivo de direitos; e (iii) função criadora de deveres anexos.[16] *(Tríplice função)*

Na primeira função, a boa-fé apresenta-se como critério hermenêutico, exigindo que a interpretação das cláusulas contratuais privilegie o sentido mais conforme ao escopo econômico perseguido pelas partes, em detrimento de soluções que, valendo-

---

[14] Sobre o tema, cf. Judith Martins-Costa, *A boa fé no direito privado*, São Paulo: Revista dos Tribunais, 1999, *passim*.

[15] Franz Wieacker, *El principio general de la buena fé*, trad. espanhola de Jose Luis de los Mozos, Madrid: Civitas, 1976, cap. IV.

[16] V., sobre o tema, Claudia Lima Marques, *Contratos no Código de Defesa do Consumidor*, São Paulo: Revista dos Tribunais, 2002, 4ª ed.; Antônio Junqueira de Azevedo, Responsabilidade pré-contratual no Código de Defesa do Consumidor: Estudo comparativo com a responsabilidade pré-contratual no direito comum. *Revista de Direito do Consumidor*, vol. 18, 1996, p. 23 e ss.

-se por vezes de imprecisão ou ambivalência linguística do instrumento contratual, acabam por oferecer vantagem para uma das partes em detrimento da finalidade comum.[17] A chamada Lei da Liberdade Econômica (Lei 13.784/19) minudenciou a atuação hermenêutica da boa-fé – por vezes de forma tautológica – destacando a importância da coerência entre a interpretação e o comportamento adotado pelas partes na execução do contrato, apto a criar legítimas expectativas na sua continuidade, bem como da sensibilidade ao contexto negocial dos envolvidos, seja quanto aos usos e costumes daquele meio, seja quanto à racionalidade e às informações de que tinham acesso a partir do tipo de relação estabelecida (consumo, empresarial etc.).

Especializações funcionais No que tange à segunda função indicada, a boa-fé atua como limite negativo ao exercício de direitos, de modo a impedir, no âmbito dos contratos, o exercício irregular ou abusivo de posições contratuais. Tal função da boa-fé foi incorporada no art. 187 do novo Código Civil, que inclui a boa-fé como um dos parâmetros do controle de abusividade.[18] Sob esta função, a doutrina desenvolveu parâmetros específicos para hipóteses de sua aplicação, referidas como especializações funcionais ou figuras parcelares, tais como *venire contra factum proprium*, *supressio* e *surrectio* e *tu quoque*, nos quais se individualiza a construção da confiança por meio dos atos próprios, da reiteração de condutas, de imperativos de reciprocidade ou ainda do cumprimento significativo de parte da prestação. Essas figuras contribuem para uma atividade interpretativa mais claramente fundamentada e voltada a dar concretude à aplicação do princípio da boa-fé em conjugação com o abuso do direito.

O (*nemo potest*) *venire contra factum proprium* ("ninguém pode vir contra fato próprio") configura proibição de comportamento contraditório, reputando abusiva, por contrariedade à boa-fé, a conduta do contratante que, depois de ter se comportado de determinada forma, criando na outra parte uma expectativa legítima, pretende adotar comportamento oposto, frustrando a confiança despertada.[19] Seria o caso, por exemplo, do contratante que, tendo executado fielmente suas obrigações por mais da metade da vigência do contrato, alega a nulidade de cláusula somente quando cobrado judicialmente por parcelas não pagas.[20]

---

[17] Maria Costanza, *Profili dell'interpretazione del contratto secondo buona fede*, Milano: Giuffrè, 1989, *passim*.

[18] Dispõe o Código Civil: "Art. 187. Também comete ato ilícito o titular de um direito que, ao exercê-lo, excede manifestamente os limites impostos pelo seu fim econômico ou social, pela boa-fé ou pelos bons costumes". Do ponto de vista técnico, o ato ilícito não se identifica com o abusivo. As consequências são diferenciadas em um e outro caso. Quando o contratante exerce conduta não autorizada por qualquer norma jurídica, desta conduta resultando violação a dever anexo imposto pela boa-fé, ocorre tecnicamente *ato ilícito*. Ao revés, quando o contratante exerce conduta autorizada pela lei ou pelo contrato, mas, com este exercício, viola deveres anexos impostos pela boa-fé, ocorre ato abusivo. As figuras, a despeito do que sugere a redação do art. 187, não se confundem. Sobre o assunto, v. o capítulo 17 do volume 1.

[19] Sobre o tema, Anderson Schreiber, *A proibição de comportamento contraditório: tutela da confiança e venire contra factum proprium*, São Paulo: Atlas, 2016, 4ª ed., p. 123 e ss.

[20] STJ, 3ª T., REsp 1.692.763/MT, Rel. Min. Moura Ribeiro, Rel. p/acórdão Min. Nancy Andrighi, julg. 11.12.2018, publ. *DJe* 19.12.2018.

Forma peculiar de contradição de comportamento caracteriza o *tu quoque* – cuja denominação tem origem na reação indignada de Julio Cesar, tal qual descrito na literatura por Shakespeare, à participação de seu filho adotivo Brutus no seu assassinato (*tu quoque brute fili mi*). Com esta imagem, retrata-se a conduta reputada abusiva e violadora da boa-fé em razão da quebra de reciprocidade: veda-se que o contratante invoque contra o outro a cláusula que ele mesmo anteriormente descumpriu ou a nulidade a que deu causa.[21] É o caso, por exemplo, da locadora que pretendeu a desconstituição do distrato que ela própria redigiu alegando a ausência da forma exigida.[22]

A *suppressio* ("supressão") consiste na impossibilidade de exercício de um direito em razão de seu reiterado não uso, criando na outra parte uma legítima expectativa de renúncia.[23] A jurisprudência recente aplicou ao caso do profissional que pretendia retribuição pelo uso de seu nome após ter tolerado a utilização por quase duas décadas.[24] Sob a perspectiva inversa, fala-se de *surrectio* (ou *Erwirkung*, "obtenção"), que seria a constituição do direito a persistir a realizar determinada conduta repetidamente tolerada, direito que já seria tido como presente na efetividade social.[25] Nos tribunais, em controvérsia sobre se determinado contrato constitui locação ou comodato, a *surrectio* foi aplicada para atribuir ao utente o direito a continuar a servir-se de balsa alheia sem contraprestação, em razão de a proprietária da balsa ter se abstido de cobrar aluguéis por sete anos. Em outro caso, a *surrectio* foi aplicada para manter um idoso, que sofre de enfermidade mental, no plano de saúde de sua curadora e irmã, embora o respectivo regulamento não considere dependente o irmão incapaz do titular, tendo em vista que o idoso se encontrava inserido no plano de saúde como dependente já há 7 anos quando a operadora comunicou que o curatelado seria excluído, por inconformidade com a previsão regulamentar do plano.[26]

Ao lado desse segundo papel, a boa-fé constitui-se ainda em fonte criadora de deveres anexos à prestação principal, além dos deveres específicos estabelecidos no instrumento contratual. Trata-se dos deveres de lealdade, de honestidade, de transparência e de informação, dentre outros, exigidos dos contratantes de acordo com as peculiaridades de cada regulamento contratual, no sentido de otimizar o desempenho

Deveres anexos

---

[21]   Antonio Menezes Cordeiro, *Da boa fé no direito civil*, Coimbra: Almedina, 1997, p. 837 e ss.

[22]   STJ, 4ª T., REsp 1.040.606/ES, Rel. Min. Luis Felipe Salomão, julg. 24.4.2012, publ. *DJe* 16.5.2012.

[23]   Marcelo Dickstein, *A boa-fé objetiva na modificação tácita da relação jurídica*: surrectio e suppressio, Rio de Janeiro: Lumen Juris, 2010, p. 113 e ss.

[24]   STJ, 3ª T., Resp 1.520.995/SP, Rel. Min. Paulo de Tarso Sanseverino, julg. 13.6.2017, publ. *DJe* 22.6.2017.

[25]   Antonio Menezes Cordeiro, *Da boa fé no direito civil*. Coimbra: Almedina, 1997, p. 816.

[26]   STJ, 4ª T., REsp 1.899.396, Rel. Min. Marco Buzzi, julg. 23.6.2022, publ. *DJe* 1.7.2022. Por outro lado, já se destacou que "a suspensão do cumprimento de sentença, em virtude da ausência de bens passíveis de excussão, por longo período de tempo, sem nenhuma diligência por parte do credor, não pode dar ensejo à suspensão da fluência dos juros e da correção monetária pela configuração da *supressio*, porquanto a pendência da ação que busca a concretização do título judicial impede que se gere no devedor a expectativa de inexigibilidade do débito" (STJ, 4ª T., REsp n. 1.717.144/SP, Rel. Min. Antonio Carlos Ferreira, julg. 14.2.2023, publ. 28.2.2023).

das prestações da contraparte.[27] Tal função da boa-fé objetiva, embora menos aparente no Código Civil, pode ser, em conformidade com a melhor doutrina e à semelhança da interpretação atribuída ao §242 do BGB, deduzida do já transcrito artigo 422 do diploma brasileiro.

A rigor, as três funções apontadas acima poderiam ser reduzidas a apenas duas: (i) a função interpretativa dos contratos e (ii) a função criadora de deveres anexos.[28] Tecnicamente, são estes deveres anexos, que formando o núcleo da cláusula geral de boa-fé, se impõem ora de forma positiva, exigindo dos contratantes determinado comportamento, ora de forma negativa, restringindo ou condicionando o exercício de um direito previsto em lei ou no próprio contrato.

De toda forma, os deveres anexos não têm fundamento na vontade pura dos contratantes, mas nas exigências de lealdade e transparência nos contatos sociais.[29] Dessa forma, são deveres capazes de sobreviver à ineficácia do negócio, de incidir além do período contratual, abrangendo os períodos pré e pós-contratuais e de atingir terceiros.[30] Sua configuração não pode ser determinada em abstrato, *a priori*, pressupondo, ao invés, um diálogo hermenêutico com as circunstâncias específicas do caso concreto.

Vinculação dos deveres à função do contrato

Tais deveres anexos, todavia, não incidem de modo ilimitado ou de forma a privilegiar uma das partes contratantes em detrimento de outra. Não se poderia supor que a boa-fé objetiva criasse, por exemplo, dever de informação apto a exigir de cada contratante esclarecimentos acerca de todos os aspectos da sua atividade econômica ou de sua vida privada, a ponto de extrapolar o objeto do contrato. Assim, se é certo que o vendedor de um automóvel tem o dever – imposto pela boa-fé objetiva – de informar o comprador acerca do histórico de utilização do veículo, não tem, por certo, o dever de prestar ao comprador esclarecimentos sobre sua preferência partidária, sua vida familiar, orientação sexual ou seus hábitos cotidianos, ainda que tais informações, do ponto de vista subjetivo, pudessem ter importância crucial para o comprador. O dever de informação assim concebido mostrar-se-ia não apenas exagerado, mas desprovido de conexão funcional com as prestações contratuais. Faz-se necessário, portanto, vincular o dever de informação e demais deveres anexos à otimização do desempenho das obrigações assumidas pelos contratantes, evitando-se banalizar ou inviabilizar a aplicação da cláusula geral de boa-fé.[31]

---

[27]   Antonio Menezes Cordeiro, *Da boa fé no direito civil*, Coimbra: Almedina, 1997, p. 605 e ss.

[28]   Gustavo Tepedino e Anderson Schreiber, Os efeitos da Constituição em relação à cláusula da boa-fé no Código de Defesa do Consumidor e no Código Civil. *Revista da EMERJ*, vol. 6, Rio de Janeiro, 2003, p. 146.

[29]   Referindo-se ao "mal-estar que rodeia a doutrina destes deveres" em virtude das dificuldes de sua classificação nos rigorosos parâmetros da dogmática tradicional, Manuel A. Carneiro da Frada, *Contrato e deveres de proteção*, Coimbra: Coimbra, 1994, p. 47.

[30]   Jorge Cesa Ferreira da Silva, *A boa-fé e a violação positiva do contrato*, Rio de Janeiro: Renovar, 2002, p. 102.

[31]   Gustavo Tepedino e Anderson Schreiber, Os efeitos da Constituição em relação à cláusula da boa-fé no Código de Defesa do Consumidor e no Código Civil. *Revista da EMERJ*, vol. 6, Rio de Janeiro, 2003.

Nessa direção, há de se ter em conta a vontade declarada dos contratantes, que expressa os interesses protegidos pelo contrato e as finalidades perseguidas pelo instrumento contatual, de tal modo que a boa-fé objetiva não importa em sacrifício de posições individuais de uma parte em favor da contraparte, visando ao reverso compatibilizar os recíprocos e contrastantes interesses. Em outras palavras, é da essência das relações negociais que cada contratante busque fazer prevalecer o seu próprio interesse. A boa-fé, seja por meio da imposição positiva de deveres anexos, seja por meio da proibição de exercer abusivamente os direitos contratuais, não implica renúncia a tais direitos ou às situações de preponderância que possam vir a ocorrer no curso da relação obrigacional.[32]

Sustentar o contrário traduz puro romantismo, do qual as relações patrimoniais e a prática contratual não se compadecem.[33] A concorrência por posições prevalentes e a disputa em favor de interesses contrapostos é inerente a qualquer negócio jurídico. E se é certo que, em relações de consumo, o direito deve atuar de forma protetiva, em atenção à vulnerabilidade do consumidor, utilizando-se dos mecanismos próprios para reequilibrar a relação entre as partes, há que se reconhecer igualmente que, nas relações paritárias, o direito não vem proteger uma das partes, mas exigir de ambas atuação honesta e leal (eis o que reclama a boa-fé objetiva), sempre em conformidade com os valores consagrados pelo ordenamento civil-constitucional.

Por outro lado, o princípio da boa-fé objetiva, informado pela solidariedade constitucional, por não se limitar ao domínio do contrato, alcança todos os titulares de situações jurídicas subjetivas e patrimoniais, vinculando-os ao respeito de posições contratuais, suas ou de terceiros. Dessa forma, ao incidir em relações extracontratuais, impõe dever legal de abstenção a terceiros, de modo a impedir-lhes a interferência em relação a que são estranhos. Fundamenta-se, assim, no dever legal imposto pela boa-fé objetiva a proteção do crédito em face de terceiros. Portanto, aquele que conscientemente contribui para o inadimplemento de relação contratual de que não faz parte responde pela violação de conduta imposta pela boa-fé objetiva. Verifica-se, assim, mais uma vez, a mitigação do princípio da relatividade em sua concepção clássica, com vistas a coibir conduta danosa do não contratante que, tendo ciência do tecido contratual, provoca ou

Incidência da boa-fé além dos contratantes

---

[32] Mostra-se clara, nessa direção, a evolução da doutrina italiana que tem se ocupado do princípio da boa-fé objetiva: "(...) *all'esigenza di solidarietà, di cui è espressione l'obbligo di buona fede, si contrappone la necessità di lasciare una certa libertà di manovra agli interessi in lotta, libertà di procurarsi e mantenere posizioni di vantaggio*" (Cesare Pedrazzi, *Inganno ed errore nei delitti contro il patrimonio*, Milano: Giuffrè, 1955, p. 206. Corroborando a afirmação, Guido Alpa, Responsabilità precontrattuale, *Enciclopedia Giuridica*, vol. XXVII, Roma: Istituto della Enciclopedia Italiana, 1991, p. 5). Em tradução livre: "À exigência de solidariedade, da qual é expressão o dever de boa-fé, contrapõem-se a necessidade de deixar certa liberdade de manobra aos interesses em luta, liberdade de perseguir para si e manter posições de vantagem".

[33] A advertência é de Antônio Junqueira de Azevedo, Insuficiências, deficiências e desatualização do Projeto de Código Civil na questão da boa-fé objetiva nos contratos. *Revista Trimestral de Direito Civil*, n. 1, vol. 1, 2000, p. 8: "(...) daí até mesmo uma visão talvez excessivamente romântica, de que os contratantes devem colaborar entre si".

contribui para o inadimplemento contratual. Essa responsabilidade deve se basear no dever legal imposto pela boa-fé objetiva, a qual acaba por expandir a terceiros os efeitos da contratação.

6. FUNÇÃO SOCIAL DO CONTRATO

Os legítimos interesses individuais dos titulares da atividade econômica só merecerão tutela (isto é, só serão tutelados pelo ordenamento jurídico) na medida em que interesses socialmente relevantes, posto que alheios à esfera individual, venham a ser igualmente tutelados. A proteção dos interesses privados justifica-se não apenas como expressão da liberdade individual, mas em virtude da função que desempenha para a promoção de posições jurídicas externas, integrantes da ordem pública contratual. Vincula-se, assim, a proteção dos interesses privados ao atendimento de interesses sociais a serem promovidos no âmbito da atividade econômica (socialização dos direitos subjetivos).[34]

Função como elemento interno e razão justificativa da autonomia contratual

Por isso, a função consiste em elemento interno e razão justificativa da autonomia contratual. Não para subjugar a iniciativa privada a entidades ou elementos institucionais supraindividuais, mas para instrumentalizar as estruturas jurídicas aos valores do ordenamento, permitindo o controle dinâmico e concreto da atividade privada. O recurso à função revela o mecanismo dinâmico de vinculação das estruturas do direito, em especial dos fatos jurídicos, dos centros de interesse privado e de todas as relações jurídicas aos valores da sociedade consagrados pelo ordenamento, a partir de seu vértice hierárquico, o Texto Constitucional.

O art. 421 do Código Civil

Positivou o Código Civil, na conhecida dicção de seu art. 421, o princípio da função social do contrato. No entanto, ainda hoje a interpretação desse dispositivo é permeada pela polêmica sob a qual o tema da função social se desenvolveu no Brasil. Embora introduzido no ordenamento jurídico pela Constituição da República de 1946, por meio da função social da propriedade, e há mais de cinquenta anos fosse objeto de estudo por parte da doutrina italiana, por muito tempo, na experiência brasileira, o princípio permaneceu associado à ciência política ou ao plano metajurídico. Com efeito, a função social, sob a ótica individualista que caracterizou as codificações oitocentistas, não se configurava em princípio jurídico, mas traduzia-se em postulado metajurídico, o qual correspondia, em matéria contratual, ao papel que o contrato deveria desempenhar no fomento às trocas e à prática comercial como um todo. Com a sua introdução no Código Civil – e à parte as críticas à redação do dispositivo, que suscitou até mesmo projeto de lei para

O debate sobre a função social

---

[34] Cfr. Gustavo Tepedino, Relações contratuais e a funcionalização do direito civil. *Pensar – Revista de Ciências Jurídicas*, Fortaleza, vol. 28, n. 1, pp. 1-10, jan./mar. 2023. Carlos Nelson Konder, Para além da principialização da função social do contrato. *Revista Brasileira de Direito Civil – RBDCivil*, vol. 13, n. 03, jul.-set. 2017, p. 39-59; e, para exame da aplicação do princípio à luz da jurisprudência pátria, v. Gustavo Tepedino, Danielle Tavares Peçanha, Função social dos contratos e funcionalização do Direito Civil à luz da jurisprudência do Superior Tribunal de Justiça. In: Otavio Luiz Rodrigues Jr.; Jadson Santana de Sousa (orgs.), *Direito Federal Interpretado*: estudos em homenagem ao Ministro Humberto Martins, Rio de Janeiro: GZ, 2024, p. 671-700.

a sua revisão –, surgiram diversas correntes de pensamento acerca do conteúdo e alcance da função social do contrato, destacando-se três principais posições,[35] no panorama do direito privado brasileiro, que buscaram delimitar o conteúdo e alcance do instituto.

A primeira delas sustenta que a função social do contrato não é dotada de eficácia jurídica autônoma, sendo espécie de orientação de política legislativa que revela sua importância em diversos institutos que, como expressão da função social, autorizam ou justificam soluções normativas específicas, tais como a resolução por excessiva onerosidade (CC, art. 478), a lesão (CC, art. 157), a conversão do negócio jurídico (CC, art. 170), a simulação como causa de nulidade (CC, art. 167), e assim por diante. Tal entendimento, apesar do respeito que merecem seus autores, acaba por reduzir a relevância prática da função social. Esta se expressaria por meio de institutos já positivados no ordenamento, restando desprovida, por isso mesmo, de eficácia jurídica autônoma. Desse modo, acabar-se-ia interpretando a Constituição à luz do Código Civil, vale dizer, o princípio constitucional da função social à luz da disciplina dos diversos institutos codificados que definiriam o seu conteúdo.

> Esvaziamento da importância da função social

A segunda corrente de pensamento afirma que a função social traduz o valor social das relações contratuais, enaltecendo a sua importância na ordem jurídica. Tal concepção, nesta esteira, concebe a função social do contrato como forma de assegurar a proteção do contratante mesmo em face de terceiros, alçando-a a fundamento de tutela na violação contratual provocada por terceiro cúmplice. Dito por outras palavras, a função social do contrato imporia aos terceiros o dever de colaborar com os contratantes, de modo a respeitar a situação jurídica creditória anteriormente constituída da qual têm conhecimento. A construção, embora inegavelmente sedutora, acaba por transformar a função social em instrumento de constituição de direitos, não já de deveres, para os contratantes, o que desvirtua a perspectiva funcional em que o contrato deve ser inserido.[36]

> Desvirtuamento da função social

---

[35] Para o exame pormenorizado das correntes professadas em matéria de função social dos contratos, seja consentido remeter a Gustavo Tepedino, Funcionalização do Direito Civil e o princípio da função social dos contratos. In: Guilherme Calmon Nogueira da Gama e Thiago Ferreira Cardoso Neves (orgs.), *20 anos do Código Civil*: relações privadas no início do século XXI, São Paulo: Editora Foco, 2022, p. 159-172.

[36] Essa orientação desvirtua o princípio da função social, em favor dos interesses patrimoniais contidos na avença contratual, já suficientemente tutelados. Como observado em outra sede, o princípio não há de representar a "ampliação da proteção dos próprios contratantes, o que amesquinharia a função social do contrato, tornando-a servil a interesses individuais e patrimoniais que, posto legítimos, já se encontram suficientemente tutelados pelo contrato" (Gustavo Tepedino, Novos princípios contratuais e a teoria da confiança: a exegese da cláusula to the best knowledge of the sellers. *Temas de Direito Civil*, t. 2, Rio de Janeiro: Renovar, 2006, p. 251). E, na mesma direção, destaca-se: "A função social não se presta, portanto, à tutela dos interesses de qualquer dos contratantes, ainda que técnica ou economicamente mais fraco. (...) A função social está para o interesse da sociedade assim como a função econômica está para o interesse das partes, cuja promoção se garante por instrumentos próprios, como a boa-fé objetiva e o equilíbrio das posições contratuais" (Aline de Miranda Valverde Terra; Gisela Sampaio da Cruz Guedes, Adimplemento substancial e tutela do

A partir de tal crítica, a terceira linha de entendimento propõe que a função social do contrato seja fonte de deveres jurídicos. Informada pelos princípios constitucionais da dignidade da pessoa humana (art. 1º, III); do valor social da livre-iniciativa (art. 1º, IV) – fundamentos da República –; da igualdade substancial (art. 3º, III); e da solidariedade social (art. 3º, I) – objetivos da República –, a função social impõe às partes o dever de perseguir, ao lado de seus interesses individuais, interesses extracontratuais socialmente relevantes alcançados pelo contrato. A influência da lógica solidarista no direito contratual decorre igualmente da eficácia de direitos fundamentais sociais nas relações privadas que se ligam aos bens tutelados (como reconhecido pelo art. 6º, ao resguardar o acesso à educação, à saúde, à alimentação, ao trabalho, à moradia etc.), bem como dos princípios que regem a ordem econômica, como a livre concorrência, a defesa do consumidor e a defesa do meio ambiente (art. 170).[37] De outra parte, por conta dos princípios constitucionais que a informam, a função social torna-se fundamento e limite interno que define o conteúdo da liberdade de contratar na concreta relação jurídica em que se insere.

Com efeito, não é possível conceber contrato cuja função possa ser indiferente ou imune aos interesses extracontratuais reputados relevantes pelo constituinte, pois importaria admitir "redutos particulares" ou "microcosmos contratuais" indiferentes à solidariedade constitucional.[38] Entretanto, é natural que as repercussões da função social do contrato se apresentem de forma distinta a depender dos interesses efetivamente atingidos pela eficácia do contrato que esteja sob exame. De forma sintética, a função social pode atuar na interpretação do contrato, a determinar a atribuição do significado mais compatível com o atendimento aos interesses metaindividuais envolvidos pelos seus efeitos,[39] para limitar o exercício de direitos contratuais quando

---

interesse do credor: análise da decisão proferida no REsp 1.581.505, p. 107. *Revista Brasileira de Direito Civil – RBDCivil*, vol. 11, 2017, pp. 95-113).

[37] Carlos Nelson Konder, *Função social na conservação de efeitos do contrato*, Indaiatuba: Foco, 2024, p. 51-55.

[38] "Com efeito, ao eleger a dignidade humana como valor máximo do sistema normativo, o constituinte exclui a existência de redutos particulares que, como expressão de liberdades fundamentais inatas, desconsiderem a realização plena da pessoa. Vale dizer, família, propriedade, empresa, sindicato, universidade, bem como quaisquer microcosmos contratuais devem permitir a realização existencial isonômica, segundo a ótica de solidariedade constitucional" (Gustavo Tepedino, A incorporação dos direitos fundamentais pelo ordenamento brasileiro: sua eficácia nas relações jurídicas privadas. *Temas de direito civil*, tomo III. Rio de Janeiro: Renovar, 2009, p. 45-46).

[39] Pode ser aduzida, em especial, a controvérsia acerca do caráter taxativo ou exemplificativo do rol de procedimentos estabelecidos pela ANS (STJ, 3ª T., AgInt no REsp 1.911.407, Rel. Min. Paulo de Tarso Sanseverino, julg. 18.5.2021), a qualificação do seguro facultativo como estipulação em favor de terceiro, para permitir à "vítima em acidente de veículos propor ação de indenização diretamente, também, contra a seguradora, sendo irrelevante que o contrato envolva, apenas, o segurado, causador do acidente, que se nega a usar a cobertura do seguro", sob o entendimento de que mesmo o seguro facultativo desempenha uma função social que envolve a tutela dos interesses das vítimas e a diluição dos riscos sociais decorrentes da condução de veículos (STJ, 3ª T., REsp 228.840, Rel. Min. Ari Pargendler, Rel. p/ acórdão Min. Carlos Alberto Menezes Direito, julg. 26.6.2000, p. 150). V. também STJ, 4ª T., REsp 401718, Rel. Min. Sálvio de Figueiredo Teixeira, julg. 3.9.2002; STJ, 4ª T., REsp 294.057, Rel. Min. Ruy Rosado de Aguiar, julg. 28.6.2001; e STJ, 4ª T., REsp 97.590, Rel. Min. Ruy Rosado de Aguiar, julg. 15.10.1996, e especialmente STJ, 3ª T., REsp 444.716, Rel. Min.

incompatíveis com a tutela desses interesses,[40] ou ainda para a criação de deveres de conduta para os contratantes perante a coletividade, como a conservação – ainda que temporária – de efeitos de contratos que atendam a interesses metaindividuais relevantes.[41]

Crítica à associação com o autoritarismo

Tal visão costuma gerar reações de duas espécies. A primeira associa esta perspectiva funcional a ideologias coletivistas autoritárias, que vincularam, em cenários políticos não democráticos, a iniciativa privada a interesses estatais ou institucionais supraindividuais. Entretanto, a noção constitucional de função não tem qualquer ponto de contato com acepção desse jaez. Não instrumentaliza os interesses individuais a entidade ou interesse supraindividual, mas à plena realização de interesses sociais e existenciais destinados à promoção da pessoa humana.

Crítica à invocação de uma garantia pré-legislativa

A segunda objeção a tal perspectiva de funcionalização das situações jurídicas subjetivas decorre da compreensão, anteriormente aludida, da autonomia privada como garantia pré-legislativa, apenas reconhecida pelo constituinte, como tradução das liberdades individuais. Em consequência de tal entendimento, as restrições à liberdade de contratar não seriam inerentes ao negócio, fundamento da tutela contratual, mas, ao contrário, seriam sempre externas, contrapondo-se à liberdade individual tão somente os limites de ordem pública. Nesta ótica individualista, uma vez respeitados os limites externos pontuais fixados pelo Estado-legislador, a atividade contratual poderia desenvolver-se livre de qualquer restrição ou condicionamento. Ou seja, uma vez considerado válido o ato jurídico – porque não colidente com as normas imperativas de intervenção – os con-

---

Nancy Andrighi, julg. 11.05.2004) e, mais recentemente, sob o mesmo fundamento, se interpretou que a embriaguez do condutor, embora presuma o agravamento do risco para excluir a cobertura do segurado, não afasta a cobertura perante terceiros (STJ, 3ª T., REsp 1.684.228, Rel. Min. Nancy Andrighi, Rel. p/ Acórdão Min. Ricardo Villas Bôas Cueva, julg. 27.08.2019. Sobre o tema, v. Guilherme Henrique Lima Reinig e Viviane Isabel Daniel Speck de Souza. Nexo causal nas relações securitárias: análise da jurisprudência do STJ sobre o agravamento do risco na hipótese de condução de veículo sob a influência de álcool. In: Ilan Goldberg; Thiago Junqueira (coords.). *Temas atuais de direito dos seguros*, tomo I. São Paulo: Thompson Reuters Brasil, 2020, p. 569; e Carlos Nelson Konder, Agravamento intencional do risco em contrato de seguro: critérios interpretativos para a perda da garantia. In: Ernesto Tzirulnik et al. (org.) *Anais do II Congresso Internacional de Direito de Seguro e VIII Fórum José Sollero Filho*. São Paulo: 2022, p. 681-696).

[40] Tome-se como exemplo o entendimento consolidado no Enunciado n. 308 da Súmula do STJ, segundo o qual "A hipoteca firmada entre a construtora e o agente financeiro, anterior ou posterior à celebração da promessa de compra e venda, não tem eficácia perante os adquirentes do imóvel" (STJ, 2ª S., EREsp 187.940, Rel. Min. Antônio de Pádua Ribeiro, julg. 22.9.2004). O argumento predominante no debate foi a abusividade da imposição aos consumidores dos efeitos das dívidas da construtora, ou seja, pode o consumidor arcar com os efeitos do inadimplemento do financiamento obtido por ele próprio para a aquisição da sua unidade, mas não por aqueles relativos ao financiamento obtido pela incorporadora para a construção (sobre o debate, v. Milena Donato Oliva; Pablo Rentería, Tutela do consumidor na perspectiva civil-constitucional: A cláusula geral de boa-fé objetiva nas situações jurídicas obrigacionais e reais e os Enunciados 302 e 308 da Súmula da jurisprudência predominante do Superior Tribunal de Justiça. *Revista de Direito do Consumidor*, São Paulo, v. 101. São Paulo: set.-out./2015, p. 124. A função social do contrato atua sobre a caracterização dessa abusividade levando especialmente em conta a proteção aos consumidores e o acesso à moradia.

[41] Carlos Nelson Konder, *Função social na conservação de efeitos do contrato*, Indaiatuba: Foco, 2024, p. 85-94.

tratantes disporiam de uma espécie de salvo-conduto, que lhes daria a prerrogativa de exercer a liberdade contratual em termos qualitativamente absolutos, embora quantitativamente delimitados.

Ambas as objeções não colhem. Na legalidade constitucional, a função social definirá a estrutura dos poderes dos contratantes no caso concreto, e será relevante para se verificar a legitimidade de certas cláusulas contratuais que, embora lícitas, sacrificam interesses externos à estrutura contratual – cláusulas de sigilo, de exclusividade e de não concorrência, dentre outras. Em consequência, nos termos do art. 421 do Código Civil, toda situação jurídica patrimonial, integrada à relação contratual, deve ser considerada originariamente justificada e estruturada em razão de sua função social. Tal como no caso da propriedade, opera-se a transformação qualitativa do contrato, que passa a consubstanciar instrumento para a concretização das finalidades constitucionais.[42] Em definitivo, a função social – elemento interno do contrato – impõe aos contratantes a obrigação de perseguir, ao lado de seus interesses privados, interesses extracontratuais socialmente relevantes, assim considerados pelo legislador constitucional, sob pena de não merecimento de tutela do exercício da liberdade de contratar.

A chamada Lei de Liberdade Econômica (Lei 13.874/19)[43] nada contribuiu para a objetivação da noção de função social, limitando-se a substituir "liberdade de contratar" por "liberdade contratual", suprimir do disposto do art. 421 do Código Civil a sua qualificação não apenas como limite, mas como razão da liberdade de contratar, e a acrescentar desnecessário parágrafo único em que preconiza o princípio da intervenção mínima e a excepcionalidade da revisão contratual. A supressão afigura-se inócua, haja vista que a funcionalização da liberdade contratual é decorrência da sistemática constitucional, e continuará a função social a atuar não apenas como limite externo, mas também como limite interno dessa liberdade, de modo a condicionar seu merecimento de tutela. Da mesma forma, o parágrafo único inspira-se na superada concepção de liberdade exercida no vazio, sem reconhecer que a intervenção estatal, quando cabível, é requisito e não obstáculo ao exercício de genuína liberdade. Com a mera consagração da excepcionalidade da intervenção – que já corresponde à realidade jurisprudencial – perdeu-se a oportunidade de oferecer critérios ao intérprete, de modo a debelar o verdadeiro perigo, que não é o excesso de intervenção, mas a incerteza quanto aos seus pressupostos.

Em síntese apertada, o debate acerca do conteúdo e do papel da função social do contrato no ordenamento jurídico brasileiro se insere no âmbito deste processo de funcionalização dos fatos jurídicos, impondo-se ao intérprete verificar o mere-

---

[42] Gustavo Tepedino; Heloisa Helena Barboza; Maria Celina Bodin de Moraes *et al., Código Civil interpretado conforme a Constituição da República,* vol. 2, Rio de Janeiro: Renovar, 2012, p. 10.

[43] Para análise da lei e das mudanças por ela implementadas nos dispositivos do Código Civil, permita-se remeter a Gustavo Tepedino e Laís Cavalcanti, Notas sobre as alterações promovidas pela Lei nº 13.874/2019 nos artigos 50, 113 e 421 do Código Civil. In: Luis Felipe Salomão, Ricardo Villas Bôas Cueva e Ana Frazão (orgs.), *Lei de Liberdade Econômica e seus Impactos no Direito Brasileiro,* São Paulo: Revista dos Tribunais, 2020, pp. 487-514.

cimento de tutela dos atos de autonomia privada, os quais encontrarão proteção do ordenamento se – e somente se – realizarem não apenas a vontade individual dos contratantes, perseguida precipuamente pelo regulamento de interesses, mas, da mesma forma, os interesses extracontratuais socialmente relevantes vinculados à promoção dos valores constitucionais.

7. EQUILÍBRIO CONTRATUAL E PROTEÇÃO DOS VULNERÁVEIS

A opção constitucional pelo objetivo de construir uma sociedade livre, justa e solidária (art. 3º, I), projeta-se, enfim, no atendimento a imperativos de justiça e proporcionalidade no âmbito do direito contratual. A força obrigatória do contrato e a intangibilidade do seu conteúdo são temperadas pela exigência de que as relações contratuais não se tornem um microcosmo indiferente às situações de desigualdade fática. *[Solidariedade social e justiça contratual]*

Embora a igualdade substancial, de raiz constitucional, não possa impor a equivalência de prestações, ela veda desproporções excessivas e injustificadas, demandando uma proporcionalidade entre as obrigações assumidas pelos contratantes que é não apenas quantitativa, quando entre elementos homogêneos e quantificáveis, mas também qualitativa, diante de interesses não quantificáveis.[44] A justiça contratual manifesta-se, assim, na imposição de um equilíbrio entre prestações, direitos e interesses que não se pauta pela igualdade formal, mas pela adequada proporção entre posições jurídicas livremente negociadas entre as partes e merecedoras de tutela.

Nesse sentido, costuma-se falar do princípio de equilíbrio contratual, que garante uma mínima correspectividade entre as prestações, especialmente por meio de institutos como a lesão, a revisão judicial e a resolução por onerosidade excessiva. Deve-se observar, contudo, que o princípio não se limita à mera inspiração de institutos específicos: trata-se de norma autônoma, que extravasa as hipóteses regulamentadas expressamente pelo legislador.[45] *[Autonomia do princípio do equilíbrio contratual]*

Assim, para além de permear a hermenêutica de institutos como a lesão usurária, a lesão consumerista, a lesão como causa de anulabilidade e a onerosidade excessiva no Código Civil e no Código de Defesa do Consumidor, garantindo a unidade sistemática dessas figuras, o princípio do equilíbrio contratual é relevante vetor hermenêutico em outras hipóteses, como o controle de cláusulas leoninas e abusivas, a redução equitativa da cláusula penal e outras situações não previstas pelo legislador.

---

[44] Pietro Perlingieri, *Manuale di diritto civile*, Napoli: ESI, 1997, pp. 347-348.

[45] Anderson Schreiber, O princípio do equilíbrio das prestações e o instituto da lesão. *Direito civil e constituição*, São Paulo: Atlas, 2013, p. 131. Sobre o tema, v. o aprofundamento do autor em *Equilíbrio contratual e dever de renegociar*, São Paulo: Saraiva, 2018, *passim*. V. ainda Rodrigo Toscano de Brito, *Equivalência material dos contratos*, São Paulo: Saraiva, 2007, e, em outro sentido, Rodrigo da Guia Silva, *Remédios ao inadimplemento dos contratos*: princípio do equilíbrio e tutela do programa contratual. São Paulo: Thomson Reuters, 2023.

Novamente, a oxigenação da hermenêutica contratual por parte dos princípios inspirados na solidariedade social impõe a retirada do contrato do plano abstrato e o exame minucioso da relação efetivamente estabelecida entre as partes. Não se trata de proteger a liberdade formal do contratante ideal, mas de efetivar a tutela do contratante concreto, em atendimento à proteção prioritária de sua dignidade.

Assim, reconhecida a desigualdade fática entre os contratantes, a imposição, pelo direito, de uma relação equilibrada envolve assegurar proteção diferenciada à parte mais frágil. O princípio da dignidade da pessoa humana, nessa esfera, exige a tutela daquele que, ao contratar, encontra-se em situação de vulnerabilidade, cujo principal exemplo – embora não seja o único, destaque-se – é o das relações de consumo.

Proteção da parte vulnerável

A proteção especial conferida ao consumidor é apenas um capítulo especial da exigência constitucional de justiça e proporcionalidade nas relações contratuais, isto é, da conjugação dos princípios da isonomia substancial, da solidariedade social e, principalmente, da dignidade da pessoa humana, para assegurar a proteção dos vulneráveis, na relação concreta em que se encontrem.

PROBLEMAS PRÁTICOS

1. O contratante que, em lugar de assinar fisicamente a nota promissória, lança sua assinatura escaneada, pode posteriormente alegar a sua invalidade para impedir que ela produza efeitos?

2. Caio comprou um automóvel de Tício há alguns meses, pagando o preço avençado em sua totalidade, e dele vem fazendo uso regularmente. Recentemente, contudo, foi interpelado pelo vendedor, por não ter registrado a transferência de titularidade do veículo junto ao Detran, fazendo com que as multas decorrentes de condutas de Caio estejam gerando pontos e dívidas para Tício. Caio reconhece que deixou de fazer o referido registro, como seria de se esperar, mas alega a injustiça de Tício vir lhe cobrar isso, uma vez que o próprio vendedor deixou de realizar o reconhecimento de firma da assinatura do CRV, necessário para esse ato, quando instado pelo comprador. Indique e explique um fundamento jurídico específico para rechaçar a pretensão de Tício.

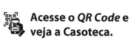

Acesse o *QR Code* e veja a Casoteca.

> http://uqr.to/1pd21

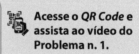

Acesse o *QR Code* e assista ao vídeo do Problema n. 1.

> https://uqr.to/ntj1

Capítulo IV
ELEMENTOS E REQUISITOS DO CONTRATO

Sumário: 1. Elementos subjetivo, objetivo, formal e causal – 2. A manifestação de vontade e a relativização do seu papel – 3. Situações jurídicas subjetivas e seus titulares – 4. O objeto do contrato – 5. A causa do contrato – 6. A forma do contrato – Problemas práticos.

1. ELEMENTOS SUBJETIVO, OBJETIVO, FORMAL E CAUSAL

Entende-se por elementos as partes integrantes do conceito que se pretende definir. Já os requisitos são os predicados ou qualidades exigidas por determinado conceito, enquanto pressupostos são fatos jurídicos precedentes e indispensáveis ao conceito analisado. No caso dos contratos, torna-se indispensável conhecer seus elementos essenciais e requisitos de validade. A funcionalização dos contratos, priorizando o exame do perfil funcional e o reconhecimento da instrumentalidade dos institutos de direito contratual para o atendimento dos preceitos constitucionais, não implica abrir mão do estudo de seu perfil estrutural. Assim, compreendido o significado e o alcance da liberdade contratual à luz de sua função, é necessário ainda analisar os elementos que compõem sua estrutura. Nessa linha, qualificado o contrato como espécie de negócio jurídico, a análise dos seus elementos reconduz à teoria geral do negócio jurídico, observadas, contudo, as peculiaridades do negócio contratual – bilateralidade, patrimonialidade e obrigatoriedade –, examinadas no capítulo I. Deve-se ter em mente, todavia, a possibilidade de que práticas sociais merecedoras de tutela possam receber a incidência da normativa contratual a despeito de não apresentarem os requisitos tradicionalmente impostos aos negócios jurídicos, como é o caso da atividade contratual sem negócio jurídico fundante, objeto de exame no capítulo II.

> Perfil estrutural do contrato

Nessa perspectiva, a constituição da estrutura do contrato tradicionalmente envolve a presença, para além da manifestação de vontade, dos elementos subjetivo, objetivo e formal, adicionando a estes, eventualmente, o elemento causal.[1] Esses elementos, todavia, devem se submeter a controle de validade, para verificar não somente sua presença no caso em exame, mas igualmente que tais elementos estão dotados dos predicados aptos a tornar o negócio merecedor de tutela pelo ordenamento. A matéria foi objeto de exame minucioso no volume I, mas cumpre, neste capítulo, revisitá-la à luz das características próprias da figura do contrato.

2. A MANIFESTAÇÃO DE VONTADE E A RELATIVIZAÇÃO DO SEU PAPEL

Centralidade da vontade sob o paradigma liberal

Tradicionalmente, o centro da estrutura do contrato encontrava-se no acordo de vontades. Como observado no capítulo II, a perspectiva liberal individualista indicava a manifestação de vontade não apenas como elemento fundamental para a existência de qualquer tipo de negócio jurídico, mas, acima disso, a vontade constituía-se no próprio fundamento de juridicidade do negócio. Sob essa perspectiva, o contrato extrairia do acordo de vontades seu elemento constitutivo mais fundamental, bem como a razão para que as partes ficassem vinculadas a seus termos. O paradigma em questão impunha a recondução das diversas formas de construção do contrato à figura da manifestação da vontade, construindo, ao lado da manifestação expressa, as categorias da manifestação tácita, presumida e mesmo ficta. Assim, reputa-se

Manifestação de vontade expressa, tácita, presumida e ficta

tácito o consentimento produzido por uma manifestação de vontade cujo conteúdo não seja diretamente dirigido aos efeitos do contrato, mas indiretamente permita inferir a vontade de contratar, como ocorre, por exemplo, quando a partir do recebimento da proposta o seu destinatário inicia a execução do contrato, ainda que sem aceitá-la expressamente antes, no que se costuma referir por comportamento concludente ou atuativo.[2] Presumida será a manifestação quando a lei a infere de comportamento ou omissão da parte, como ocorre na hipótese de assunção de dívida hipotecária. O silêncio, em regra, não pode ser interpretado como aquiescência, especialmente quando desacompanhado de qualquer comportamento concludente, mas em determinadas circunstâncias pode configurar hipótese de presunção de vontade, caso em que se fala de silêncio circunstanciado.[3] Já no regime anterior se destacava como "o princípio de solidariedade social impõe ao homem, em dadas circunstâncias, o

---

[1] Entre todos, v. Antônio Junqueira de Azevedo, *Negócio jurídico: existência, validade e eficácia*, São Paulo: Saraiva, 2007, 4ª ed., *passim*.

[2] Ilustrativamente, a 3ª Turma do STJ considerou válido contrato de franquia firmado entre uma franqueadora de intercâmbio esportivo e uma franqueada, ainda que não tenha sido assinado pela franqueada, dado que o comportamento das partes teria demonstrado a aceitação tácita do acordo, para em seguida confirmar a sua rescisão por descumprimento. Afirmou a Relatora, Min. Nancy Andrighi, que "A manifestação de vontade tácita configura-se pela presença do denominado comportamento concludente; ou seja, quando as circunstâncias evidenciam a intenção da parte de anuir com o negócio. A análise da sua existência dá-se por meio da aplicação da boa-fé objetiva na vertente hermenêutica" (STJ, 3ª T., REsp 1.881.149/DF, Rel. Nancy Andrighi, julg. 1.6.2021).

[3] Orlando Gomes, *Contratos*, Rio de Janeiro: Forense, 2009 (1959), 26ª ed., p. 60.

dever de agir e de falar, de modo que o silêncio, em tais momentos, implica necessariamente na produção de efeitos ponderosos",[4] entendimento que foi consagrado pelo Código Civil de 2002 ao determinar, no seu art. 111, que "o silêncio importa anuência, quando as circunstâncias ou os usos o autorizarem, e não for necessária a declaração de vontade expressa". Por fim, construiu-se a figura da manifestação de vontade ficta, quando reconhecidamente não há qualquer manifestação de vontade, mas a lei autoriza ainda assim a conclusão do contrato em virtude da relevância dos interesses em jogo, como ocorre com a doação feita a absolutamente incapaz.

Reconhecendo-se, todavia, que o ato de autonomia não é um valor em si, mas somente quando idôneo à realização de interesses merecedores de tutela, a manifestação de vontade perde sua centralidade na normativa contratual, especialmente deixa de ser seu fundamento de obrigatoriedade, mas continua a representar o momento dinâmico da relação jurídica e cerne da estrutura dos negócios jurídicos.[5]

3.   SITUAÇÕES JURÍDICAS SUBJETIVAS E SEUS TITULARES

Reconduzido à categoria do negócio jurídico, o elemento subjetivo componente do contrato se refere às situações jurídicas subjetivas, contrapostas e complementares, que concorrem para a formação do vínculo. Como observado no volume I, é possível que a relação jurídica se constitua sem a presença de sujeito efetivo e atual como titular de cada situação jurídica, como ocorre, por exemplo, nos títulos ao portador. No âmbito dos contratos, são comuns as situações em que se altera o titular das posições jurídicas sem mudança no conteúdo do contrato, como a cessão de posição contratual e o contrato com pessoa a declarar, fatos que corroboram que o sujeito não configura elemento essencial ao negócio. Assim, os sujeitos que manifestam a vontade para a formação do contrato podem não ser os mesmos sujeitos que irão assumir as posições jurídicas dele decorrentes, as quais podem, inclusive, existir sem sujeitos. Por exemplo, nos casos de contrato celebrado por representante e na estipulação em favor de terceiro há celebração do negócio por um sujeito, com atribuição dos seus efeitos a outrem, que pode ser eventualmente modificado no curso da relação jurídica, ou mesmo não identificado até o momento oportuno. Essa alteridade fica clara ante a figura do chamado "contrato consigo mesmo" ou "autocontrato", no qual o representante figura em um dos polos em nome e por conta do representado e, de outro lado, em nome e por conta própria, como o mandatário que compra o bem de seu mandante que se incumbira de vender: o contrato possui, a despeito disso, os elementos estruturais exigidos para sua constituição,[6] sendo so-

> Sujeito contratante × titular da situação jurídica subjetiva

> "Contrato consigo mesmo"

---

[4]   Miguel Maria de Serpa Lopes, *O silêncio como manifestação de vontade*, Rio de Janeiro: Freitas Bastos, 1961, 3ª ed., p. 165.

[5]   Pietro Perlingieri, *Manuale di diritto civile*, Napoli: ESI, 2005, 4ª ed., p. 368.

[6]   J. M. de Carvalho Santos, *Código Civil brasileiro interpretado*, vol. XV, Rio de Janeiro: Freitas Bastos, 1975, 8ª ed., p. 18.

mente anulável pelo mandante em virtude do presumido conflito de interesses que a situação coloca.[7]

Capacidade e legitimação

A validade do contrato pressupõe a higidez das manifestações de vontade que lhe deram origem, o que demanda não somente a capacidade das partes, isto é, sua aptidão genérica para contrair direitos e obrigações, mas também sua legitimação para figurar como partes naquele contrato específico.[8] Como é cediço, o ordenamento, na tutela de interesses relevantes, cria impedimentos para que determinados sujeitos possam celebrar certos negócios, sancionando com a nulidade ou com a anulabilidade sua participação. Assim ocorre, por exemplo, com a doação firmada pelo cônjuge adúltero a seu cúmplice, nas vendas de ascendente a descendente e na compra, pelo tutor e curador, de bens confiados sob sua guarda. Carece de legitimação não somente o sujeito que celebra contrato para o qual estava impedido, mas também aquele que não possui a autorização de terceiro que a lei exigia para o contrato, como acontece, por exemplo, na alienação de imóveis por pessoa casada sob o regime da comunhão parcial de bens, que demanda a vênia conjugal.

4. O OBJETO DO CONTRATO

Objeto do contrato × objeto da obrigação

A locução "objeto do contrato" é equívoca, havendo quem o associe ao objeto da obrigação, isto é, à prestação por ele imposta, e quem o vincule ao seu conteúdo, isto é, ao regulamento contratual, o conjunto de cláusulas estabelecidas pelo negócio. O elemento objetivo do contrato é uma categoria lógica, referindo-se àquilo sobre o qual se firma o consentimento e que pode, portanto, a depender da abrangência da representação da realidade firmada pelas partes e dos efeitos negociais que visam a produzir, recair sobre coisas, condutas ou sua forma de realização.[9] Não se confunde, assim, o objeto do contrato com o objeto das obrigações a que dará origem, já que ambos possuem tratamento normativo diverso (o vício do primeiro gera a nulidade do negócio enquanto o das segundas apenas sua resolução), mas isso não significa que não devam tendencialmente coincidir.

Patrimonialidade do objeto: remissão

A idoneidade do objeto do contrato é novamente reconduzida às exigências para qualquer negócio: possibilidade, licitude e determinabilidade. Deve-se lembrar, todavia, que a qualificação do negócio jurídico bilateral como contrato pressupõe ainda a patrimonialidade do objeto, isto é, sua suscetibilidade de apreciação econômica, conforme analisado no capítulo 1. Não se trata, nesse caso, de um requisito de validade, mas de um elemento categorial, já que a ausência de patrimonialidade não conduz, *de per si*, à invalidade do negócio, mas à sua desqualificação como contrato, afastando-se, em princípio, a incidência da normativa contratual, em proteção aos relevantes interesses existenciais em jogo, dignos de tratamento diferenciado.

---

[7]   Sobre o tema, v. capítulo XX do volume I.

[8]   Orlando Gomes, *Contratos*, Rio de Janeiro: Forense, 2009 (1959), 26ª ed., p. 55.

[9]   Pietro Perlingieri, *Manuale di diritto civile*, Napoli: ESI, 2005, 4ª ed., p. 379.

A impossibilidade originária do objeto, seja ela material, como vender diamantes de uma mina já exaurida ou encomendar a realização de uma escultura de um artista já falecido, seja ela jurídica, como a constituição de penhor sobre um bem imóvel ou a contratação de pessoa que não é juiz para celebrar casamento civil, afasta a validade do negócio; a impossibilidade superveniente atinge as relações obrigacionais dele decorrentes, conduzindo à sua ineficácia. A exigência de possibilidade do objeto não inviabiliza a celebração de contratos tendo por objeto a disposição de bens futuros ou alheios, que restarão sob a condição de tais bens surgirem e terem por titulares os disponentes, ou sob a assunção do risco de que tais bens ou direitos jamais venham a existir, no caso de contratos aleatórios.[10]

Impossibilidade material e jurídica do objeto

A doutrina clássica considerava que a impossibilidade da prestação, para ser liberatória, deveria ser absoluta, ou seja, caraterizada por hipótese de cumprimento física ou juridicamente impossível (v.g., perecimento ou perda do objeto, impossibilidade de acesso ao local da execução ou ilicitude superveniente). Atualmente, tem-se afirmado que é possível admitir-se como absoluta a impossibilidade objetiva de modo relativo, desde que se apreenda não o vínculo obrigacional abstratamente considerado, mas tendo em conta "os meios concretamente disponíveis naquele tipo de obrigação".[11] Em apoio a tal entendimento tem-se afirmado que "a referência à boa-fé, precisamente em termos de inexigibilidade, possa ser recuperada, ademais, do lado do credor, valendo como critério de avaliação da sua conduta de modo a excluir, em particular, que possa se considerar conforme o direito – ou seja, não abusiva – a exigência de adimplemento".[12]

A licitude se refere à compatibilidade do objeto com o ordenamento jurídico, mais especificamente, decorre da violação de norma proibitiva: o objeto vedado pelo ordenamento. Assim, por exemplo, contrato de empreitada que vise à construção em área *non edificandi*, a venda de entorpecentes e o contrato que disponha sobre herança de pessoa ainda viva. Distingue-se, nesse ponto, da impossibilidade jurídica, já que o objeto ilícito é possível, isto é, passível de execução, mas vedado pelo ordenamento: o agente pode, mas não deve executar aquela conduta. Assim, o sujeito contratado para realizar um casamento civil sem ter poderes para isso celebrou contrato com objeto juridicamente impossível, pois não conseguirá adimplir sua obrigação, já se contratado para sequestrar um dos noivos, o objeto do negócio é ilícito, pois a realização da conduta encomendada, embora possível, é vedada pelo ordenamento.

Ilicitude do objeto

---

[10]   Caio Mário da Silva Pereira, *Instituições de direito civil*, vol. III, atualizado por Caitlin Mulholland, Rio de Janeiro: Forense, 2014 (1963), 18ª ed., p. 31.

[11]   Luciana Cabella Pisu, Dell'impossibilità sopravvenuta (art. 1.463-1466). In: *Commentario del codice civile* Scialoja-Branca (a cura di Francesco Galgano), *Libro quarto – delle obbligazioni*. Bologna-Roma: Zanichelli-Foro Italiano, 2002, p. 45.

[12]   Emanuele Passaro, L'impossibilità sopravvenuta della prestazione. In: Mauro Paladini (coord.), *L'estinzione dell'obbligazione senza adempimento*. Torino: Utet, 2010, p. 407. Entre nós, seja consentido remeter a Gustavo Tepedino e Carlos Nelson Konder, Inexecução das obrigações e suas vicissitudes: ensaio para a análise sistemática dos efeitos da fase patológica das relações obrigacionais. *Revista Brasileira de Direito Civil*, vol. 32, n. 3, 2024, p. 159-200.

Abusividade e merecimento de tutela

Por outro lado, é necessário ressaltar que o controle de merecimento de tutela exercido pelo ordenamento sobre a autonomia privada não se resume à proibição dos atos ilícitos: sob a perspectiva funcional, rechaçam-se ainda os atos abusivos e aqueles que não são idôneos a promover interesses dignos de tutela. O abuso do direito não se reconduz à ilicitude em sentido estrito, mas a atos formalmente lícitos que, no entanto, sob perspectiva axiológica, veiculam o exercício de direitos de forma incompatível com a função que justifica sua tutela. Mais do que isso, assumida a função promocional do direito, o merecimento de tutela do ato de autonomia não se restringe a um juízo negativo: é necessário que o contrato seja idôneo a realizar um interesse digno de proteção à luz da principiologia constitucional.[13] Diante disso, alarga-se o controle sobre o objeto do contrato, que vai além da mera verificação de violação de norma proibitiva para, sob uma perspectiva funcional e axiológica, analisar sua compatibilidade com a totalidade do ordenamento. Nessa esteira, instrumentos como o abuso do direito, a fraude à lei e o rol, sempre exemplificativo, de práticas e cláusulas abusivas frequente na legislação consumerista, são indícios de como o controle do intérprete sobre a validade do objeto do contrato não mais se restringe à mera verificação de licitude.

Determinabilidade do objeto

A determinabilidade do objeto, enfim, é pressuposto lógico para sua obrigatoriedade, pois a execução forçada demanda a identificação precisa das condutas exigíveis das partes envolvidas na relação contratual. No entanto, tal como referido quanto à titularidade dos sujeitos, a constituição da relação contratual não exige a identificação precisa do objeto, sendo facultado às partes estipular relativa indeterminação do objeto no momento da celebração do acordo, se já indicados os meios para colmatação da área não especificada inicialmente. Esse é o caso, por exemplo, dos contratos ditos *per relationem*, em que as partes fazem remissão a conteúdos alheios ao teor do contrato, mas que passam a integrá-lo por meio dessa referência expressa, como a venda de mercadoria em que se determina que o preço será fixado por cotação em bolsa ou por arbitramento de terceiro.[14]

Contrato per relationem

5. A CAUSA DO CONTRATO

A multiplicação de teorias acerca do sentido e alcance da causa do contrato acabou por ofuscar sua grande relevância hermenêutica. Nos ordenamentos que a preveem expressamente reinam controvérsias que prejudicam sua aplicação prática. Naqueles cuja legislação a omitiu, tende a prevalecer o entendimento de que se trata de figura que traz ao direito contratual mais obscuridade do que clareza. No entanto, não são pouco relevantes as possibilidades interpretativas que seu reconhecimento oferece à funcionalização da liberdade contratual.

Causa subjetiva e causa objetiva

---

[13] Pietro Perlingieri, *O direito civil na legalidade constitucional*, Rio de Janeiro: Renovar, 2008, p. 371. Sobre o tema, entre nós, v. Eduardo Nunes de Souza, Merecimento de tutela: a nova fronteira da legalidade no direito civil. *Revista de Direito Privado*, vol. 58, São Paulo, 2014, pp. 75-110.

[14] Antônio Junqueira de Azevedo, *Negócio jurídico: existência, validade e eficácia*, São Paulo: Saraiva, 2007, 4ª ed., p. 137.

Genericamente associada à referência abrangente à razão justificadora do contrato, observa-se que a trajetória do significado da causa, abrindo mão das diversas nuances e sutilezas teóricas, parte de enunciações mais subjetivas, ligadas à motivação de cada sujeito para obrigar-se, para conceituações mais objetivas, com referência à finalidade ou função do contrato em si mesmo. Assim, no ordenamento francês que lhe deu origem, a causa era tida inicialmente como a consideração da contraprestação, nos contratos onerosos, ou o *animus donandi* nos gratuitos, mas no direito recente passa a ser referida, especialmente a partir de Henri Capitant, como o fim perseguido pelos contratantes.[15] A controvérsia sobre o significado da causa levou à sua exclusão do texto legal que a previa, por meio da recente reforma sofrida pelo Código Civil francês.[16]

O direito italiano é ainda mais ilustrativo desse processo: a versão subjetiva da causa, excessivamente próxima aos motivos e impulsos psicológicos, que devem ser em regra indiferentes ao direito por razões de segurança jurídica, é superada pela ideia de função objetiva ou finalidade prática que o contrato persegue. Especificamente na visão consagrada de Emilio Betti, a causa seria a função econômico-social do negócio, síntese dos seus elementos essenciais, como totalidade e unidade funcional.[17] Esta passagem permitiu que a causa viabilizasse que o controle do exercício da liberdade de contratar não se restringisse à ausência de infração às normas imperativas, impondo que, além das finalidades privadas que o negócio fisiologicamente persegue, ele atenda ainda à finalidade geral fixada no ordenamento, do qual constitui instrumento de atuação.[18]

> Causa como função econômico-social do contrato

Nessa linha, a exigência de que a causa do contrato exista, seja lícita e possível serviu a afastar, na experiência italiana, a proteção jurídica a negócios socialmente improdutivos, juridicamente indiferentes ou economicamente fúteis, como, por exemplo, o acordo voltado a financiar uma campanha eleitoral e disciplinar seu desenvolvimento que visava a "obter, de forma coercitiva, e também em conflito com a vontade popular, a eleição do financiador através do exercício do direito de voto expresso de maneira contratualmente determinada e a renúncia, preventivamente acordada, por parte dos eleitos".[19] Ou ainda, o pacto pelo qual o ex-marido prometeu à ex-mulher certa soma em troca de que esta se submetesse a exame médico invasivo perante tribunal eclesiástico cujo resultado possibilitaria a anulação do matrimônio religioso para que ele pudesse se casar novamente na Igreja.[20] Isto porque se entendeu

---

[15]   Jacques Ghestin, *Cause de l'engagement et validité du contrat*, Paris: L.G.D.J., 2006, pp. 55-56.

[16]   A *ordonnance n. 2016-131* entrou em vigor em 1º de outubro de 2016 e modificou a redação de todo o título III do *Code*, relativo às fontes das obrigações, especialmente do subtítulo primeiro, relativo ao contrato.

[17]   Emilio Betti, *Teoria geral do negócio jurídico*, t. I, Coimbra: Ed. Coimbra, 1969, p. 350.

[18]   Pietro Perlingieri, *Manuale di diritto civile*, Napoli: ESI, 2005, 5ª ed., p. 368.

[19]   Cass. 27.5.1971, n. 1574 *apud* Giovanni Criscuoli, *Il contratto*: Itinerari normativi e riscontri giurisprudenziali, Padova: Cedam, 2002, 2ª ed., p. 325.

[20]   Cass., 6.7.1961, n. 1623 *apud* Giovanni Criscuoli. *Il contratto*: Itinerari normativi e riscontri giurisprudenziali, Padova: Cedam, 2002, 2ª ed., p. 327.

que esses contratos, embora tivessem objetos lícitos, visavam à produção de efeitos incompatíveis com a ordem jurídico-social, ou seja, eram negócios que perseguiam uma função econômico-social não merecedora de tutela.

A causa do contrato tornou-se objeto de grande refinamento no direito italiano, de modo a superar as críticas decorrentes de sua fundamentação em elementos metajurídicos: a partir de Salvatore Pugliatti, o dado normativo torna-se prioritário e a causa passa a ser entendida como função jurídica do negócio, expressa pela síntese de seus efeitos jurídicos essenciais.[21] Para Salvatore Pugliatti, definir a causa como função econômico-social é apenas uma arbitrária redução, um empobrecimento do esquema jurídico, pois ela designaria um *quid* de todo estranho ao Direito.[22] Por conta disso, propõe outra interpretação, na qual a causa seria a função jurídica do negócio, expressa pela síntese de seus efeitos jurídicos essenciais.[23] A concepção de Pugliatti, portanto, retira a causa da consciência social e a localiza dentro do ordenamento, na própria norma.

Causa como síntese dos efeitos jurídicos essenciais

Outro aspecto que foi objeto de crítica na concepção bettiana foi a separação entre causa abstrata e causa concreta, pela qual a primeira seria a síntese dos efeitos que caracterizam o tipo negocial (compra e venda, mandato etc.), enquanto a segunda efetivamente se referia à síntese do efeitos essenciais do negócio concretamente realizado.[24] Embora o modelo bettiano acentue os aspectos coletivos do controle de merecimento de tutela, descura das peculiaridades providas pelo aspecto privado do ato, acabando por achatar a causa, quando concebida em abstrato, ao tipo contratual, ao conduzir à ideia de "tipicidade social" das funções contratuais, Pietro Perlingieri defende que não é possível falar de uma causa abstrata, tampouco cabível concebê-la como mais um elemento estrutural da *fattispecie* negocial, com base em um superado modelo subsuntivo.[25] Assim, prefere definir a causa como a função econômico-individual, expressa pelo valor e capacidade que as próprias partes deram à operação negocial na sua globalidade, considerada em sua concreta manifestação.[26]

No direito brasileiro prevaleceu a resistência, normalmente associada à sua concepção subjetiva, e a causa foi omitida pelo legislador, acompanhando o exemplo do direito alemão e do português.[27] Mas em doutrina não foram poucos os defenso-

---

[21] Salvatore Pugliatti, Precisazioni in tema di causa del negozio giuridico, *Diritto Civile: Metodo – Teoria – Pratica*, Milano: Giuffrè, 1951, p. 119.

[22] Salvatore Pugliatti, Precisazioni in tema di causa del negozio giuridico, *Diritto Civile: Metodo – Teoria – Pratica*, Milano: Giuffrè, 1951, pp. 108-109.

[23] Salvatore Pugliatti, Precisazioni in tema di causa del negozio giuridico, *Diritto Civile: Metodo – Teoria – Pratica*, Milano: Giuffrè, 1951, p. 119.

[24] Emilio Betti, *Teoria geral do negócio jurídico*, t. I, Coimbra: Ed. Coimbra, 1969, p. 352.

[25] Pietro Perlingieri, *Manuale di diritto civile*, Napoli: ESI, 2005, 5ª ed., p. 370.

[26] Pietro Perlingieri, *Manuale di diritto civile*, Napoli: ESI, 2005, 5ª ed., p. 370.

[27] Para Clovis Bevilaqua, a causa, sob a visão subjetiva, era fruto de uma interpretação equivocada dos princípios do direito romano, "verdadeiro *qui pro quo* filológico", e concluiu que "a noção de causa é perfeitamente inútil para a teoria dos atos jurídicos" (*Código Civil dos Estados Unidos do Brasil, comentado por Clóvis Beviláqua*, vol. I, Rio de Janeiro: Rio, pp. 338-340).

res de que o instituto trazia relevantes recursos hermenêuticos para o direito brasileiro.[28] De fato, o percurso evolutivo da concepção de causa do contrato revela suas grandes possibilidades no processo de controle de merecimento de tutela do exercício da liberdade de contratar, permitindo ao intérprete uma verificação mais efetiva, ampla e funcional da compatibilidade da autonomia privada com os preceitos gerais do ordenamento. A mera exigência de que o objeto do contrato seja lícito, ou mesmo não abusivo e merecedor de tutela, restringe-se à consideração da prestação contratual em si e por si considerada, prescindindo de sua inserção no contrato, enquanto a ilicitude da causa resulta da sua dedução do contrato, sob a perspectiva dos efeitos e interesses perseguidos precisamente naquele contrato específico.[29]

> *Causa × objeto do contrato*

Não se trata de um retorno à investigação dos motivos, já que são essencialmente subjetivos e internos, contingentes, variáveis, múltiplos, diversos e frequentemente contraditórios, por isso são imponderáveis e, diferentemente da causa, não comportam uma avaliação acerca de serem ou não merecedores de tutela enquanto não fazem parte do conteúdo do negócio.[30] No entanto, a finalidade específica das partes pode ter o condão de se objetivar e se tornar relevante para a determinação da norma aplicável, como ocorre, por exemplo, com o mútuo: o uso da soma recebida pelo mutuário constitui normalmente o motivo que o induz a celebrar o contrato, mas se as partes ou a lei impõem uma destinação à quantia, esta utilização adquire relevância causal, porque incluída no concreto regulamento de interesses entre as partes (*mutuo di scopo*).[31] Não se trata apenas da explicitação de um motivo, mas da objetivação da finalidade do pacto, que gera efeitos normativos.

> *Causa × motivos*

Para além do controle de merecimento de tutela do exercício da liberdade de contratar, privando de efeito, a título de ilicitude da causa, contratos cujos efeitos essenciais não sejam compatíveis com a principiologia do ordenamento, a causa também se presta a justificar a ineficácia de contratos cuja finalidade precípua se torna impossível por fato superveniente, como a locação de imóvel com o objetivo de assistir a evento que seja cancelado após a contratação. Presta-se, ainda, a relevante papel no processo de qualificação do contrato, isto é, à identificação das normas aplicáveis. Ao identificar a função do contrato, o intérprete não se limita

---

[28] Pontes de Miranda, *Tratado de direito privado*, t. III, São Paulo: Revista dos Tribunais, 2012, pp. 192-193; Paulo Barbosa de Campos Filho, *O problema da causa no Código Civil brasileiro*, São Paulo: Max Limonad, 1978; Judith Martins-Costa, A teoria da causa em perspectiva comparativista: a causa no sistema francês e no sistema civil brasileiro, *Ajuris*, vol. 16, n. 45, Porto Alegre, mar. 1989, pp. 213-244; Fábio Siebeneichler de Andrade, Causa e *consideration*. *Ajuris*, vol. 18, n. 53, Porto Alegre, nov. 1991, pp. 276-284; Antônio Junqueira de Azevedo, *Negócio jurídico e declaração negocial*, São Paulo, 1986; Clóvis Veríssimo do Couto e Silva. Teoria da causa no direito privado. *Revista Jurídica*, n. 2. Porto Alegre, 1954, pp. 21-30; Maria Celina Bodin de Moraes, O procedimento de qualificação dos contratos e a dupla configuração do mútuo no direito civil brasileiro. *Revista Forense*, n. 309, Rio de Janeiro, jan.-mar. 1990, pp. 33-61.

[29] Vincenzo Roppo, *Il contratto*, Milano: Giuffrè, 2001, p. 399.

[30] Emilio Betti, Causa del negozio giuridico, *Novissimo digesto italiano*, Torino: UTET, 1957, p. 34.

[31] Pietro Perlingieri, *Manuale di diritto civile*, Napoli: ESI, 2005, 5ª ed., p. 372.

a "descrever os efeitos do fato, interligando-os desordenadamente",[32] ele apreende o seu significado normativo, identificando as normas adequadas a regê-lo. Esse processo comumente ocorre, no âmbito dos contratos, por meio dos tipos contratuais previamente reconhecidos pelo legislador (compra e venda, doação, locação, mandato etc.), cumprindo ao intérprete, nessa linha, verificar a compatibilidade da causa concreta com o modelo típico previsto pela lei, para então fazer incidir as normas previstas para aquele tipo. Entretanto, a determinação da normativa aplicável não se resume ao enquadramento do contrato concreto em um dos modelos típicos previstos na lei, em criticável procedimento subsuntivo: é necessário verificar na totalidade do ordenamento, complexo porém uno, as normas adequadas às peculiaridades do contrato em exame – já que "as particularidades e, portanto, as diversidades, podem ter incidido sobre a função e o interesse contratual"[33] –, servindo a causa do contrato para conduzir o intérprete nesse processo, como será abordado no capítulo V.

6. A FORMA DO CONTRATO

Superação do formalismo

É recorrente a afirmação de que o direito contratual viveu um processo de superação do formalismo, prestigiando-se o conteúdo sobre a forma e afastando sacralidades e ritos próprios de períodos mais arcaicos. De fato, uma análise histórica indica que a primazia da manifestação de vontade na tutela do contrato, durante o apogeu do liberalismo, resultou no afastamento de requisitos formais que prejudicavam a livre circulação de riquezas sem oferecer maior proteção à liberdade formal. A valorização da vontade individual e a vinculatividade da palavra dada conduziram ao modelo no qual *solus consensus obligat*, isto é, o consentimento basta à celebração dos contratos, salvo quando a lei exija forma especial. O consentimento torna-se vinculante independentemente da forma pela qual é expresso, pois o fundamento para a exigibilidade do pacto desloca-se da formalidade para a vontade livremente exprimida.

A revolução tecnológica no âmbito das comunicações acelerou esse processo, pois o desenvolvimento da informática e, especialmente, da internet, propiciou a multiplicação dos contratos eletrônicos, formados por toques, cliques e comandos.[34] A nova sistemática de contratação, bem como a execução das obrigações por transferências de dados por computadores e cartões eletrônicos, como de débito, crédito

---

[32]   Pietro Perlingieri, *O direito civil na legalidade constitucional*, Rio de Janeiro: Renovar, 2008, p. 642.

[33]   Pietro Perlingieri, *O direito civil na legalidade constitucional*, cit., p. 370.

[34]   Além disso, assiste-se, cada vez mais, a incorporação de inteligência artificial e dos denominados *smart contracts* para a regulação do risco contratual, para fins, por exemplo, de delimitação inicial de elementos das prestações a cargo das partes ou mesmo para revisão das prestações diante de supervenciências contratuais. Tal cenário tem chamado a atenção dos estudiosos para os novos desafios que se colocam no exame da execução contratual. Para exame da matéria, cfr. Gustavo Tepedino e Rodrigo da Guia Silva, Smart contracts e as novas perspectivas de gestão do risco contratual. Revista de Ciências Jurídicas – Pensar, vol. 26, n. 1, Fortaleza, 2021; e Paula Greco Bandeira e Bruna Vilanova Machado, Notas sobre a execução dos smart contracts. In: Anna Carolina Pinho (org.), *Manual de Direito na Era Digital:* direito civil, Indaiatuba: Foco, 2022, pp. 319-348.

e, por exemplo, passes de transporte, impôs levar a um novo patamar a dinâmica da formalização dos contratos.

Instrumentalidade das regras que impõem formalidades

No entanto, mais importante do que registrar a necessária redução das regras que impunham formas especiais para os contratos, para atendimento de novas exigências sociais, é observar o impacto do processo de funcionalização do contrato sobre essas regras. Trata-se não tanto de abolir de maneira geral as exigências formais, mas de reconhecer sua instrumentalidade à satisfação de certos interesses merecedores de tutela e, portanto, reconhecer a relevância e necessidade de persistência de tais regras quando orientadas à satisfação desses fins. As exigências formais podem desempenhar, por exemplo, função de garantia para a parte vulnerável no contrato, particularmente diante de interesses não patrimoniais, de maneira que o paradigma constitucional não é de uma tendencial liberdade absoluta das formas: "estas recebem uma diversa valoração segundo os interesses sobre os quais se fundam sejam mais ou menos relevantes constitucionalmente, mas sem generalizações".[35] Dessa forma, persistem contratos para cuja validade o ordenamento impõe a celebração de certa forma, com o objetivo de atender a imperativos relevantes de caráter social. Assim, quando o ordenamento impõe a forma escrita para contratos como a doação de valores significativos e a fiança, ou mesmo instrumento público para o pacto antenupcial e contratos que visem à transferência de direitos reais sobre imóveis, tais exigências não configuram mero arcaísmo a ser abolido, mas podem responder à necessidade de atendimento de interesses relevantes merecedores de tutela.

Forma probatória e exigência formal convencional

Não se confundem tais exigências, que vinculam a própria validade do pacto, com a opção das partes pela formalização do contrato com fins probatórios. Independentemente de qualquer norma nesse sentido, podem as partes optar por certa formalidade na celebração do contrato para fins probatórios, de maneira a aumentar a segurança do pacto, ou proteção específica em relação à assimetria informativa entre as partes; podem comprometer-se a somente realizar contratos futuros de acordo com certa forma, instituindo exigência formal de fonte convencional. Cumpre afastar, nessa seara, igualmente as hipóteses que eram referidas pela doutrina como "forma *ad probationem*", que se referiam a hipóteses em que, posto não tivesse sido exigida forma especial para a validade do contrato, ela seria exigida para sua comprovação. Como já se observou, em tais casos, "a indicação legal da fonte de prova pode representar, no máximo, a preferência do legislador, sem, contudo, excluir a possibilidade de prova por outros meios".[36]

Ao lado destes, todavia, e sem seu prejuízo, proliferam formas alternativas de contratar, limitadas somente pela criatividade dos particulares e pela compatibilidade com a principiologia do ordenamento. Desde o processo de industrialização, com a massificação das trocas e padronização dos modelos contratuais, ao lado do

---

[35] Pietro Perlingieri, *O direito civil na legalidade constitucional*, cit., p. 448. Para aprofundamento no tema, v., do mesmo autor, *Forma del negozio e formalismo degli interpreti*, Napoli: ESI, 1987.

[36] Gustavo Tepedino e Francisco de Assis Viegas, A evolução da prova entre o direito civil e o direito processual civil, Pensar, vol. 22, n. 2, Fortaleza, maio-ago. 2017, p. 558.

tradicional instrumento livremente negociado entre as partes, cada vez mais raro, passaram a figurar com grande frequência contratos cujo conteúdo é determinado unilateralmente por apenas uma das partes, limitando-se a outra a aderir aos termos previamente fixados. Essas novas formas de contratação, como o contrato de adesão, impuseram a construção de uma normativa própria, adequada a tutelar interesses ameaçados pela despersonalização dos contratantes na formalização do negócio. A contratação por via eletrônica, como observado, aguçou o problema, já que a certeza sobre a existência e o conteúdo do contrato ficam nas mãos da parte com ingerência sobre a tecnologia envolvida. Para além da mudança na formalização de cada contrato, exige reflexão e normativa apropriada também a mudança na própria forma de construir a operação contratual complexa: do contrato singular, passa-se com cada vez maior frequência à celebração de diversos contratos para a execução de uma mesma operação econômica, todos interligados para a persecução de uma função comum, como ocorre no crédito ao consumidor, na incorporação imobiliária, nas *joint ventures* e nos pacotes turísticos.[37]

PROBLEMAS PRÁTICOS

1. O contrato pelo qual um estabelecimento de entretenimento oferece desconto na entrada para quem doar sangue tem objeto lícito?

2. Caio celebrou contrato com o famoso cantor Tício, por meio de seu agente e representante legal Semprônio, para que ele se apresentasse em um evento que ocorreria dali a um mês. Ocorre que, embora as partes não soubessem, na data da celebração do contrato, Tício havia sofrido um acidente que lhe fez perder a voz. Qual o efeito disso sobre o contrato? A resposta seria diferente se o acidente de Tício tivesse ocorrido após a celebração do contrato, mas antes de sua execução?

Acesse o *QR Code* e veja a Casoteca.
> http://uqr.to/1pd22

---

[37] Sobre o tema, v. Gustavo Tepedino, A responsabilidade civil nos contratos de turismo. *Temas de direito civil*, Rio de Janeiro: Renovar, 2008, 4ª ed., pp. 251-276.

Capítulo V
CLASSIFICAÇÃO DOS CONTRATOS

Sumário: 1. Relevância das classificações dos contratos – 2. Contratos típicos e atípicos – 3. Contratos unilaterais e bilaterais ou sinalagmáticos: os contratos plurilaterais – 4. Contratos gratuitos e onerosos – 5. Contratos comutativos e contratos aleatórios – 6. Contratos solenes, reais e consensuais – 7. Contratos paritários e de adesão – 8. Contratos instantâneos e duradouros. Contratos de execução imediata, diferida e sucessiva – 9. Contratos pessoais e impessoais – 10. Contratos de consumo – 11. Contratos coligados. Contrato principal e acessório – Problemas práticos.

1. RELEVÂNCIA DAS CLASSIFICAÇÕES DOS CONTRATOS

A classificação dos contratos, como as demais classificações e conceituações na teoria do direito, destina-se a estabelecer a disciplina jurídica correspondente a cada categoria discriminada. Assim sendo, a ordenação dos contratos em categorias específicas, sob diversos perfis, dirige-se à realização de finalidade prática, qual seja, a sujeição a regras específicas.[1] Cada classificação toma por base distinto critério e conduz a conjunto de princípios e regras a ela atinente. Trata-se do ponto de partida no processo de individuação da normativa aplicável ao caso concreto, adquirindo grande relevância e no processo de qualificação. Sob essa perspectiva, cumpre analisar somente as principais chaves classificatórias, eis que mais significativas na determinação de efeitos jurídicos próprios.

Função normativa das classificações

---

[1] Pietro Perlingieri, *Manuale di diritto civile*, Napoli: ESI, 2005, 5ª ed., p. 469.

2. CONTRATOS TÍPICOS E ATÍPICOS

A classificação dos contratos em típicos e atípicos diz respeito à aptidão do contrato para ser reconduzido a determinado modelo previsto pelo legislador, que lhe reserva normas específicas. A esse modelo teórico dá-se a denominação *tipo*, noção frequentemente utilizada no âmbito dos contratos para facilitar o processo de qualificação, com a consequente determinação das normas aplicáveis. Dessa forma, os contratos que puderem ser incluídos em um determinado modelo abstrato são considerados típicos, o que conduz à aplicação das normas específicas para aquele tipo contratual. Isso não afasta a liberdade para celebrar contratos que não possam ser assimilados em um modelo geral preexistente, como prevê o art. 425 do Código Civil.[2] Observados os requisitos e princípios gerais aplicáveis aos contratos, serão eles válidos e igualmente vinculantes, não havendo, nessas hipóteses, indicação *a priori* de normas específicas aplicáveis.[3]

Tipo contratual

Os tipos contratuais se prestam, assim, a facilitar o processo de determinação das normas aplicáveis ao contrato. Diante da impossibilidade de prever a enorme gama de possibilidades de regulamentos de interesses a que a autonomia privada pode dar origem, o legislador elege os modelos mais frequentes no tráfego jurídico, oferecendo subsidiariamente a disciplina jurídica aplicável, caso as próprias partes não estabeleçam regras de forma específica. Ao contrário da utilização dos tipos em outros ramos do direito, como no direito penal e tributário, por vezes referidos como "tipos fechados" ou como "conceitos",[4] onde se destinam a restringir o desencadeamento de efeitos jurídicos, impondo que o fato concreto possua todos os elementos do tipo para a aplicação da norma (princípio da tipicidade), no âmbito do direito contratual, os tipos são abertos, concedendo ao intérprete maior flexibilidade no processo de qualificação. Nessa seara, os tipos configuram a descrição de modelo de contrato, traçando diversas características que, examinadas sistematicamente, servem a padronizá-los e distingui--los, justificando-se, por isso mesmo, a aplicação das normas ali indicadas.

Tipos abertos

Sem retirar o papel importante que tem o legislador nesse processo de tipifica-ção, deve-se reconhecer que a maioria dos tipos tem origem em construções sociais espontâneas, fruto da riqueza da vida cotidiana, da diversidade de interesses em jogo e da complexidade das operações econômicas, que conduzem os particulares, no exercício da sua autonomia, a recorrerem a novos modelos e formas que se revelem mais adequados para a satisfação das finalidades que buscam atingir. Assim, a gran-de maioria dos tipos contratuais já existiu como praxe social antes de sua expressa previsão legislativa. Alude-se, por tal circunstância, à *tipicidade social* do contrato, ao lado da sua tipicidade legal. O legislador por vezes se antecipa, como forma de atuar

Tipicidade social

---

[2]   Eis a dicção do art. 425, Código Civil: "É lícito às partes estipular contratos atípicos, observadas as normas gerais fixadas neste Código".

[3]   Álvaro Villaça Azevedo, *Teoria geral dos contratos típicos e atípicos*, São Paulo: Atlas, 2004 (2002), 2ª ed., p. 139.

[4]   Karl Larenz, *Metodologia da ciência do direito*, Lisboa: Fundação Calouste Gulbenkian, 2005, 4ª ed., p. 300.

a função promocional do direito junto à realidade social, mas normalmente os tipos, ao menos na sua versão inicial, são obtidos por indução, de modo que o catálogo de modelos normatizados não é criado *ex novo*. Basta pensar em exemplos imemoriais como a compra e venda, ou milenares como a locação e a sociedade, cujo nascimento é anterior até mesmo à consolidação da lei como principal fonte de direito nos ordenamentos da família romano-germânica, bem como, tomando exemplos recentes, o contrato de franquia. A atuação legislativa serve a garantir igualdade de tratamento e viabilizar a intervenção estatal: ao modificar os tipos, o legislador disciplina condutas, impondo, estimulando ou proibindo determinadas estruturas, de modo geral disciplinando seus efeitos jurídicos, conformando o ato de autonomia à realização dos princípios fundamentais do ordenamento. Em outras palavras, a disciplina tipificada pelo legislador também atua como mecanismo de intervenção na autonomia privada, seja indiretamente, padronizando certos modelos de intercâmbio de maneira uniforme, seja diretamente, cominando normas cogentes no interior de certos tipos contratuais, como ocorre, por exemplo, ao determinar a nulidade da compra e venda cujo preço fique a puro arbítrio de uma das partes (CC, art. 489), a revogabilidade da doação por ingratidão do donatário (CC, art. 557) e a garantia do empreiteiro pela solidez e segurança do edifício (CC, art. 618). Dessa forma, a tipificação dos contratos não se limita a suprir os silêncios da vontade para conveniência das partes, mas atende igualmente à realização de imperativos determinados pela principiologia constitucional.

Os tipos legais são, ainda, extremamente diversos entre si na sua conformação, levando em conta critérios como as obrigações resultantes do contrato, a onerosidade, o sinalagma, a natureza do bem objeto das prestações etc.[5] Esta heterogeneidade contribui a esclarecer porque a normativa do direito contratual é especialmente avessa à sistemática da subsunção para a qualificação dos contratos concretos.[6] Nos tipos legais que não trazem uma definição, cumpre à doutrina o papel de identificar os elementos individualizadores daquele modelo de contrato; nos demais, como a compra e venda ("Pelo contrato de compra e venda, um dos contratantes se obriga a transferir o domínio de certa coisa, e o outro, a pagar-lhe certo preço em dinheiro", CC, art. 481) e a doação ("considera-se doação o contrato em que uma pessoa, por liberalidade, transfere do seu patrimônio bens ou vantagens para o de outra", CC, art. 538), ainda resta ao intérprete superar os constantes conflitos acerca de sua extensão e significado. Isso revela que a classificação de um contrato em típico ou atípico nem sempre é simples, cabendo ao intérprete qualificá-lo tendo em vista a função do contrato *in concreto* e os interesses em jogo. As dificuldades nessa fronteira entre contratos típicos e atípicos suscitou a construção de categoria intermediária, que seriam os contratos mistos, segundo entendimento corrente da doutrina tradicional. Nos chamados contratos mistos, estariam presentes elementos de mais de um tipo, a

<small>Contratos ditos mistos</small>

---

5   Pedro Pais de Vasconcelos, *Contratos atípicos*, Coimbra: Almedina, 2002, p. 2.
6   Giorgio De Nova, *Il tipo contrattuale*, Padova: Cedam, 1974, p. 115.

tornar pouco convincente, por isso mesmo, a sua justificativa como categoria autônoma em relação aos contratos atípicos.[7]

Mais importante do que esse esforço de categorização é refletir sobre sua utilidade como instrumento de qualificação dos contratos, para a identificação da solução normativa adequada.[8] A conclusão de que certo contrato é típico, por poder ser reconduzido a determinada categoria, não esgota o processo de qualificação, já que diversas peculiaridades do caso podem justificar a modificação da normativa aplicável, bastando pensar, por exemplo, numa compra e venda ou numa empreitada típicas que, contudo, ante a vulnerabilidade de uma das partes, atraem a incidência das normas protetivas do Código de Defesa do Consumidor. Tampouco a caracterização como atípico relega o contrato a algum tipo de lacuna ou vazio legislativo: a identificação da causa concreta do contrato, compreendendo, sob perspectiva funcional, a síntese dos efeitos essenciais do ajuste, permite ao intérprete raciocínio analógico com os demais enunciados normativos típicos, na construção, à luz da unidade axiológica do sistema, do ordenamento do caso concreto.

3. CONTRATOS UNILATERAIS E BILATERAIS OU SINALAGMÁTICOS: OS CONTRATOS PLURILATERAIS

A classificação dos contratos em unilaterais e bilaterais refere-se aos efeitos produzidos pela relação contratual que, como se sabe, constitui-se em negócio jurídico necessariamente bilateral quanto à sua formação. Dito por outros termos, na classificação dos negócios jurídicos em geral, a mesma terminologia se refere às manifestações de vontade necessárias para o aperfeiçoamento do negócio. Sob tal perspectiva, todos os contratos são bilaterais quanto à sua formação, já que esta se subordina ao acordo de vontades, para o qual concorrem ao menos dois centros de interesse, diferentemente de negócios jurídicos unilaterais, como o testamento e a promessa de recompensa. Em contrapartida, a referência a contratos unilaterais ou bilaterais refere-se aos efeitos produzidos. Mais especificamente, embora bilateral quanto à sua formação, para a qual concorrem duas declarações de vontade, considera-se unilateral ou bilateral o contrato em razão das obrigações criadas da inter-relação estabelecida entre elas.

> *Bilateralidade e unilateralidade dos efeitos do contrato × bilateralidade e unilateralidade das manifestações de vontade formadoras do negócio*

Tradicionalmente, é comum recorrer à definição simplista, que por isso mesmo deve ser evitada, no sentido de que os contratos unilaterais gerariam obrigações para apenas uma das partes, enquanto os contratos bilaterais gerariam obrigações para ambas as partes. A tal distinção pode-se objetar que, em qualquer contrato, haverá deveres para ambas as partes, em razão da complexidade das situações jurídicas subjetivas e de recíprocos deveres imputados às partes em todo e qualquer negócio,

---

[7]   Sobre o tema, v. Salvatore Orlando Cascio, e Carlo Argiroffi, *Contratti misti e contratti collegati.* *Enciclopedia giuridica Treccani*, IX, Roma: Treccani, 1988, pp. 1-6. Entre nós, v. Álvaro Villaça Azevedo, *Teoria geral dos contratos típicos e atípicos*, São Paulo: Atlas, 2004, 2ª ed.

[8]   Pietro Perlingieri, In tema di tipicità e atipicità nei contratti, *Il diritto dei contratti fra persona e mercato*: problemi del diritto civile, Napoli: ESI, 2003, pp. 409-411.

oriundos, por exemplo, da boa-fé objetiva. Assim, mesmo em um contrato típico de doação pode afirmar-se que o donatário, por exemplo, tem o dever de não ser ingrato perante o doador, fornecendo-lhe alimentos quando necessário, ou em um contrato típico de comodato (empréstimo de coisa infungível), o dever do comodante de não retirar a coisa dada em comodato antes do tempo previsto, de reembolsar as despesas extraordinárias e urgentes e de indenizar os prejuízos. Isso conduziu a doutrina a referir a contratos bilaterais imperfeitos, deixando dúvidas quanto à especificidade da disciplina jurídica justificadora da classificação. Por tal circunstância, mostra-se mais consentâneo com o sistema considerar como bilaterais os contratos em que há nexo de reciprocidade entre as obrigações de ambas as partes, criando vínculo funcional entre as prestações correspectivas. A esse nexo denomina-se sinalagma, e por isso os contratos bilaterais são referidos como *sinalagmáticos*, com significativas repercussões jurídicas, como a possibilidade de o credor vítima de inadimplemento reter sua própria prestação (exceção de contrato não cumprido) e resolver o contrato (cláusula resolutiva tácita).[9]

> Contratos ditos bilaterais imperfeitos

> Sinalagma contratual

A dicotomia entre contratos unilaterais e contratos bilaterais reputa-se insuficiente por parte da doutrina diante dos contratos de viés associativo, como o contrato de sociedade, o acordo de voto entre acionista e o consórcio, por exemplo. Nesses contratos, ditos plurilaterais, diversas partes se reúnem em torno de um mesmo e único objetivo e o contrato desempenha uma função instrumental, organizadora, normativa, disciplinando a conjugação de esforços para atingir esse objetivo. Não há apenas a troca de prestações, já que os diversos centros de interesses, no contrato de sociedade, se encontram reunidos para a persecução do fim comum, razão pela qual são referidos como contratos plurilaterais. Essas peculiaridades conduzem a efeitos normativos próprios, como, por exemplo: a abertura para o ingresso de novas partes no curso da relação contratual, com o prolongamento da formação do contrato; a orientação das obrigações de uma parte não perante outra específica, mas perante todos os demais; a fixação do prazo não para o cumprimento de determinadas obrigações, mas para o desenvolvimento da organização no seu

> Contratos plurilaterais

---

[9] A título de exemplo, defende-se que o denominado acordo de colaboração premiada possui natureza contratual, marcado pela presença do sinalagma. Representando mecanismo de justiça consensual, configura, por expressa previsão normativa, negócio jurídico processual de natureza personalíssima. Vale dizer, o acordo de colaboração premiada constitui modalidade de cooperação no processo criminal, em que se busca a obtenção de provas de difícil esclarecimento, mediante a concessão aos infratores de benefícios proporcionais e correspondentes, denominados sanções premiais, de modo comutativo e sinalagmático, às informações prestadas. Por sua natureza contratual, sujeita-se à disciplina e aos princípios de validade e eficácia da teoria contratual, exigindo interpretação compatível com a tutela das situações existenciais que integram a dignidade do colaborador. A admissibilidade, portanto, pelo direito brasileiro, dessa natureza contratual e da disponibilidade dos direitos negociados implica o necessário reconhecimento, pela Magistratura e pelo Ministério Público, dos benefícios angariados para a sociedade, devendo-se salvaguardar a obrigatoriedade dos pactos, o direito subjetivo do contratante adimplente à sanção premial, isto é, aos benefícios onerosa e legalmente obtidos, bem como à plena reinserção dos colaboradores na atividade econômica produtiva (Gustavo Tepedino, Paula Greco Bandeira, A natureza contratual dos acordos de colaboração premiada e suas repercussões no direito brasileiro. In: Heloisa Helena Barboza, *20 anos do Código Civil*: perspectivas presentes e futuras, Rio de Janeiro: Processo, 2022, pp. 235-260).

conjunto. Além disso, em tais contratos plurilaterais, o vício da declaração de vontade de uma das partes não invalida o contrato como um todo, e se reconhece que a impossibilidade da prestação ou a resolução ocasionadas por uma parte não compromete a continuidade do contrato em relação aos demais contratantes. Ainda no contrato plurilateral, o inadimplemento de uma das partes não autoriza, de per si, a invocação de exceção do contrato não cumprido pelos demais participantes, já que o fim comum afasta a prevalência do interesse individual que predomina no contrato sinalagmático.[10]

4. CONTRATOS GRATUITOS E ONEROSOS

Efeitos econômicos do contrato A divisão entre contratos gratuitos e onerosos decorre dos efeitos econômicos produzidos pelo contrato. Nos contratos onerosos, ambos os contratantes sacrificam-se e beneficiam-se economicamente, como ocorre na compra e venda, na locação e no seguro, por exemplo. Não é necessário que a vantagem, obtida no contrato oneroso, reverta em favor do próprio contratante, considerando-se oneroso também o contrato em que uma das partes arca com sacrifício patrimonial para estipular que a outra parte ofereça benefício em favor de terceiro, como será analisado no capítulo VIII. Já nos contratos gratuitos, somente uma das partes aufere vantagem econômica, enquanto a outra assume o sacrifício patrimonial. Tal sacrifício pode se constituir em efetiva diminuição patrimonial, como acontece na doação, ou apenas na privação de uso de um bem, como acontece nos empréstimos (mútuo e comodato).

Trata-se de classificação que pode ser estendida a todos os tipos de negócios e traz diversas repercussões práticas. Nessa direção, o ordenamento dedica regime mais benéfico àquele contratante que arca com os sacrifícios, determinando a interpretação restritiva do contrato em seu favor (CC, art. 114) e limitando a responsabilidade por inadimplemento da sua parte somente aos casos de dolo (CC, art. 392). Repercussões se projetam também em situações específicas, como na fraude contra credores, caracterizada nos negócios gratuitos, independente de *consilium fraudis* (CC, art. 158), bem como na cessão de crédito, em que a responsabilidade do cedente pela existência do crédito dependerá de má-fé quando a cessão for gratuita (CC, art. 295). Ademais, a onerosidade do contrato normalmente firma a presença, como seu elemento natural, das garantias contra evicção e contra vícios redibitórios, como será analisado no capítulo IX.

Contratos onerosos e gratuitos × contratos bilaterais e unilaterais Essa classificação costuma ser indevidamente associada à classificação dos contratos em bilaterais e unilaterais, com a qual, todavia, não se confunde. Em que pese o fato de os contratos unilaterais serem frequentemente gratuitos e os bilaterais onerosos, a identificação do sinalagma como característica distintiva da bilateralidade permite afastar tal associação. É o caso do mandato, que será sempre unilate-

---

[10] Sobre o tema, v. Tullio Ascarelli, O contrato plurilateral. *Problemas das sociedades anônimas e de direito comparado*, São Paulo: Saraiva, 1945, pp. 255-312.

ral, reconhecendo-se a incompatibilidade do elemento confiança, ínsito ao mandato, com a existência de sinalagma, embora possa ser gratuito ou assumir natureza onerosa, se a representação for remunerada, como examinado no Volume IV destes *Fundamentos*.[11]

5. CONTRATOS COMUTATIVOS E CONTRATOS ALEATÓRIOS

Os contratos onerosos costumam ser subdivididos em comutativos e aleatórios. A comutatividade se caracteriza pela equivalência entre prestação e contraprestação, ambas definidas quanto à sua existência e extensão, de modo proporcional e de prévio conhecimento das partes. Já na aleatoriedade uma das prestações é incerta quanto à sua existência ou extensão, de maneira que o resultado econômico do contrato torna-se incerto e não sujeito a prévia determinação pelas partes, já que condicionado a evento incerto (obrigação aleatória). Estabelece-se, portanto, relação entre o resultado econômico buscado por uma parte e a possibilidade de resultado econômico para a outra parte, de maneira a internalizar, no próprio equilíbrio contratual, o risco, que no contrato comutativo lhe é externo. As partes voluntariamente perseguem resultado econômico incerto.[12]

Alguns tipos contratuais são naturalmente aleatórios, como a constituição de renda vitalícia, o jogo e a aposta, bem como os contratos de derivativos financeiros (*hedge* e *swap*). Em outras hipóteses, pode-se tornar aleatório contrato naturalmente comutativo, se uma das partes assumir o risco de determinado resultado, como no exemplo clássico da compra a preço fixo do "lanço de rede" do pescador ou da colheita do agricultor, independentemente da quantidade a ser pescada ou colhida. Da mesma forma, torna-se aleatório o contrato de êxito, comum na advocacia e na corretagem, em que somente haverá remuneração para o advogado ou corretor no caso de decisão favorável ou de conclusão da compra e venda.

O Código Civil regulamentou três espécies de contrato aleatório. Enquanto na primeira um dos contratantes assume risco quanto à própria existência da contraprestação, referido por "venda da esperança" (*emptio spei*), na segunda, ele limita essa assunção de risco à extensão da prestação, a "venda da coisa esperada" (*emptio rei speratae*), fixando a quantidade mínima para o resultado pretendido, sem a qual não haverá o pagamento por parte do comprador.

Dito em outros termos, a álea pode versar sobre a existência da prestação: compro o lanço da rede do pescador assumindo o risco de nada pescar (*iactus retis*); ou sobre a sua extensão: compro o lanço da rede em qualquer quantidade. Assim, o contratante deve adimplir sua prestação mesmo que não exista contraprestação (primeira modalidade), ou não exista na quantidade esperada (segunda modalidade). Em ambas as modalidades, o contratante que assumiu o risco, de todo modo, poderá

---

[11] A favor da possibilidade de contrato bilateral gratuito, Caio Mário da Silva Pereira, *Instituições de direito civil*, vol. III, Rio de Janeiro: Forense, 2014 (1963), 18ª ed., atualizado por Caitlin Mulholland, p. 62. Contra, Orlando Gomes, *Contratos*, Rio de Janeiro: Forense, 2009 (1959), 26ª ed., p. 88.

[12] Paula Greco Bandeira, *Contratos aleatórios no direito brasileiro*, Rio de Janeiro: Renovar, 2010, p. 253.

deixar de efetuar a prestação se a outra parte tiver deixado de produzir o resultado por culpa ou dolo, caso em que se caracterizará inadimplemento da obrigação aleatória (CC, arts. 458 e 459).

A terceira espécie de contrato aleatório diz respeito à assunção de risco de que coisa atual venha a deixar de existir. Nesse caso, o objeto encontra-se exposto a risco, como ocorre na compra e venda de mercadorias em alto-mar, ou de imóveis em região de conflito, ou na frequente hipótese de cessão de direitos litigiosos, isto é, que incidem sobre bem jurídico cuja titularidade se discute. Para a validade dessa terceira modalidade exige-se a incerteza subjetiva, ou seja, o desconhecimento pelas partes quanto à consumação do risco, que poderá já ter ocorrido no momento da contratação. Assim, o contratante se dispõe a adimplir ainda que pereça o que lhe é devido. No momento da contratação, o perecimento poderá já ter inclusive ocorrido, sem inquinar a validade do contrato, a menos que tal fato já fosse conhecido da outra parte, o que compromete a validade da avença por ter sido afastado o risco, ínsito ao contato aleatório (*v.g.*, o cedente já sabia da derrota judicial do direito litigioso), tornando-se o contrato anulável por dolo (CC, arts. 460 e 461).

Para além dessas regras específicas dos contratos aleatórios, o confronto com os contratos comutativos traz outras repercussões normativas. Assim, em virtude da falta de equivalência material entre as prestações, nos contratos aleatórios não há garantia contra vícios redibitórios e evicção, devendo-se, todavia, observar a extensão da álea no contrato *in concreto*. Tradicionalmente, afastava-se ainda a possibilidade de lesão e de onerosidade excessiva nos contratos aleatórios, ao argumento de que eles não possuiriam equilíbrio originário entre as prestações. Entretanto, mesmo nos contratos aleatórios há o equilíbrio que se estabelece entre a prestação de uma parte e o risco assumido pela outra,[13] razão pela qual, se houver alteração nesse equilíbrio econômico, justifica-se a utilização daqueles instrumentos de tutela da parte prejudicada, se preenchidos os demais requisitos exigidos pela lei.[14]

Diferencia-se o contrato aleatório do contrato comutativo sob condição suspensiva, no qual uma das prestações somente será efetuada na ocorrência de evento futuro e incerto. Ao contrário dos contratos aleatórios, em que o contrato é plenamente eficaz ainda que uma das prestações não se realize (afinal, tal é a álea assumida pelas partes), no contrato sob condição suspensiva tem-se plena certeza quanto ao sacrifício econômico da ambas as partes, embora a eficácia do ajuste se torne condicionada ao evento futuro.

---

[13] Para análise do contrato como mecanismo de alocação de riscos, v. Gustavo Tepedino, Paula Greco Bandeira e Danielle Tavares Peçanha, A cláusula *solve et repete* como mecanismo de gestão dos riscos contratuais: contornos e limites no direito brasileiro. In *Pensar*, Fortaleza, vol. 29, jun./abr. 2024, p. 1-14; e Paula Greco Bandeira, *Contratos Aleatórios no Direito Brasileiro*, Rio de Janeiro: Renovar, 2010.

[14] Vladimir Mucury Cardoso, *Revisão contratual e lesão*, Rio de Janeiro: Renovar, 2008, p. 418. V., na jurisprudência, STJ, 3ª T., REsp 1.155.200, Rel. Min. Massami Uyeda, Rel. p/ acórdão Min. Nancy Andrighi, julg. 22.2.2011, publ. DJe 2.3.2011.

6. CONTRATOS SOLENES, REAIS E CONSENSUAIS

Conforme evidenciado no capítulo anterior, observou-se no desenrolar histórico do direito contratual o processo de redução das exigências formais. Tal processo mostra-se compatível com a celeridade e informalidade exigidas pela massificação das trocas comerciais, bem como pelo impacto da evolução tecnológica na celebração dos contratos. Entretanto, persistem requisitos de forma específica para a celebração válida de certos contratos, os quais são reputados formais ou solenes. Como destacado,[15] essas exigências, que no passado dirigiam-se à otimização da garantia patrimonial, adquiriram função existencial, manejada pelo legislador para a proteção de valores atinentes à promoção dos princípios constitucionais da dignidade da pessoa humana, da igualdade e da solidariedade.[16] Nessa nova perspectiva, a forma exigida em certas modalidades contratuais pode atender a imperativos relevantes da axiologia constitucional, em tutela da parte vulnerável, superando assimetrias informativas e assegurando maior transparência e a certeza quanto à compreensão das informações relativas ao objeto do contrato. Exige-se, com tal propósito, a redação em caracteres ostensivos, em fonte de tamanho não inferior a doze, para a formação de contratos de adesão, de modo a facilitar a compreensão pelo consumidor em estado de vulnerabilidade, bem como a redação em destaque de cláusula que implique limitação de seu direito (CDC, art. 54, §§ 3º e 4º), em claro exemplo da instrumentalidade das exigências formais para a promoção de valores.[17]

Contratos formais ou solenes

Assim também a forma pública é exigida nos instrumentos que visem a transferir direitos reais sobre imóveis de valor superior a trinta salários mínimos (CC, art. 108) e forma escrita para a validade de doações de valores significativos (CC, art. 541) e para a fiança (art. 819).

Nesses casos, a forma é imposta *ad solemnitatem*, o que significa, na ausência da forma prevista, a nulidade de contrato daquele tipo, sem prejuízo da possibilidade de conversão para outro tipo negocial, como analisado no item 6 do capítulo IV e, de forma geral, no volume I. Para os demais contratos, vige a regra geral da liberdade de forma, bastando o consenso para a sua validade, razão pela qual tais contratos são chamados de consensuais. Isso não afasta a possibilidade de as partes adotarem certa formalidade na celebração para atendimento de seus interesses, como segurança probatória. Nestes casos, os contratos não deixam de ser designados como consensuais, já que inexistente a exigência da forma para a validade do pacto.

Distinguem-se os contratos formais dos contratos reais, embora ambos requeiram requisitos legais para a sua celebração válida. Considera-se real o negócio jurídico para cujo aperfeiçoamento, além do consenso, a lei exige o ato material de

Contratos reais

---

[15] V. item 6 do capítulo IV, *supra*.

[16] Pietro Perlingieri destaca como "a função da prescrição sobre a forma pode ser inspirada em razões de garantia e de promoção de interesses e de valores mesmo se diversos da genérica e formal liberdade" (*O direito civil na legalidade constitucional*, Rio de Janeiro: Renovar, 2008, p. 447).

[17] Anderson Schreiber, *Manual de direito civil contemporâneo*, São Paulo: Saraiva, 2018, p. 226.

transferência de um bem (*traditio*). Reputam-se reais o comodato, o penhor, a dação em pagamento e as arras, modalidades nas quais o consenso quanto ao conteúdo do contrato não é suficiente à sua formação, que dependerá necessariamente da transferência do bem objeto da prestação.

Os contratos reais frequentemente são gratuitos e unilaterais, já que, tendo sido entregue o bem por uma das partes, sem contrapartida, como requisito de validade do negócio, a prestação de restituição caberá unicamente à parte que recebeu o bem. O contrato configura-se unilateral justamente porque conterá, como obrigação principal, somente a obrigação de restituir, inexistindo contraprestação sinalagmática. Nesses casos, a justificativa para a realidade, historicamente questionada, encontra-se provavelmente na necessidade de apartar, no âmbito das liberalidades, o espaço da juridicidade da mera cordialidade. Na vida cotidiana, não raro as liberalidades anunciadas, relacionadas a empréstimos, doações, ajudas e convites, deixam de se concretizar, sem que o direito deva intervir. A realidade, concretizada mediante a transferência da *res* objeto da prestação gratuita, atribui juridicidade à declaração de vontade. Compreende-se desse modo a manutenção da categoria, a despeito das críticas que lhe são dirigidas por proteger demasiadamente uma das partes, facultando-lhe a possibilidade de desistir antes da entrega do bem, em desfavor da parte que confiou na palavra empenhada.[18]

Discute-se, em perspectiva semelhante, se os contratos reais, especialmente em se tratando de contratos gratuitos, admitem promessa contratual, pela qual o consenso criaria a obrigação de contratar, impondo assim, mesmo contra a vontade do autor da liberalidade, a celebração do contrato gratuito, isto é, a transferência coativa do bem indispensável ao aperfeiçoamento do negócio real. Contra a admissibilidade de promessa contratual em contratos gratuitos, afirma-se que, sendo o contrato gratuito, movido essencialmente por espírito de liberdade, haveria incompatibilidade ontológica entre a sua celebração e a execução forçada da promessa de contratar. Em sentido contrário, argumenta-se que a liberdade de contratar é o movente dos negócios em geral, nos quais se inclui a promessa, a qual, uma vez celebrada, deve ser respeitada pelo contratante, independentemente de eventual arrependimento do autor da liberalidade, com fundamento na obrigatoriedade dos pactos e no princípio da boa-fé objetiva.

7. CONTRATOS PARITÁRIOS E DE ADESÃO

Condições ou cláusulas gerais do contrato

A massificação das transações, em decorrência da produção e comercialização em série de produtos e serviços, conduziu à estandardização também do processo de contratação. As tradicionais etapas de negociação por tratativas, propostas e contrapropostas se revelam incompatíveis com a exigência de celeridade e redução de custos negociais. A contratação em massa impôs também a negociação em massa,

---

[18] Caio Mário da Silva Pereira, *Instituições de direito civil*, vol. III, atualizado por Caitlin Mulholland, Rio de Janeiro: Forense, 2014 (1963), 18ª ed., pp. 59-60.

uma maneira própria de formação dos contratos.[19] Surge assim, predeterminado por uma das partes ou por autoridade administrativa competente, a padronização do conteúdo dos contratos, que recebe a designação de condições ou cláusulas gerais do contrato, normativa-padrão a ser utilizada de forma recorrente.[20]

Esse é o cenário que deu origem, ao lado dos contratos paritários, em que há livre negociação do seu conteúdo por ambas as partes, aos contratos de adesão. Na definição apresentada pelo Código de Defesa do Consumidor, "contrato de adesão é aquele cujas cláusulas tenham sido aprovadas pela autoridade competente ou estabelecidas unilateralmente pelo fornecedor de produtos ou serviços, sem que o consumidor possa discutir ou modificar substancialmente seu conteúdo" (art. 54). Sua característica distintiva, portanto, além da predeterminação do seu conteúdo por uma das partes, associa-se à impossibilidade de a outra parte discutir seu conteúdo, limitando-se a aderir ou não.[21] A disparidade na formação do consenso entre as partes, relativamente à possibilidade de interferência no conteúdo do contrato, justifica a atuação do legislador no sentido de proteger a parte aderente, buscando o reequilíbrio nesses contratos naturalmente assimétricos.

<small>Contratos de adesão</small>

Difusamente praticado nas relações de consumo, os contratos de adesão são encontrados também em relações civis e empresariais, como, por exemplo, nos contratos de locação, de franquia e de arrendamento mercantil. Por essa razão, estabelece o Código Civil duas regras gerais aplicáveis aos contratos de adesão, mesmo àqueles imunes à incidência da normativa consumerista. Em primeiro lugar, determina o art. 423 que, diante de cláusulas ambíguas ou contraditórias, deve prevalecer a interpretação mais favorável ao aderente, em atendimento ao princípio geral de que a clareza é ônus de quem estipula os termos do contrato (*interpretatio contra stipulatorem*). Mais incisiva é a regra cominada no art. 424, que determina regime de validade diferenciado para cláusulas contidas no contrato de adesão, coibindo qualquer cláusula que implique renúncia a direito resultante da natureza do negócio. Essa expressão *natureza do negócio* utilizada pelo legislador é objeto de controvérsia. Ao referir à natureza do negócio, deve-se entender que, para além de direitos essenciais ao tipo contratual sob exame, que já seriam, por definição, irrenunciáveis, o legislador vedou também a renúncia de direitos que constituam elementos naturais daquele tipo de contrato, ou decorrentes de usos contratuais em certo setor econômico ou região, isto é, direitos que, em contratos paritários, podem ser afastados pela vontade das partes. Dito diversamente, os elementos naturais do

<small>Contratos de adesão fora das relações de consumo</small>

---

[19] Pietro Perlingieri, *Manuale di diritto civile*, Napoli: ESI, 2005, 5ª ed., p. 408.

[20] Sobre o tema, v. Paulo Luiz Netto Lôbo, *Condições gerais dos contratos e cláusulas abusivas*, São Paulo: Saraiva, 1991, *passim*.

[21] Conforme decidido pelo STJ: "A circunstância de o contrato ser materializado por formulário e a existência de cláusulas padronizadas não implica a necessária conclusão de se tratar de contrato de adesão. Para tanto, cumpre esteja presente a característica de contratualidade meramente formal, vale dizer, que a parte não responsável pela prévia determinação uniforme do conteúdo do contrato tenha meramente aderido ao instrumento, sem aceitar efetivamente as suas cláusulas" (STJ, 4ª T., REsp 1.988.894, Rel. Min. Maria Isabel Gallotti, julg. 9.5.2023, publ. DJ 15.5.2023).

negócio são aqueles previstos pelo legislador, ou incorporados à normativa contratual pelas práticas contratuais, que terão incidência desde que não afastados pela autonomia privada. Nos contratos paritários, nas tratativas que antecedem a celebração do contrato, poderão as partes, portanto, submeterem-se aos elementos naturais ou afastá-los. Já nos contratos de adesão, suprimida a negociação preliminar, nega-se a possibilidade de introdução unilateral por uma das partes de regra destoante da disciplina usualmente praticada. Costumam ser citados, como exemplo de estipulações vedadas em contratos de adesão, as cláusulas de renúncia ao benefício de ordem na fiança,[22] ou à indenização das benfeitorias necessárias na locação,[23] ou a direito patrimonial de autor em concurso de fotografia.[24] Na mesma esteira, considera-se vedada a cláusula de eleição de foro[25] nos contratos de franquia e de distribuição,[26] a cláusula compromissória de arbitragem,[27] a cláusula pela qual a administradora de cartão de crédito só repassa ao lojista os valores contratados pelo seu cliente depois de recebidos os documentos,[28] entre outros.

Contratos normativos e contratos-tipo

Os contratos de adesão devem ser apartados de figuras similares, como os contratos normativos e os contratos-tipo, às quais não se aplicam, em regra, as normas citadas. Consideram-se contratos normativos aqueles que têm por objeto a regulação de futuras relações a se estabelecerem entre determinadas partes, destinados, portanto, a predispor o conteúdo de futuros contratos.[29] Já os contratos-tipo seriam aqueles em que se encontram presentes condições gerais preestabelecidas, sem que haja, contudo, impossibilidade de alteração pela outra parte, a afastar a assimetria intrínseca aos contratos de adesão.[30]

---

[22] Enunciado 364 da IV Jornada de Direito Civil – CEJ/CJF: "No contrato de fiança é nula a cláusula de renúncia antecipada ao benefício de ordem quando inserida em contrato de adesão".

[23] Enunciado 433 da V Jornada de Direito Civil – CEJ/CJF: "A cláusula de renúncia antecipada ao direito de indenização e retenção por benfeitorias necessárias é nula em contrato de locação de imóvel urbano feito nos moldes do contrato de adesão".

[24] TJRJ, 9ª CC, Ap. Cív. 0029570-19.2006.8.19.0001, Rel. Des. Carlos Eduardo Moreira Silva, julg. 3.8.2010.

[25] Vale destaque ao fato de que a Lei 14.879/2024 alterou as regras sobre a cláusula de eleição de foro, pela qual as partes elegem consensualmente o foro onde devem ser propostas ações relativas aos direitos e obrigações contratualmente estabelecidos. A nova regra estabelece que a eleição de foro deve guardar pertinência com o domicílio das partes ou com o local da obrigação, evitando-se a prática abusiva em que o foro eleito dificulta o litígio para uma das partes. Pela nova redação do art. 63 do CPC, "a eleição de foro somente produz efeito quando constar de instrumento escrito", "e guardar pertinência com o domicílio ou a residência de uma das partes ou com o local da obrigação, ressalvada a pactuação consumerista, quando favorável ao consumidor". De acordo com o parágrafo quinto do mesmo dispositivo, "o ajuizamento de ação em juízo aleatório, entendido como aquele sem vinculação com o domicílio ou a residência das partes ou com o negócio jurídico discutido na demanda, constitui prática abusiva". Nesse caso, o juiz poderá declinar de ofício a competência, fazendo prevalecer as regras processuais de competência em razão do valor e do território.

[26] STJ, 4ª T., AgRg no Resp 493.882/DF, Rel. Min. Raul Araújo, julg. 21.8.2012, publ. DJe 18.9.2012.

[27] STJ, 3ª T., REsp 1.169.841/RJ, Rel. Min. Nancy Andrighi, julg. 6.11.2012, publ. DJe 14.11.2012.

[28] TJ/MG, Ap. Cív. 0757283-21.2006.8.13.0024, Rel. Des. Cabral da Silva, julg. 24.7.2012.

[29] Pietro Perlingieri, *Manuale di diritto civile*, Napoli: ESI, 2005, 5ª ed., p. 410.

[30] Caio Mário da Silva Pereira, *Instituições de direito civil*, vol. III, atualizado por Caitlin Mulholland, Rio de Janeiro: Forense, 2014 (1963), 18ª ed., p. 69.

8. CONTRATOS INSTANTÂNEOS E DURADOUROS. CONTRATOS DE EXECUÇÃO IMEDIATA, DIFERIDA E SUCESSIVA

Classificam-se ainda os contratos com relação à distribuição de sua execução no tempo. Trata-se de categorização relevante no tocante ao impacto da resolução ou da invalidação sobre os efeitos já produzidos, bem como para aplicabilidade de institutos como a prescrição e a onerosidade excessiva. Entretanto, trata-se de terminologia bastante controvertida, em especial em razão da inevitável confusão com a classificação das obrigações com base no mesmo critério.

Contratos instantâneos e de duração

Pode-se de início estabelecer a separação entre os *contratos instantâneos*, cuja execução ocorre em momento único, com os *contratos de duração*, cuja execução se protrai durante certo intervalo de tempo. Entre os contratos instantâneos, apartam-se aqueles de *execução imediata* – como a compra e venda em uma loja com o pagamento do preço e a entrega do produto no mesmo momento da celebração do negócio – daquele de execução diferida – quando a entrega do produto ou o pagamento do preço são adiados para um momento futuro.

Contratos de execução imediata e de execução diferida

Os contratos de duração, também referidos como de *execução sucessiva*, por sua vez, dividem-se entre contratos de *execução continuada* e contratos de *execução periódica*. Nos contratos de execução continuada, a prestação é cumprida, por certo intervalo de tempo, de forma incessante, como no pacto de não concorrência, em que o devedor está continuamente prestando o comportamento de abstenção. Já nos contratos de execução periódica, a prestação é ofertada de maneira fracionada, repetida a cada intervalo de tempo, seja em razão da própria natureza do contrato, como no adimplemento dos aluguéis no contrato de locação, cuja execução se renova no tempo (hipótese por vezes referida como contrato de *trato sucessivo*), seja por força de interesse das partes, que optam por fragmentar no tempo a prestação que seria cumprida de forma única, como na compra e venda a prestações, com pagamento parcelado (caso por vezes apartado como *contrato de execução escalonada*).[31]

Contratos de execução continuada e periódica

9. CONTRATOS PESSOAIS E IMPESSOAIS

Reputam-se pessoais ou *intuitu personae* os negócios em que a pessoa do outro contratante é elemento determinante para a celebração do negócio, em oposição aos contratos impessoais, indiferentes à pessoa titular de cada posição contratual.[32] Trata-se comumente de negócios em que se impõe obrigação de fazer infungível a uma das partes – como a contratação de cantor em vista de seu talento, de médico em razão de sua reputação – mas não exclusivamente, como ilustra a fiança, que também se funda em características pessoais do contratante, como seu patrimônio e sua idoneidade.

A distinção é relevante não somente para aferir a possibilidade de transmissão de direitos e deveres contratuais – como, por exemplo, em caso de sucessão *mortis*

---

[31]   Orlando Gomes, *Contratos*, Rio de Janeiro: Forense, 2009 (1959), 26ª ed., p. 95.
[32]   Orlando Gomes, *Contratos*, Rio de Janeiro: Forense, 2009 (1959), 26ª ed., p. 97.

causa ou de cessão de posição contratual – mas também para a incidência da anulação por *error in persona* (CC, art. 139, II), ou seja, o erro concernente à identidade ou à qualidade essencial da pessoa a quem se refira a declaração de vontade, aplicável somente quando essa circunstância tenha influído na contratação de modo relevante, como abordado no volume 1.

10. CONTRATOS DE CONSUMO

Tutela da pessoa humana em situação de particular vulnerabilidade

As relações contratuais têm por premissa a necessidade de tutela da pessoa humana em situação de particular vulnerabilidade, atraindo, por conseguinte, a incidência do Código de Defesa do Consumidor (Lei 8.078/1990). Justificam-se assim os numerosos princípios e regras protetivas do consumidor. Nesta direção, é estabelecido um rol de direitos básicos do consumidor, como, por exemplo, a revisão de prestações excessivamente onerosas (art. 6º, V) e a inversão do ônus da prova quando houver verossimilhança das alegações ou hipossuficiência da sua parte (art. 6º, VIII). Além disso, impõe-se ao fornecedor regime de responsabilidade mais rigoroso, pelo qual ele deve indenizar o consumidor por defeito do produto independentemente de culpa, considerando-se civilmente responsáveis não apenas o vendedor do produto ou serviço, mas todos os integrantes da cadeia de consumo, de modo solidário (arts. 12 a 25). O regime da formação do contrato também é diferenciado, vinculando o fornecedor tanto à oferta como à publicidade, e coibindo a publicidade enganosa ou abusiva (arts. 30 a 38). A legislação consumerista prevê ainda rol exemplificativo de práticas e cláusulas consideradas abusivas em relações de consumo, tais como a chamada venda casada (condicionamento do fornecimento de um produto a outro produto ou serviço, art. 39, I), o envio não solicitado de produto (art. 39, III), a execução de serviço sem prévio orçamento (art. 39, VI). Na mesma linha, consideram-se abusivas as cláusulas que exonerem ou atenuem a responsabilidade do fornecedor (art. 51, I); que imponham representante para concluir negócio em nome do consumidor (art. 51, VIII), ou possibilitem renúncia à indenização por benfeitorias necessárias (art. 51, XVI).

Rejeição aos chamados microssistemas

Do ponto de vista da teoria dos contratos, indaga-se a admissibilidade de categoria autônoma de contratos de consumo, já que a tutela do consumidor extrapola os limites da relação contratual, protegendo o consumidor em face de toda a cadeia produtiva, independentemente da identificação das partes contratantes. Nessa direção, o Código de Defesa do Consumidor superou a distinção entre responsabilidade contratual e extracontratual, equiparando ao consumidor, para a incidência de suas normas protetivas, não somente o contratante direto, mas também terceiros afetados pela conduta do fornecedor, como aquele exposto a práticas comerciais abusivas (art. 29), a vítima de danos decorrentes de um produto defeituoso (art. 17), bem como todo aquele atingido por lesões a interesses difusos, coletivos ou mesmo individuais homogêneos (art. 2º, parágrafo único). Observa-se, assim, que a disciplina normativa em defesa do consumidor não se destina a certo tipo de contrato, mas à proteção da pessoa vulnerável diante da atividade de consumo, quer inserida em relação contratual ou extracontratual. De fato, o Código de Defesa do Consumidor não pode ser entendido como sistema autônomo, regido por valores e princípios próprios, devendo ser integrado, do ponto de vista interpretativo, à unidade do ordenamento, como veículo de efetivação dos preceitos constitucionais de proteção da dignidade da pessoa humana na ordem econômica. Por conseguinte, deve-se proceder com enorme cautela frente à expressão *microssistema*, defendida pelo professor Natalino Irti para esgotar as possibilidades hermenêuticas do intérprete no âmbito de cada estatuto normativo autônomo:[33] esse cenário, além de politicamente indesejável, não é admissível diante da realidade constitucional. Desse modo, embora reconhecendo a existência de universos legislativos setoriais e a complexidade do ordenamento jurídico como um todo, cumpre reconhecer igualmente sua unidade sistemática, que toma por centro e fundamento a tábua axiológica da Constituição. A tutela do consumidor, nessa linha, deve ser compreendida sob perspectiva funcional, como veículo de imperativo superior de proteção da pessoa humana no âmbito de relação jurídica desequilibrada.

Supera-se, sob tal viés interpretativo, o debate, referente ao alcance da definição de consumidor, em especial no que tange às pessoas jurídicas, entre a vertente maximalista, que buscava um conceito objetivo de destinatário fático, entendido como aquele que retira o produto da cadeia de produção, ainda que busque auferir lucro com ele, e a finalista, que, sob uma noção mais subjetiva, levava em conta a destinação econômica, exigindo o uso próprio e da família, isto é, o não profissional.[34] O grande temor dos finalistas era que, com a expansão exagerada do conceito de consumidor, ter-se-ia uma banalização da sua tutela, em detrimento das conquistas que se afirmavam gradativamente na jurisprudência. Sonhava-se com um mundo mais isonômico no mercado de consumo e se procurava exorcizar, a todo custo, a lógica individualista (que se supunha perene) do direito privado. Nas décadas que se seguiram, todavia, alterou-se inteiramente o cenário jurídico brasileiro. Afirmou-se, em doutrina, a força normativa dos princípios constitucionais, sendo o Superior Tribunal de Justiça porta-voz de um formidável movimento de renovação jurisprudencial, com base nos valores insculpidos na Constituição da República. Por outro lado, surge o Código Civil de 2002, que, lido à luz da legalidade constitucional, assegura à pessoa humana níveis de proteção compatíveis com sua concreta posição (de maior ou menor vulnerabilidade) nas relações paritárias da vida privada. Bastaria invocar os princípios da boa-fé objetiva, da função social do contrato e da propriedade, do equilíbrio dos contratos, da responsabilidade objetiva derivada do risco-criado, para se constatar a afirmação da unidade do ordenamento e a aproximação progressiva das ferramentas de proteção da pessoa humana na vida civil. Diante de tal tendência metodológica, longe de se entrever, no horizonte, uma redução da proteção dos con-

Finalismo × maximalismo

---

[33] Natalino Irti, L'età della decodificazione. *Revista de Direito Civil, Imobiliário, Agrário e Empresarial*, vol. 3, n. 10. São Paulo: out.-dez. 1979, pp. 15-33.

[34] Sobre o debate, v. Claudia Lima Marques, *Contratos no Código de Defesa do Consumidor*, São Paulo: Revista dos Tribunais, 2014, 7ª ed., *passim*.

sumidores, há de se constatar o reconhecimento pela Corte Superior da unidade axiológica da ordem civil-constitucional, que se manterá íntegra na medida em que se assegure sempre a dignidade da pessoa humana (consumidora ou não) e a prevalência das relações existenciais sobre as patrimoniais.

Hoje, sob o que se denomina finalismo mitigado ou finalismo aprofundado, reconhece-se que o cerne para a aplicação das normas protetivas está no reconhecimento da situação de vulnerabilidade da parte mais fraca diante daquele contratante que desempenha empresarialmente a atividade contratada. A interpretação do Código Civil não pode, sob pena de se revelar desconforme à Constituição, excluir do âmbito de proteção do CDC os consumidores contratantes. Ao contrário, destinam-se os preceitos codificados a regular tipos contratuais que, quando inseridos em relações de consumo, avocam as disposições de ordem pública em defesa do consumidor. Só assim se caminhará para a superação de uma visão binária e dicotômica entre as normas constitucionais e as infraconstitucionais, conferindo-se a máxima efetividade social ao Código Civil e ao Código de Defesa do Consumidor. Em uma palavra, os confins interpretativos devem ser estabelecidos a partir não da topografia das definições legislativas, mas da diversidade axiológica dos bens jurídicos que se pretende tutelar.

11. CONTRATOS COLIGADOS. CONTRATO PRINCIPAL E ACESSÓRIO

A defasagem dos modelos jurídicos tradicionais para o atendimento de novos interesses conduz as partes, por vezes, ao expediente de utilizar-se de distintos negócios jurídicos, ligados entre si, para a realização de uma mesma operação global. De maneira geral, trata-se de fenômeno mais frequente no âmbito empresarial e provavelmente dele originário, onde se exemplifica com elaboradas cadeias societárias, entre *holdings* e subsidiárias, intrincadas operações de transferência de controle ou aporte de recursos para projetos (*joint ventures*) e estratégicos mecanismos de descentralização da realização de serviços por meio da chamada terceirização. Na atualidade, o fenômeno ultrapassa este meio, tornando-se recorrente nas relações de consumo, como nos casos de cadeias de compras e vendas que levam o produto do fabricante ao consumidor, nos contratos de turismo, no cartão de crédito, nos pacotes de informática (contratação simultânea de suporte técnico e de aquisição *hardware* e *software*), no crédito ao consumo, no *leasing*, na incorporação imobiliária e no *time-sharing*.

Terminologia   Esse fenômeno, por vezes referido como "conexão contratual", "coligação contratual" ou "grupos de contratos", demanda atenção especial ao intérprete, ante as repercussões jurídicas próprias que pode trazer.[35] Cumpre superar, nesses casos, a

---

[35]   Sobre o tema, v. Francisco Paulo De Crescenzo Marino, *Contratos coligados no direito brasileiro*, São Paulo: Saraiva, 2009; Rodrigo Xavier Leonardo, Contratos coligados. In: Leonardo Brandelli (org.). *Estudos de direito civil, internacional privado e comparado: coletânea em homenagem à professora Vera Jacob de Fradera*, São Paulo: LEUD, 2014; Eduardo Takemi Kataoka, *A coligação contratual*, Rio de Janeiro: Lumen Juris, 2008, e Carlos Nelson Konder, *Contratos conexos*: grupos de contratos, redes contratuais e contratos coligados, Rio de Janeiro: Renovar, 2006. Na doutrina estrangeira,

leitura do negócio jurídico isolado, abstrato e individualizado pelo rígido esquema típico, em favor da consideração (com efeitos jurídicos) do conjunto de contratos vinculados entre si em concreto, no qual o negócio objeto de exame encontra-se inserido. O desafio, neste âmbito, é determinar que implicações jurídicas se podem inferir de contratos que, posto celebrados de forma separada, encontram-se em conexão quanto à sua finalidade, ligados nos efeitos que pretendem atingir.

Dessa forma, a interpretação, a qualificação, a validade e a eficácia de um contrato dependem da sua coligação a outros contratos. Isto é, as vicissitudes de um, como a invalidade ou ineficácia por causa superveniente, podem acabar por também tornar o outro ineficaz, conforme o aforisma latino, *simul stabunt, simul cadent*, a depender da avaliação funcional dos contratos em questão e também da ligação entre eles. Por exemplo, a redibição de um contrato de compra e venda por defeito do produto pode ensejar a extinção do contrato de assistência técnica a ele vinculado, a nulidade de uma locação torna ineficaz a sublocação a ela ligada, ou ainda, pode uma parte se recusar a cumprir sua obrigação em um contrato se provar que a outra parte inadimpliu a dela, ainda que esta esteja inserida em outro contrato, se coligado ao contrato em questão.[36]

Critério recorrente na abordagem dessas situações consiste em identificar vínculo de dependência entre os contratos, de modo a reputar que o contrato reputado acessório deve acompanhar o destino daquele entendido como principal, em conformidade com o princípio da gravitação jurídica. Além das hipóteses típicas como aquelas envolvendo contratos de garantia (fiança, penhor, hipoteca) e contratos derivados (subcontrato), o critério costuma ser utilizado pela jurisprudência em casos concretos em que se entende presente o liame de acessoriedade em razão do fim buscado pelas partes, como quando se estendeu cláusula compromissória prevista em contrato de abertura do crédito aos conflitos decorrentes de contratos de *swap*, por entender que estes pressupunham aquele.[37] Deve-se ter cuidado, todavia, para que a simplicidade da regra da acessoriedade não despreze as complexidades que podem estar envolvidas no complexo arranjo de interesses composto pelas partes, no qual, muitas vezes, o vínculo de dependência entre os contratos é bilateral.

> Contrato principal e contrato acessório

O desafio se torna ainda maior quando há coligação contratual com diversidade de partes, quando os dois contratos vinculados entre si não foram celebrados pelas mesmas partes, como no crédito ao consumo em que a instituição bancária que financia a aquisição não é parte do contrato de compra e venda do bem. Surge aqui a figura do "contratante-terceiro", "simples parte" ou "parte por equiparação". A des-

> Coligação contratual com diversidade de partes

---

remete-se a Bernard Teyssié, *Les groupes de contrats*, Paris: L.G.D.J., 1975; Giorgio Lener, *Profili del collegamento negoziale*, Milano: Giuffrè, 1999; Ana López Frías, *Los contratos conexos*, Barcelona: Bosch, 1994; e Jorge Mosset Iturraspe, *Contratos conexos*: grupos y redes de contratos, Buenos Aires: Rubinzal-Culzoni Editores, 1999.

[36] Enunciado 24 da I Jornada de Direito Comercial – CEJ/CJF: "Os contratos empresariais coligados, concretamente formados por unidade de interesses econômicos, permitem a arguição da exceção de contrato não cumprido, salvo quando a obrigação inadimplida for de escassa importância".

[37] STJ, 3ª T., REsp 1.639.035/SP, Rel. Min. Paulo de Tarso Sanseverino, julg. 18.9.2018, publ. DJ 15.10.2018.

peito da incidência do princípio da relatividade dos efeitos do contrato, vem se admitindo de forma ampla a possibilidade de coligação entre contratos com partes distintas, quando houver vinculação funcional entre eles, em concreto, ou interesses merecedores de tutela.[38] Ainda que o sujeito que figura como parte somente em um dos contratos possa alegar que os efeitos do outro contrato não lhe são oponíveis, eis que não participou da sua celebração, a incidência de outros princípios, como é o caso da boa-fé ou da proteção à parte vulnerável, pode lhe estabelecer deveres que impõem o atendimento a efeitos do contrato a ele coligado. É o caso, por exemplo, da responsabilidade do agente financeiro pelos vícios da construção financiada no âmbito do SFH,[39] ou a resilição unilateral exercida perante sociedade estrangeira, que atinge também sua subsidiária brasileira que figurou como parte em contrato acessório, voltado apenas para dar execução ao contrato principal firmado com a *holding* estrangeira.[40]

O exame das circunstâncias do caso concreto é imprescindível, todavia, para realizar a ponderação do princípio da relatividade dos efeitos do contrato. O exemplo do crédito ao consumo é especialmente ilustrativo, distinguindo-se entre o financiamento obtido de forma autônoma pelo próprio consumidor, no qual os contratos são independentes, e aquele induzido pelo fornecedor, que mantém parceria com a instituição financeira para a exclusividade nos financiamentos, caso em que a coligação contratual é reconhecida, para não permitir que o expediente de distinção entre as partes celebrantes sirva a obstaculizar direitos básicos do consumidor.

Nessa linha, a Lei 14.181/2021, voltada a aperfeiçoar a disciplina do crédito ao consumidor e dispor sobre a prevenção e o tratamento do superendividamento, introduziu art. 54-F no Código de Defesa do Consumidor, prevendo expressamente que são coligados o fornecimento de produto ou serviço e o contrato para seu financiamento quando a instituição financeira "recorrer aos serviços do fornecedor de produto ou serviço para a preparação ou a conclusão do contrato de crédito" ou quando "oferecer o crédito no local da atividade empresarial do fornecedor de produto ou serviço

---

[38]   Sobre o tema, aplicado ao campo da arbitragem, v. Gustavo Tepedino; Laís Cavalcanti, Acesso à justiça e extensão da convenção de arbitragem em contratos coligados. In: Luiz Fux, Henrique Ávila e Trícia Navarro Xavier Cabral (orgs.), *Tecnologia e Justiça Multiportas*, São Paulo: Editora Foco, 2021, pp. 217-234, em que se busca investigar os limites subjetivos de abrangência vertical e horizontal da convenção de arbitragem: "A rica casuística relativa à extensão da convenção de arbitragem, notadamente no âmbito de contratos coligados – questão de relevantes impactos dogmáticos e práticos –, permite concluir que, com base no exame das circunstâncias do caso concreto, se pode proceder à ponderação necessária para se interpretar a vontade das partes no sentido de estabelecer (ou não) a opção pela via arbitral, resguardando-se a formulação do livre consenso como requisito fundamental da arbitragem, cunhada na manifestação de vontade livre e imaculada dos contratantes e no respeito à eficácia da convenção de arbitragem".

[39]   STJ, 3ª T., REsp 51.169, Rel. Min. Ari Pargendler, julg. 9.12.1999, publ. DJ 28.2.2000. Sobre o tema, v. Rodrigo Xavier Leonardo, *Redes contratuais no mercado habitacional*, São Paulo: Revista dos Tribunais, 2003.

[40]   O caso foi objeto de estudo de José Carlos Barbosa Moreira, Unidade ou pluralidade de contratos: contratos conexos, vinculados ou coligados. Litisconsórcio necessário ou facultativo. "Comunhão de interesses", "conexão de causas" e "afinidade de questões por um ponto comum de fato ou de direito". *Revista dos Tribunais*, vol. 448, São Paulo, fev. 1973, pp. 51-60.

financiado ou onde o contrato principal for celebrado". O novo dispositivo legal prevê ainda que ambos os contratos serão extintos em caso de exercício do direito de arrependimento pelo consumidor, bem como diante da resolução por inadimplemento ou da invalidade ou ineficácia do contrato principal de fornecimento do produto ou serviço. A extinção de ambos os contratos em virtude da coligação poderá ser oposta até mesmo diante de terceiros, como o portador de cheque pós-datado emitido para aquisição de produto ou serviço a prazo e o administrador ou o emitente de cartão de crédito ou similar, quando fornecidos pelo mesmo grupo econômico.

PROBLEMAS PRÁTICOS

1. É válida a cláusula pela qual o locatário renuncia à indenização por benfeitorias por ele realizadas sobre o bem locado ao longo do contrato? Fará diferença se o contrato caracterizar relação de consumo, tiver sido celebrado por adesão ou livremente negociado entre as partes?

2. Insatisfeita com o baixo lucro que vinha obtendo com o jogo de loteria "X", a Instituição Financeira A contrata o famoso matemático Semprônio para reformular as regras do jogo. Confiante de que, com as novas regras, o jogo renderá muito mais à Instituição Financeira A, o matemático aceita que sua remuneração seja determinada em 20% (vinte por cento) do aumento do lucro obtido, isto é, um quinto da diferença entre o quanto a Instituição Financeira A ganhava antes com o jogo e o quanto ela passará a ganhar com as novas regras. Todavia, a Instituição Financeira A não faz uma adequada campanha publicitária sobre as alterações, e os apostadores, sem compreender bem as novas regras, preferem recorrer a outros jogos. Diante da drástica queda do número de apostadores do "X", o jogo passa a render ainda menos do que rendia antes das mudanças. Semprônio, nessa hipótese, ainda tem algum direito a alguma coisa? Explique.

Capítulo VI
FORMAÇÃO DOS CONTRATOS

Sumário: 1. O período pré-contratual: negociações e responsabilidade – 2. Formação progressiva do contrato – 3. Proposta, oferta ao público e publicidade – 4. Aceitação e momento de formação do contrato – 5. Lugar de conclusão do contrato – Problemas práticos.

1. O PERÍODO PRÉ-CONTRATUAL: NEGOCIAÇÕES E RESPONSABILIDADE

A identificação do momento em que o contrato se reputa formado mostra-se relevante para a determinação das normas a ele aplicáveis. Concluído o acordo, como ato jurídico perfeito, ele torna-se imune à incidência de novas regras legais relativas à sua formação. Do mesmo modo, falecida uma das partes após a conclusão do contrato, seus herdeiros podem sucedê-la na titularidade dos direitos e deveres transmissíveis. Daí a importância crucial da definição do momento em que, tendo-se por celebrado o contrato, considera-se estabelecida a relação jurídica de força obrigatória, composta por direitos e deveres decorrentes do exercício da autonomia negocial.

A identificação do momento em que o contrato se forma, todavia, não é procedimento hermenêutico simples. A bilateralidade própria de todo contrato, entendida como a exigência de conjugação de duas declarações de vontade complementares para sua conclusão, já revela que a formação do contrato, em regra, se protrai no tempo. Quanto mais complexa for a disciplina normativa a ser construída pelas partes, e quanto mais intrincados os interesses em jogo, maior será o tempo necessário para que o contrato se forme. Em razão disso, ao lado da determinação do momento de conclusão do contrato, cumpre ao ordenamento a tutela

> Formação do contrato como processo

das legítimas expectativas construídas entre as partes durante o período que antecede o aperfeiçoamento da relação contratual, tendo em vista o investimento de tempo, trabalho e recursos empregados.

Negociações preliminares ou tratativas

Denomina-se esse período pré-contratual e nele as partes estreitam contato, com conversas prévias, realização de debates, até a troca de minutas do futuro instrumento, em negociações preliminares ou tratativas. Em contratos complexos, esse processo implica custos significativos, abrangendo a troca de informações, a realização de pesquisas, viagens e análises, com contratação de peritos (contadores, advogados etc.), como ocorre, com frequência, na aquisição de controle acionário de companhias, em procedimento designado pela terminologia anglo-saxônica *due diligence* (diligência prévia).

Punctação

A partir dessas verificações preliminares, dá-se a punctação, isto é, a redação de minutas contratuais, que funcionam como versões preliminares do instrumento de contrato a ser celebrado, de maneira a explicitar opções normativas para a composição dos interesses em jogo.

Cartas de intenção

Recurso comum a esses processos formativos de contratos, em que há grande número de variáveis e alto grau de incerteza, especialmente no âmbito dos contratos internacionais, em que as partes ainda precisam se familiarizar com as peculiaridades de cada ordenamento, são as chamadas cartas de intenção. Servem para partilhar informações, definir termos para a negociação e, por vezes, indicar aspectos do futuro contrato a ser concluído, constituindo-se em acordos provisórios com a manutenção, em regra, da liberdade para celebrar o contrato definitivo.[1]

Responsabilidade pré-contratual

A inexistência de vínculo contratual no período das negociações preliminares não afasta a existência de deveres e direitos recíprocos entre as partes. Especialmente diante de tratativas que importam em significativo aporte de capital, impõe-se tutelar a confiança incutida pelo processo de negociação e pelas legítimas expectativas dele decorrentes. Assim, mesmo na ausência de deveres propriamente contratuais, encontram-se presentes deveres de conduta, fundados na boa-fé objetiva e no dever geral de *neminem laedere*, cuja violação ensejará o que se costuma referir como responsabilidade pré-contratual.

Responsabilidade pela ruptura imotivada das negociações e culpa in contrahendo

Diante disso, poderá ocorrer responsabilidade pré-contratual no caso de ruptura imotivada das negociações. Formulada pioneiramente por Ihering sobre a ideia de culpa *in contrahendo*, restrita às hipóteses de nulidade do contrato, expandiu-se gradualmente com fundamento na violação do princípio da boa-fé objetiva. Dessa maneira, o rompimento das tratativas, em regra autorizado pela liberdade de contratar, pode-se tornar abusivo em razão das circunstâncias que o cercam, a ensejar a responsabilização da parte que deu causa à ruptura. O progresso nas negociações, com investimentos de tempo, trabalho e recursos, exige ponderação entre a autonomia negocial, que dá suporte ao direito potestativo de abandonar as tratativas, e a

---

[1] Cf. Judith Hofmeister Martins-Costa, Contratos internacionais – cartas de intenção no processo formativo da contratação internacional – graus de eficácia dos contratos, *Revista Trimestral de Direito Público*, vol. 94, São Paulo, 1994, pp. 207-224.

boa-fé objetiva, que tutela as legítimas expectativas criadas pelas negociações.[2] A conduta daquele que leva a cabo longas negociações, incutindo a confiança na celebração do contrato, para depois romper o processo, sem qualquer justificativa idônea para a frustração da outra parte, pode ser caracterizada como abuso do direito, com fundamento, inclusive, em figura parcelar da boa-fé objetiva, a vedação ao comportamento contraditório, conhecido pelo brocardo latino *venire contra factum proprium*.[3] Prevalece o entendimento, todavia, de que a indenização devida nesses casos abrange apenas o interesse negativo, isto é, a recomposição da situação em que a vítima estaria se a negociação não tivesse ocorrido (abstração do ocorrido), e não o interesse positivo, a situação que seria obtida caso a contratação tivesse sido bem-sucedida (adição do não ocorrido).[4]

> Interesse negativo × interesse positivo

2. FORMAÇÃO PROGRESSIVA DO CONTRATO

A responsabilização do negociante que age de forma abusiva, por violação ao princípio da boa-fé, pode revelar-se, todavia, insuficiente para a tutela da integralidade das situações, própria do período pré-contratual. A solução mostra-se insatisfatória em situações complexas nas quais obrigações contratuais são assumidas gradativamente, de modo que o agente, por vezes, ao mesmo tempo em que negocia futuras bases contratuais, no âmbito de tratativas ou negócios preliminares, executa obrigações verdadeiramente contratuais, relativamente a parcelas do conteúdo do negócio já definitivamente estabelecidas, passo a passo, de maneira irrevogável. Identifica-se, em cenário assim delineado, o que se tem designado como formação progressiva dos contratos, cujo conteúdo se estabelece gradualmente ao longo das negociações preliminares. Em outras palavras, o contrato se forma aos pedaços, mediante obrigações paulatinamente assumidas pelas partes.[5] Vale dizer, uma vez estabelecida a importância do componente volitivo na formação do contrato, há de se indagar se, nas fases de tratativas, não se pode conceber a formação contratual em etapas, de modo que muitos dos vínculos contratuais possam ir se formando gradualmente, antes da celebração do contrato definitivo.[6]

> Formação progressiva do contrato

---

[2] Enunciado 25 da I Jornada de Direito Civil – CEJ/CJF: "O art. 422 do Código Civil não inviabiliza a aplicação pelo julgador, do princípio da boa-fé nas fases pré e pós-contratual".

[3] Sobre o tema, v. Regis Velasco Fichtner, *A responsabilidade civil pré-contratual: teoria geral e responsabilidade pela ruptura das negociações contratuais*, Rio de Janeiro: Renovar, 2001; e Judith Martins-Costa, *A boa-fé no direito privado*, São Paulo: Revista dos Tribunais, 2000. Sobre o *venire* no direito brasileiro, v. Anderson Schreiber, *A proibição de comportamento contraditório: tutela da confiança e venire contra factum proprium*, São Paulo: Atlas, 2016, 4ª ed.

[4] Sobre os conceitos, v. Paulo Mota Pinto, *Interesse contratual negativo e interesse contratual positivo*, Coimbra: Coimbra Editora, 2009, e, entre nós, Renata C. Steiner, *Reparação de danos: interesse positivo e interesse negativo*, São Paulo: Quartier Latin, 2019.

[5] Francesco Carnelutti, Formazione progressiva del contratto. *Rivista di Diritto Commerciale*, 1916, I, pp. 308-319.

[6] Na experiência brasileira, o tema é tratado por Gustavo Tepedino, Atividade sem negócio jurídico fundante e a formação progressiva dos contratos. *Revista Trimestral de Direito Civil*, n. 11, vol. 44, Rio de Janeiro, 2011, pp. 19-30.

Para que isso seja possível, sem impor aos negociadores a contratação coativa, ou a conversão arbitrária das tratativas em vínculo obrigacional, o que seria autoritário e injustificado, pode-se revisitar as teorias que, fundadas nos comportamentos socialmente típicos,[7] permitem a admissão de atividades contratuais extraídas do contato social estabelecido no âmbito das tratativas. Tratar-se-ia de entrever, dito por outras palavras, pequenos contratos formados sem negócio jurídico que lhes dê origem, com fundamento no comportamento (socialmente típico) mediante o qual obrigações unilaterais ou bilaterais são progressivamente assumidas mesmo sem a celebração de negócio jurídico. Em tais casos, cada vez mais frequentes na prática negocial, a teoria da *culpa in contraendo,* da qual decorrem exclusivamente interesses negativos, apresenta-se incompatível com a realidade dos fatos, diante das obrigações contratuais já efetivamente assumidas e em relação às quais parece razoável que a parte possa legitimamente almejar, em caso de violação, interesses positivos. A admissão de interesses positivos na ruptura no âmbito de tratativas, a qual encontra óbice doutrinário e jurisprudencial pelo fato de não ter se consumado o contrato, mostra-se plausível desde que se considere, em relação a certas obrigações, o contrato (ou parte autônoma dele) já formado, extrapolando-se, portanto, a fase pré-contratual.

Contato social e comportamento socialmente típico

Indenização de interesses positivos

Atividade sem negócio

Para o desenvolvimento de construção dessa envergadura mostra-se valiosa a recuperação dos subsídios doutrinários oferecidos pela doutrina das atividades sem negócio e dos comportamentos sociais típicos, que poderiam demonstrar a possibilidade de produção de efeitos do contrato antecedente ou independentemente no negócio jurídico que o constitui.[8] A partir da constatação de que há inúmeras atividades legítimas sem prévia celebração de negócio jurídico – que configuram os aludidos comportamentos sociais típicos –, ampliam-se as possibilidades de qualificação contratual e abre-se caminho para a vinculação obrigacional progressiva, a partir do contato social estabelecido por todo o período das tratativas e da assunção de obrigações pré-contratuais. Em contrapartida, e na mesma esteira, poder-se-ia mesmo reconhecer o esmorecimento progressivo dos vínculos assumidos com ou sem negócio fundante, por conta de circunstâncias fáticas.

Tal perspectiva, em última análise, permite a superação da estreitíssima alternativa entre interesses negativos e positivos como forma de ressarcimento oriunda de danos sofridos na fase pré-contratual (que se torna, assim, progressivamente, contratual). O intérprete há de definir, uma vez efetuada a qualificação da atividade contratual, a causa do contrato traduzida na unidade de efeitos essenciais, identificando, então, a intensidade qualitativa e quantitativa dos deveres assumidos, como forma de estabelecer a execução específica de certas obrigações e o dever de reparar proporcional aos deveres contratuais dotados de eficácia, por conta da atividade efetivamente desenvolvida. Nesse sentido, não é incomum ao período pré-contratual que

---

[7]   Sobre o tema, remete-se ao item 4 do Capítulo II.

[8]   Para o exame da evolução histórica de diversas teorias afins, v. Juliana Pedreira da Silva, *Contratos sem negócio: crítica das relações contratuais de fato*, São Paulo: Atlas, 2011, *passim*.

CAPÍTULO VI | FORMAÇÃO DOS CONTRATOS

as partes assumam compromissos de confidencialidade, ou mesmo de exclusividade e não concorrência, que geram direitos e deveres exequíveis a despeito da falta de formalização do negócio jurídico definitivo.

3.   PROPOSTA, OFERTA AO PÚBLICO E PUBLICIDADE

Superadas as tratativas, que nem sempre ocorrem, a formação do contrato se inicia com a proposta. Trata-se de declaração unilateral receptícia, que se distingue por já conter todos os elementos essenciais à formação do contrato.[9] Configura negócio jurídico unilateral, na medida em que sua eficácia decorre da força jurígena da própria manifestação do proponente, independentemente da manifestação de quem a recebe, cuja anuência será indispensável para o aperfeiçoamento do contrato. Se não contém todos os requisitos para o contrato a ser firmado, poderá ser entendida como convite à proposta e, portanto, ainda no âmbito das negociações preliminares.[10] Manifestada pelo proponente (também chamado *policitante*), a proposta dirige-se à outra parte, com quem se pretende firmar o contrato, denominada *oblato*. Como acima observado, a proposta é negócio jurídico unilateral, e vincula o proponente aos seus termos, oferecendo ao oblato o direito potestativo de aceitá-la, e, com isso, celebrar o contrato. Descumprida a proposta, desde que firme, tem o oblato não apenas direito à indenização das perdas e danos, mas também a possibilidade de execução específica do teor do contrato prometido.[11]

Proposta

A vinculação do proponente à proposta não é absoluta, pois é limitada pelos seus termos, por sua natureza e circunstâncias, bem como pelo período de tempo em que é eficaz.[12] Esse período pode ser indicado na proposta como prazo para aceitação, ou, no silêncio dela, será o tempo suficiente para que chegue ao oblato e a resposta deste retorne ao proponente. Assim, se a proposta for transmitida entre presentes, deve o oblato responder imediatamente, para que preserve a sua eficácia vinculante. Reputam-se presentes não apenas aqueles que se encontram no mesmo ambiente, mas todos aqueles que se comunicam por meio síncrono, pois o que identifica a ausência prevista neste dispositivo do Código Civil é a inexistência de certeza quanto à resposta imediata.[13] Nesse sentido, também se reputam presentes – ainda que fisicamente ausentes – aqueles que recebem a mensagem de proposta e podem responder imediatamente, como nos casos de comunicação por telefone ou por aplicativos de redes sociais que identificam que o interlocutor está *online*. Se entre ausentes, como ocorre na correspondência epistolar, subordina-se o proponente ao tempo necessário

Proposta não vinculante

---

9   Orlando Gomes, *Contratos*, Rio de Janeiro: Forense, 2009 (1959), 26ª ed., p. 73.

10   Pietro Perlingieri, *Manuale di diritto civile*, Napoli: ESI, 2005, 5ª ed., p. 389.

11   Nesse sentido, Judith Martins-Costa, *A boa-fé, cit.*, pp. 511-512. Contra: Clóvis Beviláqua, *Direito das obrigações*, Rio de Janeiro: Rio, 1982 (1977), p. 168.

12   Por exemplo, pode constar da proposta expressão como "sem compromisso", "salvo confirmação" (J. M. de Carvalho Santos, *Código Civil brasileiro interpretado*, vol. XV, Rio de Janeiro: Freitas Bastos, 1975, 8ª ed., p. 63).

13   Orlando Gomes, *Contratos*, cit., p. 80.

ao encaminhamento da proposta, somado ao tempo de retorno da aceitação, devendo o oblato, por isso mesmo, responder assim que receber a proposta, sob pena da perda de sua eficácia. A proposta deixa de ser vinculante também pelo advento de retratação, consistente em declaração do proponente visando a obstar os efeitos da proposta. Para que seja admissível e hábil a romper sua força vinculante, a retratação deve chegar ao oblato antes ou junto com a proposta.[14] Distingue-se, portanto, de revogação: enquanto a retratação, prevista no inciso IV do art. 428 do Código Civil, posto emitida posteriormente, deve chegar ao oblato antes que este tome conhecimento da proposta, ou junto com esta, a vontade de cancelar a proposta depois que seu destinatário dela tenha tido ciência denomina-se revogação – em regra vedada pelo ordenamento.

Retratação da proposta

Hipótese peculiar de proposta é a oferta ao público, dirigida indistintamente à coletividade.[15] Especialmente voltada à formação de contratos de adesão, a indeterminação do oblato que lhe é característica impõe alteração das regras aplicáveis. Neste caso, não se admite a retratação, já que não há como determinar o momento do recebimento da proposta pelo oblato, e se admite, excepcionalmente, a faculdade de revogação, desde que prevista na própria oferta e exercida da mesma forma de sua veiculação (CC, art. 429). Por isso, é comum que a oferta seja veiculada com ressalvas expressas, como prazo de vigência, possibilidade de revogação e limitação da oferta à duração de estoque.[16]

Oferta ao público

No âmbito das relações de consumo, a oferta segue regime diferenciado. De maneira geral, toda publicidade ou informação vincula o fornecedor (CDC, art. 30), em acepção ampla de oferta que abrange todas as formas de marketing.[17] Em atendimento ao direito do consumidor à informação, a oferta deve conter "informações corretas, claras, precisas, ostensivas e em língua portuguesa sobre suas características, qualidades, quantidade, composição, preço, garantia, prazos de validade e origem, entre outros dados, bem como sobre os riscos que apresentam à saúde e segurança dos consumidores" (CDC, art. 31), além de informações relativas à identificação do fornecedor (CDC, art. 33). Ao lado do dever de informação, cumpre ao fornecedor também dever de colaboração, no sentido de ofertar também peças de reposição, enquanto persistir a fabricação ou importação do produto, e mesmo após isso, por tempo razoável (CDC, art. 32). Além disso, o descumprimento da oferta pelo fornecedor abre ao consumidor possibilidades distintas daquelas oferecidas ao oblato nas

Oferta nas relações de consumo

---

[14]   Orlando Gomes, *Contratos*, cit., p. 79.

[15]   A oferta ao público pode dar-se, por exemplo, pela "exposição de mercadorias nas vitrines dos estabelecimentos, com preços fixos", pelas "ofertas de móveis, livros, calçados, roupas etc., feitas por meio de catálogos, circulares, cartazes, anúncios etc., desde que indiquem o preço de cada objeto" e "por meio de aparelhos automáticos, as quais se consideram determinadas e limitadas à provisão do seu reservatório" (J. M. de Carvalho Santos, *Código Civil brasileiro interpretado*, vol. XV, Rio de Janeiro: Freitas Bastos, 1975, 8ª ed., pp. 61-62).

[16]   Caio Mário da Silva Pereira, *Instituições de direito civil*, vol. III, Rio de Janeiro: Forense, 2014 (1963), 18ª ed., atualizado por Caitlin Mulholland, p. 37.

[17]   Claudia Lima Marques, *Contratos no Código de Defesa do Consumidor*, São Paulo: Revista dos Tribunais, 2014, 7ª ed., p. 291.

demais relações jurídicas: além de exigir o cumprimento forçado ou satisfazer-se com perdas e danos, poderá aceitar produto ou prestação equivalente (CDC, art. 35).[18]

4. ACEITAÇÃO E MOMENTO DE FORMAÇÃO DO CONTRATO

A formação do contrato completa-se pela manifestação do aceitante ou oblato, que, por sua eficácia intrínseca, se constitui em autônoma declaração unilateral de vontade receptícia: a aceitação. A concordância do oblato, exercendo direito potestativo deflagrado pela proposta, transforma-o em aceitante e consolida o contrato, como negócio bilateral, gerando o consentimento. No entanto, para que essa manifestação de vontade possa ser qualificada como aceitação, há ser oportuna e simples, de modo a ser recebida pelo proponente dentro do prazo de eficácia da proposta, tempestivamente. Para ser eficaz, não deve conter qualquer modificação dos termos da proposta, tratando-se de pura concordância. Caso a aceitação chegue ao proponente após o prazo estabelecido ou contendo qualquer alteração, não será considerada aceitação, mas contraproposta, isto é, nova proposta (CC, art. 431). Neste caso, serão invertidos os papéis: o oblato se tornará proponente. De fato, não é incomum que a negociação entre as partes compreenda uma sucessão de propostas e contrapropostas, no que Pontes de Miranda chamou de "jogo de tênis de ofertas".[19] *(Aceitação)* *(Aceitação com modificações)*

Observe-se que a tempestividade da aceitação somente será aferida no momento da sua chegada ao proponente, de acordo com os termos e características da proposta. Se a aceitação, embora enviada dentro do prazo, tornar-se involuntariamente intempestiva, por motivo alheio ao oblato, o legislador impõe ao proponente o dever de comunicar esse fato imediatamente ao oblato, dando-lhe ciência da frustração do negócio. Pretende-se assim proteger o oblato, para evitar que este, sem perceber a intempestividade, pudesse iniciar a execução do contrato acreditando na sua celebração. A violação pelo proponente desse dever de informar acerca da intempestividade da resposta, nos termos do art. 430 do Código Civil, gerará o dever de indenizar o oblato pelos prejuízos sofridos, traduzindo o dever de mitigar danos decorrente do princípio da boa-fé objetiva. *(Aceitação tardia)*

A aceitação, como negócio jurídico unilateral, pode ser admitida não apenas sob a forma expressa, mas também de maneira tácita, presumida ou ficta. São exem- *(Formas de aceitação)*

---

[18] Decidiu o STJ que a normativa em questão se aplica também a fundos de pensão que divulguem a migração para determinados planos de benefícios, ressaltando-se que "4. É direito do aceitante exigir o cumprimento forçado do que foi declarado se a oferta dirigida ao público for feita apropriadamente, não sendo permitido ao ofertante arrepender-se. Tal tipo de divulgação faz parte do risco da atividade, sendo ínsitos os deveres de bem informar e de não enganar, de modo que há completa vinculação com o conteúdo divulgado. 5. O efeito vinculativo da proposta ou da oferta ao público constitui instrumento de estímulo à atuação responsável e à atuação ética não apenas de empresas, mas também das entidades de previdência privada. 6. A oferta, caso perca a eficácia obrigatória, poderá se transmudar em propaganda enganosa ou abusiva, sobretudo se induzir no público-alvo uma falsa percepção da realidade, ao frustrar as legítimas expectativas criadas pela informação veiculada, em desprestígio à boa-fé objetiva e ao princípio da confiança" (STJ, 3ª T., REsp 1.447.375/SP, Rel. Min. Ricardo Villas Bôas Cueva, julg. 13.12.2016).

[19] Pontes de Miranda, *Tratado de direito privado*, t. XXXVIII, São Paulo: Revista dos Tribunais, 2012, p. 93.

plos de aceitação tácita os atos de início de execução tácita, ou outras formas de comportamento concludente,[20] como o envio da mercadoria comprada ou a utilização do bem ofertado. De outra parte, considera-se presumida a aceitação quando decorrido em silêncio prazo previsto em lei ou pelas circunstâncias (por exemplo, na assunção de dívida hipotecária regulada no art. 303 do Código Civil). Já por aceitação ficta tem-se os casos em que a lei expressamente considera aceita a proposta mesmo sem a manifestação de vontade (ficção legal), como no caso de doação a absolutamente incapaz (CC, art. 543). Assim como estabelece a disciplina da proposta, a aceitação não pode ser revogada após chegar ao conhecimento do proponente, embora possa ser objeto de retratação por manifestação contrária do oblato, desde que – mesmo se emitida após a declaração de assentimento – chegue antes ou junto desta ao proponente (CC, art. 433).

Momento de conclusão do contrato

Com a aceitação completa-se a estrutura bilateral da formação do contrato. Quando celebrado entre ausentes, torna-se relevante estabelecer o momento em que se aperfeiçoa o contrato. No direito comparado, quatro teorias disputam a definição do momento a se considerar o contrato celebrado: (i) a teoria da agnição, pela qual se tem o contrato celebrado no momento em o assentimento é manifestado; (ii) a teoria da expedição, adotada pelo legislador brasileiro, pela qual o contrato é celebrado no momento em que a aceitação é expedida ao proponente; (iii) a teoria da recepção, que considera como momento do contratação o instante em que a aceitação é recebida pelo proponente, tendo este tomado ou não conhecimento do conteúdo da resposta; e a (iv) teoria da cognição, segundo a qual somente quando o proponente toma efetivamente ciência do teor da aceitação tem-se o contrato por celebrado.

Formação do contrato eletrônico

O legislador brasileiro, no art. 434 do Código Civil, firmou opção peculiar,[21] no sentido de adotar a teoria da expedição, mitigando-a. Assim, segundo o sistema do Código Civil, o contrato entre ausentes considera-se firmado no momento da expedição, a menos que: (i) haja retratação da aceitação, já que, chegando esta antes ou junto com a aceitação, cancela o efeito conclusivo; (ii) a aceitação, embora enviada no prazo, chega depois do previsto, quando configurará nova proposta; e (iii) a proposta preveja que se aguardará a aceitação ou que o contrato se reputará firmado em outro momento, no exercício da autonomia contratual, tendo em vista o caráter supletivo de tais regras.[22] Não há peculiaridade no caso de contratos formados pela internet, razão pela qual se aplica a mesma sistemática,[23] devendo-se ressaltar, no

---

[20] Sobre o tema, v. Paulo Mota Pinto, *Declaração tácita e comportamento concludente no negócio jurídico*, Coimbra: Almedina, 1995.

[21] Criticando a adoção da teoria da expedição, afirma Carvalho Santos que "teve necessidade o legislador de cair nas maiores contradições para adaptá-las às necessidades da vida" (J. M. de Carvalho Santos, *Código Civil brasileiro interpretado*, vol. XV, Rio de Janeiro: Freitas Bastos, 1975, 8ª ed., p. 119).

[22] Caio Mário da Silva Pereira, *Instituições*, cit., p. 44.

[23] Em sentido contrário, cfr. o Enunciado 173 da III Jornada de Direito Civil: "A formação dos contratos realizados entre pessoas ausentes, por meio eletrônico, completa-se com a recepção da aceitação pelo proponente". Para uma análise crítica, v. Anderson Schreiber, Contratos eletrônicos e consumo. *Revista Brasileira de Direito Civil – RBDCivil*, vol. 1, Rio de Janeiro, jul.-set. 2014, p. 105, indicando

âmbito dos contratos eletrônicos, a exigência de confirmação do recebimento da aceitação, em proteção ao consumidor (Decreto 7.962/2013, art. 4º, IV).

5. LUGAR DE CONCLUSÃO DO CONTRATO

Local de formação do contrato e sua relevância

Há que se estabelecer, ainda, para fins de determinação de normas aplicáveis, o local em que se considera formado o contrato. Nesse sentido, às obrigações resultantes de contratos internacionais deve ser aplicada a lei do país em que se constituíram, conforme o princípio do *locus regit actum* (Lei de Introdução às Normas do Direito Brasileiro – LINDB – Decreto-lei 4.657/42, art. 9º). O Código Civil manteve no art. 435 a regra do local da proposta no silêncio das partes, bem como a LINDB, no § 2º do art. 9º, continua a usar como critério o local de residência do proponente. Assim, as obrigações resultantes de contrato firmado entre proponente que resida na França e oblato residente no Brasil devem ser regidas pelo direito francês, não pelo direito brasileiro.

Local de formação do contrato eletrônico

O sistema adotado pelo legislador, todavia, não se encontra adequado aos chamados contratos eletrônicos, em especial aqueles que envolvem relações de consumo. A determinação da lei aplicável com base no local da sede do fornecedor ou do local em que está hospedada a página da oferta prejudicaria a tutela do consumidor, já que este muitas vezes desconhece qual seja esse local e a sua legislação. Essa indefinição permitiria ao fornecedor hospedar sua página em locais cuja legislação tenha menor grau de proteção ao consumidor: revela-se, assim, a insuficiência da mera subsunção, cumprindo-se adotar uma interpretação funcional que leve em conta a tutela constitucional do consumidor. Nesse sentido, destaca-se a adoção do princípio do *stream of commerce* (fluxo do comércio), que justifica a aplicação da lei vigente onde o produto ou serviço é adquirido ou utilizado pelo consumidor, arcando o empreendedor com o ônus de lhe ter dirigido a oferta.[24]

🖉 PROBLEMAS PRÁTICOS

1. Sociedade organizadora de eventos e sociedade varejista reúnem-se com vistas à realização de grande evento de informática. Após o agendamento do evento, inteiramente orçado, a realização de diversas reuniões e trocas de e-mails, visitas técnicas e elaboração de memoriais descritivos, a sociedade varejista subitamente desiste de prosseguir na relação, antes da celebração do contrato. Cabe à organizadora do evento indenização pelos gastos que efetuou, por exemplo, a contratação de terceiros?

---

que o entendimento, além de privado de fundamento normativo, não resolve o problema da precária tutela do consumidor nesse tipo de contratação.

[24] Cf. Anderson Schreiber, Contratos eletrônicos, cit., pp. 101-103. Sobre o tema, v. ainda, Caitlin Sampaio Mulholland, *Internet e contratação*, Rio de Janeiro: Renovar, 2006, pp. 130-131, e Guilherme Magalhães Martins, *Formação dos contratos eletrônicos de consumo via internet*, Rio de Janeiro: Lumen Juris, 2010, 2ª ed., p. 105.

2. Semprônio, após ter se inscrito em processo de seleção para participação em *reality show* televisivo, recebeu, em sua casa, a equipe de TV, que, gravando, afirmou que ele tinha sido selecionado e deveria partir imediatamente para o Rio, onde ficaria hospedado em um hotel reservado pela emissora. Semprônio deixou seu emprego e terminou um relacionamento de seis anos pela chance de concorrer ao prêmio de um milhão de reais. No entanto, quando se encontrava no hotel, há três dias, representantes da emissora o informaram que ele não atendia ao perfil procurado e que, consequentemente, estava fora do programa. Analise se Semprônio tem algum tipo de direito perante a emissora e a que título.

3. Caio, microproprietário de um seringal no interior do Acre, recebe uma carta do tradicional comprador de sua borracha, o manufatureiro manauense Tício, pela qual este se oferecia a comprar 20kg (vinte quilos) do material a ser colhido dali a dois meses pelo costumeiro preço de R$ 0,70 (setenta centavos) o quilo, a serem depositados na conta corrente do vendedor assim que a mercadoria fosse entregue e pesada em Manaus. Caio responde afirmativamente à carta e falece no dia seguinte após colocá-la no correio. Seus filhos, que o ajudavam a gerir o seringal, vêm então a descobrir que o preço que está sendo oferecido é bastante inferior ao valor de mercado do material. Após informar que a correspondência no interior do Acre leva até cinco dias para chegar a Manaus, os herdeiros o consultam agora para saber se Tício pode exigir deles a entrega do material por aquele preço e se há algo que eles possam fazer.

Acesse o *QR Code* e veja a Casoteca.

> http://uqr.to/1pd24

Capítulo VII
CONTRATO PRELIMINAR

Sumário: 1. Conceito de contrato preliminar – 2. Requisitos do contrato preliminar – 3. Efeitos do contrato preliminar – 4. Contrato preliminar unilateral – Problemas práticos.

1. CONCEITO DE CONTRATO PRELIMINAR

Considera-se preliminar o contrato que tem por objeto a celebração de outro contrato, usualmente referido como principal, definitivo ou prometido.[1] O contrato preliminar constitui, portanto, o negócio jurídico por meio do qual as partes se obrigam a celebrar, no futuro, o contrato principal ou definitivo. Justifica-se a sua celebração quando as partes ainda não têm definido todo o conteúdo do contrato definitivo, tendo já alcançado consenso quanto a elementos suficientes para decidirem pela celebração do contrato futuro. Vinculam-se, assim, a compromisso preliminar e irretratável, para resguardarem-se contra a desistência ou o arrependimento da outra parte. A função prático-social do contrato preliminar consiste, portanto, em obrigar as partes a celebrar o contrato definitivo posteriormente, conferindo segurança aos contratantes.

Se o que falta à certeza quanto ao teor do contrato é evento futuro, a inserção de condição ou termo basta para subordinar a eficácia do contrato, sem necessidade do preliminar. Ao reverso, se a incerteza quanto à complementação do conteúdo contratual demanda o prolongamento das negociações em busca do consenso, as partes podem abrir espaço para o que se convenciona chamar reserva

Definição

---
[1] Caio Mário da Silva Pereira, *Instituições de direito civil*, vol. III, atualizado por Caitlin Mulholland, Rio de Janeiro: Forense, 2014 (1963), 18ª ed., p. 73.

de adaptabilidade. No exercício de sua autonomia, os contratantes já firmam o contrato preliminar com os elementos sobre os quais há consenso, reservando para a ocasião da celebração do contrato definitivo a solução dos pontos pendentes. Representa, dessa forma, o parcelamento do processo de formação do contrato em dois momentos, distintos tanto do ponto de vista cronológico, como do ponto de vista jurídico.[2]

De modo geral, trata-se de figura que permite às partes conciliar a certeza do vínculo com a necessidade de adiamento de sua concretização, viabilizando medidas preparatórias como a obtenção de documentos (certidões, procurações, licenças), o parcelamento de preço, o adiamento do pagamento de tributos e a realização de diligências preventivas (*due diligence*).[3] Enseja também oportunidade para a própria conclusão da prestação a ser cumprida, quando ainda indisponível no momento de sua celebração, como nos casos de coisa futura ou alheia.[4] Entretanto, a contribuição prática mais significativa do contrato preliminar encontra-se na segurança conferida às partes em processos de negociação especialmente complexos, que demandam prolongamento de medidas e investimentos voltados à alocação e mitigação de riscos antes da assinatura do instrumento definitivo. Trata-se de instituto representativo de operações negociais cuja complexidade não atinge somente os bens objeto de prestação, mas também os interesses das partes cuja compatibilização por vezes reclama o prolongamento das negociações.

Regulamentação no ordenamento brasileiro

A dificuldade na caracterização de seus traços fundamentais, no ordenamento brasileiro, decorre de sua evolução legislativa. Antes mesmo de reconhecer a categoria geral do contrato preliminar, impôs-se ao legislador regulamentar a hipótese específica do compromisso de compra e venda de imóvel, de maneira a lidar com a realidade social brasileira, na qual, de forma recorrente, faltam recursos e documentação às partes contratantes para viabilizar a escritura pública e a transcrição no registro, exigidas para a celebração e eficácia da compra e venda definitiva de imóvel. Diante disso, os instrumentos particulares proliferam, o que levou o legislador a regular e tutelar os direitos de promitente-comprador e promitente-vendedor, originalmente por meio do Decreto-Lei 58, de 1937, ainda que a figura do contrato preliminar não fosse prevista pela legislação geral. Contrapunha-se, assim, ao regime previsto no artigo 1.088 do Código Civil de 1916, que autorizava o arrependimento de qualquer das partes antes de firmar-se o instrumento público, com o ressarcimento de perdas e danos: ao afastar a execução específica, a norma ensejava comportamentos oportunistas, conferindo ao contratante com maior poder econômico relativa liberdade para descumprir os compromissos quando

Compromisso de compra e venda de imóvel

---

[2] Ana Prata, *O contrato-promessa e seu regime civil*, Coimbra: Almedina, 2001, p. 17.

[3] Luiza Lourenço Bianchinni, *Contrato preliminar: conteúdo mínimo e execução*, Porto Alegre: Arquipélago, 2017, p. 221.

[4] Mario Julio de Almeida Costa, *Direito das obrigações*, Coimbra: Almedina, 2005, 9ª ed., p. 345.

surgissem oportunidades mais convenientes.[5] A regulação foi de tal forma minuciosa e com traços tão distintos, que ainda hoje se questiona se o compromisso de compra e venda pode ser reconduzido à categoria geral dos contratos preliminares ou configura categoria contratual autônoma.

Paralelamente a isso, todavia, contratos preliminares revelaram-se instrumentos importantes na atividade empresarial, como no âmbito das cessões de controle societário ou nos financiamentos de grandes projetos (*project finance*). De maneira geral, eles permitem a vinculação contratual quando ainda não é possível, material ou juridicamente, a celebração do definitivo, com o diferimento da introdução do regulamento de interesses e a antecipação dos efeitos substanciais do negócio sem o aperfeiçoamento do definitivo.[6] De fato, reconhece-se em doutrina a possibilidade de o contrato preliminar prever a antecipação de alguns dos efeitos do definitivo, antes mesmo da sua conclusão, como o contrato preliminar que prevê o início do pagamento do preço, ou o uso da coisa, antes mesmo da celebração do contrato definitivo.[7] A antecipação, todavia, deve ser somente parcial, sob pena de desqualificar o preliminar, tornando-o definitivo.[8] A legislação processual adiantou-se ao prever a execução específica das promessas de declarar vontade e o Código Civil introduziu regulamentação geral dos contratos preliminares.

> *Utilidade*

> *Antecipação de efeitos*

2. REQUISITOS DO CONTRATO PRELIMINAR

De acordo com o art. 462[9] do Código Civil, o contrato preliminar deve conter todos os requisitos essenciais do contrato definitivo, exceto quanto à forma. Assim, o contrato preliminar não precisa revestir forma específica, mesmo que o contrato definitivo exija essa formalidade. Por exemplo, no caso de contrato definitivo de compra e venda que exija instrumento público, o contrato preliminar poderá ser celebrado por instrumento particular. Incluirá todos os elementos que as partes consideram essenciais para o compromisso assumido, ainda que se encontre pendente a definição de parte do conteúdo cuja pendência, embora evidentemente relevante, não se mostra suficiente a impedir a obrigação irretratável de contratar.

> *Forma livre do contrato preliminar*

Discute-se, ao propósito, se o contrato preliminar deve abranger todos os elementos do contrato definitivo ou se poderiam existir lacunas quanto a certos aspectos do contrato principal, para fins de verificar a possibilidade de execução específica da obrigação de celebrar o contrato definitivo, na hipótese de recusa de uma das partes. Enquanto a exigência de requisitos em excesso, aproximando demasiadamente o pre-

---

5   André Brandão Nery Costa, *Contrato preliminar*: função, objeto e execução específica, Rio de Janeiro: GZ, 2011, p. 15.

6   André Brandão Nery Costa, *Contrato preliminar*: função, objeto e execução específica, Rio de Janeiro: GZ, 2011, p. 43.

7   Pietro Perlingieri, *Manuale di diritto civile*, Napoli: ESI, 2005, 5ª ed., p. 404.

8   Vincenzo Roppo, *Il contratto*, Milano: Giuffrè, 2001, p. 659.

9   "Art. 462. O contrato preliminar, exceto quanto à forma, deve conter todos os requisitos essenciais ao contrato a ser celebrado".

liminar do definitivo (como, no extremo, a tese da equiparação), esvazia a utilidade da figura, abertura e flexibilidade em demasia, permitindo a vinculação das partes à celebração do definitivo sem acordo sobre elementos que lhe são essenciais, gera grande insegurança.[10]

Caso Disco A matéria se mostra controvertida, recorrendo-se frequentemente ao célebre caso Disco,[11] de relatoria do Ministro Moreira Alves, no qual o Supremo Tribunal Federal teve que avaliar se o acordo pelo qual a Distribuidora de Comestíveis Disco S/A comprometeu-se a vender 97% de suas ações para os Supermercados Pão de Açúcar S/A, cujo preço deveria ser determinado conforme liquidação do valor da empresa, possuía os requisitos para ser qualificado como contrato preliminar ou configurava somente negociações preliminares.[12] A Corte entendeu que o contrato preliminar lacunoso, embora vinculante, não enseja o pedido de execução específica, cabendo apenas perdas e danos em face da parte inadimplente.

À época, diversas críticas foram desferidas contra a decisão, inclusive por pareceristas que se manifestaram no processo. Sob perspectiva funcional, destacou-se que o negócio detinha objetivo e conteúdo determinados e até pormenorizados[13] e visava, na realidade, à cessão de controle empresarial, a demandar especial incidência do princípio da boa-fé,[14] bem como a necessidade de que a qualificação seja pautada por exigência de maior concreção.[15] Também contrastava com a perspectiva progressista trazida pelo então já vigente Código de Processo Civil de 1973, cujo art. 639 admitia expressamente que, ante o descumprimento da promessa de contratar, a sentença produzisse os efeitos do contrato a ser firmado, se isso fosse possível e não excluído pelo título.[16] Anotou-se na ocasião tratar-se de dispositivo em que se reconhecia que o interesse do credor não se dirigia à atividade do devedor em si mesma, mas ao seu resultado, daí a possibilidade de obtenção do benefício específico visado, em lugar de mera vantagem substitutiva.[17] Não obstante, a decisão do STF, com sua abordagem estrutural e subsuntiva,

---

[10] Darcy Bessone, *Do contrato*: teoria geral, São Paulo: Saraiva, 1997, p. 102.

[11] STF, 2ª T., RE 88.716, Rel. Min. Moreira Alves, julg. 11.9.1979.

[12] STF, 2ª T., RE 88.716-RJ, Rel. Min. Moreira Alves, julg. 11.9.1979. Para uma análise crítica da decisão v. André Brandão Nery Costa. *Contrato preliminar*: função, objeto e execução específica, Rio de Janeiro: GZ, 2011, pp. 125-155, e Wanderley Fernandes, Formação de contrato preliminar suscetível de adjudicação compulsória, *Revista de Direito Mercantil, Industrial, Econômico e Financeiro*, n. 77, São Paulo: jan.-mar. 1990, pp. 76-132.

[13] Waldírio Bulgarelli, Pré-contrato de venda de ações, *Problemas de direito empresarial moderno*, São Paulo: Revista dos Tribunais, 1981, p. 294.

[14] Fábio Konder Comparato, Reflexões sobre as promessas de cessão de controle societário, *Novos ensaios e pareceres de direito empresarial*, Rio de Janeiro: Forense, 1981, p. 236.

[15] Alcides Tomasetti Jr., *Execução de contrato preliminar*, Tese de doutorado, São Paulo: Faculdade de Direito da USP, 1981, p. 251.

[16] CPC/1973, art. 639. "Se aquele que se comprometeu a concluir um contrato não cumprir a obrigação, a outra parte, sendo isso possível e não excluído pelo título, poderá obter uma sentença que produza o mesmo efeito do contrato a ser firmado".

[17] José Carlos Barbosa Moreira, *O novo processo civil brasileiro* (1975), Rio de Janeiro: Forense, 2007, 25ª ed., p. 223.

exerceu papel determinante na interpretação dada aos contratos preliminares no período subsequente.[18]

A resposta a essa indagação quanto à natureza vinculativa do preliminar depende da definição do que se compreende por elemento essencial, segundo a dicção do Código Civil. Nessa direção, o entendimento do aludido precedente, concebido na década de 70, há de acompanhar a evolução das relações socioeconômicas e as transformações pelas quais passou o Direito. De fato, as relações econômicas, cada vez mais complexas e dinâmicas, não encontram tutela nos tipos contratuais predispostos pelo ordenamento, demandando sofisticados regulamentos de interesses que disciplinem os objetivos pretendidos pelos contratantes, como é a hipótese de contratos de compra e venda de energia elétrica. Estes negócios dependem de extensa negociação pelas partes, com vistas a detalhar todos os aspectos relevantes na operação pretendida. Evidentemente que, nestes casos, diversos elementos serão essenciais ao atendimento dos interesses dos contratantes, como a definição do ponto de entrega da energia, os critérios de medição, penalidades, modo de adimplemento, dentre outros. Entretanto, caso se acolhesse o entendimento tradicional, jamais se configuraria contrato preliminar em relações econômicas complexas, pois os negócios preliminares seriam incapazes de regular todos os aspectos essenciais à concreta relação. Nesta perspectiva, o contrato preliminar assumiria cada vez menos importância, pois inapto a prever todos os elementos essenciais em complexas relações jurídicas.

Sob essa perspectiva funcional, a essencialidade dos elementos deve ser referida ao contrato concreto, e não ao modelo típico abstrato a que eventualmente se refere, uma vez que, na causa (ou função prático-social) do contrato, identifica-se a confluência entre (as circunstâncias fáticas que plasmam) o interesse concreto e os efeitos essenciais do negócio.[19] Se a avaliação da legitimidade da função perseguida pelo contrato pauta-se não pelos efeitos tipicamente atribuídos àquela estrutura negocial, mas pelos efeitos essenciais àquele negócio concretamente firmado, também a avaliação acerca da suficiência dos elementos presentes no contrato preliminar frente ao definitivo deve pautar-se pelo exame do contrato concretamente almejado, e não pela essencialidade dos efeitos perseguidos pelo modelo típico a que se aproxima.

Especialmente no âmbito de negócios jurídicos complexos, mostra-se inevitável o espaço de tempo para negociação acerca do seu conteúdo e, portanto, improvável a sua definição integral na ocasião da assinatura do preliminar, sob a perspectiva dos próprios interesses dos contratantes. Nesses casos, o contrato preliminar se destina a desempenhar função vinculativa para os contratantes, conferindo-lhes certeza quanto à conclusão do negócio e, ao mesmo tempo, atribui-lhes flexibilidade para negociação dos elementos faltantes que integrarão o negócio futuro.

A incerteza quanto a eventuais lacunas ou incompletudes, presentes com frequência no contrato preliminar, longe de traduzir defeito ou insubsistência da von-

---

[18] Antonio dos Reis Júnior, O problema da execução do contrato preliminar: esboço de sistematização em perspectiva civil-constitucional. Civilistica.com, a. 6, n. 1, Rio de Janeiro, 2017, p. 21.

[19] Pietro Perlingieri, *Manuale di diritto civile*, Napoli: ESI, 2005, 5ª ed., p. 370.

tade declarada, revela alocação de risco para as partes que, em nome da conservação dos negócios, se comprometem a deflagrar, cumpridas obrigações reciprocamente assumidas e condições precedentes, a celebração do contrato, ainda que incompleto. Justifica-se, nesse cenário, a estipulação do preliminar, com a presença de todos os elementos essenciais de validade, enquanto parte do seu conteúdo é deixada para futura gestão, em boa-fé, pelos contratantes.

Contrato preliminar e contrato incompleto

Por outro lado, o contrato preliminar serve justamente para assegurar que as partes, no futuro, celebrem o contrato pretendido, oferecendo a oportunidade de as partes, uma vez vinculadas, negociarem todos esses aspectos atinentes a relações de elevada complexidade, afigurando-se, assim, como mecanismo estratégico nas contratações. Poder-se-ia cogitar, nessa direção, de contrato preliminar incompleto, em que existem lacunas a serem determinadas futuramente pelos contratantes.[20] Deste modo, a compreensão quanto aos "elementos essenciais" do contrato preliminar depende do concreto regulamento de interesses, verificando-se a possibilidade de o devedor ser forçado a assinar o contrato definitivo, com a substituição de sua vontade pelo magistrado, sem se descurar, contudo, do princípio da autonomia privada.[21]

Aproxima-se, por esse motivo, o contrato preliminar à figura do contrato incompleto, no qual as partes realizam gestão negativa dos riscos supervenientes, prevendo critérios e procedimentos para a colmatação de lacunas que optaram por preencher no futuro, preservando-se no preliminar a sua função prático-jurídica de assegurar a celebração de outro contrato, o definitivo.[22]

Relevante papel interpretativo desempenha, nessa seara, a análise das tratativas, cuja interpretação funcional permite compreender mais adequadamente o objetivo e os riscos assumidos pelas partes ao firmarem acordos que antecedem a celebração do negócio definitivo. Com efeito, essa perspectiva se coaduna com o reconhecimento de que o contrato preliminar pode cumprir papel decisivo no processo mais amplo de formação progressiva do contrato.[23] Nesses cenários, em que o conteúdo do contrato

---

[20] Sobre o contrato incompleto e sua possibilidade de integração, v. Paula Greco Bandeira, *Contrato incompleto*, São Paulo: Atlas, 2015, *passim*. Na doutrina especializada, assinala Luiza Bianchinni: "A existência de pontos em branco no contrato preliminar não inviabiliza, de antemão, a sua execução específica, pois nada impede que o juiz complete o contrato de acordo com as regras de integração dos negócios jurídicos, inclusive mediante, eventualmente, o recurso à prova pericial, a fim de apurar, por exemplo, as práticas específicas do setor de mercado em que se atua" (*Contrato preliminar: conteúdo mínimo e execução*, Porto Alegre: Arquipélago, 2017, p. 214).

[21] No sentido de admitir a possibilidade de integração, pelo magistrado, das lacunas do contrato preliminar, v. António Menezes Cordeiro, *Tratado de direito civil português*, Coimbra: Almedina, 2010, vol. 2, t. 2, p. 416; Ana Prata, *O contrato-promessa e o seu regime civil*, Coimbra: Almedina, 2001, p. 898; e Mário Júlio de Almeida Costa, *Direito das obrigações*, Coimbra: Almedina, 2009, 12ª ed., p. 427. Na doutrina brasileira, cf. Luiza Bianchinni, *Contrato preliminar: conteúdo mínimo e execução*, Porto Alegre: Arquipélago, 2017; Araken de Assis; Ronaldo Alves de Andrade; Francisco Glauber Pessoa Alves, Do direito das obrigações (Arts. 421 a 578). In: Arruda Alvim e Thereza Alvim (coords.), *Comentários ao Código Civil brasileiro*, vol. 5, cit., p. 467.

[22] Paula Greco Bandeira, *Contrato incompleto*, São Paulo: Atlas, 2015, p. 105.

[23] Luiza Lourenço Bianchinni, *Contrato preliminar*: conteúdo mínimo e execução, Porto Alegre: Arquipélago, 2017, p. 16. Sobre a distinção entre contrato preliminar, acordos provisórios e contratos preparatórios, v. Carlos Augusto da Silveira Lobo, Contrato preliminar. In: Gustavo Tepedino e Luiz

definitivo se estabelece gradualmente ao longo das negociações, o contrato preliminar representa instrumento para que o agente se vincule efetivamente às principais obrigações contratuais, ao mesmo tempo em que negocia os demais termos do futuro negócio.[24]

Em especial, é possível verificar como a realidade prática foi profícua no sentido de criar figuras intermediárias voltadas a estabelecer marcos negociais nesse processo paulatino de formação do contrato definitivo, que podem compreender desde negócios bilaterais preparatórios que não chegam a constituir contratos preliminares, atuando de forma similar a propostas, até atos unilaterais que já franqueiam a opção de contratar. Nesse sentido, parece mais conveniente substituir a tradicional divisão dos contratos preliminares em fortes ou fracos, que se baseia nos elementos que o estruturam, por gradação funcional, que se paute no grau de vinculação que as partes emprestaram, naquelas circunstâncias, a esses negócios intermediários. Em síntese, a qualificação do contrato preliminar subordina-se à análise funcional do processo de tratativas, associada à declaração consensual de vontade (integrada também pelas práticas contratuais anteriores das partes e do respectivo setor da economia) quanto à presença dos elementos essenciais, estabelecidos no caso concreto, para a assunção da obrigação de contratar.[25]

Deve-se, ainda, ter atenção que, a despeito da redação do parágrafo único do art. 463 do Código Civil, o registro do contrato preliminar não é requisito para sua validade.[26] Trata-se, somente, de fator para a eficácia perante terceiros.[27] Assim, por exemplo, no caso de contrato preliminar de compra e venda não levado a registro, se o promitente-vendedor alienar a coisa a terceiro, o promitente-comprador não poderá interpelar o terceiro de boa-fé, mas subsistirá a pretensão indenizatória em face do contratante inadimplente.

> Registro como fator de eficácia perante terceiros

3. EFEITOS DO CONTRATO PRELIMINAR

O Código Civil, tendo em vista a exigência de que todo contrato preliminar contenha os requisitos essenciais do definitivo, exceto a forma, prevê expressamente a possibilidade de exigir a celebração do definitivo (CC, art. 463). Mais do que isso, incorporou a prerrogativa já então prevista na legislação processual de pretender uma decisão que substitua a manifestação de vontade do contratante inadimplente, suprindo-a judicialmente, no que o Código optou por referir como conversão do contrato preliminar em definitivo (CC, art. 464).

> Suprimento judicial e conversão em definitivo

Edson Fachin (coords.), *O direito e o tempo*: embates jurídicos e utopias contemporâneas – estudos em homenagem ao professor Ricardo Pereira Lira, Rio de Janeiro: Renovar, 2008, p. 316.

[24] Sobre o tema, Gustavo Tepedino, Atividade sem negócio jurídico fundante e a formação progressiva dos contratos. *Revista Trimestral de Direito Civil*, n. 11, vol. 44, Rio de Janeiro, 2011, pp. 19-30.

[25] Sobre o tema, Gustavo Tepedino e Carlos Nelson Konder, Qualificação e disciplina do contrato preliminar no Código Civil Brasileiro. In: Henrique Barbosa e Jorge Cesa Ferreira da Silva (coords.), *A evolução do direito empresarial e obrigacional*: os 18 anos do Código Civil, vol. 2, São Paulo: Quartier Latin, 2001. p. 27-41.

[26] Caio Mário da Silva Pereira, *Instituições de direito civil*, vol. III, atualizado por Caitlin Mulholland, Rio de Janeiro: Forense, 2014 (1963), 18ª ed., p. 81.

[27] Enunciado 30 da I Jornada de Direito Civil – CEJ/CJF: "A disposição do parágrafo único do art. 463 do novo Código Civil deve ser interpretada como fator de eficácia perante terceiros".

Execução específica

Entretanto, em caso de inadimplemento relativo, costuma-se colocar em xeque a prerrogativa de o credor demandar a execução específica do acordo, compelindo judicialmente a outra parte à celebração do contrato definitivo. Tradicionalmente, a execução específica sofreu resistência, reputando-se que a execução forçada da obrigação de contratar era invasão excessiva à liberdade de contratar, sob o aforismo *nemo precise ad factum cogi potest*, entendimento hoje superado, ante a prevalência da execução específica como forma de atendimento à função da relação obrigacional.[28]

Com efeito, se no passado a inadmissibilidade da execução específica afigurava-se critério distintivo das obrigações de fazer frente às obrigações de dar, o direito civil contemporâneo busca garantir que a prestação, desde que ainda útil ao credor, seja executada especificamente, em favor da efetividade da relação obrigacional. Tutela-se desse modo, mais do que a posição do credor, o interesse jurídico subjacente ao vínculo obrigacional.[29]

De maneira geral, todavia, reconhece-se que a possibilidade de execução específica é incompatível com alguns tipos de contrato preliminar, como aqueles cujo definitivo exige manifestação de terceiro (p. ex., autorização conjugal), demanda a satisfação de uma prestação infungível e, para certos autores, contratos preliminares de doação. Cogita-se, ainda, da impossibilidade de execução específica em razão da natureza da obrigação quando preceder contrato definitivo de natureza real (depósito, comodato). Isto porque, mesmo para aqueles que admitem contrato preliminar de contrato real, o suprimento da vontade pelo juiz seria insuficiente a constituir o negócio final sem a efetiva transmissão do bem.[30] A previsão legal dessa exceção relativa à natureza da obrigação, de modo geral, corrobora a interpretação de que a execução específica do contrato preliminar, quando houver interesse em fazê-la, é a regra.

Frequentemente as partes preveem no contrato preliminar o direito de arrependimento, com ou sem multa ou arras penitenciais, caso em que a desistência da parte beneficiada se encontra regulada no próprio contrato. Caso não exista cláusula de arrependimento, ou findo o prazo decadencial para seu exercício, o contrato preliminar impõe a obrigação

---

[28] Para Antônio Junqueira de Azevedo, essa possibilidade estaria restrita aos pactos em que haja a presença de todos os requisitos essenciais do definitivo, comumente denominados contratos preliminares fortes ou completos, em oposição aos contratos preliminares em que o grau de indeterminação dos elementos necessários ao definitivo fosse maior (ditos fracos ou mínimos), em caso de inadimplemento caberia ao credor apenas o direito à indenização (O regime jurídico do contrato preliminar no direito brasileiro. Classificação do contrato preliminar conforme o grau de previsão do conteúdo do contrato definitivo; eficácia forte e eficácia fraca. Distinção entre requisitos para a configuração do contrato preliminar e pressupostos de admissibilidade para a execução específica. *Novos estudos de direito privado*, São Paulo: Saraiva, 2009, pp. 252-269). Assim, os remédios cabíveis diante do descumprimento do contrato preliminar variariam de acordo com o grau de determinação de seus elementos, não se confundindo a validade do contrato preliminar com a possibilidade de sua execução específica. Em linha similar, Alcides Tomasetti Jr., *Execução de contrato preliminar*, Tese, Faculdade de Direito da USP, 1982, e Fábio Konder Comparato, Reflexões sobre as promessas de cessão de controle societário. *Revista Forense*, n. 266, São Paulo: abr.-maio 1979, p. 22.

[29] Gustavo Tepedino, Inadimplemento contratual e tutela específica das obrigações. *Soluções práticas*, vol. 2, São Paulo: Revista dos Tribunais, 2011, pp. 133-148.

[30] Mario Julio de Almeida Costa, *Direito das obrigações*, Coimbra: Almedina, 2005, 9ª ed., p. 385.

de celebrar o contrato definitivo. Configurado, todavia, o inadimplemento absoluto do contrato preliminar, com o desaparecimento do interesse na celebração do contato definitivo, abre-se ao credor vítima o direito de resolver o contrato, impondo-se ao devedor inadimplente a obrigação de indenizar as perdas e danos sofridos (CC, art. 465).[31]

4. CONTRATO PRELIMINAR UNILATERAL

O contrato preliminar também se submete às classificações gerais dos contratos, entre as quais merece destaque a distinção entre bilaterais e unilaterais, que, como exposto no capítulo V, toma por base a sinalagmaticidade. Assim, se a função do contrato preliminar é estabelecer a obrigação de contratar, concebe-se por contrato preliminar bilateral aquele em que há obrigações recíprocas de contratar, permitindo-se, consequentemente, a ambas as partes exigir da outra a celebração do contrato definitivo.

Por outro lado, o contrato preliminar unilateral gera a apenas uma das partes a obrigação de contratar, permitindo apenas à outra o direito de exigir a celebração do definitivo. Essa estrutura negocial, dessa forma, produz posição de proeminência a uma das partes, que ganha a liberdade de escolher em celebrar ou não o definitivo, restando a outra parte submetida à sua escolha. Situação jurídica dessa natureza deve ser temporária, sob pena de eternizar a indefinição a que fica sujeito o devedor no que tange à constituição do contrato definitivo. Assim, não sendo fixado prazo entre as partes, o art. 466 do Código Civil faculta ao devedor impor ao credor prazo razoável para que ele se manifeste sobre a intenção ou não de celebrar o definitivo, findo o qual perderá o direito a exigi-lo. *Prazo para exigir o contrato definitivo*

A figura distingue-se da proposta, embora também enseje a prerrogativa de uma das partes, por manifestação de vontade, constituir novo contrato. A distinção encontra-se na gênese dessa prerrogativa: enquanto na proposta o oblato ganha o direito de aceitar em decorrência de negócio unilateral da outra parte, no contrato preliminar unilateral, o direito do credor origina-se de acordo firmado entre ambos.[32] *Contrato preliminar unilateral e proposta*

Controverte-se sobre distinção entre o contrato preliminar unilateral e a opção, comum no meio societário, bem como sobre a natureza do prazo em questão.[33] Para alguns *Contrato preliminar unilateral e opção*

---

[31] Cumprida, todavia, a obrigação imposta pelo preliminar, mediante a celebração do definitivo, deve cessar a eficácia do preliminar, ao menos no quanto suprida pelas disposições do contrato definitivo: com efeito, diante de caso em que o contrato preliminar de aquisição de um restaurante previa a responsabilidade dos adquirentes pelo pagamento dos débitos trabalhistas, mas o contrato definitivo incorporou orientação diametralmente oposta, indicando expressamente que os débitos trabalhistas seriam de responsabilidade dos alienantes, destacou o STJ que "2. Nada obsta, porém, que, na oportunidade da celebração do contrato definitivo, as partes estabeleçam, de comum acordo, deveres e obrigações diversos e até mesmo contrários àqueles previstos no pacto inicial. 3. A liberdade contratual confere aos negociantes amplos poderes para revogar, modificar ou substituir ajustes anteriores. Não importa se esses ajustes foram incorporados em contrato preliminar ou definitivo, a autonomia da vontade das partes pode, em qualquer caso, desconstituir obrigações anteriormente assumidas" (STJ, 3ª T., REsp 2.054.411/DF, Rel. Min. Moura Ribeiro, julg. 3.10.2023).

[32] Paulo Nader, *Curso de direito civil*, vol. 3: Contratos, Rio de Janeiro: Forense, 2012, 6ª ed., p. 133.

[33] Equiparando as figuras, Caio Mário da Silva Pereira, *Instituições de direito civil*, vol. III, atualizado por Caitlin Mulholland, Rio de Janeiro: Forense, 2014 (1963), 18ª ed., p. 75, Picaso, pp. 412-413.

autores há identidade entre as figuras, enquanto outros preferem identificar no contrato preliminar unilateral a constituição de um direito subjetivo à celebração do definitivo, sujeito, portanto, a prazo prescricional, enquanto a opção franquearia ao beneficiado verdadeiro direito potestativo à constituição da relação jurídica que decorreria do definitivo, a ser exercido no prazo decadencial previsto.[34] O debate perdeu parte de sua intensidade em razão da consagração da execução específica do contrato preliminar, que permite o suprimento judicial da vontade que a contraparte tiver recusado a manifestar.[35]

PROBLEMAS PRÁTICOS

1. O acordo para a venda da maior parte das ações de determinada sociedade, com previsão de preço a ser calculado de acordo com a liquidação do valor da sociedade, e deixando-se ainda em aberto outros pontos para posterior complementação, é passível de execução forçada?

2. Em virtude da pressão exercida pelo Diretório Central dos Estudantes (DCE) da Universidade A para que fossem tomadas providências com relação ao constrangimento que sofrera uma aluna em sala de aula, alguns administradores da universidade, em pronunciamentos em diversos eventos, manifestaram a intenção de ceder o direito real de uso de um de seus imóveis no campus para que o DCE constituísse algum tipo de centro de amparo à mulher. Em razão disso, o DCE angariou fundos e contratou um arquiteto e um decorador para a instalação do Centro. No entanto, com o final do ano chegando e o escândalo ocorrido saindo da atenção da mídia, a Universidade A afirmou que em nenhum momento se comprometera e que, diante das restrições orçamentárias e da falta de espaço, não poderá ceder nenhum de seus imóveis. Diante disso, pergunta-se: Pode o DCE exigir alguma coisa na justiça da Universidade A? Se o DCE e a Universidade A tivessem chegado a um acordo, inclusive sobre qual seria o imóvel cedido, a duração da cessão do direito real e a sua finalidade, mas não tivessem o formalizado em uma escritura pública, isso modificaria a situação?

---

[34] Pietro Perlingieri, *Manuale di diritto civile*, Napoli: ESI, 2005, 5ª ed., p. 402.
[35] CPC/2015, art. 501: "Na ação que tenha por objeto a emissão de declaração de vontade, a sentença que julgar procedente o pedido, uma vez transitada em julgado, produzirá todos os efeitos da declaração não emitida".

Capítulo VIII
CONTRATOS E TERCEIROS

Sumário: 1. Mitigação da relatividade dos efeitos do contrato – 2. Estipulação em favor de terceiro – 3. Promessa de fato de terceiro – 4. Contrato com pessoa a declarar – 5. Distinções relevantes: cessão da posição contratual e subcontrato – Problemas práticos.

1. MITIGAÇÃO DA RELATIVIDADE DOS EFEITOS DO CONTRATO

O princípio da relatividade do contrato determina que o negócio produza efeitos somente entre as partes contratantes, às quais são atribuídos direitos e deveres. Tal princípio, como destacado no capítulo III, vem sofrendo paulatino processo de mitigação, com a ampliação das hipóteses de extensão da eficácia dos contratos, e a ponderação da incidência da relatividade em face de outros princípios relevantes. O fundamento último do referido princípio reside na proteção à autonomia privada, já que somente aqueles que manifestaram livremente a vontade estariam submetidos aos efeitos do pacto. Tal constatação permite perceber que essa relativização da relatividade se associa ao processo de funcionalização da autonomia contratual, que passa a ser instrumentalizada ao atendimento de outros valores constitucionalmente protegidos. Assim, o reconhecimento de que o efeito obrigatório do negócio não se funda apenas na vontade declarada, mas em interesses reputados merecedores de tutela, permite admitir com maior facilidade o surgimento de direitos e obrigações em favor de pessoas ou centros de interesse que não foram partes na celebração do contrato.

<small>Princípio da relatividade</small>

A possibilidade de integração de terceiros na relação contratual por meio de cláusulas inseridas no contrato, ou por negócios modificativos subsequentes, encontra-se amplamente reconhecida pelos ordenamentos, muitas das vezes de forma expressa na legislação. Assim, consolidaram-se figuras como a estipulação em favor de terceiro, a promessa de fato de terceiro, o contrato com pessoa a declarar, a cessão de posição contratual e o subcontrato, que passam a ser examinados nos itens subsequentes. No entanto, a interferência do contrato sobre terceiros, bem como a recíproca intervenção de terceiros sobre o contrato, prescinde dessas estruturas típicas.[1] Na presença de centros de interesses extracontratuais merecedores de tutela, poderá o intérprete, por meio de juízo de ponderação adequadamente fundamentado, temperar o princípio da relatividade para permitir que certos efeitos do contrato não se restrinjam às partes contratantes, tendo em vista que a regulamentação contratual não pode ser concebida de forma apartada do restante do ordenamento jurídico.

Para além das hipóteses em que o próprio legislador previu essa possibilidade, como é o caso da tutela do consumidor, que lhe permite interpelar outros membros da cadeia de contratos com os quais não teve relações diretas, a jurisprudência também contribuiu para criar novas hipóteses de ação direta do terceiro lesado frente ao contratante, como no exemplo do seguro de responsabilidade civil por danos causados a veículos por terceiros, em que se permitiu que o terceiro, vítima de dano, ajuizasse ação indenizatória em face do segurado e da seguradora, com quem não contratou, para obter assim diretamente o ressarcimento devido.[2]

Tutela externa do crédito

Alude-se ainda, na esteira da mitigação do princípio da relatividade, à responsabilização do terceiro que interfere na execução do contrato, contribuindo para o seu inadimplemento. Referida como "doutrina do terceiro cúmplice" ou "tutela externa do crédito", a interferência de terceiro foi invocada no caso das ações das distribuidoras de derivados de petróleo em face de terceiros que, vendendo clandestinamente combustíveis a postos de gasolina sabidamente vinculados à bandeira do respectivo distribuidor, induziam esses revendedores a descumprirem a cláusula de exclusividade. Também foi aduzida essa teoria por ocasião do célebre caso em que companhia de cerveja, após contratar para sua campanha publicitária notório sambista que atuava na publicidade da marca rival, respondeu a ação de perdas e danos, em conjunto com a agência responsável pela campanha publicitária na qual o artista se dizia arrependido por ter experimentado a cerveja concorrente, para a qual trabalhara. Em duas ações distintas, o Judiciário reconheceu a responsabilidade por danos morais e materiais em favor da companhia de cerveja e da agência de publicidade, que se disseram prejudicadas pela campanha publicitária.[3] Como observado no capítulo III, essas pretensões, quando cabíveis, parecem amparar-se menos na função social do contrato, que impõe às partes a observância de interesses extracontratuais socialmente relevantes, e mais na boa-fé objetiva, que determina aos contratantes e

---

[1] Sobre o tema, v. Luciano de Camargo Penteado, *Efeitos contratuais perante terceiros*, São Paulo: Quartier Latin, 2007.

[2] STJ, 2ª S., REsp 962.230/RS, Rel. Min. Luis Felipe Salomão, julg. 8.2.2012.

[3] A primeira ação corresponde a litígio entre as cervejarias envolvidas (TJSP, 5ª C. D. Priv., Ap. Cív. 9112793-79.2007.8.26.0000, publ. DJ 12.7.2013). A segunda ação, por sua vez, correu entre as agências publicitárias, e foi objeto de julgamento pelo STJ em sede de recurso especial (STJ, 3ª T., REsp 1.316.149, Rel. Min. Paulo de Tarso Sanseverino, publ. DJ 27.6.2014).

a terceiros o respeito a efeitos contratuais que, sendo de conhecimento público, tornam-se bem jurídico digno de proteção por toda a sociedade.[4] Dessa forma, a responsabilização de terceiro pressupõe conduta abusiva de sua parte, em franco confronto com os padrões de probidade e retidão próprios daquele meio social, cumprindo ressaltar que, no mais das vezes, deve prevalecer a aplicação do princípio da relatividade, sendo a interferência de terceiro parte normal e regularmente admitida de livre-concorrência, como ocorre, por exemplo, com o clube de futebol que tem passe de jogador comprado por concorrente, cabendo-lhe, somente, a pretensão à multa rescisória prevista no contrato.

2. ESTIPULAÇÃO EM FAVOR DE TERCEIRO

A mais conhecida estrutura contratual de mitigação ao princípio da relatividade dos efeitos do contrato consiste na "estipulação em favor de terceiro", ou "contrato em favor de terceiro", pela qual se atribui a terceiro um direito a ser satisfeito por um dos contratantes. Por força desse contrato, uma das partes (estipulante ou promissário) contrata, em seu próprio nome, a outra parte (promitente) para que cumpra uma prestação, mas, na execução, surge terceiro centro de interesses, já que a prestação contratada será cumprida em favor de terceiro (beneficiário).[5] Assim, do ponto de vista subjetivo, a estipulação em favor de terceiro há de ser analisada em duas etapas: na formação do contrato, só há participação de estipulante e promitente (relação de cobertura ou provisão), mas na fase de execução, o beneficiário passa a integrar a relação jurídica, assumindo a posição de titular de direito decorrente de contrato alheio (relação de valuta).[6] Não se trata, contudo, de contrato com efeitos reflexos ou laterais benéficos para o terceiro, como é o caso dos familiares do locatário ou do comprador que se beneficiam do uso da coisa objeto do contrato.[7] Na estipulação em favor de terceiro, a vantagem é direta e passa a integrar a esfera jurídica do próprio beneficiário.[8]

Alguns tipos contratuais são ilustrativos, tais como: a constituição de renda, em que se contrata alguém para realizar prestação periódica em face de um terceiro (art. *Exemplos*

---

[4] Essas transformações ora aduzidas não passaram despercebidas pelo Superior Tribunal de Justiça. Reconhece a Corte que "o tradicional princípio da relatividade dos efeitos do contrato (*res inter alios acta*), que figurou por séculos como um dos primados clássicos do Direito das Obrigações, merece hoje ser mitigado por meio da admissão de que os negócios entre as partes eventualmente podem interferir na esfera jurídica de terceiros – de modo positivo ou negativo –, bem assim, têm aptidão para dilatar sua eficácia e atingir pessoas alheias à relação inter partes. As mitigações ocorrem por meio de figuras como a doutrina do terceiro cúmplice e a proteção do terceiro em face de contratos que lhes são prejudiciais, ou mediante a tutela externa do crédito" (STJ, 2ª T., REsp 468.062, Rel. Min. Humberto Martins, julg. 11.11.2008).

[5] Pontes de Miranda, *Tratado de direito privado*, t. XXVI, São Paulo: Revista dos Tribunais, 2012, p. 364.

[6] Diogo Leite de Campos, *Contrato a favor de terceiro*, Coimbra: Almedina, 2009, p. 22.

[7] Pontes de Miranda, *Tratado de direito privado*, t. XXVI, São Paulo: Revista dos Tribunais, 2012, p. 418.

[8] Luis Díez-Picazo, *Fundamentos del derecho civil patrimonial*, vol. I, Pamplona: Thomson-Civitas, 2007, 6ª ed., p. 532.

804, CC); o seguro em que o beneficiário nomeado não é próprio contratante, como no seguro de vida ou nos planos de saúde firmados pelo empregador em favor dos empregados, ou pela associação em favor de seus associados (arts. 757-802, CC); as doações modais, quando o encargo não reverte em favor do doador (arts. 136 e 562, CC); e os acordos firmados em partilha decorrente de separação ou divórcio, com prestações em favor dos filhos.

O adimplemento da obrigação assumida pelo promitente pode ser exigido tanto pelo estipulante, já que por ele contratada, quanto pelo terceiro, que se torna credor da obrigação, nos termos do art. 436 do Código Civil.[9] Embora ambos possam exigir o cumprimento da prestação, somente o beneficiário pode recebê-la, razão pela qual o promitente somente poderá alegar perante o beneficiário as exceções pessoais a ele concernentes (por exemplo, remissão, prazo de favor, prescrição, compensação) e as exceções comuns decorrentes da relação instaurada pelo contrato (como nulidade e anulabilidade do negócio, ou mesmo exceção de contrato não cumprido, se firmado sinalagma entre o benefício do terceiro e a prestação não cumprida pelo estipulante).[10] Assim, não pode o terceiro exigir do promitente o cumprimento da obrigação se o estipulante não adimpliu, perante o promitente, a obrigação que dava causa àquela promessa, em relação de sinalagmaticidade, como, por exemplo, a sócia que exige de concessionária a entrega de veículo que lhe teria sido comprado pela pessoa jurídica, mas esta não pagou completamente o preço avençado.[11]

Ausência de transmissão de direito Ressalte-se que não há transmissão de direito do estipulante ao beneficiário, por não se tratar de aquisição derivada: o direito já surge tendo por titular o próprio beneficiário.[12] Trata-se de direito autônomo, *ex novo*, embora condicionado aos termos do contrato. Diante disso, para que o beneficiário possa receber do promitente a prestação que lhe foi propiciada pelo contrato firmado pelo estipulante não será necessário arcar com imposto de transmissão, eis que não há circulação de bens ou direitos. Tampouco é possível, em caso de insolvência ou falência do estipulante, a penhora do crédito do beneficiário, visto que jamais integrou o patrimônio do estipulante. Isso não afasta a necessidade de controle do exercício da estipulação em favor de terceiro, reputando-se simulatório, por exemplo, o contrato firmado pelo insolvente que transmite bem ao promitente para que este o transmita a terceiro, visando, com isso, na realidade, à transmissão direta do bem ao beneficiário, de modo a fraudar seus credores.

---

[9]   Qualificando o beneficiário como credor condicional, Caio Mário da Silva Pereira, *Instituições de direito civil*, vol. III, atualizado por Caitlin Mulholland, Rio de Janeiro: Forense, 2014 (1963), 18ª ed., p. 100.

[10]   Antunes Varela, *Das obrigações em geral*, vol. I, Coimbra: Almedina, 1998, 9ª ed., p. 419.

[11]   Em sentido contrário, decidiu o Superior Tribunal de Justiça, por entender que: "a beneficiária consentiu e aderiu de boa-fé à relação obrigacional; b) com a adesão, adquiriu o direito material à prestação prometida; c) com a adesão da beneficiária, o promitente não tem a faculdade de privá-la do seu direito, o que ocorreria por via indireta se admitida a resolução do contrato; d) a resolução do contrato tornaria sem efeito o direito do beneficiário já incorporado ao seu patrimônio jurídico" (STJ, 3ª T., REsp 1.086.989/RS, Rel. Min. Nancy Andrighi, julg. 23.2.2010).

[12]   Pontes de Miranda, *Tratado de direito privado*, t. XXVI, São Paulo: Revista dos Tribunais, p. 360.

A estipulação em favor de terceiro configura, em sua forma mais genuína, inflexão do princípio da relatividade, eis que o contrato, nesse caso, atribui direito a terceiro independentemente de sua manifestação de vontade.[13] A aceitação do terceiro não faz nascer o direito, mas o consolida, tornando-o definitivo.[14] A recusa, por sua vez, terá efeitos *ex tunc*, e poderá provocar a resolução do contrato, ou, conforme a interpretação do negócio, a extinção da obrigação ou a atribuição de sua titularidade a terceiro ou ao próprio estipulante.[15]

Por conta dessa peculiaridade de produzir efeitos sobre a esfera jurídica de terceiro sem seu consentimento, ao arrepio do princípio da relatividade, entende-se de forma predominante que a estipulação em favor de terceiro, propriamente dita, somente é admitida se gratuita para o terceiro.[16] A imposição de encargo ou contraprestação ao terceiro condicionaria a eficácia do contrato ao seu assentimento, afastando a qualificação como estipulação em favor de terceiro propriamente dita.[17]

Gratuidade

Não é incomum, todavia, que a composição de interesses firmada entre as partes modifique a pureza do modelo legal, não apenas pela imposição de algum ônus para o terceiro, mas especialmente privando-o da prerrogativa de exigir, de pleno direito, a satisfação da prestação que reverterá em seu favor.[18] Fala-se, nesse caso, de estipulação "imprópria", já que, ao se afastar a prerrogativa prevista no parágrafo único do art. 436 do Código Civil, modifica-se significativamente a sua função.[19] O beneficiário, privado do poder de exigir o adimplemento, torna-se mero destinatário da prestação. Essa modificação pode ser expressa ou tácita, caso em que cumpre ao intérprete a árdua tarefa de verificar de qual das duas se trata.[20]

Estipulação imprópria

Exemplifica a subtração da prerrogativa do terceiro de exigir a prestação a inserção no contrato, pelo estipulante, de faculdade de revogação ou de substituição. A faculdade de revogação autoriza o estipulante a, entre a celebração do contrato e a execução, can-

Faculdade de revogação

---

13 Caio Mário da Silva Pereira, *Instituições de direito civil*, vol. III, atualizado por Caitlin Mulholland, Rio de Janeiro: Forense, 2014 (1963), 18ª ed., pp. 96-97.

14 Caio Mário da Silva Pereira, *Instituições de direito civil*, vol. III, atualizado por Caitlin Mulholland, Rio de Janeiro: Forense, 2014 (1963), 18ª ed., p. 101, AW, p. 295. *Contra*: Orlando Gomes, *Contratos*, Rio de Janeiro: Forense, 2009 (1959), 26ª ed., p. 197.

15 Gabriel Seijo Leal de Figueiredo, Estipulação em favor de terceiro. In: Renan Lotufo e Giovanni Ettore Nanni (coords.), *Teoria geral dos contratos*, São Paulo: Atlas, 2011, p. 477.

16 Orlando Gomes, *Contratos*, Rio de Janeiro: Forense, 2009 (1959), 26ª ed., p. 197.

17 Nesse sentido, a indicação de que, no transporte, se o frete é a pagar, não se pode tratar de estipulação em favor de terceiro, mas promessa de fato de terceiro, e a mera aposição de assinatura indicativa do recebimento não significa anuência: STJ, 4ª T., REsp 3169, Rel. Min. Athos Carneiro, julg. 28.8.1990, publ. DJ 24.9.1990, p. 9984.

18 Pontes de Miranda, *Tratado de direito privado*, t. XXVI, São Paulo: Revista dos Tribunais, 2012, p. 354.

19 Pontes de Miranda, *Tratado de direito privado*, t. XXVI, São Paulo: Revista dos Tribunais, 2012, p. 367.

20 Afirma que, no silêncio das partes, cabe ao terceiro a possibilidade de exigir, que deve ser afastada expressamente, Pontes de Miranda, *Tratado de direito privado*, t. XXVI São Paulo: Revista dos Tribunais, 2012, p. 354. Contra, no sentido de presumir a faculdade do estipulante de substituir o terceiro, Sílvio de Salvo Venosa, *Direito civil*, vol. 2, São Paulo: Atlas, 2008, p. 474.

celar o crédito firmado em favor do terceiro, revertendo-o em seu favor ou mesmo extinguindo-o. Revela-se, consequentemente, incompatível com a exigibilidade da prestação pelo terceiro, como indica o disposto no art. 437 do Código Civil, já que fica condicionada à não revogação, ou ao decurso do prazo para o exercício dessa faculdade. A faculdade de substituição, por sua vez, atribui ao estipulante a possibilidade de, entre a celebração do contrato e a execução, alterar o beneficiário, conforme indicado no art. 438 do Código Civil. É o caso, por exemplo, do seguro de vida, no qual, o estipulante pode revogar o benefício ou alterar o beneficiário até o momento da sua morte.

Faculdade de substituição

3. PROMESSA DE FATO DE TERCEIRO

A promessa de fato de terceiro consiste na estipulação contratual pela qual uma das partes assume, em face da outra, o compromisso de realização por terceiro de determinada prestação. Não compromete o princípio da relatividade dos efeitos do contrato, já que não há repercussão do contrato para o terceiro enquanto este não manifestar seu assentimento: somente o promitente será responsabilizado se o terceiro não assentir, nos termos do art. 439 do Código Civil. O contratante, portanto, promete fato próprio, pois sua prestação consiste em obter de terceiro a concordância em realizar o fato prometido.

Exemplos

A hipótese é comum em casos em que, embora o promitente não tenha poderes de representação do terceiro (caso em que seria despicienda a estipulação, já que a manifestação do representante supre a do representado, em nome de qual atua), acredita ter facilidade para obter a sua concordância, como o empresário que se compromete a promover apresentação de músico; o shopping center que promete a instalação de loja âncora a outro lojista; o comprador que se compromete perante o vendedor a obter financiamento da instituição financeira; o sócio que promete a ratificação da sociedade ao contrato firmado; ou o assistente que assegura a ratificação do incapaz quando emancipado.

Nulidade da promessa coativa

A promessa de fato de terceiro é lícita exatamente porque não há invasão indevida na esfera jurídica do terceiro, que pode livremente anuir ou recusar. Serão, por outro lado, nulas as promessas que sejam de qualquer forma coativas para o terceiro, impondo-lhe prejuízos em razão da recusa. Esse é o caso do cônjuge que promete o assentimento do outro cônjuge quando, pelo regime de bens, a recusa e a consequente caracterização do inadimplemento repercutirão sobre o patrimônio de ambos, razão pela qual a estipulação, nesse caso, é vedada expressamente pelo parágrafo único do art. 436 do Código Civil.

A promessa de fato de terceiro também sequencia o desenvolvimento da relação contratual em duas etapas.[21] No primeiro momento, há apenas promitente e promissário, como partes e interessados, e a obrigação do promitente perante o promissário consiste em conseguir que o terceiro se obrigue. Trata-se, a princípio, de obrigação

---

[21] Caio Mário da Silva Pereira, *Instituições de direito civil*, vol. III, atualizado por Caitlin Mulholland, Rio de Janeiro: Forense, 2014 (1963), 18ª ed., p. 102.

de resultado, sendo irrelevantes os motivos da recusa do terceiro para a caracterização do inadimplemento do promitente.[22] Somente poderá exonerar-se se comprovar a real impossibilidade ou ilicitude da realização do fato pelo terceiro, e apenas se a responsabilidade por esse risco não tiver sido assumida contratualmente pelo promitente.[23] Com a recusa definitiva do terceiro, converte-se a obrigação do promitente em perdas e danos; com seu assentimento, transforma-se a relação contratual, que passa a se estabelecer diretamente entre o promissário e o terceiro, tendo por objeto o fato prometido. Promitente e terceiro são devedores sucessivos, não simultâneos, e de prestações diversas, o que diferencia essa figura do contrato com pessoa a declarar. Assim, nos exemplos citados, enquanto o empresário se compromete a obter o consentimento do músico, este se obriga a se apresentar; enquanto o shopping center assegura o assentimento da loja âncora, esta obriga-se a abrir suas portas; enquanto o comprador garante a concordância da instituição financeira, esta deve fazer o aporte dos recursos em favor do vendedor. A aceitação do terceiro exonera o promitente de qualquer responsabilidade, como destaca o art. 440 do Código Civil. A denominação da figura não deve induzir em erro: o promitente se responsabiliza apenas pelo assentimento do terceiro, não pela efetiva realização do fato prometido. Não será, salvo estipulação em contrário, garantidor da prestação a ser efetuada pelo terceiro, cujo inadimplemento não lhe gera qualquer repercussão.[24]

4. CONTRATO COM PESSOA A DECLARAR

O contrato com pessoa a declarar caracteriza-se pela cláusula que atribui a um dos contratantes o direito potestativo de se fazer substituir por terceiro na posição contratual, transmitindo todos os direitos e deveres decorrentes do negócio, com efeitos retroativos, como se tivesse sido o terceiro, desde o início, a celebrar o contrato (CC, art. 467 e ss.). Positivada expressamente somente com o advento do Código Civil de 2002, a resistência doutrinária à figura deve-se ao fato de ser frequentemente utilizada para fins simulatórios, como meio para ocultar o real contratante por trás de interposta pessoa. No entanto, pode se destinar a expedientes legítimos, por exemplo,[25] quando o conhecimento prévio da identidade da parte for prejudicial às negociações, em razão de alguma circunstância pessoal, como uma desavença prévia com a outra parte, ou de sua situação econômica, para evitar com o anonimato a majoração do preço cobrado. A estipulação pode ser utilizada também sem prévio conhecimento do terceiro substituto, quando o sujeito identifica uma boa oportunidade negocial que

Resistência doutrinária

---

[22] Caio Mário da Silva Pereira, *Instituições de direito civil*, vol. III, atualizado por Caitlin Mulholland, Rio de Janeiro: Forense, 2014 (1963), 18ª ed., p. 103.

[23] Nesse sentido, o entendimento de que não exoneram a incorporadora da mora as dificuldades na obtenção do financiamento prometido para a construção (TJRJ, 8ª CC., Ap. Cív. 1999.001.20467, Rel. Des. Luiz Odilon Bandeira, julg. 14.3.2000).

[24] Caio Mário da Silva Pereira, *Instituições de direito civil*, vol. III, atualizado por Caitlin Mulholland, Rio de Janeiro: Forense, 2014 (1963), 18ª ed., p. 103.

[25] Os exemplos são referidos por Luiz Roldão de Freitas Gomes, *Contrato com pessoa a declarar*, Rio de Janeiro: Renovar, 1994, pp. 43-45.

não deseja desperdiçar, sem pretender, contudo, granjear para si o objeto do negócio. A retroatividade dos efeitos da substituição traz também vantagens tributárias, evitando a dupla tributação que decorreria da realização de dois contratos sucessivos, em caso de compra para revenda. Costuma ocorrer na compra e venda de automóveis usados, com o fim de revender, e nas hastas públicas, que, devido à especialidade, poucos particulares participam. Nos compromissos de compra e venda de imóveis, manifesta-se por meio de cláusula pela qual o compromissário se reserva a opção de receber a escritura definitiva ou indicar terceiro para figurar como adquirente.[26]

A cláusula, em princípio, pode ser aposta em qualquer contrato em que seria cabível a representação na celebração e cuja execução não seja personalíssima, já que incompatível com eventual infungibilidade subjetiva determinada por características pessoais ou com relação ao objeto do contrato (por exemplo, doação, constituição de renda, transação, seguro), devendo-se, todavia, verificar a função concreta do negócio para analisar a compatibilidade com a cláusula em questão. Pode haver indicação prévia de quem será o terceiro que eventualmente assumirá a posição contratual (*pro amico electo*) ou pode autorizar ao contratante beneficiado pela faculdade que livremente escolha o terceiro após a celebração do negócio (*pro amico eligendo*).

O exercício do direito potestativo previsto na cláusula pressupõe a nomeação do terceiro, pela indicação de quem irá assumir a posição contratual, bem como a aceitação desse terceiro, cuja vontade deverá ser manifestada da mesma forma em que tenha sido celebrado o contrato original, conforme disposto no parágrafo único do art. 468 do Código Civil. Justifica-se a exigência formal em razão do efeito retro-operante da substituição, que torna a aceitação do terceiro parte integrante do contrato inicial, de forma similar à ratificação de contrato celebrado por quem não tinha poderes suficientes.[27] A indicação e a aceitação são dispensáveis nos casos de cláusula *pro amico electo* em que o terceiro já tenha previamente autorizado o contratante a inseri-lo na relação contratual. No entanto, a substituição somente se torna eficaz perante o outro contratante quando da sua comunicação, como ato receptício. Impôs o art. 468, *caput*, do Código Civil, o curto prazo decadencial de cinco dias para toda essa operação, com o objetivo de reduzir o período de incerteza, mas ao conferir caráter dispositivo a essa norma esvaziou esse objetivo. Operado esse ato complexo, o terceiro assume o lugar da parte contratante que o nomeou como se tivesse celebrado o pacto desde o início, ou seja, adquire todos os direitos e obrigações decorrentes do contrato, mesmo os anteriores à substituição (CC, art. 469). Pelo mesmo motivo, o nomeante exonera-se de qualquer efeito daquele contrato, deixando a relação contratual como se dela jamais houvesse participado.[28]

---

[26] Alessandra Cristina Furlan, Contrato com pessoa a declarar: aspectos controversos, Civilistica.com, a. 9, n. 1, 2020, p. 7.

[27] Entre nós, Raffaele Caravaglios, *Il contratto per persona da nominare*, Milano: Giuffrè, 1998, p. 205-206. Cristiano Chaves de Almeida e Nelson Rosenvald, *Curso de direito civil*, vol. 4, São Paulo: Atlas, 2015, 5ª ed., p. 455.

[28] Orlando Gomes, *Contratos*, Rio de Janeiro: Forense, 2009 (1959), 26ª ed., p. 198.

A relação contratual, todavia, pode se desenvolver regularmente entre os contratantes originários, já que a substituição é facultativa. Se o contratante beneficiado pelo direito potestativo de substituição dele não fizer uso, o terceiro recusar a nomeação ou for viciada sua manifestação de vontade, ou ainda se não houver a comunicação à outra parte no prazo, permanecerá como titular os direitos e obrigações decorrentes do negócio. Distingue-se, assim, da promessa de fato de terceiro, pois, sendo a inclusão do terceiro facultativa, na sua falta, cumpre ao contratante originário realizar a mesma prestação que caberia ao terceiro.

De forma um pouco obscura, o Código Civil aborda os efeitos da insolvência prévia do terceiro nomeado: no art. 471 indica que esse fato, por si só, torna ineficaz a substituição, permanecendo o contratante originário obrigado, enquanto no art. 470, II, indica que a insolvência do nomeado deve ser desconhecida da outra parte para que a substituição não produza efeitos. Cumpre adotar interpretação teleológica para apartar as hipóteses, evitando a contradição decorrente. No caso da cláusula *pro amico electo*, em que o contrato é celebrado já com ciência de quem será o terceiro, a insolvência do terceiro por si só não afasta a substituição, já que assumido esse risco pela outra parte quando celebrado o contrato, razão pela qual aplicável o disposto no art. 470, II: a ineficácia da substituição pressupõe o desconhecimento da situação de insolvência do nomeado. Já no caso da cláusula *pro amico eligendo*, deve-se aplicar o disposto no art. 471, no sentido de que o simples fato da insolvência prévia do terceiro torna ineficaz a substituição, pois ainda que ciente da insolvência do terceiro por ocasião da celebração do contrato, o outro contratante não sabia que seria aquele terceiro a ser indicado, razão pela qual seria injusto imputar-lhe a assunção desse risco.

> Efeitos da insolvência

5. DISTINÇÕES RELEVANTES: CESSÃO DA POSIÇÃO CONTRATUAL E SUBCONTRATO

A cessão da posição contratual, conforme abordado no volume II, capítulo 6, consiste na "substituição de um dos contratantes por outra pessoa que passa a figurar na relação jurídica como se fora a parte de quem tomou o lugar".[29] Trata-se de um contrato que tem por objeto a transferência para um terceiro de todo o complexo formado por créditos e débitos resultantes de outro contrato. Especialmente em contratos complexos, cujo *iter* formativo envolve longas e custosas negociações, como observado no capítulo IV, a posição contratual já consolidada adquire especial relevância, razão pela qual sua cessão pode revestir significativo interesse econômico.[30] Assim, a utilização da cessão de posição contratual, também chamada "cessão de contrato", é comum em casos de contratos de fornecimento, transporte, empreitada, seguro, sociedade, e financiamento para construção de imóveis.[31]

> Cessão da posição contratual: distinção

---

29   Orlando Gomes, *Contratos*, Rio de Janeiro: Forense, 2009 (1959), 26ª ed., p. 175.

30   Carlos Roberto Gonçalves, *Direito civil brasileiro*, vol. 2, São Paulo: Saraiva, 2016, 13ª ed., p. 241.

31   Marco Aurélio Bezerra de Melo, *Teoria geral dos contratos*, São Paulo: Atlas, 2015, p. 229.

Distingue-se do contrato com pessoa a declarar, na sua estrutura, porque a substituição de uma das partes não foi originalmente prevista na celebração do contrato inicial. Por esse motivo deve ser objeto de novo acordo de vontades.[32] Diferenciam-se igualmente quanto aos efeitos, já que a cessão da posição contratual tem eficácia *ex nunc*.

Trata-se de mais uma forma de circulação de obrigações, ao lado da cessão de crédito e da assunção de dívida. Sua peculiaridade reside em transmitir, por meio de um único negócio, a totalidade de direitos e deveres que compõem a posição contratual. Isso significa não apenas transmitir todos os créditos e todas as dívidas – ou, caso o contrato original seja unilateral, só os créditos ou só as dívidas –, mas também os direitos potestativos concernentes à relação contratual, como direitos de resolução, redução, denúncia, desistência etc.[33]

Embora não regulada expressamente pelo Código Civil, infere-se sua disciplina jurídica a partir da análise sistemática do instituto. Como antes observado, requer a manifestação de vontade do outro contratante, eis que não prevista no contrato inicial, mas a recusa deve ser objeto de controle de merecimento de tutela, especialmente em contratos em que a identidade do contratante não seja determinante para a realização da função do negócio.[34] A cessão produz efeitos somente a partir da sua celebração, não incluindo os direitos e deveres pretéritos, ante a ausência de efeito retroativo. Consequentemente, exonera o cedente de qualquer responsabilidade pelas dívidas vincendas e futuras, a partir da cessão, salvo estipulação em contrário.[35]

Subcontrato: distinção

Há de se examinar, ainda, o subcontrato, também denominado *contrato derivado*, mediante o qual "um dos contratantes transfere a terceiros, sem se desvincular, a utilidade correspondente à sua posição contratual".[36] Os mais frequentes exemplos são a sublocação e a subempreitada, sendo a derivação também possível no comodato, no depósito, no transporte e no mandato, como se observa, na prática advocatícia, no caso do substabelecimento de poderes de representação. Na subcontratação, não há qualquer forma de transmissão de direitos ou deveres, já que, a rigor, não se estabelece relação direta entre contratante e subcontratado, diferenciando-a da cessão de posição contratual. Há aqui novo contrato cujo objeto abrange, totalmente ou em parte, o conteúdo do contrato anterior. A relação contratual anterior permanece, todavia, intacta, sem qualquer modificação subjetiva, coexistindo esse contrato originário com o novo contrato, derivado e dependente. Excepcionalmente, todavia, pode o legislador atribuir ação direta entre o contratante e o subcontratado – desconsiderando o intermediário que foi parte em ambos os contratos –, com o objetivo de salvaguardar interesses

---

[32] Luis Renato Ferreira da Silva, Cessão de posição contratual. In: Renan Lotufo e Giovanni Ettore Nanni (coords.), *Teoria geral dos contratos*, São Paulo: Atlas, 2011, p. 399.

[33] Carlos Alberto da Mota Pinto, *Cessão da posição contratual*. Coimbra: Atlântida, 1970, p. 284.

[34] Hamid Charaf Bdine Júnior, *Cessão da posição contratual*, São Paulo: Saraiva, 2007, p. 42.

[35] Pontes de Miranda, *Tratado de direito privado*, t. XXIII, São Paulo: Revista dos Tribunais, p. 515.

[36] Orlando Gomes, *Contratos*, Rio de Janeiro: Forense, 2009 (1959), 26ª ed., p. 168. Sobre o tema, v. Pedro Romano Martinez, *O subcontrato*, Coimbra: Almedina, 1989.

merecedores de tutela.[37] Tal é o caso da pretensão subsidiária do locador em face do sublocatário prevista no art. 16 da Lei do Inquilinato, permitindo-se ao locador, que consentiu na sublocação de seu imóvel, pretender o pagamento dos aluguéis diretamente do sublocatário, quando o locatário direto não tiver condições de solvê-los.[38]

PROBLEMAS PRÁTICOS

1. É válido o acordo pelo qual a CBF promete a certa emissora de televisão o direito de transmissão de jogos de futebol, sendo este direito reservado exclusivamente às entidades de prática desportiva? O que deve ocorrer se, posteriormente à assinatura de tal acordo, os clubes de futebol não aceitarem ceder tais direitos à emissora?

2. Ao investigar a correspondência de seu pai, o recém-falecido arquiteto Caio, seus herdeiros descobrem um instrumento de contrato firmado entre seu amigo Tício e a Fundação Alfa, que tinha por objeto a doação de dois milhões de reais de Tício à Fundação. Esta, em outra cláusula do contrato, encarregava-se de construir um posto avançado de atendimento médico no interior do Ceará, cujo projeto arquitetônico incumbiria a Caio. A Fundação, nos termos do contrato, se comprometia, a dar a ele o valor de vinte mil reais em troca da totalidade do projeto. Os herdeiros percebem que o instrumento fora enviado a Tício pela Fundação e que seu pai já escrevera e assinara uma carta de aceitação, mas nunca chegou a enviá-la. Sobre o caso, responda por que, apesar de Caio já ter exprimido a sua aceitação, não se pode considerar celebrado contrato entre ele e a Fundação, e afaste a alegação de que Caio teria adquirido direitos perante a Fundação antes de morrer, por se tratar de estipulação em favor de terceiro.

3. Semprônio contrata com o Shopping Alfa a compra de uma loja para estabelecimento de uma panetoneria, sob a garantia do Shopping de que uma filial das Lojas Beta e outra dos cinemas Gama também lá se instalariam, aportando diversos clientes para o local. Todavia, os planos não correm como o esperado. Se nem as Lojas Beta, nem os cinemas Gama, aceitaram se instalar no Shopping no prazo combinado, o que poderá Semprônio fazer?

Acesse o *QR Code* e veja a Casoteca.

> http://uqr.to/1pd26

---

[37] Rafael Marinangelo, Subcontrato. In: Renan Lotufo e Giovanni Ettore Nanni (coords.), *Teoria geral dos contratos*, São Paulo: Atlas, 2011, p. 317.

[38] Lei 8.245/91, art. 16. "O sublocatário responde subsidiariamente ao locador pela importância que dever ao sublocador, quando este for demandado e, ainda, pelos aluguéis que se vencerem durante a lide".

Capítulo IX
GARANTIAS CONTRA VÍCIOS E EVICÇÃO

Sumário: 1. Conceito de garantia aplicado aos vícios e à evicção – 2. Garantia contra vícios redibitórios – 3. Responsabilidade por vícios nas relações de consumo – 4. Garantia contra evicção – Problemas práticos.

1. CONCEITO DE GARANTIA APLICADO AOS VÍCIOS E À EVICÇÃO

Em sentido mais restrito, a expressão *garantia* abrange apenas mecanismos acessórios que visam a assegurar ao credor a satisfação do crédito, capazes de superar os riscos de insolvência ou de falta de cooperação do devedor.[1] Nesta linha, seriam exemplos os direitos reais de garantia, como o penhor (CC, art. 1.431 e seguintes) e a hipoteca (CC, art. 1.473 e seguintes), em que o credor ganha preferência e sequela sobre determinado bem, e as garantias pessoais, como a fiança (CC, art. 818 e seguintes) e o aval (CC, art. 897 e seguintes), nas quais o terceiro passa a responder também, com seu patrimônio, para solver a dívida. Por outro lado, o legislador faz uso, por vezes, do termo *garantia* em sentido mais amplo, abrangendo todos os mecanismos que protegem ou facilitam a satisfação do credor em caso de inadimplemento do devedor. Nesse segundo sentido, estariam abrangidas outras figuras, tais como a cláusula penal, a solidariedade passiva, o direito de retenção e a compensação, que resguardam o credor contra vicissitudes do contrato principal. Somente nesse segundo sentido é que podem ser qualificadas como garantias a proteção contra vícios redibitórios, vícios do produto ou serviço e evicção.

Conceito de garantia

---

[1] Pablo Rentería, *Penhor e autonomia privada*, São Paulo: Atlas, 2016, p. 148.

"Princípio de garantia"

Trata-se de mecanismos inspirados no que a doutrina costuma referir como "princípio de garantia", originalmente restrito à compra e venda e hoje reconhecido em todos os contratos onerosos.[2] Reputados originalmente cláusulas implícitas, constituem-se em meios de tutela de expectativas legítimas relativas ao equilíbrio estabelecido em contratos onerosos. Assim, em todo contrato em que a parte se submete a determinado sacrifício patrimonial, haveria a legítima confiança na integridade do objeto do direito a ser transmitido, bem como na titularidade do alienante, legitimado a transmiti-lo. Dessa forma, a garantia contra vícios redibitórios resguarda o adquirente contra imperfeições identificadas no bem transmitido, enquanto a garantia contra evicção o protege em face da perda do bem causada por fato anterior à alienação.[3]

Modificação das garantias

Tais garantias, todavia, no regime do Código Civil, não são essenciais aos contratos onerosos, mas apenas elementos naturais, uma vez que podem ser ampliadas, mitigadas ou mesmo afastadas pela vontade das partes. Já no âmbito das relações de consumo, a necessidade de tutela da vulnerabilidade do consumidor torna cogentes as normas que impõem a responsabilidade do fornecedor pelos vícios do produto ou serviço, como se observará no item 3.[4]

Abrangência das garantias: contratos onerosos comutativos

O fundamento de tais garantias se reflete na sua abrangência: de modo geral, a proteção será encontrada nos contratos comutativos, em que se pressupõe o equilíbrio entre as prestações de ambas as partes. Assim, a garantia, originária dos contratos de compra e venda, se expandiu também para a permuta, a sociedade, a dação em pagamento e a empreitada, bem como para as doações com encargo. Nestas, embora não haja sinalagma, o legislador protege o donatário na proporção do sacrifício econômico que lhe é imputado, fazendo incidir essas garantias até o valor representado pelo encargo. Por isso, o defeito do bem doado poderá justificar a liberação do encargo assumido. A despeito do uso da expressão *alienante* pelo legislador (art. 444, CC), entende-se que a garantia não se restringe a contratos que tenham por objeto transferência de domínio, abrangendo também as hipóteses de cessão da posse ou uso de coisa, como nas locações.[5]

Hastas públicas

Permanece, no tema, controvérsia histórica quanto às aquisições operadas por hasta pública, meio judicial de alienação forçada de bens penhorados.[6] Em tais casos, a transmissão do bem é levada a cabo pelo Poder Público, contra a vontade do proprietário; diversos são os potenciais adquirentes, e o valor pago é revertido direta-

---

[2]   Caio Mário da Silva Pereira, *Instituições de direito civil*, vol. III, atualizado por Caitlin Mulholland, Rio de Janeiro: Forense, 2014 (1963), 18ª ed., p. 109.

[3]   Para Pontes de Miranda, na evicção *"o que é preciso é que na prestação recebida haja vício de direito"* (*Tratado de direito privado*, t. XXXVIII, São Paulo: Revista dos Tribunais, 2012, p. 304).

[4]   Em doutrina, suscita-se também a irrenunciabilidade da garantia nos contratos de adesão, em razão do disposto no artigo 424 do Código Civil. Sobre o tema, v. Paulo Luiz Netto Lôbo, *Direito civil: contratos*, São Paulo: Saraiva, 2006, 2ª ed., p. 148.

[5]   Clóvis Beviláqua, *Direito das obrigações*, Rio de Janeiro: Rio, 1982 (1977), p. 176.

[6]   Pontes de Miranda, *Tratado de direito privado*, t. XXXVIII, São Paulo: Revista dos Tribunais, 2012, p. 286.

mente para os credores do proprietário, em saldo de suas dívidas, restando ao proprietário original somente eventual saldo. O legislador de 2002 perdeu a oportunidade de pacificar os debates já existentes sob a vigência do Código Civil de 1916, o qual, nesses casos, afastava expressamente a garantia contra vícios redibitórios e silenciava quanto à evicção. O Código Civil vigente suprimiu o dispositivo quanto aos vícios redibitórios, gerando polêmica sobre o sentido da supressão, atribuída à alteração de política legislativa ou à simples constatação da desnecessidade do dispositivo, reafirmando-se o afastamento dos vícios redibitórios nas vendas em hastas públicas.[7] Por outro lado, incluiu o Código Civil expressamente a garantia no que tange à evicção, que, se não for expressamente afastada pelo edital do leilão, imporá ao credor exequente a responsabilidade pelo valor recebido.[8]

A garantia não abrange os contratos gratuitos, salvo convenção das partes ou má-fé, diante da ausência de comutatividade e, pela mesma razão, costuma ser afastada dos contratos aleatórios, nos quais, embora onerosos, não há comutatividade entre as prestações e os respectivos sacrifícios econômicos.

2. GARANTIA CONTRA VÍCIOS REDIBITÓRIOS

A primeira garantia implícita nos contratos comutativos resguarda o adquirente contra vícios ou defeitos ocultos no bem objeto de transmissão, que o tornem impróprio ao uso a que é destinado, ou lhe diminuam o valor (CC, art. 441). Tais defeitos tomam o nome de vícios redibitórios em razão da *actio redhibitoria* do direito romano, pela qual se enjeitava a coisa dada.

A caracterização do vício idôneo ao desfazimento dos efeitos do contrato demanda o preenchimento de três requisitos. Em primeiro lugar, o vício deve ser preexistente, isto é, ter surgido enquanto a coisa ainda pertencia ao alienante. Se posterior à tradição, a transmissão dos riscos afasta a pretensão do adquirente perante o alienante, já que a coisa já lhe pertencia, com todos seus bônus e ônus. Incide aqui o brocardo latino *res perit dominus*.[9] A pretensão subsiste, todavia, se, embora o vício se manifeste ou se agrave somente após a aquisição, tenha origem anterior (CC, art. 444), como o vazamento preexistente de água que somente se transforma em infiltração visível quando o bem já esteja com o alienante.

Preexistência do vício

Em segundo lugar, o vício deve ser oculto e desconhecido. O defeito ostensivo, identificável pelo credor no momento da entrega, justificaria que ele rejeitasse o bem

Vício oculto e desconhecido

---

[7] Nesse sentido, Caio Mário da Silva Pereira, *Instituições*, cit., p. 112.

[8] Em doutrina, há polêmica quanto a quem será o garantidor: o Poder Público, que efetivou a alienação, o proprietário original, em cujo proveito indireto reverteu a alienação, ou os seus credores, que efetivamente receberam o pagamento dado, havendo ainda discussão sobre a possibilidade de mais de um responsável, em regime de solidariedade ou de subsidiariedade. Sobre o tema, v. Eduardo Heitor da Fonseca Mendes, *A incidência da garantia contra evicção nas hastas públicas*, Dissertação de mestrado, Rio de Janeiro: UERJ, 2015, para quem, no caso da evicção, o adquirente responde apenas pelo valor recebido, cumprindo ao proprietário original a responsabilidade pela indenização.

[9] Emidio Pires da Cruz, *Dos vícios redibitórios no direito português*, Lisboa: Portugalia, 1942, p. 57.

naquele momento, caracterizando inadimplemento do alienante. Isto porque, de acordo com os princípios da identidade e da integralidade do adimplemento, abordados no volume 2, pode o credor não receber prestação diversa, ainda que mais valiosa, ou pagamento em partes, se não convencionado. Se o credor aceita a entrega do bem com defeito visível, presume-se tolerância ao vício e renúncia às pretensões dele decorrentes.[10] O que caracteriza, portanto, o vício redibitório é a impossibilidade de percepção do defeito no momento da entrega, tanto em abstrato, isto é, o defeito oculto para pessoa normalmente diligente, como em concreto, ou seja, desconhecido por aquele que, no caso, não o percebeu nem devia tê-lo percebido.[11]

Gravidade do vício

Em terceiro lugar, refere-se em doutrina ao requisito da gravidade do defeito, isto é, a sua idoneidade a tornar o bem impróprio ao uso a que se destina ou prejudicar sensivelmente seu valor, na expressão do art. 441 do Código Civil.[12] O requisito deve ser interpretado à luz do princípio da boa-fé e do próprio fundamento da garantia contra vícios redibitórios. Assim, não justificam o acionamento da garantia pequenas imperfeições, previsíveis conforme os usos e costumes, que não sejam suficientes a atingir a comutatividade do contrato ou o equilíbrio entre os sacrifícios econômicos contratualmente avençados.

Distinção de figuras afins

Controverte-se quanto à extensão do instituto e sua distinção em face da noção de erro, capaz de caracterizar vício do consentimento e a consequente invalidade do contrato. Enquanto o vício redibitório alcança a integridade da coisa transferida, sobre cuja identificação não se tem dúvida, o erro refere-se à formação da vontade relativamente à coisa transferida, alcançando, assim, a percepção das partes quanto ao objeto da prestação Assim, a aquisição de automóvel sob a crença, por parte do comprador, de que possui tração nas quatro rodas, quando o modelo não inclui tal recurso, poderá configurar erro, enquanto na venda de automóvel cujo modelo compreende a referida tração haverá vício redibitório se o defeito preexistente no mecanismo da tração vier a ser identificado após a alienação. A distinção, todavia, pode se tornar mais nebulosa em casos fronteiriços, como no debate relativo à compra de quadro falso, em que se discute se a ausência de autenticidade poderia também ser enquadrada como defeito do próprio bem, tendo em vista que também há significativo mercado para quadros não autênticos, mas, naturalmente, de preço bastante inferior aos originais. O debate não é meramente conceitual, já que os prazos decadenciais para impugnação do contrato por erro ou por vício redibitório são bastante diversos.

A garantia contra vícios redibitórios oferece ao adquirente a opção entre duas medidas possíveis, referidas como ações edilícias por terem sido introduzidas no di-

---

[10]   Caio Mário da Silva Pereira, *Instituições*, cit., p. 110.

[11]   Emidio Pires da Cruz afirma que "o caráter oculto do defeito assenta, mais do que em elementos subjetivos – o conhecimento ou desconhecimento do defeito pelo adquirente – em elementos objetivos – a maior ou menor possibilidade de descobrir o defeito", mas "sobre o adquirente pesa o *dever de examinar* e não o *dever de fazer examinar*" (*Dos vícios redibitórios*, cit., pp. 63-66).

[12]   Miguel Maria de Serpa Lopes, *Curso de direito civil*, vol. 3, Rio de Janeiro: Freitas Bastos, 1954, p. 157.

reito romano pelos *edis curuis*.[13] Diante da configuração do vício, poderá o adquirente resolver o contrato, rejeitando a coisa e recebendo de volta o preço pago: trata-se da chamada ação redibitória, que dá nome ao próprio instituto.[14] Alternativamente poderá recorrer à ação estimatória (*actio quanti minoris*), mantendo os efeitos do contrato com o abatimento do preço, nos termos do art. 442 do Código Civil. Se, contudo, for comprovada a má-fé do alienante, se ele sabia ou deveria saber do vício, franqueia-se ao adquirente exigir indenização pelos prejuízos decorrentes da alienação do bem defeituoso (CC, art. 443).

A redibição do contrato, ou o abatimento da contraprestação, configura direito potestativo do adquirente, que se submete a regime de prazos decadenciais, descrito no art. 445 do Código Civil. O prazo varia de acordo com a classificação do bem: se móvel, o prazo é de trinta dias, e se imóvel, de um ano, contados da entrega efetiva do bem, sob a premissa de que a descoberta de eventuais defeitos ocultos em imóveis costuma levar mais tempo do que em bens móveis. Além disso, se o adquirente já estava na posse do bem (por exemplo, o comprador do imóvel era seu locatário) os prazos contam-se da data da alienação e caem pela metade (quinze dias se móvel, seis meses se imóvel), sob o fundamento de que o adquirente já conhecia o bem, então precisava de menos tempo para verificar defeitos ocultos. O legislador, a despeito das críticas,[15] não levou em conta há quanto tempo o possuidor se encontrava no bem, ou seja, estivesse ele na posse do bem há poucos dias ou há anos, em qualquer caso o prazo cairá pela metade.

O Código refere ainda a uma terceira hipótese, quando o vício só puder ser conhecido mais tarde, em razão de sua própria natureza, isto é, independentemente da diligência do adquirente. Servem de exemplos a hipótese de sementes adquiridas para futura plantação, cuja inaptidão para germinar só é percebida no momento do plantio; o animal que se revela estéril quando colocado para reprodução; imóvel, adquirido no inverno, que sofre enchente em condições meteorológicas próprias do verão; e a adulteração de chassi de carro que só é constada por órgãos oficiais, tempos depois. Nesses casos, o legislador estabeleceu duplo sistema de prazos. Em primeiro lugar, os prazos do *caput*, já examinados, serão contados da data em que foi descoberto o vício, e não da data da transmissão ou da alienação. Para evitar insegurança jurídica, o legislador estabelece prazo máximo dentro do qual essa descoberta deve ocorrer, que será de cento e oitenta dias para móveis e um ano para imóveis. Assim, para o adquirente poder exercer o direito decorrente da garantia, deve constatar o vício den-

---

[13]   Paulo Luiz Netto Lôbo, *Direito civil: contratos*, São Paulo: Saraiva, 2006, 2ª ed., p. 151.

[14]   Em caso em que agricultor adquiriu fungicida para sua plantação que teve eficácia de somente 62% da colheita, o STJ afastou a pretensão da alienante de que, mesmo com a redibição houvesse pagamento parcial do preço, na medida do proveito obtido, sob o fundamento de que se o agricultor soubesse que do uso do produto teria tais perdas seria razoável concluir que não o adquiriria (STJ, 3ª T., AgInt no REsp 1.736.829, Rel. Min. Paulo de Tarso Sanseverino, julg. 30.5.2022, publ. DJ 2.6.2022.).

[15]   Pablo Stolze Gagliano e Rodolfo Pamplona Filho, *Novo curso de direito civil*, vol. IV, t. I, São Paulo: Saraiva, 2006, 2ª ed., p. 191.

tro do prazo máximo (cento e oitenta dias ou um ano), que se conta da transmissão ou alienação do bem, e deve exercer o direito nos prazos de trinta dias ou um ano, contados da data da descoberta.[16]

Na hipótese de venda de animais, todavia, respeitando a primazia da praxe no meio rural, o legislador instituiu regime de costume *secundum legem*, determinando que, na ausência de lei específica, devem ser observados, em primeiro lugar, os usos e costumes e locais e, somente na sua ausência, as regras expostas.[17]

Garantia contratual

Cumpre examinar ainda os prazos fixados em cláusulas de garantia, voluntariamente avençadas pelos contratantes. A garantia contratual há de ser interpretada como acréscimo à legal, devendo, portanto, ser somada aos prazos legais, os quais, na falta de disposição em sentido contrário, somente começariam a correr quando finda a garantia contratual. No entanto, o art. 446 do Código Civil impôs prazo adicional nesse caso, não para o exercício do direito decorrente da garantia, mas, em nome do princípio da boa-fé, para resguardar a confiança despertada pela previsão da garantia contratual.[18] Havendo garantia contratual, o adquirente deve denunciar o defeito ao alienante em 30 dias a partir do seu conhecimento, verdadeiro dever de informação e de colaboração. Espera-se, com isso, que o alienante cumpra voluntariamente com a garantia que ofereceu, evitando a judicialização da demanda. Se isso não ocorrer, continuam aplicáveis os prazos anteriormente expostos para o ajuizamento da ação.

3. RESPONSABILIDADE POR VÍCIOS NAS RELAÇÕES DE CONSUMO

Vulnerabilidade do consumidor

O regime do Código Civil para os vícios redibitórios não se aplica às relações de consumo, para as quais o Código de Defesa do Consumidor impõe regras distintas, com objetivo de proteger melhor o consumidor, em razão de sua vulnerabilidade. A insuficiência do regime do Código Civil frente às características distintivas das relações de consumo foi amplamente destacada pela doutrina.[19] Configurou-se sistema próprio de garantia contra vícios redibitórios.[20]

O sistema de responsabilização do Código do Consumidor foi elaborado simultaneamente à formação da sociedade caracterizada por sua complexibilidade

---

[16] Nesse sentido, o Enunciado n. 174 das Jornadas de Direito Civil CEJ/CJF. Na jurisprudência, STJ, 3ª T., AgInt no REsp 1.956.308, Rel. Min. Nancy Andrighi, julg. 17.4.2023, publ. 19.4.2023; STJ, AgInt no REsp 1.973.722, Rel. Min. Moura Ribeiro, julg. 23.5.2022, publ. 25.5.2022.
Contra: Caio Mário da Silva Pereira, *Instituições*, cit., p. 116, Paulo Nader, *Curso de direito civil*, vol. 3: Contratos, Rio de Janeiro: Forense, 2012, 6ª ed., p. 104, Flávio Tartuce, *Direito civil*, vol. 3, São Paulo: Método, 2014, 9ª ed., p. 203.

[17] Marco Aurélio Bezerra de Melo, *Teoria geral dos contratos*, São Paulo: Atlas, 2015, p. 280.

[18] Pablo Stolze Gagliano e Rodolfo Pamplona Filho, *Novo curso de direito civil*, vol. IV, t. I, São Paulo: Saraiva, 2006, 2ª ed., p. 193.

[19] Claudia Lima Marques *et al.*, *Comentários ao Código de Defesa do Consumidor*, São Paulo: Revista dos Tribunais, 2006, 2ª ed., p. 336 e ss.

[20] Marcelo Junqueira Calixto, *A responsabilidade civil do fornecedor de produtos pelos riscos do desenvolvimento*, Rio de Janeiro: Renovar, 2004, p. 104.

tecnológica, com produção em massa e consequente desindividualização do produto e despersonalização dos protagonistas da relação de consumo. O descompasso das estruturas formais com tipologia social emergente evidenciou a necessidade de superação da dicotomia entre a responsabilidade contratual, restrita às partes do negócio jurídico, e a extracontratual, fundada na noção de culpa.[21]

As diferenças se iniciam pela caracterização dos defeitos, albergando os vícios de qualidade e os de quantidade, e também os vícios do serviço. Não há necessidade de serem tais vícios graves ou ocultos, bastando que tornem o produto impróprio ou inadequado para o consumo, diminua-lhe o valor ou caracterizando disparidade com as suas indicações externas. Inclui-se também entre os produtos defeituosos aqueles aos quais falte informação adequada para o uso, bem como aqueles que não ofereçam a segurança esperada, interesse reputado fundamental nas relações de consumo.[22] Observa-se, com isso, aproximação funcional, no regime do CDC, entre o regime dos vícios e aquele do inadimplemento, que se reflete nas suas consequências jurídicas.

Distinção dos requisitos

Os danos provocados pelos produtos ou serviços, comumente chamados de defeitos ou vícios de insegurança, relacionam-se não propriamente à capacidade intrínseca ao produto — de provocá-lo —, senão à sua desconformidade com a razoável expectativa do consumidor, baseada na natureza do bem ou serviço e, sobretudo, nas informações veiculadas, particularmente exigidas quando os possíveis efeitos danosos não são naturalmente percebidos. Assim é que, configurando exemplo elementar, o ferimento provocado no cozinheiro pela faca de que se utiliza não gera o dever de indenizar. O perigo — real e recorrente — criado por tal produto não contraria expectativa alguma de segurança dos consumidores, sendo efeito natural e indispensável à sua função específica. Já os produtos químicos em geral, cosméticos ou farmacêuticos, exigem minuciosa advertência aos consumidores, que não podem prever, à evidência, o grau de danosidade que se associa ao manuseio e à utilização do produto. Torna-se nesses casos extremamente importante o dever de informação por parte dos fornecedores de produtos ou serviços, de modo a que o consumidor possa manuseá-los ou utilizá-los, evitando acidentes. As informações deficientes muitas vezes acabam por se constituir na causa imediata do dano (confundindo-se com o próprio defeito), causador do acidente de consumo.

No que tange aos efeitos, além do abatimento no preço ou da restituição da quantia, o adquirente poderá requerer a substituição do produto por outro da mesma espécie ou a reexecução do serviço. Além disso, independentemente de má-fé do alienante, terá o adquirente direito a perdas e danos. Ao lado da unificação dos sistemas de responsabilidade civil, o CDC estabeleceu a prescindibilidade da comprovação de culpa do responsável legal, trazendo um fundamento objetivo ao dever de indenizar. A rigor, não há cogitação de culpa: presentes os pressupostos da responsabilidade (o defeito, o dano e o nexo casual), não é dado ao responsável legal eximir-

Efeitos

---

[21] João Calvão da Silva, *Responsabilidade civil do produtor*, Coimbra: Almedina, 1990, p. 478.
[22] João Calvão da Silva, *Responsabilidade civil do produtor*, Coimbra: Almedina, 1990, p. 280.

-se do dever de indenizar com base na prova de ausência de culpa. Ainda quanto à responsabilidade pelo fato do produto ou do serviço, destaque-se a única hipótese em que o legislador adota integralmente a responsabilidade subjetiva: trata-se dos acidentes de consumo derivados dos serviços prestados por profissionais liberais. Conforme o art. 14, § 4º, do CDC, os profissionais liberais só serão responsabilizados pessoalmente mediante comprovação de culpa. O dispositivo, contudo, não beneficia a pessoa jurídica formada por profissionais liberais, aplicando-se a responsabilidade objetiva, por exemplo, no caso de centros médicos e hospitais.

A garantia contra os vícios não protege apenas o contratante, mas todo adquirente subsequente, que venha a utilizar o produto. Protege-se, assim, qualquer pessoa atingida pelo fato do produto ou serviço, independentemente da posição jurídica que ocupa. Ademais, a garantia pode ser invocada não apenas perante o alienante, mas perante todos que compõem a cadeia de consumo, considerando-se todos eles fornecedores solidários nessa responsabilidade. A responsabilidade do comerciante é condicionada à ocorrência de alguma das situações previstas pelo art. 13 do CDC: produto anônimo, mal identificado, ou produto perecível malconservado. Verificada qualquer dessas hipóteses, a responsabilidade do comerciante equipara-se à dos demais obrigados. Por esta razão, não se pode considerar subsidiária: o ponto de vista implicaria a obrigatoriedade de uma prévia execução dos obrigados principais, anteriormente à do comerciante, o que não corresponde à disciplina do Código. A responsabilidade do comerciante, a rigor, nos termos do art. 12, equipara-se à dos demais responsáveis, diferenciando-se, tão somente, pelo fato de ser condicionada à ocorrência de uma daquelas situações acima mencionadas. A possibilidade de ação direta contra todos os fornecedores, além tutelar de modo mais eficaz o consumidor, pretendeu reduzir o custo da multiplicação de processos judiciais.[23]

Outro aspecto de interesse diz com o direito de regresso, previsto no art. 13, de quem efetivamente pagou em relação aos demais obrigados. O fato de o dispositivo referir-se exclusivamente ao comerciante levou parte da doutrina a restringir o seu âmbito de aplicação à hipótese textualmente prevista, restando os demais coobrigados sem o mesmo direito. Entretanto, há que se aplicar o preceito a todos os casos de solidariedade contemplados pelo Código, seja pela igualdade de situações, a reclamar idêntico tratamento, seja pela disciplina da solidariedade adotada pelo Código Civil brasileiro, invocada em qualquer relação obrigacional na ausência de dispositivo de lei especial em contrário. Aliás, se assim não fosse, estar-se-ia consagrando, muito provavelmente, o enriquecimento sem causa do devedor que não pagou em detrimento do coobrigado que efetuou o pagamento da indenização, desestimulando-se, de outra parte, o pagamento espontâneo — de resto, não incomum — de um dos coobrigados.

Prazos Os prazos também são distintos, uma vez que, nas relações de consumo, a reclamação deve ser feita em trinta dias, se se tratar de produtos ou serviços não durá-

---

[23] Fábio Konder Comparato, A proteção do consumidor: importante capítulo do direito econômico. *Ensaios e pareceres de direito empresarial*, Rio de Janeiro: Forense, 1978, p. 492.

veis, e noventa dias, se duráveis, contados da entrega do bem, se forem vícios aparentes ou de fácil constatação, ou da constatação do defeito, se for vício oculto. O decurso de tais prazos não prejudica o prazo quinquenal para a pretensão de indenização para eventuais danos causados ao consumidor em decorrência do defeito no produto ou serviço, tendo em vista a aproximação funcional operada pelo regime consumerista entre os vícios redibitórios e o inadimplemento.

Ademais, a incidência do Código de Defesa do Consumidor implica a atuação de outras normas protetivas, como os direitos básicos que lhe são atribuídos pelo art. 6º, especialmente relevante para casos de defeitos a inversão do ônus da prova, no que tange à preexistência do vício.[24] O consumidor limita-se a provar o dano e o nexo de causalidade, sendo certo que, nos termos do art. 6º, VIII, pode o juiz inverter o ônus da prova a seu favor, desde que verossímil a alegação ou em se tratando de consumidor hipossuficiente. Na mesma linha, tratando-se de norma de ordem pública, a garantia não pode ser renunciada pelas partes, nem pode ser objeto de cláusulas que impossibilitem, exonerem ou atenuem a responsabilidade pelos vícios.

A responsabilidade nas relações de consumo não é, contudo, absoluta. Em relação ao nexo causal, o legislador do CDC, no art. 12, § 3º, prevê taxativamente algumas excludentes de responsabilidade, afastando-se, assim, da teoria do risco integral. Nos termos do aludido preceito, o fornecedor só não será responsabilizado quando provar: "I. que não colocou o produto no mercado; II. que, embora haja colocado o produto no mercado, o defeito inexiste; III. a culpa exclusiva do consumidor ou de terceiro". Todas as hipóteses de excludentes agem sobre o nexo de causalidade, rompendo-o, de maneira a evitar a formação do dever de indenizar. Se houver concorrência entre o comportamento da vítima ou de terceiro e o defeito do produto não há exclusão da responsabilidade, apenas sua mitigação, uma vez que o nexo causal persiste no que tange à parcela do dano efetivamente causada pelo defeito.

Quanto ao conceito de terceiro, considera-se a pessoa alheia à relação de consumo. O comerciante, embora não incluído no rol do art. 12, é parte na relação de consumo, não podendo ser qualificado como terceiro. Deste modo, ainda que o defeito se deva à culpa exclusiva do comerciante, aos responsáveis ali enumerados incumbe o dever de indenizar, cabendo-lhes o direito de regresso em face do comerciante culpado. Observe-se, ainda, que a presença de caso fortuito ou força maior, embora não prevista pelo CDC como excludente específica, serve a romper o nexo de causalidade, pressuposto indispensável, como já visto, para a caracterização da responsabilidade objetiva, nos moldes adotados pelo legislador especial.

Controvertido apresenta-se o fenômeno designado como risco de desenvolvimento. Alude-se à hipótese em que determinados produtos ou serviços, aparentemente seguros à luz da ciência e da técnica existente no momento em que foram colocados no mercado, vêm a causar danos em razão de estudos científicos posteriores, como no exemplo das deformações provocadas pelo uso da Talidomida. No caso,

Risco do desenvolvimento

---

[24] Paulo Luiz Netto Lôbo, *Direito civil: contratos*, São Paulo: Saraiva, 2006, 2ª ed., p. 158.

nos anos 60 do século passado, descobriu-se que remédio habitualmente ministrado a mulheres grávidas era o responsável por deformações nas crianças nascidas, vitimando-se assim mais de 10.000 bebês.[25] A despeito da tragédia, nas hipóteses de risco de desenvolvimento, não há propriamente defeito do produto ou serviço, nos termos definidos pelo art. 12, § 1º, cuja dicção é corroborada pela interpretação sistemática dos arts. 6º e 10 do CDC. Para o Código de Defesa do Consumidor, defeito não se confunde com nocividade (há inúmeros produtos, na praça, que, embora nocivos, não são defeituosos, desde que as informações prestadas pelo fornecedor esclareçam bem o seu grau de nocividade). E não há defeito imputável ao fornecedor quando, nos termos do art. 12, § 1º, III, tendo em conta a época em que o produto foi posto em circulação, inexiste vício de insegurança, consubstanciado na ruptura entre o funcionamento do produto ou serviço e o que deles espera legitimamente o consumidor, com base no atual conhecimento científico. A matéria, contudo, é controvertida e tem sido objeto de regulamentação legislativa, tanto por diretiva da União Europeia (Diretiva 85/374/CEE),[26] quanto pelo direito interno de alguns países, como a Espanha (Ley 22/1994 – *Ley de responsabilidad por productos*).[27]

4. GARANTIA CONTRA EVICÇÃO

Conceito de evicção

Ao lado da garantia contra defeitos sobre o bem objeto do direito transmitido, encontra-se a garantia contra evicção, que se refere à própria titularidade do direito transmitido. Enquanto os vícios redibitórios privam o adquirente da posse útil do bem, a evicção impede a posse pacífica. De fato, a evicção é a privação do direito em razão de decisão que o atribui a outrem por fato anterior ao contrato aquisitivo. Ou seja, o adquirente é privado do direito sobre o bem em razão de sentença, fundamentada em fato jurídico anterior à alienação, que reconheceu que o bem não pertencia ao alienante, mas a terceiro. Assim, por exemplo, o sujeito que tem seu automóvel apreendido pelas autoridades porque se descobriu que o alienante não era seu legítimo proprietário. O adquirente diz-se então evicto do bem, enquanto o terceiro, evictor ou evincente, pode tomar dele o bem adquirido, em razão da oponibilidade *erga omnes* de seu direito. Diante do fato da evicção, resta ao adquirente evicto acionar aquele que lhe alienou o bem, com base na garantia contra evicção, própria dos contratos onerosos.[28]

---

[25] Marcelo Junqueira Calixto, *A responsabilidade civil do fornecedor de produtos pelos riscos do desenvolvimento*, Rio de Janeiro: Renovar, 2004, pp. 176-178.

[26] O art. 7º da Diretiva 85/374 dispõe que: "O produtor não é responsável nos termos da presente directiva se provar: (...) e) que o estado dos conhecimentos científicos e técnicos no momento da colocação em circulação do produto não lhe permitiu detectar a existência de vício".

[27] Informa o art. 6.1.e da aludida lei espanhola: "*el fabricante e importador no serán responsables si prueban:(...) e) que el estado de los conocimientos científicos y técnicos existentes en el momento de la puesta en circulación no permitía apreciar la existencia del defecto*".

[28] Segundo Roberta Medina, "se o fato da evicção se verifica quando, após a transmissão de um direito de propriedade como efeito de um contrato, um terceiro faz valer seu direito real sobre o bem que é objeto de tal pacto, é possível perceber que o dever de indenizar imposto ao alienante por força do art. 450 do Código Civil decorre da inequívoca perturbação do sinalagma contratual,

Os requisitos para o exercício dos direitos decorrentes da garantia contra evicção vêm sendo reinterpretados, relativizados ou mesmo afastados. O primeiro requisito é a perda da titularidade do domínio. Embora tenha por pressuposto a transferência da propriedade sobre a coisa alienada, nas hipóteses em que se transmitiu apenas a posse do bem, como na locação, considera-se o desapossamento suficiente para a responsabilização do locador.[29] Por outro lado, se o contrato era translativo de propriedade, a privação desta já justifica o acionamento da garantia, mesmo que ainda não tenha havido perda de coisa (como em bens imateriais, no exemplo de direito de autor ou propriedade industrial), nem desapossamento. Tampouco impede a interpelação do alienante o fato de o adquirente conseguir conservar o direito sobre o bem a outro título, como no caso de ser herdeiro do terceiro evictor, que venha a falecer.[30]

<small>Privação do direito</small>

O segundo requisito é a preexistência da causa para a evicção, isto é, a anterioridade do direito do terceiro evictor. Tal como observado quanto aos vícios redibitórios, os fatos posteriores à transmissão são risco do adquirente, sob o sistema do *res perit dominus*. Assim, a admoestação do alienante somente se justifica se, ainda que reconhecido posteriormente, a privação do direito se deu por fato antecedente à sua transmissão. A caracterização deste requisito é especialmente delicada nos casos em que o terceiro evictor adquire o direito por usucapião, cuja constituição efetiva só vem a ocorrer após a transmissão do bem, mas a maior parte do prazo para a aquisição decorreu enquanto o alienante detinha o bem. Nesses casos, costuma-se levar em conta se, entre aquisição do bem a consumação do usucapião havia tempo hábil para o adquirente interromper a prescrição: se não lhe era possível evitar a perda do bem, considera-se haver responsabilidade do alienante, imputável pelo ocorrido.[31] Destaca-se ainda a evicção por desapropriação, quando, sob a mesma lógica, se entende que, mesmo que a ação de desapropriação seja ajuizada após a transmissão, haverá responsabilidade do alienante se o decreto de utilidade pública, indicativo da desapropriação, já fora publicado antes da alienação.[32]

<small>Preexistência da causa</small>

Costumava-se aludir em doutrina à sentença judicial como terceiro requisito, isto é, somente poderia o adquirente interpelar o alienante quando a privação do direito já tivesse sido determinada por decisão judicial definitiva.[33] Contudo, a jurisprudência vem atenuando este último pressuposto, dispensando a exigência de sen-

<small>Sentença judicial</small>

---

por restar frustrada a aquisição do direito de propriedade – fim último ao qual se destinava o contrato" (Roberta Mauro Medina Maia, Critérios para alocação dos riscos de evicção de direito nos contratos imobiliários. *Revista Brasileira de Direito Civil – RBDCivil*, Belo Horizonte, vol. 31, n. 3, jul.-set. 2022, p. 106). Sobre a distinção entre a responsabilidade do alienante pela evicção e o fato desencadeador dessa responsabilidade, v. Ennio Russo, *L' evizione*, Milano: Giuffrè, 2016, p. 2.

29   Pontes de Miranda, *Tratado de direito privado*, t. XXXVIII, São Paulo: Revista dos Tribunais, 2012, p. 312.

30   Caio Mário da Silva Pereira, *Instituições*, cit., p. 122.

31   Mario Ricca-Barberis, *Trattato della garanzia per evizione*. Torino: Giappichelli, 1958, p. 29. Entre nós, cf. Caio Mário da Silva Pereira, *Instituições*, cit., p. 123.

32   Caio Mário da Silva Pereira, *Instituições*, cit., p. 123.

33   Miguel Maria de Serpa Lopes, *Curso de direito civil*, vol. 3, Rio de Janeiro: Freitas Bastos, 1954, p. 163.

tença quando o direito do evictor for incontroverso, quando houver vias de fato de terceiro, ou diante da apreensão de bem por ato de autoridade administrativa, como o recolhimento, por ato policial, de bem que é produto de roubo.[34]

Denunciação da lide

Por outro lado, restou definitivamente afastada a exigência de denunciação da lide para invocação da garantia, o que já foi aventado como quarto requisito por certa doutrina.[35] A denunciação da lide é ato formal de comunicação do processo a um terceiro, normalmente garantidor do direito litigioso, expressamente previsto no caso de evicção, nos termos do art. 125, I, do CPC de 2015. Justifica-se, no caso, em razão de o terceiro evictor invocar fatos que, por serem anteriores à aquisição pelo adquirente, somente poderiam ser refutados pelo alienante, que deveria ingressar no processo para esse fim. Não se trata de requisito de direito material para o exercício do direito do evicto em face do alienante, mas apenas de exigência processual para que esse direito possa ser estabelecido no mesmo processo que define a evicção.[36] Na falta de denunciação da lide, a sentença que priva o adquirente do direito sobre o bem, em favor do evictor, não vincula o alienante, mas isso não impede que o evicto ajuíze nova ação, em face do alienante, para obter a sua responsabilização pela evicção, nos termos da garantia.[37] Dessa forma, a denunciação da lide é conveniência processual para o evicto, que lhe garante maior celeridade no seu ressarcimento. Tal mecanismo permite, inclusive, que, caso o alienante não atenda à denunciação e seja manifesta a procedência da evicção, o adquirente possa simplesmente deixar de contestar ou de oferecer recursos. O Código Civil previa ainda que, em caso de alienações sucessivas, o evicto pudesse acionar não apenas seu alienante imediato, mas qualquer dos anteriores, se os fatos que ensejaram a evicção fossem contemporâneos da titularidade daqueles. A disposição foi revogada pelo Código de Processo Civil de 2015, que afastou a chamada denunciação da lide "por saltos".[38]

Efeitos

O efeito da garantia contra evicção é diverso do sistema dos vícios redibitórios, pois envolve o pagamento de indenização independentemente de boa-fé do alienante, sendo a quantificação da indenização determinada por regras próprias. Em primeiro lugar, a indenização deve abranger o preço do bem, mas essa quantia não é determinada pelo valor indicado no contrato, ainda que atualizado monetariamente, mas por seu valor de mercado no momento da evicção, isto é, seu equivalente pecu-

---

[34] Entre tantos, v. o pioneiro STJ, 3ª T., REsp 12.663/SP, Rel. Min. Cláudio Santos, julg. 9.3.1992, publ. DJ 13.4.1992.

Nesse sentido, o Enunciado 651 das Jornadas de Direito Civil (CEJ/CJF): "A evicção pode decorrer tanto de decisão judicial como de outra origem, a exemplo de ato administrativo".

[35] Miguel Maria de Serpa Lopes, *Curso de direito civil*, vol. 3, Rio de Janeiro: Freitas Bastos, 1954, pp. 164-165.

[36] Sobre o tema, v. Pablo Stolze Gagliano e Rodolfo Pamplona Filho, *Novo curso de direito civil*, vol. IV, tomo I, São Paulo: Saraiva, 2006, 2ª ed., pp. 213-221.

[37] STJ, 3ª T., REsp 132.258, Rel. Min. Nilson Naves, julg. 6.12.1999.

[38] Sobre o tema, Humberto Theodoro Júnior, Novidades no campo da intervenção de terceiros no processo civil: a denunciação da lide *per saltum* (ação direta) e o chamamento ao processo da seguradora na ação de responsabilidade civil. *Revista Magister de Direito Civil e Processual Civil*, Porto Alegre, vol. 5, n. 27, nov.-dez. 2008, pp. 16-37.

niário.[39] Assim, o alienante deverá arcar com a valorização do bem posterior à alienação, mas não poderá alegar eventuais deteriorações do bem nesse período, ainda que decorrentes de negligência na conservação pelo adquirente, para reduzir o referido preço, calculada a indenização como se o bem estivesse íntegro.[40] O fundamento seria o fato de o adquirente acreditar que a coisa fosse sua. Por isso, só deixa de ser ressarcido pelas deteriorações causadas por dolo (CC, art. 451). De outra parte, se o adquirente obteve benefícios a partir da deterioração do bem, esses benefícios serão computados, descontados da indenização que ele poderia exigir do alienante. Assim, se houve a destruição de um armário no imóvel, isso não afeta o cálculo do preço a ser indenizado, que será calculado como se ainda contasse com o armário íntegro. Entretanto, se o evicto obteve lucro ao vender a madeira do armário em questão, esse lucro será subtraído do preço que ele poderá cobrar do alienante (CC, art. 452).

Além disso, o adquirente pode exigir do alienante indenização pelos frutos que *Frutos e benfeitorias* tenha sido obrigado a restituir ao evictor, despesas do contrato (escrituras, etc.), custas judiciais e honorários decorrentes do processo, bem como outros prejuízos resultantes da evicção (por exemplo, o adquirente que tinha dado o imóvel em locação e será privado dos aluguéis futuros). Da mesma forma, se o evictor, ao reaver o bem, não tiver sido obrigado a ressarcir ao evicto as benfeitorias que este fizera, poderá o adquirente evicto exigir esse ressarcimento no cálculo da indenização a lhe ser paga pelo alienante (CC, art. 453). Por outro lado, se o evictor tiver ressarcido o adquirente pelas benfeitorias, mas estas não tinham sido feitas pelo adquirente, e sim pelo alienante, esse valor será descontado da indenização que o adquirente pode exigir do alienante (CC, art. 454).

No caso de evicção parcial, isto é, a privação de parte do bem alienado, de ape- *Evicção parcial* nas uma das diversas faculdades decorrentes do negócio, ou ainda a imposição de encargo não previsto, cumpre ao intérprete avaliar se a evicção foi considerável, levando em conta não apenas o parâmetro quantitativo, mas guiando-se principalmente por análise funcional do contrato firmado.[41] Se o prejuízo não for considerável, caberá ao adquirente apenas o direito à indenização proporcional ao prejuízo. Ao reverso, se considerável a perda, poderá resolver o contrato, devolvendo ao alienante a parte restante, e demandar indenização pela totalidade do bem, como se ocorrida a evicção total (CC, art. 455).

Destaque-se, ainda, que, embora a possibilidade de ampliação, redução ou mesmo *Afastamento da garantia* exclusão das garantias se aplique tanto aos vícios redibitórios como à evicção, esta traz regime particular nesse ponto. A cláusula expressa de exclusão da garantia contra evicção, fixada em abstrato, afasta o dever de indenizar em caso de evicção, mas não o direito à devolução do valor pago, conforme determina o art. 449 do Código Civil. Em contrapartida, se o adquirente tinha ciência do risco específico de evicção, assumindo-o,

---

[39] STJ, 3ª T., REsp 3.056, Rel. Min. Nilson Naves, julg. 28.6.1990.
[40] Caio Mário da Silva Pereira, *Instituições*, cit., p. 126.
[41] Caio Mário da Silva Pereira, *Instituições*, cit., p. 129.

configura-se verdadeiro contrato aleatório, nos termos do art. 461 do Código Civil, afastando-se, por tal motivo, qualquer pretensão do adquirente em face do alienante.

PROBLEMAS PRÁTICOS

1. Responde o vendedor por evicção pela venda de veículo cuja regularização no Detran não pode ser efetuada pelo comprador em razão da penhora do bem por dívida do vendedor, ainda que essa penhora tenha sido implementada somente após a alienação?

2. Caio celebrou com seu primo Tício um contrato de permuta, cujos termos determinavam que o primeiro transferiria ao segundo a propriedade de um imóvel empresarial – uma sala em um prédio de escritórios no centro – enquanto o segundo, por sua vez, transferiria a propriedade de seu imóvel residencial – um apartamento em Laranjeiras – ao primeiro. O contrato foi executado e o registro dos imóveis devidamente alterado. No entanto, dois meses depois da mudança, Tício descobre que a sala, por sua concepção arquitetônica, não permite a instalação de nenhum outro tipo de fiação (telefone, TV a cabo, fibra ótica de internet...) além da elétrica. Se Caio provar, com testemunhas, que embora o fato fosse imperceptível a um adquirente comum, Tício, engenheiro diplomado, teve a oportunidade de avaliar as plantas do imóvel, isso interferirá no direito deste de resolver o contrato?

3. Alfa Indústria e Comércio Ltda. e Beta firmaram contrato em 10/11/2015, pelo qual a primeira importou da segunda flanges em aço carbono para aplicação em baixas temperaturas, no valor total de R$ 7.395.857,52, a ser pago em diversas prestações, contendo o contrato a expressa especificação de que o material a ser fornecido pela ré deveria atender às três normas metalúrgicas ASTM A105, ASTM A105-N e ASTM A-350-LF2. Em 10/01/2016, a Alfa teve vultosos gastos para o desembaraço aduaneiro do material desembarcado no porto de Santos, submetendo-o a uma vistoria superficial no dia 12/01/2011, na qual constatou a presença de sinais de oxidação, o que levantou suspeita de inaptidão do material. Em 05/02/2016, realizou perícia no material, confirmando a inadequação aos parâmetros de qualidade contratados, quando, então comunicou à exportadora o defeito e suspendeu os pagamentos. Pode, em 09/02/2016, a Alfa exigir indenização pelos gastos com a alfândega e lucros cessantes?

4. Caio comprou uma fazenda de criação de gado com 70 alqueires de extensão. Tempos depois, 15 dos 70 alqueires foram perdidos para a fazenda vizinha, em ação judicial julgada procedente, em que ficou provado que o vendedor houvera avançado com as cercas sobre a propriedade contígua, alienando, portanto, a Caio porção de terra maior do que aquela que lhe pertencia. Diante disso, considerando que Caio, no curso da ação, promoveu a denunciação do vendedor à lide, em conformidade com as regras processuais, que medidas poderia tomar contra o vendedor?

5. Semprônio pretendia adquirir de Caio imóvel que lhe parecia ideal para o empreendimento que planejava. As partes acertaram o preço e as condições de venda, porém, Caio mostrava-se receoso quanto à alienação em virtude de decreto do Poder Executivo Municipal que declarava o bem de utilidade pública, primeiro passo para a sua desapropriação. Semprônio, porém, descrente de que o imóvel viesse a ser desapropriado, concordou em apor no instrumento contratual cláusula que excluiu a garantia pela evicção, liberando Caio. Ocorre que, meses depois da alienação, Semprônio recebeu citação inicial em processo movido por Tício, que se apresentava como verdadeiro proprietário do bem, em virtude de título anterior à aquisição do imóvel por Caio. Caso o pedido formulado por Tício venha a ser julgado procedente, Semprônio poderá exigir indenização de Caio?

Acesse o *QR Code* e veja a Casoteca.
> http://uqr.to/1pd27

Capítulo X
ONEROSIDADE EXCESSIVA

SUMÁRIO: 1. Equilíbrio contratual e fatos supervenientes – 2. Pressupostos e requisitos da onerosidade excessiva – 3. Efeitos da onerosidade excessiva – 4. A onerosidade excessiva nas relações de consumo – Problemas práticos.

1. EQUILÍBRIO CONTRATUAL E FATOS SUPERVENIENTES

O princípio do equilíbrio no âmbito dos contratos, como destacado no capítulo III, é corolário da opção constitucional pelo objetivo de construir uma sociedade livre, justa e solidária (art. 3º, I), que irradia imperativos de justiça e proporcionalidade no âmbito do direito contratual, de forma a temperar a força obrigatória do contrato e a intangibilidade do seu conteúdo. A igualdade substancial não suprime a liberdade contratual, nem coíbe as posições de vantagem legitimamente conquistadas na negociação dos contratos, contendo-se, no entanto, desproporções excessivas e injustificadas.

As relações contratuais não são indiferentes às situações de desigualdade fática, resguardando-se o legítimo exercício da autonomia negocial, desde que idôneo a atender a interesses merecedores de tutela. Em tal contexto insere-se a justiça contratual e a exigência de equilíbrio entre prestações, para a preservação de interesses e posições jurídicas proporcionalmente negociadas entre as partes.

O princípio de equilíbrio contratual no direito contratual, que garante a correspectividade entre as prestações, manifesta-se principalmente, embora não exclusivamente, por meio de institutos como a lesão e a onerosidade excessiva. Enquanto a lesão coíbe contratos celebrados de forma desproporcional, com vício de origem, a onerosidade excessiva atinge os contratos que, embora celebrados de forma proporcional, tornaram-se desequilibrados por fato superveniente ao longo de sua execução.

Entretanto, ao chamado "mundo da segurança", do final do Século XIX, correspondia um Estado mantenedor das regras do jogo dos negócios privados, cujo conteúdo cabia às partes contratantes, exclusivamente, preencher, razão pela qual se baniu das codificações e das construções doutrinárias de então, qualquer referência à chamada *cláusula rebus sic stantibus*, a qual, concebida pelos pós-glosadores, do período medieval, no bojo da rica produção dos Tribunais Eclesiásticos, visava a temperar o rigor dos cumprimentos dos pactos, nem sempre compatíveis com a equidade reclamada pelos princípios morais do Direito Canônico.[1] Pretendia-se com tal cláusula, como se sabe, a inserção nas convenções de princípio implícito segundo o qual a obrigatoriedade do cumprimento das obrigações, consagrada pelo princípio romano *pacta sunt servanda*, condicionava-se à manutenção das circunstâncias imperantes quando da contratação, escapulindo, assim, da esfera de exigibilidade do credor, certas situações de inadimplência, justificadas pela alteração, sem culpa do devedor, das condições táticas asseguradoras do cumprimento da obrigação pactuada. Daí a cláusula em apreço, literalmente traduzida por "estando assim as coisas", a condicionar a execução das obrigações à manutenção do *status quo* da época da contratação. O liberalismo, traduzido juridicamente pelo *Code Napoléon*, rompendo com os privilégios do período que o precedeu, refuga todos os entraves aos postulados de liberdade formal que encerra o contrato, fruto da autonomia dos privados, por refletir a livre vontade dos contratantes, desde que formalmente válida fazia lei entre as partes, e, como tal, era dotado de exigibilidade insuscetível de atenuantes. É este, com efeito, o ambiente axiológico que marcou a política legislativa do Século XIX, permeando as principais codificações europeias, e, à esteira delas, o Código Civil de 1916.

O alvorecer do Século XX, contudo, altera profundamente os institutos jurídicos concebidos para o liberalismo. Dos escombros da Segunda Guerra, ponto culminante de longa sucessão de crises econômicas e sociais, renasceria um Direito interessado nos efeitos sociais dos contratos, antes que, somente, na sua estrutura formal. É a falência do individualismo jurídico, substituído, através de portentosa legislação extraordinária ou especial, por uma generalizada socialização do Direito.[2] Emblemática, em propósito, as leis do inquilinato francesa, italiana e inglesa, congelando alugueres e prorrogando coercitivamente contratos de locação, depauperando a autonomia das partes, por meio de recurso legislativo que desde o pós-guerra vem sendo sistematicamente utilizado por aqueles legisladores (e que, de recente, sob o estigma da extemporaneidade, mostra-se ainda capaz de entusiasmar o legislador pátrio).

O Direito brasileiro, em particular a partir da década de 1930, sofre indiscutível transformação. A par da discussão, ensejada pelo referido processo, sobre o ocaso das codificações, substituídas que seriam pela progressiva legislação especial de intervenção nos negócios privados, surge a certeza de que ao Estado já não mais escapa

---

[1]   Para ampla resenha histórica sobre o tema, v. Arnoldo Medeiros da Fonseca, *Caso fortuito e teoria da imprevisão*, Rio de Janeiro: Forense, 1958, 3ª ed., *passim*.

[2]   Michele Giorgianni, O direito privado e suas atuais fronteiras, *Revista dos Tribunais*, vol. 747, Rio de Janeiro: jan. 1988, pp. 35-55.

a proteção da finalidade social de cada contrato. Para resguardar os fins contratuais perseguidos, assinalando o ocaso do voluntarismo, vale-se o Direito de numerosos mecanismos, dentre eles, a reedição, sob fundamentações as mais diversas, da cláusula *rebus sic stantibus*, rebatizada com a pouco elegante expressão "Teoria da Imprevisão ou Superveniência".

Diversas teorias sucederam-se no sentido de flexibilizar os requisitos da teoria da imprevisão original, reputados excessivamente rigorosos e calcados no voluntarismo, de forma incondizente com o novo contexto social.[3] A primeira elaboração sistemática do ressurgimento da clausula *rebus sic stantibus* deve-se, provavelmente, a B. Windscheid,[4] o qual propõe a Teoria da Pressuposição, fundada na ideia de condição não desenvolvida no contrato, como autolimitação da vontade. Cumpre referir à teoria da quebra da base subjetiva, de Paul Oertmann,[5] segundo a qual o contrato também se fundaria em representações mentais, comuns ou conhecidas, sobre a existência e permanência de certas circunstâncias que, embora não tenham chegado a fazer parte do negócio, fizeram parte de sua base.

Indo além, a teoria da quebra da base objetiva do negócio, difundida por Larenz, sustenta que condições como a ordem econômico-social, o poder aquisitivo da moeda, as condições normais de tráfico são levadas em consideração na persecução do escopo do contrato, na distribuição de riscos e na ponderação de seus interesses, gerando a vinculação do contrato à conjuntura social, bem como o reconhecimento da sua mutabilidade.[6] Esses desenvolvimentos teóricos contribuíram para permitir condições de interferência sobre o equilíbrio contratual mais flexíveis, por vezes mesmo abrindo mão do requisito da imprevisibilidade do desequilíbrio. *(Base objetiva do negócio)*

No âmbito dos contratos internacionais, o problema vem sendo desenvolvido sob as vestes da chamada cláusula de *hardship*, a qual, seja expressamente prevista no contrato, seja em decorrência dos princípios aplicáveis, por força de *soft law* ou da *lex mercatória*, determina a revisão ou resolução do contrato em caso de eventos imprevisíveis e extraordinários que afetem significativamente a economia contratual, tornando o cumprimento excessivamente oneroso para uma das partes. As cláusulas, que podem ser bastante específicas na descrição dos eventos ou mais genéricas, indicando situações de "infortúnio" em geral, costumam conduzir à renegociação pelas partes, ou à revisão ou resolução por um árbitro.[7] Cumpre ressaltar, todavia, que a vinculatividade dessas cláusulas restringe-se à alocação de riscos previstos entre os *(Cláusula de hardship)*

---

[3] Para um exame das diversas teorias sobre a matéria, v. Pontes de Miranda, *Tratado de direito privado*, t. XXV, São Paulo: Revista dos Tribunais, 2012, p. 293 e ss.

[4] *Diritto delle Pandette*, trad. it. de C. Fadda e P. E. Bensa, vol. I, UTET, Torino, 1930, rest. (15ª ed. 1902), §§ 97 e 100.

[5] *Das Recht Der Schuldverhältnisse*, Berlin: Heymann, 1910.

[6] Karl Larenz, Base del negocio jurídico y cumplimiento de los contratos. Madrid: Editorial *Revista de Derecho Privado*, 1956, *passim*.

[7] Sobre o tema, v. Judith Martins-Costa. A cláusula de *hardship* e a obrigação de renegociar nos contratos de longa duração. *Revista de Arbitragem e Mediação*, vol. 25, São Paulo: abr.-jun. 2010, pp. 11-39.

contratos, não atingindo as normas gerais de proteção ao equilíbrio contratual impostas pelos ordenamentos nacionais, no que tange aos fatos por elas não abarcados.

No ordenamento brasileiro, a hipótese somente veio a ser expressamente regulada no Código Civil em 2002, em que pese à existência de regras específicas sobre o assunto nos contratos de locação e de empreitada, como tratado na segunda parte deste volume, e nas relações de consumo, objeto do item 4 deste capítulo.[8] O Código Civil, nos arts. 478 a 480, inspirado no Código Civil italiano, de 1942, adotou a teoria da excessiva onerosidade, pela qual a intervenção judicial demanda acontecimentos "imprevisíveis e extraordinários" cumulada com prova de extrema vantagem da outra parte, e a manutenção do contrato pressupõe oferta do réu de reduzir equitativamente a sua vantagem.[9] Entretanto, a profícua atividade interpretativa já realizada pela jurisprudência permitiu acomodar os dispositivos em questão com o teor do art. 317, que, embora originalmente concebido para tratar somente da atualização monetária, ganhou terminologia abrangente, que vem sendo usada para temperar requisitos e efeitos da onerosidade excessiva entre nós, como se passa a observar.

2. PRESSUPOSTOS E REQUISITOS DA ONEROSIDADE EXCESSIVA

Por incidir sobre o desequilíbrio superveniente à celebração do pacto, a onerosidade excessiva pressupõe a existência de intervalo de tempo entre a formação do negócio e a sua execução, razão pela qual é próprio de contratos de duração, como aqueles de execução continuada ou diferida. Aplicam-se especialmente aos contratos bilaterais comutativos, já que a exigência de preservação da comutatividade, como índice de aferição da racionalidade econômica engendrada pelas partes, mostra-se o núcleo justificador do princípio do equilíbrio das prestações.

Ao propósito, convém observar que em todo contrato sinalagmático encontram-se presentes, em alguma medida, a álea (risco normal) e a comutatividade (proporcionalidade entre os interesses). No contrato aleatório, predomina a álea em detrimento da comutatividade, enquanto no contrato comutativo ocorre o inverso, compreendendo-se, por isso mesmo, a distinção classificatória. Tal percepção permite admitir a caracterização da onerosidade excessiva também nos contratos aleatórios, nos quais, embora haja comutatividade menos intensa, é de se preservar o risco nos limites do razoavelmente pactuado. Nos contratos aleatórios, portanto, a onerosidade excessiva poderá configurar-se quando o desequilíbrio imprevisível decorrer de evento não alcançado pelo risco assumido pelas partes, isto é, pela álea contratualmente estabelecida.[10]

Contratos aleatórios

---

[8]   Sobre o tema, no ordenamento brasileiro anterior à codificação, v. Arnoldo Medeiros da Fonseca, *Caso fortuito e teoria da imprevisão*, 3. ed., Rio de Janeiro: Forense, 1958, *passim*.

[9]   Nesse sentido, Judith Martins-Costa, *Comentários ao novo Código Civil*, vol. V, t. I, Rio de Janeiro: Forense, 2003, p. 245, que destaca que houve um temperamento entre nós em razão da convivência, no Código Civil, do art. 478 com o art. 317.

[10] Paula Greco Bandeira, *Contratos aleatórios no direito brasileiro*, Rio de Janeiro: Renovar, 2010, p. 155. Enunciado 440 da V Jornada de Direito Civil – CEJ/CJF: "É possível a revisão ou resolução por

No caso de contratos unilaterais, o Código Civil, no art. 480, permite ao devedor a invocação da excessiva onerosidade, a qual será determinada, ante a impossibilidade da comparação com a contraprestação, pela variação do valor da prestação entre o momento da celebração do contrato e o momento da sua execução, nos mesmos moldes do art. 317. Nesse caso, todavia, em lugar do efeito resolutivo, a onerosidade excessiva somente poderá implicar a modificação dos termos do negócio, para a redução do ônus imposto ao devedor.

Contratos unilaterais

Identificada a hipótese fática de incidência, a aplicação da excessiva onerosidade requer, em primeiro lugar, a superveniência de efetivo desequilíbrio econômico. A onerosidade produzida deve ser excessiva, o que significa ir além da álea própria do contrato, isto é, dos riscos concretamente assumidos pelas partes no exercício legítimo da autonomia negocial.[11] Ela deve ser avaliada na comparação entre dois momentos distintos (na formação e na execução no negócio), como também pela comparação entre prestação e contraprestação, nos termos do art. 478. Assim, abrange tanto a chamada onerosidade direta, decorrente do aumento do custo para que o devedor possa adimplir sua prestação, como também a onerosidade dita indireta, decorrente de uma desvalorização significativa da contraprestação recebida em troca dela.[12] De qualquer forma, a caracterização da onerosidade excessiva é objetiva e geral, levando em conta aspectos quantitativos e qualitativos do equilíbrio contratual, razão pela qual, tradicionalmente, não são levados em conta, nas relações paritárias, elementos subjetivos, relativos à esfera individual de cada parte, que não integram a economia do contrato, como a perda de emprego ou um acidente sofrido pelo contratante.[13]

Excessividade e álea normal

Na mesma linha, são descartados desequilíbrios imputáveis ao próprio devedor, já que lhe cumpre arcar com os efeitos de sua culpa, bem como aqueles ocorridos quando ele já se encontrava em mora, pois a mora tem por efeito impor ao devedor todos os riscos que lhe forem supervenientes, inclusive os decorrentes de caso fortuito (conforme abordado no volume II). Cumpre, todavia, admitir as hipóteses em que o desequilíbrio, embora alegado posteriormente, antecedeu a mora, configurando a causa do atraso, razão pela qual poderia ser invocada a onerosidade excessiva.[14]

Ausência de imputabilidade e mora

O desequilíbrio, nos termos expostos, mostra-se suficiente como requisito objetivo para a onerosidade excessiva, em que pese a previsão, na redação do art. 478 do Código Civil, de extrema vantagem para a outra parte. Nos contratos sinalagmáticos, a excessiva onerosidade surgida para uma das partes costuma gerar, de fato, extrema vantagem para a outra parte, mas isso pode não ocorrer, bastando pensar na

Extrema vantagem

---

excessiva onerosidade em contratos aleatórios, desde que o evento superveniente, extraordinário e imprevisível não se relacione com a álea assumida no contrato".

[11] Pietro Perlingieri, *Manuale di diritto civile*, Napoli: Edizioni Scientifiche Italiane, 1997, p. 466. Enunciado 366 da IV Jornada de Direito Civil – CEJ/CJF: "O fato extraordinário e imprevisível causador de onerosidade excessiva é aquele que não está coberto objetivamente pelos riscos próprios da contratação".

[12] Vincenzo Roppo, *Il contratto*, Milano: Giuffrè, 2001, p. 1021.

[13] Orlando Gomes, *Contratos*, Rio de Janeiro: Forense, 2009 (1959), 26ª ed., pp. 214-215.

[14] Paulo Luiz Netto Lôbo, *Direito civil: contratos*, São Paulo: Saraiva, 2006, 2ª ed., p. 197.

imposição sobrevinda de imposto ou taxa para a satisfação da prestação, custo extra que não reverterá em favor do outro contratante. Nessa direção, há que se mitigar a caracterização da extrema vantagem como requisito para a aplicação do instituto, na linha seguida pelo art. 317.[15]

Imprevisibilidade

A imprevisibilidade é o requisito subjetivo para a caracterização da onerosidade excessiva, ao menos nas relações paritárias, regidas pelo Código Civil. Exercida a autonomia negocial de forma merecedora de tutela, somente acontecimentos fora do campo de previsibilidade das partes, que superam a oscilação normal da álea contratual, justificam a relativização da intangibilidade dos pactos (*pacta sunt servanda*), já que os demais eventos constituem riscos implicitamente assumidos e, portanto, integrantes do equilíbrio contratualmente estabelecido em concreto.[16] Na avaliação da imprevisibilidade, a referência generalista e tradicional ao "homem médio" ou "bom pai de família" deve ser temperada por padrões de conduta individualizantes, que levem em conta, por exemplo, a natureza do contrato, as características dos contratantes, seus conhecimentos e aptidões, bem como as condições do mercado, em termos de uma análise também de probabilidade.[17]

Efeitos da pandemia de Covid-19

A pandemia da covid-19 (SARS-CoV-2) atingiu de forma significativa numerosos contratos, muitas das vezes caracterizando efetivamente situações de onerosidade excessiva.[18] Entretanto, comparando negócios variados, tais como locações

---

[15] Em crítica ao então projeto legislativo, v. Luis Renato Ferreira da Silva, *Revisão dos contratos*, Rio de Janeiro: Forense, 1999, p. 113. Enunciado 365 da IV Jornada de Direito Civil – CEJ/CJF: "A extrema vantagem do art. 478 deve ser interpretada como elemento acidental da alteração das circunstâncias, que comporta a incidência da resolução ou revisão do negócio por onerosidade excessiva, independentemente de sua demonstração plena".

[16] Enunciado n. 175 da III Jornada de Direito Civil – CEJ/CJF: "A menção à imprevisibilidade e à extraordinariedade, insertas no art. 478 do Código Civil, deve ser interpretada não somente em relação ao fato que gere o desequilíbrio, mas também em relação às consequências que ele produz".

[17] Vincenzo Roppo, *Il contratto*, Milano: Giuffrè, 2001, p. 1025; Ruy Rosado de Aguiar Jr., *Extinção dos contratos por incumprimento do devedor*, Rio de Janeiro: Aide, 2004, p. 155. Enunciado 25 da I Jornada de Direito Comercial – CEJ/CJF e Enunciado 439 da V Jornada de Direito Civil – CEJ/CJF: "A revisão do contrato por onerosidade excessiva fundada no Código Civil deve levar em conta a natureza do objeto do contrato. Nas relações empresariais, deve-se presumir a sofisticação dos contratantes e observar a alocação de riscos por eles acordada".

[18] Distinguindo-se, tecnicamente, as hipóteses de força maior da excessiva onerosidade, a 4ª Turma do STJ manteve acórdão que reduzia em 50%, no período da pandemia da covid-19, o valor do contrato de locação de espaço utilizado para *coworking* – ambiente de trabalho coletivo e colaborativo. Segundo a Corte, embora a pandemia tenha trazido efeitos negativos para ambas as partes da locação não residencial, houve, no caso, desequilíbrio econômico-financeiro exagerado contra a locatária, a justificar a redução temporária do aluguel. Com efeito, por força de medidas de restrição de circulação de pessoas, o atendimento no espaço foi drasticamente reduzido. Para o relator, Min. Luis Felipe Salomão, não houve, na espécie, força maior com impossibilidade objetiva da prestação, mas hipótese excepcional que permite a intervenção judicial para a revisão do pacto, constatando-se fato superveniente – imprevisível e extraordinário – capaz de alterar, de forma significativa, o equilíbrio econômico-financeiro do acordo e suscitar situação de onerosidade excessiva para uma das partes com extrema vantagem para a outra (STJ, 4ª T., REsp 1.984.277/DF, Rel. Min. Luis Felipe Salomão, julg. 16.8.2022, publ. DJ 9.9.2022.). Em linha similar, decidiu-se que "a pandemia ocasionada pela Covid-19 pode ser qualificada como evento imprevisível e extraordinário apto a autorizar a revisão dos aluguéis em contratos estabelecidos pelo *shopping center* e seus lojistas, desde

comerciais em *shopping centers* que foram fechados, serviços educacionais que passaram a ser prestados de forma remota e contratos de fornecimento de equipamentos de proteção que se valorizaram subitamente em razão da alta demanda, constata-se a grande diversidade de efeitos que a pandemia produziu nos distintos contratos. Diante disso, mostram-se inadequadas as generalizações que associam a avaliação de imprevisibilidade à pandemia em si mesma, em abstrato: cumpre ao intérprete averiguar a caracterização da onerosidade excessiva imprevisível e de seus demais requisitos em cada contrato concreto, analisando o impacto da pandemia na economia interna daquele negócio específico.[19] Em tal perspectiva, não parece contribuição positiva o disposto no art. 7º do Regime Jurídico Emergencial e Transitório – Lei 14.010/2020 (RJET), que assevera, de forma geral, que não se consideram fatos imprevisíveis o aumento da inflação, a variação cambial, a desvalorização ou a substituição do padrão monetário. O dispositivo foi originalmente vetado, sob o argumento de que o ordenamento já dispõe de mecanismos adequados para a modulação das obrigações contratuais em situações excepcionais. Entretanto, o veto presidencial foi derrubado pelo Congresso Nacional.

3. EFEITOS DA ONEROSIDADE EXCESSIVA

Tradicionalmente, o efeito cominado para a caracterização da onerosidade excessiva, preenchidos os requisitos citados, é a resolução do contrato. Embora pareça solução drástica, foi por muito tempo reputada a única solução possível com o necessário respeito à vontade das partes, pois, impossibilitada a manutenção do víncu-

---

que verificados os demais requisitos legais estabelecidos pelo art. 317 ou 478 do Código Civil" (STJ, 3ª T., REsp 2.032.878, Rel. Min. Nancy Andrighi, julg. 18/4/2023, publ. 20/4/2023).

[19] Sobre o tema, remeta-se a Gustavo Tepedino, Milena Donato Oliva e Antônio Pedro Dias, Contratos, força maior, excessiva onerosidade e desequilíbrio patrimonial. *Conjur*, 20 abr. 2020. Nesse sentido, decidiu o STF que "São inconstitucionais as interpretações judiciais que, unicamente fundamentadas na eclosão da pandemia de Covid-19 e no respectivo efeito de transposição de aulas presenciais para ambientes virtuais, determinam às instituições privadas de ensino superior a concessão de descontos lineares nas contraprestações dos contratos educacionais, sem considerar as peculiaridades dos efeitos da crise pandêmica em ambas as partes contratuais envolvidas na lide" (STF, Pleno, ADPF 706 e 713, Rel. Min. Rosa Weber, julg. 17-18.11.2021.). Na mesma linha, no âmbito do STJ, firmou-se o entendimento de que "A situação decorrente da pandemia pela Covid-19 não constitui fato superveniente apto a viabilizar a revisão judicial de contrato de prestação de serviços educacionais com a redução proporcional do valor das mensalidades" (STJ, 4ª T., REsp 1.998.206, Rel. Min. Luis Felipe Salomão, julg. 14.6.2022, publ. DJ 4.8.2022). Em outra sede, destacou-se: "a revisão de contratos paritários com fulcro nos eventos decorrentes da pandemia não pode ser concebida de maneira abstrata, mas depende, sempre, da análise da relação contratual estabelecida entre as partes, sendo imprescindível que a pandemia tenha interferido de forma substancial e prejudicial na relação negocial" (STJ, 3ª T., REsp 2.070.354, Rel. Min. Nancy Andrighi, julg. 20.6.2023, publ. 26.6.2023). No mesmo sentido: "A situação de pandemia não constitui, por si só, justificativa para a revisão de contratos, não podendo ser concebida como uma condição suficiente e abstrata para a modificação dos termos pactuados originariamente, por depender, sempre, da análise da relação contratual estabelecida entre as partes, sendo imprescindível que a pandemia tenha interferido de forma substancial e prejudicial na relação negocial e desde que presentes os demais requisitos dos arts. 317 ou 478 do CC/2002, não verificados, na espécie, pelo Tribunal local" (STJ, 3ª T., AgInt nos EDcl no AREsp 2.485.765/SP, Rel. Min. Marco Aurélio Bellizze, julg. 13.5.2024).

lo nos termos originais, não seria admissível sua modificação, tendo em vista a in-

Resolução e retroatividade tangibilidade do conteúdo do negócio. A resolução produz-se, nesse caso, por decisão judicial, não sendo permitido ao contratante cessar a execução antes de autorizado para tanto, nem poderá a decisão alcançar as prestações já cumpridas, limitando-se o seu alcance retroativo ao momento da citação.[20]

Resta claro, todavia, o inconveniente do desfazimento do vínculo, especialmente se já iniciada a execução, levando em conta não apenas o interesse das partes, mas também a função social do contrato.[21] Nesse sentido, procurou-se construir em

Oferta de redução equitativa doutrina outras possibilidades de solução para a onerosidade excessiva. O Código Civil limitou-se a permitir a manutenção do contrato em caso de oferta do réu no sentido de reduzir equitativamente a vantagem que obteve em virtude do desequilíbrio, recebendo prestação menor do que pactuado, retribuindo com contraprestação maior ou modificando-se a forma de execução do negócio. A *reductio ad aequitatem* configuraria a resposta processual idônea a evitar o fim do contrato se a modificação ofertada fosse suficiente para afastar um dos requisitos para a caracterização da onerosidade excessiva, ainda que não permita o retorno ao equilíbrio original.[22] A solução do legislador é objeto de críticas, pois permite ao devedor o pedido resolutório, enquanto imobiliza o réu à oferta de redução.[23]

Dever de renegociação Outro mecanismo construído doutrinariamente para evitar a resolução foi a afirmação da existência de um dever de renegociação do contrato diante do desequilíbrio superveniente.[24] Como corolário do princípio da boa-fé, deveriam as partes adotar conduta colaborativa no sentido de buscar a autocomposição do conflito resultante do acontecimento imprevisto, redistribuindo negocialmente os ônus dele decorrentes. A solução tem o mérito de conduzir a meio adequado de solução da controvérsia, de modo a assegurar a continuidade da relação, com a efetivação do resultado econômico pelo meio mais eficaz para garantir, ao mesmo tempo, a necessária flexibilidade.[25] No entanto, encontra-se adstrito às hipóteses em que se façam presentes os requisitos da onerosidade excessiva, de modo a evitar sua invocação abusiva pelo devedor em dificuldade, e, na falta de acordo entre as partes, a questão será inevitavelmente conduzida ao Judiciário.

Revisão judicial Em consonância com o princípio da conservação dos contratos, sempre que possível a sua manutenção, tendo em vista a sua função e os interesses tutelados, a solução com base na onerosidade excessiva há de ser a revisão judicial do negócio,

---

[20] Caio Mário da Silva Pereira, *Instituições de direito civil*, vol. III, atualizado por Caitlin Mulholland, Rio de Janeiro: Forense, 2014 (1963), 18ª ed., p. 149.

[21] Flávio Tartuce, *Direito civil*, vol. 3, São Paulo: Método, 2014, 9ª ed., p. 169.

[22] Sobre o procedimento, v. Paulo Magalhães Nasser, *Onerosidade excessiva no contrato civil*, São Paulo: Saraiva, 2011, pp. 167-173.

[23] Nelly Potter, *Revisão e resolução dos contratos no Código Civil*, Rio de Janeiro: Lumen Juris, 2009, p. 174.

[24] Sobre o tema, v. Anderson Schreiber, *Equilíbrio contratual e dever de renegociar*, São Paulo: Saraiva, 2018.

[25] Pietro Perlingieri, *Manuale di diritto civile*, Napoli: Edizioni Scientifiche Italiane, 1997, p. 468.

mantendo-se o vínculo em novos termos.[26] Em que pese a maior compressão à autonomia negocial – já que imporá às partes manterem-se em negócio sob condições diversas daquelas originariamente pactuadas – a revisão mostra-se condizente com o princípio da conservação dos negócios e com a leitura funcional dos contratos, na qual a autonomia somente é protegida se (e na medida em que) merecedora de tutela, à luz da principiologia constitucional.[27] Diferente da redução equitativa, a revisão não demanda consenso entre as partes, bastando pedido de um dos contratantes nesse sentido.[28] A possibilidade encontra guarida no disposto no art. 317 do Código Civil,[29] que, embora originalmente concebido no Projeto de Código Civil somente para atualização monetária de obrigações pecuniárias, foi aprovado pelo Congresso com redação ampla, permitindo-o atuar como verdadeira cláusula geral de revisão judicial de contratos desequilibrados por fatos supervenientes imprevisíveis.[30]

4. A ONEROSIDADE EXCESSIVA NAS RELAÇÕES DE CONSUMO

Objetividade da onerosidade

A vulnerabilidade presumida do consumidor – tomada pelo legislador como pessoa em condição de particular vulnerabilidade – conduz à atenuação do rigor nos requisitos para a caracterização da onerosidade excessiva, alargando o espaço de intervenção judicial. Assim, o Código de Defesa do Consumidor garante objetivamente ao consumidor o direito à modificação de cláusulas que imponham prestações desproporcionais ou à sua revisão em razão de fatos supervenientes que as tornem excessivamente onerosas (CDC, art. 6º, V). Dessa forma, no teor do dispositivo, não há

---

[26] Enunciado 367 da IV Jornada de Direito Civil – CEJ/CJF: "Em observância ao princípio da conservação do contrato, nas ações que tenham por objeto a resolução do pacto por excessiva onerosidade, pode o juiz modificá-lo equitativamente, desde que ouvida a parte autora, respeitada sua vontade e observado o contraditório"; e Enunciado n. 176 da III Jornada de Direito Civil – CEJ/CJF: "Em atenção ao princípio da conservação dos negócios jurídicos, o art. 478 do Código Civil de 2002 deverá conduzir, sempre que possível, à revisão judicial dos contratos e não à resolução contratual".

[27] Na opção pela revisão contratual por excessiva onerosidade, defende-se, em doutrina, que o nexo de causalidade poderá ser importante aliado do intérprete, uma vez que poderá auxiliar na determinação da extensão em que se deu a desproporção. Ou seja, "o nexo de causalidade serve não apenas para determinar se o contrato deve ou não ser revisto, mas também para estabelecer em que medida deve se dar essa revisão – ou, no extremo, até mesmo a necessidade de sua resolução. O nexo pode auxiliar o julgador a escolher o remédio adequado ao caso concreto – resolução ou revisão – e, se o remédio eleito for o da revisão, a moldá-lo para o programa contratual, servindo como parâmetro para a revisão" (Gisela Sampaio da Cruz Guedes e Laura Osório Bradley dos Santos Dias, A importância do nexo causal na Teoria da Onerosidade Excessiva, p. 325. In: Carlos Edison do Rêgo Monteiro Filho e Gisela Sampaio da Cruz Guedes (orgs.), *Regime jurídico da pandemia e relações privadas*, Rio de Janeiro: Editora Processo, 2022, pp. 301-326).

[28] Nelly Potter, *Revisão e resolução dos contratos no Código Civil*, Rio de Janeiro: Lumen Juris, 2009, p. 178.

[29] Código Civil, art. 317: "Quando, por motivos imprevisíveis, sobrevier desproporção manifesta entre o valor da prestação devida e o do momento de sua execução, poderá o juiz corrigi-lo, a pedido da parte, de modo que assegure, quanto possível, o valor real da prestação".

[30] Em sentido contrário, Francisco Paulo De Crescenzo Marino, *Revisão contratual: onerosidade excessiva e modificação contratual equitativa*, São Paulo: Almedina, 2020, *passim*.

imposição do requisito da imprevisibilidade, razão pela qual se vem afirmando que a revisão e a resolução, nas relações de consumo, poderiam ocorrer de forma objetiva.[31]

Cumpre, todavia, avaliar a distribuição de riscos entre as partes, pois pode ser legítima a assunção de risco de evento desfavorável pelo consumidor e, nesse caso, a intervenção judicial que, a pretexto de reequilibrar o contrato desconsidera o equilíbrio originalmente firmado entre as partes, pode acabar por inviabilizar o acesso do consumidor a determinados produtos e serviços. Na jurisprudência, no caso da desindexação cambial ocorrida em 1999, nas prestações de contrato de *leasing* vinculadas a moeda estrangeira, construção paradigmática considerou que os custos decorrentes da súbita desvalorização da moeda nacional frente ao dólar deveriam ser repartidos pela metade entre devedor e credor.[32] Nesse caso, embora o risco de desvalorização cambial tivesse sido assumido pelo consumidor, entendeu a Corte ser justificável a intervenção e, por um critério de equidade, decidiu por dividir o prejuízo decorrente da mudança cambial entre as partes, o que, a longo prazo, acabou por causar o fim da oferta desse tipo de contrato, o que poderia ter sido evitado caso o foco da revisão tivesse se dado sobre a adequação da informação prestada.

Distingue-se, igualmente, a caracterização da onerosidade excessiva nas relações de consumo pelo efeito cominado, pois o legislador determinou, como solução expressamente prioritária, a revisão dos termos do negócio, não a sua resolução, levando em conta a importância do princípio da conservação dos contratos nas relações de consumo.[33] Observe-se, ainda, no âmbito do direito consumerista – em que a revisão é deflagrada sem qualquer elemento de imprevisibilidade – a maior receptividade para a consideração de fatos subjetivos referentes à esfera pessoal do consumidor, como justificadores para a caracterização da onerosidade. Especialmente nos casos de superendividamento, circunstâncias como a perda de emprego do devedor e problemas de saúde na família são levados em consideração para a atenuação dos rigores do *pacta sunt servanda*.[34]

---

[31] Paulo Luiz Netto Lôbo, *Direito civil: contratos*, São Paulo: Saraiva, 2006, 2ª ed., p. 196. Tendo em vista que Karl Larenz ressalva que "*la desaparición de la base del negocio objetiva no puede tenerse en cuenta cuando el acontecimiento que la produzca fuese previsible, ya que en tal caso las partes hubiesen podido tomar medidas y, a falta de las mismas, debe considerarse asumido el riesgo por la parte afectada*" (*Base del negocio jurídico y cumplimiento de los contratos*. Madrid: Editorial *Revista de Derecho Privado*, 1956, p. 169), Fabiana Barletta defende que a previsão do CDC é de tal modo objetiva que sequer seria manifestação da teoria da base objetiva de Larenz, já que, para a autora, em virtude dessa ressalva, "adotar a teoria da quebra da base objetiva do negócio jurídico de Larenz é o mesmo que adotar mais uma das variações da teoria da imprevisão" (*A revisão contratual no Código Civil e no Código de Defesa do Consumidor*, São Paulo: Saraiva, 2002, p. 168, nota de rodapé 531).

[32] STJ, 2ª S., REsp 473.140/SP, Rel. Min. Carlos Alberto Menezes Direito, Rel. p/ Acórdão Min. Aldir Passarinho Junior, julg. 12.2.2003, publ. DJ 4.8.2003, p. 217.

[33] Paulo Luiz Netto Lôbo, *Direito civil: contratos*, São Paulo: Saraiva, 2006, 2ª ed., p. 196.

[34] Otavio Luiz Rodrigues Junior, *Revisão judicial dos contratos*, São Paulo: Atlas, 2006, p. 209. Sobre o tema, v. Daniel Bucar, *Superendividamento*, São Paulo: Saraiva, 2017, e, sob uma perspectiva preventiva do problema, Cíntia Muniz de Souza Konder, *A concessão abusiva de crédito por informação inadequada*, Tese de doutorado, Rio de Janeiro: UERJ, 2018.

PROBLEMAS PRÁTICOS

1. Fazendeiro que se compromete a vender safra futura de soja, cuja lavoura, antes da execução do contrato, é atingida por "ferrugem asiática", doença que atinge as plantações de soja no Brasil desde 2001, diminuindo consideravelmente sua produtividade, pode alegar onerosidade excessiva para pretender a resolução ou revisão do contrato?

2. Caio, atendendo a pedido dos pais idosos que se viam preocupados com o futuro de sua irmã Tícia, celebrou com ela contrato de compra e venda de imóvel na Tijuca. O contrato, assinado em 1988, previa que ele transferiria a ela seu imóvel em 2008 mediante pagamento de Cr$ 800.000,00 (oitocentos mil cruzeiros – valor de mercado do imóvel na época da celebração do contrato) atualizados monetariamente durante os vinte anos subsequentes com base em índice oficial de inflação. A soma a ser paga seria deixada a ela pelos pais, a título de herança, em depósito bancário que só poderia ser sacado na data marcada para a transferência do bem. Em 2002, o cálculo da atualização monetária contratualmente determinada levou ao valor de R$ 300.000,00 (trezentos mil reais), aproximadamente o valor atingido pela soma deixada pelos pais em rendimentos. No entanto, devido ao processo de favelização dos morros que circundam o bairro, ocorreu grande desvalorização do imóvel, que hoje é cotado no mercado por cerca de R$ 150.000,00 (cento e cinquenta mil reais). Tícia, por esse motivo, não deseja gastar todo o dinheiro disponível no cumprimento do contrato então assinado. Como a solução do desequilíbrio contratual descrito acima se modificaria conforme a teoria a ser adotada pelo intérprete? Qual seria a solução mais adequada à aplicação do Código Civil brasileiro de 2002? Justifique suas respostas.

3. Semprônio, dono de uma propriedade rural em que explorava a plantação de soja, firmou com uma indústria alimentícia contrato válido por 12 meses por meio do qual se obrigava a entregar semanalmente uma certa quantidade do produto, contra pagamento mensal do preço pré-ajustado. Pouco tempo depois, mudança climática brusca ocasionou a perda de grande parte dos grãos e, consequentemente, considerável aumento da cotação da soja no mercado internacional. Diante disso, a indústria alimentícia contratante consulta-o sobre as consequências desses fatos sobre o contrato celebrado com Semprônio. Qual seria a sua resposta e quais as alternativas seriam sugeridas, considerando que o término do vínculo não interessa à consulente?

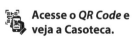

Acesse o *QR Code* e veja a Casoteca.

> http://uqr.to/1pd28

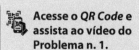

Acesse o *QR Code* e assista ao vídeo do Problema n. 1.

> https://uqr.to/ntj3

Capítulo XI
EXTINÇÃO DOS CONTRATOS

Sumário: 1. Causas de extinção dos contratos – 2. Resilição e distrato – 3. Resolução por inadimplemento – 4. A cláusula resolutiva expressa – 5. Exceções de suspensão de eficácia do contrato – Problemas práticos.

1. CAUSAS DE EXTINÇÃO DOS CONTRATOS

A transitoriedade mostra-se recorrente nas relações contratuais, destinadas precipuamente ao intercâmbio de prestações. A execução do contrato, com o adimplemento das prestações convencionadas, define o propósito almejado: "o fim que polariza e dinamiza a relação obrigacional".[1] Uma compra e venda destina-se ao intercâmbio entre a transferência de propriedade da coisa e o pagamento do preço, e cessa seus efeitos quando este fim é atingido. Ao lado desse processo natural ou fisiológico de extinção das relações obrigacionais, são diversas as formas pelas quais pode se extinguir a produção de efeitos do contrato. {Extinção pela execução}

Como espécie de negócio jurídico, os contratos também podem se extinguir pelas causas extintivas comuns a todos os negócios jurídicos, abordadas no volume I, tais como sua invalidação, pelo advento de termo ou condição resolutiva, e pela impossibilidade definitiva e superveniente do objeto. Imagine-se um contrato de locação, que pode: (i) ser anulado por coação; (ii) caducar, com o encerramento do prazo de vigência sem sua prorrogação ou renovação; (iii) se tornar impossível em virtude de desapropriação pelo Poder Público do bem alugado. Vale lembrar, todavia, que neste caso de impossibilidade da prestação, se meramente temporária e persis- {Causas extintitvas de todos os negócios jurídicos}

---

[1] Clóvis V. do Couto e Silva. *A obrigação como processo*, cit., p. 17.

tindo o interesse útil na prestação, sua consequência será tão somente a suspensão dos efeitos do contrato enquanto durar o fato impeditivo de sua execução, como ocorreu, por exemplo, com casas de espetáculo e certos meios de transporte que foram impedidos de funcionar durante a pandemia da covid-19.

<small>Causas extintivas das relações obrigacionais</small>
Ademais, os efeitos dos contratos podem cessar também pela extinção das obrigações por ele geradas, em virtude das causas de extinção comuns a todas as relações obrigacionais. Nesse sentido, são aplicáveis às relações contratuais as regras relativas aos pagamentos especiais (como a consignação, a imputação e a dação em pagamento), bem como aquelas relativas à novação, compensação, confusão e remissão, objeto de exame no volume II.

<small>Causas extintivas próprias dos contratos</small>
Existem, todavia, formas de extinção exclusivas das relações contratuais. Trata-se de causas extintivas próprias dos contratos, peculiares, portanto, às relações oriundas de negócios jurídicos bilaterais e patrimoniais. A terminologia utilizada para sistematizar as formas de extinção dos contratos é bastante diversificada, abordada pela doutrina com riqueza de designações e significados.[2]

As formas de extinção específicas das relações contratuais podem ser divididas em três grandes grupos. Em primeiro lugar, os efeitos do contrato cessam por *resilição,* quando a extinção decorre exclusivamente de manifestação unilateral de vontade, ou, ainda, quando a extinção decorre de acordo entre partes, no *distrato,* também chamado de *resilição bilateral.* Da mesma forma, e nos mesmos limites que o ordenamento franqueia liberdade às partes para dar origem aos vínculos contratuais, no exercício da autonomia negocial, permite-se aos particulares pôr fim aos seus efeitos em razão de nova manifestação de vontade nesse sentido. Em segundo lugar, o contrato pode ser extinto em razão de *resolução* por inadimplemento. Nesse caso, não é a simples manifestação de vontade do contratante que justifica a extinção do contrato, mas o seu descumprimento, imputável à outra parte, relativamente à obrigação essencial ao negócio. Enfim, a terceira forma de extinção dos contratos é a resolução por onerosidade excessiva, quando os efeitos do contrato cessarão em virtude de fato superveniente que lhe alterou significativamente o equilíbrio contratual, conforme examinado no capítulo precedente.

2. RESILIÇÃO E DISTRATO

O termo *resilição* – importado do direito francês (*résiliation*) – tem sido utilizado com significados contrastantes na doutrina brasileira. A exemplo do que ocorre no país de origem do termo, nota-se corrente *confusão de palavras,*[3] acentuada pela própria opção legislativa de reunir, sob a denominação *distrato,* o distrato propriamente dito (CC, art. 472) e a resilição unilateral (CC, art. 473).

---

[2]   Orlando Gomes, *Contratos*, Rio de Janeiro: Forense, 2009 (1959), 26ª ed., p. 202; Pontes de Miranda, *Tratado de direito privado*, t. XXV, São Paulo: Revista dos Tribunais, 2012, p. 365.

[3]   Thomas Genicon, *La résolution du contrat pour inexécution*, Paris: LGDJ, 2007, p. 19.

O distrato consiste no "acordo entre duas pessoas obrigacionalmente vincula-das, para o efeito de extinguir-se a obrigação contraída, por convenção".[4] Trata-se, portanto, de negócio jurídico por meio do qual as partes de determinado contrato promovem sua extinção,[5] regulamentando, da forma que melhor lhes aprouver, os efeitos de tal dissolução.[6] Como negócio jurídico bilateral patrimonial, configura também um contrato, mas de natureza peculiar, visto que não visa criar relação jurídica, nem precisa conter promessas, mas sim extinguir o vínculo preexistente. Trata-se, assim, de contrato liberatório ou extintivo, destinado a pôr fim ao regu-lamento de interesses, com base em consenso no sentido contrário àquele que o estipulou.[7] À natureza contratual do distrato opunham-se alguns autores, afirmando que "o distrato, em pontos essenciais se distingue do contrato",[8] mas pode-se afirmar a prevalência da orientação que classifica o distrato como verdadeiro contrato, tendo em vista que "a imprescindibilidade de um novo consentimento manifestado pela mesma forma do contrato torna indubitável esse caráter contratual".[9] O acordo de

---

[4]   Clóvis Beviláqua, *Direito das obrigações*, Salvador: Livraria Magalhães, 1896, p. 150. Afirma o autor que o distrato "segue em tudo as mesmas regras do contrato, do qual é antítese direta" (*Direito das obrigações*, cit., p. 150).

[5]   "O distrato (art. 472 do Código Civil; *contrarius consensus* – mútuo dissenso) é um negócio jurídico bilateral com fim extintivo, em que se exercitam manifestações de vontade para a desconstituição da eficácia do contrato" (Ruy Rosado de Aguiar Júnior, *Extinção dos contratos por incumprimento do devedor*, cit., p. 71).

[6]   Araken de Assis, Do distrato no Código Civil, *Revista CEJ*, n. 24, jan.-mar. 2004, pp. 60-61.

[7]   Daí a definição de Caio Mário da Silva Pereira, para quem o distrato consiste em "contrato libera-tório" (*Instituições de direito civil*, vol. III, cit., p. 131).

[8]   João Manoel de Carvalho Santos, *Código Civil brasileiro interpretado*, vol. XV, Rio de Janeiro: Freitas Bastos, 1964, p. 263. O motivo da distinção é desenvolvido por Manoel Ignacio Carvalho de Mendonça, para quem, "apesar de todas as semelhanças, existem diferenças que hão de sempre extremar o distrato de contrato. Assim: a) no distrato não existe promessa propriamente; b) ele pressupõe contrato anterior; c) o distrato depende de novo consentimento. O que há de inteiramente comum entre o contrato e o distrato é serem atos jurídicos voluntários, espécies de um só gênero e para os quais se exigem os mesmíssimos requisitos, relativos à capacidade e ao consentimento. Só a vontade dos contraentes dissolve o contrato" (*Doutrina e prática das obrigações*, t. II, Rio de Janeiro: Francisco Alves, 1911, p. 284).

[9]   Miguel Maria de Serpa Lopes, *Curso de direito civil*, vol. III, cit., p. 172. Na mesma direção, Orlando Gomes afirma que o distrato é o "negócio jurídico pelo qual as partes, declarando conjuntamente a vontade de dar cabo do contrato, rompem o vínculo, extinguindo a relação jurídica. É, em síntese, um contrato para extinguir outro" (*Contratos*, cit., p. 222). V. tb. Gustavo Tepedino, Heloisa Helena Barboza, Maria Celina Bodin de Moraes *et al.*, *Código Civil interpretado conforme a Constituição da República*, vol. II, Rio de Janeiro: Renovar, 2012, p. 113; Paulo Luiz Netto Lôbo, *Direito civil*: contratos, São Paulo: Saraiva, 2017, p. 191. Não destoa a configuração contratual do distrato na experiência italiana, em relação à qual afirma-se: "On considère en effet que le mutuus consensus est constitutif d'un contrat. Ainsi, de la même façon qu'elles ont conclu un premier contrat, les parties peuvent en conclure un second, de nature extinctive" (Rodolfo Sacco e Michele Graziadei, La rupture du contrat, in *Le contrat*: travaux de l'Association Henri Capitant des Amis de la Culture Juridique Française, Paris: Société de Législation Comparée, 2005, p. 845). Na experiência portuguesa, o distrato corresponde à chamada "revogação bilateral". Segundo Inocêncio Galvão Telles, "a revo-gação pode ser bilateral ou unilateral: a primeira dá-se quando o contrato se extingue por mútuo consentimento dos contraentes, que de acordo o desfazem, só para o futuro ou também no pretérito (*contrarius consensus*); a segunda verifica-se quando, excepcionalmente, é reconhecida a uma das partes a faculdade de, por si, dar sem efeito o contrato, igualmente com ou sem retroactividade" (*Manual dos contratos em geral*, Coimbra: Coimbra Editora, 2010, p. 380). Na mesma direção, v.

vontades como elemento constitutivo do distrato, a confirmar sua natureza contratual, comprova-se no âmbito de conhecida controvérsia em torno da expressão *mutuus dissensus*, cuja utilização como sinônimo de distrato foi objeto de críticas por parte da doutrina brasileira.[10]

A resilição (unilateral), por sua vez, constitui direito potestativo à extinção do contrato "por simples declaração de vontade" de uma das partes contratantes.[11] O exercício da resilição, portanto, não depende da ocorrência de inadimplemento ou qualquer outro evento objetivo, dispensando mesmo motivação que transcenda a mera vontade das partes.[12]

Forma do distrato — Para o distrato, o disposto no art. 472 do Código Civil impõe regra de atração de forma em relação ao contrato: "o distrato faz-se pela mesma forma exigida para o contrato". Dito por outros termos, o distrato deve revestir o mesmo requisito formal legalmente exigido para o contrato. Não se demanda a adoção do instrumento formal que o contrato, por opção espontânea, revestia, mas a forma a ele imposta por exigência legal. Assim, se a forma adotada decorreu de ajuste convencional, ao distrato não será imposto o mesmo instrumento.[13] Em termos práticos, se a lei exige para o contrato instrumento público (p. ex., contrato de aquisição de bem imóvel acima de certo valor), o distrato se submeterá ao mesmo requisito formal. Por outro lado, se a forma pública revestiu o contrato por opção das partes, sem que decorresse de exigência legal, o distrato não precisa respeitá-la, podendo dispensar o instrumento público.

Carlos Alberto da Mota Pinto, António Pinto Monteiro, Paulo Mota Pinto, *Teoria geral do direito civil*, Coimbra: Coimbra, 2005, p. 629.

[10] Clóvis Beviláqua posicionava-se contrariamente à utilização da expressão latina: "Não tenho por correta essa sinonímia. Dissenso é desacordo. Se for mútuo e anterior impossibilitará o distrato, pois que este pressupõe o acordo em fazer cessar a obrigação consequente ao contrato" (*Direito das obrigações*, cit., p. 151). Na mesma direção, Caio Mário da Silva Pereira, *Instituições de direito civil*, vol. III, cit., p. 131: "Algumas vezes é chamado [o distrato] de mútuo dissenso. Não nos parece adequada a designação, pois que dissenso sugere desacordo, e esta modalidade de ruptura do liame contratual resulta da harmonia de intenções, para a obtenção do acordo liberatório, tendo em vista obrigações ainda não cumpridas". V., ainda, Ruy Rosado de Aguiar Júnior, *Comentários ao novo Código Civil*, vol. VI, t. II, cit., p. 192; Araken de Assis, Do distrato no Código Civil, cit., p. 59. Utilizando a expressão "mútuo dissenso", v. Vincenzo Roppo, *Il contratto*, cit., pp. 539-540: "*il mutuo dissenso – più comunemente risoluzione consensuale o convenzionale – è il contratto con cui le parti sciolgono un precedente contratto fra loro, liberandosi dal relativo vincolo (contratto risolutorio)*". Tradução livre: "o mútuo dissenso – comumente denominado resolução consensual ou convencional – é o contrato com o qual as partes desfazem um contrato anterior entre elas, liberando-se do vínculo correspondente (contrato resolutório)". Na mesma direção, v. Philippe Stoffel-Munck, La rupture du contrat, in *Le contrat*: travaux de l'Association Henri Capintant des Amis de la Culture Juridique Française, Paris: Société de Législation Comparée, 2005, p. 803.

[11] Orlando Gomes, *Contratos*, cit., p. 221.

[12] Gustavo Tepedino, Validade e efeitos da resilição unilateral dos contratos. *Soluções Práticas de Direito*, vol. II, São Paulo: Revista dos Tribunais, 2012, p. 573. V., ainda, Luiz Edson Fachin, Responsabilidade civil contratual e a interpretação da cláusula de não indenizar. *Soluções Práticas de Direito*, vol. I, São Paulo: Revista dos Tribunais, 2012, pp. 301-319.

[13] STJ, 3ª T., REsp 5.317/RS, Rel. Min. Dias Trindade, julg. 30.4.1991, publ. DJ 3.6.1991.

Fundado o efeito extintivo no exercício da autonomia negocial, o distrato tem, salvo disposição diversa das partes, efeitos *ex nunc*, respeitando-se, portanto, as repercussões que o contrato tiver anteriormente produzido, sem retroação.[14] Importa apenas cessação de eficácia do vínculo, razão pela qual, muitas vezes, o distrato implicará, por exemplo, nova incidência de tributo.

Efeitos do distrato

A resilição unilateral poderá decorrer da lei ou ser estabelecida no próprio instrumento contratual. Assim, somente nas hipóteses consensualmente previstas, ou em que a lei expressa ou implicitamente o permita, poderá a manifestação de vontade de apenas um dos contratantes por fim aos efeitos do negócio. Mesmo quando autorizada, a resilição poderá não gerar efeitos imediatos se houver a necessidade de resguardar o outro contratante que confiava na manutenção do vínculo.[15] O contrato continuará a produzir efeitos nos termos do parágrafo único do art. 473 do Código Civil, por prazo que for compatível com a natureza e o vulto dos investimentos, levando em conta: (i) o tipo e as características do negócio, como, por exemplo, a existência de exclusividade e o tempo de vigência do contrato; (ii) eventual assimetria (técnica ou econômica) entre as posições contratuais, de modo a permitir que o outro contratante mitigue os prejuízos resultantes do fim daquela relação; ou, ainda, (iii) o interesse social subjacente à execução do contrato, para que se mantenha o trânsito jurídico advindo do contrato até que se encontre alternativa à satisfação dos interesses existenciais de terceiros atingidos pela relação contratual.[16]

Resilição unilateral

Cumpre verificar, nessa perspectiva, se o direito de resilir foi exercido de modo compatível com a boa-fé objetiva, tutelando-se a confiança criada na outra parte, como por vezes ocorre quando a relação contratual é regularmente mantida por prazo indeterminado, criando-se expectativa de continuidade do vínculo. No contrato por prazo indeterminado – incluídas as hipóteses em que o contrato se prolonga mediante sucessivas renovações do contrato com sinalização de nova prorrogação – o direito à resilição decorre da natureza do vínculo, justamente por inexistir prazo convencionado para o fim da relação contratual. Nesses casos, denomina-se *denúncia* a manifestação da vontade de terminar o vínculo contratual que vigia por prazo indeterminado.[17]

Denúncia

---

[14] Pontes de Miranda, *Tratado de direito privado*, t. XXV, São Paulo: Revista dos Tribunais, 2012, pp. 366-367.

[15] Orlando Gomes, *Contratos*, Rio de Janeiro: Forense, 2009 (1959), 26ª ed., p. 227.

[16] Ilustrativamente, já decidiu o STJ que "A resilição unilateral, em regra, é válida por se tratar de contrato de trato sucessivo ou execução continuada. No entanto, revela-se abusiva a denúncia do contrato quando realizada durante o tratamento médico que assegure a sobrevivência ou a preservação da incolumidade física e/ou psíquica do beneficiário, como no caso em tela" (STJ, 3ª T., AgInt no AgInt no AREsp 1.995.955/RJ, Rel. Min. Humberto Martins, julg. 26.6.2023). Sobre a influência da função social do contrato na limitação da resilição unilateral, v. Carlos Nelson Konder, *Função social na conservação de efeitos do contrato*, Indaiatuba: Foco, 2024, p. 98-107.

[17] Orlando Gomes, *Contratos*, Rio de Janeiro: Forense, 2009 (1959), 26ª ed., p. 224. A expressão denúncia é empregada por metonímia, já que traduz mais propriamente a comunicação que veicula a resilição unilateral. Sobre o tema, v, Francisco de Assis Viégas, *Denúncia contratual e dever de pré-aviso*, Belo Horizonte: Fórum, 2018.

Em hipóteses especiais, contudo, o legislador menciona o termo denúncia para se referir ao direito à resolução do contrato. Com efeito, a chamada denúncia cheia seria o direito à extinção *motivada* do contrato. É o caso, por exemplo, da locação de imóvel urbano residencial, na qual paralelamente à denúncia imotivada (designada difusamente como denúncia vazia) – cabível nos contratos por prazo indeterminado que tenham durado por pelo menos trinta meses –, o legislador prevê a possibilidade de extinguir unilateralmente o contrato diante de certas situações fáticas apresentadas como motivo para a denúncia.

No entanto, a chamada denúncia cheia corresponde, a rigor, à resolução do contrato,[18] seja em virtude da previsão contratual que estabelece os eventos cuja ocorrência autoriza o exercício do direito de resolução,[19] seja nas hipóteses em que o legislador definiu previamente os fatos que autorizam a resolução contratual.[20] Interessante notar, nessa direção, que a Lei 4.886/1965 inclui entre aqueles que "constituem motivos justos para rescisão do contrato de representação comercial" a "força maior" (arts. 35, *e*, e 36, *e*), afirmando-se em doutrina que tal hipótese seria

---

[18] Na experiência portuguesa, António Pinto Monteiro observa que, diante da extinção motivada do contrato, "parece, pois, mais adequado falar de resolução do que de denúncia" (António Pinto Monteiro, *Denúncia de um contrato de concessão comercial*, Coimbra: Coimbra Editora, 1998, p. 69). Na mesma direção, Manuel Januário da Costa Gomes equipara a denúncia motivada à resolução: "segundo nos parece, a causa da denúncia referida na alínea a) do artigo 1.101 do Código Civil passou a ser, face ao NRAU, uma causa de resolução do contrato de arrendamento celebrado por tempo indeterminado, já que é dado ao senhorio o direito de operar, por via judicial, a extinção do contrato, desde que invoque e faça a devida prova duma causa específica indicada na lei, bem como dos demais requisitos" (Sobre a (vera e própria) denúncia do contrato de arrendamento: considerações gerais. *O direito*, a. 143, n. 1, 2011, p. 19). Para uma noção ampla de justa causa como pressuposto da resolução dos contratos duradouros, v. também Francisco Pereira Coelho, Cessação dos contratos duradouros: regime específico e contrato de agência, *Actas do Colóquio Distribuição Comercial nos 30 anos da Lei do Contrato de Agência*, Coimbra: Instituto Jurídico, 2017, p. 239.

[19] Tal situação pode ocorrer tanto na hipótese em que as partes fixam o descumprimento contratual culposo (inadimplemento) que ensejará a resolução, quanto na hipótese em que as partes redistribuem outros riscos contratuais, estabelecendo o direito de resolução via cláusula resolutiva expressa diante de qualquer "evento que incida diretamente sobre a relação, inviabilizando a atuação do programa contratual" (Aline de Miranda Valverde Terra, *Cláusula resolutiva expressa*, cit., p. 54).

[20] Especificamente no caso da Lei 8.245/1991, seu art. 9º menciona as hipóteses de distrato e resolução do contrato, o que não passou despercebido em doutrina: "das quatro causas apontadas no art. 9º, a primeira é regra genérica dos contratos (o distrato), as duas seguintes decorrem da cláusula resolutiva tácita inerente a todos os contratos sinalagmáticos ou bilaterais (além da disposição do inciso III se incluir na disposição do inciso II), e a quarta causa é alheia à vontade das partes, constituindo autêntico 'fato de príncipe' a tornar sem objeto o contrato de locação" (Nagib Slaibi Filho; Romar Navarro de Sá, *Comentários à lei do inquilinato*, Rio de Janeiro: Forense, 2010, p. 109). Em outras situações, o legislador editou normas que, com o escopo de distribuir, em caráter supletivo, os riscos do contrato de locação, permitem a extinção do contrato, ora em benefício do locatário, "compreendendo seus interesses não especulativos, em tutela de valores extrapatrimoniais, atinentes à moradia e ao trabalho" (Gustavo Tepedino, Anotações à lei do inquilinato. *Temas de Direito Civil*, t. I, Rio de Janeiro: Renovar, 2008, 4ª ed., p. 176), ora na proteção dos interesses de terceiros, como o nu-proprietário e o adquirente do imóvel locado sem cláusula de vigência registrada (Lei 8.245/1991, arts. 7º e 8º).

"caso de denúncia motivada",[21] embora, como se sabe, a impossibilidade de cumprimento não imputável ao devedor – situação normalmente ilustrada com hipóteses de força maior ou caso fortuito – configure o suporte fático (não da resilição ou denúncia, mas) da resolução.

Deve-se reservar o termo *denúncia*, portanto, preferencialmente à resilição dos contratos por tempo indeterminado, nos termos do art. 473 do Código Civil. A nota que individualiza a resilição, diferenciando-a da resolução e de outros direitos potestativos extintivos, consiste na ausência de qualquer pressuposto associado ao inadimplemento, à impossibilidade de cumprimento não imputável ao devedor ou ao desequilíbrio superveniente do contrato. Em outras palavras, o direito à resilição pode ser exercido independentemente de qualquer descumprimento contratual da outra parte ou da comprovação de desequilíbrio contratual, bastando a simples manifestação de uma das partes.

A extinção por manifestação de vontade unilateral pode dar-se em outras situações que não a denúncia dos contratos por tempo indeterminado, como ocorre na revogação, na renúncia e no direito de arrependimento. A revogação a que se faz referência, registre-se, encontra-se prevista na disciplina da extinção do contrato de mandato, sendo necessário diferenciá-la da revogação mencionada no âmbito do contrato de doação, a qual não se confunde com a resilição. Isso porque, na doação, somente se admite a revogação se verificada a ingratidão do donatário ou o incumprimento do encargo.[22] Dessa sorte, o exercício do direito à revogação da doação – direito potestativo à extinção do contrato – afigura-se subordinado ao incumprimento de obrigação legal ou contratual pelo donatário, o que o aproxima, em termos funcionais, do direito à resolução do contrato.[23]

Na revogação do mandato, por sua vez, não se exige qualquer motivação, o que leva a doutrina a afirmar que, "tal como a denúncia, consiste a revogação numa declaração receptícia de vontade, que opera extrajudicialmente, e, como ela, é direito

---

[21] Ruy Rosado de Aguiar Júnior, *Comentários ao novo Código Civil*, vol. VI, t. II, Rio de Janeiro: Forense, 2011, p. 339.

[22] Gustavo Tepedino, O regime jurídico da revogação de doações. *Soluções práticas de direito*, vol. II, São Paulo: Revista dos Tribunais, 2012, pp. 497-499.

[23] Nessa direção, Ruy Rosado de Aguiar Júnior afirma que "a revogação da doação modal, por supor o incumprimento do encargo, é resolução" (*Extinção dos contratos por incumprimento do devedor*, Rio de Janeiro: AIDE, 2004, p. 71). Orlando Gomes observa igualmente que a doação "pode ser revogada, mas o poder de revogação não se exerce livremente, estando condicionado a causas peculiares. Neste caso, a revogação confunde-se com a resolução, porque depende de condição resolutiva a ser apreciada pelo juiz" (Orlando Gomes, *Contratos*, cit., p. 226). Ao examinar a disciplina do Código Civil, Paulo de Tarso Vieira Sanseverino observa, nessa direção, que "a revogação ocorre, normalmente, nos negócios jurídicos gratuitos, sem a exigência, em regra, de motivação para o ato voluntário do seu autor (...). Diversamente, no contrato de doação, a sua revogação pelo doador somente é admissível com fundamento nas hipóteses expressamente previstas pelo legislador" (Contratos nominados II: contrato estimatório, doação, locação de coisas, empréstimo. In: Miguel Reale e Judith Martins-Costa (coords.), *Coleção biblioteca de direito civil*: estudos em homenagem ao professor Miguel Reale, São Paulo: Revista dos Tribunais, 2007, p. 164).

potestativo. Os contratos estipulados no pressuposto da confiança recíproca entre as partes podem resilir-se *ad nutum*, mediante revogação".[24] Com efeito, nota-se que a revogação – e, à simetria, a renúncia[25] – vem identificada ora como "feição especial" da resilição,[26] ora como "forma especial de resilição unilateral".[27] Trata-se efetivamente de resilição contratual,[28] embora tenha o legislador reservado o termo revogação ao contrato de mandato, em relação ao qual se admite a resilição – ou revogação –, mesmo na hipótese em que o contrato não foi celebrado por tempo indeterminado.[29]

Outro direito potestativo que equivale funcionalmente à resilição é o denominado direito de arrependimento associado às arras penitenciais. Prevê o art. 420 do Código Civil que as arras ou sinal terão função unicamente indenizatória "se no contrato for estipulado o direito de arrependimento para qualquer das partes". Distanciando-se da noção tradicional de arras,[30] admite-se que as partes, dando determinada quantia

---

[24] Orlando Gomes, *Contratos*, cit., p. 226.

[25] Revogação e renúncia constituem duas faces da mesma moeda. Enquanto a revogação consiste na resilição de que pode se valer o mandante, a renúncia se refere ao direito de resilição do mandatário. Assim sintetiza Bernhard Windscheid: "*nè il mandante né il mandatario sono vincolati al mandato più a lungo di quanto essi vogliono esservi vincolati; quegli può revocare il mandato, questio rasseg-narlo*" (*Diritto delle pandette*, trad. Carlo Fadda e Paolo Emilio Bensa, vol. II, p. II, Torino: Unione Tipografico-Editrice, 1904, p. 181).

[26] Orlando Gomes, *Contratos*, cit., p. 224.

[27] Paulo Eduardo Razuk, *Da notificação*, cit., p. 66.

[28] Nessa direção, Caio Mário da Silva Pereira, ao comentar o art. 349 do anteprojeto de Código Civil – o qual viria a originar o art. 473, *caput*, do Código Civil de 2002 –, equipara resilição e revogação: "acrescentei a resilição unilateral, ou revogação, nos casos em que a lei o permite, dos quais o exemplo mais frisante é o mandato" (Exposição de Motivos ao Anteprojeto de Código de Obrigações. In: BRASIL, Senado Federal, *Código Civil: Anteprojetos*, vol. 3, Brasília, Subsecretaria de Edições Técnicas do Senado Federal, 1989, p. 115).

[29] Segundo Miguel Maria de Serpa Lopes, tal direito se justifica diante do caráter *intuitu personae* do contrato de mandato: "o mandato é um contrato *intuitu personae*, em virtude de se fundar na confiança do mandante quanto à idoneidade técnica e moral do seu mandatário. Tanto que desapareça ou tenha motivos para não estar dela seguro, concede-lhe a lei o poder de revogar *ad nutum* os poderes representativos concedidos" (Miguel Maria de Serpa Lopes, *Curso de direito civil*, vol. IV, Rio de Janeiro: Freitas Bastos, 1993, p. 281). Cf. também Washington de Barros Monteiro, *Curso de direito civil*, vol. 5, São Paulo: Saraiva, 2007, pp. 287-288. Tal é a importância da revogabilidade do contrato de mandato que, mesmo nas hipóteses em que o legislador afastou os efeitos da revogação (CC, arts. 684 e 686, parágrafo único), observa-se que tais casos não se referem tecnicamente ao contrato de mandato: "esses casos podem parecer exceção à revogabilidade *ad nutum* do contrato de mandato, mas não o são. Isso porque esses artigos não tratam do contrato de mandato, mas da representação vinculada a outro negócio jurídico. A irrevogabilidade decorre da aderência da outorga de poderes a negócio insuscetível de revogação ou denúncia. Não se trata, em definitivo, de mandato irrevogável, mas de outorga de poderes que, por se relacionar a ajuste diverso do mandato, que não pode ser unilateralmente extinto por qualquer das partes, afigura-se insuscetível de revogação" (Gustavo Tepedino; Milena Donato Oliva, Notas sobre a representação voluntária e o contrato de mandato. *Revista Brasileira de Direito Civil*, vol. 12, 2017, p. 31).

[30] Segundo Darcy Bessone, as arras penitenciais, presentes na tradição grega, acabaram incorporadas ao instituto, ao lado das arras confirmatórias do direito romano clássico, no direito justinianeu (*Da compra e venda*: promessa, reserva de domínio e alienação em garantia, São Paulo: Saraiva, 1997, p. 170).

em dinheiro ou bem móvel, reservem-se o direito de se desvincular do contrato independentemente de qualquer motivação, valendo a quantia ou o bem móvel como *preço do arrependimento*. Torna-se possível, nessa medida, a extinção do contrato desvinculada de qualquer motivação, bastando, para tanto, que sejam dadas arras e que se estabeleça seu caráter penitencial, sendo inexigível qualquer outra parcela a título de reparação de danos pela extinção do contrato.

Faz-se alusão, ainda, à resilição – ou direito de arrependimento – decorrente da pactuação de multa penitencial.[31] Tal multa, embora se aproxime das arras penitencias, delas se diferencia pela natureza consensual. Diversamente das arras, não se exige para a constituição da multa penitencial a entrega da quantia em dinheiro ou outro bem móvel. A multa penitencial consiste, portanto, "no ajuste por meio do qual preveem as partes o pagamento de certo valor como consequência da desistência do vínculo obrigacional, comportamento que, nessa hipótese, não caracteriza inadimplemento".[32] Embora sua estrutura não se identifique com a das figuras positivadas no Código Civil, notadamente a cláusula penal compensatória[33] e as arras penitenciais, sua função revela-se idêntica à desta última, o que se evidencia pelo emprego indistinto da expressão *direito de arrependimento*, tanto nas arras penitenciais, quanto na multa penitencial. Configura-se, portanto, a exemplo do direito advindo das arras penitenciais, como resilição.[34]

A legislação assegura o direito de arrependimento, independentemente de previsão contratual, em determinados contratos, como ocorre nos firmados em estandes de vendas e fora da sede do incorporador (art. 67-A da Lei 4.591/1964, com a redação dada pela Lei 13.786/2018 – "Lei do distrato"), bem como, de forma geral, nos contratos firmados pelo consumidor fora do estabelecimento comercial (CDC,

---

[31] Manoel Ignacio Carvalho de Mendonça, *Doutrina e prática das obrigações*, t. I, Rio de Janeiro: Francisco Alves, 1911, pp. 387-388; Orlando Gomes, *Contratos*, cit., p. 225; António Pinto Monteiro, *Cláusula penal e indemnização*, Coimbra: Almedina, 1999, pp. 185-186; Vincenzo Roppo, *Il contratto*, cit., p. 548.

[32] Vivianne da Silveira Abílio, *Cláusulas penais moratória e compensatória*: critérios de distinção, Belo Horizonte: Fórum, 2019, p. 101.

[33] Na lição de Manoel Ignacio Carvalho de Mendonça, a cláusula penal, "instituída só por utilidade do credor, tem por fim dispensá-lo da prova do dano e exigir logo a indenização estipulada como pena. A multa, instituída em favor do devedor, tem por fim salvaguardá-lo dos efeitos do arrependimento, uma espécie de obrigação facultativa para o caso de querer rescindir o contrato, ou uma espécie de novação que a parte efetua à vontade" (*Doutrina e prática das obrigações*, t. I, Rio de Janeiro: Francisco Alves, 1911, p. 388). "*Quando sia prevista una penale, il contraente di fronte all'inadempimento dell'altra parte può scegliere se escuterla oppure se adire il giudice per ottenere l'adempimento coattivo. Quando, invece, sia prevista la multa penitenziale, il contratto si scioglie, nonostante l'inadempimento del recedente, il quale sarà tenuto a corrispondere la multa penitenziale. Pertanto l'altro contraente deve subire l'iniziativa del recedente (seppure inadempiente)*" (Massimo Franzoni, Il danno risarcibile, in Massimo Franzoni (diretto da), *Trattato della responsabilità civile*, Milano: Giuffrè, 2010, p. 238).

[34] Nessa direção, Fran Martins afirma que, "ao contratar, as partes estabelecem que o contrato pode ser *resilido* pela vontade unilateral de um contratante desde que pague certa importância para compensar o seu arrependimento. A essa importância a ser paga dá-se o nome de multa penitencial" (*Contratos e obrigações comerciais*, Rio de Janeiro: Forense, 1986, 8ª ed., p. 113). Na mesma direção, Orlando Gomes afirma tratar-se de resilição (*Contratos*, cit., p. 225).

art. 49). Trata-se de proteção legal contra técnicas de contratação agressiva que levam a aquisições por impulso, como a venda de porta em porta, bem como visa permitir ao consumidor verificar a adequação do produto ou serviço às suas expectativas quando adquirido a distância, por meio de imagens ilustrativas.[35] A abrangência do dispositivo consumerista, todavia, demanda interpretação teleológica e sistemática, de modo a afastar sua utilização abusiva, como em hipóteses em que não seja possível o retorno ao estado anterior (produtos perecíveis e de consumo imediato).[36] O referido dispositivo foi suspenso temporariamente pelo art. 8º do Regime Jurídico Emergencial Transitório – RJET (Lei 14.010/2020) no que tange a essas hipóteses e à aquisição de medicamentos, pelo sistema de entrega domiciliar (*delivery*) durante a pandemia de Covid-19. A norma emergencial pretendeu, com isso, desonerar os fornecedores, no momento de crise econômica, em que se intensificam os segmentos de entrega em domicílio, dos custos com a devolução imotivada daqueles produtos, evitando, por outro lado, que a recolocação do produto no mercado pudesse ampliar os riscos de contaminação com o coronavírus.

Outra figura usualmente associada à resilição é o denominado *resgate*.[37] Se parte da doutrina considerava, com base nos arts. 693 e 751 do Código Civil de 1916, que o resgate aplicar-se-ia "unicamente nos contratos de enfiteuse e constituição de renda",[38] certo é que o Código Civil de 2002 refere-se ao resgate apenas na disciplina do pacto de retrovenda.[39] Em síntese, o pacto de retrovenda confere ao vendedor o direito de (re)adquirir o imóvel vendido, em operação denominada *resgate*.[40] Dessa sorte, encerra o resgate verdadeiro contrato de compra e venda, o qual vem a ser celebrado mediante exercício do direito de opção do vendedor, nos termos preestabelecidos no

---

[35]   Claudia Lima Marques, *Contratos no Código de Defesa do Consumidor*: o novo regime das relações contratuais, São Paulo: Thomson Reuters, 2019, 9ª ed., p. 965.

[36]   Camila Ferrão dos Santos e Gustavo Souza de Azevedo, Direito de arrependimento e abuso de direito: uma análise dos casos de aquisição de passagem aérea fora do estabelecimento comercial, *Civilistica.com*, a. 8, n. 3, 2019, p. 12.

[37]   Equiparando resilição e resgate, v., a título ilustrativo, Manoel Ignacio Carvalho de Mendonça, *Contratos no direito civil brasileiro*, t. II, Rio de Janeiro: Forense, 1955, p. 786; Orlando Gomes, *Contratos*, cit., p. 227, para quem o resgate seria um "modo especialíssimo de resilição unilateral".

[38]   Orlando Gomes, *Contratos*, cit., p. 227.

[39]   Eis a redação dos arts. 505 e 506 do Código Civil: "Art. 505. O vendedor de coisa imóvel pode reservar-se o direito de recobrá-la no prazo máximo de decadência de três anos, restituindo o preço recebido e reembolsando as despesas do comprador, inclusive as que, durante o período de resgate, se efetuaram com a sua autorização escrita, ou para a realização de benfeitorias necessárias"; "Art. 506. Se o comprador se recusar a receber as quantias a que faz jus, o vendedor, para exercer o direito de resgate, as depositará judicialmente".

[40]   Gustavo Tepedino, Heloisa Helena Barboza, Maria Celina Bodin de Moraes, *Código Civil interpretado conforme a Constituição da República*, vol. II, Rio de Janeiro: Renovar, 2012, p. 172. Como destaca Caio Mário da Silva Pereira, "o resgate tem o efeito essencial de operar a resolução da venda, com reaquisição do domínio pelo vendedor, a quem a coisa será restituída com seus acréscimos e melhoramentos" (*Instituições de Direito Civil*, vol. III, cit., p. 182). Na mesma direção, v. Orlando Gomes, *Contratos*, cit., p. 306: "Pelo pacto de resgate, o vendedor se reserva o direito de, mediante ato unilateral, com eficácia *erga omnes*, reaver o bem vendido". Sobre o tema remete-se ao vol. IV, referente aos contratos em espécie.

pacto de retrovenda.[41] Trata-se, nessa medida, de direito formativo gerador, não já extintivo, como a resilição.[42]

3. RESOLUÇÃO POR INADIMPLEMENTO

O segundo grupo de causas de extinção do contrato configura a resolução por inadimplemento. Por destinar-se à satisfação das obrigações nele contidas, seu descumprimento atribuído a uma parte poderá representar para a contraparte a perda da utilidade da prestação, com consequente desinteresse na manutenção da relação contratual. De modo geral, designa-se resolução à extinção do contrato em virtude da sua inexecução. Caso a inexecução não decorra do comportamento culposo de uma das partes, hipótese em que a impossibilidade da prestação não é imputável ao devedor, deflagra-se a extinção do contrato com a restituição das prestações já efetuadas.[43] Em contrapartida, se a causa da inexecução for imputável um dos contratantes, dá-se a possibilidade de resolução por inadimplemento, entendida como o exercício de direito potestativo extintivo da parte prejudicada por inadimplemento da outra parte, com a dissolução da relação contratual.

De tal circunstância decorre que as repercussões da mora e do inadimplemento absoluto da prestação, por perda do interesse útil pelo credor – as vicissitudes decorrentes da mora, a execução específica e a pretensão ressarcitória – guardam autonomia conceitual e não coincidem com os instrumentos oferecidos ao contratante para a preservação, suspensão de efeitos e extinção do contrato por inadimplemento imputável ao outro contratante. Imagine-se, a título ilustrativo, a contratação de empreitada complexa, como a construção de usina hidrelétrica, em que o empreiteiro pode vir

---

[41] Consoante observa Orlando Gomes, "a *retrovenda* (*pactum de retrovendendo*) é o pacto adjeto ao contrato de compra e venda pelo qual o comprador promete revender ao vendedor a coisa comprada, tendo este a faculdade de exigir a celebração do contrato de revenda" (*Contratos*, cit., p. 305). Assim também o magistério de Pontes de Miranda, para quem, "certamente, pactuam os figurantes que o imóvel seja revendido ao vendedor quando esse emita declaração de vontade, mas essa é ato de exercício do direito formativo gerador; não há condição, nem suspensiva, nem resolutiva; o comprador fica obrigado desde essa declaração" (*Tratado de direito privado*, t. XXXIX, São Paulo: Revista dos Tribunais, 2012, p. 244). V. também Paulo Lôbo, *Direito Civil*: contratos, São Paulo: Saraiva, 2011, p. 246: "A cláusula de retrovenda origina obrigação de fazer oponível ao comprador, consistente na celebração de novo contrato para retrovender o imóvel ao vendedor".

[42] Pontes de Miranda, *Tratado de direito privado*, t. XXXIX, São Paulo: Revista dos Tribunais, 2012, p. 240; José Carlos Moreira Alves, *A retrovenda*, São Paulo: Revista dos Tribunais, 1987, p. 108. Em sentido contrário, afirmando que "a retrovenda tem a significação de uma cláusula resolutiva", v. Eduardo Espínola, *Garantia e extinção das obrigações*: obrigações solidárias e indivisíveis, Rio de Janeiro: Freitas Bastos, p. 248.

[43] À restituição das prestações efetuadas é reputada efeito automático da resolução, a ser aplicado de ofício segundo o entendimento do STJ: "A resolução judicial do contrato implica, de ofício, a restituição das partes ao estado anterior (eficácia restituitória contida no provimento jurisdicional). [...] Assim, uma vez decretada a resolução do contrato, deve o Juiz, independentemente de reconvenção ou provocação, determinar a restituição recíproca de todos os valores necessários para que as partes retornem ao estado anterior à avença – o que pode ser pleiteado em sede de liquidação de sentença, quando esta for omissa" (STJ, 3ª T., REsp 2.045.024, Rel. Min. Nancy Andrighi, julg. 18.4.2023, publ. DJ 20.4.2023).

a não cumprir oportunamente uma das obrigações que lhe cabem (por exemplo, a instalação de torre de controle que seria útil, mas não essencial), ao ponto de perder o dono da obra o interesse em que fosse realizada, sem que isso implique a extinção do interesse na obra como um todo.[44] Enquanto os efeitos examinados se associam à imputabilidade do devedor pela inexecução da obrigação – tais como as perdas e danos, os juros e o agravamento da responsabilidade pela superveniente impossibilidade da prestação –, os remédios tipicamente vinculados ao caráter sinalagmático do contrato prescindem da imputabilidade, decorrendo da mera inexecução. Consequentemente, não é a inexecução de qualquer obrigação inserida em contrato sinalagmático que autoriza a invocação da exceção de contrato não cumprido, mas somente daquela cujo cumprimento dava causa à obrigação que se pretende não cumprir.[45] Por outro lado, não é necessário que o descumprimento dessa obrigação seja imputável ao seu devedor, visto que o remédio se volta menos à tutela do crédito em si considerado e mais à proteção do equilíbrio contratual materializado no sinalagma.[46] Recuperando--se o exemplo citado, a retenção da contraprestação pela torre de controle na usina pressuporia demonstrar sua sinalagmaticidade, mas independeria de comprovação de que era imputável o devedor pela demora na sua construção.

A controvérsia terminológica também se espraia por esse ponto, já que, em lugar de referir à resolução por inadimplemento, tornou-se recorrente na linguagem forense a referência à *rescisão* do contrato nesses casos, em que pese à expressão ter sido cunhada originalmente para a hipótese de anulação de negócio jurídico por vício de lesão ou estado de perigo.[47]

---

[44] Gustavo Tepedino; Carlos Nelson Konder, Inexecução das obrigações e suas vicissitudes: ensaio para a análise sistemática dos efeitos da fase patológica das relações obrigacionais. *Revista Brasileira de Direito Civil*, vol. 32, n. 3, 2024, p. 159-200.

[45] Explica Pontes de Miranda: "[...] nem todas as dívidas e obrigações que se originam dos contratos bilaterais são dívidas e obrigações bilaterais, em sentido estrito, isto é, em relação de reciprocidade. A contraprestação do locatário é o aluguel; porém não há sinalagma no dever de devolução do bem locado, ao cessar a locação, nem na dívida do locatário por indenização de danos à coisa, ou na dívida do locador por despesas feitas pelo locatário. A bilateralidade – prestação, contraprestação – faz ser bilateral o contrato; mas o ser bilateral o contrato não implica que todas as dívidas e obrigações que dele se irradiam sejam bilaterais" (*Tratado*, cit., p. 206).

[46] Destaca Miguel Maria de Serpa Lopes: "A circunstância de ter ou não havido culpa ou dolo por parte do autor exceto, é indiferente, pois que o dolo ou a culpa não são elementos essenciais à sua arguição. Tudo quanto se requer é o fato de ter o autor acionado a outra parte contratante sem, preliminarmente, haver realizado a prestação que concomitantemente lhe cumpria efetuar" (*Exceções substanciais*: exceção de contrato não cumprido. Rio de Janeiro: Freitas Bastos, 1959, p. 284).

[47] Orlando Gomes, *Contratos*, cit., p. 227. No direito italiano, v. C. Massimo Bianca, *Diritto civile*, vol. III, Milano: Giuffrè, 1987, p. 643. O termo *rescisão* assume, na prática, os mais diversos significados, o que se pode atribuir, em parte, à atecnia legislativa que, por exemplo, levou à designação, já no Código Civil de 1916, da resolução por inadimplemento como hipótese de rescisão contratual. Há quem atribua ao termo rescisão, ainda, significado idêntico ao de resilição (Miguel Maria de Serpa Lopes, *Curso de direito civil*, vol. III, cit., p. 172), o que, a rigor, é feito pelo próprio Código Civil, cujo art. 607 prevê que "o contrato de prestação de serviço (...) termina, ainda, (...) pela rescisão do contrato mediante aviso prévio". Não obstante o termo rescisão, tecnicamente, estivesse associado apenas à extinção do contrato por lesão ou estado de perigo, a fluidez do conceito não permite reprovar seu emprego com significação genérica.

Em tais casos, a imputabilidade da causa da resolução justifica também a obrigação de indenizar o credor vítima do inadimplemento, normalmente pelo interesse negativo, isto é, a recomposição da situação em que a vítima estaria se a negociação não tivesse ocorrido (abstração do ocorrido), e não o interesse positivo, a situação que seria obtida caso a contratação tivesse sido bem-sucedida (adição do não ocorrido).[48]

Entretanto, deve-se evitar a associação em abstrato, e de forma geral, entre a opção adotada pelo credor e a forma indenizatória cabível, ou seja, interesse positivo ou negativo.[49] Tal definição, muito provavelmente, como tem se orientado a jurisprudência, subordina-se ao material probatório disponível no caso concreto, sendo induvidosamente mais fácil, e por isso mais frequente, a comprovação dos interesses negativos do que dos interesses positivos a que necessariamente faria jus o contratante com a extinção do contrato.[50] A resolução por inadimplemento pode, ainda, ter efeitos retroativos, salvo se se tratar de obrigação de execução continuada ou periódica.[51]

Nos contratos bilaterais ou sinalagmáticos, a possibilidade de resolução do contrato por inadimplemento decorre da lei, quando o descumprimento de obrigação atingir o sinalagma, eis que a reciprocidade prestacional compõe a função do contrato. Trata-se do que se convencionou referir por cláusula resolutiva tácita, decorrente da interpretação de que, ao eleger o intercâmbio daquelas prestações como razão de ser do contrato, restou implícito que a falta de uma delas rompe a comutatividade que lhe é essencial, permitindo à parte lesada desfazê-lo. Com efeito, o art. 475 do Código Civil prevê que: "A parte lesada pelo inadimplemento pode pedir a resolução do contrato, se não preferir exigir-lhe o cumprimento, cabendo, em qualquer dos casos, indenização por perdas e danos", ou seja, se não mais lhe interessar exigir o cumprimento da obrigação, terá a faculdade de resolver o negócio.

Cláusula resolutiva tácita

---

[48] Contra: Renata C. Steiner, *Reparação de danos*: interesse positivo e interesse negativo, São Paulo: Quartier Latin, 2019. Sobre os conceitos, v. Paulo Mota Pinto, *Interesse contratual negativo e interesse contratual positivo*, Coimbra: Coimbra Editora, 2009.

[49] Em crítica à associação, afirma Menezes Cordeiro: "A ideia de que, havendo resolução, não faria sentido optar pelo interesse positivo ou do cumprimento... por se ter desistido do contrato é puramente formal e conceitual. Com efeito, o incumprimento acarreta danos. Perante eles, há que prever uma indenização integral. A pessoa que resolva o contrato apenas tenciona libertar-se da prestação principal que lhe incumba: não pretende, minimamente, desistir da indenização a que tenha direito. A regra é, pois, sempre a mesma, simples e justa: o incumprimento, que se presume culposo, obriga a indemnizar por todos os danos causados. Ficarão envolvidos os danos negativos ou de confiança e danos positivos ou de cumprimento, cabendo, caso a caso, verificar até onde vão uns e outros" (*Tratado de direito civil,* vol. VI, Direito das Obrigações – Introdução Sistema e Direito Europeu – Dogmática Geral. Coimbra: Almedina, 2012, p. 163).

[50] Gustavo Tepedino e Carlos Nelson Konder, Inexecução das obrigações e suas vicissitudes: ensaio para a análise sistemática dos efeitos da fase patológica das relações obrigacionais. *Revista Brasileira de Direito Civil*, vol. 32, n. 3, 2024, p. 159-200.

[51] Orlando Gomes, *Contratos*, Rio de Janeiro: Forense, 2009 (1959), 26ª ed., p. 210. Sobre o tema, v. Araken de Assis, *Resolução do contrato por inadimplemento*, São Paulo: Revista dos Tribunais, 2004, 4ª ed., p. 149 e ss. Na jurisprudência, v. STJ, 3ª T., REsp 2.008.038, Rel. Min. Nancy Andrighi, julg. 8.11.2022, publ. DJ 11.11.2022.

A alusão a uma suposta *cláusula tácita* revela, a rigor, resquício de concepção voluntarista em que as situações jurídicas subjetivas relacionadas ao contrato deveriam decorrer exclusivamente da vontade das partes, a exigir o recurso à noção de cláusulas tácitas.[52] O direito à resolução por inadimplemento, nos termos do art. 475 do Código Civil, portanto, não depende de previsão em cláusula tacitamente extraída do contrato, podendo ser exercido sempre que configurado descumprimento contratual culposo, associado à impossibilidade da prestação ou à perda do interesse útil do credor. A chamada cláusula resolutiva tácita deve ser lida sob perspectiva funcional, compreendendo o descumprimento de todos aqueles deveres que vierem a prejudicar a produção dos efeitos essenciais que o contrato visava a produzir. Assim, também o descumprimento de deveres laterais, decorrentes da incidência do princípio da boa-fé, pode ensejar a resolução, se for capaz de comprometer o interesse do credor na utilidade da prestação.[53]

> *Alcance da cláusula resolutiva tácita*

Além disso, a resolução por inadimplemento, tal qual regulamentada no art. 475, demanda, para a sua adequada compreensão, a leitura holística da disciplina contratual, notadamente quanto aos demais dispositivos do Código Civil cujo objeto é precisamente o inadimplemento das obrigações,[54] sob pena de incorrer em incongruência hermenêutica na identificação das opções de que dispõe o credor lesado pelo inadimplemento absoluto. Com efeito, identificada a impossibilidade da prestação ou sua inutilidade para o credor à luz da função da relação obrigacional, não seria lógico admitir a execução do contrato. Em tais casos, a alusão à possibilidade de a parte lesada pelo inadimplemento da obrigação "pedir a resolução do contrato, se não preferir exigir-lhe o cumprimento" (CC, art. 475) deve ser interpretada no sentido de que cabe ao credor, vítima do inadimplemento absoluto, decidir entre exercer o direito à resolução contratual, com o retorno ao *status quo ante*, e a devolução das prestações anteriormente transferidas no âmbito da relação contratual; ou, se preferir não exigir a devolução das prestações já efetuadas, exigir valor equivalente à prestação que lhe era contratualmente devida.[55] Seja qual for o caso, reserva-se à

> *Interpretação do art. 475 do CC*

---

[52] Como anota Aline de Miranda Valverde Terra, "a cláusula resolutiva tácita, por se entender subentendida nos contratos, sequer é cláusula: trata-se de regra legal, que não oferece às partes qualquer espaço para disciplinar outros riscos contratuais; na realidade, é ela mesma uma espécie de alocação estabelecida pela teoria legal do risco" (*Cláusula resolutiva expressa*, Belo Horizonte: Fórum, 2017, p. 58).

[53] Nesse sentido, STJ, 3ª T., REsp n. 1.944.616, Rel. Min. Nancy Andrighi, julg. 8.3.2022, publ. DJe 11.3.2022.

[54] Ilustrativamente, vale destacar, quanto ao inadimplemento das obrigações de dar coisa certa, o art. 234, parte final, que trata da hipótese de perda da coisa por culpa do devedor, e o art. 236, que se refere à hipótese de deterioração da coisa por culpa do devedor. No caso das obrigações de restituir coisa certa, incidem, relativamente ao inadimplemento, os arts. 239 e 240, parte final (este com erro de remissão do legislador). Sobre o tema, v. o volume II destes *Fundamentos*.

[55] Sendo a execução específica viável somente em caso de mora, configurado o inadimplemento absoluto a opção que se coloca é entre a resolução ou a execução pelo equivalente, como esclarece Aline de Miranda Valverde Terra: "Em síntese, quando o artigo 475 determina que o credor, configurado o inadimplemento, pode optar entre resolver o contrato ou exigir-lhe o cumprimento, deve-se entender que a opção há de ser feita entre a resolução e a demanda de cumprimento pelo equivalente, e não pela execução específica, restrita às hipóteses de mora" (*Cláusula resolutiva expressa*, Belo

parte lesada pelo inadimplemento, evidentemente, o direito à reparação dos danos eventualmente sofridos em virtude do inadimplemento.

O exercício do direito à resolução por inadimplemento não se subtrai, todavia, do controle de abusividade, de modo a averiguar, à luz da função negocial concreta e do princípio da boa-fé, a substancialidade do inadimplemento sobre a economia contratual, levando-se em conta critérios não apenas quantitativos como qualitativos, conforme a doutrina do adimplemento substancial, abordada no volume II.[56] Cumpre ainda observar que o legislador impôs que o exercício do direito potestativo à resolução, nesses casos, ocorra no âmbito judicial, como forma de proteger a parte inadimplente no que tange à verificação dos pressupostos para a resolução. Dessa forma, será a sentença, e não manifestação de vontade, que terá o condão de desconstituir os efeitos do contrato, na forma do art. 474 do Código Civil.

4. A CLÁUSULA RESOLUTIVA EXPRESSA

As partes podem, de todo modo, no exercício de sua autonomia negocial, estabelecer a cláusula resolutiva de forma expressa, prevendo para quais obrigações o inadimplemento terá o condão de autorizar a resolução do contrato pela outra parte. *Cláusula resolutiva expressa* A cláusula resolutiva expressa tem a vantagem não apenas de previamente elencar as hipóteses de inadimplemento essencial, autorizadoras da resolução, mas também de permitir a resolução de pleno direito, por mera notificação à outra parte, nos termos do art. 474 do Código Civil.[57] Assim, eventual disputa judicial subsequente gerará decisão meramente declaratória, já que, salvo hipóteses especiais ressalvadas pelo legislador, a resolução terá se operado de pleno direito com a notificação. Observou-se, contudo, certa resistência jurisprudencial a reconhecer a eficácia resolutória da notificação extrajudicial nesses casos, a despeito da clareza da linguagem do legislador, postura que se revela especialmente injustificada quando não se trata de relação de consumo, faltando fundamento para a proteção do devedor nesse contexto.

Horizonte: Fórum, 2017, p. 138). Sobre o tema, v. também Francisco Paulo De Crescenzo Marino, Responsabilidade contratual. In: Renan Lotufo e Giovanni Ettore Nanni (coords.), *Teoria geral dos contratos*, São Paulo: Atlas, 2011, pp. 409-431. Na jurisprudência, v. STJ, 3ª T., REsp 1.989.585, Rel. Min. Nancy Andrighi, julg. 6.9.2022, publ. 13.9.2022.

[56] Ruy Rosado de Aguiar Jr., *Extinção dos contratos por incumprimento do devedor*, Rio de Janeiro: Aide, 2004, p. 255. Sobre os critérios para a verificação da substancialidade do inadimplemento, v. Gabriel Rocha Furtado, *Mora e inadimplemento substancial*, São Paulo: Atlas, 2014.

[57] Na síntese de Aline Terra e Giovanni Nanni, a cláusula resolutiva expressa assume particular relevo como mecanismo de gestão dos riscos contratuais, visto que "não mais se circunscreve ao desígnio estático de abranger a inexecução definitiva de prestações e contraprestações primárias, porém amplifica seu escopo para viabilizar a gestão de outros riscos imanentes ao negócio, que também são capazes de frustrar a realização do programa contratual, de tal sorte que, se materializados, fulminam o interesse na manutenção do vínculo e dão ensejo à resolubilidade. Assim é que ela resta do mesmo modo empregada como mecanismo de alocação de riscos em episódios de caso fortuito e força maior, vícios redibitórios e outros eventos e condutas definidos pelas partes que comprometem o sinalagma convencionado" (Aline de Miranda Valverde Terra e Giovanni Ettore Nanni, A cláusula resolutiva expressa como instrumento privilegiado de gestão de riscos contratuais. *Revista Brasileira de Direito Civil – RBDCivil*, Belo Horizonte, vol. 31, n. 1, jan.-mar. 2022, pp. 135-165).

Em sede de compromisso de compra e venda de imóvel, onde essa tendência se disseminou, o próprio legislador reformou o texto legal para prever que a ausência de purga da mora pelo devedor, após interpelado para fazê-lo em quinze dias, leva à resolução de pleno direito do contrato.[58] Justifica-se historicamente essa preocupação com a compra e venda em loteamentos populares, nas quais, para a proteção do promitente comprador em situação de vulnerabilidade, se impõe a exigência de notificação para a constituição em mora, restringindo assim a possibilidade de autotutela do promitente vendedor.[59] A generalização desse raciocínio, todavia, conduziu o Superior Tribunal de Justiça a editar a Súmula 369, em que a eficácia da cláusula resolutiva expressa estaria aparentemente limitada pela exigência da notificação prévia do arrendatário para sua constituição em mora.[60] Não se confundem, todavia, a extinção do contrato fundada na cláusula resolutiva com a constituição em mora do devedor, que é pressuposto daquela: a proteção do promitente comprador se dá pela exigência de notificação do devedor para a constituição em mora – afastando-se a regra do *dies interpellat pro homine* –, mas uma vez constituído em mora e decorrido o prazo sem purgação, a cláusula resolutiva expressa autoriza a resolução extrajudicial.[61] Assim, tratando-se de mora *ex persona*, notificação prévia será necessária para a constituição do devedor em mora, não para a resolução do negócio.[62] Enfim, cumpre também ressaltar que, tal qual observado quanto à cláusula resolutiva tácita, tampouco o direito à resolução do contrato fundado na cláusula resolutiva expressa pode ser exercido de forma abusiva, em violação ao princípio da boa-fé, como poderia ocorrer em caso de conduta do credor posterior ao inadimplemento que crie expectativa legítima de continuidade do vínculo.[63] Dessa forma, para além da exigência de que seja substancial o inadimplemento – sob pena de sequer nascer o direito à resolução, já que haveria somente inadimplemento relativo – o exercício do direito de resolver não pode frustrar confiança que tenha sido incutida pelo credor no devedor no sentido da manutenção do contrato.[64]

---

[58] Art. 62 da Lei 13.097/2015, que alterou o Decreto-Lei 745/1979, que por sua vez disciplina o Decreto-Lei 58/1937: "Nos contratos nos quais conste cláusula resolutiva expressa, a resolução por inadimplemento do promissário comprador se operará de pleno direito (art. 474 do Código Civil), desde que decorrido o prazo previsto na interpelação referida no *caput*, sem purga da mora".

[59] Art. 32 da Lei 6.766/79: "Vencida e não paga a prestação, o contrato será considerado rescindido 30 (trinta) dias depois de constituído em mora o devedor".

[60] Súmula 369: "No contrato de arrendamento mercantil (*leasing*), ainda que haja cláusula resolutiva expressa, é necessária a notificação prévia do arrendatário para constituí-lo em mora".

[61] Aline de Miranda Valverde Terra, *Cláusula resolutiva expressa*, Belo Horizonte: Fórum, 2017, pp. 171-172. Nesse sentido, já se decidiu que "é possível o manejo de ação possessória, fundada em cláusula resolutiva expressa, decorrente de inadimplemento contratual do promitente comprador, sendo desnecessário o ajuizamento de ação para resolução do contrato" (STJ, 4ª T., REsp 1.789.863-MS, Rel. Min. Marco Buzzi, julg. 10.8.2021).

[62] Como ressaltado em sede jurisprudencial, "O dever do credor de interpelar o devedor para que purgue a mora, ainda que pela via judicial, não se confunde com um dever de ajuizar ação para resolução de contrato" (STJ, 3ª T., REsp 2.044.407/SC, Rel. Min. Nancy Andrighi, julg. 21.11.2023).

[63] STF, 1ª T., RE 67.205, Rel. Min. Aliomar Baleeiro, julg. 6.4.1973, publ. DJ 1.6.1973.

[64] Aline de Miranda Valverde Terra, *Cláusula resolutiva expressa*, Belo Horizonte: Fórum, 2017, pp. 163-165.

5. EXCEÇÕES DE SUSPENSÃO DE EFICÁCIA DO CONTRATO

O inadimplemento de obrigação que integra o sinalagma contratual e, portanto, a função concreta negocial, enseja ao credor não somente o recurso aos mecanismos de extinção do contrato. Nos casos em que persiste o seu interesse em receber a prestação, o ordenamento oferece a possibilidade de somente suspender os efeitos do negócio, resguardando-se, por um lado, do prejuízo decorrente de eventual falta de reciprocidade prestacional, mas, por outro lado, evitando temporariamente a solução mais drástica de ruptura definitiva do vínculo. Franqueia-se, nesse sentido, ao contratante a possibilidade de invocar, por meio de exceção substancial,[65] a violação ao sinalagma como fundamento para reter a sua própria prestação, deixando de cumprir a obrigação que lhe incumbia, até que esteja assegurado do adimplemento da obrigação recíproca, imposta à outra parte.

O principal mecanismo nesse sentido é a exceção de contrato não cumprido (*exceptio non adimpleti contractus*), reputada "defesa oponível pelo contratante demandado, contra o cocontratante inadimplente".[66] Esse instrumento, que também pressupõe que o inadimplemento da outra parte tenha atingido o sinalagma e que a prestação a ser retida tenha se tornado exigível juntamente ou após aquela inadimplida, encontra respaldo no disposto no art. 476 do Código Civil, que impede que o contratante inadimplente exija do outro a satisfação de sua prestação.

Exceção de contrato não cumprido (exceptio non adimpleti contractus)

Embora sem expressa previsão legal, a doutrina admite a ampliação da prerrogativa para abranger também situações em que a outra parte tenha cumprido sua obrigação, mas de forma insatisfatória ou incompleta, configurando a *exceptio non rite adimpleti contractus*.[67] Nesse caso, todavia, a realização da prestação faz presumir a regularidade do pagamento, incumbindo ao excipiente o ônus de provar a inadequação do adimplemento realizado.

Exceptio non rite adimpleti contractus

Como mecanismo de autotutela, o exercício da exceção deve ser avaliado de forma condizente com a principiologia contratual e a tábua axiológica da Constituição, de maneira a coibir que a retenção da prestação ocorra de forma abusiva ou incompatível com a proteção dos interesses envolvidos.[68] Assim, em que pese grande controvérsia sobre o tema, tem predominado o entendimento de que a suspensão do contrato não é cabível quando, apesar do inadimplemento da outra parte, a prestação a ser retida revela-se essencial e predomina na ponderação dos princípios em jogo. Assim, por exemplo, entendeu-se que o fornecimento de eletricidade às unidades

Exceção de contrato não cumprido e prestações essenciais

---

[65] Segundo Serpa Lopes, "A exceção é a razão do réu que paralisa a razão do autor, permitindo ao primeiro recusar a prestação, apesar de fundada em direito do pretendente" (*Exceções substanciais: exceção de contrato não cumprido*, Rio de Janeiro: Freitas Bastos, 1959, p. 52), enquanto a exceção substancial "tem como qualidade própria a de ser um direito contraposto ao pretendido pelo autor" (p. 86).

[66] Caio Mário da Silva Pereira, *Instituições de direito civil*, vol. III, Rio de Janeiro: Forense, 2014 (1963), 18ª ed., atualizado por Caitlin Mulholland, p. 142.

[67] Miguel Maria de Serpa Lopes, *Exceções substanciais: exceção de contrato não cumprido*, Rio de Janeiro: Freitas Bastos, 1959, p. 303. Da mesma forma, indica o Enunciado 652 das Jornadas de Direito Civil (CEJ/CJF): "É possível opor exceção de contrato não cumprido com base na violação de deveres de conduta gerados pela boa-fé objetiva".

[68] Raquel Bellini Salles, *Autotutela nas relações contratuais*, Rio de Janeiro: Processo, 2019, *passim*.

públicas provedoras de necessidades inadiáveis da comunidade (hospitais, prontos-socorros, centros de saúde, escolas e creches) não pode ser cortado, bem como deve ser abrandado se o corte puder causar lesões irreversíveis à integridade física do usuário, isso em razão da supremacia da cláusula de solidariedade prevista no art. 3º, I, da CF/1988.[69] Nesses casos, não poderá o contratante vítima do inadimplemento suspender o fornecimento do bem essencial, cumprindo-lhe apenas adimplir com o que deve e cobrar a prestação que lhe é devida.

Exceção de inseguridade

As exceções de suspensão dos efeitos do contrato não se restringem às hipóteses de inadimplemento configurado, beneficiando também o contratante ameaçado pelo fundado risco de descumprimento da prestação pela contraparte. Nessa direção, diante da significativa redução do patrimônio do devedor, o credor poderá reter a prestação até que aquele cumpra ou lhe dê garantia idônea de fazê-lo. Trata-se da chamada exceção de inseguridade, prevista pelo art. 477 do Código Civil, que pode ser invocada mesmo quando ao excipiente incumbia cumprir primeiro, se presente a redução patrimonial suficiente a tornar duvidoso o adimplemento da contraprestação.

PROBLEMAS PRÁTICOS

1. Pode a concessionária de energia elétrica interromper o fornecimento de luz a um hospital que se encontra inadimplente, com fundamento na exceção de contrato não cumprido?

2. Caio, da seleção da Eslovênia, e Tício, da seleção da Eslováquia, se comprometeram a trocar camisas autografadas no final da Copa. Caio, que ficou de cumprir sua obrigação primeiro, deu trinta reais quando o contrato foi celebrado como sinal, mas nunca veio a entregar a camisa. Consultado por Tício sobre o que fazer, indique-lhe quatro alternativas.

3. Semprônio contratou, por telefone, serviço de TV a cabo por meio do qual recebeu, em comodato, aparelho de recepção de sinal. Passado algum tempo, informou, também por telefone, que desejava realizar distrato, além de ser indenizado pelo que gastou nas despesas com o uso da coisa, consistentes em aquisição de televisor compatível com a tecnologia do aparelho de recepção de sinal. A prestadora de serviço informou que, para realização do distrato, Semprônio deveria assinar um instrumento escrito. Além disto, recusou-se a indenizar Semprônio e exigiu de volta o aparelho de recepção de sinal. Tem razão a prestadora de serviços?

---

[69] STJ, 2ª T., REsp 853.392/RS, Rel. Min. Castro Meira, julg. 21.9.2006, publ. DJ 5.9.2007.

GUSTAVO **TEPEDINO**
PAULA GRECO **BANDEIRA**

PARTE 2
CONTRATOS EM ESPÉCIE

Capítulo I

COMPRA E VENDA. MODALIDADES ESPECIAIS DA COMPRA E VENDA. CONTRATO ESTIMATÓRIO. TROCA

Sumário: COMPRA E VENDA – 1. Conceito e efeitos essenciais – 1.1. Preço – 1.2. Coisa – 1.3. Consenso – 1.4. Causa da compra e venda – 2. Alocação de riscos no contrato de compra e venda – 3. Venda *ad corpus* e *ad mensuram* – 4. Contrato de compra e venda aleatório – 4.1. Compra e venda da esperança (*emptio spei*) – 4.2. Compra e venda da coisa esperada (*emptio res speratae*) – 4.3. Compra e venda de coisa exposta a risco – 5. Vícios na compra e venda – MODALIDADES ESPECIAIS DA COMPRA E VENDA – 6. Retrovenda – 7. Venda a contento ou venda sujeita à prova – 8. Preempção ou preferência – 9. Venda com reserva de domínio – 10. Venda sobre documentos – 11. Promessa de compra e venda – CONTRATO ESTIMATÓRIO – Troca – Problemas práticos.

COMPRA E VENDA

1. CONCEITO E EFEITOS ESSENCIAIS

A compra e venda consiste no mais corriqueiro meio de circulação de mercadorias. Nem sempre foi assim, porém. De início, havia a tomada de bens alheios pela violência; posteriormente, as sociedades praticavam o escambo, propiciando a troca de bens. Somente com o desenvolvimento do comércio se procedeu à monetarização da economia, o que permitiu a instituição de um denominador comum de valores, representado pela moeda, possibilitando, assim, o desenvolvimento do contrato de compra e venda.

O contrato de compra e venda consiste em negócio jurídico por meio do qual o vendedor se obriga a transferir o domínio de certo bem ao comprador, que, em contrapartida, se obriga ao pagamento de determinado preço em dinheiro (CC, art. 481). O sinalagma do contrato reside, portanto, na obrigação de transmissão da proprie-

Conceito e efeitos essenciais

dade contra o pagamento do preço, de modo que uma prestação constitui a causa e efeito da outra. Pode-se afirmar, assim, que os efeitos essenciais do contrato de compra e venda, aptos a qualificá-lo como tal, constituem-se nas prestações da *traditio* da coisa mediante o pagamento do valor em pecúnia.

De outra parte, o preço, a coisa e o consenso consistem nos elementos essenciais do contrato, a seguir examinados. Uma vez definidos o preço e a coisa, considera-se perfeita e obrigatória a compra e venda pura (CC, art. 482). O contrato de compra e venda configura o negócio jurídico bilateral, oneroso e sinalagmático por excelência, que permite a circulação de riquezas e o fomento à economia. Classifica-se ainda como contrato consensual, que poderá ser aleatório ou comutativo.

<small>Efeito obrigacional</small>
Tal como se passa nos negócios jurídicos em geral, o contrato de compra e venda tem natureza obrigacional, de sorte que constitui causa ou título para a transferência da propriedade. Diz-se, portanto, que a estrutura desse negócio é composta de dois atos distintos: a celebração do contrato e o subsequente ato translativo do domínio, o qual ocorrerá com a tradição, na hipótese de bem móvel, ou com o registro, em caso de bem imóvel. O contrato de compra e venda, assim, constitui título para a transferência da propriedade, a qual se efetivará apenas se o aludido título que lhe der causa for válido, ou seja, se o contrato existir e cumprir os pressupostos legais de validade.

Nessa direção, a tradição é a efetiva entrega da coisa móvel ao comprador, apta a transferir a sua propriedade. Esta entrega, que poderá ser material ou ficta, deve se dar no tempo e no lugar acordados, cabendo, via de regra, as despesas desse ato ao vendedor (CC, art. 490). O registro, por sua vez, ato necessário para a transferência do domínio de bens imóveis, se dá no Cartório de Registro de Imóveis responsável pela matrícula do respectivo bem. Além de efetivamente transferir a propriedade, o registro promove a publicidade do ato, tornando o direito real de propriedade oponível *erga omnes*.[1]

O registro, necessário para a transferência do domínio, não se confunde com a escritura pública. Essa última é formalidade prevista em lei para contratos que versem sobre direitos reais de imóveis de valor superior a 30 (trinta) salários mínimos (CC, art. 108), de modo que consiste em solenidade referente à constituição do negócio jurídico causal, não já à transferência do direito real. Ao contrário do registro, que ocorre no Cartório de Registro de Imóveis, a escritura se dá no Cartório de Notas.

1.1. Preço

<small>Prestação em pecúnia</small>
O preço da compra e venda deverá constituir prestação em pecúnia, sob pena de se desnaturar a compra e venda, e constituindo-se em troca. O preço poderá ser determinado ou determinável. As partes poderão, assim, convencionar que o preço será determinado no futuro, segundo critérios previamente acordados no momento

---

[1] Para análise minuciosa do tema, remeta-se ao volume de Direitos Reais desta coleção.

da contratação, tais como taxa de mercado ou de bolsa, em certo e determinado dia e lugar (CC, art. 486); ou, ainda, de acordo com índices ou parâmetros eleitos pelas partes e sujeitos à objetiva determinação (CC, art. 487).

Vale destacar que, embora seja admissível a previsão de cotação em bolsa como critério para a fixação de preço, será fundamental, nessas hipóteses, a indicação, no contrato, da data e do local de aferição da referida cotação, para atendimento do requisito de determinabilidade do preço. Caso esses elementos não sejam identificados, o título não gozará de liquidez, não podendo ser satisfeito por meio de ação executiva, sendo necessário ajuizamento de ação de cobrança para a fixação dos critérios essenciais para a determinação do preço, conforme já decidiu o Superior Tribunal de Justiça.[2]

Se as partes deixarem o preço em branco e não estabelecerem critérios para sua determinação, inexistindo tabelamento oficial, aplicar-se-á, para fins de integração do contrato, o preço corrente nas vendas habituais do vendedor. De outra parte, se não houver acordo entre as partes quanto ao preço, prevalecerá o termo médio (CC, art. 488). Relevam, aqui, os usos e costumes de mercado, que servirão como fonte de integração contratual, disciplinando diretamente o regulamento de interesses, a preencher as lacunas do contrato. Lacuna na determinação do preço

O preço lacunoso poderá ser determinado por uma das partes, por ambas ou por terceiros, indicados pelos contratantes, que determinarão o preço observando os critérios definidos de antemão pelas partes. Na hipótese de determinação do preço por terceiro, caso este não aceite a incumbência ou, aceitando, não se desincumbir, o contrato ficará sem efeito, salvo se as partes nomearem outra pessoa (CC, art. 485). Por outro lado, se o preço estiver sujeito à determinação de apenas uma das partes, o contrato será válido apenas se os contratantes tiverem acordado critérios objetivos

---

[2] Confira-se: "Processo Civil. Agravo Interno nos Embargos de Declaração no Recurso Especial. Exceção de pré-executividade. Título executivo. Liquidez. Ausência. Contrato de compra e venda de safra. Preço indexado a cotação futura na Bolsa de Mercadorias de Chicago (CBOT). Indeterminabilidade do preço. Agravo Interno desprovido. 1. No caso, tem-se contrato de compra e venda de soja, com preço indexado à cotação futura na Bolsa de Mercadorias de Chicago (CBOT), no qual foi acordado que as partes posteriormente elegeriam, dentro de determinado prazo contratual, a data da cotação em bolsa a ser utilizada para determinação do preço. No entanto, nenhuma das partes exerceu a prerrogativa nos respectivos prazos contratuais. Esses fatos são incontroversos e se encontram perfeitamente assentados no v. acórdão de origem, não podendo ser modificados por esta Corte Especial (Súmulas 5 e 7 do STJ). 2. A apuração do preço, portanto, perpassa o prévio acertamento quanto à possibilidade de eleição de data após o transcurso do prazo, bem como da admissibilidade de prorrogação do prazo para dia útil subsequente ou da necessidade de arbitramento do montante pelo Judiciário, uma vez que não há consenso entre as partes acerca do preço. 3. A liquidez do título executivo é caracterizada pela determinabilidade do valor da obrigação mediante cálculos aritméticos, sendo imprescindível, para tanto, que o título contenha todos os critérios objetivos para apuração do valor, a exemplo do marco temporal e espacial, no caso de adoção de cotação em bolsa. 4. No caso concreto, verifica-se a existência de lacunas relevantes quanto ao critério de fixação do preço (data de referência da cotação em bolsa), fazendo-se necessário seu prévio acertamento, o que implica a iliquidez da obrigação de pagar nele representada e, por consequência, a inviabilidade da satisfação da dívida pela via executiva. 5. Agravo interno a que se nega provimento" (STJ, 4ª T., AgInt nos EDcl no REsp. 1.491.537, Rel. Min. Raul Araújo, julg. 16.5.2023, publ. DJ 23.5.2023).

quanto à determinação de preço. A fixação do preço mediante o puro arbítrio de uma das partes tornará nula a compra e venda (CC, arts. 122 e 489).

Responsabilidade pelas despesas

Salvo pactuado diversamente pelas partes, as despesas de escritura e registro, existentes nos negócios imobiliários, ficarão a cargo do comprador; e as da tradição ao vendedor (CC, art. 490).

Exceção de contrato não cumprido e exceção de inseguridade

Se a venda for à vista, o vendedor poderá reter a coisa até que seja pago o preço, incidindo a exceção de contrato não cumprido (CC, arts. 476 e 491). Caso o devedor caia em insolvência antes de o preço se tornar exigível, o vendedor poderá reter a coisa até que o devedor apresente caução que garanta o cumprimento de sua prestação no tempo acordado. Tal regra, prevista no art. 495 do Código Civil, corresponde à exceção de inseguridade, reproduzindo, na disciplina da compra e venda, a regra geral contida no art. 477 do Código Civil.[3] Compreende-se a insolvência em sentido amplo, abrangendo não apenas a insolvência em sentido estrito, recuperação judicial ou falência, mas também o abalo patrimonial superveniente do devedor que comprometa ou torne duvidoso o cumprimento da prestação.

1.2. Coisa

Objeto da compra e venda

Podem ser objeto da compra e venda as coisas corpóreas e incorpóreas. Dentre os bens incorpóreos, cada vez mais numerosos na contemporaneidade, podem-se enumerar, exemplificativamente, os direitos, a tecnologia e as ações.

No âmbito da compra e venda de ações e quotas de sociedades, bens incorpóreos, merece destaque a discussão quanto à (in)aplicabilidade da disciplina de vícios redibitórios e evicção. De um lado, sustenta-se a incidência das regras dos vícios redibitórios nos casos em que se constate a alienação da sociedade, ao argumento de que, nesses casos, o vendedor se responsabiliza pela qualidade da coisa. Assim, caso se constatem passivos relevantes após o fechamento da operação, a parte compradora poderá se valer da proteção contra vícios redibitórios.[4] Se os defeitos recaírem de maneira essencial sobre bens ou atividades sociais a ponto de esmorecer o valor ou

---

[3] "Art. 477. Se, depois de concluído o contrato, sobrevier a uma das partes contratantes diminuição em seu patrimônio capaz de comprometer ou tornar duvidosa a prestação pela qual se obrigou, pode a outra recusar-se à prestação que lhe incumbe, até que aquela satisfaça a que lhe compete ou dê garantia bastante de satisfazê-la".

[4] É a posição de Marcelo Vieira Von Adamek e André Nunes Conti: "Via de regra, quando se trata da alienação de uma porcentagem suficientemente relevante do capital da sociedade-alvo, a ponto de se poder qualificar o negócio, do ponto de vista econômico, como uma verdadeira alienação da empresa, elas terão acordado, expressa ou tacitamente, mas de maneira tangível, vários parâmetros de qualidade da empresa cujas participações são adquiridas. Esses parâmetros definem a prestação devida pelo vendedor, e caso o comprador, após o *closing*, venha a descobrir defeitos e passivos que se afastam desses parâmetros, o vendedor adimpliu mal, e sujeita-se (a menos que outra seja a previsão do contrato) à disciplina dispositiva dos art. 441 do CC" (Marcelo Vieira Von Adamek; André Nunes Conti, Vícios redibitórios na alienação de participações societárias, *Revista de Direito Societário e M&A*, v. 3, jan./jun., 2023). No mesmo sentido: Fábio Konder Comparato; Calixto Salomão Filho, *O poder de controle na sociedade anônima*, Rio de Janeiro: Forense, 2005, 4ª ed., pp. 275-278.

a participação societária, também incidiria tal disciplina.[5] Em contraposição a esse entendimento, defende-se a inaplicabilidade da disciplina dos vícios redibitórios à compra e venda de participações societárias, afirmando-se que seriam mais adequadas as disciplinas da boa-fé no âmbito pré-contratual e dos vícios do consentimento.[6]

Com efeito, em compra e venda de participações societárias, não haveria propriamente defeito nas ações ou quotas adquiridas, tratando-se de alocação de riscos quanto a contingências que atinjam o bem alienado. Têm-se, assim, dois possíveis cenários para as omissões imputáveis ao vendedor: (i) no primeiro, o vendedor, dolosamente, omite determinadas contingências, que alterariam o valor da venda; e (ii) no segundo, o vendedor deixa de revelar determinados passivos por um lapso ou negligência. No primeiro caso, a solução parece se relacionar aos vícios do consentimento, o que poderia gerar a invalidação (anulação) do negócio, na hipótese de dolo essencial (art. 145, Código Civil), sujeito ao prazo decadencial de quatro anos (art. 178, Código Civil). Tais contingências poderiam, nesse particular, se associar ao motivo determinante da contratação – isto é, eventualmente, aquilo que se omitiu se mostrava fundamental na decisão de celebrar ou não o contrato. Caso se trate simplesmente de dolo acidental, haverá a conservação do contrato com perdas e danos (art. 146, Código Civil), decorrente de fato omissivo anterior ao contrato, incidindo, conseguintemente, o prazo prescricional trienal (art. 206, § 3º, V). No segundo cenário, a discussão recairia no inadimplemento do contrato, por quebra de declarações e garantias, em razão de ter se alocado, ao vendedor, a responsabilidade pelas contingências, circunstância passível de condenação a perdas e danos e possível resolução do contrato. Tratando-se de responsabilidade contratual, segundo entendimento prevalente na jurisprudência, incide o prazo prescricional de dez anos (art. 205, *caput*, Código Civil).

No tocante à aplicabilidade da disciplina da evicção aos contratos de aquisição de participação societária, parece haver relativo consenso doutrinário quanto à possibilidade de aplicação, embora, na prática, a hipótese se mostre improvável.[7] A

---

[5] Confira-se: "Como a aquisição de participação societária é uma cessão de posição contratual, deve-se presumir que o adquirente recebe a posição dentro do contrato de sociedade com todos os seus direitos e deveres, o que não engloba os bens que pertencem à sociedade. Logo, não é possível estender-lhes a tutela dos vícios do objeto ou do direito. Até porque, se o adquirente tiver interesse nos bens sociais, pode fazer a aquisição direta dos mesmos. Se adquire a participação societária, submete-se a regime jurídico diverso, que, em virtude da autonomia patrimonial da sociedade, não engloba em seu objeto os bens ou as atividades sociais. (...) Os vícios redibitórios apenas conferem tutela ao adquirente quando incidirem diretamente sobre a própria participação societária. Este será o caso quando os defeitos sobre os bens ou sobre as atividades sociais forem de tamanha gravidade a ponto de minar a função ou valor da própria participação societária" (Giacomo Grezzana, *A Cláusula de Declarações e Garantias em Alienação de Participações Societárias*, São Paulo: Quartier Latin, 2019, pp. 362-363).

[6] Gabriel Saad Kik Buschinelli, por exemplo, afirma: "Diversamente do que defende a doutrina majoritária nacional, acredita-se que o posicionamento mais adequado seja no sentido da não aplicação da disciplina dos vícios redibitórios à compra e venda de participações societárias" (Gabriel Saad Kik Buschinelli, *Compra e venda de participações societárias de controle*, 2017. Tese de Doutorado, Faculdade de Direito da Universidade de São Paulo).

[7] Nessa direção: Caio Brandão; Felipe Hanszmann; Ricardo Mafra, Contingências ocultas em Contratos de M&A: Vícios redibitórios, Evicção e Declarações e Garantias. In: Henrique Barbosa; Jorge

responsabilidade pela evicção do vendedor ocorreria em situações em que a transferência da propriedade não se consuma em virtude de direito de outrem sobre as participações societárias.

A coisa poderá, ainda, ser atual ou futura, sendo certo que, se a coisa não vier a existir, o contrato será nulo por falta de objeto, salvo se as partes tiverem convencionado contrato aleatório (CC, art. 483). A coisa futura não poderá corresponder à herança, vez que não é dado dispor de herança de pessoa viva, vedando-se o denominado pacto corvina (CC, art. 426). Com efeito, a proibição dos pactos sucessórios já constava do art. 1.089[8] do Código Civil de 1916 e tem por escopo impedir que as partes violem as regras de ordem pública relativas à vocação hereditária e à liberdade de testar, de modo a refrear o desejo da morte do autor da herança (*votum alicujus mortis*) estimulado por esse tipo de negócio. Todavia, como advertido pela doutrina, tal proibição há de ser interpretada com cautela, para não obstaculizar o planejamento sucessório, cada vez mais necessário na sociedade contemporânea. De fato, em alguns casos, os contratos sobre herança futura poderão ser merecedores de tutela, se realizarem as escolhas existenciais das partes, sendo certo que, em algumas hipóteses, o legislador admitiu figuras semelhantes, que se lastreiam na esperança da morte do outro, a exemplo da doação com cláusula de reversão e da substituição fideicomissária.[9]

Venda à vista de amostra, protótipo ou modelo A compra e venda poderá se realizar à vista de amostras, protótipos ou modelos, que deverão apresentar a mesma qualidade das coisas efetivamente vendidas (CC, art. 484). Faculta-se, assim, ao comprador, examinar a coisa por ocasião de seu recebimento, podendo recusá-la na hipótese de desconformidade com a amostra, protótipo ou modelo apresentado pelo vendedor no momento da celebração do contrato, a caracterizar o inadimplemento deste último. Caso haja contradição ou divergência entre a amostra, o protótipo ou o modelo e a descrição do bem no contrato, prevalece o primeiro.

Venda conjunta de coisas Determinada universalidade pode constituir objeto de compra e venda.[10] Na hipótese de a venda ter por objeto um conjunto de coisas, o defeito oculto de uma delas não autoriza a rejeição de todas as outras (CC, art. 503).

Cesa Ferreira da Silva (Coord.), *A Evolução do Direito Empresarial e Obrigacional*, vol. 2, São Paulo: Quartier Latin, 2020, pp. 147-169.

[8] "Art. 1.089. Não pode ser objeto de contrato a herança de pessoa viva".

[9] É ver-se: "(...) Não são poucas as situações em que o exercício da autonomia privada demonstra utilidade social, mesmo quando o objeto do negócio seja a herança de pessoa viva. Em muitas delas, o próprio ordenamento realizou ponderação em abstrato e concluiu pela viabilidade de diferentes situações jurídicas que, como visto neste trabalho – em nome da tutela de outros valores, igualmente legítimos, que se erguem na complexidade da discussão em tema dos pactos sucessórios –, estão a flexibilizar, em via autêntica, a regra proibitiva do art. 426 do Código Civil" (Carlos Edison do Rêgo Monteiro Filho e Rafael Cândido da Silva, A proibição dos pactos sucessórios: releitura funcional de uma antiga regra. *Revista de Direito Privado*, São Paulo: Thomson Reuters, vol. 72, dez. 2016, pp. 164-194).

[10] Orlando Gomes (*Contratos*, Rio de Janeiro: Forense, 2009, 26ª ed., p. 273) cita o exemplo da venda de um estabelecimento comercial.

No que tange à coisa em condomínio, em estado de indivisão, os condôminos terão o direito de preferência na aquisição da cota parte daquele que quiser se retirar, em igualdade de condições com terceiros. Na hipótese de múltiplos condôminos, preferirá o que tiver benfeitorias de maior valor e, na falta de benfeitorias, o de quinhão maior. Se as partes forem iguais, obterá a parte vendida aquele que depositar previamente o preço. Caso haja violação ao direito de preferência, o condômino prejudicado poderá, depositando o preço, haver para si a parte vendida a estranhos, se o requerer no prazo de cento e oitenta dias, sob pena de decadência (CC, art. 504).

Direito de preferência

É possível, ainda, a compra e venda de coisa futura, pois, como o contrato de compra e venda apenas gera efeitos obrigacionais, o vendedor poderá celebrar contrato sobre bem que ainda não lhe pertence. Se, nesse caso, não for possível a aquisição da coisa vendida, o contrato será ineficaz e se resolverá em perdas e danos.[11]

1.3. Consenso

Por se tratar de negócio consensual, a simples manifestação de vontade perfectibiliza o contrato de compra e venda, exceto nas hipóteses em que a forma se afigura essencial à validade do negócio, como no caso de compra e venda de imóvel de valor superior a 30 (trinta) salários mínimos (CC, art. 108).

Negócio consensual

Para que possa consentir validamente, fundamental que a parte tenha capacidade para os atos da vida civil. Além disso, o vendedor deve ter o poder de disposição em relação ao bem vendido, ou seja, é necessário que possa alienar o bem oferecido.

Outro requisito subjetivo para a validade da compra e venda é a legitimação das partes, consistente na capacidade específica de figurar em um dos polos da compra e venda. Estão impossibilitados de vender, exemplificativamente, o condômino de coisa indivisível, o falido, e a pessoa casada (exceto no regime de separação absoluta), se ausente outorga uxória. Há, ainda, as ilegitimidades específicas, que impedem a formação da relação com contraparte determinada, como na hipótese de ascendente que não pode celebrar venda com descendente sem consentimento dos demais.

Capacidade das partes

A legitimidade incide também no que diz respeito ao comprador, de modo que tutores, curadores, testamenteiros e administradores não podem comprar bens confiados à sua guarda, tutela ou gestão.[12]

1.4. Causa da compra e venda

Embora o Código Civil não contemple expressamente, todo negócio jurídico contém, como elemento essencial, a sua causa ou função, consistente na mínima unidade de efeitos essenciais, que o qualifica e o distingue dos demais negócios ju-

---

[11] Orlando Gomes, *Contratos*, cit., p. 274.
[12] Orlando Gomes, *Contratos*, cit., p. 271.

rídicos.[13] Vale dizer, ainda que o conteúdo contratual abranja diversas prestações, a compra e venda caracteriza-se por duas prestações essenciais contrapostas, que, a um só tempo, definem o seu sinalagma e a sua causa: as prestações de entrega do bem para a transferência da propriedade e o pagamento do preço convencionado. Sem a causa, não se tem a perspectiva funcional da qualificação, já que os demais elementos essenciais se limitam a definir a estrutura da compra e venda.[14] Cuida-se, portanto, da identificação da função prático-social[15] alcançada pela autonomia privada, mediante a mínima unidade de efeitos essenciais produzidos pelo negócio jurídico, a serem analisados em concreto.

O estudo da causa assume ainda maior relevo na economia contemporânea, em que se descortinam novos negócios a partir de recentes ferramentas tecnológicas, com vistas ao atendimento dos interesses privados. Tome-se como exemplo a *sharing economy* (ou *share economy*), que consiste em movimento de consumo sustentável, em contraposição ao consumismo de massa.[16]

Na economia de compartilhamento, rompe-se com a lógica da acumulação que orienta a ordem econômica global. A compra e a aquisição de bens deixam de ser os meios primordiais de acesso aos bens e serviços. Ao contrário, valoriza-se o uso da

---

[13]   A respeito da causa, confira-se a clássica lição de Salvatore Pugliatti, *Scritti Giuridici*, vol. I, Milano: Giuffrè, 2008, p. 675: "a causa do negócio, em vez de traduzir a intenção típica do sujeito ou o complexo das intenções típicas de vários sujeitos, consiste na síntese unitária dos efeitos típicos de certo negócio jurídico, os quais resultam predispostos pela norma. Assim, a causa da compra e venda é a transferência da propriedade de uma coisa determinada em contraprestação a certo preço; a causa da doação, a transferência da propriedade de coisa determinada sem correspectivo; a causa da permuta, a recíproca transferência da propriedade de coisas determinadas; a causa do mandato, a gestão de negócios de outrem sem ou com correspectivo, dentre outros. A causa, compreendida em sentido técnico, é elemento essencial de todo negócio jurídico: não pode haver, por isso mesmo, qualquer efeito o negócio jurídico sem causa ou fundado em causa falsa ou ilícita" (tradução nossa). No original: "*la causa del negozio, anziché l'intento tipico del soggetto, o il complesso degli intenti tipici dei vari soggetti, è la sintesi unitaria degli effetti tipici di un dato negozio giuridico, quali risultano predisposti dalla norma. Così la causa della compravendita è il trasferimento della proprietà di una cosa determinata contro un dato prezzo; la causa della donazione, il trasferimento della proprietà di una cosa senza corrispettivo; la causa della permuta, il reciproco trasferimento di proprietà di cose determinate; la causa del mandato, la gestione degli affari altrui senza o con corrispettivo, e via dicendo. La causa, intesa in senso tecnico, è elemento essenziale di ogni negozio giuridico: non può avere perciò alcun effetto il negozio giuridico privo di causa, o fondato sopra una causa falsa o illecita*". Remete-se, ainda, nesse ponto, ao volume I desta coleção.

[14]   Como observado em outra sede: "a causa é elemento essencial do negócio jurídico, ao lado dos elementos subjetivo, objetivo e formal. Não se confunda causa com motivo, de natureza subjetiva ou psicológica. Do ponto de vista técnico-jurídico, a causa consiste na mínima unidade de efeitos essenciais que caracteriza determinado negócio, sua função técnico-jurídica, diferenciando-os dos demais. Somente a identificação da causa pode determinar a qualificação contratual, a invalidade ou a ineficácia de certas relações jurídicas para as quais o exame dos demais elementos mostra-se insuficiente" (Gustavo Tepedino, A responsabilidade civil nos contratos de turismo. *Revista de Direito do Consumidor*, São Paulo: Revista dos Tribunais, vol. 26, abril/junho, 1998, pp. 83-95).

[15]   A expressão é empregada por Pietro Perlingieri (*Perfis de Direito Civil*: Introdução ao Direito Civil Constitucional, Rio de Janeiro: Renovar, 2002, 3ª ed., p. 96).

[16]   Sobre o ponto, cfr. Claudia Lima Marques, A nova noção de fornecedor no consumo compartilhado: um estudo sobre as correlações do pluralismo contratual e o acesso ao consumo. *Revista de Direito do Consumidor*, São Paulo: Revista dos Tribunais, vol. 111, maio-jun. 2017.

tecnologia da informação "em prol da otimização do uso de recursos, através de sua redistribuição, compartilhamento e aproveitamento de suas capacidades excedentes".[17] Nessa lógica, ganham papel de destaque os agentes intermediários, afastando-se da tradicional lógica dos grandes fornecedores. É o que ocorre, exemplificativamente, com os aplicativos de transporte individual, que não dispõem de frota própria de carros, contando, ao contrário, com a participação de motoristas particulares com seus veículos pessoais.

Essa nova economia, em paulatina expansão na sociedade contemporânea, denota a relevância da análise da causa do contrato, compreendida como a mínima unidade de efeitos essenciais de um negócio jurídico. Torna-se, assim, fundamental que o intérprete analise, na hipótese concreta, o escopo econômico perseguido pelas partes, permitindo-se identificar o negócio em questão e a consequente disciplina jurídica aplicável.

2. ALOCAÇÃO DE RISCOS NO CONTRATO DE COMPRA E VENDA

O contrato de compra e venda, como qualquer contrato, representa instrumento de gestão de riscos ou de superveniências que atingem a sua execução. Evidentemente, os riscos que constituirão objeto de gestão pelos particulares hão de ser previsíveis, de modo a que se possa atribuir a um ou outro contratante os efeitos de sua verificação. Assim, verificado o risco previsto, deflagram-se as responsabilidades dos contratantes, segundo a alocação de riscos estabelecida pelas partes.

Dois são os mecanismos de gestão de riscos: a gestão positiva e a gestão negativa.[18] Na gestão positiva, as partes distribuem os riscos econômicos previsíveis a partir das cláusulas contratuais. Aludida alocação de riscos, que será identificada com base na vontade declarada[19] pelos contratantes, estabelece o equilíbrio econômico do negócio. Tal equação econômica, que fundamenta o sinalagma ou a correspectividade entre as prestações, deve ser observada no curso da relação contratual, em atenção aos princípios da obrigatoriedade dos pactos e do equilíbrio dos contratos.[20]

Gestão positiva de riscos

Ao ser repartido entre os contratantes, o risco previsível passa a integrar a álea normal do contrato, compreendida como o risco externo ao contrato, o qual, embora

---

[17] Carlos Affonso Pereira de Souza e Ronaldo Lemos, Aspectos jurídicos da economia do compartilhamento: função social e tutela da confiança. *Revista de Direito da Cidade*, vol. 8, n. 4, 2016, p. 1759.

[18] Sobre a gestão positiva e negativa de riscos, v. Paula Greco Bandeira, *Contrato Incompleto*, São Paulo: Atlas, 2015, pp. 141 e ss.

[19] Sobre a teoria da declaração, originada no séc. XX e em pleno vigor na teoria contratual contemporânea, assinala Vincenzo Roppo: "no contrato, é importante não apenas a *efetiva vontade individual*, em como esta se forma na esfera psíquica do sujeito, mas também a *sua projeção social externa*, e, em particular, o modo pelo qual a vontade das partes é percebida pela contraparte. Esta percepção é determinada essencialmente pelo modo como a vontade, objetivamente, vem manifestada externamente; por isso o teor objetivo da declaração de vontade" (Vincenzo Roppo, Il contrato. In: Giovanni Iudica e Paolo Zatti (orgs.), *Trattato di diritto privato*, Milano: Giuffrè, 2001, pp. 38-39; tradução livre).

[20] Sobre tais princípios, v. capítulo III da Parte 1 deste volume.

não integre a sua causa, mantém com ela *relação de pertinência,* por representar o risco econômico previsível assumido pelos contratantes ao escolher determinado tipo ou arranjo contratual. A definição da álea normal irá se operar no concreto regulamento de interesses, mostrando-se possível que determinado evento previsível não se insira na álea normal e, portanto, não figure como fato previsto, objeto de gestão pelas partes. Por outro lado, as partes poderão alargar a álea normal, incluindo na gestão do risco eventos previsíveis que ordinariamente não sejam associados a determinada espécie negocial (e que, portanto, no comum dos casos, seriam considerados fatos extraordinários).

A Lei 13.874/2019, que instituiu a Declaração de Direitos de Liberdade Econômica, alterou o Código Civil justamente para consagrar a obrigatoriedade de as partes observarem, na execução do contrato, os riscos assumidos e alocados no negócio jurídico.[21] Com efeito, incluiu-se no Código Civil o art. 421-A,[22] que determina que os contratos civis e empresariais presumem-se paritários e simétricos. Em seus incisos, determinou-se que as partes poderão estabelecer parâmetros objetivos para a interpretação das cláusulas contratuais, bem como seus pressupostos de revisão ou de resolução. Além disso, previu-se expressamente que a alocação de riscos definida pelas partes deve ser observada e que a revisão contratual somente ocorrerá de maneira excepcional e limitada.

É dizer: a alocação de riscos estabelecida pelos contratantes há de ser respeitada, em consonância com os princípios contratuais clássicos da autonomia privada e da obrigatoriedade dos pactos, os quais, sem embargo de seu controle valorativo, têm extrema importância no direito dos contratos. Afastam-se, por isso mesmo, pleitos de revisão contratual que, sob o fundamento do reequilíbrio negocial, não observem os seus pressupostos legais.

Gestão negativa de riscos Ao lado da gestão positiva da álea normal, os contratantes poderão optar por gerir negativamente os riscos econômicos previsíveis supervenientes, deixando deliberadamente em branco certos elementos da relação contratual, a serem determinados, em momento futuro, pela atuação de uma ou ambas as partes, de terceiro ou mediante fatores externos, segundo o procedimento contratualmente previsto para a integração da lacuna. Trata-se do contrato incompleto.[23]

---

[21] Sobre o tema, v. Gustavo Tepedino e Laís Cavalcanti, Notas sobre as alterações promovidas pela Lei n. 13.874/2019 nos arts. 50, 113 e 421 do Código Civil. In: Luis Felipe Salomão, Ricardo Villas Bôas Cueva e Ana Frazão (coords.), *Lei de Liberdade Econômica e seus impactos no direito brasileiro,* São Paulo: Thomson Reuters Brasil, 2020, pp. 487-514.

[22] "Art. 421-A. Os contratos civis e empresariais presumem-se paritários e simétricos até a presença de elementos concretos que justifiquem o afastamento dessa presunção, ressalvados os regimes jurídicos previstos em leis especiais, garantido também que: I – as partes negociantes poderão estabelecer parâmetros objetivos para a interpretação das cláusulas negociais e de seus pressupostos de revisão ou de resolução; II – a alocação de riscos definida pelas partes deve ser respeitada e observada; e III – a revisão contratual somente ocorrerá de maneira excepcional e limitada".

[23] Sobre o contrato incompleto, v. Paula Greco Bandeira, *Contrato incompleto,* cit., *passim.*

No âmbito da gestão negativa, situam-se as hipóteses de contrato de compra e venda incompleto, em que os contratantes deixam o preço em branco, a ser determinado consoante determinado fator externo, eleito pelas partes (índices ou parâmetros), pela atuação de ambas as partes, de uma delas ou de terceiro.

Contrato incompleto

Para além da alocação convencional de riscos, a lei também reparte os riscos entre os contratantes, sendo certo que as partes poderão alterar a alocação de riscos estabelecida pelo legislador. Do ponto de vista legal, até a transferência do domínio, o vendedor responde pelos riscos da coisa (*res perit domino*) e o comprador, pelos riscos do preço. Todavia, o comprador responderá pelos riscos da coisa, caso esteja em mora de recebê-la ou, ainda, se a coisa estiver à sua disposição e o risco se verificar no ato de contar, marcar ou assinalar a coisa que normalmente se recebe pesando, medindo ou assinalando (CC, art. 492), vez que se considera que o ato de pôr à disposição a coisa ao comprador equivale à tradição.

Alocação legal de riscos

Como decorrência do princípio segundo o qual a coisa perece para o dono (*res perit domino*), o vendedor, salvo disposição em contrário, responderá por todos os débitos que gravem a coisa até o momento da tradição (CC, art. 502).

Débitos da coisa

As partes poderão, ainda, convencionar de que modo se dará a tradição. Na hipótese de inexistência de previsão, a tradição irá se operar no local em que se encontra a coisa no momento da venda (CC, art. 493).

Local da tradição

Por outro lado, se a coisa for expedida para lugar diverso, por ordem do comprador, a tradição se operará com a entrega da coisa ao transportador, passando, a partir desse momento, a correr por conta do comprador os riscos da coisa, salvo se o vendedor não observar as suas instruções e dessa inobservância resultar danos à coisa (CC, art. 494).

3. VENDA *AD CORPUS* E *AD MENSURAM*

A venda *ad corpus* consiste naquela em que o imóvel é vendido como coisa certa e determinada, de modo que as dimensões se afiguram meramente enunciativas (*v.g.* sítio Vista Alegre, de 5 hectares). Por isso mesmo, não se admitem reclamações do vendedor ou do comprador quanto à sua área. Não se mostra necessário constar expressamente no contrato que a venda é *ad corpus*, bastando que haja a venda de imóvel certo e discriminado, não sendo preponderante suas medidas e dimensões (CC, art. 500, § 3º).

Venda ad corpus

A venda *ad mensuram* ou "por medida de extensão", por sua vez, constitui aquela em que o imóvel é vendido pelo preço correspondente ao produto da soma do preço estipulado para cada unidade de medida (ex.: um sítio de 5 hectares, em que cada hectare custa R$ 100.000,00 reais, será vendido por R$ 500.000,00), de sorte que as medidas se revelam essenciais à definição do preço global.

Venda ad mensuram

Na venda *ad mensuram*, sendo a extensão exata decisiva para a definição do preço, se a área for menor do que a anunciada pelo vendedor, o comprador terá o direito de exigir o seu complemento e, subsidiariamente, não sendo isso possível, poderá requerer a resolução do contrato ou abatimento proporcional ao preço.

Por outro lado, se a área real for maior do que a anunciada pelo vendedor, para que não haja enriquecimento indevido por parte do comprador, caber-lhe-á, à sua escolha, completar o valor correspondente ao preço ou devolver o excesso, desde que o vendedor comprove que tinha motivos para ignorar a medida exata da área vendida (CC, art. 500, § 2º).

A lei presume de modo relativo que a referência às dimensões foi simplesmente enunciativa quando a diferença encontrada não exceder a 1/20 (um vigésimo) da área total enunciada. Afasta-se a presunção se o comprador demonstrar que não teria realizado o negócio caso conhecesse sua área real (CC, art. 500, § 1º).[24]

Prazo decadencial de 1 ano O vendedor ou o comprador terá o prazo de 1 (um) ano, a contar do registro do título no RGI, para exercer pretensões decorrentes da discrepância entre a área real e a área anunciada, sob pena de decadência (CC, art. 501). Se houver atraso na imissão na posse, por culpa do alienante, a partir dela fluirá o prazo decadencial.[25]

---

[24] A presunção determinada pelo legislador foi objeto de análise pelo Superior Tribunal de Justiça em recente julgado: "Processual Civil. Recurso Especial manejado sob a égide do NCPC. Ação de rescisão de contrato de compra e venda. Sala comercial adquirida na planta para fins de investimento. Diferença de 1,9667 metros quadrados na área real. Alegação de descumprimento contratual. Aplicação do Código de Defesa do Consumidor. Cabimento. Teoria finalista mitigada. Pretensão de enquadrar a compra e venda como *ad mensuram*. Impossibilidade. Diferença de metragem que está aquém da margem fixada pelo art. 500, § 1º do CC. Caracterização de compra e venda *ad corpus*. Recurso Especial não provido. (...) 4. Conquanto exista relação de consumo, a compra e venda, no caso sub judice, não se qualifica como *ad mensuram*, pois o negócio envolveu coisa delimitada (sala comercial), sem apego as suas exatas medidas. A referência à medida, no contrato, foi meramente enunciativa, não sendo decisiva como fator da aquisição. 5. A própria lei faz a presunção de que a compra deve ser considerada "ad corpus" quando a diferença encontrada não exceder de um vigésimo da área total enunciada (art. 500, § 1º do CC), que é o caso dos autos, em que a diferença equivale apenas a 1,96% da área do imóvel, o que não inviabiliza, nem tampouco prejudica a utilização do bem para o fim esperado. Assim, a pretensa resolução contratual com atribuição de culpa à Construtora não se justifica. 6. Recurso especial não provido" (STJ, 3ª T., REsp. 2.021.711, Rel. Min. Nancy Andrighi, julg. 14.3.2023, publ. DJ 23.3.2023). Em outra oportunidade, a 3ª Turma do STJ confirmou acórdão do TJSP que condenou a construtora a reparar integralmente o condomínio pelos prejuízos decorrentes da entrega de vagas de garagem e áreas de circulação entre elas com metragem inferior à contratada, com consequente depreciação das unidades imobiliárias correspondentes. A construtora pretendia abater da indenização o equivalente a 5% da metragem prevista contratualmente, ao argumento da tolerância legal admitida pelo art. 500, § 1º, do Código Civil. Segundo o dispositivo, a referência às dimensões é simplesmente enunciativa quando a diferença não exceder de um vigésimo da área total enunciada. Para o Relator, Min. Ricardo Villas Bôas Cueva, todavia, tal regra não dá ao vendedor de imóvel o direito de abater da indenização o valor de 5% da área prometida, sob pena de se permitir o enriquecimento sem causa do vendedor, além de "emprestar proteção injustificada ao descumprimento da obrigação e desprestigiar o princípio da boa-fé contratual" (STJ, 3ª T., REsp 1.869.868/SP, Rel. Min. Ricardo Villas Bôas Cueva, julg. 21.11.2023, publ. *DJe* 24.11.2023).

[25] Em julgado da 3ª Turma do STJ, já se assinalou que não se deve confundir o prazo decadencial de 1 (um) ano previsto no art. 501 do Código Civil com o prazo prescricional a que estará sujeito o contratante para reclamar indenização pelo inadimplemento contratual. Nesse sentido: "Também na hipótese de venda *ad mensuram* – e consequente aplicação da legislação civilista –, convém sublinhar que o prazo decadencial previsto no artigo 501 do CC/2002 refere-se tão somente à propositura de ação para exigir o complemento da área, reclamar a resolução do contrato ou o

4. CONTRATO DE COMPRA E VENDA ALEATÓRIO

4.1. Compra e venda da esperança (*emptio spei*)

O Código Civil estabelece, na seção VII dedicada aos contratos aleatórios, os negócios aleatórios pela vontade das partes, nos quais a aleatoriedade não integra sua causa originária, mas resulta precisamente da criação da autonomia privada, que insere o risco nos contratos comutativos com vistas a alcançar determinado resultado.[26] Como já se observou, o codificador se restringiu a disciplinar, no âmbito da matéria em discussão, as vendas aleatórias, sem destinar dispositivos gerais à regulamentação dos contratos aleatórios, que estabelecessem os traços essenciais do instituto.[27]

Vendas aleatórias

Ao propósito, dentre os dispositivos que regulam o contrato de compra e venda, o art. 483[28] do Código Civil brasileiro, na mesma esteira do art. 1.472[29] do Código Civil italiano, determina que a compra e venda que tenha por objeto coisa atual ou futura ficará sem efeito se a coisa não vier a existir, salvo se a intenção das partes era a de concluir contrato aleatório.

Nesta direção, o art. 458 consagra a compra e venda da esperança (*emptio spei*), em que as partes, ao celebrarem o contrato de compra e venda, essencialmente comutativo, inserem o elemento álea, de sorte que o lucro ou o prejuízo dos contratantes, em termos de atribuição patrimonial, irá depender da verificação de evento que, embora previsto pelas partes, é de ocorrência incerta e independe de seu comportamento. Do ponto de vista estrutural, o evento incerto irá recair sobre a própria existência e consistência física da prestação do vendedor de entrega da coisa. Segundo o dispositivo, na hipótese de o evento incerto não se implementar, e, em consequência, nada do avençado vir a existir, ainda assim será devido o preço pelo comprador, vez que esse assume integralmente o risco da não existência da coisa adquirida. Todavia,

Emptio spei

---

abatimento proporcional do preço, não se confundindo com o prazo prescricional a que se sujeita o consumidor para pleitear indenização decorrente da má execução do contrato" (STJ, 3ª T., REsp 1.898.171/SP, Rel. Min. Nancy Andrighi, julg. 20.4.2021).

[26] Embora a compra e venda da esperança traduza contrato aleatório pela vontade das partes, o codificador tipificou o negócio, o qual se afigura, por isso mesmo, contrato típico.

[27] Neste particular, Araken de Assis sustenta a aplicação do regime previsto nos arts. 458 a 461 a quaisquer outros negócios aleatórios (in: Arruda Alvim e Thereza Alvim (coords.), *Comentários ao Código Civil brasileiro*, vol. V, Rio de Janeiro: Forense, 2007, p. 414).

[28] "Art. 483. A compra e venda pode ter por objeto coisa atual ou futura. Neste caso, ficará sem efeito o contrato se esta não vier a existir, salvo se a intenção das partes era de concluir contrato aleatório".

[29] "Art. 1.472. Venda de coisas futuras. Na venda que tem por objeto uma coisa futura (1348), a aquisição da propriedade se verifica assim que a coisa venha a existir. Se o objeto da venda são as árvores ou os frutos de um terreno, a propriedade se adquire quando as árvores são cortadas ou os frutos são separados (820). No caso de as partes não terem desejado concluir contrato aleatório, a venda é nula se a coisa não vem a existir" (tradução livre). No original: "Art. 1.472. Vendita di cose future. Nella vendita che ha per oggetto una cosa futura (1348), l'acquisto della proprietà si verifica non appena la cosa viene ad esistenza. Se oggetto della vendita sono gli alberi o i frutti di un fondo, la proprietà si acquista quando gli alberi sono tagliati o i frutti sono separati (820). Qualora le parti non abbiano voluto concludere un contratto aleatorio, la vendita è nulla, se la cosa non viene ad esistenza".

se o alienante tiver concorrido com dolo ou culpa para a não deflagração do evento, não fará jus ao recebimento do preço.

Risco de inexistência da coisa

Como se vê, de um lado, o comprador se obriga a efetuar o pagamento do preço, independentemente da coisa adquirida vir a existir, e, de outro lado, o alienante se compromete a entregar a coisa futura que venha a existir. No momento da contratação, as partes desconhecem se irão lucrar ou ter prejuízo, em termos de atribuição patrimonial, com o negócio, o que dependerá da verificação do evento incerto. Se, por hipótese, a coisa vier a existir, a partir da ocorrência do evento incerto, ter-se-á perda patrimonial para o alienante, o qual irá transferir a coisa de seu patrimônio para o do adquirente que, por conseguinte, extrairá vantagem patrimonial do ajuste. Dito por outras palavras, do ponto de vista jurídico, o alienante, que desempenha a prestação disparada pelo evento incerto em favor do comprador, sofre perda, ao passo que o comprador, que recebe a prestação, aufere lucro. Ao revés, se for constatada a inexistência da coisa, ter-se-á vantagem patrimonial para o alienante, o qual irá receber o preço sem a transferência do bem. Eis a álea que integra a causa da compra e venda da esperança, ao lado do pagamento do preço em contraprestação à obrigação de entrega da coisa eventualmente existente. A título ilustrativo, tem-se compra e venda da esperança quando as partes ajustam a aquisição do resultado de colheita de certa fazenda em determinado período, sendo devido o preço ainda que nada seja colhido.

Caracterização do contrato aleatório

Como registrado em outra sede, o ganho ou a perda do ponto de vista jurídico, isto é, em termos de atribuição patrimonial, não se confunde com o lucro ou prejuízo econômico, o qual se mostra irrelevante para fins de caracterização dos contratos aleatórios. Assim, por exemplo, mesmo que a coisa venha a existir, o vendedor pode ter lucro em termos econômicos se o preço pago pelo adquirente for superior ao valor da coisa surgida posteriormente, embora, em termos de atribuição patrimonial, o alienante tenha sofrido uma perda, com a saída de um ativo – especificamente, a coisa – do seu patrimônio, mediante o desempenho da prestação em favor da contraparte, em virtude da verificação do evento incerto.[30] Sob o aspecto estrutural, o evento incerto determinará a existência da coisa e, portanto, da própria prestação do alienante consubstanciada na entrega do bem, assim como sua consistência física. Diz-se, pois, que, no perfil estrutural, a compra e venda da esperança se assemelha a contrato de compra e venda de coisa futura ao qual se apõe cláusula em que o comprador se obriga a adimplir a prestação de pagamento mesmo que a coisa não venha a existir ou se manifeste em quantidade ou qualidade diversa daquela esperada.[31]

Sinalagma na compra e venda aleatória

Afirma-se que o sinalagma da relação contratual reside na correspectividade de uma prestação certa do comprador (o pagamento do preço) e uma prestação incerta em seu *an* e *quantum* do vendedor (entrega da coisa), o que somente se torna possível com a vontade das partes de introduzir a álea como elemento essencial do con-

---

[30] Paula Greco Bandeira, *Contratos aleatórios no direito brasileiro*, Rio de Janeiro: Renovar, 2010, pp. 12-25.

[31] Giuseppina Capaldo, *Contratto aleatorio e alea*, Milano: Giuffrè, 2004, p. 72.

trato.[32] Na feliz síntese de Rosario Nicolò, na compra e venda da esperança, a álea "incide de modo essencial e necessário, no sentido de que a prestação do vendedor é necessariamente incerta e querida como tal pelas partes, as quais estão conscientes de fazer depender exclusivamente de um evento futuro a existência e a qualidade da mesma prestação".[33]

O contrato de compra e venda da esperança se aperfeiçoa no momento do acordo de vontades, mesmo que a coisa não exista. Por outro lado, a *spei* constitui objeto da prestação do vendedor, no sentido de que basta a expectativa de transferência da propriedade da coisa para dar conteúdo à venda.[34]

Na hipótese de a coisa vir a existir, aplicar-se-á ao negócio a disciplina geral da compra e venda. Por outro lado, se a coisa não vier a existir, há que se diferenciar duas hipóteses: aquela em que o vendedor concorre para impedir a existência da coisa daquela em que a coisa não vem a existir por fato não imputável ao vendedor. *(nota lateral: Inexistência da coisa: disciplina)*

Evidentemente que o alienante não terá direito ao preço se obstar com dolo ou culpa a verificação do evento incerto. Com efeito, se houver culpa ou dolo do alienante na obstaculização do evento incerto, tal equivalerá à exclusão do risco, sendo certo que a coisa não virá a existir por força de conduta do alienante. Nesse caso, a atuação dolosa ou culposa do alienante dirigida a impedir a realização do evento consiste em ilícito contratual, autorizando-se o comprador a resolver o negócio e pleitear perdas e danos.

Em caso de dúvida quanto à celebração de contrato de compra e venda de coisa futura ou de compra e venda da esperança, se presume o primeiro, tendo em vista que o negócio aleatório deve resultar de manifestação de vontade expressa e inequívoca dos contratantes, em consonância com a parte final do art. 483 do Código Civil: "salvo se a intenção das partes era de concluir contrato aleatório". *(nota lateral: Compra e venda de coisa futura ou compra e venda da esperança?)*

4.2. Compra e venda da coisa esperada (*emptio res speratae*)

O Código Civil disciplina, na seção dos contratos aleatórios, a compra e venda da coisa esperada (*emptio res speratae*), na qual o adquirente assume o risco de que a coisa exista em qualquer quantidade, embora não avoque a si o risco de sua inexistência. Da mesma forma que na compra e venda da esperança, trata-se de contrato aleatório pela vontade das partes, em que os particulares introduzem a álea na compra e venda comutativa, transformando-a em aleatória. *(nota lateral: Emptio res speratae)*

---

[32] Giovanni Di Giandomenico, *I contratti speciali. I contratti aleatori*, Torino: Giappichelli, 2005, p. 31.

[33] Rosario Nicolò, Alea. In: *Enciclopedia del diritto*, vol. I, Milano: Giuffrè, 1958, p. 1029; tradução livre. No original: "(...) Non è solo che l'alea incida genericamente sull'oggetto del contratto (e particolarmente sulla prestazione del venditore), ma è che vi incide in modo essenziale e necessario, nel senso che la prestazione del venditore è necessariamente incerta e voluta come tale dalle parti, le quali sono consapevoli di far dipendere esclusivamente da un evento futuro la esistenza e la entità della prestazione medesima".

[34] Giovanni Maresca, *Alea contrattuale e contratto di assicurazione*, Napoli: Giannini Editore, 1979, p. 68, nota 10.

Risco quanto à extensão da prestação

Segundo o art. 459 do Código Civil,[35] o comprador se obriga a pagar o preço ajustado desde que a coisa exista, independentemente de sua quantidade ou qualidade. Vale dizer, mesmo que a coisa exista em quantidade ou qualidade inferior à esperada pelo adquirente, o vendedor fará jus ao preço integral acordado. O alienante, a seu turno, compromete-se a entregar a coisa futura que necessariamente venha a existir. Entretanto, caso a coisa se verifique em quantidade inferior à esperada por culpa do vendedor, este terá cometido inadimplemento, podendo o credor, a seu critério, resolver o contrato e pleitear as perdas e danos cabíveis ou, se o vínculo contratual ainda lhe for útil, manter o ajuste exigindo o abatimento do preço.

Inexistência da coisa

Por outro lado, se a coisa não vier a existir, o legislador determina, no parágrafo único do art. 459, que "alienação não haverá", devendo o alienante restituir o preço recebido. Neste particular, o legislador não diferenciou a hipótese em que a coisa não existe por culpa do alienante daquela em que fato alheio à vontade dos contratantes determina a inexistência da coisa. Se houver culpa do vendedor, está-se diante de ilícito contratual (ou inadimplemento) consistente na violação do dever negativo de não impedir a deflagração do evento incerto, devendo o alienante restituir o preço recebido e responder pelos danos causados. Constatada, por outro lado, a alteridade do fato que acarretou a inexistência da coisa, as partes retornarão aos *status quo ante,* com a devolução do preço pelo alienante, sem que seja devida qualquer reparação de parte a parte.

A inexistência da coisa representa a ausência da prestação do vendedor de entrega do bem, a qual integra o objeto do contrato de compra e venda da coisa esperada, razão pela qual o contrato restará sem objeto e, por isso mesmo, será inexistente. Justamente por se cuidar de contrato aleatório, as partes desconhecem *ab initio* se irão lucrar ou ter prejuízo, em termos de atribuição patrimonial, com o negócio, o que dependerá da verificação do evento incerto. Se, por hipótese, a coisa vier a existir em quantidade ou qualidade igual ou superior à esperada pelo adquirente, a partir da ocorrência do evento incerto, ter-se-á perda patrimonial para o alienante, o qual irá transferir a coisa de seu patrimônio para o do adquirente que, por conseguinte, extrairá vantagem patrimonial do ajuste. Ao revés, se for constatada a existência da coisa em quantidade ou qualidade inferior à aguardada pelo comprador, ter-se-á vantagem patrimonial para o alienante, o qual irá receber o preço mediante a transferência da coisa na qualidade e quantidade verificada. Tal é a álea que integra a causa da compra e venda da coisa esperada, cujo desfecho dependerá da verificação de evento incerto, que, embora previsto pelas partes, se mostra incontrolável. Do ponto de vista estrutural, o evento incerto irá recair sobre a quantidade e qualidade da prestação do vendedor de entrega da coisa, isto é, sua consistência física, não já sobre sua existência.

---

[35] "Art. 459. Se for aleatório, por serem objeto dele coisas futuras, tomando o adquirente a si o risco de virem a existir em qualquer quantidade, terá também direito o alienante a todo o preço, desde que de sua parte não tiver concorrido culpa, ainda que a coisa venha a existir em quantidade inferior à esperada. Parágrafo único. Mas, se da coisa nada vier a existir, alienação não haverá, e o alienante restituirá o preço recebido".

A causa do contrato de compra e venda da coisa esperada consiste, pois, na álea, somada aos elementos essenciais da compra e venda, quais sejam, o pagamento do preço pelo adquirente, e a obrigação do alienante de entrega, para transferência da propriedade, necessariamente existente, cuja quantidade e qualidade, contudo, dependerão do evento incerto.

Causa da emptio res speratae

No intuito de se diferenciar o contrato de compra e venda da esperança do contrato de compra e venda da coisa esperada, o intérprete há de investigar a intenção comum dos contratantes consubstanciada na vontade declarada pelas partes no ajuste, verificando se pretenderam que o risco recaísse sobre a existência da coisa (*emptio spei*) ou tão somente sobre a sua consistência física (*emptio rei speratae*).[36]

Qualificação

4.3. Compra e venda de coisa exposta a risco

O legislador, por fim, disciplinou na seção dedicada aos contratos aleatórios, precisamente nos arts. 460 e 461 do Código Civil, a compra e venda de coisa exposta a risco, na qual, embora a coisa já exista, encontra-se sujeita a risco de deterioração ou perda, cuja consumação é ignorada pelo vendedor e assumida pelo comprador.

Coisa exposta a risco

Nesta hipótese, o alienante terá direito a todo o preço, mesmo que a coisa não exista, no todo ou em parte, no momento da conclusão do contrato, desde que tal fato seja dele desconhecido, e o comprador tenha assumido expressa e inequivocamente o risco de deterioração ou perda da coisa, tendo em vista que se trata de contrato aleatório pela vontade das partes.

Assim, por ocasião da celebração do negócio, as partes desconhecem se irão lucrar ou ter prejuízo, em termos de atribuição patrimonial, com a avença, o que dependerá da verificação do evento incerto, isto é, da consumação do risco de deterioração ou perda da coisa, o qual, embora previsto expressamente no ajuste, mantém relação de alteridade com as partes. Note-se que o risco, por expressa disposição legislativa, pode ser mesmo anterior ao acordo de vontades, mas ignorado pelos contratantes, a denotar a prescindibilidade da futuridade do evento incerto.

Risco anterior desconhecido dos contratantes

Sob o aspecto estrutural, o evento incerto incidirá sobre a existência e a consistência física da prestação do vendedor de entrega da coisa, vez que essa pode não mais existir ou estar deteriorada no momento da celebração do negócio; ou, ainda, deixar de existir ou se deteriorar posteriormente. Como exemplo de contrato de compra e venda de coisa exposta a risco, tem-se a hipótese de aquisição de mercadoria embarcada, assumindo o adquirente o risco de ela chegar ou não ao seu destino. Mesmo que a mercadoria não mais exista ou já tenha perecido, a venda é válida, tendo o alienante direito ao preço ajustado.[37]

---

[36] Orlando Gomes sustenta que, na hipótese de dúvida quanto à intenção das partes em concluir a compra e venda da esperança ou a compra e venda da coisa esperada, há que se preferir a *emptio rei speratae,* por ser mais favorável ao comprador (*Contratos,* Rio de Janeiro: Forense, 2007, 26ª ed., rev. atual. por Antônio Junqueira de Azevedo e Francisco Paulo de Crescenzo Marino, p. 278).

[37] Silvio Rodrigues, *Direito civil: dos contratos e das declarações unilaterais de vontade,* vol. III, São Paulo: Saraiva, 2006, pp. 126-127.

Causa da compra e venda de coisa exposta a risco

A causa do contrato de compra e venda de coisa exposta a risco consiste, pois, na álea, no pagamento do preço pelo adquirente, e na obrigação de entrega, pelo vendedor, de coisa existente, sujeita à deterioração ou perda. Percebe-se, assim, a aderência da exposição ao risco à causa dessa espécie de compra e venda, como elemento essencial e peculiar ao negócio. Por isso mesmo, na hipótese em que o vendedor conhece a consumação do risco a que se encontrava exposta a coisa e, ainda assim, induz o adquirente a concluir o contrato, o art. 461 determina como sanção a anulabilidade do negócio por dolo, a critério do prejudicado.

Inexistência ou anulabilidade

Neste particular, há que se estabelecer diferente regime jurídico para a hipótese em que o vendedor conhece o perecimento da coisa e aquela em que sabe de sua deterioração. No primeiro caso, o contrato será inexistente por falta de objeto,[38] ao passo que, no segundo, anulável por dolo, porque dolosamente o alienante contratou afirmando a integridade de coisa de cuja deterioração tinha conhecimento.[39]

5. VÍCIOS NA COMPRA E VENDA

Venda de ascendente para descendente

Na disciplina da compra e venda, prevê-se que a venda de ascendente para descendente se revela anulável, salvo se os outros descendentes e o cônjuge do alienante expressamente houverem consentido. Na hipótese de o regime de bens ser o de separação obrigatória, dispensa-se a outorga uxória (CC, art. 496). O legislador presume que a venda de ascendente a descendente poderá ocorrer em prejuízo dos demais herdeiros necessários, violando, assim, a sua legítima. Daí a *ratio* da exigência legal do consentimento dos herdeiros para a validade do ato.

Cuidando-se de vício de anulabilidade, o negócio resta passível de confirmação, salvo direito de terceiro (CC, art. 172); a anulabilidade não tem efeito antes de julgada por sentença; não se pronuncia de ofício; apenas os interessados podem alegar (CC, art. 177), salvo nos casos de solidariedade ou indivisibilidade, nos quais, diante da pluralidade de sujeitos, a anulabilidade invocada por um deles atingirá aos demais; e o prazo decadencial para se pleitear a anulação é de dois anos, a contar da data da conclusão do negócio (CC, art. 179). Mostra-se, por outro lado, válida a venda de

Venda entre cônjuges

bens entre os cônjuges, desde que estes bens não integrem a comunhão, isto é, consistam em bens particulares (CC, art. 499).

Nulidade da compra e venda ou cessão de crédito

De outra parte, o art. 497 do Código Civil trouxe as hipóteses em que a compra e venda ou a cessão de crédito será nula, ainda que os bens sejam alienados em hasta pública.[40] Trata-se da compra: (i) pelos tutores, curadores, testamenteiros e adminis-

---

[38] Clovis Bevilaqua defende, por outro lado, que, nessa hipótese, o contrato será nulo por falta de objeto (*Código Civil dos Estados Unidos do Brasil Comentado por Clovis Bevilaqua*, vol. IV, Rio de Janeiro: Francisco Alves, 1958, 11ª ed. rev. e atual. por Achilles Bevilaqua e Isaias Beviláqua, p. 230).

[39] Clovis Bevilaqua, *Código Civil dos Estados Unidos do Brasil Comentado*, cit., p. 230.

[40] Anota-se, a fim de evitar confusões terminológicas, que o atual Código de Processo Civil, no art. 730, usa apenas a nomenclatura "leilão" para se referir à alienação judicial. *In verbis:* "Art. 730. Nos casos expressos em lei, não havendo acordo entre os interessados sobre o modo como se deve realizar a alienação do bem, o juiz, de ofício ou a requerimento dos interessados ou do depositário,

tradores, dos bens confiados à sua guarda ou administração; (ii) pelos servidores públicos, em geral, dos bens ou direitos da pessoa jurídica a que servirem, ou que estejam sob sua administração direta ou indireta; (iii) pelos juízes, secretários de tribunais, arbitradores, peritos e outros serventuários ou auxiliares da justiça, dos bens ou direitos sobre que se litigar em tribunal, juízo ou conselho, no lugar onde servirem, ou a que se estender a sua autoridade; e (iv) pelos leiloeiros e seus prepostos, dos bens de cuja venda estejam encarregados. A nulidade tem por objetivo impedir a vantagem indevida que poderia ser obtida pelo agente em razão do exercício da função, o que poderia acarretar prejuízos ao vendedor.[41]

A proibição contida no inciso III do art. 497 não compreende os casos de compra e venda ou cessão entre coerdeiros, ou em pagamento de dívida, ou para garantia de bens já pertencentes a pessoas designadas no referido inciso (CC, art. 498).[42]

Exceções à nulidade

MODALIDADES ESPECIAIS DA COMPRA E VENDA

6. RETROVENDA

O pacto de retrovenda consiste em modalidade especial de compra e venda de bens imóveis segundo a qual o vendedor se reserva ao direito de resolver o contrato de compra e venda, recuperando a coisa imóvel, desde que pague ao comprador o preço, monetariamente corrigido, as despesas suportadas pelo comprador e o valor equivalente às benfeitorias necessárias, bem como as benfeitorias úteis e voluptuárias expressamente consentidas, na forma escrita (CC, art. 505). Cuida-se, em uma palavra, de propriedade resolúvel segundo o arbítrio do vendedor, que deverá notificar o

Conceito

---

mandará aliená-lo em leilão, observando-se o disposto na Seção I deste Capítulo e, no que couber, o disposto nos arts. 879 a 903".

[41] Ao analisar dispositivo de idêntico teor do Código Civil de 1916, Pontes de Miranda ressalta a preocupação do legislador sempre que "a atividade funcional da pessoa pode, de qualquer modo, influir no negócio jurídico em que o agente é beneficiado. O que se proíbe é a outorga a favor de qualquer das pessoas mencionadas no art. 1.133 do Código Civil, quer a ela mesma, quer a ela por interposta pessoa, quer a ela como procurador de outrem" (*Tratado de Direito Privado,* t. 39, São Paulo: Revista dos Tribunais, 1984, 3ª ed., p. 67). Na mesma esteira, Darcy Arruda Miranda assevera que "a proibição se assenta em princípio de ordem moral, no sentido de resguardar a intangibilidade daquelas delicadas funções, visando, sobretudo, o interesse social. Previnem-se, com isso, possíveis abusos e tentações. É uma forma de incapacidade especial" (*Anotações ao Código Civil brasileiro,* vol. 3, São Paulo: Saraiva, 1995, 4ª ed., p. 237).

[42] Sobre a *ratio* das exceções ao art. 497, III, Código Civil, elucida a doutrina: "O legislador brasileiro ocupou-se de três exceções à regra proibitiva da aquisição de bens em litígio por magistrados e auxiliares da Justiça. O art. 498 reproduz idêntica ressalva às vendas aos juízes e auxiliares da Justiça, contida no art. 1.459, 5º, parte final, do Código Civil de Espanha. O fundamento dessa norma está em que o conflito de interesses, razão de ser do art. 497, cessará quando se observarem as hipóteses descritas no art. 498. Deixa-se de lado o *status* desses agentes e coloca-se em primeiro plano a conservação de seus interesses subjetivos" (Otavio Luiz Rodrigues Junior. In: Álvaro Villaça Azevedo (coord.), *Código Civil Comentado,* vol. VI, t. I, São Paulo: Atlas, 2003, p. 231). No mesmo sentido, Paulo Luiz Netto Lôbo. In: Antônio Junqueira de Azevedo (coord.), *Comentários ao Código Civil,* vol. 6, São Paulo: Saraiva, 2003, p. 103.

comprador de sua intenção de resolver o contrato dentro do prazo decadencial de 3 (três) anos ou em prazo menor, se assim ajustarem as partes.

Consignação em juízo

Caso o comprador se recuse a receber as quantias a que faz jus, o vendedor poderá depositá-las em juízo, a fim de exercer o direito de resgate. Verificada a insuficiência do depósito judicial, o vendedor apenas será restituído no domínio da coisa quando pagar integralmente os valores devidos ao comprador (CC, art. 506).

Cessibilidade e transmissibilidade do direito de retrato

O direito de retrato, isto é, o direito de o vendedor resolver a compra e venda recuperando a coisa, mostra-se cessível e transmissível a herdeiros e legatários, podendo ser exercido contra terceiro adquirente. Tendo em conta que a cláusula de retrovenda consta do registro de imóveis, o terceiro adquirente conhece a natureza resolúvel da propriedade, sujeitando-se ao exercício do direito de retrato pelo vendedor (CC, art. 507).

Se o direito de retrato sobre o mesmo imóvel couber a duas ou mais pessoas, e apenas uma delas o exercer, o comprador poderá intimar as demais para que manifestem o seu de acordo. Caso os demais condôminos não queiram exercer o seu direito de retrato, a coisa será recuperada pelo condômino que o exerceu, desde que deposite o preço integral da coisa (CC, art. 508).[43]

7. VENDA A CONTENTO OU VENDA SUJEITA À PROVA

Conceito

A venda a contento consiste em modalidade especial de compra e venda cujo aperfeiçoamento depende do consentimento do comprador após examinar a coisa, pesando-a, medindo-a ou mesmo experimentando-a, de modo a verificar se esta atende ao que deseja comprar. A vontade do comprador consiste, assim, em condição suspensiva à compra e venda, de modo que o negócio apenas se perfectibiliza com a manifestação de seu agrado, ainda que a coisa esteja em seu poder (condição simplesmente potestativa). São exemplos de produtos comumente objeto de venda a contento os perfumes, vinhos, azeites e gêneros alimentícios em geral (CC, art. 509).

---

[43] Como elucida Orlando Gomes: "O Código Civil de 2002 estabelece que, na hipótese de o direito de retrato sobre determinado imóvel caber a mais de uma pessoa, e apenas uma delas manifestar ao comprador a intenção de exercê-lo, o comprador terá a faculdade de intimar os demais para que acordem sobre o exercício do direito de retrato. Abre-se, então, para o comprador, uma alternativa. Pode ele aceitar o exercício parcial do direito de retrato (caso em que se instaurará condomínio entre o comprador e aquele ou aqueles que resgataram), ou intimar os demais titulares do direito de retrato para que todos acordem com relação ao resgate total da coisa. Nesse último caso, o retrato poderá ser exercido por todos, por alguns ou por apenas um de seus titulares, importando ao comprador, apenas, que seja depositado o valor integral do imóvel, computadas as verbas previstas em lei. Como se vê, a intimação prevista no art. 508 tem a finalidade de impedir o resgate parcial do imóvel, bem como possibilitar o seu resgate total. O referido artigo não repete a regra contida no art. 1.143, § 1º do Código de 1916 (...). Essa supressão vai ao encontro da doutrina que entende não se tratar de caducidade, mas de situação de pendência entre os vendedores, a perdurar até o término do prazo de resgate. Dessa forma, exercido o retrato por um ou alguns dos seus titulares, conservam os demais o direito de resgatar as respectivas frações ideais, enquanto não decorrer o prazo fixado" (*Contratos*, cit., p. 307). V. tb. Gustavo Tepedino *et al.*, *Código Civil Interpretado conforme a Constituição da República*, vol. II, Rio de Janeiro: Renovar, 2012, 2ª ed., p. 175.

A manifestação do agrado pelo comprador poderá ser expressa ou tácita, mediante a prática de atos incompatíveis com a vontade de rejeitar a coisa, como o pagamento do preço ou o seu integral consumo.

A compra e venda sujeita à prova, a seu turno, consiste em negócio que se aperfeiçoa com a verificação, pelo comprador, de que a coisa tenha as qualidades declaradas pelo vendedor ou seja idônea ao uso a que se destina. Diversamente da compra e venda a contento, cuja eficácia se sujeita ao arbítrio do comprador, a venda sujeita à prova produz efeitos se objetivamente se constatar que a mercadoria possui a qualidade assegurada pelo vendedor ou seja idônea ao fim a que se presta, a prescindir da satisfação do comprador (CC, art. 510). Enquanto não verificada a condição suspensiva, o comprador, que tem a posse da coisa, ocupa posição jurídica análoga à do comodatário (CC, art. 511). *(margem: Venda sujeita a prova)*

Não havendo prazo estipulado para a declaração do comprador, o vendedor terá direito de intimá-lo, judicial ou extrajudicialmente, para que o faça em prazo improrrogável (CC, art. 512). Em alguns casos, o silêncio importará anuência se os usos e costumes o autorizarem e não for necessária a declaração de vontade expressa (CC, art. 111).

8. PREEMPÇÃO OU PREFERÊNCIA

A preferência ou preempção consiste em cláusula especial introduzida no contrato de compra e venda que atribui ao vendedor o direito potestativo de adquirir a coisa oferecida pelo comprador, nas mesmas condições ofertadas por terceiro interessado na sua aquisição (CC, arts. 513 e 515). Afirma-se, assim, que o comprador assume promessa unilateral de oferecer a coisa ao primitivo vendedor, pelo preço equivalente ao da oferta feita por um terceiro interessado na sua aquisição. Desse modo, caso o comprador pretenda alienar a coisa adquirida e tenha recebido oferta de terceiro, deverá notificar o vendedor, por qualquer meio idôneo, para que este exerça o seu direito de preferência, adquirindo a coisa pelo preço equivalente ao que seria pago pelo terceiro. *(margem: Conceito)*

Cuida-se de direito *personalíssimo*, e, por isso mesmo, não se mostra passível de cessão ou transmissão aos herdeiros (CC, art. 520). O direito de preferência tem natureza obrigacional, não já real, de modo que sua inobservância não acarreta o desfazimento do negócio celebrado em violação à preferência, mas tão somente deflagra pretensão de perdas e danos do vendedor preterido.[44] Com efeito, no direito *(margem: Direito pessoal e personalíssimo)*

---

[44] Observou-se, em outra sede, quanto à natureza pessoal do direito de preferência: "(...) se o comprador alienar a coisa, violando o direito de preferência do vendedor, responderá por perdas e danos (CC, art. 402-405). A venda celebrada entre o comprador e o terceiro será perfeita. Reafirma-se, aqui, o alcance meramente obrigacional do direito de preferência, que se contrapõe ao alcance real da retrovenda, por exemplo" (Gustavo Tepedino *et al.*, *Código Civil Interpretado Conforme à Constituição da República*, vol. II, cit., p. 186). Na doutrina clássica, registra Serpa Lopes: "O pacto de preempção ou preferência é de natureza pessoal e não real. (...) Importantes são as consequências daí resultantes. Se o obrigado à preferência, nada obstante, vender a coisa a terceiro, tal alienação é válida. Nenhuma ação cabe ao titular do direito de preempção contra o terceiro adquirente, salvo em havendo dolo, caso em que

brasileiro, os direitos reais, que atribuem ao seu titular o poder de sequela sobre o bem, podendo recuperá-lo das mãos de quem quer que o possua, se submetem ao princípio da taxatividade e da tipicidade. Vale dizer: constituem direitos reais aqueles previstos pelo legislador em rol taxativo, com o conteúdo indicado em lei. Cite-se, a título ilustrativo, o direito real de aquisição, criado pelo art. 1.417[45] do Código Civil, que investe o promitente-comprador da pretensão de requerer a execução específica da promessa de compra e venda registrada no Registro Geral de Imóveis, com a adjudicação compulsória do bem (CC, art. 1.418[46]). Da mesma sorte, e por identidade de fundamento, atribui-se eficácia real aos direitos nas hipóteses legais. Por outras palavras, a eficácia real, no sistema jurídico brasileiro, depende de específica previsão legislativa, justamente em razão de sua oponibilidade *erga omnes*, em coerência com a dogmática dos direitos reais. Assim se dá, por exemplo, nos contratos de locação que contenham cláusula de preferência averbada na matrícula do imóvel no Registro Geral de Imóveis, que se mostra oponível a terceiros, de modo a atribuir ao locatário o direito de desfazer a venda em violação ao seu direito de preferência, com a adjudicação compulsória do bem, se a requerer no prazo de 6 (seis) meses, mediante o depósito do preço e demais despesas do ato de transferência, e o contrato de locação tiver sido averbado pelo menos 30 (trinta) dias antes da alienação (art. 33,[47] Lei 8.245/91) (v. Capítulo III).

Direito de preferência em acordo de acionistas — Tal não ocorre, contudo, com o direito de preferência previsto no Código Civil ou em acordo de acionistas registrado na sede da companhia, que não é dotado de eficácia real, por ausência de previsão legal nesse sentido. Diversamente do que ocorre no direito português, cujos arts. 421o[48] e 1.410o[49] do Código Civil português e art.

---

alguns autores admitem uma responsabilidade delitual. Tudo quanto lhe resta é haver do obrigado perdas e danos. (...) O pacto de preempção ou preferência não dá lugar à execução compulsória" (*Curso de Direito Civil*, vol. III, Rio de Janeiro: Freitas Bastos, 1991, 4ª ed., p. 317).

[45] "Art. 1.417. Mediante promessa de compra e venda, em que se não pactuou arrependimento, celebrada por instrumento público ou particular, e registrada no Cartório de Registro de Imóveis, adquire o promitente comprador direito real à aquisição do imóvel".

[46] "Art. 1.418. O promitente comprador, titular de direito real, pode exigir do promitente vendedor, ou de terceiros, a quem os direitos deste forem cedidos, a outorga da escritura definitiva de compra e venda, conforme o disposto no instrumento preliminar; e, se houver recusa, requerer ao juiz a adjudicação do imóvel".

[47] "Art. 33. O locatário preterido no seu direito de preferência poderá reclamar do alienante as perdas e danos ou, depositando o preço e demais despesas do ato de transferência, haver para si o imóvel locado, se o requerer no prazo de seis meses, a contar do registro do ato no cartório de imóveis, desde que o contrato de locação esteja averbado pelo menos trinta dias antes da alienação junto à matrícula do imóvel.

Parágrafo único. A averbação far-se-á à vista de qualquer das vias do contrato de locação desde que subscrito também por duas testemunhas".

[48] "ARTIGO 421o (Eficácia real) 1. *O direito de preferência pode, por convenção das partes, gozar de eficácia real* se, respeitando a bens imóveis, ou a móveis sujeitos a registo, forem observados os requisitos de forma e de publicidade exigidos no artigo 413o. 2. É aplicável neste caso, com as necessárias adaptações, o disposto no artigo 1410o" (grifou-se).

[49] "ARTIGO 1.410o (Acção de preferência) 1. O comproprietário a quem se não dê conhecimento da venda ou da dação em cumprimento tem o direito de haver para si a quota alienada, contanto que o requeira dentro do prazo de seis meses, a contar da data em que teve conhecimento dos

$3°^{50}$ do Código de Registro Comercial Português reconhecem a eficácia real do direito de preferência estipulado em acordos de acionistas,[51] no direito brasileiro, referida preferência tem caráter meramente obrigacional, de sorte que a sua violação não confere ao seu titular o direito de desfazer a venda com terceiro e pleitear a adjudicação compulsória das ações. Tal conclusão não se altera em razão do art. 118, § 1°,[52] e § 3°,[53] da Lei 6.404/76, que preveem, respectivamente, a oponibilidade do acordo em face de terceiros e a execução específica das obrigações. O registro do acordo de acionistas na sede da companhia cria para esta, bem como para os acionistas e terceiros o dever de respeito às suas disposições, cuja violação poderá ensejar a execução específica ou as perdas e danos, a depender da natureza da obrigação. Na hipótese do direito de preferência, a sua oponibilidade frente a terceiros não quer significar que esse direito tenha eficácia real, o que dependeria de previsão legislativa expressa, como sói ocorrer com os direitos reais. Na ausência de disposição específica, prevalece a natureza pessoal do direito de preferência, impossibilitando o desfazimento da venda com terceiros em violação à preferência.

Desse modo, não tem o credor, diante da violação, direito à execução específica da preferência, com o poder de sequela sobre o bem, sendo certo que a alienação da coisa a terceiro revela-se inteiramente válida e eficaz. A solução preconizada pelo legislador consiste, portanto, nas perdas e danos em face daquele que violou a prefe-

Solução indenizatória

---

     elementos essenciais da alienação, e deposite o preço devido nos 15 dias seguintes à propositura da acção. 2. O direito de preferência e a respectiva acção não são prejudicados pela modificação ou distrate da alienação, ainda que estes efeitos resultem de confissão ou transacção judicial" (grifou-se).

50   "ARTIGO 3°. Sociedades comerciais e sociedades civis sob forma comercial. 1 – *Estão sujeitos a registo os seguintes factos relativos às sociedades comerciais e sociedades civis sob forma comercial:* (...) d) A promessa de alienação ou de oneração de partes de capital de sociedades em nome colectivo e de sociedades em comandita simples e de quotas de sociedades por quotas, *bem como os pactos de preferência, se tiver sido convencionado atribuir-lhes eficácia real,* e a obrigação de preferência a que, em disposição de última vontade, o testador tenha atribuído igual eficácia" (grifou-se).

51   Como acentua a doutrina especializada: "(...) em relação ao regime jurídico do registo, este rege-se segundo o princípio da tipicidade ou do *numerus clausus*. Ou seja, apenas podem ser levados a registo os factos jurídicos que o legislador enumerou de forma taxativa. Ao convencionar-se atribuir eficácia real aos pactos de preferência, estes passam a estar sujeitos a registo nos termos da lei, conforme resulta do disposto na alínea d) do art. 3.º do CRCom. Uma vez registado, o pacto de preferência com eficácia real passa a ter carácter público, de acordo com o princípio da publicidade, presente nos arts. 1.º, 70.º, 73.º e 74.º do CRCom. No que toca à produção de efeitos, o registo gera uma presunção de veracidade dos factos, nos termos do art. 11.º do CRCom, e é uma condição de oponibilidade face a terceiros, de acordo com o art. 14.º" (Maria João Castanheira Carapinha, *Cláusula de Preferência em Acordo Parassocial: que tutela para o sócio preferente?*, Dissertação de Mestrado, Coimbra: Universidade de Coimbra, 2015, p. 42).

52   "Art. 118. Os acordos de acionistas, sobre a compra e venda de suas ações, preferência para adquiri-las, exercício do direito a voto, ou do poder de controle deverão ser observados pela companhia quando arquivados na sua sede". § 1°. As obrigações ou ônus decorrentes desses acordos somente serão oponíveis a terceiros, depois de averbados nos livros de registro e nos certificados das ações, se emitidos".

53   "Art. 118. (...) § 3°. Nas condições previstas no acordo, os acionistas podem promover a execução específica das obrigações assumidas".

rência (CC, art. 518),[54] já que a natureza pessoal do direito de preferência revela-se mesmo incompatível com a execução específica.[55] Se o terceiro adquirente tiver agido de má-fé, responderá solidariamente com o comprador, pela violação à preferência (CC, art. 518).

O direito de preferência poderá ser convencional ou legal. O convencional traduz pacto adjeto à compra e venda, ao passo que o legal pode constituir o exercício do direito de preferência pelos entes federativos, em certas circunstâncias previstas em lei;[56] ou pelo particular expropriado, caso a coisa expropriada não tenha o destino em razão do qual se operou a desapropriação ou não seja utilizada em obras ou serviços públicos, pagando o seu preço atual – retrocessão (CC, art. 519).

Prazo decadencial

O exercício do direito de preferência, convencionado pelas partes, sujeita-se ao prazo decadencial máximo de 180 (cento e oitenta) dias se a coisa for móvel e de 2 (dois) anos se imóvel, a contar da ciência do vendedor, mediante notificação, quanto à intenção do comprador de vender a coisa a terceiro. A lei faculta, ainda, ao vendedor, se antecipar ao comprador, intimando-o quanto ao exercício do direito de preferência (CC, art. 514). Caso as partes não tenham convencionado prazo para o exercício do direito de preferência, este caducará se não for exercido em 3 (três) dias na hipótese de bem móvel ou em 60 (sessenta) dias, caso se trate de bem imóvel, contados da data em que o comprador tiver notificado o vendedor (CC, art. 516).

Direito de preferência em condomínio

Caso o direito de preempção seja atribuído a 2 (dois) ou mais indivíduos em comum, somente poderá ser exercido em relação à coisa no seu todo. Ou seja: em razão da indivisibilidade da coisa, os condôminos apenas poderão exercer o direito em conjunto; ou, caso apenas um dos condôminos queira exercer a preferência, deverá pagar o preço integral oferecido pelo terceiro (CC, art. 517).

---

[54] Na doutrina clássica: "Êste preceito torna certo que o direito de preempção é um direito *pessoal*, isto é, só assegura ao vendedor a indenização por perdas e danos; não torna nula a venda e, portanto, não autoriza a reinvindicação, quando o comprador aliene o imóvel, sem ouvir o vendedor (vide o comentário ao art. 1149). (...)" (João Luiz Alves, *Código Civil da República dos Estados Unidos do Brasil Anotado*, vol. IV, Rio de Janeiro: Borsoi, 1958, p. 251).

[55] Sobre o ponto, assinala a doutrina: "(...) o conceito de preferência indica o direito de determinado sujeito de ser preferido a outros na aquisição de determinado objeto, nos casos em que o proprietário pretenda aliená-lo, em igualdade de condições oferecidas pelo terceiro. (...) ocorre que a eventual subscrição de ações por terceiro, estranho ou inocente, em violação à preferência não pode dar lugar a uma tutela persecutória admissível em face desse terceiro: com a consequência que, em caso de violação ao direito de preferência, o sócio terá direito de fazer valer, em confronto com a sociedade e/ou seus administradores, uma tutela do tipo ressarcitória" (tradução nossa). No original: "(...) *il concetto di prelazione sta ad indicare il diritto di un determinato soggetto ad essere preferito ad altri nell'acquisto di un determinato oggetto, per il caso che il proprietario intenda alienarlo, a parità di condizioni offerte dal terzo. (...) comporta che l'eventuale sottoscrizione delle azioni inoptate da parte di un terzo, estraneo o ignaro, non può dar luogo ad una tutela recuperatoria esperibile anche nei confronti di esso terzo: con la conseguenza che in caso di elusione del diritto di prelazione il socio avrà diritto di far valere, nei soli confronti della società e/o degli amministratori, una tutela di tipo risarcitorio*" (Lucio V. Moscarini, Prelazioni. *Enciclopedia del diritto*, vol. XXXIV, Varese: Giuffrè Editore, 1985, pp. 981 e 1011; grifou-se).

[56] Exemplificativamente, o art. 892, § 3º, do CPC/2015 determina que, no caso de leilão de bem tombado, a União, os Estados e os Municípios terão, nessa ordem, o direito de preferência na arrematação, em igualdade de oferta.

9. VENDA COM RESERVA DE DOMÍNIO

A venda com reserva de domínio consiste em pacto adjeto ao contrato de compra e venda consoante o qual o vendedor reserva para si a propriedade do bem móvel até que o preço seja integralmente pago pelo comprador (CC, art. 521). Embora a posse direta da coisa seja imediatamente transferida ao comprador por ocasião da celebração do contrato, este se torna proprietário apenas com o pagamento integral do preço. Afirma-se, nessa direção, que a venda com reserva de domínio configura modalidade especial de venda a crédito, vez que o pagamento do preço se dá em prestações, no decorrer do prazo convencionado. Caso haja o financiamento da compra pela instituição financeira, esta se sub-rogará nos direitos do credor para exigir o pagamento frente ao comprador. O financiamento e a ciência do comprador deverão constar do registro do contrato (CC, art. 528), o qual se afigura essencial para que a cláusula de reserva de domínio tenha eficácia perante terceiros. A se considerar que o comprador é imitido na posse da coisa incontinenti, o legislador, afastando o princípio geral de que a coisa perece para o dono (*res perit domino*), aloca os riscos da coisa ao comprador a partir do momento em que a posse direta lhe é transferida (CC, art. 524). *[Alocação de riscos]*

A cláusula de reserva de domínio deverá ser ajustada por escrito, a traduzir negócio jurídico formal.[57] Como mencionado, para que possa valer frente a terceiros, deverá ser levada a registro no domicílio do comprador (CC, art. 522), no Registro de Títulos e Documentos. Cuida-se de medida protetiva ao vendedor, que poderá recuperar a coisa, em exercício ao seu direito de sequela, se o comprador a alienar a terceiros (venda *a non domino*), resguardando, assim, a sua propriedade.[58] Se, por outro lado, a compra e venda com reserva de domínio não estiver registrada, incide a proteção a terceiros de boa-fé,[59] restando ao vendedor apenas a pretensão de perdas *[Negócio jurídico formal]*

---

[57] Sobre a necessidade de observância da forma para a constituição do contrato, cfr. o seguinte julgado: "O fato de a parte ter adquirido veículos (caminhões) e confiado os bens adquiridos para revenda pela própria vendedora, não implica reconhecimento da nulidade da compra e venda celebrada por esta com terceiros, com base em reserva de domínio, dada a ausência de cláusula escrita e com as formalidades essenciais nesse sentido (art. 522, CC)" (TJPR, 17ª CC., Ap. Cív. 1186160-2, Rel. Des. Francisco Jorge, julg. 15.2.2017, publ. DJ. 1.3.2017).

[58] Na jurisprudência, v. TJRJ, 12ª CC., Ap. Cív. 00132340720138190061, Rel. Des. Cherubin Helcias Schwartz Junior, julg. 27.9.2017, publ. DJ 29.9.2017; TJSP, 35ª C. D. Priv., Ap. Cív. 1190306001, Rel. Des. Artur Marques, julg. 25.8.2008, publ. DJ 28.8.2008.

[59] Sobre a proteção ao terceiro de boa-fé, v. exemplificativamente: "Da análise dos documentos juntados, observa-se no contrato de fls. 10/11 dos autos em apenso e fls. 172/173 dos presentes autos, firmado entre a apelante Manacá e o comprador R. A. P., em 04/02/2005, que tem como objeto o veículo GM Chevrolet, placa GWF-0958, que não obstante conste a reserva de domínio, não há prova de que tal cláusula foi registrada em cartório do domicílio do comprador, conforme determina o artigo supracitado, e, como tal não pode ser oposta contra terceiro de boa-fé. Assim, após a venda deste veículo a terceiro, que, posteriormente o vendeu ao ora apelado, restando em aberto qualquer débito do comprador Rodrigo perante a Manacá, caberá a esta, através de procedimento próprio, cobrá-lo, sem, contudo, pretender a apreensão do veículo com base nos arts. 1.070 e 1.071, ambos do Código de Processo Civil, porque não provado o cumprimento da determinação imposta pelo art. 522 do Código Civil" (TJMG, 16ª CC., Ap. Cív. 10024089548713001, Rel. Des. Batista de Abreu, julg. 15.5.2013, publ. DJ 14.5.2013); "A cláusula de reserva de domínio, para que valha perante terceiros,

e danos em face do comprador, que, dolosamente, vendeu a coisa de que não era dono a terceiro, que ignorava o vício. Nessa direção, o art. 129[60] da Lei 6.015, de 31 de dezembro de 1973, denominada *Lei de Registros Públicos*, ao exigir o registro da compra e venda com reserva de domínio para que o negócio produza efeitos perante terceiros, garante o direito de sequela do vendedor ao mesmo tempo em que protege o terceiro adquirente de boa-fé nos casos em que o contrato não tenha sido levado a registro.[61]

Objeto

A compra e venda com reserva de domínio terá por objeto coisa sujeita à caracterização precisa, que permita distingui-la de outros bens congêneres. Por outras palavras, o bem há de ser individualizado, de modo a se identificar perfeitamente o objeto da venda com reserva de domínio. Caso existam dúvidas quanto à coisa objeto do negócio, esta se resolverá em favor do terceiro adquirente de boa-fé (CC, art. 523). Significa dizer que, na hipótese de o comprador ter alienado a coisa a terceiro, e o vendedor, no exercício de seu direito de sequela, não conseguir demonstrar que a coisa que se encontra em poder de terceiro é sua, esta permanecerá na titularidade do terceiro.

Inadimplemento do comprador

O comprador que violar suas obrigações contratuais deverá ser constituído em mora pelo credor, mediante protesto do título ou interpelação judicial, de modo a caracterizar o seu inadimplemento (CC, art. 525). Caso o comprador não corrija o seu descumprimento, o vendedor poderá, alternativamente, segundo o critério do interesse útil do credor (CC, art. 395, parágrafo único): (i) requerer a execução específica das prestações inadimplidas cumulada com as perdas e danos; ou (ii) executar a cláusula de reserva de domínio, reavendo a posse direta da coisa, sem prejuízo das perdas e danos (CC, art. 526).

Resolução contratual

Na segunda hipótese, o credor poderá reter as prestações pagas até o montante necessário a cobrir os danos sofridos em razão do inadimplemento, incluindo a depreciação da coisa e as despesas incorridas. Se as prestações retidas se revelarem insufi-

---

deve ser estipulada por escrito e depende registro no domicílio do comprador (...) Nota-se que não houve registro do contrato, mas apenas reconhecimento de firma dos contratantes. Destarte, a aludida cláusula só vale entre o vendedor Junior e o comprador Ricardo, ora embargante, e não perante terceiros. Desta forma, perante terceiros a transferência do bem imóvel se deu mediante a tradição (...). Se o vendedor quisesse fazer valer a aludida cláusula contratual, teria feito o devido registro no domicílio do comprador, ora embargante, o que não foi feito. Feita a compra e venda aos 19/01/11, antes do ajuizamento da ação de execução, aos 28/01/11, presume-se a boa-fé do adquirente, não tendo valor a cláusula de reserva de domínio perante terceiros ante a falta de registro por parte do vendedor" (TJSP, 35ª C. D. Priv., Ap. Cív. 0003647-3920128260242, Rel. Des. Clóvis Castelo, julg. 11.11.2013, publ. DJ 11.11.2013). Ainda: TJRS, 14ª CC., Ap. Cív. 70056912447, Rel. Des. Roberto Sbravati, julg. 21.11.2013, publ DJ 27.11.2013.

[60] "Art. 129. Estão sujeitos a registro, no Registro de Títulos e Documentos, para surtir efeitos em relação a terceiros: (...) 5º) os contratos de compra e venda em prestações, com reserva de domínio ou não, qualquer que seja a forma de que se revistam, e os contratos de alienação ou de promessas de venda referentes a bens móveis; (Redação dada pela Lei nº 14.382, de 2022)".

[61] Na doutrina especializada: "O art. 129, objeto desse comentário, tem pertinência com a oponibilidade aos terceiros, na forma do *caput*, preservando a boa-fé do terceiro adquirente, se o contrato de compra e venda não foi assentado no Serviço de Títulos e Documentos" (Walter Ceneviva, *Lei dos Registros Públicos comentada*, São Paulo: Saraiva, 2010, 20ª ed., p. 710, livro digital).

cientes ao ressarcimento, o vendedor poderá pleitear o restante. Por outro lado, se o montante pago pelo comprador se mostrar superior aos danos sofridos, o vendedor, após se satisfazer dos prejuízos, deverá restituir ao comprador a quantia excedente, sob pena de enriquecimento sem causa (CC, art. 527). Afinal, a reparação civil destina-se a situar a vítima na posição em que estaria se não tivesse sofrido o dano, não já a constituir fonte de enriquecimento. Nessa direção, o art. 53 do CDC, aplicável às relações de consumo consubstanciadas em contratos de compra e venda mediante pagamento em prestações e alienações fiduciárias em garantia, fulmina de nulidade a cláusula contratual que estabeleça a perda total das prestações pagas em favor do credor que pleiteia a resolução do contrato e a retomada do produto alienado.

Contrariamente à disciplina processual anterior, o Código de Processo Civil, na esteira da tendência de reduzir a quantidade de procedimentos especiais,[62] revogou os dispositivos referentes à venda a crédito com reserva de domínio. De acordo com o art. 1.046, § 1º,[63] do CPC, as ações dessa espécie que estiverem em curso por ocasião do início da vigência do novo diploma, desde que ainda não sentenciadas, prosseguirão observando o regramento específico do CPC/1973. Em relação aos processos regidos pelo CPC de 2015, será aplicado o regramento do procedimento comum ordinário, ou das normas sobre a execução, se for o caso, uma vez que a venda com reserva de domínio terá sua disciplina regida exclusivamente pelo Código Civil.[64]

Disciplina do CPC

10. VENDA SOBRE DOCUMENTOS

A venda sobre documentos consiste em modalidade especial de compra e venda que se configura nas hipóteses em que a tradição da coisa é substituída pela entrega de seu título representativo e de outros documentos exigidos pelo contrato ou, caso este não disponha sobre a matéria, pelos usos, que servirão de fonte de integração do regulamento de interesses (CC, art. 529). Permite-se, assim, maior dinamismo nas trocas comerciais.

Conceito

Verificada a tradição a partir da entrega dos documentos, os riscos da coisa se transferem ao comprador, ainda que não detenha sobre ela a posse física. Ao receber

Alocação de riscos

---

[62] Na exposição de motivos do CPC de 2015, evidencia-se a intenção do legislador de diminuir a listagem dos Procedimentos Especiais, excluindo muitos dos que eram previstos no CPC/1973 e detinham pouca efetividade prática para incluir novos procedimentos que sejam realmente necessários à ordem jurídica brasileira (*Anteprojeto do Novo Código de Processo Civil*, Brasília: Senado Federal, 2010. Disponível em: https://www.senado.gov.br/senado/novocpc/pdf/Anteprojeto.pdf. Acesso em 19.2.2018).

[63] "Art. 1.046. (...) § 1º. As disposições da Lei nº 5.869, de 11 de janeiro de 1973, relativas ao procedimento sumário e aos procedimentos especiais que forem revogadas aplicar-se-ão às ações propostas e não sentenciadas até o início da vigência deste Código".

[64] Sobre o ponto, veja-se elucidativo precedente do STJ: "(...) Por fim, convém salientar que, com a vigência do CPC/2015, essa aparente antinomia entre as regras processuais e o CC/2002 restou superada, pois o novo CPC deixou de regulamentar o procedimento especial da ação de apreensão e depósito. Desse modo, a partir da vigência do CPC/2015, a venda com reserva de domínio encontra disciplina exclusiva no CC/2002, aplicando-se, quando as partes estiverem em Juízo, as regras relativas ao procedimento comum ordinário ou, se for o caso, das normas afetas ao processo de execução" (STJ, 3ª T., REsp 1.629.000, Rel. Min. Nancy Andrighi, julg. 28.3.2017, publ. DJ 4.4.2017).

a documentação em ordem, o comprador não poderá recusar o pagamento alegando que a coisa possui vícios de qualidade ou se encontra deteriorada, vez que passa a responder pelos riscos da coisa, exceto se demonstrar que o vendedor conhecia o vício ou a deterioração e dolosamente ocultou tal fato (CC, art. 529, parágrafo único).

Nessa direção, se dentre os documentos entregues ao comprador figurar apólice de seguro que cubra os riscos do transporte, tais riscos serão transferidos ao comprador por ocasião da entrega dos referidos documentos, salvo se o vendedor, no momento da conclusão do contrato, tivesse ciência de perda ou avaria sofrida pela coisa (CC, art. 531).

Tempo e lugar do pagamento

O pagamento deverá ser efetuado na data e no lugar da entrega dos documentos, salvo se as partes tiverem convencionado diversamente (CC, art. 530). Se a obrigação do pagamento for assumida por estabelecimento bancário, este irá efetuá-lo contra a entrega dos documentos, não lhe sendo exigível a obrigação de verificar a coisa vendida, pela qual não responde (CC, art. 532). Caso o estabelecimento bancário, por qualquer motivo, se recuse a efetuar o pagamento, poderá o vendedor cobrá-lo do comprador.

11. PROMESSA DE COMPRA E VENDA

Conceito

Admite-se, no Direito brasileiro, a promessa de compra e venda, negócio jurídico por meio do qual os contratantes se comprometem a celebrar, em momento futuro, o contrato de compra e venda de determinado bem, configurando tal ajuste **Contrato preliminar** modalidade específica de contrato preliminar.[65] Não se confundem, todavia, o contrato preliminar de compra e venda e o direito real dele decorrente, designado usualmente como compromisso de compra e venda. Na promessa de compra e venda, aqui analisada, as partes se obrigam à celebração da compra e venda definitiva.[66] Diz-se, assim, que da promessa resulta uma obrigação de fazer, isto é, de contratar,[67] que

---

[65] Gustavo Tepedino *et al.*, *Código Civil interpretado conforme a Constituição da República*, vol. III. Rio de Janeiro: Renovar, 2014, 2ª ed., p. 859

[66] No âmbito da promessa de compra e venda, muito se discute acerca das consequências de seu inadimplemento. Sobre o ponto, destaque-se decisão da 3ª Turma do STJ que, ao acolher pedido de rescisão do contrato de promessa de compra e venda de imóvel comprado na planta, em virtude de atraso na conclusão da obra, afastou o direito à indenização pela valorização do imóvel. Ou seja, rejeitou a indenização pelo interesse positivo. Segundo o voto do Relator, o Min. Ricardo Villas Bôas Cueva, "o incremento do valor do imóvel pleiteado não decorre, de forma direta e imediata, da inexecução do contrato, mas de fatores extrínsecos, de ordem eminentemente econômica". O acórdão enfatizou que o comprador poderia ter aguardado a conclusão da obra, tendo direito, nesse caso, ao recebimento de aluguéis durante todo o período, e, ao final, à incorporação, ao seu patrimônio, do eventual incremento do valor venal do imóvel. Optou, contudo, por evitar o risco da variação do valor do imóvel, descabendo, em consequência, a pretendida indenização pela valorização. Assim decidindo, o STJ parece reafirmar o entendimento de que somente os interesses negativos devam ser indenizados, ou seja, os danos emergentes e os lucros cessantes (como o valor do aluguel do imóvel durante o atraso) que permitam restaurar o *status quo* anterior à celebração do contrato; não admitindo, todavia, a indenização por interesses positivos, que abrangeria o resultado almejado com o contrato frustrado (STJ, 3ª T., REsp 1.750.585/RJ, Rel. Min. Ricardo Villas Bôas Cueva, julg. 1.6.2021, publ. DJ 8.6.2021).

[67] Darcy Bessone, *Direitos Reais*, São Paulo: Saraiva, 1988, p. 425.

poderá recair sobre móveis ou imóveis. Somente quando irretratável e registrada, constitui-se em direito real.

Sendo unilateral, o negócio só obriga a parte que se comprometeu, podendo a obrigação recair sobre o vendedor ou o comprador, como promessa unilateral de venda ou promessa unilateral de compra, respectivamente. Há, por outro lado, a promessa bilateral de compra e venda, negócio jurídico por meio do qual uma das partes se obriga a vender e outra se obriga a comprar. Gera, em última análise, para ambas as partes, obrigação de fazer, consistente na obrigação de concluir o contrato definitivo.

Promessa unilateral ou bilateral

Via de regra, o contrato preliminar não precisa ter todos os elementos do contrato definitivo. Ao contrário, muitas vezes, o pré-contrato é utilizado justamente como expediente para promover a vinculação imediata das partes, que permanecerão em tratativas a fim de buscar o consenso sobre todos os requisitos do negócio. Basta, portanto, que haja acordo sobre os elementos essenciais do contrato,[68] podendo os demais elementos serem fixados em momento posterior, quando da celebração do negócio definitivo.[69]

A recusa posterior de alguma das partes em celebrar o contrato principal implica inadimplemento e, por conseguinte, obriga ao pagamento das perdas e danos sofridos pela outra parte.[70-71] É possível, porém, que as partes prevejam expressamente

Inadimplemento

---

[68] Teresa Arruda Alvim Wambier, A tutela específica do art. 466-B como medida processual adequada para fazer valer os efeitos de contrato preliminar de compra e venda de imóvel. *Pareceres*, vol. 1, out. 2012, p. 311.

[69] "Destarte, a expressão 'requisitos essenciais do contrato a ser celebrado' diz respeito aos elementos de existência. Não há, portanto, necessidade de que os elementos de validade desde já se encontrem presentes, ou seja, que os elementos de existência estejam nos termos da lei. Basta que tais elementos existam, ainda que possam não ser válidos". (Carlyle Popp, Contrato preliminar e tutela específica: requisitos para sua efetividade. In: Renan Lotufo, Giovanni Ettore Nanni e Fernando Rodrigues Martins (coords.), *Temas Relevantes do Direito Civil Contemporâneo*, São Paulo: Atlas, 2012, p. 310).

[70] Note-se que a Lei 14.382/2022, que dispõe sobre o Sistema Eletrônico dos Registros Públicos, simplificou os procedimentos relativos aos registros públicos de atos e negócios jurídicos, incluindo as promessas de compra e venda, promovendo, assim, alterações na Lei 6.015/73 (Lei de Registros Públicos). Em particular, destaque-se a criação do cancelamento do registro do compromisso de compra e venda extrajudicial, em razão da falta de pagamento pelo promitente comprador, mediante a inclusão do art. 251-A. A recente disposição legal admite a rescisão do contrato registrado, sem a necessidade de se recorrer ao Poder Judiciário, não apenas nos casos de loteamentos, mas em todos os casos de promessa de compra e venda de imóveis cujas prestações não tenham sido pagas pelo promitente comprador. A pedido do promitente-vendedor, o promitente-comprador será notificado com o prazo de 30 (trinta) dias para efetuar o pagamento da sua obrigação acrescida de demais despesas (§ 1º do art. 251-A da Lei de Registros Públicos), e, caso não purgue a mora, o oficial do registro de imóveis averbará o cancelamento daquele registro, com base no requerimento do promitente vendedor noticiando a resolução extrajudicial do compromisso de compra e venda.

[71] Na hipótese de contrato preliminar de promessa de compra e venda de imóvel comprado na planta, em que se verifique o atraso na entrega do bem, o STJ admitiu a cumulação da cláusula penal moratória com os lucros cessantes, quando a multa contratual não apresentar equivalência com os locativos: "Recurso especial. Direito civil. Compromisso de compra e venda. Imóvel na planta. Mora. Cláusula penal moratória. Desproporcionalidade ao locativo. Tema 970/STJ. Danos materiais. Ressarcimento. Possibilidade. (...). A controvérsia dos autos busca definir se é possível a pretensão de ressarcimento de perdas e danos desacompanhada da exigência da cláusula penal, nos casos de atraso na entrega de

o direito de arrependimento, explicitado, por exemplo, por meio da pactuação de arras penitenciais (CC, arts. 417 a 420). Nesse caso, se a parte que ofereceu o sinal desiste da contratação, perderá o valor em favor do outro contratante. Se, por outro lado, a parte que recebeu o valor das arras decidir não contratar, deverá restituir em dobro o valor à contraparte.

CONTRATO ESTIMATÓRIO

Histórico

O legislador de 2002 incluiu no Código Civil a menção expressa ao contrato estimatório. Apesar de representar novidade em relação ao diploma de 1916, esse tipo negocial já era bastante utilizado na prática para permitir que terceiro pudesse vender coisa alheia. Esse contrato remonta ao Direito romano, sendo então classificado como contrato inominado, apesar da proximidade de seu regramento com a compra e venda e o mandato.

Conceito

Etimologicamente, estimatório vem do latim *aestimatorius,* que significa ser relativo à estimação ou avaliação. No direito alemão, se alude à expressão "*Troedel-vertrag*", em que "*troedeln*" significa, entre outras coisas, negociar coisas velhas e "*vertrag*", contrato.[72] A prática no Brasil consagrou o termo "venda com consignação" para definir a relação advinda dessa modalidade contratual.

O contrato estimatório é o negócio por meio do qual uma parte entrega bens móveis à outra, para que esta venda a terceiros, em nome próprio. As partes do contrato são o consignante, que entrega coisa de sua propriedade, e o consignatário, que recebe o bem. Este último assumirá obrigação facultativa, devendo pagar o preço ajustado, ou, por exceção, devolver o bem entregue, caso não haja conclusão da venda (CC, art. 534).

Prestação do outorgado

Nessa direção, muito já se discutiu sobre a natureza jurídica da prestação do outorgado. Parte da doutrina entende que se trata obrigação alternativa, importando a opção livre do consignatário entre o pagamento do preço ou a devolução do bem.[73]

---

imóveis adquiridos na planta em que há cláusula penal moratória prevista no contrato, estabelecida em valor inferior ao equivalente do locativo. 3. A cláusula penal moratória tem a finalidade de indenizar pelo adimplemento tardio da obrigação, e, em regra, estabelecida em valor equivalente ao locativo, afasta-se sua cumulação com lucros cessantes (Tema 970/STJ). 4. Nos termos da jurisprudência desta Corte Superior, é possível a cumulação de cláusula penal moratória com os lucros cessantes, quando a multa contratual não apresenta equivalência com os locativos, como na presente hipótese, sem que tal proceder caracterize afronta ao Tema Repetitivo 970/STJ. 5. Em sendo possível a cumulação, é lícita a pretensão formulada exclusivamente quanto à reparação dos danos materiais, em respeito ao princípio dispositivo. 6. No caso concreto, a prescrição de cláusula penal moratória de 0,5% (meio por cento) sobre o valor pago se mostra desproporcional ao valor do locativo, tido normalmente entre 0,5% (meio por cento) a 1% (um por cento) do valor do bem, motivo pelo qual é possível a pretensão de ressarcimento de lucros cessantes. 7. Recurso especial provido" (STJ, 3ª T., REsp 2.025.166/RS, Rel. Min. Ricardo Villas Bôas Cueva, julg. 13.12.2022, publ. DJ 16.12.2022).

[72] Sílvio Meira, Os contratos Inominados e sua proteção judicial. O *aestimatum. Doutrinas Essenciais: Obrigações e Contratos,* vol. 5, São Paulo: Revista dos Tribunais, 2011, pp. 271-278.

[73] Humberto Theodoro Junior, Do contrato de comissão no Novo Código Civil. *Revista dos Tribunais,* vol. 814, agosto, 2003, pp. 26-43; Flávio Tartuce, *Direito Civil,* vol. 3, Rio de Janeiro: Forense, 2019, 14ª ed., p. 491, livro digital.

No entanto, da própria leitura do art. 534 do Código Civil se extrai a opção do legislador pela natureza simples da obrigação, ao determinar que o consignatário fica autorizado a vender os bens recebidos, *salvo se preferir restituir a coisa ao consignante*. A restituição, portanto, é uma exceção, e não uma alternativa, de modo que a controvérsia perde grande parte de seu interesse. Não havendo pluralidade objetiva de prestações, a caracterizar a obrigação alternativa, imperiosa a conclusão de que se trata de obrigação facultativa.

Este tipo contratual se assemelha ao contrato de comissão, já que ambos têm o condão de promover a venda de bens por meio de interposta pessoa, que negocia em nome próprio. A diferença, porém, está na própria sistemática pela qual se dá a eventual venda de bens: enquanto na comissão, as mercadorias ficam depositadas com o comissário, que se propõe a procurar um terceiro que tenha interesse em adquiri-las, no contrato estimatório, o consignatário manifesta desde logo sua vontade no sentido de comprar as coisas oferecidas pelo consignante.

Distinções com outros tipos contratuais

No contrato estimatório, existe, em favor do consignatário, a possibilidade de restituir as mercadorias que não conseguir vender, a configurar, segundo alguns doutrinadores, verdadeira compra e venda sob condição resolutiva.[74] Tal alternativa não existe no contrato de comissão, pois o comissário se obriga apenas a uma prestação de serviços especial, consistente no oferecimento de coisa do comitente à venda para terceiros.

Daí por que a diferença entre os dois contratos se manifesta também na remuneração. Na comissão, de ordinário, se estipula remuneração sobre o produto da venda. No estimatório, por outro lado, a vantagem econômica do consignatário advém do lucro obtido na venda da mercadoria a terceiros.

Também não se deve confundir o contrato estimatório com a compra e venda que lhe é subsequente, já que, nessa, o vendedor é o consignatário, e não o proprietário do bem. Isso porque, apesar da entrega do bem ao consignatário, o consignante conserva sua condição de proprietário, ou seja, a tradição do bem para a conclusão do contrato transmite exclusivamente a posse ao consignatário, não importando transferência de propriedade.

Nesse sentido, dispõe o art. 536 do Código Civil sobre a impossibilidade de penhora ou sequestro dos bens pelos credores do consignatário. Não sendo este o proprietário dos bens que estão sob sua posse, não há que se falar em medidas constritivas sobre as mercadorias.

Poder de disposição

Apesar disso, não são todas as faculdades do domínio que permanecem com o consignante, já que a entrega da coisa importa a transferência do poder de disposição para o consignatário, a fim de que ele possa fazer as operações de venda. Por essa razão, explicita o art. 537 do Código Civil, que "o consignante não pode dispor da coisa antes de lhe ser restituída ou de lhe ser comunicada a restituição". Trata-se, mesmo,

---

[74] Humberto Theodoro Junior, Do contrato de comissão no Novo Código Civil. *Revista dos Tribunais*, vol. 814, agosto, 2003, pp. 26-43.

de expediente necessário à consecução da finalidade do contrato, que é negócio por meio do qual se pactua a venda a terceiros de coisa de outrem.

Riscos da coisa

Apesar de não ter a propriedade da coisa, o consignatário responde pelos seus riscos, em verdadeira inversão da regra *res perit domino*. Ou seja, não se aplica ao contrato estimatório a regra geral de que, em caso de perecimento não culposo da coisa, há liberação do devedor e extinção do contrato. Ao contrário, na venda em consignação, se o bem se deteriorar na posse do consignatário, a responsabilidade recairá sobre este, que terá mantida sua obrigação de pagar o preço pactuado ao consignante (CC, art. 535).

Trata-se, portanto, de contrato real, para cuja formação é necessária a entrega do bem,[75] bilateral, oneroso e com prazo determinado. Na ausência de estipulação de lapso temporal para sua conclusão, infere-se que foi pactuado pelo prazo razoável para a exposição da coisa à venda.[76]

TROCA

Definição e histórico

A troca ou permuta consiste no contrato mediante o qual as partes se obrigam a dar uma coisa em troca de outra, diversa de dinheiro. Por lhe faltar o preço em pecúnia, a troca diferencia-se da compra e venda. O desenvolvimento deste contrato foi anterior ao da compra e venda, já que era o modo mais eficiente de circulação de mercadorias à época do escambo. Com o desenvolvimento dos mercados e da economia monetária, a compra e venda assumiu papel preponderante, e a permuta foi mesmo relegada a segundo plano nas codificações modernas.

Todavia, a semelhança entre os dois institutos já era sentida desde o revogado Código Comercial de 1850, que dispunha no art. 221 que o contrato de troca "opera ao mesmo tempo duas verdadeiras vendas, servindo as coisas trocadas de preço e compensação recíproca. Tudo que pode ser vendido pode ser trocado." Nesse sentido, aplicam-se à troca as disposições referentes à compra e venda, precisamente em razão das semelhanças entre os dois negócios jurídicos, os quais traduzem negócios bilaterais sinalagmáticos, onerosos, comutativos, consensuais e com a aptidão a transferir o domínio do bem. Ilustrativamente, aplica-se à troca a disciplina da evicção e dos

---

[75] Aliás, afirmou a 3ª Turma do STJ que o crédito em favor do consignante surge no momento em que ele entrega os bens ao consignatário. Assim, se, após a consignação do bem, e antes de sua alienação, o consignatário entra em recuperação judicial, o crédito do consignante terá natureza concursal e se submeterá aos efeitos da recuperação judicial, nos termos do que determina o artigo 49, *caput*, da Lei 11.101/2005. Isso porque, segundo o entendimento exposto pelo relator, Min. Marco Aurélio Bellizze, na venda em consignação, o consignante, ao entregar a mercadoria, assume a condição de credor, conferindo-se ao consignatário prazo para cumprir a sua contraprestação: pagar o preço ajustado (se ocorrer a venda) ou restituir a coisa consignada. De acordo com essa orientação, o contrato estimatório assume natureza real, transferindo-se a propriedade no momento da consignação, quando surge a obrigação facultativa de devolução do bem pelo consignatário caso não ocorra a alienação. (STJ, 3ª T., REsp 1.934.930, Rel. Min. Marco Aurélio Bellizze, julg. 2.4.2024, publ. *DJe* 10.4.2024).

[76] Gustavo Tepedino et al., *Código Civil Interpretado*, vol. II, Rio de Janeiro: Renovar, 2014, 2ª ed., p. 208.

vícios redibitórios. Em relação à forma, Orlando Gomes lembra que a troca pode ser, circunstancialmente, contrato solene, no caso, por exemplo, de a coisa permutada ser bem imóvel de valor superior ao estipulado em lei.[77]

Em relação ao objeto, qualquer coisa que está no mercado, ou seja, sobre a qual não recaia cláusula de inalienabilidade, pode ser permutada. Nesse sentido, são passíveis de troca as coisas fungíveis (exceto o dinheiro, sob pena de restar configurada a compra e venda), infungíveis, corpóreas ou incorpóreas. Todavia, é essencial para a configuração do contrato que ambas as partes se obriguem a dar coisa, de modo que se a prestação de um dos contratantes for a execução de determinado serviço (obrigação de fazer), por exemplo, não haverá que se falar em permuta. Tampouco resta configurada a permuta no caso de transferência do gozo de bens.

Objeto

O Código Civil de 2002 optou por aproximar quase que por completo o regramento da troca ao da compra e venda, destacando, nos dois incisos do art. 533 as diferenças de disciplina. Com efeito, o inciso I determina que as despesas sejam rateadas entre os contratantes em partes iguais. Trata-se de norma de natureza dispositiva, a qual poderá, portanto, ser afastada pela vontade das partes segundo seus interesses *in concreto*. A norma supletiva do Código é justificável na medida em que, na maioria dos casos, o valor das coisas trocadas será equivalente. Não sendo o caso, as partes provavelmente estipularão contribuição proporcional nas despesas.

O inciso II, por sua vez, na mesma esteira do art. 496 do Código Civil relativo à compra e venda, estabelece que a troca de bens de valores desiguais entre ascendentes e descendentes, sem consentimento dos outros descendentes e do cônjuge do alienante, mostra-se anulável. Busca-se, assim, coibir atos que violem a legítima dos herdeiros necessários, e é com base nessa mentalidade que se deve interpretar os valores dos bens permutados, configurando-se desigualdade sempre que refletir diminuição patrimonial que comprometa os direitos sucessórios.

Na hipótese em que o preço da troca se dê parte em dinheiro parte em bens de outra espécie, verifica-se a denominada torna ou reposição, devendo-se aplicar o critério da preponderância, qualificando-se o contrato como compra e venda ou troca, caso preponderar o preço ou o bem respectivamente.[78]

Contrato atípico

📝 PROBLEMAS PRÁTICOS

1. No caso de atraso na entrega do bem objeto de contrato de compra e venda ou de promessa de compra e venda, é possível a cumulação da cláusula penal moratória com a indenização por lucros cessantes decorrente da privação do uso do bem?

---

[77] Orlando Gomes, *Contratos,* cit., p. 326.

[78] Anote-se, nesse sentido: Marcelo Terra, Permuta de terreno por área construída. *Doutrinas Essenciais de Direito Registral,* vol. 3, São Paulo: Revista dos Tribunais, 2011, pp. 65-86.

2. Diego está expandindo seu negócio e decidiu adquirir loja em um *shopping center*. Após realizar diversas visitas com corretores, Diego optou por uma loja no *Shopping* Rio Mais. O box escolhido possuía estratégica localização no centro comercial e refinado acabamento, fatores cruciais para a escolha de Diego em fechar o negócio. O comprador dispensou a vistoria de engenheiros, afirmando que a loja visitada era perfeita para o seu negócio. A escritura definitiva da compra e venda foi devidamente registrada no Cartório de Registro de Imóveis. Dois anos após o registro, ao buscar uma certidão no cartório, Diego reparou que as medidas indicadas na matrícula do imóvel adquirido eram menores do que as medidas descritas no contrato de compra e venda em 3% (três por cento). Diego, então, acionou o vendedor, buscando reparação pela inconsistência. A partir do caso concreto, indique quais argumentos podem ser formulados pelo vendedor.

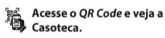

Acesse o *QR Code* e veja a Casoteca.

> http://uqr.to/1pdpy

Capítulo II
DOAÇÃO

SUMÁRIO: 1. Conceito e efeitos essenciais – 2. Promessa de doação – 3. Modalidades de doação – 4. Validade e eficácia da doação – 5. Revogação da doação – Problemas práticos.

1. CONCEITO E EFEITOS ESSENCIAIS

O contrato de doação consiste em negócio jurídico por meio do qual o doador, por liberalidade, se obriga a transferir bens ou vantagens de seu patrimônio ao do donatário, que os aceita (CC, art. 538). A função prático-social do contrato de doação consubstancia-se, portanto, na obrigação de transferência gratuita de bens ou vantagens do patrimônio do doador para o do donatário, que simplesmente anui com a doação. *Função prático-social*

O Código Civil de 1916 previa, expressamente no art. 1.165, a aceitação do donatário, e a supressão da expressão "que os aceita", no Código atual, gerou dúvidas sobre se a anuência do donatário configura ou não elemento essencial à perfectibilização do contrato de doação. Parte da doutrina entende que basta o ânimo do doador para que o negócio seja firmado, inserindo-se a aceitação do donatário no plano da eficácia do negócio, e não no de sua existência.[1] Contudo, essa não parece ser a melhor interpretação. A supressão da expressão veio apenas em razão da consolidação da noção de

---

[1] Nesse sentido: "Entendemos, com todo o respeito ao posicionamento contrário, que para que o contrato seja válido basta a intenção de doar, ou seja, o ânimo do doador em fazer a liberalidade (*animus donandi*). Dessa forma, a aceitação do donatário está no plano da eficácia desse negócio jurídico e não no plano da sua validade" (Flávio Tartuce, *Direito Civil*, cit., p. 500).

que a doação é verdadeiro contrato, negócio jurídico bilateral, entendendo o legislador pela desnecessidade da menção explícita sobre o consentimento do donatário.

De fato, a doação, como contrato, necessita do encontro de vontades para se formar, de modo que a aceitação pelo donatário existe e é essencial à sua formação, já que não se pode impor a outrem que incorpore quaisquer bens indesejados em seu patrimônio.

Negócio unilateral

O contrato de doação se afigura, pois, bilateral quanto à sua formação, por exigir o consentimento do donatário, o que lhe atribui natureza contratual, embora seja negócio unilateral quanto aos seus efeitos, já que não há contrapartida por parte do donatário à liberalidade recebida. Por isso mesmo, o consenso, posto indispensável, mostra-se pouco valorizado pela ordem jurídica, que dispensa várias vezes a aceitação pelo donatário, como nos casos das doações em favor de incapaz (CC, art. 543), ou na ausência de resposta do donatário no prazo assinalado pelo doador (CC, art. 539); assim como nas doações verbais, em se tratando de quantias de pequeno valor (art. 541, parágrafo único) e nas doações feitas em contemplação de casamento futuro (art. 546, Código Civil).[2]

Por circunscrever-se ao sacrifício econômico do doador, sem contrapartida, a doação é contrato unilateral, vez que cria obrigações para apenas uma das partes, o doador. Nessa direção, eventual encargo atribuído ao donatário terá a natureza jurídica de ônus, isto é, constituirá situação jurídica subjetiva cujo exercício se dá no interesse do próprio titular, que o assume voluntariamente ao aceitar a liberalidade.[3] O ônus não se confunde, assim, com prestação, que pudesse integrar o sinalagma ou caracterizar a correspectividade obrigacional, tratando-se de "situação instrumental para alcançar um resultado útil (interesse) do titular".[4]

---

[2] A dificuldade em se admitir a natureza contratual da doação, bilateral quanto à sua formação, levou Napoleão Bonaparte, por intervenção pessoal, a inseri-la, nos trabalhos preparatórios do *Code Civil*, no capítulo relativo atos unilaterais de vontade.

[3] Pietro Perlingieri assim conceitua ônus: "O ônus consiste na situação passiva na qual o titular deve adotar um comportamento no interesse de outrem e não em seu próprio. O ônus é definido – com expressão conveniente – 'obrigação potestativa', no sentido de que o seu titular pode adimpli-lo ou não. Se poderia, com razão, objetar que não é possível falar de obrigação ou de dever deixado à discricionariedade do sujeito obrigado, se falta ao outro sujeito o direito de exigir o adimplemento. Isto não obstante, a definição utilizada ajuda a compreender que existem situações passivas que não vinculam o sujeito titular, o qual, com base na sua própria valoração discricionária, poderá ou não exercitá-lo" (tradução nossa). No original: "L'onere è la situazione passiva nella quale il titolare deve tenere un comportamento nell'interesse non altrui ma proprio. L'onere è definito – con espressione di comodo – 'obbligo potestativo', nel senso che il suo titolare può adempierlo o no. Si potrebbe, a ragione, obiettare che non è possibile discorrere di obbligo o di dovere lasciato alla discrezionalità del soggetto obbligato, sì che manchi in un altro soggetto il diritto di esigere l'adempimento. Ciò nonostante la definizione utilizzata aiuta a comprendere che esistono situazioni passive che non vincolano il soggetto titolare il quale, in base ad una propria valutazione discrezionale, potrà o no esercitarle" (Il diritto civile nella legalità costituzionale: secondo il sistema italo-comunitario delle fonti, Napoli: Edizioni Scientifiche Italiane, 2006, 3ª ed., p. 658). V. tb. Andrea Torrente e Piero Schlesinger, *Manuale di Diritto Privato*, Milano: Giuffrè, 1985, 12ª ed., p. 74.

[4] Pietro Perlingieri, *Perfis de Direito Civil*, Rio de Janeiro: Renovar, 2002, p. 128.

Por isso mesmo, a doação consiste em negócio gratuito ou benéfico por excelên- Negócio gratuito
cia, tendo em conta que a transferência patrimonial se verifica sem contraprestação por parte do donatário. Pela mesma ordem de motivo, mostra-se peculiar o elemento formal estabelecido pelo ordenamento para o contrato de doação. A aparente natureza de contrato real, extraída da dicção literal do art. 538, que o define como negócio pelo qual se transferem bens ou vantagens, indica a preocupação do legislador em atribuir, com a transferência, a juridicidade que caracteriza a obrigatoriedade dos pactos, diferenciando-o, a partir daí, da mera cordialidade com que as pessoas, sem compromisso jurídico, programam ou prometem aleatoriamente favores umas às outras.

Dito diversamente, por um lado, a transferência do bem doado é essencial à Consensual
concretização da intenção de liberalidade, parecendo, assim, confirmar a opção legislativa por sua natureza real. Por outro lado, contudo, dependendo do valor, cuida-se de contrato formal, para cujo aperfeiçoamento se exige escritura pública ou particular, que o aperfeiçoa, estabelece o consenso e torna o ajuste obrigatório, ainda que não se tenha, naquele momento, transferido o bem (CC, art. 541, *caput*). Essa dinâmica é assegurada pelo elemento formal e atribui à doação natureza consensual, não real.[5] No caso de doação de imóvel de valor superior a 30 (trinta) vezes o maior salário mínimo do País, a 3ª Turma do Superior Tribunal de Justiça entendeu ser necessária a leitura conjunta dos arts. 541 e 108 do Código Civil,[6] exigindo-se, nesses casos, a formalização do ato por escritura pública.[7] Doação verbal

---

[5] Sobre a forma como elemento essencial ao contrato de doação (forma *ad solemnitatem*), cfr. A seguinte decisão do Superior Tribunal de Justiça, de Relatoria da Ministra Nancy Andrighi: "Cinge-se a controvérsia a decidir a natureza do negócio jurídico celebrado entre o recorrente e sua filha, e se a primeira possui legitimidade e interesse de agir para pleitear, em ação de cobrança, a restituição do valor transferido à segunda. 3. O contrato de doação é, por essência, solene, exigindo a lei, sob pena de nulidade, que seja celebrado por escritura pública ou instrumento particular, salvo quando tiver por objeto bens móveis e de pequeno valor. 4. A despeito da inexistência de formalidade essencial, o que, *a priori*, enseja a invalidação da suposta doação, certo é que houve a efetiva tradição de bem móvel fungível (dinheiro), da recorrente a sua filha, o que produziu, à época, efeitos na esfera patrimonial de ambas e agora está a produzir efeitos hereditários. 5. Em situações como essa, o art. 170 do CC/02 autoriza a conversão do negócio jurídico, a fim de que sejam aproveitados os seus elementos prestantes, considerando que as partes, ao celebrá-lo, têm em vista os efeitos jurídicos do ato, independentemente da qualificação que o Direito lhe dá (princípio da conservação dos atos jurídicos). 6. Na hipótese, sendo nulo o negócio jurídico de doação, o mais consentâneo é que se lhe converta em um contrato de mútuo gratuito, de fins não econômicos, porquanto é incontroverso o efetivo empréstimo do bem fungível, por prazo indeterminado, e, de algum modo, a intenção da beneficiária de restituí-lo. 7. Em sendo o negócio jurídico convertido em contrato de mútuo, tem a recorrente, com o falecimento da filha, legitimidade ativa e interesse de agir para cobrar a dívida do espólio, a fim de ter restituída a coisa emprestada" (STJ, 3ª T., REsp 1.225.861, Rel. Min. Nancy Andrighi, julg. 22.4.2014, publ. DJ 26.5.2014).
Ademais, já decidiu o STJ que a doação de imóvel de valor superior a 30 vezes o maior salário mínimo do País deve ser feita por escritura pública (STJ, 3ª T., REsp 1.938.997/MS, Rel. Min. Marco Aurélio Bellizze, julg. 28.9.2021, publ. DJ 30.9.2021).

[6] "Art. 108. Não dispondo a lei em contrário, a escritura pública é essencial à validade dos negócios jurídicos que visem à constituição, transferência, modificação ou renúncia de direitos reais sobre imóveis de valor superior a trinta vezes o maior salário mínimo vigente no País".

[7] STJ, 3ª T., Resp 1.938.997/MS, Rel. Min. Marco Aurélio Bellizze, julg. 22.2.2022, publ. DJ 3.3.2022. No caso julgado pela Corte, determinada empresa buscava afastar o encargo, que constava em

Além disso, admite-se a doação verbal, comum na vida cotidiana, circunscrita a bens móveis e de pequeno valor[8] e se a tradição se operar imediatamente após a conclusão do contrato (CC, art. 541, parágrafo único), corroborando-se, também por esse aspecto, sua natureza peculiar, em que o contrato se aperfeiçoa não propriamente com a transferência do bem, mas com o consenso que, nessa hipótese, lhe é imediatamente anterior. Esse tratamento legislativo confirma vetusta desconfiança da ordem jurídica, persistente desde os romanos, para com as liberalidades, sendo efetivamente mais frequente, nas relações privadas, as trocas com contrapartida (*do ut des, do ut facias*).[9]

Elementos

De outra parte, a caracterização do contrato de doação requer a presença de dois elementos: (i) o subjetivo, designado pela expressão latina *animus donandi*, que revela a vontade do doador de transferir bens ou vantagens de seu patrimônio ao donatário por liberalidade; e (ii) o objetivo, referente à diminuição do patrimônio do doador e correspondente enriquecimento do donatário. Diversamente do testamento e do codicilo, que expressam liberalidades *causa mortis*, a doação se realiza por ato *inter vivos*.

Ato inter vivos

Doação con-juntiva

Aduza-se, ainda, que a doação poderá contemplar mais de uma pessoa, naquilo que se denomina doação conjuntiva. Nessa hipótese, presume-se que os donatários tenham sido beneficiados com partes iguais do bem doado, salvo disposição em contrário (CC, art. 551). Se os donatários forem marido e mulher, em conjunto, a doação subsistirá em sua totalidade para o cônjuge sobrevivo (CC, art. 551, parágrafo único), a traduzir o direito de acrescer.

2. PROMESSA DE DOAÇÃO

Controvérsia

Controverte-se em doutrina e jurisprudência acerca da admissibilidade da promessa de doação. Isto porque a gratuidade que caracteriza o contrato de doação se mostra incompatível com a execução forçada de que poderia se valer o donatário na

---

contrato celebrado por instrumento particular, relativo à exigência de construção de arena cultural em imóvel que lhe fora doado. A transferência do bem ao donatário, no entanto, fora efetuada por outro documento, celebrado por instrumento público, sem a indicação de quaisquer encargos. No Tribunal de origem, considerou-se hígido o contrato particular original e válida, portanto, a instituição do encargo, com fundamento no art. 541 do Código Civil, que admite a doação "por escritura pública ou instrumento particular". Todavia, o Relator do caso no STJ, o Min. Marco Aurélio Bellizze, afirmou que o art. 541 do Código Civil deve ser interpretado de acordo com o art. 108 do mesmo diploma, que requer escritura pública para negócios que tenham como objeto imóveis de valor acima de 30 (trinta) salários mínimos. Assim, em interpretação sistemática dos arts. 107, 108 e 541 do Código Civil, entendeu-se que doações de imóveis de mais de 30 (trinta) salários mínimos devem ser efetivadas mediante escritura pública.

[8] O conceito de pequeno valor se afigura relativo, devendo-se investigar, no caso concreto, a capacidade econômica do doador. Nessa direção, v. STJ, 3ª T., REsp 155.240, Rel. Min. Antônio de Pádua Ribeiro, julg. 7.11.2000, publ. DJ 5.2.2001; TJSP, 7ª C. D. Priv., Ap. Cív. 4003138-85.2013.8.26.0248, Rel. Des. Miguel Brandi, julg. 19.8.2016, publ. DJ 19.8.2016; TJRS, 8ª CC., Ap. Cív. 70042601799, Rel. Des. Rui Portanova, julg. 4.8.2011, publ. DJ 10.8.2011.

[9] Sobre o ponto, v. Ebert Vianna Chamoun, *Direito Civil*: 3º ano, notas das aulas taquigrafadas pela aluna Helena Maranhão, Rio de Janeiro, 1954, p. 46.

hipótese de descumprimento da promessa. Com efeito, a promessa de doação consistiria em contrato preliminar e, como tal, sujeito à execução específica na hipótese de recusa do doador em celebrar o negócio definitivo. O ânimo altruísta da doação se revelaria, assim, contraditório com o cumprimento coercitivo da liberalidade. De ordinário, é a celebração do contrato, como antes mencionado, que oferece caráter jurídico à relação não coercitiva no âmbito das quais, muitas vezes, liberalidades são prometidas. Nessa esteira, a maior parte da doutrina[10] e jurisprudência[11] não reconhecem efeitos à promessa de doação, ao argumento de que esta jamais poderia ser executada, sob pena de se transformar a liberalidade em obrigação. Em uma palavra, não se pode impor a liberalidade e, assim, constituir "obrigação de doar". *Entendimento majoritário: impossibilidade da promessa de doação*

Sustenta-se, de outra parte, a possibilidade de promessa de doação apenas nos casos de doação com encargo, vez que o encargo imposto legitimaria o donatário a exigir o cumprimento da prestação por parte do doador.[12] Assim, diversamente das doações puras, em que a promessa de doação conflitaria com o espírito de liberalidade que a anima, nas doações modais, o encargo justificaria a execução forçada, exclusivamente na parcela da liberalidade correspondente ao valor do encargo.[13] *Doação com encargo*

Por outro lado, identifica-se o entendimento, consagrado pelo Supremo Tribunal Federal, segundo o qual se admite a promessa de doação no âmbito de acordo de separação, por traduzir contrapartida às obrigações assumidas de parte a parte.[14] Nessas hipóteses, a rigor, desnaturaliza-se a doação, que se insere em transação cuja *Promessa de doação em acordo de separação*

---

[10] Agostinho Alvim, *Da Doação*, São Paulo: Saraiva, 1972, 2ª ed., pp. 42-43; e Serpa Lopes, *Curso de Direito Civil*: Fontes das Obrigações: Contratos, vol. III, Rio de Janeiro: Freitas Bastos, 1991, 4ª ed., p. 347.

[11] Como já decidiu o Supremo Tribunal Federal, "o pagamento de uma doação jamais pode ser cobrado, executado *nullo iure cogente*, porque deixaria de ser doação para se transformar em obrigação. Liberalidade e coatividade são incompatíveis" (STF, 2ª T., RE 122.054, Rel. Min. Carlos Velloso, julg. 15.6.1993, publ. DJ 6.8.1993). V. tb. O clássico precedente STF, 1ª T., RE 105.862, Rel. Min. Oscar Corrêa, julg. 30.5.1985, publ. DJ 20.9.1985. Na jurisprudência recente, cfr. TJRS, 19ª CC., Ap. 70072506108, Rel. Des. Mylene Maria Michel, julg. 22.2.2018, publ. DJ 28.2.2018; TJSP, 21ª C. D. Priv., Ap. Cív. 1002781-86.2016.8.26.0011, Rel. Des. Itamar Gaino, julg. 24.5.2017, publ. DJ 24.5.2017; TJSP, 5ª C. D. Priv., Ap. Cív. 1007113-67.2014.8.26.0302, Rel. Des. Fábio Podestá, julg. 5.5.2017, publ. DJ 5.5.2017; TJSP, 5ª C. D. Priv., Ap. 1029155-72.2015.8.26.0562, Rel. Des. Moreira Viegas, julg. 12.4.2017, publ. DJ 12.4.2017; TJRJ, 8ª CC., Ap. 0002618472014819025, Rel. Des. Norma Suely Fonseca Quintes, julg. 20.9.2016, publ. DJ 23.9.2016.

[12] Caio Mário da Silva Pereira, *Instituições de Direito Civil*, vol. III, Rio de Janeiro: Forense, 2016, 20ª ed., pp. 233-234.

[13] No mesmo sentido, assevera Caio Mário da Silva Pereira: "o encargo imposto ao donatário estabelece um dever exigível do doador, legitimando aquele a reclamar o cumprimento da liberalidade que o causou, e, portanto, neste campo restrito, é jurídica e moralmente defensável a promessa de doar" (*Instituições de Direito Civil*, vol. III, cit., p. 234).

[14] No Recurso Extraordinário n.º 109.097, de relatoria do Ministro Octávio Gallotti, registrou-se que "a obrigação estipulada insere-se no conjunto das demais que integram a transação realizada com a separação consensual e sua execução só poderia ser modificada se ambos os cônjuges anuíssem à dispensa do encargo" (STF, 1ª T., RE 109.097, Rel. Min. Octávio Gallotti, julg. 9.9.1986, publ. DJ 10.10.1986). V. tb. STF, 1ª T., RE 105.862, Rel. Min. Oscar Corrêa, julg. 30.8.1985, publ. DJ 20.9.1985; STJ, 4ª T., AgRg no Resp 883232, Rel. Min. Raul Araújo, julg. 19.2.2013, publ. DJ 19.2.2013; STJ, 3ª T., Resp 297408, Rel. Min. Castro Filho, julg. 29.10.2003, publ. DJ 29.10.2003; TJRJ, 14ª CC., Ap. 0005826182010819045, Rel. Des. Plínio Pinto Coelho Filho, julg. 10.6.2015, publ. DJ 18.6.2015;

complexidade, correspectividade e onerosidade retiram inteiramente a causa gratuita que a caracteriza. Tal foi o entendimento expresso no Enunciado n. 549 da VI Jornada de Direito Civil, promovida pelo Conselho da Justiça Federal, em 2013: "A promessa de doação no âmbito da transação constitui obrigação positiva e perde o caráter de liberalidade previsto no art. 538 do Código Civil".

Execução específica ou perdas e danos?

Verifica-se, ainda, conceituada construção que admite a promessa de doação mesmo na doação pura, afastando, contudo, a execução específica na hipótese de recusa do doador em celebrar a doação definitiva, de sorte que o inadimplemento deflagraria apenas perdas e danos.[15] Tratar-se-ia de responsabilidade extracontratual, abrigada pelo princípio geral do *neminen laedere* (CC, arts. 186 e 927), perfeitamente compatível com o sistema, desde que se demonstrem os elementos do ato ilícito.

Minoritariamente, defende-se a validade da promessa de doação, sujeita à execução específica mediante ação cominatória, a despeito da dificuldade de compatibilizar tal mecanismo coercitivo com a liberalidade indispensável à sua concretização e inerente à causa do contrato.[16]

Inexigibilidade de promessa de doação

A despeito de louvável preocupação em enaltecer a eficácia dos pactos e dos ajustes contratuais, mesmo se preliminares, a admissibilidade da promessa de doação, para além de retirar a liberalidade típica que deve animar a celebração desse contrato, mostra-se extremamente injusta com aquele que, mercê de eventual infortúnio econômico, vê-se em dificuldades financeiras, que lhe fazem, por isso mesmo, desistir da liberalidade que, genuinamente, pensava em efetuar e que, em cenário de cordialidade, havia prometido realizar. A desistência, neste caso, é amparada pela ordem jurídica e não pode suscitar execução forçada ou perdas e danos, as quais, de todo modo, sempre serão cabíveis quando presentes os pressupostos do dever de indenizar (CC, art. 186).

3. MODALIDADES DE DOAÇÃO

O contrato de doação contempla quatro modalidades distintas, com relevantes diferenças em suas respectivas disciplinas jurídicas, assim consideradas: (i) pura; (ii) feita em contemplação de merecimento; (iii) remuneratória; e (iv) modal ou com encargo.

TJRJ, 14ª CC., Ap. 00618637420108190042, Rel. Des. José Carlos Paes, julg. 15.4.2014, publ. DJ 24.4.2014.

[15] Pontes de Miranda, *Tratado de Direito Privado*, tomo XLVI, São Paulo: Revista dos Tribunais, 2012, rev. e atual. Bruno Miragem, p. 281 e ss. e Silvio de Salvo Venosa, *Direito Civil*: contratos em espécie, São Paulo: Atlas, 2003, 4ª ed., pp. 134-135.

[16] Washington de Barros Monteiro, *Curso de Direito Civil*: direito das obrigações: 2ª parte, vol. 5, São Paulo: Saraiva, 2007, 35ª ed., pp. 138-139; Paulo Luiz Netto Lôbo, *Direito Civil*: Contratos, São Paulo: Saraiva, 2011, pp. 289-290; Arnaldo Rizzardo, *Contratos*, Rio de Janeiro: Forense, 2006, 6ª ed., pp. 451-453; Arnoldo Wald, *Obrigações e Contratos*, São Paulo: Revista dos Tribunais, 1998, p. 339 e Marco Aurélio de Sá Viana, *Curso de Direito Civil*, vol. 5, Belo Horizonte: Del Rey, 1996, p. 261; Maria Celina Bodin de Moraes, Notas sobre a Promessa de Doação. *Revista Trimestral de Direito Civil*, Rio de Janeiro: Padma, vol. 24, out.-dez. 2005, pp. 3-22.

Considera-se *pura* a doação efetuada sem qualquer motivação ou encargo imposto ao donatário. Cuidando-se de ato de mera liberalidade, o doador não é obrigado a pagar juros moratórios, nem responde pela evicção ou vícios redibitórios (CC, art. 552, *caput*). Também as doações realizadas em contemplação de merecimento, que se destinam a premiar o donatário por sua conduta pregressa, não perdem seu caráter de liberalidade, equiparando-se à disciplina das doações puras. Em contrapartida, as remuneratórias apresentam motivação específica para o ato de liberalidade, associado a serviço prestado pelo donatário, o que as torna parcialmente onerosas, na parcela equivalente ao valor do serviço que se pretende remunerar. Em razão disso, a doação remuneratória, assim como a doação com encargo, não se descaracteriza, recebendo tratamento equivalente à doação pura no excedente ao valor dos serviços prestados ou ao encargo imposto (CC, art. 540). Vale dizer, a identificação objetiva da liberalidade é representada pelo sacrifício patrimonial por parte do doador, sem o qual não se poderia qualificar o negócio como tal. Diante da existência de doações onerosas, em face do sacrifício patrimonial atribuído ao donatário, ainda que sem natureza de correspectividade, por conta do encargo ou dos serviços prestados, o legislador estipula regime dualista, bifurcando a disciplina jurídica incidente sobre o contrato. Desse modo, até o limite dos serviços prestados ou do encargo imposto, a doação apresenta caráter oneroso e a partir daí assume feição de gratuidade.

Doação pura

No caso da doação feita em contemplação de merecimento, a doação se realiza em razão de sentimento pessoal de admiração ou em reconhecimento de conduta do donatário, a traduzir prêmio em benefício do donatário. Por isso mesmo, preserva a natureza exclusivamente gratuita. A doação remuneratória, por sua vez, objetiva compensar serviços prestados pelo donatário, cuja execução, contudo, não o tornara credor de prestação exigível em face do doador. O ato de liberalidade revela, assim, gratidão daquele que o pratica. O legislador reconhece o caráter híbrido da doação remuneratória, considerando-a onerosa até o valor dos serviços prestados e a partir daí gratuita, a configurar, no excedente, liberalidade equivalente à doação pura. Por essa razão, admite-se que o doador responda pelos vícios redibitórios e pela evicção até o limite dos serviços prestados (CC, art. 552). Em razão de seu caráter híbrido, que, no entanto, não a desqualifica, preservando-se a sua natureza de contrato gratuito, a doutrina classifica a doação remuneratória como doação imprópria.[17]

Doação em contemplação de merecimento e remuneratória

A *doação modal* ou *com encargo*, a seu turno, caracteriza-se pela imposição de ônus ao donatário, o qual deverá executar prestação em benefício do doador, de terceiro ou da coletividade, mas no interesse próprio na medida em que permite a concretização da doação (CC, art. 553). O ônus assumido pelo donatário, embora não configure contraprestação que torne o contrato bilateral ou sinalagmático, é ju-

Doação modal ou com encargo

---

[17] "As doações remuneratórias constituem o caso mais importante das doações impróprias. Dizem-se tais as que são *feitas*, não tanto pelo espírito da liberalidade, como pela necessidade moral de compensar determinados serviços recebidos pelo doador (*ob benemérita, ob causam praeteritam*)" (Miguel Maria de Serpa Lopes, *Curso de Direito Civil*, vol. III, Rio de Janeiro: Freitas Bastos, 1991, 4ª ed., p. 366).

ridicamente exigível e qualifica a doação como onerosa. A onerosidade da doação, como acima aludido, também determina que o doador responda pelos vícios redibitórios e pela evicção.

Por se tratar de contrato unilateral, não se admite a resolução do contrato de doação, mas a sua revogação, na hipótese de ingratidão ou de inexecução do encargo, limitadamente ao valor equivalente ao sacrifício econômico imposto pelo ônus ao donatário. Se o encargo for estipulado em favor do doador, o seu descumprimento ensejará a possibilidade de revogação do valor equivalente ao encargo, com restituição do bem ao patrimônio do doador.[18] Todavia, o doador poderá, a seu critério, pleitear a execução específica do encargo descumprido nas hipóteses em que o doador tenha interesse jurídico na manutenção da doação, ainda que o encargo não consista em obrigação, mas em ônus imposto ao donatário, em consonância com o disposto no art. 553 do Código Civil. De igual sorte, na hipótese em que o encargo existe em favor de terceiro ou do interesse geral, a sua inobservância deflagra o pleito de execução específica ou, ainda, de revogação do valor correspondente ao encargo inexecutado, nos termos do art. 555 do Código Civil, com o retorno do bem ao patrimônio do doador.[19] Se o beneficiário do encargo for a coletividade, o Ministério Público será o órgão legitimado a propor a ação de execução específica ou de revogação se, após a morte do doador, este não a tiver proposto (CC, art. 553, parágrafo único).

Revogação pela inexecução do encargo

4. VALIDADE E EFICÁCIA DA DOAÇÃO

Eficácia da doação

A doação se torna eficaz desde a sua celebração. No caso em que não é dispensada a anuência expressa do donatário, a sua eficácia decorrerá do consenso formado a partir da aceitação pelo donatário. O doador poderá assinalar prazo para que o donatário aceite a liberalidade. Como acima mencionado, caso este, ciente do prazo, nele não se manifeste, presume-se aceita a doação, salvo se se tratar de doação com encargo (CC, art. 539), já que, nesse caso, o donatário poderá não ter interesse em assumir o ônus proposto pelo doador.

---

[18] Como esclarece Pontes de Miranda a revogação não se confunde com a resolução, própria dos contratos bilaterais ou sinalagmáticos: "Temos insistido em definir revogação para que se atenda a que se parte do mundo fáctico e se retira a voz. Tudo se passa como se se derrubasse a construção por se puxar para fora o que a sustenta. O que se revoga é a manifestação de vontade; a desconstituição do negócio jurídico é consequência. Revoga-se a manifestação de vontade que iria servir à conclusão do negócio jurídico (a oferta, Código Civil, arts. 1.080 e 1.081, IV; a aceitação, arts. 1.085 e 1.086, 1), como se revoga a manifestação de vontade que entra no mundo jurídico como negócio jurídico unilateral. Há, também, as revogações de manifestações de vontade que já compuseram negócios jurídicos, bilaterais e, até, plurilaterais. (...) A revogação pode referir-se ao negócio jurídico bilateral, ou plurilateral, ou ao negócio jurídico bilateralizável ou plurilateralizável, como ao negócio jurídico unilateral. A resolução e a resilição somente ocorrem quanto a negócios jurídicos bilaterais ou plurilaterais" (*Tratado de Direito Privado*, tomo XXXVIII, São Paulo: Revista dos Tribunais, 2012, atual. por Claudia Lima Marques e Bruno Miragem, pp. 447-448).

[19] Sobre a possibilidade de resolução da doação, em razão do descumprimento do encargo, na qual o donatário consiste em ente público, cfr. STJ, 2ª T., REsp 1.565.239/MG, Rel. Min. Herman Benjamin, julg. 5.12.2017, publ. DJ 19.12.2017.

CAPÍTULO II | DOAÇÃO

A aceitação poderá, ainda, se dar de forma expressa ou tácita, quando o donatário pratica atos que demonstram a sua anuência. Se o doador falecer antes da aceitação pelo donatário, caduca a proposta por ele efetuada.[20] De outra parte, se o donatário falecer antes da aceitação, tornar-se impossível o consenso apto a formar o contrato.

Aceitação pelo donatário

Na hipótese em que o donatário não puder expressar o seu consentimento, sendo absolutamente incapaz, dispensa-se a aceitação caso se trate de doação pura. Embora o art. 543 do Código Civil, que regula a matéria, se refira apenas ao absolutamente incapaz, a regra deve ser interpretada finalisticamente no sentido de abranger também os relativamente incapazes ou aqueles que não puderem expressar o seu consentimento. Isto porque, se a *ratio* do dispositivo é favorecer o acréscimo patrimonial do incapaz, considerando-se que na doação pura o benefício econômico objetivamente lhe favorece, a mesma preocupação finalística justifica o favorecimento das liberalidades para os relativamente incapazes e para os portadores de deficiência. Na esteira do Estatuto da Pessoa com Deficiência e do princípio da dignidade da pessoa humana, busca-se tutelar as pessoas com deficiência da maneira mais ampla possível, a esmorecer a classificação que distinguia as pessoas em absolutamente ou relativamente incapazes. Desse modo, aqueles que não puderem expressar o seu consentimento, ainda que por causa transitória, poderão ser agraciados pela doação independentemente de aceitação, a depender do exame da hipótese concreta. Se, por outro lado, a pessoa maior com deficiência puder exprimir sua vontade, ser-lhe-á exigido o seu consentimento relativamente à doação.[21]

Dispensa do consentimento do donatário

Mostra-se válida, ainda, a doação a nascituro, desde que aceita pelo seu representante legal (CC, art. 542). Trata-se de hipótese em que a lei ressalva os direitos do nascituro (CC, art. 2º), o qual, embora não seja dotado de personalidade jurídica, tem seus direitos resguardados para exercício após o seu nascimento com vida. Como se sabe, a personalidade jurídica se inicia no nascimento com vida, o que não impede de se atribuir ao nascituro ampla proteção legal. Cuida-se da teoria natalista, adotada desenganadamente pelo legislador brasileiro, a qual reconhece a situação de proteção jurídica ao nascituro, diante do valor jurídico que dele emana, identificando-se já a potencialidade de vir a existir futuramente, se houver o nascimento com vida. Desse

Doação a nascituro

---

[20] Clovis Bevilaqua, *Código Civil dos Estados Unidos do Brasil comentado por Clovis Bevilaqua*, vol. IV, Rio de Janeiro: Francisco Alves, 1958, 11ª ed., p. 266. Em sentido contrário, Caio Mário da Silva Pereira sustenta que a morte do doador não impedirá a conclusão do contrato a partir da aceitação pelo donatário (*Instituições de Direito Civil*, vol. III, cit., p. 227).

[21] Em contrapartida, parte da doutrina entende que, com a extinção da categoria do maior incapaz, o consentimento da pessoa com deficiência em relação à doação mostra-se essencial. Desse modo, se a pessoa com deficiência não puder expressar sua vontade, a doação não ocorrerá, salvo se, no caso concreto, o juiz entender que a doação lhe é benéfica. V., sobre o ponto Ivan Gustavo Junior Santos Trindade: O*s reflexos do Estatuto da Pessoa com Deficiência (Lei n. 13.146/15) no sistema brasileiro de incapacidade civil*, Dissertação apresentada como requisito parcial à obtenção do título de Mestre em Direito pela Faculdade de Direito da Pontifícia Universidade Católica de Goiás, 2016, p. 92. Thiago Rosa Soares, A capacidade de fato das pessoas com deficiência. *Consultoria Legislativa*, Brasília: Câmara dos Deputados, 2015, p. 17.

modo, verificado o nascimento com vida, surge, do ponto de vista técnico-jurídico, a pessoa humana, com direitos e obrigações, ainda que em favor do nascituro já houvesse, durante a gravidez, tutela jurídica.[22-23]

Doação a prole eventual e em contemplação de casamento futuro

Admite-se igualmente a doação a prole eventual de nubentes que irão contrair matrimônio, contemplando-se filhos ainda não concebidos, a qual apenas produzirá efeitos se houver o implemento da condição suspensiva referente à realização do casamento e ao seu nascimento com vida. Do mesmo modo, a doação feita em contemplação do casamento futuro pelos nubentes entre si ou por terceiros a um deles ou a ambos apenas produzirá efeitos com a verificação do casamento. Em todos esses casos, que confirmam a mencionada flexibilização do valor atribuído pelo ordenamento à anuência do donatário, presume-se a aceitação com o casamento, exceto se os nubentes declararem, de modo inequívoco, que não aceitam a doação.[24] Na hipótese de doação à prole eventual, os futuros donatários não poderão impugnar o ato de liberalidade por falta de aceitação.

Doação de ascendentes a descendentes ou de um cônjuge a outro cônjuge

Mostra-se válida e eficaz a doação de ascendentes a descendentes ou de um cônjuge a outro independentemente de consentimento dos demais herdeiros.[25] Entende-se que tal doação representa adiantamento de legítima, isto é, antecipação da quota hereditária que cabe ao donatário por força de lei (CC, art. 544). Tais bens,

---

[22] Na lição clássica de San Tiago Dantas: "antes do nascimento a posição do nascituro não é, de modo algum, a de um titular de direitos subjetivos; é uma situação de mera proteção jurídica (...). Desde o momento em que o recém-nascido teve respiração pulmonar, está feita a prova de ter tido vida. Se ele não teve respiração pulmonar, se não conheceu outro veículo respiratório senão aquele que a distribuição do sangue materno lhe dava, então ele não viveu, é um natimorto, a sua personalidade não chegou a se formar" (*Programa de Direito Civil*: teoria geral, Rio de Janeiro: Forense, 2001, 3ª ed., pp. 134-135).

[23] Destaque-se, nesse ponto, a Lei nº 11.804 de 2008, que instituiu os alimentos gravídicos e disciplinou o exercício desse direito, elevando a posição da proteção ao nascituro no ordenamento jurídico brasileiro.

[24] Na palavra de J. M. de Carvalho Santos: "O Código presume a aceitação, que enxerga implícita no fato do casamento, em cuja contemplação foi feita. Mas é preciso entender em termos o que aí fica dito. Embora não exija a prova de aceitação, não impõe o Código a obrigação do donatário aceitar a doação, podendo este perfeitamente declarar que não a aceita, o que se poderá verificar na hipótese da doação feita por terceiro a um ou a ambos os nubentes" (*Código Civil Brasileiro Interpretado*, vol. XVI, Rio de Janeiro: Freitas Bastos, 1961, 9ª ed., p. 376).

[25] Convém invocar interessante precedente proferido pela 3ª Turma do Superior Tribunal de Justiça, em que se considerou que a doação de imóvel – no qual a família permanece residindo – não configura fraude, uma vez que o prejuízo ao credor seria causado pela alteração da finalidade de uso do bem ou pelo desvio de eventual proveito econômico obtido com a transferência de propriedade. Na ocasião, uma empresa do devedor emitiu cédula de crédito bancário de cerca de R$ 2,3 milhões em favor de instituição financeira do governo do estado de São Paulo. O empresário, com a concordância de sua esposa, foi avalista do financiamento, tornando-se devedor solidário, ao lado da empresa. O credor, então, ajuizou ação de execução de título extrajudicial contra a empresa e o avalista. No curso do processo, constatou-se que o empresário e sua esposa doaram os imóveis de sua propriedade aos três filhos após a constituição da dívida. O credor, alegando que as doações foram fraudulentas, requereu a anulação da transferência dos bens por meio de ação específica. Assim, decidiu a Corte que, não sendo a esposa devedora, a doação de sua quota-parte sobre o imóvel (50%) não pode ser considerada fraudulenta. E, haja vista que os donatários residem no local, por mais essa razão, o imóvel estaria protegido pela garantia da impenhorabilidade do bem de família (STJ, 3ª T., REsp. 1.926.646/SP, Rel. Min. Nancy Andrighi, julg. 15.2.2022, publ. DJ 15.2.2022).

recebidos em vida pelo donatário, deverão ser levados a colação na sucessão do *de cujus* (CC, art. 2.002 e ss.), com vistas a garantir a igualdade entre as legítimas dos herdeiros necessários. Poderá o doador, entretanto, determinar que os bens doados saiam da parte disponível de seu patrimônio, de modo a dispensá-los da colação.

Diga-se, entre parênteses, que a colação tem por objetivo conferir as liberalidades efetuadas em vida pelo falecido aos seus herdeiros necessários, com a finalidade de garantir a igualdade das legítimas, assegurando-se aos herdeiros idêntica participação econômica no acervo hereditário. Desse modo, ao conferir o valor das doações, deve-se levar em conta essa finalidade, interpretando-se a disciplina legal (CC, art. 2.002 e ss., CPC, art. 639) de modo a garantir a coerência do sistema. Nessa direção, são possíveis os seguintes cenários: (i) se o bem permanece até o óbito em poder do donatário, será trazido à colação pelo valor presente; (ii) se, por outro lado, o bem não mais se encontra no patrimônio do donatário por ter sido consumido, transferido a terceiros gratuitamente ou perecido por culpa do donatário, será calculado por seu valor à época da liberalidade; (iii) em contrapartida, se o bem houver sido alienado onerosamente pelo donatário a terceiro, a colação deverá refletir o valor econômico que o beneficiou, apurado no momento da alienação.[26] Todas essas soluções têm em comum a aferição do real benefício econômico angariado pelo herdeiro, finalidade pretendida pelo legislador com os referidos dispositivos das leis civil e processual civil, garantindo-se, assim, a igualdade entre as legítimas, de modo a evitar o enriquecimento sem causa; bem como a coerência do ordenamento. Sobre tais valores determinados na data da liberalidade ou no ato de alienação onerosa incidirá a correção monetária como forma de atualizar a quantia, impedindo sua corrosão pela inflação.[27]

> *Critérios para colação*

Considera-se inoficiosa ou nula a doação quanto à parte que exceder aquilo que o doador poderia dispor em testamento no momento da liberalidade. Por outras

> *Doação inoficiosa*

---

[26] Em outra sede, v. Gustavo Tepedino, A colação e o critério de apuração do valor das liberalidades. *Revista Brasileira de Direito Civil – RBDCivil*, vol. 21, 2019, pp. 11-13. Na jurisprudência, cfr. os seguintes precedentes que consideram o valor da alienação como critério para a colação de bens alienados pelo herdeiro donatário a terceiro: STJ, 3ª T., REsp 10428, Rel. Min. Waldemar Zveiter, julg. 9.12.1991, publ. DJ 17.2.1992; TJPR, 12ª CC, Ap. Cív. 415333-5, Rel. Des. José Cichocki Neto, julg. 5.11.2008, publ. DJ 21.11.2008.

[27] Sobre o tema, cfr. os seguintes enunciados interpretativos 119 e 644 aprovados, respectivamente, na I (2002) e VIII (2018) Jornadas de Direito Civil promovidas pelo Centro de Estudos Judiciários do Conselho da Justiça Federal: "119. Para evitar o enriquecimento sem causa, a colação se fará com base no valor da época da doação, nos termos do *caput* do art. 2.004, exclusivamente na hipótese em que o bem doado não mais pertença ao patrimônio do donatário. Se, ao contrário, o bem ainda integrar seu patrimônio, a colação se dará com base no valor do bem na época da abertura da sucessão, nos termos do art. 1.014 do CPC, de modo a preservar a quantia que efetivamente integrará a legítima quando esta se constituiu, ou seja, na data do óbito (resultado da interpretação sistemática do art. 2.004 e seus parágrafos, juntamente com os arts. 1.832 e 884 do Código Civil)"; "644. Os arts. 2.003 e 2.004 do Código Civil e o art. 639 do CPC devem ser interpretados de modo a garantir a igualdade das legítimas e a coerência do ordenamento; O bem doado, em adiantamento de legítima, será colacionado de acordo com seu valor atual na data da abertura da sucessão, se ainda integrar o patrimônio do donatário; Se o donatário já não possuir o bem doado, este será colacionado pelo valor do tempo de sua alienação, atualizado monetariamente".

palavras, a doação que ultrapasse a parte disponível do patrimônio do doador, e, portanto, invada a legítima dos herdeiros necessários, será nula no excesso (CC, art. 549). O exame quanto à validade da doação se dará no momento da prática do ato de liberalidade.[28] A doação inoficiosa se sujeitará à redução no inventário, devendo o donatário repor ao monte o excesso auferido. Mostra-se ainda possível, aos herdeiros, propor ação anulatória antes da morte do doador, de modo que o bem doado retorne ao seu patrimônio.

Doação em forma de subvenção periódica A doação em forma de subvenção periódica ao beneficiado, isto é, que assume a natureza de constituição de renda a título gratuito, tem sua eficácia limitada temporalmente. Admite-se a produção de efeitos da doação em forma de subvenção periódica até a morte do doador, salvo se este dispuser de modo diverso. Entretanto, a renda não poderá atingir a parcela indisponível do patrimônio do doador, de modo que a eficácia da doação se extinguirá no momento em que se esgotar o seu patrimônio disponível. De todo modo, em qualquer hipótese, essa doação não poderá produzir efeitos após a morte do donatário (CC, art. 545), a evidenciar a sua natureza personalíssima.[29]

Doação universal A doação que comprometa a subsistência do doador afigura-se nula (CC, art. 548). Tal circunstância se verifica mediante a chamada doação universal, isto é, que tenha por objeto todos os bens do doador; ou ainda nos casos em que o doador se desfaça de significativa parcela de seu patrimônio, de modo a comprometer o mínimo necessário à sua sobrevivência. Assim, a lei fulmina de nulidade a doação de todos os bens do devedor sem reserva de parte ou de renda suficiente à sua subsistência, com o escopo de, a um só tempo, garantir a dignidade do doador e assegurar os direitos dos seus credores, que encontram em seu patrimônio a garantia geral do crédito.

Doação de cônjuge adúltero A doação de cônjuge adúltero ao seu cúmplice poderá ser anulada pelo outro cônjuge, independentemente do regime de bens, a qualquer tempo no curso do casamento ou no prazo decadencial de até dois anos após dissolvida a sociedade conjugal. A ação anulatória poderá ser intentada pelos herdeiros caso o cônjuge traído tenha falecido.

Doação a entidade futura Mostra-se possível a doação a entidade futura, a qual poderá incluir pessoas jurídicas ou entes despersonalizados, como o condomínio. Tal doação caducará se, em 2 (dois) anos, a entidade não estiver regularmente constituída. Extinguem-se,

---

[28] Esse é o entendimento do STJ, que afirmou, recentemente, que a verificação do excesso caracterizador da doação inoficiosa deve ter como base de cálculo a situação patrimonial do doador no momento da liberalidade e não da abertura da sucessão. Assim decidiu a 3ª Turma do STJ, que afastou a invalidade de doação em hipótese na qual o doador efetuou a liberalidade, dentro da metade disponível, vindo depois a dar destino diverso aos seus bens, com decréscimo patrimonial no momento do falecimento. A Corte circunscreveu o exame da inoficiosidade à demonstração de que, no momento da liberalidade, o falecido possuía ativos financeiros superiores ao valor do imóvel doado. Tal controle de validade não se confunde, evidentemente, com a necessidade de colação, nos termos do art. 2.005, do Código Civil, a menos que o doador tenha determinado que a doação saia da parte disponível (STJ, 3ª T., REsp n. 2.026.288, Rel. Min. Nancy Andrighj, julg. 18.4.2023, publ. DJ 20.4.2023).

[29] Acerca do caráter personalíssimo da doação na forma de subvenção periódica, v., Clovis Bevilaqua, *Código Civil dos Estados Unidos do Brasil*, edição histórica, Rio de Janeiro: Ed. Rio, 1975, p. 274.

portanto, os efeitos da doação em benefício de entidade futura que não regularize sua situação no prazo de 2 (dois) anos, a contar da doação (CC, art. 554).

A doação poderá ser estipulada com cláusula de reversão, isto é, com a determinação de que o bem retorne ao patrimônio do doador caso ocorra o falecimento do donatário (CC, art. 547). A cláusula de reversão opera, assim, como condição resolutiva, extinguindo os efeitos do contrato de doação com a morte do donatário, de sorte a impedir que o bem se transmita aos seus herdeiros ou legatários. Diz-se, nessa direção, que o donatário detém a propriedade resolúvel do bem. Por isso mesmo, não obstante a referida cláusula, mostra-se possível ao donatário transferir o bem a terceiros, gravado com a condição resolutiva, exceto se houver vedação expressa pelo doador. Por se tratar de propriedade resolúvel, o doador poderá praticar atos de conservação da coisa, que poderá vir a integrar o seu patrimônio caso se opere a condição resolutiva (CC, art. 130). De outra parte, o donatário não responderá pela deterioração decorrente do seu uso normal. Não se admite cláusula de reversão em favor de terceiros (CC, art. 547, parágrafo único). *Doação com cláusula de reversão*

Como antes registrado, nas doações onerosas, dentre as quais as doações remuneratórias, com encargo e em contemplação de casamento com certa e determinada pessoa, o doador responderá pela evicção e pelos vícios redibitórios, salvo disposição em contrário (CC, art. 552).

5. REVOGAÇÃO DA DOAÇÃO

Em regra, a doação mostra-se irrevogável. Excepcionalmente, a doação se sujeitará à revogação nos casos de ingratidão do donatário ou de inexecução do encargo (CC, art. 555). *Regra da irrevogabilidade*

Configura-se ingratidão do donatário se (i) atentou contra a vida do doador ou cometeu crime de homicídio doloso contra ele; (ii) cometeu contra ele ofensa física; (iii) o injuriou gravemente ou o caluniou, atingindo a honra do doador; ou (iv) recusou ao doador os alimentos de que este necessitava, tendo possibilidade econômica de prestá-los, independentemente da existência de parentes próximos que possam ajudar o doador[30] (CC, art. 557). Tradicionalmente, entende-se que tais hipóteses de ingratidão do donatário afiguram-se exaustivas, a traduzir rol *numerus clausus*. Todavia, excepcionalmente, passou-se a admitir outras hipóteses,[31] como no caso do crime de difamação, em que se imputa a alguém fato ofensivo à sua reputação (CP, art. 139). Entende-se que se a injúria, delito menos grave, autoriza a revogação da *Hipóteses de ingratidão do donatário*

---

[30]   Caio Mário, por sua vez, ao enumerar os requisitos para que se configure a ingratidão nessa hipótese, inclui a ausência de parentes próximos do doador que pudessem ajudá-lo (*Instituições de Direito Civil*, vol. III, cit., p. 242).

[31]   O Enunciado n. 33, elaborado na I Jornada de Direito Civil (2002), propõe a flexibilização do rol apresentado pelo art. 557, admitindo-se, em caráter excepcional, outras hipóteses de revogação por ingratidão: "O novo Código Civil estabeleceu um novo sistema para a revogação da doação por ingratidão, pois o rol legal previsto no art. 557 deixou de ser taxativo, admitindo, excepcionalmente, outras hipóteses".

doação por ingratidão, por maioria de razão a difamação também deverá permiti-la.[32] Há de se proceder, assim, à flexibilização do rol contido no art. 557 do Código Civil. Assim, entende-se também ser possível a revogação caso o donatário tenha atuado como mero partícipe do crime, afinal, o que a norma visa a preservar é a lealdade em relação àquele que ofereceu bem em liberalidade, de modo que qualquer participação no delito já enseja a quebra da relação de lealdade e confiança, sendo motivo razoável para promover a revogação.[33]

A revogação da doação por ingratidão também se opera se o ofendido for o cônjuge, ascendente, descendente, ainda que adotivo, ou irmão do doador (CC, art. 558). A norma considera que a ofensa a parentes próximos do doador também consiste em causa de ingratidão.

A revogação por ingratidão assume natureza jurídica de penalidade, punindo-se o donatário que praticou ato que o tornou desmerecedor da liberalidade. Não se exige, para a revogação, a condenação no juízo criminal. Se, por outro lado, o donatário for absolvido no juízo criminal, afasta-se a configuração da ingratidão.[34]

Renúncia à revogação por ingratidão

Não é dado ao doador renunciar antecipadamente ao direito de revogar a doação por ingratidão do donatário (CC, art. 556). Todavia, uma vez verificado o fato que enseja a revogação, o doador, ao seu alvedrio, poderá ou não revogar a doação. A proibição contida no art. 556 do Código Civil não abrange a revogação pela inexecução do encargo, que poderá, portanto, ser objeto de renúncia antecipada pelo doador.

Inexecução do encargo

A doação poderá, ainda, ser revogada na hipótese de inexecução do encargo pelo donatário. Se houver prazo para o cumprimento do encargo findo o qual o donatário nada faz, incorrerá em mora *ex re*. Por outro lado, se não houver prazo para cumprimento do encargo, o doador poderá notificar judicialmente ou extrajudicialmente o donatário, constituindo-o em mora e assinando-lhe prazo razoável para que o cumpra (CC, art. 562).[35] Em ambos os casos, o contrato de doação poderá ser re-

---

[32] Nessa esteira, cfr. STJ, AgRg. no AREsp. 285058, 4ª T., Rel. Min. Luis Felipe Salomão, julg. 4.6.2013, DJ 18.6.2013. Nos tribunais estaduais: "Corrobora essa hipótese o fato de que novamente não foi incluída a difamação entre as causas autorizadoras da revogação, omissão tão criticada na vigência do velho Código. Se a injúria, delito menos grave do que a difamação, autoriza a revogação, por maioria de razões deve esta igualmente autorizar tal desfecho. Assim, em vez do legislador corrigir essa falha, alterou a redação do *caput*, tornando o rol exemplificativo" (TJRS, 19ª CC., Ap. 70049412000, Rel. Des. Eugênio Facchini Neto, julg. 23.10.2012, DJ 3.12.2012).

[33] Nesse sentido: Nelson Rosenvald. In: Cezar Peluso (coord.), *Código Civil Comentado*, Barueri: Manole, 2018, 12ª ed., p. 585.

[34] No sentido do texto, Clovis Bevilaqua, *Código Civil*, cit., p. 283; e Caio Mário da Silva Pereira, *Instituições de Direito Civil*, cit., p. 241. Em sentido contrário, Carvalho Santos, *Código Civil Brasileiro Interpretado*, cit., pp. 442-443.

[35] O STJ já definiu ser possível a utilização de notificação extrajudicial para a constituição em mora do donatário e a fixação de prazo para a execução do encargo: "Controvérsia acerca da correta interpretação do art. 562 do Código Civil, notadamente a possibilidade da utilização da notificação extrajudicial para constituir em mora o donatário acerca do descumprimento do encargo no contrato de doação modal em que não há previsão de prazo para o cumprimento da obrigação. 2. A inexecução do encargo assumido pelo donatário em face do doador como condição para a celebração da doação onerosa poderá ensejar a sua revogação. 3. Não previsto prazo determinado para o cumprimento da contraprestação, o doador, mediante notificação judicial ou extrajudicial, na

vogado se o donatário não corrigir o seu descumprimento, cabendo ainda perdas e danos.[36] Note-se que a lei se refere à mora do donatário no cumprimento do encargo, a denotar o caráter culposo da inexecução.

A revogação da doação por ingratidão ou por inexecução do encargo deverá ser requerida por meio de ação judicial revocatória a ser proposta no prazo decadencial de 1 (um) ano, a contar da data em que o doador, cumulativamente, tomar conhecimento do fato que a autoriza e de sua autoria pelo donatário (CC, art. 559). Trata-se de prazo fatal para exercício de direito potestativo à desconstituição do negócio jurídico, razão pela qual a natureza do prazo é decadencial.

Prazo para a ação revocatória

Destaque-se, porém, o entendimento do STJ no sentido de que o prazo decadencial de um ano só é aplicável à revogação por ingratidão. Em relação à inexecução do encargo, a Corte Superior aplica o prazo prescricional geral de 10 anos previsto no art. 205 do Código Civil.[37]

Sendo o prazo para a revogação por ingratidão de natureza decadencial, mesmo que haja ação penal em curso contra o donatário, não há que se falar na aplicação do art. 200 do Código Civil, que prevê que não corre a prescrição antes da sentença penal condenatória quando a ação se originar em fato que deva ser apurado em sede criminal. Isso porque o dispositivo fala explicitamente em prescrição, não se aplicando ao caso em análise, que trata de prazo decadencial, não sujeito a causas suspensivas e interruptivas (CC, art. 207).[38]

Caso na hipótese de descumprimento do encargo se deseje a tutela específica, será aplicável o prazo prescricional geral do Código Civil de 10 anos, fixado no art. 205.[39]

A ação revocatória afigura-se personalíssima, podendo ser proposta apenas pelo doador contra o donatário. Todavia, se, ajuizada a ação, o doador falece, os seus her-

Legitimidade para a ação revocatória

---

forma do art. 397 do CCB, pode constituir em mora o donatário, fixando-lhe prazo para a execução do encargo, e, restando este inerte, ter-se-á por revogada a doação" (STJ, 3ª T., REsp 1.622.377, Rel. Min. Paulo de Tarso Sanseverino, julg. 11.12.2018, publ. DJ 14.2.2018).

[36] Nessa direção, sublinha a doutrina especializada: José Eduardo Rocha Frota, Ação Revocatória da doação. *Revista de Processo*, vol. 19, jul.-set. 1980, pp. 67-97. Roberto Wagner Marquesi, A doação modal no Código Reale. *Doutrinas Essenciais*: obrigações e contratos, vol. V, São Paulo: Revista dos Tribunais, 2011, pp. 483-496.

[37] "Conforme a jurisprudência desta Corte vigente desde o Código Civil de 1916, as hipóteses de revogação da doação com prazo anual são apenas aquelas por ingratidão. Nos casos de inexecução de encargos, aplica-se o prazo prescricional geral" (STJ, 2ª T., REsp 1.613.414, Rel. Min. Og Fernandes, julg. 19.4.2018, publ. DJ 25.4.2018). Destaque-se que, na ocasião da III Jornada de Direito Civil do Conselho da Justiça Federal foi elaborada proposta de enunciado por Paulo de Tarso Sanseverino (então desembargador do TJRS e hoje Ministro do STJ) contendo esse entendimento: "O prazo para revogação da doação por descumprimento do encargo é de dez (10) anos no novo Código Civil, não se aplicando o disposto no art. 559". Tal proposta, contudo, não foi acolhida.

[38] "Art. 207. Salvo disposição legal em contrário, não se aplicam à decadência as normas que impedem, suspendem ou interrompem a prescrição".

[39] "Frise-se que o prazo decadencial de um ano será determinante para a resolução contratual, com extinção da relação contratual. Todavia, caso deseje o doador a tutela específica da obrigação de dar ou fazer, há que adotar o prazo prescricional de dez anos para o exercício da pretensão condenatória (art. 205 do CC)" (Nelson Rosenvald. In: Cezar Peluso (coord.), *Código Civil Comentado*, Barueri: Manole, 2018, 12ª ed., p. 585).

deiros poderão prosseguir na ação. Por outro lado, se o donatário falecer antes da propositura da ação, esta não poderá ser movida em face dos seus herdeiros. Entretanto, se, após o ajuizamento da ação, falecer o donatário, a ação prosseguirá contra os seus herdeiros (CC, art. 560).

Todavia, se a morte não tiver sido imediata e o doador tiver perdoado o donatário, os herdeiros não poderão mover a ação de revogação (CC, art. 561).

Efeitos da revogação por ingratidão — No que tange aos seus efeitos (CC, art. 563), a revogação da doação por ingratidão, operada por sentença judicial, não pode prejudicar os direitos adquiridos por terceiros relativamente ao bem doado. À guisa de exemplo, se o terceiro tiver adquirido o usufruto do bem doado, esse direito real sobre coisa alheia permanece, ainda que o nu proprietário passe a ser o doador.

De outra parte, o donatário, analogamente ao possuidor de boa-fé, não precisará restituir ao doador os frutos percebidos antes da citação válida na ação revocatória, mas se sujeita a pagar os frutos posteriores, percebidos no curso da ação, além dos frutos que culposamente deixou de perceber, caso ao final reste derrotado na demanda.

Perecimento ou alienação do bem a terceiro — Uma vez revogada a doação, o donatário é obrigado a restituir a coisa doada, com as benfeitorias que tiver realizado e as deteriorações que a coisa tiver sofrido, não respondendo pelas deteriorações decorrentes do uso normal do bem. Caso o donatário não possa restituir em espécie os bens doados, por terem perecido ou sido alienadas a terceiro, obriga-se a indenizar o doador pela média de seus valores entre a tradição ao donatário e a data de restituição (CC, art. 563).[40]

Doações não sujeitas à revogação por ingratidão — Tendo em conta a bipartição da disciplina jurídica entre a gratuidade e a onerosidade, as doações puramente remuneratórias não poderão ser revogadas. Assim como aquelas cujo encargo já houver sido cumprido, no valor correspondente ao desembolso efetuado pelo donatário.[41] Do mesmo modo, as que se fizerem em cumprimento de obrigação natural escapam também ao poder revocatório do doador em

---

[40] Nessa direção, Clovis Bevilaqua, *Código Civil dos Estados Unidos do Brasil,* cit., p. 287.

[41] Na jurisprudência: "O art.1.181, do Código Civil de 1916, que rege a questão, disciplina que além dos casos comuns a todos os contratos, a doação também se revoga por ingratidão do donatário, o que não é a hipótese em exame; quando onerosa, entretanto, pode vir revogada por inexecução do encargo, desde que o donatário incorra em mora. O Código Civil em vigor traz o mesmo princípio, quando em seu art. 555, estabelece que a doação pode ser revogada por ingratidão do donatário ou por inexecução do encargo. Portanto, o que se tem é que a doação alcançou o seu fim, porque onerosa, não podendo vir mais revogada como, equivocadamente, o foi pelo documento de fls.21/23 que sustenta a ação indenizatória. O aparelho hospitalar objeto da doação, cumprido o encargo, com a compra ficou na posse da donatária" (TJSP, 10ª C. D. Priv., Ap. Cív. 90486217520008260000, Rel. Des. Octavio Helene, julg. 27.4.2010, publ. DJ 21.5.2010); "Na doação do tipo modal ou doação com encargo, cumprido o encargo a que se sujeitou o donatário, aperfeiçoa-se o ato" (TJES, 4ª CC., Ap. Cív. 00003095420128080017, Rel. Des. Robson Luiz Albanez, julg. 19.10.2015, publ. DJ 27.10.2015); "Ementa – Apelação cível – Ação de revogação de doação – Lote doado pelo município através de termo de concessão de direito real de uso – Demora no cumprimento da obrigação por problemas de saúde – Encargo cumprido – Princípio da razoabilidade – Recurso desprovido. Não se mostra razoável penalizar uma família com parcos recursos em virtude da demora na habitação do bem quando este, além de ser o único da prole, não pode ser habitado em face da hipossuficiência dos mutuários, que sequer tinham um meio de transporte adequado para a realização da mudança, além dos problemas de saúde vivenciados pelo casal, situação devidamente comprovada nos autos" (TJMS,

razão do mesmo princípio norteador da matéria, que impede, nas obrigações naturais, a restituição de indébito. É dizer, a doação, nesse caso, adquire caráter oneroso, sendo utilizada como mecanismo de pagamento cuja restituição não se admite. Contudo, convém sempre repetir, admite-se a revogação por ingratidão na parte em que a doação exceda à remuneração, ao encargo, ou à obrigação natural, convertendo-se em doação pura.[42]

Finalmente, a doação realizada por força de determinado casamento, não admite a revogação tendo em conta o princípio da intranscendência da pena, que não pode penalizar o nubente que não concorreu para o ato de ingratidão.[43]

Princípio da intranscendência da pena

PROBLEMAS PRÁTICOS

1. Quais medidas poderão ser tomadas pelo doador diante da inexecução do encargo por parte do donatário? Quais os prazos e as formas de operacionalizar tais medidas?
2. Renato e Natan eram melhores amigos desde a infância. Quando Natan perdeu o emprego, Renato doou ao amigo um de seus veículos, para facilitar sua reinserção no mercado de trabalho. No contrato, as partes fizeram constar cláusula impondo a irrevogabilidade absoluta da liberalidade. Duas semanas após a celebração do negócio, Natan se envolveu em uma briga com o irmão de Renato, efetuando contra ele disparos letais de arma de fogo. Inconformado com o falecimento do irmão e decepcionado com a conduta de Natan, Renato buscou revogar a doação. Em resposta, Natan afirmou que a liberalidade não poderia ser desconstituída, seja porque o suposto ato de ingratidão não havia sido cometido contra o doador, seja porque a doação fora estipulada com cláusula de irrevogabilidade. A quem assiste razão?

 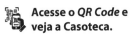
Acesse o *QR Code* e veja a Casoteca.
> http://uqr.to/1pdpz

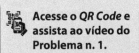
Acesse o *QR Code* e assista ao vídeo do Problema n. 1.
> https://uqr.to/ntj4

3ª CC., Ap. Cív. 0802885-68.2015.8.12.0017, Rel. Des. Eduardo Machado Rocha, julg. 26.4.2016, publ. DJ. 27.4.2016).

[42] Carvalho Santos, *Código Civil Brasileiro Interpretado*, cit., p. 461.

[43] Na doutrina especializada: "Ora, a intenção é que seja para determinado casamento e em este se realizando a condição foi satisfeita, não será justo agora que o casal e os filhos destes sejam surpreendidos com uma diminuição do patrimônio, pois a verdade é que, se houve ingratidão por parte de um dos cônjuges, não será justo que o outro e os filhos sofram com isto, aliás, foi conquista dos tempos, que a pena não passa da pessoa do culpado. Por isso, são irrevogáveis, quer as doações feitas pelos esposos entre si, quer as feitas por terceiros aos esposos" (José Eduardo da Rocha Frota, Ação Revocatória de Doação. *Revista de Processo*, São Paulo, vol.19, jul.-set. 1980, pp. 67-97).

Capítulo III
LOCAÇÃO DE COISAS.
LEI DO INQUILINATO: GENERALIDADES.
LEASING OU ARRENDAMENTO MERCANTIL

Sumário: LOCAÇÃO DE COISAS – 1. Âmbito de incidência – 2. Conceito e efeitos essenciais – 3. Obrigações e direitos do locador – 4. Obrigações e direitos do locatário – LEI DO INQUILINATO: GENERALIDADES – 5. Modalidades de locação – 6. Direitos e deveres do locador e do locatário – 7. Direito de preferência – 8. Extinção do contrato de locação – 9. Os impactos da pandemia de covid-19 nos contratos de locação. *LEASING* OU ARRENDAMENTO MERCANTIL – 10. Conceito – 11. Modalidades – 12. O pagamento do Valor Residual Garantido e a (des)caracterização do *leasing* – Problemas práticos.

LOCAÇÃO DE COISAS

1. ÂMBITO DE INCIDÊNCIA

A locação de coisas, prevista nos arts. 565 a 578 do Código Civil, tem seu âmbito de incidência definido segundo o bem objeto da locação. Assim, encontram-se regidos pelo Código Civil a locação de bens móveis, de espaços destinados à publicidade e de imóveis localizados em apart-hotéis, hotéis-residência ou equiparados, que prestam serviços regulares a seus usuários. Nessa direção, a Lei 8.245, de 18 de outubro de 1991, denominada Lei do Inquilinato (Lei 8.245/91), excluiu de sua disciplina os apart-hotéis, hotéis-residência ou equiparados cuja a administração oferece uma série de serviços, tais como telefonia, lavanderia, restaurante e serviço de quarto, entre outros, ao passo que a locação realizada diretamente pelo proprietário se submete ao seu regime especial (art. 1º, par. único, "a", 4).[1] Insere-se, ainda, na

Aplicação das regras do Código Civil

---

[1] "Art. 1º. A locação de imóvel urbano regula-se pelo disposto nesta lei: Parágrafo único. Continuam regulados pelo Código Civil e pelas leis especiais: a) as locações: (...) 4. Em *apart*-hotéis, hotéis-

disciplina da locação de coisas do Código Civil, o contrato de aluguel de vaga de garagem ou espaço para estacionamento de veículos.

CDC
Em se tratando de relação de consumo, a disciplina aplicável obedecerá, no que couber, às normas do Código de Defesa do Consumidor, hipótese que se revela comum nos casos de locação de automóveis, livros e também na prática contemporânea de locação de bicicletas e patinetes via aplicativo.

Aplicação da Lei do Inquilinato
De outro lado, a Lei do Inquilinato objetiva disciplinar a locação de bem imóvel urbano em geral, incluindo-se estabelecimentos comerciais e *shopping-centers*, excluindo de sua normativa apenas os imóveis urbanos que se enquadrem no parágrafo único do art. 1º.[2] A Lei do Inquilinato, que sucedeu diversos diplomas legislativos, ora mais liberais, ora mais intervencionistas, como o Decreto 4.403, de 22 de dezembro de 1921, posteriormente modificado pelo Decreto 4.624, de 28 de dezembro de 1922; e a Lei 6.649, de 16 de maio de 1979, demonstra a preocupação do legislador na regulamentação da matéria, tendo em conta que os contratos de locação por ela regidos se destinam a promover valores constitucionais, como a moradia, o trabalho e, conseguintemente, a dignidade humana.

Leis especiais
De outra parte, encontram-se regidos por leis especiais o arrendamento mercantil (ou *leasing*), regulado pela Lei 6.099, de 12 de setembro de 1974; a locação de bens públicos (Dec.-Lei 9.760/1946); e a locação do imóvel rural, à qual se aplicam preferencialmente as normas da Lei 4.504, de 30 de novembro de 1964, o chamado Estatuto da Terra.

2. CONCEITO E EFEITOS ESSENCIAIS

Conceito
A locação de coisas consiste no negócio jurídico por meio do qual o locador, também denominado senhorio ou arrendador, se obriga a ceder ao locatário, inquilino ou arrendatário, por prazo determinado ou indeterminado, o uso e gozo de bem infungível, mediante o pagamento de determinada remuneração (CC, art. 565).

Diversamente da locação de serviços e da locação de obra, que deram origem, respectivamente, ao contrato de prestação de serviços e de empreitada, os quais têm por objeto um *facere*, a locação de coisas tem ênfase no dar, isto é, na entrega material de bem móvel ou imóvel, de caráter infungível.

Consentimento
Consistem em elementos essenciais do contrato de locação (i) o consentimento; (ii) a coisa; e (iii) o preço. O *consentimento*, manifestado por pessoa capaz, poderá ser expresso ou tácito, inexistindo forma exigida por lei. Em contrapartida, nos con-

---

-residência ou equiparados, assim considerados aqueles que prestam serviços regulares a seus usuários e como tais sejam autorizados a funcionar".

[2] "Art. 1º. (...) Parágrafo único. Continuam regulados pelo Código Civil e pelas leis especiais: a) as locações: 1. de imóveis de propriedade da União, dos Estados e dos Municípios, de suas autarquias e fundações públicas; 2. de vagas autônomas de garagem ou de espaços para estacionamento de veículos; 3. de espaços destinados à publicidade; 4. em apart-hotéis, hotéis-residência ou equiparados, assim considerados aqueles que prestam serviços regulares a seus usuários e como tais sejam autorizados a funcionar; b) o arrendamento mercantil, em qualquer de suas modalidades".

Capítulo III | Locação de coisas. Lei do Inquilinato: generalidades

tratos de locação regidos pela Lei 8.245/91, exige-se a vênia conjugal, exceto para o regime de separação absoluta, para contratos celebrados por prazo igual ou superior a 10 (dez) anos (art. 3º).

O contrato de locação classifica-se como consensual, de sorte a se aperfeiçoar com a simples manifestação de vontade. A tradição da coisa afigura-se, assim, efeito do contrato já perfeito e acabado, a traduzir a execução do negócio. O acordo de vontades poderá ser celebrado por escrito, por meio de instrumento público ou particular, ou verbalmente.

O bem objeto da locação deverá ser infungível, não podendo, portanto, ser substituído por outro de mesma espécie, qualidade e quantidade (CC, art. 85). Tal infungibilidade poderá decorrer da vontade das partes. Note-se que a natureza fungível do bem desnaturalizaria o contrato de locação em mútuo, que tem por objeto bem fungível e que, assim como na locação (CC, art. 569, IV), deverá ser restituído ao mutuante no fim do prazo contratual (CC, art. 586). O bem objeto da locação, cujo uso e gozo é objeto de transferência, poderá ser móvel ou imóvel, atual ou futuro, determinado ou determinável. Além disso, a coisa poderá ser corpórea ou incorpórea, a exemplo das marcas e patentes que, nos termos do art. 5º da Lei 9.279/96, são considerados bens móveis e, como tais, suscetíveis de serem objeto de locação.[3]

Bem infungível

Ressalte-se que o contrato de locação transfere ao locatário as faculdades de uso e gozo sobre o bem, isto é, a sua posse direta, inexistindo transferência do poder de disposição, inerente à propriedade. A transmissão da faculdade de disposição desnaturalizaria a locação em compra e venda. Assim, o locador poderá figurar como mero possuidor do bem, não se lhe exigindo que seja proprietário. De outra parte, em determinadas situações, o proprietário não poderá dar a coisa em locação, como ocorre em relação aos bens em condomínio, em que o consentimento de todos os condôminos se afigura essencial à locação (CC, art. 1.314).[4]

Transferência da posse direta

---

[3] Sobre o tema, cfr. exemplificativamente: "Se os direitos autorais são considerados bens móveis, podem eles ser locados e foi isto o que fez a autora ao ceder seus direitos autorais e receber, em troca, certa quantia em pagamento pela locação (...). Ao permitir a terceiros, a utilização de suas criações artísticas, está usando o seu direito de autor e direitos autorais, para fins legais, reputam-se, bens móveis e estes podem ser locados" (STJ, 1ª T., REsp 26.598, Rel. Min. Garcia Vieira, julg. 23.9.1992, publ. DJ 16.11.1992). Nos Tribunais estaduais, cfr. precedente do TJRS: "Por outro lado, impende salientar que a produção de vídeos e áudios para fins publicitários e de propaganda, por encomenda de um cliente específico, cedendo a este o direito de uso do fonograma, por um tempo determinado, sem, contudo, desfazer-se da propriedade, equivale à locação de bens móveis. De fato, a Lei 9.610/98 (que dispõe a respeito dos direitos autorais) estabelece em seu art. 3º que "os direitos autorais reputam-se, para os efeitos legais, bens móveis" (TJRS, 22ª CC., Ap. Cív. 70047105648, Rel. Des. Denise Oliveira Cezar, julg. 31.5.2012, publ. DJ 15.6.2012). V. tb. TJSP, 15ª C. D. Priv., Ap. Cív. 9061087-91.2006.8.26.0000, Rel. Des. Eutálio Porto, julg. 19.5.2011, publ. DJ 24.5.2011.

[4] A 3ª Turma do STJ, todavia, fixou o entendimento de que, ainda que o Código Civil exija a anuência dos coproprietários para dar posse de imóvel a terceiros, eventual inexistência desse consentimento não gera a nulidade do contrato de locação, tornando-o incapaz de produzir efeitos jurídicos. Com isso, a Corte declarou a rescisão de contrato de aluguel e determinou o despejo do locatário – o qual firmou o contrato com apenas um dos proprietários do imóvel. O Relator, Min. Ricardo Villas Bôas Cueva, afirmou que, no caso dos autos, não foi demonstrada a ocorrência de nenhum dos vícios capazes de gerar a nulidade do negócio jurídico, como aqueles descritos no Código Civil. Por isso

Preço certo, determinado ou determinável

Ao lado do consentimento e da coisa, o preço consiste em elemento essencial à locação, a denotar o seu caráter oneroso. A onerosidade que caracteriza a locação a diferencia do comodato, que traduz o empréstimo gratuito de bens infungíveis. O preço, também denominado renda ou aluguel, pode ser em pecúnia ou se efetivar mediante a entrega de bens, como os frutos da própria coisa.[5] Vale dizer: nas locações regidas pelo Código Civil, não se exige que o preço ou a contraprestação pela transferência da posse seja em dinheiro. Em contrapartida, nas locações disciplinadas pela Lei do Inquilinato, a remuneração em pecúnia revela-se essencial.

Sublinhe-se que o preço pode ser certo e determinado ou determinável, segundo os critérios estabelecidos pelos contratantes. Imagine-se, por exemplo, o aluguel de estacionamento de veículos determinado mensalmente segundo as receitas obtidas com o uso do bem. Mostra-se possível, ainda, a determinação do aluguel de acordo com ato governamental (*v.g.* aluguel de táxis), por arbitramento administrativo ou judicial (como admitido em casos de locação predial urbana), ou mediante concorrência pública, nos casos de bens pertencentes à União (Decreto-Lei 9.760, de 5 de setembro de 1946, art. 95, parágrafo único[6]).

Contrato temporário

De outra parte, o contrato de locação afigura-se temporário, produzindo efeitos por determinado lapso temporal. O prazo poderá ser determinado, sujeito a termo – certo ou incerto –, ou indeterminado. Nos contratos de prazo determinado, sobrevindo o termo, o contrato se extingue de pleno direito, independentemente de notificação ou aviso (CC, art. 573). Já nos contratos de prazo indeterminado, caberá denúncia vazia por qualquer dos contratantes, desde que precedida de notificação prévia ao locatário que lhe conceda prazo razoável para a devolução do bem.

Prorrogação do contrato a prazo indeterminado

Nos contratos de prazo determinado, vencido o prazo, caso o locatário permaneça na posse da coisa sem oposição do locador, ocorre a prorrogação legal (ou tácita) do contrato, que passa a viger por prazo indeterminado (CC, art. 574). A posse do locatário deverá se manifestar por atos inequívocos, a demonstrar sua intenção de permanecer com o bem, tais como a atuação com zelo de dono e o emprego da coisa segundo a finalidade contratada. De outra parte, para que haja a prorrogação, o locador não poderá se opor a essa posse prolongada pelo locatário. Se o locador contesta ou se opõe à continuação desta posse, não ocorre a prorrogação. Tal oposição poderá ser expressa ou tácita, devendo, contudo, ser inequívoca. A recusa do locador em receber o aluguel, por exemplo, poderá ser considerada, no caso concreto, como

---

mesmo, entendeu que não poderia ser acolhida a tese de nulidade do contrato, de modo a exonerar o locatário de qualquer obrigação (STJ, 3ª T., REsp 1.861.062, Rel. Min. Ricardo Villas Bôas Cueva, julg. 15.12.2020).

[5] Clovis Bevilaqua, *Código Civil dos Estados Unidos do Brasil*, edição histórica, Rio de Janeiro: Ed. Rio, 1975, p. 290. V. tb. Washington de Barros Monteiro, *Curso de Direito Civil*, vol. 5, São Paulo: Saraiva, 2007, 35ª ed., p. 158.

[6] "Art. 95. Os imóveis da União não aplicados em serviço público e que não forem utilizados nos fins previstos nos itens I e II do art. 86, poderão ser alugados a quaisquer interessados.
Parágrafo único. A locação se fará, em concorrência pública e pelo maior preço oferecido, na base mínima do valor locativo fixado".

CAPÍTULO III | LOCAÇÃO DE COISAS. LEI DO INQUILINATO: GENERALIDADES

apta a demonstrar a oposição à prorrogação do contrato.[7] Por outro lado, não haverá a referida prorrogação caso exista previsão contratual expressa proibindo-a. Ao contrário da lei especial, que estabelece o prazo de 30 (trinta) dias para que a posse, pelo locatário, sem oposição do locador, prorrogue o contrato, tornando-o por prazo indeterminado (art. 46, § 1º,[8] Lei 8.245/91), o Código Civil não dispõe a respeito desse prazo. Em muitos casos, o contrato regulará a matéria. Na ausência de previsão contratual, há quem admita a aplicação analógica do art. 46, § 1º, Lei 8.245/91.[9] Todavia, à falta de previsão no Código Civil, e omisso o contrato, uma vez transcorrido o prazo, este prorroga-se automaticamente. Observados os pressupostos de permanência do locatário na posse do bem e não oposição do locador, o contrato se manterá em vigor por prazo indeterminado nas mesmas condições pactuadas.

Com relação às garantias contratuais, indaga-se se tais garantias se mantêm nas hipóteses de prorrogação do contrato por prazo indeterminado ou mesmo por prazo determinado, mediante aditamento contratual.[10] No âmbito da Lei do Inquilinato, o

Garantias contratuais

---

[7] A jurisprudência ressalta a importância de se examinar o caso concreto. Em alguns casos, os Tribunais entendem que o mero recebimento dos aluguéis não importa anuência com a prorrogação: "não se pode falar em presunção de anuência da prorrogação de contrato pelo simples fato de a locadora estar recebendo, sem ressalvas, os aluguéis. O aluguel é contraprestação pelo uso do bem locado" (STJ, 6ª T., REsp 38.791, Rel. Min. Adhemar Maciel, julg. 30.11.1993, publ. DJ 7.2.1994). No mesmo sentido: "(...) certo é que não houve mesmo a prorrogação do contrato havido entre as partes, restando claro que o recebimento dos aluguéis dos meses de abril e maio de 2014, não obstante já expirado o prazo final da avença, não representou a alegada prorrogação 'tácita' do que fora contratado, mas, ao revés, mero ato de tolerância por parte da associação apelada, em razão da já indevida posse do imóvel pelo autor, cujas obrigações pecuniárias permaneceram até a efetiva desocupação do imóvel" (TJSP, 26ª C. D. Priv., Ap. Cív. 1004691-80.2014.8.26.0606, Rel. Des. Alfredo Attié, julg. 14.6.2018, publ. DJ 15.6.2018). Portanto, é fundamental que se analise o comportamento das partes. Nesse sentido, o STJ já considerou que "o retardo quanto à propositura da ação pode levar à conclusão de que houve prorrogação tácita da avença, o que é matéria de fato a ser examinada pelas instâncias ordinárias" (STJ, 5ª T., AgRg no Ag 1.027.368, Rel. Min. Laurita Vaz, julg. 10.6.2008, publ. DJ 4.8.2008).

[8] "Art. 46. (...) § 1º. Findo o prazo ajustado, se o locatário continuar na posse do imóvel alugado por mais de trinta dias sem oposição do locador, presumir-se-á prorrogada a locação por prazo indeterminado, mantidas as demais cláusulas e condições do contrato".

[9] Nessa direção, anota Ricardo Fiúza, *Novo Código Civil Comentado*, São Paulo: Saraiva, 2002, p. 508). Destaque-se, por outro lado, o entendimento no sentido de que a prorrogação ocorre imediatamente após finalizado o prazo contratual, sem a necessidade de se aguardar o lapso temporal de 30 (trinta) dias: TJRJ, 22ª CC., Ap. Cív. 0394151-18.2016.8.19.0001, Rel. Des. Carlos Santos de Oliveira, julg. 21.5.2019, publ. DJ 23.5.2019.

[10] A respeito do prazo prescricional para o exercício da pretensão de restituição da garantia de caução, prestada no âmbito dos contratos de locação regidos pela Lei 8.245/91, a 3ª Turma do Superior Tribunal de Justiça destacou que "o art. 37, I, da Lei n. 8.245/1991 prevê a caução como uma das garantias possíveis de serem prestadas no contrato de locação, constituindo-se, assim, um acessório do contrato principal. Em homenagem ao princípio da gravitação jurídica, aplica-se o prazo trienal, previsto no art. 206, § 3º, I, do CC, à pretensão de restituição da caução locatícia" (STJ, 3ª T., REsp 1.967.725/SP, Rel. Min. Marco Aurélio Bellizze, julg. 15.2.2022, publ. DJ 21.2.2022). Aliás, sobre a figura, vale nota no sentido de que a 3ª Turma do STJ entendeu que, em concurso de credores, a caução locatícia averbada na matrícula do imóvel possui natureza de garantia real equiparada à hipoteca, apta a gerar preferência do credor caucionário sobre o produto da expropriação do imóvel. No caso, em ação de execução que visava à expropriação do imóvel do devedor, outro credor ingressou nos autos, como terceiro interessado, requerendo a preferência no recebimento, já que o bem penhorado lhe fora dado em caução locatícia, averbada na matrícula do imóvel. O acórdão de

art. 39, com a nova redação dada pela Lei 12.112/2009, estabeleceu que "salvo disposição contratual em contrário, qualquer das garantias da locação se estende até a efetiva devolução do imóvel, ainda que prorrogada a locação por prazo indeterminado, por força desta Lei". A partir deste dispositivo, o Superior Tribunal de Justiça adotou o entendimento de que, nos contratos celebrados após a alteração legislativa, os fiadores permanecerão obrigados até a efetiva entrega das chaves, mesmo se não anuírem expressamente com a prorrogação, salvo se houver disposição contratual no sentido de exonerar os fiadores. Entretanto, ressalvou o STJ que, durante essa prorrogação, mantém-se "a faculdade de o fiador de, no período de prorrogação contratual, exonerar-se da obrigação".[11] Por outro lado, nos contratos anteriores à modificação do art. 39, admite-se a prorrogação da garantia somente se expressamente prevista no contrato.[12] A manutenção da responsabilidade do fiador em caso de prorrogação

---

segunda instância considerou a caução locatícia espécie de garantia simples. Para o STJ, todavia, sob relatoria da Min. Nancy Andrighi, embora a caução não seja indicada no rol dos direitos reais do art. 1.225, caso esteja averbada na matrícula do imóvel, conforme previsto na Lei do Inquilinato, tem efeito de garantia real, tal qual uma hipoteca, conferindo ao "credor caucionário o direito de preferência nos créditos em situação de concurso singular de credores". Apesar da divergência doutrinária quanto à possibilidade de se constituir a garantia real por averbação, a Ministra fundamentou-se no art. 108 do Código Civil, que admite hipóteses em que a lei possa dispor diversamente quanto à forma aquisitiva ou modificativa de direitos reais. Por isso, segundo afirmou, "mesmo se tiver sido averbada apenas à margem da matrícula, o efeito da caução locatícia em bens imóveis deve ser o de hipoteca, a menos que seja expressamente indicado que se trata de anticrese" (STJ, 3ª T., REsp 2.123.225, Rel. Min. Nancy Andrighi, julg. 21.5.2024, publ. *DJe* 24.5.2024).

[11] STJ, REsp 1.335.485, Decisão Monocrática, Rel. Luis Felipe Salomão, julg. 7.3.2017, publ. DJ 5.4.2017. No mesmo sentido: "3. O art. 39 da Lei 8.245/91 dispõe que, salvo disposição contratual em contrário, qualquer das garantias da locação se estende até a efetiva devolução do imóvel, ainda que prorrogada a locação por prazo indeterminado. 4. Da redação do mencionado dispositivo legal depreende-se que não há necessidade de expressa anuência dos fiadores quanto à prorrogação do contrato quando não há qualquer disposição contratual que os desobrigue até a efetiva entrega das chaves. 5. Ademais, a própria lei, ao resguardar a faculdade do fiador de exonerar-se da obrigação mediante a notificação resilitória, reconhece que a atitude de não mais responder pelos débitos locatícios deve partir do próprio fiador, nos termos do art. 835 do CC/02. 6. Na hipótese sob julgamento, em não havendo cláusula contratual em sentido contrário ao disposto no art. 39 da Lei de Inquilinato – isto é, que alije os fiadores da responsabilidade até a entrega das chaves – e, tampouco, a exoneração da fiança por parte dos garantes, deve prevalecer o disposto na lei especial quanto à subsistência da garantia prestada. 7. Recurso especial conhecido e não provido" (STJ, 3ª T., REsp 1.607.422, Rel. Min. Nancy Andrighi, julg. 17.10.2017, publ. DJ 17.11.2017). V. também STJ, 4ª T., AgInt nos EDcl no AREsp. 2.227.091, Rel. Min. Raul Araújo, julg. 25.9.2023, publ. DJ 28.9.2023; STJ, 3ª T., AgInt no AREsp. 2.205.459, Rel. Min. Marco Aurélio Bellizze, julg. 19.6.2023, publ. DJ 21.6.2023; STJ, 4ª T., AgInt no AREsp 1.643.408/RJ, Rel. Min. Raul Araújo, julg. 22.8.2022, publ. DJ 26.8.2022.

[12] "Com o julgamento dos EREsp 566.633/CE, ficou pacificado no âmbito do STJ a admissão da prorrogação da fiança nos contratos locatícios prorrogados por prazo indeterminado, contanto que expressamente prevista no contrato (v.g., a previsão de que a fiança subsistirá 'até a entrega das chaves'). 3. Todavia, a jurisprudência consolidada apreciou demandas à luz da redação primitiva do artigo 39 da Lei do Inquilinato (Lei 8.245/91). Com a nova redação conferida pela Lei nº 12.112/09, para contratos de fiança firmados a partir de sua vigência, salvo disposição contratual em contrário, a garantia, em caso de prorrogação legal do contrato de locação por prazo indeterminado, também prorroga-se automaticamente (*ope legis*), resguardando-se, durante esse prazo, a faculdade de o fiador de exonerar-se da obrigação mediante notificação resilitória" (STJ, 4ª T., AgI nos EDcl no REsp 1.559.105, Rel. Min. Luis Felipe Salomão, julg.16.11.2017, publ. DJ 22.11.2017).

CAPÍTULO III | LOCAÇÃO DE COISAS. LEI DO INQUILINATO: GENERALIDADES

do contrato não impõe, contudo, sua vinculação a valores a maior estipulados em aditivo contratual com o qual não concordou, conforme o enunciado da Súmula 214, STJ, segundo a qual, "o fiador na locação não responde por obrigações resultantes de aditamento ao qual não anuiu". Embora a solução refira-se às locações regidas pela Lei 8.245/91, o STJ admitiu a interpretação extensiva do art. 39 a outros contratos com garantia fidejussória.[13]

Por ter sua execução diferida no tempo, o contrato de locação qualifica-se como contrato de longa duração, sujeitando-se, assim, à revisão ou resolução em decorrência da teoria da excessiva onerosidade (CC, arts. 478 e ss.), uma vez demonstrados os seus pressupostos de incidência. *Contrato de longa duração*

O contrato de locação não se mostra personalíssimo, exceto se convencionado diversamente pelas partes. Em consequência, admite-se a cessão e a sublocação do bem. A cessão representa a transferência de posição contratual, de modo que o cedente cede seus direitos e obrigações no contrato ao cessionário, que o substitui na relação contratual. Afirma-se, ao propósito, que a cessão, pelo locatário, requer o consentimento expresso do locador.[14] Por outro lado, na sublocação, o locatário transfere o uso e gozo do bem locado a terceiro, mas não se desliga da relação contratual, permanecendo vinculado ao locador, com todos os seus direitos e deveres. Não há, portanto, relação jurídica entre locador e sublocatário, que se vincula diretamente ao sublocador, excetuado o disposto no art. 16,[15] Lei 8.245/1991. Cuidando-se de contrato acessório, a extinção do contrato principal de locação acarreta inva- *Caráter não personalíssimo*

---

[13] Ilustrativo, nesse sentido, é o REsp 1.253.411: "A fiança foi pactuada para garantia fidejussória de dívida de sociedade empresária da qual eram sócios os recorrentes, previamente definido o montante e a possibilidade de prorrogação da avença principal e da acessória, constando da sentença que a presente ação de exoneração da fiança somente foi proposta após o ajuizamento anterior, pelo Banco, da ação de execução em face da devedora principal e dos fiadores. 2. *A prorrogação do contrato principal, a par de ser circunstância prevista em cláusula contratual – previsível no panorama contratual –, comporta ser solucionada adotando-se a mesma diretriz conferida para fiança em contrato de locação – antes mesmo da nova redação do art. 39 da Lei do Inquilinato pela Lei n. 12.112/2009 –, pois é a mesma matéria disciplinada pelo Código Civil*. 3. A interpretação extensiva da fiança constitui em utilizar analogia para ampliar as obrigações do fiador ou a duração do contrato acessório, não o sendo a observância àquilo que foi expressamente pactuado, sendo certo que as causas específicas legais de extinção da fiança são taxativas. 4. Com efeito, não há falar em nulidade da disposição contratual que prevê prorrogação da fiança, pois não admitir interpretação extensiva significa tão somente que o fiador responde, precisamente, por aquilo que declarou no instrumento de fiança. 5. Porém, independentemente das disposições contratuais, é reconhecida a faculdade do fiador de, no período de prorrogação contratual, promover notificação resilitória, nos moldes do disposto no art. 835 do Código Civil" (STJ, 2ª S., REsp 1.253.411, Rel. Min. Luis Felipe Salomão, julg. 24.6.2015, publ DJ 4.8.2015; grifou-se). V. tb. STJ, 4ª T., REsp 1.374.836, Rel. Min. Luis Felipe Salomão, julg. 3.10.2013, publ. DJ 28.2.2014).

[14] Ao propósito, destaca Orlando Gomes que: "A *cessão* pode ser realizada por qualquer das partes, mas, em alguns contratos, como a locação, somente assume sua feição típica quando realizada por um dos contratantes, o *locatário*". Continua o autor dizendo ser essencial para a cessão a concordância do cedido: "Para se realizar o *negócio de cessão*, é indispensável o consentimento do *contratante cedido*. Não basta o acordo entre cedente e cessionário. Necessário que as três figuras obrigatórias declarem a vontade de efetuá-la" (*Contratos*, Rio de Janeiro: Forense, 2009, 26ª ed., pp. 179-180).

[15] "Art. 16. O sublocatário responde subsidiariamente ao locador pela importância que dever ao sublocador, quando este for demandado e, ainda, pelos aluguéis que se vencerem durante a lide".

riavelmente a extinção da sublocação.[16] Ao contrário da cessão, admite-se, em regra, a sublocação, salvo se as partes tiverem disposto em contrário.

Sucessão causa mortis

A corroborar o caráter não personalíssimo do contrato de locação, o art. 577 do Código Civil determina a sucessão, pelos herdeiros, no contrato de locação, na hipótese de falecimento do locador ou do locatário. Assumem os herdeiros, portanto, todas as obrigações contratuais, podendo, de igual modo, exigir todos os direitos decorrentes do contrato de locação.

Sucessão inter vivos

Hipótese distinta se refere à sucessão *inter vivos* no contrato de locação. Caso o imóvel seja alienado e esteja em vigor contrato de locação por prazo determinado, o adquirente não estará obrigado a respeitá-lo, salvo se contiver cláusula de vigência no caso de alienação registrada no registro competente (CC, art. 576).

Cláusula de vigência em caso de alienação

Com efeito, pelo princípio da relatividade dos pactos, o contrato produz efeitos apenas *inter partes,* não podendo atingir terceiros – *res inter alios acta, aliis neque nocet neque prodest*. Por isso mesmo, não se poderia opor a terceiro adquirente do imóvel o contrato de locação firmado pelo proprietário anterior. Entretanto, o contrato de locação será oponível ao terceiro adquirente se nele constar cláusula de vigência em caso de alienação, que determine o respeito ao contrato em curso, levada a registro no Registro de Títulos e Documentos do domicílio do locador, na hipótese de bem móvel; ou no Registro Geral de Imóveis da respectiva circunscrição, em caso de bem imóvel (CC, art. 576, § 1º).[17] Objetiva-se, por meio da previsão da cláusula de vigência, conferir estabilidade às locações.

O registro do contrato com a cláusula de vigência em caso de alienação cria a presunção de que o adquirente tem ciência quanto à existência do contrato de locação e com ele anui ao adquirir a propriedade do bem locado, obrigando-se, assim, a respeitá-lo. A alienação poderá se referir não apenas à compra e venda, mas também às hipóteses de permuta, doação, legado, estabelecimento de usufruto, dentre outras.[18]

Por outro lado, se o contrato de locação não contiver cláusula de vigência na hipótese de alienação, o adquirente terá a faculdade de optar entre dar continuidade ao contrato ou denunciá-lo. Na hipótese de bens imóveis, se o adquirente pretender extinguir o contrato de locação, deverá notificar o locatário atribuindo-lhe o prazo de 90 (noventa) dias para a entrega do imóvel (CC, art. 576, § 2º). Diversamente da Lei do Inquilinato, o Código Civil não prevê o prazo para que o adquirente denuncie o contrato de locação. Mostra-se razoável aplicar a norma contida no art. 8º, § 2º,[19]

---

[16] Nessa direção, o art. 15 da Lei do Inquilinato dispõe: "Rescindida ou finda a locação, qualquer que seja sua causa, resolvem- se as sublocações, assegurado o direito de indenização do sublocatário contra o sublocador".

[17] Consoante a Súmula 442, STF: "A inscrição do contrato de locação no registro de imóveis, para a validade da cláusula de vigência contra o adquirente do imóvel, ou perante terceiros, dispensa a transcrição no registro de títulos e documentos".

[18] Carvalho Santos, *Código Civil brasileiro interpretado,* vol. XVII, Rio de Janeiro: Freitas Bastos, 1964, 8ª ed., p. 114-115.

[19] "Art. 8º. (...) § 2º A denúncia deverá ser exercitada no prazo de noventa dias contados do registro da venda ou do compromisso, presumindo-se, após esse prazo, a concordância na manutenção da locação".

da Lei 8.245/91, aos contratos de locação regidos pelo Código Civil, entendendo-se que o adquirente deverá denunciar o contrato em 90 (noventa) dias a contar do registro da alienação, sendo certo que o decurso do prazo sem a denúncia importará concordância com a sua manutenção. Em contrapartida, em caso de bens móveis, se o adquirente resolver extinguir o contrato de locação, a notificação dirigida ao locatário deverá prever prazo razoável para a restituição do bem.

De outra parte, se o adquirente optar por prosseguir no contrato de locação, passará a ocupar a mesma posição do antigo proprietário, o alienante ou locador originário, operando-se a sub-rogação. *Sub-rogação*

Em relação às benfeitorias realizadas pelo locatário, segundo o enunciado da Súmula 158[20] do Supremo Tribunal Federal, o adquirente não terá que ressarci-las, salvo se houver previsão neste sentido averbada no registro imobiliário. *Indenização pelas benfeitorias*

3. OBRIGAÇÕES E DIREITOS DO LOCADOR

Consistem em obrigações essenciais do locador: (i) a entrega, ao locatário, da coisa objeto da locação, com suas pertenças, em estado que assegure o seu uso e gozo de acordo com a finalidade a que se destina; e (ii) a garantia do uso pacífico da coisa pelo tempo de duração do contrato (CC, art. 566).

O locador deverá entregar a coisa com suas pertenças, por expressa determinação do art. 566 do Código Civil, as quais se destinam, de modo duradouro, ao uso, serviço ou aformoseamento do bem locado, embora dele não constituam parte integrante (CC, art. 93). Em regra, os negócios jurídicos acerca do bem principal não incluem as pertenças, salvo se o contrário resultar da lei – tal como ocorre nesta hipótese –, da manifestação de vontade, ou das circunstâncias do caso (CC, art. 94). As pertenças servem, assim, a manter a coisa locada, na dicção legal, em "estado de servir", isto é, de modo a preservar a sua finalidade. Imagine-se a hipótese de locação de automóvel, em que o sistema de ar-condicionado consiste em pertença, que propicia melhor uso do bem. *Pertenças*

A coisa deverá ser entregue em "estado de servir", isto é, apta a atender à finalidade da locação. Em consequência, o locador responderá pelos vícios ou defeitos anteriores à locação que comprometam a destinação específica a ser dada ao bem (CC, art. 568). A lei não efetua a distinção entre vícios ocultos e aparentes, determinando a responsabilidade do locador por vícios ou defeitos em geral.[21] *Coisa em estado de servir*

Dentre tais vícios, incluem-se os vícios redibitórios, pelos quais o locador responderá, autorizando-se ao locatário enjeitar a coisa defeituosa, de modo a resolver o contrato de locação, ou exigir o abatimento do preço do aluguel (CC, arts. 441 a 446). A resolução apenas será admitida se o vício comprometer o bem de modo a tornar inviável a sua *Vícios redibitórios*

---

[20] Súmula 158/1963: "Salvo estipulação contratual averbada no registro imobiliário, não responde o adquirente pelas benfeitorias do locatário".

[21] Em sentido contrário, Carlos Roberto Gonçalves sustenta que os vícios a que se refere o art. 568 são apenas os vícios redibitórios (*Direito Civil Brasileiro*, vol. 3, São Paulo: Saraiva, 2010, 7ª ed., p. 314).

locação, em consonância com o princípio da conservação dos contratos e da boa-fé objetiva. Assim, se ainda for possível a utilização do bem, caberá apenas a redução proporcional do valor do aluguel. Se o vício for aparente, presume-se que o locatário dele tenha conhecimento, tendo levado em conta na estipulação do valor do aluguel. Entretanto, uma vez demonstrado que o locatário não teve conhecimento do vício por fato imputável ao locador, persiste a garantia pelos vícios em favor do locatário.

Evicção

Além disso, o locador responderá pela evicção, isto é, pela perda do bem objeto da locação em razão de decisão judicial, que atribui a sua propriedade a terceiro (CC, arts. 447 a 457). Se a evicção for total, torna-se impossível a obrigação do locador de garantir o uso e gozo da coisa ao locatário, acarretando a resolução do contrato de locação por falta de objeto. Neste caso, o locatário terá direito à indenização, nos termos do art. 450 do Código Civil, sendo-lhe, todavia, garantida apenas a restituição dos aluguéis eventualmente pagos em adiantamento, por ter sido privado do uso e fruição da coisa. Os aluguéis já vencidos não serão restituídos, tendo em conta que traduzem a contraprestação pelo uso e gozo do bem até o momento da evicção. Por outro lado, em caso de evicção parcial, o contrato se resolverá apenas se a perda se revelar considerável a ponto de comprometer a locação. Caso se mostre possível a preservação do contrato, o locatário terá direito ao abatimento proporcional do preço do aluguel (CC, art. 455).

Obrigação de conservação

O locador tem a obrigação de manter a coisa em "estado de servir ao uso a que se destina" no decorrer do inteiro prazo contratual, salvo disposição em contrário (CC, art. 566, I). Dito diversamente, na ausência de previsão contratual, cabe ao locador efetuar os reparos necessários na coisa com vistas à sua manutenção, assegurando-se que atenda à sua finalidade. Todavia, as partes poderão atribuir contratualmente ao locatário a obrigação de conservação e manutenção da coisa.

Depreciação por caso fortuito

Se, no curso do contrato de locação, a coisa se deteriorar sem culpa do locatário, isto é, houver a depreciação do bem locado por caso fortuito, ao locatário será resguardado o direito de pleitear o abatimento dos aluguéis ou, ainda, de resolver o contrato, caso a deterioração torne a coisa imprestável ao atingimento da finalidade à que se destinava (CC, art. 567). A lei atribui ao locador a responsabilidade pelo fortuito, tendo em vista a regra de que a coisa perece para o dono (*res perit domino*). Também como consequência da titularidade dominical, caberá ao locador reparar a coisa nos seus aspectos estruturais, mantendo-a em estado de servir. Não se trata da obrigação de conservação da coisa em razão de seu desgaste pelo uso, a qual pode ser atribuída, no contrato, ao locatário (CC, art. 566, I), mas de reparação do bem deteriorado por fato não imputável a qualquer das partes. Caso o locador não proceda aos reparos necessários, faculta-se ao locatário requerer o abatimento dos aluguéis na proporção dos danos sofridos pela coisa e de seu impacto no atingimento do resultado útil programado pelas partes com o negócio;[22] ou a resolução do contrato, se a coisa não puder mais ter a destinação pactuada.

---

[22] Segundo Sylvio Capanema de Souza, a redução dos aluguéis deverá levar em consideração "a extensão do dano, o prejuízo à utilidade da coisa ou seu desempenho, e outros fatores, a serem considerados à luz do caso concreto" e o novo montante do aluguel deverá valer a partir da data da citação (Sylvio

Como referido, o locador tem a obrigação de garantir o uso pacífico da coisa durante a execução do contrato, daí lhe sendo imposto, a um só tempo, a obrigação de se abster de qualquer ato que perturbe o uso ou gozo do bem pelo locatário; e a obrigação de se valer das ações possessórias com o objetivo de proteger a posse contra turbações e embaraços de terceiros, que tenham ou pretendam ter direitos sobre a coisa (CC, art. 568).

Uso pacífico da coisa

A se considerar que o locatário tem a posse direta sobre o bem, o locador poderá proteger a posse da coisa em face de terceiros apenas em razão de perturbações fundadas em direito, cabendo ao locatário, por sua vez, a defesa da posse direta contra as vias de fato. Para que o locador possa se desincumbir dessa obrigação, caberá ao locatário comunicá-lo quanto às turbações de terceiros fundadas em direito (CC, art. 569, III). De outra parte, como sói ocorrer nas hipóteses em que a posse se desdobra em posse direta e indireta, assegura-se ao locatário, possuidor direto, proteger sua posse direta em face do possuidor indireto, o locador.

Embaraços de fato e de direito

Na hipótese de inadimplemento do locador, o locatário poderá requerer a execução específica da obrigação inadimplida ou a resolução do contrato e, em ambos os casos, as perdas e danos sofridos, os quais incluirão eventuais penalidades contratuais. Não será dado ao locatário, ao seu alvedrio, reter o aluguel ou descontar os valores que entenda devidos pelo locador em razão do inadimplemento.

Inadimplemento do locador

Tendo o contrato de locação prazo determinado, o locador tem o dever de observar o prazo ajustado, não podendo retomar a coisa antes do termo final avençado. Caso assim o faça, deverá ressarcir o locatário pelas perdas e danos (CC, art. 571). Nesta hipótese, a lei assegura ao locatário o direito de retenção do imóvel até que o locador pague a indenização devida. O locatário, contudo, poderá se opor à resolução, pleiteando a execução específica do contrato de locação, se for de seu interesse, cumulada com eventuais perdas e danos sofridos.

Dever de observar o prazo

No que tange aos direitos do locador, destaca-se o direito de receber os aluguéis a serem pagos pelo locatário segundo o convencionado. Indiquem-se, ainda, o direito de retomar o bem no fim do prazo contratual; bem como o direito de resolver o contrato com perdas e danos na hipótese de inadimplemento contratual pelo locatário que frustre a finalidade do contrato.

Direitos do locador

Capanema de Souza, *Comentários ao Código Civil*: arts 565 a 578. In: Sálvio de Figueiredo (coord.), Rio de Janeiro, Forense, 2004, p. 376). A jurisprudência já decidiu ser possível o abatimento nos aluguéis em razão de dano, não imputável a qualquer das partes, não reparado pelo locador: "No que se refere ao abatimento de 50% do valor do locativo, a. r. sentença não merece qualquer reparo, uma vez que o imóvel locado apresentou problemas severos de infiltração acarretando danos consideráveis ao autor, comerciante de produtos eletrodoméstico, eletrônicos etc. A singela alegação da ré de que o autor não ficou impossibilitado de utilizar o imóvel em discussão não vinga, uma vez se houvesse tal impossibilidade, seria caso de rescisão contratual. No entanto, considerado que o autor não pôde utilizar parte do imóvel, qual seja, o pavimento superior do referido bem, está claro que deve obter abatimento do aluguel, sob pena de empobrecimento ilícito. Assim, o montante fixado pela digna Sentenciante levou em consideração tais fatos, não merecendo, pois, qualquer alteração" (TJSP, 31ª C. D. Priv., Ap. 00065153520138260248, Rel. Des. Adilson de Araujo, julg. 11.4.2017, publ. DJ 11.4.2017).

4. OBRIGAÇÕES E DIREITOS DO LOCATÁRIO

Respeito à finalidade do bem

Os deveres do locatário encontram-se descritos no art. 569 do Código Civil, podendo as partes, no concreto regulamento de interesses, estipular outras obrigações que entendam convenientes. Cabe ao locatário, como dever essencial, dar à coisa a destinação pactuada, e, na hipótese de omissão contratual, empregar o bem em finalidade compatível com os usos convencionados ou presumidos, segundo a sua natureza e as circunstâncias. Vale dizer: nada dispondo o contrato a respeito, a coisa deve ser empregada em consonância com os usos de mercado e segundo a natureza do bem em questão. Os usos e práticas comerciais constituem, assim, fonte de integração do regulamento contratual omisso.

Dever de diligência e conservação

Além disso, constitui dever essencial do locatário conservar o bem como se fosse de sua propriedade, atuando, assim, com máxima diligência. Por outras palavras, o locatário deverá zelar pela conservação da coisa como se fosse sua, respondendo pelas deteriorações culposas.

Em decorrência de tais deveres de diligência e de respeito à finalidade a que se destina a coisa objeto da locação, caso o locatário empregue o bem em uso diverso do ajustado ou da finalidade a que se destina, nos termos do art. 569, I, do Código Civil, responderá por perdas e danos em face do locador, o qual poderá, ainda, resolver o contrato (CC, art. 570). O direito de resolução do locador deverá ser avaliado à luz dos princípios da conservação dos contratos e da boa-fé objetiva, de modo que, sendo ainda possível o atingimento do resultado útil programado – a despeito do inadimplemento –, não se admite a resolução contratual. Se, por outro lado, a inobservância da finalidade da coisa desvirtua o programa contratual, afastando-se do escopo econômico pretendido pelas partes com o negócio, o direito à resolução poderá ser exercido.[23]

Deterioração da coisa

De igual sorte, se o locatário danificar a coisa, mesmo que seja por exercício abusivo, e não por descumprimento de norma contratual, o locador poderá resolver o contrato e exigir perdas e danos. O legislador, no art. 570 do Código Civil, procurou ser abrangente, para alcançar também, em hipótese bastante frequente nos contratos de locação, o exercício abusivo da posição contratual por parte do locatário o qual, embora lícito, viola o fundamento axiológico-normativo que justifica a atribuição do direito ao seu titular. Em ambas as hipóteses autoriza-se a resolução contratual.

Obrigação de pagar o aluguel

Cabe, ainda, ao locatário, efetuar o pagamento do aluguel como contraprestação pelo uso e gozo da coisa no tempo, local e modo avençados. Normalmente, as partes preveem o tempo do pagamento, de modo que a data avençada interpela o devedor, que, ao não efetuar o pagamento, incorre em mora de pleno direito – mora *ex re* (CC, art. 397, *caput*). Em contrapartida, caso não tenha sido ajustado

---

[23] Sobre o ponto, em comentários à Lei do Inquilinato, assinala Sylvio Capanema: "Ainda que se tenha mudado o uso para outro que com ele se afine ou aproxime, não tendo a alteração causado dano à coisa, ou agravado o risco de seu perecimento ou deterioração, não se deve rescindir o contrato, em homenagem à sua função social e ao princípio da proteção da parte mais vulnerável" (*A Lei do Inquilinato Comentada*: artigo por artigo, Rio de Janeiro: Forense, 2014, 9ª ed., p. 426).

termo certo para pagamento, incidirão os costumes do lugar (CC, art. 569, II). A solução do codificador difere-se, portanto, daquela atribuída pelo legislador especial, o qual prevê que, em caso de silêncio do contrato, o locatário obriga-se a pagar o aluguel até o sexto dia útil do mês seguinte ao vencido (art. 23, I, Lei 8.245/91). Note-se que, em regra, a obrigação de pagar aluguel será quesível (*quérable*), devendo se efetivar no domicílio do devedor, que detém a posse direta sobre o imóvel locado (CC, art. 328). As partes podem, entretanto, convencionar de forma diversa, transformando-a em obrigação portável (*portable*), a ser satisfeita no domicílio do credor. Na mesma esteira, o art. 23, I, Lei 8.245/91, estabelece que o pagamento dar-se-á no imóvel locado, salvo o disposto em contrário no contrato. O locatário não tem direito de retenção sobre os aluguéis, por qualquer que seja o fundamento.

O locatário, como já referido, tem a obrigação de comunicar ao locador as turbações de terceiros fundadas em direito, a fim de que o locador possa se desincumbir de sua obrigação de proteger a posse do bem, garantindo, a um só tempo, o uso pacífico do bem pelo locatário e a defesa de sua posse indireta. As turbações fundadas em direitos consistem em atos de moléstia à posse levados a cabo por terceiros que alegam ter direitos sobre a coisa. Imagine-se a hipótese em que o terceiro se intitula dono da coisa, apresentando seu título de propriedade. Vale notar, de todo modo, que o locador poderá ajuizar ação possessória para a defesa de sua posse indireta mesmo em se tratando de turbação não fundada em direito, não consistindo em obrigação legal, mas em faculdade que a lei lhe atribui. *(Dever de comunicar turbações de terceiros)*

Extinto o contrato, o locatário se obriga a devolver a coisa no mesmo estado em que a recebeu, excetuadas as deteriorações naturalmente decorrentes de seu uso regular. Caso o locatário viole esse dever de devolução da coisa, a sua posse, até então justa, converter-se-á em precária, autorizando a propositura, pelo locador, de ação de reintegração de posse. Nos contratos de locação regidos pela Lei de Inquilinato, caberá ação de despejo (art. 5º, Lei 8.245/91), sendo certo que, nos termos do art. 66 da Lei do Inquilinato, o locador poderá imitir-se na posse do imóvel se o locatário abandonar o bem após o ajuizamento da ação sem a devolução das chaves.[24] *(Dever de devolução no mesmo estado)*

A propósito dos ritos processuais, a 3ª Turma do STJ, considerando o disposto no art. 5º da Lei 8.245/91, afirmou que, no caso de aquisição de imóvel locado sem cláusula de vigência, o meio adequado para obter a posse pelo comprador é a ação de despejo. No caso em exame, a compradora alegou que o locatário não havia restituído o imóvel após denúncia do contrato de locação firmado pelos antigos proprietários. Por isso, ajuizou ação de imissão na posse do imóvel. O relator ressaltou que a alienação do imóvel permite ao comprador a denúncia do contrato de locação, tendo em vista o princípio da relatividade dos efeitos contratuais, embora a alienação, só por si, não rompa a locação, que continua válida e eficaz. Além disso, assinalou que, até o término do contrato de locação, o comprador, que sucede o vendedor na titularidade do imóvel, tem a posse indireta, que lhe foi transferida,

---

[24] "Art. 66. Quando o imóvel for abandonado após ajuizada a ação, o locador poderá imitir-se na posse do imóvel".

justificando-se, assim, a ação de despejo.[25] O entendimento foi reafirmado em julgado mais recente.[26]

Tal orientação, certamente compatível com as peculiaridades dos ritos especiais previstos no regime processual anterior, torna-se excessivamente formalista no sistema atual, em desfavor do incauto comprador que, afinal, vítima do comportamento lesivo do vendedor e do longo processo judicial, vê-se injustamente privado do acesso ao bem. Com efeito, com a reforma de 2015 do Código de Processo Civil, há grande flexibilidade por parte do magistrado "para conduzir o processo, de maneira a viabilizar a cumulação de pedidos e preservar as vantagens dos procedimentos especiais que possam estar envolvidos".[27]

De fato, na dicção do art. 327 do CPC: "É lícita a cumulação, em um único processo, contra o mesmo réu, de vários pedidos, ainda que entre eles não haja conexão". No § 2º do mesmo dispositivo, lê-se: "§ 2º Quando, para cada pedido, corresponder tipo diverso de procedimento, será admitida a cumulação se o autor empregar o procedimento comum, sem prejuízo do emprego das técnicas processuais diferenciadas previstas nos procedimentos especiais a que se sujeitam um ou mais pedidos cumulados, que não forem incompatíveis com as disposições sobre o procedimento comum". Da nova disciplina processual decorre que, segundo exemplifica o mesmo autor, "abrindo mão o autor do procedimento das ações possessórias, em princípio, ainda seria possível a concessão da liminar prevista no art. 562, independentemente de urgência, para o pedido de reintegração ou manutenção da posse, visto que a concessão de tutelas provisórias é perfeitamente compatível como o procedimento comum, ainda que sujeita a requisitos distintos".[28]

Dever de observar o prazo contratual

Se o contrato de locação tiver prazo determinado, o locatário, tal como o locador, deverá observá-lo, não podendo devolver o bem antes do prazo, sob pena de pagar a multa prevista no contrato, proporcionalmente ao prazo que ainda restar até o termo final pactuado, nos termos do art. 571 do Código Civil.[29] A multa aqui referida consiste em cláusula penal compensatória, devida na hipótese de inadimplemento absoluto do devedor, vale dizer, de descumprimento da prestação que torne o vínculo contratual sem utilidade para o credor, comprometendo o resultado útil pretendido com o regulamento de interesses.

---

[25] STJ, 3ª T., REsp 1.864.878, julg. 30.8.2022, publ. DJ 5.9.2022.

[26] Veja-se: "Recurso Especial. Reintegração de posse. Imóvel alugado. Descabimento. Ação de despejo. Via adequada. Recurso provido. 1. A via processual adequada para a retomada, pelo proprietário, da posse direta de imóvel locado é a ação de despejo, na forma do art. 5º da Lei n. 8.245/1991, não servindo para esse propósito o ajuizamento de ação possessória. 2. Recurso especial provido para julgar extinta ação de reintegração de posse" (STJ, 4ª T, REsp. 1.812.987, Rel. Min. Antonio Carlos Ferreira, julg. 27.4.2023, publ. DJ 4.5.2023).

[27] Andre Roque, In: Fernando Gajardoni, Luiz Dellore, Andre Roque e Zulmar Oliveira Jr., *Comentários ao Código de Processo Civil*, Rio de Janeiro: Forense, 2021, 4ª ed., p. 478.

[28] Andre Roque, ob. loc. cit.

[29] "Art. 571. Havendo prazo estipulado à duração do contrato, antes do vencimento não poderá o locador reaver a coisa alugada, senão ressarcindo ao locatário as perdas e danos resultantes, nem o locatário devolvê-la ao locador, senão pagando, proporcionalmente, a multa prevista no contrato".

CAPÍTULO III | LOCAÇÃO DE COISAS. LEI DO INQUILINATO: GENERALIDADES

Ao se referir ao conceito de proporcionalidade, a norma tem por escopo assegurar que a penalidade não se revele exagerada ou desproporcional tendo em conta o prazo remanescente após a extinção antecipada do contrato e, em contrapartida, o aproveitamento econômico já granjeado pelo locador até o momento da extinção contratual. Na mesma esteira, o art. 572 do Código Civil estabeleceu que se a multa compensatória corresponder aos valores dos aluguéis até o termo final do contrato e tal penalidade se afigurar excessiva, facultar-se-á ao juiz reduzir a penalidade, fixando-a em bases razoáveis. Desse modo, a norma do art. 572 do Código Civil consiste em especificação à regra geral estabelecida no art. 413[30] do Código Civil, aplicável também aos contratos de locação, segundo a qual o juiz deverá reduzir equitativamente a penalidade, caso se configure uma das seguintes hipóteses: (i) a obrigação principal tenha sido cumprida em parte; ou (ii) a penalidade se revele manifestamente excessiva tendo em vista a natureza e finalidade do negócio.

Multa exagerada ou desproporcional

Tais normas, como se vê, têm por finalidade assegurar o equilíbrio contratual, permitindo a intervenção judicial nos contratos como forma de controle do ato de autonomia privada. Todavia, tal intervenção, que assume caráter excepcional no direito brasileiro, deve ocorrer dentro dos limites legais, garantindo-se, assim, que a autonomia privada, como valor constitucional, seja igualmente respeitada. Assumem as normas dos arts. 413, 571 e 572, portanto, natureza de normas de contenção, autorizando que o juiz revisite o ato de autonomia privada para alterar o conteúdo contratual pactuado apenas e tão somente nos termos autorizados pela lei.

Assim sendo, tendo o locatário cumprido parcialmente o contrato de locação, o intérprete deverá examinar todas as prestações adimplidas pelo locatário *vis-à-vis* o inteiro prazo contratual, confrontando-as com a penalidade prevista no contrato, de modo que, caso a penalidade se mostre exagerada diante do prazo contratual que ainda resta, caberá a redução da cláusula penal, com base nos arts. 473, 571 e 572 do Código Civil. Se, por outro lado, as partes tiverem ajustado penalidade cujo cálculo leve em conta as prestações já executadas pelo locatário, não será obrigatória a redução, que só poderá ocorrer se os pressupostos legais para tal redução estiverem presentes.

Critérios para redução da penalidade

A jurisprudência consagrou o entendimento de que, nos contratos de locação, a multa compensatória deverá equivaler a três meses de aluguel, devendo ser respeitado este limite.[31] Todavia, caberá ao intérprete examinar o concreto negócio, identificando-

---

[30] "Art. 413. A penalidade deve ser reduzida equitativamente pelo juiz se a obrigação principal tiver sido cumprida em parte, ou se o montante da penalidade for manifestamente excessivo, tendo-se em vista a natureza e a finalidade do negócio".

[31] Cfr. STJ, 6ª T., REsp 187.492, Rel. Min. Luiz Vicente Cernicchiaro, julg. 15.12.1998, publ. DJ 8.3.1 999; TJSP, 26ª C. D. Priv., Ap. Cív. 10129841020178260032, Rel. Des. Felipe Ferreira, julg. 25.10.2018, publ. DJ 26.10.2018. De outra parte, o próprio TJSP já permitiu estipulação diversa em locação não comercial em shopping center: "Ação revisional de multa compensatória prevista em contrato de locação não comercial em *shopping center*. Multa ajustada em valor equivalente a dez aluguéis mínimos. Sentença que reduziu a multa proporcionalmente a seis aluguéis e meio, considerando o tempo que ainda restava para o cumprimento da locação. Pretensão dos autores, locatária e fiador, de reduzir a multa para três aluguéis. Multa compensatória ajustada em 16,666% aproximadamente do valor total do contrato. Valor que não se afigura abusivo, considerando-se que a locação era de espaço em *shopping center*, admitindo, portanto, ajustes que fogem à praxe do mercado. Sentença

-se sua finalidade, a capacidade dos agentes contratantes e demais particularidades para verificar *in concreto* a necessidade de redução da cláusula penal.

Resilição unilateral Se o contrato não previr multa pela devolução antecipada do bem pelo locatário, caberá ao juiz arbitrar as perdas e danos devidos, no caso concreto, ao locador, pelo inadimplemento consistente na inobservância do prazo contratual pactuado.

De outra parte, na hipótese de resilição unilateral do contrato pelo locador antes de seu termo final, caberá ao locatário direito de retenção do bem imóvel até que o locador indenize os prejuízos decorrentes da não observância do prazo contratual ajustado (CC, art. 571, parágrafo único). O exercício do direito de retenção, embora exima o locatário de pagar o aluguel tendo em vista a sua natureza coercitiva, não afasta as suas demais obrigações contratuais, tais como a de conservação do bem locado, a de restituição do bem ao fim da retenção e a de indenização de eventuais danos ocasionados ao bem por sua culpa.

Aluguel-pena Por outro lado, uma vez vencido o prazo contratual, ou, nos contratos de prazo indeterminado, ocorrida a resilição unilateral pelo locador, o locatário tem o dever de restituir a coisa após a notificação remetida pelo locador. Caso o locatário descumpra sua obrigação de restituição, incorrerá em mora, sujeitando-se a pagamento de aluguel a ser arbitrado pelo locador pelo período em que permanecer com a coisa (CC, art. 575). Tal aluguel, que não se confunde com aquele pago no decorrer do contrato de locação como contraprestação pelo uso, assume a natureza de penalidade, fixada em razão da posse injusta do locatário, denominando-se aluguel-pena.[32]

Objetiva-se, desse modo, por meio do aluguel-pena, não somente estipular contraprestação pelo uso do bem mas também coagir o locatário a restitui-lo,[33] uma vez seja notificado pelo locador,[34] inexistindo, *a priori,* limite de valor para sua instituição

---

mantida. Apelo improvido" (TJSP, 34ª. C. D. Priv., Ap. Cív. 10012523820178260224, Rel. Des. Soares Levada, julg. 25.9.2017, publ. DJ 25.9.2017).

[32] Na síntese de Clovis Bevilaqua: "a continuação arbitrária do locatário na posse da coisa alugada, é um ato injusto, uma ação abusiva, contra a qual a lei arma o locador deste recurso extraordinário" (*Código Civil dos Estados Unidos do Brasil,* cit., p. 300).

[33] Sylvio Capanema entende que a regra do aluguel-pena deve ser também aplicável às locações de imóveis urbanos, regida pela Lei 8.245/91. Em suas palavras: "se o novo Código, tão preocupado em impregnar o direito de uma função social, oxigenando as relações contratuais, com a noção da boa-fé objetiva, que impõe às partes o dever de agir com probidade, considera que o aluguel-pena não colide com estes louváveis objetivos, não vemos por que não possamos estender à locação urbana o mesmo sistema" (*Comentários,* p. 493). Diversamente, manifesta-se Marco Aurélio Bezerra de Melo, para quem, tendo em vista o princípio da especialidade da Lei do Inquilinato, a figura do aluguel-pena não poderá ser aplicada às locações de imóveis urbanos (in: J. M. Leoni Lopes de Oliveira e Marco Aurélio Bezerra de Melo (coords.), *Direito Civil:* Contratos, Rio de Janeiro: Forense, 2018, 2ª ed., p. 530).

[34] Não havendo mais interesse do locador na manutenção do contrato de locação, a 3ª Turma do STJ afirmou ser ônus do locador a prévia notificação do locatário, exigindo-lhe a restituição da coisa ao término do contrato, prestando-se a notificação a cumprir dupla função: "(i) primeiro, estabelecer que não há interesse do locador na prorrogação tácita do contrato por prazo indeterminado (art. 574 do CC/2002); (ii) segundo, fixar, para o locatário, a sanção patrimonial pela posse injusta do bem após a extinção do contrato (art. 575 do CC/2002)". Com esse entendimento, a Corte acolheu pedido da locadora de devolução dos equipamentos locados com o arbitramento de valor de aluguel correspondente ao período em que a empresa locatária se manteve na posse dos bens após a extinção

CAPÍTULO III | LOCAÇÃO DE COISAS. LEI DO INQUILINATO: GENERALIDADES

pelo locador.[35] A despeito disso, entende-se que o aluguel-pena deverá ser estabelecido em valor razoável que, posto cumpra sua finalidade punitiva de constranger o devedor a devolver o bem, não se revele manifestamente excessivo.[36]

O aluguel-pena determinado de modo arbitrário pelo locador representa, assim, abuso de direito, por contrariar a finalidade para a qual se destina. Nessa direção, o parágrafo único do art. 575 autoriza ao juiz reduzir o aluguel-pena que se mostre manifestamente excessivo, em respeito ao princípio da razoabilidade, mas sempre tendo em conta o seu caráter de penalidade,[37] de sorte a estabelecer controle de abusividade no exercício do direito, pelo locador, de estabelecer o aluguel-pena.[38] A norma se assemelha, em seus efeitos, àquela contida no art. 413 do Código Civil, referente ao dever do juiz de reduzir a cláusula penal compensatória que se revele manifestamente excessiva tendo em vista a natureza e finalidade do negócio no qual se insere. Embora o aluguel-pena não assuma a natureza de cláusula penal, cuidando-se de estipulação unilateral em razão da posse injusta do locatário – não já acordo bilateral de vontade –, o ordenamento preocupa-se com sua razoabilidade, de modo que o parágrafo único do art. 575, tal como o art. 413, consiste em norma de equidade, que atribui ao juiz a faculdade de reduzir a penalidade. Ressalte-se, contudo, que o parágrafo único do art. 575 refere-se à "faculdade" do juiz em reduzir o aluguel-pena, diversamente do art. 413, que alude ao "dever" do juiz de redução da cláusula penal.

> *Possibilidade de redução do aluguel-pena pelo juiz*

O locatário responderá, ainda, por todos os danos que a coisa venha a sofrer enquanto estiver em mora de restituir o bem, ainda que decorrente de fortuito ou força

> *Perpetuatio obligationis*

---

do contrato, a fim de evitar, segundo pontuou a Corte, o enriquecimento sem causa e a violação da boa-fé objetiva (STJ, 3ª T., REsp 1.975.930/PE, Rel. Min. Nancy Andrighi, julg. 5.4.2022, publ. DJ 7.4.2022).

[35] Parte da doutrina sustenta a utilização do critério adotado pelo Código Civil português, qual seja, o pagamento de valor equivalente ao dobro do aluguel estabelecido no contrato (Sylvio Capanema de Souza, *Comentários*, p. 480).

[36] Já sob a égide do CC/1916, a jurisprudência e a doutrina entendiam que o valor do aluguel-pena não poderia ser ilimitado, devendo ser fixado em patamares razoáveis, ainda que superiores ao preço contratual. Sobre o ponto, v. Arnoldo Wald, *Obrigações e Contratos*, São Paulo: Saraiva, 2004, 16ª ed., p. 402.

[37] Na jurisprudência: "1. De acordo com o Enunciado nº 180 do Conselho da Justiça Federal, 'a regra do parágrafo único do art. 575 do novo CC, que autoriza a limitação pelo juiz do aluguel arbitrado pelo locador, aplica-se também ao aluguel arbitrado pelo comodante, autorizado pelo art. 582, 2ª parte, do novo CC'. 2. 'Prevendo a possibilidade de ser abusivo o aluguel arbitrado pelo locador, a lei autoriza o Juiz a reduzi-lo, dentro dos critérios da razoabilidade e da boa-fé. Refere-se o dispositivo à hipótese de ser o valor arbitrado 'manifestamente excessivo', o que lembra, uma vez mais, a técnica das cláusulas abertas ou dos princípios indefinidos. [...] Tratando-se de faculdade por lei concedida ao Juiz, na sua nova função de equilibrador ético e econômico das relações, será nula a cláusula eventualmente inserida no contrato e que estabeleça que o aluguel pena, arbitrado pelo locador, não poderá ser reduzido. Quanto aos limites da redução, também a eles não alude a lei, confiando no prudente arbítrio do julgador' (Sylvio Capanema de Souza, *Comentários ao Novo Código Civil*. Rio de Janeiro: Forense, 2004, p. 482-483)" (TJSC, 1ª C. Dir. Comercial, Apel. Cív. 0306105-48.2017.8.24.0011, Rel. Des. Luiz Zanelato, julg. 22.11.2018, publ DJ 22.11.2018); TJDFT, 2ª T.C., Apel. Cív. 20100112329167, Rel. Des. Gislene Pinheiro, julg. 11.11.2015, publ. DJ 19.11.2015.

[38] Na análise da viabilidade da fixação de aluguel-pena, deve ser observado o comportamento das partes, à luz da boa-fé objetiva. Cfr., nessa direção, STJ, 3ª, T., REsp 953.389/SP, Rel. Min. Nancy Andrighi, julg. 23.2.2010, publ. 15.3.2010.

maior, em consonância com o princípio da *perpetuatio obligationis* (CC, art. 399).[39] Embora o art. 575 do Código Civil não disponha expressamente, caso o devedor prove que a coisa se deterioraria ainda que não estivesse em mora, afasta-se a sua responsabilização *ex vi* do art. 399.[40] A regra se coaduna, portanto, com aquela disposta no art. 1.218 do Código Civil, segundo a qual "o possuidor de má-fé responde pela perda, ou deterioração da coisa, ainda que acidentais, salvo se provar que de igual modo se teriam dado, estando ela na posse do reivindicante". Não haverá responsabilidade, por outro lado, se o locatário conseguir demonstrar que a restituição não ocorreu em razão de caso fortuito ou força maior, ou ainda se a não restituição se justificar pelo seu direito de retenção pelas benfeitorias necessárias e úteis (CC, art. 578).

Direito de retenção pelas benfeitorias necessárias e úteis autorizadas pelo locador

Para além do direito de retenção do imóvel, pelo locatário, previsto no art. 571 do Código Civil para as hipóteses de denúncia antecipada do contrato pelo locador, o art. 578 do Código Civil, em norma semelhante à do art. 35 da Lei do Inquilinato, prevê o direito de retenção do bem pelo locatário com a finalidade de se ressarcir das benfeitorias necessárias e das úteis que tenham sido realizadas com o consentimento expresso do locador.[41]

Cuida-se de norma dispositiva, que poderá ser afastada pela vontade das partes.[42] Assim, por expressa disposição legislativa, afasta-se a controvérsia existente sob a vigência do CC/1916 quanto à possibilidade de renúncia, pelo locatário, ao direito de ser indenizado pelas benfeitorias.[43] Contudo, caso o contrato de locação configure relação

---

[39] "Art. 399. O devedor em mora responde pela impossibilidade da prestação, embora essa impossibilidade resulte de caso fortuito ou de força maior, se estes ocorrerem durante o atraso; salvo se provar isenção de culpa, ou que o dano sobreviria ainda quando a obrigação fosse oportunamente desempenhada".

[40] Nesse sentido, v., entre outros, Marco Aurélio Bezerra de Melo, *Direito Civil*: Contratos, cit., p. 531, e Sylvio Capanema, *Comentários*, p. 481.

[41] De acordo com a 3ª Turma do STJ, a cláusula de contrato de locação que prevê renúncia à indenização por benfeitorias e adaptações não se estende à hipótese de acessão ou acréscimos efetuados no imóvel. A Corte diferenciou o conceito de benfeitoria, considerada uma melhoria acessória realizada na coisa, da noção de acessão, que consiste no acréscimo construído sobre a propriedade. Invocou-se ainda o art. 114 do Código Civil, para se interpretar restritivamente a renúncia contratual à indenização por benfeitorias e adaptações. No caso, o locatário, devidamente autorizado pelo proprietário, construiu uma academia na propriedade alugada, ressaltando o Relator, Min. Marco Aurélio Bellizze, que a obra configurou acessão, tendo em vista o valor elevado investido no imóvel, que descaracteriza o suporte fático da benfeitoria ou de simples adaptação do bem para suas atividades. Além disso, entendeu-se caracterizada edificação em terreno alheio por possuidor de boa-fé, a atrair a incidência do art. 1.255 do Código Civil, daí decorrendo a perda da construção para o proprietário, ressalvada a respectiva indenização (STJ, 3ª T, REsp 1.931.087, Rel. Min. Marco Aurélio Bellizze, julg. 24.10.2023, publ. *DJe* 26.10.2023).

[42] A jurisprudência reconhece a validade dessas cláusulas: TJMG, 9ª CC., AgI 1.0000.17.103360-8/002, Rel. Des. José Arthur Filho, julg. 2.7.2019, publ. DJ 12.7.2019; TJMG, 14ª CC., Ap. 1.0133.16.000390-0/001, Rel. Des. Evangelina Castilho Duarte, julg. 8.8.2019, publ. DJ 20.8.2019.

[43] No CC/1916, o art. 1.199 não trazia a possibilidade expressa de denúncia pelo locatário do direito de indenização e retenção das benfeitorias por ele realizadas. Clovis Bevilaqua, ao analisar o dispositivo, entendia que o locatário tinha direito à indenização pelas benfeitorias "porque não se pode enriquecer com o alheio" (*Código Civil dos Estados Unidos do Brasil*, cit., p. 304). Carvalho Santos, por sua vez, reconhecia a validade da cláusula que isentava o locador da obrigação de indenizar as benfeitorias (*Código Civil brasileiro interpretado*, vol. XVII, cit., p. 124).

Capítulo III | Locação de coisas. Lei do Inquilinato: generalidades **235**

de consumo, será considerada nula a cláusula que isente o locador da indenização das benfeitorias necessárias realizadas pelo locatário, nos termos do art. 51, XVI, CDC.[44]

Benfeitorias necessárias e úteis

As benfeitorias necessárias (CC, art. 96, § 3º), por se destinarem a conservar o bem ou evitar que se deteriore, são sempre realizadas no interesse do locador, razão pela qual o seu ressarcimento pelo locador será devido, ainda que não tenham sido por ele expressamente autorizadas. As benfeitorias úteis (CC, art. 96, § 2º), de outra parte, se prestam a aumentar a utilidade do bem. Realizam-se, portanto, no interesse do locatário. Por isso, seu valor só será devido se tiver havido prévio consentimento expresso do locador para a sua realização.[45]

Benfeitorias voluptuárias

Com relação às benfeitorias voluptuárias (CC, art. 96, § 1º), que tornam o bem mais agradável, o locatário a princípio não terá direito de ser indenizado e, por isso mesmo, não caberá o direito de retenção sobre o bem. À semelhança do que ocorre com as benfeitorias úteis, as voluptuárias são realizadas no interesse do locatário, para seu deleite e comodidade, o que pode não ser do interesse do locador. Embora o art. 578 do Código Civil seja omisso quanto às benfeitorias voluptuárias, o locatário terá o direito de levantá-las, se isto não implicar dano à coisa principal, ou mesmo o direito a ser indenizado na hipótese de previsão contratual expressa, em atenção à regra geral disposta no art. 1.219 do Código Civil[46] referente ao possuidor de boa-fé. Neste último caso, havendo consentimento prévio por escrito do locador para a realização das benfeitorias voluptuárias, o direito à indenização pelo locatário justificará o seu direito de retenção sobre o bem.

Direito de retenção

O direito de retenção apenas poderá ser exercido pelo locatário que esteja em dia com as suas obrigações contratuais. Assim, se o locatário estiver em mora na obrigação de pagar o aluguel, por exemplo, não caberá o direito de retenção para fins de ressarcimento das benfeitorias necessárias ou úteis e voluptuárias autorizadas pelo locador.

Exercido o direito de retenção, o locatário estará eximido de pagar o aluguel em contraprestação ao uso da coisa, de modo a tornar eficaz o exercício do seu direito. Do contrário, o locador não sofreria os seus efeitos, uma vez que o direito de retenção tem por escopo compelir o locador a ressarcir as despesas incorridas pelo locatário com as benfeitorias.[47] O direito de retenção, de outra parte, será exercido sem limitação temporal. Vale dizer: a retenção será legítima enquanto o locatário não for indenizado, não importando o decurso de tempo. Todavia, quando, mediante o exercício do direito de retenção, o valor dos aluguéis não pagos alcançar quantia equivalente à

---

[44] "Art. 51. São nulas de pleno direito, entre outras, as cláusulas contratuais relativas ao fornecimento de produtos e serviços que: (...) XVI – possibilitem a renúncia do direito de indenização por benfeitorias necessárias".

[45] No que tange ao consentimento do locador, Sylvio Capanema de Souza registra que "no entender da doutrina majoritária o consentimento tem que ser prévio e por escrito, podendo constar, desde logo, do próprio contrato, ou de documento autônomo, subsequente à sua celebração" (*Comentários*, cit., p. 524).

[46] "Art. 1.219. O possuidor de boa-fé tem direito à indenização das benfeitorias necessárias e úteis, bem como, quanto às voluptuárias, se não lhe forem pagas, a levantá-las, quando o puder sem detrimento da coisa, e poderá exercer o direito de retenção pelo valor das benfeitorias necessárias e úteis."

[47] Sobre a finalidade do direito de retenção: "a retenção não se confunde com perdas e danos e nem tem natureza de contraprestação, traduzindo, apenas, e como já se disse, um meio de coerção indireta do locador, motivando-o a cumprir a obrigação indenizatória" (Sylvio Capanema de Souza, *Comentários*, cit., p. 526).

indenização devida, extingue-se o direito de retenção, sob pena de enriquecimento sem causa do locatário (CC, art. 884).

LEI DO INQUILINATO: GENERALIDADES

Histórico

O Código Civil de 1916, como se sabe, fundamentava-se axiologicamente no absolutismo do direito de propriedade e na ampla liberdade de contratar. Esse dogma individualista, típico das codificações oitocentistas, inspirou toda a construção positiva, que inspirou toda a construção positiva do direito dos contratos no Brasil, refletindo-se no regramento do contrato de locação. No regime do Código Civil de 1916, essa modalidade contratual era regida por 16 artigos, e tinha como pressupostos a igualdade jurídica das partes contratantes, a liberdade de estipulação e de reajustamento dos aluguéis e o amplo direito de despejo. Apesar da aparente insegurança jurídica que o regime do antigo Código conferia ao locatário, esse sistema era admissível na conjuntura econômica do Brasil à época, marcada pela ampla oferta de imóveis disponíveis à locação.[48]

O aparente equilíbrio, porém, restou abalado no século XX, especialmente a partir do término da Primeira Guerra Mundial, quando as cidades começaram a se expandir e a população começou a se centralizar nas áreas urbanas, ainda em decorrência da Revolução Industrial. Essa situação rompeu com a estabilidade econômica entre locadores e locatários, afinal, a procura por imóveis passou a ser maior do que a oferta, e os custos de construção de prédios urbanos cresceu vertiginosamente. Como consequência, os locadores passaram a se valer dos dispositivos legais que lhes eram favoráveis, forçando desocupações injustificadas e aumentos abusivos nos aluguéis.[49]

Impôs-se, nesse cenário, a intervenção do legislador. A primeira normativa nesse sentido foi o Decreto 4.403/1921, que, apesar de conter apenas regras dispositivas, consistiu no primeiro passo para a criação de disciplina protetiva ao locatário. Suas principais disposições eram a restrição aos despejos por falta de pagamento (art. 2º)[50] e o regramento para aumento no preço dos aluguéis (art. 10).[51] Mais tarde, em 1934, foi editado o Decreto 24.150, chamada "Lei de Luvas", que regulava as condições e o procedimento para renovação dos contratos de locação comercial ou industrial,

---

[48] Sobre a conjuntura econômica do Brasil à época: "Até fins do século passado, vigorava em todos os povos civilizados o princípio da mais ampla liberdade no tocante aos contratos de locação. *Pacta sunt servanda* era a regra. Locadores e locatários, em pé de absoluta igualdade, ajustavam aluguel, prazo, encargos e demais direitos, deveres e obrigações de maneira equânime. Isto porque havia, então, correspondência entre o número de casas para alugar e o de candidatos à locação. Havia, em suma, equilíbrio entre a oferta e a procura. Esse era o direito que os Códigos consagravam" (Luís Antonio de Andrade, Evolução das Leis do Inquilinato. *Revista de Informação Legislativa*, vol. 16, n. 62, pp. 107-116, abr.-jun. p. 107).

[49] Sobre o ponto, v. Luís Antonio de Andrade, Evolução das Leis do Inquilinato, cit., p. 107.

[50] "Art. 2º Só no caso de falta de pagamento por dous mezes completos ou no caso de necessidade de obras indispensaveis para a conservação e segurança do predio, verificada por vistoria judicial, poderá ser dado aviso pelo locador ou pelo locatario em qualquer tempo durante a locação."

[51] "Art. 10. A notificação para augmento do aluguel só produzirá effeito depois de dous annos, contados da data da respectiva certidão. § 1º Esta disposição não abrange os contractos escriptos, que se regem durante a sua vigencia pelas suas respectivas clausulas. 2º Precede ao augmento do aluguel o augmento do lançamento do imposto predial."

conferindo alto grau de segurança jurídica para os locatários formarem seu fundo de comércio no imóvel alugado.

A partir de então, e em movimentos cíclicos, a legislação especial atuou, ora de forma liberalizante, ora de forma intervencionista, de maneira direta, regulando propriamente a relação locatícia, e de maneira indireta,[52] promovendo estímulos ao setor da construção civil, por exemplo.[53] Esses fluxos culminaram na atual Lei do Inquilinato, que incorporou as principais normativas esparsas sobre o tema.

A Lei 8.245/91 foi editada em contexto no qual se buscava o aquecimento do mercado imobiliário, associado à promoção de medidas protetivas aos locatários, de modo a neutralizar sua vulnerabilidade econômica em relação ao locador. Traduz, assim, a determinação do legislador em compatibilizar valores constitucionalmente tutelados – atinentes à moradia e ao fundo empresarial – com a ampliação da autonomia contratual, a fim de dinamizar o setor, estimular novas construções e aumentar a oferta de imóveis para a locação,[54] fatores indispensáveis para a regulação do mercado locatício.

5. MODALIDADES DE LOCAÇÃO

O art. 1º da Lei 8.245/91 define o alcance do estatuto, destinado a regular a locação de imóvel urbano.[55] Para compreender o escopo da lei, fundamental fazer breve digressão sobre a nomenclatura adotada pelo legislador. Já se viu que, no âmbito das locações de coisas, distinguem-se a locação de bens móveis, prevista nos arts. 565 a 578 do Código Civil, e a locação de bens imóveis, regulada, no que toca às propriedades urbanas, pela Lei 8.245/91. Apesar do regramento específico, o art. 79[56] da lei em exame prevê expressamente a aplicação subsidiária do Código Civil no que for omissa a legislação especial.[57]

Alcance da Lei 8.245/91

Sobre a adoção da designação "imóvel", destaque-se que, para evitar controvérsias, e cedendo ao conforto da linguagem comum, o legislador de 1991 preferiu adotar essa nomenclatura em lugar da antiga, "predial", consagrada no Código Civil de 1916 e nas legislações extravagantes anteriores. Na sequência, deve-se perquirir o que o legislador quis dizer com a partícula "urbano", a fim de delimitar a exata incidência da lei. Tal conceito se contrapõe ao de "imóvel rústico" e autorizada doutrina afirma que o critério para a classificação não passa pela análise física e topográfica

Imóvel urbano ou rural: critério da finalidade econômica

---

52 Para uma análise aprofundada das sucessivas leis que regularam as relações locatícias, confira-se, por todos, Dilvanir José da Costa, *A Locação no Direito brasileiro*, Belo Horizonte: DelRey, 1993, pp. 24-33.

53 Como exemplo de estímulo indireto, cite-se a Lei n.º 4.864/1965, que criou medidas para impulsionar a indústria de construção civil.

54 Nesse sentido, a exposição de motivos da Lei 8.245/91 destacou que: "por força da atual Lei de Locações (Lei nº 6.649/79), uma profunda escassez de imóveis residenciais para locação, o que tem levado o mercado a elevar excessivamente o valor inicial do aluguel, gerando, entre outras consequências, a elevação dos índices inflacionários".

55 "Art. 1º. A locação de imóvel urbano regula-se pelo disposto nesta lei (...)"

56 "Art. 79. No que for omissa esta lei aplicam-se as normas do Código Civil e do Código de Processo Civil".

57 Sobre o tratamento conferido pelo Código Civil de 2002 ao contrato de locação v. Sylvio Capanema, *Comentários ao Código Civil*: arts 565 a 578, coord. Sálvio de Figueiredo, Rio de Janeiro, Forense, 2004.

dos bens, mas pela finalidade que lhe é atribuída.[58] Diferenciam-se, assim, os imóveis urbanos e os rústicos ou rurais pelo critério da atividade econômica desenvolvida no bem, vale dizer, pela sua finalidade. Será urbano o imóvel destinado à habitação do locatário, ou à sua atividade comercial, industrial ou de prestação de serviço, independentemente de localização em relação ao perímetro da cidade. Já o imóvel rústico ou rural destina-se à exploração da terra ou da pecuária, podendo ser assim compreendido imóvel localizado no centro da cidade locado para a plantação de flores. Os imóveis rurais serão regidos pelo Estatuto da Terra.

Locação para temporada

Ao lado da locação residencial e não residencial dos imóveis urbanos, a Lei 8.245/91 rege a locação por temporada, definida, de modo exemplificativo, como "aquela destinada à residência temporária do locatário, para prática de lazer, realização de cursos, tratamento de saúde, feitura de obras em seu imóvel, e outros fatos que decorrem tão somente de determinado tempo, e contratada por prazo não superior a noventa dias, esteja ou não mobiliado o imóvel" (art. 48).

No âmbito dos contratos de locação por temporada, o Superior Tribunal de Justiça examinou a natureza jurídica dos contratos de aluguéis de imóveis celebrados por meio das plataformas digitais, como o Airbnb, no sentido de saber se haveria de incidir a Lei 8.245/91 aos contratos em questão. O STJ concluiu que tais contratos se qualificam como contratos atípicos de hospedagem – distintos da locação por temporada regulada pela Lei 8.245/91 e da hospedagem oferecida pelos empreendimentos hoteleiros –, afastando-os, por isso mesmo, da disciplina da Lei do Inquilinato.[59] Além disso, entendeu que, caso haja previsão na convenção de condomínio de destinação residencial das unidades, os proprietários não poderão alugar seus imóveis por meio de plataformas digitais.[60]

---

[58] "(...) Deixando de lado o critério topográfico, e que não merece aceitação, à mingua de préstimos melhores, invoca-se a utilização econômica, para dizer-se que é rústico aquele que a uma atividade rural se destina, seja na lavoura, seja na pecuária, em contraposição ao urbano, que não recebe tal emprego, independentemente da localização, de um ou de outro, dentro ou fora dos limites dos núcleos urbanos" (Caio Mário da Silva Pereira, *Instituições de Direito Civil*, vol. III, Rio de Janeiro, Forense, 2016, 20ª ed. Atual. Caitlin Mulholland, p. 270). No mesmo sentido, leciona Miguel Maria de Serpa Lopes, *Curso de Direito Civil*, vol. IV, Rio de Janeiro, Freitas Bastos, 1961, 2ª ed., p. 49: "É pela destinação econômica do imóvel que se pode concluir quando a locação tem por objeto um prédio rústico ou urbano. Pouco importa o local onde se encontre situado".

[59] Segundo o Min. Rel. para acórdão Raúl Araújo: "Essa peculiar recente forma de hospedagem não encontra, ainda, clara definição doutrinária ou mesmo legislação reguladora no Brasil, e, registre-se, não se confunde com aquelas espécies tradicionais de locação, nem mesmo com aquela menos antiga, genericamente denominada de aluguel por temporada. Tampouco a nova modalidade de hospedagem se enquadra dentre os usuais tipos de hospedagem ofertados, de modo formal e profissionalizado, por hotéis, pousadas, hospedarias, motéis e outros estabelecimentos da rede tradicional provisora de alojamento, conforto e variados serviços à clientela, regida pela Lei 11.771/2008 (...) os negócios jurídicos realizados pelos recorrentes não se enquadram nas hipóteses de locação previstas na Lei 8.245/91, configurando, na prática, contrato atípico de hospedagem. Contrato atípico de hospedagem porque também inexistente, nas peculiares circunstâncias em que se dá a prestação do serviço, qualquer estrutura ou profissionalismo suficiente, exigidos na legislação pertinente, para a caracterização da atividade como empresarial e, assim, atrair a incidência da Lei 11.771/2008, referente ao turismo e à atividade de hospedagem típica" (STJ, 4ª T., REsp 1.819.075/RS, Rel. Min. Luis Felipe Salomão, Rel. p/ acórdão Raul Araújo, julg. 20.4.2021, publ. DJ 27.5.2021).

[60] Nesse diapasão, apontou-se que, ao mesmo tempo que o Código Civil reconhece ao proprietário o direito de dispor livremente de sua unidade residencial, também lhe impõe o dever de observar

Mostra-se, de fato, induvidoso que a convenção do condomínio, como deliberação coletiva, deva prevalecer sobre decisões individuais dos proprietários, desde que se assegure a igualdade entre os condôminos quanto aos critérios de utilização da unidade autônoma.[61] A rigor, para fins de determinação da incidência da Lei 8.245/91, a qualificação do contrato como típico ou atípico independe do meio tecnológico em que se estabelece a aproximação entre os contraentes e a celebração do instrumento contratual. A causa ou função da locação haverá de ser definida a partir dos efeitos produzidos pelo concreto regulamento de interesses.

Ainda no que tange à locação por temporada, a lei confere normas especiais. A mais relevante delas é a faculdade de o locador promover ação de despejo, independentemente de notificação, mediante depósito de valor de garantia, caso, ao fim do contrato, o locatário não desocupe o imóvel no prazo de 30 (trinta) dias (art. 59, III). Ultrapassado esse prazo, a locação por temporada se prorroga por prazo indeterminado, atraindo o regramento típico dessa situação.[62] Outra característica da locação por temporada é a faculdade que o locador tem de receber antecipadamente o valor total dos aluguéis e dos encargos que seriam cobrados periodicamente na vigência do contrato (art. 49).[63] Essa possibilidade não sobrevive com a prorrogação do contrato por prazo indeterminado (art. 50).[64]

Desse modo, ao disciplinar as locações de imóveis urbanos, genericamente, nos termos do aludido art. 1º, a Lei 8.245/91 abrange as três espécies locatícias reguladas,

<small>Espécies de locação</small>

---

[61] a sua destinação e não a usar de modo abusivo, em respeito à convenção condominial, com força normativa pelo próprio diploma legal. Nas palavras do Relator para acórdão, Min. Raul Araújo, "O Código Civil, em seus arts. 1.333 e 1.334, concede autonomia e força normativa à convenção de condomínio regularmente aprovada e registrada no Cartório de Registro de Imóveis competente. Portanto, existindo na Convenção de Condomínio regra impondo destinação residencial, mostra-se indevido o uso de unidades particulares que, por sua natureza, implique o desvirtuamento daquela finalidade (CC/2002, arts. 1.332, III, e 1.336, IV)" (STJ, 4ª T., REsp 1.819.075/RS, Rel. Min. Luis Felipe Salomão, Rel. p/ acórdão Raul Araújo, julg. 20.4.2021, publ. DJ 24.5.2021). Vale destacar também o REsp 1.884.483/PR, que exarou entendimento no sentido de que não haveria ilegalidade ou falta de razoabilidade na restrição imposta pelo condomínio, a quem cabe decidir acerca da conveniência ou não de permitir a locação das unidades autônomas por curto período, observada a destinação prevista na convenção condominial (STJ, REsp 1.884.483/PR, 3ª T., Rel. Min. Ricardo Villas Bôas Cueva, julg. 23.11.2021, publ. DJ 16.12.2021).

[61] Cfr. Gustavo Tepedino, Autonomia privada (entre a vontade individual e coletiva) na convivência condominial. Editorial. *Revista Brasileira de Direito Civil – RBDCivil*, vol. 31, n. 2, abr.-jun. 2022, pp. 11-13.

[62] "Art. 50. Findo o prazo ajustado, se o locatário permanecer no imóvel sem oposição do locador por mais de trinta dias, presumir-se-á prorrogada a locação por tempo indeterminado, não mais sendo exigível o pagamento antecipado do aluguel e dos encargos. Parágrafo único. Ocorrendo a prorrogação, o locador somente poderá denunciar o contrato após trinta meses de seu início ou nas hipóteses do art. 47".

[63] "Art. 49. O locador poderá receber de uma só vez e antecipadamente os aluguéis e encargos, bem como exigir qualquer das modalidades de garantia previstas no art. 37 para atender as demais obrigações do contrato".

[64] "Art. 50. Findo o prazo ajustado, se o locatário permanecer no imóvel sem oposição do locador por mais de trinta dias, presumir-se-á prorrogada a locação por tempo indeterminado, não mais sendo exigível o pagamento antecipado do aluguel e dos encargos. Parágrafo único. Ocorrendo a prorrogação, o locador somente poderá denunciar o contrato após trinta meses de seu início ou nas hipóteses do art. 47."

no sistema anterior, pela Lei 6.649/79, pelo Decreto 24.150/34 e pelo Código Civil de 1916. Com efeito, no regime pré-vigente tinha-se: a) locação residencial, em relação à qual se proibia a denúncia vazia, ora reintroduzida a partir de certo período contratual; b) locação comercial ou industrial, sujeita à ação renovatória; c) locação não residencial nem comercial, assim entendida aquela que, não se destinando à função residencial, comercial ou industrial, não era protegida nem pela disciplina dos contratos com fins residenciais, nem pela renovação contratual compulsória, sujeitando-se à parte geral da Lei 6.649/79 e ao Código Civil de 1916.

Locação não residencial

A Lei 8.245/91 abrange tais modalidades e, atendendo à consolidada construção pretoriana, abandona o conceito de locação comercial ou industrial, adotando, ao revés, no âmbito da regulamentação genérica da locação não residencial, o conceito de locação empresarial, destinada a tutelar, com o benefício da ação renovatória, não apenas o fundo de comércio senão, bem mais amplamente, o fundo de empresa, próprio de toda a atividade empresarial lucrativa (art. 51, § 4º[65]),[66] denominado atualmente como estabelecimento (CC, art. 1.142[67]).

A opção legislativa pelo tratamento unitário permite a regulação sistemática de todas as questões atinentes ao inquilinato urbano, representando vantagem sobre o sistema anterior, que abstraía questões essenciais por conta da regência pouco uniforme das leis esparsas.[68]

Exclusão da Lei do Inquilinato

Por outro lado, o parágrafo único do art. 1º exclui da abrangência da Lei 8.245/91 algumas espécies locatícias, que se tornam, assim, sujeitas às disciplinas setoriais ou ao próprio Código Civil, no sistema de liberdade contratual.

---

[65] "Art. 51. Nas locações de imóveis destinados ao comércio, o locatário terá direito a renovação do contrato, por igual prazo, desde que, cumulativamente. (...) § 4º. O direito a renovação do contrato estende-se às locações celebradas por indústrias e sociedades civis com fim lucrativo, regularmente constituídas, desde que ocorrentes os pressupostos previstos neste artigo." Note-se que a 4ª Turma do Superior Tribunal de Justiça consolidou o entendimento de que, "em sede da ação renovatória de locação comercial prevista no art. 51 da Lei 8.245/91, o prazo máximo de prorrogação contratual será de cinco (5) anos. Assim, ainda que o prazo da última avença supere o lapso temporal de cinco anos, a renovação compulsória não poderá excedê-lo, porquanto o quinquênio estabelecido em lei é o limite máximo" (STJ, 4ª T., REsp 1.990.552/RS, Rel. Raul Araújo, julg. 17.5.2022, publ. DJ 26.5.2022).

[66] Cfr. STJ, REsp 1.320.712/SP, Dec. Mon., Rel. Min. Luis Felipe Salomão, julg. 5.3.2018, publ. DJ 13.3.2018: "Não se pode perder de vista, ademais, a função social da ação renovatória, isto é, do poder formativo gerador que confere a seu titular – o locatário – o poder de renovar o contrato, máxime diante de casos como o dos autos que trata de locação empresarial, sobretudo diante da necessidade de proteção do fundo de comércio. (...) Como salientado alhures, a previsão de renovação obrigatória nos casos de locação empresarial estampada no *caput* do art. 51 da Lei n. 8.245/91, relaciona-se à necessidade de proteção do fundo de comércio, também denominado de fundo de empresa, que é o conjunto de bens corpóreos e incorpóreos, empregados no exercício da atividade empresarial (PONTES DE MIRANDA, Francisco Cavalcanti. *Tratado de Direito Privado: Propriedade Imobiliária*. Atualizado por Otavio Luiz Rodrigues Junior e Jefferson Carús Guedes. São Paulo: RT, 2013, p. 552). Com efeito, não se poderia permitir ao locador, sem salvaguardas, que, findo contrato de locação de razoável duração, tirasse proveito de todos ou grande parte dos frutos da exploração da atividade econômica desenvolvida pelo locatário".

[67] "Art. 1.142. Considera-se estabelecimento todo complexo de bens organizado, para exercício da empresa, por empresário, ou por sociedade empresária".

[68] Nagib Slaibi Filho e Romar Navarro de Sá, *Comentários à Lei do Inquilinato*, Rio de Janeiro: Forense, 2010, 10ª ed., p. 29.

Excluem-se, em primeiro lugar, as locações que tenham como objeto bens imóveis de propriedade da União, dos Estados, dos Municípios, das autarquias e das fundações. A exclusão tem por fundamento a função social do bem, que, por ser de titularidade da administração pública, não pode ter regime equiparável ao conferido às relações interprivadas, em razão dos princípios da moralidade e da isonomia, que impedem que o Estado contrate sem a observância de licitação. Por isso, o critério a ser levado em consideração para aferição da normativa legal aplicável, nesse caso, é a titularidade do objeto do contrato. Desse modo, se o ente público figurar no negócio jurídico como locatário de imóvel pertencente a um particular, a exceção não se aplicará.[69]

Além disso, a lei não é aplicável à locação de vagas autônomas de garagem ou de espaços destinados ao estacionamento de veículos. Assim, a locação desses espaços, quando não acessória à locação de outro bem, continuará regida pelo Código Civil. Seguindo esse mesmo raciocínio, a lei não será aplicável, igualmente, para aluguel de espaços destinados à publicidade, quando tais espaços forem desvinculados de unidades habitacionais.

O legislador também retira da incidência da Lei 8.245 a locação de apart-hotéis, hotéis-residência ou equiparados, assim considerados aqueles que prestam serviços regulares a seus usuários e como tais sejam autorizados a funcionar.[70] Exclui-se, ainda, a aplicação da lei a qualquer das modalidades de arrendamento mercantil ou *leasing*.

As exclusões justificam-se pela opção legislativa de reunir sob o mesmo diploma legal apenas os contratos que se aproximem no sentido funcional, destacando-os do regime geral em razão de regularem interesses dignos de tutela diferenciada, como a moradia e o fundo de comércio (estabelecimento).[71] Nessa esteira, incluem-se no

---

[69] Nesse sentido: "Civil. Imóvel particular locado a empresa pública. Despejo. A empresa pública, mesmo que prestadora de serviço público, locatária de imóvel particular submete-se ao regime da Lei 8.245/91, razão pela qual, preenchidos os requisitos previstos nesse diploma legal, deve ser decretado o despejo de agência da Empresa Brasileira de Correios e Telégrafos – ECT" (TRF2, 1ª T., Ap. Cív. 0051217-90.2000.4.02.0000, 1ª T, Rel. Des. Luiz Paulo da Silva Araújo Filho, julg. 2.4.2002, publ. DJ 29.7.2002).

[70] Elucida a doutrina: "Tais locações são contratos atípicos, mistos, cujos núcleos são a prestação de serviços e a cessão de uso e gozo do imóvel. O texto legal menciona que devem ser considerados sob a incidência de tais contratos "aqueles que prestam serviços regulares a seus usuários e como tais sejam autorizados a funcionar". Assim, deverá o intérprete buscar dois elementos para a caracterização de tais locações: *a)* a prestação de serviços regulares; e *b)* autorização do Poder Público (caso seja exigida pela ordem jurídica) para o seu funcionamento. Mais uma vez, é a destinação da locação que vai caracterizar tal contrato, e não mera situação da coisa; assim, o aluguel de um apartamento dentro de um apart-hotel, em que não haja prestação de serviços, constituirá contrato de locação residencial, sob a égide da Lei n. 8.245/91, e não um contrato de locação em apart-hotel, fora da proteção da Lei do Inquilinato. Não basta que o contrato se denomine "contrato de apart-hotel" ou de "hotel-residência" para incidir na exclusão, devendo ser examinado o seu conteúdo, de acordo com o consenso das partes (veja-se a regra de interpretação dos atos jurídicos no art. 112 do Código Civil). Por outro lado, eventual falência dos serviços prestados pelo hotel-residência não tem o condão de transmudar o contrato em locação amparada pela Lei n. 8.245/91: o que há é inadimplemento contratual a autorizar a resolução do contrato ou a diminuição do preço" (Nagib Slaibi Filho e Romar Navarro de Sá, *Comentários à Lei do Inquilinato*, cit., p. 43).

[71] Sobre o ponto, cfr. interessante acórdão do Superior Tribunal de Justiça, julgado pela 3ª Turma, de relatoria do Min. Marco Aurélio Bellizze, no qual se entendeu que, embora se tratasse de contrato

âmbito de tutela da Lei 8.245 as locações de lojas em shopping center, fenômeno típico dos dias atuais.[72] O art. 54, em linha com firme tendência doutrinária, protege também, neste caso, o aludido estabelecimento, autorizando a ação renovatória em face do dono da loja.[73-74]

---

atípico, por apresentar pactos adjacentes ao aluguel do imóvel comercial, se aplicaria ao negócio sob análise a Lei 8.245/91. Com esse entendimento, o colegiado deu provimento ao recurso de uma distribuidora de combustíveis para permitir a rescisão do contrato de sublocação de um posto revendedor, reformando a decisão do tribunal estadual que havia entendido pela inadequação da ação de despejo, uma vez que o negócio entre as partes não era apenas de locação mas também envolvia relação comercial de compra e venda exclusiva de produtos da marca da distribuidora, sendo considerado um "negócio jurídico atípico não regulado pela Lei de Locação". Segundo o relator do recurso no STJ, "não se pode afastar a incidência da Lei n. 8.245/1991 (Lei de Locação), pois há apenas uma justaposição dos contratos coligados, aplicando-se a norma de cada um deles de forma harmônica, ou seja, havendo o inadimplemento dos aluguéis, abre-se a possibilidade de a locadora ajuizar a ação de despejo, da mesma forma que, se houvesse, por exemplo, a mora no pagamento dos produtos adquiridos em virtude do contrato de compra e venda, seriam aplicáveis as regras específicas desse instituto jurídico, com a possibilidade de propositura da competente ação de cobrança" (STJ, 3ª T., Resp 1.475.477/MG, Rel. Min. Marco Aurélio Bellizze, julg. 18.5.2021, publ. DJ 24.5.2021).

[72] "O contrato celebrado entre o empreendedor e o lojista é marcado por certas singularidades, as quais o diferenciam dos contratos ordinários de locação. Por essa razão, há divergência na doutrina sobre a natureza desse contrato. Apesar dessas singularidades, revela-se mais razoável considerar o contrato pactuado entre o empreendedor do shopping center e o lojista como um típico contrato de locação, com características próprias" (STJ, 3ª T., REsp 1.947.694/SP, Rel. Min. Nancy Andrighi, julg. 14.9.2021, publ. DJ 16.9.2021). Convém destacar interessante decisão que entendeu que "os ajustes locatícios, notadamente aqueles firmados para locação de espaço em shopping center, não constituem mero contratos de adesão, pois são de livre estipulação/comutativo entre os contratantes, sem a preponderância de um sobre outro, onde tanto locador como locatário estão livres para pactuarem as cláusulas contratuais que melhor assistam às suas necessidades. A aventada modificação unilateral das normas gerais complementares do empreendimento de 2.000 (dois mil) para 3.000 (três mil) metros de raio, desde que não tenha sido imposta unilateralmente para os contratos de locação em curso quando da modificação estatutária, não apresenta qualquer ilegalidade, pois, o dono do negócio pode impor limitações e condições para o uso de sua propriedade por terceiros" (STJ, 4ª T., REsp 1.535.727/RS, Rel. Min. Marco Buzzi, julg. 10.5.2016, publ. DJ 20.6.2016).

[73] Sobre o contrato de *shopping center*, confira-se, na doutrina: Gustavo Tepedino, Anotações à Lei do Inquilinato (arts. 1º a 26). *Temas de direito civil*, Rio de Janeiro: Renovar, 2008, 4ª ed., pp. 161-199. V. tb. Carlos Nelson Konder e Deborah Pereira Pinto dos Santos, O equilíbrio contratual nas locações em shopping center: controle de cláusulas abusivas e a promessa de loja âncora. *Scientia Iuris*, vol. 20, n. 3, novembro, Londrina, 2016, pp. 176-200 e Guilherme Calmon Nogueira da Gama, Contrato de *Shopping Center*. *Revista da EMERJ*, vol. 5, n. 16, Rio de Janeiro: EMERJ, 2002, pp. 187-227.

[74] Ilustrando a lógica do aludido contrato, ainda, entendeu a 3ª Turma do STJ que a instalação de lojas do mesmo ramo em *shopping center* não configura atividade predatória ou ofensa à organização do comércio no local, desde que não haja violação aos contratos firmados com os lojistas. Assim, a Corte decidiu que o gestor do *shopping* não agiu de forma irregular ao permitir a instalação de um restaurante de culinária japonesa em frente a outro já existente. A inauguração do concorrente ocorreu quando a previsão contratual de exclusividade do primeiro restaurante no mesmo segmento já estava extinta há mais de 12 meses. Prestigia-se, assim, o poder do administrador do *shopping center* em planejar e organizar os espaços e atividades, expressão do denominado *tenant mix*. Segundo tal orientação, a temporariedade das cláusulas de preferência e de exclusividade não é abusiva, inexistindo excesso de desvantagem para o locatário, que deve planejar suas atividades e estratégias de acordo com o contrato celebrado. Observou o Relator, Min. Ricardo Villas Bôas Cueva, que, no caso, diversos centros comerciais surgiram ao redor do *shopping* com o passar do tempo, não havendo que "esperar que o shopping mantenha a mesma organização por 18 anos,

Ainda tendo em vista a função social desempenhada pelos contratos regidos pela Lei do Inquilinato, o legislador especial, no art. 55, exclui da proteção própria da locação residencial os imóveis alugados por pessoa jurídica para uso de seus titulares, diretores, sócios, gerentes, executivos ou empregados. Nessa categoria específica de negócios jurídicos, está presente uma função nitidamente patrimonial, traduzida na vantagem econômica concedida pelo locatário – pessoa jurídica – ao seu preposto. Ausente, portanto, a função existencial, moldada pelo interesse à moradia familiar, que atrairia a tutela legal especial da Lei do Inquilinato.

Vistas as hipóteses de incidência da lei, passa-se à análise estrutural dos contratos de locação regidos pela normativa. Não existem maiores exigências na fase de conclusão do contrato, tendo em vista seu caráter consensual. Entretanto, há hipóteses em que o contrato escrito ganha especial relevo. A exigência de relação contratual por tempo determinado para o exercício da ação renovatória nos casos das locações não residenciais levou a jurisprudência, ainda no regime do Decreto n.º 24.150/34, a considerar imprescindível o contrato escrito para a sua renovação. O art. 51, I, da Lei 8.245/91,[75] absorvendo a construção jurisprudencial, exige que o contrato a renovar tenha sido celebrado por escrito e por prazo determinado. O inciso II determina, ainda, que o contrato tenha sido firmado pelo prazo mínimo de cinco anos, ou que a soma dos prazos de sucessivos contratos escritos e por prazo determinado chegue a esse lapso temporal.[76] A jurisprudência flexibilizou a contagem do quinquênio para admitir que interrupções de alguns meses, durante os quais a relação restasse a prazo indeterminado, não implicasse a interrupção da contagem, evitando, assim, que o período de tratativas obstaculizasse o direito à renovação, de modo a tutelar o fundo de comércio.

Análise estrutural

Ação renovatória

---

mormente se a alteração do *tenant mix* está prevista contratualmente e é necessário o enfrentamento das novas situações de mercado" (STJ, 3ª T., REsp 2.101.659, Rel. Min. Ricardo Villas Bôas Cueva, julg. 21.5.2024, publ. *DJe* 24.5.2024).

[75] "Art. 51. Nas locações de imóveis destinados ao comércio, o locatário terá direito a renovação do contrato, por igual prazo, desde que, cumulativamente: I – o contrato a renovar tenha sido celebrado por escrito e com prazo determinado (...)".

[76] "Art. 51. (...) II – o prazo mínimo do contrato a renovar ou a soma dos prazos ininterruptos dos contratos escritos seja de cinco anos". A propósito, o STJ entende que, nas locações comerciais, independentemente de o prazo de vigência inicial do contrato ser superior a 5 anos, a renovação será quinquenal. Em recente julgamento da 3ª Turma, a locatária de certa loja de departamentos almejava a renovação do contrato de locação pelo período de dez anos, conforme estabelecido no contrato inicial. A pretensão foi acolhida pelo TJRJ, que admitiu a liberdade das partes para pactuar o prazo do contrato e de sua renovação. A Corte Superior, no entanto, considerou que o limite legal de 5 anos fixado pela Lei n. 8.245/91 é imperativo, e compatibiliza o interesse do locatário com o do locador, evitando excessiva restrição ao direito de propriedade. De acordo com a relatora, Min. Nancy Andrighi, "permitir a renovação por prazos maiores, de dez, quinze, vinte anos, poderia acabar contrariando a própria finalidade do instituto, dadas as sensíveis mudanças de conjuntura econômica, passíveis de ocorrer em tão longo período, além de outros fatores que possam ter influência na decisão das partes em renovar, ou não, o contrato" (STJ, 3ª T., REsp 1.971.600, Rel. Min. Nancy Andrighi, julg. 2.8.2022, publ. DJ 26.8.2022). O entendimento, aliás, foi consagrado no Enunciado n. 178 da súmula do STF, que fixou o entendimento de que "não excederá de cinco anos a renovação judicial de contrato de locação".

Direito de preferência

A importância do contrato escrito se coloca também em outras disposições da Lei do Inquilinato. O direito de preferência do inquilino previsto no art. 33,[77] por exemplo, só terá eficácia real, ou seja, só será capaz de gerar a aquisição coativa, se o contrato for escrito e tiver sido averbado no Registro de Imóveis pelo menos 30 (trinta) dias antes da alienação. Caso contrário, a preferência do locatário gerará apenas efeitos pessoais. Além disso, há a prerrogativa de estipulação de cláusula de vigência em caso de alienação, que impedirá que o adquirente do imóvel locado rompa o vínculo locatício. Tal só será possível com a devida averbação do contrato escrito e com prazo determinado no Registro de Imóveis.[78]

Denúncia vazia em locações residenciais

Encerrando as principais hipóteses de destaque conferido pelo legislador aos contratos escritos, tem-se que estes são imprescindíveis para que o locador possa exercer a denúncia vazia, expirado o contrato de locação residencial, nos termos, nos termos do art. 46.[79] Cumulativamente, estabelece o artigo que o prazo não pode ser inferior a 30 (trinta) meses. Caso o contrato de locação residencial não cumpra esses requisitos, a resilição unilateral imotivada do locador só poderá ser levada a cabo após 5 (cinco) anos de locação (art. 47, V).[80] Tais contratos de locação residencial com prazo inferior a 30 (trinta) meses, com efeito, prorrogam-se automaticamente, por prazo indeterminado, findo o prazo contratual, somente podendo o locador retomar o imóvel antes do quinto ano nas hipóteses taxativamente previstas na lei (art. 47, I a IV).[81] De maneira inovadora, pretende o legislador estimular a formação de vínculos contratuais de longa duração, também no caso de locações residenciais, vindo a alcançar maior estabilidade do inquilino em sua moradia.

Locação em habitações coletivas multifamiliares

Existem, por outro lado, hipóteses em que a importância do contrato escrito é especialmente reduzida, em favor da tutela das relações estabelecidas de maneira

---

[77] "Art. 33. O locatário preterido no seu direito de preferência poderá reclamar do alienante as perdas e danos ou, depositando o preço e demais despesas do ato de transferência, haver para si o imóvel locado, se o requerer no prazo de seis meses, a contar do registro do ato no cartório de imóveis, desde que o contrato de locação esteja averbado pelo menos trinta dias antes da alienação junto à matrícula do imóvel. Parágrafo único. A averbação far-se-á à vista de qualquer das vias do contrato de locação desde que subscrito também por duas testemunhas".

[78] "Art. 8º Se o imóvel for alienado durante a locação, o adquirente poderá denunciar o contrato, com o prazo de noventa dias para a desocupação, salvo se a locação for por tempo determinado e o contrato contiver cláusula de vigência em caso de alienação e estiver averbado junto à matrícula do imóvel".

[79] "Art. 46. Nas locações ajustadas por escrito e por prazo igual ou superior a trinta meses, a resolução do contrato ocorrerá findo o prazo estipulado, independentemente de notificação ou aviso".

[80] "Art. 47. Quando ajustada verbalmente ou por escrito e como prazo inferior a trinta meses, findo o prazo estabelecido, a locação prorroga – se automaticamente, por prazo indeterminado, somente podendo ser retomado o imóvel: (...) V – se a vigência ininterrupta da locação ultrapassar cinco anos".

[81] "Art. 47. (...) I – Nos casos do art. 9º; II – em decorrência de extinção do contrato de trabalho, se a ocupação do imóvel pelo locatário relacionada com o seu emprego; III – se for pedido para uso próprio, de seu cônjuge ou companheiro, ou para uso residencial de ascendente ou descendente que não disponha, assim como seu cônjuge ou companheiro, de imóvel residencial próprio; IV – se for pedido para demolição e edificação licenciada ou para a realização de obras aprovadas pelo Poder Público, que aumentem a área construída, em, no mínimo, vinte por cento ou, se o imóvel for destinado a exploração de hotel ou pensão, em cinquenta por cento".

informal. O parágrafo único do art. 2º da Lei, por exemplo, institui presunção da existência de vínculo locatício nas habitações coletivas multifamiliares.[82] Antes da proteção legislativa, os moradores, desprovidos de qualquer título, tornavam-se sujeitos a exigências do proprietário, em particular no que tange à majoração de aluguéis, pagos muitas vezes sem o fornecimento de recibos, diante da ameaça de expulsão do imóvel pela via possessória. Outra proteção conferida pela lei aos ocupantes de habitações multifamiliares é facultar que o pagamento dos aluguéis seja feito por meio de depósito judicial sempre que restar constatado que o imóvel se acha em condições precárias. Com a indisponibilidade dos depósitos até que se concluam as obras de regularização do imóvel, a lei estabelece uma coerção indireta para que o locador tome as medidas para que o imóvel retorne à condição de habitabilidade.[83]

Em relação aos contratantes, tal como na locação de coisas, trata-se de negócio **Partes** formado entre locador – aquele que cede o uso e o gozo do bem – e o locatário, aquele que recebe a coisa mediante remuneração em caráter temporário. Segundo o art. 3º,[84] exige-se, por ocasião do consentimento das partes na conclusão do negócio, a vênia conjugal, salvo nos regimes de separação absoluta, nos contratos de locação ajustados por prazo igual ou superior a 10 (dez) anos. Tal requisito se impõe, pois uma locação duradoura se aproxima em muito de uma restrição ao direito de propriedade. Assim, a exemplo do que ocorre para a disposição do direito real, a outorga uxória ou marital será igualmente necessária à locação, para evitar que um cônjuge onere indevidamente o patrimônio comum.[85]

O parágrafo único do art. 3º traz inovação legislativa em homenagem ao prin- **Ausência de** cípio da conservação dos contratos, dispondo que "ausente a vênia conjugal, o côn- **vênia conjugal:** juge não estará obrigado a observar o prazo excedente". Ou seja, a inobservância da **ineficácia** autorização não gera a nulidade do contrato, sendo apenas ineficaz o pacto em relação ao cônjuge, desobrigado a respeitar o período que exceder ao decênio.

A Lei 8.245/91 atribui tratamento especial em relação à sublocação, cessão da **Sublocação,** locação e empréstimo do imóvel. Segundo o art. 13, todas essas operações estão su- **cessão e emprés-** bordinadas ao consentimento do locador, que deverá ser prévio e escrito.[86] As dife- **timo**

---

[82] "Art. 2º (...) Parágrafo único. Os ocupantes de habitações coletivas multifamiliares presumem-se locatários ou sublocatários".

[83] Sylvio Capanema de Souza, *Lei do Inquilinato Comentada*, Rio de Janeiro: Forense, 2014, 9ª ed. rev., atual. e ampl., p. 137.

[84] "Art. 3º O contrato de locação pode ser ajustado por qualquer prazo, dependendo de vênia conjugal, se igual ou superior a dez anos. Parágrafo único. Ausente a vênia conjugal, o cônjuge não estará obrigado a observar o prazo excedente".

[85] Silvio de Salvo Venosa, *Lei do Inquilinato Comentada* (Doutrina e Prática), São Paulo: Atlas S.A., 2013, 12ª ed., p. 38.

[86] A doutrina mostra a diversidade de tratamento em relação ao regime geral: "Ressalte-se que, no regime do CC, o contrato de locação tem caráter impessoal, não sendo personalíssimo nem para o locador nem para o locatário. Admite-se, pois, em princípio, cessão, sublocação e sucessão em caso de morte de qualquer dos contratantes (...). As partes podem, porém, convencionar em contrário. (...) Admite-se a cessão da posição contratual somente com o consentimento expresso do locador. No caso da sublocação, no regime do Código Civil, esta será permitida se não houver estipulação em contrário" (Gustavo Tepedino *et al.*, *Código Civil Interpretado conforme a Constituição da República*, vol. II, Rio de Janeiro: Renovar, 2012, 2ª ed., pp. 255-256).

renças entre tais figuras são bastante conhecidas. A sublocação constitui nova locação estabelecida entre locatário e sublocatário, criando segunda relação contratual contemporânea à locação principal.[87] A cessão contratual, ao revés, importa a transferência da titularidade do locatário, havendo uma substituição do polo subjetivo da relação jurídica, com sub-rogação do cessionário nos direitos e obrigações de que era titular o locatário-cedente.[88] O empréstimo do imóvel locado, por sua vez, é feito mediante típico contrato de comodato, por meio do qual o locatário transfere temporariamente e a título gratuito o uso do imóvel locado, em favor de uma terceira pessoa, o comodatário.[89] Apesar das distinções conceituais, o legislador optou por dar tratamento homogêneo às três figuras.

Anuência

O legislador especial preocupou-se com a proliferação de vínculos não autorizados, que debilitam a qualidade das moradias e contribuem para a deterioração do parque imobiliário. Daí afirmar que as três figuras dependem de consentimento prévio e escrito do locador do imóvel. O § 1º do art. 13 preceitua que "não se presume o consentimento pela simples demora do locador em manifestar formalmente a sua oposição". Evita-se assim que, na era dos contratos de massa, em que predomina a despersonalização dos contratantes e a utilização de administradoras, no caso das locações, que distanciam o locador e o locatário, pudesse o locador ser penalizado pelo decurso do tempo sem que se oponha à sublocação não autorizada. Nesse caso, o silêncio ou a inércia do locador não equivale, em princípio, a consentimento tácito.

Anuência tácita do locador

O § 2º do art. 13[90] trouxe regra inovadora ao dispor que, notificado por escrito pelo locatário da ocorrência de uma das hipóteses deste artigo – sublocação, cessão ou empréstimo –, o locador terá o prazo de 30 (trinta) dias para manifestar formalmente a sua oposição. A possibilidade de se admitir o consentimento do locador pela ausência de resposta à notificação do locatário, de que trata o § 2º, abre uma brecha no rigor sugerido pelo *caput* do mesmo artigo, tornando admissível ao menos uma forma de consentimento presumido. Por outro lado, se a notificação a que se refere o preceito fosse referente à sublocação, cessão ou empréstimo já ocorridos, como a literalidade do dispositivo dá a entender, tal notificação significaria verdadeira confissão de infração contratual, expondo o locatário a inevitável despejo. O preceito seria temerário ou inútil. Se, ao reverso, a notificação diz respeito à ação futura do locatário, interpretando-

---

[87] Sobre o tema, Gustavo Tepedino, Cessão do contrato de locação de imóvel. In: Heloisa Helena Barboza, Guilherme Calmon Nogueira da Gama e Thiago Ferreira Cardoso Neves (orgs.), *Lei do Inquilinato: exame dos 30 anos da Lei de Locação Urbana*, São Paulo: Editora Foco, 2021, pp. 121-132.

[88] Sobre as modalidades, confiram-se as palavras de Miguel Maria de Serpa Lopes: "Enquanto a sublocação importa em nova locação, com a manutenção ou não dos mesmos direitos e obrigações da locação (é outro contrato), não devendo porém os direitos transmitidos exceder aos limites dos contidos no ativo do locatário (sublocador), na cessão de locação há um ato de alienação, uma verdadeira venda de coisa imobiliária incorpórea" (*Curso de Direito Civil*, vol. IV, cit., 1961, p. 53).

[89] Sobre a distinção conceitual das três figuras, por todos, Pontes de Miranda, *Tratado de Direito Predial*, vol. IV, Rio de Janeiro: José Konfino, 1952, p. 261 e ss.

[90] "Art. 13. A cessão da locação, a sublocação e o empréstimo do imóvel, total ou parcialmente, dependem do consentimento prévio e escrito do locador. (...) § 2º Desde que notificado por escrito pelo locatário, de ocorrência de uma das hipóteses deste artigo, o locador terá o prazo de trinta dias para manifestar formalmente a sua oposição".

-se a expressão "ocorrência" no sentido de acontecimento futuro, a regra se torna útil, revelando a admissão, pelo sistema atual, do consentimento presumido. Tal solução, que salvaguarda o *principio della ragionevolezza del legislatore*, autoriza o Judiciário, uma vez mitigada a imprescindibilidade da anuência prévia e escrita de que trata o *caput* do art. 13, a admitir o consentimento presumido, bem como hipóteses de consentimento tácito, desde que se esteja diante da prova inequívoca da anuência do locador à cessão do contrato, à sublocação ou ao empréstimo do imóvel locado.[91]

Sobreleva-se, em jurisprudência, controvérsia acerca do consentimento tácito do locador, examinado pelo STJ no âmbito do REsp 1.443.135/SP.[92] Com base nos princípios da boa-fé objetiva e da função social do contrato, a 3ª Turma do STJ decidiu que a cessão de locação de imóvel pode ocorrer a partir da notificação extrajudicial do locador, ainda que não haja sua manifestação de anuência expressa, entendendo-se que o prazo de 30 dias é decadencial, interpretando-se o silêncio como consentimento, à luz de todas as circunstâncias analisadas no caso concreto.[93] A decisão equivale ao reconhecimento do consentimento tácito, admitido não diante da mera inércia do locador, mas do silêncio associado a um conjunto de fatos e circunstâncias inequívocos, suficientemente sólidos e aptos a se extrair tacitamente seu consentimento. Em tais casos, cabe ao locatário provar o consentimento, tendo em mira os princípios norteadores das relações contratuais. Cumpre dizer, a boa-fé objetiva há que servir de parâmetro para que, na hipótese prevista no art. 13 e seus parágrafos, a inércia do locador por tempo prolongado, tendo ciência da cessão, possa inibi-lo de propor a ação de despejo.

Tendo em vista a disciplina uniforme conferida pelo legislador especial à cessão contratual, à sublocação, ou ao empréstimo do imóvel locado, modalidades subordinadas à autorização prévia do locador (art. 13), consolidou-se o entendimento, sumulado

---

[91] Sylvio Capanema sustenta a flexibilização da regra do consentimento prévio e expresso do locador a cessão, sublocação e empréstimo do imóvel, a depender da hipótese concreta: *Lei do Inquilinato Comentada*, Rio de Janeiro: Forense, 2014, 9ª ed. rev., atual. e ampl., pp. 88-89.

[92] STJ, 3ª T., REsp 1.443.135/SP, Rel. Min. Nancy Andrighi, julg. 24.4.2018, publ. *DJ* 30.4.2018.

[93] Na situação examinada, um indivíduo celebrou em 2002, em seu próprio nome, contrato de locação de imóvel urbano para fins de instalação de um bar, objeto da sociedade da qual era sócio. Três anos após a celebração do contrato, em 2005, o sócio em nome do qual o contrato foi celebrado deixou a sociedade. O bar, sob o comando do sócio remanescente, permaneceu em regular funcionamento no mesmo imóvel alugado. Com a falta de pagamento dos aluguéres e após ter sido acionado pelo locador para adimplir as parcelas pendentes, o ex-sócio promoveu a notificação extrajudicial do locador acerca de seu afastamento da relação locatícia, a qual teria se mantido viva, contudo, em relação ao bar, administrado pelo sócio remanescente. Como não obteve resposta nem oposição formal do locador, ajuizou ação com o propósito de ter declarada, quanto a ele, a inexistência das obrigações respectivas, com a caracterização da cessão da locação em favor do bar. Em sede de Recurso Especial, a relatora, Min. Nancy Andrighi, à luz da boa-fé objetiva e da função social do contrato entendeu que o contrato de locação se tornou de fato ineficaz em relação ao ex-sócio a partir da notificação extrajudicial, jamais respondida, quando a responsabilidade passou para a pessoa jurídica (STJ, 3ª T., REsp 1.443.135/SP, Rel. Min. Nancy Andrighi, julg. 24.4.2018, publ. *DJ* 30.4.2018). Para exame do caso, cfr. Gustavo Tepedino, Cessão do contrato de locação de imóvel. In: Heloisa Helena Barboza, Guilherme Calmon Nogueira da Gama e Thiago Ferreira Cardoso Neves (orgs.), *Lei do Inquilinato:* exame dos 30 anos da Lei de Locação Urbana, São Paulo: Editora Foco, 2021, pp. 121-132.

na ementa 411, do Supremo Tribunal Federal, emanada ainda na vigência da Lei 300, de 28 de dezembro de 1950, segundo o qual "o locatário autorizado a ceder a locação pode sublocar o imóvel". Silentes a legislação especial anterior e a atual Lei 8.245/91 acerca do alcance da autorização para sublocar, permanece em vigor o entendimento jurisprudencial unificado.

Sublocação em locações não residenciais

O regime atual restringiu o campo de eficácia contratual estabelecido entre sublocatário e locador. Nas locações não residenciais, a sujeição da relação locatícia à sublocação restringe-se à hipótese prevista no art. 51, § 1º,[94] que faculta ao sublocatário o exercício da ação renovatória em caráter de exclusividade, ou em concurso com o locatário, se este também se utilizar efetivamente do imóvel. Trata-se de mecanismo de proteção do fundo empresarial, privilegiando-se a estabilidade da empresa e a incolumidade do patrimônio consolidado pelo subinquilino no local do imóvel.

Sublocação em locações residenciais

Por outro lado, nas locações residenciais, a sublocação, em regra, não produz qualquer efeito em relação ao locador que, portanto, não se obriga em face do sublocatário. Em contrapartida, a dissolução do vínculo locatício faz extinguir as sublocações, sem prejuízo do direito de indenização eventualmente pendente, do sublocatário contra o sublocador (art. 15[95]).

Contrato acessório

Cuidando-se de contratos distintos, não pode o locador se sujeitar ao prosseguimento de vínculo de sublocação do qual é estranho, estabelecido entre sublocatário e sublocador.[96] A sublocação traduz contrato derivado, que tem fundamento jurídico no contrato de locação, título de que dispõe o locatário-sublocador. Trata-se, assim, de contrato acessório, já que não pode ser concebido sem a prévia existência da locação, que lhe dá vida. Por isso mesmo, a extinção da locação (contrato principal) torna insubsistente a sublocação (contrato acessório).[97]

Ação de despejo na sublocação

O art. 59, § 2º,[98] obriga o locador a dar ciência aos sublocatários da ação de despejo, de tal sorte que possam estes intervir no processo, como assistentes, resguardando seus interesses enquanto moradores do imóvel. Afirma-se, com razão, que a

---

[94] "Art. 51. (...) § 1º. O direito assegurado neste artigo poderá ser exercido pelos cessionários ou sucessores da locação; no caso de sublocação total do imóvel, o direito a renovação somente poderá ser exercido pelo sublocatário".

[95] "Art. 15. Rescindida ou finda a locação, qualquer que seja sua causa, resolvem-se as sublocações, assegurado o direito de indenização do sublocatário contra o sublocador".

[96] Nesse sentido: TJSP, 27ª C. D. Priv., A.I., 2033151-64.2016.8.26.0000, Rel. Des. Sergio Alfieri, julg. 27.9.2016, publ. DJ 27.9.2016.

[97] Sobre o contrato acessório, subordinado ao principal, assevera Orlando Gomes: "A função predominante dos contratos acessórios é garantir o cumprimento de obrigações contraídas em contrato principal (...). A distinção entre contratos principais e acessórios justifica-se em face da aplicação do princípio geral de que o acessório segue a sorte do principal. A relação de subordinação vincula igualmente tais contratos" (*Contratos*, Rio de Janeiro: Forense, 2009, 26ª ed., p. 93). No mesmo sentido: "Os principais têm existência isolada, por si mesmos, quanto os acessórios só podem existir vinculados e subordinados a outros" (Darcy Bessone, *Do Contrato*: Teoria Geral, São Paulo: Saraiva, 1997, 4ª ed., p. 83).

[98] "Art. 59. Com as modificações constantes deste capítulo, as ações de despejo terão o rito ordinário. (...) § 2º. Qualquer que seja o fundamento da ação dar-se-á ciência do pedido aos sublocatários, que poderão intervir no processo como assistentes".

obrigação do locador deve se restringir aos casos de sublocação autorizada, não persistindo o dever jurídico no caso de utilização irregular do imóvel, estabelecida sem a anuência do locador.[99]

A lei contém, ainda, outra disposição sobre sublocações que, mais uma vez, diz respeito ao vínculo entre o locador e a nova relação jurídica. Trata-se do art. 16,[100] que estatui a responsabilidade subsidiária do sublocatário, perante o locador, pela importância que deve ao sublocador. Desse modo, quando o sublocador for demandado pelo locador, responderá o sublocatário subsidiariamente. Isso ocorre, pois, durante o curso dos contratos de locação e sublocação, o sublocatário paga ao sublocador e este ao locador, em relação de cascata. O dispositivo pretende evitar que da autonomia negocial da sublocação em relação à locação derive um locupletamento do locatário, que, inadimplente em relação ao locador, prossegue amealhando os frutos civis decorrentes de sua posição de credor em face do sublocatário.

Responsabilidade subsidiária do sublocatário

Ainda em relação aos contratantes, destaque-se a regulação dos arts. 10 e 11, a respeito da sucessão contratual na locação por morte de um dos contratantes. Dispõe a Lei 8.245/91 que, morrendo o locador, a locação transmite-se aos seus herdeiros. Se, por outro lado, morrer o locatário, deve-se ter em conta a finalidade da locação e sua classificação. Em se tratando de locação com fins não residenciais, o espólio do locatário se sub-rogará nos seus direitos e obrigações, e, após seu desfazimento, com a partilha, o seu sucessor no negócio assumirá a posição contratual do locatário.

Sucessão contratual causa mortis

Já nas locações com finalidade residencial, a Lei dispõe que a sucessão tenha como primeiro pressuposto o fato de os eventuais sucessores residirem no imóvel locado no momento da morte do locatário, de modo a se destacar o caráter *intuitu familiae* das locações residenciais. O legislador, obedecendo ao ditado constitucional, absorve, na noção de família, as entidades familiares não fundadas no matrimônio (art. 226, § 3º, Constituição Federal), determinando que o companheiro se sub-rogue prioritariamente na posição contratual do locatário falecido, a prescindir de eventual dependência econômica em relação ao inquilino falecido, e em igualdade de condições com o cônjuge sobrevivente. Na ausência de cônjuge ou companheiro sobrevivente, sucederão os herdeiros necessários e as pessoas que viviam na dependência econômica do *de cujus*, pressupondo-se, neste caso, o vínculo afetivo e a comunhão espiritual entre sucessores e sucedido. No caso de demais sucessores (afora o cônjuge, companheiros ou herdeiros), o legislador tem em conta a dependência econômica, protegendo os dependentes que viviam no imóvel locado com o locatário falecido.

O ditado constitucional em matéria de família foi igualmente absorvido pela Lei 8.245/91 no que concerne à sucessão locatícia causada por separação dos cônjuges

Sucessão locatícia na separação dos cônjuges ou companheiros

---

[99] Nesse sentido, Silvio de Salvo Venosa, *Lei do Inquilinato Comentada (Doutrina e Prática)*, cit., p. 297. V., na jurisprudência, STJ, Dec. Mon., AREsp 1.060.262, Rel. Min. Paulo de Tarso Sanseverino, julg. 26.5.2017, publ. DJ 25.5.2017.

[100] "Art. 16. O sublocatário responde subsidiariamente ao locador pela importância que dever ao sublocador, quando este for demandado e, ainda, pelos aluguéis que se vencerem durante a lide".

ou companheiros. Nos termos do art. 12 da Lei 8.245/91, a locação prossegue normalmente não só em casos de separação de fato, separação judicial ou divórcio, mas também no caso de dissolução da união estável, em favor de quem vier a permanecer no imóvel.

6. DIREITOS E DEVERES DO LOCADOR E DO LOCATÁRIO

Deveres de ceder o uso e o gozo da coisa e garantir seu uso pacífico

Os arts. 22 e 23 designam os deveres do locador e do locatário, atribuindo especificamente a um e a outro compromissos e responsabilidades correspectivos decorrentes da relação contratual.

O art. 22 da Lei 8.245/91 consagra os deveres do locador. Dos primeiros incisos desse dispositivo, se depreende a sua principal obrigação, consistente em ceder o uso e o gozo da coisa para o locatário de modo que sirva à sua destinação e garanta ao inquilino o seu uso pacífico.[101] Desse modo, é dever do locador garantir o locatário contra atentados possessórios de terceiros.[102] Como decorrência das aludidas obrigações, o locador responde "pelos vícios ou defeitos anteriores à locação", ou seja, deve garantir o locatário contra os vícios redibitórios. Nesse sentido, para evitar que discussões probatórias onerem o locatário na prova dos vícios e do estado do imóvel, estabelece-se como obrigação do locador fornecer descrição minuciosa do imóvel e seu estado de conservação, se assim solicitar o inquilino, sob pena de a negativa configurar prova contra o locador.[103]

Dever de fornecer recibo descritivo do pagamento

Outro dever do locador, decorrente dos imperativos de transparência e informação, corolários da boa-fé objetiva, consiste na obrigação de fornecer ao locatário recibo discriminando as importâncias por este pagas, e os comprovantes relativos às parcelas que estejam sendo exigidas. O texto, mais categórico do que o anterior, tem o objetivo evidente de impedir abusos decorrentes da quitação não pormenorizada, capaz de impedir o controle, pelo locatário, dos encargos que lhe são repassados. Outra prática abusiva e corriqueira que restou vedada pela Lei do Inquilinato é a alocação ao locatário das despesas assumidas pelo locador junto à administradora do imóvel. A disposição é intuitiva: contratando a administradora para se poupar de sacrifícios, é certo que caberá ao locador a responsabilidade pelo pagamento de seus serviços.[104]

---

[101] Em recente julgado proferido pela 4ª Turma do Superior Tribunal de Justiça, entendeu-se que pratica ato ilícito, que enseja o dever de reparar, o locador que proíbe o funcionamento de imóvel comercial locado, cujo acesso é autônomo e independente, sob a justificativa de cumprimento às normas de restrição sanitária pela covid-19. Nas palavras do Rel. Min. Luis Felipe Salomão, "a conduta do locador de impedir a entrada do público ao restaurante, quando a medida era possível e estava autorizada pelos órgãos governamentais, configurou ato ilícito, alijando por completo o locatário de exercer os poderes inerentes ao uso e gozo da coisa (...). Os danos sofridos pelo locatário em decorrência do período em que permaneceu fechado por ato exclusivo do recorrente devem, portanto, ser indenizados pelo locador, nos termos do art. 927, c/c 402, todos do Código Civil" (STJ, 4ª T., REsp 1.997.050/SP, Rel. Min. Luis Felipe Salomão, julg. 2.8.2022, publ. DJ 9.9.2022).

[102] Nagib Slaibi Filho e Romar Navarro de Sá, *Comentários à Lei do Inquilinato*, cit. p. 203.

[103] STJ, Dec. Mon., REsp 954.673, Rel. Min. Hamilton Carvalhido, julg. 9.4.2008, publ. DJ 25.4.2008.

[104] Na jurisprudência: "Com fundamento no artigo 22, inciso VII, da Lei n.º 8.245/91, o locador é obrigado a pagar as taxas de administração imobiliária, se houver, e de intermediações, nestas

CAPÍTULO III | LOCAÇÃO DE COISAS. LEI DO INQUILINATO: GENERALIDADES

Além disso, incumbe ao locador o pagamento de tributos e taxas, pois que são verdadeiras obrigações reais, que acompanham a coisa. As tarifas, por outro lado, são encargos do inquilino, já que decorrentes da efetiva utilização do imóvel, razão pela qual devem recair sobre o morador. A alocação de despesas nessa matéria tem caráter dispositivo, não havendo dúvida quanto à possibilidade de transferência ao locatário dos referidos encargos, inclusive no que concerne ao prêmio de seguro contra incêndio – em relação ao qual era omissa a legislação anterior –, desde que esteja prevista tal atribuição, expressamente e por escrito, no elenco de deveres do inquilino. A inexistência de previsão contratual nesse sentido desonera o locatário do pagamento dos impostos, taxas e prêmio do seguro em questão. *(Pagamento de taxas e tributos)*

A Lei 8.245/91 também transfere ao locador a responsabilidade pelas despesas extraordinárias de condomínio, afinal, tais gastos não têm relação sinalagmática com o direito de uso e gozo da coisa cedido ao locatário. Não é, portanto, adequada contraprestação ao direito de uso. *(Despesas extraordinárias do condomínio)*

Simetricamente aos deveres do locador, a Lei traz rol exemplificativo de obrigações do locatário, em razão do caráter sinalagmático do contrato de locação. Os primeiros incisos do art. 23 contêm disposições que, mais do que deveres do inquilino, são verdadeiras características genéticas do contrato de locação residencial, como o dever de pagar pontualmente o aluguel, os encargos da locação, e o prêmio do seguro fiança, bem como fazer do imóvel boa utilização segundo sua natureza e o acordado contratualmente, e restituir o imóvel finda a vigência do contrato, no estado em que recebeu, sem alterações indevidas de sua forma. *(Rol exemplificativo de obrigações do locatário)*

Ao lado dessas disposições, a lei aloca ao inquilino o dever de comunicar ao locador sobre eventuais danos, defeitos e turbações no imóvel, para garantir a proteção do domínio e da posse indireta do locador. Note-se que o inciso IV do art. 23 da Lei 8.245/91 alude genericamente a turbações de terceiros, sem proceder à restrição feita pelo Código Civil, que, em seu art. 568, trata dos embaraços e turbações de terceiros que tenham ou pretendam ter direitos sobre a coisa alugada. Diante da amplitude da redação do dispositivo na Lei do Inquilinato, conclui-se que o locatário deve levar ao imediato conhecimento do locador tanto as turbações fundadas em suposto direito do terceiro sobre o bem, quanto as turbações de fato. Em relação às turbações de fato, porém, o locatário poderá agir diretamente contra o ofensor, na qualidade de possuidor direto, legitimado ao uso de interditos possessórios. As turbações de direito, por sua vez, são, em geral, defendidas através da exibição de títulos que atestem a ilegitimidade da posse pretendida pelo terceiro, os quais, via de regra, são de titularidade do locador.[105]

---

compreendidas as despesas necessárias à aferição da idoneidade do pretendente ou de seu fiador" (TJRJ, 6ª CC., Ap. 0271857-03.2012.8.19.0001, Rel. Des. Benedicto Ultra Abicair, julg. 8.10.2014, publ DJ 13.10.2014). No mesmo sentido: TJRJ, 8ª CC., Ap. 0158682-65.2011.8.19.0001, Rel. Des. Mônica Maria Costa Di Pedro, julg. 16.12.2013, publ. DJ 19.12.2013.

[105] Sobre o ponto, Nagib Slaibi Filho e Romar Navarro de Sá, *Comentários à Lei do Inquilinato*, cit. p. 225. V. tb. Sílvio de Salvo Venosa, *Lei do Inquilinato Comentada*, cit., p. 140.

Nessa mesma esteira, é dever do locatário realizar os reparos que lhe incumbam de maneira imediata. Deve, ainda, entregar imediatamente ao locador os documentos de cobrança de tributos e encargos condominiais, bem como multas ou intimações. Com essas disposições, o legislador busca evitar o prejuízo causado ao locador pela falta de informação em relação a correspondências dirigidas ao imóvel locado e dele omitidas pelo locatário. A lei impôs, ainda, ao locatário, o dever de permitir a vistoria do imóvel pelo locador ou por seu mandatário, mediante combinação prévia de dia e hora, bem como por terceiros, na hipótese de o locador colocar o imóvel à venda, desde que respeitados os preceitos constitucionais que tutelam a privacidade e o recesso familiar.

Respeito à convenção de condomínio e custeio de despesas ordinárias

Outra inovação da Lei do Inquilinato diz com o dever de cumprir integralmente a convenção do condomínio e o regulamento interno. Essa obrigação demonstra que, ao alugar imóvel em condomínio, o locatário adere a todas as convenções e decisões assembleares que regulem a convivência no local. Por fim, a lei elenca, no rol de obrigações do inquilino, o pagamento das despesas ordinárias de condomínio, entendidas como aquelas necessárias à sua administração e aos gastos rotineiros.[106] Essas, ao contrário das despesas extraordinárias, configuram, sim, contraprestação adequada à utilização do imóvel.

Participação em assembleias

Ressalte-se importante inovação, introduzida pelo art. 83, concernente à participação supletiva do locatário nas votações das assembleias, desde que venham a ser tratados assuntos relativos às despesas ordinárias de condomínio. O preceito revela a tendência legislativa de se valorizar o aproveitamento direto dos bens, em detrimento do titular da propriedade, quando este não os utiliza efetivamente. Aliás, o legislador italiano, já em 1978 (art. 10 da Lei 392/78), conferiu ao locatário o direito de voz e voto nas assembleias de condomínios, no lugar do proprietário, mesmo na presença deste, quando o tema versado se referir a despesas com calefação e ar--condicionado, matérias diretamente ligadas à utilização cotidiana do imóvel.

7. DIREITO DE PREFERÊNCIA

O direito de preferência consiste em peculiaridade da Lei do Inquilinato,[107] prevista em seu art. 27, inexistindo sua previsão no regramento do contrato de locação

---

[106] "O dever do inquilino no pagamento das verbas funda-se, genericamente, nos seguintes pressupostos cumulados: *a)* que tais despesas tenham causa em época contemporânea à locação, não se podendo imputar ao locatário a obrigação de pagar serviço prestado a outrem (art. 22, parágrafo único, *d*); *b*) o serviço ou instalação seja utilizado, ou, ao menos, posto à disposição do locatário; *c*) que haja previsão no orçamento do condomínio (art. 23, § 2º); *d*) que haja rateio mensal (art. 23, § 2º)" (Nagib Slaibi Filho e Romar Navarro de Sá, *Comentários à Lei do Inquilinato*, cit., p. 230).

[107] "No Código Civil, não há menção ao direito de preferência ao locatário, peculiaridade da LI. Há, porém, instituto semelhante no regramento geral, consistente na preempção, também chamada de direito de preferência, que é um pacto adjeto de compra e venda. "O Vendedor, segundo o direito comum, pode estipular que, em caso de alienação pelo adquirente, aquele tenha preferência, bem como pactuar de melhor comprador ou reservar-se o direito de retrato" (Pontes de Miranda, *Tratado de Direito Privado*: parte especial, t. XIII, São Paulo: Editora Revista dos Tribunais, 2012, p. 103).

regido pelo CC.[108] Para compreender esse instituto, fundamental repisar os efeitos do negócio jurídico: pelo contrato de locação, o locador cede o uso e o gozo do imóvel, transferindo ao locatário a sua posse direta. Infere-se, portanto, que a relação locatícia não importa a alienação do domínio. Logo, não existe impedimento a que o locador, no curso do contrato, venha a vender ou dar em pagamento a coisa locada, pois ele continua tendo a propriedade e a disponibilidade do bem.

Entretanto, para o exercício desse direito, o locador deve disponibilizar ao locatário todas as condições de venda, o preço e a documentação do imóvel, através de notificação, a fim de permitir o consciente exercício do direito de preferência por parte do locatário.[109] O direito de preferência significa, então, que o locatário de imóvel urbano tem prioridade na aquisição do bem caso o locador decida aliená-lo por algum dos atos *inter vivos* mencionados na norma: venda (aí incluída a promessa de venda e a cessão de direitos) e dação em pagamento.[110]

Condições para o exercício do direito de preferência

---

[108] "Art. 27. No caso de venda, promessa de venda, cessão ou promessa de cessão de direitos ou dação em pagamento, o locatário tem preferência para adquirir o imóvel locado, em igualdade de condições com terceiros, devendo o locador dar-lhe conhecimento do negócio mediante notificação judicial, extrajudicial ou outro meio de ciência inequívoca.

Parágrafo único. A comunicação deverá conter todas as condições do negócio e, em especial, o preço, a forma de pagamento, a existência de ônus reais, bem como o local e horário em que pode ser examinada a documentação pertinente".

[109] Nesse sentido, o STJ já decidiu que o locador será obrigado a indenizar o locatário se não informar com transparência as condições da venda a terceiro, obstaculizando o exercício do direito de preferência: "Recurso Especial. Direito Civil e Processual Civil. Locação. Venda do imóvel locado. Direito de preferência. Oferta ao locatário em desigualdade de condições com terceiro. Violação ao art. 27 da lei 8.245/91. 1. Pedido de indenização formulado por locatário contra os locadores em face dos prejuízos sofridos em decorrência da forma como efetivado o direito de preferência à aquisição do imóvel em condições superiores às oferecidas a terceiro, com violação ao disposto no artigo 27 da Lei 8.245/91. 2. A contrariedade da parte com a decisão recorrida não caracteriza vício de julgamento, tendo o tribunal de origem expressamente se manifestado a respeito dos argumentos alegados pelos recorrentes. 3. Tratando-se de demanda direta entre locatário e locadores desnecessária a averbação do contrato de locação na matrícula do imóvel por não envolver interesse de terceiros, não sendo necessária a eficácia "erga omnes" ensejada pelo registro para o seu ajuizamento. 4. Jurisprudência consolidada desta Corte Superior no sentido do dever de o locador dar ciência inequívoca ao locatário acerca do valor oferecido por terceiro interessado na aquisição do imóvel locado, sendo a sua falta sancionada com o dever de reparação dos prejuízos causados. 5. Peculiaridade do caso em que foi oportunizado ao locatário o exercício do direito de preferência, mas em condições desiguais às oferecidas pelo locador a terceiro. 6. Violação pelos locadores ao dever de lealdade imposto pelo princípio da boa-fé objetiva (art. 422 do CC) ao omitirem o preço real oferecido por terceiro. 7. Ato ilícito contratual caracterizado, incidindo o disposto no art. 405 do Código Civil, fixando-se como termo inicial dos juros moratórios a data da citação. 8. Recursos Especiais parcialmente providos" (STJ, 3ª T., REsp. 1.613.668, Rel. Min. Paulo de Tarso Sanseverino, julg. 6.11.2018, publ. DJ 27.11.2018).

[110] Dilvanir José da Costa, *A locação no Direito brasileiro*, cit., p. 136. V. tb. Sylvio Capanema de Souza, *Lei do Inquilinato Comentada*, cit., p. 163: "A lei se refere a várias espécies de contratos, a saber: à venda, ao contrato preliminar de promessa bilateral de compra e venda; e à cessão ou promessa de cessão dos direitos aquisitivos, decorrentes de anterior promessa de compra e venda, além da dação em pagamento. A referência expressa a esta última não constava da lei anterior e, a rigor, é desnecessária, já que o Código Civil estabelece que se aplicam à dação em pagamento, no que couber, as mesmas regras que regem a compra e venda".

Inaplicabilidade do direito de preferência

O legislador afasta expressamente, no art. 32,[111] o direito de preferência em caso de venda judicial, perda da propriedade, permuta, doação, integralização do capital, cisão, fusão e incorporação. Nos primeiros casos, justifica-se a exclusão em razão da ausência de voluntariedade, por parte do locador, para realização do ato. No caso da permuta, da cisão, fusão e incorporação, afasta-se o instituto em razão da impossibilidade de o locatário equiparar as condições do terceiro, condição essencial do exercício da preferência. Exclui-se também a hipótese de doação, em razão de não consistir em alienação a título oneroso, mas mera liberalidade do locador.[112] Ainda, mediante a introdução do parágrafo único ao art. 32 pela Lei 10.931/2004, determinou-se a inaplicabilidade do direito de preferência, em contratos firmados a partir de 1º de outubro de 2001, em "casos de constituição da propriedade fiduciária e de perda da propriedade ou venda por quaisquer formas de realização de garantia, inclusive mediante leilão extrajudicial, devendo essa condição constar expressamente em cláusula contratual específica, destacando-se das demais por sua apresentação gráfica".

Natureza personalíssima e real: ação de adjudicação compulsória

O direito de preferência, de caráter personalíssimo, tem natureza real, de sorte que, atendidos os pressupostos do art. 33[113] da Lei 8.245/91, o locatário preterido em seu direito de preferência poderá requerer perdas e danos ou a adjudicação compulsória do imóvel, pleiteando para si a sua transferência, com a consequente anulação da alienação a terceiro. Consistem em pressupostos para o exercício da ação de adjudicação compulsória: (i) que o contrato de locação esteja averbado junto à matrícula do imóvel pelo menos 30 (trinta) dias antes da alienação,[114] sendo certo que não é necessário que dele conste cláusula de vigência; (ii) o locatário deve depositar o preço e demais despesas do ato de transferência; (iii) a ação deve ser proposta em 6 (seis) meses a contar do registro do ato que se quer impugnar no cartório de imóveis.

---

[111] "Art. 32. O direito de preferência não alcança os casos de perda da propriedade ou venda por decisão judicial, permuta, doação, integralização de capital, cisão, fusão e incorporação".

[112] "A preferência do locatário pressupõe igualdade de condições com terceiros interessados na compra, quer quanto ao preço, quer quanto à forma de pagamento e garantias. Não poderia a lei forçar o locador a desfazer-se de seu patrimônio em condições menos vantajosas, só para beneficiar o locatário" (Sylvio Capanema de Souza, *Lei do Inquilinato Comentada*, cit., p. 163).

[113] "Art. 33. O locatário preterido no seu direito de preferência poderá reclamar do alienante as perdas e danos ou, depositando o preço e demais despesas do ato de transferência, haver para si o imóvel locado, se o requerer no prazo de seis meses, a contar do registro do ato no cartório de imóveis, desde que o contrato de locação esteja averbado pelo menos trinta dias antes da alienação junto à matrícula do imóvel.
Parágrafo único. A averbação far-se-á à vista de qualquer das vias do contrato de locação desde que subscrito também por duas testemunhas".

[114] Ao explicitar esse requisito, a lei estancou qualquer possível dúvida em relação à necessidade de averbação do contrato. A jurisprudência, porém, já decidia nesse mesmo sentido mesmo antes de sua edição. Exemplificativamente: STJ, 4ª T, REsp 11.610, Rel. Min. Barros Monteiro, julg. 27.8.1991, publ DJ 30.9.1991: "Locação. Venda do imóvel locado, ação de preferência. A prévia inscrição do contrato locatício no registro imobiliário, no prazo previsto em lei, é condição para o exercício do direito de preferência. Não constitui óbice ao registro a falta de regulamentação do art. 25, parágrafo 1º., da lei n. 6649/79. Precedentes do STF e do STJ. Recurso especial não conhecido". No mesmo sentido: STJ, 4ª T., REsp 6.714, Rel. Min. Barros Monteiro, julg. 18.6.1991, publ. DJ 5.8.1991; STJ, 3ª T., REsp 8.221, Rel. Min. Dias Trindade, julg. 25.3.1991, publ. DJ 29.4.1991.

Exercida a preferência, o locatário se torna proprietário. Opera-se a *traditio brevi manu*, em que a posse direta se converte em posse exercida em nome próprio. O terceiro adquirente, a seu turno, que perdeu o bem em razão do exercício da preferência pelo locatário, poderá pleitear indenização frente ao locador.

Revela-se, de outra parte, nula a cláusula que implique renúncia ao direito de preferência. Isso porque a preferência deve ser exercida por ocasião de realização do negócio e não antes em abstrato.

Nulidade da cláusula de renúncia à preferência

O locatário tem prazo de 30 (trinta) dias para manifestar inequivocamente sua aceitação integral à proposta do locador (art. 28),[115] sob pena de caducidade do direito.[116] Se o locador desiste da venda ou impede sua realização, após a aceitação da proposta pelo locatário, deverá indenizá-lo pelas perdas e danos decorrentes da frustração da expectativa, nos moldes do princípio geral de que a proposta torna obrigatório o negócio. Discute-se, se, nesses casos, o locatário poderá compelir o locador a realizar coercitivamente o negócio. O art. 29[117] da Lei 8.425/91 determina que, na hipótese de desistência da venda pelo locador, este deverá responder pelos prejuízos ocasionados ao locatário que já havia exercido a preferência.[118] A solução será, portanto, indenizatória, não cabendo a execução específica do direito de preferência.

Desistência da venda pelo locador

Se o imóvel estiver sublocado por inteiro, o direito de preferência se mantém em favor do sublocatário, fazendo com que a sublocação gere efeitos entre o sublocatário e o locador. Caso o sublocatário não o exerça, o direito de preferência caberá ao locatário. Se houver pluralidade de sublocatários com acordo entre todos quanto à compra do imóvel, a aquisição será feita em condomínio. Inexistindo tal harmonia na declaração de vontade, a lei faculta que a preferência seja exercida por apenas um dos sublocatários se um só for interessado (art. 30,[119] Lei 8.245/91).

Sublocação total

Por outro lado, na sublocação parcial, o direito de preferência será do locatário. Nesse caso, se houver rejeição da proposta pelo locatário, parece adequado que a preferência seja oferecida ao sublocatário, já que, enquanto morador, é ele interessado na manutenção do imóvel, de modo a cumprir a função social do instituto da preferência, que é reduzir o *deficit* habitacional por ações de despejo.[120]

Sublocação parcial

---

[115] "Art. 28. O direito de preferência do locatário caducará se não manifestada, de maneira inequívoca, sua aceitação integral à proposta, no prazo de trinta dias".

[116] "O exercício da preferência deve ser feito de maneira inequívoca, importando em adesão integral à proposta, não se admitindo contraproposta" (Sylvio Capanema de Souza, *Lei do Inquilinato Comentada*, cit., p. 165).

[117] "Art. 29. Ocorrendo aceitação da proposta, pelo locatário, a posterior desistência do negócio pelo locador acarreta, a este, responsabilidade pelos prejuízos ocasionados, inclusive lucros cessantes".

[118] Dilvanir José da Costa, *A Locação no Direito brasileiro*, cit., p. 137.

[119] "Art. 30. Estando o imóvel sublocado em sua totalidade, caberá a preferência ao sublocatário e, em seguida, ao locatário. Se forem vários os sublocatários, a preferência caberá a todos, em comum, ou a qualquer deles, se um só for o interessado.
Parágrafo único. Havendo pluralidade de pretendentes, caberá a preferência ao locatário mais antigo, e, se da mesma data, ao mais idoso".

[120] No sentido do texto, v., Sylvio Capanema, *A Lei do Inquilinato Comentada*, cit., p. 169.

8. EXTINÇÃO DO CONTRATO DE LOCAÇÃO

Prazo determinado

Quanto à extinção do vínculo contratual, a Lei 8.245/91 estabelece, nas locações a prazo determinado, a regra geral de que só se poderá extinguir o vínculo ao final do período pactuado.

Locação não residencial

Tratando-se de locação não residencial, o contrato cessará de pleno direito após o término do prazo acordado, independentemente de notificação ou aviso prévio de qualquer das partes, salvo se houver sido exercido o direito à ação renovatória (art. 56).[121] A prorrogação do contrato apenas ocorrerá, nestas hipóteses, se o locatário permanecer no imóvel por 30 (trinta) dias sem a oposição do locador (art. 56, parágrafo único).[122] Nesse caso, o contrato se converterá em negócio por prazo indeterminado e, para denunciá-lo, o locador deverá enviar notificação, concedendo prazo de desocupação de 30 (trinta) dias (art. 57).[123] Vale dizer, até 1 (um) mês após o termo final estabelecido no contrato, o locador que desejar reaver o imóvel poderá ajuizar ação de despejo, sem a necessidade de qualquer outra providência antecipatória. Passado o prazo legal, a locação se converte em contrato por prazo indeterminado.

Locação residencial por escrito e com prazo igual ou superior a 30 (trinta) meses

O mesmo ocorrerá nas locações com finalidade residencial ajustadas por escrito e por prazo igual ou superior a 30 (trinta) meses. Findo o prazo contratual, o vínculo será extinto automaticamente, podendo o locador ingressar com o despejo independentemente de notificação ou aviso prévio, até 30 (trinta) dias após o término do prazo contratual. Por outro lado, o contrato se prorrogará por prazo indeterminado se, findo o prazo ajustado, o locatário permanecer na posse do imóvel, sem oposição do locador, por mais de 30 (trinta) dias, nessa hipótese será suscetível de resilição unilateral imotivada mediante notificação da outra parte, oferecendo-se o prazo de 30 (trinta) dias para a desocupação (art. 46, §§ 1º e 2º).[124]

Locação residencial verbal ou por prazo inferior a 30 (trinta) meses

Já nas locações residenciais ajustadas verbalmente ou, se por escrito, por prazo inferior a 30 (trinta) meses, findo o prazo contratual estipulado, prorroga-se automaticamente a locação por prazo indeterminado, só podendo ser resilida pelo locador imotivadamente ao cabo de 5 (cinco) anos,[125] ou motivadamente, nas hipóteses pre-

---

[121] "Art. 56. Nos demais casos de locação não residencial, o contrato por prazo determinado cessa, de pleno direito, findo o prazo estipulado, independentemente de notificação ou aviso".

[122] "Art. 56. (...) Parágrafo único. Findo o prazo estipulado, se o locatário permanecer no imóvel por mais de trinta dias sem oposição do locador, presumir-se-á prorrogada a locação nas condições ajustadas, mas sem prazo determinado".

[123] "Art. 57. O contrato de locação por prazo indeterminado pode ser denunciado por escrito, pelo locador, concedidos ao locatário trinta dias para a desocupação".

[124] "Art. 46. Nas locações ajustadas por escrito e por prazo igual ou superior a trinta meses, a resolução do contrato ocorrerá findo o prazo estipulado, independentemente de notificação ou aviso.

§ 1º Findo o prazo ajustado, se o locatário continuar na posse do imóvel alugado por mais de trinta dias sem oposição do locador, presumir-se-á prorrogada a locação por prazo indeterminado, mantidas as demais cláusulas e condições do contrato.

§ 2º Ocorrendo a prorrogação, o locador poderá denunciar o contrato a qualquer tempo, concedido o prazo de trinta dias para desocupação".

[125] A 4ª Turma do STJ decidiu que o termo inicial de contagem do prazo para a denúncia vazia, nas hipóteses de que trata o inciso V do artigo 47 da Lei de Locações, coincide com a formação do

vistas pelo legislador (art. 47).[126] Se for do desejo do locatário resilir unilateralmente o contrato por prazo indeterminado, poderá fazê-lo mediante aviso prévio de 30 (trinta) dias, ou por meio de pagamento de indenização equivalente.

No que tange à resilição unilateral antecipada, o locador deverá respeitar o prazo contratual, não podendo reaver o imóvel antes do período estipulado, mesmo se a retomada for motivada, salvo nas hipóteses previstas no art. 9º, atinentes a: a) mútuo acordo; b) prática de infração legal ou contratual; c) falta de pagamento do aluguel e demais encargos; d) necessidade de reparações urgentes determinadas pelo Poder Público, que não possam ser normalmente executadas com a permanência do locatário no imóvel ou, podendo, caso ele se recuse a consenti-las. *Resilição unilateral pelo locador*

Em relação à denúncia antecipada do locatário, a lei apresenta-se mais liberal, facultando-lhe a resilição e sujeitando-o à multa contratual proporcional ao período de tempo em que vigorou a locação, ou a valor judicialmente arbitrado. Assim, o art. 4º[127] atrai a disciplina da cláusula penal compensatória, em detrimento da exigência do pagamento de todos os aluguéis equivalentes ao restante do contrato. A disciplina legal, nesse ponto, se mostra protetiva do locatário, compreendendo seus interesses não especulativos, em tutela de valores extrapatrimoniais, atinentes à moradia e ao trabalho. *Resilição unilateral pelo locatário*

Mais uma demonstração da sensibilidade do legislador a esses valores nessa matéria consta da redação do parágrafo único do art. 4º, que exonera o locatário do pagamento de qualquer indenização se a entrega do imóvel decorrer de transferência profissional que importe em deslocamento do inquilino para localidade diversa daquela onde trabalhava no início da relação contratual, sujeitando-o apenas ao dever de notificar o locador. *Resilição pelo locatário: transferência profissional*

---

vínculo contratual, de modo que o prazo de cinco anos é contado do início da locação do imóvel (STJ, 4ª T., REsp 1.511.978/BA, Rel. Min Antonio Carlos Ferreira, julg. 2.3.2021, publ. *DJ* 10.3.2021).

[126] "Art. 47. Quando ajustada verbalmente ou por escrito e como prazo inferior a trinta meses, findo o prazo estabelecido, a locação prorroga-se automaticamente, por prazo indeterminado, somente podendo ser retomado o imóvel: I – Nos casos do art. 9º; II – em decorrência de extinção do contrato de trabalho, se a ocupação do imóvel pelo locatário relacionada com o seu emprego; III – se for pedido para uso próprio, de seu cônjuge ou companheiro, ou para uso residencial de ascendente ou descendente que não disponha, assim como seu cônjuge ou companheiro, de imóvel residencial próprio; IV – se for pedido para demolição e edificação licenciada ou para a realização de obras aprovadas pelo Poder Público, que aumentem a área construída, em, no mínimo, vinte por cento ou, se o imóvel for destinado a exploração de hotel ou pensão, em cinquenta por cento; V – se a vigência ininterrupta da locação ultrapassar cinco anos. § 1º Na hipótese do inciso III, a necessidade deverá ser judicialmente demonstrada, se: a) O retomante, alegando necessidade de usar o imóvel, estiver ocupando, com a mesma finalidade, outro de sua propriedade situado na mesma localidade ou, residindo ou utilizando imóvel alheio, já tiver retomado o imóvel anteriormente; b) o ascendente ou descendente, beneficiário da retomada, residir em imóvel próprio. § 2º Nas hipóteses dos incisos III e IV, o retomante deverá comprovar ser proprietário, promissário comprador ou promissário cessionário, em caráter irrevogável, com imissão na posse do imóvel e título registrado junto à matrícula do mesmo".

[127] "Art. 4º Durante o prazo estipulado para a duração do contrato, não poderá o locador reaver o imóvel alugado. Com exceção ao que estipula o § 2º do art. 54-A, o locatário, todavia, poderá devolvê-lo, pagando a multa pactuada, proporcional ao período de cumprimento do contrato, ou, na sua falta, a que for judicialmente estipulada".

Cláusula de vigência

Pertinente, na discussão sobre a extinção do contrato de locação à luz da Lei do Inquilinato, a análise da cláusula de vigência. Ao contrário do que dispõe o Código Civil, a venda do imóvel pelo locador tem o condão de romper a locação, conforme primeira parte do *caput* do art. 8º: "se o imóvel for alienado durante a locação, o adquirente poderá denunciar o contrato, com o prazo de noventa dias para a desocupação".

Transferida a propriedade, o direito de ruptura imotivada pelo adquirente só não subsistirá se o contrato de locação, estipulado por prazo determinado, for dotado de cláusula de vigência e estiver averbado junto ao Registro de Imóveis. É o que consagra a segunda parte do artigo referido: "(...) salvo se a locação for por tempo determinado e o contrato contiver cláusula de vigência em caso de alienação e estiver averbado junto à matrícula do imóvel". O § 1º do art. 8º estende o direito potestativo do adquirente de denunciar o contrato de locação ao promitente comprador e ao promitente cessionário, sendo irrevogável o negócio e tendo havido imissão na posse do imóvel. Tal direito deve ser exercido no prazo de 90 (noventa) dias, a contar do registro da venda ou do compromisso (art. 8º, § 2º), sob pena de decadência.

O objetivo do registro é garantir a publicidade quanto ao contrato de locação vigente, tornando-o oponível a terceiros.[128] A averbação, assim, protege, de uma só vez, o locatário, que terá o prazo de seu contrato respeitado, e o adquirente, que terá inequívoco conhecimento quanto à existência de contrato de locação do imóvel cuja propriedade pretende adquirir.

Tendo em vista essa específica função do registro, o STJ decidiu que a averbação do contato com cláusula de vigência não apresentaria natureza constitutiva do direito de permanência do locatário no imóvel. Na ocasião, os julgadores concluíram que "o contrato de locação com cláusula de vigência, ainda que não averbado junto ao registro de imóveis, não pode ser denunciado pelo adquirente do bem, caso dele tenha tido ciência inequívoca antes da aquisição".[129] O entendimento, porém, não é unânime no Tribunal, sendo certo que, em outros julgados, o STJ já considerou a averbação do contrato com cláusula de vigência como condição indispensável para opor a relação locatícia preexistente ao adquirente do imóvel.[130] Esse entendimento leva em consideração a literalidade do art. 8º da Lei 8.245/1991, que, como assentado, condiciona o direito de permanência do locatário à existência de contrato de locação por tempo determinado, com cláusula de vigência "averbado junto à matrícula do imóvel".

---

[128] Nesse sentido, afirma-se que "o efeito do registro de imóveis é *erga omnes*, mesmo porque constitui direito real oponível ao restante da comunidade" (Nagib Slaibi Filho e Romar Navarro de Sá, *Comentários à Lei do Inquilinato*, cit., p. 107). Em sentido semelhante, Sylvio Capanema anota que a cláusula de vigência registrada possui eficácia real, na medida em que "seus efeitos desbordam das partes contratantes para repercutir sobre qualquer pessoa que venha a adquirir o imóvel locado" (Sylvio Capanema, *A Lei do Inquilinato Comentada*, cit., p. 59).

[129] STJ, 3ª T., AgRg nos EDcl no REsp 1.322.238/DF, Rel. Min. Paulo de Tarso Sanseverino, julg. 23.6.2015, publ. DJ 26.6.2015.

[130] STJ, 3ª T., REsp 1.669.612/RJ, Rel. Min. Ricardo Villas Bôas Cueva, julg. 7.8.2018, publ. *DJ* 14.8.2018.

9. OS IMPACTOS DA PANDEMIA DE COVID-19 NOS CONTRATOS DE LOCAÇÃO

O contrato de locação de imóveis urbanos, regido pela Lei 8.245/1991, consiste em negócio de longa duração.[131] Por essa razão, confere-se às partes a possibilidade de pleitear a revisão contratual com vistas ao seu reequilíbrio econômico, por vezes atingido pelas superveniências.[132] Nesse sentido, o legislador facultou às partes a repactuação do valor do aluguel, através da ação revisional (Lei 8.245/1991, art. 19).

Ocorre que o referido instituto prevê contornos estritos para sua aplicação. Com efeito, o art. 19 da Lei do Inquilinato determina que uma das partes só pode ingressar com a ação revisional após 3 (três) anos de vigência do contrato.[133] Além do pressuposto temporal, o cabimento da ação pressupõe o descompasso entre o preço estipulado pelas partes e o valor atual de mercado para o aluguel. Ausentes esses pressupostos, não seria possível ingressar com a ação revisional com vistas a recompor o equilíbrio econômico-financeiro do contrato.[134]

O tema entrou em pauta na agenda legislativa diante da crise econômica causada pelo novo coronavírus, que comprometeu a renda de muitos brasileiros e a atividade econômica de empresários, fragilizando o equilíbrio de diversos contratos de locação de imóveis urbanos.

Nessa direção, o Poder Legislativo elaborou o Projeto de Lei 1.179/2020, criando regime jurídico emergencial, o qual, entre outras disposições, prevê normas específicas para a locação em tempos de pandemia. A redação inicial do projeto previa a

Ação revisional de aluguel

Projeto de Lei 1.179/2020

---

[131] Por todos, Orlando Gomes, *Contratos*, cit., p. 333.

[132] Sylvio Capanema, *Lei do Inquilinato comentada*, cit., pp. 98-99. A 4ª Turma do Superior Tribunal de Justiça, no julgamento do REsp 1.984.277/DF, considerou cabível a revisão judicial de contrato de locação não residencial – empresa de coworking – com redução proporcional do valor dos aluguéis em razão de fato superveniente decorrente da pandemia da covid-19. Na ocasião, embora não se tenha definido a aplicabilidade da Lei 8.245/91 ou do Código Civil às relações presentes no modelo de coworking, decidiu-se pela necessidade de revisão do contrato de locação não residencial à empresa de coworking, mediante a redução proporcional e temporária do valor dos aluguéis diante das restrições impostas pela pandemia da covid-19. Destaca o Min. Rel. Luis Felipe Salomão que, "estando configurado o desequilíbrio estrutural na relação entre as partes devido aos efeitos da pandemia da Covid-19, assim como em razão das diretrizes da boa-fé e da função social do contrato, da equivalência material, da moderação e da higidez das relações contratuais, (...) a revisão do contrato na hipótese é de rigor" (STJ, 4ª T., REsp 1.984.277/DF, Rel. Min. Luis Felipe Salomão, julg. 16.8.2022, publ. DJ 9.9.2022).

[133] Em diversas ocasiões, os tribunais determinaram a carência de ação nos processos propostos antes do decurso do prazo mínimo legal. Cfr. TJRJ, 19ª CC., AgI. 0053863-70.2017.8.19.0000, Rel. Des. Juarez Fernandes Folhes, julg. 24.7.2018, publ. *DJ* 26.7.2018; TJSP, 35ª C. D. Priv., Ap. Cív. 1003596-19.2014.8.26.0637, Rel. Des. Gilberto Leme, julg. 26.10.2015, publ. *DJ* 5.11.2015; TJSP, 27ª C. D. Priv., Ap. Cív. 40070318920138260602, Rel. Des. Daise Fajardo Nogueira Jacot, julg. 20.10.2015, publ. *DJ* 27.10.2015; TJSP, 36ª C., Oitavo Grupo, AgI. 9001656-63.2005.8.26.0000, Rel. Des. Romeu Ricupero, julg. 1.9.2005, publ. *DJ* 15.9.2005; STJ, 5ª T., REsp 184.455, Rel. Min. José Arnaldo da Fonseca, julg. 5.11.1998, publ. *DJ* 7.12.1998.

[134] A respeito da ação revisional, decidiu a Corte Especial do Superior Tribunal de Justiça que "o reajuste do aluguel deve refletir o valor patrimonial do imóvel locado, considerando, inclusive, em seu cálculo, as benfeitorias e acessões realizadas pelo locatário com autorização do locador" (STJ, Corte Especial, EREsp 1.411.420/DF, Rel. Min. Nancy Andrighi, julg. 3.6.2020, publ. DJ 27.8.2020).

proibição de que proprietários ingressassem com medida liminar com o objetivo de despejar os inquilinos até 31 de dezembro de 2020.[135]

Após ser aprovado no Congresso Nacional, o Projeto seguiu para a sanção presidencial. Apesar de a norma ter sido aprovada, dando origem à Lei 14.010, de 10 de junho de 2020, o dispositivo que proibia o despejo liminar foi vetado. Nas razões do veto, o chefe do Executivo afirmou que a propositura legislativa contrariava o interesse público, na medida em que suspendia um dos instrumentos de coerção ao adimplemento das obrigações do locatário. Segundo a justificativa, a norma projetada conferia proteção excessiva ao locatário devedor, em detrimento dos direitos do proprietário, "além de promover o incentivo ao inadimplemento e em desconsideração da realidade de diversos locadores que dependem do recebimento de aluguéis".[136]

Apesar disso, em 8 de setembro de 2020, houve nova publicação da Lei, dessa vez com a derrubada dos vetos presidenciais. Uma das disposições retomadas foi a regra transitória relativa às locações de imóveis urbanos. Segundo o art. 9º da lei vigente: "Não se concederá liminar para desocupação de imóvel urbano nas ações de despejo, a que se refere o art. 59, § 1º, incisos I, II, V, VI, VIII e IX, da Lei 8.245, de 18 de outubro de 1991, até 30 de outubro de 2020".

RJET   Portanto, a redação da Lei 14.010/2020, que inaugurou o Regime Jurídico Emergencial e Transitório das relações jurídicas de Direito Privado (RJET), conferiu tratamento normativo acerca do despejo em tempos de pandemia. Assim, até 30 de outubro de 2020, tornou-se proibida a concessão de liminar em ações de despejo fundadas em: (i) descumprimento de acordo para desfazimento da locação (art. 9º, I, da Lei 8.245/1991); (ii) extinção de contrato de trabalho, se a relação de emprego for a causa da locação (art. 47, I, da Lei 8.245/1991); (iii) permanência do sublocatário no imóvel se extinta a locação; (iv) extinção da garantia sem apresentação de nova tempestivamente (art. 40, parágrafo único, da Lei 8.245/1991); (v) término do prazo da locação não residencial; e (vi) falta de pagamento de aluguel e acessórios da locação no vencimento.

Outros Projetos de Lei   Vale ressaltar que continuaram tramitando no Congresso Nacional, ainda, outras propostas legislativas para reformar a Lei 8.245/1991 durante o período de calamidade pública causada pela pandemia do novo coronavírus, como o Projeto de Lei 827/2020, convertido na Lei 14.216/2021. No que tange ao Projeto de Lei 827/2020, o Congresso Nacional derrubou no dia 27 de setembro de 2021 o veto total (VET 42/2021) apresentado pelo Presidente da República ao PL. Com a decisão dos parlamentares, tornou-se proibido o despejo ou a desocupação de imóveis até o fim de 2021[137] em virtude da pandemia de coronavírus. O Projeto

---

[135] "Art. 9º Não se concederá liminar para desocupação de imóvel urbano nas ações de despejo, a que se refere o art. 59 da Lei nº 8.245, de 18 de outubro de 1991, até 31 de dezembro de 2020".

[136] Mensagem Presidencial 331, de 10 de junho de 2020.

[137] Em dezembro de 2021, o Plenário do STF referendou a liminar deferida pelo Min. Luis Roberto Barroso, no âmbito da ADPF 828, para estender, até 31 de outubro de 2022, as regras que suspendem despejos e desocupações em razão da pandemia da covid-19. A medida vale para imóveis de áreas urbanas e rurais. Note-se, no entanto, que, ao analisar um novo pedido de prorrogação feito por partidos políticos e movimentos sociais, o Ministro não prorrogou novamente a proibição de despejos, mas determinou um regime de transição. Conforme a decisão, os Tribunais de Justiça e

CAPÍTULO III | LOCAÇÃO DE COISAS. LEI DO INQUILINATO: GENERALIDADES

de Lei seguiu para promulgação e foi convertido na Lei 14.216, promulgada em 7 de outubro de 2021.[138]

A Lei 14.216/2021 suspendeu até 31 de dezembro de 2021 o cumprimento de medidas judiciais e administrativas dirigidas à desocupação ou remoção forçada coletiva em imóvel privado ou público, desde que a ocupação fosse anterior a 31 de março de 2021; bem como a concessão de liminares em ações de despejo referentes a contratos cujo valor mensal do aluguel não fosse superior a R$ 600,00 (seiscentos reais), em caso de locação de imóvel residencial, e a R$ 1.200,00 (mil e duzentos reais), em caso de locação de imóvel não residencial.[139] No caso de ocupações, a suspensão

---

Tribunais Regionais Federais devem instalar, imediatamente, comissões de conflitos fundiários que sirvam de apoio aos juízes para elaboração de estratégias para retomar decisões de reintegração de posse suspensas, de maneira gradual e escalonada, e realizem inspeções judiciais e audiências de mediação antes de qualquer decisão para desocupação, mesmo em locais nos quais já haja decisões que determinem despejos. Ademais, autorizou-se a retomada do regime legal para ações de despejo em caso de locações individuais sem necessidade de regras de transição (STF, Tribunal Pleno, ADPF 828, Rel. Min. Luis Roberto Barroso, julg. 2.11.2022, publ. DJ 1.12.2022).

[138] Ementa da Lei 14.216, de 7.10.2021: "Estabelece medidas excepcionais em razão da Emergência em Saúde Pública de Importância Nacional (Espin) decorrente da infecção humana pelo coronavírus SARS-CoV-2, para suspender o cumprimento de medida judicial, extrajudicial ou administrativa que resulte em desocupação ou remoção forçada coletiva em imóvel privado ou público, exclusivamente urbano, e a concessão de liminar em ação de despejo de que trata a Lei nº 8.245, de 18 de outubro de 1991, e para estimular a celebração de acordos nas relações locatícias."

[139] Quando vetou o projeto – agora restaurado pelos parlamentares –, o Presidente da República alegou que o texto "daria um salvo-conduto para os ocupantes irregulares de imóveis públicos", que, segundo ele, "frequentemente agem em caráter de má-fé". Segundo o Presidente, o PL 827/2020 estava "em descompasso com o direito à propriedade" e conduziria a "quebras de contrato promovidas pelo Estado", de modo que o projeto geraria um ciclo vicioso, na medida em que "a proposta possibilitaria melhorias para o problema dos posseiros, mas, por outro lado, agravaria a situação dos proprietários e dos locadores". Na linha das críticas feitas pelo Presidente, afirma-se, em doutrina, que "a iniciativa foi no intuito de ajudar as pessoas com menor poder aquisitivo e o pequeno empreendedor a enfrentarem a crise sanitária, atitude louvável, porém, na prática não funciona de maneira simples. Como ficam as pessoas que dependam dos frutos oriundos das locações para a subsistência da sua família?" (Gabriel Mazarin Mendonça, PL nº 827/2020 é um incentivo à invasão de áreas públicas e privadas. *Conjur*. Disponível em: https://www.conjur.com.br/2021-mai-27/mazarin-pl-incentiva--invasao-areas-publicas-privadas. Acesso em: 22.10.2021). Em complemento, há quem entenda que o projeto representaria uma intromissão indevida do Legislativo nas relações privadas: Ana Carolina Osório. *Conjur*. Disponível em: https://www.conjur.com.br/2021-out-17/lei-veta-despejos-intervem--contratos-apoiar-vulneraveis. Acesso em: 22.10.2021). Por outro lado, há quem, discordando das razões aventadas no veto presidencial, coloque-se favorável ao PL. Nesse sentido: "Nada obstante, a referida mensagem do veto também é falaciosa e dissonante da realidade do mercado imobiliário. Ora, no presente momento, a retomada do imóvel não trará nenhum interesse prático para o locador. Primeiro porque dificilmente ele conseguirá obter um novo locatário para ocupar o imóvel, dada a inequívoca situação de crise. Esta dificuldade já existia antes da pandemia, e agora se agravará ainda mais. Segundo que, permanecendo com o imóvel desocupado, terá ele que arcar com todas as despesas ordinárias inerentes ao bem, sem poder depois exigir do locatário os referidos valores, caso este estivesse ocupando o imóvel e não estivesse fazendo os respectivos pagamentos. E terceiro que, mantendo o imóvel ocupado há uma expectativa de que o locatário consiga, posteriormente, retomar o adimplemento, o que não ocorrerá se houver o despejo e o locador estiver buscando um novo locatário." (Guilherme Calmon da Gama; Thiago Neves, Deferir ou não deferir liminares em ação de despejo durante a pandemia: Eis a questão. *Migalhas*. Disponível em: https://www.migalhas.com.br/depeso/329033/deferir-ou-nao-deferir-liminares-em-acao-de-despejo-durante-a-pandemia--eis-a--questao. Acesso em: 22.10.2021). Vera Chemim entende que a lei parece atender à função social da propriedade e ao princípio da solidariedade (Vera Chemim, Lei que proíbe despejos intervém nos

valeu para aquelas ocorridas antes de 31 de março de 2021 e não alcançou as ações de desocupação já concluídas na data da publicação da lei.

Além disso, a Lei 14.216/2021 também dispensou o locatário do pagamento de multa em caso de encerramento de locação de imóvel decorrente de comprovada perda de capacidade econômica para o cumprimento contratual. Em relação à dispensa da cobrança de multa em virtude do encerramento do contrato de locação por parte do locatário, o diploma restringe sua aplicação aos contratos de locação residencial comprometidos em razão da incapacidade de pagamento do aluguel e dos demais encargos. Antes disso, porém, proprietário e inquilino foram instados a tentar um acordo para reequilibrar o ajuste à nova situação financeira, atualizando valores ou parcelando-os de modo a não comprometer a subsistência familiar.

Para os contratos de locação não residencial, exigiu-se que a atividade desenvolvida no imóvel urbano tenha sofrido interrupção contínua em razão da imposição de medidas de isolamento ou de quarentena, por prazo igual ou superior a 30 (trinta) dias. Também nesse caso, a dispensa do pagamento da multa foi condicionada à frustração de tentativa de acordo entre as partes para desconto, suspensão ou adiamento, total ou parcial, do pagamento do aluguel.

Além disso, autorizou-se a realização de aditivo em contrato de locação por meio de correspondências eletrônicas ou de aplicativos de mensagens. A dispensa não prevaleceu, contudo, no caso de o imóvel ser a única propriedade do locador e o dinheiro do aluguel consistir em sua única fonte de renda. Nesse sentido, diz o art. 5º, § 2º, da lei aprovada: "Não se aplica o disposto no *caput* deste artigo quando o imóvel objeto da locação for o único de propriedade do locador, excluído o utilizado para sua residência, desde que os aluguéis consistam na totalidade de sua renda." A medida não abrangeu imóveis rurais.

O esforço para reequilibrar as relações locatícias abaladas pela crise econômica causada pelo novo coronavírus, contudo, não se restringe às medidas do Poder Legislativo. Com efeito, antes mesmo da aprovação do RJET, ou da Lei 14.216/2021, despontavam, na jurisprudência, iniciativas para reduzir o rigor das disposições legais. Cite-se, exemplificativamente, decisão do TJSP em que foi concedido prazo maior para a desocupação em razão da situação de crise sanitária e econômica que assolou o País.[140] Como se vê, os Poderes Legislativo e Judiciário se empenharam em remediar os efeitos nocivos causados pela pandemia do novo coronavírus sobre os contratos de locação.

---

contratos para proteger vulneráveis. *Conjur*. Disponível em: https://www.conjur.com.br/2021-out-17/lei-veta-despejos-intervem-contratos-apoiar-vulneraveis. Acesso em: 22.10.2021).

[140] É ver-se: "Agravo de Instrumento. Ação de despejo por falta de pagamento. Débito locatício muito superior ao valor da caução prestada no início da locação. Inadimplemento incontroverso, que é anterior à declaração da pandemia de Covid-19 pela OMS. Proibição à decretação de despejo prevista no projeto de lei 1.179/2020 que foi vetada pelo Presidente da República e não consta na Lei 14.010/2020. Requisitos para a concessão da liminar presentes. Magistrado *a quo* que, ademais, concedeu prazo suplementar de 30 dias para a desocupação voluntária do imóvel em razão da situação de crise sanitária e econômica que assola o país. Recurso desprovido" (TJSP, 36ª C. D. Priv., AgI 2126413-29.2020.8.26.0000. Rel. Des. Milton Carvalho, julg. 10.7.2020, publ. *DJ* 10.7.2020).

LEASING OU ARRENDAMENTO MERCANTIL

10. CONCEITO

As necessidades do comércio e da atividade empresarial mostraram para os operadores econômicos que a imobilização de ativos não mais correspondia à melhor maneira de acumular riquezas. Assim, os industriais se viram no paradoxo formado pela necessidade de modernizar suas instalações a todo o tempo e a impossibilidade de manter esse fluxo constante em razão das grandes despesas com bens móveis e imóveis, que reduziram seu dinheiro em caixa. *(Perspectiva histórica)*

Nos Estados Unidos, esta situação formou o terreno fértil para o desenvolvimento de uma nova modalidade negocial, na qual o empresário pede a uma instituição financeira que compre determinado bem seguindo suas especificações técnicas, e, após, aluga esse equipamento, por prazo determinado, com possível opção de compra pelo preço residual ao final do contrato. As vantagens do modelo são evidentes: o empresário não compromete grande parte de seus ativos em uma compra de grande monta, mas, ainda assim, consegue modernizar sua atividade a partir do aluguel de bens comprados segundo sua específica necessidade.[141]

A essa forma negocial deu-se o nome de *leasing*, decorrente do gerúndio do verbo inglês *to lease*, que significa arrendar. Da sua definição se extrai a complexidade de situações jurídicas que se formam a partir de sua celebração. Por isso, é definido como contrato misto, ou complexo, que, via de regra, se forma a partir de uma compra e venda, uma promessa sinalagmática de locação de coisa, e uma opção de compra, podendo, ainda, a depender de sua modalidade, conter obrigações e direitos típicos do mandato, da promessa unilateral de venda e da prestação de serviços.[142]

Devido à sua relevância prática, o *leasing* rapidamente foi incorporado na legislação e na prática comercial em países da Europa e da América Latina. No Brasil, o *leasing*, também denominado arrendamento mercantil, passou a ser praticado a partir da década de 60, tornando-se objeto de regulamentação com a edição da Lei 6.099/74, modificada posteriormente pela Lei n.º 7.132/83. Aludida Lei regulamenta principalmente os aspectos tributários das operações decorrentes desta espécie contratual. Mencione-se, ainda, a Resolução do Banco Central 2.309/96, que disciplina as operações de arrendamento mercantil.

Quanto à qualificação do contrato de *leasing*, trata-se de contrato típico, em razão da referida normativa que o disciplina.[143] Em contrapartida, há quem defenda *(Natureza jurídica)*

---

[141] Destaca a doutrina: "O arrendamento mercantil ou leasing aparece, assim, como uma modalidade de financiamento ao arrendatário, facilitando-lhe o uso e gozo de um bem de sua necessidade sem ter esse que desembolsar inicialmente o valor desse bem, e com a opção de, findo o prazo estipulado para a vigência do contrato, tornar-se o mesmo proprietário do bem, pagando nessa ocasião um preço calcado no valor residual do mesmo" (Fran Martins, *Contratos e Obrigações Comerciais*, Rio de Janeiro: Forense, 1986, 8ª ed., p. 523).

[142] Nesse sentido: Arnaldo Rizzardo, *Contratos,* Rio de Janeiro: Forense, 2006, 6ª ed., p. 1239.

[143] Nesse sentido, Luiz Fernando do Vale de Almeida Guilherme, O Contrato de *leasing* e a súmula 263 do STJ. *Revista de Direito Privado,* São Paulo, vol. 26, abr.-jun. 2006, pp. 217-228.

a sua atipicidade,[144] ao argumento de que o *leasing* reuniria, em sua causa, efeitos essenciais dos tipos contratuais da compra e venda, da locação, do mútuo e, em alguns casos, do mandato, quando o arrendatário representa o arrendador nas relações com o vendedor, procedendo à escolha do bem. A presença de efeitos essenciais de diferentes espécies contratuais o tornaria contrato atípico, de natureza complexa, aplicando-se ao *leasing*, no que couber, regras atinentes aos negócios jurídicos típicos pertinentes, de acordo com a fase em que ele se encontra.[145] Todavia, a se considerar que, em todas as fases, o contrato é o mesmo e que há lei especial o disciplinando, o *leasing* há de ser considerado contrato típico.

Conceito   Apesar de seu escopo restrito, a Lei 6.099/74 fornece balizas importantes para a interpretação do *leasing*. No parágrafo único do art. 1º, há a definição legislativa do instituto: "Considera-se arrendamento mercantil, para os efeitos desta Lei, o negócio jurídico realizado entre pessoa jurídica, na qualidade de arrendadora, e pessoa física ou jurídica, na qualidade de arrendatária, e que tenha por objeto o arrendamento de bens adquiridos pela arrendadora, segundo especificações da arrendatária e para uso próprio desta". Conceitua-se, portanto, *leasing* o contrato por meio do qual pessoa jurídica, denominada arrendadora, arrenda a pessoa física ou jurídica, chamada arrendatária, por tempo determinado, bem comprado pela primeira de acordo com as instruções da segunda.

Tríplice opção   Uma vez adquirido o bem pela arrendadora, esta, na qualidade de proprietária do bem, arrenda-o à arrendatária, mediante o pagamento de prestações, uma espécie de aluguel. Ao final do prazo do contrato, abre-se à arrendatária tríplice opção: (i) adquirir o bem por um preço menor do que o de sua aquisição primitiva (pelo Valor Residual Garantido – VRG); (ii) devolver o bem ao arrendador; ou (iii) prorrogar o contrato, mediante o pagamento de aluguéis menores do que o do primeiro arrendamento.

Mostra-se fundamental que a empresa arrendadora tenha essa operação como sua principal atividade, ou que centralize tais operações em um departamento especializado com escrituração própria (art. 2º, § 2º), e que sejam subordinados ao controle e à fiscalização do Banco Central do Brasil (art. 7º).

Etapas da formação do contrato   Em síntese, as seguintes etapas formam progressivamente o contrato de arrendamento mercantil: primeiro, o empresário indica para a instituição financeira arrendadora o bem que deseja adquirir, com todas as suas especificações técnicas; em seguida, o adquirente do equipamento cede-o em locação ao interessado, pelo prazo geral médio para um financiamento, de modo que a soma total dos aluguéis – que podem ser fixos, variáveis ou decrescentes – corresponda ao preço de aquisição do bem locado.[146]

---

[144]   Sobre o regramento do *leasing* no Brasil, confira-se: Custódio da Piedade Ubaldino Miranda, O *leasing*. *Revista dos Tribunais*, vol. 645, julho, São Paulo: Revista dos Tribunais, 1989, pp. 47-56.

[145]   Sobre o ponto, v. José Ernesto de Lemos Chagas, Leasing – arrendamento mercantil. *Doutrinas Essenciais*: Obrigações e Contratos, vol. 5, São Paulo: Revista dos Tribunais, 2011, pp. 777-782.

[146]   Fábio Konder Comparato, Contrato de *leasing*. *Doutrinas Essenciais de Direito Empresarial*, vol. 4, São Paulo: Revista dos Tribunais, 2010, pp. 555-566.

CAPÍTULO III | LOCAÇÃO DE COISAS. LEI DO INQUILINATO: GENERALIDADES

Durante o lapso temporal em que dura o arrendamento, sobre o arrendatário recaem os custos com conservação do bem, sendo comum que este seja obrigado a contratar seguro para a coisa. Dada a flexibilidade do instituto, é possível, ainda, que o arrendatário possa pedir a substituição do bem por um equivalente mais moderno, recém-disponibilizado no mercado. As peculiaridades da relação serão tratadas no contrato, e, a depender do tipo de *leasing*, haverá mais ou menos liberdade das partes para estabelecimento de suas cláusulas.[147]

<small>Fixação do conteúdo</small>

A Lei 6.099/74, porém, impõe requisitos essenciais que devem estar presentes em qualquer contrato de arrendamento mercantil: a) prazo da relação; b) valor de cada contraprestação por períodos determinados, não superiores a um semestre; c) opção de compra ou renovação do contrato, como faculdades do arrendatário; d) preço ou critério para sua fixação em caso de opção de compra (art. 5º). Como se vê, o bem objeto do contrato não consta como requisito do negócio, mas o art. 23, "b",[148] da mesma Lei concede autorização ao Conselho Monetário Nacional para enumerar restritivamente bens que não poderão ser dados em arrendamento mercantil.

<small>Requisitos legais</small>

11. MODALIDADES

A prática comercial e a crescente complexidade das necessidades das empresas fizeram surgir novas modalidades desse instituto, de modo que, ao lado do tradicional *leasing* financeiro, pode-se citar, pelo menos, dois outros tipos, o *lease back* e o *leasing* operacional.

O *leasing* financeiro é o modelo clássico de arrendamento, que envolve três sujeitos: o arrendatário, que é o empresário que orienta a compra e aluga o bem para uso próprio; o arrendador, que compra o bem e o oferece em locação; e, por fim, o fornecedor do equipamento. Nesse modelo, abre-se tríplice alternativa ao arrendatário ao fim da locação, que poderá escolher entre a compra do bem por um valor residual, a devolução do bem ou a renovação do contrato. É o tipo de arrendamento mercantil mais utilizado na prática, configurando modalidade de financiamento, já que o arrendador compra o bem e mantém sua propriedade, oferecendo seu uso ao arrendatário mediante o pagamento de um valor de locação.[149] Nessa categoria, não pode o arrendatário devolver o bem antes de findo o prazo contratual, já que a obrigatoriedade de ser firmado por prazo determinado é essencial à sua caracterização, daí advindo o risco de obsolescência do bem, que corre contra o arrendatário.[150]

<small>*Leasing* financeiro</small>

---

[147] Para uma análise completa da formação do contrato, confira-se, por todos, Fábio Konder Comparato, Contrato de *leasing*, cit., pp. 555-566.

[148] "Art. 23. Fica o Conselho Monetário Nacional autorizado a: (...) b) enumerar restritivamente os bens que não poderão ser objeto de arrendamento mercantil, tendo em vista a política econômica- -financeira do País".

[149] Sobre o caráter de operação financeira que circunda essa modalidade de arrendamento, também chamado *leasing* bancário (Arnaldo Rizzardo, *Contratos,* cit., p. 1246).

[150] Nesse sentido: Fran Martins, *Contratos e Obrigações Comerciais,* cit., p. 528.

Lease back

Outro tipo de arrendamento, semelhante ao primeiro, é o denominado *lease back*, previsto no art. 9º da Lei 6.099/74, que determina: "As operações de arrendamento mercantil contratadas com o próprio vendedor do bem ou com pessoas jurídicas a ele vinculadas, mediante quaisquer das relações previstas no art. 2º desta Lei, poderão também ser realizadas por instituições financeiras expressamente autorizadas pelo Conselho Monetário Nacional, que estabelecerá as condições para a realização das operações previstas neste artigo". Nesse modelo, não está presente a figura do fornecedor do bem, já que, como determina o dispositivo, o bem a ser arrendado já faz parte do patrimônio do arrendatário.

Infere-se, portanto, que o caráter de operação de financiamento não se faz presente nessa categoria. Trata-se, ao contrário, de mecanismo de desmobilização de ativos do empresário, que passa a ter mais fluxo de caixa, mas mantém a sua operação com os equipamentos com os quais já trabalhava. O mecanismo dessa espécie de *leasing* se dá da seguinte forma: o empresário, proprietário de bens de produção, vende-os para uma instituição financeira, que, em seguida, aluga-os para o arrendatário, ex-proprietário, que passa a ter o bem sob outro título jurídico, deixando de ser proprietário, e passando a ser arrendatário.[151] Do mesmo modo como ocorre com o *leasing* financeiro, o arrendatário, ao final do lapso estipulado para o *lease-back*, tem a opção de recompra do bem, com a ressalva de que apenas instituições financeiras podem ser partes nesta modalidade de negócio.[152]

Nesse contrato, os riscos da obsolescência correm, novamente, por conta do arrendatário; porém, o *lease-back* pode consistir na venda de um só bem ou de parcela do ativo de uma empresa, de modo que é possível que as partes já façam prévia estimativa contábil a respeito da depreciação dos equipamentos objeto do negócio, estabelecendo o preço com base nessas informações.[153]

Leasing operacional

A terceira modalidade de arrendamento mercantil é o *leasing* operacional, que se configura na hipótese em que o arrendante é o próprio fabricante do bem dado em locação. Trata-se de estrutura jurídica muito utilizada no Brasil, especialmente no âmbito de montadoras de veículos ou de maquinário de grande complexidade, que se tornam obsoletos em pouco tempo. A vantagem para o arrendatário é que o fornecedor, por conservar a propriedade do bem, responderá pelos riscos da coisa. Nesse sentido, mostra-se característico desse tipo de operação que o arrendador

---

[151] Sobre o *lease back*, Waldirio Bulgarelli, *Contratos Mercantis*, São Paulo: Atlas, 1987, 4ª ed., p. 354; Silvio de Salvo Venosa: *Direito Civil*: contratos em espécie, vol. 3, São Paulo: Atlas, 2005, 5ª ed., p. 591.

[152] Anota Silvio de Salvo Venosa: "O *lease back*, utilizável como instrumento de obtenção de capital pelas empresas, funciona como arrendamento clássico, mas prescinde da figura do fornecedor, uma vez que o bem objeto do contrato já pertence ao locatário. Nessa hipótese, o bem será desmobilizado do ativo do arrendatário, conforme o art. 9º da Lei nº 6.099/74. O locatário é quem vende o bem ao locador, para depois tomá-lo em *leasing*. O negócio é privativo, entre nós, das instituições financeiras. O instituto contém, portanto, uma tradição ficta do bem locado. Afasta-se, pois, da modalidade tradicional" (*Direito Civil*: contratos em espécie, vol. 3, cit., p. 591).

[153] Sobre o ponto, confira-se Luiz Roldão de Freitas Gomes, *Contrato*, Rio de Janeiro: Renovar, 2002, 2ª ed., pp. 348-349.

Capítulo III | Locação de coisas. Lei do Inquilinato: generalidades

forneça serviços de manutenção ao arrendatário, cujo valor está embutido no pagamento das prestações determinadas em contrato.[154]

Não há, aqui, a intervenção de uma instituição financeira, e, ao, contrário do que ocorre na categoria clássica, a cláusula de opção de compra não é essencial ao contrato, afinal, é usual que o bem locado seja devolvido e novamente oferecido a outra pessoa pelo arrendador. Portanto, é direito do arrendatário rescindir o contrato a qualquer tempo, mediante aviso prévio.

Além dessas três modalidades de *leasing*, o tráfego jurídico reconhece uma quarta forma de operação. Trata-se do *self-leasing*, ou arrendamento consigo mesmo, que consiste no procedimento realizado entre sociedades integrantes de mesmo grupo econômico, e se verifica quando uma arrenda, à outra, determinado bem, com cláusula de opção de compra. O art. 2º da já mencionada Lei 6.099/74 exclui expressamente essa possibilidade do Direito brasileiro, certamente temendo fraudes realizadas mediante simulações ou negócios indiretos.[155]

Self-leasing

12. O PAGAMENTO DO VALOR RESIDUAL GARANTIDO E A (DES)CARACTERIZAÇÃO DO *LEASING*

Em 2002, o STJ editou a Súmula 263, segundo a qual a cobrança antecipada do Valor Residual Garantido (VRG) descaracterizaria o contrato de arrendamento mercantil, transformando-o em compra e venda a prestação.[156] Ao consagrar esse entendimento, o STJ definiu que, se a opção de compra pelo valor residual, exercida ao final do prazo estipulado para a locação, era característica essencial ao *leasing*, não seria compatível com a sua correspondente disciplina (contratual e tributária) a cobrança antecipada desse montante pelo agente financeiro.[157] Segundo esse entendimento, o pagamento do VRG equivaleria à quitação do preço do bem, de modo

Cobrança antecipada do VRG

---

[154] Anota a doutrina: "O *leasing* operacional é feito pela proprietária do bem (fabricante ou fornecedor), mediante o pagamento de prestações determinadas e, muitas vezes, com a obrigação de prestar assistência ao arrendatário durante a vigência do contrato (caso das montadoras de veículo). É, portanto, a espécie de *leasing* em que o objeto já pertence à empresa arrendadora, que o aluga à arrendatária e assume os riscos da coisa, sofrendo a sua obsolescência. Ao arrendatário é facultado devolver o objeto na pendência do contrato, e não é obrigado a adquiri-lo no termo do contrato, que há de ser menor que o tempo de duração da vida econômica do objeto" (Carlos Roberto Gonçalves, *Direito Civil Brasileiro*: contratos e atos unilaterais, vol. 3, cit., p. 688). No mesmo sentido, v.: Sílvio de Salvo Venosa, *Direito Civil*: contratos em espécie, vol. 3, cit., p. 591.

[155] A respeito do *self-lease*, anote-se a lição de Arnaldo Rizzardo em *Contratos*, cit., p. 1250. V., ainda, Waldirio Bulgarelli, *Contratos Mercantis*, cit., p. 354.

[156] Na dicção da Súmula 263: "A cobrança antecipada do valor residual (VRG) descaracteriza o contrato de arrendamento mercantil, transformando-o em compra e venda a prestação".

[157] Nesse sentido: "Arrendamento Mercantil – *Leasing* – Descaracterização do Contrato – Valor Residual Garantido. I – A opção de compra, com o pagamento do valor residual, ao final do contrato, é uma característica essencial do *leasing*. A cobrança antecipada dessa parcela, embutida na prestação mensal, desfigura o contrato, que passa a ser uma compra e venda a prazo (art. 5º, c, combinado com o art. 11, § 1º, da Lei n.º 6.099, de 12.09.74, alterada pela Lei n.º 7.132, de 26.10.83), com o desaparecimento da causa do contrato e prejuízo ao arrendatário. II – Recurso conhecido em parte e nessa parte provido" (STJ, 3ª T., REsp 196.209, Rel. Des. Waldemar Zveiter, julg. 9.11.1999, publ. DJ 18.12.2000).

que não mais interessaria ao arrendatário o exercício das faculdades de devolução da coisa ou renovação do arrendamento, e a operação estaria transmudada em compra e venda.

Ocorre que, em 2003, o entendimento deixou de prevalecer e a Súmula 263 foi cancelada. De fato, o valor residual garantido é previsto em algumas normas no direito brasileiro e não afasta a tipicidade do *leasing*. De acordo com a Portaria n.º 564/78 do Ministério da Fazenda, por exemplo, Valor Residual Garantido é o "preço contratualmente estipulado para exercício da opção de compra, ou valor contratualmente garantido pela arrendatária como mínimo que será recebido pela arrendadora na venda a terceiros do bem arrendado, na hipótese de não ser exercida a opção de compra". Mais contundente, ainda, é a Resolução n.º 2.309 do Banco Central do Brasil, que afirma que a previsão de a arrendatária pagar o VRG não caracteriza o exercício da opção de compra (art. 7º, VII, "a"), ou seja, a tríplice opção entre adquirir o produto, devolvê-lo ou renovar o contrato permaneceria em favor do arrendatário, e as bases do *leasing* não seriam maculadas, na hipótese de pagamento antecipado do VRG.

Possibilidade de quitação antecipada do VRG

Assim sendo, o entendimento atual do STJ é no sentido de que as partes podem livremente pactuar as prestações a serem pagas pelo arrendatário no contrato de *leasing*, podendo determinar, inclusive a quitação antecipada do VRG.[158] Editou-se, nessa direção, a Súmula 293, com o seguinte teor: "a cobrança antecipada do valor residual garantido (VRG) não descaracteriza o contrato de arrendamento mercantil".

📝 PROBLEMAS PRÁTICOS

1. Para que a alienação não ponha fim à relação locatícia celebrada pelo proprietário anterior, é necessário que haja cláusula de vigência do contrato de locação registrada na matrícula do imóvel no RGI (art. 8º, Lei 8.245/91). Trata-se de mecanismo de proteção ao terceiro de boa-fé, que não poderia ter comprometida a fruição do bem recém-adquirido pela vigência de relação locatícia da qual não participou. Seria possível a imposição da manutenção da locação, mesmo sem cláusula de vigência registrada, caso restasse comprovada a ciência do adquirente em relação à locação e sua concordância verbal, no ato da compra, com a continuação?

2. A empresa Américas S.A. era proprietária do *Shopping* Mega Sul, empreendimento com mais de 50 (cinquenta) lojas populares, e decidiu vendê-lo à empresa Comércio Total S.A. O contrato de compra e venda tratou sobre a situação dos "boxes" do empreendimento em apenas uma cláusula, que simplesmente atestava, para o conhecimento do comprador, que os "boxes" do *shopping center* estavam locados a terceiros. Após a compra, a Comércio Total S.A. notificou todos os locatários de "boxes" do empreendimento informando sobre a extinção dos respectivos contratos de locação. Segundo o comprador,

---

[158] Confira-se precedente do STJ, 1ª T., REsp 465.428/MG, Rel. Min. José Delgado, julg. 6.2.2003, publ. DJ 24.3.2003.

a manutenção dos vínculos não era compatível com o seu plano de negócios, que consistia em transformar o Shopping Mega Sul em empreendimento de lojas de luxo. Indignados, os lojistas alegaram que os contratos de locação possuíam cláusula de vigência, embora os negócios não estivessem averbados na matrícula do imóvel. Argumentaram que o comprador tinha ciência dos vínculos em curso, não sendo possível, com base nas disposições da Lei nº 8.245/1991, a interrupção das locações. Defenderam, ainda, que todos os contratos de locação eram por prazo determinado, não sendo possível a rescisão antecipada pelo adquirente, em razão do princípio da obrigatoriedade dos pactos. Considerando os argumentos dos locatários e as normas jurídicas aplicáveis, indique a quem assiste razão.

 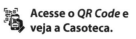

Acesse o *QR Code* e veja a Casoteca.

> http://uqr.to/1pdq0

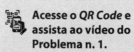

Acesse o *QR Code* e assista ao vídeo do Problema n. 1.

> https://uqr.to/ntj6

Capítulo IV
CONTRATO DE EMPRÉSTIMO. COMODATO. MÚTUO

SUMÁRIO: COMODATO – 1. Conceito. Efeitos essenciais – 2. Deveres do comodatário – 3. Deveres do comodante – MÚTUO – 4. Conceito. Efeitos essenciais – 5. Direitos e deveres do mutuante – 6. Direitos e deveres do mutuário – 7. Usura e anatocismo – 8. Os efeitos da pandemia de covid-19 nos contratos de mútuo bancário – Problemas práticos.

COMODATO

1. CONCEITO. EFEITOS ESSENCIAIS

O comodato consiste em empréstimo gratuito de bens infungíveis, móveis ou imóveis, que se aperfeiçoa com a sua tradição (CC, art. 579). Por outras palavras, cuida-se de negócio jurídico por meio do qual o comodante transfere, em caráter temporário e sem contrapartida, a posse direta sobre bem infungível ao comodatário, formando-se o contrato com a entrega da coisa. Opera-se, assim, o desdobramento da posse, de modo que a posse direta da coisa é transferida ao comodatário e o comodante permanece com a posse indireta, podendo ambos, em consequência, se valer dos interditos possessórios. A função prático-social do comodato constitui-se, portanto, na transferência temporária e gratuita da posse direta de bem infungível ao comodatário, para a sua restituição ao final da relação contratual. Atribui-se ao comodato a denominação de empréstimo de uso, contrapondo-se ao mútuo, considerado empréstimo de consumo, que tem por objeto bens fungíveis. *Função prático-social*

Caracteriza-se o comodato pela gratuidade, vez que a transferência da posse direta sobre o bem se efetua sem qualquer contrapartida por parte do comodatário, *Negócio jurídico gratuito* sendo o comodante movido por espírito de liberalidade. Cuida-se de contrato real, pois se aperfeiçoa com a tradição do bem, servindo sua transferência ao comodatário – como é frequente em relações de liberalidade como sinal da obrigatoriedade jurídica da avença. Em muitos contratos gratuitos, sem a transferência do bem, permanecem as partes no campo da cordialidade, própria de relações sociais não obrigatórias, sem a coercitividade que, em geral, nas relações onerosas, o simples consenso é suficiente a produzir.[1] Daqui provavelmente a previsão legislativa que considera o comodato contrato real.

<!-- marginal: Contrato unilateral -->

Quanto aos seus efeitos, o comodato é contrato unilateral, tendo por única prestação principal, uma vez efetuada a tradição que o aperfeiçoa, a obrigação de restituição do bem pelo comodatário. Note-se que a unilateralidade não decorre propriamente da inexistência de obrigações por parte do comodante, vez que, como em toda relação contratual, no comodato haverá sempre deveres recíprocos, a começar pelo dever imposto pela boa-fé objetiva, além de, no caso do comodante, o dever de respeitar o modo de utilização e o prazo pactuados. Assim, o que faz do comodato contrato unilateral é a existência de uma única prestação principal, a cargo do comodatário, a qual não se vincula, por nexo de correspectividade, com as obrigações secundárias assumidas pelo comodante. De fato, a liberalidade que caracteriza o empréstimo gratuito afasta o sinalagma e a bilateralidade do contrato, não havendo reciprocidade entre as obrigações atribuídas ao comodante e comodatário, de modo que uma seja a causa da outra.[2]

<!-- marginal: Comodato com encargo -->

Nessa perspectiva, admite-se o comodato modal, em que se insere cláusula de encargo, por meio da qual o comodatário assume determinado ônus associado à eficácia do negócio. Bastaria pensar no comodato de determinado imóvel com o encargo de o comodatário nele realizar reformas. Assim estabelecido, o contrato não se desnaturaliza, não se confundindo o ônus com contraprestação, que indicasse correspectividade e pudesse tornar o comodato bilateral ou sinalagmático.[3]

---

[1] No sentido do texto, considerando o comodato contrato real, anota Orlando Gomes: "O comodato é contrato real. Só se perfaz com a entrega da coisa. Em algumas legislações, é considerado simplesmente consensual, gerando, por isso, a obrigação, para o comodante, de entregar a coisa. Nos sistemas jurídicos fiéis à tradição romana da *realidade* do comodato, a obrigação de entregar, sendo contraída, configura *pactum de commodando*, que é pré-contrato. A convenção em que se estipule a obrigação de emprestar coisa não fungível é *promessa de comodato*. Só é comodato aquela em que se cede o uso da coisa e não a que se promete cedê-lo. Não são os efeitos do contrato que se iniciam com a tradição da coisa; é a sua própria existência que depende de cumprimento desse ato" (*Contratos*, Rio de Janeiro: Forense, 2009, 26ª ed., p. 386). Em sentido contrário, Serpa Lopes considera o contrato de comodato como consensual, de modo que sua formação se dá com a simples manifestação da vontade, constituindo a entrega do bem parte da execução contratual (*Curso de Direito Civil*, vol. IV, Rio de Janeiro: Freitas Bastos, 1993, 4ª ed., p. 355).

[2] Caio Mário da Silva Pereira (*Instituições de Direito Civil*, vol. III, Rio de Janeiro: Forense, 2016, 20ª ed., p. 323), Orlando Gomes (*Contratos*, cit., p. 386) e J. M. de Carvalho Santos (*Código Civil brasileiro interpretado*, vol. XVII, Rio de Janeiro: Freitas Bastos, 1964, p. 394) consideram o comodato contrato bilateral imperfeito, pois o comodante também tem obrigações, as quais, contudo, não guardam correspectividade com as obrigações contraídas pelo comodatário.

[3] Sobre o ponto: "O modo, como elemento acessório que pode ser ajuntado aos negócios jurídicos a título gratuito, ajusta-se ao comodato, limitando, na medida estabelecida na avença, a atribuição

CAPÍTULO IV | CONTRATO DE EMPRÉSTIMO. COMODATO. MÚTUO

O comodato caracteriza-se, como acima aludido, pelo fato de o bem empresta- **Infungibilidade do bem**
do ser infungível, isto é, não passível de substituição. Os bens infungíveis hão de ser
também não consumíveis, para possibilitar a restituição pelo comodatário ao final da
relação contratual. Admite-se também o comodato de bens fungíveis por natureza,
mas que se consideram infungíveis, não se admitindo, nesse caso, por convenção das
partes, a restituição de bens da mesma natureza, na mesma quantidade e qualidade
dos que foram entregues ao comodatário, de sorte que hão de ser restituídos rigorosamente os mesmos bens.[4] Tal não se confunde com o comodato irregular, que tem
por objeto bens fungíveis, e que, por isso mesmo, se desnaturaliza.[5]

Ainda quanto aos bens objeto do contrato de comodato, não se admite que os **Bens alheios sob administração**
tutores, curadores e os administradores de bens alheios em geral (*v.g.* depositários,
inventariantes e testamenteiros) ofereçam em comodato, sem autorização especial,
os bens confiados à sua guarda (CC, art. 580). O comodato não constitui ato de
administração ordinária, razão pela qual, especialmente por se tratar de liberalidade
sem contrapartida, requer autorização judicial específica, sob pena de nulidade (CC,
arts. 166, VII, 1.749, II, e 1781).

O comodato mostra-se necessariamente temporário (CC, art. 581). O contrato
poderá ter prazo determinado ou indeterminado. No contrato por prazo determina- **Prazo**
do, o comodatário deverá restituir o bem no seu termo final. Caso assim não o faça,
incorrerá em mora de pleno direito. De outra parte, nos contratos por prazo indeterminado, nos quais, portanto, não há previsão de prazo específico, presume-se o
tempo necessário ao uso concedido, findo o qual o bem deverá ser restituído ao comodante. Impõe-se, assim, a determinação de prazo razoável para o atendimento à
finalidade do contrato de comodato. Nessa hipótese, o comodante não poderá retomar
o bem a qualquer tempo, devendo aguardar o transcurso do prazo necessário ao uso
concedido. Esgotado esse prazo, o comodante poderá requerer ao comodatário que
o restitua imediatamente, mediante simples notificação, não se exigindo a prova de
necessidade imprevista e urgente do bem.[6]

---

patrimonial, que advém ao comodatário, em razão do uso da coisa comodada. Não constitui contraprestação (mantendo-se, por isso, a gratuidade) a obrigação assumida pelo comodatário que
seja razoavelmente inferior à vantagem patrimonial que obtém com o uso da coisa emprestada"
(Carlos Leduar Lopes, Comodato modal. *Revista dos Tribunais*, vol. 82, n. 697, nov. 1993. pp. 7-16).

[4] Cite-se o exemplo dos objetos emprestados para fins de ornamentação: "Uma cesta de frutas e uma
garrafa de vinho nobre são bens fungíveis. Mas, emprestados para ornamentação, transformam-se
em infungíveis, não podendo ser substituídos por outros da mesma espécie, configurando-se, na
hipótese, o comodato *ad pompam vel ostentationem*, segundo a linguagem dos romanos" (Carlos
Roberto Gonçalves, *Direito Civil Esquematizado*: Parte Geral, Obrigações, Contratos, vol. 1, São
Paulo: Saraiva, 2011. vol. 1, p. 228).

[5] "O comodato de coisa fungível supõe que se haja estabelecido a infungibilidade convencional. Se o
bem é fungível e só se vinculou o outorgado a não consumi-lo, não há comodato. Se o bem é consumível e só se prometeu a infungibilidade, também não se tem o contrato de comodato. A restituição
in individuo supõe que não se substitua nem se consuma o bem entregue. Pode-se dar em mútuo
bem infungível, porque só se exigiu a restituição em bem da mesma espécie ou gênero. Pode-se dar
em comodato bem fungível, se foi exigida a restituição da *eadem res*" (Pontes de Miranda, *Tratado
de Direito Privado*, vol. XLVI, São Paulo: Revista dos Tribunais, 2012, p. 210).

[6] O STJ reconhece a necessidade de concessão de prazo razoável à realização da finalidade pretendida com o comodato (STJ, 3ª T., REsp 571.453, Rel. Min. Ari Pargendler, julg. 6.4.2006, publ. DJ

Devolução do bem

A lei autoriza que o comodante solicite a devolução do bem antes do transcurso do prazo determinado ou daquele razoável ao uso concedido, caso demonstre necessidade imprevista e urgente, a qual deverá ser reconhecida em juízo. Pode-se citar como exemplo de circunstância urgente e imprevista o despejo do comodante de sua residência, que suscita a necessidade de retomar o bem para sua própria moradia.

Para a retomada do bem, em qualquer hipótese, o comodante poderá ingressar com ação de reintegração de posse.[7] Com efeito, a mora do comodatário em restituir a coisa transmuda a posse justa em injusta, caracterizando-se o esbulho possessório. Admite-se, ainda, que o comodante mova ação de restituição do bem, regida pelo procedimento comum.[8]

Mora do comodatário

Ainda na hipótese de mora, o comodatário será obrigado a pagar aluguel ao comodante até a data da restituição da coisa, além de responder por todos os prejuízos por ela sofridos (CC, art. 582), ainda que provenientes de caso fortuito ou força maior (CC, arts. 399 e 583), em consonância com o princípio da *perpetuatio obligationis*, salvo se demonstrado que o dano sobreviria mesmo que a obrigação fosse oportuna-

---

29.5.2006). Por outro lado, a jurisprudência da Corte Superior se estabeleceu no sentido de que, uma vez transcorrido o prazo razoável para o alcance da finalidade do contrato, basta a notificação com determinação de prazo para a devolução do bem para desconstituir o negócio (STJ, 4ª T., AgInt no REsp 1.641.241, Rel. Min. Antonio Carlos Ferreira, Rel. p/ acórdão Min. Maria Isabel Gallotti, julg. 7.2.2023, publ. DJ 3.7.2023; STJ, 3ª T., AgRg no REsp 1.424.390, Rel. Min. Paulo de Tarso Sanseverino, julg. 12.2.2015, publ. DJ 24.2.2015; STJ, 4ª T., REsp 605.137, Rel. Min. Aldir Passarinho Junior, julg. 18.5.2004).

[7] Na jurisprudência: "Reintegração de posse. Comodato. Prazo indeterminado. Esbulho caracterizado pela não desocupação do imóvel no prazo concedido. 1. No comodato por prazo indeterminado, o esbulho é caracterizado com o decurso do prazo, para desocupação, contado do recebimento da notificação" (TJSP, 18ª C. D. Priv., Ap. Cív. 04577322520108260000, Rel. Des. William Marinho, julg. 27.11.2013; publ. DJ 29.11.2013). No caso do comodato celebrado por prazo determinado, o esbulho fica caracterizado se não restituído o bem após término do prazo contratual: "Reintegração de posse. Comodato por prazo determinado. Esbulho. Caracterização. Tratando-se de comodato por contrato escrito e com prazo determinado, esgotado o prazo concedido sem a desocupação do bem, caracteriza-se o esbulho" (TJSP, 11ª C. D. Priv., AgI 02195213020128260000, Rel. Des. Marino Neto, julg. 22.11.2012, publ. DJ 24.11.2012). Cfr., ainda, recente entendimento do Superior Tribunal de Justiça no sentido de que é desnecessária a notificação prévia do comodatário para fins de comprovação do esbulho possessório quando verificada a ciência inequívoca do intuito de reaver o imóvel. Segundo a Min. Rel. Nancy Andrighi: "nos contratos de comodato firmados por prazo determinado, mostra-se desnecessária a promoção de notificação prévia – seja extrajudicial ou judicial – do comodatário, pois, logicamente, a mora constituir-se-á de pleno direito na data em que não devolvida a coisa emprestada, conforme estipulado contratualmente. Ao revés, tem-se como essencial a prévia notificação para rescindir o contrato verbal de comodato, quando firmado por prazo indeterminado, pois, somente após o término do prazo previsto na notificação premonitória, a posse exercida pelo comodatário, anteriormente tida como justa, tornar-se-á injusta, de modo a configurar o esbulho possessório" (STJ, 3ª T., REsp 1.947.697/SC, Rel. Nancy Andrighi, julg. 28.9.2021, publ. DJ 1.10.2021).

[8] Registre-se posicionamento doutrinário que considera a ação de retomada, pelo procedimento comum, mais adequada que a ação de reintegração de posse. Assim, Luiz Guilherme Marinoni, Ações para obtenção de coisa, disponível em: https://jus.com.br/artigos/8844/acoes-para-obtencao--de-coisa-art-461-a-do-cpc, acesso em 6.10.2023. Na jurisprudência, admitindo-se a ação de restituição de coisa para o comodato: TJRS, 7ª CC., AgI 70075873364, Rel. Des. Sandra Medeiros, julg. 28.2.2018, publ. DJ 2.3.2018; TJDFT, 3ª T., Ap. 20140111782828, Rel. Des. Fátima Rafael, julg. 4.4.2018, publ. DJ 4.4.2018.

mente desempenhada. Tal valor a ser pago pelo comodatário em mora denomina-se *Aluguel-pena* aluguel-pena, correspondente ao uso não autorizado da coisa, a ser arbitrado pelo comodante. Esse aluguel, contudo, não desnatura a gratuidade do comodato, mas assume a natureza de penalidade, por forçar o devedor a cumprir sua obrigação de restituir a coisa, tal como ocorre com a cláusula penal moratória.[9] De outra parte, o arbitramento do aluguel-pena pelo comodante sujeita-se a controle de abusividade, podendo ser reduzido equitativamente, caso se revele manifestamente abusivo, tendo em vista a natureza e finalidade do comodato (CC, art. 473). Nessa direção, a III Jornada de Direito Civil aprovou enunciado n.º 180, que aplica ao contrato de comodato o parágrafo único do art. 575 do Código Civil,[10] referente à locação de coisas, segundo o qual o juiz poderá reduzir o aluguel arbitrado pelo locador, na hipótese de mora do locatário na devolução da coisa, se o aluguel se revelar manifestamente excessivo, não se descurando, contudo, de seu caráter de penalidade.[11] Se, por outro lado, esgotado o prazo con- *Mora do comodante* tratual, o comodante se recuse a receber a coisa, o comodatário poderá consigná-la em juízo, transferindo os riscos da coisa ao credor (CC, art. 400).

O comodato consiste em negócio informal, não dependendo de forma especial *Contrato informal e intuitu persoane* para sua constituição, concluída, como previamente exposto, pela transferência do bem, dado se tratar de contrato real. Todavia, o instrumento escrito poderá ter enorme importância quer para demonstrar o título da posse direta do comodatário, quer para delimitar o seu caráter temporário e gratuito, bem como a destinação do bem. O contrato de comodato revela-se *intuitu personae*, ou seja, é celebrado em favor da pessoa do comodatário, em relação marcada pela confiança. Desse modo, sobrevindo a morte do comodatário, extingue-se o contrato de comodato, salvo se o contrário resultar da convenção ou das circunstâncias.[12]

---

[9] Cfr. na jurisprudência: "Constituído em mora, sujeita-se o comodatário ao pagamento de aluguel arbitrado unilateralmente pelo comodante, nos termos do art. 582 do CC/02, ainda que a obrigação principal de restituição da coisa seja posteriormente convertida em perdas e danos, devido ao extravio dos bens objeto do contrato. 4. Nessa hipótese, o aluguel é exigível pelo período compreendido entre a constituição do comodatário em mora e o efetivo adimplemento da indenização. 5. Recurso especial conhecido e provido" (STJ, 3ª T., REsp 1.662.045/RS, Rel. Min. Nancy Andrighi, julg. 12.9.2017, publ. DJ 14.9.2017).

[10] "Art. 575. Se, notificado o locatário, não restituir a coisa, pagará, enquanto a tiver em seu poder, o aluguel que o locador arbitrar, e responderá pelo dano que ela venha a sofrer, embora proveniente de caso fortuito. Parágrafo único. Se o aluguel arbitrado for manifestamente excessivo, poderá o juiz reduzi-lo, mas tendo sempre em conta o seu caráter de penalidade".

[11] Confira-se: "A regra do parágrafo único do art. 575 do novo Código Civil, que autoriza a limitação pelo juiz do aluguel-pena arbitrado pelo locador, aplica-se também ao aluguel arbitrado pelo comodante, autorizado pelo art. 582, 2ª parte, do novo Código Civil".

[12] Em sentido contrário, Orlando Gomes (*Contratos*, cit., p. 389) sustenta que a morte do comodatário não extingue o contrato, salvo se estipulado que o uso da coisa era estritamente pessoal. Washington de Barros Monteiro defende que a extinção do contrato de comodato não ocorrerá se a sua finalidade não tiver sido cumprida por ocasião da morte do comodatário: "A empresta a B, sem prazo determinado, um trator para aração das terras deste. Não há prazo convencionado, o comodato é por tempo indeterminado. O comodatário servir-se-á do veículo emprestado para o fim a que visava e pelo tempo necessário à realização do serviço. Se o comodatário vem a falecer antes de terminado o serviço, não é lícito ao comodante reclamar dos herdeiros dele a restituição do objeto emprestado, enquanto não se ultimar a aração" (*Curso de Direito Civil*, vol. V, São Paulo: Saraiva, 2007, 35ª ed., p. 202).

2. DEVERES DO COMODATÁRIO

Efeitos acidentais

Como anteriormente exposto, os deveres atribuídos por lei ao comodatário não tornam o contrato de comodato bilateral, vez que tais obrigações legais não constituem correspectivo às obrigações do comodante, que pudesse caracterizar o sinalagma. Tampouco descaracterizam a gratuidade do negócio, pois essas obrigações não traduzem contraprestação ao empréstimo da coisa, de sorte que apenas o comodatário granjeia vantagens do negócio. Tais deveres constituem efeitos secundários, os quais, embora naturalmente integrantes de sua causa, se afiguram irrelevantes à qualificação, não se apresentando como contraprestação correspectiva ao dever de restituição do bem emprestado. De outra parte, caso as partes convencionem obrigações adicionais para o comodatário, há de se verificar se tais obrigações desnaturalizam o comodato, atribuindo-lhe caráter oneroso, de modo a qualificá-lo como contrato atípico, locação ou outro tipo contratual.

Obrigação de conservação

Dentre as obrigações assumidas pelo comodatário, em decorrência do dever de restituição que lhe é atribuído, situa-se a obrigação de conservar a coisa como se fosse sua própria, devendo dela se utilizar segundo a finalidade pactuada no contrato ou a sua natureza (CC, art. 582). O comodatário deve agir, portanto, de modo diligente, sob pena de ser responsabilizado pelos prejuízos causados. Para se verificar se o comodatário agiu de modo culposo, deve-se levar em conta o padrão de comportamento que ele adotaria caso a coisa fosse de sua propriedade. Se, tratando-se de coisa sua, o comodatário agisse diversamente, entende-se que o comodatário incorreu em culpa.

Respeito à finalidade

Por outro lado, o comodatário deve usar a coisa segundo a sua natureza ou a finalidade estabelecida no contrato. Se, por exemplo, o comodatário toma em empréstimo um carro para passeio, não pode utilizá-lo para realizar transporte de bens ou pessoas. Caso o contrato não estabeleça as regras de utilização do bem, deve-se recorrer aos usos a ele usualmente associados, segundo a sua natureza.

Inadimplemento do comodatário

O uso da coisa em contrariedade ao pactuado no contrato ou à sua natureza importará em inadimplemento do comodatário, sujeitando-o à resolução contratual, se o credor assim desejar, e às perdas e danos causados.

Dever de diligência

Do dever de diligência na conservação da coisa, decorre a obrigação do comodatário de, havendo risco ao objeto do comodato juntamente com outros bens de sua propriedade, salvaguardar o bem emprestado em detrimento dos seus, ainda que esses sejam mais valiosos. Desse modo, se o comodatário antepuser a salvação dos seus bens abandonando os do comodante, responderá pelo dano ocorrido, ainda que se possa atribuir a caso fortuito ou força maior (CC, art. 583). A escolha efetuada pelo comodatário pela proteção de seus bens em desfavor daqueles do comodatário afigura-se fundamental à sua responsabilização.[13]

---

[13] Nessa direção, Carvalho Santos, sob a égide do Código Civil de 1916, registrou que o dispositivo não poderia ser interpretado de maneira absoluta e "não se aplicará o texto supra quando o comodatário tinha tido tempo de salvar apenas as coisas que estavam mais à mão, entre as quais não se encontrava o objeto do comodato. Aí, no caso de um incêndio, por exemplo, não se poderá dizer

A exclusão da responsabilidade do comodatário dependerá da demonstração de que os danos sofridos pela coisa decorreram de fato de terceiro ou de caso fortuito ou força maior, desde que não esteja em mora.

Excludentes de responsabilidade

No curso da execução contratual, o comodatário não poderá cobrar do comodante as despesas por ele incorridas no uso e gozo da coisa emprestada, consideradas ordinárias, vale dizer, gastos ordinários de manutenção do bem emprestado (CC, art. 584). Pode-se citar, como exemplo, os gastos com a revisão de carro tomado em empréstimo pelo comodatário. O Superior Tribunal de Justiça decidiu que o comodatário tem a obrigação de pagar o Imposto sobre Propriedade Predial e Territorial Urbana (IPTU) do imóvel emprestado, salvo se houver estipulação contratual expressa em sentido contrário. Entendeu o Eg. STJ que o tributo incidente sobre o imóvel constitui despesa ordinária, correndo, portanto, a cargo do comodatário.[14]

Despesas

Por outro lado, as despesas extraordinárias, assim consideradas por não se relacionarem à conservação do bem, uma vez realizadas sem o consentimento do comodante, apenas serão indenizadas se forem necessárias e urgentes, realizadas em situação na qual não há tempo hábil para requerer a autorização prévia do comodante, com vistas a evitar que o bem se deteriore.[15] Aplica-se, aqui, a disciplina das benfeitorias, de sorte que não serão indenizáveis as benfeitorias úteis ou voluptuárias. As benfeitorias necessárias, por sua vez, além de passíveis de indenização, admitem o direito de retenção.[16]

Na hipótese de pluralidade de comodatários de uma mesma coisa, esses responderão em caráter solidário perante o comodante (CC, art. 585). Trata-se de hipótese de solidariedade legal, que objetiva ampliar as garantias do comodante. Por conseguinte, os comodatários serão responsáveis pela conservação da coisa e responderão

Pluralidade das partes

---

que ele preferiu salvar o que lhe pertence. (...) A lei condena exatamente essa preferência injusta do comodatário, de maneira que, se as circunstâncias não permitirem uma escolha, não há, razoavelmente, responsabilidade do comodatário" (*Código Civil Brasileiro Interpretado*, vol. XVII, cit., pp. 421-422).

[14] Confira-se: "Agravo Interno no Agravo em Recurso Especial. Violação do art. 1.022 do CPC. Não ocorrência. Comodatário. Despesas. Ofensa ao art. 582 do CC. Não configuração. Enriquecimento ilícito. Não ocorrência. Ausência de violação do art. 884 do CC. Súmula n. 7 do STJ. Agravo Interno desprovido. 1. Inexiste ofensa ao art. 1.022 do CPC quando a corte de origem examina e decide, de modo claro e objetivo, as questões que delimitam a controvérsia, não ocorrendo nenhum vício que possa nulificar o acórdão recorrido. 2. Sendo o comodato espécie de contrato gratuito, não poderá o comodante ser onerado pelas despesas ordinárias da coisa, exceto em caso de consentimento expresso. 3. É dever do comodatário arcar com as despesas decorrentes do uso e gozo da coisa emprestada, assim como conservar o bem como se seu fosse, não implicando a referida responsabilidade em enriquecimento ilícito do comodante. 4. Afastar as conclusões do tribunal de origem acerca da responsabilidade do comodatário pelo pagamento do IPTU demandaria o necessário revolvimento do acervo fático-probatório dos autos, o que é vedado em recurso especial, nos termos da Súmula n. 7 do STJ. 5. Agravo interno desprovido" (STJ, 4ª T., AgInt no AREsp. 1.657.468, Rel. Min. João Otávio de Noronha, julg 21.8.2023, publ. DJ 23.8.2023).

[15] Na jurisprudência: TJMG, 17ª CC, Ap. 01438975120138130145, Rel. Des. Leite Praça, julg. 10.12.2015, publ. DJ 25.1.2016.

[16] No mesmo sentido, Caio Mário da Silva Pereira, *Instituições de Direito Civil*, vol. III, cit., p. 328, Orlando Gomes, *Contratos*, cit., p. 387, Sílvio Venosa, *Direito Civil*, vol. III, São Paulo: Atlas, 2013, 13ª ed., p. 202, livro digital; em sentido contrário, não admitindo o direito de retenção, Carvalho Santos, *Código Civil Brasileiro Interpretado*, vol. XVII, cit., p. 425.

solidariamente pelos prejuízos causados pela violação a este dever, ainda que os danos sejam imputáveis apenas a um dos comodatários, que, posteriormente, repartirão os prejuízos em ação de regresso; ou, ainda, pelo pagamento do aluguel-pena, na hipótese de mora na restituição do bem. Nada impede, contudo, que a autonomia privada afaste a solidariedade legal.

Aplicam-se, portanto, em caso de pluralidade de comodatários, as regras da solidariedade passiva (CC, arts. 275-285), tais como a impossibilidade de transmissão aos herdeiros da solidariedade na hipótese de falecimento do comodatário, os quais irão responder apenas pela sua quota-parte no quinhão hereditário, salvo se a obrigação for indivisível (CC, art. 276).

O comodante deverá, contudo, reivindicar o bem daquele em cuja posse se encontrar, na medida em que o comodato tem como objeto um bem individualizado, certo, inexistindo necessidade de se acionarem os demais comodatários.[17]

3. DEVERES DO COMODANTE

Reembolso de despesas extraordinárias

Vícios ocultos

O comodante tem a obrigação de reembolsar o comodatário pelas despesas extraordinárias e urgentes realizadas no bem, as quais representem gastos que excedam sua conservação normal (CC, art. 584). Além disso, o comodante deverá indenizar o comodatário pelos danos causados por vícios ocultos da coisa de que tinha conhecimento e dolosamente ocultou do comodatário.[18]

Mora do comodatário

Destaque-se o dever do comodante, nos contratos de prazo indeterminado, de atribuir ao comodatário prazo razoável ao uso concedido, não podendo, como visto, retomar o bem antes disso. Uma vez transcorrido o prazo razoável, o comodante deve notificar o comodatário da sua intenção de encerrar a relação contratual. Inexistindo tal notificação, não há que se falar em constituição em mora do comodatário, e, em consequência, não se mostra possível a propositura de ação de reintegração de posse, pois somente a recusa na restituição da coisa após a notificação do comodante caracteriza o

---

[17] Clovis Bevilaqua, *Código Civil dos Estados Unidos do Brasil*, vol. II, edição histórica, Rio de Janeiro: Ed. Rio, 1975, p. 358.

[18] Caio Mário da Silva Pereira, *Instituições de Direito Civil*, vol. III, cit., p. 328. Como já registrado em outra sede, em comentário ao art. 443, CC: "Deste artigo se depreende que a responsabilidade por vícios redibitórios não resulta de culpa ou má-fé. Já o direito romano atribuía a responsabilidade por vícios ocultos ao vendedor, ainda que ele próprio os ignorasse. Entende-se que se trata de um risco inerente aos negócios, cuja razão de ser é a segurança do comércio jurídico. O conhecimento do vício pelo alienante é indiferente, pois, para o caracterizar como redibitório. Mas é importante para determinar as suas consequências. E isto porque, se o alienante sabia que a coisa tinha um defeito, tal que, se o conhecesse, o adquirente não teria feito o negócio ou se disporia a despender uma prestação menor, ele deveria ter dado conhecimento desse fato ao interessado. Ocultar ou negar os defeitos que conhece, por forma a alimentar no adquirente expectativas que sabe não serão realizadas, constitui um procedimento doloso, de má-fé, que agrava a sua situação numa futura ação por vícios redibitórios. E assim é que, se o alienante não conhecia o vício, terá apenas que restituir o preço e as despesas do contrato. Se o conhecia e omitiu, além de pagar o preço e as despesas, terá ainda de ressarcir o adquirente pelas perdas e danos resultantes da situação criada" (Gustavo Tepedino et al., *Código Civil Interpretado*, vol. II, Rio de Janeiro: Renovar, 2012, 2ª ed., pp. 67-68).

esbulho.[19] No entanto, o Superior Tribunal de Justiça já dispensou específica notificação premonitória quando o comodatário possuía inequívoca ciência da intenção do comodante de reaver o bem e permaneceu recalcitrante na sua obrigação de restituição.[20]

Registre-se, ainda, a obrigação do comodante de receber a coisa em restituição, sob pena de ser constituído em mora (mora *accipiendi*). Nesses casos, o comodatário que deseja realizar a entrega da coisa poderá ajuizar ação de consignação.[21]

Mora do comodante

MÚTUO

4. CONCEITO. EFEITOS ESSENCIAIS

O mútuo consiste no contrato por meio do qual o mutuante transfere ao mutuário a propriedade de determinado bem fungível, assumindo o mutuário a obrigação de restituição de coisa do mesmo gênero, quantidade e qualidade no termo

Conceito

---

[19] Na jurisprudência: TJSP, 37ª C. D. Priv., Ap. 01730903120098260100, Rel. Des. Luís Fernando Lodi, julg 26.5.2011, publ. DJ 26.5.2011. Note-se ainda que, "cessado o comodato, por meio de notificação judicial ou extrajudicial, o condômino privado da posse do imóvel tem direito ao recebimento de aluguéis proporcionais a seu quinhão dos proprietários que permaneceram na posse exclusiva do bem, medida necessária para evitar o enriquecimento sem causa da parte que usufrui da coisa" (STJ, 4ª T., REsp 1.953.347/SP, Rel. Min. Antonio Carlos Ferreira, julg. 9.8.2022, publ. DJ 16.8.2022).

[20] Veja-se: "3. O propósito recursal é definir se, para fins de comprovação do esbulho, hábil a dar ensejo à proteção possessória em favor do espólio e do herdeiro beneficiário, é necessária a notificação prévia do(s) comodatário(s) ou se a ausência desta notificação pode ser suprida pela inequívoca ciência dos mesmos acerca do intuito daqueles em reaver o imóvel. (...) 7. Nos termos do art. 561 do CPC/2015, para fins de deferimento da tutela possessória, incumbe ao autor da ação provar i) a sua posse; ii) a turbação ou o esbulho praticado pelo réu; iii) a data da turbação ou do esbulho; e iv) a continuação da posse, embora turbada, na ação de manutenção, ou a perda da posse, na ação de reintegração. 8. Nos contratos de comodato firmados por prazo determinado, mostra-se desnecessária a promoção de notificação prévia – seja extrajudicial ou judicial – do comodatário, pois, logicamente, a mora constituir-se-á de pleno direito na data em que não devolvida a coisa emprestada, conforme estipulado contratualmente. Ao revés, tem-se como essencial a prévia notificação para rescindir o contrato verbal de comodato, quando firmado por prazo indeterminado, pois, somente após o término do prazo previsto na notificação premonitória, a posse exercida pelo comodatário, anteriormente tida como justa, tornar-se-á injusta, de modo a configurar o esbulho possessório. 9. No caso concreto, todavia, a despeito de o comodato ter-se dado por tempo indeterminado e de não ter havido a prévia notificação dos comodatários, não se pode conceber que os mesmos detinham a posse legítima do bem. Isso porque o próprio ajuizamento de ação cautelar inominada por parte do espólio - que se deu anteriormente à propositura da própria ação possessória - já demonstrava esse intuito, mostrando-se a notificação premonitória uma mera formalidade, inócua aos fins propriamente pretendidos. 10. Verificada a ciência inequívoca dos recorridos para que providenciassem a devolução do imóvel cuja posse detinham em função de comodato verbal com a falecida proprietária, configurado está o esbulho possessório, hábil a justificar a procedência da lide" (STJ, 3ª T., REsp. 1.947.697, Rel. Min. Nancy Andrighi, julg. 28.9.2021, publ. DJ 1.10.2022).

[21] Sobre a mora do comodante, anota Silvio de Salvo Venosa: "Findo o prazo do comodato, não é apenas direito, mas também obrigação do comodante receber a coisa em restituição. Recusando-se ou opondo-se a isso, deve ser constituído em mora, cabendo a ação de consignação a ser movida pelo comodatário. Importante para este a inversão do ônus da prova, tendo em vista a responsabilidade pela perda ou deterioração da coisa. A partir da imputação de mora ao comodante, o comodatário somente será responsável pelos danos decorrentes de dolo ou culpa. Com esse procedimento, afrouxa-se o dever de vigilância que o comodatário deve dedicar à coisa, mormente o enunciado no art. 583 (antigo 1.253)" (*Direito Civil*, vol. III, cit., pp. 200-201).

contratual (CC, art. 586). O mútuo destina-se, assim, a transferir a propriedade de bem fungível ao mutuário, com a finalidade de consumo por esse último. Por isso mesmo, o mutuante deverá ser o proprietário do bem objeto do mútuo, cuja tradição ao mutuário implica a transferência dos riscos da coisa a esse último (*res perit domino*). Vale dizer, o mutuário responderá pelos riscos da coisa a partir da tradição (CC, art. 587). A transferência da propriedade constitui meio para atingir a finalidade do contrato de mútuo, precisamente o consumo do bem fungível pelo mutuário.

Distinção para o comodato

O mútuo difere-se do comodato por representar empréstimo de bens fungíveis, destinados ao consumo do mutuário, os quais serão restituídos por coisa do mesmo gênero, qualidade e quantidade no fim do prazo contratual. Daí afirmar-se que o mútuo constitui empréstimo de consumo.

Objeto do mútuo

O mútuo terá como objeto, como mencionado, bens fungíveis. O mútuo *feneratício*, que tem por objeto dinheiro, afigura-se o mais comum, embora sejam também realizados mútuos de mercadorias e de títulos.[22] Quanto ao mútuo feneratício, admitem-se apenas os mútuos realizados em moeda corrente nacional, atendendo-se ao princípio do nominalismo (CC, art. 315). Permite-se, contudo, a estipulação em moeda estrangeira na hipótese prevista no art. 2º,[23] do Decreto-Lei 857, de 11 de setembro de 1969;[24] bem como considerava-se possível a indexação de dívidas à variação cam-

---

[22] A 3ª Turma do Superior Tribunal de Justiça entendeu, em recente decisão, que a sociedade empresária de factoring, embora não constitua instituição financeira, pode celebrar contrato de mútuo feneratício, devendo apenas respeitar as regras dessa espécie contratual aplicáveis aos particulares. Na ocasião, a Min. Rel. Nancy Andrighi pontuou que, "pela leitura dos dispositivos que regulamentam o tema, verifica-se não haver vedação no Código Civil brasileiro referente à estipulação de mútuo feneratício, tampouco restrições quanto aos sujeitos que podem integrar os polos da relação contratual" (STJ, 3ª T., REsp 1.987.016/RS, Rel. Min. Nancy Andrighi, julg. 6.9.2022, publ. DJ 13.9.2022).

[23] "Art. 2º. Não se aplicam as disposições do artigo anterior: I – aos contratos e títulos referentes a importação ou exportação de mercadorias; II – aos contratos de financiamento ou de prestação de garantias relativos às operações de exportação de bens e serviços vendidos a crédito para o exterior; (Redação dada pela Lei nº 13.292/2016); III – aos contratos de compra e venda de câmbio em geral; IV – aos empréstimos e quaisquer outras obrigações cujo credor ou devedor seja pessoa residente e domiciliada no exterior, excetuados os contratos de locação de imóveis situados no território nacional; V – aos contratos que tenham por objeto a cessão, transferência, delegação, assunção ou modificação das obrigações referidas no item anterior, ainda que ambas as partes contratantes sejam pessoas residentes ou domiciliadas no país. Parágrafo único. Os contratos de locação de bens móveis que estipulem pagamento em moeda estrangeira ficam sujeitos, para sua validade a registro prévio no Banco Central do Brasil".

[24] Nesse sentido, o STJ já decidiu: "O art. 1º da Lei 10.192/01 proíbe a estipulação de pagamentos em moeda estrangeira para obrigações exequíveis no Brasil, regra essa encampada pelo art. 318 do CC/02 e excepcionada nas hipóteses previstas no art. 2º do DL 857/69. A despeito disso, pacificou-se no STJ o entendimento de que são legítimos os contratos celebrados em moeda estrangeira, desde que o pagamento se efetive pela conversão em moeda nacional. 3. A indexação de dívidas à variação cambial de moeda estrangeira é prática vedada desde a entrada em vigor do Plano Real, excepcionadas as hipóteses previstas no art. 2º do DL 857/69 e os contratos de arrendamento mercantil celebrados entre pessoas residentes e domiciliadas no País, com base em captação de recursos provenientes do exterior (art. 6º da Lei nº 8.880/94). 5. Quando não enquadradas nas exceções legais, as dívidas fixadas em moeda estrangeira deverão, no ato de quitação, ser convertidas para a moeda nacional, com base na cotação da data da contratação, e, a partir daí, atualizadas com base em índice oficial de correção monetária" (STJ, 3ª T., REsp 1.323.219, Rel. Min. Nancy Andrighi, julg. 27.8.2013, publ. DJ 26.9.2013).

bial de moeda estrangeira nos contratos de arrendamento mercantil celebrados entre pessoas residentes e domiciliadas no País, com base em captação de recursos provenientes do exterior (art. 6º,[25] Lei 8.880/94). Essa última regra, todavia, foi revogada pela Lei 14.286/2021.

O mútuo não poderá ter como objeto bens imóveis.[26] A fungibilidade do bem afigura-se essencial à causa do mútuo, vocacionado a transferir a propriedade do bem que será consumido pelo mutuário.

O mútuo poderá ser gratuito ou oneroso. Configura-se o mútuo gratuito quando as partes não tiverem estipulado juros, constituindo-se, assim, contrato benéfico, de auxílio desinteressado, expressão de liberalidade do mutuante.[27] Entretanto, mesmo no mútuo gratuito, o mutuário em mora responde pelos juros moratórios, o que não desnaturaliza o mútuo gratuito em oneroso. O mútuo oneroso, por outro lado, se caracteriza pela cobrança de juros do mutuário em contraprestação ao empréstimo do bem fungível. Note-se que o mútuo oneroso não se confunde com a locação de bens fungíveis, vez que no mútuo há a transferência da propriedade do bem, ao passo que na locação se opera apenas a transferência da posse direta da coisa ao locatário.

> *Mútuo gratuito e oneroso*

A classificação do mútuo como contrato real ou consensual consiste em objeto de controvérsia doutrinária. Tradicionalmente, sustenta-se que o mútuo traduz contrato real, na medida em que se perfaz com a entrega efetiva do bem fungível, não se afigurando suficiente a simples manifestação de vontade. De outra parte, afirma-se que o consenso, por si só, tem o condão de aperfeiçoar o contrato de mútuo, de modo que a tradição constituiria apenas efeito do contrato (consensual) de mútuo.[28] A rigor,

> *Contrato real ou consensual?*

---

[25] "Art. 6º. É nula de pleno direito a contratação de reajuste vinculado à variação cambial, exceto quando expressamente autorizado por lei federal e nos contratos de arrendamento mercantil celebrados entre pessoas residentes e domiciliadas no País, com base em captação de recursos provenientes do exterior".

[26] Na síntese de Orlando Gomes: "Visto que o contrato recai em bens fungíveis, não há mútuo de imóveis" (*Contratos*, cit., p. 391).

[27] Clovis Bevilaqua, *Código Civil dos Estados Unidos do Brasil*, cit., p. 359.

[28] Parte da doutrina ressalta a natureza consensual de contratos de empréstimo bancário: "Ao lado do contrato de mútuo oneroso típico, conhecemos no direito comercial e, especialmente no direito bancário, diversas operações creditórias dele derivadas, como os financiamentos, onde o capital mutuado está obrigatoriamente destinado a particular emprego pelo mutuário, ou a abertura de crédito, que se caracteriza como promessa de mútuo, neste último caso tratando-se de contrato consensual e bilateral, como ocorre nos contratos chamados "Cheque Especial", também sujeitos às disposições pertinentes ao mútuo sempre que o empréstimo em dinheiro vem a se concretizar" (Eduardo Antônio Klausner, O contrato de mútuo no Novo Código Civil. *Revista da EMERJ*, vol. 5, n. 20, Rio de Janeiro: EMERJ, 2002, p. 170). V. tb. Ruy Rosado de Aguiar Júnior, Os contratos bancários e a jurisprudência do Superior Tribunal de Justiça. *Informativo Jurídico da Biblioteca Ministro Oscar Saraiva*, vol. 15, n. 1, p. 1-148, jan.-jun. 2003, p. 35: "O contrato de conta corrente é o contrato pelo qual o banco recebe numerário do correntista ou de terceiros e se obriga a efetuar pagamentos por ordem do cliente, pela utilização daqueles recursos, com ou sem limite de crédito. Ao contrário do contrato de depósito, que é real, o contrato de conta corrente, que se estabelece mediante o simples acordo de vontade, é contrato consensual. O contrato de abertura de crédito (que Nelson Abrão considera um contrato *sui generis*) é aquele pelo qual o banqueiro (creditador) põe à disposição do cliente dinheiro, bens ou serviços pelo tempo convencionado. Não é real, é consensual, pois pode não haver a entrega".

tal entendimento há de ser revisitado à luz da função ou finalidade desempenhada pelo mútuo no concreto regulamento de interesses.

Diversidade de função: diversidade de disciplina

Com efeito, no direito brasileiro, o mútuo pode assumir dupla função, com diversidade de disciplina, a depender de sua causa *in concreto*. Cuidando-se de mútuo oneroso ou feneratício, cujos efeitos essenciais abrangem a contraprestação do mutuário pelo empréstimo, o consenso mostra-se suficiente à formação do contrato, o qual será, portanto, consensual. Por outro lado, na hipótese de mútuo gratuito, cuja causa consiste na transferência do bem fungível sem contraprestação pelo mutuário, a *traditio* ou entrega material da coisa revela-se essencial à qualificação do mútuo, a determinar, nesse caso, a realidade do contrato.[29] A atribuição de natureza real ao contrato de mútuo gratuito se justifica, como no caso do comodato, pela mesma preocupação do legislador em dar juridicidade ao ambiente de cordialidade que, sem coercitividade alguma, antecede negócios gratuitos, com ofertas de liberalidades não concretizadas.

Contrato bilateral ou unilateral

Do mesmo modo, a classificação do mútuo como contrato bilateral ou unilateral dependerá da onerosidade ou gratuidade do empréstimo. Na hipótese de mútuo oneroso, o contrato revela-se bilateral, sendo certo que o pagamento de juros pelo mutuário consiste na contraprestação à transferência do capital pelo mutuante.[30] De outra parte, em caso de mútuo gratuito, o negócio será unilateral, inexistindo correspectivo para o empréstimo do bem fungível.[31]

Contrato informal e temporário

O contrato de mútuo, em regra, não requer forma especial, tratando-se de contrato não solene. Além disso, assim como o comodato, o mútuo consiste em contrato temporário, cujos efeitos se exaurem com a devolução do bem pelo mutuário no fim do prazo contratual.

Prazo

O mútuo pode ser convencionado por prazo determinado ou indeterminado. No contrato de prazo determinado, as partes se vinculam ao prazo pactuado, não podendo

---

[29]   Como elucidado em reconhecido trabalho doutrinário, "Enquanto no mútuo feneratício nada impede a configuração consensual, no mútuo dito gratuito, sem qualquer contraprestação correspectiva, somente a efetiva entrega do bem poderá indicar a vontade dirigida à contratação. A benevolência presente no mútuo sem correspectivo passa, através do mecanismo do contrato real, de simples motivo, irrelevante para o Direito, a fazer parte da zona da causa e justifica normativamente o ato. Como resultado, decorrente de uma visão funcional dos institutos jurídicos, tem a realidade caráter essencial, mas somente nos casos de contratação de mútuo não correspectivo; o mútuo feneratício (correspectivo em função do pagamento dos juros) responde a uma outra função, para a qual a estrutura consensual é suficiente" (Maria Celina Bodin de Moraes, O procedimento de qualificação dos contratos e a dupla configuração do mútuo no direito civil brasileiro. *Revista Forense*, vol. 309, ano 86, jan.-mar. 1990, p. 60).

[30]   V., nessa direção, Pontes de Miranda, Tratado de Direito Privado, p. 19: "o mútuo oneroso é contrato bilateral. O mútuo sem juros é contrato unilateral, sem que se possa dizer que o mutuante não tenha deveres" (*Tratado de Direito Privado*, tomo XLII, 3ª ed., São Paulo: Revista dos Tribunais, 1984, p. 19).

[31]   Vale notar que a maior parte doutrina (v., nesse sentido, Orlando Gomes, *Contratos*, cit., p. 390: "O mútuo é contrato *unilateral, gratuito ou oneroso*, e *real*. Quanto ao seu caráter unilateral não se levanta qualquer dúvida, mesmo o *mútuo feneratício,* porque a obrigação de pagar juros incumbe igualmente ao mutuário"), desatenta à função desempenhada pelo mútuo, considera-o contrato unilateral, ao argumento de que gera apenas obrigações ao mutuário, que deverá restituir o bem ao final do prazo e pagar juros na hipótese de mútuo oneroso. Todavia, como visto, há de ser revisitada a disciplina do mútuo segundo a sua função no concreto regulamento de interesses.

extinguir o contrato antecipadamente. Se o prazo tiver sido previsto em proveito exclusivo do devedor, este poderá restituir a coisa antes do término do prazo (CC, art. 133).[32] O mútuo, ao contrário do comodato, não tem uma regra geral que permita ao mutuante pedir a restituição do bem antes do prazo estipulado, por motivo de necessidade imprevista e urgente. Assim, estabelecido termo final, o mutuante deverá observá-lo.

Na hipótese de contrato de mútuo por prazo indeterminado, caberá, como sói ocorrer em contratos de prazo indeterminado, a denúncia vazia, isto é, a extinção do vínculo contratual a qualquer tempo sem justo motivo. Todavia, há de se observar determinado aviso prévio segundo a natureza do mútuo acordado, a fim de que se permita ao mutuário usufruir em alguma medida do bem emprestado.[33]

Nessa esteira, o art. 592 do Código Civil estabelece que, nos casos em que não haja prazo específico – e, portanto, o contrato seja de prazo indeterminado –, o prazo do mútuo será (i) até a próxima colheita, se o mútuo for de produtos agrícolas, tanto para consumo como para semeadura (inciso I); (ii) de 30 (trinta) dias, pelo menos, se for de dinheiro (inciso II); e (iii) pelo prazo que declarar o mutuante, se for de qualquer outra coisa fungível (inciso III). Nessa última hipótese, o mutuante, ao intimar o mutuário para a restituição da coisa equivalente à emprestada, deverá fixar prazo razoável que garanta, como observado, a possibilidade de proveito econômico do empréstimo pelo mutuário.[34]

Aviso prévio

5. DIREITOS E DEVERES DO MUTUANTE

O mutuante tem direito de reaver do mutuário o bem emprestado no mesmo gênero, qualidade e quantidade, no prazo ajustado. Cuidando-se de mútuo oneroso ou feneratício, o mutuante terá direito a receber o bem emprestado acrescido dos juros compensatórios, que se prestam a remunerar o capital emprestado e a compensar o risco de seu não recebimento.[35]

Direito à restituição do bem

Os juros presumem-se devidos no mútuo com fins econômicos, os quais, sob pena de redução, não poderão exceder a taxa a que se refere o art. 406 do Código Civil. A redação anterior do art. 591 do Código Civil permitia expressamente, ainda, a capitalização anual (CC, art. 591). Acontece que a Lei 14.905/2024, sobre atualização monetária e juros moratórios em ações de responsabilidade civil contratual e extracontratual, deu nova redação aos dois dispositivos legais, fixando que os juros moratórios serão

Presunção de onerosidade: juros

---

[32]   Sílvio de Salvo Venosa, *Direito Civil*: contratos em espécie, cit., p. 216.

[33]   Sobre o ponto, ressalta Orlando Gomes: "A todo tempo poderá o mutuário ser intimado a cumprir a obrigação de restituição, cabendo, porém, ao credor, fixar-lhe prazo razoável" (*Contratos*, cit., p. 393).

[34]   Gustavo Tepedino *et al.*, *Código Civil interpretado conforme a Constituição da República*, vol. II, 2, cit., p. 319.

[35]   Os juros remuneratórios "como o próprio nome deixa claro, são aqueles que remuneram diretamente o capital. São os juros devidos pelo uso de capital alheio, e que compensam o dono deste capital pelo tempo que o devedor dele faz uso. Também são considerados remuneratórios ou compensatórios os juros devidos ao proprietário do imóvel em caso de desapropriação, a partir da posse do mesmo pelo ente expropriante" (Rodrigo Garcia da Fonseca, Os juros à luz do Código Civil de 2002. In: Gustavo Tepedino *et al.*, *O Direito e o Tempo*, Rio de Janeiro: Renovar, 2008, p. 503).

fixados de acordo com a taxa Selic (divulgada pelo Banco Central), deduzido o índice de atualização monetária. Caso o resultado reste negativo, este será considerado igual a zero.[36] O legislador presume, portanto, a onerosidade do mútuo com fins econômicos.

Os juros consistem em frutos civis, cuja existência supõe a da prestação principal pecuniária. Por outras palavras, os juros traduzem rendimentos produzidos pela utilização econômica da coisa principal. Os juros seguem, portanto, a sorte da obrigação principal (CC, art. 92). Assim, o devedor paga juros ao credor por força da utilização do bem emprestado.[37] Os juros destinam-se, portanto, a remunerar o credor pelo uso do capital de que foi privado por determinado lapso temporal.[38]

Juros convencionais ou legais

Os juros classificam-se em convencionais ou legais. Os juros convencionais decorrem da convenção, de sorte que as partes estabelecem o seu pagamento como obrigação acessória à principal. Já os juros legais resultam de previsão legal, como se dá na hipótese do art. 395 do Código Civil, que determina o pagamento de juros pelo inadimplemento contratual.

Juros moratórios ou compensatórios

Os juros podem, ainda, ser moratórios ou compensatórios. Os juros moratórios incidem na hipótese de mora ou inadimplemento relativo, quando o devedor descumpre a obrigação contratual no tempo, modo ou local pactuado. Os juros compen-

---

[36] Eis a nova redação dos dois dispositivos legais, atribuídas pela Lei 14.905/2024: "Art. 591. Destinando-se o mútuo a fins econômicos, presumem-se devidos juros. Parágrafo único. Se a taxa de juros não for pactuada, aplica-se a taxa legal prevista no art. 406 deste Código" e "Art. 406. Quando não forem convencionados, ou quando o forem sem taxa estipulada, ou quando provierem de determinação da lei, os juros serão fixados de acordo com a taxa legal. § 1º A taxa legal corresponderá à taxa referencial do Sistema Especial de Liquidação e de Custódia (Selic), deduzido o índice de atualização monetária de que trata o parágrafo único do art. 389 deste Código. § 2º A metodologia de cálculo da taxa legal e sua forma de aplicação serão definidas pelo Conselho Monetário Nacional e divulgadas pelo Banco Central do Brasil. § 3º Caso a taxa legal apresente resultado negativo, este será considerado igual a 0 (zero) para efeito de cálculo dos juros no período de referência".

[37] Segundo Caio Mário da Silva Pereira, "chama-se juros as coisas fungíveis que o devedor paga ao credor, pela utilização de coisas da mesma espécie a este devidas" (*Instituições de Direito Civil*, vol. II, 26ª ed., Rio de Janeiro: Forense, 2014, p. 118).

[38] Conceitualmente, compreende-se por juro o "rendimento do capital, preço do seu uso, preço locativo ou aluguel do dinheiro, prêmio pelo risco corrido decorrente do empréstimo, cabendo aos economistas o estudo de sua incidência, da taxa normal em determinada situação e de suas repercussões na vida do País. Para o jurista, trata-se de um fruto civil, considerado o juro como coisa acessória em relação ao capital" (Arnoldo Wald, *Direito Civil*: Direito das obrigações e Teoria geral dos contratos, vol. II, São Paulo: Saraiva, 2009, p. 162). Como já se registrou: "Os juros constituem no preço pelo uso do capital, isto é, a expressão econômica da utilização do dinheiro e, por isso mesmo, são considerados frutos civis. O juro tem um duplo escopo, qual seja, por um lado, promover a remuneração do credor pela privação de seu capital e, por outro, compensar-lhe pelo risco de sua não restituição. Desta forma, pode-se dizer que, quanto maior a procura por capital e mais intenso o risco do inadimplemento, mais elevados serão os juros praticados no mercado; por outro lado, mais baixos serão os juros se escassa for a procura por capital e maior for a segurança na sua devolução. De tal assertiva advém o postulado, consagrado pelas ciências econômicas, de que o juro é proporcional, simultaneamente, ao montante do capital e ao período de tempo em que este permanece à disposição do devedor" (Gustavo Tepedino et al., *Código Civil Interpretado conforme a Constituição da República*, vol. I, Rio de Janeiro: Renovar, 2007, pp. 741-742). V. tb. Rodrigo Garcia da Fonseca, Os juros à luz do Código Civil de 2002, cit., pp. 496-497.

satórios ou remuneratórios, por sua vez, têm por finalidade compensar o credor pela privação de seu capital e pelo risco do não cumprimento da prestação principal e serão normalmente convencionais.[39]

Os juros legais moratórios encontram previsão no art. 406[40] do Código Civil. De acordo com a nova redação dada ao dispositivo legal, pela Lei 14.905/2024, que disciplinou a aplicação de atualização monetária e juros moratórios em ações de responsabilidade civil contratual e extracontratual, os juros moratórios serão fixados de acordo com a taxa Selic (divulgada pelo Banco Central), deduzido o índice de atualização monetária. Caso o resultado reste negativo, este será considerado igual a zero. Supera-se dessa forma a controvérsia, abaixo indicada, relativa ao índice aplicável e atribuiu-se ao Banco Central o dever de criar uma calculadora *on-line* para a simulação de taxa de juros legal. Esta taxa irá se aplicar nas hipóteses em que (i) as partes não convencionarem juros moratórios; (ii) as partes acordarem o pagamento de juros moratórios sem, contudo, estipular a taxa; e (iii) quando os juros moratórios decorrerem de previsão legal. *(Juros legais moratórios)*

Se, porventura, os juros moratórios fixados no mútuo ultrapassarem esta taxa prevista no art. 406 do Código Civil, os juros convencionados deverão ser reduzidos proporcionalmente para se adaptar ao estabelecido na lei, que fixa o teto dos juros moratórios. *(Limite legal dos juros moratórios)*

Doutrina[41] e jurisprudência[42] controvertiam acerca de qual seria a taxa a que alude o mencionado dispositivo. De um lado, entendia-se que a taxa seria aquela prevista no art. 161, § 1º, do CTN, ou seja, 1% (um por cento) ao mês. Por outro lado, defendia-se que a taxa aplicável aos juros moratórios devidos pelo contribuinte à Fazenda Nacional corresponderia à taxa SELIC (Sistema Especial de Liquidação e *(Taxa Selic)*

---

[39] "Distinguem-se ainda os juros convencionais dos legais, sendo que os primeiros decorrem da vontade das partes e os segundos, de imposição legislativa. Tanto os juros compensatórios quanto os moratórios podem ser legais ou convencionais, sendo que aqueles, de ordinário, originam-se da autonomia privada" (Gustavo Tepedino *et al.*, *Código Civil Interpretado conforme a Constituição da República*, vol. I, cit., p. 741-742).

[40] Eis a nova redação do art. 406 do Código Civil, dada pela Lei 14.905/2024: "Art. 406. Quando não forem convencionados, ou quando o forem sem taxa estipulada, ou quando provierem de determinação da lei, os juros serão fixados de acordo com a taxa legal. § 1º A taxa legal corresponderá à taxa referencial do Sistema Especial de Liquidação e de Custódia (Selic), deduzido o índice de atualização monetária de que trata o parágrafo único do art. 389 deste Código. § 2º A metodologia de cálculo da taxa legal e sua forma de aplicação serão definidas pelo Conselho Monetário Nacional e divulgadas pelo Banco Central do Brasil. § 3º Caso a taxa legal apresente resultado negativo, este será considerado igual a 0 (zero) para efeito de cálculo dos juros no período de referência".

[41] Na I Jornada de Direito Civil, aprovou-se o Enunciado 20, segundo o qual "a taxa de juros moratórios a que se refere o art. 406 é a do art. 161, § 1º, do Código Tributário Nacional, ou seja, um por cento ao mês. A utilização da taxa SELIC como índice de apuração dos juros legais não é juridicamente segura, porque impede o prévio conhecimento dos juros; não é operacional, porque seu uso será inviável sempre que se calcularem somente juros ou somente correção monetária; é incompatível com a regra do art. 591 do novo Código Civil, que permite apenas a capitalização anual dos juros, e pode ser incompatível com o art. 192, § 3º, da Constituição Federal, se resultarem juros reais superiores a doze por cento ao ano".

[42] No STJ, já se entendeu pacificamente pela aplicação do índice previsto no CTN: "Pacífico o entendimento desta Corte no sentido de que, no cálculo dos juros de mora, na restituição de indébito tributário, aplica-se a taxa de 1% ao mês, a partir do trânsito em julgado da decisão judicial (arts. 161, § 1º, e 167, parágrafo único, do CTN)" (STJ, 1ª T., REsp 813.260, Rel. Min. José Delgado, julg. 3.8.2006, publ. DJ 31.8.2006).

Custódia, do Banco Central), nos termos da Lei 9.065, de 20 junho 1995. Era recorrente, então, o entendimento de que os juros legais moratórios seriam fixados segundo a taxa SELIC.[43] Todavia, a recente Lei 14.905/2024 alterou tal entendimento, ao disciplinar a aplicação de atualização monetária e juros moratórios em ações de responsabilidade civil contratual e extracontratual. De um lado, nos termos do novo parágrafo único do art. 389 do Código Civil, desde que não haja previsão diversa em contrato ou em lei específica, a atualização monetária seguirá a variação do Índice Nacional de Preços ao Consumidor Amplo (IPCA), apurado pelo IBGE, ou o índice que o substituir.[44] De outra parte, pela nova redação do art. 406 do Código Civil, os juros moratórios serão fixados de acordo com a taxa Selic (divulgada pelo Banco Central), deduzido o índice de atualização monetária. Caso o resultado reste negativo, este será considerado igual a zero. Supera-se dessa forma a controvérsia relativa ao índice aplicável e atribuiu-se ao Banco Central o dever de criar uma calculadora on-line para a simulação de taxa de juros legal.

Exceção de inseguridade

Caso o mutuário sofra notória mudança em sua situação econômica antes do vencimento da obrigação, o mutuante poderá exigir garantia de seu cumprimento, isto é, que o mutuário ofereça garantia da restituição do bem emprestado no termo contratual, *ex vi* do art. 590 do Código Civil.[45] Se o mutuário não prestar a garantia, ocorrerá o vencimento antecipado da obrigação.[46] Cuida-se de especificação da regra relativa à exceção de inseguridade prevista no art. 477 do Código Civil,[47] a qual busca tutelar o credor em hipótese de dúvida quanto ao cumprimento da prestação decorrente de abalo econômico superveniente sofrido pelo devedor.

Ordinariamente, a doutrina associa a exceção de inseguridade ao mútuo oneroso, no qual o pagamento de juros constitui a contraprestação ao capital emprestado, a justificar a exigência de garantia ao cumprimento da obrigação na hipótese de superveniente alteração econômica no patrimônio do mutuário.[48] A se considerar

---

[43] A jurisprudência do Superior Tribunal de Justiça firmou-se pela aplicação da SELIC a partir do acórdão paradigma do Ministro Teori Zavascki. V., STJ, Corte Especial EREsp. 727.842, Rel. Min. Teori Albino Zavaski, julg. 8.9.2008, publ. DJ 20.11.2008. Na jurisprudência recente, v. STJ, 3ª T., REsp 1.279.173, Rel. Min. Paulo de Tarso Sanseverino, julg. 4.4.2013, publ. DJ 9.4.2013.

[44] Eis a nova redação do art. 389 do Código Civil, dada pela Lei 14.905/2024: "CC/2002, "Art. 389. Não cumprida a obrigação, responde o devedor por perdas e danos, mais juros, atualização monetária e honorários de advogado. Parágrafo único. Na hipótese de o índice de atualização monetária não ter sido convencionado ou não estar previsto em lei específica, será aplicada a variação do Índice Nacional de Preços ao Consumidor Amplo (IPCA), apurado e divulgado pela Fundação Instituto Brasileiro de Geografia e Estatística (IBGE), ou do índice que vier a substituí-lo."

[45] "Art. 590. O mutuante pode exigir garantia da restituição, se antes do vencimento o mutuário sofrer notória mudança em sua situação econômica".

[46] Ricardo Fiuza, *Novo Código Civil Comentado*, São Paulo: Saraiva, 2002, p. 528. No mesmo sentido: Nelson Rosenvald. In: Cezar Peluso, *Código Civil Comentado: doutrina e jurisprudência*, Barueri: Manole, 2013, 7ª ed., p. 614.

[47] "Art. 477. Se, depois de concluído o contrato, sobrevier a uma das partes contratantes diminuição em seu patrimônio capaz de comprometer ou tornar duvidosa a prestação pela qual se obrigou, pode a outra recusar-se à prestação que lhe incumbe, até que aquela satisfaça a que lhe compete ou dê garantia bastante de satisfazê-la".

[48] Carlos Roberto Gonçalves, *Direito Civil brasileiro*, vol. III, 7ª ed., São Paulo: Saraiva, 2010, p. 357.

que a norma contida no art. 590 do Código Civil não efetuou qualquer distinção entre mútuo oneroso e gratuito e que a exceção de inseguridade constitui regra geral aplicável aos contratos em geral, entende-se que a disposição deve se aplicar tanto ao mútuo gratuito quanto ao oneroso.

O mútuo, por implicar transferência da propriedade, deverá ser celebrado por aquele que é dono do bem mutuado. Desse modo, caso o mútuo seja realizado por pessoa diversa do proprietário do bem mutuado, o negócio será nulo (CC, art. 166, II) e o mutuante poderá ser punido, no âmbito penal, como estelionatário (CP, art. 171, § 2º, I). Assim, o empréstimo de coisa alheia obriga o detentor do bem a devolvê-lo a seu verdadeiro dono. Se o bem não mais existir, surge a obrigação de indenizar. Se, no entanto, o bem fungível não mais existir por ter sido consumido por mutuário de boa-fé, pode o dono do bem agir contra o mutuante, pleiteando perdas e danos (CC, art. 182). *Mútuo a non domino*

Se o mutuante celebrar o mútuo com pessoa menor, sem prévia autorização daquele que detém a sua guarda, não poderá reaver o bem emprestado do mutuário, tampouco de seus fiadores (CC, art. 588). Pretende-se, assim, proteger os menores – presumidamente inexperientes – de possível exploração por mutuantes usurários. Os empréstimos realizados a menores, portanto, serão ineficazes quando não autorizados por seus legítimos representantes ou por aqueles sob cuja guarda estiverem, os quais têm a função primordial de velar pela direção da sua vida civil. Se o menor for absolutamente incapaz, o negócio será nulo (CC, art. 166, I); ao passo que, se o menor for relativamente incapaz, o mútuo será anulável (CC, art. 171), podendo, neste último caso, o contrato ser ratificado ou confirmado pelas partes (CC, art. 589, I). Mutuário menor

A ineficácia do contrato de mútuo celebrado com mutuário menor de idade cessa nas hipóteses previstas no art. 589 do Código Civil. A primeira hipótese refere-se ao menor que celebra o mútuo sem a participação de seu representante legal. Cuida-se de vício por ausência de representação, se o menor for absolutamente incapaz (CC, art. 3º); ou de assistência, na hipótese de incapacidade relativa (CC, art. 4º). Nesses casos, o vício desaparecerá quando for suprida a falta de autorização por meio de posterior ratificação do ato pelos representantes legais, que se opera retroativamente (CC, art. 176).[49] No caso de incapacidade absoluta, não é permitido o suprimento posterior desta incapacidade pelo juiz. Isto é, não será possível aos representantes do menor incapaz ou ao juiz ratificar ou confirmar o negócio jurídico já realizado (CC, art. 168, parágrafo único),[50] pois se trata de hipótese de nulidade, que não convalesce. Nesse caso, o contrato de mútuo será considerado nulo e não produzirá os efeitos desejados. Ratificação do ato

Além disso, o mútuo mostra-se eficaz se o menor tiver obtido o empréstimo para sua subsistência, ou, na dicção legal, "para os seus alimentos habituais". A locução "ali-

---

[49] "Art. 176. Quando a anulabilidade do ato resultar da falta de autorização de terceiro, será validado se este a der posteriormente".

[50] "Art. 168. As nulidades dos artigos antecedentes podem ser alegadas por qualquer interessado, ou pelo Ministério Público, quando lhe couber intervir. Parágrafo único. As nulidades devem ser pronunciadas pelo juiz, quando conhecer do negócio jurídico ou dos seus efeitos e as encontrar provadas, não lhe sendo permitido supri-las, ainda que a requerimento das partes".

mentos" é utilizada em sentido amplo, abrangendo os alimentos naturais, necessários para a subsistência do menor, e os civis, complementares para a manutenção da sua condição socioeconômica, como, por exemplo, os gastos com educação.[51]

De outra parte, o mútuo celebrado pelo menor revela-se válido e eficaz quando esse possui economia própria e bens adquiridos pelo seu trabalho, que evidentemente estarão excluídos da administração dos pais. Nesse caso, o menor tem a livre disposição dos seus bens, que responderão pelo mútuo. Esse mútuo, contudo, não poderá ultrapassar as forças do seu patrimônio, sob pena de ser considerado inválido o saldo que ultrapassar este limite. Tal disposição não se aplica nas hipóteses em que o menor com dezesseis anos completos se emancipa, por força de lei, em razão de possuir economia própria (CC, art. 5º, V). Afinal, emancipando-se, torna-se o menor plenamente capaz de realizar todos atos da vida civil, incluindo a celebração de contratos de mútuo.

De outra parte, se o empréstimo se reverte em benefício do menor considera-se perfeito e acabado, pois se presume que esse benefício se refere à sua subsistência, podendo, portanto, ser reavido do menor, sob pena de enriquecimento ilícito (CC, art. 884). No entanto, de igual modo, se o empréstimo concedido a menor beneficiar diretamente a pessoa que o representa e que deveria autorizá-lo, o mutuante poderá reaver o que emprestou, acionando aquele que se aproveitou.

Dolo do menor

Considera-se, ainda, o mútuo válido e eficaz se o menor houver ocultado a idade dolosamente, de modo que a idade não poderá ser alegada como forma de evitar a restituição daquilo que lhe foi emprestado. Nesse caso, não pode o menor alegar a própria torpeza, devendo o mutuário menor restituir tudo aquilo que lhe foi emprestado (*malitia supplet aetatem*).

6. DIREITOS E DEVERES DO MUTUÁRIO

Inexistência de indenização por benfeitorias

Diversamente do que ocorre com o comodato, no mútuo, o mutuário não tem direito à indenização por eventuais benfeitorias realizadas na coisa. Isto porque o mútuo transfere a propriedade da coisa ao mutuário, que passa a ser o único interessado na realização das benfeitorias no bem. Ao mutuário caberá apenas a restituição do bem equivalente ao que recebeu, de mesmo gênero, qualidade e quantidade, independentemente do destino do bem mutuado.

Obrigação de restituição

No término do prazo contratual, caberá ao mutuário restituir a coisa do mesmo gênero, qualidade e quantidade do bem recebido. Cuidando-se de mútuo oneroso, caberá ao mutuário restituir o bem com os juros devidos. Caso o mutuário descumpra essa obrigação, o mutuante poderá ajuizar a ação de execução específica de obrigação contratual cumulada com o pagamento das perdas e danos devidos em razão do inadimplemento, caso ainda tenha interesse na prestação descumprida. Se, por outro lado, o mutuante não tiver interesse na execução específica da obrigação, poderá ingressar com ação indenizatória, pleiteando o equivalente pecuniário da pres-

---

[51] Nesse sentido, Arnoldo Wald, *Obrigações e Contratos*, São Paulo: Revista dos Tribunais, 1998, 13ª ed., pp. 437-438.

tação inadimplida mais as perdas e danos cabíveis. Não é dado ao mutuante ajuizar ações possessórias para a retomada do bem, vez que, tendo se operado a transferência da propriedade com o mútuo, o mutuante não exerce mais a posse sobre o bem.

Por outro lado, o mutuário terá o direito de usufruir do bem emprestado pelo prazo contratual estabelecido; ou, na hipótese de contrato por prazo indeterminado, pelo lapso temporal razoável ao seu proveito econômico, observando-se o disposto no art. 592 do Código Civil.[52]

7. USURA E ANATOCISMO

Os juros revelam-se forma justa de compensação ao mutuante pelo tempo e riscos do empréstimo, desde que não sejam exorbitantes e não caracterizem a usura. A despeito das diversas orientações legislativas que se sucederam no tempo a respeito da regulamentação dos juros, com maior ou menor intervenção do Estado na ordem econômica, o anatocismo – a cobrança de juros sobre juros – e a usura sempre consistiram em objeto de repressão por parte do ordenamento jurídico.[53]

Vedação ao anatocismo

No Brasil, verificou-se movimento cíclico de repressão e liberdade na prática de juros. As Ordenações Filipinas previram um capítulo dedicado aos "contratos usurários", que determinava que: "Nenhuma pessoa, de qualquer estado e condição que seja, dê ou receba dinheiro, prata, ouro, ou qualquer outra quantidade pesada, medida, ou contada à usura, por que possa haver, ou dar alguma vantagem, assim por via de empréstimo, como de qualquer outro contrato, de qualquer qualidade, natureza e condição que seja, e de qualquer nome que possa ser chamado". A norma era rígida e impunha sanções severas, pois, ao lado da perda do montante pecuniário, era estipulado também a pena de degredo à África, a demonstrar a enorme reprovabilidade social da conduta, em razão, especialmente, das fortes influências do Direito Canônico.

Evolução histórica

Mais tarde, a Lei de 24 de outubro de 1832 determinou que: "O juro ou prêmio de dinheiro, de qualquer especie, será aquelle que as partes convencionarem", rompendo com o paradigma antigo e proclamando a liberdade contratual (art. 1º). Também o Código de 1916, na esteira do liberalismo contratual, não dispôs contra os juros convencionais, asseverando no art. 1.064 que o devedor estará obrigado aos juros de mora, "que se contarão assim às dívidas em dinheiro, como às prestações de outra natureza, desde que lhes esteja fixado o valor pecuniário por sentença judicial, arbitramento, ou acordo entre as partes".[54]

---

[52] "Art. 592. Não se tendo convencionado expressamente, o prazo do mútuo será:
I – até a próxima colheita, se o mútuo for de produtos agrícolas, assim para o consumo, como para semeadura;
II – de trinta dias, pelo menos, se for de dinheiro;
III – do espaço de tempo que declarar o mutuante, se for de qualquer outra coisa fungível".

[53] Sobre a evolução histórica da usura, cfr. Caio Mário Pereira da Silva, *Instituições de Direito Civil*, vol. II, 26ª ed., Rio de Janeiro: Forense, 2014, pp. 120-121.

[54] Sobre a disposição do antigo Código Civil, explica Caio Mário: "Expressão das ideias individualistas de seu tempo, o Código Civil nada dispõe contra os juros convencionais, deixados assim livres, mas

A crise mundial pela qual passaram os países após a quebra da Bolsa de Nova Iorque em 1929 fez com que o legislador brasileiro mitigasse a liberdade na fixação dos juros. Nessa direção, o art. 9º, Decreto n.º 22.626, de 7 de abril de 1933, chamado de Lei da Usura, dispôs que: "Não é válida a cláusula penal superior a importância de 10% do valor da dívida". Além disso, o Supremo Tribunal Federal estabeleceu o enunciado da Súmula 121, de 1963, com o seguinte teor: "é vedada a capitalização de juros, ainda que expressamente convencionada".

Lei da Usura

Posteriormente, esse limite à cobrança de juros restou atenuado nas relações bancárias e financeiras, nas quais se permitiu, com o advento da Lei 4.595, de 31 de dezembro de 1964, a cobrança de juros não limitados às taxas estipuladas no Decreto n.º 22.626/1933, mas sim às taxas do mercado, tendo sido esta orientação legislativa seguida pelos Tribunais. Nesse sentido, o Supremo Tribunal Federal editou a Súmula 596, de 1976, nos seguintes termos: "as disposições do Decreto 22.626, de 1933, não se aplicam às taxas de juros e aos outros encargos cobrados nas operações realizadas por instituições públicas ou privadas, que integram o sistema financeiro nacional". Nessa direção, entendeu a jurisprudência que a revisão da taxa de juros cobrada só será permitida se reputada abusiva.[55]

Relações bancárias

---

cuida apenas dos legais. Com poucos anos desta liberdade contratual, a opressão foi-se fazendo sentir dia a dia, até atingir proporções assustadoras e antieconômicas: estabelecimentos de crédito emprestavam a 18 e até 24% ao ano, em desconto por dentro. Particulares mutuavam dinheiro a 36%, acrescidos de comissão que elevava a taxa a 48 e até 60%" (*Lesão nos Contratos*: edição com referência à Constituição de 1988, ao projeto do Código de Obrigações de 1965, ao Projeto do Código Civil de 1975 e ao Código de Defesa e Proteção do Consumidor, Rio de Janeiro: Forense, 1993, p. 128).

[55] Assim, considerou o STJ, em decisão de agosto de 2004: "Quanto aos juros, o entendimento firmado no STJ é no sentido de que com o advento da Lei nº 4.595/64, diploma que disciplina de forma especial o Sistema Financeiro Nacional e suas instituições, restou afastada a incidência da Lei de Usura no tocante à limitação dos juros, tendo ficado delegado ao Conselho Monetário Nacional poderes normativos para limitar as referidas taxas. Portanto, as limitações impostas pelo Decreto nº 22.626/33 não se aplicam às taxas de juros cobradas pelas instituições bancárias ou financeiras em seus negócios jurídicos, cujas balizas encontram-se no contrato e nas regras de mercado, salvo as exceções legais (*v.g.*, crédito rural, industrial e comercial). (...) Por outro lado, ainda que aplicável às instituições bancárias a Lei nº 8.078/90, a Segunda Seção desta Corte, em 12.03.2003, no julgamento do REsp 407.097, Relator para o acórdão o Ministro Ari Pargendler, sedimentou o entendimento de que o pacto referente à taxa de juros só pode ser alterado se reconhecida sua abusividade em cada hipótese, desinfluente para tal fim a estabilidade inflacionária no período e imprestável o patamar de 12% ao ano, já que sequer a taxa média de mercado, que não é potestativa, se considera excessiva, para efeito de validade da avença" (STJ, 4ª T., AgRg. no REsp 540.881, Rel. Min. Aldir Passarinho Junior, julg. 10.8.2004, publ. DJ 8.11.2004). Tal entendimento foi consolidado em Recurso Especial Repetitivo: "(...) a) As instituições financeiras não se sujeitam à limitação dos juros remuneratórios estipulada na Lei de Usura (Decreto 22.626/33), Súmula 596/STF; b) A estipulação de juros remuneratórios superiores a 12% ao ano, por si só, não indica abusividade; c) São inaplicáveis aos juros remuneratórios dos contratos de mútuo bancário as disposições do art. 591 c/c o art. 406 do CC/02; d) É admitida a revisão das taxas de juros remuneratórios em situações excepcionais, desde que caracterizada a relação de consumo que a abusividade (capaz de colocar o consumidor em desvantagem exagerada – art. 51, § 1º, do CDC) fique cabalmente demonstrada, ante às peculiaridades do julgamento em concreto" (STJ, 2ª S., REsp 1.061.530, Rel. Min. Nancy Andrighi, julg. 22.10.2008, publ. DJ 10.3.2009). Os precedentes atuais mantêm o posicionamento: STJ, 3ª T., AgI no AREsp. 1.149.073, Rel. Min. Paulo de Tarso Sanseverino, julg.8.4.2019, publ. DJ 15.4.2019; STJ, 4ª T, AgI no AREsp. 1.212.188, Rel. Min. Marco Buzzi, julg. 27.11.2018, publ. DJ 7.12.2018.

Ainda sobre o tema, editou-se a Medida Provisória 1.963-17, reeditada sob o 2.170-36, de 23 de agosto de 2001, que, em seu art. 5º, autoriza a capitalização de juros com periodicidade inferior a um ano nas operações realizadas pelas instituições integrantes do Sistema Financeiro Nacional. Ressalte-se, entretanto, que o Superior Tribunal de Justiça restringe sua aplicação às hipóteses em que as partes assim pactuaram expressamente e apenas nos contratos celebrados quando a referida medida provisória já se encontrava vigente.[56]

Medida Provisória n.º 2.170-36

Convém observar que a Constituição Federal disciplinava os juros no art. 192, § 3º, limitando a taxa de juros reais a 12% ao ano. Essa norma consistiu em objeto de extensa discussão doutrinária e jurisprudencial. Em 7 de março de 1991, o Supremo Tribunal Federal, no âmbito da ADIN n.º 4, julgou a norma do art. 192, § 3º, como não autoaplicável, indicando, portanto, a necessidade de lei complementar que estabelecesse o conceito de "juros reais", de modo a regulamentar a norma constitucional. Posteriormente, o art. 192, § 3º, foi revogado pela Emenda Constitucional n.º 40, de 29 maio de 2003. Registre-se, ainda, a Medida Provisória n.º 2.172-32, de 23 de agosto de 2001, que determina a nulidade de estipulações usurárias, dentre as quais aquelas com taxas superiores às legalmente permitidas.

Medida Provisória n.º 2.172-32

Com o advento do Código de Defesa do Consumidor, as relações contratuais de mútuo convencionadas com bancos e instituições financeiras passaram a ser regidas e tuteladas pela lei consumerista. Aplicam-se, portanto, aos contratos de mútuo firmados com as instituições financeiras, os princípios do CDC e as regras atinentes às cláusulas abusivas e à revisão contratual.[57]

---

[56] Tal assunto também foi objeto de apreciação em Recurso Repetitivo: "(...) 1. A capitalização de juros vedada pelo Decreto 22.626/1933 (Lei de Usura) em intervalo inferior a um ano e permitida pela Medida Provisória 2.170-36/2001, desde que expressamente pactuada, tem por pressuposto a circunstância de os juros devidos e já vencidos serem, periodicamente, incorporados ao valor principal. Os juros não pagos são incorporados ao capital e sobre eles passam a incidir novos juros. 2. Por outro lado, há os conceitos abstratos, de matemática financeira, de 'taxa de juros simples' e 'taxa de juros compostos', métodos usados na formação da taxa de juros contratada, prévios ao início do cumprimento do contrato. A mera circunstância de estar pactuada taxa efetiva e taxa nominal de juros não implica capitalização de juros, mas apenas processo de formação da taxa de juros pelo método composto, o que não é proibido pelo Decreto 22.626/1933. 3. Teses para os efeitos do art. 543-C do CPC: – 'É permitida a capitalização de juros com periodicidade inferior a um ano em contratos celebrados após 31.3.2000, data da publicação da Medida Provisória n. 1.963-17/2000 (em vigor como MP 2.170-36/2001), desde que expressamente pactuada' – 'A capitalização dos juros em periodicidade inferior a anual deve vir pactuada de forma expressa e clara. A previsão no contrato bancário de taxa de juros anual superior ao duodécuplo da mensal é suficiente para permitir a cobrança da taxa efetiva anual contratada'" (STJ, 2ª S., REsp 973.827, Rel. Min. Luis Felipe Salomão, julg. 8.8.2012, publ. DJ 24.9.2012). As teses fixadas são aplicadas nos precedentes recentes: STJ, 3ª T., AgI no AREsp. 1.319.737, Rel. Min. Paulo de Tarso Sanseverino, julg. 10.6.2019, publ. DJ 14.6.2019; STJ, 4ª T., AgI no AREsp. 1.330.481, Rel. Min. Raul Araújo, julg. 21.5.2019, publ. DJ 5.6.2019; STJ, 3ª T., AgI no AREsp. 1.362.943, Rel. Min. Marco Aurélio Bellizze, julg. 25.3.2019, publ. DJ 28.3.2019.

[57] Nesse sentido, o STJ decidiu: "A razão de ser do mútuo bancário não afasta a incidência dos regramentos contidos no Código de Defesa do Consumidor" (STJ, 3ª T., REsp 1.405.105, Rel. Min. Ricardo Villas Bôas Cueva, julg. 26.11.2013, publ. DJ 23.5.104). Por outro lado, afasta-se o CDC quando o mutuário é empresa em busca de capital de giro: "Contrato de mútuo bancário. Crédito destinado ao capital de giro da empresa. Relação de consumo afastada. Reexame de matéria fática da lide. Impossibilidade. Enunciado 7 da súmula do STJ. Título executivo extrajudicial. Lei 10.931/2004. (...)

Na esteira da proteção ao consumidor, o STJ editou a Súmula 603, segundo a qual: "É vedado ao banco mutuante reter, em qualquer extensão, os salários, vencimentos e/ou proventos de correntista para adimplir o mútuo (comum) contraído, ainda que haja cláusula contratual autorizativa, excluído o empréstimo garantido por margem salarial consignável, com desconto em folha de pagamento, que possui regramento legal específico e admite a retenção de percentual". Todavia, a redação da súmula vinha gerando interpretações divergentes. Os Tribunais estavam entendendo que a súmula proibia todo e qualquer desconto realizado em conta corrente, mesmo em conta que não fosse salário, e mesmo com autorização concedida pelo correntista. Contudo, o escopo do enunciado consistia em impedir que as instituições financeiras se apropriassem de remuneração depositada em conta de sua administração para solver dívidas do correntista para com o próprio banco. Por conta desse descompasso hermenêutico, o STJ optou por cancelar a súmula, em 22 de agosto de 2018.

8. OS EFEITOS DA PANDEMIA DE COVID-19 NOS CONTRATOS DE MÚTUO BANCÁRIO

A pandemia do novo coronavírus afetou os contratos de mútuo bancário, agravando o endividamento dos brasileiros. Como se sabe, o mútuo bancário traduz importante mecanismo de distribuição de crédito no Brasil, por meio do qual a instituição financeira empresta dinheiro em contraprestação à promessa de pagamento futuro, no prazo acordado.[58] Para que o crédito seja precificado e o risco do financiador seja corretamente verificado, é fundamental a atuação das instituições de cadastro de consumidores.[59]

Nas operações de mútuo bancário para obtenção de capital de giro não são aplicáveis as disposições da legislação consumerista" (STJ, 4ª T., AgI no AREsp. 1.078.556, Rel. Des. Maria Isabel Gallotti, julg. 16.11.2017, publ. DJ 23.11.2017).

[58] Nesse sentido, esclarece a doutrina: "em qualquer operação de crédito sempre ocorre a troca de um valor presente e atual por um valor futuro. No mútuo ou em qualquer modalidade de empréstimo, a prestação atual do credor corresponde à prestação futura do devedor. Para a melhor noção de crédito, se faz necessário estudar seus dois elementos: a) a confiança: quem aceita, em troca de sua mercadoria ou seu dinheiro, a promessa de pagamento futuro, confia no devedor; b) o tempo: constituindo o prazo, o intervalo, o período que medeia entre a prestação presente e atual e a prestação futura" (Antônio Carlos Efing, Contratos e procedimentos bancários à luz do Código de Defesa do Consumidor. In: Antonio Herman V. Benjamin e Claudia Lima Marques (coords.). *Biblioteca de Direito do Consumidor*, vol. 12, São Paulo: Revista dos Tribunais, 2012, 2ª ed., p. 421). Invoque-se recente precedente do Superior Tribunal de Justiça, sob o rito dos recursos repetitivos (Tema 1.085) que consolidou o entendimento segundo o qual o limite de desconto do empréstimo consignado não se aplica aos contratos de mútuo bancário em que o cliente autoriza o débito das prestações em conta corrente. Nas palavras do voto do Min. Rel. Marco Aurélio Bellizze: "São lícitos os descontos de parcelas de empréstimos bancários comuns em conta-corrente, ainda que utilizada para recebimento de salários, desde que previamente autorizados pelo mutuário e enquanto esta autorização perdurar, não sendo aplicável, por analogia, a limitação prevista no § 1º do art. 1º da Lei n. 10.820/2003, que disciplina os empréstimos consignados em folha de pagamento" (STJ, 2ª S., REsp 1.863.973/SP, Rel. Min. Marco Aurélio Bellizze, julg. 9.3.2022, publ. DJ 15.3.2022).

[59] Sobre a importância dos bancos de dados na Era da Informação: "Em que pese a identificação dos tempos atuais como a era da informação, os atores do mercado são anônimos, raramente se conhecem. As relações de compra e venda de produtos e serviços são fugazes e automáticas. É justamente nesse

Nesse particular, o Código de Defesa do Consumidor prevê expressamente a existência de cadastros, fichas e registros de dados pessoais dos consumidores. Segundo a norma, os cadastros devem ser objetivos, claros e verdadeiros, além de formulados em linguagem de fácil compreensão (CDC, art. 43). Incentiva-se, assim, que os fornecedores alimentem bancos de dados com as informações relativas ao adimplemento pelos consumidores. No entanto, para que a inscrição negativa de um consumidor inadimplente seja legítima, é necessário o cumprimento de diversos requisitos legais.

Em primeiro lugar, a dívida deve ser existente e deve estar vencida. Em segundo lugar, o crédito deve ser líquido e certo. Por fim, deve haver expresso aviso ao devedor, de modo a oportunizar o pagamento ou o questionamento, pelo inadimplente, quanto à legalidade ou existência do débito.[60-61]

Apesar da legitimidade dos cadastros negativos, o Poder Público vem realizando uma série de medidas para proteger os consumidores com pendências bancárias que tiveram sua renda afetada em razão da pandemia do novo coronavírus.

Nesse sentido, destaque-se o Projeto de Lei 675/2020, que visava inserir o art. 17-B na Lei 12.414/2014, que trata dos bancos de dados de consumo no Brasil. A inclusão indicada apresentava a seguinte redação: "Esta Lei suspende as inscrições de registros de informações negativas dos consumidores, bem como os efeitos dessas informações, em cadastros, conforme previsto no § 2º do art. 43 da Lei nº 8.078/90, de 11 de setembro e 1990 (Código de Defesa do Consumidor), por birôs de crédito que fazem análise financeira e que fornecem informações para decisões de crédito, desde que as inscrições tenham sido realizadas após a decretação do estado de calamidade pública relacionada à pandemia da Covid-19, reconhecida pelo Decreto Legislativo 6, de 20 de março de 2020". O Projeto de Lei foi aprovado no Senado Federal, mas vetado totalmente pela mesa diretora da Câmara dos Deputados em 30 de junho de 2020.

Apesar do não prosseguimento da proposta legislativa, é importante notar que a iniciativa protetiva não vem apenas do Poder Legislativo. Com efeito, o Banco Central do Brasil e Conselho Monetário Nacional editaram, por ocasião da decretação do estado de calamidade no Brasil, uma série de atos normativos a fim de mitigar o impacto causado pela pandemia da covid-19 na economia brasileira. À guisa de exemplo, editaram, conjuntamente, a Resolução 4.782/2020, que estabeleceu a possibilidade

---

contexto de anonimato dos atores do mercado de bens e serviços que se destacam as atividades exercidas pelos bancos de dados de proteção ao crédito, vale dizer, das entidades que têm por principal objeto a coleta, o armazenamento e a transferência a terceiros (credores potenciais) de informações pessoais dos pretendentes à obtenção de crédito" (Leonardo Roscoe Bessa, *Cadastro positivo*: comentários à Lei 12.414, de 9 de junho de 2011, São Paulo: Revista dos Tribunais, 2011, p. 24).

[60] Luiz Antonio Rizzatto Nunes, *Curso de direito do consumidor*, São Paulo: Saraiva, 2012, 7ª ed., p. 649.

[61] O STJ consolidou entendimento pela necessidade do aviso prévio: "Súmula 359. Cabe ao órgão mantenedor do Cadastro de Proteção ao Crédito a notificação do devedor antes de proceder à inscrição".

de renegociação e prorrogação de vencimento de dívidas bancárias, empréstimos e financiamentos.[62]

Ao lado das iniciativas governamentais, também existem ações da sociedade civil. A Associação Nacional dos Bureaus de Crédito (ANBC), órgão representante de Serasa, SPC Brasil e outras empresas gestoras de bancos de dados prorrogaram o prazo para o devedor ter o nome inscrito no cadastro negativo de crédito. Com a determinação, o prazo entre a notificação e a efetiva inscrição, que antes era de 10 (dez) dias, passou a ser de 45 (quarenta e cinco), em função da crise causada pela pandemia do novo coronavírus.[63] Em sentido semelhante, a Federação Brasileira de Bancos (Febraban) afirmou, durante a pandemia, o compromisso dos 5 (cinco) maiores bancos do país em atender a pedidos de prorrogação, por 60 (sessenta) dias, dos vencimentos de dívidas de seus clientes pessoas físicas e micro e pequenas empresas, sendo certo que a medida valia para contratos de créditos.[64-65]

Com fundamento nessa lógica protetiva, as decisões judiciais proferidas durante a pandemia acolheram pedidos de suspensão das cobranças dos mútuos bancários ou de inscrição em cadastros negativos dos consumidores inadimplentes.[66] Verificou-se, assim, a iniciativa dos três Poderes e da sociedade civil em adotar medidas para

---

[62] Dispõe a resolução: "Art. 1º Para fins de gerenciamento do risco de crédito, as reestruturações de operações de crédito realizadas até 30 de setembro de 2020, inclusive: I – ficam dispensadas de ser consideradas como indicativo para fins do disposto no § 1º do art. 24 da Resolução nº 4.557, de 23 de fevereiro de 2017, e no § 1º do art. 27 da Resolução nº 4.606, de 19 de outubro de 2017, com vistas à caracterização da respectiva exposição como ativo problemático; e II – possibilitam a imediata reversão da caracterização da exposição como ativo problemático que tenha sido efetuada com base exclusivamente no inciso I do § 1º do art. 24 da Resolução nº 4.557, de 2017, ou no inciso I do § 1º do art. 27 da Resolução nº 4.606, de 2017. § 1º O disposto no *caput* não se aplica à reestruturação de operações: I – já caracterizadas como ativos problemáticos na data de publicação desta Resolução; ou II – com evidências de ausência de capacidade financeira da contraparte para honrar a obrigação nas novas condições pactuadas. § 2º Deve ser mantida à disposição do Banco Central do Brasil por cinco anos a documentação de análise de crédito relativas às reestruturações realizadas no âmbito desta Resolução".

[63] ANBC. Comunicado da ANBC – Associação Nacional dos Bureaus de Crédito. Disponível em: https://www.anbc.org.br/home.php. Acesso em: 6.9.2020.

[64] Febraban. Tire suas dúvidas sobre as medidas anunciadas pelos bancos. Disponível em: https://portal.febraban.org.br/noticia/3421/pt-br/. Acesso em: 6.9.2020.

[65] Destaque-se que até mesmo o BNDES anunciou a possibilidade de suspensão de pagamento de juros remuneratórios e principal por parte de seus clientes: "O BNDES é o Banco de Desenvolvimento do Brasil e, nesse momento, precisamos cumprir com a nossa missão apoiando as empresas brasileiras a superar a crise. Por isso, no âmbito do Plano de Ação Emergencial de apoio à manutenção de capacidade produtiva, emprego e renda, estamos oferecendo a possibilidade de suspensão de juros remuneratórios e principal por seis meses para os nossos clientes. Inicialmente, a possibilidade abarcava apenas as operações diretas (subcréditos diretos) e indiretas automáticas, porém, em Reunião de Diretoria do BNDES de 02.04.2020, foi aprovada a inclusão da possibilidade de suspensão temporária de pagamento ('standstill') para operações indiretas não automáticas e mistas (subcréditos indiretos). É importante mencionar que em qualquer modalidade de operação, as parcelas suspensas serão capitalizadas no saldo devedor, sem alteração do prazo final dos contratos" (BNDES. Suspensão de pagamentos para operações diretas e indiretas não automáticas – Medida emergencial. Disponível em: bit.ly/2VDqQAP: Acesso em: 6.9.2020).

[66] Confiram-se, nesse sentido, os seguintes julgados: TJSP, 22ª C. D. Priv., AgI. 2067269-27.2020.8.26.0000, Rel. Des. Roberto Mac Cracken, julg. 15.4.2020, publ.*DJ* 8.5.2020. Também no primeiro grau: TJSP,

garantir a proteção dos mutuários, consumidores de empréstimos bancários, durante a crise econômica causada pela pandemia do novo coronavírus.

PROBLEMAS PRÁTICOS

1. Em mútuo bancário, os encargos moratórios cobrados pela instituição financeira ao mutuário inadimplente podem ser cumulados com a comissão de permanência? Existe algum limite ao estabelecimento da comissão de permanência?

2. A empresa de tecidos Mercedes Têxtil S.A. instalou uma nova fábrica em uma região rural com escasso abastecimento de água. Ao iniciar suas operações, os dirigentes da companhia notaram que o terreno localizado ao lado de sua planta industrial estava desocupado e possuía um poço para captação de água subterrânea. Os empresários, então, conversaram com o proprietário do terreno, Sérgio, que concordou em ceder o imóvel em comodato, para permitir que a empresa utilizasse a fonte hídrica. O contrato foi feito sem prazo determinado. Após o transcurso de 20 (vinte) anos desde a pactuação, Sérgio tomou conhecimento de que a reserva de água subterrânea de sua propriedade havia se esgotado há 10 (dez) anos, e que Mercedes Têxtil S.A. vinha utilizando o terreno como depósito de lixo de sua fábrica. Sérgio, então, notificou Mercedes Têxtil S.A. sobre sua intenção de extinguir o comodato, requerendo a devolução do imóvel. Mercedes Têxtil S.A., porém, se recusou a desocupar o terreno, argumentando que o comodato feito sem prazo determinado somente poderia ser resolvido em razão de necessidade imprevista do comodante, o que Sérgio não teria demonstrado. A quem assiste razão?

Acesse o *QR Code* e veja a Casoteca.

> http://uqr.to/1pdq1

22ª Vara Cível do Foro Central da Comarca de São Paulo, Processo 1027465-60.2020.8.26.0100, Juiz de Direito Mario Chiuvite Júnior, julg. 31.3.2020.

Capítulo V
PRESTAÇÃO DE SERVIÇOS

SUMÁRIO: 1. Conceito e efeitos essenciais – 2. Características – 3. Obrigações do tomador do serviço – 4. Obrigações do prestador de serviços – 5. Prazo e formas de extinção do contrato – 6. Responsabilidade civil do terceiro cúmplice – Problemas práticos.

1. CONCEITO E EFEITOS ESSENCIAIS

Concebido no Direito Romano como espécie de locação de coisas, designada por *locatio conductio operarum*, o contrato de prestação de serviços tinha por objeto o esforço humano, isto é, o desempenho, por parte do *"locator"*, em favor do *"conductor"*, de serviços normalmente atribuídos aos escravos, em geral tarefas manuais. À guisa de exemplo, contratava-se o *"locator"* para trabalhar por um dia, realizando tudo que fosse determinado pelo *"conductor"*.[1] A *"locatio conductio operarum"* (prestação de serviços) teria se originado da *"locatio conductio rei"* (locação de coisas), de sorte que quando esta tinha por objeto um escravo, o *"conductor"* podia se utilizar dos serviços dele.[2] A prestação das denominadas *"operae"* se revestia de natureza personalíssima, de modo que a morte do *"locator"* determinava o fim do contrato. *Evolução histórica*

Essa concepção influenciou o legislador de 1916, que tratou todas as espécies de prestação serviços ou trabalhos lícitos desempenhados mediante remuneração como *"locação de serviços"*.[3] À evidência, esse tratamento, associado à coisificação

---

[1] Otávio Pinto e Silva, O Direito Romano e as Origens do Trabalho Autônomo. *Revista da Faculdade de Direito*, São Paulo: Universidade de São Paulo, pp. 351-352.
[2] José Carlos Moreira Alves, *Direito romano*, vol. 2, Rio de Janeiro: Forense, 1980, p. 211.
[3] Nesse sentido, o art. 1.216 do Código Civil de 1916 dispunha: "Toda a espécie de serviço ou trabalho lícito, material ou imaterial, pode ser contratada mediante retribuição".

da pessoa, não mais se justifica na legalidade constitucional, em que a dignidade da pessoa humana consiste em valor fundante do ordenamento jurídico, a determinar a funcionalização das situações jurídicas patrimoniais às existenciais.

Objeto do contrato de prestação de serviços

Por essa razão, modificou-se a concepção sobre os elementos essenciais do contrato de prestação de serviços. Se, à época da servidão humana, entendia-se que o objeto do negócio consistia na força de trabalho, ou mesmo no arrendamento da própria pessoa, contemporaneamente, compreende-se que o objeto do contrato de prestação de serviços é a prestação da atividade, sem importar a sujeição total do prestador ao contratante.[4]

Natureza residual

Nessa esteira, o Código Civil de 2002 substituiu a designação "locação de serviços" pela "prestação de serviços",[5] disciplinando, no âmbito dessa modalidade contratual, toda prestação de serviço que não esteja sujeita às relações trabalhistas ou a leis especiais (CC, art. 593). Vale dizer: o diploma civil regula a prestação de serviços entre particulares que não configure relação trabalhista, de consumo ou outra regida por lei especial. Afirma-se, assim, em doutrina, que o regramento do Código Civil tem natureza residual.[6] A qualificação do contrato como prestação de serviços decorre da identificação de sua causa, isto é, de sua mínima unidade de efeitos essenciais, que, à evidência, se diferencia da causa do contrato de trabalho. Uma vez qualificado o negócio como prestação de serviços, a identificação da disciplina aplicável em lei especial afastará as disposições do Código Civil.

Relação trabalhista: distinções

A relação trabalhista, expressamente excluída da incidência da normativa civil, deu origem a ramo de direito próprio, em decorrência da necessidade de normas mais protetivas ao trabalhador, que levassem em conta a falta de paridade técnica e econômica entre empregador e empregado. A relação de trabalho possui traços distintivos que são geralmente reunidos nas seguintes características: subordinação, habitualidade ou continuidade, onerosidade, pessoalidade ou infungibilidade e a necessidade de a prestação do trabalho ser desempenhada por pessoa física.[7]

Embora o contrato de prestação de serviço apresente conteúdo semelhante ao contrato de trabalho, com ele não se confunde, sendo certo que o contrato de presta-

---

[4] Destaque-se a lição de Caio Mário da Silva Pereira: "O *objeto* da obrigação do empregado é a *prestação da atividade*, resultante da energia humana aproveitada por outrem, e tanto pode ser intelectual, como material, ou física. Não se compreende mais, como queria Planiol, que o objeto do contrato fosse a própria força de trabalho, ou a energia mesma existente na pessoa, suscetível de utilização por outra pessoa, e muito menos é aceitável que nele haja o arrendamento da própria pessoa, tudo isso refletindo uma concepção hoje superada da fase da servidão humana" (*Instituições de Direito Civil*, vol. III, Rio de Janeiro: Forense, 2016, 20ª ed., p. 358).

[5] Como registra Caio Mário da Silva Pereira: "Não foi, portanto, em virtude de mero luxo de nomenclatura que a expressão *locação de serviços* desprestigiou-se, encontrando nesta outra, *prestação de serviços*, o substantivo preferencial, mas pelo fato de ter parecido a primeira, a muitos juristas, atentatória da dignidade humana" (*Instituições de Direito Civil*, vol. III, cit., pp. 355-356).

[6] V., nessa direção, Silvio de Salvo Venosa: *Direito Civil*, vol. III, São Paulo: Atlas, 2013, 13ª ed., p. 222, livro digital.

[7] Na doutrina especializada: Maurício Godinho Delgado, *Curso de Direito do Trabalho*, São Paulo: LTr, 2017, 16ª ed., p. 313.

ção de serviço é marcado pela liberdade da autonomia privada, enquanto as relações trabalhistas se caracterizam por forte intervenção estatal e incidência de normas de ordem pública.

Quanto aos traços distintivos, verifica-se que o contrato de trabalho sempre terá como empregado pessoa física, nunca pessoa jurídica. A pessoalidade ou o caráter *intuitu personae* consiste, assim, em efeito essencial ao contrato de trabalho. Os contratos de prestação de serviços, em contrapartida, embora possam ser celebrados em função da pessoa, podem ter como prestadores de serviços pessoas jurídicas, de sorte que a infungibilidade não se lhe afigura essencial.

Ao contrário da relação trabalhista, caracterizada pela continuidade ou habitualidade da prestação desempenhada pelo trabalhador, o prestador de serviço atua em caráter eventual, restringindo-se ao desempenho da prestação pactuada no contrato.

Além disso, o prestador de serviço não tem vínculo de subordinação ou de dependência. Ao contrário do empregado, subordinado às ordens do empregador, o prestador de serviço tem espaço de autonomia e de autodeterminação em relação ao modo de execução da prestação (i.e. independência técnica) e ao resultado a ser alcançado.[8]

A despeito da distinção entre as figuras, por vezes, revela-se difícil proceder à diferenciação, especialmente quando os contratantes simulam[9] um contrato de prestação de serviços, que, na realidade, oculta relação empregatícia. O objetivo de tal fraude é, em regra, afastar a incidência das normas de ordem pública protetivas ao trabalhador e dos demais regramentos que circundam esse tipo contratual, como as normas especiais de tributação, por exemplo. Um dos principais expedientes usados para este fim é a chamada "pejotização", por meio da qual o empregador constitui uma pessoa jurídica para figurar como prestador de serviço, a afastar à primeira vista a qualificação da relação como trabalhista. Entretanto, se, a despeito da existência de pessoa jurídica no polo contratado, a relação for dotada de continuidade e, principalmente, subordinação, haverá claro intuito simulatório. Nesse sentido, o melhor entendimento é aquele que determina, em caso de dúvida, a aplicação das normas concernentes à relação de trabalho, com a intenção de se proteger a parte hipossuficiente.[10]

Além da relação de trabalho, o Código Civil exclui do seu âmbito de incidência as relações regidas por lei especial. É o caso, por exemplo, da prestação de serviços de telecomunicações, regida pela Lei 9.472, de 16 de julho de 1997, que dispõe sobre

> *Simulação*

> *Legislação especial*

---

[8] Confira-se o que diz Orlando Gomes sobre o ponto: "A parte que presta o serviço estipulado não o executa sob a direção de quem se obriga a remunerá-lo e utiliza os métodos e processos que julga convenientes, traçando, ela própria, a orientação técnica a seguir, e assim exercendo sua atividade profissional com liberdade. Na realização do trabalho não está subordinada a critérios estabelecidos pela outra parte. Enfim, é juiz do modo por que o serviço deve ser prestado" (*Contratos*, cit., p. 355).

[9] Sobre a simulação nos negócios jurídicos, confira-se a doutrina estrangeira: Francesco Ferrara, *Simulazione dei negozi giuridici. Nuovo Digesto Italiano*, Torino: UTET, 1940, p. 307.

[10] Destaque-se, nesse sentido: Gustavo Tepedino et al., *Código Civil interpretado conforme a Constituição da República*, vol. II, Rio de Janeiro: Renovar, 2012, 2ª ed., p. 321.

a exploração desses serviços, bem como sobre o funcionamento do órgão regulador, a Agência Nacional de Telecomunicações – ANATEL. Enumerem-se, ainda, as relações de consumo, disciplinadas pela Lei 8.078/90, as quais abrangem a prestação de serviços a um destinatário final.[11] Nas relações de consumo, as normas do Código Civil serão derrogadas em favor da aplicação da Lei 8.078/90.

Conceito   Delimitado o campo de aplicação das disposições do Código Civil, pode-se conceituar o contrato de prestação de serviços como negócio jurídico por meio do qual uma pessoa se obriga a prestar, em caráter eventual e sem vínculo de subordinação, serviço material ou imaterial mediante remuneração (CC, art. 594). Figuram, assim, como partes do contrato de prestação de serviços, de um lado, o tomador do serviço ou contratante e, de outro lado, o prestador de serviço, contratado. O prestador de serviços se compromete a desempenhar, em favor do tomador de serviços, obrigação de fazer, que se traduz em serviço material (*v.g.* contrato de prestação de serviços de marcenaria) ou imaterial (*v.g.* prestação de serviços por profissionais liberais, como advogados, médicos, arquitetos etc.).

Ênfase no fazer   A atividade humana – física ou intelectual – constitui, portanto, o objeto do contrato de prestação de serviços. Nessa esteira, para fins de qualificação contratual, a ênfase do contrato de prestação de serviços recai no *facere,* isto é, na obrigação de fazer assumida pelo prestador de serviços, a configurar, no comum dos casos, obrigação de meio.[12]

---

[11]   O art. 2°, CDC, conceitua o consumidor nos seguintes termos: "Art. 2°. Consumidor é toda pessoa física ou jurídica que adquire ou utiliza produto ou serviço como destinatário final". A doutrina consumerista diverge quanto à amplitude do conceito de consumidor. Sobre o ponto, Claudia Lima Marques, defensora da corrente maximalista, entende que o CDC é "um sistema tutelar que prevê exceções em seu campo de aplicação sempre que a pessoa física ou jurídica preencher as qualidades objetivas de seu conceito e as qualidades subjetivas (vulnerabilidade), mesmo que não preencha a de destinatário final econômico do produto ou serviço" (*Contratos no Código de Defesa do Consumidor*: o novo regime das relações contratuais, São Paulo: Revista dos Tribunais, 2002, 4ª ed., p. 279). Sobre a teoria finalista, confira-se: "Para a teoria finalista, a proteção do consumidor visa equilibrar a relação profundamente desigual estabelecida com o fornecedor. Neste contexto, não faria sentido uma proteção especial àqueles que utilizam o produto ou serviço como insumos ou etapas de sua atividade produtiva, devendo, em consequência, tal relação ser regida pelas normas da legislação civil ou comercial. Assim, a teoria finalista preconiza que consumidor é apenas o destinatário final econômico, ou seja, aquele que frui o produto ou serviço para proveito próprio ou familiar, não o utilizando em atividade econômica empresarial" (Roberto Augusto Castellanos Pfeiffer, Aplicação do Código de Defesa do Consumidor aos serviços públicos. *Revista de Direito do Consumidor,* vol. 65, jan.-mar. 2008, pp. 226-252). Nesse sentido, aprovou-se o Enunciado n°. 20 da I Jornada de Direito Comercial: "Não se aplica o Código de Defesa do Consumidor aos contratos celebrados entre empresários em que um dos contratantes tenha por objetivo suprir-se de insumos para sua atividade de produção, comércio ou prestação de serviços". A jurisprudência tem se inclinado para uma teoria finalista mitigada: "(...) O Código de Defesa do Consumidor não se aplica no caso em que o produto ou serviço é contratado para implementação de atividade econômica, já que não estaria configurado o destinatário final da relação de consumo (teoria finalista ou subjetiva). Tem-se mitigado a aplicação dessa teoria quando ficar comprovada a condição de hipossuficiência técnica, jurídica ou econômica da pessoa jurídica" (STJ, 3ª T., Agi no EDcl no AREsp. 1.401.381, Rel. Min. Marco Aurélio Bellizze, julg. 24.6.2019, publ. DJ 27.6.2019).

[12]   Embora o advogado assuma obrigação de meio, a 3ª Turma do Superior Tribunal de Justiça entendeu que, "nos contratos de prestação de serviços advocatícios com cláusula de êxito, são devidos

Por outras palavras, em regra, a prestação de serviços tem por finalidade o desempenho de atividade humana, de natureza material ou imaterial, em favor do tomador de serviço, de sorte que o prestador de serviços não se compromete com a obtenção de determinado resultado. Tal aspecto permite diferenciar o contrato de prestação de serviço da empreitada, a qual, como se verá, abarca a prestação de certo serviço com vistas à entrega de obra material ou imaterial. O empreiteiro compromete-se, assim, a, segundo instruções recebidas, atingir certo resultado, isto é, a entrega da obra, de sorte que a empreitada, embora compreenda o fazer humano, tem sua ênfase na obrigação de dar.

Distinção com a empreitada

Parte da doutrina alerta para o fato de que a prestação de serviços poderá compreender a obtenção de certo resultado, a exemplo da entrega de parecer por um advogado. Neste caso, as teses a serem desenvolvidas e as conclusões obtidas para a resposta à consulta ou aos quesitos do consulente são inteiramente fruto do alvedrio do prestador do serviço, a denotar a ênfase no fazer. Desse modo, também nesse caso, o contrato se qualifica como prestação de serviços, a afastar a empreitada.[13]

O prestador de serviço poderá ser contratado para a execução de serviço específico; ou, caso o trabalho não tenha sido especificado, entende-se que o contratado se obrigou a todo e qualquer serviço compatível com suas forças e condições (CC, art. 601).

Serviço contratado

2. CARACTERÍSTICAS

Trata-se de contrato bilateral ou sinalagmático, vez que as obrigações assumidas pelo prestador de serviços encontram sua causa jurídica naquelas contraídas pelo tomador. Vale dizer: há vínculo de interdependência entre o serviço a ser prestado e a obrigação de pagar a remuneração pelo tomador.[14]

Bilateralidade e onerosidade

---

os honorários quando o cliente impõe infundado obstáculo ao êxito na demanda" (STJ, AgInt no AREsp 1.888.655/SP, Rel. Min. Nancy Andrighi, julg. 13.12.2021, publ. DJ 15.12.2021).

[13] Como elucida Orlando Gomes: "Desde, porém, que, em muitos casos, a prestação prometida é o resultado do trabalho, cumpre isolar as relações que não configuram empreitada. Tais são, em princípio, aquelas nas quais a atividade não consiste na realização de obra material propriamente dita. Repugna admitir, como de empreitada, o contrato pelo qual um advogado se obriga a responder a determinada consulta. Seria igualmente chocante considerar empreiteiro o médico que faz visitas domiciliares ou atende no consultório. O próprio contrato com um cirurgião para determinada intervenção não pode ser considerado empreitada. Do mesmo modo, o contrato em que alguém se obriga a participar de representação teatral, e assim por diante, até porque, na maioria desses contratos, o resultado esperado é inseguro, não se podendo prever se será eficaz. A remuneração é devida ainda quando não seja, porque o que se tem em mira, por força das circunstâncias, é o "resultado a produzir imediatamente em virtude da atividade". Não está subordinada ao fato de se alcançar o resultado esperado, eis que origina obrigações de meios. Ajustam-se melhormente a tais contratos as regras da antiga locação de serviços do que as da empreitada. Por suas particularidades, devem ser incluídos na categoria dos contratos de prestação de serviços na espécie que, à falta de melhor denominação, pode ser designado contrato de prestação de serviços *stricto sensu*" (*Contratos*, cit., p. 354).

[14] Nessa direção, no julgamento do REsp 1.799.039, a 3ª Turma do Superior Tribunal de Justiça considerou que "em se tratado de contrato de prestação de serviços firmado entre dois particulares os quais estão em pé de igualdade no momento de deliberação sobre os termos do contrato,

O contrato de prestação de serviços afigura-se oneroso, pois pressupõe benefícios e ônus econômicos para ambas as partes.[15] O art. 594 do Código Civil, nessa direção, estabelece que todo serviço ou trabalho lícito, material ou imaterial, poderá ser contratado mediante retribuição, de sorte a estabelecer a presunção de onerosidade ao contrato de prestação de serviços.[16] A corroborar a onerosidade do contrato de prestação de serviços, o art. 596 do Código Civil determina que, no silêncio das partes ou na falta de acordo, a retribuição será fixada por arbitramento, segundo o costume do lugar, o tempo de serviço e sua qualidade; e o art. 597 dispõe que a retribuição será devida após a prestação de serviço se não houver de ser adiantada ou paga em prestações. Em contrapartida, sustenta-se a possibilidade de contrato de prestação de serviços gratuito.[17] Todavia, o caráter gratuito da prestação de serviços acabaria por desnaturalizá-la, afastando a disciplina codificada, em cuja essência está a remuneração pelo esforço humano. De outra parte, a Lei 9.608, de 18 de fevereiro de 1998, disciplina o trabalho voluntário, que se destina às hipóteses específicas em que o tomador é entidade pública de qualquer natureza ou instituição privada de fins não lucrativos que tem objetivos cívicos, culturais, educacionais, científicos, recreativos

---

considerando-se a atividade econômica por eles desempenhada, inexiste legislação específica apta a conferir tutela diferenciada para este tipo de relação, devendo prevalecer a determinação do art. 421, do Código Civil" (STJ, 3ª T., REsp 1.799.039/SP, Rel. Min. Moura Ribeiro, Rel. p/ acórdão Min. Nancy Andrighi, julg. 4.10.2022, publ. DJ 7.10.2022).

[15] A onerosidade do contrato de prestação de serviços embasou decisão do Superior Tribunal de Justiça que condenou Instituição de ensino superior, descadastrada do MEC durante a execução do contrato de prestação de serviços educacionais, a restituir ao aluno os valores correspondentes às mensalidades pagas, uma vez que não teriam providenciado a sua transferência, tampouco comprovado a possibilidade de aproveitamento das disciplinas cursadas em outra instituição de ensino. Nas palavras do Min. Relator, "nos contratos de prestação de serviços educacionais celebrados com instituições privadas de ensino superior, embora a obrigação seja cindida em diversas prestações durante certo lapso temporal, é certo que o objetivo final do aluno é a obtenção do diploma, pois, só assim, terá a possibilidade de buscar uma vaga no mercado de trabalho. Logo, se a entidade de ensino superior não oferecer meios para a satisfação desse interesse, estará caracterizado o inadimplemento total do contrato. Se, apesar do descadastramento da instituição privada de ensino superior junto ao MEC, for providenciada a transferência do aluno para outra entidade, nos termos do art. 57, incisos II e III, do atual Decreto 9.235/2017 (art. 57, §§ 1º e 2º, do antigo Decreto 5.773/2006), viabilizando-se, por conseguinte, o término do curso, estará configurado o adimplemento parcial, não havendo que se falar em restituição, ao aluno, do montante pago para cursar as disciplinas finalizadas. Por outro lado, se a instituição descredenciada não proporcionar o término do curso em outra entidade e não houver prova de que o aluno usufruiu das disciplinas concluídas junto à instituição, porque obteve êxito no seu aproveitamento em outra entidade, o valor pago pelo aluno referente às matérias cursadas deverá ser a ele restituído. Nessa hipótese, a parcela do contrato cumprida pela instituição de ensino privado não teve utilidade para o credor" (STJ, 3ª T., REsp 2.008.038/MG, Rel. Min. Nancy Andrighi, julg. 8.11.2022, publ. DJ 11.11.2022).

[16] Como registrado em outra sede: "Faz parte da essência da prestação de serviços a remuneração. É elemento essencial ao contrato, na medida em que a retribuição pecuniária é consequência da realização de atividade humana. A presunção, portanto, será de onerosidade dos serviços" (Gustavo Tepedino et al., *Código Civil interpretado conforme a Constituição da República*, cit., p. 324).

[17] Segundo Carlos Roberto Gonçalves: "Não se presume a gratuidade na prestação de serviços, malgrado não seja ela incompatível com essa espécie de contrato. No entanto, só valerá se ajustada expressamente e não configurar abuso ou má-fé do outro contratante" (*Direito Civil brasileiro*, vol. III, 7ª ed., São Paulo: Saraiva, 2010, p. 361). Nessa direção, o Enunciado 541 da VI Jornada de Direito Civil do Conselho da Justiça Federal, dispõe que: "O contrato de prestação de serviços pode ser gratuito".

ou de assistência à pessoa.[18] Tal lei específica, contudo, não autoriza a conclusão de que o direito brasileiro admite a prestação de serviços gratuita.

A remuneração, que corresponde aos honorários do prestador de serviço, po- **Remuneração**
derá ser ajustada em pecúnia ou em retribuição não pecuniária, como o desempenho de obrigação de fazer pelo tomador do serviço. Nessa última hipótese, o contrato de prestação de serviço se transmudará em contrato atípico.

As partes ajustarão a remuneração no livre exercício de sua autonomia privada. Caso não a tenham estipulado, haverá sua determinação por arbitramento, levando em consideração o tempo e a qualidade do serviço e os costumes do lugar em que foi celebrado (CC, art. 596). O arbitramento será feito por perito extrajudicialmente ou no curso da ação judicial; ou, ainda, pelo próprio magistrado.

No que tange ao tempo do pagamento, o Código Civil estabelece regra disposi- **Tempo do pagamento**
tiva segundo a qual a remuneração será paga somente após a prestação do serviço, permitindo, porém, que as partes acordem diversamente ou que o pagamento se dê em parcelas ou adiantado segundo o costume do lugar (CC, art. 597).

Outra característica fundamental deste tipo contratual é a consensualidade, pois **Consensualidade**
o contrato de prestação de serviço não requer formalidade específica para se perfectibilizar, bastando a simples manifestação de vontade. Todavia, se qualquer das partes contratantes não souber ler, nem escrever, o instrumento poderá ser assinado a rogo e subscrito por 2 (duas) testemunhas (CC, art. 595). Registre-se que, mesmo nessa hipótese, o contrato será consensual, de sorte que esta forma não é obrigatória, assumindo relevância apenas com vistas à prova do ato (*ab probationem*).[19]

Via de regra, cuida-se de contrato personalíssimo ou *intuito personae*, celebrado **Intuitu personae**
em função da pessoa do prestador de serviço. Tal característica da pessoalidade extrai-se do art. 607 do Código Civil,[20] que elenca a morte de qualquer das partes como causa de extinção do contrato; e do art. 605 do Código Civil,[21] que impede a transferência da posição contratual sem a anuência do outro contratante. Vale dizer: uma vez assinado o contrato, o prestador de serviço não pode colocar um substituto em seu lugar; nem o tomador do serviço pode transferir a outra pessoa os serviços prestados, exceto se as partes convencionarem nesse sentido.

---

[18] Segundo o art. 1º, Lei n.º 9.608/98: "Art. 1º. Considera-se serviço voluntário, para os fins desta Lei, a atividade não remunerada prestada por pessoa física a entidade pública de qualquer natureza ou a instituição privada de fins não lucrativos que tenha objetivos cívicos, culturais, educacionais, científicos, recreativos ou de assistência à pessoa.
Parágrafo único. O serviço voluntário não gera vínculo empregatício, nem obrigação de natureza trabalhista previdenciária ou afim".

[19] Nessa direção, v., Orlando Gomes, *Contratos,* cit., p. 356.

[20] "Art. 607. O contrato de prestação de serviço acaba com a morte de qualquer das partes. Termina, ainda, pelo escoamento do prazo, pela conclusão da obra, pela rescisão do contrato mediante aviso prévio, por inadimplemento de qualquer das partes ou pela impossibilidade da continuação do contrato, motivada por força maior".

[21] "Art. 605. Nem aquele a quem os serviços são prestados, poderá transferir a outrem o direito aos serviços ajustados, nem o prestador de serviços, sem aprazimento da outra parte, dar substituto que os preste".

VOL. 3 | FUNDAMENTOS DO DIREITO CIVIL | GUSTAVO TEPEDINO | PAULA GRECO BANDEIRA

Entretanto, os contratantes podem convencionar contrato de prestação de serviços não personalíssimo, caso em que o negócio poderá prosseguir a despeito da morte de um dos contratantes, sendo transferida a posição contratual aos herdeiros ou demais sucessores.

3. OBRIGAÇÕES DO TOMADOR DO SERVIÇO

O tomador de serviços obriga-se precipuamente a pagar a remuneração acordada com o prestador de serviços, eis que a remuneração constitui direito essencial do prestador de serviços.

Compromete-se, ainda, o tomador a fornecer ao prestador de serviços as condições mínimas de proteção para o desenvolvimento da atividade em segurança.

Além disso, o tomador de serviços tem a obrigação de dar quitação dos serviços prestados (i) ao final do contrato, mediante o exaurimento do objeto contratual; (ii) nos casos em que o prestador de serviço for despedido sem justa causa; ou (iii) quando o prestador de serviços tiver tido justo motivo para deixar o serviço (CC, art. 604).

4. OBRIGAÇÕES DO PRESTADOR DE SERVIÇOS

Prestação do serviço ou conclusão da obra

O prestador de serviços se obriga a prestar os serviços no prazo determinado ou a concluir a obra contratada. Se for da natureza da prestação de serviços a necessidade de habilitação especial ou o cumprimento de exigências legais, deverá atendê-las (CC, art. 606).

Direito à remuneração

Caso o prestador de serviços não atenda às exigências legais à prestação do serviço, mas não exista norma de ordem pública que as imponha, o prestador de serviço poderá receber a remuneração se (i) estiver de boa-fé, vale dizer, se não tiver ciência quanto à irregularidade; e (ii) do serviço resultar proveito para o tomador de serviço. A remuneração será arbitrada pelo juiz em valor razoável, mas não idêntico ao que o prestador habilitado receberia nas mesmas circunstâncias.

Se, por outro lado, as exigências legais à prestação do serviço forem impostas por normas de ordem pública, como é o caso da medicina ou da advocacia, o prestador de serviço não terá direito à remuneração, podendo incorrer até mesmo em infração criminal (*v.g.* exercício irregular da profissão, no caso do médico, dentista ou farmacêutico).

5. PRAZO E FORMAS DE EXTINÇÃO DO CONTRATO

Contrato temporário

O contrato de prestação de serviços afigura-se temporário, podendo ser celebrado a prazo determinado ou indeterminado. Com vistas a impedir a "alienabilidade da vida humana",[22] por meio da perpetuação *ad eternum* de relação contratual em que o contratado oferece seus serviços, o legislador limitou em 4 (quatro) anos a

---

[22] A expressão é de Clovis Bevilaqua, *Código Civil dos Estados Unidos do Brasil Comentado,* vol. IV, Rio de Janeiro: Francisco Alves, 1958, p. 331.

duração máxima do contrato de prestação de serviços, ainda que o serviço seja prestado para pagar dívida do prestador de serviço ou se destine à execução de obra certa (CC, art. 598).[23]

Findo o prazo quadrienal, o contrato será extinto, exceto se as partes, de forma expressa, o renovarem, podendo fazê-lo por mais 4 (quatro) anos e, assim, sucessivamente. Não se admite a renovação tácita do contrato, vez que burlaria a *ratio legis* da norma consistente em evitar o abuso do poder econômico por parte do tomador de serviço. Se o pacto for firmado por mais de 4 (quatro) anos, será considerado inexistente em relação ao tempo excedente.[24]

> Renovação contratual

No curso da execução do contrato, se o prestador de serviço, por culpa sua, interromper a prestação do serviço, esse período de interrupção não será computado no prazo contratual (CC, art. 600) e não ensejará direito à remuneração. Caso, no entanto, a interrupção seja atribuída a fato não imputável ao prestador de serviço, conta-se no prazo contratual o período em que os serviços permaneceram suspensos e o prestador de serviços fará jus à remuneração vencida nesse interregno.

> Interrupção dos serviços

O art. 599 do Código Civil[25] permite que o contrato seja estipulado por prazo indeterminado – sempre observado, porém, o limite de quatro anos previsto no art. 598 –, a admitir a sua resilição unilateral. Por outras palavras, quando à relação não for assinalado prazo específico, quaisquer das partes poderá dar fim ao negócio. Deve-se, contudo, conceder à contraparte aviso prévio, com vistas a impedir a abrupta interrupção da relação contratual. O prazo do aviso prévio irá variar a depender da periodicidade em que foi acordada a remuneração: antecedência de 8 (oito) dias para salários estipulados mensalmente ou por período de tempo maior; 4 (quatro) dias para salários semanais ou quinzenais; ou de véspera quando se tiver contratado por menos de uma semana (CC, art. 599, parágrafo único).

> Prazo indeterminado: denúncia vazia

Anote-se, por oportuno, que o contrato de prestação de serviços encontra-se, como os demais, sujeito às normas da parte geral do Código Civil, de modo que, sendo o prazo do art. 599 do Código Civil insuficiente, pode-se aplicar o parágrafo único do art. 473,[26] a determinar a permanência do contrato até a recuperação dos

> Art. 473, par. ún., CC

---

[23] "Art. 598. A prestação de serviço não se poderá convencionar por mais de quatro anos, embora o contrato tenha por causa o pagamento de dívida de quem o presta, ou se destine à execução de certa e determinada obra. Neste caso, decorridos quatro anos, dar-se-á por findo o contrato, ainda que não concluída a obra".

[24] Washington de Barros Monteiro, *Curso de Direito Civil*, vol. 5, São Paulo: Saraiva, 2007, 35ª ed., p. 22.

[25] "Art. 599. Não havendo prazo estipulado, nem se podendo inferir da natureza do contrato, ou do costume do lugar, qualquer das partes, a seu arbítrio, mediante prévio aviso, pode resolver o contrato. Parágrafo único. Dar-se-á o aviso: – com antecedência de oito dias, se o salário se houver fixado por tempo de um mês, ou mais; II – com antecipação de quatro dias, se o salário se tiver ajustado por semana, ou quinzena; III – de véspera, quando se tenha contratado por menos de sete dias".

[26] "Art. 473. A resilição unilateral, nos casos em que a lei expressa ou implicitamente o permita, opera mediante denúncia notificada à outra parte. Parágrafo único. Se, porém, dada a natureza do contrato, uma das partes houver feito investimentos consideráveis para a sua execução, a denúncia unilateral só produzirá efeito depois de transcorrido prazo compatível com a natureza e o vulto dos investimentos".

investimentos pelo outro contratante.[27] Sustam-se, assim, os efeitos da resilição unilateral. Por outro lado, se a parte não observar o aviso prévio, incorrerá em inadimplemento, devendo indenizar a outra parte.

Resilição unilateral de contrato com prazo determinado

Se, ao contrário, o contrato for de prazo determinado, as partes devem observá-lo, salvo hipótese de justa causa (CC, art. 602).[28] Assim também no contrato firmado para realização de certa obra, hipótese em que as partes se encontram vinculadas até a sua conclusão, respeitado, como visto, o limite temporal de 4 (quatro) anos. Apenas na hipótese de justa causa, a parte inocente poderá encerrar a relação contratual antes do seu termo final. A lei não enumera as hipóteses de justa causa, que deverá ser aferida na concreta relação contratual.

Denúncia imotivada em contrato a prazo determinado

Desse modo, se o prestador de serviço rescindir o contrato antes de terminada a obra ou de decorrido o prazo contratual sem justa causa, responderá por perdas e danos; terá, porém, direito à retribuição vencida (CC, art. 602). Por outro lado, se for do tomador a iniciativa de resilir o contrato sem justa causa, o contratado terá direito a receber pelos serviços prestados, além da metade do que lhe caberia no lapso entre a resilição e o termo final do contrato (CC, art. 603).[29] Cuida-se de pré-liquidação das perdas e danos sofridos pelo prestador de serviços em razão da denúncia injustificada. Sublinhe-se que esta pré-liquidação das perdas e danos estabelece assimetria com a hipótese em que o prestador de serviços denuncia o contrato sem justa causa, quando as perdas e danos devidos pelo prestador em favor do tomador não encontram valor prefixado pela lei. Assim, com vistas a oferecer tutela protetiva ao prestador de serviço, no comum dos casos em posição mais vulnerável em relação ao tomador, há de se admitir a comprovação de prejuízos superiores ao valor prefixado por lei, o qual será, em consequência, considerado como mínimo indenizatório, que dispensa a prova do prejuízo.

Denúncia motivada

Por outro lado, havendo justa causa, a parte prejudicada poderá resolver o pacto antes do término do prazo contratual. Se o prestador de serviço for despedido por justa causa, pagará perdas e danos em favor do tomador, mas terá direito à retribuição vencida. De outra parte, incidindo a justa causa em favor do prestador de serviços, de modo a configurar ilícito contratual por parte do tomador, o prestador de serviços poderá resolver o contrato, e terá direito à retribuição vencida, bem como as perdas e danos sofridos, que poderão incluir as retribuições vincendas. Executado o contra-

---

[27] Orlando Gomes afirma que a aplicação do art. 473 deve ser excepcional, quando presentes os seus requisitos: "Afigura-se possível, excepcionalmente, invocar a regra geral e exigir aviso prévio mais dilatado, desde que estejam presentes os investimentos consideráveis a que alude o art. 473, parágrafo único, do Código Civil" (*Contratos*, cit., p. 357). Sobre o tema, v. também: Francisco de Assis Viégas, *Denúncia Contratual e dever de pré-aviso*, Belo Horizonte: Fórum, 2019.

[28] "Art. 602. O prestador de serviço contratado por tempo certo, ou por obra determinada, não se pode ausentar, ou despedir, sem justa causa, antes de preenchido o tempo, ou concluída a obra. Parágrafo único. Se se despedir sem justa causa, terá direito à retribuição vencida, mas responderá por perdas e danos. O mesmo dar-se-á, se despedido por justa causa".

[29] "Art. 603. Se o prestador de serviço for despedido sem justa causa, a outra parte será obrigada a pagar-lhe por inteiro a retribuição vencida, e por metade a que lhe tocaria de então ao termo legal do contrato".

to até o seu termo final, o prestador de serviço tem direito a exigir do tomador quitação pelos serviços prestados. O mesmo direito assistirá ao prestador de serviço nos casos em que for dispensado sem justa causa ou nas hipóteses em que ele tiver resolvido o contrato por justo motivo (CC, art. 604).[30]

Extingue-se, ainda, o contrato de prestação de serviços (i) com a morte de qualquer das partes, se for de natureza personalíssima, a qual, na hipótese de pessoa jurídica prestadora do serviço, corresponde à sua dissolução; (ii) pelo término do prazo ou pela conclusão da obra; (iii) pelo inadimplemento; ou (iv) pela impossibilidade de continuação do contrato por motivo de força maior (CC, art. 607).

> Outras hipóteses de extinção contratual

Na hipótese de alienação do prédio agrícola (ou propriedade rural) na qual os serviços são prestados, não há extinção do contrato de prestação de serviços, cabendo ao prestador a opção entre continuar a prestá-los em favor do adquirente da propriedade em benefício do primitivo contratante (CC, art. 609).

6. RESPONSABILIDADE CIVIL DO TERCEIRO CÚMPLICE

O contrato de prestação de serviços suscita temática relevante na dogmática contratual, concernente à responsabilidade civil do terceiro que ilicitamente interfere no contrato. Com efeito, o Código Civil brasileiro positivou, no art. 608,[31-32] relativo à prestação de serviços, hipótese específica de atuação do terceiro cúmplice que induz o devedor a inadimplir o contrato de prestação de serviços celebrado com o credor, tomador do serviço, para com ele firmar negócio semelhante, incompatível, por isso mesmo, com a obrigação previamente assumida pelo devedor. Na dicção do preceito legal: "Aquele que aliciar pessoas obrigadas em contrato escrito a prestar serviço a outrem pagará a este a importância que ao prestador de serviço, pelo ajuste desfeito, houvesse de caber durante dois anos".

> Interferência ilícita de terceiro no contrato

Como se vê, o dispositivo determina a responsabilização de terceiro que alicia o prestador de serviço vinculado a contrato anterior, com ele celebrando contrato manifestamente incompatível com aquele existente. Para que se deflagre a responsabilização do terceiro, exige-se, ao lado dos requisitos necessários à configuração da responsabilidade civil em geral (dano, culpa e nexo de causalidade) e, em específico, do terceiro cúmplice (ciência do vínculo contratual anterior em sua configuração essencial), que o contrato de prestação de serviços entre o locador (credor) e o loca-

---

[30] "Art. 604. Findo o contrato, o prestador de serviço tem direito a exigir da outra parte a declaração de que o contrato está findo. Igual direito lhe cabe, se for despedido sem justa causa, ou se tiver havido motivo justo para deixar o serviço".

[31] Tal preceito, embora tenha reduzido a indenização a ser paga ao locador de serviços, ampliou o alcance do disposto no art. 1.235 do Código Civil de 1916, que se limitava à locação de serviços agrícolas, *in verbis*: "Art. 1.235. Aquele que aliciar pessoas obrigadas a outrem por locação de serviços agrícolas, haja ou não instrumento deste contrato, pagará em dobro ao locatário prejudicado a importância, que ao locador, pelo ajuste desfeito, houvesse de caber durante 4 (quatro) anos".

[32] "Art. 608. Aquele que aliciar pessoas obrigadas em contrato escrito a prestar serviço a outrem pagará a este a importância que ao prestador de serviço, pelo ajuste desfeito, houvesse de caber durante dois anos".

tário de serviços (devedor) seja escrito, de modo a constituir prova incontroversa do vínculo contratual.

Preliquidação das perdas e danos

O art. 608 do Código Civil determina que o terceiro cúmplice indenize o credor no valor que este último pagaria ao prestador de serviços, nos termos contratuais, pelo prazo de 2 (dois) anos, a preliquidar as perdas e danos. Entretanto, caso o credor demonstre que da lesão contratual provocada pelo terceiro cúmplice adveio prejuízo superior ao estabelecido em lei, poderá requerer a majoração deste montante.[33]

Note-se que, mesmo se tal hipótese não estivesse prevista em lei, o terceiro seria, da mesma forma, responsabilizado, mediante a aplicação da cláusula geral de responsabilidade civil subjetiva prevista no art. 186 e no *caput* do art. 927 do Código Civil.[34]

Cláusula geral de boa-fé objetiva

Ressalte-se que o dever geral de respeito às situações jurídicas anteriormente constituídas, decorrente da cláusula geral de boa-fé objetiva, constitui a *ratio* deste dispositivo, consagrando sua aplicação extracontratual. Tal dever geral de respeito assumirá os seus contornos diante das peculiaridades do caso concreto, que auxiliarão na determinação da responsabilidade civil do terceiro cúmplice. Assim, nesta hipótese específica do art. 608 do Código Civil, dever-se-á verificar, por exemplo, se do contrato anterior consta cláusula de exclusividade, se a prestação contratada é infungível, qual é o grau de especialização do prestador dos serviços etc., e se o terceiro conhecia estas circunstâncias. Em tese, poderá restar configurada a responsabilidade civil do terceiro cúmplice, uma vez demonstrados tais pressupostos. Entretanto, trata-se de prova extremamente difícil, considerando-se especialmente a garantia constitucional de livre-iniciativa tanto dos prestadores de serviços quanto dos contratantes.

Não responsabilização do terceiro

Por outro lado, se não houver cláusula de exclusividade ou se o prestador de serviços contrata prestação fungível e mantém diversas contratações semelhantes simultaneamente, atendendo eficazmente a todos os seus credores, a celebração de contrato com terceiro não caracterizará o aliciamento da mão de obra apto a ensejar a responsabilidade civil do terceiro cúmplice.[35]

---

[33] Como observado em outra sede: Gustavo Tepedino *et al.*, *Código Civil Interpretado Conforme a Constituição da República*. Vol. II. cit. pp. 339-340.

[34] Nesta esteira, afirma Sílvio de Salvo Venosa: "Hodiernamente, esse aliciamento é tanto mais grave no setor de prestação de serviços técnicos cada vez mais especializados e, ainda que não houvesse norma expressa, com base nos princípios gerais da responsabilidade civil, o aliciamento indevido de prestadores de serviços contratados por outrem pode gerar dever de indenizar" (*Direito civil: contratos em espécie*. Vol. III. São Paulo: Editora Atlas, 2005, p. 230).

[35] Nesta direção, afirma Teresa Ancona Lopez: "(...) o aliciamento é punido civilmente (e também criminalmente), mas, para que isto aconteça, deverão estar presentes: o induzimento culposo, o contrato escrito anterior e ainda em vigência, e o ajuste desfeito. (...) Apesar de todas as premissas estarem presentes, vários aspectos têm de ser considerados no caso concreto (...): a especialidade ou não da prestação, o grau de especialização do sujeito, a exclusividade nessa prestação de serviço (...). Se não há cláusula de exclusividade e o profissional atende vários clientes ao mesmo tempo, não há como se falar em aliciamento e dever de indenizar. É, por exemplo, o caso de técnico em computação ou professor de inglês que ministra aulas a funcionários de várias empresas. Diferente é o caso de prestador de serviço com qualificações específicas e que firma contrato com cláusula de exclusividade com uma única empresa. O aliciamento por empresa concorrente gerará o dever

A doutrina do terceiro cúmplice, fundamentada na boa-fé objetiva e na solida- Dupla pretensão
riedade social,[36] associa-se, a rigor, ao dever geral de respeito às situações contratuais
pré-constituídas das quais se têm conhecimento. Em consequência, o credor de determinada prestação inadimplida pelo devedor em coautoria com terceiro tem pretensão de reparação civil em face de ambos, por fundamentos jurídicos distintos: em
relação ao devedor que descumpre o avençado na qualidade de parte do contrato,
detém pretensão de reparação baseada na responsabilidade contratual; de outro lado,
em face do terceiro que descumpre seu dever legal de abstenção, imposto pela boa-fé
objetiva, o credor prejudicado terá pretensão fundamentada na responsabilidade
extracontratual. Terceiro e devedor figuram como coautores do ato ilícito, respondendo solidariamente pelos prejuízos causados, na forma do art. 942,[37] parágrafo
único, do Código Civil.

✒ PROBLEMAS PRÁTICOS

1. No que consiste a teoria do terceiro cúmplice e de que forma ela é aplicada
no âmbito do contrato de prestação de serviços?

2. Ângela, famosa paisagista, foi contratada por Beatriz para reformular os
jardins de sua casa de campo em Teresópolis. Quando Ângela iniciou os serviços, recebeu uma ligação de Regina, vizinha de Beatriz, que quis também
contratá-la. Ângela, porém, informou que tinha contrato de exclusividade com
Beatriz até a conclusão do serviço, não sendo possível atender à demanda.
Frustrada, Regina ofereceu a Ângela remuneração dobrada para que rescin-

---

de indenizar e ainda poderá constituir crime de concorrência desleal (...)" (*Comentários ao Código Civil*, vol. VII, São Paulo: Editora Saraiva, 2003, pp. *237-240*).

[36] A doutrina nacional diverge quanto ao fundamento da responsabilidade do terceiro cúmplice, ora atribuindo-o à função social, ora ao abuso do direito. Entende-se, contudo, que a boa-fé objetiva, inspirada na solidariedade social, consiste no fundamento da tutela externa do crédito. Como registrado em outra sede: "(...) Na hipótese de lesão do direito de crédito provocada pelo terceiro cúmplice, verifica-se, como se verá adiante, a violação, pelo terceiro, de um *dever legal* de abstenção imposto pela cláusula geral de boa-fé objetiva, informada pelo princípio da solidariedade consti-tucional, do qual decorre o respeito às situações jurídicas previamente constituídas. Por esta razão, o terceiro que coopera com o devedor ou o induz ao inadimplemento contratual, celebrando com ele contrato incompatível com obrigação anteriormente assumida pelo devedor, infringe este dever legal, praticando, por isso mesmo, ato ilícito. (...) Em sua aplicação extracontratual, a boa-fé obje-tiva, informada pelo princípio constitucional de solidariedade social, impõe aos terceiros o dever de respeito às situações jurídicas anteriormente constituídas das quais têm ciência, impedindo-os de colaborarem com o devedor ou de induzi-lo ao inadimplemento contratual, celebrando com ele contrato incompatível com situação jurídica já existente. Em outras palavras, do princípio da boa-fé objetiva decorre a obrigação negativa (dever de abstenção) dos terceiros de não lesionarem o direito de crédito alheio de que têm conhecimento, preservando as obrigações previamente as-sumidas pelo devedor" (Paula Greco Bandeira, Fundamentos da responsabilidade civil do terceiro cúmplice. *Revista Trimestral de Direito Civil*, vol. 30, ano 8, abr.-jun. 2007, pp. 79-128).

[37] "Art. 942. Os bens do responsável pela ofensa ou violação do direito de outrem ficam sujeitos à reparação do dano causado; e, se a ofensa tiver mais de um autor, todos responderão solidariamente pela reparação.

Parágrafo único. São solidariamente responsáveis com os autores os coautores e as pessoas desig-nadas no art. 932".

disse o contrato com Beatriz e atendesse a sua residência. Ângela aceitou a proposta e interrompeu o serviço na casa de Beatriz antes do fim do contrato. Ao descobrir que Ângela estava trabalhando na casa de sua vizinha, Beatriz propôs ação indenizatória contra Regina, que contestou afirmando não ter qualquer responsabilidade pelo inadimplemento contratual de Ângela. A quem assiste razão?

Acesse o *QR Code* e veja a Casoteca.

> http://uqr.to/1pdq2

Capítulo VI
EMPREITADA

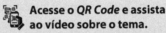

Acesse o *QR Code* e assista ao vídeo sobre o tema.

> http://uqr.to/1pdqm

SUMÁRIO: 1. Conceito e efeitos essenciais – 2. Características – 3. Empreitada de lavor (ou de mão de obra) e empreitada de materiais (ou mista) – 4. Empreitada a preço global, empreitada por medida e *turn key* – 5. Regras aplicáveis a todas as espécies de empreitada – Problemas práticos.

1. CONCEITO E EFEITOS ESSENCIAIS

Assim como o contrato de prestação de serviços, que tem sua origem, como visto, na locação, a empreitada consiste em evolução daquilo que, no Direito Romano, se denominava *locatio conductio operis*, em que o locatário se obrigava, com seu esforço, a produzir e entregar certa obra ao locador. Daí inúmeros autores classificarem o contrato de empreitada, mesmo modernamente, como espécie de locação de serviços.[1] O próprio direito romano distinguia, assim, a *locatio conductio operis* da *locatio conductio operarum*, sendo essencial à primeira não o serviço, mas o resultado alcançado.[2] Atento à tradição, o Código Civil brasileiro de 1916 assegurou autonomia

Origem: locação

---

[1] Assim, o art. 2.152 do Projeto de Código Civil preparado por Felício dos Santos declarava: "Dá-se o contrato de empreitada quando o locador de serviços se obriga a fazer ou mandar fazer, para outrem, certa obra, mediante retribuição determinada ou em proporção com o trabalho executado".

[2] Como elucida José Carlos Moreira Alves, "Na *locatio conductio operis*, o *conductor* – que deve observar as normas técnicas necessárias para que sua obra chegue a bom termo – se obriga, não ao trabalho, abstração feita do seu resultado, mas ao resultado final da obra a realizar (…) Em virtude da *locatio conductio operarum*, o locator está obrigado a prestar serviços ao *conductor*; nela – ao contrário do que ocorre na *locatio conductio operis* –, o locator se obriga à prestação de serviços, abstração feita de seu resultado final (*locare operas suas*): assim, por exemplo, a hipótese do operário contratado para trabalhar, a dia, para o *conductor*" (*Direito Romano*, vol. II, Rio de Janeiro: Forense, 2000, p. 182). V. tb., Arnaldo Rizzardo, *Contratos*, Rio de Janeiro, Forense, 2006, p. 629.

ao contrato de empreitada, sendo certo que a doutrina sempre foi unânime em reconhecer-lhe a especificidade.

Conceito

Compreende-se por contrato de empreitada o negócio jurídico por meio do qual o empreiteiro se obriga a realizar obra específica e certa para o dono da obra, com material próprio ou fornecido por este, mediante remuneração, sem relação de subordinação ou vínculo trabalhista.[3] Em didática definição, a empreitada consiste em contrato por meio do qual "uma das partes obriga-se a executar, por si só, ou com o auxílio de outros, determinada obra, ou a prestar certo serviço, e a outra, a pagar o preço respectivo. Obriga-se a proporcionar a outrem, com trabalho, certo resultado".[4] Ou na celebrada definição de Roberto De Ruggiero: "pelo contrato de empreitada (*appalto, entreprise, marché; Werkvertrag*) uma pessoa (empreiteiro) obriga-se à realização de uma obra cometida por outra (dono da obra) e esta se obriga a pagar-lhe um preço calculado com base na importância da obra".[5]

Ênfase na obrigação de dar

De sua definição, extrai-se que o empreiteiro assume obrigação de fazer, consistente na realização da obra nos termos contratuais, e obrigação de dar, atinente à entrega da obra pronta. A ênfase das obrigações assumidas pelo empreiteiro consiste na entrega da obra pronta, isto é, em seu resultado final (*dare*), não já na mera atividade (*facere*).[6] Daí afirmar-se que o empreiteiro assume obrigação de resultado, de sorte que, ainda que tenha executado suas obrigações, caso não entregue a obra, incorrerá em inadimplemento contratual.

Distinções com outros tipos contratuais

A obrigação de resultado assumida pelo empreiteiro diferencia a empreitada da prestação de serviços: diversamente da prestação de serviços, em que o prestador emprega esforços para a obtenção de determinado resultado, o empreiteiro se com-

---

[3] Segundo a definição de Roberto de Ruggiero: "Col contratto d'appalto (entreprise, marché; Werkvertrag) una persona (appaltatore) assume sé di sé il compimento di un'opera per incarico di un'altra (committente) e questa si obbliga di corrisponderle un prezzo calcolato in base all'importanza dell'opera" (*Istituzioni di diritto civile*, vol. 3, Messina-Milão: Casa Editrice Giuseppe Principato, 1935, 7ª ed., p. 238).

[4] Orlando Gomes, *Contratos*, Rio de Janeiro: Forense, 2009, 26ª ed., p. 362. Definição semelhante é a que se atribui, no direito francês, a um contrato relativo a trabalho, requerido por uma pessoa a outra, sem que esse esteja a seu serviço, e o mais frequente meio de remuneração. No origin al: "un contrat portant sur un travail, demandé par une personne à une autre, sans que celle-ci soit à son service, et le plus souvent moyennât rémunération" (Jérôme Huet, *Traité de Droit Civil l: Les principaux contrats spéciaux*, dir. Jacques Ghestin, Paris: L.G.D.J., 1996, p. 1116). No mesmo sentido, o direito italiano conhece o *appalto*, "il contratto con il quale un committente affida ad un appaltatore il compimento di un'opera (per esempio la costruzione di un edificio) o lo svolgimento di un servizio (per esempio la pulizia di uno stabilimento), verso un corrispettivo in danaro" (Andrea Torrente e Piero Schlesinger, *Manuale di Diritto Privato*, Milano: Dott. A. Giuffrè, 1999, p. 555).

[5] No original: "Col contratto d'appalto (*entreprise, marché; Werkvertrag*) una persona (appaltatore) assume su dsésé il compimento di un'opera per incarico di un'altra (committente) e questa si obbliga di corrisponderle un prezzo calcolato in base all'importanza dell'opera" (Roberto De Ruggiero, *Istituzioni di Diritto Civile*, vol. III, cit., p. 238).

[6] Nas palavras de Pontes de Miranda, "A *obra* pode consistir em criar, modificar, aumentar, diminuir, ou destruir algum bem ou parte do bem. Para obter-se o resultado que se quer, ou se exigem serviços, que se prestem como serviços, ou se exige a obra, de modo que os serviços apenas ocorrem como *meios* para o *resultado* que se quer. De modo que a prestação é de obra, e não de serviços" (*Tratado de Direito Privado*, vol. 44, São Paulo: Revista dos Tribunais, 1984, 3ª ed., p. 375).

promete à entrega do resultado (*rectius,* obra) ao dono da obra.[7] Nessa direção, na empreitada, a remuneração vincula-se à obra realizada (isto é, à entrega do resultado); ao passo que, na prestação de serviço, cuidando-se de obrigação de meio assumida pelo prestador, sua remuneração se dá segundo o trabalho dispendido.

A empreitada tampouco se confunde com o contrato de compra e venda de coisa futura, já que, neste último, não há a estipulação contratual de obrigação de fazer, mas apenas de dar, isto é, a entrega da coisa pelo vendedor ao comprador. Na empreitada, por sua vez, o acordo de vontades é para que o empreiteiro *produza e entregue* a obra. Tanto é assim que, de modo geral, o empreiteiro executa a obra segundo as diretrizes e os planos traçados pelo dono da obra, dos quais só pode se desvincular com expressa autorização deste.

Outra diferenciação importante deve ser feita entre a empreitada e a relação de trabalho. O traço distintivo principal entre as duas figuras consiste no vínculo de subordinação existente na relação de trabalho, a qual não se configura entre aquele que realiza a obra e o proprietário desta. Também é possível estremar os dois negócios pela pessoa que executa a obra: na relação de trabalho, a atividade não pode ser desempenhada por pessoa jurídica; ao passo que, no contrato de empreitada, o empreiteiro poderá ser pessoa física ou jurídica.

No contrato de empreitada, o objeto da prestação principal do empreiteiro consiste na entrega de certa obra a ser por ele executada. O conceito de obra deve ser compreendido de maneira ampla, de modo a abarcar qualquer resultado certo, determinado pelo proprietário, a ser obtido a partir da atividade do empreiteiro. Assim, embora o contrato de empreitada se destine frequentemente a construções civis, é possível também que as partes pactuem bilateralmente negócio destinado à realização e respectiva entrega de trabalho artístico, literário ou até mesmo científico.[8]

Objeto

Registre-se a possibilidade de o contrato de empreitada configurar relação de consumo, hipótese em que incidirão as normas relativas ao Código de Defesa do Consumidor.

2. CARACTERÍSTICAS

O contrato de empreitada traduz negócio jurídico oneroso, de sorte que a remuneração consiste em elemento essencial. O modo de pagamento do preço acordado dará origem a duas espécies de empreitada: a preço fixo ou por medida.

Onerosidade

---

[7] Confira-se, na doutrina: "Não obstante o ponto de aproximação, que é a prestação da atividade, a empreitada caracteriza-se nitidamente pela circunstância de considerar o resultado final, e não a atividade, como objeto de relação contratual. Enquanto no contrato de prestação de serviços se cogita da atividade como prestação imediata, na empreitada tem-se em vista a obra executada, figurando o trabalho que a gera como prestação mediata ou meio de consecução" (Caio Mário da Silva Pereira, *Instituições de Direito Civil,* vol. III, Rio de Janeiro: Forense, 2016, 20ª ed., p. 293). No mesmo sentido: Teresa Ancona, *Comentários ao Código Civil,* vol. 7, São Paulo: Saraiva, 2003. vol. 7, p. 243.

[8] Nesse sentido, Orlando Gomes: "A palavra *obra* tem sentido que precisa ser esclarecido para facilitar a noção de *empreitada.* Significa todo resultado a se obter pela atividade ou pelo trabalho, como a produção ou modificação de coisas, o transporte de pessoas ou de mercadorias, a realização de trabalho científico ou a criação de obra artística, material ou imaterial" (*Contratos,* cit., p. 363).

Empreitada a preço global ou por medida

Na empreitada a preço fixo ou a preço global (*marché a forfait*), as partes fixam o preço tendo em conta a obra em sua integralidade. O preço global poderá ser pago parceladamente, a exemplo do pagamento de parcelas da obra segundo relatórios periódicos de medição, o que não descaracteriza a empreitada a preço global.

De outra parte, a remuneração poderá ser definida segundo cada parte da obra, naquilo que se denomina empreitada por medida (*marché sur devis*). Vale dizer: a execução da obra é fracionada e será atribuído preço para cada parcela da obra.

Empreitada de lavor ou empreitada mista

A empreitada classifica-se, ainda, como de lavor ou de mão de obra, em que o empreiteiro contribui apenas com o trabalho; ou de materiais ou mista, em que o empreiteiro, além do trabalho, se responsabiliza pelos materiais empregados na obra.

Note-se, de outra parte, que o contrato de empreitada poderá ter por objeto apenas a elaboração de um projeto (CC, art. 610, § 2º), de modo que a execução e a fiscalização da obra fiquem a cargo de outro empreiteiro.[9]

Bilateral, consensual e, em regra, comutativo

O contrato de empreitada afigura-se bilateral, na medida em que as obrigações do empreiteiro apresentam nexo de interdependência funcional com as obrigações assumidas pelo dono da obra.

Para o seu aperfeiçoamento, basta o simples consenso dos contratantes, de modo que o contrato de empreitada consiste em negócio jurídico consensual. Em regra, o contrato de empreitada será comutativo, já que os contratantes sabem de antemão quais as prestações a serem desempenhadas de parte a parte. Todavia, os contratantes poderão, na alocação de riscos, atribuir caráter aleatório ao contrato de empreitada.[10]

Subempreitada

A obra objeto do contrato não precisa decorrer da atividade exclusiva do empreiteiro, de modo que, via de regra, admite-se que o trabalho seja executado por terceiro, em regime de subempreitada. Afirma-se, assim, que, na omissão do contrato, admite-se a subempreitada (parcial ou total). Sublinhe-se que a subempreitada não se confunde com os contratos de trabalho firmados entre o empreiteiro e seus empregados. Trata-se de contrato derivado do contrato principal de empreitada, celebrado entre o empreiteiro e subcontratado. Verificada a subempreitada, não haverá relação jurídica entre o dono da obra e os subempreiteiros, de sorte que, caso ocorra má execução da obra pelo subempreiteiro, o empreiteiro responderá perante o dono da obra.

---

[9] Sobre essa hipótese, cfr. TJDFT, 4ª TC., Ap. 0036865-33.2012.8.07.0001, Rel. Des. James Eduardo Oliveira, julg. 5.9.2018, publ. DJ 5.9.2018.

[10] Exemplificativamente, seria aleatório quando, o contrato de empreitada, por alocação de riscos, ao menos uma das partes não pudesse estimar o valor de sua prestação em relação à da outra parte. Na jurisprudência: "(...) O autor sustenta que contratou a empresa ré para perfuração de poço artesiano, com estipulação da metragem de profundidade, preço e condições de pagamento. O contrato de perfuração de poço artesiano é daqueles denominados aleatórios, consistente em atividade-meio, considerando-se cumprido independentemente de obtenção do resultado visado. (...) E ainda que a relação existente entre as partes seja de consumo, não se verifica abusividade na cláusula que exclui garantia de êxito, pois o sucesso da empreitada depende das condições geológicas da localidade. O poço foi perfurado em 100 metros como disse o autor, além dos 70 metros contratados, sendo devido o pagamento pela prestação do serviço" (TJSP, 17ª C. D. Priv., Ap. 0066126-64.2012.8.26.0114, Rel. Des. Souza Lopes, julg. 26.6.2017, publ. DJ 26.6.2017).

Todavia, as partes poderão afastar a possibilidade de subempreitada, hipótese em que a empreitada será *intuitu personae,* devendo a obra ser executada pessoalmente pela parte contratada, já que solicitada pelo dono da obra em razão dos atributos pessoais do empreiteiro. Nesse caso, a morte do empreiteiro extinguirá o contrato, nos termos do art. 626 do Código Civil.[11] Não sendo personalíssima a empreitada, a morte de uma das partes acarreta a transmissão da obrigação aos sucessores.

Empreitada intuitu personae

3. EMPREITADA DE LAVOR (OU DE MÃO DE OBRA) E EMPREITADA DE MATERIAIS (OU MISTA)

Em relação às prestações assumidas pelo empreiteiro, existem dois tipos de empreitada: empreitada de lavor e empreitada mista. Na empreitada de lavor, também chamada de empreitada de mão de obra, o empreiteiro se compromete apenas a exercer a atividade de execução da obra para posterior entrega ao dono da obra. Contribui, assim, apenas com a mão de obra, empregando os materiais fornecidos pelo proprietário. Por outras palavras, o dono da obra fornece os materiais necessários à execução da obra, de modo que o empreiteiro participa apenas com seu trabalho.

Empreitada de lavor

Na empreitada mista, por sua vez, o empreiteiro se responsabiliza pela execução da obra e pelos materiais nela empregados. Vale dizer: o empreiteiro se obriga à realização da obra e ao fornecimento dos materiais necessários à sua execução. De acordo com o § 1º do art. 610 do Código Civil,[12] a obrigação de fornecer os materiais não se presume, devendo resultar da convenção entre as partes ou da lei. Assim, no silêncio do contrato, caberá ao proprietário fazer prova de que a obrigação de arcar com os insumos foi alocada pelas partes ao contratado.

Empreitada mista

A distinção entre empreitada de lavor e empreitada mista revela-se fundamental para fins de determinação do regime de responsabilidade das partes. Na empreitada de lavor, os riscos dos materiais correm por conta do dono da obra, em aplicação do princípio segundo o qual *res perit domino* (CC, art. 612). Em outros termos, por serem os materiais fornecidos pelo dono da obra, este figura como o seu proprietário, razão pela qual, na empreitada de lavor, o dono da obra sofrerá os efeitos do seu perecimento.

Responsabilidade e riscos

Todavia, se o dano aos materiais decorrer de culpa do empreiteiro (*v.g.* negligência ou imperícia no seu armazenamento ou falhas na execução da obra), este será responsabilizado. Nessa direção, o art. 617 do Código Civil determina que o empreiteiro responde pelos danos causados aos materiais por sua imperícia ou negligência. Isto porque o empreiteiro tem o dever de conservar os materiais fornecidos pelo dono da obra. Desse modo, a sua responsabilidade não se limita à inutilização dos materiais,

---

[11] "Art. 626. Não se extingue o contrato de empreitada pela morte de qualquer das partes, salvo se ajustado em consideração às qualidades pessoais do empreiteiro".

[12] "Art. 610. O empreiteiro de uma obra pode contribuir para ela só com seu trabalho ou com ele e os materiais.

§ 1º A obrigação de fornecer os materiais não se presume; resulta da lei ou da vontade das partes."

mas abarca qualquer perda ou deterioração sofrida pelo seu armazenamento inadequado. Para ser indenizado, nesses casos, o proprietário deverá fazer prova da culpa do empreiteiro, nos moldes das regras gerais de responsabilidade civil.

Ainda quanto ao regime de responsabilidade na empreitada de lavor, se a obra perecer antes da entrega, sem culpa de qualquer das partes, o empreiteiro perde o direito à remuneração, salvo se demonstrar que, (i) a perda resultou de defeito dos materiais; e (ii) em tempo reclamara contra sua quantidade e qualidade (CC, art. 613).[13] Pelo princípio da boa-fé objetiva, cabe ao empreiteiro informar ao dono da obra sobre a qualidade, adequação e quantidade do material a ser empregado na obra, de modo que, caso o dono da obra forneça materiais inadequados e o empreiteiro permaneça silente, perderá o direito à remuneração na hipótese de perda da obra resultante precisamente dessa inadequação.

Por outro lado, na empreitada mista, os riscos dos materiais até a entrega da obra correm por conta do empreiteiro (CC, art. 611).[14] Uma vez concluída a obra, se o dono da obra estiver em mora para recebê-la, ou seja, se o empreiteiro tiver cumprido sua obrigação a contento e o proprietário estiver se recusando sem justo motivo a receber o resultado do trabalho no local, na data e nos moldes do avençado, o dono da obra responderá pelos riscos que a obra venha a correr (*mora accipiendi*).[15] O credor somente poderá recusar a obra se ela tiver sido executada em desconformidade com o pactuado e, nesse caso, não estará em mora.

> **Responsabilidade pela solidez e segurança da obra**

Na empreitada mista, incide ainda a regra contida no art. 618 do Código Civil,[16] segundo a qual o construtor responde pelos riscos de solidez e segurança da obra,[17]

---

[13] "Art. 613. Sendo a empreitada unicamente de lavor (art. 610), se a coisa perecer antes de entregue, sem mora do dono nem culpa do empreiteiro, este perderá a retribuição, se não provar que a perda resultou de defeito dos materiais e que em tempo reclamara contra a sua quantidade ou qualidade."

[14] "Art. 611. Quando o empreiteiro fornece os materiais, correm por sua conta os riscos até o momento da entrega da obra, a contento de quem a encomendou, se este não estiver em mora de receber. Mas se estiver, por sua conta correrão os riscos".

[15] Em referência ao art. 611 do Código Civil, registra a doutrina: "Nos casos em que o empreiteiro fornece o material, os riscos correm por conta dele até o momento da entrega da obra, salvo se o dono desta estiver em mora, quando por sua conta correrão os riscos (art. 611, CC/2002). Observe-se que o risco de que aqui se trata é o da conclusão da obra, e não os decorrentes de seu risco e solidez para após a ultimação do ajuste. (...) Tal consequência resulta do fato de ser ele o responsável pela escolha do material e pelo preparo da obra nessa espécie de empreitada" (Hamid Charaf Bdine, Empreitada, *Doutrinas Essenciais*: obrigações e contratos, vol. 6, São Paulo: Revista dos Tribunais, 2011, pp. 135-164)."

[16] "Art. 618. Nos contratos de empreitada de edifícios ou outras construções consideráveis, o empreiteiro de materiais e execução responderá, durante o prazo irredutível de cinco anos, pela solidez e segurança do trabalho, assim em razão dos materiais, como do solo.
Parágrafo único. Decairá do direito assegurado neste artigo o dono da obra que não propuser a ação contra o empreiteiro, nos cento e oitenta dias seguintes ao aparecimento do vício ou defeito."

[17] Entrou em vigor, recentemente, a Lei 14.833/2024, que acrescenta parágrafo único ao art. 499 da CPC, para conferir ao réu a faculdade de optar pela execução específica da prestação em caso de requerimento de sua conversão em perdas e danos. De acordo com o novo dispositivo, "Nas hipóteses de responsabilidade contratual previstas nos arts. 441, 618 e 757 da Lei 10.406, de 10 de janeiro de 2002 (Código Civil), e de responsabilidade subsidiária e solidária, se requerida a conversão da obrigação em perdas e danos, o juiz concederá, primeiramente, a faculdade para o cumprimento da

tanto em razão do solo como dos materiais, em empreitadas de edifícios ou de outras obras consideráveis (*v.g.* pontes, viadutos, represas etc.), pelo prazo de 5 (cinco) anos, a partir da entrega da obra.[18] A regra estende-se, ainda, a obras não permanentes, como instalações temporárias para eventos, que coloquem em risco a integridade física do ser humano, a fim de promover a plena tutela da pessoa humana.[19]

Os vícios da construção aparecem posteriormente e ameaçam a solidez e a segurança da construção (*v.g.* defeitos que afetem a adequada habitabilidade, como infiltrações de água e vazamentos). Tais vícios poderão, assim, se referir aos materiais empregados ou à adequação do solo, sendo certo que se o empreiteiro sabe que o solo não é adequado à construção, deverá informar tal fato ao dono da obra. O prazo de 5 (cinco) anos, a partir da entrega da obra, consiste em prazo de garantia, de sorte que os vícios deverão aparecer nesse prazo, a fim de deflagrar a responsabilidade do construtor independentemente de culpa.[20] Trata-se de prazo inafastável, vez que o próprio Código o qualificou como irredutível, estabelecendo, pois, norma cogente, não dispositiva.[21] Uma vez descoberto o vício no prazo quinquenal, o dono da obra tem o prazo decadencial de 180 (cento e oitenta) dias do aparecimento do vício para exercer o seu direito. Parte da doutrina sustenta que esse prazo de 180 (cento e oitenta) dias deve incidir apenas

> *Vícios ocultos*

> *Prazo de garantia*

[ ] tutela específica". Embora reflita a tendência do direito civil e processual civil de priorizar, sempre que possível, o cumprimento específico, tendo as perdas e danos caráter subsidiário, o texto legal, se não for compreendido corretamente, subordinará o interesse do credor ao alvedrio do devedor, sendo indispensável que o intérprete leve em conta a obrigatoriedade dos pactos, a existência de termo essencial e a possível perda do interesse útil do credor à prestação. De fato, a ordem jurídica procura, sempre que possível, assegurar a efetiva satisfação do credor, por meio da entrega compulsória da prestação contratada. Prioriza-se, por isso mesmo, a tutela específica se (e somente se) puder ser preservado o interesse útil à prestação, objetivamente valorado, de acordo com o programa contratual.

[18] Orlando Gomes enumera os requisitos para a incidência desse dispositivo: "a) ser a empreitada de construção; b) ser mista; c) resultar o prejuízo de fato que comprometa a solidez ou a segurança da construção; d) verificar-se o prejuízo em razão dos materiais empregados, ou do solo em que implantou o edifício" (*Contratos,* cit., p. 369). Carvalho Santos, por sua vez, inclui os vícios que tornem a obra imprópria ao uso a que se destinava (*Código Civil interpretado,* vol. XVII, 9ª ed., Rio de Janeiro: Freitas Bastos, 1980, p. 363).

[19] Como observado em outra sede, "Não há durabilidade, mas é razoável reconhecer-se aí uma construção considerável, a merecer garantia após a entrega, especialmente quanto à segurança dos que a utilizarem. (...) A antiga doutrina ganha vitalidade e novas cores, à luz da cláusula geral de tutela da pessoa da pessoa humana, de índole constitucional" (Gustavo Tepedino *et al., Código Civil Interpretado conforme a Constituição da República,* vol. 2, Rio de Janeiro: Renovar, 2012, 2ª ed., p. 361).

[20] Nesse sentido: "Salienta-se que o art. 618, e mesmo o prazo decadencial de 180 dias previsto no parágrafo único, tratam do lapso temporal de garantia, quando a construtora tem responsabilidade objetiva de assegurar a solidez e segurança da obra" (TJSP, 5ª C. D. Priv., Ap. Cív. 4005575-61.2013.8.26.0002, Rel. Des. James Siano, julg. 27.1.2016).

[21] Nessa direção, sustenta Sergio Cavalieri Filho: "Trata-se, destarte, de prazo imperativo, de ordem pública, não sendo possível ao construtor dele se eximir, nem reduzir a sua amplitude através de cláusula contratual. Resulta da lei, independentemente de cláusula que o consigne, e não admite modificação pela vontade das partes" (*Programa de Responsabilidade civil,* 10ª ed., São Paulo: Atlas, 2012, p. 384). Por outro lado, sob a vigência do Código Civil de 1916, Clovis Bevilaqua entendia pela possibilidade de afastamento do prazo de garantia: "Os contratantes podem aumentar e diminuir esse prazo, que não é de ordem pública" (*Código Civil dos Estados Unidos do Brasil,* edição histórica, Rio de Janeiro: Ed. Rio, 1975, p. 350).

após o decurso dos 5 (cinco) anos, a fim de não agravar a posição do dono da obra, já que, do contrário, o prazo poderia terminar antes dos 5 (cinco) anos da garantia.[22] Todavia, o prazo de 180 dias haverá de incidir tão logo descoberto o vício, a fim de se evitar que o dono da obra postergue o exercício de seu direito, permitindo a dissipação das provas, em prejuízo ao direito de defesa do empreiteiro.

Note-se que este prazo de garantia não se confunde com o prazo prescricional da responsabilidade civil. Nesse sentido, o Superior Tribunal de Justiça editou o enunciado da Súmula n.º 194, atestando, sob a égide do Código Civil de 1916, que "prescreve em vinte anos a ação para obter, do construtor, indenização por defeitos da obra". De fato, ao lado do prazo quinquenal de garantia, há que se aplicar a regra geral em matéria de responsabilidade civil contratual.[23] Nessa linha de entendimento, o dono da obra terá o prazo máximo prescricional de 3 (três) anos, relativo à reparação civil (CC, art. 206, § 3º, V),[24] a contar da identificação do dano. Uma vez constatado o defeito, no curso do prazo quinquenal, deflagra-se o prazo prescricional para a pretensão de ressarcimento relativa ao fato danoso específico. Nesse caso, caberá ao dono da obra demonstrar, ao lado do dano e do nexo de causalidade, a culpa do empreiteiro na má execução da obra. Caso a obra tenha sido confiada a terceiros e o

Responsabilidade do projetista

---

[22] Nesse sentido, anota Caio Mário da Silva Pereira: "O Código Civil de 2002 estabeleceu um prazo de decadência para a propositura da ação de indenização contra o empreiteiro de 180 (cento e oitenta) dias a partir do aparecimento do vício ou do defeito. Com isso corrigiu parcialmente o Código de 1916, que estabelecia o prazo de 5 (cinco) anos de garantia, mas que não concedia nenhum prazo adicional para a propositura da ação pelo dono da obra, de forma que se o defeito aparecesse nos últimos dias do prazo não teria este tempo para exercer o seu direito. O art. 618 do Código de 2002 criou, no entanto, outro problema, já que agravou a posição jurídica do dono da obra, que expressamente no sistema anterior tinha o prazo de 5 (cinco) anos para reclamar qualquer defeito, independentemente do momento em que esse defeito surgisse após a entrega da obra. A leitura fria do parágrafo único do art. 618 dá a entender que se um defeito aparecer no segundo ano após a entrega da obra, o seu dono tem o prazo de 180 dias para propor a ação de indenização, sob pena de decair do direito de reclamar desse defeito, apesar de ainda não esgotados os 5 anos de garantia, o que se apresenta como uma involução no sistema de responsabilidade do empreiteiro pela obra por ele realizada. (...) Mesmo para estas, porém, a melhor interpretação é a de que o parágrafo único do art. 618 do Código não tem o condão de afastar a garantia de prazo irredutível de 5 (cinco) anos prevista no *caput*. O prazo de 180 (cento e oitenta) dias é aplicável apenas após o fim do prazo de 5 (cinco) anos" (*Instituições de Direito Civil*, vol. 3, cit., p. 299).

[23] Na jurisprudência: "(...) Controvérsia em torno do prazo para o exercício da pretensão indenizatória contra o construtor por danos relativos à solidez e segurança da obra. 2. Possibilidade de responsabilização do construtor pela fragilidade da obra, com fundamento tanto no art. 1.245 do CCB/16 (art. 618 CCB/02), em que a sua responsabilidade é presumida, ou com fundamento no art. 1.056 do CCB/16 (art. 389 CCB/02), em que se faz necessária a comprovação do ilícito contratual, consistente na má-execução da obra. Enunciado 181 da III Jornada de Direito Civil. 3. Na primeira hipótese, a prescrição era vintenária na vigência do CCB/16 (cf. Súmula 194/STJ), passando o prazo a ser decadencial de 180 dias por força do disposto no parágrafo único do art. 618 do CC/2002. 4. Na segunda hipótese, a prescrição, que era vintenária na vigência do CCB/16, passou a ser decenal na vigência do CCB/02. Precedente desta Turma. 5. O termo inicial da prescrição é a data do conhecimento das falhas construtivas, sendo que a ação fundada no art. 1.245 do CCB/16 (art. 618 CCB/02) somente é cabível se o vício surgir no prazo de cinco anos da entrega da obra. (...)" (STJ, 3ª T., REsp 1.290.383, Rel. Des. Paulo de Tarso Sanseverino, julg. 11.2.2014, publ. DJ 24.2.2014).

[24] A Corte Especial do STJ entendeu pela aplicação do prazo decenal às hipóteses de responsabilidade civil contratual: EREsp. 1.281.594, Rel. Min. Benedito Gonçalves, julg. 15.5.2019, publ. DJ 23.5.2019.

autor do projeto não assuma a sua direção ou fiscalização, a responsabilidade do projetista se limita aos vícios ocultos que comprometam a solidez e segurança da obra no prazo de garantia, nos termos do art. 618 do Código Civil, referentes ao projeto e não à sua execução (CC, art. 622).[25]

4. EMPREITADA A PREÇO GLOBAL, EMPREITADA POR MEDIDA E *TURN KEY*

A empreitada também se classifica de acordo com o modo de remuneração do empreiteiro em empreitada a preço global ou fixo, também chamada *marché à forfait*; ou empreitada por medida, também chamada a preço progressivo, ou *marché sur dévis*.

> Empreitada a preço global ou fixo

Na empreitada a preço global ou fixo, o preço é único e fixo, calculado de antemão para toda a obra. Trata-se de preço fechado a ser pago em contraprestação à execução e entrega da inteira obra. Esse valor pode ser parcelado sem desnaturar essa modalidade de empreitada, desde que o cálculo do montante total tenha levado em conta a integralidade da obra.[26]

Já na empreitada por medida ou a preço progressivo, calcula-se o preço devido à medida em que a obra vai se realizando. Vale dizer: a remuneração é fixada ao término de cada etapa da obra, tendo em vista a proporção e a quantidade do trabalho efetivamente executado. Assim, o empreiteiro entrega a etapa da obra e recebe o valor correspondente, calculado por ocasião da conclusão da etapa; ou seja, o empreiteiro recebe pelos serviços prestados e medidos. O dono da obra é obrigado a receber essa etapa concluída e a pagar por ela.

> Empreitada por medida

Note-se que, em ambas as modalidades de empreitada, as partes costumam estabelecer cronograma físico-financeiro, indicando marcos de avanço físico da obra e o respectivo pagamento. A qualificação da espécie de empreitada dependerá, então, do modo de fixação do preço: se as partes, no momento da conclusão do contrato, acertaram preço global, para a inteira obra, estar-se-á diante da empreitada a preço global, ainda que o seu pagamento se dê em parcelas de acordo com o avanço físico da obra; de outro lado, se os contratantes fixaram o preço por etapa, calculado após a sua conclusão, configura-se a empreitada por medida.

A empreitada a preço global será sempre mista. A empreitada a preço global poderá ter cláusula de reajustamento, que permitirá a alteração do preço acordado

> Cláusula de reajustamento na empreitada a preço global

---

[25] "Art. 622. Se a execução da obra for confiada a terceiros, a responsabilidade do autor do projeto respectivo, desde que não assuma a direção ou fiscalização daquela, ficará limitada aos danos resultantes de defeitos previstos no art. 618 e seu parágrafo único".

[26] Destaque-se interessante precedente do Superior Tribunal de Justiça, no sentido de que "a dívida relativa a contrato de empreitada global, porque viabiliza a construção do imóvel, está abrangida pela exceção prevista no art. 3º, II, da Lei nº 8.009/90". Na ocasião, entendeu-se que, diante do comando do art. 3º, II, da Lei 8.009/90, fica evidente que a finalidade da norma foi coibir que o devedor se escude na impenhorabilidade do bem de família para obstar a cobrança de dívida contraída para aquisição, construção ou reforma do próprio imóvel, ou seja, de débito derivado de negócio jurídico envolvendo o próprio bem (STJ, 3ª T., REsp 1.976.743/SC, Rel. Min. Nancy Andrighi, julg. 8.3.2022, publ. DJ 11.3.2022).

em caso de variação dos materiais ou/e da mão de obra, segundo determinados critérios ajustados pelas partes. Tal reajuste não se confunde com a correção monetária, que permite corrigir as distorções causadas pela inflação e que sempre será devida por força de lei, independentemente de previsão contratual. Por se tratar de empreitada a preço fixo, presume-se ter sido celebrada sem reajustamento, salvo estipulação em contrário.

Reajuste de preço na falta de previsão contratual

Na empreitada a preço global ou fixo, sem a possibilidade de reajustamento, se o dono da obra já tiver aceitado o plano da obra, o preço não poderá ser majorado (CC, art. 619),[27] mesmo que tenha havido variação no preço do material ou da mão de obra ou o projeto tenha se modificado. Assume-se que o empreiteiro tem a *expertise* que lhe permite efetuar os cálculos necessários para a fixação do preço, levando em conta possíveis variações do material e da mão de obra, a evitar, assim, surpresas de qualquer natureza.[28] Por isso mesmo, o legislador mostra-se conservador no que tange à possibilidade de alteração do preço contratado para a obra. Em regra, preço contratado é preço imutável.

Permissão contratual de alterações no projeto

O aumento do preço apenas poderá ser requerido pelo empreiteiro se o dono da obra tiver concordado, por escrito, com as modificações do projeto.[29] Anote-se que, se houver cláusula contratual no sentido de que o dono da obra pode introduzir

---

[27] "Art. 619. Salvo estipulação em contrário, o empreiteiro que se incumbir de executar uma obra, segundo plano aceito por quem a encomendou, não terá direito a exigir acréscimo no preço, ainda que sejam introduzidas modificações no projeto, a não ser que estas resultem de instruções escritas do dono da obra.

Parágrafo único. Ainda que não tenha havido autorização escrita, o dono da obra é obrigado a pagar ao empreiteiro os aumentos e acréscimos, segundo o que for arbitrado, se, sempre presente à obra, por continuadas visitas, não podia ignorar o que se estava passando, e nunca protestou".

[28] Nesse sentido, cfr.: "'(...) pressupõe-se que o empreiteiro detenha toda a *expertise* e experiência necessárias para avaliar o custo, o tempo e todas as variáveis envolvidas na realização da obra, conforme o seu projeto, e que o dono da obra ao contrário, não detenha esse conhecimento. A contratação da empreitada se dá, em regra, com ampla assimetria de informação, pois o empreiteiro se vale de sua *expertise* para se proteger de riscos inerentes à sua atividade e só aceita contratar quando sabe, ou razoavelmente pode esperar, que sua remuneração será suficiente para a execução da obra e para precaver-se contra riscos futuros que resultem a majoração de seus custos' (Nancy Andrighi, Sidnei Beneti e Vera Andrighi. *Comentários ao Novo Código Civil*, vol. IX: das várias espécies de contratos, do empréstimo, da prestação de serviço, da empreitada, do depósito coordenador Sálvio de Figueiredo Teixeira, Rio de Janeiro: Forense, 2008, p. 329). (...) Entretanto, o art. 619 do Código Civil excepciona a matéria em questão, autorizando a majoração do preço inicialmente contratado na hipótese de as alterações no projeto resultarem de instruções escritas do dono da obra, por implicarem em estipulação adicional ao contrato" (TJSP, Ap. 0012763-56.2009.8.26.0248, 11ª Câmara de Direito Privado, Rel. Des. Renato Rangel, julg. 4.8.2016, publ. DJ 5.8.2016). Como ressalta Pontes de Miranda: "Na feitura da obra, o empreiteiro pode gastar mais, ou gastar menos, ou aquilo que êle mencionou. Se gastou mais, o risco era seu" (*Tratado de Direito Privado*, tomo XLIV, cit., p. 414).

[29] Na lição de J. M. de Carvalho Santos: "Como se vê, uma condição é essencial para que o construtor, ou arquiteto possa exigir acréscimo no preço ajustado: autorização escrita do proprietário. Quer dizer: se houve acréscimo de serviços, se o plano da obra foi alterado, por comum acordo das partes, houve evidentemente alteração do contrato, passando o acréscimo a representar um contrato adicional. Mas, como uma verdadeira exceção, exige-se aí a prova por escrito da modificação do contrato primitivo. Não é admissível outro gênero de prova, nem mesmo a confissão da parte" (*Código Civil Brasileiro Interpretado*, vol. XVII, cit., pp. 383-384). V. tb. Pontes de Miranda, *Tratado de Direito Privado*, v. XLIV, cit., p. 407.

modificações no projeto no decorrer de sua execução, ele estará aceitando eventuais alterações e deverá, portanto, concordar com o reajuste de preço.

Por outro lado, admite-se a autorização tácita do dono da obra quanto ao reajuste de preço se, ao comparecer repetidas vezes a obra, verificar as modificações do projeto, as obras extraordinárias e os acréscimos, e não protestar (CC, art. 619, parágrafo único).

Tal disciplina acerca do reajuste de preço na empreitada a preço global não afasta a possibilidade de incidência da teoria da excessiva onerosidade, prevista nos arts. 478 e ss. do Código Civil, uma vez verificados os seus pressupostos de incidência, a saber: (i) a existência de contrato de longa duração, de execução continuada ou diferida; (ii) a verificação de fato superveniente, extraordinário e imprevisível, não imputável a qualquer dos contratantes; que (iii) deflagre o desequilíbrio entre as prestações contratuais, impondo ao empreiteiro sérias dificuldades no cumprimento de suas prestações tal como originariamente acordado, a acarretar, em consequência, extrema vantagem ao dono da obra. Trata-se de expressão do princípio do equilíbrio contratual, que incide indistintamente em todas as relações contratuais.

> Excessiva onerosidade e revisão contratual

Mostra-se, ainda, possível que as partes estipulem cláusulas de *hardship*, por meio da qual prevejam a possibilidade de renegociação dos termos contratuais atingidos por desequilíbrio superveniente.[30]

Sublinhe-se que, na esteira da preservação do equilíbrio contratual, o art. 620 do Código Civil[31] estabelece a possibilidade de revisão do preço fixo em favor do dono da obra, mesmo sem previsão contratual, se houver uma diminuição do preço do material ou da mão de obra superior a 1/10 (um décimo) do preço global convencionado. Cuida-se, assim, de regra de reequilíbrio contratual que não exige, para sua aplicação, fato extraordinário e imprevisível.

As empreitadas por medida, por sua vez, são assim determinadas em razão de elevado grau de imprevisibilidade que recai sobre seu progresso. Segundo o art. 614, *caput*, do Código Civil, nessa modalidade de empreitada, o empreiteiro exige a remuneração correspondente a cada parcela entregue da obra, na proporção do que se executou. A partir da entrega, o dono da obra responde pelos riscos da etapa executada. Nesse caso, o pagamento implica aceitação da obra no modo como foi entregue, isto é, que esta foi realizada a contento (CC, art. 614, § 1º).[32] A partir da medição, o dono da obra tem o prazo decadencial de 30 (trinta) dias para reclamar quanto a

> Aceitação da obra na empreitada por medida

---

[30] Sobre a alocação de riscos pelas partes através das cláusulas de *hardship*, ver, por todos, Paula Greco Bandeira, As cláusulas de hardship e o dever da boa-fé objetiva na renegociação dos contratos. *Revista Pensar*, Fortaleza, vol. 21, n. 3, 2016, pp. 1031-1054.

[31] "Art. 620. Se ocorrer diminuição no preço do material ou da mão-de-obra superior a um décimo do preço global convencionado, poderá este ser revisto, a pedido do dono da obra, para que se lhe assegure a diferença apurada".

[32] "Art. 614. (...) § 1º Tudo o que se pagou presume-se verificado".

vícios e defeitos aparentes.[33] Se o dono da obra nada diz, entende-se que a obra foi aceita (CC, 614, § 2º).[34]

Empreitada turnkey

Existe, ainda, outra modalidade de empreitada, denominada *"turnkey"*, de natureza jurídica controversa, ora definida pela doutrina como contrato atípico, ora como forma especial de contrato de empreitada, ao qual se associam numerosas cláusulas que lhe conferem características funcionais peculiares. Trata-se de modelo adotado em obras de grande sofisticação técnica, nas quais o dono da obra recebe do empreiteiro a edificação pronta para operação. É muito utilizada para construção de usinas ou indústrias, nas quais está presente, além dos aspectos de engenharia civil, complexidade tecnológica relacionada ao próprio funcionamento do negócio, que faz com que seja necessário conhecimento especializado do contratado.

Características

Neste regime de contratação, o construtor assume o dever de produzir e entregar a obra completa, pronta para utilização, em todos os aspectos dele dependentes. A contratação sob regime *turnkey* inclui não raro a transferência de tecnologia, *know-how*, e outros bens ou direitos funcionalmente vinculados à obra que se entrega. A importância do resultado final – a entrega da obra concluída –, tão marcante no contrato de empreitada, torna-se ainda mais evidente em contratos sob o regime de *turnkey*, que alguns autores definem modalidade de empreitada "na qual o empreiteiro se encarrega de contratar mão de obra e adquirir os materiais necessários, entregando a instalação pronta para ser utilizada".[35] Tais características justificam a designação *turnkey,* que, no vernáculo inglês, significa "virar a chave", a denotar a entrega da obra pronta e acabada, para imediata utilização.

Preço global

Independentemente da sua qualificação causal – como espécie de empreitada ou como contrato atípico –, o contrato de empreitada global sob regime *turnkey* contém preço global a ser pago pelo contratante, sem reajustamento, o qual inclui o material, a mão de obra e todos os demais gastos do construtor, pouco importando sua variação. Parte-se da premissa de que o construtor, por deter conhecimento técnico capaz de definir, de antemão, todos os equipamentos, materiais, mão de obra e

---

[33] Consoante se observou: "A medição, por si só, não gera qualquer presunção; a lei concede ao dono o prazo de trinta dias para impugnar a obra, a partir da medição. Não havendo tal denúncia, entende-se que a obra foi aceita. O prazo é decadencial, caducando o direito do dono da obra depois de transcorrido esse prazo. Independentemente de qualquer medição ou verificação" (Gustavo Tepedino et al., *Código Civil Interpretado conforme a constituição da República*, vol. 2, Rio de Janeiro: Renovar, 2012, 2ª ed., p. 309); V. tb. Nancy Andrighi. In: Sálvio de Figueiredo Teixeira (coord.), *Comentários ao Novo Código Civil*, vol. IX, Rio de Janeiro: Forense, p. 304.

[34] "Art. 614. (...) § 2º O que se mediu presume-se verificado se, em trinta dias, a contar da medição, não forem denunciados os vícios ou defeitos pelo dono da obra ou por quem estiver incumbido da sua fiscalização".

[35] Marcília Metzker S. Brêtas e Marta Célia Oliveira, *Aproveitamento de créditos de ICMS sobre insumos na produção de energia elétrica*, disponível em www.cadireito.com.br. As mesmas autoras afirmam que "tem sido comum a prática de contratar, de forma global, a edificação de determinada instalação, pronta para ser operada (*turnkey*)" (*Revista Tributária e de Finanças Públicas*, São Paulo, Ed. Revista dos Tribunais, vol. 12. n. 55, abr.-mar. 2004, p. 50). Para Sebastião José Roque, o *turnkey* "parece uma forma mais evoluída do contrato de empreitada mercantil" (*Direito Contratual Civil-Mercantil*, São Paulo: Ícone, 2003, p. 328).

demais aspectos necessários à execução do ajuste, não pode, após a celebração do contrato, surpreender o contratante com exigência de majoração em virtude da oscilação no preço de qualquer dos seus componentes. Aqui, de igual modo ao que se passa na empreitada a preço global, a teoria da excessiva onerosidade poderá incidir, caso restem demonstrados os seus pressupostos legais (CC, art. 478 e ss.).

5. REGRAS APLICÁVEIS A TODAS AS ESPÉCIES DE EMPREITADA

O empreiteiro é obrigado a executar a obra segundo as instruções recebidas, as exigências técnicas pertinentes à natureza da obra, e as condições contratadas (CC, art. 615).[36] Se o contrato não dispuser a respeito do modo de execução da obra, aplicam-se os costumes ou usos do mercado.

Obediência às instruções

Uma vez executada a obra segundo o contratado ou, na hipótese de omissão do contrato quanto às diretrizes, de acordo com os usos do mercado, o dono da obra deve recebê-la e pagar a remuneração ajustada ao empreiteiro. Se o dono da obra se recusa a recebê-la, estará em mora, e o empreiteiro poderá consignar a obra em juízo.

Entrega da obra

Todavia, o dono da obra poderá se recusar a receber a obra se o empreiteiro não obedeceu às instruções e aos planos recebidos, bem como às regras técnicas, sem que se configure a mora do credor. Nesta hipótese, se o dono da obra ainda tiver interesse na obra, poderá recebê-la mediante abatimento do preço (CC, art. 616). Se, por outro lado, o inadimplemento do empreiteiro tornar o contrato sem utilidade para o dono da obra, este poderá resolver o contrato (CC, art. 615). Note-se, por oportuno, que mesmo que a obra se valorize com a sua execução segundo diretrizes técnicas diversas das ajustadas, o credor não é obrigado a aceitá-la se não se cumpriu o acordado (CC, art. 313).[37]

Recusa justificada da obra

Afigura-se, de igual modo, como obrigação essencial do empreiteiro em todas as espécies de empreitada, a entrega da obra no prazo acordado. Mostra-se, nessa direção, fundamental o cumprimento dos cronogramas ajustados entre os contratantes, sendo certo que a inobservância do prazo pode tornar sem utilidade o contrato.

Admite-se, de outra parte, ao empreiteiro, o direito de retenção da obra caso o dono da obra não pague a sua remuneração, a despeito da ausência de previsão legal nesse sentido, haja vista tratar-se de direito que lhe é essencial.[38] Indique-se, ainda,

Direito de retenção do empreiteiro

---

[36] "Art. 615. Concluída a obra de acordo com o ajuste, ou o costume do lugar, o dono é obrigado a recebê-la. Poderá, porém, rejeitá-la, se o empreiteiro se afastou das instruções recebidas e dos planos dados, ou das regras técnicas em trabalhos de tal natureza".

[37] "Art. 313. O credor não é obrigado a receber prestação diversa da que lhe é devida, ainda que mais valiosa".

[38] Na doutrina nacional: "Pelos princípios gerais do injusto enriquecimento, tem o empreiteiro direito de retenção da obra, enquanto não receber o preço" (Silvio de Salvo Venosa, *Direito Civil*, vol. 3, 13ª ed., São Paulo: Atlas, 2013, p. 252, livro digital). No mesmo sentido, colhe-se da doutrina estrangeira: "Tudo nos conduz, portanto, à conclusão de que ao empreiteiro, seja qual for modalidade de empreitada, deve ser reconhecido o direito de retenção sobre a obra construída, enquanto o dono da obra não pagar o preço estipulado no contrato, visto que tal crédito provém de despesas feitas por causa dela" (Fernando Jorge da Costa Mota Nunes, *O Direito de Retenção do Empreiteiro na*

como regra aplicável às empreitadas em geral, a incidência da disciplina dos vícios redibitórios.

Projetos de engenharia e arquitetura

Vale notar que os projetos de engenharia e arquitetura são protegidos pelos direitos autorais, a afastar qualquer espécie de alteração indevida. Ao lado disso, a proteção à integridade do projeto revela-se fundamental, na medida em que o projetista pode ser sujeito passivo em ação de responsabilidade civil, em caso de dano ocasionado pela construção por erro de projeto. Por tais razões, o dono da obra não pode efetuar alterações significativas no projeto já aprovado sem o consentimento de seu autor (CC, art. 621).[39] Caso faça essas alterações unilateralmente, o empreiteiro poderá se recusar a executar a obra e pedir perdas e danos.

Entretanto, tais alterações serão admitidas sem o consentimento do autor do projeto nas hipóteses em que (i) por motivos supervenientes ou razões de ordem técnica, fique comprovada a inconveniência ou a excessiva onerosidade na execução do projeto em sua forma originária; (ii) as alterações sejam de pouca monta, desde que não comprometam a unidade estética da obra projetada.

Resilição unilateral pelo dono da obra

Quanto às hipóteses de término do contrato, admite-se a resilição unilateral do contrato pelo dono da obra, mesmo após iniciada a construção, mediante o pagamento das despesas e serviços realizados, somado à indenização razoável que será calculada considerando o que o empreiteiro teria ganhado se tivesse concluído a obra (CC, art. 623).[40]

Resilição unilateral pelo empreiteiro

De outra parte, o empreiteiro que resilir unilateralmente o contrato, sem justa causa, responderá por perdas e danos (CC, art. 624).[41] Com vistas a afastar a sua responsabilização, o empreiteiro deverá comprovar hipótese de justa causa para a extinção do contrato. O art. 625 do Código Civil[42] enuncia, exemplificativamente, hipóteses de justa causa em favor do empreiteiro, precisamente: (i) o inadimplemen-

---

Empreitada de Construção de Imóveis. Dissertação de Mestrado, Universidade Católica Portuguesa, Porto, 2012, p. 39).

[39] "Art. 621. Sem anuência de seu autor, não pode o proprietário da obra introduzir modificações no projeto por ele aprovado, ainda que a execução seja confiada a terceiros, a não ser que, por motivos supervenientes ou razões de ordem técnica, fique comprovada a inconveniência ou a excessiva onerosidade de execução do projeto em sua forma originária. Parágrafo único. A proibição deste artigo não abrange alterações de pouca monta, ressalvada sempre a unidade estética da obra projetada".

[40] "Art. 623. Mesmo após iniciada a construção, pode o dono da obra suspendê-la, desde que pague ao empreiteiro as despesas e lucros relativos aos serviços já feitos, mais indenização razoável, calculada em função do que ele teria ganho, se concluída a obra".

[41] "Art. 624. Suspensa a execução da empreitada sem justa causa, responde o empreiteiro por perdas e danos".

[42] "Art. 625. Poderá o empreiteiro suspender a obra:

I – por culpa do dono, ou por motivo de força maior;

II – quando, no decorrer dos serviços, se manifestarem dificuldades imprevisíveis de execução, resultantes de causas geológicas ou hídricas, ou outras semelhantes, de modo que torne a empreitada excessivamente onerosa, e o dono da obra se opuser ao reajuste do preço inerente ao projeto por ele elaborado, observados os preços;

III – se as modificações exigidas pelo dono da obra, por seu vulto e natureza, forem desproporcionais ao projeto aprovado, ainda que o dono se disponha a arcar com o acréscimo de preço".

to do dono da obra; (ii) caso fortuito ou força maior; (iii) excessiva onerosidade em razão de dificuldades imprevisíveis de execução, não havendo concordância do dono da obra quanto à alteração do preço; e (iv) alterações solicitadas pelo dono da obra que ultrapassem a capacidade, especialidade ou interesse do empreiteiro. Nesse caso, mesmo que o dono da obra se disponha a pagar por tais alterações, faculta-se ao empreiteiro resolver o contrato.

Embora os arts. 623 a 625 do Código Civil refiram-se literalmente às hipóteses de suspensão da obra, pelo dono da obra ou pelo empreiteiro, cuida-se de interrupção da obra com a finalidade de término da relação contratual. Pelo princípio da boa-fé objetiva, as partes deverão, por ocasião da suspensão da obra, notificar a contraparte quanto à intenção de resolver o contrato, com prazo de antecedência razoável ou, caso ainda seja útil o negócio, com a intenção de renegociar os termos contratuais de sorte a superar os obstáculos que comprometam a sua execução. *Suspensão da obra*

Enumere-se, ainda, o término do contrato de empreitada em razão da morte de qualquer das partes, caso tenha sido assim ajustado; ou, na hipótese de morte do empreiteiro, se a empreitada tiver sido celebrada *intuitu personae,* isto é, em razão de suas qualidades pessoais (CC, art. 626). Do contrário, a morte de qualquer das partes não importa extinção do contrato, sendo certo que a posição contratual será assumida pelos respectivos sucessores. *Extinção do contrato por morte*

PROBLEMAS PRÁTICOS

1. Determinada empresa contrata empreiteira para a construção de um shopping estabelecendo no instrumento que a empreiteira apenas responderá pelo prazo de 4 anos da data da entrega. A obra é finalizada dentro do prazo pactuado e o preço global é devidamente pago, de modo que o dono da obra inicia sua exploração comercial mediante locação de metade dos "boxes" a diversos lojistas. Ocorre que, após 50 meses da entrega, a empresa recebe notificações dos lojistas reclamando de goteiras e infiltrações nas estruturas de seus "boxes", momento em que envia seus engenheiros ao local para averiguar. Sete meses depois, notifica a empreiteira no sentido de exigir a realização de obras para corrigir os vícios verificados, bem como para indenizar prejuízos decorrentes do não pagamento dos aluguéis pelos lojistas que não puderam utilizar seus "boxes" em virtude dos vícios. A empreiteira poderá ser responsabilizada?

2. A empresa Silva Metais Ltda. contratou a empreiteira Minas Obras S.A. para construir sua nova usina metalúrgica. A contratação se deu por preço global e no regime *turn key*. Quando a estrutura operacional da usina estava pronta, Minas Obras S.A. iniciou a construção da área de refeitório dos funcionários. No decorrer da obra, a empreiteira descobriu que o lençol freático e toda a água subterrânea que abasteceriam a caixa d'água do refeitório estavam contaminados, em razão de um vazamento de óleo ocorrido em uma indústria vizinha. Por conta do fato imprevisto, Minas Obras S.A. precisou adquirir sofisticadas máquinas para purificação de água, a fim de dar seguimento à

construção. Diante desses fatos, a empreiteira requereu de Silva Metais Ltda. a revisão do contrato para reajuste do preço, sob pena de suspensão da obra. A pretensão, porém, foi rejeitada pela dona da obra, sob o argumento de que o contrato celebrado pelas partes não permitia reajuste de preço. A quem assiste razão?

Capítulo VII
CONTRATO DE DEPÓSITO

SUMÁRIO: 1. Conceito e efeitos essenciais – 2. Características – 3. Direitos e deveres do depositário – 4. Direitos e deveres do depositante – 5. Depósito necessário – 6. Prisão do depositário infiel – Problemas práticos.

1. CONCEITO E EFEITOS ESSENCIAIS

O contrato de depósito, disciplinado nos arts. 627 a 652 do Código Civil, consiste no negócio jurídico por meio do qual uma pessoa, chamada depositário, recebe de outrem, o depositante, bem móvel para ser guardado até o momento aprazado, ou até que o depositante o reclame. Por outras palavras, pelo contrato de depósito, o depositante transfere a posse do bem para o depositário, o qual assume os deveres de custódia, guarda e conservação, devendo praticar atos de conservação da coisa. Como o contrato de depósito implica transferência da posse, revela-se possível que o depositante não seja proprietário do bem, mas apenas possuidor.

As partes nesse tipo contratual são, portanto, o depositante e o depositário. Depositante é quem outorga determinado bem móvel, de sua propriedade ou posse, à guarda de outrem; quem o recebe e fica responsável por sua guarda e conservação é o depositário, que precisa ter capacidade civil nos moldes genéricos do art. 104 do Código Civil.

Embora figure como possuidor, o depositário tem seus poderes limitados à guarda do bem, sendo-lhe vedado o uso, salvo autorização expressa do depositante (CC, art. 640). A guarda da coisa consiste, em uma palavra, na finalidade primordial do contrato de depósito. Desse modo, caso o depositário faça uso da coisa sem a devida permissão do depositante, o contrato de depósito se desnaturaliza, configurando locação – na hipótese de depósito oneroso – ou comodato – em caso de depósito gratuito.

Deveres de guarda e custódia

Os poderes do depositário circunscrevem-se, assim, à guarda, à custódia e à conservação do bem para posterior restituição, sendo certo que a coisa depositada poderá ser requerida a qualquer tempo pelo depositante, ainda que o contrato tenha prazo determinado, pois o contrato é realizado, em regra, no interesse do depositante.

Espécies

O Código Civil de 2002 não enunciou regras gerais sobre o contrato de depósito, tendo o legislador optado por regular suas espécies, a saber: o depósito voluntário (CC, arts. 627 a 646) e o depósito necessário (CC, arts. 647 a 652), classificado em legal, miserável e hoteleiro.

2. CARACTERÍSTICAS

Contrato real

O contrato de depósito, segundo a definição do Código Civil, traduz contrato real, que se aperfeiçoa com a efetiva entrega material da coisa pelo depositante ao depositário (CC, art. 627), ou seja, com a tradição (CC, art. 1.267), salvo nos casos em que a coisa já se encontre em poder do depositário, quando ocorrerá a tradição ficta.[1] Essa natureza real, como se verá adiante, justifica-se no depósito gratuito, diferentemente das hipóteses em que, sendo o depósito oneroso, o consenso e a assunção de obrigações contratuais antecedem à transferência do bem a ser depositado. Nestes casos, trata-se de contrato simplesmente consensual. No depósito oneroso, tal como ocorre nos contratos preliminares em geral, as partes poderão pactuar que o negócio principal seja precedido de promessa de depósito.[2] Todavia, em se tratando de depósito gratuito e real, o contrato preliminar criaria obrigação de aceitar o depósito, o que se revela incompatível com a confiança e liberalidade que justificam a sua natureza gratuita.

Objeto

O art. 627 do Código Civil estabelece, ainda, que o contrato de depósito terá por objeto bens móveis e corpóreos. Eis a linguagem do dispositivo: "Pelo contrato de depósito recebe o depositário um objeto móvel, para guardar, até que o depositante o reclame". Tal solução legislativa diverge de outros ordenamentos estrangeiros, a exemplo do direito português, cujo Código Civil admite o depósito de bens imóveis, ao dispor no seu art. 1.185º, que "depósito é o contrato pelo qual uma das partes entrega à outra uma coisa, móvel ou imóvel, para que a guarde, e a restitua quando for exigida".

Parcela da doutrina entende ser indevida a restrição, estabelecida pelo Código Civil, do contrato de depósito aos bens móveis. Nessa esteira, Caio Mário da Silva Pereira admite que o depósito de imóveis penetrou expressamente no direito brasileiro através do Decreto-Lei 58, de 10 de dezembro de 1937, em disposição reproduzida

---

[1] A favor da natureza real do depósito, v. Kiyoshi Harada, Contrato de Depósito. *Revista do Instituto dos Advogados de São Paulo*, vol. 3, jan.-jun. 1999, pp. 71-77.

[2] Admitindo a possibilidade de contrato de promessa de depósito, Caio Mário da Silva Pereira, *Instituições de Direito Civil*, vol. III, Rio de Janeiro: Forense, 2017, 20ª ed., rev. e atual. por Caitlin Mulholland, p. 251. Sobre contratos preliminares, ver, por todos, Luiza Lourenço Bianchini, *Contrato Preliminar*: conteúdo mínimo e execução, Porto Alegre: Arquipélago Editorial, 2017, *passim*.

no art. 840, alínea II, do Código de Processo Civil de 2015,[3] que consubstancia o depósito judicial. Orlando Gomes, na mesma direção, sustenta que, por já ser aceito o sequestro judicial de imóveis, há de se permitir o depósito de bens dessa natureza.[4] A rigor, não destoa da ontologia do contrato de depósito a sua incidência sobre bens imóveis, hoje, como visto, admitida pelo legislador processual civil no depósito judicial, a confirmar, assim, a tendência doutrinária à sua admissibilidade.

Controverte-se, ainda, quanto à materialidade do bem, vale dizer, se o depósito pode ter por objeto bens incorpóreos ou imateriais. A se considerar que o dever de custódia é exercido sobre bens corpóreos, pode-se admitir o depósito de coisas que, apesar de originalmente imateriais, se corporifiquem de algum modo, como é o caso dos títulos de qualquer espécie.[5]

O depósito terá por objeto bens infungíveis. Caso seja confiada ao depositário a guarda de bens fungíveis, isto é, que podem ser substituídos por outros de mesma espécie, qualidade e quantidade, configura-se o depósito irregular, nos termos do art. 645 do Código Civil,[6] a determinar a incidência da disciplina do mútuo. Na hipótese de depósito irregular, os bens poderão ser consumidos pelo depositário, que deverá, ao término do prazo contratual ou mediante solicitação do depositante, restituir coisa do mesmo gênero, qualidade e quantidade. Neste caso, como se vê, desnatura-se a causa do contrato de depósito, tornando-o equivalente ao mútuo.

O contrato de depósito consiste em negócio temporário, pois é dever do depositário devolver a coisa depositada no momento em que requisitado pelo depositante, ou mediante o término do lapso temporal acordado. Como afirmado anteriormente, mesmo que o contrato seja celebrado por prazo determinado, faculta-se ao depositante requerer a devolução do objeto antes do prazo, caso em que o depositário estará obrigado a entregá-lo, já que a celebração do negócio é feita presumivelmente em benefício do depositante.

Contrato temporário

Por se basear, desde o Direito Romano, na fidúcia ou confiança do depositante no depositário para a guarda da coisa, o contrato de depósito afigura-se tradicionalmente gratuito, presumindo, assim, o legislador a gratuidade do negócio (CC, art. 628, *caput*).[7] Todavia, nos dias atuais, em boa parte dos casos, o depósito é celebrado em caráter oneroso, estabelecendo a lei que a onerosidade poderá resultar do contra-

Gratuito ou oneroso

---

[3] "Art. 840. Serão preferencialmente depositados: (...) II – os móveis, os semoventes, os imóveis urbanos e os direitos aquisitivos sobre imóveis urbanos, em poder do depositário judicial".

[4] Orlando Gomes, *Contratos*, Rio de Janeiro: Forense, 2009, 26ª ed., rev. e atual. por Antônio Junqueira de Azevedo e Francisco Paulo de Crescenzo Marino, p. 415. Igualmente entendem ser possível o depósito de bens imóveis Carlos Roberto Gonçalves, *Direito Civil Brasileiro*, vol. III, 7ª ed., São Paulo: Saraiva, 2010, p. 386 e Silvio de Salvo Venosa, *Direito Civil*, vol. III, São Paulo: Atlas, 2003, p. 248.

[5] Gustavo Tepedino *et al.*, *Código Civil interpretado conforme a Constituição da República*, vol. II, Rio de Janeiro: Forense, 2012, 2ª ed., p. 384.

[6] "Art. 645. O depósito de coisas fungíveis, em que o depositário se obrigue a restituir objetos do mesmo gênero, qualidade e quantidade, regular-se-á pelo disposto acerca do mútuo".

[7] "Art. 628. O contrato de depósito é gratuito, exceto se houver convenção em contrário, se resultante de atividade negocial ou se o depositário o praticar por profissão".

to, da atividade negocial ou do fato de o depositário celebrar o negócio no exercício de sua profissão.[8] Caso o contrato, embora oneroso, seja omisso quanto à remuneração, e esta não constar da lei, será determinada segundo os usos locais e, na falta destes, por arbitramento (CC, art. 628, parágrafo único).[9]

Gratuito, unilateral e real

Quando gratuito, o contrato de depósito será necessariamente unilateral, vez que inexistirá sinalagma ou correspectividade entre as obrigações assumidas pelo depositante e pelo depositário. Nesta hipótese, cuidando-se de contrato real, uma vez transferida a coisa, os deveres jurídicos principais serão a guarda, a custódia e a conservação da coisa, todos atribuídos ao depositário. Tais deveres, assumidos pelo depositário, não terão como causa o pagamento de remuneração pelo depositante, a prescindir de prestação correspectiva.

Oneroso e consensual

Em contrapartida, cuidando-se de depósito oneroso, não se justifica a sua natureza real, nada impedindo que a sua celebração seja concluída com a obtenção do consenso. Na mesma esteira, os deveres contraídos pelo depositário encontrarão sua causa jurídica no pagamento da remuneração pelo depositante, de modo a caracterizar a bilateralidade do contrato. Vê-se, pois, que a natureza real do contrato de depósito se associa tradicionalmente à sua gratuidade, destinando-se a assinalar, com a transferência do bem, a obrigatoriedade jurídica do compromisso assumido, cujo consenso, por si só, dado o ambiente de liberalidade que circunscreve as contratações gratuitas, se mostra insuficiente a transmitir a segurança jurídica necessária à coercitividade dos negócios.[10] Quando, ao contrário, o depósito é oneroso, assim como ocorre no contrato de mútuo, o consenso parece suficiente ao seu aperfeiçoamento, como é próprio dos contratos sinalagmáticos.

Caráter intuitu personae

Em qualquer caso, por se tratar, como visto, de negócio fiduciário, o contrato de depósito tem caráter *intuitu personae*, ou seja, é celebrado em função da pessoa do depositário, a partir de relação de confiança estabelecida com o depositante. A fidúcia, que permeia esse tipo contratual, justificou por longos anos a prisão do depositário infiel, isto é, daquele que não restitui a coisa reclamada pelo depositante, rompendo, assim, a confiança nele depositada, consoante a previsão do artigo 652[11] do Código Civil, atualmente reputado inconstitucional.[12]

---

[8]   No entendimento de Orlando Gomes, a presunção estabelecida no Código Civil está obsoleta, pois, na generalidade dos casos, o contrato de depósito é celebrado onerosamente (*Contratos*, cit., p. 414).

[9]   "Art. 628. (...) Parágrafo único. Se o depósito for oneroso e a retribuição do depositário não constar de lei, nem resultar de ajuste, será determinada pelos usos do lugar, e, na falta destes, por arbitramento".

[10]   Sobre a natureza jurídica do contrato de depósito na contemporaneidade, confira-se Gustavo Tepedino et al., *Código Civil interpretado conforme a Constituição da República*, vol. II, cit., p. 385.

[11]   "Art. 652. Seja o depósito voluntário ou necessário, o depositário que não o restituir quando exigido será compelido a fazê-lo mediante prisão não excedente a um ano, e ressarcir os prejuízos".

[12]   Confira-se, nessa direção, importante precedente do Supremo Tribunal Federal: "A matéria em julgamento neste habeas corpus envolve a temática da (in)admissibilidade da prisão civil do depositário infiel no ordenamento jurídico brasileiro no período posterior ao ingresso do Pacto de São José da Costa Rica no direito nacional. 2. Há o caráter especial do PIDCP (art. 11) e da CADH — Pacto de São José da Costa Rica (art. 7º, 7), ratificados, sem reserva, pelo Brasil, no ano de 1992. A esses diplomas internacionais sobre direitos humanos é reservado o lugar específico no ordenamento jurídico, estando abaixo da CF/1988, porém acima da legislação interna. O status

O contrato de depósito não requer formalidade específica para o seu aperfei- Consensual
çoamento. Assim, o art. 646 do Código Civil, ao determinar que o depósito voluntário exige prova escrita, quer significar que a forma se revela importante à prova do
ato (*ad probationem*) e não à sua validade (*ad substantiam*).

O contrato de depósito poderá ser celebrado por prazo determinado ou inde- Prazo
terminado. Neste último caso, presume-se o prazo necessário à consecução da fina- indeterminado ou
lidade do contrato no interesse do depositante.

3. DIREITOS E DEVERES DO DEPOSITÁRIO

Os principais deveres assumidos pelo depositário consistem nos deveres de Deveres de
custódia, guarda e conservação da coisa. Deles decorrem que o depositário se obriga e conservação
a conservar a coisa do depositante com o cuidado e diligência que empregaria se o
bem dele fosse (CC, art. 629). Ao lado desses deveres, figura como obrigação fundamental do depositário o dever de restituição do bem tão logo solicitado pelo depositante, com os frutos (percebidos e pendentes) e acrescidos.

O dever de restituição do bem assume tamanha relevância que se impõe ao Dever de
depositário a devolução da coisa a qualquer tempo, mesmo que o prazo contratual
ainda esteja em curso, pois, como visto, o prazo existe presumidamente em favor do
depositante.[13] Libera-se, assim, o depositante de observar o prazo determinado no
contrato. O depositário, por sua vez, deverá cumprir rigorosamente o prazo contratual
tal como pactuado. Todavia, caso o prazo tenha sido estabelecido expressamente em
favor do depositário, haverá de ser respeitado pelo depositante. É o caso do depósito
vinculado, a que se subordina outro negócio jurídico.[14]

---

normativo supralegal dos tratados internacionais de direitos humanos subscritos pelo Brasil torna
inaplicável a legislação infraconstitucional com ele conflitante, seja ela anterior ou posterior ao
ato de ratificação. 3. Na atualidade a única hipótese de prisão civil, no Direito brasileiro, é a do
devedor de alimentos. O art. 5º, § 2º, da Carta Magna expressamente estabeleceu que os direitos
e garantias expressos no caput do mesmo dispositivo não excluem outros decorrentes do regime
dos princípios por ela adotados, ou dos tratados internacionais em que a República Federativa do
Brasil seja parte. O Pacto de São José da Costa Rica, entendido como um tratado internacional em
matéria de direitos humanos, expressamente, só admite, no seu bojo, a possibilidade de prisão civil
do devedor de alimentos e, consequentemente, não admite mais a possibilidade de prisão civil do
depositário infiel. 4. Habeas corpus concedido" (STF, 2ª T., HC 95.967, Rel. Min. Ellen Gracie, julg.
11.11.2008, publ. DJ 28.11.2008).

[13] O Superior Tribunal de Justiça entendeu que, na vigência do contrato de depósito, o direito de resgatar o bem depositado pode ser exercido pelo seu titular como decorrência lógica do pacto, razão
pela qual se proclama a imprescritibilidade da ação para reclamar os valores depositados. Segundo
voto do Min. Rel. Luis Felipe Salomão: "De regra, em um contrato de depósito, durante sua vigência,
o direito de resgatar o bem depositado pode ser exercido pelo seu titular como decorrência lógica
do pacto, mostrando-se tal providência uma parte ínsita do sinalagma subjacente à avença. Assim,
mesmo na atual disciplina do Código Civil de 2002, na vigência de um contrato de depósito, há de
se proclamar a imprescritibilidade da ação para reclamar os valores depositados. Isso porque, em
verdade, durante o contrato de depósito e antes que os valores sejam efetivamente pleiteados pelo
depositante, não há obrigação vencida, aplicando-se o que dispõe o art. 199, inciso II" (STJ, 4ª T.,
REsp 995.375/SP, Rel. Min. Luis Felipe Salomão, julg. 4.9.2012, publ. DJ 1.10.2012).

[14] Como assinala a doutrina: "O depositário deve efetuar a restituição a qualquer momento em que
lhe seja reclamada *ad nutum* do depositante – mesmo que o contrato fixe prazo, pois que este é

Depositário infiel

Por outro lado, o depositário que não restituir a coisa depositada quando exigida pelo depositante se sujeitará, nos termos do art. 652 do Código Civil, a perdas e danos e à prisão. Como mencionado, cuida-se da hipótese de prisão civil do depositário infiel, hoje finalmente superada pela jurisprudência, como se verá. Assim sendo, o depositário não pode se negar a restituir o bem, alegando, por exemplo, que a coisa não pertence ao depositante ou invocando compensação de dívidas, salvo se a dívida se originar de outro contrato de depósito (CC, art. 638[15]).[16]

Direito de recusa à restituição

Excepcionalmente, a lei autoriza que o depositário se negue a restituir o bem, caso se configurem as hipóteses previstas nos arts. 632,[17] 633[18] e 634[19] do Código Civil. Na primeira hipótese, tendo o bem sido depositado no interesse de terceiro, o depositário poderá se negar a restituir o bem ao depositante caso o terceiro com isso não consinta.[20]

O depositário poderá, ainda, se recusar a restituir o bem na hipótese de (i) embargo judicial, quando se torna depositário judicial; (ii) pendência de execução que recaia sobre o objeto do depósito (ex. penhora), notificada ao depositário; (iii) haver motivo razoável para se suspeitar que a coisa foi dolosamente obtida. Neste último caso, o depositário deverá recolher o bem ao Depósito Público, expondo os motivos de sua suspeita. Note-se que, caso o depositário saiba que o bem é produto de crime ou está submetido à medida judicial restritiva e, ainda assim, restitua o bem ao depositante, poderá ser civil e criminalmente responsabilizado.

Devolução da coisa

Outra obrigação do depositário consiste em devolver a coisa no mesmo estado em que foi entregue (CC, art. 630). Se a coisa foi entregue fechada e lacrada, assim

---

convencionado a benefício do depositante. Se ocorrer a estipulação do prazo em favor do depositário, especialmente na hipótese de aceder o depósito a outro negócio jurídico (depósito vinculado), deverá ser respeitado o termo. Fora daí prevalece a regra da restituição ad nutum do depositante, ainda que o depositário seja autorizado a servir-se da coisa" (Caio Mario da Silva Pereira, *Instituições de Direito Civil,* vol. III, cit., p. 345)

[15] "Art. 638. Salvo os casos previstos nos arts. 633 e 634, não poderá o depositário furtar-se à restituição do depósito, alegando não pertencer a coisa ao depositante, ou opondo compensação, exceto se noutro depósito se fundar".

[16] Na doutrina, "(...) O art. 373, II, do CC limita a possibilidade de compensação de dívidas em função da diferença na causa delas quando se trata de comodato, depósito ou alimentos. Assim, permite-se a retenção caso a compensação seja de outro depósito envolvendo as mesmas partes. Dessa forma, não poderia o artigo em comento ser diferente sob pena de se configurar a antinomia da norma" (Fabrício D. Rodrigues, *Código Civil interpretado,* org. Costa Machado, coord. Silmara Juny Chinelato, Barueri: Manole, 2017, 10ª ed., p. 498).

[17] "Art. 632. Se a coisa houver sido depositada no interesse de terceiro, e o depositário tiver sido cientificado deste fato pelo depositante, não poderá ele exonerar-se restituindo a coisa a este, sem consentimento daquele".

[18] "Art. 633. Ainda que o contrato fixe prazo à restituição, o depositário entregará o depósito logo que se lhe exija, salvo se tiver o direito de retenção a que se refere o art. 644, se o objeto for judicialmente embargado, se sobre ele pender execução, notificada ao depositário, ou se houver motivo razoável de suspeitar que a coisa foi dolosamente obtida".

[19] "Art. 634. No caso do artigo antecedente, última parte, o depositário, expondo o fundamento da suspeita, requererá que se recolha o objeto ao Depósito Público".

[20] Confira-se, na jurisprudência: TJES, 1ª CC., Ap. Cív. 0014827-33.2009.8.08.0024, Rel. Des. Fabio de Oliveira, julg. 21.10.2014.

deve ser mantida. Nesses casos, há obrigação acessória de sigilo sobre o bem. Se o lacre for rompido, cabem perdas e danos, por configurar inadimplemento do dever de guarda.

Cabe ao depositário devolver a coisa no local de sua guarda, ainda que a coisa tenha sido recebida em outro lugar, salvo disposição em contrário pelos contratantes. As despesas de restituição correrão por conta do depositante (CC, art. 631).

A coisa deverá ser devolvida pelo depositário ao depositante ou ao seu mandatário. Se o depósito tiver sido instituído em favor de terceiro, a devolução da coisa ao depositante dependerá, como visto, da anuência do terceiro (CC, art. 632).

Se a coisa se perder por fortuito ou força maior, caso o depositário tenha recebido outra em seu lugar (*v.g.* indenização em razão de contrato de seguro), deverá transferi-la ao depositante. Caso a perda da coisa resulte de fato de terceiro, o depositário deverá ceder ao depositante as ações que caibam contra o terceiro, como é o caso da ação indenizatória (CC, art. 636).[21] O depositário deverá imediatamente informar o depositante quanto à perda da coisa e tomar as medidas cabíveis, sob pena de ser responsabilizado. *(Perda da coisa por fortuito ou fato de terceiro)*

Se houver uma pluralidade de depositantes, e a coisa for divisível, o depositário restituirá a cada um deles a sua parte, desde que conheça a cota de cada qual, exceto se houver solidariedade entre os depositantes (CC, art. 639). Na hipótese de solidariedade ativa, o depositário poderá entregar a coisa a qualquer um dos credores (CC, art. 268),[22] se liberando de sua obrigação. De outra parte, se a coisa for indivisível, o depositário poderá entregá-la a todos os depositantes conjuntamente ou a um deles com caução dos demais (CC, art. 260).[23] *(Pluralidade de depositantes)*

Como aludido anteriormente, o depositário não poderá se utilizar da coisa depositada sem autorização do depositante, de sorte que o seu uso desnatura o contrato de depósito, transformando-o em comodato, se o depósito for gratuito, ou locação, no caso de contrato oneroso. Tampouco poderá o depositário dar a coisa em depósito a terceiro (CC, art. 640). Em ambos os casos, a violação desses deveres de abstenção importará o pagamento dos prejuízos causados ao depositante. Se houver o consentimento do depositante na entrega da coisa em depósito a terceiro, o depositário continuará responsável pelos danos que ocorram, configurando-se hipótese de culpa *in eligendo*.[24] Na dicção do parágrafo único do art. 640, "se o depositário, devidamente autorizado, confiar a coisa em depósito a terceiro, será responsável se *(Vedação ao uso e à transferência a terceiro)*

---

21. "Art. 636. O depositário, que por força maior houver perdido a coisa depositada e recebido outra em seu lugar, é obrigado a entregar a segunda ao depositante, e ceder-lhe as ações que no caso tiver contra o terceiro responsável pela restituição da primeira".

22. "Art. 268. Enquanto alguns dos credores solidários não demandarem o devedor comum, a qualquer daqueles poderá este pagar".

23. "Art. 260. Se a pluralidade for dos credores, poderá cada um destes exigir a dívida inteira; mas o devedor ou devedores se desobrigarão, pagando:
    I – a todos conjuntamente;
    II – a um, dando este caução de ratificação dos outros credores".

24. Nesse sentido, Caio Mário da Silva Pereira, *Instituições de Direito Civil*, vol. III, cit., p. 254.

agiu com culpa na escolha deste". A doutrina tende a considerar, neste caso, que o inadimplemento culposo decorre da simples entrega da coisa à pessoa que não merecia confiança, aludindo alguns autores, em função disso, à responsabilidade objetiva. A rigor, há que se distinguir dois cenários distintos, dependendo da respectiva previsão contratual. Se há consentimento do depositante, responderá o depositário somente pela má escolha do terceiro, cabendo a demonstração da culpa. Em contrapartida, sem autorização contratual, o depositário responderá (pelo descumprimento contratual e, conseguintemente), de modo objetivo, pelos atos danosos do terceiro a quem tenha cometido o depósito (CC, art. 932, III),[25] nos termos do art. 933 do Código Civil.[26] Trata-se de expressão específica da *perpetuatio obligationis* imputada ao contratante em mora.

Transmissão das obrigações aos herdeiros

Tais obrigações do depositário se transferem aos seus herdeiros. Caso os herdeiros, de boa-fé, vendam a coisa depositada, deverão auxiliar o depositante na ação de reivindicação do bem na posse do terceiro, na qualidade de assistente, e restituir ao comprador o preço pago (CC, art. 637).[27] Cuida-se de hipótese de boa-fé subjetiva, em que os vendedores desconhecem que a coisa pertence a terceiro. Embora o art. 637 do Código Civil refira-se à venda pelos herdeiros, tal dispositivo deve ser interpretado ampliativamente no sentido de se aplicar a qualquer espécie de alienação onerosa, como a dação em pagamento ou a permuta. Alguns autores sustentam que o dispositivo incidiria até mesmo para a hipótese de doação do bem depositado pelos herdeiros.[28]

Caso a restituição do bem se torne impossível, os herdeiros pagarão o equivalente pecuniário ao depositante. Se o valor obtido com a venda for superior ao valor de mercado do bem, todo o valor auferido com a alienação deverá ser restituído ao depositante. Na hipótese de má-fé dos herdeiros, isto é, caso tenham ciência de que a coisa depositada pertence a terceiro, responderão pelas perdas e danos causados tanto ao depositante, proprietário da coisa depositada, quanto ao terceiro adquirente de boa-fé, que perderá o bem por evicção. Poderão ainda responder, na esfera criminal, por apropriação indébita (CP, art. 168, § 1º, inciso I).[29]

---

[25] "Art. 932. São também responsáveis pela reparação civil: (...) III – o empregador ou comitente, por seus empregados, serviçais e prepostos, no exercício do trabalho que lhes competir, ou em razão dele".

[26] "Art. 933. As pessoas indicadas nos incisos I a V do artigo antecedente, ainda que não haja culpa de sua parte, responderão pelos atos praticados pelos terceiros ali referidos"

[27] "Art. 637. O herdeiro do depositário, que de boa-fé vendeu a coisa depositada, é obrigado a assistir o depositante na reivindicação, e a restituir ao comprador o preço recebido".

[28] Nesse sentido, Fabrício Rodrigues. In: Costa Machado (org.), *Código Civil interpretado*, Barueri: Manole, 2010, 3ª ed., p. 474.

[29] Na síntese de Pontes de Miranda: "Herdeiro do depositário. (...) A alienação de má-fé é ato ilícito, furto ou apropriação indébita" (*Tratado de Direito Privado*, t. XLII, São Paulo: Revista dos Tribunais, 2012, p. 502).

O Código Civil, em seu art. 641,[30] prevê a hipótese de incapacidade superveniente do depositário, ocasião em que seu representante deverá restituir a coisa. Se o depositante não puder ou não quiser recebê-la, o representante poderá deixar a coisa em depósito público ou, se o contrato o permitir, eleger outro depositário. Caso o representante eleja outro depositário e ocorra dano à coisa depositada, responderá por culpa *in eligendo*, aplicando-se analogicamente o art. 640, parágrafo único,[31] do Código Civil.[32]

Incapacidade superveniente do depositário

O depositário não será responsabilizado por força maior (CC, art. 642).[33] Todavia, para que possa se valer da força maior como excludente de responsabilidade, haverá de prová-la. Pelo princípio da *perpetuatio obligationis*, o depositário responderá pelo fortuito se estiver em mora ou o tiver assumido expressamente (CC, art. 393).[34]

Força maior

No que tange aos direitos do depositário, destaca-se o seu direito à remuneração, caso o depósito seja oneroso. Tem, ainda, o depositário direito de retenção sobre o bem depositado até que seja ressarcido pelas despesas de manutenção da coisa, bem como pelos prejuízos eventualmente sofridos, e seja efetuado o pagamento da retribuição (CC, art. 644).[35] Se tais valores não forem suficientemente demonstrados ou forem ilíquidos, o depositário não terá direito de retenção, mas poderá exigir caução que garanta o seu pagamento ou, na falta da caução, remover a coisa para o depósito público até que se liquidem os valores a que tem direito.

Direito à remuneração e direito de retenção

---

[30] "Art. 641. Se o depositário se tornar incapaz, a pessoa que lhe assumir a administração dos bens diligenciará imediatamente restituir a coisa depositada e, não querendo ou não podendo o depositante recebê-la, recolhê-la-á ao Depósito Público ou promoverá nomeação de outro depositário".

[31] "Art. 640. (...) Parágrafo único. Se o depositário, devidamente autorizado, confiar a coisa em depósito a terceiro, será responsável se agiu com culpa na escolha deste".

[32] Como observa a doutrina: "A lei confere a possibilidade de o representante do depositário incapaz entregar a coisa a um terceiro e nomeá-lo depositário da coisa. A regra é estranha por se tratar o depósito de contrato personalíssimo baseado na confiança. Mas, como o art. 640 do Código Civil de 2002 prevê a possibilidade de autorização do depositante para que o depositário entregue o bem a terceiro, devemos aplicar analogicamente o parágrafo único daquele dispositivo, que prevê a responsabilidade do depositário (no caso do administrador), se agiu com culpa na escolha do novo depositário. Caberá ao administrador escolher um depositário semelhante àquele que se tornou incapaz, do mesmo padrão e qualidade. Em agindo culposamente (e a prova dessa culpa *in eligendo* será do depositante), deverá arcar com os prejuízos que sofrer o depositante" (Teresa Ancona Lopez. In: Antônio Junqueira de Azevedo (coord.), *Comentários ao Código Civil*, vol. 7, São Paulo: Saraiva, 2003, p. 398).

[33] "Art. 642. O depositário não responde pelos casos de força maior; mas, para que lhe valha a escusa, terá de prová-los".

[34] "Art. 393. O devedor não responde pelos prejuízos resultantes de caso fortuito ou força maior, se expressamente não se houver por eles responsabilizado.

Parágrafo único. O caso fortuito ou de força maior verifica-se no fato necessário, cujos efeitos não era possível evitar ou impedir".

[35] "Art. 644. O depositário poderá reter o depósito até que se lhe pague a retribuição devida, o líquido valor das despesas, ou dos prejuízos a que se refere o artigo anterior, provando imediatamente esses prejuízos ou essas despesas.

Parágrafo único. Se essas dívidas, despesas ou prejuízos não forem provados suficientemente, ou forem ilíquidos, o depositário poderá exigir caução idônea do depositante ou, na falta desta, a remoção da coisa para o Depósito Público, até que se liquidem".

Devolução da coisa a critério do depositário

Embora o prazo do contrato seja normalmente em favor do depositante, se houver motivo plausível, diverso do fortuito, que torne a execução do contrato onerosa para o depositário, este poderá devolver a coisa ao depositante. Caso o depositante não queira recebê-la, o depositário poderá requerer o depósito judicial da coisa (CC, art. 635).[36-37]Para alguns autores, esse direito só existe no depósito gratuito, vez que não se poderia exigir que o favor prestado pelo depositário lhe acarretasse prejuízo.[38] De outra parte, sustenta-se que a norma se aplica a depósito oneroso, desde que se trate de contrato por prazo indeterminado, em que inexiste data fixada para a restituição do bem.[39] Trata-se de norma destinada a garantir o equilíbrio contratual, permitindo ao depositário a resolução do contrato quando houver motivo que torne onerosa a sua execução. Nesta perspectiva, deve incidir em depósito oneroso ou gratuito, cabendo ao depositário demonstrar o motivo plausível que gera a dificuldade de cumprimento, o qual não se confunde com o fortuito ou a onerosidade excessiva.

4. DIREITOS E DEVERES DO DEPOSITANTE

Pagamento de despesas e prejuízos com a coisa

O depositante terá obrigação de pagar as despesas e prejuízos ao depositário, nos termos do art. 643 do Código Civil,[40] ainda que se trate de depósito gratuito. Por outras palavras, o depositante se obriga ao pagamento das despesas com a coisa incorridas pelo depositário, tais como despesas de conservação e aquelas necessárias para evitar a sua deterioração, bem como todos os prejuízos que decorrerem do depósito.

Despesas necessárias, úteis e voluptuárias

Seguindo a regra geral da indenização por benfeitorias, o depositário será sempre indenizado pelas despesas necessárias, destinadas a evitar a deterioração do bem, e, por estipulação contratual, as partes podem ainda convencionar o reembolso das despesas úteis e voluptuárias com as quais o depositante tenha con-

---

[36] "Art. 635. Ao depositário será facultado, outrossim, requerer depósito judicial da coisa, quando, por motivo plausível, não a possa guardar, e o depositante não queira recebê-la".

[37] Sobre o depósito judicial, o STJ decidiu que não incide sobre o montante depositado os juros remuneratórios, mas apenas a correção monetária e os juros moratórios: "(...) Incidência de correção monetária desde a data da efetivação do depósito judicial. Necessidade. Enunciados n. 179 e 271 da Súmula do Superior Tribunal de Justiça. Aplicação. 6. Determinação, pelas instâncias ordinárias, de restituição do valor depositado judicialmente, com incidência de correção monetária e juros moratórios, manutenção. Pretensão do demandante de incidência, também, dos juros remuneratórios. Descabimento. Rubrica que se destina a remunerar capital emprestado, do que não se cogita na hipótese, e pressupõe convenção das partes a respeito, circunstância igualmente ausente no depósito judicial" (STJ, 3ª T., REsp 1.809.207/PA, Rel. Min. Marco Aurélio Bellizze, julg. 18.10.2022. DJ 3.11.2022).

[38] Silvio Rodrigues, *Direito Civil,* vol. 3, São Paulo: Saraiva, 2006, 30ª ed., p. 275.

[39] Washington de Barros Monteiro, *Curso de Direito Civil,* vol. 5, São Paulo: Saraiva, 2007, 35ª ed., p. 253; Clovis Bevilaqua, *Código Civil dos Estados Unidos do Brasil,* edição histórica, Rio de Janeiro: Ed. Rio, 1975, p. 381.

[40] "Art. 643. O depositante é obrigado a pagar ao depositário as despesas feitas com a coisa, e os prejuízos que do depósito provierem".

cordado. No caso de depósito oneroso, caberá ao depositante, ainda, arcar com a contraprestação acordada.

O depositante se obriga a pagar as despesas de restituição do bem, incluindo as despesas de transporte (CC, art. 631).

5. DEPÓSITO NECESSÁRIO

Ao lado do depósito voluntário, estabelecido pelas partes no exercício de sua autonomia privada, admite-se o depósito necessário, cujas hipóteses se encontram indicadas no Código Civil. O depósito necessário, ao contrário do depósito voluntá- rio, presume-se oneroso e pode ser provado por qualquer meio (CC, arts. 651 e 648, pár. ún.). Além disso, decorre de situação de necessidade de caráter urgente e não da manifestação de vontade espontânea das partes.

Características do depósito necessário

O depósito necessário divide-se em *depósito legal* ou depósito *miserável* (CC, art. 647). O depósito necessário por disposição legal será regido pelas normas da lei respectiva. Exemplo de depósito legal recai sobre o inventor de coisa alheia perdida, nos termos do parágrafo único do art. 1.233 do Código Civil.[41] Na falta de dispositi- vo expresso regulando algum aspecto da situação jurídica que deu causa ao depósito legal, as normas do depósito voluntário serão aplicadas subsidiariamente (CC, art. 648).

Depósito legal e miserável

Equiparado ao depósito legal situa-se aquele realizado pelos hospedeiros em relação às bagagens que abrigam, convencionalmente chamado de depósito hoteleiro (CC, art. 649). É aplicável aos casos de contrato de hospedagem,[42] bastando que as bagagens sejam introduzidas no recinto, sem a necessidade de tradição real.

Depósito hote- leiro

O legislador alocou os riscos da perda da bagagem aos hospedeiros, de modo que esta álea integra o sinalagma do contrato de hospedagem, que é oneroso, sendo certo que a remuneração pelo depósito está incluída no preço da hospedagem (CC, art. 651). Nesse sentido, o hospedeiro é responsável inclusive pelos atos de terceiros que tenham sido admitidos por qualquer meio na propriedade, sejam ou não estes seus empregados. O contrato de hospedagem ordinariamente configurará relação de consumo, a tornar impossível o afastamento dessa responsabilidade do hospedeiro por furtos e roubos em seu estabelecimento, reputando-se abusiva a cláusula que assim o preveja (CDC, art. 51).

A responsabilidade do hospedeiro apenas será afastada caso se verifique culpa exclusiva da vítima (*v.g.* o próprio hóspede introduz o terceiro que provoca o dano

---

[41] "Art. 1.233. Quem quer que ache coisa alheia perdida há de restituí-la ao dono ou legítimo possuidor. Parágrafo único. Não o conhecendo, o descobridor fará por encontrá-lo e, se não o encontrar, entregará a coisa achada à autoridade competente".

[42] Segundo Carlos Roberto Gonçalves, "o dispositivo se aplica ao contrato de hospedagem, estendendo- -se aos internatos, colégios hospitais e outros locais que forneçam leito e não apenas comida e bebida" (*Direito Civil Brasileiro*, vol. III, cit., p. 400).

no estabelecimento), na hipótese de caso fortuito ou força maior ou se provado que os atos prejudiciais aos hóspedes não poderiam ter sido evitados (CC, art. 650).

Penhor legal

Em qualquer caso, o hoteleiro tem penhor legal sobre as bagagens nos termos do art. 1.467, I, do Código Civil,[43] podendo exercer retenção dos objetos do hóspede inadimplente até o pagamento das despesas da hospedagem.

Depósito miserável

A outra espécie de depósito necessário é o denominado *miserável*, que decorre de casos de calamidade pública, e tem por escopo proteger o bem do perigo. O Código Civil cita, no art. 647, II, os incêndios, as inundações, naufrágio ou saques, em listagem meramente exemplificativa. Para sua configuração, basta que, por acontecimento imprevisto, o depósito seja imperioso, sem a possibilidade de convenção entre as partes para escolha do depositário.

6. PRISÃO DO DEPOSITÁRIO INFIEL

Como visto, a obrigação imediata de restituição da coisa depositada traduz obrigação essencial do depositário, seja no depósito voluntário, seja no depósito necessário. Nessa direção, o depositário que não devolver a coisa será considerado infiel e se sujeitará, nos termos do art. 652 do Código Civil, à prisão civil de até 1 (um) ano e ao ressarcimento de prejuízos.

Prisão civil

Trata-se de pena civil[44] imposta contra o depositário dito infiel, isto é, aquele que não restitui o bem do depositante quando requisitado, restrita, segundo parte da jurisprudência, apenas aos depósitos regulares.[45] A prisão constitui meio coercitivo para obter a restituição do bem, findando quando o bem é finalmente devolvido pelo depositário. Por força desse dispositivo, a prisão seria decretada em processo judicial, após o contraditório com a oitiva do depositário, e uma vez atestados a ausência de justa recusa para a retenção do bem e o descumprimento do mandado para a sua entrega.[46]

---

[43] "Art. 1.467. São credores pignoratícios, independentemente de convenção: I – os hospedeiros, ou fornecedores de pousada ou alimento, sobre as bagagens, móveis, joias ou dinheiro que os seus consumidores ou fregueses tiverem consigo nas respectivas casas ou estabelecimentos, pelas despesas ou consumo que aí tiverem feito; (...)."

[44] Em sentido contrário, Orlando Gomes entende que não se trata de genuína pena: Tal medida não é considerada, porém, genuína pena, mas, antes, enérgico e pronto meio para compelir o depositário a restituir o que tomou para guardar, a impedir que cometa apropriação indébita (*Contratos,* cit., p. 421).

[45] Considera-se depósito regular: "o de coisa não consumível, devidamente individuada, infungível, portanto. É irregular o depósito de coisa que possa ser substituída por outra do mesmo gênero, qualidade e quantidade – depósito de coisa fungível" (Netônio Machado, Depositário por equiparação – inadmissibilidade – prisão do depositário infiel. *Revista dos Tribunais,* vol. 744, São Paulo: Revista dos Tribunais, out. 1997, pp. 85-93). O STJ, em clássico precedente sobre a prisão civil do depositário infiel, reconheceu sua admissibilidade apenas em relação a depósitos regulares: STJ, 4ª T., REsp 2.320, Rel. Min. Athos Carneiro, julg. 25.6.1991, publ. DJ 2.9.1991.

[46] Caio Mário, *Instituições de Direito Civil*, vol. III, cit., p. 346.

CAPÍTULO VII | CONTRATO DE DEPÓSITO   339

Ao lado desse dispositivo, o art. 5º, LXVII, da Constituição de 1988, também *Previsão constitucional* autorizava a referida pena ao afirmar textualmente a possibilidade da prisão civil do depositário infiel.[47]

Esse posicionamento permissivo foi maculado, inicialmente, pela ratificação do *Pacto de São José da Costa Rica* Pacto de São José da Costa Rica pelo Brasil em 1992, cujo art. 7º, n.º 7, determina que "ninguém deve ser detido por dívidas". Em que pese a incorporação desse Tratado ao ordenamento pátrio, o STF continuou a permitir a prisão do depositário infiel até 2008, sob o argumento de que a Convenção Internacional era norma infraconstitucional, a se submeter aos mandamentos da Constituição, neles incluído o art. 5º, LXVII, que permitia expressamente a prisão do depositário infiel que não restitui o bem consignado.

Mais tarde, a Corte mudou seu posicionamento no histórico julgamento do HC n.º 87585/2008,[48] de relatoria do Ministro Marco Aurélio, de cuja ementa se lê que "a subscrição pelo Brasil do Pacto de São José da Costa Rica, limitando a prisão civil por dívida ao descumprimento inescusável de prestação alimentícia, implicou a derrogação das normas estritamente legais referentes à prisão do depositário infiel".

Nessa esteira, confirmou-se o *status* supralegal dos Tratados sobre Direitos *Status supralegal* Humanos ratificados pelo Brasil. Por força da Emenda Constitucional n.º 45/2004, acrescentou-se o § 3º ao art. 5º da Constituição da República, determinando que as convenções internacionais sobre direitos humanos aprovadas pelo Congresso Nacional com o *quórum* especial de 3/5 teriam *status* constitucional. Trata-se de tendência destinada a conferir maior efetividade às normas internacionais, refletida no julgamento do STF, que optou por considerar que, mesmo os tratados de Direitos Humanos aprovados sem o *quórum* especial ou antes da edição da Emenda que modificou o art. 5º – como é o caso do Pacto de São José da Costa Rica – tenham relativa prevalência em relação ao direito interno.

Por força da nova interpretação, o Supremo Tribunal Federal editou a Súmula *Súmula Vinculante* Vinculante 25,[49] de 23 de dezembro de 2009, que, ao lado da Súmula 419 do STJ,[50] proíbe qualquer modalidade de prisão ao depositário infiel.

📝 PROBLEMAS PRÁTICOS

1. Durante o período de conserto ou reparo do veículo em oficina credenciada pela seguradora, poderá esta ser considerada depositária do veículo segu-

---

[47] "Art. 5º Todos são iguais perante a lei, sem distinção de qualquer natureza, garantindo-se aos brasileiros e aos estrangeiros residentes no País a inviolabilidade do direito à vida, à liberdade, à igualdade, à segurança e à propriedade, nos termos seguintes: (...) LXVII – não haverá prisão civil por dívida, salvo a do responsável pelo inadimplemento voluntário e inescusável de obrigação alimentícia e a do depositário infiel";

[48] STF, Tribunal Pleno, HC 87.585, Rel. Min. Marco Aurélio, julg. 3.12.2008, publ. DJ 26.6.2009.

[49] STF, Súmula Vinculante n.º 25: "É ilícita a prisão civil de depositário infiel, qualquer que seja a modalidade de depósito".

[50] STJ, Súmula n.º 419: "Descabe a prisão civil do depositário judicial infiel".

rado e, nesta qualidade, por força dos deveres de guarda e conservação, ser responsabilizada por furtos ou avarias do veículo?

2. Maria decidiu fazer grande obra em sua residência. Para evitar que suas joias se perdessem ou se danificassem, resolveu entregá-las a sua amiga Ana, para que as guardasse por um mês, até o fim da obra. Após uma semana, Maria viu em suas redes sociais uma foto de Ana utilizando seus colares e brincos. Indignada, Maria solicitou a imediata devolução das joias, o que foi negado por Ana sob o argumento de que o prazo contratual ainda estava vigente, já que a obra ainda não havia acabado. À luz da relação concreta, responda: Ana poderia utilizar as joias? Maria pode requerer a imediata devolução dos bens depositados?

Acesse o *QR Code* e veja a Casoteca.
> *http://uqr.to/1pdq4*

Capítulo VIII
MANDATO. COMISSÃO

Sumário: MANDATO – 1. Conceito – 2. Características – 3. Representação – 3.1. Teoria da aparência – 3.2. A figura do autocontrato ou contrato consigo mesmo – 3.2.1. Mandato em causa própria – 4. Efeitos do mandato – 5. Direitos e deveres do mandatário – 6. Direitos e deveres do mandante – 7. Extinção do mandato – 8. Mandato judicial – COMISSÃO – 9. Conceito. Efeitos essenciais – 10. Características – 11. Direitos e deveres do comissário – 12. Direitos e deveres do comitente – Problemas práticos.

MANDATO

1. CONCEITO

O contrato de mandato consiste em negócio jurídico pelo qual o mandatário recebe do mandante poderes para, em seu nome e no seu interesse, praticar atos ou administrar interesses. O mandato tem como traço essencial – que define, portanto, a sua causa –, a representação, tendo em conta que o mandatário age *em nome* do mandante, de tal forma que este se torna vinculado aos terceiros com quem aquele contrata, como se o próprio mandante atuasse diretamente. Eis aí a peculiaridade da atividade do mandatário: atua não só por conta e no interesse do mandante, mas, ao agir em nome deste, compromete-o diretamente para com aqueles com quem contrata, de modo que o mandante, e não o mandatário, torna-se parte nos negócios celebrados com terceiros. Trata-se, aliás, da principal nota distintiva entre os contratos de mandato e de comissão, na medida em que o comissário, embora atuando por conta do comitente, contrata em nome próprio, responsabilizando-se diretamente em relação aos terceiros com quem contrata (CC, art. 694). O comitente, assim, não é parte na relação jurídica estabelecida entre comissário e terceiros.

> Representação: traço essencial

O contrato de mandato pauta-se na confiança entre as partes, de modo que o mandatário age no sentido de zelar pelos interesses do mandante, em relação de cooperação.

2. CARACTERÍSTICAS

Gratuito ou oneroso

Considera-se o mandato consensual, já que o seu aperfeiçoamento depende do simples acordo de vontades. O contrato de mandato pode ser gratuito ou oneroso, recebendo o mandatário, neste último caso, remuneração pela sua prestação. Nos termos do art. 658 do Código Civil, presume-se gratuito o mandato se não houver sido estipulada retribuição, a menos que o seu objeto corresponda à atividade desempenhada como ofício ou profissão lucrativa pelo mandatário. Em decorrência da relação fiduciária entre mandante e mandatário, afirma-se que o contrato de mandato possui natureza *intuitu personae*, já que a escolha do mandatário resulta do convencimento subjetivo do mandante quanto à sua capacidade para o bom desempenho da missão que lhe será confiada.

Intuitu personae

Contrato unilateral: ausência de sinalagma

A despeito da controvérsia doutrinária existente quanto aos seus efeitos, entende-se que o contrato de mandato se afigura unilateral, de modo que não há sinalagma ou correspectividade entre as prestações do mandante e do mandatário. De fato, a ênfase à confiança mostra-se tão intensa que a atuação do mandatário não se vincula à contraprestação, ainda que remuneração seja devida por parte do mandante. À guisa de exemplo, no mandato oneroso, não é consentido ao mandatário, que não recebeu os honorários, alegar exceção de contrato não cumprido e deixar de executar o objeto do mandato. Daí a unilateralidade da relação contratual, mesmo quando onerosa. Em outras palavras, o dever de lealdade, decorrente do fato de o mandatário agir no interesse do mandante, apresenta-se preponderante sobre o direito do mandatário de receber sua remuneração.

Caráter preparatório

O contrato de mandato mostra-se preparatório, de caráter eminentemente instrumental, na medida em que seu objeto constitui precisamente na autorização para a realização de determinado ato ou negócio jurídico. A compreensão do mandato como negócio preparatório justifica-se no âmbito interpretativo, vinculando o intérprete finalisticamente aos objetivos a serem alcançados na relação contratual, a partir da identificação do escopo econômico comum perseguido pelas partes.

Revogabilidade

Em razão de sua natureza, marcada pela confiança entre as partes, o contrato de mandato revela-se revogável, a qualquer tempo, pela simples manifestação de vontade do mandante, uma vez esmorecida a fidúcia depositada no mandatário, devendo-se observar, contudo, as hipóteses de irrevogabilidade previstas expressamente nos arts. 684[1] e 685[2] do Código Civil. Caso o mandato contenha cláusula de irrevogabi-

---

[1] "Art. 684. Quando a cláusula de irrevogabilidade for condição de um negócio bilateral, ou tiver sido estipulada no exclusivo interesse do mandatário, a revogação do mandato será ineficaz".

[2] "Art. 685. Conferido o mandato com a cláusula 'em causa própria', a sua revogação não terá eficácia, nem se extinguirá pela morte de qualquer das partes, ficando o mandatário dispensado de prestar contas, e podendo transferir para si os bens móveis ou imóveis objeto do mandato, obedecidas as formalidades legais".

CAPÍTULO VIII | MANDATO. COMISSÃO   343

lidade, a sua violação pelo mandante implica tão somente perdas e danos em favor do mandatário prejudicado (CC, art. 683[3]).

Quanto ao seu objeto, o contrato de mandato poderá abranger qualquer negócio ou ato jurídico, exceto aqueles que se afigurem personalíssimos, a exemplo do testamento, do exercício da autoridade parental e do depoimento pessoal. Cite-se que até mesmo o casamento pode ser realizado via procuração (CC, art. 1.542).

O mandato poderá ser expresso ou tácito, verbal ou escrito (CC, art. 656). A procuração, como ato unilateral e abstrato de outorga de poderes, consiste no instrumento do mandato e deverá incluir a designação e extensão dos poderes conferidos ao representante, a fim de que se possa aferir se este agiu no âmbito de seus poderes (CC, art. 654, § 1o[4]). A procuração deverá revestir a mesma forma exigida por lei para o ato a ser praticado (CC, art. 657[5]), em consonância com o princípio da atração das formas. Por tal razão, também o substabelecimento deverá revestir a forma pública nas hipóteses em que esta seja a forma exigida por lei para a procuração, em virtude do objeto do mandato. Em consequência, há de se interpretar o art. 655[6] do Código Civil em conjunto com o art. 657, circunscrevendo-se o âmbito de incidência da norma que autoriza o substabelecimento por instrumento particular aos casos em que a procuração foi passada por instrumento público em razão da vontade das partes e não por exigência legal. *(nota lateral: Procuração: instrumento do mandato)*

A procuração, em termos gerais, apenas confere poderes de administração, sendo certo que a prática de qualquer ato que exorbite a administração ordinária, como alienar, hipotecar e transigir, dependerá da outorga de poderes especiais e expressos (CC, art. 661). Cite-se, nesse ponto, que o poder de transigir não importa o de firmar compromisso, por expressa disposição do art. 661, § 2o, do Código Civil.[7]

Por outro lado, o mandato classifica-se em geral ou especial, de acordo com a extensão (não dos poderes conferidos, mas) dos atos a serem praticados pelo mandatário. Geral será o mandato relativo a todos os negócios do mandante, sem especificação. Já o mandato especial é aquele concernente a um ou mais negócios determinados e especificados na procuração, não admitindo analogia para abranger outros negócios que não estejam ali designados (CC, art. 660[8]). Assim sendo, tanto no caso *(nota lateral: Mandato geral e mandato especial)*

---

[3] "Art. 683. Quando o mandato contiver a cláusula de irrevogabilidade e o mandante o revogar, pagará perdas e danos".

[4] "Art. 654. Todas as pessoas capazes são aptas para dar procuração mediante instrumento particular, que valerá desde que tenha a assinatura do outorgante.
§ 1o O instrumento particular deve conter a indicação do lugar onde foi passado, a qualificação do outorgante e do outorgado, a data e o objetivo da outorga com a designação e a extensão dos poderes conferidos".

[5] "Art. 657. A outorga do mandato está sujeita à forma exigida por lei para o ato a ser praticado. Não se admite mandato verbal quando o ato deva ser celebrado por escrito".

[6] "Art. 655. Ainda quando se outorgue mandato por instrumento público, pode substabelecer-se mediante instrumento particular".

[7] "Art. 661. (...) § 2o O poder de transigir não importa o de firmar compromisso".

[8] "Art. 660. O mandato pode ser especial a um ou mais negócios determinadamente, ou geral a todos os do mandante".

de mandato geral (para todos os atos), como na hipótese de mandato especial (voltado para atos específicos), os poderes podem ser conferidos pelo mandante em termos gerais (ordinária administração) ou especiais (atos específicos, e individualmente descritos na procuração, a serem realizados pelo mandatário).

3. REPRESENTAÇÃO

Autonomia

A representação consiste em elemento essencial ao mandato, a integrar, por isso mesmo, sua causa, de tal maneira que não há mandato sem representação. Todavia, por traduzir instituto autônomo, disciplinado nos arts. 115 e ss. do Código Civil, a representação pode existir desacompanhada do mandato. Assim, embora o mandato e a representação se afigurem ontologicamente distintos, o legislador optou por associar o contrato de mandato à representação, seguindo a tradição legislativa do Código Civil de 1916, de modo que a representação compõe a própria causa do contrato de mandato, não cabendo, portanto, falar em mandato sem representação.

Definição

Em termos técnicos, a representação constitui técnica de atuação em nome de outrem, que se torna, assim, diretamente vinculado. Para caracterizá-la, são indispensáveis a existência de poderes que lastreiem a atuação do representante e que este aja *declaradamente* em nome de outra pessoa. Ou seja, a outra parte deve ter a percepção de que aquele que manifesta a vontade está atuando em nome de um terceiro, o qual representa. A esta publicidade ou exteriorização de que se está a agir em nome de outrem designa-se *contemplatio domini*, núcleo central da representação. A *contemplatio domini* consiste justamente na atuação ostensiva do representante (não em nome próprio, mas) em nome do representado, o *dominus negotii*.

Contemplatio domini

A representação mostra-se mais consentânea com a noção de *substituição da manifestação de vontade*: embora atue em nome de outrem, o representante, ao contrário do núncio ou mensageiro, não fica adstrito à simples transmissão da vontade do representado. Conserva certa margem de discricionariedade, pois examina a conveniência de celebrar ou não o negócio sob determinadas circunstâncias.

Representação legal ou convencional

De acordo com a origem do poder conferido ao representante, classifica-se a representação em legal ou convencional (CC, art. 115). A representação legal deriva diretamente da lei, a qual determina quem será o representante e quais os seus poderes representativos, mostrando-se irrelevante a vontade do representado (v.g. a atuação dos pais em nome dos filhos menores). A representação voluntária, por sua vez, decorre da outorga de poderes pelo representado ao representante, por meio da procuração, compreendida como ato jurídico unilateral – a depender unicamente da manifestação de vontade do representado – e abstrato, vez que a sua outorga independe do negócio jurídico que lhe é subjacente ou sobrejacente.[9] Por força da abstra-

Ato jurídico unilateral e abstrato

---

[9]   De acordo com Pontes de Miranda, "O mandato é contrato causal; a procuração é negócio jurídico unilateral, abstrato. (...) A procuração, essa, é sempre negócio jurídico unilateral, negócio jurídico abstrato. Em boa terminologia, o negócio jurídico unilateral, de que resulta o instrumento de procuração, é negócio jurídico de procura. Procurar é exercer a incumbência ou outorga de procurador. Procurado é o outorgante: cura, pro, diante, à frente, em vez de. A própria língua alemã

ção, protegem-se os terceiros de boa-fé, já que a "relação básica (entre o representante e o representado) não poderá ser alegada futuramente para invalidar as obrigações decorrentes do negócio representativo".[10] Expressão da abstração, no caso do contrato de mandato, encontra-se no art. 679 do Código Civil,[11] o qual preserva a eficácia do negócio celebrado pelo mandatário em contrariedade às instruções conferidas pelo mandante, desde que atue nos limites do mandato.

Não se afigura imprescindível à existência da representação a outorga convencional de poderes, mas a existência de poderes, outorgados ou não, os quais permitem a vinculação direta do representado nos negócios firmados pelo representante em seu nome. Os poderes definem o campo de eficácia vinculativa de acordo com os limites estabelecidos, ora pela outorga, ora pela lei, ora por situação fática consistente na atividade realizada declaradamente em nome de outrem (*contemplatio domini*) ainda que desprovida de ato jurídico de outorga de poderes (procuração). Neste último caso, a legítima aparência de representação, motivada pelo emprego do nome alheio (*la spendita del nome*[12]), aliada a uma conduta culposa ou dolosa daquele em cujo nome se atuou, têm o condão de vincular o suposto representado aos negócios celebrados por aquele que, em razão das circunstâncias, efetivamente o representou (Teoria da Aparência).

O reflexo da manifestação de vontade do representante na esfera jurídica do representado encontra-se expresso no art. 116 do Código Civil,[13] que impõe, como condição para que se produzam os efeitos típicos da representação a atuação dentro dos poderes existentes. Todavia, em se tratando de hipótese de representação voluntária, se o representado ratificar os atos praticados pelo representante, estará a eles direta e imediatamente vinculado, pois a ratificação consiste na aprovação, pelo representado, dos atos efetuados pelo representante que agiu com excesso ou sem poderes, produzindo efeitos *ex tunc*.

Eficácia da representação

[ ] tem Prokura; e a holandesa, procuratie. Devido à unilateralidade do negócio jurídico da procura, se a pessoa nomeada atende à outorga e responde que "aceita", supor, como existente, subjacente, ou justajacentemente, contrato, para a qual êle dirige aceitação. Outro negócio jurídico, bilateral, ou mesmo plurilateral, se conclui, inconfundível com o negócio jurídico unilateral da procura. Aliás, o procurador, antes ou já após o início do exercício dos poderes outorgados, pode oferecer contrato de mandato, de advocacia, ou outro contrato, de jeito que precise ser aceita pelo outorgante a oferta. Mesmo assim, tem-se de evitar qualquer confusão entre o negócio jurídico unilateral da procuração e o negócio jurídico bilateral ou plurilateral sobrejacente" (Tratado de Direito Privado, tomo XLIII, São Paulo: Revista dos Tribunais, 1984, 3ª ed., pp. 110-111).

[10] Leonardo Mattietto, A Representação Voluntária e o Negócio Jurídico de Procuração. *Revista Trimestral de Direito Civil,* n. 4, vol. 1, Rio de Janeiro: Padma, 2000, p. 66.

[11] "Art. 679. Ainda que o mandatário contrarie as instruções do mandante, se não exceder os limites do mandato, ficará o mandante obrigado para com aqueles com quem o seu procurador contratou; mas terá contra este ação pelas perdas e danos resultantes da inobservância das instruções".

[12] Ou simplesmente *contemplatio domini*: Pietro Perlingieri, *Manuale di diritto civile*, Napoli: Edizioni Scientifiche Italiane, 2000, p. 354.

[13] "Art. 116. A manifestação de vontade pelo representante, nos limites de seus poderes, produz efeitos em relação ao representado".

3.1. Teoria da aparência

O instituto da ratificação, por si só, revelou-se insuficiente à proteção de algumas situações jurídicas merecedoras de tutela, nas quais alguém contrata na legítima confiança de uma aparência, exteriorizada pelo suposto representante. Neste caso, o *falsus procurator* suscita em quem com ele contrata a confiança de que age autorizado pelo representado, ensejando a aparência de legítima representação.

Legítima confiança

Em tais circunstâncias, tutela-se a *legítima* confiança em favor da segurança das relações jurídicas, convertendo-se a representação aparente em efetiva representação. A tutela do terceiro que contrata com o representante aparente imputa ao representado as obrigações decorrentes do ato praticado pelo representante, de modo que não se pode proteger a confiança a qualquer custo. Tal ônus somente se justifica se o representado contribuiu, com sua ação ou omissão, para que a representação parecesse legítima. Na aferição do comportamento culposo do representado, deve-se recorrer à noção de culpa normativa, de modo que o magistrado deverá valorar a ação ou omissão do agente em face de padrão de comportamento objetivamente exigível para a hipótese concreta – deixando de lado, portanto, a pesquisa do elemento intencional –, sem que isso signifique o abandono da natureza subjetiva da responsabilidade.

Boa-fé subjetiva do terceiro

Além disso, exige-se também a boa-fé subjetiva do terceiro contratante, para a caracterização da representação aparente. A convicção que anima seu espírito quanto à existência de representação constitui-se em pressuposto subjetivo para que a representação aparente se torne efetiva representação, o que não poderá ocorrer se o terceiro agiu com malícia ou descuidadamente, invocando representação que sequer se fazia aparentar.[14]

Cláusula geral de boa-fé objetiva

A admissão da representação aparente mostra-se favorecida, a partir da entrada em vigor do Código Civil, com a introdução da cláusula geral de boa-fé objetiva, a qual, informada pelo princípio da solidariedade constitucional, oferece novas possibilidades hermenêuticas e consagra, de maneira definitiva, as expectativas geradas, no contato social, pela legítima confiança.

Dever de informar do representante

Nessa esteira, com vistas a determinar se houve quebra da boa-fé objetiva, mostra-se importante verificar se o representante ou o representado sabia ou deveria saber de determinadas informações relevantes à decisão do terceiro de contratar. Note-se que não apenas o representado é responsável pelos atos praticados pelo representante, mas esse último é inteiramente responsável pela informação que disponibiliza ou falha em fornecer ao terceiro. Pela técnica da representação, há efetiva *substituição da manifestação de vontade*, como acima anotado: o representante, ao contrário do simples núncio ou mensageiro, age como se fosse o próprio representado, tornando-se exigível do representante o dever de revelar circunstâncias importantes à contratação.

---

[14] Sobre o tema, cfr. Anderson Schreiber, A representação no novo Código Civil. In: Gustavo Tepedino (coord.), *A Parte Geral do Novo Código Civil*: estudos na perspectiva civil-constitucional, Rio de Janeiro: Renovar, 2013, pp. 285-286.

3.2. A figura do autocontrato ou contrato consigo mesmo

O Código Civil de 2002, na esteira do direito italiano[15] e português,[16] traz previsão expressa da autocontratação. O contrato consigo mesmo, também denominado autocontrato, decorre do fenômeno da representação,[17] e pode se manifestar por duas hipóteses distintas.[18] Na primeira, aquele que intervém em duplo papel é, ao mesmo tempo, uma das partes contratantes, vale dizer, o representante, em vez de estipular o contrato com terceiro, celebra consigo próprio, reunindo, em sua pessoa, centros de interesses diversos; na segunda, o detentor das duas situações jurídicas representa ao menos duas outras pessoas por força de relações jurídicas representativas diversas, configurando-se hipótese de dupla representação, isto é, vontades pertencentes a titulares distintos são expressas por um único emitente. Nesta última hipótese, o representante não figura no negócio jurídico representativo; não adquire direitos nem obrigações, os quais são reservados, exclusivamente, aos representados. *Autocontrato*

O autocontrato sempre foi visto com cautela pela doutrina pátria, hostil à concentração de interesses antagônicos em uma mesma pessoa. No caso do contrato de mandato, a hipótese apresenta-se mais inquietante, pois o mandatário deve agir no interesse do mandante. O contrato consigo mesmo pode ocasionar a quebra deste dever de lealdade, provocando o distanciamento do mandatário em relação aos interesses do mandante que motivaram a celebração do próprio contrato de mandato. Teme-se que o representante tenda a privilegiar seu interesse pessoal, ou, entre os interesses dos dois ou mais representados, o de um deles, a demandar a utilização cautelosa do referido expediente. *Conflito de interesses*

O Código Civil, no *caput* do art. 117,[19] dispõe que o negócio jurídico que o representante, no seu interesse ou por conta de outrem, celebrar consigo mesmo, é anulável. Tal dispositivo prevê o autocontrato como *causa objetiva de anulabilidade* do negócio, estabelecendo presunção de conflito de interesses. A norma ressalva *Causa objetiva de anulabilidade*

---

[15] Art. 1.395: Contrato consigo mesmo. É anulável o contrato em que o representante concluiu consigo mesmo, em nome próprio e como representante da outra parte, a menos que o representado o tenha autorizado expressamente ou o conteúdo do contrato seja determinado de modo a excluir a possibilidade de conflito de interesses" (tradução nossa).
No original: "*Contratto con se stesso*. È annullabile il contratto che il rappresentante conclude con se stesso, in proprio e come rappresentante di un'altra parte, a meno che il rappresentato lo abbia autorizzato specificamente ovvero il contenuto del contratto sia determinato in modo da escludere la possibilità di conflito d'interessi".

[16] Art. 261: "É anulável o negócio celebrado pelo representante consigo mesmo, seja em nome próprio, seja em representação de terceiro, a não ser que o representado tenha especificamente consentido na celebração, ou que o negócio exclua por sua natureza a possibilidade de um conflito de interesses".

[17] Orlando Gomes ensina que "em verdade, não há *contrato consigo mesmo*, porque a figura assim chamada só se torna possível em função do mecanismo da *representação*". Ou seja, "no fundo não realiza contrato consigo mesmo, senão com a pessoa a quem representa" (*Contratos*, Rio de Janeiro: Forense, Rio de Janeiro: Forense, 2009, 26ª ed., p. 102).

[18] Sobre o tema, v. Maria Cândida do Amaral Kroetz, *A Representação Voluntária no Direito Privado*, São Paulo: Revista dos Tribunais, 1998, p. 91.

[19] "Art. 117. Salvo se o permitir a lei ou o representado, é anulável o negócio jurídico que o representante, no seu interesse ou por conta de outrem, celebrar consigo mesmo".

somente duas hipóteses em que será válido o negócio celebrado pelo representante consigo mesmo, a saber, a permissão da lei ou a aquiescência específica do representado.[20] Nada disto, porém, exclui a possibilidade de demonstração concreta de conflito de interesses na celebração do autocontrato, sobretudo naquelas hipóteses em que a relação entre as partes não é paritária.[21]

Causa subjetiva de anulabilidade

De outra parte, o *caput* do art. 119 traz *causa subjetiva de anulabilidade*.[22] Conjuga-se a existência de conflito de interesses com o fato de o terceiro ter ou dever ter conhecimento de tal conflito, a viciar o ato e torná-lo passível de anulação. Não basta, assim, que o negócio realizado pelo representante colida com o interesse do representado. Necessário se faz também que o terceiro, com o qual o representante celebrou o negócio, tivesse, ou devesse ter, conhecimento de tal conflito, caracterizando a sua má-fé ou negligência.

Verifica-se, dessa forma, que o art. 119 trata genericamente de conflitos de interesses, enquanto o art. 117, mais específico, contempla situação puramente objetiva em que o conflito de interesses vem presumido a partir da autocontratação efetuada pelo representante. Ambas as situações levam, contudo, à anulabilidade do negócio jurídico, salvaguardando o representado de eventuais efeitos da avença.

Prazo para anulação

No que se refere ao prazo para a anulação, o art. 119, em seu parágrafo único, estabelece expressamente o prazo decadencial de 180 (cento e oitenta) dias, a contar da conclusão do negócio. No que tange ao art. 117, a ausência de estipulação expressa impõe a aplicação do prazo geral de 2 (dois) anos, de acordo com a regra do art. 179 do Código Civil.[23]

3.2.1. Mandato em causa própria

Como hipótese de autocontrato, insere-se o mandato em causa própria, regulado no art. 685 do Código Civil,[24] mediante o qual o mandante outorga, em caráter irrevogável, poderes ilimitados ao mandatário, no exclusivo interesse deste, para que possa, independentemente de qualquer outro ato do mandante, transferir para si os bens objeto do mandato. Por isso, afirma-se que o mandatário age por sua conta, mas em nome do mandante. Desse modo, o mandante utiliza-se da procuração em causa própria para ceder ou transferir direitos ao mandatário, esquivando-se dos incômo-

---

[20] Sobre o tema, veja-se: Caio Mário da Silva Pereira, *Instituições de Direito Civil*, vol. I, Rio de Janeiro: Forense, 2005, 21ª ed., p. 624.

[21] Sobre o ponto, seja consentido remeter a Gustavo Tepedino *et al.*, *Código Civil Interpretado Conforme a Constituição da República*, vol. I, Rio de Janeiro: Renovar, 2004, p. 237.

[22] "Art. 119. É anulável o negócio concluído pelo representante em conflito de interesses com o representado, se tal fato era ou devia ser do conhecimento de quem com aquele tratou".

[23] "Art. 179. Quando a lei dispuser que determinado ato é anulável, sem estabelecer prazo para pleitear-se a anulação, será este de dois anos, a contar da data da conclusão do ato".

[24] "Art. 685. Conferido o mandato com a cláusula 'em causa própria', a sua revogação não terá eficácia, nem se extinguirá pela morte de qualquer das partes, ficando o mandatário dispensado de prestar contas, e podendo transferir para si os bens móveis ou imóveis objeto do mandato, obedecidas as formalidades legais".

dos ou dos ônus relativos à prática de certos atos. Por perfazer função inteiramente diversa do mandato típico, desnaturalizando-o, tem-se preferido a designação de procuração em causa própria, evitando associá-la à função do mandato. Trata-se, a rigor, de negócio indireto, cuja finalidade econômica perseguida pelas partes é mais ampla do que a finalidade jurídica pré-disposta pelo ordenamento: embora as partes celebrem típico contrato de mandato, este desempenha a finalidade econômica do contrato de cessão ou do negócio para o qual o mandato seria preparatório. Daí afirmar-se que a cláusula *in rem suam* importa cessão de direitos, gratuita ou onerosa, conforme seja feita por liberalidade ou em razão de contraprestação, que se confunde com o próprio contrato pretendido pelo mandato.

Negócio indireto

No mandato em causa própria, todos os elementos essenciais do contrato perseguido encontram-se presentes com a cláusula *in rem suam,* permitindo-se que o mandatário transfira os bens para si.[25] Como no direito brasileiro o contrato, por si só, não transfere o domínio, o que só ocorrerá com a tradição dos bens móveis (art. 1.267, Código Civil) ou o registro do título translativo, no caso dos bens imóveis (art. 1.245, Código Civil), a procuração em causa própria, desempenhando a função de alienação, não tem eficácia real, como é próprio dos negócios translativos no sistema brasileiro. A causa do contrato necessariamente contém a outorga de poderes, e é apenas em razão desta outorga que o mandatário pode se apropriar dos direitos a que se refere o mandato. Em última análise, afigura-se a procuração em causa própria título hábil e suficiente a gerar a obrigação de transferir o domínio, já que nela se encontram necessariamente presentes os elementos essenciais da compra e venda ou de outro negócio cujos efeitos são perseguidos pelo mandato *in rem suam,* e capazes de produzir a transferência dos bens de um patrimônio para outro. Em síntese, a procuração em causa própria gera a obrigação de transferência de direitos, importando em cessão indireta de direitos, já que nela se encontram presentes os elementos essenciais do negócio jurídico indireto, cujos efeitos são perseguidos pelas partes.[26]

Efeitos pessoais

Diferentemente da procuração em causa própria, que desnatura o mandato, é possível se pactuar a irrevogabilidade do mandato, nos termos do art. 683 do Código Civil,[27] a despeito de se tratar de contrato fundado na confiança, no âmbito do qual a revogabilidade se mostra intrínseca à sua função. Ou seja, o mandato não subsiste à

---

[25] Segundo elucidativo precedente proferido pela 3ª Turma do Superior Tribunal de Justiça, "o beneficiário de mandato com cláusula 'em causa própria', tem garantido, ante quem lhe outorgou esse mandato, o direito subjetivo de transferir para si os bens móveis ou imóveis objeto do contrato, desde que obedecidas as formalidades legais" (STJ, REsp 1.269.572/SP, 3ª T., Rel. Min. Sidnei Beneti, julg. 17.4.2012, publ. DJ 9.5.2012).

[26] Destaque-se que se aplica à procuração em causa própria a regra de que o mandato deverá ser outorgado pela forma de instrumento público quando destinado à prática de negócio jurídico que vise a "constituição, transferência, modificação ou renúncia de direitos reais sobre imóveis de valor superior a trinta vezes o maior salário mínimo vigente no País" e, portanto, dependa da forma de escritura pública (STJ, AgInt no REsp 1.894.758/DF, 4ª T., Rel. Min. Luis Felipe Salomão, Rel. p/ acórdão Min. Maria Isabel Gallotti, julg. 19.10.2021, publ. DJ 15.12.2021).

[27] "Art. 683. Quando o mandato contiver a cláusula de irrevogabilidade e o mandante o revogar, pagará perdas e danos".

falta de confiança do mandatário, razão pela qual, a qualquer tempo, e sem necessidade de motivação, faculta-se ao mandante revogar os poderes outorgados, unilateralmente, pondo fim ao contrato, ainda que dele conste cláusula de irrevogabilidade. Neste caso, o inadimplemento contratual do mandante, que revoga o mandato que se comprometera a não revogar, converte-se em perdas e danos em favor do mandatário, preservando-se a base fiduciária do mandato.

Difere-se, ainda, o mandato em causa própria – bem como a previsão do art. 683, acima analisada – da hipótese de a cláusula de irrevogabilidade ser condição de um negócio bilateral ou quando houver a outorga realizada no exclusivo interesse do mandatário, com cláusula de irrevogabilidade (CC, art. 684[28]), que não contenha os elementos necessários à transferência de bens pretendida. Cuida-se de hipótese na qual a irrevogabilidade transcende o objeto do mandato, vinculando-se a outro negócio jurídico bilateral, que lhe serve de razão justificativa. A irrevogabilidade, portanto, resulta não do mandato propriamente dito, mas do contrato bilateral, de que o mandato é condição, ou do interesse de terceiro. Ou seja, a irrevogabilidade decorre da impossibilidade de resilição unilateral do contrato a que o mandato se vincula. O mandato, neste caso, como meio de cumprimento da obrigação contratada em outro negócio, constitui modo de pagamento pelo qual o mandante se encontra obrigado. É o que se passa, por exemplo, na hipótese em que o vendedor, por meio de mandato irrevogável, outorga ao comprador poderes para executar todos os atos necessários à transferência da propriedade do imóvel para o seu nome junto ao Registro de Imóveis.

Responsabilidade do mandatário pela evicção e vícios redibitórios

Cuidando-se de negócio oneroso, responde o mandatário pelos riscos da evicção (CC, art. 447) e dos vícios redibitórios (CC, art. 441), uma vez que a cláusula *in rem suam* confere ao mandatário não apenas o poder de transferir o bem referido, como também lhe atribui todos os efeitos que possam advir dessa futura transferência.

Por se instituir no exclusivo interesse do mandatário, com poderes ilimitados para a execução do objeto para o qual foram conferidos, o mandatário está dispensado de prestar contas, independentemente de previsão neste sentido. Ao contrário do mandato ordinário, exercido no interesse do mandante, o mandato em causa própria mostra-se irrevogável pelo mandante, sendo, portanto, ineficaz sua eventual revogação.

Extinção do mandato in rem suam

Não se extingue o mandato *in rem suam* com a morte das partes, eis que obriga os herdeiros do mandante e aproveita aos do mandatário. Admite-se o seu livre substabelecimento pelo mandatário, sendo possível, inclusive, o substabelecimento parcial, se o direito que se lhe atribuiu for divisível.

4. EFEITOS DO MANDATO

No contrato de mandato, o mandatário, valendo-se da técnica da representação, age em nome e no interesse do mandante, de modo que o mandante vincula-se diretamente ao terceiro no negócio praticado. A outorga de poderes, por meio da

---

[28] "Art. 684. Quando a cláusula de irrevogabilidade for condição de um negócio bilateral, ou tiver sido estipulada no exclusivo interesse do mandatário, a revogação do mandato será ineficaz".

procuração, fixará os limites da atuação do mandatário, de maneira que somente o ato praticado de acordo com tais limites será eficaz em relação ao mandante (CC, arts. 662;[29] 116). Assim, o representado só estará vinculado ao pactuado pelo representante se lhe conferiu poderes e nos limites da outorga. A atuação em nome de outrem sem poderes para tanto não vincula o representado, isto é, mostra-se ineficaz perante o mandante, considerando-se mera gestão de negócios (CC, art. 665[30]). Nesta hipótese, o mandatário responderá pessoalmente perante o terceiro, o que confirma a existência e validade do ato praticado, cuja eficácia, entretanto, não alcança o mandante.[31]

Excesso de poderes

Em razão disto, ganha relevo a necessidade de o mandatário provar aos terceiros com quem contrata a sua qualidade de representante e a extensão de seus poderes, sob pena de responder pelos atos que os excederem, tendo em vista a ineficácia destes perante o representado (CC, arts. 662;[32] 118). Ao mesmo tempo, deve o terceiro, em contrapartida, ter a cautela de verificar a validade da procuração conferida e dos poderes atribuídos ao mandatário. Caso o terceiro, mesmo sabendo do excesso de poderes incorrido pelo mandatário, com ele celebrar o ato, não terá ação contra o mandatário, salvo se este lhe tiver prometido ratificação do mandante ou se responsabilizado pessoalmente (CC, art. 673[33]).

Prova dos poderes do mandatário

O mandante poderá ratificar os atos praticados pelo mandatário sem poderes ou em excesso de poderes, hipótese em que se vinculará frente ao terceiro. A ratificação constitui declaração unilateral de vontade; encerra consentimento ao ato praticado pelo mandatário, *a posteriori*, suprindo a outorga do poder inexistente ou insuficiente, com o intuito de vincular o mandante ao terceiro. A ratificação poderá ser expressa ou tácita, não sendo necessário que observe a forma exigida para o negócio jurídico celebrado entre mandatário e terceiros, e retroagirá à data da celebração do ato (CC, art. 662, parágrafo único).

Ratificação

---

[29] "Art. 662. Os atos praticados por quem não tenha mandato, ou o tenha sem poderes suficientes, são ineficazes em relação àquele em cujo nome foram praticados, salvo se este os ratificar.
Parágrafo único. A ratificação há de ser expressa, ou resultar de ato inequívoco, e retroagirá à data do ato".

[30] "Art. 665. O mandatário que exceder os poderes do mandato, ou proceder contra eles, será considerado mero gestor de negócios, enquanto o mandante lhe não ratificar os atos".

[31] Destaque-se interessante precedente do Superior Tribunal de Justiça de relatoria do Min. Luis Felipe Salomão, segundo o qual "A figura da 'venda a non domino' – isto é, a transferência da propriedade por quem não é dono – não se confunde com a hipótese na qual constatado excesso dos poderes recebidos por gestor, representante ou mandatário que se apresentou como devidamente habilitado à negociação empreendida, tendo o terceiro agido de boa-fé e alicerçado em crença justificada (teoria da aparência)" (STJ, EDcl no REsp 1.747.956/SP, 4ª T., Rel. Min. Luis Felipe Salomão, julg. 23.8.2022, publ. DJ 30.8.2022).

[32] "Art. 662. Os atos praticados por quem não tenha mandato, ou o tenha sem poderes suficientes, são ineficazes em relação àquele em cujo nome foram praticados, salvo se este os ratificar.
Parágrafo único. A ratificação há de ser expressa, ou resultar de ato inequívoco, e retroagirá à data do ato".

[33] "Art. 673. O terceiro que, depois de conhecer os poderes do mandatário, com ele celebrar negócio jurídico exorbitante do mandato, não tem ação contra o mandatário, salvo se este lhe prometeu ratificação do mandante ou se responsabilizou pessoalmente".

A noção de excesso de poderes não se confunde com a de abuso de poderes.

Abuso de poderes Dá-se o abuso de poderes pelo mandatário quando este, no desempenho das atribuições que lhe foram confiadas, e sem exceder ou proceder contra os poderes conferidos, infringe instruções do mandante ou sua vontade.[34] Tais instruções, explícitas ou implícitas, não dizem respeito às relações jurídicas entre mandatário e terceiros, pois são afetas à relação interna entre mandante e mandatário. Assim, no que concerne à pessoa com quem o mandatário negociou não se configura abuso de poderes, já que, não tendo o mandatário excedido os poderes outorgados, o mandante encontra-se vinculado ao pactuado, assegurando-se a este, por outro lado, perdas e danos contra seu representante com base no inadimplemento contratual (CC, art. 679).

Desse modo, nas hipóteses em que o pretenso representante não tenha poderes de representação válidos (por exemplo, quando a procuração que lhe fora outorgada se encontra revogada) ou, embora os tenha, estes não autorizavam a prática do negócio celebrado com terceiro, ocorrerá excesso de poder.[35] Nestes casos, inexiste vinculação

---

[34] No caso a seguir, relativo a mandato judicial, restou configurado o abuso de mandato. Na hipótese, o mandatário teria retido em seu poder quantia além da prevista em contrato. Note-se que o advogado possuía poderes para aludida retenção, tendo, no entanto, exercido a prerrogativa de maneira abusiva: "Recurso Especial. Civil e Processual Civil. Ação de prestação de contas. Segunda fase. Abuso de mandato. (...) 1. Reconhecimento pelo tribunal de origem, a partir da prova documental e pericial, da ocorrência de abuso no exercício de mandato consistente na retenção a maior de valores pertencentes ao cliente. 2. Desacerto negocial identificado a partir da interpretação da cláusula contratual que regulou a forma de pagamento dos honorários advocatícios contratados (proveito econômico). (...) A presente ação de prestação de contas, movida por clientes contra advogados, teve como causa de pedir a alegação de abuso no exercício de mandato, em relação aos honorários contratuais pelos serviços advocatícios prestados, afirmando-se que os patronos teriam retido quantia superior à contratada. Tal desacerto contratual decorreu da interpretação de cláusula contratual em que se estabeleceu a forma de pagamento de tais honorários contratuais [obrigaram-se os autores a pagar aos réus 20% (vinte por cento) sobre o proveito econômico que a demanda lhes trouxesse]. (...) Os recorrentes pretendem que o valor referente aos honorários advocatícios sucumbenciais (da demanda em que atuaram) seja considerado como proveito econômico da parte autora, integrando a base de cálculo dos referidos 20% de seus honorários contratuais. O Tribunal de origem, porém, analisando o conjunto fático-probatório dos autos e interpretando a referida cláusula contratual, que estabeleceu a forma de pagamento pelos serviços advocatícios prestados, entendeu que não fazem parte da base de cálculo esses honorários sucumbenciais da antiga ação, justamente por terem sido objeto de outro debate já dirimido por esta Corte Superior no Recurso Especial n. 160.797/MG (Rel. Min. Costa Leite, Rel. p/ Acórdão Ministro Nilson Naves, Terceira Turma, julgado em 13/05/1999)" (STJ, 3ª T., REsp 1.403.005, Rel. Min. Paulo de Tarso Sanseverino, julg. 6.4.2017, publ. DJ 11.4.2017).

[35] Nessa direção, reconheceu-se o excesso de poder no mandato em hipótese em que o negócio jurídico fora contratado com terceiro após a revogação da procuração outorgada ao mandatário: "Apelação. Locação. Ação de despejo por falta de pagamento c./c. cobrança de aluguéis e acessórios da locação. Sentença de extinção da ação ante o reconhecimento da ilegitimidade ativa da Autora. Insurgência da Autora que não se sustenta. Autora que, por ocasião da celebração do contrato de locação com a Ré, já havia sido destituída da administração do imóvel objeto do pacto locatício, através de notificação extrajudicial válida e eficaz. Autora que, a partir da data do recebimento da notificação extrajudicial que revogou o seu mandato, não poderia mais ter praticado nenhum ato de administração relativo ao imóvel em questão, mormente dá-lo em locação, receber ou cobrar aluguéis de qualquer espécie. Não se olvida que na relação de locação, não há necessidade de coincidência entre a posição de locador e a de proprietário, sendo admissível que o contrato seja firmado pelo posseiro, usufrutuário ou aquele que detém a administração do bem em seu nome ou em nome de outrem. No caso em tela, porém, a Autora não detinha mais a administração do bem, seja em razão da revogação expressa do mandato por notificação extrajudicial, seja em razão do falecimento do

jurídica do mandante aos atos praticados pelo mandatário, salvo se este os ratificar. A ausência de poder equivale à ausência de representação, sem a qual inexiste causa jurídica que legitime a assunção do vínculo diretamente pelo mandante. Por outro lado, se o mandatário agir com abuso de poderes, inobservando as instruções do mandante, o negócio praticado vinculará o mandante, mas o mandatário responderá pelas perdas e danos causados.

Pode ocorrer ainda de o mandatário, violando o contrato de mandato, isto é, infringindo o poder de representação que lhe foi regularmente outorgado, atuar em nome próprio, ainda que por conta e no interesse do mandante, a caracterizar inadimplemento contratual. Neste caso, não há representação, e, por isso mesmo, o mandante não se vincula ao negócio praticado, ao qual o mandatário se obriga diretamente. Assim, o mandante não figura como parte nos negócios, permanecendo estranho à contratação; ao passo que o mandatário, ao atuar em nome próprio, torna-se parte nos contratos celebrados com terceiros.

Atuação do mandatário em nome próprio e no interesse do mandante

Nos casos em que o mandatário age em nome próprio, delineiam-se duas espécies de responsabilidade. Na hipótese em que o mandatário age em nome próprio, mas por conta do mandante, o mandatário transfere ao mandante os resultados do negócio, tal como ocorre no contrato de comissão. O dever de reparar do mandatário, portanto, a menos que o mandante demonstre outros danos efetivamente sofridos, limitar-se-á às despesas com a transferência de tais resultados. Afinal, ao desconsiderar os poderes de representação outorgados, o mandatário inadimpliu o contrato de mandato, razão suficiente a lhe atribuir, de modo reparatório, os referidos ônus, a fim de evitar prejuízo adicional ao mandante. Já na hipótese de o mandatário atuar em nome próprio e no seu interesse, para amealhar as vantagens cuja obtenção era objeto do mandato, atribui-se ao mandante direito à reparação por todos os danos emergentes e lucros cessantes sofridos.

Atuação do mandatário em nome próprio

5. DIREITOS E DEVERES DO MANDATÁRIO

O mandatário terá direito à remuneração ajustada, se o mandato for oneroso. A lei garante ao mandatário direito de retenção, do objeto da operação que lhe foi cometida, de montante que abranja, além das despesas incorridas na execução do mandato, a sua remuneração (CC, arts. 664[36] e 681[37]), em observância ao valor social

Direito de retenção

---

mandante, e sequer poderia ter firmado o contrato de locação objeto da presente demanda, que é passível, inclusive, de anulação. Inteligência dos artigos 661, § 1º, 665 e 682, incisos I e II, do CC. Excesso de mandato caracterizado. Locatária ré que, ao ser notificada da revogação do mandato conferido à empresa Autora, passou acertadamente a efetuar o pagamento dos locativos diretamente ao representante legal do espólio proprietário do imóvel. Mora não caracterizada. Ilegitimidade ativa da Autora corretamente reconhecida. Litigância de má-fé caracterizada. Sentença mantida" (TJSP, 34ª C. D. Priv., Rel. Des. L. G. Costa Wagner, julg. 19.4.2021, publ. DJ 30.4.2021).

[36] "Art. 664. O mandatário tem o direito de reter, do objeto da operação que lhe foi cometida, quanto baste para pagamento de tudo que lhe for devido em conseqüência do mandato".

[37] "Art. 681. O mandatário tem sobre a coisa de que tenha a posse em virtude do mandato, direito de retenção, até se reembolsar do que no desempenho do encargo despendeu".

do trabalho, constitucionalmente tutelado. O direito de retenção incide sobre os objetos pertencentes ao mandante que se encontram na posse do mandatário em razão do mandato. O direito de retenção não abrange eventuais perdas e danos devidos pelo mandante ao mandatário.

Dever de diligência

O mandatário deve aplicar toda a sua diligência habitual na execução do mandato, tomando como parâmetro para sua atuação o comportamento habitualmente empregado em seus próprios negócios, com base no qual foi construída sua reputação, a qual, em última análise, determinou sua escolha pelo mandante (CC, art. 667[38]). No caso de o mandatário atuar profissionalmente, com maior intensidade configura-se o dever de bem desempenhar o encargo que lhe foi cometido, por força de sua habilitação profissional.

Standards de conduta

Caso o mandatário contrarie este *standard* de conduta esperado na execução dos negócios, deverá responder por perdas e danos em face do mandante, os quais incluirão danos morais,[39] caso haja violação à dignidade do mandante. Também como corolário do dever de diligência, deve o mandatário seguir rigorosamente as instruções do mandante, sejam simultâneas ou posteriores à outorga de poderes, sob pena de ser responsabilizado pelos danos que vier a causar.

Substabelecimento

A despeito da natureza *intuitu personae* do contrato de mandato, em decorrência da confiança que lhe é subjacente, admite-se o substabelecimento pelo mandatário, a fim de garantir a maior eficácia da representação. Por meio do substabelecimento, o mandatário se faz substituir na execução do mandato, transferindo a outrem, com ou sem reservas, os poderes recebidos. No primeiro caso, o mandatário preserva consigo o exercício das atividades que lhe foram confiadas, de tal sorte que os poderes passam a ser cumulativos, podendo ser exercidos pelo mandatário ou pelo substabelecido. Na segunda hipótese, o mandatário demite-se dos poderes outorgados,

---

[38] "Art. 667. O mandatário é obrigado a aplicar toda sua diligência habitual na execução do mandato, e a indenizar qualquer prejuízo causado por culpa sua ou daquele a quem substabelecer, sem autorização, poderes que devia exercer pessoalmente".

[39] Na jurisprudência: "No contrato de mandato compete ao mandatário a obrigação de aplicar toda a sua diligência habitual na execução do mandato, e a obrigação de indenizar qualquer prejuízo causado por culpa sua ou daquele a quem substabelecer, sem autorização, poderes que devia exercer pessoalmente, conforme os artigos 1300 do Código Civil/1916, e 667 do Código Civil vigente. O conjunto probatório atrelado aos autos demonstra que a autora celebrou contrato de mandato com o réu, cujo objeto era a administração dos bens advindos por herança de seu pai, dentre os quais se inseriam quadros, joias, pedras preciosas, bens imóveis, objetos de arte, valores mobiliários e dinheiro. Considerando que o réu agiu de forma negligente na execução do mandato, permitindo o extravio dos objetos que estavam sob sua responsabilidade, deve indenizar os danos suportados pela autora, e nestes se inserem os danos extrapatrimoniais" (TJRJ, 11ª CC., Ap. Cív. 200500108792, Rel. Des. Claudio de Mello Tavares, julg. 13.7.2005, publ. DJ 27.7.2005); "Inadimplemento do contrato de mandato. Art. 668 do CC. Inaplicabilidade do CDC. Advogada-ré que faltou com dever de transparência, informação e diligência. Retenção de verbas do cliente por dez anos. Danos morais configurados. Valor de R$ 5.000,00 que repara suficientemente os danos experimentados. Sucumbência maior da ré, que arcará com os respectivos ônus. Apelação do autor parcialmente provida. Apelação da ré não provida" (TJSP, 29ª C. D. Priv., Ap. Cív. 00399810520118260405, Rel. Des. Carlos Dias Motta, julg. 29.6.2016, publ. DJ 29.6.2016).

Capítulo VIII | Mandato. Comissão

transferindo-os definitivamente para o substabelecido, de maneira que este se torna o único procurador, a configurar renúncia ao mandato.

Tal como ocorre na renúncia, o mandatário que substabelece sem reservas deverá notificar tempestivamente o mandante, que será indenizado pelo mandatário se for prejudicado pela sua inoportunidade ou pela falta de tempo para prover à substituição do procurador (CC, art. 688[40]). O mandatário que não notificar previamente o mandante, responderá por perdas e danos, salvo se provar que não podia continuar no mandato sem prejuízo considerável e que não lhe era dado substabelecer. Se, ao revés, fosse-lhe permitido contratualmente substabelecer, deveria preferir o substabelecimento à renúncia pura e simples, em caso de urgente necessidade que viesse a impedir a tempestiva notificação, de modo a evitar solução de continuidade no exercício do mandato. *Substabelecimento sem reservas*

Pode-se inserir o substabelecimento em três situações distintas, das quais emergem responsabilidades diferenciadas para os procuradores: a procuração o permite expressamente; a procuração é omissa; ou proíbe, expressamente, o substabelecimento.

Se o mandatário tem autorização expressa para substabelecer, nenhuma responsabilidade lhe será imputada em razão da conduta culposa do substabelecido, salvo se, ao fazer a escolha do substituto, eleger mal, indicando pessoa que careça das qualidades necessárias para bem executar o mandato, desde que tal circunstância fosse ou devesse ser do seu conhecimento; ou, ainda, tenha agido de modo negligente nas instruções dadas ao substabelecido (CC, art. 667, § 2º[41]). Neste caso, o mandatário e o substabelecido somente poderão livrar-se do dever de reparar se provarem que o dano ocorreria ainda que não tivesse havido o substabelecimento, desfazendo-se o nexo de causalidade entre este e o evento danoso. Se foi o mandante quem indicou o substabelecido, o mandatário, a toda evidência, não assume qualquer responsabilidade. *Autorização para substabelecer*

Por outro lado, se a procuração for omissa, o mandatário responderá por perdas e danos apenas se o substabelecido houver procedido culposamente (CC, art. 667, § 4º[42]).

Caso seja vedado o substabelecimento, o mandatário responderá pelos prejuízos causados pelo substabelecido, assumindo ainda os riscos decorrentes de caso fortuito, salvo se demonstrar que o dano ocorreria ainda que não tivesse havido o substabelecimento (CC, art. 667, § 1º[43]). Na hipótese de a vedação ao substabelecimento *Proibição ao substabelecimento*

---

[40] "Art. 688. A renúncia do mandato será comunicada ao mandante, que, se for prejudicado pela sua inoportunidade, ou pela falta de tempo, a fim de prover à substituição do procurador, será indenizado pelo mandatário, salvo se este provar que não podia continuar no mandato sem prejuízo considerável, e que não lhe era dado substabelecer".

[41] "Art. 667. (...) § 2º Havendo poderes de substabelecer, só serão imputáveis ao mandatário os danos causados pelo substabelecido, se tiver agido com culpa na escolha deste ou nas instruções dadas a ele".

[42] "Art. 667. (...) § 4º Sendo omissa a procuração quanto ao substabelecimento, o procurador será responsável se o substabelecido proceder culposamente".

[43] "Art. 667. (...) § 1º Se, não obstante proibição do mandante, o mandatário se fizer substituir na execução do mandato, responderá ao seu constituinte pelos prejuízos ocorridos sob a gerência do

constar da procuração, os atos praticados pelo substabelecido não obrigarão o mandante, a menos que ocorra ratificação expressa, que retroagirá à data da celebração do negócio (CC, art. 667, § 3º[44]).

Substabelecimento em mandato judicial — Na hipótese de mandato judicial, o advogado que substabelece os poderes sem reservas permanecerá responsável perante seu constituinte pelo prazo de 10 (dez) dias, a contar da notificação, desde que necessário para evitar prejuízo iminente (art. 112, § 1º,[45] CPC). Igual responsabilidade decorre do art. 5º, § 3º, do Estatuto da Advocacia e da Ordem dos Advogados do Brasil. A disposição foi confirmada pelo art. 16 do Código de Ética e Disciplina[46-47] da categoria (Resolução 02/2015 da OAB). Este último diploma estabelece, ainda, o dever do advogado de notificar prévia e inequivocamente seu cliente no caso de substabelecimento do mandato sem reserva de poderes (art. 24). Igual responsabilidade decorre do art. 13 do Código de Ética e Disciplina da OAB,[48] ao passo que o art. 24, § 1º, do mesmo Diploma,[49] estabelece o dever do advogado de notificar prévia e inequivocamente seu cliente no caso de substabelecimento do mandato sem reserva de poderes.

Dever de prestar contas — Outro dever atribuído ao mandatário consiste em prestar contas ao mandante, uma vez que sua atuação se dá no interesse deste (CC, art. 668). Tal obrigação nasce com a aceitação do mandato e gera para o mandatário o dever de informar o mandante acerca da execução das tarefas a ele confiadas, comunicando-lhe, independentemente de solicitação específica neste sentido, os fatos supervenientes que possam

---

substituto, embora provenientes de caso fortuito, salvo provando que o caso teria sobrevindo, ainda que não tivesse havido substabelecimento".

[44] "Art. 667. (...) § 3º Se a proibição de substabelecer constar da procuração, os atos praticados pelo substabelecido não obrigam o mandante, salvo ratificação expressa, que retroagirá à data do ato".

[45] "Art. 112. O advogado poderá renunciar ao mandato a qualquer tempo, provando, na forma prevista neste Código, que comunicou a renúncia ao mandante, a fim de que este nomeie sucessor. § 1º Durante os 10 (dez) dias seguintes, o advogado continuará a representar o mandante, desde que necessário para lhe evitar prejuízo".

[46] "Art. 16. A renúncia ao patrocínio deve ser feita sem menção do motivo que a determinou, fazendo cessar a responsabilidade profissional pelo acompanhamento da causa, uma vez decorrido o prazo previsto em lei (EAOAB, art. 5º, § 3º).

§ 1º A renúncia ao mandato não exclui responsabilidade por danos eventualmente causados ao cliente ou a terceiros.

§ 2º O advogado não será responsabilizado por omissão do cliente quanto a documento ou informação que lhe devesse fornecer para a prática oportuna de ato processual do seu interesse".

[47] "Art. 26. O substabelecimento do mandato, com reserva de poderes, é ato pessoal do advogado da causa.

§ 1º O substabelecimento do mandato sem reserva de poderes exige o prévio e inequívoco conhecimento do cliente.

§ 2º O substabelecido com reserva de poderes deve ajustar antecipadamente seus honorários com o substabelecente".

[48] Art. 13, Código de Ética e Disciplina da OAB: "A renúncia ao patrocínio implica omissão do motivo e a continuidade da responsabilidade profissional do advogado ou escritório de advocacia, durante o prazo estabelecido em lei; não exclui, todavia, a responsabilidade pelos danos causados dolosa ou culposamente aos clientes ou a terceiros".

[49] Art. 24, § 1º, Código de Ética e Disciplina da OAB: "O substabelecimento do mandato sem reserva de poderes exige o prévio e inequívoco conhecimento do cliente".

repecutir, de alguma maneira, na execução do mandato. Deve, ainda, o mandatário, discriminar analiticamente o ativo e o passivo, documentando as operações realizadas. Além disso, o mandatário deve transferir ao mandante as vantagens provenientes do mandato a qualquer título.[50]

O mandatário não poderá compensar os prejuízos a que deu causa ao mandante com as vantagens por este obtidas em razão de sua atuação (CC, art. 669). Afinal, o mandatário não possui crédito algum em face do mandante que possa ser compensado com os prejuízos a que tenha dado causa, já que o mandatário não é credor das vantagens que o mandante adquiriu em decorrência do mandato. De fato, tais proveitos ingressam diretamente na esfera jurídica do mandante, que figura como parte nas contratações levadas a cabo pelo mandatário em seu nome.

Compensação

O mandatário tem o dever de transferir ao mandante as somas que receber em virtude do mandato, já que atua exclusivamente na defesa dos interesses deste. Caso assim não o faça, empregando-as em proveito próprio, responderá por juros de mora, a contar do momento em que incorreu em inadimplemento, isto é, em que praticou o abuso, nos termos do art. 670 do Código Civil.[51-52] De outra parte, o Superior Tribunal de Justiça entendeu que, na hipótese em que há divergência quanto aos valores a serem repassados pelo mandatário, por força de interpretação contratual diversa, os juros de mora contam-se a partir da citação,[53] a exigir, portanto, a constituição em mora do mandatário.

Dever de transferir as somas ao mandante

---

[50] Nessa direção, consolidou-se entendimento na jurisprudência do Superior Tribunal de Justiça no sentido de que "sendo o dever de prestar contas uma das obrigações do mandatário perante o mandante e tendo em vista a natureza personalíssima do contrato de mandato, por consectário lógico, a obrigação de prestar contas também tem natureza personalíssima, de modo que somente é legitimada passiva na ação de prestação de contas a pessoa a quem incumbia tal encargo, por lei ou contrato, sendo tal obrigação intransmissível ao espólio do mandatário" (STJ, REsp 1.055.819/SP, 3ª T., Rel. Min. Massami Uyeda, julg. 16.3.2010, publ. DJ 7.4.2010). Como consequência, embora o dever de prestar contas não estenda aos herdeiros do mandatário, em decorrência do caráter personalíssimo do contrato de mandato, esse entendimento não se aplica à situação oposta, em que ocorre a morte do mandante, sendo legítimos os herdeiros deste para requererem a prestação de contas por parte do mandatário" (STJ, AgInt no AREsp 865.725/RS, 3ª T., Rel. Min. Marco Aurélio Bellizze, julg. 1.7.2019, publ. DJ 6.8.2019).

[51] "Art. 670. Pelas somas que devia entregar ao mandante ou recebeu para despesa, mas empregou em proveito seu, pagará o mandatário juros, desde o momento em que abusou".

[52] Nessa direção, destaca-se o precedente de relatoria do Min. Ruy Rosado, REsp 249.382/RS, 4ª T., julg. 18.5.2000, publ. DJ 26.6.2000, no qual se entendeu que a fixação dos juros de mora desde a data do ilícito se justifica para "fortalecer o princípio da confiança, ínsito neste tipo de contrato", tendo em conta que apenas o mandatário "sabe o momento do surgimento da sua obrigação de transferir ao mandante as vantagens provenientes do mandato". No mesmo sentido, em precedente de relatoria da Min. Maria Isabel Gallotti, registrou-se o entendimento de que "os juros devidos pelo mandatário que desvia o numerário devido ao mandante fluem desde a data do abuso, e não da interpelação ou da citação, nos termos do art. 670 do CC/2002 e Súmula 43 do STJ" (STJ, AgInt no REsp 1.719.517/RS, 4ª T., Rel. Min. Maria Isabel Gallotti, julg. 6.11.2018, publ. DJ 14.11.2018). V. também STJ, AgInt no AREsp 1.072.450/RS, 4ª T., Rel. Min. Antonio Carlos Ferreira, julg. 26.2.2019, publ. DJ 1.3.2019.

[53] STJ, 3ª T., REsp. 1.403.005/MG, Rel. Min. Paulo de Tarso Sanseverino, julg. 6.4.2017, publ. DJ 11.4.2017. A doutrina, do mesmo modo, diferencia a hipótese em que o mandatário incorre em abuso daquela em que há divergência entre as partes quanto aos valores a serem repassados pelo

Negligência do mandatário

Do mesmo modo, se o mandatário retiver os valores transferidos pelo mandante e não os empregar nos fins a que se destinam, responderá pelos juros de mora. Além disso, torna-se responsável pelo pagamento das perdas e danos que tiver ocasionado com seu comportamento culposo, como na hipótese em que, deixando de comprar imediatamente o imóvel de que fora encarregado, permitiu que outro pretendente o adquirisse.

Caso o mandatário, tendo fundos ou crédito do mandante, compre, em seu próprio nome, algo que deveria comprar para o mandante, por ter sido expressamente designado no mandato, para além de assumir a responsabilidade decorrente do negócio perante terceiro, se sujeitará à ação reivindicatória do mandante, com vistas à entrega da coisa adquirida (CC, art. 671[54]). Note-se que não se faz necessário que o mandatário tenha se utilizado diretamente de créditos ou fundos que o mandante lhe adiantara para a realização do negócio; basta que tenha à sua disposição tais valores, ainda que não os tenha empregado na compra. Do contrário, se o mandante não tiver adiantado o valor necessário à aquisição da coisa, não poderá reivindicá-la do mandatário, cabendo, apenas, indenização por perdas e danos pelo inadimplemento contratual.

Eficácia pós-contratual

Se ocorrer a morte, a interdição ou a mudança de estado do mandante, a despeito da extinção do contrato de mandato (CC, 682, II), deve o mandatário concluir o negócio já começado se a demora resultar em perigo para os interesses do mandante ou de seus sucessores (CC, art. 674). Cuida-se de eficácia pós-contratual das obrigações do mandatário, com o intuito de evitar que, da demora, resultem prejuízos para o mandante ou seus sucessores. Por isso mesmo, uma vez verificada a urgência, o mandatário que se omitir responderá pelos prejuízos causados ao mandante.

6. DIREITOS E DEVERES DO MANDANTE

Adimplemento das obrigações frente aos terceiros

O mandante tem o dever de satisfazer todas as obrigações contraídas pelo mandatário, vez que é o próprio mandante quem pratica os atos dos quais participa o seu procurador. Assim, os direitos adquiridos e as obrigações contraídas por meio da atividade do mandatário ingressam direta e automaticamente na esfera jurídica do

---

mandatário ao mandante: "Trata-se de hipótese de abuso, portanto de desvio na execução do mandato. Os juros terão incidência desde o instante em que o mandatário haja aplicado somas do mandante em seu benefício sem necessidade de qualquer interpelação ou notificação. É preciso, pois, não confundir a incidência de juros, desde o abuso, quando o mandatário se utilize dos recursos do mandante, indevidamente, em seu próprio proveito, com aqueles casos em que o mandatário haja caído em mora na entrega de montante ao constituinte, submetidos, assim, ao regramento geral a respeito instituído. Ou seja, incidirão juros sobre quantias não repassadas ao mandante, ainda que não utilizadas pelo mandatário, em seu próprio proveito, mas então com termo *a quo* conforme as regras da constituição em mora, automática (*ex re*), se no ajuste fixado de antemão prazo para o repasse, ou mediante interpelação, se inexistente esse prazo (*ex persona*)" (Claudio Luiz Bueno de Godoy. In: Cezar Peluso (coord.), *Código Civil Comentado*, Barueri: Manole, 2013, 7ª ed., p. 676).

[54] "Art. 671. Se o mandatário, tendo fundos ou crédito do mandante, comprar, em nome próprio, algo que devera comprar para o mandante, por ter sido expressamente designado no mandato, terá este ação para obrigá-lo à entrega da coisa comprada".

mandante, que se torna, portanto, credor e devedor de terceiros nas relações obriga-cionais estabelecidas pelo mandatário.

Além das obrigações assumidas em face de terceiro, cabe ao mandante pagar a remuneração ajustada, reembolsar as quantias despendidas na execução do mandato, bem como antecipar o valor das despesas a serem efetuadas pelo mandatário, se este assim lho pedir (CC, art. 675[55]). Se o mandante não antecipa o valor das despesas, fica o mandatário liberado da realização dos atos dispendiosos até que lhe seja feito o repasse. Caso o mandatário prefira, por conveniência sua, antecipar referidos va-lores, fará jus ao respectivo reembolso, com juros compensatórios (devidos em razão da privação do capital) e correção monetária (CC, art. 677). A interpretação conjun-ta dos arts. 675 e 677 com o art. 675 determina que os juros compensatórios serão contados a partir (i) da data do desembolso, desde que tenha havido prévia solicitação pelo mandatário das quantias adiantadas; ou (ii) a partir da data da solicitação, quan-do esta se deu posteriormente ao desembolso.[56]

Dever de pagar o devido em razão do mandato

As quantias despendidas pelo mandatário se sujeitam a controle qualitativo e quantitativo, devendo-se reembolsar as despesas necessárias ou úteis, de modo a afastar gastos excessivos ou impertinentes.

Salvo disposição em contrário estabelecida pela autonomia privada, a obrigação de o mandante pagar ao mandatário a remuneração ajustada e de reembolsar as despe-sas efetuadas não desaparece pelo fato de o negócio não ter surtido o esperado efeito, exceto na hipótese de culpa do mandatário (CC, art. 676[57]). No caso de o resultado almejado não ter sido obtido por culpa do mandatário, o mandante estará, em regra, eximido de efetuar o pagamento da remuneração e das despesas. Todavia, se houver algum proveito advindo do mandato (como um êxito parcial nas atividades realizadas, de tal sorte que, embora sem alcançar plenamente as metas esperadas, o mandatário realiza negócios úteis ao mandante), entende-se que o mandatário, a despeito de ter obrado culposamente, faz jus à remuneração proporcional ao proveito obtido pelo mandante, bem como ao reembolso das despesas até o limite do resultado econômico auferido, impedindo-se, assim, o enriquecimento sem causa do mandante.

Culpa do man-datário

Do mesmo modo, caberá ao mandante ressarcir o mandatário das perdas que vier a sofrer com a execução do mandato, sempre que não resultem de culpa sua ou de ex-cesso de poderes (CC, art. 678). Tais perdas abrangem aquelas que guardem nexo de causalidade necessária com a execução específica de determinado mandato, não abran-gendo os danos aflorados na atividade cotidiana do mandatário, que poderiam ocorrer

Dever de ressar-cir as perdas

---

[55] "Art. 675. O mandante é obrigado a satisfazer todas as obrigações contraídas pelo mandatário, na conformidade do mandato conferido, e adiantar a importância das despesas necessárias à execução dele, quando o mandatário lho pedir".

[56] Nessa direção, cfr. J. M. de Carvalho Santos, *Código Civil Brasileiro Interpretado*, vol. XVIII, Rio de Janeiro, Freitas Bastos, 1993, 12ª ed., p. 287; e Miguel Maria de Serpa Lopes, *Curso de Direito Civil*, vol. IV, Rio de Janeiro: Freitas Bastos, 1993, 4ª ed., pp. 313-314.

[57] "Art. 676. É obrigado o mandante a pagar ao mandatário a remuneração ajustada e as despesas da execução do mandato, ainda que o negócio não surta o esperado efeito, salvo tendo o mandatário culpa".

independentemente do mister cominado pelo certo mandante ao mandatário. Por outras palavras, faz-se necessário que o prejuízo sofrido pelo mandatário decorra direta (causa) ou indiretamente (ocasião) da execução de um mandato individualmente considerado, e não da atividade profissional do mandatário *lato sensu*.

Extinção não culposa do contrato

Se o contrato for extinto por causa não imputável a qualquer dos contratantes, como no caso fortuito ou força maior, será devida ao mandatário quantia proporcional aos serviços prestados.

Pluralidade de mandantes

Na hipótese de pluralidade de mandantes, que convencionalmente outorgam poderes ao mandatário para negócio comum, estes serão solidariamente responsáveis por todos os direitos reconhecidos ao mandatário, cabendo direito de regresso daquele que pagou em face dos demais, na proporção da quota parte de cada um (CC, art. 680).

7. EXTINÇÃO DO MANDATO

O mandato pode-se extinguir pela revogação, renúncia, morte, mudança de estado, término do prazo ou conclusão do negócio (CC, art. 682).

Revogação

A revogação consiste na declaração de vontade pela qual o mandante põe termo ao mandato. A revogação poderá se dar de forma expressa ou tácita, e, ainda, revogar todos os poderes ou apenas parte deles. O mandato é revogável por natureza, já que se assenta na fidúcia que o mandante deposita no mandatário. Cessada a confiança no mandatário, o mandante tem o direito potestativo de unilateralmente pôr termo ao contrato. Atribui-se à revogação efeitos *ex nunc*, preservando-se os atos praticados pelo mandatário até a extinção contratual, de modo a fazer jus à remuneração pelos atos praticados, ao reembolso de despesas e a eventuais perdas e danos.

Eficácia da revogação perante terceiros

Deve o mandante comunicar a revogação não somente ao mandatário, para que este não mais proceda em seu nome, como também aos terceiros, utilizando-se, para tanto, de qualquer meio eficaz, sob pena de preservarem-se os negócios celebrados, vinculando o mandante diretamente,[58] ressalvada a ação de ressarcimento contra o mandatário que agiu de má-fé. Nesta esteira, nos termos do art. 686 do Código Civil,[59] não pode a revogação ser oposta a terceiros de boa-fé que contrataram com o mandatário, restando ao mandante o direito de acionar seu procurador pelo prejuízo sofrido.[60] A simples comunicação de que outro mandatário foi nomeado para o mes-

---

[58] Na jurisprudência: TJSP, 6ª C. D. Priv., Ap. Cív. 9251915-73.2008.8.26.0000, Rel. Des. Costabile e Solimene, julg. 5.8.2010, publ. DJ 17.8.2010; TJMG, 17ª CC, Ap. Cív. 0502037-39.2012.8.13.0145, Rel. Des. Evandro Lopes da Costa Teixeira, julg. 6.2.2014, publ. DJ 18.2.2014.

[59] "Art. 686. A revogação do mandato, notificada somente ao mandatário, não se pode opor aos terceiros que, ignorando-a, de boa-fé com ele trataram; mas ficam salvas ao constituinte as ações que no caso lhe possam caber contra o procurador.
Parágrafo único. É irrevogável o mandato que contenha poderes de cumprimento ou confirmação de negócios encetados, aos quais se ache vinculado".

[60] Confira-se na jurisprudência do STJ: "1. A revogação do mandato não se opera em relação a terceiros de boa-fé, quando feita a notificação apenas ao mandatário. Assim, se o mandante se sentir lesado, poderá se valer de ação de perdas e danos em desfavor do procurador desconstituído, que,

mo negócio mostra-se suficiente para que se tenha por revogado, tacitamente, o mandato originário (CC, art. 687[61]). Se o mandatário não teve ciência da nomeação de outro e pratica negócio em nome do mandante, este será válido e eficaz, devendo o mandante dar-lhe execução e pagar ao mandatário todos os direitos que lhe são reconhecidos, como honorários e despesas.

Todavia, em determinadas hipóteses previstas em lei, a revogação será ineficaz; ou, ainda, diante da existência da cláusula de irrevogabilidade, a revogação levada a cabo pelo mandante será eficaz, mas este deverá pagar perdas e danos em favor do mandatário (CC, art. 683[62]). Vale dizer, a cláusula de irrevogabilidade traduz obrigação de não fazer que, uma vez violada, gera tão somente a obrigação de indenizar, extinguindo-se o contrato de mandato. *Cláusula de irrevogabilidade*

Quando a cláusula de irrevogabilidade for condição de um negócio bilateral, ou tiver sido estipulada no exclusivo interesse do mandatário, a revogação do mandato será ineficaz (CC, art. 684[63]). Do mesmo modo, se o negócio em razão do qual se instituiu o mandato já se iniciou, tendo o mandatário poderes para o seu cumprimento ou prosseguimento, a revogação pelo mandante será ineficaz (CC, art. 686, parágrafo único[64]). *Irrevogabilidade do mandato*

A renúncia, que traduz outro modo de extinção do contrato de mandato, consubstancia manifestação unilateral de vontade do mandatário, no sentido de abdicar do mandato que lhe foi outorgado. A renúncia há de ser expressa e comunicada ao mandante previamente, sob pena de o mandatário responder por perdas e danos, exceto se provar que não podia continuar no mandato sem prejuízo considerável e que não lhe era dado substabelecer (CC, art. 688). Ou seja, a inoportunidade da renúncia não tem, como consequência, a sua ineficácia, mas a sujeição do mandatário renunciante a indenizar o mandante. *Renúncia*

Em regra, a morte de qualquer das partes extingue o mandato, tendo em conta a sua natureza *intuitu personae*. Entretanto, a fim de evitar prejuízos decorrentes da solução de continuidade na execução do mandato, o Código Civil impõe aos herdei- *Morte de uma das partes*

---

indevidamente, realizou o negócio jurídico (art. 1.318 do CC/1916, correspondente ao art. 686 do CC/2002). Precedentes" (STJ, 3ª T., AgRg no Ag 1.026.632, Rel. Min. Vasco Della Giustina, julg. 18.8.2009, publ. DJ 8.10.2009). V. tb. STJ, 3ª T., AgRg no REsp 881.023, Rel. Min. Humberto Gomes de Barros, julg.19.12.2007, publ. DJ 8.2.2008. Nos Tribunais estaduais: TJDFT, 1ª T., Ap. 20070110289065, Rel. Des. Natanael Caetano, julg. 12.1.2011, publ. DJ 18.1.2011; TJSP, 3ª C. D. Priv., Ap. Cív. 10070617220148260625, Rel. Des. Donegá Morandini, julg. 5.10.2016, publ. DJ 5.10.2016.

61 "Art. 687. Tanto que for comunicada ao mandatário a nomeação de outro, para o mesmo negócio, considerar-se-á revogado o mandato anterior".

62 "Art. 683. Quando o mandato contiver a cláusula de irrevogabilidade e o mandante o revogar, pagará perdas e danos".

63 "Art. 684. Quando a cláusula de irrevogabilidade for condição de um negócio bilateral, ou tiver sido estipulada no exclusivo interesse do mandatário, a revogação do mandato será ineficaz".

64 "Art. 686. A revogação do mandato, notificada somente ao mandatário, não se pode opor aos terceiros que, ignorando-a, de boa-fé com ele trataram; mas ficam salvas ao constituinte as ações que no caso lhe possam caber contra o procurador.
Parágrafo único. É irrevogável o mandato que contenha poderes de cumprimento ou confirmação de negócios encetados, aos quais se ache vinculado".

ros do mandatário o dever de comunicar ao mandante o falecimento, bem como de realizar medidas conservatórias ou continuar os negócios pendentes que se não possam demorar sem perigo (CC, arts. 690 e 691). O direito se preocupa em preservar os interesses do mandante, razão pela qual a norma do art. 690 deve ser interpretada extensivamente a todas as hipóteses de extinção do mandato atinentes à pessoa do mandatário, como, por exemplo, a interdição ou a falência, nas quais o curador e o síndico, respectivamente, deverão dar aviso imediato ao mandante e adotar as providências necessárias para lhe evitar dano.

Na hipótese de pluralidade de mandatários, o falecimento de um deles extingue o mandato apenas com relação ao morto, subsistindo válido frente aos demais, exceto se o mandato for indivisível.

No caso de morte do mandante, conservam-se os atos ajustados em seu nome pelo mandatário, desde que tenham sido celebrados com terceiro de boa-fé (CC, art. 689[65]). Note-se que o ato valerá ainda que o mandatário proceda de má-fé, ou seja, mesmo que saiba da morte do mandante. Em tal caso, contudo, responderá o mandatário por perdas e danos em face dos herdeiros do mandante (CC, art. 686). Por outro lado, afora a hipótese do art. 674,[66] a morte do mandante não extinguirá o mandato: (i) se sua execução deva se iniciar somente após a morte do mandante, como nos casos de encargos atribuídos ao testamenteiro; (ii) se o mandato for condição ou meio de execução de outra relação obrigacional antes ajustada;[67] (iii) se o contrato é celebrado no exclusivo interesse do mandatário; (iv) na procuração em causa própria. Se o mandato foi outorgado por pessoa jurídica, sua dissolução acarreta a extinção do referido contrato, analogicamente à morte da pessoa física.

Mudança de estado

Também a mudança de estado que inabilite o mandante a conferir os poderes ou o mandatário para os exercer configura causa de extinção do mandato. Assim, o mandato para alienar imóvel, por exemplo, cessa pelo casamento do mandante, em razão da necessidade de outorga do outro cônjuge, salvo o caso de regime de separação absoluta de bens (CC, art. 1.647). De outra parte, se há interdição, perde o mandante a capacidade para o exercício de direitos e, em consequência, não pode praticar atos jurídicos por meio de representante voluntário. Sendo assim, devem os representantes legais do mandante dar imediato conhecimento ao mandatário da interdição; os atos por este praticados em desconhecimento da interdição reputam-se válidos. Apenas a interdição declarada por sentença extingue o mandato.

Fim do prazo
Conclusão do negócio

Extingue-se, ainda, o contrato pelo fim do prazo convencionado; ou com a conclusão do negócio objeto do contrato de mandato, ainda que não tenham sido alcança-

---

[65] "Art. 689. São válidos, a respeito dos contratantes de boa-fé, os atos com estes ajustados em nome do mandante pelo mandatário, enquanto este ignorar a morte daquele ou a extinção do mandato, por qualquer outra causa".

[66] "Art. 674. Embora ciente da morte, interdição ou mudança de estado do mandante, deve o mandatário concluir o negócio já começado, se houver perigo na demora".

[67] Tais hipóteses são cogitadas, com exemplos, por J. M. de Carvalho Santos, *Código Civil Brasileiro Interpretado*, vol. XXVII, Rio de Janeiro: Freitas Bastos, 1961, pp. 307-308.

8. MANDATO JUDICIAL

O mandato judicial encontra-se regulado em legislação específica, especialmente a Lei 8.906/1994, complementada pelo Código de Ética e Disciplina da OAB (Resolução do Conselho Federal da OAB – Res. CFOAB 02/2015), subordinando-se, ainda, ao Código de Processo Civil (arts. 103 a 112) e, supletivamente, às normas do Código Civil. Além disso, a Constituição da República elevou o exercício da advocacia ao *status* de função essencial da justiça, considerando o advogado "inviolável por seus atos e manifestações no exercício da profissão, nos limites da lei" (CF, art. 133).

O mandato judicial consiste no contrato que trata da representação para defesa de interesses e direitos perante qualquer juízo, não se incluindo, em tal conceito, a prestação de serviços de consultoria, a qual se efetiva sem representação.

O mandato pode conter dupla feição, afigurando-se, ao mesmo tempo, judicial e extrajudicial. No mandato judicial, assim como no ordinário ou extrajudicial, o elemento fiduciário compõe a *causa* contratual.

No mandato judicial, todas as pessoas podem outorgar procuração judicial por instrumento particular. No que se refere à capacidade para ser mandatário judicial, o art. 103 do Código de Processo Civil exige, para além da capacidade geral para os atos da vida civil, que o mandatário esteja habilitado, nos termos da lei, para atuar em juízo, devendo o advogado apresentar inscrição na Ordem dos Advogados do Brasil (art. 3º, Lei 8.906/1994), para a qual se exige a capacidade civil do bacharel (art. 8º, Lei 8.906/1994). Há de se atentar ainda para os impedimentos e as proibições para postular em juízo, os casos de suspensão do exercício profissional, bem como as penalidades pelo descumprimento de normas regulamentares, segundo o apurado no processo disciplinar, em consonância com a Lei 8.906/1994.[68]

> Capacidade do mandante e mandatário

---

[68] Acerca da necessidade de habilitação para a prática de atos privativos da advocacia, o Superior Tribunal de Justiça declarou a nulidade de contrato de prestação de serviços advocatícios firmado por sociedade não registrada na OAB, mesmo figurando como sócio advogado legalmente habilitado: "(...) O art. 1º, I e II, da Lei nº 8.906/1994 (Estatuto da Advocacia) prevê que são atividades privativas de advocacia a postulação a qualquer órgão do Poder Judiciário e aos juizados especiais; e as atividades de consultoria, assessoria e direção jurídicas. 5. Os atos privativos de advocacia somente podem ser praticados, sob pena de nulidade absoluta, por advogados inscritos na OAB, os quais, podem se reunir em sociedade simples, mas apenas com o devido registro no respectivo Conselho Seccional e, mesmo assim, os referidos atos privativos não podem ser praticados pela sociedade, mas apenas pelos seus sócios, de forma individual. Inteligência dos arts. 1º, 4º, 15, § 1º, 16 da Lei nº 8.906/1994.6. É vedado ao advogado prestar serviços de assessoria e consultoria jurídicas para terceiros, em sociedades que não possam ser registradas na OAB. Inteligência do art. 16 da Lei nº 8.906/1994 c/c o art. 4º, parágrafo único, do Regulamento Geral do Estatuto da Advocacia e da OAB. 7. Assim, se uma sociedade empresária não registrada na OAB celebra contrato de prestação de serviços que caracterizam atividades privativas de advocacia, esse negócio jurídico é nulo, ainda que um dos sócios dessa sociedade seja advogado. 8. Hipótese em que (I) uma sociedade empresária de consultoria em gestão empresarial celebrou contrato de prestação de serviços, cujo objeto previsto consiste em 'patrocinar os interesses jurídicos dos contratantes no que se refere à propositura de medida judicial ou administrativa', constando que

Honorários

O mandato judicial afigura-se presumidamente oneroso, consoante o disposto no art. 658, parágrafo único, do Código Civil, cabendo ao procurador a remuneração ajustada (Capítulo IX do Título I do Código de Ética e Disciplina da OAB). Portanto, a execução do contrato de mandato gera para o advogado o direito aos honorários ajustados,[69] a serem pagos pelo cliente, assim como àqueles em que a parte contrária for condenada, os chamados honorários sucumbenciais (art. 85 do CPC e arts. 22 e 23 da Lei 8.906/1994). O art. 22, § 2º, do Estatuto dispõe que serão arbitrados judicialmente os honorários, em processo contencioso distinto daquele em que os serviços foram prestados pelo advogado, quando não houver ajuste.[70]

Procuração

A procuração para a prática de atos judiciais, que se constitui no instrumento do mandato judicial, somente pode ser conferida por escrito, não se admitindo a modalidade verbal. Contudo, na hipótese de demanda ajuizada no Juizado Especial, admite-se expressamente o mandato verbal para o foro em geral, com base no art. 9º, § 3º, da Lei 9.099, de 26 setembro de 1995.[71]

O art. 105 do CPC estabelece que a procuração pode ter forma pública ou particular, bastando, neste último caso, a assinatura do mandante, sem necessidade de reconhecimento de firma. Em casos excepcionais, a exibição da procuração pelo mandatário judicial é provisoriamente dispensada, como determina o art. 104 do CPC,[72] segundo o qual o mandatário está autorizado a ajuizar ação com a finalidade

---

os serviços seriam prestados por toda a equipe da própria sociedade; e, (II) portanto, se trata de um contrato de prestação de serviços advocatícios por sociedade empresária, que é nulo de pleno direito, por força dos arts. 4º da Lei nº 8.906/1994 e 166, II e VII, do CC/2002 (...)" (STJ, 3ª T., REsp. 2.038.445, Rel. Min. Nancy Andrighi, julg. 25.4.2023, publ. DJ 27.4.2023).

[69] Os honorários advocatícios têm caráter alimentar e, por isso, o STJ, em recente decisão, autorizou a penhora de 10% do rendimento líquido de aposentado para quitar honorários de que era devedor: "1. A legislação processual civil (CPC/2015, art. 833, IV, e § 2º) contempla, de forma ampla, a prestação alimentícia, como apta a superar a impenhorabilidade de salários, soldos, pensões e remunerações. A referência ao gênero prestação alimentícia alcança os honorários advocatícios, assim como os honorários de outros profissionais liberais e, também, a pensão alimentícia, que são espécies daquele gênero. É de se permitir, portanto, que pelo menos uma parte do salário possa ser atingida pela penhora para pagamento de prestação alimentícia, incluindo-se os créditos de honorários advocatícios, contratuais ou sucumbenciais, os quais têm inequívoca natureza alimentar (CPC/2015, art. 85, § 14). (...) 3. No caso concreto, a penhora deve ser limitada a 10% (dez por cento) dos módicos rendimentos líquidos do executado. Do contrário, haveria grave comprometimento da subsistência básica do devedor e do seu núcleo essencial" (STJ, 4ª T., AgInt no REsp 1.732.927, Rel. Min. Raul Araújo, julg. 12.2.2019, publ. DJ 22.3.2019).

[70] V., sobre o tema, Cândido Rangel Dinamarco, *Instituições de Direito Processual Civil*, vol. 1, São Paulo: Malheiros, 2017, p. 714. A respeito da ação de cobrança de honorários advocatícios pelo mandatário, em recente decisão proferida pelo Superior Tribunal de Justiça, entendeu-se que, "nas ações de cobrança de honorários advocatícios contratuais, ocorrendo o falecimento do mandante, o termo inicial da prescrição, em regra, é a data da ciência desse fato pelo advogado" (STJ, REsp 1.605.604/MG, Rel. Min. Ricardo Villas Bôas Cueva, julg. 20.4.2021, publ. DJ 26.4.2021).

[71] Convém elucidar que a Lei 14.365/2022, entre outras alterações, acrescentou à Lei 8.906/1994 o art. 5º, § 4º, que assim dispõe: "as atividades de consultoria e assessoria jurídicas podem ser exercidas de modo verbal ou por escrito, a critério do advogado e do cliente, e independem de outorga de mandato ou de formalização por contrato de honorários".

[72] "Art. 104. O advogado não será admitido a postular em juízo sem procuração, salvo para evitar preclusão, decadência ou prescrição, ou para praticar ato considerado urgente.

CAPÍTULO VIII | MANDATO. COMISSÃO 365

de evitar preclusão, decadência ou prescrição, bem como a intervir no processo, a fim de praticar atos reputados urgentes, como contestar uma ação ou embargar uma execução sem mandato. Nesses casos, o mandatário obriga-se a exibir a procuração no prazo de 15 (quinze) dias, prorrogável por até outros 15 (quinze) dias, por meio de despacho do juiz, independentemente de caução. Considera-se o ato nessas condições (isto é, sem poderes) aperfeiçoado na data em que foi praticado, desde que apresentado o instrumento de mandato no prazo previsto no art. 104, § 1º, do CPC. Na hipótese contrária, será reputado ineficaz relativamente àquele em cujo nome foi praticado. O mandatário que executou os atos considerados ineficazes responde pelas despesas e pelas perdas e danos que acarretar ao processo (CPC, art. 104, § 2º).

O art. 105 do CPC[73] estabelece quais são os poderes especiais e, por exclusão, quais os poderes gerais do mandatário. A procuração geral para o foro confere poderes ao advogado para praticar todos os atos judiciais, em qualquer Justiça, foro, juízo ou instância, salvo os de receber citação, confessar, reconhecer a procedência do pedido, transigir, desistir, renunciar ao direito sobre que se funda a ação, receber ou dar quitação, firmar compromisso e assinar declaração de hipossuficiência econômica, que exigem poderes especiais e específicos. *Poderes do mandatário judicial*

Conforme difusamente observado, no mandato judicial, "torna-se nítida a presença de dois negócios – um de representação e outro de prestação de serviços – dentro do mesmo contrato. De fato, o mandatário judicial não só representa o constituinte, como presta serviços profissionais, no patrocínio de seus interesses".[74] As relações entre procurador e cliente se regulam pelos termos da procuração e pelo contrato verbal ou escrito existente entre as partes.[75] *Representação e prestação de serviços*

O mandante, nos termos do art. 111 do CPC,[76] ao revogar os poderes outorgados ao mandatário judicial, deve constituir outro que assuma a função do anterior nos autos. Criou-se, assim, o dever de outorgar poderes a outro mandatário sempre que a parte revogar a procuração anterior. A expressão *mesmo ato*, utilizada pelo legislador, não significa que a outorga de poderes deve ser feita no mesmo momento da *Revogação dos poderes*

---

§ 1º Nas hipóteses previstas no *caput*, o advogado deverá, independentemente de caução, exibir a procuração no prazo de 15 (quinze) dias, prorrogável por igual período por despacho do juiz.

§ 2º. O ato não ratificado será considerado ineficaz relativamente àquele em cujo nome foi praticado, respondendo o advogado pelas despesas e por perdas e danos".

73 "Art. 105. A procuração geral para o foro, outorgada por instrumento público ou particular assinado pela parte, habilita o advogado a praticar todos os atos do processo, exceto receber citação, confessar, reconhecer a procedência do pedido, transigir, desistir, renunciar ao direito sobre o qual se funda a ação, receber, dar quitação, firmar compromisso e assinar declaração de hipossuficiência econômica, que devem constar de cláusula específica".

74 Silvio Rodrigues, *Direito Civil. Dos Contratos e das Declarações Unilaterais da Vontade*, vol. 3, São Paulo: Saraiva, 2004, pp. 305-306. V. tb. Clóvis Beviláqua, *Código Civil dos Estados Unidos do Brasil Comentado*, vol. 5, Rio de Janeiro: Francisco Alves, 1956, p. 58; Arnaldo Rizzardo, *Contratos*, Rio de Janeiro: Forense, 2006, p. 697.

75 Arnoldo Wald, *Obrigações e Contratos*, São Paulo: Revista dos Tribunais, 1998, 13ª ed., p. 454.

76 "Art. 111. A parte que revogar o mandato outorgado a seu advogado constituirá, no mesmo ato, outro que assuma o patrocínio da causa".

comunicação da revogação ao mandatário anterior ou em um mesmo instrumento. Nos termos do art. 111 do CPC, o mandante deve constituir outro mandatário no dia da juntada da revogação. Caso assim não o faça e o mandante seja autor da ação, haverá a extinção do processo sem resolução do mérito (art. 485, IV, do CPC), pois, com a ausência do advogado que o represente, faltará um pressuposto de desenvolvimento válido da relação processual. Por outro lado, se a omissão for do réu, o processo prossegue à sua revelia, com as consequências do art. 346 do CPC.

Renúncia do mandatário

A substituição pode ocorrer também em virtude da renúncia do mandatário, que tem o dever de cientificar o mandante para que nomeie sucessor (art. 112 do CPC[77]). Nos dez dias seguintes à cientificação, o mandatário deverá continuar representando o mandante,[78] para lhe evitar prejuízo, ainda que inicialmente não haja necessidade de permanência. A determinação legal do período de tempo em que o mandatário continua a exercer a função tem por finalidade garantir ao outorgante tempo suficiente para nomear outro mandatário. Os atos que devem ser praticados pelo mandatário são todos aqueles que visem a evitar prejuízo ao notificado.

Ciência do mandante

Quanto à forma de comunicação, admite-se a utilização de quaisquer meios, desde que se possa comprovar a ciência do mandante (CPC, art. 112). Dispensa-se a comunicação se a procuração tiver sido outorgada a vários advogados e a parte continuar representada por outro, apesar da renúncia (CPC, art. 112, § 2º). Em caso de dúvida, presume-se que não houve comunicação, e continua o mandatário responsável pela representação. No caso de morte ou incapacidade do mandatário, o juiz suspenderá o processo e marcará prazo de 15 (quinze) dias para que se constitua novo procurador. A falta de substituição acarretará, no caso do autor, a extinção do processo sem resolução do mérito e, no caso do réu, o prosseguimento do feito à sua revelia (CPC, art. 313, § 3º[79]).

---

[77] "Art. 112. O advogado poderá renunciar ao mandato a qualquer tempo, provando, na forma prevista neste Código, que comunicou a renúncia ao mandante, a fim de que este nomeie sucessor.
§ 1º Durante os 10 (dez) dias seguintes, o advogado continuará a representar o mandante, desde que necessário para lhe evitar prejuízo.
§ 2º Dispensa-se a comunicação referida no *caput* quando a procuração tiver sido outorgada a vários advogados e a parte continuar representada por outro, apesar da renúncia".

[78] Este é o entendimento do Superior Tribunal de Justiça: "Trata-se, portanto, de direito potestativo do advogado em renunciar ao mandato e, ao mesmo tempo, do cliente em revogá-lo, sendo anverso e reverso da mesma moeda, do qual não pode se opor nem mandante nem mandatário. Deveras, se é lícito ao advogado, por imperativo da norma, a qualquer momento e sem necessidade de declinar as razões, renunciar ao mandato que lhe foi conferido pela parte, respeitado o prazo de 10 dias seguintes, também é da essência do mandato a potestade do cliente de revogar o patrocínio *ad nutum*" (STJ, 4ª T., REsp. 1.346.171, Rel. Min. Luis Felipe Salomão, julg. 11.10.2016, publ. DJ 7.11.2016). Nos tribunais estaduais: TJSP, 30ª C. D. Priv., Ap. Cív. 2031342-68.2018.8.26.0000, Rel. Des. Maria Lúcia Pizzotti, julg. 25.4.2018, publ. DJ 26.4.2018.

[79] "Art. 313. Suspende-se o processo. (...) § 3º No caso de morte do procurador de qualquer das partes, ainda que iniciada a audiência de instrução e julgamento, o juiz determinará que a parte constitua novo mandatário, no prazo de 15 (quinze) dias, ao final do qual extinguirá o processo sem resolução de mérito, se o autor não nomear novo mandatário, ou ordenará o prosseguimento do processo à revelia do réu, se falecido o procurador deste".

A faculdade de substabelecer e a responsabilidade do mandatário no mandato judicial obedecem às mesmas regras concernentes ao mandato ordinário. Entretanto, em virtude de o mandante, na maioria das vezes, não possuir conhecimentos técnico--jurídicos necessários à execução pessoal dos poderes outorgados, deixando a tomada de decisões fundamentais a cargo do mandatário (ao contrário do mandato comum), o substabelecimento sem reserva de poderes, ainda que autorizado, "só isentará o mandatário de responder pelas obrigações do mandato, após notificação ao constituinte. Até que a ultime, continua responsável o procurador, já que somente após a ciência da substituição pode o mandante substituir o substabelecido por pessoa de sua confiança, ou providenciar a revogação do mandato".[80] Por outras palavras, se o substabelecimento se dá sem reservas, a responsabilidade do mandatário "não desaparece enquanto não for notificado o mandante, cuja aprovação se presume na ausência de oposição".[81] O Código de Ética e Disciplina da OAB, nessa direção, estatui no art. 26, § 1º, que "o substabelecimento do mandato sem reservas de poderes exige o prévio e inequívoco conhecimento do cliente". Note-se, ainda, que o aludido art. 112 do CPC se aplica também ao substabelecimento sem reserva de poderes, de tal sorte que, assim como o advogado que renuncia, aquele que substabelece sem reserva permanecerá responsável perante seu constituinte pelo prazo de 10 (dez) dias, a contar da notificação, desde que necessário a evitar prejuízo.

Substabelecimento

Observe-se, finalmente, que, consoante entendimento jurisprudencial, para comprovar a legítima outorga de poderes, não basta a juntada, pelo advogado substabelecido, do substabelecimento, afigurando-se indispensável a apresentação da procuração outorgada ao advogado substabelecente.[82]

Comprovação dos poderes

O mandato judicial extingue-se pelas mesmas causas atinentes ao mandato ordinário: revogação (CPC, art. 111), renúncia (CPC, art. 112; Estatuto da OAB, art. 5º, § 3º), morte (CPC, art. 313, I), interdição de qualquer das partes, mudança de estado ou conclusão da causa.

COMISSÃO

9. CONCEITO. EFEITOS ESSENCIAIS

Segundo a redação original do art. 693 do Código Civil, o contrato de comissão consiste em negócio jurídico por meio do qual o comissário adquire ou vende bens em nome próprio, mas por conta ou no interesse de outrem, chamado comitente. No entanto, a Lei nº 14.690/2023, com início de vigência em abril de 2024, promoveu

Conceito

---

[80] Silvio Rodrigues, *Direito Civil. Dos Contratos e das Declarações Unilaterais da Vontade*, vol. 3, cit., p. 307.

[81] Caio Mário da Silva Pereira, *Instituições de Direito Civil. Contratos*, vol. III, Rio de Janeiro: Forense, 2013, p. 383.

[82] Nessa direção, cfr.: STJ, 2ª T., AgRg no REsp. 1.516.968, Rel. Min. Mauro Campbell Marques, julg. 23.5.2015, publ. DJ 30.6.2015; STJ, 4ª T., EDcl no AREsp. 108.224, Rel. Min. Raul Araújo, julg. 8.5.2012, publ. DJ 4.6.2012.

sensível alteração nesse dispositivo. Conforme a nova redação, o contrato de comissão passará a ter por objeto não apenas a compra ou venda de bens, mas também a realização de mútuo ou outro negócio jurídico de crédito pelo comissário, em seu próprio nome, à conta do comitente. Amplia-se, assim, o objeto do contrato de comissão, que passará a abranger negócios de crédito firmados em nome próprio pelo comissário, mas no interesse do comitente.[83]

Por atuar em nome próprio, o comissário vincula-se diretamente com o terceiro com quem contrata, de modo que o comitente não estabelece qualquer relação jurídica com o terceiro. Assim, perante os terceiros, o comissário é o único interessado no negócio, responde por todas as obrigações assumidas e goza de todos os direitos resultantes do contrato que celebrar; o comitente, por sua vez, não tem ação direta contra eles, e tampouco eles têm ação direta contra o comitente.

Relação com terceiros
Segundo o art. 694 do Código Civil,[84] o comitente somente terá ação contra os terceiros com quem o comissário tratar se este ceder seus direitos ao comitente. Da mesma forma, as pessoas com quem o comissário contratar somente terão ação direta contra o comitente por força de cessão de direitos e de obrigações efetuada pelo comissário.

Objeto
Como adiantado, o objeto do contrato de comissão, na atual redação do Código Civil, consiste na aquisição ou venda de bens por conta do comitente, mas em nome do comissário. Após a entrada em vigor da Lei nº 14.690/2023, esse objeto será ampliado, deixando de abranger somente a compra e venda para também abarcar a realização de mútuo ou outro negócio jurídico de crédito pelo comissário, em seu próprio nome, à conta do comitente.

Note-se que o comissário sequer precisa declarar o nome do comitente ao celebrar o contrato com terceiro, sendo, inclusive, muitas vezes, proibido de fazê-lo por força do próprio contrato de comissão. De toda sorte, o comitente é o verdadeiro dono do negócio, aquele por conta de quem a operação se realiza.

Dois negócios
Com efeito, há que se distinguir dois contratos que, de certa forma, resultam da comissão: o contrato de comissão em si, celebrado entre o comitente e o comissário, no qual se ajustam as instruções a serem seguidas pelo comissário; e o contrato celebrado entre o comissário e o terceiro, comprador ou vendedor (ou parte em qualquer negócio de crédito, após a vigência da Lei nº 14.690/2023) dos bens negociados, no qual o comitente não figura como parte, cedente, anuente ou interveniente, razão pela qual não lhe pode ser atribuída qualquer responsabilidade nessa contratação, sendo os riscos daí advindos exclusivos do comissário. Não há, portanto, prévia aquisição ou posterior venda de bens entre comissário e comitente para a execução do contra-

---

[83] "Art. 693. O contrato de comissão tem por objeto a compra ou venda de bens ou a realização de mútuo ou outro negócio jurídico de crédito pelo comissário, em seu próprio nome, à conta do comitente."

[84] "Art. 694. O comissário fica diretamente obrigado para com as pessoas com quem contratar, sem que estas tenham ação contra o comitente, nem este contra elas, salvo se o comissário ceder seus direitos a qualquer das partes".

to de comissão. Este contrato autoriza o comissário a alienar ou adquirir, figurando, ele próprio, como parte no negócio de compra e venda celebrado com terceiro. Desse modo, a entrega dos bens adquiridos pelo comissário ao comitente, ou do montante por ele recebido pela alienação do bem, não tem como base o contrato de compra e venda, mas o próprio contrato de comissão.

Não raro a comissão se realiza por consignação, modalidade que era disciplinada pelo revogado Código Comercial. Utilizada, sobretudo, na venda de mercadorias,[85] a comissão por consignação consiste na colocação dos bens que o comitente deseja vender sob a guarda do comissário.[86] O comitente continua a ser o proprietário dos bens, e o comissário, por exercer a guarda, responde pelos danos sofridos pelas coisas enquanto estiverem consigo, salvo caso fortuito ou força maior.

Comissão por consignação

A despeito de suas semelhanças com o contrato de mandato, há de se reconhecer a autonomia do contrato de comissão. Com efeito, na perspectiva do direito contemporâneo, a comissão não pode ser reduzida a mandato sem representação, já que ambos os contratos possuem causas distintas. O mandato contém, em sua função técnico-jurídica (ou causa, entendida como a mínima unidade de efeitos essenciais que o caracteriza), o agir por conta e em nome alheio, de tal modo que a representação lhe é essencial, nos termos em que se encontra regulado pelo legislador brasileiro (CC, art. 653). Na comissão, ao contrário, o comissário age sempre em nome próprio, por conta de outrem. Além disso, no mandato, a base fiduciária é tão intensa que o contrato se reputa unilateral, desprovido de sinalagma, ainda quando oneroso, ao passo que na comissão há o nexo de correspectividade entre os serviços prestados pelo comissário e a remuneração que lhe é devida, a configurar, portanto, o sinalagma. Aduza-se, ainda, comportar o mandato finalidades de maior espectro, podendo se destinar, por exemplo, à administração de negócios do mandante e não à simples compra ou venda de bens em favor deste. Por tais circunstâncias, o Código Civil atribuiu autonomia ao contrato de comissão.

Distinção do contrato de mandato

10. CARACTERÍSTICAS

O contrato de comissão afigura-se bilateral, na medida em que há sinalagma ou dependência recíproca entre as obrigações do comitente e do comissário. Cuida-se

Bilateral, oneroso, consensual e comutativo

---

[85] Com menos frequência, utiliza-se também a comissão para compra de mercadorias, para transporte ou fretamento.

[86] O Superior Tribunal de Justiça elucida que a prática comercial de venda de bilhetes de passagem por agência de viagens constitui contrato de comissão em que a companhia aérea figura como comitente e a operadora de turismo como comissária: "Embargos de Declaração no Agravo Regimental no Recurso Especial. Ação de cobrança de valores referentes à venda de passagens aéreas por agência de viagem e turismo (contrato de comissão mercantil). Alegada nulidade de laudo pericial contábil. Relevante omissão constatada. (...) Cumpre relatar que a relação jurídica existente entre as partes decorre de contrato de comissão mercantil, mediante o qual a companhia aérea (comitente) comprometeu-se a fornecer, em consignação, bilhetes de passagem para emissão direta da agência de turismo (comissária). Em contrapartida, a agência de viagem assumiu a obrigação de repassar o produto da venda das passagens à companhia aérea, descontada a remuneração (comissão) previamente estipulada para o período" (STJ, 4ª T., EDcl no AgRg no REsp. 1.302.132, julg. 1.9.2016, publ. DJ 6.9.2016).

de contrato oneroso, em que o comissário faz jus à remuneração, também denominada comissão. Reputa-se, ainda, consensual, uma vez que o consentimento das partes é suficiente para sua formação, que se dá por aceitação expressa ou tácita do encargo pelo comissário. A comissão não requer forma especial, eis que pode ser estipulada verbalmente ou por instrumento escrito. Apresenta-se, no comum dos casos, de duração indeterminada, a possibilitar a formação de eficiente sistema de distribuição de produtos. A reciprocidade das obrigações, certas e conhecidas pelas partes, caracteriza o contrato como comutativo.

Intuitu personae

Considera-se o contrato de comissão *intuitu personae, por se fundar na confiança recíproca entre* partes. Por esta razão, não pode o comissário delegar a execução da comissão a outrem se o comitente não o autorizou expressamente; presume-se que sua escolha se deve à diligência e habilidade próprias da reputação do comissário.

11. DIREITOS E DEVERES DO COMISSÁRIO

Dever de concluir o negócio

O comissário assume a obrigação de concluir o negócio para o qual foi contratado, seguindo fielmente as ordens e instruções recebidas, sob pena de responder pelos danos causados ao comitente e a terceiros (CC, art. 695). Tendo em vista que a atuação do comissário se dá no interesse do comitente, aquele não tem plena liberdade de ação, devendo seguir as instruções recebidas, o que aproxima sua atuação daquela realizada pelo mandatário.

Dever de obediência às instruções

Distinguem-se as instruções de caráter imperativo das meramente indicativas. As primeiras são obrigatórias, devem ser seguidas independentemente de concordância do comissário, pois revelam a forma escolhida pelo comitente para que o negócio possa se concluir. As segundas, por outro lado, deixam ao comissário liberdade de apreciação. Quando desobedece às instruções imperativas, responde o comissário pelos danos causados não somente perante o comitente, mas também em face de terceiros, se aquele se recusar a executar o contrato ou se quiser executá-lo de acordo com as instruções que dera. A operação será válida e ficará a cargo do comissário.

Todavia, nem sempre a desobediência às instruções gera dever de indenizar. O comitente não poderá reclamar indenização do comissário caso seus atos, ainda que não fiéis às ordens e instruções recebidas, ou mesmo discrepantes dos usos locais, tenham proporcionado vantagem para o comitente (CC, art. 695, parágrafo único).

Além disso, o comitente também não terá direito a qualquer reparação se o comissário, na impossibilidade de pedir instruções a tempo, agir de acordo com usos em casos semelhantes, com o objetivo de evitar a ocorrência de dano em razão da demora. Desse modo, não tendo recebido o comissário ordens e instruções do comitente, e na impossibilidade de recebê-las no tempo oportuno, poderá realizar as operações necessárias para se desincumbir de sua tarefa, devendo, contudo, agir como agiria em seu próprio interesse, de acordo com os usos comerciais em casos semelhantes (CC, art. 695, *caput*).

Deve o comissário agir com diligência e zelo, de modo a bem executar os negócios do comitente, como se fossem seus, não somente para evitar prejuízos, mas também para lhe proporcionar o lucro que razoavelmente se podia esperar do negócio (CC, art. 696). Por isso, exige-se do comissário, dentre outras medidas, que tome as cautelas necessárias para a guarda e conservação dos bens que estejam em seu poder, quer lhe tenham sido enviados pelo comitente, quer os tenha adquirido diretamente. Se estes bens sofrerem danos, deve o comissário, na primeira oportunidade, levar o fato ao conhecimento do comitente, além de investigar sua origem. O comissário torna-se responsável pela violação do dever de diligência, como na hipótese em que contrata com terceiro cuja insolvência já era perceptível ao tempo da conclusão do negócio; ou, ainda, nos casos em que não atua com diligência na cobrança dos débitos de terceiros contratantes que, posteriormente, são declarados insolventes. O comissário assume, assim, a responsabilidade pelos prejuízos decorrentes do exercício de sua função, exceto na hipótese de caso fortuito ou força maior.

Dever de diligência

De acordo com o revogado art. 172 do Código Comercial,[87] o comissário, ao receber os bens do comitente, deveria identificar as avarias, diminuição ou estado diverso do que constasse dos conhecimentos, faturas ou avisos de remessas. Caso o comissário fosse omisso no cumprimento dessa obrigação, o comitente poderia dele exigir que respondesse pelas mercadorias, de acordo com o que estivesse discriminado nos conhecimentos ou faturas. A norma não foi repetida no Código Civil e, embora se possa admitir a presunção de integridade da coisa transferida, à falta de manifestação em contrário por parte do comissário, afigura-se razoável atribuir a ambos, comissário e comitente, por força do dever de boa-fé objetiva, o dever de esclarecer o estado em que os bens são transferidos. A ausência de indicação quanto a avarias faz supor que os bens se encontram, no momento da transferência, em bom estado de conservação, salvo se as circunstâncias sugerirem o contrário, restando a matéria condicionada às provas produzidas pelos contratantes.

Estado das mercadorias

Exige-se, ainda, que o comissário comunique ao comitente as operações efetivadas e realize as cobranças necessárias. Deve prestar contas ao comitente, visto agir no seu interesse e por sua conta, ainda que se trate de comissão *del credere* (CC, art. 698[88]), respondendo por perdas e danos se, por exemplo, agir com culpa na cobrança dos créditos.

Segundo a cláusula *del credere*, introduzida pela autonomia privada, o comissário responde, perante o comitente, solidariamente com o terceiro com quem

Cláusula del credere

---

[87] "Art. 172. Iguais diligências deve praticar o comissário todas as vezes que, ao receber os efeitos consignados, notar avaria, diminuição, ou estado diverso daquele que constar dos conhecimentos, faturas ou avisos de remessa; se for omisso, o comitente terá ação para exigir dele que responda pelos efeitos nos termos precisos em que os conhecimentos, cautelas, faturas, ou cartas de remessa os designarem; sem que ao comissário possa admitir-se outra defesa que não seja a prova de ter praticado as diligências sobreditas".

[88] "Art. 698. Se do contrato de comissão constar a cláusula *del credere*, responderá o comissário solidariamente com as pessoas com que houver tratado em nome do comitente, caso em que, salvo estipulação em contrário, o comissário tem direito a remuneração mais elevada, para compensar o ônus assumido".

contratou (CC, art. 698). Deste modo, o comissário assume os riscos da insolvência e da infração das obrigações contratuais pelo terceiro, independentemente de culpa. Afasta-se, assim, a regra geral segundo a qual o comissário não responde pela insolvência ou inadimplemento das pessoas com quem contrata, na medida em que age por conta e no interesse do comitente, cabendo a este a assunção dos riscos decorrentes tanto do inadimplemento quanto da insuficiência patrimonial do terceiro contratado.

Na comissão de venda com cláusula *del credere* correm por conta do comitente os demais riscos do negócio, como os vícios redibitórios ou a evicção. Isto porque a solidariedade do comissário refere-se à prestação devida pelo terceiro, restrita, neste caso, ao pagamento do preço. Assim sendo, se o terceiro se recusar a cumprir o contrato fundado em causa legítima, como na hipótese de vício oculto na mercadoria, o comissário não será responsável, caracterizando-se fato imputável ao comitente, e que pode conduzir à rescisão do contrato. Tratando-se, contudo, de comissão de compra, responde o comissário pelas perdas e danos decorrentes dos vícios redibitórios e pela evicção, já que se responsabiliza (solidariamente ao terceiro) pela entrega da mercadoria ao comitente. Salvo estipulação em contrário, a remuneração do comissário será mais elevada no caso de comissão *del credere*, com vistas a compensar o ônus assumido. A Lei nº 14.690/2023 acrescentou o parágrafo único ao art. 698 do Código Civil, determinando que a cláusula *del credere* poderá ser parcial.

Direitos do comissário O comissário tem direito (i) à percepção da remuneração ajustada (CC, arts. 701 e 703); (ii) ao recebimento de juros sobre as quantias adiantadas para o cumprimento do encargo (CC, art. 706); (iii) ao ressarcimento de despesas e de prejuízos havidos com o desempenho da comissão; e (iv) à retenção de mercadorias para garantia da satisfação dos créditos existentes em face do comitente (CC, art. 708).

Remuneração Quanto à sua remuneração, na ausência de previsão contratual, será arbitrada segundo os usos correntes do lugar em que foi celebrado contrato (CC, art. 701). A comissão é devida ao comissário logo que este conclui o negócio, mesmo que o contrato ainda não tenha sido executado pelo terceiro, a menos que se trate de comissão *del credere. Por ser inerente ao contrato de comissão, será devida remuneração ao comissário pelos serviços úteis prestados, ainda que este tenha sido despedido por justa causa, ressalvado ao comitente o direito de exigir do comissário a reparação pelos* prejuízos sofridos (CC, art. 703[89]). Objetiva-se, deste modo, afastar o enriquecimento sem causa do comitente. Mostra-se possível a compensação entre o que o comitente deve ao comissário a título de remuneração pelos serviços úteis e o que o comissário deve ao comitente por perdas e danos, desde que verificados os pressupostos legais.

Créditos do comissário O crédito do comissário, em relação às comissões devidas, goza de privilégio geral no caso de falência ou insolvência do comitente (CC, art. 707). Se não puder

---

[89] "Art. 703. Ainda que tenha dado motivo à dispensa, terá o comissário direito a ser remunerado pelos serviços úteis prestados ao comitente, ressalvado a este o direito de exigir daquele os prejuízos sofridos".

concluir o negócio por motivo de força maior, ou no caso de falecimento no curso da relação contratual, deverá o comitente pagar comissão proporcional aos atos que o comissário houver praticado, sendo-lhe devido igualmente o reembolso pelas despesas efetuadas no cumprimento do contrato (CC, art. 702).

Assegura-se ao comissário direito de retenção sobre os bens e valores adquiridos para o comitente, com vistas a garantir o pagamento não só dos desembolsos efetuados na realização do negócio como, igualmente, da sua remuneração, juros e demais despesas que já houver realizado, no desempenho de suas funções. *Direito de retenção*

O comissário não se encontra obrigado a revelar ao comitente o nome do terceiro com o qual contratou, especialmente se foi convencionada a comissão *del credere*. Com efeito, constitui interesse do comissário manter sigilo sobre esse ponto, para evitar que o comitente, em ocasiões futuras, negocie diretamente com seus clientes. Todavia, nas hipóteses em que o comissário conceder dilação de prazo para pagamento (o que poderá ocorrer se não houver instruções do comitente em sentido contrário e se esta for conforme aos usos locais), deverá dar ciência ao comitente, vez que atua em favor deste, informando os prazos concedidos bem como o seu beneficiário. Se o comissário não informar o comitente quanto aos prazos concedidos e quem é o seu beneficiário, poderá o comitente exigir que o comissário pague *incontinenti* ou responda pelas consequências da dilação concedida (CC, art. 700).

De uma maneira geral, o comissário pode praticar quaisquer operações a crédito, se o comitente não lhe deu instruções contrárias. À falta de instruções do comitente, entende-se ter este deixado ao arbítrio do comissário negociar a prazo ou à vista.

Em razão da norma do art. 709 do Código Civil, segundo a qual aplicam-se ao contrato de comissão, no que couber, as regras sobre mandato, mostra-se possível a configuração do contrato de comissão consigo mesmo, no qual o comissário é, ao mesmo tempo, comprador e vendedor da mercadoria, desde que autorizado pela lei ou pelo comitente (CC, art. 117). Tal como no mandato, há de se proteger o comitente do conflito de interesses. Note-se, de todo modo, que, nas operações à vista, por não ser exigido do comissário revelar ao comitente o nome dos terceiros com quem contrata, torna-se difícil averiguar a ocorrência de contrato consigo mesmo. *Autocontrato*

Na hipótese de o comissário ser despedido sem justa causa, terá direito à remuneração relativa aos trabalhos prestados, bem como a ser ressarcido pelas perdas e danos que resultarem de tal ato imotivado (CC, art. 705). *Dispensa sem justa causa*

12. DIREITOS E DEVERES DO COMITENTE

O comitente deve pagar ao comissário a remuneração acordada ou, em caso de omissão contratual, valor correspondente aos usos da praça (CC, art. 701). Obriga-se, ainda, a pagar à vista, salvo convenção em contrário, as despesas e desembolsos feitos no exercício da comissão. Por outro lado, como o comissário age por conta do comitente, todos os riscos comerciais do negócio cabem, em regra, a este. Verificada a inadimplência do terceiro, as consequências daí decorrentes serão suportadas pelo *Dever de pagar a remuneração* comitente, a menos que se caracterize a culpa do comissário ou que a comissão contenha a cláusula *del credere* (CC, art. 698). Além disso, o comissário faz jus à remuneração assim que conclui o negócio, mesmo que o contrato ainda não tenha sido executado pelo terceiro, exceto se se tratar de comissão *del credere*.

Direito de alterar as instruções

Ao comitente é reconhecido o direito de alterar as instruções passadas ao comissário mesmo no que se refere aos negócios pendentes (CC, art. 704). Entretanto, caso o comissário sofra prejuízo para atender a tais alterações, o comitente haverá de

Das instruções

indenizá-lo. Além disso, reconhece-se ao comissário o direito de denunciar o contrato de comissão sem responder por perdas e danos ao comitente, se a alteração lhe causar maior prejuízo do que aqueles causados ao comitente em razão da denúncia; ou se demonstrar que as novas instruções lhe imporiam graves prejuízos, consoante aplicação analógica do art. 688 do Código Civil.[90] Se a alteração das instruções importar modificação do objeto do contrato, a significar, pois, não uma alteração, mas a elaboração de um novo contrato de comissão, pode o comissário se recusar a atender às novas instruções, sem que lhe seja imputado o pagamento por perdas e danos. Há que se afastar, ainda, a obrigatoriedade das alterações que impliquem abuso do direito por parte do comitente.

Juros

O comitente tem direito a receber juros moratórios do comissário caso este incorra em mora na entrega dos fundos que pertencem ao comitente. Por outro lado, deve o comitente fornecer fundos suficientes para que o comissário realize as negociações de que foi incumbido, bem como indenizá-lo das despesas que foram feitas a suas expensas por adiantamento. Sobre o montante dessas despesas correm juros compensatórios, que ao comitente cabe satisfazer (CC, art. 706[91]). Com efeito, atuando o comissário no interesse do comitente, a este cabe, salvo disposição em sentido contrário, arcar com as despesas necessárias às operações cometidas. Os juros devidos pelo comitente ao comissário, sendo compensatórios, contam-se a partir da data do efetivo desembolso. Todavia, haverá incidência de juros moratórios se, notificado pelo comissário, não proceder o comitente ao reembolso. Neste caso, os juros moratórios serão contados a partir da constituição do comitente em mora.

📝 PROBLEMAS PRÁTICOS

1. Na iminência de se mudar para o exterior, José celebra contrato de mandato com Maria, outorgando-lhe poderes para a venda de seu apartamento no Brasil. Na contratação, José orienta Maria para que não venda o imóvel por valor inferior a determinada quantia. Meses depois, a mandatária, ignorando

---

[90] "Art. 688. A renúncia do mandato será comunicada ao mandante, que, se for prejudicado pela sua inoportunidade, ou pela falta de tempo, a fim de prover à substituição do procurador, será indenizado pelo mandatário, salvo se este provar que não podia continuar no mandato sem prejuízo considerável, e que não lhe era dado substabelecer".

[91] "Art. 706. O comitente e o comissário são obrigados a pagar juros um ao outro; o primeiro pelo que o comissário houver adiantado para cumprimento de suas ordens; e o segundo pela mora na entrega dos fundos que pertencerem ao comitente".

a indicação recebida, vende o apartamento por valor inferior àquele referido. Quais as consequências jurídicas do negócio efetuado?

2. Após juntar todas as suas economias, Francisco foi à Concessionária XYZ, localizada na Barra da Tijuca, no intuito de adquirir o carro de seus sonhos. Ao chegar no estabelecimento, foi atendido por Henrique, devidamente uniformizado, que, muito prestativo, disse que concederia desconto de 3% (três por cento) no preço, caso o pagamento fosse feito em cheque. Henrique prometeu, ainda, que o veículo chegaria na loja na segunda-feira da semana seguinte, quando poderia retirá-lo. Na data combinada, Francisco chegou à concessionária no primeiro horário, e, ao perguntar por Henrique, foi informado de que a loja não tinha nenhum funcionário com esse nome e que não havia nenhum registro da compra do seu carro. Inconformado, Francisco procurou o gerente da loja, que não tomou nenhuma providência a respeito. Diante disso, Francisco ajuizou ação contra a Concessionária XYZ, pleiteando reparação por danos materiais e morais. Qual fundamento pode ser invocado por Francisco para fundamentar sua pretensão?

Acesse o *QR Code* e veja a Casoteca.

> http://uqr.to/1pdq5

Capítulo IX
AGÊNCIA E DISTRIBUIÇÃO. CORRETAGEM

Sumário: AGÊNCIA E DISTRIBUIÇÃO – 1. Introdução – 2. Conceito. Efeitos essenciais do contrato de agência – 2.1. O elemento da representação – 3. Efeitos essenciais do contrato de distribuição – 4. Direitos e deveres do proponente – 5. Direitos e deveres do agente ou do distribuidor – 6. Extinção dos contratos de agência e distribuição – CORRETAGEM – 7. Conceito. Efeitos essenciais. Resultado útil obtido pelo corretor – 8. Direitos e deveres dos contratantes – 9. Extinção do contrato de corretagem – Problemas práticos.

AGÊNCIA E DISTRIBUIÇÃO

1. INTRODUÇÃO

Os contratos de agência e distribuição, anteriormente regulados exclusivamente por leis especiais, tornaram-se contratos tipificados no Código Civil, a evidenciar, a um só tempo, a unificação do direito obrigacional e o reconhecimento, por parte do legislador, da grande relevância que estes contratos assumiram nas atuais práticas comerciais, sendo frequentemente empregados para regular as relações entre os produtores de bens e serviços e os profissionais responsáveis por fazê-los chegar ao mercado. *Unificação do direito das obrigações*

Historicamente, com a Revolução Industrial, avultou-se a necessidade de desenvolver novas técnicas de comercialização capazes de escoar a crescente produção de manufaturados, inclusive em mercados afastados dos centros produtores. Com efeito, no contexto de acentuada expansão do comércio, a fase de distribuição, isto é, de intermediação entre o produtor e o mercado consumidor, ganhou progressivamente autonomia em relação à fase de produção. As empresas, em vez de abrir filiais e sucursais, deslocando trabalhadores para locais distantes, passaram a confiar a profissionais especializados, instalados nesses locais, a tarefa de distribuir seus bens e serviços. Com essa nova estratégia comercial, as empresas puderam transferir despesas e riscos inerentes à atividade de distribuição, além de se beneficiar da credibilidade de que gozavam os profissionais junto ao público local.

Comissão mercantil — Inicialmente, a distribuição autônoma foi desempenhada por meio da antiga técnica contratual da comissão mercantil, pois a precariedade dos meios de comunicação impunha ao produtor consignar as suas mercadorias em mãos do comissário, que ficava então autorizado a vendê-las em nome próprio, suportando toda a responsabilidade em face do comprador.

O desenvolvimento posterior dos meios de comunicação, proporcionando maior mobilidade à remessa de mercadorias e propostas comerciais, explica, dentre outros fatores, a gradual substituição do comissário pelo agente comercial. Tal como o comissário, o agente atua de modo autônomo, percebendo, em princípio, remuneração conforme os resultados obtidos. No entanto, diversamente do que sucedia com o comissário, o agente limita-se a promover a celebração dos negócios que, nessa nova modalidade contratual, são concluídos pela própria empresa. Desse modo, a empresa continua a se valer de colaboradores externos independentes, beneficiando-se das respectivas vantagens, mas agora preserva o controle sobre a fase de distribuição, vez que guarda para si a decisão final de concluir os contratos angariados pelo agente.

Surgimento do contrato de distribuição — O florescimento da sociedade de consumo, no curso do século XX, deu novo ímpeto à renovação das práticas comerciais e conduziu ao surgimento de outras formas de intermediação, ao lado da agência, como o contrato de distribuição. No lugar do comerciante tradicional, atacadista ou varejista, que exerce a sua atividade sem qualquer coordenação com o produtor, sucede o distribuidor que, embora atuando em seu nome e por conta própria, mantém-se ligado ao produtor convencionalmente, por meio das diversas obrigações, estipuladas no contrato de distribuição, que asseguram à empresa produtora o controle sobre a atividade de distribuição. O distribuidor, portanto, age com autonomia jurídica na promoção e na conclusão dos negócios de interesse do produtor, o qual, em contrapartida, coordena e orienta a sua atividade, transmitindo-lhe orientações e fiscalizando o seu desempenho.

Compatibilização das fontes normativas — No ordenamento jurídico brasileiro, a Lei 4.886, de 9 de dezembro de 1965 (Lei de Representação Comercial), ainda em vigor, disciplina a atividade do agente na figura do representante comercial autônomo. Muito embora representação comercial e agência não se confundam conceitualmente, o legislador especial acabou por identificar, de forma imprópria, as duas figuras, promovendo a assimilação entre o representante, que detém poderes para concluir os negócios do representado, e o agente, que se encarrega apenas de promover os negócios do proponente. De outra parte, não tendo sido revogada expressamente a Lei 4.886/1965, torna-se indispensável harmonizar a disciplina prevista no Código Civil com os dispositivos da lei especial, buscando-se critérios capazes de estabelecer o âmbito de aplicação de cada um dos diplomas legais.

Lei Ferrari — O mesmo sucede com o contrato de distribuição que, no direito brasileiro, foi positivado com a vigente Lei 6.729, de 28 de novembro de 1979 (Lei Ferrari), que dispõe sobre as relações entre produtores e distribuidores de veículos automotores de via terrestre. Não existia uma disciplina geral do contrato de distribuição, o que suscitava debate acerca da aplicação dessa lei especial a outras espécies de contratos de distribuição, que não tivessem por objeto a comercialização de veículos automotores de via terrestre.[1]

As opiniões contrárias identificam na lei especial a figura do chamado microssistema, formado por normas excepcionais que funcionariam com independência com relação às demais normas que integram o ordenamento jurídico.[2] Afinal, de acordo com esta doutrina, a *Lei Ferrari* fora destinada a harmonizar os conflitos entre fabricantes e concessionários de veículos automotores terrestres, de modo que não se justificaria a sua aplicação fora desse contexto específico.[3] Na esteira de tal entendimento, o Superior Tribunal de Justiça se posicionou contrariamente à aplicação analógica da Lei 6.729/1979 a contratos que não disponham sobre concessão comercial de veículos automotores em via terrestre.[4]

No entanto, conforme observado em outra sede,[5] o reconhecimento de microssistemas constitui-se na fragmentação da unidade axiológica do sistema jurídico,

Microssistemas

Unidade do ordenamento jurídico

---

[1]   Favorável à aplicação analógica da Lei Ferrari a outros contratos de distribuição, registra Orlando Gomes: "Conquanto se limite a regular, para o setor, o contrato de distribuição, suas disposições, com exceção de umas poucas, podem ser aplicadas, por analogia, às outras relações entre produtores e distribuidores" (*Contratos*, Rio de Janeiro: Forense, 2009, 26ª ed., p. 464). No mesmo sentido, v. Arnaldo Rizzardo, *Contratos*, Rio de Janeiro: Forense, 2006, p. 757; Maria Helena Diniz, *Tratado teórico e prático dos contratos*, vol. III, São Paulo: Saraiva, 1993, p. 474. Em posição intermediária, assinala Paulo Nader: "A lei em questão, pelo que se depreende, é específica e não alcança as hipóteses tratadas pelo Código Civil. Isto, porém, não impede que as lacunas sejam preenchidas por analogia, valendo-se o aplicador do Direito, como paradigma, de um texto em relação ao outro, pois 'onde houver a mesma razão deverá haver igual disposição'" (*Curso de Direito Civil*, vol. III, Rio de Janeiro: Forense, 2018, 9ª ed., p. 433). A resultado semelhante chega Paulo Eduardo Lilla: "Uma solução possível para o problema seria não a utilização da Lei Ferrari por analogia, mas a utilização de alguns de seus princípios a determinados casos concretos nos quais esses princípios serviriam como inspiração para o juiz no momento de julgar a demanda" (*O abuso de direito na denúncia dos contratos de distribuição: o entendimento dos tribunais brasileiros e as disposições do Novo Código Civil*. Disponível em: http://www.socejur.com.br/artigos/contratos.doc. Acesso em: 21.8.2006, pp. 16-17).

[2]   Nesse sentido, Waldírio Bulgarelli, *Questões atuais de direito empresarial*, São Paulo: Malheiros, 1995, p. 42.

[3]   Como ressalta Paula Forgioni: "em se tratando de um diploma específico, talhado para determinado setor da economia, a L. 6.729/1979, não admite *interpretação extensiva*, sob pena de, artificialmente, causar marcadas distorções, fazendo incidir sobre mercados com outras peculiaridades, regras concebidas exclusivamente para a distribuição de veículos automotores" (*Contrato de distribuição*, São Paulo: Revista dos Tribunais, 2008, p. 93). V. tb. Humberto Theodoro Júnior, Adriana Mandim Theodoro de Mello, O regime do contrato (típico) de agência e distribuição (representação comercial) no novo Código Civil em cotejo com a situação jurídica do contrato (atípico) de concessão comercial. Indenizações cabíveis na extinção da relação contratual. *Revista dos Tribunais*, vol. 825, julho de 2004, p. 68; e José Maria Trepat Cases, *Código Civil Comentado*, vol. VIII, São Paulo: Atlas, 2003, p. 87.

[4]   STJ, 3ª T., REsp. 1.320.870, Rel. Min. Ricardo Villas Bôas Cueva, julg. 27.6.2017, publ. DJ 30.6.2017.

[5]   Gustavo Tepedino, Premissas Metodológicas para a Constitucionalização do Direito Civil. Gustavo Tepedino, *Temas de Direito Civil*, Rio de Janeiro: Renovar, 2004, 3ª ed., p. 11 e ss. Mais recentemente, v.: "não é dado confundir a pluralidade de fontes normativas com os denominados microssistemas. Como se sabe, a doutrina que defende a existência de microssistemas acredita que o ordenamento se constitui de centros de gravidade autônomos, fragmentados, cada qual com sua lógica e prin-

incompatível com a ordem pública constitucional, cujos princípios e valores informam toda a legislação infraconstitucional. A Lei 6.729/1979 não pode ser tomada como núcleo normativo destacado, expandindo-se, ao revés, às diversas espécies de contrato de distribuição, sempre que *in concreto* sejam identificados os pressupostos essenciais que justificam e dão legitimidade à tutela dos contratantes.

Tarefa do intér-prete

O Código Civil estabeleceu disciplina geral aplicável a todos os contratos de distribuição, procurando, desse modo, uniformizar o tratamento dispensado aos distribuidores dos diversos setores da economia. Ao intérprete impõe-se, portanto, a tarefa de interpretar os dispositivos do Código Civil em cotejo com aqueles estabelecidos na legislação especial, de modo a preservar a unidade do ordenamento jurídico.

2. CONCEITO. EFEITOS ESSENCIAIS DO CONTRATO DE AGÊNCIA

O contrato de agência consiste em ajuste pelo qual o agente, mediante retribuição, promove, de modo autônomo e estável, a realização de negócios por conta do agenciado ou proponente na zona convencionada.

Causa do contra-to de agência

Para a qualificação do contrato de agência, afiguram-se essenciais: (i) a obrigação do agente de promover negócios por conta e no interesse do proponente; (ii) a delimitação da zona de atuação do agente; (iii) a estabilidade do vínculo; (iv) habitualidade; (v) a atuação autônoma do agente; e (vi) o caráter oneroso (CC, art. 710[6]).

O dever de promover negócios a conta do proponente consiste em obrigação fundamental do contrato de agência,[7] compondo seu conteúdo mínimo e irredutível, *Fase preparatória* sem o qual restaria desfigurado o tipo contratual. Tal atividade de promoção diz respeito à fase preparatória a certo contrato, antecedente à sua celebração, não com-

---

cipiologia própria. Tal concepção, contudo, não se mostra suficiente para explicar a dinâmica do ordenamento, porque a pluralidade de fontes normativas deve conviver com uma unidade axiológica, conferida pelas normas constitucionais. Unidade esta que se revela ainda mais necessária diante das mudanças provocadas pelas inovações tecnológicas, sobre as quais tanto se debateu neste Congresso, que precisam ser enfrentadas com coerência, impossibilitando que a profusão de normas regulamentadoras provoque o surgimento de soluções díspares para os diversos setores do ordenamento" (*Síntese do Congresso Internacional de Direito Civil-Constitucional da Cidade do Rio de Janeiro* ocorrido de 21 a 23 de setembro de 2016).

[6] "Art. 710. Pelo contrato de agência, uma pessoa assume, em caráter não eventual e sem vínculos de dependência, a obrigação de promover, à conta de outra, mediante retribuição, a realização de certos negócios, em zona determinada, caracterizando-se a distribuição quando o agente tiver à sua disposição a coisa a ser negociada.

Parágrafo único. O proponente pode conferir poderes ao agente para que este o represente na conclusão dos contratos".

[7] A atividade de promoção também figura como obrigação essencial do contrato de agência no direito europeu, constando da Diretiva Europeia 86/653/CEE, de 18 de dezembro de 1986, que definiu, no âmbito da União Europeia, o agente comercial como "pessoa que, como intermediário independente, é encarregada a título permanente, quer de negociar a venda ou a compra de mercadorias para uma outra pessoa, adiante designada 'comitente', quer de negociar e concluir tais operações em nome e por conta do comitente". Cfr. António Pinto Monteiro, *Contratos de Distribuição Comercial*, Coimbra: Almedina, 2002, p. 86 e Fabio Bortolotti e Giampiero Bondanini, *Il Contratto di Agenzia Commerciale*, Padova: Cedam, 2003, p. 46.

preendendo, por isso mesmo, o dever de celebrá-lo. Por outras palavras, a promoção consiste na negociação do contrato com o cliente por conta do proponente. Cabe, portanto, ao agente agir como efetivo negociador, discutindo as cláusulas do contrato e procurando convencer o cliente a celebrá-lo. Quando bem-sucedida, a promoção se concretiza na formalização de proposta contratual, que o agente, em seguida, recolhe e transmite ao proponente.

O agente não promete o êxito da negociação, mas se compromete a agir de forma diligente, envidando seus melhores esforços no sentido de convencer o cliente a celebrar determinado contrato com o proponente. Nada impede, todavia, que se convencione volume mínimo de negócios a que se obriga periodicamente a alcançar o agente, tornando-se inadimplente caso não consiga atingir tal resultado. Obrigação de meio

Embora a atividade de promoção consista tipicamente na intermediação e na negociação do contrato por conta do proponente, não raro assume contornos mais amplos, compreendendo uma série de atividades acessórias, preliminares ou posteriores à celebração do negócio promovido, como a sondagem de clientes e a prestação de serviços de assistência técnica, dentre outros. De outra parte, a atividade de promoção pode ter por objeto qualquer espécie de negócio, não se limitando, ao contrário do que ocorre no contrato de comissão, ao contrato de compra e venda.

O agente poderá receber poderes de representação do proponente para, em nome e por conta deste, celebrar o negócio, sem que a atividade de representação integre a unidade de efeitos caracterizadora do tipo contratual. O Código Civil previu figura unitária do agente, que pode ou não – conforme as partes convencionarem – possuir poderes para representar o proponente, embora tal fato não repercuta na qualificação do contrato (CC, art. 710, parágrafo único). Poderes de representação

No que tange à área de atuação do agente, há de se delimitar a zona dentro da qual o agente fica autorizado a desenvolver sua atividade, com vistas a permitir ao proponente coordenar as atividades dos diversos agentes responsáveis pela intermediação de seus produtos ou serviços, evitando conflitos. A noção de zona de atuação não se limita ao conceito de zona geográfica, afigurando-se flexível, de modo a abarcar critérios diversos do geográfico, muitas vezes associados ao espectro de influência do agente em determinado círculo de clientes. À guisa de exemplo, o agente poderia estar autorizado a promover os negócios do proponente junto a empresas de determinado ramo econômico. Na falta de indicação da zona geográfica, o contrato, embora atípico, não será nulo, em homenagem ao princípio da conservação, e, neste caso, a atuação do agente poderá se verificar em qualquer local. Nesse particular, a identificação da zona de atuação do agente poderá ocorrer a partir do exame do comportamento das partes no caso concreto, bem como dos usos e costumes de mercado, que servem como fonte de integração dos contratos. Zona de atuação

A delimitação da zona geográfica não se confunde com a exclusividade para ali atuar, tendo em vista que o proponente pode constituir mais de um agente para Distinção entre delimitação de zona geográfica e exclusividade

Habitualidade ou profissionalidade angariar seus negócios numa mesma zona geográfica (CC, art. 711[8]). Integra, ainda, a causa do contrato de agência, o desenvolvimento habitual da atividade pelo agente, isto é, em caráter profissional. O agente atua na promoção de um número indefinido de operações em favor do proponente, com o qual deve manter vínculo estável, indispensável à integração da atividade desempenhada pelo agente na empresa do proponente.

Isso não impede, todavia, que o contrato seja celebrado por curtos períodos de vigência, salvo quando se verificar que a exiguidade do prazo tenha por finalidade disfarçar a atuação pontual do agente. A estabilidade também não exige continuidade no desempenho da atividade, admitindo-se, inclusive, a limitação da eficácia do contrato de agência a certos períodos do ano. Todavia, o agente não pode ser contratado para intervir na promoção de um negócio isolado ou de um número determinado de negócios, sob pena de o contrato se desnaturar. Ao contrário do que ocorre na corretagem, o agente atua de modo estável na promoção de um número indefinido de operações em favor do proponente.

Autonomia do agente O agente deve exercer a sua atividade com autonomia. Por conta disso, reputa-se lícito ao agente recorrer, sob sua responsabilidade, a subagentes, salvo ajuste em contrário.[9] Pelas mesmas razões, prevê o Código Civil que as despesas com o desempenho de sua atividade correrão por sua conta e risco, a menos que se pactue em sentido contrário (CC, art. 713[10]). No entanto, a necessidade de atender ao interesse do proponente em coordenar a distribuição de seus bens ou serviços torna delicada a tutela jurídica da autonomia do agente, revelando-se, na prática, sutil a distinção entre a cooperação, que mantém íntegra a autonomia do agente, e a subordinação, que caracteriza, ao revés, a relação de emprego.[11] Naturalmente, a dificuldade apenas se apresenta com relação às pessoas naturais,

---

[8]   "Art. 711. Salvo ajuste, o proponente não pode constituir, ao mesmo tempo, mais de um agente, na mesma zona, com idêntica incumbência; nem pode o agente assumir o encargo de nela tratar de negócios do mesmo gênero, à conta de outros proponentes".

[9]   Sobre o ponto, a Lei de Representação Comercial, em seu art. 42, estabelece expressamente que "é facultado ao representante contratar com outros representantes comerciais a execução dos serviços relacionados com a representação".

[10]   "Art. 713. Salvo estipulação diversa, todas as despesas com a agência ou distribuição correm a cargo do agente ou distribuidor".

[11]   Este é também o critério utilizado pelos tribunais, como se vê do seguinte acórdão do TST: "Relação de emprego. Inexistência. (...) É certo que para a caracterização da relação de emprego deverão estar presentes todos os seus requisitos, quais sejam, habitualidade, subordinação jurídica, pessoalidade e onerosidade. Além disso, no Direito do Trabalho vigora o princípio da primazia da realidade. Não há como transmutar a verdade factual havida entre as partes apenas pela existência ou inexistência de determinado documento ou formalidade. Mediante a demonstração da realidade laborativa, com base nas provas dos autos, é plenamente possível o reconhecimento ou não do vínculo empregatício, ainda que ausentes determinadas formalidades. No presente caso, a Corte *a quo*, ao decidir o litígio, empreendeu minuciosa e detalhada análise do acervo probatório para a formação de seu convencimento – em especial as provas orais e documentais produzidas – e concluiu que não existiu vínculo de emprego entre o reclamante e a reclamada, mas sim típica relação autônoma de representação comercial" (TST, 7ª T., Ag AIRR 394-80.2015.5.05.0013, Rel. Min. Luiz Philippe Vieira de Mello, julg. 4.12.2018, publ. DJ 7.12.2018).

tendo em vista que o art. 3º da CLT exclui do conceito de empregado as pessoas jurídicas.[12]

Tal aspecto assume especial relevo por conta da habitual preponderância econômica do agenciado sobre o agente, sendo comum, por isso mesmo, que o agenciado exerça certo controle sobre a atividade desempenhada pelo agente, sobretudo estabelecendo diretrizes para sua atuação (CC, art. 712[13]). Contudo, tal controle ou orientação, que indubitavelmente limitam – embora não retirem – a autonomia do agente, não chegam a caracterizar a subordinação jurídica ou a dependência hierárquica, necessárias à configuração de relação empregatícia. *Diretrizes do agenciado*

Note-se que nenhum critério, isoladamente, basta para caracterizar, no âmbito do contrato de agência ou de representação comercial autônoma, a típica subordinação do empregado, devendo-se, ao revés, avaliar compreensivamente as diversas particularidades da concreta relação jurídica (determinação do horário de trabalho, prévia escolha dos clientes a serem procurados, ausência de poder de decisão, ingerência na organização interna etc.).[14] A propósito, assim, pode o proponente assumir parte das despesas da atividade de agência ou conceder ao agente remuneração mínima fixa, sem que isto retire a tipicidade do contrato.[15] Tais circunstâncias, contudo, evidentemente, somadas a outras no caso concreto, podem evidenciar o vínculo de subordinação.[16] *Identificação da subordinação no caso concreto*

Embora o agente deva obedecer às instruções recebidas do proponente, sua excessiva sujeição poderá caracterizar a subordinação típica da relação trabalhista. Nessa direção, tem-se firmado o entendimento de que o proponente não pode fixar os horários de trabalho do agente, nem lhe impor a lista dos clientes que devem ser *Sujeição excessiva às diretrizes do proponente*

---

[12] De acordo com o art. 3º da CLT, "considera-se empregado toda *pessoa física* que prestar serviços de natureza não eventual a empregador, sob a dependência deste, mediante salário".

[13] "Art. 712. O agente, no desempenho que lhe foi cometido, deve agir com toda diligência, atendo-se às instruções recebidas do proponente".

[14] De acordo com Bortolotti e Bondanini: "Na prática, se trata de considerar, caso a caso, os vários elementos típicos da subordinação (falta de autonomia decisória, ausência de risco, inclusão na organização da empresa, obrigação de respeitar horários prefixados e itinerários fixados pelo proponente), tendo em conta que nenhum desses permite, por si só, que se considere a relação como subordinação, devendo-se ao revés efetuar uma valoração que compreenda em conjunto todos os interesses" (*Il Contratto de Agenzia Commerciale*, cit., p. 67).
No original: "in pratica si tratterà di considerare, caso per caso, i vari elementi tipici della subordinazione (mancanza di autonomia decisionale, assenza di rischio, inserimento nell'organizzazione dell'impresa, obbligo di rispettare orari prefissatti e itinerari fissati dal proponente), tenendo conto che nessuno di essi permette, da solo, di far considerare il rapporto come subordinato, dovendosi piuttosto effettuare una valutazione complessiva dell'insieme degli stessi" (*Il Contratto de Agenzia Commerciale*, cit., p. 67). V., ainda, Pontes de Miranda, *Tratado de Direito Privado*, t. 44, São Paulo: Revista dos Tribunais, p. 154 e ss.

[15] V. exemplificativamente: "A remuneração fixa e o pagamento de ajuda de custo não caracterizam a subordinação jurídica indispensável ao reconhecimento do vínculo empregatício" (TRT-24, 2ª T., RO 00008690620135240004, Rel. Min. Amaury Rodrigues Pinto Junior, julg. 13.5.2015, publ. DJ 19.5.2015).

[16] V. exemplificativamente: "A remuneração fixa e o pagamento de ajuda de custo não caracterizam a subordinação jurídica indispensável ao reconhecimento do vínculo empregatício" (TRT-24, 2ª T., RO 00008690620135240004, Rel. Min. Amaury Rodrigues Pinto Junior, julg. 13.5.2015, publ. DJ 19.5.2015).

procurados, pois a autonomia pressupõe independência para dispor do próprio tempo e para escolher o itinerário.[17]

Dever de informar do agente

Deve-se igualmente apreciar a intensidade da fiscalização exercida pelo proponente sobre a atividade do agente. A obrigação de prestar periodicamente ao proponente informações sobre o andamento de sua atividade não retira do agente sua autonomia, revelando-se, ao contrário, essencial para assegurar a coordenação entre a sua atividade e a do proponente.[18] Todavia, a fiscalização, quando excessiva, pode caracterizar a subordinação do agente.[19]

Onerosidade

O contrato de agência afigura-se essencialmente oneroso, razão pela qual se impõe ao agente, mais uma vez, dedicação profissional. O Código Civil, em diversos dispositivos (CC, arts. 714, 716, 717 e 718), procura garantir a remuneração do agente, assegurando-lhe tutela protetora mínima. Em regra, sua remuneração, que se designa por comissão, é calculada em percentual do volume total de negócios realizados, nada impedindo, entretanto, que seja estipulada, no todo ou em parte, em quantia fixa.

Por conta de seu caráter oneroso, considera-se que o agente ou o representante comercial fazem jus à remuneração, ainda que o contrato seja omisso. Caso as partes não cheguem a acordo, a comissão deverá ser fixada com base nos costumes da praça comercial em que atua o agente ou representante comercial. Os usos e as práticas de mercado servirão, assim, como fonte de integração do contrato, colmatando a lacuna deixada pelos contratantes. Aplica-se, assim, a regra prevista no art. 701,[20] atinente ao contrato de comissão, extensível ao contrato de agência por força do art. 721.[21]

Forma livre

De outra parte, para sua formação, não se exige forma específica, sendo possível, inclusive, que seja celebrado oralmente, como ocorre no contrato de representação comercial autônoma, disciplinado pela Lei 4.886/1965.

2.1. O elemento da representação

Efeito acidental

Na mesma esteira, o parágrafo único do art. 710 do Código Civil[22] da Lei 4.886/1965 prevê a possibilidade de o proponente conferir poderes de representação

---

[17] Nesse sentido vem se posicionando o TST em diversos julgados, conforme ilustram os seguintes acórdãos: TST, 2ª T., RR 34800-06.2009.5.04.0001, Rel. Min. Delaíde Arantes, julg. 6.6.2018, publ. DJ 8.6.2018; TST, 3ª T., ARR 515-86.2014.5.12.0001, Rel. Min. Alexandre Agra Belmonte, julg. 3.10.2018, publ. DJ 5.10.2018, TST, 3ª T., RR 710-60.2017.5.09.0127, Rel. Min. Mauricio Godinho Delgado, julg. 5.6.2019, publ. DJ 7.6.2019.

[18] TST, 3ª T., 838-88.2016.5.09.0459, Rel. Min. Maurício Godinho Delgado, julg. 5.6.2019, publ. DJ 7.6.2019.

[19] Nessa direção, crf. o seguinte acórdão: TST, 8ª T., AIRR 1816-52.2015.5.22.0002, Rel. Min. Dora Mariada Costa, julg. 26.9.2018, publ. DJ 28.9.2018.

[20] "Art. 701. Não estipulada a remuneração devida ao comissário, será ela arbitrada segundo os usos correntes no lugar".

[21] "Art. 721. Aplicam-se ao contrato de agência e distribuição, no que couber, as regras concernentes ao mandato e à comissão e as constantes de lei especial".

[22] "Art. 710. (...) Parágrafo único. O proponente pode conferir poderes ao agente para que este o represente na conclusão dos contratos".

ao agente para representá-lo na conclusão dos negócios. Trata-se de pacto acessório ao contrato de agência, tendo em vista que a representação não compõe sua mínima unidade de efeitos, isto é, a causa do contrato de agência.

Nesse particular, o direito brasileiro segue a orientação predominante na Europa, onde, por conta da Diretiva Comunitária 86/653, transposta no direito interno dos diversos Estados membros,[23] o agente só pode celebrar contratos em nome da outra parte se essa lhe tiver conferido os necessários poderes. Assim, uma vez conferidos poderes de representação, a atuação do agente assemelha-se à atuação do mandatário, o que justifica a aplicação das normas disciplinadoras do contrato de mandato (CC, art. 721), como, por exemplo, o direito de retenção.

Discute-se, ao propósito, se a atribuição de poderes para celebrar os negócios confere ao agente o poder de decidir se o negócio há de ser celebrado. A questão se resolve no exame da amplitude dos poderes concedidos ao agente, alegando a doutrina que, a princípio, o poder permanece com o proponente.[24] A solução doutrinária mostra-se ajustada à típica função prático-jurídica do contrato de agência, no qual se procura tutelar a atuação do agente como efetivo negociador dos contratos, preservando-se, a despeito da representação, a liberdade do proponente em celebrá-los ou recusá-los. *Decisão do proponente*

A atribuição de poderes de representação ao agente conduz à identificação do contrato de agência com o de representação comercial autônoma. Como já referido, a Lei 4.886/1965 introduziu no ordenamento a figura do representante comercial autônomo. O art. 1º da Lei 4.886/1965 determina, em seu *caput*, que a "representação comercial" corresponde à atividade daquele que se dedica à "mediação para a realização de negócios mercantis, agenciando propostas ou pedidos, para transmiti-los aos representados, praticando ou não atos relacionados com a execução dos negócios".[25] O parágrafo único do mesmo dispositivo, por sua vez, determina que "quando a representação comercial incluir poderes atinentes ao mandato mercantil, serão aplicáveis, quanto ao exercício deste, os preceitos próprios da legislação comercial". *Representação comercial autônoma*

Da leitura conjunta do parágrafo único com o *caput* do art. 1º da Lei 4.886/1965, revela-se possível a configuração da representação comercial sem poderes de repre- *Sentido econômico de representação*

---

[23] No direito italiano, veja-se o "Art. 1.752. Agente com representação. As disposições do presente capítulo se aplicam também às hipóteses em que ao agente é conferida pelo proponente a representação para a conclusão dos contratos". No original: "Art. 1.752. Agente con rappresentanza. Le disposizioni del presente capo si applicano anche nell'ipotesi in cui all'agente è conferita dal proponente la rappresentanza per la conclusione dei contratti". Também em Portugal, por meio do DL. 178/1986, que estabeleceu o regime jurídico do contrato de agência, com alterações do DL. 118/1993, a celebração de contratos em nome da outra parte só será consentida ao agente mediante poderes conferidos por escrito.

[24] Cf. António Pinto Monteiro, *Contratos de Distribuição Comercial*, cit., p. 89; Vincenzo Cerami, Agenzia, Agenzia. *Enciclopedia del Diritto*, vol. I, Milano: Giuffrè, p. 872.

[25] Na íntegra: "Art. 1º. Exerce a representação comercial autônoma a pessoa jurídica ou a pessoa física, sem relação de emprego, que desempenha, em caráter não eventual por conta de uma ou mais pessoas, a mediação para a realização de negócios mercantis, agenciando propostas ou pedidos, para transmiti-los aos representados, praticando ou não atos relacionados com a execução dos negócios. Parágrafo único. Quando a representação comercial incluir poderes atinentes ao mandato mercantil, serão aplicáveis, quanto ao exercício deste, os preceitos próprios da legislação comercial".

sentação, o que evidencia o uso impróprio do termo *representação*, a qual, a rigor, implica a existência de poderes, outorgados ou não, os quais permitem a vinculação direta do representado aos negócios firmados pelo representante em seu nome. O dispositivo, portanto, parece valer-se do sentido *econômico* do termo para ressaltar a comunhão de interesses entre as partes, que desempenham as suas atividades no âmbito de relação de mútua colaboração.[26]

Por conta da falta de rigor técnico por parte do legislador especial, passou-se a designar representante comercial autônomo tanto o agente, que promove o negócio sem intervir na sua conclusão, como o representante comercial autônomo, em sentido estrito, que, adicionalmente à promoção, representa o proponente na conclusão do negócio.[27]

Tal confusão terminológica, evitada no projeto de lei anterior à elaboração da Lei 4.886/65,[28] tornou-se alvo de críticas por parte da doutrina, já que, do ponto de vista conceitual, agente e representante comercial não se confundem,[29] tendo em conta que o representante comercial detém poderes para concluir negócios do representado, ao passo que o agente apenas intermedeia os negócios, sem se encarregar de sua conclusão.[30]

Superposição
dos contratos O Código Civil, afastando-se do rigor terminológico, admite, como visto, que a agência seja celebrada com representação, na hipótese de outorga expressa de poderes pelo proponente (CC, art. 710, parágrafo único). Daí a identificação, na esteira da doutrina anterior ao novo Código Civil, da agência com o contrato de representação comercial autônoma.[31]

Delimitação
do âmbito de
incidência Entretanto, a superposição das duas figuras dificulta a delimitação do âmbito de incidência da Lei 4.886/65 e do Código Civil. Ao propósito, tem-se atribuído ao contrato de representação comercial campo mais restrito de aplicação do que ao contrato de agência, tendo em vista que o art. 1º da Lei 4.886/65 alude expressamente à "realização de negócios mercantis". Dessa maneira, a representação comercial circunscrever-

---

[26] Assim ressalta António Pinto Monteiro: "Incrementam-se, deste modo, os *colaboradores* da empresa, seus 'representantes' no plano econômico, mas com autonomia jurídica, empenhados em prosseguir os interesses da empresa, que acabam por ser também os seus, até porque a sua retribuição dependerá (exclusivamente ou, pelo menos, em grande medida) do volume de negócios que vier a ser alcançado" (*Contratos de Distribuição Comercial*, cit., p. 38).

[27] Como explica Rubens Requião, o contrato de representação comercial autônoma "pode incluir poderes de mandato, quando, no exercício deste, serão aplicáveis os preceitos da lei comercial a eles atinentes. Isso exclui o mandato como elemento fundamental da representação comercial" (Agência. *Enciclopédia Saraiva do Direito*, vol. 5, São Paulo: Saraiva, 1977, p. 170).

[28] Refere-se o texto ao Projeto de Lei 1.171/49, cujo art. 1º dispunha: "Considera-se agente comercial quem, de maneira estável, em caráter profissional, sem dependência econômica e subordinação hierárquica, realiza numa determinada zona, por conta de uma ou mais empresas, os atos de comércio peculiares à promoção de negócios, agenciando propostas e transmitindo-as aos seus representados para aceitação. Parágrafo único. Denomina-se especificamente representante comercial o agente que tem poderes de representação para concluir os negócios promovidos, aplicando-se-lhe as disposições desta Lei no que forem compatíveis com o mandato mercantil".

[29] Rubens Requião, *Do representante comercial*, Rio de Janeiro: Forense, 2005, *passim* e espec. p. 54 e ss.

[30] V. Pontes de Miranda, *Tratado de Direito Privado*, t. 44, cit., pp. 154 e ss.

[31] V., por todos, Orlando Gomes, *Contratos*, cit., pp. 365-379; Fran Martins, *Contratos e Obrigações Comerciais*, Rio de Janeiro: Forense, 1995, p. 269.

-se-ia às relações entre empresários ao passo que a agência "não se adstringe à empresarialidade, ou seja, não é necessário que agente e agenciado ou proponente sejam empresários. Veja-se, por exemplo: o agente de um desportista profissional, de um escritor ou escultor".[32] De todo modo, aludidos diplomas se afiguram complementares, de sorte que, mesmo que se esteja diante da agência regida pelo Código Civil, mostra-se possível a aplicação da legislação especial no que couber (CC, art. 721); e, de igual modo, no suporte fático regido pela Lei de Representação Comercial poderão ser aplicadas as normas gerais previstas no Código Civil para o contrato de agência.

Ao propósito da superposição das duas figuras, decidiu a 4ª Turma do STJ que, nos contratos de agência ou de distribuição previstos no art. 710 do Código Civil (distribuição por aproximação), não se admite a inclusão da cláusula *del credere*, vedada pelo art. 43 da Lei 4.886/1965, que regula as atividades dos representantes comerciais autônomos. Pela cláusula *del credere*, os agentes se tornam solidariamente responsáveis com os contratantes pela solvência das prestações assumidas.[33] No caso, pretendia-se que o distribuidor fosse condenado a pagar pelos produtos que vendeu, já que os cheques dados pelos compradores não tinham fundos. O STJ, confirmando o entendimento do Tribunal de Justiça de São Paulo, não acolheu a pretensão, ao argumento de que se tratava de contrato típico – distribuição por aproximação –, e não de contrato atípico, que pudesse comportar a cláusula *del credere*, como sustentava o recorrente. O Relator, Min. Antonio Carlos Ferreira, sintetizou as duas distintas realidades negociais: na primeira, o colaborador age à conta do fornecedor, sem a propriedade dos bens negociados, para possibilitar a colocação da produção no mercado de consumo – distribuição por aproximação; e, na segunda, o colaborador adquire previamente os bens para, em seguida, realizar a distribuição por intermediação. De acordo com o Ministro, a requalificação do contrato, efetuada pelo Tribunal de São Paulo, por se vincular à análise dos termos da negociação, violaria as Súmulas 5 e 7.

---

[32] José Maria Trepat Cases, *Código Civil Comentado*, vol. III, São Paulo: Atlas, 2003, p. 54. Neste sentido, aduz Rubens Edmundo Requião: "O Código Civil, no art. 710, regulando o contrato de agência, preserva a ideia legal do contrato de representação comercial. O contrato de agência, no entanto, não substitui o contrato de representação comercial. Coerente com o seu objetivo de unificar o direito privado, o Código retirou do conceito do art. 710 a limitação aos negócios mercantis, existente no art. 1º da L. 4.886/1965. O contrato de agência, portanto, poderá envolver a intermediação de qualquer espécie de negócios, desde que estes não sejam o 'objeto' mediato de ato de intermediação regulamentado por outra lei especializada. Resolvem-se, neste aspecto, as dúvidas que ocorriam em face daquela restrição posta pela L. 4.886/1965, que provocavam a exclusão de um sem-número de atividades legítimas do sistema do contrato de representação comercial. É que não eram, no regime dos atos de comércio que orientava a legislação comercial brasileira, consideradas atividades comerciais. A partir da vigência do Código Civil elas serão absorvidas pelo contrato de agência, desde que sua intermediação não seja regulada por lei especial, ficando reservada ao contrato de representação comercial a intermediação de negócios mercantis" (*Nova Regulamentação da Representação Comercial Autônoma*, São Paulo: Saraiva, 2003, pp. 11-12); v., também, Carlos Emmanuel Joppert Ragazzo: Agência e Distribuição. *Revista Trimestral de Direito Civil*, n. 19, vol. 5, 2004, p. 16; Sebastião José Roque: *Direito Contratual Civil-Mercantil*: Teoria Geral dos Contratos e Contratos em Espécie, São Paulo: Ícone, 2003, 2ª ed., pp. 159-160.

[33] STJ, 4ª T., REsp 1.784.914/SP, Rel. Min. Antonio Carlos Ferreira, julg. 23.4.2024, publ. *DJe* 30.4.2024.

3. EFEITOS ESSENCIAIS DO CONTRATO DE DISTRIBUIÇÃO

Coisa à disposição do distribuidor

Nos termos do parágrafo único do art. 710 do Código Civil, configura-se contrato de distribuição quando o agente tenha a coisa a ser negociada à sua disposição. O distribuidor constitui-se, portanto, no intermediário que promove as vendas do proponente e que, por ter as mercadorias à sua disposição, encarrega-se também de aliená-las em nome próprio.

Ausência de representação

O distribuidor age sempre em nome próprio, celebrando pessoalmente as vendas das mercadorias que comercializa no interesse do proponente e assumindo, por isso mesmo, os riscos e as responsabilidades daí decorrentes perante o comprador. Por essa razão, o distribuidor, diversamente do que ocorre com o agente, nunca atua como representante do proponente. Caso recebesse poderes para representá-lo na conclusão das vendas, o contrato de distribuição se desfiguraria.

Dessa forma, revela-se traço característico do contrato de distribuição a atuação do distribuidor em nome próprio, dispondo pessoalmente das mercadorias que busca comercializar. Além disso, o distribuidor, assim como o agente, efetua os negócios por conta do proponente em zona determinada, com caráter de habitualidade e sem subordinação hierárquica, mediante retribuição.

Causa do contrato de distribuição

Pode-se afirmar, nessa direção, que se afiguram essenciais ao contrato de distribuição: (i) a obrigação do distribuidor de comercializar as mercadorias em nome próprio, por conta e no interesse do proponente; (ii) a faculdade de disposição, pelo distribuidor, sobre a coisa a ser negociada; (iii) a delimitação da zona de atuação do distribuidor; (iv) a estabilidade do vínculo; (v) habitualidade; (vi) a atuação autônoma do distribuidor; e (vii) o caráter oneroso.

Operação de revenda

Para a execução do contrato de distribuição, as partes podem se valer de duas distintas estruturas contratuais. De um lado, a distribuição pode basear-se na operação de revenda, ou seja, o distribuidor adquire a propriedade das mercadorias a serem negociadas, passando a delas dispor, como titular do domínio, para efetuar a alienação.

Posse sobre a coisa

Por outro lado, admite-se que o distribuidor disponha das mercadorias por ter sido convencionalmente autorizado pelo proponente, sem que, para tanto, tenha que adquiri-las. Nesta hipótese, o distribuidor afigura-se possuidor do bem que será por ele alienado. O essencial, portanto, para ser como tal caracterizado, é que ao distribuidor seja atribuído a faculdade de dispor dos bens que distribui. Embora a faculdade de dispor seja o sinal mais ostensivo do domínio, é lícito ao proprietário conceder a outrem o exercício desta faculdade para que efetue a venda da mercadoria em nome próprio, tal como ocorre no contrato de comissão e no contrato estimatório. Note-se que, nessa outra modalidade, o contrato de distribuição aproxima-se do contrato de comissão, pelo qual o comissário celebra em nome próprio a venda das mercadorias de cuja propriedade é titular o comitente. Tal circunstância corrobora o disposto no art. 721, segundo o qual se aplica de forma subsidiária ao contrato de distribuição as regras disciplinadoras do contrato de comissão.

Assunção das responsabilidades perante terceiros

Vê-se, portanto, que o Código Civil adotou qualificação bastante ampla, a demonstrar que, para a caracterização do contrato de distribuição, não se mostra indispensável a aquisição da mercadoria para a revenda pelo distribuidor. Ao caracterizar o distribuidor como aquele que tem a coisa à sua disposição, reuniu o Código Civil sob o regime da distribuição todas as atividades que traduzam a função essencial do contrato, consistente em promover o escoamento de bens de maneira autônoma, vendendo a mercadoria colocada à sua disposição em nome próprio. Tais características são suficientes para assegurar a assunção pelo distribuidor das responsabilidades daí decorrentes perante o terceiro comprador.

> Divergência quanto à qualificação do contrato de distribuição

Essa solução, no entanto, tem sido combatida por parte da doutrina, ainda apegada à tradição jurídica anterior ao advento do Código Civil. Para estes autores, na distribuição haveria necessariamente compra para revenda,[34] de tal modo que o contrato, pelo qual o distribuidor tem as mercadorias à sua disposição sem, no entanto, adquiri-las, constituiria, na realidade, mera modalidade do contrato de agência, que deveria ser mais apropriadamente denominada "agência-distribuição".[35] Já o contrato de distribuição, mediante o qual o distribuidor adquire as mercadorias para em seguida revendê-las, permaneceria fora do âmbito de aplicação dos dispositivos do Código Civil.[36]

Tal interpretação, contudo, não procede diante da opção legislativa brasileira, que dispensa a revenda para a qualificação do contrato de distribuição.[37] Além disso, a orientação perfilhada pelo codificador melhor se conforma à realidade empresarial, em que a *revenda*, como técnica negocial, já não desfruta da importância que outrora se lhe atribuiu para o alcance das finalidades econômicas pretendidas com esse tipo contratual.

> Prescindibilidade da propriedade da coisa

> Técnica de atuação em nome próprio

No passado, o título de propriedade da mercadoria afigurava-se imprescindível para se estabelecer a responsabilidade do distribuidor em face do comprador e, nesse passo, eximir o produtor de responsabilidade. Hoje, ao contrário, a responsabili-

---

[34] Assim era configurado o contrato de distribuição no regime anterior ao Código Civil. V., por todos, Orlando Gomes, *Contratos*, cit., pp. 374-379; Waldírio Bulgarelli, *Contratos Mercantis*, São Paulo: Atlas, 1987, pp. 453-470. Anota a doutrina especializada: "o contrato de distribuição é por muitos chamado também de concessão mercantil, ou mais propriamente, denominado de ajuste de revenda comercial. Esse último modo denominativo tem talvez a precisão de focar o grande elemento de distinção entre tal forma contratual e o vínculo de representação, pois que neste, agindo o representante em nome e por conta de alguém (o representado), em regra ele não "revende", ele vende, enquanto na distribuição, ao operar, ele pratica uma venda por conta própria de produtos, que a ele terão sido vendidos pelo cedente" (João Luiz Coelho da Rocha, Representação Comercial e Distribuição Comercial – Importância dos Traços Distintivos. *Revista de Direito Mercantil*, vol. 101, São Paulo: Malheiros Editores, p. 115). Confiram-se, ainda, Maria Helena Diniz, *Tratado Teórico e Prático dos Contratos*, cit., p. 456; Jorge Lobo, *Contrato de Franchise*, Rio de Janeiro: Forense, 2003, p. 4; Carlos Alberto Bittar, *Contratos comerciais*, Rio de Janeiro: Forense, 2008, 5ª ed., p. 90.

[35] Nessa direção, anota Humberto Theodoro Júnior: "Mas, além de falar em 'contrato de agência', o Código alude também a 'contrato de agência e distribuição'. Não são, porém, dois contratos distintos, mas o mesmo contrato de agência no qual se pode atribuir maior ou menor soma de funções ao preposto" (Do Contrato de Agência e Distribuição no Novo Código Civil. *Revista dos Tribunais*, vol. 825, jun., 2003, p. 23. No mesmo sentido Paulo Nader: *Curso de Direito Civil*, vol. III, cit., p. 432.

[36] José Maria Trepat Cases, *Código Civil Comentado*, vol. VIII, cit., p. 64; Fábio Ulhoa Coelho, *Curso de Direito Comercial*, vol. III, São Paulo: Saraiva, 2002, p. 116; Humberto Theodoro Júnior, *Do Contrato de Agência e Distribuição no Novo Código Civil. Revista dos Tribunais*, cit., p. 35.

[37] A opinião aqui exposta difere da exposta em trabalho anterior, escrito logo após a promulgação do Código Civil, Gustavo Tepedino, Os Novos Contratos no Novo Código Civil. *Revista da EMERJ. Número Especial 2002*, Parte 1, Rio de Janeiro: Irapuã Araújo, pp. 181-182.

dade do distribuidor perante o comprador decorre do simples fato de agir em nome próprio, independentemente de ser ele o proprietário da coisa objeto de negociação. Ou seja, a técnica legislativa para imputação de responsabilidade independe do domínio e, por isso, não integra a função ou causa do contrato de distribuição a transferência, ao distribuidor, da propriedade dos bens a serem vendidos.

Além disso, a partir do Código de Defesa do Consumidor, a responsabilidade do distribuidor e do produtor perante o consumidor extrapola os confins da relação contratual estabelecida entre vendedor e comprador, a prescindir da propriedade dos bens distribuídos.[38] Para tanto, ao definir a figura do fornecedor, o diploma consumerista incluiu expressamente aquelas pessoas ou entes despersonalizados que desenvolvem atividades de "distribuição ou comercialização de produtos ou prestação de serviços" (art. 3º, CDC).[39] Vê-se, portanto, que a titularidade do domínio perdeu a qualquer relevância, na ordem jurídica contemporânea, para fins de assegurar o dever de reparar do distribuidor em face do consumidor do produto.

Autonomia do distribuidor

De outro lado, sob o ponto de vista da estrutura interna da distribuição, a compra da mercadoria por parte do distribuidor não determina a autonomia deste em face do produtor, sendo suficiente, para este fim, que seja estabelecida convencionalmente a atuação do distribuidor em nome próprio, com pessoal assunção dos encargos e responsabilidades relativos à sua atividade de distribuição.

"Ter a coisa à sua disposição"

A correta compreensão da disciplina do contrato de distribuição associa-se ao sentido a ser conferido à expressão "ter a coisa à sua disposição" empregada pelo art. 710 do Código Civil. Não se trata de mera disponibilidade física,[40] pela qual seria distribuidor quem se encarregaria da custódia e da entrega dos bens aos clientes, sem, no entanto, concluir pessoalmente os contratos. De fato, tal interpretação faria do distribuidor mero agente-distribuidor e corroboraria o entendimento daqueles que sustentam que o contrato de distribuição, baseado na operação de revenda, permanece uma realidade à parte no ordenamento, tendo o Código Civil fracassado em sua proposta de introduzir tipologia sistematicamente coerente das espécies contratuais.

---

[38] Como se sabe, a Lei 8.078, de 11 de setembro de 1990 (CDC), introduziu amplo sistema de responsabilidade pelos vícios dos produtos e serviços e pelos acidentes de consumo, superando, dessa forma, a responsabilidade contratual que, anteriormente, no âmbito da compra e venda, apenas atingia o comerciante diretamente responsável pela venda. Veja-se, nesta perspectiva, Gustavo Tepedino, A Responsabilidade Civil por Acidentes de Consumo na Ótica Civil-constitucional. *Temas de Direito Civil,* Rio de Janeiro: Renovar, 2004, 3ª ed., pp. 265-281.

[39] "Art. 3º. Fornecedor é toda pessoa física ou jurídica, pública ou jurídica, pública ou privada, nacional ou estrangeira, bem como os entes despersonalizados, que desenvolvem atividades de produção, montagem, criação, construção, transformação, importação, exportação, distribuição, ou comercialização de produtos ou prestação de serviços".

[40] Anota Rubens Edmundo Requião: "A ideia de o agente, ou melhor, o distribuidor, ter 'à disposição' o objeto a ser negociado, como característico do contrato de distribuição, compreende o fato de o sujeito ativo ter a posse direta da coisa cuja venda deva intermediar (posse concedida pelo proponente) e tenha o poder, de modo imediato à celebração do negócio intermediado, de fazer a entrega dele ao comprador" (*Nova Regulamentação da Representação Comercial Autônoma,* cit., p. 39).

Em consequência, impõe-se interpretação que empreste sentido jurídico ao poder de disposição, de modo a se considerar distribuidor aquele que dispõe (vende) em nome próprio (d)as mercadorias que comercializa, seja por tê-las adquirido, seja por ter sido autorizado pelo proponente a vendê-las em nome próprio, sem delas ser o titular do domínio.[41]

Poder de disposição

Por força dessas considerações, revela-se, portanto, supérflua a titularidade do domínio da mercadoria pelo distribuidor para a configuração da causa do contrato de distribuição, bastando que possa dispor, em nome próprio, da mercadoria. A estrutura negocial escolhida pelas partes – transferência do domínio ou simples autorização conferida pelo proponente ao distribuidor para exercer a faculdade de dispor sobre as mercadorias – não altera a síntese dos efeitos essenciais que caracteriza o contrato de distribuição previsto no Código Civil. É o caso paradigmático da distribuição de veículos automotores, regulada pela Lei 6.729/1979, capaz de assegurar a função da distribuição, conferindo ao concessionário ampla autonomia para a promoção, venda, representação comercial, além de assegurar sua responsabilidade perante o consumidor.

Irrelevância da propriedade da coisa

4. DIREITOS E DEVERES DO PROPONENTE

Dentre os deveres do proponente, destaca-se o dever de efetuar o pagamento da remuneração do agente ou do distribuidor, segundo o pactuado, sendo certo que incidirá tal dever caso o negócio não seja concluído por fato imputável ao proponente (CC, art. 716).

Dever de pagar as comissões

Além disso, mostra-se vedado ao proponente constituir, ao mesmo tempo, mais de um agente, na mesma zona, com idêntica incumbência (CC, art. 711[42]). Cuida-se de exclusividade reconhecida pelo Código Civil como efeito natural e acessório do contrato de agência, o qual pode ser afastado pelas partes, sem desfigurar o tipo contratual. Agente e proponente se encontram vinculados por exclusividade recíproca, salvo disposição em contrário. Em uma palavra, o art. 711, CC, presume a exclusividade do agente, a qual poderá ser afastada por expressa disposição contratual. Diga-se, por oportuno, que, no contrato de representação comercial, diversamente dos contratos de

Cláusula de exclusividade

---

[41] Destaque-se interessante acórdão proferido pela 3ª Turma do Superior Tribunal de Justiça, acolhendo o entendimento de que a existência de algumas obrigações impostas, no caso concreto, à sociedade empresária – como o cumprimento de metas comerciais – afasta a hipótese de simples compra e venda de produtos e configura a relação de distribuição. Segundo voto da Min. Rel. Nancy Andrighi, "em um contrato de distribuição, o distribuidor desempenha relevante função, consistente na efetiva aquisição - e não na mera intermediação - das mercadorias produzidas pelo fabricante com a exclusiva finalidade de, numa determinada localidade, revendê-las, extraindo-se da diferença entre o valor da compra e o obtido com a revenda, a sua margem de lucro. Na espécie, não houve entre as partes uma avença formal/escrita de contrato de distribuição. Portanto, o que se deve perscrutar é se as atividades desenvolvidas pelas partes e a dinâmica desta integração são hábeis a fazer com que se conclua que configuravam uma verdadeira relação de distribuição" (STJ, 3ª T., REsp 1.780.396/MG, Rel. Min. Nancy Andrighi, julg. 18.2.2020, publ. DJ 20.2.2020).

[42] "Art. 711. Salvo ajuste, o proponente não pode constituir, ao mesmo tempo, mais de um agente, na mesma zona, com idêntica incumbência; nem pode o agente assumir o encargo de nela tratar de negócios do mesmo gênero, à conta de outros proponentes".

agência e distribuição regulados pelo Código Civil, a exclusividade não se presume, devendo ser ajustada expressamente pelos contratantes (Lei 4.886/1965, arts. 31, parágrafo único, e 41[43]).

Interrupção das propostas e boa-fé objetiva

Some-se, ainda, o dever do proponente de indenizar o agente ou distribuidor se, sem justa causa, cessar o atendimento das propostas ou reduzi-las de tal maneira que se torne antieconômica ao agente ou distribuidor a continuação do contrato (CC, art. 715).

Tal como ocorre em relação ao agente ou distribuidor, a boa-fé objetiva gera igualmente deveres para o proponente. Neste particular, avulta o dever de prestar ao agente informações necessárias ao adequado cumprimento de sua atividade. Em especial, deve o proponente fornecer ao agente a documentação técnica e descritiva dos bens ou serviços a serem agenciados (manuais técnicos, prospectos etc.). Obriga-se, ainda, o proponente a informar o agente quanto à aceitação e à execução dos negócios angariados, tendo em vista a relevância destas informações para a remuneração contratual.

Direitos do proponente

Por outro lado, o proponente terá direito a (i) auferir os benefícios econômicos decorrentes dos negócios celebrados pelo agente ou distribuidor; (ii) rescindir o contrato com o agente ou distribuidor na hipótese em que reste configurada justa causa, requerendo as perdas e danos sofridos; bem como (iii) ser indenizado caso o agente ou distribuidor atue em contrariedade às suas instruções, desde que restem demonstrados os prejuízos.

5. DIREITOS E DEVERES DO AGENTE OU DISTRIBUIDOR

Dever de promover negócios no interesse do proponente e em observância às instruções

Como visto, o agente ou o distribuidor tem o dever essencial de promover os negócios na zona determinada, no interesse do proponente, em observância às instruções recebidas (CC, arts. 710 e 712). Caberá ao agente ou distribuidor, portanto, exercer o seu múnus com total diligência, daí decorrendo necessariamente a proibição de celebrar negócios da mesma natureza, e na mesma zona geográfica, em benefício de mais de um proponente (CC, art. 711). A atuação negligente do agente ou distribuidor deflagrará o seu dever de indenizar o proponente pelos danos causados.

Dever de diligência

Ainda no âmbito de seu dever de diligência, o agente ou distribuidor, mesmo que não tenha poderes de representação, deverá receber as reclamações dos clientes relativas à execução do contrato como, por exemplo, as denúncias de vícios nas mercadorias, devendo, em seguida, transmiti-las ao proponente, caso não as atenda diretamente, conforme as instruções recebidas.[44] Cumpri-lhe, ainda, transmitir ao proponente in-

---

[43]   "Art. 31. Prevendo o contrato de representação a exclusividade de zona ou zonas, ou quando este for omisso, fará jus o representante à comissão pelos negócios aí realizados, ainda que diretamente pelo representado ou por intermédio de terceiros. Parágrafo único. A exclusividade de representação não se presume na ausência de ajustes expressos. (...) Art. 41. Ressalvada expressa vedação contratual, o representante comercial poderá exercer sua atividade para mais de uma empresa e empregá-la em outros mistéres ou ramos de negócios".

[44]   No âmbito da representação comercial autônoma, a regra encontra-se expressamente prevista no art. 30, Lei 4.886/1965: "Para que o representante possa exercer a representação comercial em juízo, em

formações das condições do mercado e perspectivas de venda; prestar esclarecimentos a respeito da solvabilidade da clientela e da atuação dos concorrentes, bem como sobre o andamento dos negócios a seu cargo; e diligenciar para que os clientes recebam com regularidade as mercadorias compradas. Como corolário da boa-fé objetiva, impõe-se ao agente o dever de não revelar os segredos comerciais do proponente.

Obediência às instruções

Como resultado do dever de diligência, cabe ao agente ou distribuidor obedecer às instruções dadas pelo proponente. Note-se que o não atendimento às instruções recebidas do proponente autoriza a rescisão contratual por justa causa, salvo quando a instrução descumprida se revelar ilícita ou lesiva à sua atividade. Deve-se examinar, à luz do concreto regulamento de interesses, a relevância da infração de modo a se repelir o exercício abusivo da faculdade resolutória por violações de menor gravidade, que não prejudicam a realização substancial das finalidades contratuais.[45]

Dever de arcar com as despesas

Salvo convenção em sentido contrário, o agente ou distribuidor tem o dever de arcar com todas as despesas na execução do contrato (CC, art. 713).

Responsabilidade pelos danos causados aos clientes

No que diz respeito à responsabilidade pelo cumprimento do negócio e pelos danos eventualmente ocasionados ao cliente, há de se diferenciar a hipótese em que o agente ou distribuidor atua em nome próprio daquela em que dispõe de poderes de representação. Se o agente ou distribuidor não tiver poderes para representar o proponente, ele se vinculará diretamente ao negócio celebrado, respondendo, por isso mesmo, pela sua inexecução. De outra parte, caso o agente ou distribuidor atue como representante do proponente, esse último figurará como parte do negócio celebrado com o terceiro, respondendo pelos danos decorrentes do descumprimento contratual.

Teoria da aparência

Todavia, existe a possibilidade de o proponente restar vinculado ao negócio celebrado ainda que o agente ou distribuidor não possua poderes de representação. Cuida-se daquilo que se denomina Teoria da Aparência, segundo a qual, não obstante a ausência de poderes, os atos praticados pelo agente ou distribuidor em nome do proponente os vincula diretamente. Tal Teoria, inspirada no princípio da boa-fé objetiva, incidirá se o proponente, por ação ou omissão, tiver contribuído para criar aparência convincente de representação, fundada em circunstâncias objetivas que levem o terceiro de boa-fé a confiar na legitimidade do agente para representá-lo.[46]

Atente-se, ainda, para a possibilidade de responsabilização do proponente, em razão da aplicação do CDC, que o obriga por todos os atos praticados pelo agente, independentemente da existência de poderes de representação ou mesmo da averiguação, no caso concreto, de representação aparente. Na dicção do art. 34, CDC: "O

---

nome do representado, requer-se mandato expresso. Incumbir-lhe-á, porém, tomar conhecimento das reclamações atinentes aos negócios, transmitindo-as ao representado e sugerindo as providências acauteladoras do interesse deste".

[45] Quanto aos deveres do representante comercial, cfr. arts. 28 e 29, Lei 4.886/1965.

[46] Na jurisprudência: TJSP, 21ª C. D. Priv., AgI 2229649-65.2018.8.26.0000, Rel. Des. Virgilio de Oliveira Junior, julg. 14.6.2019, publ. DJ 14.6.2019; TJSP, 13ª C. D. Priv., Ap. Cív. 10211953320148260196, Rel. Des. Heraldo de Oliveira, julg. 30.5.2018, publ. DJ 30.5.2018; TJRS, 19ª CC., Ap. Cív. 70080917941, Rel. Des. Eduardo João Lima Costa, julg. 27.6.2019, publ. DJ 4.7.2019.

Responsabilização do agente por força do CDC

fornecedor do produto ou serviço é solidariamente responsável pelos atos de seus prepostos ou representantes autônomos".

A mesma regra do diploma consumerista tem servido, em sentido inverso, para responsabilizar solidariamente o agente ou representante autônomo pelos negócios que tenha promovido por conta do proponente. Como se mencionou acima, o agente não respondia por tais negócios, tendo em vista que não integra a relação contratual, que se constitui diretamente entre o cliente e o proponente. Entretanto, o CDC, expandindo os moldes tradicionais da responsabilidade contratual, torna responsável perante o consumidor toda a cadeia de distribuição, inclusive o agente que não participou formalmente da relação contratual.[47]

Direito à remuneração

No que tange aos direitos do agente ou distribuidor, sobressai o direito à remuneração pelos negócios concluídos ou por aqueles que não tenham sido concluídos por fato imputável ao proponente (CC, art. 716).

Caso os negócios tenham sido concluídos por terceiro em sua zona de atuação, o agente ou distribuidor terá igualmente direito à remuneração, mesmo que não tenha deles participado, por força de seu direito de exclusividade (CC, art. 714). Admite-se que o agente tenha igualmente direito à comissão pelos negócios celebrados diretamente pelo proponente com clientes por aquele anteriormente captados, pois se revela contrário à boa-fé objetiva e, portanto, abusivo o comportamento do proponente que, se apropriando dos clientes angariados pelo agente, passa a negociar diretamente com estes, de modo a evitar o pagamento da retribuição devida.

Dispensa por justa causa: remuneração pelos serviços úteis

Nas hipóteses de dispensa do agente ou distribuidor, deve-se distinguir, para fins do direito à remuneração, aquelas em que há justa causa daquelas em que a dispensa se dá imotivadamente. Caso o agente ou distribuidor tenha sido dispensado por justa causa, terá direito a ser remunerado pelos serviços úteis prestados ao proponente, independentemente do direito desse último de pleitear perdas e danos (CC, art. 717[48]).

Dispensa sem justo motivo: remuneração pelos negócios concluídos e pendentes

Por outro lado, se a dispensa se efetivar sem justo motivo, o agente ou distribuidor terá direito à remuneração pelos negócios concluídos e pelos pendentes, além das indenizações previstas em lei especial (CC, art. 718). Ainda na hipótese de dispensa sem justa causa, o agente ou distribuidor, como visto, tem direito à indenização caso o proponente cesse o atendimento das propostas ou as reduza de tal modo que torne antieconômica a continuação do contrato (CC, art. 715).

---

[47] A doutrina ressalta que: "O CDC impõe a solidariedade mesmo àqueles que teoricamente são independentes, tendo em vista o fim comum, que é fornecer o produto e o serviço. (...) A consequência da norma do art. 34 é que os deveres de boa-fé, de cuidado, de cooperação, de informação, de transparência, de respeito à confiança depositada pelos consumidores serão imputados a todos estes fornecedores diretos, indiretos, principais ou auxiliares, e caberá a escolha, contra quem acionar ou quem reclamar, somente ao consumidor" (Claudia Lima Marques, Antônio Herman V. Benjamin, Bruno Miragem, *Comentários ao Código de Defesa do Consumidor: arts. 1.º a 74 – Aspectos Materiais*, São Paulo: Revista dos Tribunais, 2003, p. 454).

[48] "Art. 717. Ainda que dispensado por justa causa, terá o agente direito a ser remunerado pelos serviços úteis prestados ao proponente, sem embargo de haver este perdas e danos pelos prejuízos sofridos".

Se o agente não puder continuar o trabalho por motivo de força maior, terá direito à remuneração referente aos serviços realizados (CC, art. 719).

Força maior: remuneração pelos serviços realizados

6. EXTINÇÃO DOS CONTRATOS DE AGÊNCIA E DISTRIBUIÇÃO

Como se opera nos contratos em geral, o contrato de agência ou de distribuição poderá ter prazo determinado ou indeterminado. Nos contratos de prazo determinado, as partes se encontram vinculadas ao termo final. Assim, se uma das partes desrespeitar o prazo pactuado, restará configurado o inadimplemento. Por outro lado, os contratos de prazo determinado poderão ser denunciados pelo proponente se o agente ou distribuidor cometer inadimplemento que configure justa causa.

Nos contratos de agência e distribuição regulados pelo Código Civil, a justa causa equivalerá ao inadimplemento que, do ponto de vista qualitativo e quantitativo, impeça o alcance do resultado útil almejado pelo contrato. Já nas relações previstas em leis especiais, as hipóteses de justa causa encontram-se nelas indicadas.

O contrato de agência ou distribuição de prazo indeterminado, isto é, não sujeito a evento extintivo, poderá ser denunciado pelas partes a qualquer tempo, sem justo motivo, mediante aviso prévio de 90 (noventa) dias. Todavia, se o agente tiver efetuado vultosos investimentos, a denúncia unilateral produzirá efeitos apenas após o transcurso de prazo compatível com a natureza e montante dos investimentos (CC, art. 720[49]). A norma, que reproduz a regra geral prevista no parágrafo único do art. 473, do Código Civil,[50] objetiva amortizar os investimentos efetivados pelo agente para o cumprimento do contrato, que incluem a aquisição de maquinário, o desenvolvimento da marca, da clientela, dentre outros.

Denúncia vazia nos contratos de prazo indeterminado

As leis especiais dispõem acerca das verbas rescisórias, nas hipóteses de denúncia motivada e imotivada, bem como do aviso prévio. À guisa de exemplo, a Lei 4.886/1965 estabelece, em seu art. 27, "j",[51] que, nas hipóteses de denúncia do contrato de representação comercial sem justo motivo, a indenização devida ao representante comercial não poderá ser inferior a 1/12 (um doze avos) do total da retribuição auferida durante o tempo em que exerceu a representação.

---

[49] "Art. 720. Se o contrato for por tempo indeterminado, qualquer das partes poderá resolvê-lo, mediante aviso prévio de noventa dias, desde que transcorrido prazo compatível com a natureza e o vulto do investimento exigido do agente.

Parágrafo único. No caso de divergência entre as partes, o juiz decidirá da razoabilidade do prazo e do valor devido".

[50] "Art. 473. A resilição unilateral, nos casos em que a lei expressa ou implicitamente o permita, opera mediante denúncia notificada à outra parte.

Parágrafo único. Se, porém, dada a natureza do contrato, uma das partes houver feito investimentos consideráveis para a sua execução, a denúncia unilateral só produzirá efeito depois de transcorrido prazo compatível com a natureza e o vulto dos investimentos".

[51] "Art. 27. Do contrato de representação comercial, além dos elementos comuns e outros a juízo dos interessados, constarão obrigatoriamente: (...) j) indenização devida ao representante pela rescisão do contrato fora dos casos previstos no art. 35, cujo montante não poderá ser inferior a 1/12 (um doze avos) do total da retribuição auferida durante o tempo em que exerceu a representação".

Prazo prescricio-nal quinquenal

Quanto ao prazo prescricional para pleitear as retribuições e demais direitos assegurados ao representante comercial, o parágrafo único do art. 44, Lei 4.886, estabelece que o representante comercial deverá exercer sua pretensão no prazo de 5 (cinco) anos. Tal prazo coincide com o prazo quinquenal estabelecido no art. 206, § 5º, I, Código Civil,[52] para o exercício de pretensão com base em dívida líquida constante de instrumento público ou particular, que incidirá nos contratos de agência e distribuição disciplinados pelo Código Civil.

Jurisprudência do STJ acerca do prazo prescricional

A jurisprudência do Superior Tribunal de Justiça é ampla no sentido de determinar a incidência do prazo prescricional quinquenal para o exercício de pretensão de cobrança de comissões não pagas ou pagas a menor,[53] a contar da data do inadimplemento.

Prescrição nas hipóteses de denúncia imotivada

Recentemente, o Superior Tribunal de Justiça estabeleceu que, nos contratos de representação comercial, a indenização devida ao representante comercial nas hipóteses de denúncia imotivada terá por base de cálculo os valores recebidos durante a inteira execução do contrato, não devendo se limitar ao quinquênio anterior à rescisão contratual, desde que a ação tenha sido proposta dentro do prazo de cinco anos a contar da rescisão. Vale dizer: se o representante propuser a ação pleiteando a indenização pela denúncia imotivada dentro dos cinco anos contados a partir da data da extinção do contrato, a base de cálculo da indenização de que trata o art. 27, "j", da Lei 4.886/65 consistirá na integralidade da retribuição auferida durante o tempo que o representante exerceu a representação comercial.[54]

CORRETAGEM

7. CONCEITO. EFEITOS ESSENCIAIS. RESULTADO ÚTIL OBTIDO PELO CORRETOR

Disciplina

Antes de o Código Civil de 2002 ser editado, considerava-se a corretagem serviço técnico de colaboração e aproximação entre empresários e comerciantes, razão pela qual era regulamentada em caráter geral no Código Comercial, sem menção a esse tipo contratual no diploma civil de 1916. Com a evolução da realidade socioeconômica, porém, este negócio se consagrou definitivamente nas relações sociais, tornando-se o corretor importante intermediador também em relações não empresárias. Nesse contexto, o contrato de corretagem tornou-se objeto de regulamentação pelo Código Civil de 2002. A disciplina geral do Código Civil (e anteriormente do

---

[52] "Art. 206. Prescreve: (...) § 5º Em cinco anos: (...) I – a pretensão de cobrança de dívidas líquidas constantes de instrumento público ou particular".

[53] Na jurisprudência do STJ: "A pretensão do representante comercial autônomo para cobrar comissões nasce mês a mês com o seu não pagamento no prazo legal, pois, nos termos do art. 32, § 1º, da Lei 4.886/65. Assim, a cada mês em que houve comissões pagas a menor e a cada venda feita por terceiro em sua área de exclusividade, nasce para o representante comercial o direito de obter a devida reparação. 5. É quinquenal a prescrição para cobrar comissões, verbas rescisórias e indenizações por quebra de exclusividade contratual, conforme dispõe o parágrafo único do art. 44 da Lei 4.886/65" (STJ, 3ª T., REsp. 1.634.077, Rel. Min. Nancy Andrighi, julg. 9.3.2017, publ. DJ 23.5.2017). V. tb. STJ, 3ª T., REsp 1.469.119, Rel. Min. Nancy Andrighi, julg. 23.5.2017, publ. DJ 30.5.2017.

[54] STJ, 3ª T., REsp. 1.469.119, Rel. Min. Nancy Andrighi, julg. 23.5.2017, publ. DJ 30.5.2017.

Código Comercial), todavia, não afasta as leis especiais, como a Lei 6.530, de 12 de maio de 1978, relativa ao corretor imobiliário,[55] e a Lei 4.594, de 29 de dezembro de 1964, que regulamenta a profissão do corretor de seguros.[56]

Segundo a definição do art. 722 do Código Civil,[57] o contrato de corretagem é o negócio jurídico por meio do qual uma pessoa se obriga perante outra à obtenção de um ou mais negócios segundo instruções recebidas. As partes contratantes são, portanto, o corretor, também chamado intermediário, e o comitente ou dono do negócio, que busca o serviço do corretor.

Conceito

Da definição do tipo extrai-se que não se trata de representação ou interposição em nenhuma de suas espécies, pois o corretor contratado não celebra o negócio pessoalmente, nem mesmo no interesse de seu contratante. Sua prestação, por outro lado, consiste na identificação de terceiros potenciais interessados em contratar com seu cliente e na promoção da aproximação entre eles, para a formalização do negócio. Por essa razão, o contrato de corretagem não se confunde com o mandato, no qual o mandatário atua como representante do mandante, praticando atos ou administrando interesses em nome do mandante e no seu interesse, de modo a vincular o mandante diretamente ao negócio celebrado. A rigor, há verdadeira incompatibilidade entre a representação e a intermediação, "na medida em que o representante defende interesses de um cliente, não podendo estar isento para expor as qualidades e defeitos do bem a ser negociado".[58] Tal aspecto é ressaltado pelo direito italiano, cujo art. 1.754 do Código Civil estabelece que: "mediador é aquele que estabelece uma relação entre duas ou mais partes com vistas à conclusão de um negócio, sem estar vinculado a nenhuma delas por relações de colaboração, dependência ou representação".[59]

Ausência de representação

Também não se confunde a corretagem com o contrato de agência: enquanto o corretor atua mediante solicitações pontuais, o trabalho do agente pressupõe estabilidade e duração na promoção de negócios. Vale dizer: ao contrário do corretor, o agente atua de modo estável na promoção de um número indefinido de operações em favor do proponente, em relações que se protraem no tempo, não se podendo restringir sua atuação a negócios pontuais, que descaracterizem a estabilidade do vínculo.

---

[55] O Decreto 11.165/2022 modificou a regulamentação da profissão de corretor de imóveis, com o objetivo de fomentar a livre concorrência no setor da intermediação imobiliária, tornando mais precisa a definição da atividade de intermediação imobiliária, a fim de esclarecer que outras atividades, como publicidade ou marketing imobiliário, não são atividades privativas da profissão de corretor. Além disso, o diploma legal garantia que as tabelas de preços de serviços de corretagem terão papel meramente referencial, não podendo ser empregadas como piso ou teto na definição dos valores a serem cobrados por corretores no desempenho de suas atribuições. O decreto, todavia, foi revogado pelo Decreto 11.167/2022.

[56] A Lei 14.430/2022 inova ao fazer constar de forma expressa quais são as atribuições legais do corretor de seguros no desempenho de suas atividades.

[57] "Art. 722. Pelo contrato de corretagem, uma pessoa, não ligada a outra em virtude de mandato, de prestação de serviços ou por qualquer relação de dependência, obriga-se a obter para a segunda um ou mais negócios, conforme as instruções recebidas".

[58] Gustavo Tepedino, Questões controvertidas do contrato de corretagem. In: Gustavo Tepedino. *Temas de Direito Civil*, Rio de Janeiro: Renovar, 2004, 3ª ed., p. 136.

[59] No original: "è mediatore colui che mette in relazione due o più parti per la conclusione di un affare, senza essere legato ad alcuna di esse da rapporti di collaborazione, di dipendenza o di rappresentanza".

Distingue-se, ainda, a corretagem do contrato de comissão. O comissário obriga-se a adquirir ou vender bens, por conta de outrem, em nome próprio, de modo que quem com ele negocia não sabe da existência do comitente, já que o comissário assume diretamente as obrigações negociadas. O corretor, por outro lado, não integra pessoalmente a relação contratual com o terceiro, pois, como visto, tem a função de apenas aproximar os interessados na contratação, para que estes firmem o pacto por si.

Ausência de subordinação

O contrato da corretagem caracteriza-se pela ausência de relação de subordinação entre o comitente e o corretor. Desse modo, se a atividade do intermediário for realizada mediante vínculo de dependência em relação a seu contratante, não haverá que se falar em corretagem, mas sim em representação ou até mesmo em relação de trabalho, caso os demais pressupostos da relação de emprego estejam configurados.

Contrato consensual

A corretagem é contrato consensual, já que a legislação não impõe forma específica para que seja perfectibilizado, bastando o encontro de vontades das partes. Nesse ponto, Orlando Gomes sustenta a possibilidade de corretagem tácita, a qual se concretiza independentemente da declaração de vontade dos contratantes no sentido da conclusão de um contrato, bastando o simples fato de que o intermediário haja concorrido de forma determinante para a realização do negócio, a gerar direitos e obrigações.[60]

Contrato acessório

Segundo parte da doutrina, trata-se de contrato acessório, já que depende de um contrato principal para existir, qual seja, o que será celebrado a pedido do comitente, fruto da aproximação realizada pelo corretor.[61] No entanto, não há que se confundir a causa do negócio decorrente da aproximação promovida pelo corretor com a causa do contrato de corretagem, a afastar a vinculação entre os dois pactos pelo vínculo de acessoriedade. Com efeito, é possível que, por motivos alheios ao contrato de corretagem, o segundo negócio seja extinto ou não se conclua, o que não importará por si só na extinção da corretagem. Em razão dessa autônoma função econômica, destinada simplesmente à prospecção de negócios, o contrato de corretagem não deve ser considerado acessório em relação ao pacto que o corretor busca viabilizar.[62]

---

[60] Orlando Gomes, *Contratos*, cit., pp. 471-472. "Na doutrina estrangeira, registra Alberto Trabucchi: "Pelo simples fato de aceitar a intromissão de um desses auxiliares úteis à atividade econômica – ainda que não seja dado encargo específico – surgem obrigações e direitos e, se estipulado o negócio principal, as partes interessadas devem pagar a comissão ao corretor que esteja em dia com os pressupostos legais de sua profissão" (*Istituzioni di diritto civile*, Pádua: Cedam, 1993, 34ª ed., p. 732) (tradução nossa). No original: "Per il semplice fatto di accettare l'intromissione di uno di questi utili ausiliari dell'attività economica – anche se non è stato dato uno specifico incarico – sorgono obblighi e diritti e, se verrà stipulato l'affare principale, le parti interessate dovranno pagare la provvigione al mediatore che sia in regola con i presupposti legali della sua professione".

[61] Nesse ponto, ver, por todos, Pontes de Miranda, *Tratado de Direito Privado*, vol. 43 (atualizado por Claudia Lima Marques), São Paulo: Ed. Revista dos Tribunais, 2012, p. 428.

[62] Confira-se a doutrina de Gustavo Tepedino *et al., Código Civil interpretado*, vol. II, Rio de Janeiro: Renovar, 2012, 2ª ed., p. 513. A respeito da relação do contrato de corretagem com o segundo negócio jurídico, destaque-se interessante decisão proferida pela 3ª Turma do Superior Tribunal de Justiça, no sentido de que "a relação jurídica estabelecida no contrato de corretagem é diversa daquela firmada entre o promitente comprador e o promitente vendedor do imóvel, de modo que a responsabilidade da corretora está limitada a eventual falha na prestação do serviço de corretagem" (STJ, 3ª T., REsp 1.811.153/SP, Rel. Min. Marco Aurélio Bellizze, julg. 15.2.2022, publ. DJ 21.2.2022). No caso de inadimplemento da compra e venda, controverte-se sobre o prazo prescricional para

Em relação às prestações das partes, o contrato de corretagem afigura-se bilateral e oneroso, gerando obrigações sinalagmáticas, e sacrifícios econômicos para ambos os contratantes. Apesar da reciprocidade entre as prestações, não há, via de regra, comutatividade entre elas, já que o corretor realiza sua atividade de aproximação, incorrendo em despesas na execução do contrato, sem a certeza de que o resultado almejado será atingido, e, portanto, sem saber se perceberá remuneração.[63] De fato, usualmente, as partes celebram contrato aleatório, de modo que, não se atingindo o resultado útil pretendido, não cabe nem mesmo o reembolso do valor despendido na busca da conclusão do negócio. A aleatoriedade, porém, não é essencial à função do contrato de corretagem, afigurando-se legítima, também, a pactuação de remuneração comutativa, definindo contraprestação ao esforço do corretor, independentemente do resultado obtido.

> *Bilateral e oneroso / Aleatório ou comutativo*

A obrigação do corretor não se limita apenas à busca pelo interessado na relação contratual; ao contrário, exige-se, para o adimplemento, a aproximação útil dos interessados, formando-se o consenso apto à celebração do negócio. Com efeito, o art. 722[64] determina que o corretor se obriga a "obter negócios" a pedido e segundo as instruções do cliente. Assim, evidencia que o objeto do negócio não se restringe à atividade desempenhada pelo corretor analisada em si mesma, mas abrange o resultado prático de sua ação: a aproximação útil dos interessados com vistas à celebração do negócio segundo as instruções do cliente.

> *Aproximação útil*

Doutrina e jurisprudência divergiam no tocante à definição do resultado útil deflagrador do direito ao recebimento da comissão por parte do corretor. De um lado, entendia-se que este resultado consistiria na celebração efetiva do negócio entre as partes cuja aproximação foi viabilizada pelo corretor.[65] Em contrapartida, aludia-se

> *Interesse útil*

---

a restituição dos valores pagos ao corretor. Para o STJ, o prazo prescricional para a restituição de valores pagos ao corretor, nesse caso, por decorrer do inadimplemento do contrato principal (e não do contrato de corretagem em si considerado), somente começará a correr após a resolução contratual, não já da celebração do contrato: "A jurisprudência do Superior Tribunal de Justiça está sedimentada no sentido de que, em demandas objetivando a restituição dos valores pagos a título de comissão de corretagem em que a causa de pedir é a rescisão do contrato por inadimplemento do vendedor, o prazo prescricional da pretensão da restituição de valores tem início após a resolução, sendo inaplicável o prazo prescricional trienal" (STJ, 3ª T., AgInt no AREsp 1.974.518/RJ, Rel. Min. Ricardo Villas Bôas Cueva, julg. 22.8.2022, pub. DJ 26.8.2022).

[63] A remuneração do corretor é direito disponível, não havendo óbice jurídico a que o pagamento da comissão pela corretagem seja condicionada a evento futuro e incerto. Assim, a 3ª Turma do STJ negou provimento ao recurso especial de certa empresa de corretagem que alegava a nulidade de cláusula contratual que condicionava o pagamento da comissão ao registro imobiliário de determinado empreendimento. Para o STJ, o resultado útil da atividade de mediação realizada pelo corretor pode ser objeto de pactuação, a partir do consenso quanto aos elementos essenciais do negócio e à prestação a ser adimplida para fins de remuneração (STJ, 3ª T., REsp n. 2.000.978, Rel. Min. Nancy Andrighi, julg. 21.3.2023, pub. DJ 23.3.2023). Tal conclusão, evidentemente, não afasta o controle pelo Judiciário das condições estipuladas, que poderão ser invalidadas caso se caracterize, no caso concreto, circunstâncias capazes de torná-las ilícitas, abusivas ou desprovidas de merecimento de tutela.

[64] "Art. 722. Pelo contrato de corretagem, uma pessoa, não ligada a outra em virtude de mandato, de prestação de serviços ou por qualquer relação de dependência, obriga-se a obter para a segunda um ou mais negócios, conforme as instruções recebidas".

[65] Assim era o entendimento do STJ: "a comissão de corretagem só é devida se ocorre a conclusão efetiva do negócio e não há desistência por parte dos contratantes. É indevida a comissão de corretagem se,

à aproximação útil dos interessados, que deflagraria ao corretor o direito à sua comissão, ainda que o negócio não se efetivasse.[66] Esta última orientação restou consagrada no art. 725 do Código Civil,[67] segundo a qual a remuneração do corretor será devida ainda que o negócio não se conclua por arrependimento das partes. Nessa direção, situa-se a atual jurisprudência do Superior Tribunal de Justiça, que reconhece a exigibilidade da remuneração caso o corretor aproxime as partes e estas alcancem o consenso quanto aos elementos essenciais do negócio,[68] ainda que haja desistência[69] ou inadimplemento do comprador.[70]

---

mesmo após a aceitação da proposta, o comprador se arrepende e desiste da compra. Recurso especial provido" (3ª T., REsp 753.566/RJ, Rel. Min. Nancy Andrighi, julg. 17.10.2006, publ. DJ 5.3.2007). No mesmo sentido se posicionava parte da doutrina: "Nos contratos típicos do atual Código Civil, há inúmeros exemplos de obrigações de resultado. No contrato de corretagem uma pessoa compromete-se a obter negócios para quem a contrata, seguindo específicas instruções desta última. Logo, por ser a prestação de resultado, somente com a celebração do negócio pretendido pelo contratante (resultado) é que se consuma o negócio de corretagem e o contratado faz jus à respectiva remuneração" (Alexandre Laizo Clápis, Obrigações de meio, de resultado e de garantia. *Revista de Direito Privado*, vol. 39, jul.-set. 2009, pp. 9-42); Maria Helena Diniz, *Curso de Direito Civil Brasileiro*: Teoria das Obrigações contratuais e extracontratuais, vol. III, São Paulo: Saraiva, 2003, 18ª ed., p. 394.

[66] "A remuneração, também denominada comissão ou corretagem, representa o pagamento do preço do serviço pelo resultado útil que o trabalho ofereceu, ou seja, pelo serviço que presta, aproximando as partes e tornando possível a conclusão de um negócio, tem o intermediário direito à remuneração. (...) [Art. 725] Por esse dispositivo a remuneração do corretor é sempre devida, desde que tenha ele logrado obter o acordo de vontade das partes contratantes, pouco importando que o negócio se efetive ou não" (Washington de Barros Monteiro, cit., 2ª parte, vol. 5, pp. 320-321).

[67] "Art. 725. A remuneração é devida ao corretor uma vez que tenha conseguido o resultado previsto no contrato de mediação, ou ainda que este não se efetive em virtude de arrependimento das partes".

[68] "O art. 725 do Código Civil de 2002 estabelece que: "Art. 725. A remuneração é devida ao corretor uma vez que tenha conseguido o resultado previsto no contrato de mediação, ou ainda que este não se efetive em virtude de arrependimento das partes" (Washington de Barros Monteiro, Curso de Direito Civil: Direito das Obrigações, 2ª parte, vol. 5, São Paulo: Saraiva, 2007, pp. 320-321). Nesse sentido, o Superior Tribunal de Justiça já consignou que "a comissão de corretagem é devida, quando caracterizado o resultado útil da atuação do corretor" (STJ, 4ª T., AgInt no AREsp. 2.243.705, Rel. Min. Maria Isabel Gallotti, julg. 16.10.2023, publ. DJ 20.10.2023).

[69] Na jurisprudência do STJ: "2. É assente o entendimento da jurisprudência desta Corte no sentido de que 'é devida a comissão de corretagem por intermediação imobiliária se os trabalhos de aproximação realizados pelo corretor resultarem, efetivamente, no consenso das partes quanto aos elementos essenciais do negócio'" (STJ, 3ª T., AgI no AREsp. 1.262.428, Rel. Min. Marco Aurélio Bellizze, julg. 8.4.2019, publ. DJ 10.4.2019). V. ainda: STJ, 4ª, AgInt no AREsp. 2.303.500, Rel. Min. Antonio Carlos Ferreira, julg. 14.8.2023, publ. DJ 18.8.2023; STJ, 3ª T., AgInt no AREsp. 1.973.116, Rel. Min. Ricardo Villas Bôas Cueva, julg. 19.6.2023, publ. DJ 23.6.2023; STJ, 3ª T., REsp. 1.765.004, Rel. Min. Ricardo Villas Bôas Cueva, julg. 27.11.2018, publ. DJ 5.12.2018; STJ, 4ª T., AgI no AREsp. 1.020.941, Rel. Min. Antonio Carlos Ferreira, julg. 25.4.2017, publ. DJ 4.5.2017. Em sentido contrário, o Tribunal já considerou que "não é devido o pagamento de comissão de corretagem no contrato de compra e venda de imóveis quando o corretor apenas realiza a aproximação das partes" (STJ, 3ª T., AgInt no AREsp. 2.239.381, Rel. Min. Ricardo Villas Bôas Cueva, julg. 18.9.2023, publ. DJ 20.9.2023). A respeito da desistência do comprador, confira-se: "Direito civil. Comissão de corretagem. Venda de imóvel. Desistência da parte após a assinatura de promessa de compra e venda. Comissão devida. 1. É devida a comissão de corretagem por intermediação imobiliária se os trabalhos de aproximação realizados pelo corretor resultarem, efetivamente, no consenso das partes quanto aos elementos essenciais do negócio. 2. Agravo regimental desprovido" (STJ, 3ª T., AgRg no AREsp. 465.043, Rel. Min. João Otávio de Noronha, julg. 8.5.2014, publ. DJ 19.5.2014).

[70] Na jurisprudência: "Civil. Recurso especial. Corretagem. Comissão. Compra e venda de imóvel. Desistência do comprador após assinatura de promessa de compra e venda e pagamento de sinal. Comissão

CAPÍTULO IX | AGÊNCIA E DISTRIBUIÇÃO. CORRETAGEM

Destaque-se, ainda, que o corretor não pode se limitar a conseguir a celebração de qualquer negócio, devendo estar sempre orientado pelo interesse do comitente e pelas suas instruções.[71]

Obediência às instruções do comitente

8. DIREITOS E DEVERES DOS CONTRATANTES

Em relação às características pessoais do corretor, entende-se que não é necessário que ele exerça a função com habitualidade e profissionalismo. A regra geral, portanto, é a de que o corretor atue de forma livre, seja em caráter contínuo ou não, submetido ao regramento geral do Código Civil. Em alguns casos, contudo, em razão da natureza do negócio principal a ser celebrado a partir da intermediação, exige-se o profissionalismo na atuação do corretor, que estará submetido à lei especial e ao atendimento de exigências específicas. Citem-se os casos dos corretores oficiais, que atuam em áreas em que há maior intervenção do Estado na atividade econômica, como a compra e venda de valores mobiliários ou a tomada de seguros. Esses corretores oficiais gozam de fé pública[72] e estão sujeitos a leis especiais, que determinam limitações ao exercício de sua atividade profissional.

Exigências para atuação

A obrigação principal do corretor, a caracterizar o objeto do contrato, consiste, portanto, na aproximação útil dos interessados com vistas à realização de negócio a pedido do comitente. O corretor deve agir com imparcialidade, a despeito de atuar a pedido e segundo instruções do cliente. Dentre suas obrigações, releva o dever do corretor de agir com prudência e diligência, envidando seus melhores esforços para

Imparcialidade

---

devida. 1. Discute-se se é devida a comissão de corretagem quando, após a assinatura da promessa de compra e venda e o pagamento de sinal, o negócio não se concretiza em razão do inadimplemento do comprador. 2. No regime anterior ao do CC/02, a jurisprudência do STJ se consolidou em reputar de resultado a obrigação assumida pelos corretores, de modo que a não concretização do negócio jurídico iniciado com sua participação não lhe dá direito a remuneração. 3. Após o CC/02, a disposição contida em seu art. 725, segunda parte, dá novos contornos à discussão, visto que, nas hipóteses de arrependimento das partes, a comissão por corretagem permanece devida. 4. Pelo novo regime, deve-se refletir sobre o que pode ser considerado resultado útil, a partir do trabalho de mediação do corretor. 5. A assinatura da promessa de compra e venda e o pagamento do sinal demonstram que o resultado útil foi alcançado e, por conseguinte, apesar de ter o comprador desistido do negócio posteriormente, é devida a comissão por corretagem. 6. Recurso especial não provido" (STJ, 3ª T., REsp. 1.339.642/RJ, Rel. Min. Nancy Andrighi, julg. 28.8.2018, publ. DJe 21.2.2019).

[71] Sobre o ponto: "A atuação do corretor na busca da obtenção do negócio pretendido pelo cliente espraia-se, durante toda a execução do contrato, em procedimentos paralelos à identificação de interessados. Sua obrigação não consiste simplesmente em obter, a todo custo, qualquer negócio. Cumpre a ele obter o negócio pretendido pelo cliente, conforme as instruções dele recebidas, esclarecendo-lhe acerca de todas as particularidades do negócio e alertando-o sobre os riscos do negócio" (Gustavo Tepedino et al., *Código Civil Interpretado conforme a Constituição da República*, vol. II, cit., p. 511).

[72] Como já anotado: "No passado, havia no direito brasileiro a categoria dos corretores oficiais, que gozavam de fé pública, própria do ofício público que exerciam. Atualmente, no entanto, o exercício da corretagem independe de qualquer investidura oficial, tendo como único pressuposto a capacidade civil, além da submissão à legislação especial, que regulamenta a atividade, habilitando-os para o exercício profissional" (Gustavo Tepedino, Questões Controvertidas sobre o Contrato de Corretagem. *Temas de Direito Civil,* Rio de Janeiro: Renovar, 2008, 4ª ed., p. 135).

aconselhar seu cliente na conclusão do contrato e conciliar os interesses das partes que busca aproximar.[73]

Dever de informação

Destaque-se, ainda, o amplo dever de informar assumido pelo corretor. Ao omitir-se sobre os riscos do negócio, as alterações de valores, ou sobre qualquer outra informação que possa interferir na celebração do contrato principal, o corretor responderá perante o comitente por perdas e danos, uma vez constatados os prejuízos diretamente decorrentes dessa omissão. Tal indenização foi incluída no Código Civil pela Lei 12.236, de 19 de maio de 2010, que adicionou o parágrafo único ao art. 723 do Código Civil,[74] mas já era admitida, antes, em aplicação da boa-fé objetiva na sua função impositiva de deveres anexos aos contratantes. Entende-se, ainda, que o corretor também pode ser responsabilizado pelos danos que causar àquele que contrata com seu cliente em razão da violação de seus deveres legais e da omissão de informações.

Deveres de diligência e prudência

Com efeito, há uma singularidade na atuação do corretor que faz com que os deveres de diligência e prudência sejam destacados e mereçam especial atenção do legislador. A atuação do corretor tem em vista a aproximação de pessoas até então desconhecidas, expondo-as aos riscos do negócio com estranhos, justificando-se assim a referência expressa à sujeição do corretor a perdas e danos. Os deveres decorrentes da boa-fé objetiva, implícitos em relação a todos os contratos, foram aqui evidenciados e textualmente mencionados pela norma, subtraindo-se, dessa forma, do alvedrio do magistrado, o cabimento de pretensão ressarcitória.[75]

Remuneração do corretor

Em contrapartida, o corretor tem direito a perceber sua remuneração, que, em geral, é associada ao resultado útil acima tratado, conforme contratualmente estabelecido (CC, art. 725). Tal remuneração designa-se comissão, fixada através de percentual do valor do negócio celebrado pelas partes em razão da sua atuação, podendo igualmente ser definida por valor certo. Se, porém, não houver fixação pelas

---

[73] Segundo Orlando Gomes, o corretor "cumpre sua função aconselhando a conclusão do contrato, informando as condições do negócio e procurando conciliar os interesses das pessoas que aproxima" (*Contratos*, cit., p. 471).

[74] "Art. 723. O corretor é obrigado a executar a mediação com diligência e prudência, e a prestar ao cliente, espontaneamente, todas as informações sobre o andamento do negócio. Parágrafo único. Sob pena de responder por perdas e danos, o corretor prestará ao cliente todos os esclarecimentos acerca da segurança ou do risco do negócio, das alterações de valores e de outros fatores que possam influir nos resultados da incumbência".

[75] É interessante destacar recente decisão proferida pela 32ª Câmara de Direito Privado, do Tribunal de Justiça de São Paulo, que considerou descabida a pretensão de recebimento da comissão de corretagem em razão de falha no dever de diligência pelo profissional: "ressalta-se que, no caso, a desistência da aquisição do imóvel não se deu de forma injustificada, mas em razão da desídia da autora na execução de suas atividades, deixando de solicitar ou emitir todas as certidões necessárias para constatar a ausência do risco de evicção do bem. Assim, forçoso reconhecer que, nos termos em que o negócio foi realizado, não houve resultado útil às partes, pois a avença estaria sujeita à eventual declaração de ineficácia pela existência de processo trabalhista em desfavor dos réus, o que poderia ter sido previamente identificado mediante a emissão de certidão negativa de ação trabalhista em tramitação" (TJSP, 32ª C. D. Priv., Ap. Cív. 1009623-78.2018.8.26.0604, Rel. Des. Mary Grün, julg. 2.6.2022, publ. DJ 3.6.2022).

partes e nem determinação em lei, a comissão poderá ser arbitrada de acordo com os usos locais e a prática de mercado (CC, art. 724).[76]

Responsabilidade pelo pagamento da comissão

De ordinário, a responsabilidade pelo pagamento do corretor recai sobre aquele que com ele contratou, ou seja, o seu cliente. Nada impede, porém, que, na assinatura do negócio pretendido, as partes aloquem ao terceiro que celebrou o contrato com o comitente a responsabilidade por essa remuneração ou mesmo a divisão dos custos com a corretagem. Para que cláusula nesse sentido tenha validade, porém, fundamental que o terceiro tenha paridade de informações e anua com a estipulação.

Direito à remuneração

Como referido anteriormente, a remuneração do corretor será devida mesmo que as partes aproximadas se arrependam ou que uma delas dê causa à resolução (CC, art. 725).[77] Isso porque a prestação do corretor consiste na aproximação dos interessados para a realização do negócio, considerando-se adimplida sua obrigação quando formado o consenso quanto aos elementos essenciais do negócio que os interessados pretendem concluir. Por essa mesma razão, o direito de perceber a remuneração permanece mesmo que o contrato celebrado pelas partes aproximadas pelo corretor seja de tipo diverso do indicado pelo cliente, mas com a mesma função econômica.

Por outro lado, entende-se que o corretor não terá direito a receber remuneração se for celebrado negócio nulo ou se, na hipótese de negócio anulável, o corretor tinha ciência do vício que recaía sobre o pacto.[78]

Igualmente, se a remuneração do corretor sujeita-se a evento futuro e incerto, tendo em conta que o negócio fruto da corretagem se encontra sujeito à condição, caso esta não se concretize, a remuneração não é devida, em proteção ao cliente.[79] Essas normas decorrem da aleatoriedade do contrato, pois, não sendo comutativas as prestações dos contratantes, faz parte do risco normal do tipo negocial a possibilidade de insucesso na aproximação de interessados no negócio, hipótese em que ao corretor não será dada nem mesmo indenização pelos gastos nas tratativas.

Exclusividade

Pela própria definição do tipo, só há corretagem quando houver intermediação do corretor voltada à obtenção de negócios. Por isso, não havendo intermediação, o contratado não faz jus à remuneração. Se o negócio for ajustado diretamente entre as partes, não decorrendo da intermediação, o corretor não tem direito de receber

---

[76] "Art. 724. A remuneração do corretor, se não estiver fixada em lei, nem ajustada entre as partes, será arbitrada segundo a natureza do negócio e os usos locais".

[77] "Art. 725. A remuneração é devida ao corretor uma vez que tenha conseguido o resultado previsto no contrato de mediação, ou ainda que este não se efetive em virtude de arrependimento das partes".

[78] Sobre a desnecessidade de remuneração em caso de anulabilidade, confira-se Orlando Gomes, *Contratos*, cit., p. 474: "Perde a comissão, não obstante, se nulo o contrato que enseja. A simples anulabilidade somente se lhe seria oponível, porém, se conhecia a causa. A comissão é devida, ainda, se ocorrer arrependimento de qualquer dos interessados na conclusão do negócio".

[79] Sobre o ponto: "se a eficácia da corretagem é condicionada a evento futuro e incerto, a jurisprudência protege o cliente. Afirma-se que a remuneração não é devida se o negócio intermediado estava condicionado a financiamento e este, ao final, não foi obtido" (Gustavo Tepedino *et al.*, *Código Civil Interpretado conforme a Constituição da República*, vol. II, cit., p. 514).

pagamento,[80] a menos que, no pacto de corretagem, haja cláusula de exclusividade da qual se permita extrair a abrangência da remuneração para qualquer negócio realizado em determinado período. Mesmo neste caso, mostra-se fundamental que a cláusula de exclusividade seja estipulada com prazo determinado, sob pena de sacrificar, indefinidamente, a livre-iniciativa do cliente. Sendo assim, "diante da ausência de prazo certo, a exclusividade poderá ser cancelada a qualquer tempo, sem que ao corretor caiba qualquer pretensão indenizatória".[81]

Área de atuação De outra parte, não há limitação geográfica para a atuação de mais de um intermediador, ou seja, é possível a atuação concomitante de mais de um corretor na mesma zona geográfica. Nesses casos, a cada corretor caberá uma fração igual da remuneração, salvo se convencionada divisão diversa (CC, art. 728).[82]

Formalização posterior do negócio O legislador estipulou, ainda, proteção ao corretor contra a má-fé do cliente, determinando, no art. 727 do Código Civil[83] que, se a contratação for realizada após a dispensa do corretor, mas em razão de seu trabalho de intermediação, a remuneração será devida. Nesse caso, pouco importa se a dispensa ocorreu por resilição unilateral em contrato sem prazo determinado ou após findo o lapso avençado pelas partes: em qualquer caso, o intermediador agiu com destreza e efetivamente encontrou um parceiro negocial para o interesse do seu cliente. Não pode este, portanto, usufruir do serviço e se beneficiar da aproximação gerada sem a realização da devida contraprestação em razão de anterior extinção do negócio.

9. EXTINÇÃO DO CONTRATO DE CORRETAGEM

A forma regular de extinção do contrato de corretagem é o seu esgotamento em razão da celebração do contrato de interesse do comitente. A relação também termina pelos modos de extinção das obrigações previstos na teoria geral, como o distrato, o decurso do prazo determinado, a resilição unilateral, a resolução antecipada com justa causa ou o caso fortuito e a força maior. Por atribuir às partes obrigações de fazer consistentes em atividades pessoais, o contrato não pode ser transmitido aos sucessores em caso de morte de uma das partes, razão pela qual o falecimento de um contratante também põe fim à relação negocial.

---

[80] "Art. 726. Iniciado e concluído o negócio diretamente entre as partes, nenhuma remuneração será devida ao corretor; mas se, por escrito, for ajustada a corretagem com exclusividade, terá o corretor direito à remuneração integral, ainda que realizado o negócio sem a sua mediação, salvo se comprovada sua inércia ou ociosidade".

[81] Gustavo Tepedino *et al.*, *Código Civil Interpretado conforme a Constituição da República*, vol. II, cit., p. 515.

[82] "Art. 728. Se o negócio se concluir com a intermediação de mais de um corretor, a remuneração será paga a todos em partes iguais, salvo ajuste em contrário".

[83] "Art. 727. Se, por não haver prazo determinado, o dono do negócio dispensar o corretor, e o negócio se realizar posteriormente, como fruto da sua mediação, a corretagem lhe será devida; igual solução se adotará se o negócio se realizar após a decorrência do prazo contratual, mas por efeito dos trabalhos do corretor".

PROBLEMAS PRÁTICOS

1. É devida a remuneração ao corretor no caso em que, após a aproximação efetiva e a obtenção do consenso entre as partes, a alienação não se conclui, por desistência do comprador motivada pela tomada de conhecimento de situação de fato relacionada ao bem e omitida pelo corretor durante as negociações?

2. A fabricante de móveis Madeira S.A. contratou Vai Longe Ltda. para fazer a distribuição de seus produtos, sem prazo determinado. A relação contratual perdurava por 5 (cinco) anos e os negócios iam muito bem, quando Madeira S.A. reformulou sua produção, passando a fabricar móveis industriais de grande porte. Para se adequar à nova demanda, Vai Longe Ltda. reformou seus imóveis e galpões e comprou novas máquinas para viabilizar a carga e transporte dos produtos. Passados 4 (quatro) meses da reformulação, Madeira S.A. decidiu resilir unilateralmente o contrato de distribuição, com efeitos imediatos.

Acesse o *QR Code* e veja a Casoteca.
> http://uqr.to/1pdq6

Capítulo X
CONTRATO DE TRANSPORTE

SUMÁRIO: 1. Conceito. Efeitos essenciais – 2. Características– 3. Incidência de leis especiais, tratados e convenções internacionais – 4. Transporte de pessoas – 4.1. Conceito – 4.2. Natureza da responsabilidade do transportador. As cláusulas de não indenizar – 4.3. Direitos e deveres do transportador – 4.4. Direitos e deveres do passageiro – 5. Transporte de coisas – 5.1. Objeto – 5.2. Direitos e deveres do transportador – 5.3. Direitos e deveres do remetente – Problemas práticos.

1. CONCEITO. EFEITOS ESSENCIAIS

O Código Civil de 1916 não tratou do contrato de transporte, cuja disciplina se encontrava esparsa em diversas leis especiais. O transporte terrestre e marítimo era parcialmente regido pelo Código Comercial Brasileiro de 1850, que tratava do comércio marítimo e da profissão dos condutores e comissários desses veículos. Mais tarde, essas disposições foram complementadas pelo Decreto 2.681, de 7 de dezembro de 1912, conhecido como Lei das Estradas de Ferro, que estabelecia o regime da culpa presumida para a responsabilidade civil decorrente de acidentes em estradas de ferro. Posteriormente, o Decreto-Lei 116, de 25 de janeiro de 1967, passou a disciplinar o transporte marítimo de mercadorias. O Código Brasileiro de Aeronáutica, instituído pela Lei 7.565, de 19 de dezembro de 1986, por sua vez, regulamentou o transporte aéreo nacional.[1]

Pluralidade de fontes

---

[1] No âmbito do Código Brasileiro de Aeronáutica, destaquem-se as alterações promovidas pela Lei 14.034/2020, publicada em agosto de 2020. A inovação legislativa, embora apresente o escopo principal de tutelar, por meio de medidas emergenciais, a aviação civil brasileira durante a pandemia da Covid-19, acabou por promover alterações em caráter permanente relativas à responsabilidade do transportador aéreo. Para análise da matéria, cfr. cap. XIV, do vol. 4: Responsabilidade Civil, destes

Diante da pluralidade de fontes normativas, o Código Civil de 2002 pretendeu estabelecer regras gerais para o contrato de transporte, determinando, ainda, a disciplina do transporte de coisas e de pessoas. Segundo prevê o codificador, na hipótese de conflito entre o Código Civil e a lei especial, prevalece a disciplina do Código Civil (CC, art. 732[2]). Nessa direção, o Código Civil unifica as regras gerais sobre a matéria e revoga as disposições anteriores da legislação especial que lhe sejam contrárias, mantendo-se em vigor, como se verá adiante, as normas de defesa do consumidor.

Conceito unitário

Tal pluralidade de fontes normativas, contudo, não afasta o conceito unitário de transporte.[3] Trata-se de negócio jurídico por meio do qual alguém se obriga, mediante retribuição, a transportar pessoas ou coisas, animadas ou inanimadas, até o lugar de destino, com segurança, por meio aéreo, marítimo ou terrestre (CC, art. 730[4]).

Partes

Em qualquer espécie de transporte, figuram como partes, de um lado, o transportador ou condutor, pessoa física ou jurídica, que se dispõe a receber a pessoa ou a coisa transportada, e levá-la ao destino; e, no outro polo negocial, o passageiro ou viajante, quando o transporte for de pessoas; ou o expedidor ou remetente, no caso de transporte de coisas. Há, ainda, a figura do destinatário ou consignatário, pessoa a quem é expedida a mercadoria, que pode ser o próprio remetente ou terceiro; neste último caso, embora o destinatário não seja parte do contrato de transporte, detém direitos em face do transportador e, eventualmente, sujeita-se a obrigações.

No transporte de pessoas, o passageiro assume, pelo só fato de ingressar no veículo, obrigações constantes de avisos concernentes às normas de conduta e de

---

Fundamentos do Direito Civil. V., ainda: Gustavo Tepedino; Carla Moutinho, O dia em que a terra parou: notas sobre o impacto da pandemia no cancelamento de passagens aéreas. *Migalhas*, publ. 7 abr. 2020. Disponível em: https://www.migalhas.com.br/coluna/migalhas-contratuais/323865/o--dia-em-que-a-terra-parou---notas-sobre-o-impacto-da-pandemia-no-cancelamento-de-passagens--aereas. Acesso em: 3.12.2021.

[2] "Art. 732. Aos contratos de transporte, em geral, são aplicáveis, quando couber, desde que não contrariem as disposições deste Código, os preceitos constantes da legislação especial e de tratados e convenções internacionais".

[3] O direito italiano também consagra uma figura unitária para o contrato de transporte: "Pelo contrato de transporte o transportador se obriga, mediante correspectivo, a transferir pessoas ou coisas de um lugar a outro" (tradução nossa). No original: "Col contratto di trasporto il vettore si obbliga, verso corrispettivo, a trasferire persone o cose da un luogo a un altro". Na lição clássica de Alberto Asquini, "a noção unitária de contrato de transporte de pessoas e de coisas, referida pelo art. 1.678, evidencia a identidade de natureza jurídica do contrato de transporte, seja no caso de transporte de pessoas, seja na hipótese de transporte de coisas. Esta identidade de natureza jurídica permite se assentar sobre um certo número de princípios gerais comuns, especialmente com relação ao preço do transporte considerado em seu resultado e não no seu custo em energias e no que se refere à incidência normal sobre o transportador do risco da impossibilidade do transporte" (tradução nossa). No original: "la nozione unitaria del contratto di trasporto di persone o di cose, data dell'art. 1.678, pone in evidenza l'identità di natura giuridica del contratto di trasporto, sia che si tratti di trasporto di persone, sia che si tratti di trasporto di cose. Questa identità di natura giuridica permette di assidere su un certo numero di principi generali comuni, specialmente per ciò che attiene al riferimento del prezzo al trasporto considerato nel suo risultato e non nel suo costo in energie, e per ciò che attiene all'incidenza normale sul vettore del rischio dell'impossibilità del trasporto" (Trasporto (in genere). *Novissimo digesto italiano*, vol. XIX, Torino: UTET, 1957, p. 567).

[4] "Art. 730. Pelo contrato de transporte alguém se obriga, mediante retribuição, a transportar, de um lugar para outro, pessoas ou coisas".

uso dos serviços; além do pagamento do preço. No transporte de coisas, por sua vez, o expedidor se obriga a observar as regras de utilização dos serviços, especialmente em relação à embalagem das mercadorias, e de contratar seguro das coisas expedidas, cujo pagamento pode ser efetuado no ato da expedição dos bens ou quando da sua entrega ao destinatário, por meio de reembolso ao transportador. O destinatário, por sua vez, mesmo não sendo parte, torna-se também sujeito de direitos e obrigações, a configurar, do ponto de vista técnico, estipulação em favor de terceiro. À guisa de exemplo, pode-se estipular que o destinatário pague o frete; ou, ainda, que, como credor da entrega da mercadoria, possa exigir a verificação de seu estado.

De ordinário, emite-se documento que representa o instrumento do contrato. No transporte de pessoas, chama-se bilhete de passagem, que pode ser pessoal e, portanto, intransferível; ou impessoal, conferindo o direito à condução de qualquer pessoa. Não há obrigatoriedade na sua emissão, de sorte que muitas modalidades de transporte se perfazem com a simples admissão do passageiro no veículo mediante pagamento, instaurando-se, assim, a relação contratual. Já no transporte de coisas, o documento que comprova a relação contratual é denominado conhecimento, cuja apresentação é condição para a entrega do bem ao expedidor ou ao destinatário, cuidando-se de documento obrigatório. *Bilhete de passagem e conhecimento*

O contrato de transporte apresenta diversas classificações. Quanto ao objeto, há transporte de pessoas e coisas. Em razão do meio empregado, têm-se o transporte terrestre – realizado por terra firme –, o transporte marítimo ou fluvial – executado em mares e rios – e o transporte aéreo – executado no espaço aéreo. *Classificações*

Alude-se, ainda, ao transporte modal, quando utiliza uma só modalidade de transporte durante todo o percurso; ou multimodal, em que duas ou mais modalidades são empregadas, regido pela Lei 9.611, de 19 de fevereiro de 1998.

Enumere-se, ainda, o transporte segmentado, combinado ou sucessivo, em que os diversos tipos de transporte são contratados separadamente a fim de que se cumpra todo o percurso desejado. Nesta modalidade de transporte, um dos transportadores assume em nome próprio, perante o cliente, a obrigação de contratar os outros transportadores sucessivos, mas cada transportador responde individualmente pelo seu percurso. Os transportadores se obrigam, assim, sucessivamente, e, por essa razão, não há que se falar em responsabilidade solidária, salvo se houver acordo nesse sentido.

De outra parte, há os transportes cumulativos, em que existe contrato único de transporte para o inteiro trajeto, embora realizado por diversos transportadores. O cliente entra em direta relação com todos os transportadores, ainda que, no momento da celebração do contrato, estes se façam representar por um deles. O transporte cumulativo não se confunde, por outro lado, com o contrato celebrado com um único transportador que recorre a outros transportadores, em subcontratação. Nesta última hipótese, integra a relação contratual apenas o transportador que celebrou o contrato, razão pela qual é o único a responder perante o cliente pela execução de todo o serviço, caso não se configure relação de consumo, quando se reconhece a solidariedade de todos os transportadores (CDC, art. 20[5]).

Responsabilidade no transporte cumulativo

No que tange ao transporte cumulativo, o art. 733[6] do Código Civil estabelece que os danos sofridos durante o trajeto serão de responsabilidade do transportador responsável pelo trecho em que ocorreram. Entretanto, determina o legislador que os atrasos só devem ser computados ao final do trajeto, "pois o retardo é pelo percurso todo, da saída ao destino, isso porquanto pode haver atraso numa fase que se compense pelo adiantamento em outra, enfim cumprindo-se o tempo devido".[7] Perante o contratante ou terceiros, porém, a responsabilidade dos transportadores cumulativos pela execução da prestação e pelos danos causados na execução do contrato (*v.g.* atraso ou interrupção da viagem, dano a pessoas ou coisas decorrente do transporte etc.) afigura-se solidária, tendo os transportadores ação regressiva em relação ao causador do dano. Se um dos transportadores for substituído no decorrer da execução do contrato, no percurso a que estava obrigado, aquele que ingressa na relação responde solidariamente (CC, art. 733, § 2o[8]).

Solidariedade

Com efeito, a solidariedade é imperativa tanto no transporte cumulativo de coisas quanto no de pessoas, sem distinção. Diferentemente do que preconiza o direito italiano, que diferencia o regime de responsabilidade em relação ao tipo de transporte, determinando ser individual no transporte de pessoas[9] e solidária no transporte de coisas,[10] a análise sistemática do Código Civil brasileiro revela que a

---

[5] "Art. 20. O fornecedor de serviços responde pelos vícios de qualidade que os tornem impróprios ao consumo ou lhes diminuam o valor, assim como por aqueles decorrentes da disparidade com as indicações constantes da oferta ou mensagem publicitária, podendo o consumidor exigir, alternativamente e à sua escolha: I – a reexecução dos serviços, sem custo adicional e quando cabível; II – a restituição imediata da quantia paga, monetariamente atualizada, sem prejuízo de eventuais perdas e danos; III – o abatimento proporcional do preço".

[6] "Art. 733. Nos contratos de transporte cumulativo, cada transportador se obriga a cumprir o contrato relativamente ao respectivo percurso, respondendo pelos danos nele causados a pessoas e coisas. § 1o. O dano, resultante do atraso ou da interrupção da viagem, será determinado em razão da totalidade do percurso. § 2o. Se houver substituição de algum dos transportadores no decorrer do percurso, a responsabilidade solidária estender-se-á ao substituto".

[7] Claudio Luiz Bueno de Godoy. In: Cezar Peluso, *Código Civil Comentado*: doutrina e jurisprudência, Barueri: Manole, 2013, 7ª ed., p. 732.

[8] "Art. 733. (...) § 2o Se houver substituição de algum dos transportadores no decorrer do percurso, a responsabilidade solidária estender-se-á ao substituto".

[9] "Art. 1.682. Responsabilidade do transportador nos transportes cumulativos. Nos transportes cumulativos, cada transportador responde no âmbito do próprio percurso. Todavia, o dano pelo atraso ou pela interrupção da viagem se determina em razão do inteiro percurso" (tradução nossa). No original: "Art. 1682. Responsabilità del vettore nei trasporti cumulativi. Nei trasporti cumulativi ciascun vettore risponde nell'ambito del proprio percorso. Tuttavia il danno per il ritardo o per l'interruzione del viaggio si determina in ragione dell'intero percorso".

[10] "Art. 1.700. Transporte cumulativo. Nos transportes que são assumidos cumulativamente por vários transportadores sucessivos com um único contrato, os transportadores respondem solidariamente (1.292 e seguintes) pela execução do contrato do lugar originário de partida até o lugar de destino. O transportador chamado a responder por um fato não próprio pode agir em regresso contra os outros transportadores, individual ou cumulativamente. Se o fato danoso ocorre no percurso de um dos transportadores, estes são obrigados ao ressarcimento integral; caso contrário, todos os transportadores são obrigados ao ressarcimento em partes proporcionais aos percursos, excluídos

solidariedade há de ser aplicada às duas modalidades de transporte. Além disso, das próprias normas relativas ao contrato de transporte se extrai expressamente a responsabilidade solidária dos transportadores de coisas do art. 756 do Código Civil,[11] e, sistematicamente, a solidariedade dos transportadores de pessoas, por uma leitura conjunta do *caput* do art. 733 com seu § 2º.

A prestação do transportador, no transporte cumulativo, mostra-se, ainda, indivisível por motivo de ordem econômica (CC, art. 258), de modo que, embora o transportador esteja vinculado a executar o transporte somente no seu percurso específico, é responsável pelo adimplemento da dívida de todo o percurso em razão da cumulatividade.[12]

Indivisibilidade da prestação

2. CARACTERÍSTICAS

Como regra geral, o contrato de transporte consiste em contrato comutativo, pois gera prestações para ambas as partes que são *ab initio* equilibradas, correspondentes e conhecidas. Além disso, é consensual, exigindo apenas o acordo de vontades para sua perfectibilização. Orlando Gomes destaca que, na generalidade das vezes, o contrato de transporte é formado através da aceitação de uma oferta ao público por meio de mero comportamento social típico, o que se observa, por exemplo, na tomada de transportes coletivos nas cidades brasileiras.[13] Não prospera mais, por esse motivo, o entendimento segundo o qual o transporte de coisas seria contrato real, sendo a entrega da coisa mero ato de execução do contrato, que já se formou mediante o consenso anterior entre expedidor e transportador.[14]

Comutativo e consensual

---

aqueles transportadores que provem que o dano não ocorreu no seu próprio percurso" (tradução nossa). No original: "Art. 1.700. Trasporto cumulativo. Nei trasporti che sono assunti cumulativamente da più vettori successivi con unico contratto, i vettori rispondono in solido (1.292 e seguenti) per l'esecuzione del contratto dal luogo originario di partenza fino al luogo di destinazione. Il vettore chiamato a rispondere di un fatto non proprio può agire in regresso contro gli altri vettori, singolarmente o cumulativamente. Se risulta che il fatto dannoso è avvenuto nel percorso di uno dei vettori, questi è tenuto al risarcimento integrale; in caso contrario, al risarcimento sono tenuti tutti i vettori in parti proporzionali ai percorsi, esclusi quei vettori che provino che il danno non è avvenuto nel proprio percorso".

[11] "Art. 756. No caso de transporte cumulativo, todos os transportadores respondem solidariamente pelo dano causado perante o remetente, ressalvada a apuração final da responsabilidade entre eles, de modo que o ressarcimento recaia, por inteiro, ou proporcionalmente, naquele ou naqueles em cujo percurso houver ocorrido o dano".

[12] "Art. 259. Se, havendo dois ou mais devedores, a prestação não for divisível, cada um será obrigado pela dívida toda".

[13] "Nesses casos, a relação independe, para se formar, da declaração de quem quer utilizar o serviço oferecido, o chamado usuário, sabido, como é, que no momento inicial da utilização "não há ninguém que possa receber aquela, nem a quem se possa considerar dirigida". Não se trata, em tais circunstâncias, da formação de um contrato por ato concludente ou declaração tácita, pois, devendo tal declaração ser receptícia, teria de ser feita a um destinatário, o que na hipótese, inexiste. As situações mais correntes de formação do vínculo contratual, através de um comportamento social típico, encontram-se no *transporte coletivo* e no *estacionamento* de veículos em parques públicos" (Orlando Gomes, *Contratos,* Rio de Janeiro: Forense, 2009, 26ª ed., p. 77).

[14] Sobre o ponto: "O contrato de transporte é consensual sempre, nenhuma diferença existindo relativamente à promessa de transportar. A entrega da mercadoria, que se considera elemento de

Oneroso e bilateral ou unilateral

Segundo a definição do Código Civil, o serviço de transporte pressupõe contraprestação, razão pela qual traduz contrato oneroso (CC, art. 730[15]). Tal contraprestação, em regra, consiste em retribuição pecuniária. Em alguns casos, embora o transporte seja realizado sem remuneração direta, o transportador possui interesse econômico na sua atividade, a caracterizar a onerosidade. É o que ocorre, por exemplo, com as empresas que oferecem transporte para seus empregados irem ao trabalho, no transporte oferecido por sistema de milhagem ou no transporte gratuito de idosos em coletivos, por exemplo.[16] Em todos esses casos, a ausência de remuneração pecuniária não transforma o transporte em contrato gratuito, vez que o transportador tem interesse econômico em prestar o serviço, dele auferindo vantagens indiretas (CC, art. 736, parágrafo único).[17] Em tais hipóteses, o contrato de transporte qualifica-se como oneroso, embora unilateral, pois a prestação executada pelo transportador não tem, como correspectivo, obrigação prestacional do passageiro, mas somente as vantagens indiretas propiciadas ao transportador.[18] Ao revés, se há remuneração direta ao transportador, o contrato será bilateral, já que a prestação do transportador tem como causa o pagamento da remuneração (preço do bilhete ou do conhecimento), a configurar o sinalagma.

Transporte benévolo

Estabelecida a onerosidade como traço essencial à qualificação do contrato de transporte,[19] o Código Civil determina, no art. 736,[20] que o transporte benévolo, ou

---

sua realidade, não passa de um primeiro ato de sua execução; e, se se perfaz frequentemente pela tradição do objeto, não é porque seja esta essencial à sua formação, mas porque é o modo comum da manifestação do consentimento do expedidor" (Caio Mário da Silva Pereira, *Instituições de Direito Civil*, vol. III, Rio de Janeiro: Forense, 2017, 20ª ed., p. 303).

[15] "Art. 730. Pelo contrato de transporte alguém se obriga, mediante retribuição, a transportar, de um lugar para outro, pessoas ou coisas".

[16] Claudio Luiz Bueno de Godoy. In: Cezar Peluso, *Código Civil Comentado*: doutrina e jurisprudência, cit., p. 739.

[17] "Art. 736. Não se subordina às normas do contrato de transporte o feito gratuitamente, por amizade ou cortesia. Parágrafo único. Não se considera gratuito o transporte quando, embora feito sem remuneração, o transportador auferir vantagens indiretas".

[18] Como alerta Pietro Perlingieri: "a correspectividade não se identifica com a onerosidade, que constitui, ao revés, o resultado de uma valoração econômica das recíprocas atribuições das partes. O contrato é oneroso onde subsiste uma equivalência ou uma adequação sob o plano econômico entre as prestações contratuais. O contrato é gratuito, ao revés, quando esteja proibida tal adequação" (tradução nossa). No original: "*la corrispettività non si identifica con l'onerosità che costituisce, invece, il risultato di una valutazione economica delle reciproche attribuzioni delle parti. Il contratto è oneroso là dove sussiste un'equivalenza o un'adeguatezza, sul piano economico, tra le prestazioni contrattuali. Il contratto è gratuito, invece, là dove faccia difetto tale adeguatezza*" (Pietro Perlingieri, *Manuale di Diritto Civile*, Napoli: ESI, 1997, p. 462). E, no que se refere ao contrato de transporte, afirma Pietro Rescigno: "Na noção legislativa existe a menção do correspectivo devido pela pessoa transportada ou pelo remetente das mercadorias, mas se trata apenas de um elemento natural da relação" (tradução nossa). No original: "*Nella nozione legislativa vi è la menzione del corrispettivo dovuto dalla persona trasportata o dal mittente delle merci, ma si tratta di un elemento soltanto naturale del rapporto*" (*Manuale del diritto privato italiano*, Napoli: Novene, 1994, p. 815).

[19] Em sentido contrário, afirma Sílvio de Salvo Venosa: "Excepcionalmente, o transporte pode ser gratuito, pois a onerosidade não lhe é essencial" (*Direito Civil*: Contratos em Espécie, vol. III, São Paulo: Atlas, 2006, 6ª ed., p. 336).

[20] "Art. 736. Não se subordina às normas do contrato de transporte o feito gratuitamente, por amizade ou cortesia. Parágrafo único. Não se considera gratuito o transporte quando, embora feito sem remuneração, o transportador auferir vantagens indiretas".

Capítulo X | Contrato de transporte

seja, aquele oferecido desinteressadamente, sem qualquer benefício, ainda que indireto, para o transportador, por mera amizade ou cortesia, não se subordinará às normas do tipo contratual. Trata-se, a rigor, de modalidade diversa do contrato de transporte, não se equiparando as suas respectivas causas.[21] Discute-se se, nessa hipótese, haveria relação contratual atípica gratuita ou ato-fato de natureza extracontratual. Em termos práticos, a distinção tem se desvigorado diante da aproximação dos regimes de responsabilidade civil contratual e extracontratual, já que a distribuição do ônus da prova e a imputação (objetiva ou subjetiva) de responsabilidade se subordinam (não mais à natureza contratual ou extracontratual, senão) às atividades desenvolvidas e ao risco alocado às partes na respectiva relação jurídica.

Entendendo-se o transporte por amizade como relação contratual gratuita, incide a regra do art. 392 do Código Civil, pela qual "responde por simples culpa o contratante, a quem o contrato aproveite, e por dolo aquele a quem não favoreça".[22] Em contrapartida, caso se entenda cuidar-se de ato-fato não contratual, aplica-se o regime da responsabilidade extracontratual (CC, arts. 186 e 927).[23]

O Superior Tribunal de Justiça, na esteira de reiteradas decisões que aplicavam ao transporte benévolo o regime de responsabilidade previsto para os contratos gratuitos,[24] editou a Súmula 145 (1995), segundo a qual "no transporte desinteressado, de simples cortesia, o transportador só será civilmente responsável por danos causados ao transportado quando incorrer em dolo ou culpa grave". Assim, na hipótese de simples culpa, o carona assume os riscos dos danos oriundos do deslocamento pretendido.[25]

---

[21] Sobre o ponto, seja consentido remeter a Gustavo Tepedino. In: Sálvio de Figueiredo Teixeira (coord.), *Comentários ao Novo Código Civil*, vol. X: das várias espécies de contrato, Rio de Janeiro: Forense, 2008, p. 450.

[22] "Art. 392. Nos contratos benéficos, responde por simples culpa o contratante, a quem o contrato aproveite, e por dolo aquele a quem não favoreça. Nos contratos onerosos, responde cada uma das partes por culpa, salvo as exceções previstas em lei".

[23] Tal é a posição de Pontes de Miranda, para quem "a responsabilidade do invitante-transportador (...) é extracontratual" (Tratado de Direito Privado, vol. 45 (atualizado por Bruno Miragem), São Paulo: Ed. Revista dos Tribunais, 2012, p. 85). O mesmo autor aduz, de forma enfática: "Certamente, não contratou transporte quem leva à casa de cada um dos convidados da festa particular, nem o possuidor do barco a que o amigo pede para dar passeio pela baía, ou atende ao pedido do diretor do clube para mostrar a praia de Guarujá, ou de Boa Viagem. Mas é contrato de transporte o que se concluiu entre a empresa de ônibus e os turistas a que ela oferece, gratuitamente, o transporte" (ob. loc. cit., p. 72). Nesta última hipótese, a vantagem indireta granjeada pela empresa transportadora caracteriza a onerosidade e sua natureza contratual. Como se vê, Pontes de Miranda proclamava a natureza contratual do transporte oneroso (em que havia pagamento) e do transporte gratuito (com onerosidade indireta), diferenciando tais modalidades do regime extracontratual, que, segundo aquele autor, caracterizava o transporte por amizade do invitante-transportador.

[24] "V. exemplificativamente: "No transporte benévolo, de simples cortesia, a responsabilidade do transportador, por danos sofridos pelo transportado, condiciona-se à demonstração de que resultaram de dolo ou de culpa grave, a que aquele se equipara. Hipótese em que se caracteriza contrato unilateral, incidindo o disposto no artigo 1.057 do Código Civil" (STJ, 3ª T., REsp. 36.688/RJ, Rel. Min. Eduardo Ribeiro, julg. 25.10.1993, publ. DJ 25.10.1993). Na mesma direção cf. STJ, 3ª T., REsp. 34.544/MG, Rel. Min. Claudio Santos, julg. 13.12.1993, publ. DJ 7.3.1994; STJ, 4ª T., REsp. 54.658, Rel. Min. Ruy Rosado de Aguiar Junior, julg. 12.12.1994, publ. DJ 13.3.1995.

[25] Na jurisprudência recente dos tribunais estaduais: "No transporte gracioso, a responsabilização da empresa proprietária do caminhão ocorreria caso comprovada a culpa grave ou dolo, o que não

Contrato de adesão e de execução continuada

No mais das vezes, o contrato de transporte consistirá em contrato de adesão, a ele se aplicando as regras relativas à interpretação deste tipo negocial (CC, art. 423);[26] e em contrato de execução continuada, cujos efeitos se protraem no tempo.

Serviço público

Note-se que o transporte pode configurar serviço público, pelo que a sua execução ou exploração se encontra afeta ao Poder Público, que o faz diretamente, por meio da Administração Direta, ou indiretamente, mediante outorga à entidade integrante da Administração Indireta, organizada em empresas públicas, sociedades de economia mista, autarquias e fundações públicas, ou por delegação à iniciativa privada, na forma de autorização, concessão ou permissão de serviço público (CC, art. 731).[27] As relações entre o Poder Público e o transportador serão regidas pelas normas legais e regulamentares próprias, bem como por aquelas fixadas no ato administrativo instituidor, sem prejuízo do disposto no Código Civil. De outra parte, no que concerne às relações firmadas entre prestador do serviço público de transporte e o usuário, aplica-se o Código Civil e, eventualmente, o CDC.

Distinção de figuras afins

Há de se distinguir, ainda, o contrato de transporte de figuras afins. Apesar de o transporte de coisas ser corriqueiramente denominado "frete", por descuido terminológico, este tipo contratual não se confunde com o contrato de fretamento, negócio jurídico por meio do qual o dono de uma coisa, geralmente um navio ou aeronave, se compromete a cedê-la, em caráter oneroso, ao uso de outrem.[28] O transporte, ao contrário, se traduz em atividade, na qual o transportador se compromete a conduzir, de um lugar para o outro, coisas ou pessoas. Em tal perspectiva, afasta-se, de igual modo, da locação de coisas, pois não há desdobramento da posse, já que o próprio transportador realiza a atividade de deslocamento, sem ceder seu veículo para isso. Tampouco se identifica com a empreitada, pois o transportador não se obriga a um fazer que resultará na entrega da coisa construída, consistindo sua atividade apenas no deslocamento da pessoa ou coisa segundo o contratado. Igualmente se afasta do depósito, pois sua característica essencial não é a guarda do bem, apesar de se revelar fundamental ao tipo que o transportador atue com diligência para manter incólume o objeto transportado.

---

ocorreu na hipótese. Não foi atestado, de forma suficiente, que o comprometimento do controle direcional se deu em razão de imperícia e, ou, imprudência do condutor do caminhão de propriedade da ré, aquele também faleceu no fatídico acidente" (TJMG, 13ª CC., Ap. Cív. 0206214-61.2010.8.13.0672, Rel. Des. Rogério Medeiros, julg.22.8.2019, publ. DJ 22.8.2019); TJRS, 12ª CC, Ap. Cív. 70070854609, Rel. Des. Guinther Spode, julg. 10.11.2016, publ. DJ 14.11.2016; TJRS, 12ª CC., Ap. Cív. 70077619294, Rel. Des. Cláudia Maria Hardt, julg. 28.6.2018, publ. DJ 6.7.2018; STJ, 3ª T., REsp 685.791, Rel. Min. Vasco Della Giustina, julg. 18.2.2010, publ. DJ 10.3.2010.

[26] "Art. 423. Quando houver no contrato de adesão cláusulas ambíguas ou contraditórias, dever-se-á adotar a interpretação mais favorável ao aderente".

[27] "Art. 731. O transporte exercido em virtude de autorização, permissão ou concessão, rege-se pelas normas regulamentares e pelo que for estabelecido naqueles atos, sem prejuízo do disposto neste Código".

[28] Sobre os contratos de fretamento, confira-se, por todos: Artur R. Carbone e Luís Felipe Galante, *Delineamentos jurídicos sobre os contratos de utilização de embarcações. Revista de Direito Privado*, vol. 4, out.-dez. 2000, pp. 27-49.

3. INCIDÊNCIA DE LEIS ESPECIAIS, TRATADOS E CONVENÇÕES INTERNACIONAIS

Dentre as questões mais discutidas no contrato de transporte, destaca-se a identificação *in casu* da normativa aplicável, já que, além do Código Civil, existe uma série de leis especiais que regulam esse tipo negocial, a exemplo do Código de Defesa do Consumidor e das normas de Direito Administrativo. Ao lado da normativa interna, situam-se ainda as normas internacionais constantes de Tratados que foram internalizados no Brasil e regem, também, o contrato de transporte. Diante da pluralidade de fontes normativas, cabe ao intérprete identificar a disciplina aplicável *in concreto*, remediando quaisquer conflitos ou aparentes antinomias. Nessa esteira, o art. 732 do Código Civil[29] determina que ao contrato de transporte se aplicarão as leis especiais e os tratados internacionais desde que não contrariem as disposições do Código Civil. As normas do Código Civil constituem, portanto, a normativa geral sobre a matéria, que prevalece sobre a lei especial em caso de conflito.

Pluralidade de fontes normativas

Desse modo, o art. 732 revoga as normas oriundas de tratados e convenções internacionais anteriores, que conflitarem com os preceitos constantes do Código Civil, reconhecendo, conforme a orientação prevalente no direito pátrio, a igualdade hierárquica entre a lei de origem interna e os textos normativos internacionais, incorporados ao ordenamento. Com efeito, os tratados internacionais se encontram, no ordenamento brasileiro, em igualdade hierárquica em relação às leis internas, ressalvadas as hipóteses dos tratados de Direitos Humanos, que via de regra têm *status* supralegal e, se aprovados pelo *quórum* especial do art. 5º, § 3º, da Constituição Federal, se revestem de *status* constitucional.

Antinomia do CC com tratados e convenções internacionais

O Brasil ratificou e internalizou por meio do Decreto 20.704, de 1931, a Convenção de Varsóvia, de 12 de outubro de 1929, modificada pelos Protocolos da Haia, de 1955, da Guatemala, de 1971, e de Montreal, de 1975. Esses diplomas tratam do transporte aéreo internacional, e suas aplicações no Brasil geram controvérsias, pois, em relação à responsabilidade civil do transportador, como se verá, há antinomia com a legislação interna, especialmente com o que determina o Código de Defesa do Consumidor.

Por outro lado, nos casos de contratos de transporte que configurem serviço público, como visto, o art. 731 do Código Civil ressalvou que não apenas as leis especiais regentes das concessões, autorizações e permissões administrativas são aplicáveis, mas também os próprios atos e contratos públicos que regulamentam a relação da Administração Pública com a entidade prestadora.[30]

Normas administrativas

---

29 "Art. 732. Aos contratos de transporte, em geral, são aplicáveis, quando couber, desde que não contrariem as disposições deste Código, os preceitos constantes da legislação especial e de tratados e convenções internacionais".

30 "Art. 731. O transporte exercido em virtude de autorização, permissão ou concessão, rege-se pelas normas regulamentares e pelo que for estabelecido naqueles atos, sem prejuízo do disposto neste Código".

Serviço público de competência da União

Note-se, ao propósito, que a Constituição estabelece a que o transporte é um direito social[31] e reparte entre os entes federativos a competência para prestá-lo. No art. 21,[32] determina que cabe à União a prestação de serviços de transportes ferroviário e aquaviário entre portos brasileiros e fronteiras nacionais, ou que transponham os limites de Estado ou Território. Igualmente cabe à União o transporte rodoviário interestadual e internacional de passageiros. Como serviço público que é, o transporte pode ser prestado diretamente pela Administração Pública direta ou indireta ou mediante delegação a particulares, o que pode ser viabilizado por meio de autorização, concessão ou permissão.

Serviço público municipal

Por outro lado, cabe ao Município organizar e prestar os serviços de transporte coletivo, que tem caráter essencial.[33] A delegação a particulares, nesse caso, pode ser feita nos regimes de concessão ou permissão. Em qualquer caso, é fundamental que a delegação seja feita mediante licitação, de modo a observar os princípios fundamentais da Administração Pública, especialmente a moralidade e a impessoalidade.[34]

Concessão, permissão e autorização

A concessão e a permissão são tipos de delegação feitos por meio de contrato, isto é, negócio bilateral em que a Administração transfere a execução de um serviço público a um particular. A autorização, por sua vez, é a delegação feita por meio da atuação da Administração com base no seu poder de polícia. Determina o Código Civil que os atos instituidores dessas delegações serão também fonte de obrigações

---

[31] "Art. 6º São direitos sociais a educação, a saúde, a alimentação, o trabalho, a moradia, o transporte, o lazer, a segurança, a previdência social, a proteção à maternidade e à infância, a assistência aos desamparados, na forma desta Constituição".

[32] "Art. 21. Compete à União: (..) XII – explorar, diretamente ou mediante autorização, concessão ou permissão: (...) d) os serviços de transporte ferroviário e aquaviário entre portos brasileiros e fronteiras nacionais, ou que transponham os limites de Estado ou Território; e) os serviços de transporte rodoviário interestadual e internacional de passageiros".

[33] Na Constituição Federal: "Art. 30. Compete aos Municípios: V – organizar e prestar, diretamente ou sob regime de concessão ou permissão, os serviços públicos de interesse local, incluído o de transporte coletivo, que tem caráter essencial".

[34] Sobre o ponto, confira-se decisão clássica do STF: "Não resta dúvida que o serviço de transporte rodoviário interestadual é serviço público, entendendo-se este como "todo aquele prestado pela Administração ou por seus delegados, sob normas e controles estatais, para satisfazer necessidades essenciais ou secundárias da coletividade ou simples conveniência do Estado (*Direito Administrativo Brasileiro*, Hely Lopes Meirelles, Malheiros Editores, 19ª edição, p. 294)" e que, como tal, incumbe ao Poder Público a prestação deste serviço, diretamente ou sob regime de concessão ou permissão, mas sempre através de licitação, como preceitua o artigo 175, *caput*, do texto constitucional, visto ser a licitação pública o meio através do qual a Administração seleciona a proposta mais vantajosa, que atenda ao seu interesse, mas que ao mesmo tempo propicie igual oportunidade a todos os interessados, sem perder de vista a eficiência e moralidade dos negócios administrativos". E, como ressaltado pelo eminente Ministro Octavio Gallotti, relator do Recurso Extraordinário 140.989-RJ, nos fundamentos de seu voto, "Podem os serviços públicos ser prestados, segundo a Constituição, diretamente ou sob o regime de concessão ou permissão, na forma da lei, mas 'sempre através de licitação'. Este advérbio ('sempre') enfaticamente utilizado no art. 175 da Lei Fundamental não dá margem alguma de dúvida sobre a eficácia plena, imediata e automática do preceito, que está a obrigar, tanto o ato concreto de concessão (como o ora impugnado pela impetrante, ora Recorrente), à prévia licitação, toda vez que não se trate de exploração direta do serviço pelo Poder Público" (STF, 1ª T., RE 214.382, Rel. Min. Octavio Gallotti, julg. 21.9.1999, publ. DJ 4.9.2000).

para o contrato de transporte e devem ser observados ao lado da normativa geral de Direito Civil e Administrativo.[35]

De outra parte, haverá a incidência do Código de Defesa do Consumidor sempre que o contrato de transporte configure relação de consumo. Por outras palavras, sempre que o transportador for um prestador de serviço e o contratante for consumidor segundo a definição legal,[36] o diploma especial será aplicável.

CDC

4. TRANSPORTE DE PESSOAS

4.1. Conceito

O transporte de pessoas consiste em contrato pelo qual o transportador se obriga a transportar, com segurança, pessoas e suas bagagens, de um lugar para outro, mediante a remuneração. Dito diversamente, no transporte de pessoas, o transportador se obriga a deslocar, com segurança, uma pessoa, até o lugar acordado, respeitando os horários e itinerários, mediante o pagamento da passagem. Como regra geral, abrange-se, no negócio, o transporte da bagagem, cujo custo já está normalmente embutido no valor do bilhete. A cobrança de valor apartado, porém, não converte esse serviço em contrato autônomo, que continua a integrar o contrato de transporte de pessoa.

Conceito

O transporte da bagagem constitui, portanto, prestação acessória do contrato de transporte de pessoa. As bagagens consistem em coisas de uso pessoal do passageiro, destinadas a prover as necessidades e objetivos imediatos da viagem, por cuja integridade se responsabiliza o transportador. Se, contudo, o passageiro despachar a bagagem, assume o transportador o dever de guarda e passa a responder por sua conservação.

Bagagens

Figuram como partes do contrato de transporte de pessoas o transportador, pessoa física ou jurídica que se obriga a realizar o transporte, e o passageiro, aquele

---

[35] Sobre o ponto: "Problema que poderá surgir será de eventual conflito de normas administrativas com as normas do Código Civil. À evidência, dentro do campo de fixação de regras aos concessionários, permissionários ou autorizados, o Código Civil não entra, posto que âmbito do direito público. As normas do Código Civil, em especial pela expressa disposição do art. 732, são as que serão cláusulas inafastáveis do contrato entre os autorizados, concessionários ou permissionários e os seus contratantes, posto que balizadoras do exercício da autonomia privada" (Renan Lotufo, O Contrato de Transporte de Pessoas no Novo Código Civil. *Revista de Direito do Consumidor*, São Paulo: Revista dos Tribunais, n. 43, jul.-set. 2002, p. 210).

[36] O Código de Defesa do Consumidor define consumidor e fornecedor em seus arts. 2º e 3º: "Art. 2º. Consumidor é toda pessoa física ou jurídica que adquire ou utiliza produto ou serviço como destinatário final. Parágrafo único. Equipara-se a consumidor a coletividade de pessoas, ainda que indetermináveis, que haja intervindo nas relações de consumo"; "Art. 3º. Fornecedor é toda pessoa física ou jurídica, pública ou privada, nacional ou estrangeira, bem como os entes despersonalizados, que desenvolvem atividade de produção, montagem, criação, construção, transformação, importação, exportação, distribuição ou comercialização de produtos ou prestação de serviços. § 1º Produto é qualquer bem, móvel ou imóvel, material ou imaterial. § 2º Serviço é qualquer atividade fornecida no mercado de consumo, mediante remuneração, inclusive as de natureza bancária, financeira, de crédito e securitária, salvo as decorrentes das relações de caráter trabalhista".

Carona que é transportado. Repise-se que a onerosidade é inerente ao tipo contratual, razão pela qual a carona, ou seja, o transporte gratuito benévolo, por amizade ou cortesia, não é regulamentado pelas normas relativas ao contrato de transporte de pessoa.

4.2. Natureza da responsabilidade do transportador. As cláusulas de não indenizar

Histórico A chamada "Lei das Estradas de Ferro" (Decreto 2.681/1912), primeiro instrumento legislativo a cuidar da responsabilidade civil do transportador de coisas ou pessoas, introduziu a presunção de culpa do transportador em relação aos danos causados às mercadorias (art. 1º),[37] às pessoas (art. 17)[38] e às bagagens (art. 23)[39] transportadas, elidível apenas mediante prova de caso fortuito, força maior ou culpa exclusiva da vítima. Cuida-se, portanto, de presunção absoluta de culpa, o que equivale, em termos práticos, à responsabilidade objetiva do transportador.

Por ocasião da promulgação do Código Civil de 1916, que consagrou a responsabilidade subjetiva sem presunção de culpa, cogitou-se da revogação do referido Decreto. Todavia, predominou o entendimento à época de que o Decreto 2.681/1912, por se tratar de lei especial, não poderia ser revogado pelo Código Civil, lei geral.

De igual modo, com a entrada em vigor do CDC, que estabelece a responsabilidade objetiva do fornecedor de produtos ou serviços, questionou-se novamente a respeito da revogação do Decreto 2.681/1912, prevalecendo o entendimento de que permaneceriam em vigor as disposições compatíveis com a legislação consumerista.

Dessa feita, tendo em vista que, em regra, a relação estabelecida entre transportador e passageiro é de consumo, a responsabilidade do transportador passou a reger-se, no mais das vezes, pela legislação consumerista, aplicando-se a Lei das Estradas de Ferro apenas às hipóteses em que não se caracterizasse a figura do consumidor. Em ambos os casos, o transportador responderia independentemente de culpa, afastando-se sua responsabilidade apenas se verificada alguma das excludentes capazes de interromper o nexo causal.

Com o advento da Constituição da República de 1988, em linha com a normativa vigente, a pessoa jurídica de direito privado, prestadora de serviço público de transporte, passou também a responder objetivamente pelos danos causados a seus usuários, por força do art. 37, § 6º.[40]

---

[37] "Art. 1º. As estradas de ferro serão responsáveis pela perda total ou parcial, furto ou avaria das mercadorias que receberem para transportar".

[38] "Art. 17. As estradas de ferro responderão pelos desastres que nas suas linhas sucederem aos viajantes e de que resulte a morte, ferimento ou lesão corpórea".

[39] "Art. 23. No caso de desastre, a estrada de ferro também responderá pela perda ou avaria das bagagens que os passageiros levarem consigo, embora não despachadas".

[40] "Art. 37. (...) § 6º As pessoas jurídicas de direito público e as de direto privado prestadoras de serviços públicos responderão pelos danos que seus agentes, nessa qualidade, causarem a terceiros, assegurando o direito de regresso contra o responsável nos casos de dolo ou culpa".

Posteriormente, o Código Civil de 2002, unificando a disciplina relativa ao contrato de transporte, consagrou, genérica e expressamente, a responsabilidade objetiva do transportador pelos danos causados ao passageiro, revogando, portanto, as normas do referido Decreto 2.681/1912 que regulavam a mesma matéria (CC, art. 734).[41]

Unificação da disciplina pelo CC2002

O art. 734 do Código Civil, ao determinar, no transporte de pessoas, que a responsabilidade do transportador apenas é ilidida em caso de força maior, considera nula a cláusula excludente de responsabilidade, cujo objetivo consiste em liberar o transportador do dever de reparar os danos causados aos passageiros durante o transporte.

Cláusula excludente de responsabilidade

O Código de Defesa do Consumidor veda, igualmente, a estipulação de cláusula destinada a excluir a responsabilidade do fornecedor (CDC, art. 25),[42] sendo conseguintemente inadmissível, no direito pátrio, a exoneração total da responsabilidade da transportadora no transporte de pessoas, quer se trate de relação de consumo, quer de relação paritária.

Mesmo antes da vigência desses diplomas, o STF coibia a pactuação de tais cláusulas, consolidando seu entendimento com a edição da Súmula 161 de 1963, segundo a qual "em contrato de transporte, é inoperante a cláusula de não indenizar".

Tal proibição das cláusulas excludentes de responsabilidade se justifica, na medida em que se reconhece, no transporte de pessoas, a existência de cláusula implícita de incolumidade física e psíquica do passageiro, a impor ao transportador a obrigação de resultado, consistente no dever de conduzi-lo ileso ao seu destino, em cumprimento ao dever de segurança. Assim, a cláusula de exclusão integral da responsabilidade desnatura a função contratual, voltada justamente para o deslocamento incólume do objeto transportado.

Cláusula de incolumidade física e psíquica do passageiro

Por outro lado, no que tange às cláusulas limitativas de responsabilidade, destinadas apenas a restringir o montante indenizatório, o Código Civil, no parágrafo único do art. 734,[43] reconhece sua validade com relação aos danos materiais, ao permitir que o transportador exija do passageiro a declaração do valor de sua bagagem, o que equivale à prefixação da indenização por danos materiais, cujo montante é estabelecido pelo próprio transportado.

Cláusula limitativa de responsabilidade

Tal estipulação prévia do _quantum_ a ser indenizado revela-se, de algum modo, conveniente tanto para o passageiro – uma vez que o dispensa da prova do valor do dano, bastando demonstrar o evento danoso para fazer jus ao ressarcimento pelo dano material sofrido, no valor contido na declaração – quanto para o transportador – que se resguarda, assim, de declarações fantasiosas posteriores ao extravio de ba-

Pré-liquidação dos danos materiais

---

[41] "Art. 734. O transportador responde pelos danos causados às pessoas transportadas e suas bagagens, salvo motivo de força maior, sendo nula qualquer cláusula excludente da responsabilidade".

[42] "Art. 25. É vedada a estipulação contratual de cláusula que impossibilite, exonere ou atenue a obrigação de indenizar prevista nesta e nas seções anteriores".

[43] "Art. 734. O transportador responde pelos danos causados às pessoas transportadas e suas bagagens, salvo motivo de força maior, sendo nula qualquer cláusula excludente da responsabilidade".

gagem. Com relação aos danos morais, prevalece nas relações paritárias a impossibilidade de cláusula limitativa de responsabilidade.

Na hipótese de relação de consumo, os arts. 6º, inciso VI,[44] e 22, parágrafo único,[45] impõem a reparação integral dos danos sofridos. Logo, diversamente do regime do Código Civil, as relações de consumo não admitem as cláusulas limitativas de responsabilidade nem mesmo com relação aos danos materiais.

Regime de responsabilidade no CBA e nas Convenções Internacionais Em regime diverso ao do Código Civil e do CDC, o CBA e a Convenção de Varsóvia, de 12 de outubro de 1929, internalizada na legislação brasileira por meio do Decreto 20.704, de 24 de novembro de 1931, e modificada pelo Protocolo de Haia, de 1955, e pelos Protocolos da Guatemala de 1971 e de Montreal de 1975, estabelecem que, no transporte aéreo, a responsabilidade da empresa transportadora é subjetiva, com presunção de culpa, e tarifada, a não ser que a vítima comprove culpa grave ou dolo, quando, então, o montante da indenização passa a ser ilimitado.[46] Ou seja: segundo a normativa especial e as Convenções Internacionais, que regem o transporte aéreo, admitem-se cláusulas limitativas de responsabilidade para os danos materiais e morais.

Nulidade de cláusula limitativa ou excludente de responsabilidade à luz da Constituição Federal de 1988 Sublinhe-se, ao propósito, que, após a promulgação da Constituição da República de 1988, entendeu-se que qualquer tipo de exclusão ou limitação da indenização por danos morais e materiais decorrentes de lesão à pessoa representaria óbice à tutela integral da dignidade da pessoa humana. Sendo assim, a indenização por danos materiais e morais decorrentes de lesão à integridade física do passageiro por descumprimento do dever de segurança do transportador não poderia sofrer restrição, e deveria ser fixada de acordo com a extensão dos danos sofridos. A integridade psicofísica tutelada pela cláusula de incolumidade afigura-se, pois, indisponível. Daí a nulidade de estipulação que exclua ou limite o dever de indenizar os danos decorrentes da lesão à integridade psicofísica do passageiro. Danos materiais que não se relacionem à integridade psicofísica do passageiro, por sua vez, poderiam sofrer limitação pela vontade das partes.[47]

Prevalência das disposições do CDC Verifica-se, assim, no cenário normativo, antinomia entre a legislação pátria, especialmente o CDC, que preconiza a reparação integral ilimitada e a responsabilidade objetiva, e as Convenções Internacionais. Em respeito ao princípio da proteção

---

[44] "Art. 6º (...) VI – a efetiva prevenção e reparação de danos patrimoniais e morais, individuais, coletivos e difusos".

[45] "Art. 22. (...) Parágrafo único. Nos casos de descumprimento, total ou parcial, das obrigações referidas neste artigo, serão as pessoas jurídicas compelidas a cumpri-las e a reparar os danos causados, na forma prevista neste código".

[46] "Art. 22. (1) No transporte de pessoas, limita-se a responsabilidade do transportador, à importância de cento e vinte e cinco, mil francos, por passageiro. Se a indemnização, de conformidade com a lei do tribunal que conhecer da questão, puder ser arbitrada em constituição de renda, não poderá o respectivo capital exceder aquelle limite. Entretanto, por accordo especial com o transportador, poderá o viajante fixar em mais o limite de responsabilidade".

[47] Sobre o ponto, remeta-se a Gustavo Tepedino. In: Sálvio de Figueiredo Teixeira (coord.), *Comentários ao Novo Código Civil*, cit., pp. 446-447.

do consumidor, a jurisprudência, especialmente do STJ, acolheu a tese da prevalência das disposições do CDC,[48] com a ressalva de precedentes divergentes, a exemplo do RE 297.901, de relatoria da Ministra Ellen Gracie.[49]

Após a repetição de casos semelhantes e a multiplicação de decisões divergentes, o STF optou por afetar a discussão, conferindo-lhe repercussão geral e determinando o julgamento conjunto do RE 636.331 e do ARE 766.618. Após pedido de vista da Ministra Rosa Weber, o julgamento foi concluído em 25 de maio de 2017, tendo vencido, por maioria, o entendimento de que a Convenção Internacional deveria se sobrepor à normativa consumerista. *Entendimento do STF: prevalência das Convenções Internacionais*

Os Ministros Celso de Mello e Marco Aurélio restaram vencidos no argumento de que, por prestarem um serviço, as empresas de transporte aéreo internacional se sujeitam às normas do Código de Defesa do Consumidor, que deve prevalecer em relação às demais normas.

O Ministro Gilmar Mendes, relator, baseou seu voto na ideia de que se deve afastar o argumento segundo o qual o princípio constitucional de defesa do consumidor impediria qualquer derrogação do CDC por lei especial[50] e observou que, não havendo hierarquia entre a legislação interna ordinária e o tratado internacional, deverá prevalecer a Convenção, por ter ratificações mais recentes, e por ser norma especial em relação à norma consumerista, de caráter geral.

---

[48]   Confira-se: "Recurso extraordinário. Danos morais decorrentes de atraso ocorrido em voo internacional. Aplicação do Código de Defesa do Consumidor. Matéria infraconstitucional. Não conhecimento. 1. O princípio da defesa do consumidor se aplica a todo o capítulo constitucional da atividade econômica. 2. Afastam-se as normas especiais do Código Brasileiro de Aeronáutica e da Convenção de Varsóvia quando implicarem retrocesso social ou vilipêndio aos direitos assegurados pelo Código de Defesa do Consumidor. 3. Não cabe discutir, na instância extraordinária, sobre a correta aplicação do Código de Defesa do Consumidor ou sobre a incidência, no caso concreto, de específicas normas de consumo veiculadas em legislação especial sobre o transporte aéreo internacional. Ofensa indireta à Constituição de República. 4. Recurso não conhecido" (STF, 1ª T., RE 351.750, Rel. Min. Ayres Britto, julg. 7.3.2009, publ. DJ 25.9.2009). No STJ: "A jurisprudência desta Corte firmou o entendimento de que a responsabilidade civil das companhias aéreas em decorrência da má prestação de serviços após a entrada em vigor da Lei nº 8.078/90 não é mais regulada pela Convenção de Varsóvia e suas posteriores modificações (Convenção de Haia e Convenção de Montreal) ou pelo Código Brasileiro de Aeronáutica, subordinando-se ao Código de Defesa do Consumidor" (STJ, 3ª T., AgRg no AREsp. 607.388, Rel. Min. Moura Ribeiro, julg. 16.6.2016, publ. DJ 23.6.2016).

[49]   A decisão resta assim ementada: "Prazo prescricional. Convenção de Varsóvia e Código de Defesa do Consumidor. 1. O art. 5º, § 2º, da Constituição Federal se refere a tratados internacionais relativos a direitos e garantias fundamentais, matéria não objeto da Convenção de Varsóvia, que trata da limitação da responsabilidade civil do transportador aéreo internacional (RE 214.349, rel. Min. Moreira Alves, DJ 11.6.99). 2. Embora válida a norma do Código de Defesa do Consumidor quanto aos consumidores em geral, no caso específico de contrato de transporte internacional aéreo, com base no art. 178 da Constituição Federal de 1988, prevalece a Convenção de Varsóvia, que determina prazo prescricional de dois anos. 3. Recurso provido" (STF, 2ª T., RE 297.901-5, Rel. Min. Ellen Gracie, julg. 7.3.2006, publ. DJ 31.3.2006).

[50]   Como se lê em trecho do voto do Ministro Relator Gilmar Mendes: "é fundamental afastar o argumento segundo o qual o princípio constitucional que impõe a defesa do consumidor (art. 5º, XXXII, e art. 170, V, da Constituição Federal) impediria qualquer sorte de derrogação do Código de Defesa do Consumidor por norma mais restritiva, ainda que por lei especial" (STF, Tribunal Pleno, RE 636331, Rel. Min. Gilmar Mendes, julg. 25.5.2017, publ. DJ 13.11.2017).

Tese 210 do STF

Nesse sentido, foi firmada a Tese 210 do STF: "Por força do artigo 178 da Constituição Federal, as normas e tratados internacionais limitadoras da responsabilidade das transportadoras aéreas de passageiros, especialmente as Convenções de Varsóvia e Montreal, têm prevalência em relação ao Código de Defesa do Consumidor".

Norma de sobre-direito

Ao oferecer a indicação da redação da Tese 210, o Ministro Luís Roberto Barroso defendeu que o art. 178 da Constituição, que determina a observância dos acordos firmados pela União na ordenação dos transportes internacionais aquáticos, aéreos e terrestres, traduz norma de sobredireito, que promove, além do respeito do Brasil aos compromissos internacionais, a isonomia em relação aos consumidores desse tipo de serviço.

Danos morais e cláusula limitativa

Apesar de frisarem que este não era o objeto principal da análise no julgamento do Recurso Extraordinário com repercussão geral, no qual foi firmada a referida Tese 210, a Corte entendeu que não caberia a limitação à reparação dos danos morais, tendo em conta a prevalência do princípio da dignidade da pessoa humana. Segundo o relator Gilmar Mendes: "a limitação imposta pelos acordos internacionais alcança tão somente a indenização por dano material, e não a reparação por dano moral. A exclusão justifica-se, porque a disposição do art. 22 [da Convenção] não faz qualquer referência à reparação por dano moral, e também porque a imposição de limites quantitativos preestabelecidos não parece condizente com a própria natureza do bem jurídico tutelado, nos casos de reparação por dano moral".[51]

Fato de terceiro

Ao lado desta discussão específica sobre a responsabilidade do transportador no contrato de transporte aéreo internacional, identifica-se a responsabilidade do transportador por danos causados por terceiros. Sobre o ponto, o legislador de 2002 determinou, para a generalidade dos contratos de transporte de pessoas, que o acidente com o passageiro decorrente de culpa de terceiro, ou seja, causado por sujeito alheio à relação contratual, não elide a responsabilidade do transportador, que terá, porém, ação regressiva contra o causador do prejuízo (CC, art. 735[52]). Trata-se de

---

[51] Esse entendimento já foi repetido em recente decisão monocrática do Ministro Luís Roberto Barroso: "O recurso não deve ser provido. O acórdão recorrido está alinhado com o entendimento firmado pelo Supremo Tribunal Federal, que, ao julgar o RE 636.331, Rel. Min. Gilmar Mendes (Tema 210 da Repercussão Geral), assentou que, por força do art. 178 da CF, em caso de conflito, as normas das convenções que regem o transporte aéreo internacional prevalecem sobre a legislação interna. A Convenção de Montreal nada fala a respeito de limites para condenação por danos morais, tendo ficado a discussão no Plenário desta Corte centrada no limite estabelecido para ressarcimento de danos materiais. Veja-se, nesse sentido, o seguinte trecho do voto do relator: '(...) Corrobora a interpretação da inaplicabilidade do limite do *quantum* indenizatório às hipóteses de dano moral a previsão do art. 22, que permite ao passageiro realizar declaração especial do valor da bagagem, como forma de eludir a aplicação do limite legal. Afinal, se pode o passageiro afastar o valor limite presumido pela Convenção mediante informação do valor real dos pertences que compõem a bagagem, então não há dúvidas de que o limite imposto pela Convenção diz respeito unicamente à importância desses mesmos pertences e não a qualquer outro interesse ou bem, mormente os de natureza intangível. Assim, meu voto é no sentido de declarar a aplicabilidade do limite indenizatório estabelecido na Convenção de Varsóvia e demais acordos internacionais subscritos pelo Brasil, em relação às condenações por dano material decorrente de extravio de bagagem, em voos internacionais" (STF, Decisão Monocrática, RE 1.194.671, Rel. Min. Luis Roberto Barroso, julg. 30.3.2019, publ. DJ 3.4.2019).

[52] "Art. 735. A responsabilidade contratual do transportador por acidente com o passageiro não é elidida por culpa de terceiro, contra o qual tem ação regressiva".

redação que repete a Súmula 187 do STF, de 1963.[53] Deve-se interpretar esse dispo- *Fortuito interno*
sitivo no sentido de que o fato culposo de terceiro que causa dano ao transportado
integra o risco do negócio do transportador, que assume obrigação de resultado e
cláusula implícita de incolumidade, a deflagrar a sua responsabilidade perante o
passageiro. Cuida-se de fato que, embora imprevisto, se afigura previsível, vez que
ligado ao exercício da atividade, sendo chamado, por isso mesmo, de fortuito interno.
O juízo de valor que deve ser feito quanto ao fato não se limita à aferição de dolo ou
culpa do agente, mas perpassa a análise dos riscos daquele trajeto específico e da
frequência e previsibilidade dos acontecimentos danosos. Cuidando-se de fortuito
interno, uma vez responsabilizado, o transportador terá ação de regresso em face do
terceiro causador do dano.[54]

De outra parte, o denominado fortuito externo,[55] caracterizado por fato que não *Fortuito externo*
se relaciona com a atividade desenvolvida pelo transportador, afigura-se apto a romper o nexo de causalidade, de sorte a afastar a sua responsabilização. Nessa direção,
a título ilustrativo, a jurisprudência reconhece, majoritariamente, como excludente
da responsabilidade do transportador, o arremesso de pedra contra trem ou ônibus,[56]

---

[53] Segundo a Súmula 187: "A responsabilidade contratual do transportador, pelo acidente com o
passageiro, não é elidida por culpa de terceiro, contra o qual tem ação regressiva".

[54] Em clássico precedente sobre a responsabilidade do transportador por fortuito interno, asseverou-
-se: "Cuida o caso de saber se a culpa do terceiro motorista do caminhão, que empurrou o carro
para baixo do ônibus e fez com que este atropelasse os pedestres, causando-lhes morte e ferimentos
severos, exclui o dever de indenizar da empresa transportadora. O princípio geral é o de que o fato
culposo de terceiro, nessas circunstâncias, vincula-se ao risco da empresa de transporte, que como
prestadora de serviço público responde pelo dano em decorrência, exatamente, do risco da sua
atividade, preservado o direito de regresso. (...) A jurisprudência tem admitido claramente que,
mesmo ausente a ilicitude, a responsabilidade existe, ao fundamento de que o fato de terceiro que
exonera a responsabilidade é aquele que com o transporte não guarde conexidade. Se o acidente
ocorre enquanto trafegava o ônibus, provocado por outros veículos, não se pode dizer que ocorreu
fato de terceiro estranho ou sem conexidade com o transporte. E sendo assim, o fato de terceiro não
exclui o nexo causal, obrigando-se a prestadora de serviço público a ressarcir as vítimas, preservado
o seu direito de regresso contra o terceiro causador do acidente. É uma orientação firme e benfazeja
baseada no dever de segurança vinculado ao risco da atividade, que a moderna responsabilidade
civil, dos tempos do novo milênio, deve consolidar" (STJ, 3ª T., REsp. 469.867, Rel. Min. Carlos
Alberto Menezes Direito, julg. 27.9.2005, publ. DJ 14.11.2005).

[55] Interessantes precedentes nesse sentido se referem a assaltos em veículos de transporte coletivo.
O STJ firmou entendimento que, por ser risco desvinculado do normal desempenho da atividade
de transporte, configura-se fortuito externo: "A jurisprudência consolidada neste Tribunal Superior é no sentido de que o assalto à mão armada dentro de coletivo constitui fortuito a afastar a
responsabilidade da empresa transportadora pelo evento danoso daí decorrente para o passageiro"
(STJ, 3ª T., EDcl nos EDcl no AgRg no AREsp. 418.176, Rel. Min. Ricardo Villas Bôas Cueva, julg.
24.5.2016, publ. DJ 1.6.2016). No mesmo sentido: STJ, 4ª T., REsp. 974.138, Rel. Min. Raul Araújo,
julg. 22.11.2016, publ. DJ 9.12.2016; STJ, 4ª T., REsp. 76.855, Rel. Min. Cesar Asfor Rocha, julg.
24.10.2006, publ. DJ 23.10.2006.

[56] Confira-se: "Processual civil. Civil. Responsabilidade civil. Transporte de passageiros. Arremesso
de pedra de fora da composição férrea. Lesão em passageiro. Fato de terceiro. Excludente de responsabilidade" (STJ, 2ª S., EDcl no AgI no EREsp. 1.325.225, Rel. Min. Marco Aurélio Bellizze, julg.
9.11.2016, publ. DJ 18.11.2006); "A jurisprudência do Superior Tribunal de Justiça tem entendido
que o arremesso de objeto de fora de trem não se inclui entre os riscos normais da atividade de
transporte e, por isso, não gera, para aquele que explora essa atividade, dever de indenizar, por se
caracterizar como fortuito externo. Precedentes" (STJ, 4ª T., EDcl no AgRg no REsp 1.325.225,

bem como o assalto no curso da viagem.[57] Entretanto, alguns julgados atribuem responsabilidade ao transportador nessas hipóteses, sobretudo quando referidos fatos se repetem com tal frequência que se tornam previsíveis; ou, ao menos, passam a ser considerados, por sua reiterada ocorrência, como risco atinente à atividade, equiparável a fortuito interno e, como tal, insuscetível de elidir o dever de reparar.[58]

Rel. Min. Raul Araújo, julg. 15.10.2013, publ. DJ 3.12.2013); "Arremesso de pedra de fora do trem, causando lesões a passageiros, é ato de terceiro, estranho ao contrato de transporte, pelo qual a companhia transportadora não responde" (STJ, 3ª T., REsp. 154.311, Rel. Min. Ari Pargendler, julg. 10.4.2001, publ. DJ 28.5.2001).

[57] "1. Nos termos da jurisprudência firmada nesta Corte Superior, a responsabilidade do transportador em relação aos passageiros é objetiva, somente podendo ser elidida por fortuito externo, força maior, fato exclusivo da vítima ou por fato doloso e exclusivo de terceiro – quando este não guardar conexidade com a atividade de transporte. 2. Não está dentro da margem de previsibilidade e de risco da atividade de transporte metroviário o óbito de consumidor por equiparação (*bystander*) por golpes de arma branca desferidos por terceiro com a intenção de subtrair-lhe quantia em dinheiro, por se tratar de fortuito externo com aptidão de romper o nexo de causalidade entre o dano e a conduta da transportadora" (STJ, 4ª T., REsp. 974.138, Rel. Min. Raul Araújo, julg. 22.11.2016, publ. DJ 9.12.2016); STJ, 3ª T., AgRg no REsp 1.456.690, Rel. Min. Sidnei Beneti, julg. 5.8.2014, publ. DJ 2.9.2014; STJ, 3ª T., REsp. 431.091, Rel. Min. Carlos Alberto Menezes Direito, julg. 17.6.2003, publ. DJ 25.8.2003. No mesmo sentido: "1. Na linha dos precedentes do STJ, a circunstância de o consumidor ser vítima de roubo não é, por si só, suficiente para caracterizar fortuito externo apto a ilidir a responsabilidade de indenizar do fornecedor de produtos ou serviços. Precedentes. 2. No caso dos autos, as instâncias ordinárias afirmaram que o cenário envolvido no crime era propício a esse tipo de delito, pois envolvia movimentação de alta quantia de dinheiro. Nesse contexto, concluíram ter ficado devidamente comprovada a negligência da concessionária com a segurança. Portanto, é de rigor a responsabilização da empresa pelos danos causados à parte autora" (STJ, 4ª T., AgRg no AREsp 218.394, Rel. Min. Antônio Carlos Ferreira, julg. 1.10.2015, publ. DJ 25.8.2003). Por outro lado, para a 2ª Seção do Superior Tribunal de Justiça, "nos contratos onerosos de transporte de pessoas, desempenhados no âmbito de uma relação de consumo, o fornecedor de serviços não será responsabilizado por assédio sexual ou ato libidinoso praticado por usuário do serviço de transporte contra passageira, por caracterizar fortuito externo, afastando o nexo de causalidade" (STJ, 2ª S., REsp. 1.833.722/SP, Rel. Min. Raul Araújo, julg. 3.12.2020, publ. DJ 15.3.2021).

[58] Destaque-se interessante julgado do STJ que entendeu que, apesar de o roubo ser considerado fortuito externo em relação ao transporte de pessoas, o fato de o trajeto ter sido feito de ônibus, e não de avião, por necessidade da transportadora, fez que o risco se agravasse e não pudesse ser aplicada a excludente: "(...) a jurisprudência do STJ reconhece que o roubo dentro de ônibus configura hipótese de fortuito externo, por se tratar de fato de terceiro inteiramente independente ao transporte em si, afastando-se, com isso, a responsabilidade da empresa transportadora por danos causados aos passageiros. 1.3. Não obstante essa seja a regra, o caso em análise guarda peculiaridade que comporta solução diversa. Com efeito, a alteração substancial e unilateral do contrato firmado pela recorrente – de transporte aéreo para terrestre –, sem dúvida alguma, acabou criando uma situação favorável à ação de terceiros (roubo), pois o transporte rodoviário é sabidamente muito mais suscetível de ocorrer crimes dessa natureza, ao contrário do transporte aéreo. Dessa forma, a conduta da transportadora concorreu para o evento danoso, pois ampliou significativamente o risco de ocorrência desse tipo de situação, não podendo, agora, se valer da excludente do fortuito externo para se eximir da responsabilidade" (STJ, 3ª T., REsp. 1.728.068, Rel. Min. Marco Aurélio Bellizze, julg. 5.6.2018, publ. DJ8.6.2018). Ao julgar o Recurso Especial 1.872.260, o STJ afastou a responsabilidade civil de concessionária de serviço público rodoviário por assalto em praças de pedágio. Na ocasião, o Rel. Min. Marco Aurélio Bellizze, seguindo precedente da Corte, reconheceu que seria aplicável, nos casos de assaltos em praça de pedágio, a excludente de responsabilidade civil por fortuito externo, a qual rompe o nexo de causalidade e afasta o dever de indenizar da concessionária (STJ, 3ª T., REsp 1.872.260/SP, Rel. Min. Marco Aurélio Bellizze, julg. 4.10.2022, publ. DJ 7.10.2022).

Pode-se afirmar, assim, que figura como causa de rompimento do nexo de cau- *Causas de rompimento do nexo causal*
salidade entre a conduta do transportador e o dano causado ao passageiro apenas a
força maior compreendida como o fortuito externo, ou seja, o fato fortuito estranho
à atividade do transportador, não já o fortuito interno, entendido como o evento
relacionado aos riscos inerentes à atividade desenvolvida (CC, art. 734).[59-60] Ao lado
do fortuito externo, consideram-se excludentes de responsabilidade do transportador
a culpa exclusiva da vítima (CC, art. 738)[61] e o fato de terceiro, desde que equiparável
ao fortuito externo.[62]

Por outro lado, se o transportador concorre para o dano, junto com o terceiro, *Concausas*
há concurso de causas capazes de gerar o evento danoso. Cada um dos responsáveis
responde pela parte do prejuízo que causou, porque a relação causal vincula a própria
atividade e o dano que (cada um) produziu.

No que tange à responsabilidade do transportador por danos causados a tercei- *Responsabilidade do transportador perante terceiros*
ros, que não são passageiros, inicialmente, entendia-se que a responsabilidade era
subjetiva e extracontratual, sob o argumento de não haver qualquer vínculo jurídico
entre transportador e terceiro. Sobre o tema, a Lei das Estradas de Ferro previa a
responsabilidade do transportador por danos causados aos proprietários marginais
(Decreto 2.681/1912, art. 26).[63] Por força dessa previsão, parte da doutrina defendia
a responsabilidade objetiva do transportador pelos danos causados a terceiros.[64]

A questão, todavia, ganhou novos contornos a partir da promulgação da Cons- *Serviço público: responsabilidade objetiva*
tituição da República de 1988, cujo art. 37, § 6º, estendeu a responsabilidade objetiva

---

[59] "Art. 734. O transportador responde pelos danos causados às pessoas transportadas e suas bagagens, salvo motivo de força maior, sendo nula qualquer cláusula excludente da responsabilidade".

[60] Segundo Agostinho Alvim, no fortuito externo "os fatos que exoneram vêm a ser: culpa da vítima, ordens de autoridades (*fait du prince*), fenômenos naturais (raio, terremoto), ou quaisquer outras impossibilidades de cumprir a obrigação, por não ser possível evitar o fato derivado de força externa invencível: guerra, revolução, etc.". Mais adiante, remata que o fortuito externo, "portanto, é o fato externo que não se liga à pessoa ou à empresa por nenhum laço de conexidade" (*Da Inexecução das Obrigações e suas Consequências*, São Paulo: Editora Jurídica e Universitária, 1965, 3ª ed., pp. 315-316). V. tb. Sergio Cavalieri Filho, A Responsabilidade no Transporte Terrestre de Passageiro à Luz do Código do Consumidor. *Revista de Direito do TJERJ*, n. 25, p. 208; Gustavo Tepedino, A Evolução da Responsabilidade Civil no Direito Brasileiro e suas Controvérsias na Atividade Estatal. *Temas de Direito Civil*, t. 1, Rio de Janeiro: Renovar, 2001, 2ª ed., rev. e atual., pp. 196-204.

[61] "Art. 738. A pessoa transportada deve sujeitar-se às normas estabelecidas pelo transportador, constantes no bilhete ou afixadas à vista dos usuários, abstendo-se de quaisquer atos que causem incômodo ou prejuízo aos passageiros, danifiquem o veículo, ou dificultem ou impeçam a execução normal do serviço".

[62] Na jurisprudência, cfr. STJ, REsp. 1.747.637, 3ª T., Rel. Min. Nancy Andrighi, julg. 25.6.2019, publ. DJ 1.7.2019; STJ, AgInt no AREsp 1.332.491, 4ª T., Rel. Min. Raul Araújo, julg. 25.6.2019, publ. DJ 1.7.2019.

[63] "Art. 26. As estradas de ferro responderão por todos os danos que a exploração das suas linhas causar aos proprietários marginais".

[64] Nessa direção, Fernando Noronha, Responsabilidade Civil: uma tentativa de ressistematização. Responsabilidade civil em sentido estrito e responsabilidade negocial. Responsabilidade subjetiva e objetiva. Responsabilidade subjetiva comum ou normal, e restrita a dolo ou culpa grave. Responsabilidade objetiva normal e agravada. *Doutrinas Essenciais de Responsabilidade Civil*, vol. 1, São Paulo: Revista dos Tribunais, 2011, pp. 145-195.

do Estado fundada no risco administrativo a todas as pessoas jurídicas de direito privado prestadoras de serviço público, apenas elidida nas hipóteses de quebra do nexo causal. Passou-se, então, a atribuir ao transportador, prestador de serviço público por concessão ou permissão, responsabilidade objetiva e extracontratual pelos danos causados a terceiros.

CDC: responsabilidade objetiva

Com a edição do Código de Defesa do Consumidor, segundo determinação expressa do art. 17,[65] ampliou-se a responsabilidade objetiva do transportador, equiparando-se aos consumidores, para efeito de acidente de consumo, todas as vítimas do evento (consumidor por equiparação). Assim sendo, no âmbito das relações de consumo, basta ao terceiro provar o dano e o nexo de causalidade, cabendo ao transportador elidir a sua responsabilidade mediante a prova de alguma das excludentes previstas no art. 14, § 3º, do CDC.[66]

Código Civil e o transporte como atividade de risco

O Código Civil, por sua vez, instituiu, no parágrafo único do art. 927,[67] cláusula geral de responsabilidade objetiva para atividades de risco, a qual se aplica, indistintamente, às relações contratuais e extracontratuais. Sobre o conceito de atividade de risco, duas são as teorias mais relevantes: a do risco proveito e a do risco criado. A teoria do risco proveito, desenvolvida por Alvino Lima, compreende por atividade de risco aquela que gera proveito ao agente causador do dano, sendo certo que "o proveito é a razão de ser justificativa de arcar o agente com os riscos".[68] A teoria do risco criado, por sua vez, atribui a responsabilidade àquele que exerce a atividade que gera riscos para os indivíduos, causando-lhes danos,[69] a prescindir do proveito por parte do agente. Como se observou, a teoria do risco proveito acaba por vincular a alocação de risco a atividades das quais o agente extraiu proveito, estabelecendo-se, assim, filtro não incluído pelo dispositivo legal.[70] De outra parte, em outros dispositivos legais, a exemplo do art. 936 do Código Civil,[71] o legislador adotou a teoria do risco criado, a qual deve, portanto, prevalecer na aplicação do parágrafo único do art. 927 do Código Civil.

Tal cláusula geral de responsabilidade objetiva não se aplica, contudo, ao transportador, com vistas a deflagrar sua responsabilidade em face de terceiros. Tal responsabilização do transportador pelos danos causados a terceiros decorrerá do

---

[65] "Art. 17. Para os efeitos desta Seção, equiparam-se aos consumidores todas as vítimas do evento".

[66] "Art. 14. (...) § 3º O fornecedor de serviços só não será responsabilizado quando provar: I – que, tendo prestado o serviço, o defeito inexiste; II – a culpa exclusiva do consumidor ou de terceiro".

[67] "Art. 927. Aquele que, por ato ilícito (arts. 186 e 187), causar dano a outrem, fica obrigado a repará-lo".

[68] Alvino Lima, *Culpa e risco*, São Paulo: Revista dos Tribunais, 1960.

[69] Caio Mário da Silva Pereira defende a teoria do risco criado, *in verbis*: "se alguém põe em funcionamento uma qualquer atividade, responde pelos eventos danosos que esta atividade gera para os indivíduos" (*Responsabilidade Civil*, Rio de Janeiro: Forense, 2018, 12ª ed. atual. por Gustavo Tepedino, p. 355).

[70] Para exame mais aprofundado das teorias do risco, ver o volume de *Responsabilidade Civil* desta Coleção.

[71] "Art. 936. O dono, ou detentor, do animal ressarcirá o dano por este causado, se não provar culpa da vítima ou força maior".

artigo 37, § 6º, da Constituição Federal, se o transportador prestar serviço público; ou do CDC, em razão da aludida equiparação do terceiro ao consumidor (CDC, art. 17).[72] Por outro lado, esta hipótese não se confunde com os acidentes de trânsito, nos quais a vítima deverá provar a culpa do agente causador do dano, cuidando-se de responsabilidade subjetiva.[73]

Não se pode olvidar, contudo, a possibilidade de o terceiro não passageiro que sofre o dano agir culposamente, concorrendo, assim, para a produção do evento danoso; nesta hipótese, a responsabilidade do transportador deve ser mitigada.

Quanto aos danos causados aos empregados, como o cobrador e o motorista, prevê-se a indenização por acidente de trabalho, devida pelo Instituto Nacional de Seguridade Social – INSS, decorrente da relação empregatícia. Além disso, provado o dolo ou a culpa do transportador, o empregado faz jus à verba indenizatória a ser paga diretamente pelo empregador, com base no art. 7º, XXVIII, da Constituição da República.[74] Tem-se, portanto, que a responsabilidade acidentária e securitária é objetiva, ao passo que o pagamento de indenização pelo direito comum por parte do empregador depende da prova de culpa. A despeito da previsão constitucional contida no art. 7º, XXVIII, há corrente minoritária que sustenta a atribuição de responsabilidade objetiva ao empregador pelos danos causados aos empregados em decorrência de acidente de trabalho.[75]

Culpa concorrente e danos causados aos empregados

A responsabilidade do transportador tem como termo inicial o início da execução do contrato e, como termo final, a chegada da pessoa transportada e de suas bagagens ao seu destino (*v.g.*, no transporte aéreo, o início consiste no ingresso na área de embarque e o fim na saída da área de desembarque).

Termo inicial e final da responsabilidade

No tocante à prescrição da responsabilidade pelos danos causados às pessoas transportadas e às suas respectivas bagagens, aplica-se o prazo geral de 3 (três) anos,

Prescrição

---

72   Na jurisprudência: "(...) o Supremo Tribunal Federal, em julgamento de recurso extraordinário representativo da controvérsia, determinou que a pessoa jurídica de direito privado, prestadora de serviço público, ostenta responsabilidade objetiva em relação a terceiros usuários ou não usuários do serviço público, nos termos do artigo 37, § 6º, da Constituição da República de 1988 (RE 591.874/MS, publicado no DJe de 21.11.2008). Em reforço à responsabilidade objetiva do transportador, não se pode olvidar que a legislação consumerista preceitua que o fornecedor de serviços responde pela reparação dos danos causados, independentemente da existência de culpa, decorrente dos defeitos relativos à prestação destes serviços, nos termos do art. 14, §§ 1º e 3º, do CDC" (STJ, 3ª. T., REsp. 1.747.637, Rel. Min. Nancy Andrighi, julg. 25.6.2019, publ. DJ 1.7.2019).

73   Sobre o ponto, ver o volume de *Responsabilidade Civil* desta Coleção.

74   "Art. 7º. (...) XXVIII – seguro contra acidentes de trabalho, a cargo do empregador, sem excluir a indenização a que este está obrigado, quando incorrer em dolo ou culpa".

75   Em comentários ao dispositivo, anota a doutrina: "O dispositivo ora em comento consagra a responsabilidade do empregador em proporcionar ambiente seguro para a prestação de serviços, impondo-lhe obrigatoriedade de contratação de seguro contra acidentes de trabalho e, ainda assim, não o eximindo de indenização independentemente do elemento subjetivo (dolo ou culpa). A CF instituiu nas relações de emprego a responsabilidade objetiva para o fim de autorizar o direito às reparações da Lei de Seguridade Social estabelecidas pela lei previdenciária e instituídas segundo a teoria do risco social e a responsabilidade subjetiva do empregador" (Odair Márcio Vitorino. In: Costa Machado (org.) e Anna Candida da Cunha Ferraz (coord.), *Constituição Federal Interpretada*, Barueri: Manole, 2018, 9ª ed., p. 65).

estabelecido no art. 206, § 3º, V, do Código Civil, referente à reparação civil, a não ser quando se trate de relação de consumo, hipótese na qual incide o prazo de cinco anos previsto no art. 27 do CDC. Invoque-se, aqui, o recente entendimento do Superior Tribunal de Justiça no sentido de que se aplica o prazo decenal às hipóteses de responsabilidade civil contratual.[76]

4.3. Direitos e deveres do transportador

Conduzir o passageiro com segurança

A obrigação principal assumida pelo transportador no transporte de pessoas consiste em conduzir o contratante ao destino acordado. Existe, porém, nesse tipo contratual, cláusula implícita de incolumidade, considerada essencial do tipo, segundo a qual o transportador se obriga a conduzir o passageiro ao seu destino com segurança. Vale dizer: ao lado das obrigações expressamente atribuídas às partes pelo contrato de transporte de pessoas, reconhece-se a existência de cláusula implícita de incolumidade física e psíquica do passageiro, a impor ao transportador a obrigação de resultado, consistente no dever de conduzi-lo ileso ao seu destino (dever de segurança).

Observância dos horários e itinerários acordados

Além disso, o transportador deve observar os horários e itinerários previstos para o transporte, sob pena de responder por perdas e danos (CC, art. 737).[77] Trata-se de adimplir sua prestação tal como estipulado, e caberá à jurisprudência a adoção de padrões adequados para a responsabilização pelo atraso, de acordo com a modalidade de transporte, as suas peculiaridades, bem como os usos e costumes locais. Exonera-se o transportador da obrigação de indenizar provando que o atraso ou a mudança de itinerário decorreu de caso fortuito ou força maior.

Em relação ao transporte aéreo de passageiros, o Código Brasileiro de Aeronáutica, nos arts. 230[78] e 231,[79] determina que se o atraso ultrapassar 4 (quatro) horas a partir do horário estabelecido contratualmente, a transportadora deverá providenciar o embarque do passageiro em outro voo para o mesmo destino, que ofereça serviço equivalente, ou, se for essa a opção do passageiro, restituirá o valor do bilhete. Esta

---

[76] V. a decisão: STJ, Corte Especial, EREsp. 1.281.594, Rel. Min., Benedito Gonçalves, julg. 15.5.2019, publ. DJ 23.5.2019. Tem-se admitido a incidência do Código Comercial e do Decreto 2.681/1912 aos contratos de transporte rodoviário de mercadorias firmados antes da vigência do Código Civil de 2002. Nesse sentido, decidiu o Superior Tribunal de Justiça, no julgamento do Recurso Especial 1.448.785/SP, que "incide o prazo de prescrição anual às pretensões relativas ao contrato de transporte terrestre de cargas (arts. 449, 2 e 3, do Código Comercial e 9º do Decreto nº 2.681/1912)" (STJ, 3ª T., REsp 1.448.785/SP, Rel. Min. Ricardo Villas Bôas Cueva, julg. 26.10.2021, publ. DJ 3.11.2021).

[77] "Art. 737. O transportador está sujeito aos horários e itinerários previstos, sob pena de responder por perdas e danos, salvo motivo de força maior".

[78] "Art. 230. Em caso de atraso da partida por mais de 4 (quatro) horas, o transportador providenciará o embarque do passageiro, em voo que ofereça serviço equivalente para o mesmo destino, se houver, ou restituirá, de imediato, se o passageiro o preferir, o valor do bilhete de passagem".

[79] "Art. 231. Quando o transporte sofrer interrupção ou atraso em aeroporto de escala por período superior a 4 (quatro) horas, qualquer que seja o motivo, o passageiro poderá optar pelo endosso do bilhete de passagem ou pela imediata devolução do preço. Parágrafo único. Todas as despesas decorrentes da interrupção ou atraso da viagem, inclusive transporte de qualquer espécie, alimentação e hospedagem, correrão por conta do transportador contratual, sem prejuízo da responsabilidade civil".

CAPÍTULO X | CONTRATO DE TRANSPORTE

previsão encontra-se refletida nas Condições Gerais de Transporte Aéreo da ANAC, Resolução 400/2016, art. 21.[80]

Como visto, a reparação devida pode englobar danos materiais e extrapatrimoniais, e a responsabilidade somente se elide em razão de caso fortuito ou força maior de natureza externa à prestação do transportador. A jurisprudência do STJ já decidiu que falhas técnicas são previsíveis e inerentes à atividade do transportador de coisas (*rectius,* fortuito interno), razão pela qual não configuram força maior capaz de afastar a sua responsabilidade pelos danos sofridos pelos passageiros.[81]

Falhas técnicas: fortuito interno

Outro dever do transportador é o de não recusar passageiros injustificadamente (CC, art. 739).[82] A recusa se justifica somente nos casos previstos nos regulamentos ou por força das condições de higiene ou saúde do interessado, em cumprimento ao dever de segurança e bem-estar dos demais transportados. Tal disposição tem maior âmbito de aplicação nas relações de consumo, nas quais o fornecedor, ao oferecer ao público seu serviço, não pode se recusar, sem justo motivo, a prestá-lo para quem atender e cumprir os requisitos de sua oferta, sob pena de prática abusiva, nos termos do art. 39, II, do CDC.[83] Tal norma deve ser interpretada sempre com base na boa-fé objetiva e nos princípios constitucionais da liberdade de ir e vir (art. 5º, XV[84]) e da igualdade (art. 5º, *caput*). Desse modo, se o passageiro oferecer algum risco ao transportador ou aos demais transportados; ou, ainda, não cumprir os mandamentos aos usuários previstos em atos normativos, a recusa será legítima.[85] Por outro lado, o

Dever de não recusar passageiros injustificadamente

---

[80] "Art. 21. O transportador deverá oferecer as alternativas de reacomodação, reembolso e execução do serviço por outra modalidade de transporte, devendo a escolha ser do passageiro, nos seguintes casos: I – atraso de voo por mais de quatro horas em relação ao horário originalmente contratado; II – cancelamento de voo ou interrupção do serviço; III – preterição de passageiro; e IV – perda de voo subsequente pelo passageiro, nos voos com conexão, inclusive nos casos de troca de aeroportos, quando a causa da perda for do transportador".

[81] "Não é possível o afastamento da indenização por dano moral na hipótese do prejuízo causado ao passageiro em razão do atraso de voo e extravio de bagagem, sob o fundamento de que ocorrência de problema técnico excluiria a responsabilidade civil da empresa aérea pois, conforme orientação da Segunda Seção desta Corte, a ocorrência de problema técnico é fato previsível, não caracterizando caso fortuito ou força maior, decorrendo o dano da demora, desconforto, aflição e dos transtornos suportados pelo passageiro, que prescindem de comprovação" (STJ, 3ª T., AgRg no Ag 1.389.642, Rel. Min. Ricardo Villas Bôas Cueva, julg. 5.9.2011, publ. DJ 20.9.2011).

[82] "O transportador não pode recursar passageiros, salvo os casos previstos nos regulamentos, ou se as condições de higiene ou de saúde do interessado o justificarem".

[83] "Art. 39. É vedado ao fornecedor de produtos ou serviços, dentre outras práticas abusivas: (...) II – recusar atendimento às demandas dos consumidores, na exata medida de suas disponibilidades de estoque, e, ainda, de conformidade com os usos e costumes".

[84] "Art. 5º Todos são iguais perante a lei, sem distinção de qualquer natureza, garantindo-se aos brasileiros e aos estrangeiros residentes no País a inviolabilidade do direito à vida, à liberdade, à igualdade, à segurança e à propriedade, nos termos seguintes: (...) XV – é livre a locomoção no território nacional em tempo de paz, podendo qualquer pessoa, nos termos da lei, nele entrar, permanecer ou dele sair com seus bens";

[85] Sobre o ponto, destaca Pontes de Miranda: "A oferta ao público somente é revogável conforme a lei que rege especialmente o transporte, ou se há razão alegável contra quem vai aceitar, como se quer entrar no ônibus a pessoa vestida de encarcerado, ou o homem ou mulher com vestes impróprias para andar diante do público, ou com armas que não sejam de uso profissional permitido *in casu*" (*Tratado de Direito Privado*, t. 45, Rio de Janeiro: Borsoi, 1964, p. 47).

dispositivo há de ser temperado em relações paritárias, efetuando-se controle valorativo quanto ao direito do transportador de contratar com o passageiro, preservando sua liberdade de contratação, desde que não configure abuso de direito.

Obrigação de resultado: levar o passageiro ao local acordado

O transportador assume a obrigação de levar o passageiro ao local designado e não pode se eximir desse dever mesmo se a prestação se impossibilitar por caso fortuito ou força maior. Desse modo, havendo interrupção da viagem por motivos alheios à vontade do transportador, permanece a sua obrigação de concluir o transporte, seja por meio de outro veículo da mesma categoria, seja por modalidade diferente da inicialmente acordada. Se o novo veículo for de pior qualidade, impõe-se ao transportador a restituição da diferença. Tais modificações ocorrerão sempre à custa do transportador, que também deverá arcar com as despesas decorrentes de estada e alimentação do usuário durante a espera ocasionada pela interrupção do serviço (CC, art. 741[86]). No mesmo sentido, o transportador não poderá pedir do passageiro a complementação do valor caso o novo veículo ofereça maior custo.

Rescisão do contrato a critério do consumidor

Se o consumidor não concordar com as modificações necessárias ao prosseguimento da viagem, terá a prerrogativa de rescindir o contrato, obtendo a devolução do preço da passagem. Destaque-se, uma vez mais, que essa possibilidade não se estende ao transportador, que, diante de sua impossibilidade, não poderá devolver o valor pago pelo bilhete, eximindo-se de prestar o avençado. Ao contrário, deve cumprir sua obrigação, mesmo que por meios alternativos.

Solidariedade com transportador substituto

Na hipótese de o transportador contratado se fazer substituir por outro para concluir o transporte, em se tratando de relação de consumo, aplica-se a regra da solidariedade estabelecida no Código de Defesa do Consumidor, razão pela qual pode o passageiro demandar, tanto de um como de outro, reparação pelos danos causados no restante do percurso.[87]

Danos morais e materiais e direito de retenção

O transportador também se responsabiliza por danos materiais e morais causados pela demora na substituição do veículo, pelo meio de transporte oferecido, ou pela má prestação do serviço. De outra parte, o transportador tem direito de retenção sobre a bagagem do passageiro e outros objetos pessoais deste para se assegurar do pagamento da passagem, desde que o transporte já tenha sido executado (CC, art. 742), sendo certo que este direito de retenção não se confunde com o penhor legal estipulado para os donos de hospedarias (CC, art. 1.467, I[88]), pois

---

[86] "Art. 741. Interrompendo-se a viagem por qualquer motivo alheio à vontade do transportador, ainda que em consequência de evento imprevisível, fica ele obrigado a concluir o transporte contratado em outro veículo da mesma categoria, ou, com a anuência do passageiro, por modalidade diferente, à sua custa, correndo também por sua conta as despesas de estada e alimentação do usuário, durante a espera de novo transporte".

[87] Na mesma direção, dispõe o art. 259 do Código Brasileiro de Aeronáutica: "Quando o transporte aéreo for contratado com um transportador e executado por outro, o passageiro ou sucessores poderão demandar tanto o transportador contratual como o transportador de fato, respondendo ambos solidariamente".

[88] "Art. 1.467. São credores pignoratícios, independentemente de convenção: I – os hospedeiros, ou fornecedores de pousada ou alimento, sobre as bagagens, móveis, joias ou dinheiro que os seus con-

se trata de direito pessoal,[89] que não autoriza a alienação dos pertences dos passageiros para a satisfação do crédito.[90]

4.4. Direitos e deveres do passageiro

A obrigação principal do passageiro é o pagamento da remuneração avençada pelo desempenho, pelo transportador, da atividade de transporte. O pagamento pode não ser realizado contemporaneamente ao embarque, sendo legítimas estipulações que fixem momento posterior ao início da prestação do serviço ou prevejam o pagamento parcelado, a justificar o direito de retenção do transportador em relação à bagagem do passageiro até o pagamento da remuneração.

Dever de pagar a remuneração

Impõe-se, ainda, ao passageiro, como dever jurídico decorrente do contrato de transporte, cooperar para a regular execução do contrato (CC, art. 738).[91] Tal dever de cooperação relaciona-se ao cumprimento de normas regulamentares estabelecidas pelo transportador referentes ao comportamento ou à forma de utilização do serviço, normalmente constantes de avisos ou recomendações, e pelas quais se impõe, em regra, a abstenção da prática de atos que possam causar desconforto ou insegurança para os demais passageiros.[92] Tal obrigação se dá com maior intensidade nos casos de transporte coletivo, quando cabe ao conduzido zelar pelo respeito aos outros passageiros, se abstendo de praticar atos que ameacem a incolumidade da coletividade com a qual o transporte está sendo compartilhado. Assim, ao firmar o contrato de transporte, o passageiro geralmente assume obrigações de conduta presentes no próprio bilhete, em avisos ostentados nos veículos, ou em recomendações.

Observância de normas regulamentares

---

    sumidores ou fregueses tiverem consigo nas respectivas casas ou estabelecimentos, pelas despesas ou consumo que aí tiverem feito".

[89]   Registra Sílvio de Salvo Venosa: "Nessa hipótese, não há penhor legal, mas direito procedimental de retenção sobre a bagagem do passageiro, que poderá ser alegado também como matéria de defesa, enquanto não pago o valor da passagem. Da mesma forma, uma vez realizado o transporte, o transportador poderá validamente reter a bagagem do passageiro, e seus objetos pessoais transportados até o efetivo pagamento. A hipótese é de pagamento diferido para o final da viagem. Não se aplica, por exemplo, se foi contratado o pagamento da passagem a prazo" (*Direito Civil:* Contratos em Espécie, vol. III, 13ª ed., São Paulo: Atlas, 2013, pp. 380-381).

[90]   Como assinala Anderson Schreiber: "O transportador tem direito de retenção sobre as bagagens do passageiro em mora. Trata-se de medida de moralidade discutível, tormentosa execução e pouca ou nenhuma utilidade para o transportador, que não pode alienar os pertences do passageiro, limitando-se a retê-los como meio coercitivo, assumindo não apenas o custo, mas também o risco de seu armazenamento, não sendo raro que a bagagem contenha produtos perecíveis. Daí por que, na prática, a imensa maioria dos transportadores exige pagamento antecipado, antes de dar início à viagem" (*Manual de Direito Civil Contemporâneo*, São Paulo: Saraiva Educação, 2019, 2ª ed., p. 613).

[91]   "Art. 738. A pessoa transportada deve sujeitar-se às normas estabelecidas pelo transportador, constantes no bilhete ou afixadas à vista dos usuários, abstendo-se de quaisquer atos que causem incômodo ou prejuízo aos passageiros, danifiquem o veículo, ou dificultem ou impeçam a execução normal do serviço".

[92]   No âmbito do transporte aéreo, dispõe o art. 232 do Código Brasileiro de Aeronáutica: "a pessoa transportada deve sujeitar-se às normas legais constantes do bilhete ou afixadas à vista dos usuários, abstendo-se de ato que cause incômodo ou prejuízo aos passageiros, danifique a aeronave, impeça ou dificulte a execução normal do serviço".

Respeito à segurança e conforto dos demais passageiros

Com efeito, o passageiro tem direito a usufruir de serviço que atenda às suas legítimas expectativas de segurança e qualidade; e, em contrapartida, deve colaborar para que o serviço seja prestado adequadamente, agindo de acordo com as orientações do transportador. Em consequência, reconhece-se ao transportador, por seus prepostos (*v.g.* motorista, capitão, comandante etc.), o poder de agir para impedir que o passageiro inconveniente, ou que traga risco ao transporte, seja transportado ou prossiga na viagem.[93]

Concorrência da vítima para o dano

Se o passageiro sofrer algum dano durante o transporte que puder ser atribuído, em parte, à transgressão de alguma dessas normas e instruções, o juiz deverá reduzir o valor indenizatório que caberá ao transportador. Tal redução deverá ser feita de forma equitativa, levando em consideração a medida da concorrência da vítima para o dano (CC, art. 738, parágrafo único).[94-95]

Passageiros "pingentes"

Por outro lado, caso se verifique culpa exclusiva da vítima, afasta-se o dever de indenizar do transportador. Sobre a responsabilidade do transportador *vis-à-vis* à conduta do passageiro, a jurisprudência oscila na solução de casos recorrentes nos Tribunais. À guisa de exemplo, nas hipóteses em que as pessoas viajam como "pingentes", isto é, penduradas em portas ou janelas de trens ou ônibus, entende-se que há culpa concorrente (não já exclusiva) da vítima, capaz de reduzir a responsabilidade do transportador. Esta fundamenta-se em seu dever de fornecer veículos em bom estado de conservação e em quantidade suficiente para atender satisfatoriamente aos usuários, cabendo-lhe, ainda, proibir essa prática em cumprimento a seu dever de fiscalização e segurança.[96]

---

[93] Cfr. o art. 168, I, do Código Brasileiro de Aeronáutica: "é prerrogativa do comandante desembarcar qualquer pessoa que comprometa a boa ordem, a disciplina ou coloque em risco a segurança da aeronave ou das pessoas e bens a bordo".

[94] "Art. 738. (....) Parágrafo único. Se o prejuízo sofrido pela pessoa transportada for atribuível à transgressão de normas e instruções regulamentares, o juiz reduzirá equitativamente a indenização, na medida em que a vítima houver concorrido para a ocorrência do dano".

[95] Destaque-se, na doutrina: "A transgressão por parte do passageiro das normas estabelecidas para o transporte pode ser motivo para a aplicação de sanções, inclusive a de retirada compulsória do meio de transporte. Se o passageiro sofre um dano durante o transporte em situação em que tenha desobedecido às normas estabelecidas no contrato, pode se configurar a figura da concorrência de causas para o evento danoso, estando o juiz obrigado neste caso a reduzir equitativamente a indenização devida ao passageiro de acordo com a participação da vítima na ocorrência do evento danoso (Código Civil, parágrafo único do art. 738)". (Caio Mário da Silva Pereira, *Instituições de Direito Civil*, vol. III, 21ª ed., Rio de Janeiro: Forense, 2017, p. 220).

[96] Na jurisprudência, STJ, 3ª T., REsp 226.348/SP, Rel. Min. Castro Filho, julg. 19.9.2006, publ. DJ 23.10.2006. "No caso dos autos, a transportadora concorreu para o evento, ao permitir que em sua composição férrea trafegasse o autor como 'pingente'. Por outro lado, a vítima colaborou para o resultado, colocando-se nessa situação de perigo sem necessidade, pois, conforme afirmado pelo juízo ordinário, havia a possibilidade de o autor entrar no trem, uma vez que havia espaço, tendo o recorrente assumido sua 'aventura'. Em suma, esta Corte passou, em tese, a considerar concorrência de culpa para afastar, em parte, a responsabilidade objetiva da ferrovia pelo total da indenização, mesmo quando demonstrada a culpa da vítima no evento". Em alguns casos, porém, a culpa concorrente da vítima é afastada, entendendo-se pela responsabilidade integral do transportador: "(...) Com efeito, restou comprovado nos autos não só a qualidade de passageiro como também que o acidente que vitimou o filho dos autores se deu por culpa exclusiva da ré que, permitiu ou possibilitou que

Em contrapartida, na hipótese de "surfista ferroviário", assim chamado o indivíduo que, passageiro regular ou não, viaja arriscadamente, em cima de uma composição ferroviária, identificam-se duas soluções: (i) caso o passageiro, após embarcar no veículo, se encaminhe para o teto da composição por se encontrarem abertas portas ou janelas, a situação assemelha-se ao do "pingente", uma vez que o transportador falhou no seu dever de fiscalização e segurança ao permitir que o veículo trafegasse com as portas ou janelas abertas, a determinar a repartição da responsabilidade entre transportador e passageiro;[97] por outro lado, (ii) se passageiro, apesar de as portas e janelas estarem devidamente fechadas, consegue abri-las durante o trajeto, alcançando, assim, o teto do veículo; ou, sem ingressar na composição, dirige-se diretamente para o teto, configura-se hipótese de culpa exclusiva da vítima, já que

"Surfista ferroviário"

---

suas composições trafegassem com as portas abertas. A testemunha ouvida às fls. 287 não deixa dúvidas quanto à dinâmica do acidente e a culpa exclusiva da concessionária. A alegação de que a vítima seria surfista de trem não restou comprovada nos autos, por seus prepostos, foi causadora do abalroamento que causou as lesões à autora" (TJRJ, 24ª CC., Ap. Cív. 0095008-65.2012.8.19.0038, Rel. Des. Marcelo Marinho, julg. 12.6.2019, publ. DJ 14.6.2019). V. tb.: STJ, 4ª T., REsp. 259.261, Rel. Min. Sálvio de Figueiredo Teixeira, julg. 13.9.2000, publ. DJ 16.10.2000. Cite-se, sobre o ponto, interessante decisão do TJRJ sobre a Operação "fecha portas" e a superlotação nos trens urbanos: "A demanda em questão reflete a conduta da ré nas operações realizadas em suas plataformas de embarques objetivando a retirada de passageiros que viajavam pendurados nas composições forçando a abertura das portas ou sobre os vagões, operações estas denominadas "Fecha Portas". Como se já não fossem poucas as agruras dos infelizes passageiros que tem de se utilizar diariamente do ineficiente transporte ferroviário, veem-se ainda submetidos aos constrangimentos e humilhações decorrentes de agressões, retirada compulsória dos vagões e comparecimento a delegacia de polícia por incursão em prática delituosa, fato demonstrado pelo autor com a juntada do registro de ocorrência. Assim como a massa de trabalhadores que lotam os trens o autor tem o objetivo único de chegar a seu local de trabalho no horário certo, e isto muitas vezes só é conseguido ao custo das perigosas viagens com o corpo pendurado em vagões com portas abertas quando já não há mais espaço para alguém entrar e os que tentam embarcar são involuntariamente empurrados para fora do vagão forçando a abertura das portas sob o receio de serem asfixiados ou imprensados, não havendo diante de tal quadro como se presumir qualquer espírito de aventura ou exibicionismo. Não se pode negar à ré a busca da segurança em seu transporte, porém deve fazê-lo respeitando a integridade física e moral daquele que paga pelo transporte. Ao promover as noticiadas operações "Portas Fechadas" esqueceu-se a ré que o passageiro que muitas vezes está pendurado ou com as portas abertas é a vítima do ineficiente transporte ferroviário e não um criminoso igualado aos "surfistas de trem" ou aos vândalos e baderneiros que impõem ainda mais transtornos ao que já é caótico, estes sim merecedores da reprimenda e prisão, nada sendo demonstrado que incluísse o auto em tal grupo. Se a ré tinha interesse em preservar a segurança dos passageiros, deveria retirá-los do vagão com urbanidade e embarcá-los em ônibus rumo à estação de destino suprindo assim a deficiência de seu serviço, e não para uma delegacia policial objetivando ser incursão como praticante de ilícito penal. Ora, se o veículo transportador não tem capacidade suficiente para transportar o contratado, tal circunstância por si só já representa violação do art. 730 do CC devendo a ré se aparelhar para evitar a superlotação. Mesmo não tendo sido agredido fisicamente foi o autor exposto ao vexame de ser removido do transporte em horário de grande movimento perante o público e posteriormente conduzido à delegacia policial, com o inegável prejuízo da normalidade de sua vida e perda do dia de trabalho, ensejando assim o dano de natureza moral que deve ser indenizado. Não sendo comprovado o dano material alegado, não há como ser o mesmo provido. Recurso parcialmente provido". (TJRJ, 19ª CC., Ap. Cív. 0167840-86.2007.8.19.0001, Rel. Des. Marcos Alcino Torres julg. 9.10.2012, publ. DJ 7.12.2012).

[97] TJRJ, 8ª CC., Ap. Cív. 0055306-34.2009.8.19.0001, Rel. Des. Mônica Maria Costa, julg. 21.2.2019, publ. DJ 21.2.2019.

não é exigível da ferrovia a fiscalização necessária para coibir tal prática. Afasta-se, assim, a responsabilidade do transportador.[98]

Passageiro clandestino

Na hipótese de passageiro clandestino, que embarca sem intenção de pagar o preço da passagem, caso seja detectada falha do transportador no dever de vigilância, haverá o dever de indenizar do transportador. Caso contrário, será culpa exclusiva da vítima. Caberá à transportadora o ônus de provar a clandestinidade.[99]

Direito de resilição unilateral do passageiro

De outra parte, o passageiro tem o direito de resilir unilateralmente o contrato de transporte antes de iniciada a viagem, e, caso sua decisão seja tomada a tempo da renegociação do bilhete, terá direito à restituição do valor da passagem, com desconto de 5% (cinco por cento) a título de multa compensatória (CC, art. 740, § 3º).[100]

Não cabimento da restituição

A restituição não irá ocorrer, ao contrário, se a desistência for feita durante o percurso ou se não for realizada com a devida antecedência, como ocorre nos casos em que o passageiro não aparece no local de embarque no dia e hora estabelecidos. Entretanto, caso a desistência tenha ocorrido depois de iniciada a viagem, mas reste comprovado o reaproveitamento do bilhete pelo transportador, mediante a utilização por outro passageiro, a devolução será cabível em relação ao trecho não utilizado para o passageiro que desistiu durante o trajeto ou ao percurso integral para o passageiro que não embarcou, como forma de evitar o enriquecimento sem causa do transportador (CC, art. 740, § 1º).[101] Em qualquer caso, é cabível a retenção de fração equivalente à multa compensatória (CC, art. 740, § 3º).[102]

Fortuito ou força maior

Na hipótese de fortuito ou força maior que impeça o passageiro de realizar o transporte, prevalece o seu direito à restituição do valor da passagem, qualquer que seja o momento da desistência, ainda que não consiga comunicar a impossibilidade do embarque ao transportador em tempo hábil para a renegociação do bilhete. No entanto, em homenagem ao princípio da boa-fé, o passageiro deve comunicar ao transportador tal impossibilidade tão logo possível, de modo a colaborar para a mitigação dos prejuízos que este último deverá suportar. Nesse caso, não cabe multa compensatória.

---

[98] STJ, 4ª T., REsp. 261.027, Rel. Min. Ruy Rosado de Aguiar, julg. 19.4.2001, publ. DJ 13.8.2001. "Responsabilidade civil. Acidente ferroviário. Queda de trem. 'Surfista ferroviário'. Culpa exclusiva da vítima. I – A pessoa que se arrisca em cima de uma composição ferroviária, praticando o denominado 'surf ferroviário', assume as consequências de seus atos, não se podendo exigir da companhia ferroviária efetiva fiscalização, o que seria até impraticável. (...)" (STJ, 3ª T., REsp. 160.051, Rel. Min. Antônio de Pádua Ribeiro, julg. 5.12.2002, publ. DJ 17.2.2003).

[99] TJSP, 22ª C. D. Priv., Ap. Cív. 991.08.105362-5, Rel. Des. Matheus Fontes, julg. 10.3.2010, publ. DJ não divulgado.

[100] No transporte ferroviário, a desistência deverá ocorrer com, no mínimo, 6 (seis) horas de antecedência da partida do trem *ex vi* do art. 45 do Decreto 1.832/1996: "Art. 45. Ao usuário do trem de longo percurso que desistir da viagem será restituída a importância paga, se a Administração Ferroviária for comunicada com antecedência mínima de seis horas da partida do trem".

[101] "Art. 740. (...) § 1º Ao passageiro é facultado desistir do transporte, mesmo depois de iniciada a viagem, sendo-lhe devida a restituição do valor correspondente ao trecho não utilizado, desde que provado que outra pessoa haja sido transportada em seu lugar."

[102] "Art. 740. (...) § 3º Nas hipóteses previstas neste artigo, o transportador terá direito de reter até cinco por cento da importância a ser restituída ao passageiro, a título de multa compensatória".

A Agência Nacional de Aviação Civil – ANAC regulamentou a matéria em relação ao transporte aéreo, determinando, na Portaria 676/GC-5, de 13 de novembro de 2000, que o passageiro que não utilizasse a passagem teria direito à restituição da quantia paga, dentro do prazo de validade do bilhete,[103] ressalvada a possibilidade de retenção de 10% (dez por cento) do saldo reembolsável ou do equivalente a US$ 25,00 (vinte e cinco dólares americanos), o que fosse menor, caso a desistência fosse decorrente de conveniência do passageiro. Ou seja, independentemente de comunicar a desistência ou de a empresa aérea conseguir transportar outra pessoa em seu lugar, o passageiro que não utilizasse o bilhete de passagem, deixando de embarcar no voo previsto (fenômeno conhecido como *no show*), teria direito, dentro do prazo de validade da passagem, à restituição do valor correspondente, com a dedução da taxa que equivale à multa compensatória. Essa portaria, todavia, foi revogada tacitamente pela Resolução 400 da ANAC, de 13 de dezembro de 2016, que estabelece a regra atual da Agência sobre os direitos e deveres dos passageiros. A Resolução, por outro lado, indica, em seu art. 9º, que "as multas contratuais não poderão ultrapassar o valor dos serviços de transporte aéreo".

Desistência no transporte aéreo

Ao não estabelecer o requisito do reaproveitamento do bilhete pelo transportador como condicionante ao reembolso, a Portaria sujeitava as empresas aéreas a prejuízos, o que estimula a emissão de reservas em número superior aos lugares disponíveis na aeronave, em prática conhecida como *overbooking*. Vale dizer: para evitar a situação em que muitos passageiros desistam, os transportadores aéreos, com base em estimativas de *no shows*, costumam aceitar número de reservas superior ao de lugares disponíveis na aeronave. Nestes casos, o transportador torna-se plenamente responsável pelos prejuízos sofridos pelo passageiro que, a despeito de ter confirmado a sua reserva e comparecido ao aeroporto no horário ajustado, seja impedido de embarcar em razão da superlotação da aeronave.

Overbooking

No Brasil, os Tribunais consideram o *overbooking* modalidade de atraso no embarque.[104] A doutrina, no entanto, caracteriza tal fato como hipótese autônoma de descumprimento contratual por parte da empresa aérea.[105]

Qualificação do overbooking

A matéria encontra-se regulamentada pela Resolução 400, de 13 de dezembro de 2016, da Agência Nacional de Aviação Civil – ANAC, a qual determina, em seu art. 23,[106] que, na hipótese de *overbooking*, o transportador deverá procurar voluntá-

Solução para o overbooking

---

[103] De acordo com o art. 228 do CBA, "O bilhete de passagem terá a validade de 1 (um) ano, a partir da data de sua emissão".

[104] STJ, 3ª T., AgRg no Ag 1.410.645, Rel. Min. Paulo de Tarso Sanseverino, julg. 25.10.2011, publ. DJ 7.11.2011; STJ, 4ª T., EDcl no Ag 977.762, Rel. Min. Luis Felipe Salomão, julg. 18.8.2011, publ. DJ 24.8.2011.

[105] Confira-se, a respeito, Marco Fábio Morsello, *Responsabilidade Civil no Transporte Aéreo*, São Paulo: Atlas, 2006, p. 184 e ss. O autor, com base em vasta referência doutrinária nacional e estrangeira, sustenta que o *overbooking* não configura atraso no embarque, mas inadimplemento absoluto da obrigação fundamental do transportador.

[106] "Art. 23. Sempre que o número de passageiros para o voo exceder a disponibilidade de assentos na aeronave, o transportador deverá procurar por voluntários para serem reacomodados em outro voo mediante compensação negociada entre o passageiro voluntário e o transportador.

rios que se disponibilizem a serem reacomodados em outro voo, mediante compensação, a fim de evitar a preterição de passageiros (i.e. a recusa de passageiros contra a vontade destes). Caso isto não seja possível, a companhia aérea deverá oferecer a escolha, a critério do passageiro, entre a reacomodação em outro voo, próprio ou de outra empresa, para o mesmo destino, reembolso ou execução do serviço por outra modalidade de transporte (art. 21).[107] Caberá, ainda, compensação financeira, prefixada nos termos do art. 24[108] da Resolução ANAC 400/2016. A pré-liquidação dos danos não afasta a possibilidade de *in concreto* o passageiro demonstrar prejuízos superiores. Nos voos domésticos, o passageiro poderá pleitear, com base no CDC, indenização pelos danos patrimoniais e morais sofridos, sem a observância de qualquer limitação tarifária; já nos voos internacionais, incidirão as limitações previstas nas Convenções Internacionais, como decidiu o STF. Em qualquer hipótese, a empresa aérea deverá proporcionar ao passageiro preterido facilidades de comunicação, transporte, hospedagem e alimentação.

5. TRANSPORTE DE COISAS

5.1. Objeto

Disciplina

Para além da disciplina geral do Código Civil, o transporte de coisas encontra-se regulado em leis especiais, dentre as quais o Decreto 2.681, de 7 de dezembro de 1912, chamado Lei de Estradas de Ferros, e o Decreto 1.832, de 4 de março de 1996, que constitui o Regulamento dos Transportes Ferroviários, que se destinam a regular o transporte ferroviário de mercadorias; a Lei 11.442, de 7 de janeiro de 2007, que trata do transporte rodoviário de cargas; a Lei 9.432, de 8 de janeiro de 1997, que cuida do transporte aquaviário, marítimo e fluvial; o Código Brasileiro de Aeronáutica, que regulamenta o transporte aéreo de carga (CBA, arts. 235 e ss.); e a Lei 9.611, de 19 de fevereiro de 1998, que disciplina o transporte multimodal de cargas, o qual

---

§ 1º. A reacomodação dos passageiros voluntários em outro voo mediante a aceitação de compensação não configurará preterição.

§ 2º. O transportador poderá condicionar o pagamento das compensações à assinatura de termo de aceitação específico".

[107] "Art. 21. O transportador deverá oferecer as alternativas de reacomodação, reembolso e execução do serviço por outra modalidade de transporte, devendo a escolha ser do passageiro, nos seguintes casos: I – atraso de voo por mais de quatro horas em relação ao horário originalmente contratado; II – cancelamento de voo ou interrupção do serviço; III – preterição de passageiro; e IV – perda de voo subsequente pelo passageiro, nos voos com conexão, inclusive nos casos de troca de aeroportos, quando a causa da perda for do transportador. Parágrafo único. As alternativas previstas no *caput* deste artigo deverão ser imediatamente oferecidas aos passageiros quando o transportador dispuser antecipadamente da informação de que o voo atrasará mais de 4 (quatro) horas em relação ao horário originalmente contratado".

[108] "Art. 24. No caso de preterição, o transportador deverá, sem prejuízo do previsto no art. 21 desta Resolução, efetuar, imediatamente, o pagamento de compensação financeira ao passageiro, podendo ser por transferência bancária, voucher ou em espécie, no valor de: I – 250 (duzentos e cinquenta) DES, no caso de voo doméstico; e II – 500 (quinhentos) DES, no caso de voo internacional".

congrega, no âmbito de um único contrato, duas ou mais modalidades de transporte. Aplicam-se, ainda, no que tange ao transporte aéreo internacional de cargas, as Convenções de Varsóvia e de Montreal.[109]

Seguindo a definição estabelecida pelo legislador na regra geral para os contratos de transportes, o transporte de coisas é o contrato por meio do qual o transportador se compromete, diante do remetente ou expedidor, a transportar o objeto disponibilizado nas condições avençadas e entregá-lo ao destinatário, mediante o pagamento de remuneração. Dito diversamente, no contrato de transporte de coisas, o transportador se compromete, perante o remetente ou expedidor, a levar determinada mercadoria de um lugar para outro, segundo as condições contratadas, e a entregá-la intacta e pontualmente ao destinatário (CC, art. 743).[110] A coisa transportada consiste em bem infungível, certo e determinado em relação ao valor, ao peso ou à quantidade.[111]

Conceito

Figuram como partes do contrato de transporte, (i) o transportador; (ii) o remetente ou expedidor; e (iii) o destinatário ou consignatário, a quem deve ser entregue a coisa transportada.

O destinatário ou consignatário, pessoa que receberá a coisa transportada, poderá figurar como terceiro à relação contratual. Apesar de não possuir vínculo con-

Destinatário

---

[109] O Superior Tribunal de Justiça já decidiu expressamente nesse sentido: "(...) 1. 'Nos termos do artigo 178 da Constituição da República, as normas e os tratados internacionais limitadores da responsabilidade das transportadoras aéreas de passageiros, especialmente as Convenções de Varsóvia e Montreal, têm prevalência em relação ao Código de Defesa do Consumidor' (RE n. 636.331/RJ, relator Ministro Gilmar Mendes, Tribunal Pleno, julgado em 25.5.2017, Repercussão Geral-Mérito, DJe 13.11.2017). 2. A controvérsia em exame, atinente à responsabilidade civil decorrente de extravio de mercadoria importada objeto de contrato de transporte celebrado entre a importadora e a companhia aérea, encontra-se disciplinada pela Convenção de Montreal, por força da regra de sobredireito inserta no artigo 178 da Constituição, que preconiza a prevalência dos acordos internacionais subscritos pelo Brasil sobre transporte internacional. Precedentes do STJ. (...) Nesse passo, mesmo em não se tratando de extravio de bagagem de passageiro – isto é, de um conflito em relação de consumo, tal qual o solucionado no aludido precedente vinculante do STF –, revela-se inequívoco que a controvérsia atinente à responsabilidade civil decorrente de extravio de mercadoria importada objeto de contrato de transporte celebrado entre a importadora e a companhia aérea (hipótese dos autos) também se encontra disciplinada pela Convenção de Montreal, por força da regra de sobredireito inserta no artigo 178 da Constituição, que, como dito alhures, determina a prevalência dos acordos internacionais subscritos pelo Brasil sobre transporte internacional" (STJ, 2ª S., EREsp. 1.289.629, Rel. Min. Luis Felipe Salomão, julg. 25.5.2022, publ. DJ 20.6.2022).

[110] "A coisa, entregue ao transportador, deve estar caracterizada pela sua natureza, valor, peso e quantidade, e o mais que for necessário para que não se confunda com outras, devendo o destinatário ser indicado ao menos pelo nome e endereço".

[111] Com relação aos bens fungíveis, estes, uma vez recebidos pelo transportador, se tornam infungíveis, já que deverão ser entregues ao destinatário, de sorte que o transportador não os poderá trocar ou substituir. Como anota Araken de Assis: "É preciso, no ato do recebimento da coisa, caracterizá-la 'pela sua natureza, valor, peso e quantidade' e, ainda, individualizá-la por sinais característicos que nenhuma das outras coisas têm. Tratando-se de volumes, a individualização dar-se-á por ficha, ou por 'colagem ou amarração de papel ou outra peça com indicações, quase sempre numéricas'. As coisas fungíveis, e que se transportam a granel, quase sempre são apenas caracterizadas, indicando-se sua natureza, peso e quantidade. Porém, exibindo qualidade excepcional, ou natureza peculiar – por exemplo, há lotes de soja transgênica na partida -, providenciará o transportador sua individuação, em local, vagão ou veículo próprios" (*Contratos Nominados*, São Paulo: Revista dos Tribunais, 2005, p. 350).

tratual com as partes, pode ostentar direitos e deveres em face dos contratantes. Por ser beneficiário da estipulação, poderá, por exemplo, reclamar a entrega da mercadoria; exigir a verificação do seu estado, aceitando-a integralmente, com reservas ou rejeitando-a justificadamente. Pode, eventualmente, contrair obrigações, quando, por exemplo, as partes lhes atribuem, mediante a sua expressa anuência, ainda que *a posteriori*, a responsabilidade pelo pagamento do frete. Nesta hipótese, tem direito, por exemplo, a exigir a redução do frete, se cobrado acima da tarifa. De outra parte, por exemplo, é possível que o remetente e o destinatário sejam a mesma pessoa, sem, contudo, confundirem-se suas pretensões em relação a cada posição contratual.[112]

Início da execução contratual

O primeiro ato de execução do contrato de transporte de mercadorias se perfaz com a entrega dos bens ao transportador. A partir desse momento, o condutor passa a ter a custódia das mercadorias recebidas (CC, art. 750),[113] que devem estar devidamente identificadas. Nessa mesma oportunidade, pode o transportador emitir o conhecimento, com os dados que as identifiquem, na forma do art. 744 do Código Civil.[114] Devem constar, ainda, do conhecimento, as cláusulas de aviso de desembarque ou de entrega a domicílio (CC, art. 752).[115]

Conhecimento

Como mencionado anteriormente, o instrumento formalizador do contrato de transporte de coisas é o *conhecimento de transporte,* também denominado *conhecimento de carga* ou *conhecimento de frete.* Trata-se de documento emitido pelo transportador cuja finalidade precípua consiste em fazer prova do recebimento da mercadoria, pela empresa transportadora, e da obrigação que assume de entregá-la em certo destino. Serve, ainda, de título para seu recebimento pelo legítimo portador. Como visto, o contrato de transporte é consensual, não sendo necessária forma específica para o seu aperfeiçoamento. Logo, o conhecimento é instrumento de prova, mas a sua ausência não implica a nulidade do contrato (CC, art. 744).[116]

---

[112] Nessa esteira: "Em certos casos, o próprio expedidor ou remetente poderá aparecer como destinatário, sem que se confundam as duas figuras, como ocorre, a título de exemplificação, se uma pessoa se mudar de um lugar a outro e enviar móveis para sua nova residência, convencionando que eles lhe sejam entregues no local do destino. Nesse caso, sua posição não se confunde com a do expedidor, pois naquela posição de destinatário terá apenas o direito de receber os objetos expedidos no prazo e nas condições ajustadas" (Gustavo Tepedino *et al., Código Civil Interpretado conforme a Constituição da República,* vol. II, Rio de Janeiro: Renovar, 2012, 2ª ed., p. 545).

[113] "Art. 750. A responsabilidade do transportador, limitada ao valor constante do conhecimento, começa no momento em que ele, ou seus prepostos, recebem a coisa; termina quando é entregue ao destinatário, ou depositada em juízo, se aquele não for encontrado".

[114] "Art. 744. Ao receber a coisa, o transportador emitirá conhecimento com a menção dos dados que a identifiquem, obedecido o disposto em lei especial".

[115] "Art. 752. Desembarcadas as mercadorias, o transportador não é obrigado a dar aviso ao destinatário, se assim não foi convencionado, dependendo também de ajuste a entrega a domicílio, e devem constar do conhecimento de embarque as cláusulas de aviso ou de entrega a domicílio".

[116] "Art. 744. Ao receber a coisa, o transportador emitirá conhecimento com a menção dos dados que a identifiquem, obedecido o disposto em lei especial. Parágrafo único. O transportador poderá exigir que o remetente lhe entregue, devidamente assinada, a relação discriminada das coisas a serem transportadas, em duas vias, uma das quais, por ele devidamente autenticada, ficará fazendo parte integrante do conhecimento".

O conhecimento consiste em título de crédito impróprio, pois, apesar de não incorporar uma operação de crédito propriamente dita, é o instrumento pelo qual se exige a prestação, gozando das principais caraterísticas daquele instituto, como a literalidade, a autonomia, a cartularidade, circulando mediante endosso, salvo se emitido não a ordem, caso em que deve haver cessão para sua circulação.

Título de crédito impróprio

Uma vez emitido o conhecimento, a entrega das mercadorias condiciona-se à transferência ao transportador do respectivo título. Não deve, portanto, o transportador entregá-las ao destinatário indicado pelo remetente, mas ao legítimo possuidor do título, verdadeiro titular dos direitos e obrigações decorrentes do contrato de transporte (CC, art. 754).

O parágrafo único do art. 744 do Código Civil assegura ao transportador o direito de exigir do remetente a relação discriminada, devidamente assinada, das coisas a serem transportadas, em duas vias, uma das quais fará parte integrante do conhecimento de transporte. Este expediente tem por objetivo resguardar o transportador de eventual alegação, por parte do endossatário, possuidor do conhecimento, de discrepância entre as mercadorias indicadas no documento e aquelas que foram expedidas.

Relação discriminada das coisas a serem transportadas

Na hipótese de endosso, o transportador não responde pela legitimidade do conhecimento, nem pelos defeitos ou vícios das mercadorias transportadas, devendo o endossatário, neste caso, voltar-se exclusivamente contra o remetente endossante, sobre quem recaem as responsabilidades pela circulação do título,[117] salvo se o transportador faltar culposamente com o seu dever de conferir a integridade das informações lançadas no conhecimento.[118]

Responsabilidade do remetente endossante

---

[117] Segundo o Decreto 19.473/1930 (revogado por Decreto de 25.4.1991), art. 6º, *in fine*: "O endossador responde pela legitimidade do conhecimento e existência da mercadoria, para com os endossatários posteriores, ou portadores". O Supremo Tribunal Federal, ao examinar hipótese em que o remetente tinha expedido sacas de café que continham, principalmente, "cascas, paus e pedras", assim entendeu: "Os conhecimentos de transporte são títulos negociáveis e autônomos. Os financiadores desses títulos de transporte não podem responsabilizar os transportadores pela mercadoria defeituosa que se continha, como acontecia no caso em apreço, nos sacos de café. A estrada de ferro não podia ser responsabilizada, dada a natureza e a quantidade da mercadoria embarcada" (STF, Tribunal Pleno, Emb. RE 37.786, Rel. Min. Hermes Lima, julg. 30.03.1964, publ. DJ 25.06.1964). Na espécie, argumentou-se que, sendo o conhecimento emitido pelo transportador, este deveria se responsabilizar pelo que ali consta declarado. Contra isso, o Min. Victor Nunes, em extenso e profundo voto, aduziu que o art. 6º do Decreto 19.473/1930 "exclui, em princípio, a responsabilidade do emissor do conhecimento, que é o transportador". Isto porque, explica o Ministro, "não é possível equiparar o conhecimento de frete a outros títulos negociáveis, como, por exemplo a cambial. Esses outros títulos de crédito são emitidos no interesse, real ou presumido, exclusivo ou não, mas sempre no interesse do subscritor. É razoável, portanto, que lhe advenha toda a responsabilidade pela emissão de um título circulável. Mas a emissão do conhecimento de embarque, como título negociável, de modo nenhum atende ao interesse do transportador, que o emite, e, sim exclusivamente, ao interesse do remetente, ou do consignatário, ou seja, do primeiro endossador do título, quando negociado. O título só entra em negociação no interesse do remetente ou do consignatário (primeiro endossador), sem qualquer interesse do emissor ou subscritor. Compreende-se, pois, repetimos, que a lei tenha feito recair no endossador, e não no emissor, a responsabilidade pelas consequências da circulação do título, em outras palavras, a responsabilidade pela sua legitimidade extrínseca e intrínseca perante terceiros de boa-fé".

[118] Nessa direção, no acima mencionado acórdão do STF, o Min. Victor Nunes salientou, em seu voto, que a responsabilidade do transportador pelo defeito da mercadoria transportada somente resultaria

Legitimidade para receber a mercadoria

Assim sendo, via de regra, é legítimo para receber a mercadoria quem apresentar o conhecimento endossado, ou, na impossibilidade de endosso, o destinatário determinado. Em qualquer caso, o consignatário deve receber a coisa e conferi-la, apresentando as reclamações que entender cabíveis. Caso o dano ocasionado ao produto durante o transporte, não possa ser percebido à primeira vista, o destinatário conserva a ação contra o transportador, desde que denuncie o dano em 10 (dez) dias a contar da entrega (CC, art. 754)[119].

Vício do produto em relação de consumo

Caso, por outro lado, configure relação de consumo, incidirá disciplina diversa. No CDC, não importa se o vício é oculto ou aparente. O critério de delimitação do prazo decadencial associa-se à vida útil do bem. Trate-se de vícios ocultos ou de vícios aparentes, o prazo decadencial para reclamar os vícios dos produtos é de 30 (trinta) dias, se o produto for não durável, ou 90 (noventa) dias, se o produto for durável (CDC, art. 26).[120] A natureza do vício apenas releva para a identificação do termo inicial da contagem do prazo: sendo o vício aparente, conta-se a partir do término da execução do serviço (CDC, art. 26, § 1º), ao passo que, sendo oculto, o prazo apenas se inicia no momento em que ficar evidenciado o defeito (CDC, art. 26, § 3º).

Dúvida quanto ao destinatário

Havendo dúvida legítima do transportador acerca de quem seja o destinatário, o objeto deverá ser depositado se não for possível obter informações a respeito do remetente; ou, caso a demora possa causar deterioração ao bem, o transportador deverá aliená-lo, depositando o saldo da alienação (CC, art. 755).[121]

5.2. Direitos e deveres do transportador

Dever de transportar a coisa com segurança ao seu destino

A prestação principal do transportador, tal como no transporte de pessoas, consiste em transportar a coisa recebida, com segurança, de modo que ela chegue ao

---

do descumprimento culposo do dever de vigilância quanto à veracidade das informações inscritas no conhecimento: "Mas, como fiscal da legitimidade intrínseca do título, que ele próprio subscreve, o transportador passa a suportar, por lei, um encargo de vigilância, e não apenas o direito de vigilância, que resultaria naturalmente do contrato de transporte. Atendendo ao interesse público, para maior garantia da leal circulação do conhecimento de frete, foi que a lei atribui esse ônus ao transportador. (...) dever de que ele se desincumbirá bem ou mal (nesta última hipótese, culposa ou dolosamente)".

[119] "Art. 754. As mercadorias devem ser entregues ao destinatário, ou a quem apresentar o conhecimento endossado, devendo aquele que as receber conferi-las e apresentar as reclamações que tiver, sob pena de decadência dos direitos. Parágrafo único. No caso de perda parcial ou de avaria não perceptível à primeira vista, o destinatário conserva a sua ação contra o transportador, desde que denuncie o dano em dez dias a contar da entrega".

[120] "Art. 26. O direito de reclamar pelos vícios aparentes ou de fácil constatação caduca em: I – trinta dias, tratando-se de fornecimento de serviço e de produtos não duráveis; II – noventa dias, tratando-se de fornecimento de serviço e de produtos duráveis. § 1º Inicia-se a contagem do prazo decadencial a partir da entrega efetiva do produto ou do término da execução dos serviços. § 2º Obstam a decadência: I – a reclamação comprovadamente formulada pelo consumidor perante o fornecedor de produtos e serviços até a resposta negativa correspondente, que deve ser transmitida de forma inequívoca; II – (Vetado). III – a instauração de inquérito civil, até seu encerramento. § 3º Tratando-se de vício oculto, o prazo decadencial inicia-se no momento em que ficar evidenciado o defeito".

[121] "Art. 755. Havendo dúvida acerca de quem seja o destinatário, o transportador deve depositar a mercadoria em juízo, se não lhe for possível obter instruções do remetente; se a demora puder ocasionar a deterioração da coisa, o transportador deverá vendê-la, depositando o saldo em juízo".

destino em perfeito estado, em decorrência da implícita cláusula de incolumidade (CC, art. 749).[122] O transportador tem a obrigação de levar o bem que lhe foi entregue ao destino solicitado, segundo a rota habitual (se outro itinerário não houver sido acordado), dentro do prazo contratado, adotando as medidas necessárias à conservação do bom estado da coisa, e tem o direito de retê-la se o frete não for pago. Embora não seja depositário, o transportador tem o dever de guarda sobre a coisa que recebeu para transportar e de conservá-la.

Em consequência, responde o transportador pela perda e avaria das mercadorias, salvo se provar a força maior ou caso fortuito na origem do evento danoso, a denotar a sua responsabilidade objetiva. Tem-se discutido, de outra parte, a responsabilidade do transportador na hipótese de furto ou roubo de mercadorias. A jurisprudência majoritária os equipara ao fortuito externo, a interromper o nexo de causalidade entre o transporte e o dano, afastando-se, assim, a responsabilidade do transportador. Desse modo, atribui-se o efeito danoso a fato exclusivo de terceiro, considerado inteiramente estranho à atividade desempenhada pelo transportador, ainda que o evento ocorra em locais nos quais sua prática seja reiterada.[123] Se, entretanto, o transportador concorrer para a produção do evento, violando o dever de custódia, impõe-se sua responsabilização pelos danos causados.[124] *Responsabilidade objetiva*

Diversa é a responsabilidade do transportador de valores que promete ao remetente absoluta segurança, tendo, portanto, o dever de proteger as mercadorias dos roubos à mão armada e de outros atos de violência. O transportador, nesta hipótese, assume risco integral, respondendo pelas perdas e danos decorrentes da perda ou da avaria da mercadoria, inclusive diante da força maior e do caso fortuito.[125] *Responsabilidade do transportador de valores*

Para viabilizar a normalidade do transporte e garantir o melhor trato das mercadorias, é possível que o transportador recuse o acautelamento de itens que não *Direito de recusar a coisa a ser transportada*

---

[122] "Art. 749. O transportador conduzirá a coisa ao seu destino, tomando todas as cautelas necessárias para mantê-la em bom estado e entregá-la no prazo ajustado ou previsto".

[123] Na jurisprudência, "(...) Subtração da carga, mediante ação armada de assaltantes – causa independente, desvinculada à normal execução do contrato de transporte, que configura fato exclusivo de terceiro, excludente da responsabilidade civil. Entendimento consolidado neste Superior Tribunal de Justiça" (STJ, 4ª T., AgRg no REsp 1.036.178, Rel. Min. Marco Buzzi, julg. 13.12.2011, publ. DJ 19.12.2011); STJ, 4ª T., AgRg no Ag 899.178, Rel. Min. Luis Felipe Salomão, julg. 9.11.2010, publ. DJ 12.11.2010; TJRS, 12ª CC., Ap. Cív. 70079190492, Rel. Des. Cláudia Maria Hardt, julg. 9.5.2019, publ. DJ 13.5.2019.

[124] STJ, 3ª T., REsp 145.614, Rel. Min. Ari Pargendler, julg. 15.5.2001, publ. DJ 13.8.2001. TJMG, 13ª CC., Ap. 0038181-47.2014.8.13.0647, Rel. Min. Newton Teixeira Carvalho, julg. 3.12.2015, publ. DJ 11.12.2015.

[125] Nesse sentido, já decidiu o Superior Tribunal de Justiça: "Ação de indenização. Roubo de malote bancário contendo cheque de cliente. Força maior não caracterizada. Serviço de segurança inerente à atividade do réu. Dever de guarda e vigilância. (...) I. O transporte de valores sob guarda do banco é de sua inteira responsabilidade, eis que integra o serviço essencial à atividade de guarda e segurança prestado aos clientes, de sorte que não constitui, em tal caso, força maior o roubo de malote contendo cheque confiado à instituição" (STJ, 4ª T., REsp. 480.498, Rel. Min. Aldir Passarinho Junior, julg. 9.12.2003, publ. DJ 25.2.2004). TJMG, 9ª CC., Ap. Cív. 18426216720118130024, Rel. Des. Márcio Miranda, julg. 4.8.2015, publ. DJ 18.8.2015; TJRJ, 1ª CC., Ap. Cív. 0006490-15.2005.8.19.0210, Rel. Des. José Carlos Maldonado de Carvalho, julg. 25.11.2014, publ. DJ 8.1.2015.

estejam devidamente embalados e acondicionados ou que possam colocar em risco a saúde das pessoas ou danificar o veículo e outros bens (CC, art. 746).[126] Afinal, o remetente tem a obrigação, salvo disposição em contrário, de providenciar a embalagem adequada à modalidade de transporte e à natureza do bem objeto do contrato (ex. produtos químicos e defensivos agrícolas).

Responsabilidade por mercadorias mal acondicionadas

Se, a despeito dos avisos do transportador, o expedidor decidir prosseguir com o transporte do bem indevidamente embalado, o fato restará consignado no conhecimento, de modo a isentar o transportador de responsabilidade pelos danos causados em razão do mal acondicionamento da mercadoria.[127] Ao contrário, se o transportador não fizer ressalvas e aceitar o deslocamento da mercadoria na condição em que se encontre, será responsabilizado por eventuais danos à carga e por aqueles sofridos por terceiros.[128]

Dever de recusa da mercadoria perigosa

Cuidando-se de mercadoria perigosa que, em razão da inadequação da embalagem, possa ocasionar danos aos demais passageiros ou ao veículo, a recusa não consistirá em faculdade do transportador, mas em verdadeiro dever.[129] Assim, o transportador deve recusar a mercadoria perigosa, sob pena de responder pelos danos causados a terceiros, sem prejuízo do direito de regresso contra o remetente.

O mesmo ocorre quando o expedidor tenta transportar bens cujo transporte ou comercialização não sejam permitidos ou que estejam desacompanhados dos documentos exigidos por lei ou regulamento (*v.g.* comprovante de pagamento dos tributos ou guias de importação e exportação): a recusa do transportador é obrigatória também nesses casos (CC, art. 747[130]). O condutor poderá ser inclusive responsabilizado criminalmente se transportar objetos ilícitos.

Início e fim da responsabilidade do transportador

A responsabilidade do transportador se limita ao valor constante do conhecimento e se inicia no momento em que ele, ou seus prepostos, recebem a coisa; terminando quando esta é entregue ao destinatário, ou depositada em juízo, se aquele não for encontrado (CC, art. 750). Nos termos do art. 750 do Código Civil, admite-se

---

[126] "Art. 746. Poderá o transportador recusar a coisa cuja embalagem seja inadequada, bem como a que possa pôr em risco a saúde das pessoas, ou danificar o veículo e outros bens".

[127] Destaque-se a doutrina de J. X. Carvalho de Mendonça: "Se o remetente, apesar das observações por parte da estrada, insistir no despacho, ela efetuará o transporte, mencionando o fato na nota de expedição (conhecimento), e assim ficará isenta da responsabilidade pelas avarias resultantes do acondicionamento imperfeito" (*Tratado de Direito Commercial Brasileiro*, vol. VI, Rio de Janeiro: Freitas Bastos, 2ª ed., 1939, p. 484).

[128] Claudio Luiz Bueno de Godoy. In: Cezar Peluso, *Código Civil Comentado*: doutrina e jurisprudência, cit., p. 748.

[129] Em sentido contrário, entendendo que, mesmo se o bem mal acondicionado puder causar dano aos demais passageiros, o transportador terá a faculdade e não o dever de recusar o transporte, v.: "o CC/2002 repete a regra, mas acrescenta uma cláusula geral, a autorização para a recusa sempre que a coisa cujo transporte se pretende possa pôr em risco, de qualquer modo, a saúde das pessoas ou a integridade do veículo transportador" (Cláudio Luiz Bueno de Godoy. In: Cezar Peluso (coord.), *Código Civil Comentado,* cit., p. 748).

[130] "Art. 747. O transportador deverá obrigatoriamente recusar a coisa cujo transporte ou comercialização não sejam permitidos, ou que venha desacompanhada dos documentos exigidos por lei ou regulamento".

a cláusula limitativa de responsabilidade do transportador quanto aos danos materiais, limitados ao valor constante do conhecimento.

Diga-se, por oportuno, que as cláusulas limitativas de responsabilidade, no que tange ao transporte internacional de cargas, se encontram disciplinadas nas Convenções de Varsóvia e de Montreal. Tal limitação de responsabilidade também se aplica em caso de sub-rogação de seguradora que, diante de sinistro ocorrido com o objeto segurado, realiza o pagamento de indenização.[131]

Entrega da mercadoria

Desembarcadas as mercadorias, o transportador não é obrigado a dar aviso ao destinatário, se assim não foi convencionado. De igual modo, a entrega a domicílio deve ser ajustada, devendo constar do conhecimento de embarque as cláusulas de aviso ou de entrega a domicílio (CC, art. 752).[132]

Uma vez estipuladas contratualmente as obrigações do transportador de entregar a mercadoria a domicílio ou dar aviso de sua chegada, o seu descumprimento sujeita o pagamento de perdas e danos, além de impedi-lo de cobrar do destinatário o valor despendido com o armazenamento da coisa durante o período subsequente à sua chegada ao destino. Por outro lado, se é dever do destinatário retirá-la no local de desembarque da transportadora e não o faz, obriga-se ao pagamento do preço e demais custos da armazenagem.

Impossibilidade de concluir o transporte por força maior

De forma análoga ao que acontece no transporte de pessoas, caso o transporte de coisas não possa ser realizado ou concluído por fato alheio à vontade do transpor-

---

[131] Veja-se: "Processual Civil. Recurso Especial. Ação regressiva de indenização securitária. Convenção de Montreal. Ação originária. Protesto. Forma e prazo legal. Termo inicial. Prazo prescricional. Limite indenizatório. Direitos especiais de saque. 1. Cuida-se de ação regressiva de indenização securitária. (...) 3. O propósito recursal consiste em determinar se, na ação regressiva ajuizada por seguradora em face da transportadora que causou danos à carga do segurado, aplica-se (I) a Convenção de Montreal, bem como (II) as exigências de protesto e (III) o limite indenizatório previstos na referida norma. 4. A Convenção de Montreal, internalizada no ordenamento jurídico brasileiro pelo Decreto-Lei 5.910/06, aplica-se a todo transporte internacional de pessoas, bagagem ou carga, efetuado em aeronaves, mediante remuneração. 5. Nos termos da jurisprudência desta Corte Superior, a seguradora sub-rogada pode buscar o ressarcimento do que despendeu com a indenização securitária, no mesmo prazo prescricional, termos e limites que assistiam ao segurado quando recebeu a indenização. 6. Não se adota diretamente a Convenção de Montreal nas relações de seguro, até mesmo porque ela disciplina somente o transporte aéreo internacional. Com efeito, aplica-se a regra geral da relação securitária às peculiaridades da relação originária. (...) 12. Havendo destruição, perda, avaria ou atraso de carga em transporte aéreo internacional, a indenização será limitada a 17 Direitos Especiais de Saque, a menos que tenha sido feita a Declaração Especial de Valor ou tenha ocorrido qualquer uma das demais hipóteses previstas em lei para que seja afastado o limite de responsabilidade previsto no art. 22, III, da Convenção de Montreal. 13. Recurso especial conhecido e provido a fim de determinar o retorno dos autos ao Tribunal de origem para que analise a relação originária da presente ação de regresso sob a ótica da Convenção de Montreal e, aplicando a tese estabelecida na fundamentação, decida acerca da (I) comprovação documental do extravio e da (II) limitação de responsabilidade da recorrente" (STJ, 3ª T., REsp. 2.052.769, Rel. Min. Nancy Andrighi, julg. 20.6.2023, publ. DJ 26.6.2023). Convém esclarecer que a expressão "Direito Especial de Saque" refere-se à unidade monetária usada pelo Fundo Monetário Internacional, calculada com base em uma cesta de cinco moedas. A cada cinco anos, a composição da cesta é revista.

[132] "Art. 752. Desembarcadas as mercadorias, o transportador não é obrigado a dar aviso ao destinatário, se assim não foi convencionado, dependendo também de ajuste a entrega a domicílio, e devem constar do conhecimento de embarque as cláusulas de aviso ou de entrega a domicílio".

tador (*v.g.* interrupção de estradas em razão de deslizamentos de terra; aeroporto fechado por mau tempo ou o porto sitiado por guerra), este não poderá dar como resolvido o contrato, com a devolução do valor pago pelo remetente. Ao contrário, para além de zelar pela coisa, o transportador deve imediatamente fazer contato com o expedidor para solicitar instruções sobre o procedimento a ser adotado, e este deverá optar entre continuar o transporte com outro destinatário, cobrindo as despesas adicionais com a mudança; receber a coisa de volta e desistir do transporte; ou ordenar a alienação do bem. Caso o remetente não queira prosseguir com o transporte, deverá pagar o valor do frete proporcional ao percurso efetuado até a sua interrupção.

Ausência de instruções do remetente

Por outro lado, caso o remetente não forneça instruções, o transportador poderá resolver o contrato, optando entre depositar a coisa em juízo ou vendê-la, observados os preceitos legais e regulamentares, depositando o valor apurado (CC, art. 753, § 1º).[133]

Interrupção ou impossibilidade do transporte por culpa do transportador

Se a interrupção ou impossibilidade no transporte for causada por motivo imputável ao transportador, a coisa deve ser depositada por sua conta e risco, sendo-lhe autorizado vendê-la se perecível (CC, art. 753, § 2º).[134] Neste caso, deve o transportador justificar o motivo da venda, de tal sorte que possa o remetente ou o destinatário controlar a legalidade do ato e pleitear a reparação de eventual prejuízo. De todo modo, qualquer que seja o procedimento adotado pelo transportador, deve informá-lo, assim que possível, ao remetente (CC, art. 753, § 3º).[135]

Em qualquer caso, o transportador deverá zelar pela coisa, responsabilizando-se por sua deterioração, salvo força maior. Se o acautelamento da coisa for feito em depósitos próprios do transportador, ele continuará a responder por sua guarda e conservação. Não lhe sendo imputável a interrupção do transporte, o transportador fará jus à remuneração pela custódia do bem (CC, art. 753, § 4º)[136] e a relação será regida, no que couber, pelas disposições relativas ao depósito (CC, art. 751).[137]

Solidária no transporte cumulativo

Os transportadores respondem solidariamente no transporte cumulativo pelos danos causados ao remetente em razão da perda ou da avaria das mercadorias transportadas, ou ainda pelo atraso na entrega, cuja apuração se faz apenas ao final da execução do contrato, em relação a todo o percurso realizado (CC, art. 756). Como visto, o contrato de transporte cumulativo é aquele em que há pluralidade de trans-

---

[133] "Art. 753. Se o transporte não puder ser feito ou sofrer longa interrupção, o transportador solicitará, *incontinenti*, instruções ao remetente, e zelará pela coisa, por cujo perecimento ou deterioração responderá, salvo força maior. § 1º. Perdurando o impedimento, sem motivo imputável ao transportador e sem manifestação do remetente, poderá aquele depositar a coisa em juízo, ou vendê-la, obedecidos os preceitos legais e regulamentares, ou os usos locais, depositando o valor".

[134] "Art. 753. (...) § 2º. Se o impedimento for responsabilidade do transportador, este poderá depositar a coisa, por sua conta e risco, mas só poderá vendê-la se perecível".

[135] "Art. 753. (...) § 3º. Em ambos os casos, o transportador deve informar o remetente da efetivação do depósito ou da venda".

[136] "Art. 753. (...) § 4º. Se o transportador mantiver a coisa depositada em seus próprios armazéns, continuará a responder pela sua guarda e conservação, sendo-lhe devida, porém, uma remuneração pela custódia, a qual poderá ser contratualmente ajustada ou se conformará aos usos adotados em cada sistema de transporte".

[137] "Art. 751. A coisa, depositada ou guardada nos armazéns do transportador, em virtude de contrato de transporte, rege-se, no que couber, pelas disposições relativas a depósito".

portadores mediante um único contrato, de tal sorte que, perante o expedidor, celebra-se o ajuste como se houvesse um único transportador. A apuração final garante ao transportador que tenha ressarcido o remetente, garantindo o direito de regresso contra aquele ou aqueles que concorreram efetivamente para o prejuízo a fim de fazer recair sobre estes a responsabilidade pela indenização.

5.3. Direitos e deveres do remetente

A obrigação principal do remetente é o pagamento do frete, remuneração do transportador. É possível, porém, que essa obrigação seja transferida para o destinatário que com ela anuir, caso em que o transportador poderá exigir deste o pagamento. Entretanto, para que tal seja estipulado na avença, é necessário que o destinatário se obrigue de forma inequívoca, afinal, sua vinculação ao adimplemento de prestação proveniente de contrato do qual não é parte não pode ser presumida.[138] Obrigação de pagar o frete

O remetente se obriga a contratar o seguro das mercadorias, cujo pagamento pode ser efetuado no momento da expedição ou da entrega, neste último caso, por meio de reembolso ao transportador. Obrigação de contratar seguro

Além disso, o remetente assume expressivo dever de informação, intensificado pela boa-fé objetiva, devendo individuar com exatidão as mercadorias transportadas, caracterizando-as por sua natureza, valor, peso e quantidade ou qualquer outra informação mais específica que seja útil a esta finalidade (cor, especificações técnicas e outros), bem como indicar o destinatário, ao menos, pelo nome e endereço (CC, art. 744). Esta última exigência não impede a modificação do destinatário por meio de endosso do conhecimento de transporte (CC, art. 754). Dever de informação

O cumprimento deste dever de informação beneficia os dois polos contraentes. Quanto ao remetente, facilita o exercício dos direitos advindos do contrato no que tange à integridade da mercadoria, permitindo a comprovação dos objetos remetidos, bem como de seu estado, na hipótese de extravio, perda ou dano. Ademais, a precisa descrição das coisas transportadas evita que sejam confundidas com outras despachadas na mesma ocasião. Em relação ao transportador, por sua vez, a fiel declaração dos bens lhe permite saber o que está transportando, para que assim possa providenciar os cuidados necessários à integridade do bem; ou, caso seja proibido seu transporte ou não disponha de meios para realizá-lo adequadamente, possa recusar-se a fazê-lo. Resguarda-se ainda o transportador do risco de o remetente, no futuro, alegar incongruência entre o que foi despachado e o que foi recebido pelo destinatário; além de limitar sua eventual responsabilidade pelos danos causados à mercadoria durante o trajeto à descrição e caracterização da coisa conforme relatada pelo remetente, bem como ao valor declarado no conhecimento do transporte.

---

[138] A jurisprudência já entendeu que a responsabilização do destinatário pelo pagamento do frete pode ocorrer mesmo diante da ausência de formalização do contrato de transporte, se for possível extrair que o destinatário por ele se obrigou: TJSP, 17ª C. D. Priv., Ap. Cív. 90003276520098260100, Rel. Des. Afonso Bráz, julg. 14.10.2015, publ. DJ 14.10.2015.

Nessa esteira, o remetente responde pelas informações prestadas e, se houver alguma inverdade no seu relato que ocasione prejuízos ao transportador ou a terceiros, fica obrigado a indenizá-los. A responsabilização ocorre ainda que não haja má-fé do remetente. Nessa direção, o art. 745 do Código Civil[139] garante ao transportador o direito de ser indenizado pelos danos decorrentes dos vícios na declaração do expedidor.

Indenização ao transportador pelas declarações inexatas

Segundo a literalidade do art. 745 do Código Civil, o transportador deverá ingressar com a ação respectiva em face do remetente em 120 (cento e vinte) dias, sob pena de decadência, fazendo parecer que este seria o prazo para o ajuizamento da ação de responsabilidade civil.

Prazo para a propositura da ação indenizatória

A atecnia do legislador requer interpretação sistemática do dispositivo. Caso o prazo fosse para o ajuizamento da ação de reparação civil, deveria ter natureza prescricional (e não decadencial), já que decorrente da lesão a direito subjetivo. Não seria legítimo, por outro lado, reduzir drasticamente o prazo prescricional destinado à reparação civil, injustificadamente. A melhor interpretação, portanto, consiste em considerar o prazo de 120 (cento e vinte) dias contados a partir da emissão do conhecimento de transporte, para apresentar reclamação, devidamente instruída mediante apuração da informação lançada no conhecimento, quanto às informações falsas ou inexatas prestadas pelo remetente. Pretende o legislador, com o prazo decadencial, evitar reclamações oportunistas, formuladas muito tempo após o suposto evento danoso, quando já se dissipou o material probatório. Desse modo, após a averiguação, havendo confirmação quanto à falsidade das informações, começará a correr o prazo prescricional do transportador para o exercício da pretensão indenizatória.

Dever de veracidade na legislação especial

A legislação extravagante reforçou essa obrigação de veracidade das informações prestadas pelo remetente, de acordo com modalidades específicas de transporte. O Decreto 1.832/96, por exemplo, determina que caberá ao expedidor prestar as declarações exigidas pela Administração Ferroviária, sujeitando-se às penalidades cabíveis em caso de falsa declaração.[140] De igual modo, no transporte aéreo, o Código Brasileiro de Aeronáutica determina que o remetente será responsável pela exatidão das declarações constantes do conhecimento, arcando com os prejuízos sofridos pelo transportador ou terceiros em razão de informações irregulares, inexatas ou incompletas.[141]

---

[139] "Art. 745. Em caso de informação inexata ou falsa descrição no documento a que se refere o artigo antecedente, será o transportador indenizado pelo prejuízo que sofrer, devendo a ação respectiva ser ajuizada no prazo de cento e vinte dias, a contar daquele ato, sob pena de decadência".

[140] "Art. 22. O expedidor é responsável pelo que declarar e sujeitar-se-á às consequências de falsa declaração. Parágrafo único. Caso haja indício de irregularidade ou de declaração errônea, a Administração Ferroviária poderá proceder à abertura dos volumes, para conferência, em suas dependências ou em ponto do percurso. Não ocorrendo nenhuma das hipóteses, a Administração Ferroviária será responsável pelo recondicionamento, em caso contrário os ônus do recondicionamento serão do expedidor".

[141] "Art. 239. Sem prejuízo da responsabilidade penal, o expedidor responde pela exatidão das indicações e declarações constantes do conhecimento aéreo e pelo dano que, em consequência de suas declarações ou indicações irregulares, inexatas ou incompletas, vier a sofrer o transportador ou qualquer outra pessoa".

Por outro lado, o remetente tem direito de resilir unilateralmente o contrato, ou alterar o local de entrega da mercadoria, ou seja, substituir o destinatário (*right of stoppage in transitu*). Este direito poderá ser exercido até o momento em que se coloca a mercadoria à disposição do destinatário, transmitindo-lhe a sua posse, o que pode ocorrer com a efetiva tradição, com o aviso de que a mercadoria chegou a destino (CC, art. 752) ou, ainda, quando transcorrido o prazo contratual para a entrega, o destinatário exigi-la. Caso se tenha emitido conhecimento de transporte à ordem, o remetente só poderá resilir ou alterar o contrato de transporte se for o legítimo portador do título. Em qualquer caso, o expedidor deverá arcar com as perdas e danos, bem como com eventuais acréscimos decorrentes da contraordem (CC, art. 748).[142]

PROBLEMAS PRÁTICOS

1. Pode ser responsabilizado o destinatário de carga ou mercadoria que, em razão de acidente no desembarque portuário efetuado pelo transportador, provocou grave dano ambiental?

2. Júlia comprou uma passagem aérea para passar suas férias na França. No avião, sofreu injúria racial por parte do passageiro que estava sentado ao seu lado, tendo os comissários e funcionários da companhia se omitido em lhe prestar qualquer assistência. Ao retornar da viagem, Júlia ajuizou ação indenizatória em face da companhia aérea, pleiteando indenização por danos morais e defendendo a responsabilidade objetiva da empresa. A companhia aérea se negou a pagar a indenização, alegando a existência de cláusula excludente do dever de indenizar no contrato de transporte. A quem assiste razão?

Acesse o *QR Code* e veja a Casoteca.
> http://uqr.to/1pdq7

---

[142] "Art. 748. Até a entrega da coisa, pode o remetente desistir do transporte e pedi-la de volta, ou ordenar seja entregue a outro destinatário, pagando, em ambos os casos, os acréscimos de despesa decorrentes da contraordem, mais as perdas e danos que houver".

Capítulo XI
CONTRATO DE SEGURO

Sumário: PARTE GERAL – 1. Conceito. Efeitos essenciais e normativa aplicável – 2. Características – 3. Contrato comutativo ou aleatório? – 4. Princípios aplicáveis ao contrato de seguro – 4.1. Princípio do mutualismo – 4.2. Princípio do equilíbrio econômico dos pactos: a relevância da delimitação do risco segurado – 4.3. A incidência reforçada do princípio da boa-fé objetiva e a relevância da boa-fé subjetiva – 4.4. Função social do contrato de seguro – 5. As cláusulas excludentes da cobertura securitária em caso fortuito – SEGURO DE DANO – 6. Conceito. Efeitos essenciais – 7. Direitos e deveres das partes – SEGURO DE PESSOA – 8. Conceito. Efeitos essenciais – 9. Direitos e deveres das partes – 10. Seguro de vida para o caso de morte. A questão do suicídio – 11. Os efeitos da pandemia de covid-19 no contrato de seguro – Problemas práticos.

PARTE GERAL

1. CONCEITO. EFEITOS ESSENCIAIS E NORMATIVA APLICÁVEL

O contrato de seguro desenvolveu-se na época das grandes navegações, a partir dos séculos XIII e XIV, quando os Estados europeus se lançavam aos descobrimentos marítimos. Diante da precariedade dos instrumentos náuticos da época, a atividade oferecia enorme risco, e, para garanti-la, celebravam-se contratos semelhantes aos negócios de seguro dos dias de hoje. Paulatinamente, esse tipo se tornou comum nas práticas civis, sendo inauguradas outras modalidades, como o seguro contra incêndios e o seguro de pessoas. Este último, com efeito, surgiu e se desenvolveu no Brasil com a intensificação da escravidão e do tráfico negreiro, nos séculos XVIII e XIX, que submetia os africanos trazidos para o Brasil a viagens em condições insalubres e

Histórico

desumanas, ocasionando a sua morte durante o trajeto. Os contratos de seguros se destinavam, assim, a proteger os donos dos escravos contra a sua morte e rebelião.[1]

O Código Comercial brasileiro de 1850 tratou, nos arts. 666 a 730, dos seguros marítimos, disciplina que permanece vigente nos dias atuais.[2] O Código Civil de 1916, por sua vez, unificou a matéria, regulando o contrato de seguros no capítulo XIV do Título V, sendo este o único tipo contratual em que havia referência explícita à boa-fé objetiva.[3]

O Código Civil de 1916 definia, no art. 1.432, o contrato de seguro como o negócio "pelo qual uma das partes se obriga para com a outra, mediante a paga de um prêmio, a indenizá-la do prejuízo resultante de riscos futuros, previstos no contrato". Sob a vigência daquele diploma, a prestação do segurador restringia-se ao pagamento de indenização na hipótese de ocorrência do evento incerto, denominado sinistro, com vistas a ressarcir os prejuízos daí advindos, em contraprestação ao pagamento do prêmio.[4]

Tal conceito, para alguns autores, não abrangia o seguro de pessoas, o qual não teria função indenizatória,[5] embora parte da doutrina submetesse todos os contratos de seguro ao critério único da indenizabilidade.[6]

Conceito unitário de seguro

O legislador de 2002 alterou a redação do dispositivo, estabelecendo que a prestação do segurador se traduz na garantia de interesse legítimo do segurado contra riscos predeterminados relativos à pessoa ou à coisa, mediante retribuição (CC, art. 757).[7] O dispositivo, de dicção ampla, adotou o conceito unitário de seguro, de modo a abranger

---

[1] Sobre o ponto, André Javier Ferreira Payar, *A escravidão entre os seguros: as seguradoras de escravos na província do Rio de Janeiro (1831-1888)*, Dissertação de mestrado, Faculdade de Direito da Universidade de São Paulo (USP), São Paulo, 2012, pp. 62-63.

[2] Segundo o art. 666 do Código Comercial: "O contrato de seguro marítimo, pelo qual o segurador, tomando sobre si a fortuna e riscos do mar, se obriga a indenizar ao segurado da perda ou dano que possa sobrevir ao objeto do seguro, mediante um prêmio ou soma determinada, equivalente ao risco tomado, só pode provar-se por escrito, a cujo instrumento se chama apólice; contudo julga-se subsistente para obrigar reciprocamente ao segurador e ao segurado desde o momento em que as partes se convierem, assinando ambas a minuta, a qual deve conter todas as declarações, cláusulas e condições da apólice".

[3] "Art. 1.443. O segurado e o segurador são obrigados a guardar no contrato a mais estrita boa fé e veracidade, assim a respeito do objeto, como das circunstâncias e declarações a ele concernentes".

[4] Em comentário ao dispositivo, asseverou Clovis Bevilaqua: "A definição legal do contrato de seguro é satisfatória. O fim desse contrato é proporcionar ao segurado indenização pelos prejuízos provenientes do sinistro sofrido. Para esse efeito associam-se segurado e segurador. O primeiro contribui com os seus prêmios, e o segundo indenizar-lhe-á os prejuízos resultantes dos riscos previstos no contrato" (*Código Civil dos Estados Unidos do Brasil Comentado*, edição histórica, Rio de Janeiro: Ed. Rio, 1957, p. 561).

[5] Miguel Maria de Serpa Lopes, *Curso de Direito Civil. Fonte das obrigações: contratos*, vol. IV, Rio de Janeiro: Livraria Freitas Bastos, 1993, p. 384.

[6] Clóvis Beviláqua, *Código Civil dos Estados Unidos do Brasil Comentado*, cit., p. 563. Sobre a discussão doutrinária acerca do conceito unitário de seguro, cf. Miguel Maria de Serpa Lopes, *Curso de direito civil*. cit., p. 383 e ss.

[7] CC/2002, "Art. 757. Pelo contrato de seguro, o segurador se obriga, mediante o pagamento do prêmio, a garantir interesse legítimo do segurado, relativo a pessoa ou a coisa, contra riscos predeterminados. Parágrafo único. Somente pode ser parte, no contrato de seguro, como segurador, entidade para tal fim legalmente autorizada".

o seguro de dano e o de pessoa, superando, portanto, a discussão doutrinária anterior. Na mesma linha, a Lei Ordinária 15.040, publicada em 10 de dezembro de 2024, denominada "Lei dos Contratos de Seguros" ou "Marco Legal dos Seguros", que entrará em vigor em 10 de dezembro de 2025 (art. 134), aduz, em seu art. 1º, que o seguro visa garantir "interesse legítimo do segurado ou do beneficiário contra riscos predeterminados", a abranger as distintas modalidades de seguro, quais sejam, o seguro de dano e de pessoa.[8]

Surge, aqui, instigante divergência doutrinária acerca da natureza jurídica da prestação do segurador. Significativa parte da doutrina defende que a prestação do segurador consiste na assunção do risco contra o pagamento do prêmio, que com aquela mantém relação sinalagmática. Confere-se, assim, relevância ao interesse contratual mesmo na ausência de prestação material por parte do segurador. O refinamento dos conceitos delineou a assunção do risco como o resultado de obrigação de responsabilidade sem débito ou de garantia em sentido técnico; ou identificada juridicamente na proteção do interesse do segurado, ou traduzida, tendo em vista a empresa de seguros, em obrigação de predisposição dos meios técnicos para satisfação de necessidade eventual ou, ainda, a configuração de verdadeira prestação de empresa.[9] Busca-se, em síntese, fundamentar a satisfação do interesse contratual do segurado mesmo que não haja prestação material por parte do segurador.

Natureza jurídica da prestação do segurador

Pode-se afirmar, nessa direção, que o segurador assume a obrigação, mediante pagamento do prêmio, de garantir interesse legítimo do segurado, atinente à pessoa ou à coisa, contra riscos predeterminados. Cuida-se de prestação de garantia, a qual existe independentemente do desembolso patrimonial por parte do segurador em favor do segurado.

Prestação de garantia

Figuram, desse modo, como partes no contrato de seguro, o segurado, aquele cujo interesse será garantido, e o segurador, que garante o risco do segurado. Mostra-se, de outra parte, possível contrato de seguro em que o beneficiário seja terceiro (*v.g.* seguro de vida), hipótese em que se configurará, do ponto de vista técnico, estipulação em favor de terceiro.[10]

Partes

O contrato de seguro encontra regulamentação geral no Código Civil – e, a partir de 10 de dezembro de 2025, na Lei 15.040/2024 – e regramento específico em

Pluralidade de fontes normativas

---

[8]   Lei 15.040/2024, "Art. 1º Pelo contrato de seguro, a seguradora obriga- se, mediante o pagamento do prêmio equivalente, a garantir interesse legítimo do segurado ou do beneficiário contra riscos predeterminados".

[9]   V., sobre o tema, Agostino Gambino, *L'assicurazione nella teoria dei contratti aleatori,* cit., p. 320 e ss., o qual passa em revista a controvérsia indicada no texto, com farta referência bibliográfica; e, ainda, Luca Buttaro, *L'interesse nell'assicurazione*, Milano: Giuffrè, 1954, *passim*.

[10] A Lei 15.040/2024 assim define a hipótese: "Art. 24. O seguro será estipulado em favor de terceiro quando garantir interesse de titular distinto do estipulante, determinado ou determinável. § 1º. O beneficiário será identificado por lei, por ato de vontade anterior à ocorrência do sinistro ou pela titularidade do interesse garantido. § 2º. Sendo determinado o beneficiário a título oneroso, a seguradora e o estipulante deverão entregar-lhe, tão logo quanto possível, cópia dos instrumentos probatórios do contrato". Além disso, dispôs o art. 26 que "o seguro em favor de terceiro pode coexistir com o seguro por conta própria, ainda que no âmbito do mesmo contrato".

diversas leis especiais, a depender do tipo de seguro (CC, art. 777).[11] À guisa de exemplo, tem-se a Lei 2.168, de 11 de março de 1954, relativa ao seguro agrário; o Decreto 59.428, de 27 de outubro de 1966, que se refere, no art. 53, aos seguros de renda temporária em colonização; o Decreto 61.867, de 7 de dezembro de 1967, que cuida dos seguros obrigatórios; a Lei 6.194, de 19 de dezembro de 1974, relativa ao seguro obrigatório de danos pessoais causados por veículos automotores de via terrestre, ou por carga, a pessoas transportadas ou não; a Lei 8.374, de 30 de dezembro de 1991, que trata do seguro obrigatório de danos pessoais causados por embarcações ou por sua carga; e a Lei 9.656, de 3 de junho de 1998, que disciplina os seguros-saúde e planos privados de assistência à saúde.

Em 10 de dezembro de 2024, foi publicada a Lei 15.040, também denominada "Lei dos Contratos de Seguro" ou "Marco Legal dos Seguros", que revoga expressamente, encerrada a *vacatio legis* de 1 (um) ano após sua publicação, o inteiro capítulo do contrato de seguro e o inciso II do § 1º do art. 206 do Código Civil, bem como os arts. 9º a 14 do Decreto-Lei 73, de 21 de novembro de 1966 (art. 133), sobre Sistema Nacional de Seguros Privados.

Aludida Lei dos Contratos de Seguro pretende promover a uniformização da matéria, estabelecendo, em caráter geral, os conceitos aplicáveis ao contrato, de modo a possibilitar maior transparência às relações jurídicas e, assim, incrementar o crescimento do setor. Em tal perspectiva, o art. 4º dispõe que todas as modalidades de seguro serão regidas pela Lei, enunciando o § 2º desse dispositivo que, mesmo aos seguros regidos por leis próprias, aplicam-se, no que couber, as regras ali estabelecidas.[12]

Entre as principais previsões levadas a cabo pela nova Lei, destacam-se, desde logo: i. a Lei será aplicada a todos os seguros contratados no País; ii. a interpretação dos documentos elaborados pelas seguradoras será resolvida de modo mais favorável ao segurado, beneficiário ou ao terceiro prejudicado; iii. o segurado deve avisar prontamente a seguradora quanto à ocorrência do sinistro; iv. o foro competente para a ação de seguro é o do domicílio do segurado ou beneficiário; v. o contrato será resolvido se a prestação única ou primeira parcela do prêmio estiver em mora, ao passo que o atraso nas demais parcelas levará à suspensão da garantia, após a notificação ao segurado; e, vi. o resseguro é tratado expressamente pelo texto legal. Essas e outras regras serão examinadas detidamente ao longo deste capítulo.

Como mencionado, a Lei 15.040/2024 entra em vigor 1 (um) ano após a sua publicação (art. 134), período no qual o mercado deverá se adaptar às mudanças. Durante essa transição legislativa, as disposições do Código Civil e do Decreto-Lei

---

[11] CC/2002, "Art. 777. O disposto no presente Capítulo aplica-se, no que couber, aos seguros regidos por leis próprias".

[12] Lei 15.040/2024, "Art. 4º O contrato de seguro, em suas distintas modalidades, será regido por esta Lei. § 1º Sem prejuízo do disposto no art. 20 da Lei Complementar nº 126, de 15 de janeiro de 2007, aplica-se exclusivamente a lei brasileira: I – aos contratos de seguro celebrados por seguradora autorizada a operar no Brasil; II – quando o segurado ou o proponente tiver residência ou domicílio no País; ou III – quando os bens sobre os quais recaírem os interesses garantidos se situarem no Brasil. § 2º O disposto nesta Lei aplica-se, no que couber, aos seguros regidos por leis próprias".

73/1966[13] permanecem em vigor, razão pela qual se torna relevante o cotejo entre os diplomas em questão.

Para além das disposições legais mencionadas, os contratos de seguro sofrem, ainda, expressivo controle estatal, a partir da incidência da regulamentação setorial, especialmente da Superintendência de Seguros Privados (SUSEP) e do Conselho Nacional de Seguros Privados (CNSP). Na hipótese de seguro-saúde, a Agência Nacional de Saúde Suplementar (ANS) exerce a fiscalização do setor. Sobre o ponto, a Lei 15.040/2024, em seu art. 128, prevê a expedição de atos normativos pela autoridade fiscalizadora, desde que não contrariem suas disposições.[14]

O negócio securitário consiste, portanto, em atividade extremamente regulada, ainda que verse sobre interesses privados. Por isso mesmo, somente pode figurar como seguradora entidade legalmente autorizada (CC, art. 757, parágrafo único e Lei 15.040/2024, art. 2º),[15] devendo ser observado, para tanto, o disposto no art. 74[16] do Decreto-Lei 73/66.

De igual modo, o corretor de seguros,[17] pessoa física ou jurídica, constitui-se no intermediário legalmente autorizado a angariar e promover contratos de seguro entre as sociedades seguradoras e as pessoas físicas ou jurídicas de direito privado. O corretor de seguros responsabiliza-se pela entrega ao destinatário dos documentos e dados que lhe foram confiados[18] e, pelo exercício de sua atividade, fará jus à comissão de corretagem (art. 39, Lei 15.040/2024).[19] Presume-se que esses agentes são representantes do segurador relativamente aos contratos que agenciarem (CC, art. 775),[20] mas poderão também atuar como intermediários independentes.

Capacidade para ser corretor de seguros

---

[13]   Destaque-se, ainda, que o Decreto-Lei 73/1966 foi recentemente alterado pela Lei Complementar n. 213, de 15 de janeiro de 2025, a qual entrará em vigor em parte após decorrido 1 (um) ano de sua publicação e em parte após 4 (quatro) anos de sua publicação.

[14]   Lei 15.040/2024, "Art. 128. A autoridade fiscalizadora poderá expedir atos normativos que não contrariem esta Lei, atuando para a proteção dos interesses dos segurados e de seus beneficiários".

[15]   CC/2002, "Art. 757. Pelo contrato de seguro, o segurador se obriga, mediante o pagamento do prêmio, a garantir interesse legítimo do segurado, relativo a pessoa ou a coisa, contra riscos predeterminados. Parágrafo único. Somente pode ser parte, no contrato de seguro, como segurador, entidade para tal fim legalmente autorizada". O art. 2º da Lei 15.040/2024 dispõe que: "Somente podem pactuar contratos de seguro entidades que se encontrem devidamente autorizadas na forma da lei".

[16]   Decreto-Lei 73/1966, "Art. 74. A autorização para funcionamento será concedida através de Portaria do Ministro da Indústria e do Comércio, mediante requerimento firmado pelos incorporadores, dirigido ao CNSP e apresentado por intermédio da SUSEP".

[17]   A profissão de corretor de seguros é regulada pela Lei 4.594/64.

[18]   Lei 15.040/2024, "Art. 39. O corretor de seguro é responsável pela efetiva entrega ao destinatário dos documentos e outros dados que lhe forem confiados, no prazo máximo de 5 (cinco) dias úteis. Parágrafo único. Sempre que for conhecido o iminente perecimento de direito, a entrega deve ser feita em prazo hábil".

[19]   Lei 15.040/2024, "Art. 40. Pelo exercício de sua atividade, o corretor de seguro fará jus à comissão de corretagem. Parágrafo único. A renovação ou a prorrogação do seguro, quando não automática ou se implicar alteração de conteúdo de cobertura ou financeiro mais favorável aos segurados e aos beneficiários, poderá ser intermediada por outro corretor de seguro, de livre escolha do segurado ou do estipulante".

[20]   CC/2002, "Art. 775. Os agentes autorizados do segurador presumem-se seus representantes para todos os atos relativos aos contratos que agenciarem". Sobre o ponto, dispõe o art. 38 da Lei 15.040/2024 que "Os representantes e os prepostos da seguradora, ainda que temporários ou a título precário, vinculam-na para todos os fins quanto a seus atos e omissões".

Corretagem de seguros

A corretagem de seguros rege-se pelo conjunto de normas que disciplinam o exercício da atividade, visando a assegurar que os interessados disponham de assessoria técnica independente na contratação do seguro. O CDC considera a atividade de natureza securitária, aí incluída a corretagem, como serviço apto a caracterizar relação de consumo. Aplicam-se, assim, as regras do CDC e do CC (estas últimas, enquanto não entram em vigor as regras da Lei 15.040/2024).

Relação de consumo

Com efeito, em boa parte dos casos, o contrato de seguro se qualificará como relação de consumo. Isso porque o segurador, sociedade legalmente habilitada ao exercício dessa função, será considerado fornecedor de serviços *ex vi* do art. 3º do CDC.[21] O § 2º do referido dispositivo, inclusive, especifica que serviço será qualquer atividade fornecida ao mercado de consumo mediante remuneração, inclusive as de natureza securitária.[22] Da mesma forma, o proponente do seguro se encaixará, na maioria das vezes, na definição de consumidor proposta pelo art. 2º do CDC,[23] sempre que usufruir dos serviços como destinatário final.

Aplicação do CC e do CDC

Em consequência, aplicam-se, ao lado dos dispositivos do Código Civil – e, a partir de 10 de dezembro de 2025, da Lei 15.040/2024 –, as normas especiais do CDC, como o art. 47,[24] segundo o qual as cláusulas contratuais deverão ser interpretadas da forma mais benéfica ao consumidor, como forma de reequilibrar relação marcada pela vulnerabilidade do contratante. Nessa linha, o STJ considerou imperioso o respeito ao art. 47 do CDC em contrato de seguro firmado entre consumidor e seguradora fornecedora de serviços.[25] Destaque-se que a Lei 15.040/2024 parece ter sido guiada pelo propósito de proteção ao segurado. Ilustrativamente, traz-se à tona o art. 9º, § 2º, que estabelece que "Se houver divergência entre a garantia delimitada no contrato e a prevista no modelo de contrato ou nas notas técnicas e atuariais apresentados ao órgão fiscalizador competente, prevalecerá o texto mais favorável ao segurado".[26]

---

[21] "Art. 3º. Fornecedor é toda pessoa física ou jurídica, pública ou privada, nacional ou estrangeira, bem como os entes despersonalizados, que desenvolvem atividade de produção, montagem, criação, construção, transformação, importação, exportação, distribuição ou comercialização de produtos ou prestação de serviços".

[22] "Art. 3º (...) § 2º. Serviço é qualquer atividade fornecida no mercado de consumo, mediante remuneração, inclusive as de natureza bancária, financeira, de crédito e securitária, salvo as decorrentes das relações de caráter trabalhista".

[23] "Art. 2º. Consumidor é toda pessoa física ou jurídica que adquire ou utiliza produto ou serviço como destinatário final".

[24] "Art. 47. As cláusulas contratuais serão interpretadas de maneira mais favorável ao consumidor".

[25] É ver-se: "(...) Sendo evidente a existência de datas diferentes relacionadas a uma mesma proposta de seguro, a condição contratual mais benéfica ao consumidor deve ser prestigiada. 5. A dubiedade em relação a elemento essencial ao aperfeiçoamento da contratação reclama do julgador uma interpretação favorável ao consumidor, parte presumidamente hipossuficiente da relação de consumo. 6. Ao interpretar o contrato de seguro de forma desfavorável ao consumidor, o acórdão vergastado acabou por ofender o art. 47 do Código de Defesa do Consumidor, revestindo-se de ilegalidade, visto que negou o direito dos herdeiros beneficiários à indenização contratualmente estabelecida" (STJ, 3ª T., REsp 1.726.225, Rel. Min. Moura Ribeiro, julg. 18.9.2018, publ. DJ 24.9.2018).

[26] Propondo que se faça análise cautelosa do dispositivo, Gabriel Schulman e Marcelo Luiz Francisco de Macedo Bürger elucidam: "O segundo vetor que parece ter guiado a nova legislação é a proteção ao segurado, por vezes de forma até mesmo paternalista. Para ilustrar, tome-se o parágrafo segundo

Ressalta-se, porém, que o contrato de seguro merecerá atenção especial do intérprete mesmo quando não se esteja diante de relação de consumo. Isso porque, na generalidade dos casos, o instrumento do seguro configura contrato de adesão, sobre cujas cláusulas o proponente não terá ingerência, limitando-se a aceitar seus termos mediante a apresentação da proposta. Nesse sentido, mesmo que inaplicável o art. 47 do CDC, que impõe seja adotada a interpretação mais favorável ao consumidor na hipótese de cláusulas ambíguas ou contraditórias, deve ser observado o art. 423 do Código Civil,[27] que determina, em sentido semelhante e neste mesmo cenário, a interpretação das cláusulas contratuais em favor do aderente. Na mesma direção, o art. 57 da Lei 15.040/2024 estabelece que "Se da interpretação de quaisquer documentos elaborados pela seguradora, tais como peças publicitárias, impressos, instrumentos contratuais ou pré-contratuais, resultarem dúvidas, contradições, obscuridades ou equivocidades, elas serão resolvidas no sentido mais favorável ao segurado, ao beneficiário ou ao terceiro prejudicado". O art. 58,[28] ainda, dispõe que as condições particulares do seguro prevalecem sobre as especiais, e estas, sobre as gerais; ao passo em que o art. 59 aduz que "as cláusulas referentes a exclusão de riscos e prejuízos ou que impliquem limitação ou perda de direitos e garantias são de interpretação restritiva quanto à sua incidência e abrangência, cabendo à seguradora a prova do seu suporte fático".

Contrato de adesão

2. CARACTERÍSTICAS

O contrato de seguro classifica-se como bilateral, pois as obrigações assumidas pelo segurador e segurado afiguram-se interdependentes, de modo que uma consiste na causa jurídica da outra, a denotar o seu caráter sinalagmático. Nessa direção, o segurado tem o dever principal de pagar o prêmio em contrapartida à prestação de garantia desempenhada pelo segurador, com eventual indenização na hipótese de verificação do risco (*rectius,* sinistro). Neste particular, o Código Civil de 1916, ao reduzir a prestação do segurador à indenização do segurado por riscos futuros, descaracterizava a sua bilateralidade, vez que, na ausência de sinistro, o segurador nada tinha que prestar em favor do segurado. O Código Civil de 2002, porém, ao estabelecer a prestação de garantia do segurador, independentemente da verificação do sinistro, evidencia, de modo inequívoco, a sua bilateralidade.[29]

Contrato bilateral

---

do art. 9º (...). Essa determinação deve ser vista com cautela para que seja preservado o equilíbrio contratual, mormente considerando que o cálculo atuarial do prêmio é realizado tomando como elemento o valor da garantia de cada contrato, e não do modelo geral" (Primeiras reflexões sobre a nova lei dos contratos de seguros e o Direito de Danos. *Migalhas*. Disponível em: https://www.migalhas.com.br/coluna/migalhas-de-responsabilidade-civil/420393/reflexoes-iniciais-sobre-a--nova-lei-dos-seguros-e-o-direito-de-danos. Acesso em: 29 nov. 2024).

[27] "Art. 423. Quando houver no contrato de adesão cláusulas ambíguas ou contraditórias, dever-se-á adotar a interpretação mais favorável ao aderente".

[28] Lei 15.040/2024, "Art. 58. As condições particulares do seguro prevalecem sobre as especiais, e estas, sobre as gerais".

[29] Nesse ponto, reforçando a maior amplitude da garantia em relação aos diversos riscos que podem ser abrangidos, indica a Lei 15.040/2024, no art. 9º, § 3º: "Quando a seguradora se obrigar a garantir diferentes interesses e riscos, deverá o contrato preencher os requisitos exigidos para a garantia de

Contrato oneroso e consensual

O contrato de seguro, de outra parte, afigura-se oneroso, na medida em que cria vantagens patrimoniais para ambas as partes. Vale dizer: o segurador aufere o prêmio em qualquer hipótese, a prescindir da ocorrência do sinistro;[30] ao passo que o segurado usufrui da prestação de garantia, sendo-lhe assegurada a proteção de seu interesse legítimo contra riscos futuros predeterminados, independentemente do sinistro (CC, art. 764).[31] Evidencia-se, contudo, o disposto na Seção II da Lei 15.040/2024, relativa ao Interesse, em que se assinala que a eficácia do contrato de seguro depende da existência do interesse legítimo, considerando-se nulo o contrato caso o interesse segurado seja impossível.[32] Nesse caso, o segurado que agiu de boa-fé terá direito à devolução do prêmio, com dedução das despesas realizadas pelo segurador.[33] Na mesma linha, o art. 6º estabelece que, uma vez extinto o interesse, resolve-se o contrato com redução proporcional do prêmio, observando-se também as despesas realizadas pela seguradora com a contratação.[34]

Em relação à forma, o Código Civil de 2002 alterou a disciplina do art. 1.433 do diploma anterior, que determinava que, antes de ser reduzido a escrito, o contrato não estaria aperfeiçoado, a denotar o seu caráter formal.[35] Atualmente, o contrato de seguro revela-se consensual, embora o Código Civil tenha indicado que a sua prova deva ser feita por escrito, seja por meio da apresentação da apólice ou bilhete, que são os instrumentos do contrato, seja por meio de comprovante de pagamento do prêmio.[36] Diversamente, a Lei 15.040/2024 foi ainda mais abrangente, estabelecendo, no art. 54, que o contrato de seguro se prova por todos os meios admitidos em direito, vedando-

---

cada um dos interesses e riscos abrangidos, de modo que a nulidade ou a ineficácia de uma garantia não prejudique as demais".

[30] Sobre o prêmio, a Lei 15.040/2024 dispõe: "Art. 19. O prêmio deverá ser pago no tempo, no lugar e na forma convencionados. § 1º Salvo disposição em contrário, o prêmio deverá ser pago à vista e no domicílio do devedor. § 2º É vedado o recebimento do prêmio antes de formado o contrato, salvo o caso de cobertura provisória".

[31] "Art. 764. Salvo disposição especial, o fato de se não ter verificado o risco, em previsão do qual se faz o seguro, não exime o segurado de pagar o prêmio".

[32] Lei 15.040/2024, "Art. 5º A eficácia do contrato de seguro depende da existência de interesse legítimo. § 1º. A superveniência de interesse legítimo torna eficaz o contrato desde então. § 2º. Se for parcial o interesse legítimo, a ineficácia não atingirá a parte útil. § 3º. Se for impossível a existência do interesse, o contrato será nulo".

[33] Lei 15.040/2024, "Art. 7º Quando o contrato de seguro for nulo ou ineficaz, o segurado ou o tomador terá direito à devolução do prêmio, deduzidas as despesas realizadas, salvo se provado que o vício decorreu de sua má-fé".

[34] Lei 15.040/2024, "Art. 6º Extinto o interesse, resolve-se o contrato com a redução proporcional do prêmio, ressalvado, na mesma proporção, o direito da seguradora às despesas realizadas com a contratação. *Parágrafo único.* Se ocorrer redução relevante do interesse, o valor do prêmio será proporcionalmente reduzido, ressalvado, na mesma proporção, o direito da seguradora às despesas realizadas com a contratação".

[35] "Art. 1.433. Este contrato não obriga antes de reduzido a escrito, e considera-se perfeito desde que o segurador remete a apólice ao segurado, ou faz nos livros o lançamento usual de operação".

[36] "Art. 758. O contrato de seguro prova-se com a exibição da apólice ou do bilhete do seguro, e, na falta deles, por documento comprobatório do pagamento do respectivo prêmio".

-se apenas a prova exclusivamente testemunhal.[37] Em que pese a regra ampliativa, no dispositivo seguinte, já se enfatiza que à seguradora caberá entregar ao segurado, em até 30 (trinta) dias após a aceitação, o documento probatório do contrato, com uma série de elementos que dele deverão constar.[38]

Cuida-se da apólice e do bilhete de seguro, que corporificam o contrato e contêm dados essenciais do seguro, como a identificação dos sujeitos da relação jurídica, a fixação dos riscos assumidos, a vigência do contrato, a soma assegurada, o prêmio e as condições gerais, dentre outros elementos.

Apólice ou bilhete

A contratação do seguro tem início a partir da apresentação, pelo segurado, de proposta elaborada segundo modelo previamente preparado pelo segurador, cuidando-se o seguro normalmente de contrato de adesão (CC, art. 423). Por outras palavras, antes da emissão da apólice e com vistas à contratação, o segurado apresentará proposta nos moldes indicados pelo segurador, informando todos os elementos relevantes sobre a coisa ou pessoa segurada, a fim de possibilitar ao segurador estimar a probabilidade de ocorrência do sinistro, e calcular a remuneração correspectiva a ser paga a título de prêmio (CC, art. 759[39] e Lei 15.040/2024, arts. 44 e 45[40]). Aliás, o art. 44 da Lei 15.040/2024 previu expressamente as consequências do descumprimento

Formação do contrato

---

[37] Lei 15.040/2024, "Art. 54. O contrato de seguro prova-se por todos os meios admitidos em direito, vedada a prova exclusivamente testemunhal".

[38] Lei n.º 15.040/2024, "Art. 55. A seguradora é obrigada a entregar ao contratante, no prazo de até 30 (trinta) dias, contado da aceitação, documento probatório do contrato, do qual constarão os seguintes elementos: I – a denominação, a qualificação completa e o número de registro da seguradora no órgão fiscalizador de seguros; II – o nome do segurado e, caso distinto, o do beneficiário, se nomeado; III – o nome do estipulante; IV – o dia e o horário do início e fim de vigência do contrato, bem como o modo de sua determinação; V – o valor do seguro e a demonstração da regra de atualização monetária; VI – os interesses e os riscos garantidos; VII – os locais de risco compreendidos pela garantia; VIII – os interesses, os prejuízos e os riscos excluídos; IX – o nome, a qualificação e o domicílio do corretor de seguro que intermediou a contratação do seguro; X – em caso de cosseguro organizado em apólice única, a denominação, a qualificação completa, o número de registro no órgão fiscalizador de seguros e a cota de garantia de cada cosseguradora, bem como a identificação da cosseguradora líder, de forma destacada; XI – se existir, o número de registro do produto no órgão fiscalizador competente; XII – o valor, o parcelamento e a composição do prêmio. § 1º A quantia segurada será expressa em moeda nacional, observadas as exceções legais. § 2º A apólice conterá glossário dos termos técnicos nela empregados".

[39] "Art. 759. A emissão da apólice deverá ser precedida de proposta escrita com a declaração dos elementos essenciais do interesse a ser garantido e do risco".

[40] Lei 15.040/2024, "Art. 44. O potencial segurado ou estipulante é obrigado a fornecer as informações necessárias à aceitação da proposta e à fixação da taxa para cálculo do valor do prêmio, de acordo com o questionário que lhe submeta a seguradora. § 1º O descumprimento doloso do dever de informar previsto no *caput* deste artigo importará em perda da garantia, sem prejuízo da dívida de prêmio e da obrigação de ressarcir as despesas efetuadas pela seguradora. § 2º O descumprimento culposo do dever de informar previsto no *caput* deste artigo implicará a redução da garantia proporcionalmente à diferença entre o prêmio pago e o que seria devido caso prestadas as informações posteriormente reveladas. § 3º Se, diante dos fatos não revelados, a garantia for tecnicamente impossível, ou se tais fatos corresponderem a um tipo de interesse ou risco que não seja normalmente subscrito pela seguradora, o contrato será extinto, sem prejuízo da obrigação de ressarcir as despesas efetuadas pela seguradora" e "Art. 45. As partes e os terceiros intervenientes no contrato, ao responderem ao questionário, devem informar tudo de relevante que souberem ou que deveriam saber a respeito do interesse e do risco a serem garantidos, de acordo com as regras ordinárias de conhecimento".

do dever de informar por ocasião da contratação, o que poderá gerar a perda da garantia no caso de ocultação dolosa de informações ou a redução da garantia, caso o descumprimento tenha sido culposo. É, contudo, dever da seguradora alertar o potencial segurado ou estipulante sobre quais informações são relevantes e quais as consequências do descumprimento do dever de as informar.[41]

A proposta normalmente corresponde a formulários específicos elaborados e disponibilizados pelo próprio segurador; entretanto, isso não afasta o fato de que poderá ser o segurado quem figurará como proponente nesse negócio, e que, da mesma forma como ocorre na teoria geral dos contratos, a proposta é vinculante (CC, art. 427).[42] Ainda assim, ao informar que a proposta pelo potencial segurado não exige forma escrita, dispôs o parágrafo único do art. 43 da Lei n.º 15.040/2024 que "o simples pedido de cotação à seguradora não equivale à proposta, mas as informações prestadas pelas partes e por terceiros intervenientes integram o contrato que vier a ser celebrado".

Nada impede, por outro lado, que a proposta seja feita diretamente pela seguradora ou por intermédio de seus representantes, conforme o disposto no art. 41 da Lei 15.040/2024. Nessa hipótese, a proposta não poderá ser condicional e deverá conter, em suporte duradouro (ou seja, meio idôneo, durável e legível), todos os requisitos necessários para a contratação, o integral conteúdo do contrato e o prazo máximo para sua aceitação pelo potencial segurado. Além disso, a aceitação da proposta nesse caso somente se dará diante de manifestação expressa de vontade ou ato inequívoco do destinatário.[43] Por outro lado, dispõe o art. 43 da Lei 15.040/2024 que, sendo a proposta feita pelo potencial segurado ou estipulante, não se lhe exige forma escrita.

Aceitação ou recusa da proposta pelo segurador Previa a Circular SUSEP 642/2021 que, após o recebimento da proposta, o segurador teria o prazo de 15 (quinze) dias para manifestar-se sobre a sua aceitação, se prazo maior não se houvesse estipulado na proposta (Circular SUSEP 642/2021, arts. 4º e 6º),[44] sendo possível estipular cláusula no sentido de que a ausência de manifes-

---

[41] Lei 15.040/2024, "Art. 46. A seguradora deverá alertar o potencial segurado ou estipulante sobre quais são as informações relevantes a serem prestadas na formação do contrato de seguro e esclarecer, em suas comunicações e questionários, as consequências do descumprimento do dever de informar".

[42] "Art. 427. A proposta de contrato obriga o proponente, se o contrário não resultar dos termos dela, da natureza do negócio, ou das circunstâncias do caso".

[43] Lei 15.040/2024, "Art. 42. A proposta feita pela seguradora não poderá ser condicional e deverá conter, em suporte duradouro, mantido à disposição dos interessados, todos os requisitos necessários para a contratação, o conteúdo integral do contrato e o prazo máximo para sua aceitação. § 1º. Entende-se por suporte duradouro qualquer meio idôneo, durável e legível, capaz de ser admitido como meio de prova. § 2º. A seguradora não poderá invocar omissões em sua proposta depois da formação do contrato. § 3º. A aceitação da proposta feita pela seguradora somente se dará pela manifestação expressa de vontade ou por ato inequívoco do destinatário."

[44] Circular SUSEP 642/2021, "Art. 4º A proposta e as condições contratuais deverão prever, de forma clara, objetiva e em destaque, o prazo máximo para aceitação ou recusa da proposta, bem como as eventuais hipóteses de suspensão do referido prazo, devendo a sociedade seguradora se manifestar expressamente sobre o resultado da análise.

§ 1º A emissão e o envio da apólice ou certificado individual dentro do prazo de que trata *caput* substitui a manifestação expressa de aceitação da proposta pela sociedade seguradora.

tação da seguradora no prazo indicado importaria em aceitação tácita da proposta. Em sentido diverso, todavia, do art. 49 da Lei 15.040/2024 dispõe que, uma vez recebida a proposta, a seguradora tem o prazo máximo de 25 (vinte e cinco) dias para cientificar sua recusa ao proponente, ao final do qual será considerada aceita, ressalvando-se a possibilidade se estender tal prazo, caso solicite esclarecimentos ou produção de exames periciais. Considera-se igualmente aceita a proposta pela prática de atos inequívocos pela seguradora, como o recebimento do prêmio ou sua cobrança ao segurado ou estipulante.[45]

Após a aceitação da proposta pelo segurador, será emitida a apólice nos mesmos termos da proposta aceita. Tal documento, assim como o bilhete, como já referido, se prestará à prova do contrato de seguro – embora não seja o único meio de prova admitido, nos termos do art. 54 da Lei 15.040/2024 –, indicando suas condições, e os contratantes, além da existência de cosseguro, se houver (CC, art. 761, e Lei 15.040/2024, art. 55, X).[46] Em caso de divergência de informações, prevalecerão os termos da proposta, já que este é o documento vinculativo do segurado.

Emissão da apólice

O Código Civil admite, no art. 760, excepcionalmente, a contratação por simples bilhete de seguro, mediante solicitação verbal do interessado, como ocorria com o extinto seguro obrigatório de veículos automotores, bem como nos casos regulamentados pelo órgão competente (Decreto-Lei 73/66, art. 10),[47] dispensando-se, neste

Contratação por simples bilhete de seguro

---

§ 2º A proposta e as condições contratuais poderão prever que a ausência de manifestação da sociedade seguradora no prazo previsto no *caput* caracterizará a aceitação tácita da proposta.

§ 3º Caso as condições contratuais não estipulem a aceitação tácita ao término do prazo estabelecido no *caput*, a ausência de manifestação expressa sobre o resultado da análise sujeitará a sociedade seguradora às penalidades administrativas cabíveis, bem como caracterizará a recusa da proposta.

§ 4º Em qualquer hipótese, a sociedade seguradora deverá comunicar formalmente ao proponente, ao seu representante legal ou corretor de seguros, a decisão de não aceitação da proposta, com a devida justificativa da recusa."

"Art. 6º Caso o prazo de que trata o *caput* do art. 4º seja maior do que quinze dias, se aceita a proposta, a sociedade seguradora não poderá efetivar cobrança de qualquer valor a título de prêmio, antes da confirmação de manutenção de interesse e autorização expressa pelo proponente."

[45] Lei 15.040/2024, "Art. 49. Recebida a proposta, a seguradora terá o prazo máximo de 25 (vinte e cinco) dias para cientificar sua recusa ao proponente, ao final do qual será considerada aceita. § 1º Considera-se igualmente aceita a proposta pela prática de atos inequívocos, tais como o recebimento total ou parcial do prêmio ou sua cobrança pela seguradora. § 2º A seguradora poderá solicitar esclarecimentos ou produção de exames periciais, e o prazo para a recusa terá novo início, a partir do atendimento da solicitação ou da conclusão do exame pericial. § 3º Em qualquer hipótese, para a validade da recusa, a seguradora deverá comunicar sua justificativa ao proponente".

[46] "Art. 761. Quando o risco for assumido em cosseguro, a apólice indicará o segurador que administrará o contrato e representará os demais, para todos os seus efeitos".

Lei 15.040/2024, "Art. 55. A seguradora é obrigada a entregar ao contratante, no prazo de até 30 (trinta) dias, contado da aceitação, documento probatório do contrato, do qual constarão os seguintes elementos: (...) X – em caso de cosseguro organizado em apólice única, a denominação, a qualificação completa, o número de registro no órgão fiscalizador de seguros e a cota de garantia de cada cosseguradora, bem como a identificação da cosseguradora líder, de forma destacada;".

[47] "Art. 10. É autorizada a contratação de seguros por simples emissão de bilhete de seguro, mediante solicitação verbal do interessado.

§ 1º. O CNSP regulamentará os casos previstos neste artigo, padronizando as cláusulas e os impressos necessários.

caso, a remessa de apólice ao segurado. A Lei 15.040/2024 não fez qualquer menção a esta hipótese.

Apólice ou bilhete nominativo, à ordem ou ao portador

Também previu expressamente o Código Civil que a apólice e o bilhete, documentos que se prestam à prova do contrato de seguro, podem ser nominativos, com a indicação do segurador e do segurado (ou beneficiário, quando estipulados em favor de terceiro); à ordem, podendo circular por endosso em preto (CC, art. 785);[48] ou, ao portador, caso em que será transferido pela mera tradição (CC, art. 760, *caput*).[49] A regra não foi reproduzida pela Lei 15.040/2024. De todo modo, vale destacar que, mesmo à luz do disposto no Código Civil, tal flexibilidade não se aplica ao seguro de pessoas, no qual a apólice não pode ser ao portador em razão da necessidade de identificação do seu titular (CC, art. 760, parágrafo único[50]).[51] Quanto à definição do objeto do seguro, a apólice pode ser simples ou flutuante. Será simples quando o objeto segurado for determinado com precisão no documento. Por outro lado, se a apólice constituir a reunião de cláusulas gerais, sem a perfeita definição do objeto do contrato, diz-se que é flutuante. O Professor Caio Mário da Silva Pereira cita como exemplo de apólice flutuante aquela relativa a acidentes de trabalho, que contempla, de forma genérica, os funcionários da empresa estipulante, permitindo a substituição dos empregados que deixarem de fazer parte de seu corpo de funcionários pelos que vierem a ser futuramente admitidos.[52]

Cosseguro

Pode ocorrer de duas ou mais seguradoras, por acordo expresso entre si e o segurado ou estipulante, garantirem simultaneamente o mesmo interesse contra o mesmo risco, cada qual respondendo por sua quota, o que se denomina cosseguro.[53]

---

§ 2º. Não se aplicam a tais seguros as disposições do artigo 1.433 do Código Civil".

[48] "Art. 785. Salvo disposição em contrário, admite-se a transferência do contrato a terceiro com a alienação ou cessão do interesse segurado. § 1º. Se o instrumento contratual é nominativo, a transferência só produz efeitos em relação ao segurador mediante aviso escrito assinado pelo cedente e pelo cessionário. § 2º. A apólice ou o bilhete à ordem só se transfere por endosso em preto, datado e assinado pelo endossante e pelo endossatário".

[49] "Art. 760. A apólice ou o bilhete de seguro serão nominativos, à ordem ou ao portador, e mencionarão os riscos assumidos, o início e o fim de sua validade, o limite da garantia e o prêmio devido, e, quando for o caso, o nome do segurado e o do beneficiário".

[50] "Art. 760. (...) Parágrafo único. No seguro de pessoas, a apólice ou o bilhete não podem ser ao portador".

[51] Confira-se na doutrina: "Salvo no caso de seguro de pessoa, em que ela deve ser identificada, a apólice ou bilhete, além de nominativos, podem ser emitidos à ordem e ao portador. Serão nominativos pela indicação do segurador e do segurado e, quando estipulados em favor de terceiro, do beneficiário. Serão à ordem quando transferíveis por endosso, mas em preto, como exige o art. 785. Quando emitidos ao portador, sua transferência se dá por mera tradição, não obstante, como ressalva José Maria Trepat Cases (*Código Civil Comentado*, coord. Álvaro Vilaça Azevedo. São Paulo, Atlas, 2003, v. VIII, p. 222), o disposto na Lei n. 8.021/90, que veda o resgate de qualquer título sem identificação do beneficiário" (Claudio Luiz Bueno de Godoy. In: Cezar Peluso, *Código Civil Comentado*: doutrina e jurisprudência, Barueri: Manole, 2013, 7ª ed., p. 762).

[52] Caio Mario da Silva Pereira, *Instituições de Direito Civil*, vol. III, Rio de Janeiro: Forense, 2017, 21ª ed., p. 327.

[53] Conceitua a Lei 15.040/2024: "Art. 33. Ocorre cosseguro quando 2 (duas) ou mais seguradoras, por acordo expresso entre si e o segurado ou o estipulante, garantem o mesmo interesse contra o mesmo risco, ao mesmo tempo, cada uma delas assumindo uma cota de garantia."

Dispôs o Código Civil que, quando o risco for assumido em cosseguro, a apólice indicará o segurador que administrará o contrato (seguradora líder) e representará os demais, para todos os seus efeitos, inclusive em juízo (CC, art. 761).[54] É dizer, o cosseguro se configura quando diversos seguradores emprestam cobertura simultânea ao mesmo risco, o que se justifica, normalmente, em obras de grande porte, como a construção de uma Usina ou de empreendimentos imobiliários, que se sujeitam a riscos relevantes. Embora cada um dos seguradores assuma uma porcentagem do risco, a ação de cobrança deve ser movida contra todos, representados pela cosseguradora-líder,[55] nos respectivos limites de obrigação individual. Não sendo possível identificar a cosseguradora líder, deve o interessado dirigir-se àquela que emitiu o documento probatório ou a cada uma das emitentes, se o contrato for documentado em diversos instrumentos.[56] Vale dizer: cada cossegurador responderá individualmente pela sua parcela no risco, a traduzir obrigação divisível, a despeito de todos serem demandados na figura da cosseguradora-líder. A solidariedade entre os cosseguradores dependerá de previsão expressa (CC, art. 265), o que foi reforçado no art. 34, § 3º, da Lei 15.040/2024, *in verbis*: "Não há solidariedade entre as cosseguradoras, arcando cada uma exclusivamente com sua cota de garantia, salvo previsão contratual diversa".

Destaque-se, ainda, que, no mesmo capítulo atinente ao cosseguro, a Lei 15.040/2024 disciplinou o seguro cumulativo, que, nos termos do art. 36, caracteriza-se quando a distribuição entre várias seguradoras é pactuada pelo segurado ou pelo estipulante por força de contratações independentes, sem limitação a uma cota de garantia. Nessa hipótese, atribui-se ao segurado o dever de comunicar a cada seguradora a existência dos contratos com as demais. Os parágrafos 2º e 3º ainda informam que haverá redução proporcional da importância segurada de cada contrato celebrado, quando a soma das importâncias seguradas, nos seguros cumulativos de dano, superar o valor do interesse garantido, ante a coincidência de garantia entre os seguros cumulados (desde que solventes as seguradoras em questão).[57]

---

[54] "Art. 761. Quando o risco for assumido em co-seguro, a apólice indicará o segurador que administrará o contrato e representará os demais, para todos os seus efeitos".

[55] Lei 15.040/2024, "Art. 35. A cosseguradora líder administra o cosseguro, representando as demais na formação e na execução do contrato, e as substitui, ativa ou passivamente, nas arbitragens e nos processos judiciais. § 1º Quando a ação for proposta apenas contra a líder, esta deverá, no prazo de sua resposta, comunicar a existência do cosseguro e promover a notificação judicial ou extrajudicial das cosseguradoras. § 2º A sentença proferida contra a líder fará coisa julgada em relação às demais, que serão executadas nos mesmos autos. (...)".

[56] Lei 15.040/2024, "Art. 34. O cosseguro poderá ser documentado em 1 (um) ou mais instrumentos contratuais emitidos por cada uma das cosseguradoras com o mesmo conteúdo. § 1º. O documento probatório do contrato deverá destacar a existência do cosseguro, as seguradoras participantes e a cota da garantia assumida por cada uma. § 2º. Se não houver inequívoca identificação da cosseguradora líder, os interessados devem dirigir-se àquela que emitiu o documento probatório ou a cada uma das emitentes, se o contrato for documentado em diversos instrumentos."

[57] Lei 15.040/2024, "Art. 36. Ocorre seguro cumulativo quando a distribuição entre várias seguradoras for feita pelo segurado ou pelo estipulante por força de contratações independentes, sem limitação a uma cota de garantia. § 1º. Nos seguros cumulativos de dano, o segurado deverá comunicar a cada uma das seguradoras a existência dos contratos com as demais. § 2º Será reduzida proporcionalmente

Resseguro

Note-se que o cosseguro não se confunde com o contrato de resseguro. Disciplinado nos arts. 60 a 65 da Lei 15.040/2024, o resseguro objetiva transferir parcela do risco segurado ao ressegurador (art. 60,[58] Lei 15.040/2024). Embora tenha o mesmo objetivo do cosseguro, qual seja, repartir os riscos, o resseguro é estabelecido entre o segurador e o ressegurador, em relação jurídica da qual não participa o segurado ou beneficiário (art. 61,[59] Lei 15.040/2024). Diluem-se, assim, os riscos decorrentes da atividade securitária entre o segurador e o ressegurador. Por se tratar de contrato no qual a gestão dos riscos atinentes à atividade securitária fica inteiramente a cargo do segurador, o contrato de resseguro sofre forte incidência do princípio da boa-fé objetiva, exigindo alto padrão de transparência, lealdade e informação por parte do segurador.[60] Com efeito, o ressegurador desconhece, senão a partir do cenário descrito pelo ressegurado, os elementos que influem sobre o risco e não dispõe de meios para controlar a verificação do sinistro, de modo a depender sobremaneira das informações prestadas pelo segurador.[61]

Salvo disposição em contrário, o resseguro abrange a totalidade do interesse ressegurado, nos termos do art. 64, da Lei 15.040/2024. O contrato se forma, ainda que no silêncio da resseguradora, desde que decorrido o prazo de 20 (vinte) dias desde a recepção da proposta, prazo esse que poderá ser alargado pela autoridade fiscalizadora atuante no setor.

No resseguro, a seguradora, uma vez demandada para cumprir o contrato de seguro que motivou a contratação de resseguro, no prazo da resposta, deve notificar

---

a importância segurada de cada contrato celebrado, quando a soma das importâncias seguradas, nos seguros cumulativos de dano, superar o valor do interesse, desde que haja coincidência de garantia entre os seguros cumulados. § 3º Na redução proporcional prevista no § 2º deste artigo não se levarão em conta os contratos celebrados com seguradoras que se encontrarem insolventes."

[58] Lei 15.040/2024, "Art. 60. Pelo contrato de resseguro, a resseguradora, mediante o pagamento do prêmio equivalente, garante o interesse da seguradora contra os riscos próprios de sua atividade, decorrentes da celebração e da execução de contratos de seguro".

[59] Lei 15.040/2024, "Art. 61. A resseguradora, salvo disposição em contrário, e sem prejuízo do previsto no § 2º do art. 62 desta Lei, não responde, com fundamento no negócio de resseguro, perante o segurado, o beneficiário do seguro ou o terceiro prejudicado. Parágrafo único. É válido o pagamento feito diretamente pela resseguradora ao segurado, quando a seguradora se encontrar insolvente".

[60] Colhe-se da doutrina especializada: "Em sede de resseguro, devem, segurador e ressegurador, agir com a mais lídima transparência a respeito do objeto e das circunstâncias que o cercam, facilitando o conhecimento de todos os elementos extrínsecos e intrínsecos possíveis pelo subscritor dos efeitos econômicos do risco." (Sergio Ruy Barroso de Mello, A importância da extrema boa-fé no resseguro. *Resseguro Online*, vol. 44, São Paulo: Pellon & Associados, 2015, p. 4. Disponível em: <http://www.pellon-associados.com.br/portal/index.php/pt/informativos/resseguro-on-line/item/2593-resseguro-online-44>. Acesso em: 24.3.2019).

[61] Sobre o princípio da boa-fé em contratos de resseguro, anota a doutrina especializada: "é possível reportá-la, de um lado, à exigência do ressegurador de confiar na declaração do segurador, e, de outro, à administração quase total do contrato por parte do ressegurador, menos no que tange à gestão dos riscos sobre os quais se volta a atividade securitária, sempre inteiramente afeta ao segurador. Uma absoluta correção de comportamento, dadas essas e outras características, não poderia deixar de ser essencial ao desenvolvimento do fenômeno" (Paulo Luiz de Toledo Piza, *Contrato de Resseguro*, São Paulo: IBDS, 2002, p. 320). V. tb. Sergio Ruy Barroso de Mello, *A importância da extrema boa-fé no resseguro*, cit., p. 5).

a resseguradora, comunicando-lhe sobre a ação, podendo essa última nela intervir como assistente simples. Por outro lado, não poderá a seguradora opor ao segurado ou beneficiário o descumprimento de obrigações pela resseguradora. Além disso, indica o art. 63, Lei 15.040/2024, que as prestações de resseguro adiantadas à seguradora a fim de provê-la financeiramente para o cumprimento do contrato de seguro deverão ser imediatamente usadas para o adiantamento ou pagamento da indenização ao segurado, beneficiário ou terceiro prejudicado. E, por fim, regra importante a figurar como garantia em prol do segurado, beneficiário ou terceiro prejudicado refere-se ao disposto no art. 65, que prevê que os seus créditos têm preferência absoluta perante quaisquer outros créditos em relação aos montantes devidos pela resseguradora à seguradora, caso esta última se encontre sob direção fiscal, intervenção ou liquidação.

A retrocessão, por sua vez, consiste em resseguro em segundo grau, ou seja, a operação pela qual o ressegurador transfere a outros resseguradores o que exceder da sua capacidade, o que normalmente ocorre em sede de riscos mais vultosos, que saturem a capacidade do segurador e do ressegurador. *Retrocessão*

Enumere-se, ainda, o seguro a conta de outrem, o qual consiste em negócio celebrado entre segurador e estipulante, em favor de pessoa indeterminada, que será titular de certo bem. O seguro a conta de outrem é celebrado sem qualquer consideração pela pessoa do segurado, levando-se em conta apenas o bem segurado. O estipulante do contrato, considerado mandatário ou gestor de negócios do segurado, não é a pessoa afetada pela verificação do risco e o contrato tem por objeto segurado bem pertencente a terceiro que não é parte do contrato de seguro. Esta modalidade securitária pressupõe bens que circulam, como, por exemplo, na hipótese de seguro de mercadoria despachada com destino a um armazém geral, onde deverá ser negociada posteriormente. Nesse caso, o embarcador faz o seguro dos riscos que a coisa pode vir a sofrer, em favor de quem venha a ser dono da coisa. A se considerar que o estipulante é representante ou gestor de negócios do segurado, o segurador pode opor ao segurado quaisquer defesas que tenha contra o estipulante, por descumprimento das normas de conclusão do contrato, ou de pagamento do prêmio (CC, art. 767). A Lei 15.040/2024 não disciplinou expressamente o seguro à conta de outrem. *Seguro a conta de outrem*

Em relação à duração do contrato de seguro, a Lei 15.040/2024 trouxe regra específica, no art. 52, pela qual o contrato se presume celebrado para vigorar por 1 (um) ano, salvo quando outro prazo decorrer de sua natureza, do interesse, do risco ou da vontade das partes.

Admite-se a renovação tácita do contrato de seguro (conforme já prevê o CC, art. 774). Vale dizer: o contrato de seguro pode ser automaticamente renovado, desde que haja cláusula expressa prevendo tal possibilidade na hipótese de nenhuma das partes manifestar-se explicitamente pelo término da relação jurídico-contratual. Prevê o Código que a renovação do ajuste far-se-á pelo mesmo prazo e não poderá se operar mais de uma vez. Ao término de vigência do contrato renovado, eventual recondução deverá ser promovida pelos contratantes de maneira expressa. A Lei 15.040/2024, por outro lado, não tendo repetido as exigências do Código Civil, regu- *Renovação tácita do contrato* lou a hipótese em seu art. 53, estabelecendo regras diferentes à seguradora e ao segurado interessados em pôr fim ao contrato de seguro com renovação automática. De acordo com o dispositivo legal, a seguradora deve, com até 30 (trinta) dias de antecedência ao término do prazo contratual, cientificar o segurado quanto à sua decisão de não renovar ou a eventuais modificações que pretenda realizar, ao passo que o segurado interessado em extinguir o ajuste pode recusar o novo contrato a qualquer tempo antes do início de sua vigência, comunicando-o à seguradora ou, caso não tenha promovido averbações de riscos, deixando de efetuar o pagamento do prêmio.[62]

Indenização em dinheiro ou reposição da coisa

Verificado o sinistro, o segurador é obrigado a pagar em dinheiro o prejuízo resultante do risco assumido, salvo se convencionada a reposição da coisa (CC, art. 776). A regra se extrai também do art. 75, da Lei 15.040/2024, que, ao vincular o segurador à regulação e liquidação de sinistros (o que pode ser feito pessoalmente pela seguradora ou por regulador e liquidante por ela contratado),[63] estabelece que tal prestação tem por objetivo "identificar as causas e os efeitos do fato comunicado pelo interessado e quantificar em dinheiro os valores devidos pela seguradora, salvo quando convencionada reposição em espécie". Cite-se, exemplificativamente, a hipótese de seguro-garantia de obrigações contratuais, modalidade de seguro em que o segurador estipula a faculdade de concluir a obra no lugar do tomador inadimplente. A indenização sob a forma de reposição da coisa, no entanto, depende de previsão expressa no contrato.

Ao disciplinar a regulação do sinistro, a Lei 15.040/2024 indicou que a seguradora responde pelos efeitos do sinistro caracterizado na vigência do contrato, ainda que se manifestem ou perdurem após o seu término (art. 70), ao passo que não responderá pelos efeitos manifestados durante a vigência do contrato quando decorrentes de sinistro anterior, salvo disposição em sentido contrário (art. 71). Além disso, conforme art. 72, "salvo disposição em contrário, a ocorrência de sinistros com efeitos parciais não importa em redução do valor da garantia".

Após a regulação e liquidação do sinistro, que pode ser feita diretamente pela seguradora ou por terceiro por ela contratado (art. 76), a seguradora conta com o prazo máximo de 30 (trinta) dias para manifestar-se sobre a cobertura, sob pena de decair do direito de recusá-la, contado da data de apresentação da reclamação ou do aviso de sinistro pelo interessado, acompanhado de todos os elementos necessários à

---

[62] Lei 15.040/2024, "Art. 53. Nos seguros com previsão de renovação automática, a seguradora deverá, em até 30 (trinta) dias antes de seu término, cientificar o contratante de sua decisão de não renovar ou das eventuais modificações que pretenda fazer para a renovação. § 1º Se a seguradora for omissa, o contrato será automaticamente renovado. § 2º O segurado poderá recusar o novo contrato a qualquer tempo antes do início de sua vigência, comunicando-o à seguradora ou, caso não tenha promovido averbações de riscos, simplesmente deixando de efetuar o pagamento da única ou da primeira parcela do prêmio."

[63] Lei 15.040/2024, "Art. 76. Cabem exclusivamente à seguradora a regulação e a liquidação do sinistro. Parágrafo único. A seguradora poderá contratar regulador e liquidante de sinistro para desenvolverem a prestação dos serviços em seu lugar, sempre reservando para si a decisão sobre a cobertura do fato comunicado pelo interessado e o valor devido ao segurado."

decisão sobre a cobertura (art. 86).[64] Reconhecida a cobertura, a seguradora tem, em regra, o prazo máximo de 30 (trinta) dias para pagar a indenização ou o capital estipulado (art. 87).[65] Caso negada a cobertura, total ou parcialmente, cabe à seguradora entregar ao interessado os documentos produzidos ou obtidos durante a regulação e a liquidação do sinistro que fundamentem sua decisão, exceto os considerados confidenciais ou sigilosos por lei (art. 83).[66]

No que se refere à prescrição de pretensões decorrentes do contrato de seguro, dispôs o art. 206, § 1º, II, do Código Civil, revogado pela Lei n.º 15.040/2024, que prescreve em 1 (um) ano a pretensão do segurado contra o segurador, ou a deste contra aquele, contado o prazo: (i) para o segurado, no caso de seguro de responsabilidade civil, da data em que é citado para responder à ação de indenização proposta por terceiro prejudicado, ou da data que a este indeniza, com a anuência do segu-

Prescrição

---

[64] Lei 15.040/2024, "Art. 86. A seguradora terá o prazo máximo de 30 (trinta) dias para manifestar-se sobre a cobertura, sob pena de decair do direito de recusá-la, contado da data de apresentação da reclamação ou do aviso de sinistro pelo interessado, acompanhados de todos os elementos necessários à decisão a respeito da existência de cobertura. § 1º Os elementos necessários à decisão sobre a cobertura devem ser expressamente arrolados nos documentos probatórios do seguro. § 2º A seguradora ou o regulador do sinistro poderão solicitar documentos complementares, de forma justificada, ao interessado, desde que lhe seja possível produzi-los. § 3º Solicitados documentos complementares dentro do prazo estabelecido no *caput* deste artigo, o prazo para a manifestação sobre a cobertura suspende-se por no máximo 2 (duas) vezes, recomeçando a correr no primeiro dia útil subsequente àquele em que for atendida a solicitação. § 4º O prazo estabelecido no *caput* deste artigo somente pode ser suspenso 1 (uma) vez nos sinistros relacionados a seguros de veículos automotores e em todos os demais seguros em que a importância segurada não exceda o correspondente a 500 (quinhentas) vezes o salário mínimo vigente. § 5º A autoridade fiscalizadora poderá fixar prazo superior ao disposto no *caput* deste artigo para tipos de seguro em que a verificação da existência de cobertura implique maior complexidade na apuração, respeitado o limite máximo de 120 (cento e vinte) dias. § 6º A recusa de cobertura deve ser expressa e motivada, não podendo a seguradora inovar posteriormente o fundamento, salvo quando, depois da recusa, vier a tomar conhecimento de fatos que anteriormente desconhecia."

[65] Lei 15.040/2024, "Art. 87. Reconhecida a cobertura, a seguradora terá o prazo máximo de 30 (trinta) dias para pagar a indenização ou o capital estipulado. § 1º Os elementos necessários à quantificação dos valores devidos devem ser expressamente arrolados nos documentos probatórios do seguro. § 2º A seguradora ou o liquidante do sinistro poderão solicitar documentos complementares, de forma justificada, ao interessado, desde que lhe seja possível produzi-los. § 3º Solicitados documentos complementares dentro do prazo estabelecido no *caput* deste artigo, o prazo para o pagamento da indenização ou do capital estipulado suspende-se por no máximo 2 (duas) vezes, recomeçando a correr no primeiro dia útil subsequente àquele em que for atendida a solicitação. § 4º O prazo estabelecido no *caput* deste artigo somente pode ser suspenso 1 (uma) vez nos sinistros relacionados a seguros de veículos automotores e seguros de vida e integridade física, assim como em todos os demais seguros em que a importância segurada não exceda o correspondente a 500 (quinhentas) vezes o salário mínimo vigente. § 5º A autoridade fiscalizadora poderá fixar prazo superior ao disposto no *caput* deste artigo para tipos de seguro em que a liquidação dos valores devidos implique maior complexidade na apuração, respeitado o limite máximo de 120 (cento e vinte) dias. § 6º. O valor devido apurado deve ser apresentado de forma fundamentada ao interessado, não podendo a seguradora inovar posteriormente, salvo quando vier a tomar conhecimento de fatos que anteriormente desconhecia."

[66] Lei 15.040/2024, "Art. 83. Negada a cobertura, no todo ou em parte, a seguradora deverá entregar ao interessado os documentos produzidos ou obtidos durante a regulação e a liquidação do sinistro que fundamentem sua decisão. Parágrafo único. A seguradora não está obrigada a entregar documentos e demais elementos probatórios que sejam considerados confidenciais ou sigilosos por lei ou que possam causar danos a terceiros, salvo em razão de decisão judicial ou arbitral."

rador; (ii) quanto aos demais seguros, da ciência do fato gerador da pretensão. À luz do disposto no artigo do diploma de 2002, entendeu-se necessário, contudo, verificar o caso concreto, a fim de se determinar a *actio nata*. Segundo decidiu a jurisprudência do Superior Tribunal de Justiça, o termo inicial da prescrição poderia consistir, por exemplo, na data da ciência inequívoca, pelo segurado, do sinistro;[67] na data da negativa da seguradora em pagar a indenização;[68] ou, ainda, na data da ciência inequívoca da incapacidade laboral.[69] Aplicar-se-ia, em qualquer hipótese, a Súmula 229[70] do STJ. Observe-se, contudo, que o entendimento segundo o qual o prazo prescricional se inicia na data da ciência inequívoca, pelo segurado, quanto ao sinistro, forjado sob a égide do Código Civil de 1916, não se coadunaria com o conceito de pretensão resistida capaz de deflagrar o prazo prescricional,[71] incorporado pelo diploma de 2002. Com efeito, na data da ciência do sinistro ainda não ocorreu a negativa da seguradora quanto à cobertura, inexistindo, por isso mesmo, pretensão do segurado em face da seguradora. Por isso mesmo, a *actio nata* consistiria na data da negativa da seguradora quanto ao pedido de cobertura securitária.[72]

---

[67] Na jurisprudência do STJ: "1. A decisão da Corte estadual que entendeu pela incidência da prescrição ânua, prevista no art. 206, § 1º, II, do Código Civil, encontra-se em harmonia com a jurisprudência sedimentada neste Sodalício. O termo inicial do prazo prescricional ânuo decorrente de contrato de seguro ocorre a partir da data em que o segurado tem conhecimento inequívoco do sinistro (Súmula 278/STJ), ficando suspenso entre eventual comunicação do sinistro à seguradora e a data da ciência do segurado da recusa do pagamento da indenização" (STJ, 4ª T., AgI no AREsp 1.370.618, Rel. Min. Luis Felipe Salomão, julg. 20.8.2019). V. tb. STJ, 3ª T., AgInt no AREsp 212.984, Rel. Min. Ricardo Villas Bôas Cueva, julg.9.8.2016, publ. DJ 16.8.2016.

[68] "O termo inicial da prescrição da pretensão do beneficiário do seguro é o momento em que a seguradora é comunicada do evento e se recusa a indenizar. Isso porque, quando os danos no imóvel são de natureza sucessiva e gradual, sua progressão dá margem a inúmeros sinistros sujeitos à cobertura securitária, renovando seguidamente a pretensão do beneficiário e, por conseguinte, o marco inicial do prazo prescricional" (STJ, 3ª T., AgI no AREsp. 1.172.799, Rel. Min. Ricardo Villas Bôas Cueva, julg. 8.4.2019, publ. DJ 12.4.2019).

[69] Nos termos da Súmula 278 do STJ: "O termo inicial do prazo prescricional, na ação de indenização, é a data em que o segurado teve ciência inequívoca da incapacidade laboral".

[70] Súmula 229 do STJ: "O pedido do pagamento de indenização à seguradora suspende o prazo de prescrição até que o segurado tenha ciência da decisão".

[71] Na mesma direção, cfr. Humberto Theodoro Júnior: "(...) não seria possível cogitar de prescrição sem que o segurado tivesse adquirido a pretensão contra o segurador, ou seja, antes que o direito a indenização se tornasse exigível e, por conseguinte, antes que tal direito pudesse ser violado pelo inadimplemento. Para que essa evolução conceitual se impusesse foi preciso levar em conta, primeiro, o novo conceito legal de prescrição, atrelado à ideia de extinção não da ação, mas da pretensão (art. 189 do CC/2002), e, depois, o novo critério do termo inicial do prazo da prescrição da ação do segurado, fixado em função não mais do fato autorizador da ação, mas do fato gerador da pretensão (art. 206, § 1.º, II, b, do CC/2002). (...) Nem todos os tribunais se aperceberam da grande mudança de substância sofrida pelo instituto da prescrição, com o advento do Código Civil de 2002. Por isso, a lei da inércia fez com que alguns acórdãos continuassem a se fundar na Súmula 229 do STJ, mesmo na vigência do Código atual, para contar o prazo de prescrição da ação do segurado contra o segurador a partir da ciência do sinistro. Com isso, insistiram em atribuir à comunicação respectiva apenas a força de suspender dito prazo "até que o segurado tenha ciência da decisão" (Contrato de seguro. Ação do segurado contra o segurador. Prescrição. *Revista dos Tribunais*, vol. 924, out. 2012, pp. 79-107).

[72] Algumas decisões do STJ acolhem este entendimento: "O termo inicial da prescrição da pretensão do beneficiário do seguro é o momento em que a seguradora é comunicada do evento e se recusa a indenizar. Isso porque, quando os danos no imóvel são de natureza sucessiva e gradual, sua pro-

A Lei 15.040/2024 traz novas regras sobre a matéria. Em especial, sobre a pretensão do segurado para exigir indenização, capital, ou quaisquer quantias da seguradora, manteve-se o prazo prescricional de 1 (um) ano, mas se evidenciou que este deve se contar da "ciência da recepção da recusa expressa e motivada da seguradora", nos termos do inciso II do art. 126. O inciso I do mesmo dispositivo também indicou prazo prescricional de 1 (um) ano para: a) a pretensão da seguradora para cobrança do prêmio ou outra pretensão em face do segurado ou estipulante do seguro; b) a pretensão dos intervenientes, agentes ou representantes de seguro e estipulantes na cobrança de suas remunerações; c) a pretensão entre corresseguradoras; e d) pretensões entre seguradoras, resseguradoras e retrocessionárias. Nesses casos, todavia, a contagem se inicia da ciência do "respectivo fato gerador". Indicou-se, ainda, que prescreve em 3 (três) anos a pretensão dos beneficiários ou de terceiros prejudicados contra a seguradora, nos termos do inciso III do art. 127, remetendo mais uma vez genericamente ao "fato gerador" como termo inicial para a contagem do prazo.[73]

Sobre a prescrição ânua, discute-se se tal prazo incidiria também para o exercício de pretensões do segurado que seja ente público. Com efeito, a norma do Código Civil – e por maioria de razão a Lei 15.040/2024 – constitui lei especial em matéria securitária, incidindo em qualquer relação jurídica estabelecida entre segurador e segurado, independentemente de este último constituir ente público. A dinâmica das relações securitárias, pautadas no binômio risco-garantia, justifica a existência de prazos prescricionais mais curtos com vistas a assegurar a higidez econômica das seguradoras, os quais hão de prevalecer nas relações securitárias, independentemente da natureza jurídica do segurado, pelo critério da especialidade. E é bem fácil entender o porquê. Na relação securitária, a regulação de sinistro depende, essencialmente, da análise de circunstâncias fáticas cujas evidências se dissipam com o passar do tempo. Atento a tal peculiaridade, o legislador estabeleceu, deliberadamente, prazo prescricional ânuo. Tal lapso temporal, diante do avanço das tecnologias de comunicação, revela-se, a rigor, bastante generoso, não se justificando, nos dias atuais,

Prescrição ânua aplicável ao segurado ente público

---

gressão dá margem a inúmeros sinistros sujeitos à cobertura securitária, renovando seguidamente a pretensão do beneficiário e, por conseguinte, o marco inicial do prazo prescricional" (STJ, 3ª T., AgI no AREsp. 1.172.799, Rel. Min. Ricardo Villas Bôas Cueva, julg. 8.4.2019, publ. DJ 12.4.2019). No mesmo sentido: "o termo inicial da prescrição é a data do sinistro. Todavia, o prazo prescricional apenas começa a fluir com a ciência do segurado quanto à negativa da cobertura securitária, de modo que a pretensão do recorrente não está fulminada pela prescrição" (STJ, 3ª T., REsp 1.970.111/MG, Rel. Min. Nancy Andrighi, julg. 15.3.2022, publ. DJ 30.3.2022).

[73] Lei 15.040/2024, "Art. 126. Prescrevem: I – em 1 (um) ano, contado da ciência do respectivo fato gerador: a) a pretensão da seguradora para a cobrança do prêmio ou qualquer outra pretensão contra o segurado e o estipulante do seguro; b) a pretensão dos intervenientes corretores de seguro, agentes ou representantes de seguro e estipulantes para a cobrança de suas remunerações; c) as pretensões das corresseguradoras entre si; d) as pretensões entre seguradoras, resseguradoras e retrocessionárias; II – em 1 (um) ano, contado da ciência da recepção da recusa expressa e motivada da seguradora, a pretensão do segurado para exigir indenização, capital, reserva matemática, prestações vencidas de rendas temporárias ou vitalícias e restituição de prêmio em seu favor; III – em 3 (três) anos, contados da ciência do respectivo fato gerador, a pretensão dos beneficiários ou terceiros prejudicados para exigir da seguradora indenização, capital, reserva matemática e prestações vencidas de rendas temporárias ou vitalícias."

o prolongamento das iniciativas para se deflagrar a cobertura securitária, tampouco a pretendida diferenciação em relação a entes públicos.

Nessa direção, o art. 62, § 3º, I,[74] Lei 8.666/93 destacava que, aos contratos de seguro em que o ente público fosse parte, se aplicavam, predominantemente, as normas de direito privado, afastando-se a aplicação supletiva do art. 54 da mesma Lei.[75] Desse modo, não incidia o prazo prescricional quinquenal previsto no art. 1º do Decreto 20.910/32 para o exercício das pretensões contra a Fazenda Pública. A norma, porém, não foi reproduzida na Lei nº 14.133/2021, novo diploma legal sobre licitações e contratos administrativos, o que parece não alterar o entendimento quanto à aplicação do prazo prescricional ânuo nas relações securitárias em que o ente público seja segurado.

Para além das razões anteriormente apontadas, outras justificam o afastamento do prazo quinquenal estabelecido pelo vetusto Decreto 20.910/32 às relações securitárias que tenham como segurado ente público. Promulgado sob a égide do Código Civil de 1916, o Decreto 20.910/32 pretendeu atribuir tratamento mais favorável à Fazenda Pública, fixando, como regra geral, o prazo prescricional de 5 (cinco) anos para o exercício de pretensões contra o ente público, substancialmente inferior aos prazos previstos no diploma codificado.[76]

---

[74] "Art. 62. O instrumento de contrato é obrigatório nos casos de concorrência e de tomada de preços, bem como nas dispensas e inexigibilidades cujos preços estejam compreendidos nos limites destas duas modalidades de licitação, e facultativo nos demais em que a Administração puder substituí-lo por outros instrumentos hábeis, tais como carta-contrato, nota de empenho de despesa, autorização de compra ou ordem de execução de serviço. (...)
§ 3º. Aplica-se o disposto nos arts. 55 e 58 a 61 desta Lei e demais normas gerais, no que couber:
I – aos contratos de seguro, de financiamento, de locação em que o Poder Público seja locatário, e aos demais cujo conteúdo seja regido, predominantemente, por norma de direito privado".

[75] Nessa direção, cfr. os seguintes julgados: "Aos contratos de seguro, tal como no caso dos autos, o art. 62, § 3º, I, da Lei 8.666/93 é expresso ao disciplinar que serão regidos predominantemente pelas normas de direito privado, configurando com isso exceção à aplicação supletiva de tais normas previstas no art. 54 do mesmo diploma legal. (...) Assim, não merece reparos a sentença que entendeu pela aplicação do art. 206, § 1º, II, 'b' do CC, segundo o qual prescreve em um ano a pretensão do segurado contra o segurador, contado o prazo da ciência do fato gerador da pretensão" (TRF-4, Ap. 5046612-35.2019.4.04.7100, 3ª T., Rel. Des. Rogerio Favreto, julg. 21.9.2021, publ. DJ 22.9.2021); "A presente demanda envolve um contrato de seguro de responsabilidade civil de diretores e administradores de pessoa jurídica (RC D&O). Nos termos do artigo 62, § 3º, inciso I da Lei 8.666/93, o contrato de seguro é regido, predominantemente, por normas de direito privado, previstas a partir do artigo 757 do Código Civil de 2002. Logo, é possível dizer que estamos diante de um contrato privado da Administração, regido, predominantemente, por normas de direito privado e pelas diretrizes fixadas pelo órgão competente, qual seja, a Superintendência de Seguros Privados – SUSEP, que constitui uma autarquia federal, responsável pelo controle e fiscalização dos mercados de seguro, previdência privada aberta, capitalização e resseguro" (TJRJ, 23ª CC., Ap. Cív. 0197657-49.2017.8.19.0001, Rel. Des. Marcos André Chut, julg. 19.2.2020, publ. DJ 20.2.2020). Na mesma linha, a jurisprudência do TCU, ao examinar o dispositivo em questão, ressalta: "o contrato de seguros define-se como espécie de ajuste tipicamente privado, com características de contrato de adesão e conteúdo predominantemente definido pela prática do mercado securitário e pela detalhada regulamentação imposta pelas normas da SUSEP e CNSP, como definido em artigos doutrinários do direito securitário" (TCU, Acórdão 600/2015, Plenário, Rel. Min. Raimundo Carreiro, julg. 25.3.2015).

[76] Gustavo Tepedino, O prazo mais benéfico para a Fazenda Pública à luz do Código Civil de 2002, in Soluções Práticas de Direito: pareceres: novas fronteiras do direito civil, vol. I, São Paulo: Revista dos Tribunais, 2012, pp. 547-553.

Convém sublinhar, por oportuno, que o próprio Decreto 20.910/32 ressalvou, no art. 10, a incidência de prazos prescricionais inferiores previstos em leis especiais, assegurando, assim, a sua prevalência em detrimento do prazo quinquenal. Nos termos do art. 10, "o disposto nos artigos anteriores não altera as prescrições de menor prazo, constantes das leis e regulamentos, as quais ficam subordinadas às mesmas regras".[77] Sobre o tema, o Superior Tribunal de Justiça consolidou o entendimento segundo o qual, pelo princípio da isonomia (art. 5º, *caput*,[78] C.R.), o mesmo prazo prescricional de 5 (cinco) anos aplicável a favor da Fazenda Pública, isto é, nas ações em que esta fosse ré, deveria ser aplicado contra ela, nas demandas em que a Fazenda Pública fosse autora, dispensando, assim, o mesmo tratamento aos administrados.[79]

Com a superveniência do Código Civil de 2002, que passou a produzir efeitos em 11 de janeiro de 2003, os prazos prescricionais sofreram drástica redução, refletindo a redução universal das distâncias em decorrência da evolução dos transportes e dos meios de comunicação. Destaque-se o prazo prescricional para as pretensões indenizatórias, reduzido de 20 (vinte) para 3 (três) anos (art. 206, § 3º, V,[80] do CC),[81] assim como as pretensões de enriquecimento sem causa e de repetição de indébito, sujeitas ao mesmo prazo trienal (art. 206, § 3º, IV[82]).[83]

---

[77] Em comentário ao art. 10, observou-se que "a prescrição das pretensões formuladas contra a Fazenda Pública é quinquenal, ressalvados os casos em que a lei estabeleça prazos menores. Na verdade, os prazos prescricionais inferiores a 5 (cinco) anos beneficiam a Fazenda Pública. Diante disso, a pretensão de reparação civil contra a Fazenda Pública submete-se ao prazo prescricional de 3 (três) anos, e não à prescrição quinquenal. Aplica-se, no particular, o disposto no art. 206, § 3º, V, do Código Civil, não somente em razão do que estabelece o art. 10 do Decreto 20.910/1932, mas também por se tratar de norma posterior. E, como se sabe, a norma posterior, no assunto tratado, revoga a anterior" (Leonardo Carneiro da Cunha, *A Fazenda Pública em Juízo*, Rio de Janeiro: Forense, 2021, 18ª ed., e-book).

[78] "Art. 5º Todos são iguais perante a lei, sem distinção de qualquer natureza, garantindo-se aos brasileiros e aos estrangeiros residentes no País a inviolabilidade do direito à vida, à liberdade, à igualdade, à segurança e à propriedade, nos termos seguintes: (...)".

[79] A título exemplificativo, cfr. os seguintes julgados: "A aplicação principiológica da isonomia, por si só, impõe a incidência recíproca do prazo do Decreto 20.910/32 nas pretensões deduzidas em face da Fazenda e desta em face do administrado" (STJ, AgRg no REsp 1.015.571/RJ, 1ª T., Rel. Min. Luiz Fux, julg. 4.12.2008). No mesmo sentido, v. tb. STJ, AgInt no AREsp 881.040/SP, 1ª T., Rel. Min. Sérgio Kukina, julg. 20.1.2016; e STJ, AgRg no AREsp 850.760/RS, 2ª T., Rel. Min. Humberto Martins, julg. 7.4.2016.

[80] "Art. 206. Prescreve: (...) § 3º Em três anos: (...) V – a pretensão de reparação civil".

[81] Sobre o ponto, assinala a doutrina: "Por que, em favor da Fazenda Pública, o prazo prescricional pode ser apenas de cinco anos e, em situações idênticas, quando a prescrição for em seu desfavor, esse período há de ser ampliado? Por extensão – e com correção – aponta-se que esse lapso deve ser (também em desfavor do poder público) de cinco anos, mantendo-se em paralelo as situações jurídicas dos particulares e do Estado" (Hélio do Valle Pereira, *Manual da Fazenda Pública em Juízo*, Rio de Janeiro: Renovar, 2008, 3ª ed., rev., atual. e ampl., pp. 658-659).

[82] "Art. 206. Prescreve: (...) § 3º Em três anos: (...) IV – a pretensão de ressarcimento de enriquecimento sem causa".

[83] No sentido do texto, v. Rodrigo da Guia Silva, Prazo prescricional da pretensão de repetição de indébito: um diálogo necessário entre pagamento indevido e enriquecimento sem causa. *Civilistica. com*, vol. 8, n. 2, set. 2019, pp. 16-17.

Assim, diversos prazos prescricionais inferiores a 5 (cinco) anos passaram a reger as relações paritárias, convivendo, no âmbito do sistema, com o prazo quinquenal destinado às relações entabuladas com a Fazenda Pública. Nesse cenário, em determinadas situações, os prazos prescricionais previstos no Código Civil se revelarão mais benéficos do que aquele quinquenal estabelecido pelo Decreto 20.910/32. Na esteira do tratamento privilegiado dispensado à Fazenda Pública, caso se configure o suporte fático para incidência da norma prescricional do Código Civil, que estabeleça prazo inferior a 5 (cinco) anos, tal prazo do diploma codificado há de prevalecer nas relações com a Fazenda Pública, em observância ao art. 10 do Decreto 20.910/32, anteriormente mencionado, sob pena de se atribuir ao particular tratamento mais benéfico do que aquele dispensado ao ente público, rompendo a lógica do sistema.[84] Dito de outro modo, não bastasse a regra expressa do aludido art. 10, exigir o prevalecimento dos prazos especiais menores, a repristinação, em matéria securitária, do prazo quinquenal, aplicável também aos particulares contra a Fazenda Pública, inverteria a lógica do sistema, permitindo que particulares se beneficiassem da redução legislativa de prazos prescricionais, enquanto, nas relações com a Fazenda Pública, que o Decreto 20.910/32 justamente pretendia favorecer, incidiria prazo prescricional mais longo e, portanto, menos favorável. Destaque-se que a Lei 15.040/2024 é silente quanto à matéria.

O Código Civil determina, ainda, que prescreve em 3 (três) anos a pretensão do beneficiário contra o segurador, e a do terceiro prejudicado, no caso de seguro de responsabilidade civil obrigatório (CC, art. 206, § 3º, IX).[85] Conforme ora indicado, a Lei 15.040/2024 dispôs no art. 126, III, que prescreve em 3 (três) anos a pretensão dos beneficiários ou de terceiros prejudicados contra a seguradora, remetendo genericamente ao "fato gerador" como termo inicial para a contagem do prazo prescricional. O principal seguro obrigatório previsto no Direito brasileiro é o DPVAT, que cobre os danos pessoais causados por veículos automotores de via terrestre. No entanto, essa modalidade não é a única prevista no ordenamento, sendo certo que o Decreto-Lei

---

[84] A doutrina especializada, ao confrontar o prazo prescricional inferior de 3 (três) anos para demandas indenizatórias, com o prazo quinquenal do Decreto 20.910/1932, ressalta: "Não há justificativa racional para que se dê tratamento mais benéfico àquele que figure como réu em processo em que se pleiteia indenização, apenas pela sua condição de particular. Assim, em proveito da isonomia, uma e outra pretensões indenizatórias deverão ser deduzidas no prazo estatuído no Código Civil de 2002. Vale dizer, o fundamento para a equiparação reside, em última análise, no princípio constitucional da isonomia" (Leonardo Oliveira Soares, O prazo prescricional das ações (pretensões) indenizatórias propostas contra o poder público no estado democrático de direito brasileiro. *Revista de Processo*, vol. 195, São Paulo: Revista dos Tribunais, Maio 2011, pp. 137-158). A despeito do entendimento aqui esposado, o Superior Tribunal de Justiça, no R ecurso R epetitivo 1.251.993, estabeleceu que o prazo prescricional quinquenal do Decreto 20.910/32 nas ações movidas por particulares contra a Fazenda Pública prevalece em detrimento dos prazos do Código Civil por força do princípio da especialidade. Por outro lado, no R ecurso R epetitivo 1.117.913, definiu-se que as demandas movidas pela Fazenda Pública contra particulares para cobrança de crédito privado sujeitam-se ao prazo prescricional do Código Civil.

[85] "Art. 206. Prescreve: (...) § 3º Em três anos: (...) IX – a pretensão do beneficiário contra o segurador, e a do terceiro prejudicado, no caso de seguro de responsabilidade civil obrigatório".

73, de 1966, que dispõe sobre o Sistema Nacional de Seguros Privados, lista, em seu art. 20, outras espécies de seguros obrigatórios.[86]

No diploma civil, o legislador entendeu por bem diferenciar o prazo prescricional das pretensões dos segurados contra seguradores daquele indicado para as pretensões do beneficiário contra segurador, no âmbito de seguros de responsabilidade civil obrigatórios. Essa distinção reside no fato de que, no âmbito do seguro obrigatório de responsabilidade civil, é comum que o terceiro prejudicado sequer saiba de sua condição de beneficiário e da sua faculdade de acionar diretamente o segurador,[87] o que justificaria o prazo maior concedido para o exercício dessa pretensão.

Entendeu-se que a disposição, no entanto, deveria ser interpretada de maneira estrita, ou seja, o prazo trienal só é aplicado no âmbito de seguros obrigatórios de responsabilidade civil, e apenas para o exercício da pretensão dos beneficiários ou terceiros prejudicados em face do segurador. Nesse sentido, a jurisprudência do STJ tem impedido a aplicação do prazo especial em favor de beneficiários no âmbito de seguros obrigatórios que não sejam de responsabilidade civil.[88] Quanto ao ponto, ressalte-se que a Lei 15.040/2024 não fez a referida restrição acerca dos seguros

---

[86] "Art. 20. Sem prejuízo do disposto em leis especiais, são obrigatórios os seguros de: a) danos pessoais a passageiros de aeronaves comerciais; b) responsabilidade civil do proprietário de aeronaves e do transportador aéreo; c) responsabilidade civil do construtor de imóveis em zonas urbanas por danos a pessoas ou coisas; e) garantia do cumprimento das obrigações do incorporador e construtor de imóveis; f) garantia do pagamento a cargo de mutuário da construção civil, inclusive obrigação imobiliária; g) edifícios divididos em unidades autônomas; h) incêndio e transporte de bens pertencentes a pessoas jurídicas, situados no País ou nêle transportados; j) crédito à exportação, quando julgado conveniente pelo CNSP, ouvido o Conselho Nacional do Comércio Exterior (CONCEX); l) danos pessoais causados por veículos automotores de vias terrestres e por embarcações, ou por sua carga, a pessoas transportadas ou não; m) responsabilidade civil dos transportadores terrestres, marítimos, fluviais e lacustres, por danos à carga transportada".

[87] "Art. 788. Nos seguros de responsabilidade legalmente obrigatórios, a indenização por sinistro será paga pelo segurador diretamente ao terceiro prejudicado".

[88] Nesse sentido, decidiu o STJ: "(...) Contrato de financiamento imobiliário. Morte do mutuário. Herdeiros que buscam a quitação do financiamento e o recebimento da indenização securitária. Seguro habitacional. Prazo prescrição aplicável. Art. 205 do CC/02. (...) O propósito recursal é definir se está prescrita a ação imposta pelos recorrentes que, na condição de herdeiros dos mutuários já falecidos, pretendem o recebimento de indenização referente a seguro habitacional, bem como a quitação do financiamento realizado. 4. Tendo em vista que os recorrentes, herdeiros do mutuário falecido, não podem ser considerados como segurados, inviável mostra-se a aplicação da prescrição ânua prevista no art. 206, § 1º, II, do CC/02. 5. Ainda que sejam considerados beneficiários, inviável mostra-se, também, a aplicação do art. 206, § 3º, IX do CC/02, pois o seguro habitacional não pode ser considerado seguro de responsabilidade civil. 6. Sob essa ótica, aplica-se o prazo prescricional decenal previsto no art. 205 do CC/02. (...)" (STJ, 3ª T., REsp 1.694.257, Rel. Min. Nancy Andrighi, julg. 28.8.2018, publ. DJ 31.8.2018). V. tb. "2. Prazo prescricional para exercício da pretensão deduzida em face da seguradora por pessoa designada como beneficiária do seguro de vida (terceiro beneficiário), a qual não se confunde com a figura do segurado. Lapso vintenário (artigo 177 do Código Civil de 1916) ou decenal (artigo 205 do Código Civil de 2002), não se enquadrando na hipótese do artigo 206, § 1º, inciso II, do mesmo *Codex* (prescrição ânua para cobrança de segurado contra segurador). Inaplicabilidade, outrossim, do prazo trienal previsto para o exercício da pretensão do beneficiário contra o segurador em caso de seguro de responsabilidade civil obrigatório (artigo 206, § 3º, inciso IX, do Código Civil). Precedentes" (STJ, 4ª T., AgRg no AREsp 545.318, Rel. Min. Marco Buzzi, julg. 20.11.2014, publ. DJ 26.11.2014).

obrigatórios, regulando a prescrição da mesma maneira a todas as modalidades de seguro de responsabilidade civil.

Prazo prescricional aplicável à pretensão restitutória decorrente de cláusula de reajuste nula

Controverte-se ainda quanto ao prazo prescricional aplicável à pretensão restitutória decorrente de cláusula de reajuste nula em contratos de plano de saúde ou de seguro-saúde. Indaga-se, nessa direção, se haveria hipótese de enriquecimento sem causa, a deflagrar o prazo prescricional trienal *ex vi* do art. 206, § 3º, IV;[89] ou se incidiria o prazo prescricional geral de 10 (dez) anos com fundamento na responsabilidade contratual, nos termos do art. 205[90] do Código Civil.

A matéria encontra-se sedimentada no Tema Repetitivo 610, em que a 2ª Seção do Superior Tribunal de Justiça entendeu que, "na vigência dos contratos de plano ou de seguro de assistência à saúde, a pretensão condenatória decorrente da declaração de nulidade de cláusula de reajuste nele prevista prescreve em 20 anos (art. 177 do CC/1916) ou em 3 anos (art. 206, § 3º, IV, do CC/2002), observada a regra de transição do art. 2.028 do CC/2002". Vale dizer: o STJ, em sede de recurso repetitivo, consolidou o entendimento atualmente vigente no sentido de que se aplica o prazo prescricional trienal, atinente ao enriquecimento sem causa, às hipóteses em que a parte pleiteia a condenação da operadora de plano de saúde ou da seguradora de saúde no ressarcimento dos valores incorridos em razão de reajuste de faixa etária autorizado por disposição contratual nula.

Cláusula contratual nula: ausência de fonte obrigacional

A cláusula contratual nula expressa hipótese típica de ausência de causa contratual ou de fonte obrigacional.[91] Nos casos de ausência de título contratual justificativo (*rectius*, causa contratual) para a transferência patrimonial, configura-se sem dissenso o suporte fático do enriquecimento sem causa.[92] Em consequência, deve-se aplicar o prazo prescricional trienal, com fundamento no enriquecimento sem causa, para o exercício de pretensão condenatória decorrente de cláusula contratual nula. A confirmar tal conclusão, na esteira da redução dos prazos prescricionais determinada pelo Código Civil de 2002, não se pode admitir que a operadora ou seguradora de plano de saúde se sujeite à restituição de valores cobrados há uma década, sob pena

---

[89] "Art. 206. Prescreve: (...) § 3º Em três anos: (...) IV – a pretensão de ressarcimento de enriquecimento sem causa".

[90] "Art. 205. A prescrição ocorre em dez anos, quando a lei não lhe haja fixado prazo menor".

[91] Conforme anotado em outra sede: "Assim, há que se obter a declaração de nulidade com vistas a suprimir os efeitos produzidos pelo negócio nulo. Uma vez operada a declaração de nulidade, aí sim esmaece a causa negocial de justificação da transferência patrimonial" (Gustavo Tepedino, Prescrição da nulidade em instrumento de cessão de créditos. *Soluções Práticas*, vol. 1, São Paulo: Revista dos Tribunais, pp. 573-592).

[92] Ressalta a doutrina especializada: "Se o intérprete-aplicador do direito já tem certeza acerca da inexigibilidade do pagamento referente a um serviço jamais contemplado pelo contrato, não há razão que explique a compreensão desse contrato como causa/título justificador da transferência patrimonial almejada pela parte que já se sabe não ter razão. Semelhante raciocínio justifica o porquê de se considerar que a pronúncia judicial da invalidade de uma cláusula conduz ao reconhecimento da ausência do título jurídico idôneo a justificar a transferência patrimonial, em manifestação do fenômeno de ausência superveniente (e não originária) de causa" (Rodrigo da Guia Silva, Prazo prescricional da pretensão de repetição de indébito, cit., pp. 17-18).

de se comprometer o equilíbrio atuarial e a higidez econômico-financeira do Sistema de Saúde Suplementar, em prejuízo dos consumidores.

Como é cediço, o instituto da prescrição consiste em imperativo da segurança jurídica, que impede a perpetuação indefinida de relações, no intuito de salvaguardar a pacificação social.[93] No passado, os longos prazos prescricionais se justificavam tendo em conta as vicissitudes geográficas e logísticas que muitas vezes dificultavam o célere exercício da pretensão pelo interessado, cenário esse que não mais se encontra presente.[94] Na atualidade, verifica-se, pela internet ou pelo telefone celular, a tempo real, a dinâmica das relações contratuais, máxime em se tratando de contrato continuado relacionado à saúde e à integridade psicofísica do usuário, objeto de constante acompanhamento por todos os interessados, inclusive com a incidência de sucessivas mudanças legislativas, sujeito a rigoroso controle das autoridades competentes, o que torna injustificável a inércia, por tanto tempo, no exercício da respectiva pretensão.

> *Aplicação do prazo prescricional trienal referente ao enriquecimento sem causa*

Ainda no que concerne à prescrição no âmbito dos contratos de seguro, a Lei 15.040/2024 dispôs, em seu art. 127, que além das causas suspensivas da prescrição previstas no Código Civil – que permanecem em vigor e aplicáveis aos contratos de seguro –, a prescrição da pretensão relativa ao recebimento de indenização ou capital segurado será suspensa uma única vez, quando a seguradora receber pedido de reconsideração da recusa de pagamento. Nos termos do parágrafo único do mesmo dispositivo, cessará a suspensão no dia em que o interessado for comunicado pela seguradora de sua decisão final.

3. CONTRATO COMUTATIVO OU ALEATÓRIO?

Identifica-se, em doutrina, acalorado debate doutrinário quanto à natureza aleatória do contrato de seguro. A qualificação do contrato de seguro como comutativo ou aleatório afigura-se extremamente relevante, na medida em que importa di-

> *Eliminação do risco*

---

[93] Gustavo Tepedino e Milena Donato Oliva, *Fundamentos de Direito Civil*, vol. I, Teoria Geral do Direito Civil, cit., p. 383.

[94] Gustavo Tepedino, Prescrição aplicável à responsabilidade contratual: crônica de uma ilegalidade anunciada (Editorial). *Revista Trimestral de Direito Civil*, vol. 27, Rio de Janeiro: Padma, 2009. Sobre o ponto, o voto condutor do Min. Marco Aurélio Bellizze no âmbito do REsp 1.360.969/RS, que deu origem ao Tema Repetitivo 610, sublinhou: "É importante destacar que, ao contrário do que a primeira vista possa parecer, prazos processuais mais elásticos não significam maior exercício de cidadania ou da defesa de direitos. Ao revés, impedem a desejada estabilização das relações jurídicas consolidadas no tempo; dificultam a produção da prova, tornando-a dispersa ou ainda mais perecível; postergam o exercício dos direitos e, com isso, diminuem a sua efetividade; agravam o passivo das condenações; obstruem o sistema judiciário mediante a propositura tardia de milhares de demandas de massa (...). Reitero, portanto que, a meu juízo, não se justifica a tolerância de uma cláusula tida por abusiva por aproximadamente uma década, além de que a repetição do indébito por esse longo período (agravamento do passivo) poderia comprometer, inclusive, a higidez do próprio sistema coletivo de assistência à saúde, em prejuízo dos próprios consumidores, inclusive o demandante" (STJ, 2ª S., REsp 1.360.969/RS, Rel. Min. Marco Buzzi, Rel. p/ acórdão Min. Marco Aurélio Bellizze, julg. 10.8.2016, publ. DJ 19.9.2016).

ferenciação na disciplina jurídica aplicável, em especial, na incidência dos remédios de reequilíbrio contratual.

Diga-se, entre parênteses, que o problema da aleatoriedade do contrato de seguro relaciona-se à radical transformação pela qual passou a responsabilidade civil ditada pelo desenvolvimento tecnológico e pelo advento da grande empresa industrial. Os riscos de acidentes, de fato, aumentaram sobremaneira com o fenômeno da industrialização: se, de um lado, o critério da culpa na responsabilidade civil se revelou insuficiente, surgindo as hipóteses de responsabilização sem culpa, de outro lado, o seguro passou a figurar como instrumento mediante o qual se neutralizam os riscos do exercício de determinada atividade. O seguro contribuiu, assim, à evolução da responsabilidade civil objetiva e o papel por ele desempenhado se modificou, tornando-se instrumento para perseguir finalidades de relevo social.[95] Daí afirmar-se que a função do contrato de seguro não é mais a de assunção, mas a de compensação de riscos, ou seja, se destina à eliminação do risco, não já à sua criação.

Coletivização dos riscos

Ao lado disso, assiste-se à transferência do risco do indivíduo ao empreendedor que gere profissionalmente uma pluralidade de contratos. A empresa, através do desenvolvimento da atividade de seguros segundo as regras de cálculo atuarial, transforma o risco individual no risco coletivo; assim, o segurado transfere as consequências econômicas desfavoráveis, derivadas da verificação do evento danoso, à empresa, reduzindo sua obrigação patrimonial à quota proporcionalmente exígua. O segurador, a seu turno, neutraliza os riscos por meio da aplicação da técnica atuarial.[96] A partir de tais transformações, surgiram vozes na doutrina excluindo a aleatoriedade do contrato de seguro.

Aleatoriedade

Tradicionalmente, sustenta-se a aleatoriedade do contrato de seguro, tendo essa espécie contratual desempenhado papel determinante à construção da categoria dos contratos aleatórios.[97] Essa compreensão se coadunava com a redação do art. 1.432 do Código Civil de 1916, que determinava que a obrigação do segurador consistiria na indenização do segurado pelo prejuízo resultante de riscos futuros, previstos con-

---

[95] Luigi Balestra, Il contratto aleatorio e l'alea normale, cit., p. 88. Nas palavras de J. M. Carvalho Santos: "Atualmente, reveste-se o seguro de uma importância política e social tão decisiva que, em muitas de suas modalidades, tornou-se até obrigatório, em algumas legislações, como os seguros contra acidentes dos empregados, notadamente de empresas industriais" (*Código Civil interpretado*, vol. XIX, Rio de Janeiro: Freitas Bastos, 1964, 8ª ed., p. 204).

[96] Giuseppina Capaldo, *Contratto aleatorio e alea*, Milano: Giuffrè, 2004, p. 250.

[97] A favor da aleatoriedade do contrato de seguro, cf., na doutrina brasileira, J. M. Carvalho Santos, *Código Civil interpretado*, vol. XIX, cit., p. 205; Orlando Gomes, *Contratos*, Rio de Janeiro: Forense, 2009, 26ª ed., p. 506; Washington de Barros Monteiro, *Curso de direito civil*. Direito das obrigações. 2ª Parte, vol. V, São Paulo: Saraiva, 2007, 35ª ed., p. 339; Silvio Rodrigues, *Direito civil. Dos contratos e das declarações unilaterais de vontade*, vol. III, São Paulo: Saraiva, 30ª ed., p. 332. No mesmo sentido, situa-se a jurisprudência predominante: STJ, 3ª T., AgRg no REsp 1.081.740, Rel. Min. Massami Uyeda, julg. 23.11.2010, publ. DJ 7.12.2010; TJRJ, 3ª CC., Ap. 0011774-70.2006.8.19.0209, Rel. Des. Adolpho Correa Mello Junior, julg. 2.10.2009, publ. DJ 6.3.2009; TJSP, 34ª C. D. Priv., Ap. 10033029420178260302, Rel. Des. Gomes Varjão, julg. 29.11.2018, publ. DJ 29.11.2018; TJSP, 32ª C. D. Priv., Ap. 11255213620178260100, Rel. Des. Kioitsi Chicuta, julg. 8.10.2018, publ. DJ 8.10.2018.

tratualmente, cuja ocorrência seria incerta.[98] Segundo Luca Buttaro, o contrato de seguro afigura-se aleatório, vez que, ao momento de sua conclusão, as partes não sabem quais serão as consequências econômicas da verificação do sinistro e, frequentemente, ignoram se esse evento ocorrerá, podendo o segurador, embora tendo recebido o prêmio, não pagar a indenização; ou, ainda, na hipótese de pagamento de indenização, essa ser inferior ou superior ao valor do prêmio.[99]

Rosario Nicolò, por sua vez, fundamenta a aleatoriedade do seguro no fato de que a álea torna *ab initio* incerta a posição dos contraentes no que tange à sua previsão de lucro ou de dano e é o seu desfecho que determina a incidência subjetiva da vantagem ou do prejuízo. De acordo com o autor, a álea consistiria no pressuposto fundamental do contrato de seguro, que a eliminaria nas suas consequências práticas. Assim, por exemplo, no contrato de seguro contra danos se opera não tanto a transferência do risco do segurado para o segurador, mas a eliminação econômica do risco, o qual representa o verdadeiro correspectivo da prestação do segurado (prêmio), porque, em definitivo, pela estrutura da empresa de seguros e pelo fato de os contratos de seguros serem típicos contratos de empresa, o risco como perigo de dano econômico não existe para o segurador.[100]

> Incerteza quanto ao lucro ou dano

Em contraposição a essa orientação, defende-se a comutatividade do contrato de seguro. De uma parte, afirma-se que o seguro não se mostra aleatório para o segurado, pois esse deve, em todo caso, pagar prêmio certo e determinado, independentemente do evento incerto, a retirar o caráter aleatório de sua obrigação, certa e determinada. O pagamento do prêmio, assim, tem como correspectivo a prestação de garantia, não já a indenização.[101] Em caso de sinistro, o segurado recebe do segu-

> Comutatividade: prestação de garantia

---

[98] "O contracto de seguro é synallagmatico, por criar obrigações recíprocas e aleatório, porque o lucro ou perda para uma das partes depende do risco, que é um acontecimento incerto ou, como no seguro de vida, de data incerta. Por isso mesmo, exige que os riscos sejam futuros e incertos e que sejam previstos, como objeto, que são, do contracto" (João Luiz Alves, *Código Civil da República dos Estados Unidos do Brasil*, Rio de Janeiro: F. Briguiet & Cia. Editores-Livreiros, 1926, p. 1024).

[99] Luca Buttaro, *L'interesse nell'assicurazione*, cit., p. 455.

[100] Rosario Nicolò, *Alea. Enciclopedia del diritto*, vol. I, Milano: Giuffrè, 1858, pp. 1030-1031.

[101] Nesse sentido: "No seguro, a prestação da garantia, sob pena de inadimplemento absoluto, e a de prêmio são necessariamente certas. Não se contrapõe o prêmio à indenização ou capital que porventura venha a ser devido em caso de sinistro. Ele deve ser contraposto à efetiva garantia, com lastro e determinação de atribuição patrimonial, de um interesse exposto a risco tecnicamente calculado e cuja variação, para além do "campo da álea normal", autoriza a resolução do contrato ou a exigência de uma sobreprestação por parte do segurado" (Ernesto Tzirulnik, *Seguros de Riscos de Engenharia*: instrumento do desenvolvimento, Tese de Doutorado, Faculdade de Direito da Universidade de São Paulo – USP, São Paulo, 2014, p. 39). A esse respeito, a 3ª Turma do Superior Tribunal de Justiça entendeu que, "nos contratos de seguro, o valor de indenização a ser recebido na hipótese de ocorrência do evento segurado é estabelecido previamente no contrato e, por isso, não há a 'guarda' dos valores produtos da arrecadação, ou seja, dos prêmios. Falta ao segurado, bem como ao eventual beneficiário, interesse processual para promover a ação de exigir contas decorrente do contrato de seguro porque, nessa hipótese, tratando-se de negócio aleatório, falta à pretensão a premissa fática essencial, qual seja, a existência da administração de bens ou interesses de terceiros" (STJ, 3ª T., REsp 1.738.657/DF, Rel. Min. Moura Ribeiro, julg. 14.6.2022, publ. DJ 21.6.2022).

rador o equivalente ao bem que nesse momento saiu de seu patrimônio, operando-se a substituição, ainda que parcial, do bem perdido pela indenização.

Eliminação econômica do risco

De outra parte, argumenta-se que as somas desembolsadas pelo segurador para o pagamento de eventual indenização decorrem de uma série de contratos análogos com riscos homogêneos, de modo que os danos são ressarcidos pela massa de prêmios pagos pelos mesmos segurados, e, em consequência, o segurador não corre qualquer risco, podendo-se mesmo falar em eliminação do risco, não já em transferência do risco do segurado para o segurador. Dito por outras palavras, o contrato de seguro, ainda que individualmente considerado possa se caracterizar pela aleatoriedade, ao se inserir em conjunto de contratos semelhantes, permite que haja cálculo das probabilidades e, desse modo, a influência recíproca dos contratos tende a produzir o equilíbrio dos riscos, de tal maneira que inexistiria perda para o segurador.[102]

Mutualismo

Vale dizer: o nível de complexidade das operações securitárias faz com que o segurador opere através de cálculos atuariais, que possibilitarão a fixação dos valores dos prêmios e a formação de um fundo mutual suficiente para o regular processamento dos eventuais sinistros que vierem a ocorrer. Dessa forma, é a própria coletividade de segurados, ao pagar o prêmio, que arca com os valores desembolsados pela seguradora a título de pagamento de indenizações e, nesse sentido, os contratos de seguro deveriam ser interpretados na perspectiva coletiva. Os cálculos e as análises econômicas devem ser refinados a ponto de garantir que os sinistros ocorrerão em menor proporção relativamente ao conjunto de contratos. Poder-se-ia dizer, nesse sentido, que a mutualidade faria com que a álea do contrato deixasse de existir,[103] já que não haveria perda econômica para a seguradora.[104] Como consequência desse entendimento, a prestação da seguradora seria apenas a efetiva prestação da garantia, e qualquer comportamento que comprometa o bom desempenho dessa obrigação já configuraria inadimplemento mesmo que não houvesse a configuração do sinistro. Nesse sentido, é direito do segurado ter conhecimento sobre a solvabilidade da seguradora, bem como sobre a suficiência de recursos destinados às indenizações.[105]

---

[102] Giuseppe Ferri, *Manuale di diritto commerciale*, Torino, 1962, p. 720. V. tb., a favor da comutatividade do seguro, Giuseppina Capaldo, *Contratto aleatorio e alea*, cit., p. 260.

[103] Destaque-se a presença desse entendimento na doutrina especializada: "Analisando a operação de seguro como um todo, importante lembrar que em virtude da técnica securitária baseada na mutualidade, estatísticas e cálculos atuariais, a álea deixa de existir para as companhias seguradoras, o que reforça o caráter comutativo do contrato de seguro" (Rodrigo Ferreira Zidan, Aviso de sinistro: aspectos do descumprimento da obrigação de pronto aviso. In: Walter Polido (coord.), *Em Debate*, vol. 8, Rio de Janeiro: Funenseg, 2014, p. 206).

[104] Sobre o ponto: "A seguradora, fundando-se nos princípios da mutualidade e da estatística atuarial, estipula prêmios que formam um capital capaz de cobrir os danos previsíveis e proporcionar-lhe um lucro para remunerar os serviços de gestão do fundo comum" (José Luiz de Queiroz, *Comutatividade no Contrato de Seguro*, Dissertação de Mestrado, Faculdade de Direito da Pontifícia Universidade Católica de São Paulo, São Paulo, 2007, p. 164).

[105] Sobre o ponto, ver, por todos, Ernesto Tzirulnik, que já defendia a tese antes mesmo da edição do Código de 2002: Apontamentos sobre a operação de seguros, *Revista Brasileira de Direito de Seguros*, setembro, São Paulo: IBDS, 1997, pp. 13-35.

Objeta-se essa tese da comutatividade sob o argumento de que a conclusão de vários contratos análogos com riscos homogêneos e o princípio da solidariedade coletiva entre todos os segurados referem-se unicamente à organização e à gestão econômica da empresa de seguros, não influindo propriamente sobre a qualificação e estrutura do contrato de seguro, vale dizer, sobre sua aleatoriedade e bilateralidade da álea. Ou seja, sob esse aspecto, o contrato de seguro revestiria papel meramente instrumental à realização da atividade desenvolvida pela empresa de seguros e sua qualificação seria determinada por critérios puramente econômicos.

Crítica: critérios econômicos

Aldo Boselli, ao propósito, sublinha que há que se distinguir entre o risco preexistente à conclusão do contrato, atinente à probabilidade do sinistro, da álea econômica relativa à desproporção entre o montante das prestações das partes. A preexistência do risco e sua transferência ao segurador determinam a função indenitária do contrato, ao passo que a aleatoriedade do seguro consiste em consequência do diverso valor econômico das prestações patrimoniais das partes, e, assim, da possibilidade que ao fim da relação o segurador tenha pago quantia maior do que o prêmio obtido e vice-versa. Tal possibilidade se mostra idêntica para ambas as partes, de modo que a álea é sempre bilateral.[106] Cuida-se de perspectiva econômica dos contratos aleatórios, segundo a qual se determina a aleatoriedade do ajuste de acordo com a eventualidade de perda ou ganho em sentido econômico. Daí se falar em incerteza para ambas as partes do resultado econômico final.

Perspectiva econômica do contrato aleatório

Agostino Gambino, a seu turno, assevera que, sob o perfil técnico e econômico, o segurador, por meio de cálculo das probabilidades, próprio da técnica atuarial, determina o correspectivo do segurado tendo por base o equivalente matemático do risco, de tal maneira que haja repartição das consequências patrimoniais coligadas ao evento incerto entre a coletividade de segurados. A operação de seguros não realiza simples transferência do risco do patrimônio de um sujeito para o de outro, mas, transformando o risco individual em coletivo, atribui ao segurado modesta quota proporcional e elimina para o segurador as consequências econômicas do sinistro.[107] Todavia, segundo o autor, a estrutura contratual se mostra inidônea a assegurar que o risco individual seja plenamente neutralizado sob o ponto de vista econômico. A atividade da empresa de seguros, embora incidindo sobre a função do contrato, tem relevância subordinada à aleatoriedade. Especificamente, existe mecanismo jurídico que garante, por meio da inserção do risco individual na atividade de seguros, a neutralização técnica do risco, mas não a integral neutralização econômica.[108]

Neutralização técnica do risco

Por isso mesmo, o contrato de seguro revela-se aleatório, sendo caracterizado pela expectativa jurídica do segurado de mudança automática da relação contratual em virtude do evento incerto, de cuja deflagração depende a essencial incerteza do

Incerteza do resultado econômico final

---

[106] Aldo Boselli, *Alea. Novissimo digesto italiano*, vol. I, Torino: Unione Tipografica, p. 473. V., na mesma direção, Luca Buttaro, *L'interesse nell'assicurazione*, cit., p. 456. E, ainda, Francesco Messineo, *Contratto. Enciclopedia del diritto*, vol. IX, Milano: Giuffrè, 1958, p. 924.

[107] Agostino Gambino, *L'assicurazione nella teoria dei contratti aleatori*, cit., pp. 365-366.

[108] Agostino Gambino, *L'assicurazione nella teoria dei contratti aleatori*, cit., p. 408.

resultado econômico final. Embora o segurado tenha direito ao serviço prestado pela empresa de seguros mesmo que o evento incerto não se realize, tal atividade em si considerada consiste em mero instrumento para garantir a expectativa jurídica do segurado nos moldes dos contratos aleatórios.[109]

Qualificação do seguro como contrato aleatório

Note-se que, a rigor, mesmo que o segurador, por meio de cálculo das probabilidades, alcance efetiva eliminação econômica do risco, partilhando todos os prejuízos econômicos decorrentes de eventual verificação do sinistro entre os segurados, resta preservada a aleatoriedade do contrato de seguro.[110] Isso porque, conforme já se observou, a álea jurídica, que qualifica o contrato como aleatório, representa a incerteza dos contratantes, no momento da celebração do contrato, quanto ao ganho ou à perda derivada do negócio sob o aspecto jurídico, ou seja, em termos de atribuição patrimonial, pois o lucro ou o prejuízo sobre o qual recai a incerteza dos contratantes ao firmarem o negócio se afigura jurídico, não já econômico.[111] Se assim é, o fato de o segurador obter o ressarcimento pelos seus segurados da indenização efetuada por ocasião do sinistro, sem que sofra, portanto, prejuízo econômico, não desqualifica o caráter aleatório do contrato de seguro.

Critério jurídico

Se, por hipótese, o sinistro ocorrer, ter-se-á perda patrimonial do segurador, o qual irá transferir ativo de seu patrimônio para o do segurado, mediante o desempenho de prestação em seu favor, o qual, por conseguinte, extrairá vantagem patrimonial do ajuste, recebendo a prestação. Ao revés, se o evento incerto não se verificar, ter-se-á vantagem patrimonial para o segurador, o qual terá recebido o prêmio sem qualquer desembolso patrimonial. Desta feita, no momento da celebração do ajuste, as partes desconhecem se irão lucrar ou ter prejuízo, em termos de atribuição patrimonial, com o negócio, o que dependerá da verificação do evento incerto – o sinistro. Tal não se confunde, em definitivo, com o lucro ou prejuízo econômico, que não se mostra apto a qualificar determinado negócio como aleatório.

Aspecto estrutural

Sob o aspecto estrutural, o evento incerto determinará a existência da prestação material do segurador. Conquanto a prestação do segurador consista, nos termos do direito brasileiro, na garantia de interesse legítimo do segurado, atinente à pessoa ou à coisa, contra riscos predeterminados, a qual existe independentemente da verificação do evento incerto, somente haverá interesse nessa prestação se ou quando acontecer o evento: assim como a prestação, também o interesse à prestação encontra-se estritamente coligado ao evento e participa do tipo de incerteza (no *an* ou no *quantum*)

---

[109] Agostino Gambino, *L'assicurazione nella teoria dei contratti aleatori*, cit., p. 409.

[110] Na jurisprudência: "(...) A despeito da ilicitude no cancelamento, o contrato entre as partes é aleatório e sob condição suspensiva, não podendo haver o deferimento da indenização sem a ocorrência do evento danoso previsto (morte do associado), mormente por mera expectativa de direito dos beneficiários do associado. Tampouco há falar em restituição das contribuições, exatamente porque o contrato é aleatório, de maneira que a entidade previdenciária assumira o risco durante todo esse tempo, ao passo que o associado esteve protegido. Precedentes do STJ e TJDFT. (...) Apelação parcialmente conhecida e provida em parte" (TJDFT, 7.ª. TC., Ap. 20160610125627, Rel. Des. Fábio Eduardo Marques, julg. 2.5.2018, publ. DJ 18.5.2018).

[111] Sobre os contratos aleatórios, v. Paula Greco Bandeira, *Os Contratos Aleatórios no Direito Brasileiro*, Rio de Janeiro: Renovar, 2010, *passim*.

da qual se reveste o contrato de seguro.[112] Permanece, assim, válida a assertiva de Vivante, segundo a qual se é certo que o segurador tende a eliminar os riscos assumidos através do exercício sistemático de sua atividade, também o é a manutenção do caráter aleatório dos contratos de seguro individuais.[113]

Em definitivo, o contrato de seguros há de ser qualificado como aleatório, pois se encontra presente em sua causa, isto é, em sua mínima unidade de efeitos, a álea jurídica, compreendida como a incerteza, de ambos contratantes, por ocasião da celebração do negócio, quanto ao desempenho de prestação de uma parte em favor da outra, a depender da verificação do evento incerto (*rectius*, sinistro).

Causa: álea jurídica

Do ponto de vista jurídico, a parte que desempenha a prestação sofre perda, ao passo que aquela que dela se beneficia aufere lucro. A existência da prestação de garantia não desqualifica o contrato como aleatório, pois permanece a incerteza dos contratantes quanto à perda ou ganho em sentido jurídico, sendo certo que, uma vez verificado o sinistro, o segurador haverá de desempenhar prestação em favor do segurado, com transferência de ativo do seu patrimônio para o dele, ainda que com isso não sofra perda econômica em razão de sua eficiência atuarial.[114]

4. PRINCÍPIOS APLICÁVEIS AO CONTRATO DE SEGURO

4.1. Princípio do mutualismo

O contrato de seguro sujeita-se à incidência de relevantes princípios. O primeiro deles consiste no princípio do mutualismo, que se associa ao equilíbrio econômico do contrato, considerado a partir da rede de contratos firmados com a coletividade de segurados. Busca-se, a partir do princípio do mutualismo, diluir os riscos pela coletividade dos segurados, que contribuem em prol de fundo mutual, formado pelas reservas técnicas, que se destinarão ao pagamento das indenizações na hipótese de sinistro.[115]

Princípio do mutualismo

Com efeito, o segurador estipula os valores cobrados a título de prêmio com base em cálculos atuariais, que permitem aferir a probabilidade de ocorrência do sinistro, levando-se em conta a coletividade dos segurados, o objeto do contrato, a

Cálculo atuarial

---

[112] Agostino Gambino, *L'assicurazione nella teoria dei contratti aleatori*, cit., p. 320.

[113] Cesare Vivante, *Trattato di diritto commerciale,* vol. IV, Milano: Casa Editrice Dottor Francesco Vallardi, 1929, 5ª ed., pp. 357-358.

[114] Esse entendimento também se faz presente na doutrina securitária especializada: "Assim, apesar da prudência das seguradoras, não deixa o contrato de seguro de ser aleatório, pois não sabem as seguradoras em qual dos contratos celebrados verificar-se-á o evento futuro e incerto, cujos riscos terão assumido" (Deisy Ellen Schwanz, Noções Sobre o Risco e sua Agravação. In: Antonio Carlos Teixeira (coord.), *Em Debate*: Contrato de Seguro, Danos, Risco e Meio Ambiente, vol. 5, Rio de Janeiro: FUNENSEG, 2004, pp. 175-176). V. tb. Ricardo Bechara Santos, O Contrato de Seguro e as Condenações Além do Risco Assumido: áleas do Genial 'Homo Sapiens'. *Cadernos de Seguro*: Coletânea, 1981-2001, vol. 2, Rio de Janeiro: Funseng, 2001, pp. 24-25).

[115] Sobre o princípio do mutualismo, v. Walter A. Polido, *Contrato de Seguro*: novos paradigmas, São Paulo: Editora Roncarati, 2010, pp. 92-95.

amplitude dos riscos assumidos, o perfil do segurado e outros elementos que se mostrem relevante *in concreto*.

Coletivização dos riscos

Desse modo, as contribuições dos segurados se somam em fundo mutual, compondo as reservas técnicas, que devem ser suficientes ao pagamento de indenizações aos segurados em relação aos quais o sinistro tenha se verificado. Trata-se, portanto, de sistema de distribuição de riscos, extrapolando a simples alocação de riscos presente entre os contratantes nos contratos em geral.[116] Em definitivo, verifica-se a coletivização dos riscos, em que cada indivíduo segurado financia os riscos em prol da coletividade de segurados, em vez de financiar sozinho o seu próprio risco.

4.2. Princípio do equilíbrio econômico dos pactos: a relevância da delimitação do risco segurado

Sinalagma funcional

Associado ao mutualismo, encontra-se o princípio do equilíbrio econômico do contrato de seguro, segundo o qual as prestações assumidas pelo segurador e segurado hão de guardar entre si certo equilíbrio econômico, a traduzir o sinalagma funcional. Vale dizer: para além do equilíbrio da rede de contratos propiciado pelo mutualismo, o equilíbrio econômico do contrato individual é garantido por prestações correspectivas assumidas por segurador e segurado, que atendam aos interesses perseguidos pelos contratantes no concreto regulamento contratual.[117]

---

[116] Destaque-se na doutrina especializada: "Conforme a doutrina norte-americana, todo contrato aloca riscos, de maneira expressa ou implícita. Entretanto, o contrato de seguro é diferente de qualquer outro contrato, já que não apenas transfere riscos, mas também os distribui. É por essa característica especial da distribuição de riscos que o contrato de seguros se torna tão especial, por ser capaz de distribuir um risco específico para um grande número de pessoas sujeitas aos riscos da mesma natureza. (...) o caráter mutual do seguro é uma decorrência da sua natureza comunitária, decorrente do princípio atuarial do mutualismo. O seguro exige um volume substancial de riscos homogêneos, cujos prêmios realmente sejam equivalentes aos custos reais dos riscos assumidos pelo segurador, porque são estas contribuições menores (prêmios) de muitos participantes que pagam as indenizações maiores dos poucos segurados que sofrem os sinistros. É o mutualismo que pulveriza o risco, permitindo que um grupo de pessoas financie as despesas geradas pelos eventos danosos sofridos por alguns participantes do fundo mutual. Para tal operação ser viável, é importante a homogeneidade dos riscos para que as estatísticas sejam exatas, bem como para que sejam fixadas tarifas corretas e justas para cada membro do grupo, que contribuirá conforme a proporção dos riscos que este mesmo membro deposita na massa comum. Ou seja, o mutualismo, além de viabilizar e configurar o contrato de seguro, simboliza o mais pleno símbolo da equidade e da justiça, dentro dos sistemas de repartição dos ganhos e custos realizados pela técnica securitária" (Thyago Lacerda Didini, *A Teoria do Risco Putativo no Contrato de Seguro*, Rio de Janeiro: Escola Nacional de Seguros – Centro de Pesquisa e Economia do Seguro, 2015, pp. 7-9).

[117] Francesco Camilletti associa o equilíbrio contratual à finalidade almejada pelos contratantes ou ao interesse que pretendem realizar com o sinalagma ou a correspectividade entre as prestações. Em suas palavras: "(...) o legislador, portanto, se absteve de considerar a validade do contrato com base em valorações quantitativas do sinalagma, tendo, ao revés, deslocado a própria valoração sobre a função teleológica da correspectividade, que é aquela destinada a satisfazer os interesses de ambas as partes, às quais apenas compete estabelecer quais valores econômicos atribuir às prestações que satisfazem aos seus interesses" (Profili del problema dell'equilibrio contrattuale. *Collana diritto privato*. Università Degli Studi di Milano. Dipartamento Giuridico-Politico: sezione di diritto privato, Milano: Giuffrè, 2004, v. 1, p. 44; tradução livre). No original: "(...) il legislatore si è quindi astenuto dal considerare la validità del contratto sulla base di valutazioni quantitative del sinallagma, avendo

CAPÍTULO XI | CONTRATO DE SEGURO

Tal equilíbrio – convém sublinhar – não esmorece diante da aleatoriedade do contrato de seguro. Com efeito, os contratos aleatórios também se sujeitam ao princípio do equilíbrio econômico dos pactos.[118] Nesta direção, impõe-se a superação da visão doutrinária tradicional que, acriticamente, sob o raso fundamento de que os contratos aleatórios se caracterizam pela desproporção entre as prestações e pela incerteza dos contratantes, no momento da celebração do negócio, acerca dos benefícios e das perdas dele resultantes, afasta *tout court* a aplicação de qualquer remédio legal de restabelecimento do equilíbrio contratual aos contratos aleatórios.[119]

Equilíbrio nos contratos aleatórios

De um lado, verifica-se, no contrato de seguro, o equilíbrio entre a prestação de garantia assumida pelo segurador, com o possível pagamento de indenização na hipótese de sinistro, e a prestação do segurado de pagamento do prêmio. Na dicção do art. 757 do Código Civil, em linha com o art. 1º da Lei 15.040/2024, o segurador assume a obrigação de garantir interesse legítimo do segurado ou do beneficiário contra "riscos predeterminados". Não há, portanto, a assunção de todos os riscos correlacionados ao objeto segurado, nem a cobertura contra quaisquer sinistros que venham a incidir sobre a coisa. Ao revés, os contratantes delimitarão os casos sujeitos à cobertura indenitária, e outros que estarão excluídos, estabelecendo-se, assim, o equilíbrio entre as prestações correspectivas. Tal equilíbrio impossibilita, por exemplo, que o segurado exija o pagamento da indenização sem que tenha pagado todo o prêmio devido;[120] ou, ainda, que o segurador seja chamado a suportar riscos que não constituem objeto da cobertura contratada.[121]

Equilíbrio entre as prestações do segurador e do segurado

---

invece spostato la propria valutazione sulla funzione teleologica della corrispettività, che è quella di soddisfare gli interessi di entrambe le parti, alle quali sole spetta di stabilire quale valore economico attribuire alle prestazioni che quegli interessi soddisfano".

[118] Sobre a matéria, Anderson Schreiber adverte quanto à ampla incidência do princípio do equilíbrio contratual em *Equilíbrio Contratual e Dever de Renegociar*, São Paulo: Saraiva Educação, 2018, p. 53.

[119] Sobre o ponto, v. Paula Greco Bandeira, Contratos aleatórios no direito brasileiro, cit., p. 190 e ss.

[120] Sobre o equilíbrio contratual nos contratos de seguro, elucida a doutrina especializada: "O equilíbrio desses contratos é baseado nos cálculos atuariais e previsões técnicas realizadas pelas seguradoras que darão a dimensão das contribuições aportadas pelos segurados objetivando o pagamento das indenizações a cargo da respectiva seguradora. (...)" (Voltaire Giavarina Marensi, A reciprocidade e cooperação nos contratos de seguro. *Revista dos Tribunais Sul*, vol. 8, São Paulo: Revista dos Tribunais, 2014, pp. 71-86).

[121] Na jurisprudência do Eg. STJ: "(...) 1. O contrato de seguro é baseado no risco, na mutualidade e na boa-fé, que constituem seus elementos essenciais. Além disso, nesta espécie de contrato, a boa-fé assume maior relevo, pois tanto o risco quanto o mutualismo são dependentes das afirmações das próprias partes contratantes. 2. A seguradora, utilizando-se das informações prestadas pelo segurado, como na cláusula de perfil, chega a um valor de prêmio conforme o risco garantido e a classe tarifária enquadrada, de modo que qualquer risco não previsto no contrato desequilibra economicamente o seguro, dado que não foi incluído no cálculo atuarial nem na mutualidade contratual (base econômica do seguro)" (STJ, 3ª T., REsp 1.340.100/GO, Rel. Min. Ricardo Villas Bôas Cueva, julg. 21.8.2014, publ. DJ 8.9.2014). Nesse sentido, no julgamento do Recurso Especial 1.738.657, consolidou-se o seguinte entendimento: "Nos contratos de seguro, o valor de indenização a ser recebido na hipótese de ocorrência do evento segurado é estabelecido previamente no contrato e, por isso, não há a 'guarda' dos valores produtos da arrecadação, ou seja, dos prêmios. Falta ao segurado, bem como ao eventual beneficiário, interesse processual para promover a ação de exigir contas decorrente do contrato de seguro porque, nessa hipótese, tratando-se de negócio aleatório,

Ao risco objeto da cobertura securitária, a Lei 15.040/2024 dedicou seção própria, dos arts. 9º a 18. De acordo com o art. 9º, o contrato cobre os riscos relativos à espécie de seguro contratada, devendo as partes indicar de forma clara e inequívoca os riscos e interesses excluídos da cobertura (§ 1º). Havendo divergência em diferentes documentos, que gere dúvida sobre os riscos objeto da cobertura, prevalecerá o texto mais favorável ao segurado (§ 2º). Ademais, não poderá o contrato conter cláusula que permita sua extinção unilateral pela seguradora ou que subtraia sua eficácia além das situações legalmente previstas (§ 5º).

Note-se que nem todos os riscos podem ser objeto de contrato de seguro. Por esse motivo, o art. 10 da Lei 15.040/2024 prevê hipóteses específicas de nulidade, para além de outras vedações dispostas em lei. Nos termos do art. 10, considera-se nula a garantia de interesses patrimoniais relativos aos valores das multas e outras penalidades aplicadas em virtude de atos cometidos pessoalmente pelo segurado que caracterizem ilícito criminal; assim como será considerada nula a garantia contra risco de ato doloso do segurado, do beneficiário ou de representante de um ou de outro, salvo o dolo do representante do segurado ou do beneficiário em prejuízo desses.

Por outro lado, considera-se nulo o contrato de seguro "quando qualquer das partes souber, no momento de sua conclusão, que o risco é impossível ou já se realizou" (art. 11, Lei 15.040/2024), indicando-se, ainda, que a parte que tinha conhecimento da impossibilidade do risco ou de sua prévia realização pagará à outra o dobro do valor do prêmio (art. 11, par. ún., Lei 15.040/2024). A incerteza quanto ao risco revela-se sobremaneira essencial que o art. 12 do mesmo diploma dispõe que "desaparecido o risco, resolve-se o contrato com a redução do prêmio pelo valor equivalente ao risco a decorrer, ressalvado, na mesma proporção, o direito da seguradora às despesas incorridas com a contratação".

Em atenção ao princípio do equilíbrio econômico dos pactos, associado à delimitação do risco segurado, a Lei 15.040/2024 disciplina a hipótese de agravamento do risco segurado. Indica, entre outras regras, que o segurado não pode agravar intencionalmente o risco do contrato de seguro, conduzindo ao aumento significativo da probabilidade de sua verificação, sob pena de perder a garantia, exceto se a seguradora, comunicada quanto ao agravamento do risco, anuir com a continuidade da garantia (art. 13).

Note-se que, embora o agravamento não decorra de atuação pessoal sua, o segurado tem o dever de comunicá-lo à seguradora tão logo dele tome conhecimento, caso em que essa última poderá cobrar a diferença de prêmio pela cobertura do novo risco[122] ou, na hipótese de impossibilidade técnica de garantir o novo risco, resolver o

---

falta à pretensão a premissa fática essencial, qual seja, a existência da administração de bens ou interesses de terceiros" (STJ, 3ª T., REsp 1.738.657/DF, Rel. Min. Moura Ribeiro, julg. 14.6.2022, publ. DJ 21.6.2022).

[122] Nessa hipótese, o art. 15 dispôs o seguinte: "Se, em consequência do relevante agravamento do risco, o aumento do prêmio for superior a 10% (dez por cento) do valor originalmente pactuado, o segurado poderá recusar a modificação no contrato, resolvendo-o no prazo de 15 (quinze) dias,

contrato (art. 14, §1º).[123] Uma vez verificado o sinistro, a seguradora poderá recusar--se a indenizar caso prove o nexo causal entre o relevante agravamento do risco e o sinistro caracterizado (art. 16). Por outro lado, se houver relevante redução do risco, o art. 18 dispõe que "o valor do prêmio será proporcionalmente reduzido, ressalvado, na mesma proporção, o direito da seguradora ao ressarcimento das despesas realizadas com a contratação".

Convém esclarecer que a álea jurídica que qualifica o negócio como aleatório não se mostra incompatível com o equilíbrio entre as prestações. Note-se que, no contrato aleatório, as partes delimitam a álea jurídica, que, no caso do contrato de seguro, se traduz na incerteza do segurador e do segurado, por ocasião da celebração do contrato, quanto à verificação do risco objeto da cobertura, sendo certo que este, uma vez ocorrido, determinará o pagamento da indenização pelo segurador em favor do segurado. Mesmo no que tange à álea jurídica, as prestações assumidas pelo segurador e segurado, como visto, guardam entre si certa equivalência. De toda sorte, qualquer desequilíbrio proveniente da verificação do sinistro corresponde a risco aceito, de modo consciente, pelas partes, integrando a álea jurídica delimitada pelos contratantes. Por outro lado, riscos que não se relacionem à álea jurídica poderão ocasionar o desequilíbrio contratual, a justificar a aplicação dos remédios previstos pelo ordenamento para o reequilíbrio. Desse modo, nos contratos aleatórios, incluindo o seguro, caso o desequilíbrio seja oriundo de fato alheio à álea jurídica assumida pelas partes, deve-se corrigir tal desproporção causada pelo evento superveniente.[124] Esse entendimento encontra-se refletido no Enunciado 583 da VII Jornada de Direito Civil: "O art. 441 do Código Civil deve ser interpretado no sentido de abranger também os contratos aleatórios, desde que não inclua os elementos aleatórios do contrato".[125]

Nessa direção, uma vez verificado superveniente desequilíbrio deflagrado por fato estranho àqueles em relação aos quais a parte assumiu o risco, será imperiosa a

> Álea jurídica

> Riscos alheios à álea jurídica

> Aplicação dos remédios de reequilíbrio contratual

---

contado da ciência da alteração no prêmio, com eficácia desde o momento em que o estado de risco foi agravado."

[123] "Art. 14. (...) § 1º Ciente do agravamento, a seguradora poderá, no prazo de 20 (vinte) dias, cobrar a diferença de prêmio ou, se não for tecnicamente possível garantir o novo risco, resolver o contrato, hipótese em que este perderá efeito em 30 (trinta) dias contados do recebimento da notificação de resolução".

[124] Como sublinha a doutrina: "O que se deve ter em mente é que, quando se afirma que os contratos aleatórios não reservam lugar à cláusula rebus sic stantibus, o que se quer dizer é que não se pode reconhecer direito àquele que assumiu certo risco de, exatamente com base nesse risco assumido, invocar as benesses da revisão do contrato. É como se o segurador se negasse a pagar a indenização, alegando que o acidente em que se envolveu o automóvel segurado foi fato imprevisto. Mesmo assim, dependendo das circunstâncias, será possível, por princípio de equidade, a aplicação da norma contida na cláusula revisionista, se as consequências do risco assumido ultrapassarem os lindes do razoavelmente aceitável, conduzindo a relação contratual a desequilíbrio insensato e injusto" (César Fiuza, Aplicação da cláusula *rebus sic stantibus* aos contratos aleatórios. *Revista de Informação Legislativa*, Brasília, vol. 36, n. 144, 1999, pp. 5-10).

[125] Tal entendimento já estava assentado no Enunciado 440 da V Jornada de Direito Civil: "É possível a revisão ou resolução por excessiva onerosidade em contratos aleatórios, desde que o evento superveniente, extraordinário e imprevisível não se relacione com a álea assumida no contrato".

aplicação dos remédios de reequilíbrio contratual, como a teoria da excessiva onerosidade, da evicção, dos vícios redibitórios e da lesão.[126]

Aplicação prática

Em tal perspectiva, o STJ, em precedente de relatoria da Ministra Nancy Andrighi, reconhecendo a natureza aleatória do contrato de seguro, permitiu a aplicação da teoria do estado de perigo, quando os familiares do segurado, compelidos pelo seu grave estado de saúde, foram obrigados a assinar aditivo contratual extremamente oneroso para o aumento de cobertura. Nesse caso, decretou-se a nulidade do aditivo em homenagem ao equilíbrio contratual.[127]

4.3. A incidência reforçada do princípio da boa-fé objetiva e a relevância da boa-fé subjetiva

Boa-fé subjetiva e objetiva

O princípio da boa-fé, em suas vertentes objetiva e subjetiva, desempenha papel primordial nos contratos de seguro, sendo certo que a boa-fé objetiva encontra previsão específica na disciplina securitária (CC, art. 765). Na mesma direção, a Lei 15.040/2024 também mostrou-se atenta ao princípio, indicando que o seguro deve ser interpretado e executado segundo a boa-fé objetiva (art. 56); e que os seus partícipes deverão "agir com lealdade e boa-fé e prestar informações completas e verídicas sobre todas as questões envolvendo a formação e a execução do contrato" (art. 37). A boa-fé subjetiva equivale à ignorância quanto a vício que contamina certa relação jurídica, daqui decorrendo o dever do contratante de dar ciência à contraparte dos elementos cuja aferição se lhe é imputada. Já a boa-fé objetiva exige comportamento positivo, em decorrência de deveres anexos de conduta, para propiciar à contraparte os elementos de valoração das circunstâncias contratuais, mensurando os riscos que

---

[126] Sobre o ponto, cfr. Paula Greco Bandeira, *Os contratos aleatórios no direito brasileiro,* cit., p. 190 e ss. Na mesma esteira, Thiago Villela Junqueira, Os contratos aleatórios e os mecanismos de equilíbrio contratual. In: César Augusto de Castro Fiuza; Rafael Peteffi da Silva; Otávio Rodrigues Júnior (orgs.). *(Re)Pensando o Direito*: Desafios para a Construção de novos Paradigmas, Florianópolis: CONPEDI, 2014, p. 246-273).

[127] Confira-se: "Civil e Processual Civil. Seguro-saúde anterior à Lei 9.656/98. Submissão do segurado à cirurgia que se desdobrou em eventos alegadamente não cobertos pela apólice. Necessidade de adaptação à nova cobertura, com valores maiores. Segurado e familiares que são levados a assinar aditivo contratual durante o ato cirúrgico. Estado de perigo. Configuração. É excessivamente oneroso o negócio que exige do aderente maior valor por aquilo que já lhe é devido de direito. Dano moral configurado (...). Deve-se aceitar a aplicação do estado de perigo para contratos aleatórios, como o seguro, e até mesmo para negócios jurídicos unilaterais. – O segurado e seus familiares que são levados a assinar aditivo contratual durante procedimento cirúrgico para que possam gozar de cobertura securitária ampliada precisam demonstrar a ocorrência de onerosidade excessiva para que possam anular o negócio jurídico. – A onerosidade configura-se se o segurado foi levado a pagar valor excessivamente superior ao preço de mercado para apólice equivalente, se o prêmio é demasiado face às suas possibilidades econômicas, ou se sua apólice anterior já o assegurava contra o risco e a assinatura de novo contrato era desnecessária. (...) Impõe-se condições negociais excessivamente onerosas quando o aderente é levado a pagar maior valor por cobertura securitária da qual já gozava, revelando-se desnecessária a assinatura de aditivo contratual" (STJ, 3ª T., REsp. 918.392, 3ª T., Rel. Min. Nancy Andrighi, julg. 11.3.2008, publ. DJ 1.4.2008). O mesmo raciocínio deve ser aplicado à possibilidade de evicção e aos vícios redibitórios. Nesse sentido: Paula Greco Bandeira, *Contratos aleatórios no Direito brasileiro*, cit., pp. 191-195.

incidem sobre a contratação, com vistas ao alcance da finalidade econômica definida pelo sinalagma contratual.

Diz-se, com efeito, que o seguro se constitui em contrato de estrita boa-fé, ou de boa-fé qualificada, pois a formação e execução do contrato de seguro demandam especial cooperação entre os contratantes. Trata-se, aqui, não somente da boa-fé subjetiva, caracterizada pelo estado anímico da parte, mas também da boa-fé objetiva, que impõe às partes deveres de informação, cooperação, transparência e lealdade contratual. Assim, ao lado da regra geral do art. 422 do Código Civil, o legislador de 2002 optou por conferir ao contrato de seguro regra especial, impondo ao segurador e ao segurado comportamento fundamentado na boa-fé e na veracidade, tanto a respeito do objeto como das circunstâncias e declarações a ele concernentes, seja na conclusão, seja na execução do contrato (CC, art. 765).[128] Na mesma esteira, a Lei 15.040/2024 expressamente atribui o dever de boa-fé não só ao segurador e segurado, mas também aos intervenientes no contrato.[129] Deverão, assim, as partes "informar tudo de relevante que souberem ou que deveriam saber a respeito do interesse e do risco a serem garantidos, de acordo com as regras ordinárias de conhecimento" (art. 45).

Boa-fé qualificada

A boa-fé, portanto, no contrato de seguro, aplica-se intensamente desde a fase pré-contratual até a fase pós-contratual. Na fase pré-contratual, cabe ao segurado prestar as devidas informações quanto ao risco segurado, com base nas quais o segurador calculará o prêmio e decidirá quanto à contratação, a traduzir seus deveres de informação e veracidade.[130] Em tal perspectiva, a jurisprudência tem valorizado cada vez mais os deveres inerentes à boa-fé subjetiva e objetiva no âmbito securitário. O STJ julgou hipótese de inexatidão, em seguro de automóvel, no preenchimento da cláusula perfil, indispensável para a avaliação do risco assegurado pela seguradora, correspondente ao interesse legítimo garantido. Reafirmou-se que, mesmo em contratos aleatórios, deve-se respeitar o equilíbrio entre as prestações, exigindo-se comportamento leal do segurador e do segurado. De acordo com a Corte, a consequência imposta ao segurado que faz declarações inexatas ou omissas é a perda do direito à garantia na ocorrência do sinistro, à luz do art. 766 do Código Civil. Caso a omissão

Dever de informação do segurado na fase pré-contratual

---

[128] "Art. 765. O segurado e o segurador são obrigados a guardar na conclusão e na execução do contrato, a mais estrita boa-fé e veracidade, tanto a respeito do objeto como das circunstâncias e declarações a ele concernentes".

[129] Lei 15.040/2024, "Art. 37. Os intervenientes são obrigados a agir com lealdade e boa-fé e prestar informações completas e verídicas sobre todas as questões envolvendo a formação e a execução do contrato."

[130] Em doutrina, assinala-se que, no seguro, fundado na confiança das informações prestadas com o fim de estruturação e desenvolvimento do contrato, a boa-fé é qualificada, "pelo conjunto de características desse tipo contratual, desde a estruturação das suas obrigações principais nos deveres anexos da boa-fé, passando pela execução baseada em forte cooperação mútua das partes e a atenção máxima à tutela da confiança do outro, aliado à sua índole comunitária e a possibilidade de atingir direitos de terceiros e estabilizar relações negociais" (Priscila Mathias Fichtner, A boa-fé qualificada nos contratos de seguro. In: Anderson Schreiber; Carlos Edison do Rêgo Monteiro Filho; Milena Donato Oliva, *Problemas de direito civil*: homenagem aos 30 anos de cátedra do Professor Gustavo Tepedino por seus orientandos e ex-orientandos, Rio de Janeiro: Forense, 2021, pp. 460-479).

ou a inexatidão tenham ocorrido sem a ciência pelo segurado do fato omitido, ou seja, em boa-fé subjetiva, o segurador poderá resolver o contrato ou cobrar, mesmo após o sinistro, a diferença do prêmio.[131]

Em linha com o entendimento jurisprudencial, o art. 44 da Lei 15.040/2024 reforçou a obrigação do segurado ou estipulante em fornecer as informações necessárias à proposta e ao cálculo do valor do prêmio, de acordo com o questionário submetido pela seguradora. Em seus três parágrafos, estabeleceu que: i) o descumprimento doloso do dever de informar importará em perda da garantia, sem prejuízo do dever de pagar o prêmio e da obrigação de ressarcir as despesas efetuadas pela seguradora; ii) o descumprimento culposo do dever de informar implicará a redução da garantia proporcionalmente à diferença entre o prêmio pago e o que seria devido caso prestadas as informações posteriormente reveladas; iii) se a garantia for tecnicamente impossível, ante os fatos revelados, ou se eles corresponderem a interesse ou risco que não seja normalmente subscrito pela seguradora, o contrato será extinto, sem prejuízo da obrigação de ressarcir as despesas por ela efetuadas. Destaca-se, ainda, o disposto no art. 46, que atribui à seguradora o dever de alertar o potencial segurado ou estipulante sobre as informações relevantes a serem prestadas na formação do contrato de seguro e esclarecer, em suas comunicações e questionários, as consequências do descumprimento do dever de informar.

Como já se disse, é a partir da avaliação feita sobre o risco que o segurador arbitrará o valor do prêmio, recorrendo a cálculos atuariais, a fim de garantir que o fundo mutual se torne suficiente para a cobertura dos danos eventuais dos segurados. Entretanto, são múltiplos os fatores que influenciam na avaliação do risco, como, por exemplo, as características essenciais do objeto segurado – ou da pessoa, em caso de seguro de pessoas –, o perfil do contratante, e as condições de guarda da coisa. Por impossibilidade fática, o segurador não poderia verificar todos esses elementos, de modo que se revela fundamental que as informações prestadas pelo segurado por ocasião da proposta do contrato sejam precisas e verdadeiras, vez que tais declarações do contratante serão fundamentais à decisão do segurador de contratar e, uma vez decidindo pela contratação, ao cálculo do prêmio, que garanta o equilíbrio do negócio.[132]

---

[131] Assim, STJ, 3ª T., REsp 1.340.100/GO, Rel. Min. Ricardo Villas Bôas Cueva, julg. 21.8.2014, publ. *DJ* 8.9.2014. Em outra ocasião, contudo, a 3ª Turma do STJ reformou acórdão do Tribunal de Justiça do Rio Grande do Sul (TJRS) que considerou indevida a cobertura de seguro prestamista no caso de segurado que omitiu sofrer de cardiopatia – doença anterior à contratação do seguro que teria contribuído para a sua morte. Com isso, o Tribunal concluiu que não houve má-fé do segurado no preenchimento do questionário de saúde, além de considerar que a seguradora, ao não exigir exame de saúde prévio, assumiu o risco do sinistro por doença preexistente, nos termos da Súmula 609 do STJ, em que se lê que "A recusa de cobertura securitária, sob a alegação de doença preexistente, é ilícita se não houve a exigência de exames médicos prévios à contratação ou a demonstração de má-fé do segurado" (STJ, 3ª T., REsp 1.753.222, Rel. Min. Paulo de Tarso Sanseverino, julg. 23.3.2021, publ. *DJ* 25.3.2021).

[132] A respeito da boa-fé pré-contratual no contrato de seguros, destaque-se a doutrina especializada de Ilan Goldberg: "Anteriormente à celebração de qualquer contrato dessa natureza, o proponente presta informações referentes ao seu perfil ou à sua atividade profissional ao segurador, a fim de que este possa analisar o risco que subscreverá caso se interesse pelo negócio em exame. Essas informações constituem o único alicerce sobre o qual o segurador realizará a sua análise, favoravelmente ou

Note-se que o dever de informação não se esgota na prestação de informações corretas. Também a ocultação ou a imprecisão nas declarações impede a adequada valoração do risco pelo segurador, de forma que declarações inexatas ou omissões de informações configuram comportamento contrário à boa-fé.[133]

Informações completas, precisas e exatas

Desse modo, se o segurado, de má-fé, fizer declarações inexatas, falsas ou omitir circunstâncias que possam influir no cálculo do prêmio ou na aceitação da proposta pelo segurador, perderá o direito à indenização e deverá pagar o prêmio vencido.[134] Por outro lado, se a inexatidão nas informações não resultar de má-fé do segurado, isto é, o segurado estiver em boa-fé, ignorando o vício que maculava as informações prestadas, o Código Civil previu que o segurador poderá resolver o contrato, ou cobrar, mesmo após o sinistro, o prêmio em valor readequado (CC, art. 766).[135] A Lei 15.040/2024, em sentido semelhante, indica a possibilidade de a segu-

Falha no dever de informar do segurado no momento da contratação

---

não à celebração do contrato. Por isso, não importando o ramo do seguro que se esteja analisando (vida, saúde, automóvel, residencial, acidentes pessoais ou responsabilidade civil), as informações prestadas pelo segurado ganham grande relevância já que é justamente com base nestas que será cotado o risco e calculado o prêmio a ser pago ou, ainda, será recusada a proposta" (*Direito de Seguro e Resseguro*, Rio de Janeiro: Elsevier, 2012, pp. 99-101).

[133] Sobre a omissão ou inexatidão de informações: "O artigo 766 menciona que o segurado, além de não ter permissão de fazer declarações inexatas, não deve omitir circunstâncias que possam influir na aceitação da proposta. Circunstância, no sentido jurídico, tem a ideia de que seja aspecto que acompanha determinado fato ou direito, embora não represente certa peculiaridade, porém, elemento central de sua composição. O segurado há, na proposta, de defini-lo com clareza, especificando o seu estado, o local onde se encontra, a função exercida, o grau de exposição ao risco e qualquer outra situação que possa influir no preço do prêmio e no valor do capital". (José Augusto Delgado, *Comentários ao Novo Código Civil*: das várias espécies de contrato de seguro: arts. 757 a 802, vol. XI, tomo I, Rio de Janeiro: Forense, 2007, p. 204-209).

[134] Este foi o entendimento do Superior Tribunal de Justiça que decretou a perda da garantia no âmbito do seguro de responsabilidade civil quando o segurado, instituição financeira, deixou de declarar que sofria investigações pelo Banco Central do Brasil em razão de irregularidades na sua administração: "Processual Civil e Civil. Agravo Interno no Recurso Especial. Ação de cobrança de indenização securitária. Seguro de responsabilidade civil de conselheiros, diretores e administradores (seguro RC D&O). Omissão dolosa de informações na contratação. Erro na avaliação do risco segurado. Atos de gestão dolosos e lesivos à sociedade. Favorecimento pessoal do administrador. Penalidade de perda da garantia securitária. Reexame fático-probatório (súmula 7 do STJ). Agravo interno desprovido. 1. O seguro de responsabilidade civil de conselheiros, diretores e administradores de sociedades comerciais (RC D&O) tem por objetivo garantir o risco de eventuais prejuízos causados em consequência de atos ilícitos culposos praticados por executivos durante a gestão de sociedade, e/ou suas subsidiárias, e/ou suas coligadas. 2. O segurado que agir de má-fé ao fazer declarações inexatas ou omitir circunstâncias que possam influir na aceitação da proposta pela seguradora ou na taxa do prêmio está sujeito à perda da garantia securitária, conforme dispõem os arts. 765 e 766 do Código Civil. 3. No caso, as instâncias ordinárias concluíram que a tomadora, na contratação do seguro, omitiu intencionalmente a existência de investigação do Banco Central de irregularidades na administração da sociedade, o que resultou em erro na avaliação do risco segurado, e que o administrador praticou atos de gestão lesivos à companhia e aos investidores em busca de favorecimento pessoal, circunstâncias que dão respaldo à sanção de perda do direito à indenização securitária. 4. A modificação da conclusão do acórdão recorrido acerca da ciência da tomadora sobre as irregularidades na administração da sociedade é inviável em sede de recurso especial, nos termos da Súmula 7 do STJ. 5. Agravo interno a que se nega provimento" (STJ, 4ª T., AgInt no REsp 1.504.344, Rel. Min. Raul Araújo, julg. 16.8.2022, publ. DJ. 23.8.2022).

[135] "Art. 766. Se o segurado, por si ou por seu representante, fizer declarações inexatas ou omitir circunstâncias que possam influir na aceitação da proposta ou na taxa do prêmio, perderá o direito à

radora reduzir a garantia proporcionalmente à diferença entre o prêmio pago e o que seria devido caso prestadas as informações posteriormente reveladas.[136] Por outro lado, se, diante dos fatos não revelados, for tecnicamente impossível garantir o risco, ou cuidar-se de risco não subscrito normalmente pela seguradora, esta poderá resolver o contrato, ressarcindo-se das despesas incorridas (art. 44, § 3º). Contudo, caso o sinistro já tenha ocorrido, o segurador não poderá resolver o contrato, cabendo-lhe, apenas, pagar a indenização e cobrar o prêmio adequado ao risco garantido.[137]

A Lei 15.040/2024 também previu a hipótese em que o seguro, por natureza ou por disposição expressa, exija informações contínuas ou averbações de globalidade de riscos e interesses. Nesses casos, de acordo com o art. 47, a omissão do segurado, desde que comprovada, implicará a perda da garantia, sem prejuízo da dívida do prêmio, ainda que a omissão seja detectada apenas após a ocorrência do sinistro. É dado, contudo, ao segurado evitar a perda da garantia optando por consignar a diferença de prêmio e provando a casualidade da omissão e sua boa-fé.

Razoabilidade, usos locais e práticas comerciais — Tal disciplina, contudo, há de ser aplicada de acordo com a razoabilidade, os usos comerciais e as práticas comerciais. Assim, se a informação omitida pelo segurado era notória em razão das práticas do mercado ou dos usos locais, o segurador deveria tê-las levado em conta no momento da contratação, de modo que não haverá falha no dever de informar por parte do proponente. Assim, para que se conclua se houve falha no dever de informar pelo segurado, deve-se indagar se a declaração

---

garantia, além de ficar obrigado ao prêmio vencido. Parágrafo único. Se a inexatidão ou omissão nas declarações não resultar de má-fé do segurado, o segurador terá direito a resolver o contrato, ou a cobrar, mesmo após o sinistro, a diferença do prêmio".

[136] Lei 15.040/2024, "Art. 44. O potencial segurado ou estipulante é obrigado a fornecer as informações necessárias à aceitação da proposta e à fixação da taxa para cálculo do valor do prêmio, de acordo com o questionário que lhe submeta a seguradora. § 1º O descumprimento doloso do dever de informar previsto no *caput* deste artigo importará em perda da garantia, sem prejuízo da dívida de prêmio e da obrigação de ressarcir as despesas efetuadas pela seguradora. § 2º O descumprimento culposo do dever de informar previsto no *caput* deste artigo implicará a redução da garantia proporcionalmente à diferença entre o prêmio pago e o que seria devido caso prestadas as informações posteriormente reveladas. § 3. Se, diante dos fatos não revelados, a garantia for tecnicamente impossível, ou se tais fatos corresponderem a um tipo de interesse ou risco que não seja normalmente subscrito pela seguradora, o contrato será extinto, sem prejuízo da obrigação de ressarcir as despesas efetuadas pela seguradora".

[137] Tem-se discutido a qualificação jurídica da perda do direito à garantia pelo segurado em razão da falha no dever de informar. Ao propósito, cfr. Eduardo Nunes de Souza, A perda do direito à garantia securitária prevista pelo art. 766 do Código Civil à luz da teoria geral das invalidades do negócio jurídico. *Revista Eletrônica Direito e Sociedade – REDES*, vol. 1, 2022, pp. 139-157, que problematiza a questão à luz do sistema de invalidades contratuais. Nada obstante, o dispositivo parece situar-se no plano da eficácia do negócio jurídico, mantendo-o hígido, na hipótese do *caput*, ainda que com a perda do seu efeito indenizatório; ou propiciando alternativamente a sua resolução ou revisão, por parte do segurador, se há boa-fé do segurado, nos termos do parágrafo único, a confirmar a preservação de sua validade – ainda que resolvido ou revisto o contrato. Em tal perspectiva, Pontes de Miranda, com razão, referindo-se a dispositivo análogo do Código Civil anterior, lecionava: "O art. 1.444 não tem como consequência a anulação, com a restituição do recebido; mas, com a denúncia, a sanção de deseficacização e a da perda do prêmio ou dos prêmios pagos" (Pontes de Miranda, *Tratado de Direito Privado*, vol. 45 (atualizado por Bruno Miragem), São Paulo: Editora Revista dos Tribunais, 2012, p. 480).

inexata levou à modificação do preço do prêmio ou comprometeu os cálculos do segurador.[138]

No âmbito dos contratos de seguro-saúde, a jurisprudência considera que o segurador não pode se exonerar da indenização em caso de sinistro com fundamento em omissão de informações pelo segurado, se, por ocasião das propostas e da formalização da contratação, não submeteu o contratante a exames médicos prévios.[139] Se, porém, restar comprovado que a omissão se deu por má-fé do segurado, será possível a negativa de cobertura do segurador, independentemente da exigência dos exames.[140]

Falha de informação do segurado em seguro saúde

Sobre o tema, a Ministra Nancy Andrighi, em interessante julgamento, entendeu que a omissão de má-fé do segurado só tem o condão de impedir a cobertura caso a imprecisão das informações tenha sido causa determinante para a seguradora concluir a contratação ou precificar o prêmio. Assim, somente quando a manifestação defeituosa possa afetar o desígnio da seguradora, afasta-se a indenização. Todavia, caso a seguradora se aproveite da má-fé do segurado para negar-lhe a cobertura, ignorando o fato de que aceitou passivamente as informações por ele prestadas sem a requisição dos exames cabíveis, configura-se hipótese de dolo recíproco, a determinar a indenização do segurado. O princípio da boa-fé objetiva impede que o contratante se beneficie da má-fé da contraparte. Desse modo, no caso examinado, a seguradora, ciente da condição de obesidade mórbida do contratante, não poderia ter aceitado passivamente suas declarações sobre a boa saúde, já que, diante do quadro de extremo sobrepeso, conhecido pela seguradora, era de se supor a apresentação de problemas de saúde dele decorrentes.[141]

Omissão de informação determinante à contratação ou à fixação do prêmio

---

[138] Por outro lado, a respeito do dever de informar do segurador, o Superior Tribunal de Justiça, por ocasião do julgamento do Recurso Especial 1.836.910/SP, entendeu que, "em caso de recusa ao pedido de indenização, a seguradora precisa informar ao segurado a justificativa do indeferimento; no entanto, ela não pode ser obrigada, pelo Poder Judiciário, a também fornecer os elementos coletados na investigação do sinistro (regulação de sinistro)" (STJ, REsp 1.836.910/SP, 4ª T., Rel. Min. Luis Felipe Salomão, julg. 27.9.2022, publ. DJ 8.11.2022).

[139] Confira-se os precedentes: "Nos termos da jurisprudência dominante do STJ, a seguradora não pode se eximir do dever de indenizar, alegando omissão de informações por parte do segurado, se dele não exigiu exames clínicos, ou não houve prova de má fé" (STJ, 4ª T., AgRg no AREsp. 104.987, Rel. Min. Luis Felipe Salomão, julg. 7.3.2013, publ. DJ 18.3.2013); "É indevida a negativa de cobertura do seguro de vida por doença preexistente sem a realização de exames prévios e comprovação da má-fé da parte contratante" (STJ, 3ª T., AgRg no AREsp. 330.295, 3ª T., Rel. Min. João Otávio de Noronha, julg. 10.2.2015, publ. DJ 13.2.2015).

[140] Na jurisprudência do STJ: "É lícita a recusa de cobertura securitária, por motivo de doença preexistente à celebração do contrato, se comprovada a má-fé do segurado, hipótese que não depende da exigência pela seguradora de exames prévios à contratação" (STJ, 4ª T., AgI no AREsp. 637.787, Rel. Min. Antonio Carlos Ferreira, julg. 24.10.2017, publ. DJ 31.10.2017); STJ, 4ª T., AgRg no AREsp. 704.606, Rel. Min. Maria Isabel Gallotti, julg. 18.6.2015, publ. DJ 26.6.2015; STJ, 4ª T., AgRg no REsp. 1.357.593, Rel. Min. Marco Buzzi, julg. 20.4.2017, publ. DJ 2.5.2017; STJ, 4ª T., AgI no REsp. 1.296.733, Rel. Min. Raul Araújo, julg. 21.9.2017, publ. DJ 20.10.2017.

[141] "(...) 3. A má-fé do segurado somente implicará isenção de cobertura caso tenha tido o condão de ocultar ou dissimular o próprio risco segurado, isto é, a omissão do segurado deve ter sido causa determinante para a seguradora assumir o risco da cobertura que se pretende afastar. 4. Somente se pode falar em vício da livre manifestação de vontade caso o comportamento do segurado tenha

Nulidade Ainda no que se refere à formação do contrato de seguro, mostra-se inválido o contrato destinado a garantir risco decorrente de ato doloso do segurado, do beneficiário ou de representante de um ou de outro (CC, art. 762).[142] Afinal, não pode haver garantia para a prática de atos ilícitos. Cuida-se de norma voltada a coibir a violação da boa-fé subjetiva pelo segurado, que dolosamente pretende obter a cobertura por danos decorrentes praticando cometimento de atos ilícitos. Na mesma linha se encontra o art. 10 da Lei 15.040/2024, já examinado, que veda a garantia de interesses relativos a atos do segurado que caracterizem ilícito criminal, assim como a garantia de atos dolosos do segurado, beneficiário ou representante.

Dever de informação do segurador Por outro lado, como já se disse, não somente sobre o segurado recaem os deveres de informação, transparência e probidade: também o segurador deve prestar todas as declarações necessárias, e ser claro na estipulação de suas condições contratuais para que o contratante tenha acesso a todos os elementos necessários ao seu consentimento informado com vistas à contratação.[143] Além disso, o art. 773[144] do Código Civil, com base no dever de lealdade, coibiu o segurador de expedir apólice garantindo risco do qual tem ciência de que não existe mais. Considera-se aplicável o dispositivo também nas hipóteses em que a verificação do risco constitui fato notório, do qual o segurador deveria saber, não se exigindo, portanto, prova rigorosa do conhecimento do sinistro pelo segurador. Nesses casos, o desequilíbrio contratual mostra-se evidente, pois o segurado não receberá qualquer contraprestação ao pagamento do prêmio, a acarretar enriquecimento indevido do segurador. Afinal, diante da inexistência do risco, não há se falar em prestação de garantia por parte do segurador. Em consequência, o segurador será obrigado a pagar em dobro o prêmio estipulado. No mesmo sentido, o art. 11 da Lei 15.040/2024[145] reproduziu a regra contida no art. 773, do Código Civil.

---

efetivamente influenciado a análise do risco, afetando de forma decisiva o desígnio da seguradora. 5. O princípio da boa-fé contratual, contido nos arts. 422 do CC/02 e 4º, III, do CDC, inclui o dever de não se beneficiar da má-fé da parte contrária. Ter-se-á caracterizada, nessa situação, o dolo recíproco ou bilateral, previsto no art. 150 do CC/02, consistente em tirar proveito da leviandade da outra parte para obter vantagem indevida no negócio. 6. Recurso especial provido" (STJ, 3ª T., REsp 1.230.233/MG, Rel. Min. Nancy Andrighi, julg. 3.5.2011, publ. DJ 11.5.2011).

[142] "Art. 762. Nulo será o contrato para garantia de risco proveniente de ato doloso do segurado, do beneficiário, ou de representante de um ou de outro".

[143] A respeito do dever de informação do segurador: "(...) igual comando obrigacional determina ao segurador informar ao proponente do seguro sobre todas as características do produto ofertado: sua abrangência (riscos cobertos e riscos excluídos); custos envolvidos; limites de importâncias seguradas; prazos de coberturas; formas de pagamento do prêmio; bens não garantidos pelo seguro; condições prévias de aceitação (inspeções técnicas nos locais que serão compreendidos pelo contrato de seguro; execução de melhorias nos riscos; outras). É inescusável qualquer omissão do dever-anexo de informar" (Walter A. Polido, *Contrato de Seguro*: novos paradigmas, cit., pp. 99-100).

[144] "Art. 773. O segurador que, ao tempo do contrato, sabe estar passado o risco de que o segurado se pretende cobrir, e, não obstante, expede a apólice, pagará em dobro o prêmio estipulado".

[145] Lei 15.040/2024, "Art. 11. O contrato é nulo quando qualquer das partes souber, no momento de sua conclusão, que o risco é impossível ou já se realizou. Parágrafo único. A parte que tiver conhecimento da impossibilidade ou da prévia realização do risco e, não obstante, celebrar o contrato pagará à outra o dobro do valor do prêmio."

Uma vez concluído o contrato de seguro, sua execução se sujeitará igualmente aos deveres decorrentes da boa-fé objetiva e subjetiva. No que tange ao segurado, este não poderá agravar intencionalmente o risco contratado, sob pena de perder o direito à garantia (CC, art. 768 e art. 13, Lei 15.040/2024).[146] Entende-se por agravamento do risco a conduta deliberada do segurado que aumente significativamente a probabilidade de ocorrência do sinistro. O agravamento dos riscos pressupõe que o segurado se coloque em uma situação nova, que não tinha sido prevista no contrato, sendo certo que não é preciso que tenha sido praticado ato destinado a deflagrar o sinistro. De outra parte, o agravamento do risco deve ser essencial, de tal forma que o segurador não aceitaria o negócio, nas mesmas condições, caso tivesse conhecimento, por ocasião da celebração do contrato, do risco real. Cuida-se, assim, de violação ao dever de lealdade pelo segurado, de modo a liberar o segurador da obrigação de indenizar os danos supervenientes advindos do sinistro. Se, por outro lado, a seguradora, uma vez comunicada sobre o agravamento, anuir com a continuidade da garantia, cobrando ou não prêmio adicional, afasta-se a perda do direito à garantia (art. 13, § 2º).

Agravamento intencional do risco pelo segurado

A conclusão acerca da perda ou não da cobertura contratada dependerá do exame do caso concreto. Caberá, desse modo, diferenciar o mero descuido do agravamento intencional do risco, sob pena de se determinar a perda da cobertura em decorrência de acontecimentos que se encontram compreendidos no risco assumido pelo segurador.[147]

Distinção entre mero descuido e agravamento intencional do risco

---

[146] CC/2002, "Art. 768. O segurado perderá o direito à garantia se agravar intencionalmente o risco objeto do contrato"; e Lei 15.040/2024, "Art. 13. Sob pena de perder a garantia, o segurado não deve agravar intencionalmente e de forma relevante o risco objeto do contrato de seguro. § 1º Será relevante o agravamento que conduza ao aumento significativo e continuado da probabilidade de realização do risco descrito no questionário de avaliação de risco referido no art. 44 desta Lei ou da severidade dos efeitos de tal realização. § 2º Se a seguradora, comunicada nos termos do art. 14 desta Lei, anuir com a continuidade da garantia, cobrando ou não prêmio adicional, será afastada a consequência estabelecida no *caput* deste artigo."

[147] Nessa direção, sublinha a doutrina especializada: "Também quanto à definição do agravamento do risco para fins de exclusão da cobertura securitária a nova lei incorpora a jurisprudência do STJ. (...) Para a Corte de Vértice, a perda da garantia apenas é permitida quando o agravamento do risco constitui causa determinante para o sinistro, estando, portanto, a ele diretamente relacionado (STJ. REsp 1.466.237/SP, DJe de 18/12/2019). É nesta linha a disposição do art. 16 da nova lei, pelo qual 'sobrevindo o sinistro, a seguradora somente poderá recusar-se a indenizar caso prove o nexo causal entre o relevante agravamento do risco e o sinistro caracterizado'. Como se percebe, a matéria vem mais bem detalhada na lei dos contratos de seguro: O agravamento voluntário do risco por parte do segurado permanece previsto como causa de perda da garantia (lei do contrato de seguros, art. 11, § 1º), devendo ser imediatamente comunicado à seguradora para que opte entre a resolução ou o reajuste das prestações contratuais (art. 14). Caso não seja comunicada do agravamento, ocorrendo o sinistro, será da seguradora o ônus da prova do nexo causal entre o agravamento e o sinistro para justificar recusa ao pagamento da indenização (lei do contrato de seguros, art. 16)" (Gabriel Schulman; Marcelo Luiz Francisco de Macedo Bürger, Primeiras reflexões sobre a nova lei dos contratos de seguros e o Direito de Danos. *Migalhas*. Disponível em: https://www.migalhas. com.br/coluna/migalhas-de-responsabilidade-civil/420393/reflexoes-iniciais-sobre-a-nova-lei-dos- -seguros-e-o-direito-de-danos. Acesso em: 29 nov. 2024).

Sinistro decorrente de ato praticado pelo segurado sob efeito de substâncias tóxicas

À guisa de exemplo, em seguros de vida, o STJ reconheceu a invalidade de cláusula de exclusão de cobertura na hipótese de sinistros ou acidentes decorrentes de atos praticados pelo segurado sob o efeito de substâncias tóxicas, sob o argumento de que o risco morte, objeto da cobertura securitária, sujeita-se à permanente e contínuo agravamento com o passar do tempo, sendo esta circunstância essencial ao seguro de vida.[148] Com a consolidação da referida interpretação, o STJ rompeu com antigo entendimento que permitia a exclusão da cobertura em razão do agravamento do risco decorrente do estado de embriaguez do segurado.[149]

O atual entendimento foi consubstanciado na Súmula 620 do STJ, que estabelece que "a embriaguez do segurado não exime a seguradora do pagamento da indenização prevista em contrato de seguro de vida".[150] Não se considera, portanto, nesse caso,

---

[148] "(...) 2. No seguro de vida, ao contrário do que ocorre no seguro de automóvel, é vedada a exclusão de cobertura na hipótese de sinistros ou acidentes decorrentes de atos praticados pelo segurado em estado de insanidade mental, de alcoolismo ou sob efeito de substâncias tóxicas (Carta Circular SUSEP/DETEC/GAB nº 8/2007). Precedentes. 3. As cláusulas restritivas do dever de indenizar no contrato de seguro de vida são mais raras, visto que não podem esvaziar a finalidade do contrato, sendo da essência do seguro de vida um permanente e contínuo agravamento do risco segurado. 4. Agravo interno não provido" (STJ, 3ª T., AgI no REsp. 1.728.428, Rel. Min. Ricardo Villas Bôas Cueva, julg. 25.2.2019, publ. DJ 1.3.2019).

[149] Nesse sentido: "É de se afastar o dever de o ente segurador indenizar em ocasiões tais em que a embriaguez do segurado agrava potencialmente o risco do acidente, tendo sido, inclusive, condição determinante para a ocorrência do sinistro. 3. Recurso especial não conhecido" (STJ, 3ª T., REsp 1.081.130/SC, Rel. Min. Massami Uyeda, julg. 2.12.2008, publ. *DJ* 17.12.2008).

[150] Confira-se a ementa de um dos acórdãos paradigmas para a edição da refira súmula: "Embargos de divergência em recurso especial. Ação de cobrança de seguro de vida proposta por familiares beneficiários da cobertura. Acidente e trânsito. Morte do condutor segurado. Negativa e cobertura pela seguradora. Alegação de agravamento de risco. Ingestão de bebida alcóolica. Embriaguez do segurado. Relevância relativa. Orientação contida na Carta Circular SUSEP/DETEC/GAB nº 08/2007. Precedentes. Embargos de divergência providos. 1. Sob a vigência do Código Civil de 1916, à época dos fatos, a jurisprudência desta Corte e a do egrégio Supremo Tribunal Federal foi consolidada no sentido de que o seguro de vida cobre até mesmo os casos de suicídio, desde que não tenha havido premeditação (Súmulas 61/STJ e 105/STF). 2. Já em consonância com o novel Código Civil, a jurisprudência do Superior Tribunal de Justiça consolidou seu entendimento para preconizar que 'o legislador estabeleceu critério objetivo para regular a matéria, tornando irrelevante a discussão a respeito da premeditação da morte' e que, assim, a seguradora não está obrigada a indenizar apenas o suicídio ocorrido dentro dos dois primeiros anos do contrato' (AgRg nos EDcl nos EREsp 1.076.942/PR, Rel. p/ acórdão Ministro João Otávio de Noronha). 3. Com mais razão, a cobertura do contrato de seguro de vida deve abranger os de sinistros ou acidentes decorrentes de atos praticados pelo segurado em estado de insanidade mental, de alcoolismo ou sob efeito de substâncias tóxicas, ressalvado o suicídio ocorrido dentro dos dois primeiros anos do contrato. 4. Orientação da Superintendência de Seguros Privados na Carta Circular SUSEP/DETEC/GAB nº 08/2007: '1) Nos Seguros de Pessoas e Seguro de Danos, é vedada a exclusão de cobertura na hipótese de 'sinistros ou acidentes decorrentes de atos praticados pelo segurado em estado de insanidade mental, de alcoolismo ou sob efeito de substâncias tóxicas'; 2) Excepcionalmente, nos Seguros de Danos cujo bem segurado seja um veículo, é admitida a exclusão de cobertura para 'danos ocorridos quando verificado que o veículo segurado foi conduzido por pessoa embriagada ou drogada, desde que a seguradora comprove que o sinistro ocorreu devido ao estado de embriaguez do condutor'. Precedentes: REsp 1.665.701/RS, Rel. Ministro Ricardo Villas Bôas Cuva, Terceira Turma; e AgInt no AREsp 1.081.746/SC, Rel. Ministro Raul Araújo, Quarta Turma. 5. Embargos de divergência providos" (STJ, 2ª Seção, EREsp 973.725/SP, Rel. Min. Lázaro Guimarães, julg. 25.4.2018, publ. *DJ* 2.5.2018).

que houve agravamento intencional do risco pelo segurado, sob pena de se esvaziar a finalidade do seguro de vida.

A Carta Circular 8/2007 da SUSEP/DETEC confirma esse entendimento, corroborando a recomendação jurídica exarada no Parecer PF – SUSEP 26.522/2007, da Coordenadoria de Consultas, Assuntos Societários e Regimes Especiais, no sentido de que se encontra vedada a exclusão de cobertura na hipótese de sinistros ou acidentes decorrentes de atos praticados pelo segurado em estado de insanidade mental, alcoolismo ou sob efeito de substâncias tóxicas. O ato normativo, porém, ressalvou a possibilidade de que esses incidentes restem excluídos da cobertura nos casos de seguro de danos em que o objeto segurado seja um veículo, se comprovado que o estado psíquico do condutor foi determinante para a ocorrência do sinistro.[151] Mesmo que o agravamento do risco não decorra de atitude deliberada do segurado, este terá o dever, expresso no art. 769 do Código Civil,[152] no art. 14 da Lei 15.040/2024, e inspirado na boa-fé objetiva e subjetiva incidentes no contrato de seguro, de comunicar ao segurador, tão logo saiba, quanto ao incidente suscetível de agravar consideravelmente o risco coberto. Em caso de omissão intencional do segurado, este perderá o direito à garantia, conforme § 3º do art. 14 da Lei 15.040/2024. Se a omissão for culposa, todavia, fica o segurado obrigado a pagar a diferença de prêmio apurada ou, se a garantia for tecnicamente impossível ou o fato corresponder a tipo de risco que não seja normalmente subscrito pela seguradora, não fará jus à garantia, nos termos do § 4º do mesmo dispositivo.

Validade da exclusão da cobertura

De outra parte, uma vez comunicado acerca do agravamento do risco sem culpa do segurado, entendia-se, à luz do disposto no Código Civil, que o segurador poderia, nos 15 (quinze) dias subsequentes ao aviso, optar pela resilição unilateral, ou, caso

---

[151] "1) Nos Seguros de Pessoas e Seguros de Danos, é VEDADA A EXCLUSÃO DE COBERTURA na hipótese de "*sinistros ou acidentes decorrentes de atos praticados pelo segurado em estado de insanidade mental, de alcoolismo ou sob efeito de substâncias tóxicas*". 2) Excepcionalmente, nos Seguros de Danos cujo bem segurado seja um VEÍCULO, é ADMITIDA A EXCLUSÃO DE COBERTURA para "*danos ocorridos quando verificado que o VEÍCULO SEGURADO foi conduzido por pessoa embriagada ou drogada, desde que a seguradora comprove que o sinistro ocorreu devido ao estado de embriaguez do condutor*". Sobre o tema, de acordo com o STJ, no seguro de automóvel, considera-se ineficaz em relação a terceiros a cláusula que exclui a cobertura securitária quando o acidente decorrer da embriaguez do segurado ou condutor autorizado. A justificativa seria evitar a transferência da culpa de quem concorreu para o dano (o segurado) às vítimas do sinistro, que não contribuíram para o agravamento do risco. De acordo com a Corte, nessas situações, "a responsabilidade civil é aquiliana e a vítima não concorreu para o agravamento do risco, sobressaindo-se a função social da avença". Assim, embora se reconheça a validade da cláusula de exclusão de cobertura do segurado pelo agravamento do risco, decorrente, no caso, da embriaguez, em seguro de responsabilidade civil, ela é ineficaz perante o terceiro inocente, vítima do sinistro, que deverá assim ser ressarcido (STJ, 3ª T., REsp 1.754.768/DF, Rel. Min. Ricardo Villas Bôas Cueva, julg. 15.3.2022, publ. DJe 31.3.2022). No mesmo sentido: STJ, 3ª T., AgInt REsp 1852708-MG, Rel. Min. Marco Aurélio Bellizze, julg. 24.8.2020, publ. *DJe* 1.9.2020.

[152] "Art. 769. O segurado é obrigado a comunicar ao segurador, logo que saiba, todo incidente suscetível de agravar consideravelmente o risco coberto, sob pena de perder o direito à garantia, se provar que silenciou de má-fé. § 1º O segurador, desde que o faça nos quinze dias seguintes ao recebimento do aviso da agravação do risco sem culpa do segurado, poderá dar-lhe ciência, por escrito, de sua decisão de resolver o contrato. § 2º A resolução só será eficaz trinta dias após a notificação, devendo ser restituída pelo segurador a diferença do prêmio".

decidisse pela manutenção do negócio, solicitar reajuste no valor do prêmio,[153] em homenagem ao princípio da conservação dos negócios jurídicos, e em aplicação analógica do art. 770 do Código Civil.[154] De fato, segundo este dispositivo, salvo disposição em contrário, a diminuição do risco no curso do contrato não acarretaria a redução do prêmio estipulado; mas, se a redução do risco for considerável, o segurado poderá exigir a revisão do prêmio, ou a resolução do contrato. O art. 770 admite, portanto, a revisão do prêmio se houver diminuição significativa do risco, de modo a preservar o contrato de seguro. Em sentido semelhante, o § 1º do art. 14 da Lei 15.040/2024 estabelece que, ciente do agravamento do risco, a seguradora "poderá, no prazo de 20 (vinte) dias, cobrar a diferença de prêmio ou, se não for tecnicamente possível garantir o novo risco, resolver o contrato, hipótese em que este perderá efeito em 30 (trinta) dias contados do recebimento da notificação de resolução".

Eficácia da resilição unilateral — Ou seja, caso o segurador decida por resilir unilateralmente o contrato, a sua extinção só produzirá efeitos 30 (trinta) dias após o recebimento, pelo segurado, da notificação do segurador, permitindo-lhe, assim, celebrar novo contrato com outra seguradora.

Dever de comunicar e mitigar os danos — Os deveres decorrentes da boa-fé incidem, ainda, no curso da execução contratual após a ocorrência do sinistro. Nesse sentido, o art. 771[155] do Código Civil determina que perde o direito à indenização o segurado que não informar o segurador quanto à ocorrência do sinistro, com vistas a permitir a este último adotar as medidas necessárias para minimizar as suas consequências, apurando suas causas e delimitando os seus prejuízos. Apesar de o dispositivo não mencionar expressamente, a perda de garantia ocorrerá apenas se restar demonstrado o efetivo prejuízo, isto é, que, caso o segurador tivesse sido avisado, teria sido possível evitar ou atenuar as consequências do sinistro, tal como dispunha o Código Civil de 1916.[156] Destaque-se que o art. 66 da Lei 15.040/2024 determina que a perda do direito à indenização ocorrerá se o descumprimento do dever de informação quanto à ocorrência do sinistro for dolosa, sem prejuízo da dívida de prêmio e da obrigação de ressarcir as despesas efetuadas pela seguradora. Se o descumprimento for culposo,

---

[153] Gustavo Tepedino et alii, *Código Civil Interpretado conforme a Constituição da República*, vol. II, cit., p. 581: "Muito embora o dispositivo não preveja a possibilidade de o segurador promover o aumento do valor do prêmio como alternativa à resolução do contrato, esta é a interpretação que melhor se coaduna com o princípio da conservação dos negócios".

[154] "Art. 770. Salvo disposição em contrário, a diminuição do risco no curso do contrato não acarreta a redução do prêmio estipulado; mas, se a redução do risco for considerável, o segurado poderá exigir a revisão do prêmio, ou a resolução do contrato".

[155] "Art. 771. Sob pena de perder o direito à indenização, o segurado participará o sinistro ao segurador, logo que o saiba, e tomará as providências imediatas para minorar-lhe as consequências. Parágrafo único. Correm à conta do segurador, até o limite fixado no contrato, as despesas de salvamento consequente ao sinistro".

[156] No Código Civil de 1916, dispunha o art. 1.457: "Verificando o sinistro, o segurado, logo que saiba, comunicá-lo-á ao segurador. Parágrafo único. A omissão injustificada exonera o segurador, se este provar que, oportunamente avisado, lhe teria sido possível evitar, ou atenuar, as consequências do sinistro".

por outro lado, o segurado perde o direito à indenização do valor equivalente aos danos decorrentes dessa omissão.[157]

Cabe, ainda, ao segurado, prestar todas as informações que possua sobre o sinistro, suas causas e consequências, quando questionado pela seguradora (art. 66, III, Lei n.º 15.040/2024), e adotar as medidas necessárias para diminuir as consequências negativas do sinistro, em observância ao dever de mitigar os danos decorrentes do princípio da boa-fé objetiva (art. 66, I, Lei n.º 15.040/2024).[158] O segurador arcará com essas despesas de salvamento consequente ao sinistro no limite fixado pelo contrato (CC, art. 771, parágrafo único), uma vez que tais medidas são efetivadas no interesse do segurador. O art. 67 da Lei n.º 15.040/2024 disciplinou o ponto incluindo a previsão de que o segurador arcará não só com as despesas de salvamento para evitar o sinistro, mas também com aquelas incorridas para atenuar seus efeitos, mesmo que realizadas por terceiros, sem reduzir a garantia do seguro.[159]

---

[157] Lei 15.040/2024, "Art. 66. Ao tomar ciência do sinistro ou da iminência de seu acontecimento, com o objetivo de evitar prejuízos à seguradora, o segurado é obrigado a: I – tomar as providências necessárias e úteis para evitar ou minorar seus efeitos; II – avisar prontamente a seguradora, por qualquer meio idôneo, e seguir suas instruções para a contenção ou o salvamento; III – prestar todas as informações de que disponha sobre o sinistro, suas causas e consequências, sempre que questionado a respeito pela seguradora. § 1º O descumprimento doloso dos deveres previstos neste artigo implica a perda do direito à indenização ou ao capital pactuado, sem prejuízo da dívida de prêmio e da obrigação de ressarcir as despesas efetuadas pela seguradora. § 2º O descumprimento culposo dos deveres previstos neste artigo implica a perda do direito à indenização do valor equivalente aos danos decorrentes da omissão. § 3º Não se aplica o disposto nos §§ 1º e 2º, no caso dos deveres previstos nos incisos II e III do *caput* deste artigo, quando o interessado provar que a seguradora tomou ciência oportunamente do sinistro e das informações por outros meios. § 4º Incumbe também ao beneficiário, no que couber, o cumprimento das disposições deste artigo, sujeitando-se às mesmas sanções. § 5º As providências previstas no inciso I do *caput* deste artigo não serão exigíveis se colocarem em perigo interesses relevantes do segurado, do beneficiário ou de terceiros, ou se implicarem sacrifício acima do razoável."

[158] Quanto ao ponto, a doutrina já se manifestou: "Em âmbito funcional, a nova legislação externaliza dois vetores que a norteiam: a prevenção de danos e a maior proteção ao segurado. Em relação ao primeiro, observa-se que o segurado passa a ter um dever legal de comunicar o sinistro ao 'tomar ciência (...) da iminência de seu acontecimento' (art. 66 do Projeto de Lei 2.597/24), e não apenas a partir de seu acontecimento. Essa alteração reforça o dever de mitigar danos e agir de forma diligente" (Gabriel Schulman; Marcelo Luiz Francisco de Macedo Bürger, Primeiras reflexões sobre a nova lei dos contratos de seguros e o Direito de Danos. *Migalhas*. D sponível em: https://www.migalhas.com.br/coluna/migalhas-de-responsabilidade-civil/420393/reflexoes-iniciais-sobre-a--nova-lei-dos-seguros-e-o-direito-de-danos. Acesso em: 29 nov. 2024).

[159] Lei 15.040/2024, "Art. 67. As despesas com as medidas de contenção ou de salvamento para evitar o sinistro iminente ou atenuar seus efeitos, mesmo que realizadas por terceiros, correm por conta da seguradora, até o limite pactuado pelas partes, sem reduzir a garantia do seguro. § 1º A obrigação prevista no *caput* deste artigo subsistirá ainda que os prejuízos não superem o valor da franquia contratada ou que as medidas de contenção ou de salvamento tenham sido ineficazes. § 2º Não constituem despesas de salvamento as realizadas com prevenção ordinária, incluída qualquer espécie de manutenção. § 3º A seguradora não estará obrigada ao pagamento de despesas com medidas notoriamente inadequadas, observada a garantia contratada para o tipo de sinistro iminente ou verificado. § 4º Se não for pactuado limite diverso, o reembolso das despesas de contenção ou de salvamento será limitado ao equivalente a 20% (vinte por cento) do limite máximo de indenização ou capital garantido aplicável ao tipo de sinistro iminente ou verificado. § 5º. A seguradora suportará a totalidade das despesas efetuadas com a adoção de medidas de contenção ou de salvamento que expressamente recomendar para o caso específico, ainda que excedam o limite pactuado."

Mora do segurado e do segurador

Ainda no plano da eficácia do contrato, o segurado que estiver em mora no pagamento do prêmio responde pelos riscos daí decorrentes, em aplicação do princípio da *perpetuatio obligationis* (CC, art. 399). Assim, previu o Código Civil que, caso o sinistro ocorra antes da purgação da mora, o segurado não terá direito à indenização (art. 763).[160] Entretanto, os tribunais flexibilizaram essa regra, entendendo que é requisito essencial para a perda da garantia a prévia interpelação do segurado pelo segurador acerca do atraso no pagamento, consoante o enunciado da Súmula 616 do STJ.[161]

A Lei 15.040/2024, todavia, introduziu regras específicas sobre a mora. De acordo com o seu art. 20, "a mora relativa à prestação única ou à primeira parcela do prêmio resolve de pleno direito o contrato, salvo convenção, uso ou costume em contrário", ao passo que "a mora relativa às demais parcelas suspenderá a garantia contratual, sem prejuízo do crédito da seguradora ao prêmio, após notificação do segurado concedendo-lhe prazo não inferior a 15 (quinze) dias, contado do recebimento, para a purgação da mora" (§ 1º). Caso o segurado recuse o recebimento da notificação ou não seja encontrado em seu endereço, o prazo de 15 (quinze) dias terá início na data da frustração da notificação. O § 2º do art. 20 estabelece ainda que a notificação indicada deve ser feita por qualquer meio idôneo que comprove o seu recebimento pelo segurado, contendo as advertências de que o não pagamento no novo prazo suspenderá a garantia e de que, não purgada a mora, a seguradora não efetuará o pagamento relativo a sinistros ocorridos a partir do vencimento original da parcela não paga.[162]

Por outro lado, previu o Código Civil que, na hipótese de mora do segurador em pagar o sinistro, este responderá pela correção monetária da indenização devida,

---

[160] "Art. 763. Não terá direito a indenização o segurado que estiver em mora no pagamento do prêmio, se ocorrer o sinistro antes de sua purgação".

[161] "Súmula 616. A indenização securitária é devida quando ausente a comunicação prévia do segurado acerca do atraso no pagamento do prêmio, por constituir requisito essencial para a suspensão ou resolução do contrato de seguro".

[162] Nos termos d o art. 21: " A resolução do contrato, salvo quando se tratar de mora da prestação única ou da primeira parcela do prêmio, está condicionada a notificação prévia e não poderá ocorrer em prazo inferior a 30 (trinta) dias após a suspensão da garantia. § 1º A resolução libera integralmente a seguradora por sinistros e despesas de salvamento ocorridos a partir de então. § 2º Nos seguros coletivos sobre a vida e a integridade física, a resolução somente ocorrerá 90 (noventa) dias após a última notificação feita ao estipulante. § 3º Nos seguros sobre a vida e a integridade física estruturados com reserva matemática, o não pagamento de parcela do prêmio que não a primeira implicará a redução proporcional da garantia ou a devolução da reserva, conforme a escolha do segurado ou de seus beneficiários, a ser feita dentro de 30 (trinta) dias contados da notificação do inadimplemento, da qual deve constar a advertência de que, se houver abstenção nessa escolha, a decisão caberá à seguradora. § 4º O prazo previsto no *caput* deste artigo terá início na data da frustração da notificação sempre que o segurado ou o estipulante recusar o recebimento ou, por qualquer razão, não for encontrado no último endereço informado à seguradora ou no que constar dos cadastros normalmente utilizados pelas instituições financeiras. § 5º Dispensa-se a notificação a que se refere o *caput* deste artigo quando a notificação de suspensão da garantia, de que tratam os §§ 1º, 2º e 3º do art. 20 desta Lei, advertir para a resolução do contrato caso não purgada a mora."

sem prejuízo dos juros moratórios (CC, art. 772).[163] O art. 88 da Lei 15.040/2024 foi ainda mais longe e indicou que a mora da seguradora faz incidir multa de 2% (dois por cento) sobre o montante devido, corrigido monetariamente, sem prejuízo dos juros legais e da responsabilidade por perdas e danos desde a data em que a indenização ou o capital segurado deveriam ter sido pagos.

De outra parte, em aplicação do princípio da boa-fé objetiva, o STJ já decidiu, em antigo precedente, que incide também a tese do adimplemento substancial aos contratos de seguro, a impedir que o segurador se exima de sua obrigação em razão do inadimplemento ínfimo pelo segurado que já adimpliu grande parte do valor devido.[164]

Adimplemento substancial

Nessa esteira, a cláusula de cancelamento automático do contrato em razão do atraso no pagamento do prêmio tem sido caracterizada como abusiva e inadmissível pela jurisprudência por ser incompatível com a boa-fé e equidade, além de colocar o segurado em desvantagem exagerada a teor do art. 51, IV, CDC.[165] O debate é interessante e se reacende com a nova lei, que, conforme já salientado, trouxe regras novas sobre a mora do segurado no art. 20.

Cláusula de cancelamento automático

4.4. Função social do contrato de seguro

O contrato de seguro sofre, de igual modo, o influxo do princípio da função social dos contratos. Como se sabe, a função social dos contratos se destina a tutelar interesses extracontratuais socialmente relevantes atingidos pelo contrato, não já interesses privados dos contratantes.[166] Por outras palavras, a função social não se

Conteúdo da função social

---

[163] "Art. 772. A mora do segurador em pagar o sinistro obriga à atualização monetária da indenização devida, sem prejuízo dos juros moratórios" (Redação dada pela Lei 14.905/2024).

[164] STJ, REsp. 76.362, 4ª T., Rel. Min. Ruy Rosado de Aguiar, julg. 11.12.1995. Em decisão mais recente: "1. O contrato de previdência privada com plano de pecúlio por morte se assemelha ao seguro de vida, podendo também as normas aplicáveis às sociedades seguradoras estender-se, no que couber, às entidades abertas de previdência privada (art. 73, LC n. 109/2001). 2. Portanto, à pretensão de recebimento de pecúlio devido por morte, aplica-se a jurisprudência da Segunda Seção relativa a contratos de seguro, segundo a qual "o mero atraso no pagamento de prestação do prêmio do seguro não importa em desfazimento automático do contrato, para o que se exige, ao menos, a prévia constituição em mora do contratante pela seguradora, mediante interpelação" (REsp 316.552/SP, Rel. Min. Aldir Passarinho Junior, Segunda Seção, julgado em 9.10.2002, DJ 12.4.2004, p. 184). 3. Ademais, incide a teoria do adimplemento substancial, que visa a impedir o uso desequilibrado do direito de resolução por parte do credor, em prol da preservação da avença, com vistas à realização dos princípios da boa-fé e da função social do contrato" (STJ, 4ª T., REsp 877.965, Rel. Min. Luis Felipe Salomão, julg. 22.11.2011, publ. DJ 1.2.2012).

[165] "Agravo regimental no agravo de instrumento. Contrato de seguro. Cancelamento unilateral. Abusividade. Incidência da súmula 83/STJ. Agravo regimental desprovido. 1. É entendimento pacificado pela jurisprudência da Segunda Seção que o simples atraso da prestação mensal ou o seu não pagamento, sem a prévia notificação do segurado, não enseja suspensão ou cancelamento automático do contrato de seguro" (STJ, 3ª T., AgRg no AgRg no Ag 1.125.074, Rel. Min. Paulo de Tarso Sanseverino, julg. 28.9.2010, publ DJ 6.10.2010).

[166] Sobre o princípio da função social, v., em perspectiva crítica, Gustavo Tepedino, Notas sobre a função social dos contratos. In: Gustavo Tepedino e Luiz Edson Fachin (coords.), *O Direito e o Tempo*: embates jurídicos e utopias contemporâneas, Rio de Janeiro: Renovar, 2008, pp. 396-397; e Gustavo Tepedino, Danielle Tavares Peçanha, Função social dos contratos e funcionalização do Direito Civil à luz da jurisprudência do Superior Tribunal de Justiça. In: Otavio Luiz Rodrigues Jr.,

volta ao reforço da proteção contratual do segurador ou do segurado, mas objetiva proteger interesses de terceiros atingidos pelo contrato de seguro. Desse modo, o princípio da função social, que incide sobre todas as relações contratuais, determina que os contratantes, ao lado de seus interesses privados, persigam interesses extra-contratuais, socialmente relevantes, de estatura constitucional, de sorte a atingir a esfera jurídica de terceiros. Nessa direção, amplia-se a eficácia do contrato, cujos efeitos alcançam terceiros, com vistas à realização de valores constitucionais. Diz-se, assim, que se opera a flexibilização do princípio da relatividade, permitindo-se que o contrato produza efeitos para além das partes contratantes. O princípio da função social, em uma palavra, constitui a razão justificativa de atribuição dos interesses dos contratantes, os quais apenas merecerão tutela se atenderem à função social.[167]

Proteção aos interesses de terceiros

Nessa direção, o Superior Tribunal de Justiça, com fundamento na função social, reconheceu a possibilidade do terceiro prejudicado em acidente de trânsito acionar diretamente a seguradora para pleitear a indenização securitária, a denotar a produção de efeitos do contrato de seguro para além dos contratantes em proteção aos interesses do terceiro.[168]

Seguro DPVAT

De outra parte, o princípio da função social incide de modo eloquente no contrato de Seguro DPVAT,[169] que justifica a sua forte regulamentação estatal. De fato, o interesse do Estado se manifesta notadamente na arrecadação dos prêmios pelo grupo de seguradoras consorciadas, que partilham esses valores com o Sistema Único de Saúde – SUS e com o Departamento Nacional de Trânsito – Denatran. Nos termos do art. 1º,[170] Decreto 2.867, de 8 de dezembro de 1998, dos valores recolhidos

---

Jadson Santana de Sousa. *Direito Federal Interpretado: estudos em homenagem ao Ministro Humberto Martins*, Rio de Janeiro: Gz, 2024, p. 671-700.

[167] *Perfis de Direito Civil*, Rio de Janeiro: Renovar, 2007, 3ª ed., pp. 226-279.

[168] "(...) 3. A interpretação do contrato de seguro dentro de uma perspectiva social autoriza e recomenda que a indenização prevista para reparar os danos causados pelo segurado a terceiro seja por este diretamente reclamada da seguradora. 4. Não obstante o contrato de seguro ter sido celebrado apenas entre o segurado e a seguradora, dele não fazendo parte o recorrido, ele contém uma estipulação em favor de terceiro. E é em favor desse terceiro – na hipótese, o recorrido – que a importância segurada será paga. Daí a possibilidade de ele requerer diretamente da seguradora o referido pagamento. 5. O fato de o segurado não integrar o polo passivo da ação não retira da seguradora a possibilidade de demonstrar a inexistência do dever de indenizar. 6. Recurso especial conhecido em parte e, nessa parte, não provido" (STJ, 3ª T., REsp. 1.245.618, Rel. Min. Nancy Andrighi, julg. 22.11.2011, publ. DJ 30.11.2011). Destaque-se, entretanto, decisões que apenas permitiam o ajuizamento de ação diretamente contra a seguradora nos casos em que também constasse no polo passivo o segurado: STJ, 4ª T., REsp 256.424, Rel. Min. Fernando Gonçalves, julg. 29.11.2005, publ. DJ 7.8.2006. Em 2015, a Corte sumulou este posicionamento por meio do enunciado 529: "no seguro de responsabilidade civil facultativo, não cabe o ajuizamento de ação pelo terceiro prejudicado direta e exclusivamente em face da seguradora do apontado causador do dano".

[169] O seguro obrigatório foi objeto da MP 904/2019, que previa a extinção do DPVAT e do DPEM (Seguro Obrigatório de Danos Pessoais Causados por Embarcações ou por suas Cargas). A MP, porém, teve sua vigência encerrada em 20 abril de 2020.

[170] "Art. 1º. O prêmio do Seguro Obrigatório de Danos Pessoais causados por Veículos Automotores de Vias Terrestres – DPVAT será arrecadado pela rede bancária e repassado diretamente e sem qualquer retenção, do seguinte modo: I – quarenta e cinco por cento do valor bruto recolhido do segurado a crédito direto do Fundo Nacional de Saúde, para custeio da assistência médico-hospitalar dos

a título de Seguro DPVAT, 50% (cinquenta por cento) destinam-se às seguradoras privadas, que integram o Consórcio DPVAT; 45% (quarenta e cinco por cento) ao SUS e 5% (cinco por cento) ao Denatran. Dos valores repassados ao SUS, 50% (cinquenta por cento) serão direcionados à Seguridade Social para custear a assistência médico-hospitalar dos segurados vitimados em acidentes de trânsito (art. 27, par. ún.,[171] Lei 8.212/91). De outra parte, nos termos do art. 78,[172] Lei 9.503/97, 10% (dez por cento) dos valores arrecadados destinados à Previdência Social serão repassados mensalmente ao Coordenador do Sistema Nacional de Trânsito para a implementação de programas de prevenção de acidentes.

Como se vê, o contrato de Seguro DPVAT possui relevante função social, de sorte a promover interesses extracontratuais socialmente relevantes, de índole constitucional, notadamente a saúde pública.[173] Com efeito, o contrato de Seguro DPVAT realiza o princípio da função social na medida em que metade dos valores arrecadados a título de prêmio é alocada em saúde pública, de modo a realizar o valor constitucional da saúde (art. 196,[174] C.R.) e da dignidade da pessoa humana (art. 1º, III,[175]

Convivência dos interesses sociais e dos interesses privados

---

segurados vitimados em acidentes de trânsito, nos termos do parágrafo único do art. 27 da Lei nº 8.212, de 24 de julho de 1991; II – cinco por cento do valor bruto recolhido do segurado ao Departamento Nacional de Trânsito, por meio de crédito direto à conta única do Tesouro Nacional, para aplicação exclusiva em programas destinados à prevenção de acidentes de trânsito, nos termos do parágrafo único do art. 78 da Lei nº 9.503, de 23 de setembro de 1997; III – cinquenta por cento do valor bruto recolhido do segurado à companhia seguradora, na forma da regulamentação vigente".

[171] "Art. 27. (...) Parágrafo único. As companhias seguradoras que mantêm o seguro obrigatório de danos pessoais causados por veículos automotores de vias terrestres, de que trata a Lei nº 6.194, de dezembro de 1974, deverão repassar à Seguridade Social 50% (cinquenta por cento) do valor total do prêmio recolhido e destinado ao Sistema Único de Saúde-SUS, para custeio da assistência médico-hospitalar dos segurados vitimados em acidentes de trânsito".

[172] "Art. 78. Os Ministérios da Saúde, da Educação e do Desporto, do Trabalho, dos Transportes e da Justiça, por intermédio do CONTRAN, desenvolverão e implementarão programas destinados à prevenção de acidentes.
Parágrafo único. O percentual de dez por cento do total dos valores arrecadados destinados à Previdência Social, do Prêmio do Seguro Obrigatório de Danos Pessoais causados por Veículos Automotores de Via Terrestre – DPVAT, de que trata a Lei nº 6.194, de 19 de dezembro de 1974, serão repassados mensalmente ao Coordenador do Sistema Nacional de Trânsito para aplicação exclusiva em programas de que trata este artigo".

[173] Sobre a finalidade social do DPVAT, cfr. a jurisprudência do Superior Tribunal de Justiça: "O seguro obrigatório de danos pessoais causados por veículos automotores de via terrestre, ou por sua carga, a pessoas transportadas ou não, é seguro com finalidade social, pois transfere para o segurador os efeitos econômicos do risco da responsabilidade civil do proprietário de veículo automotor terrestre, independentemente da apuração de culpa" (STJ, 4ª T., REsp. 1.325.874/SP, Rel. Min. Luis Felipe Salomão, julg. 28.11.2014, publ. DJ 25.11.2014). No mesmo sentido, v. STJ, 2ª S., REsp. 1.357.813, Rel. Min. Luis Felipe Salomão, julg. 11.9.2013, publ. DJ 24.9.2013; STJ, 4ª T., REsp. 876.102/DF, Rel. Min. Luis Felipe Salomão, julg. 22.11.2011, publ. DJ 1.2. 2012. Também na doutrina Rafael Tárrega Martins, *Seguro DPVAT*: seguro obrigatório de veículos automotores de vias terrestres, Campinas: LZN Editora, 2007, 2ª ed., p. 15.

[174] "Art. 196. A saúde é direito de todos e dever do Estado, garantido mediante políticas sociais e econômicas que visem à redução do risco de doença e de outros agravos e ao acesso universal e igualitário às ações e serviços para sua promoção, proteção e recuperação".

[175] "Art. 1º. A República Federativa do Brasil, formada pela união indissolúvel dos Estados e Municípios e do Distrito Federal, constitui-se em Estado Democrático de Direito e tem como fundamentos: (...) III – a dignidade da pessoa humana;".

C.R.). A destinação social do Seguro DPVAT justifica, assim, o recolhimento obrigatório do prêmio, imposto por lei. Ao lado dos valores constitucionais da saúde e da dignidade da pessoa humana, o contrato de Seguro DPVAT concretiza os interesses privados dos contratantes, a saber, os interesses econômicos das seguradoras consorciadas, que praticam atividade econômica lícita e fortemente regulada, e dos segurados, que auferem a prestação de garantia, podendo recorrer às seguradoras consorciadas, na hipótese de sinistro, para que indenizem o beneficiário.[176] A convivência dos interesses privados com os interesses sociais, imprescindível a qualquer relação contratual por força do princípio (de ordem pública) da função social, mostra-se mais significativa no Seguro DPVAT em razão do relevante interesse social na atividade econômica, a justificar tão robusta regulamentação. Tal circunstância, todavia, não torna pública a relação contratual securitária,[177] preservando-se a natureza privada da relação jurídica entre as seguradoras consorciadas e o segurado.

Destaque-se que a Lei Complementar 207, promulgada em maio de 2024, disciplinando o então chamado SPVAT (Seguro Obrigatório para Proteção de Vítimas de Acidentes de Trânsito), e revogando expressamente a Lei 6.194/74 (Lei do DPVAT), previa a volta do seguro para 2025 com a denominação SPVAT. Em dezembro de 2024, todavia, o presidente Luiz Inácio Lula da Silva sancionou a Lei Complementar 211/2024, que, revogando a Lei Complementar 207/2024, impede a retomada do Seguro Obrigatório para Proteção de Vítimas de Acidentes de Trânsito (SPVAT, o antigo DPVAT).

Pode-se dizer que, de modo geral, os seguros obrigatórios, como o DPVAT, concretizam o princípio da função social do contrato, visando à promoção de interesses extracontratuais igualmente merecedores de proteção. Nesse sentido, a Lei 15.040/2024 os regulou em capítulo próprio, corporificado no art. 125, fazendo referência expressa à função social do seguro, *in verbis*: "As garantias dos seguros obrigatórios terão

---

[176] A propósito, já decidiu a 3ª Turma do STJ que a indenização do seguro DPVAT decorrente de morte em acidente automobilístico é eminentemente pecuniária e tem conteúdo divisível, quando há pluralidade de beneficiários. Com esse entendimento, por maioria, acolheu-se recurso especial da seguradora e determinou-se o pagamento apenas da cota da indenização relativa a uma beneficiária, a qual pleiteava o valor integral do seguro após o pai falecer em acidente, ficando pendente de pagamento o valor restante por inércia dos demais beneficiários (STJ, 3ª T., REsp 1.863.668, Rel. Min. Nancy Andrighi; Rel. p/ acórdão Min. Ricardo Villas Bôas Cueva, julg. 9.3.2021, publ. *DJ* 22.4.2021).

[177] Na doutrina especializada, "(...) Na medida em que o impacto social do Seguro DPVAT tornou-se relevante como consequência do constante aumento do número de mortos e inválidos por acidentes de trânsito, cresceu, por outro lado, a percepção do legislador e da jurisprudência de que o Seguro DPVAT é um seguro privado e, como tal, deve ser entendido e aplicado. (...) Por sua vez, a jurisprudência começa a fixar o conceito de que o Seguro DPVAT, apesar da reconhecida função social, não se confunde com programas públicos a fundo perdido. As regras do seguro privado indicam, dentre outros aspectos, que 'qualquer risco segurável precisa ser necessariamente mensurável'. Por isso, essenciais os verbetes 405, 426 e 474 da Súmula do STJ, que, respectivamente, trataram do prazo prescricional, do termo inicial de juros e da aplicação do princípio da correspondência aos casos de invalidez" (André Faoro e José Inácio Fucci, As coberturas do Seguro DPVAT. *DPVAT*: um seguro em evolução. O seguro DPVAT visto por seus administradores e pelos juristas, Rio de Janeiro: Renovar, pp. 134-164).

conteúdo e valores mínimos, de modo a permitir o cumprimento de sua função social". Em complemento, o parágrafo único indica ser nulo, nos seguros obrigatórios, a renúncia direta ou indireta, total ou parcial da indenização ou do capital segurado para os casos de morte ou de invalidez.[178]

5. AS CLÁUSULAS EXCLUDENTES DA COBERTURA SECURITÁRIA EM CASO FORTUITO

No âmbito da alocação de riscos definida pelas partes, situam-se as cláusulas excludentes de cobertura securitária na hipótese de caso fortuito. De fato, como expressão da autonomia privada, as partes podem estipular, nos negócios jurídicos em geral, cláusula excludente de responsabilidade com a finalidade de exonerar um dos contratantes do dever de reparar nos casos especificamente mencionados pela disposição.

Alocação de riscos na hipótese de fortuito

Nos contratos de seguro, os contratantes, ordinariamente, pactuam cláusulas excludentes de cobertura, que afastam a responsabilidade do segurador, entre as quais se destaca a cláusula que exclui a cobertura na hipótese de caso fortuito e força maior. As partes entendem que certos eventos, ainda que previsíveis, se revelam extraordinários, isto é, fogem do espectro de riscos correspondente ao valor do prêmio e, por isso mesmo, são afastados pelas partes da cobertura. Desse modo, os sinistros ocasionados por tais eventos não têm o condão de deflagrar a cobertura securitária e são excluídos da respectiva precificação.

Exclusão da cobertura securitária em caso de fortuito

Do ponto de vista técnico, entende-se por caso fortuito o fato necessário e inevitável, externo aos contratantes, que torna impossível o cumprimento da prestação pelo devedor na forma acordada. Segundo o disposto no parágrafo único do art. 393, Código Civil, o caso fortuito "verifica-se no fato necessário, cujos efeitos não era possível evitar ou impedir".

Conceito objetivo de fortuito

Da leitura do dispositivo, depreende-se que o legislador pátrio adotou conceito objetivo de caso fortuito, afastando-se da concepção subjetiva, a qual simplesmente igualava a força maior à ausência de culpa. Assim, para que determinado fato seja qualificado como caso fortuito ou força maior, há de se verificar não apenas a ausência de culpa do devedor na deflagração do fato como também a inevitabilidade do acontecimento, traduzida na impossibilidade de o devedor superá-lo.[179] A impossibilidade aqui há de ser compreendida tanto em seu sentido literal quanto no sentido de exigir

---

[178] Lei 15.040/2024, "Art. 125. As garantias dos seguros obrigatórios terão conteúdo e valores mínimos, de modo a permitir o cumprimento de sua função social. Parágrafo único. É nulo, nos seguros obrigatórios, o negócio jurídico que direta ou indiretamente implique renúncia total ou parcial da indenização ou do capital segurado para os casos de morte ou de invalidez."

[179] Na lição de Arnoldo Medeiros da Fonseca: "Da própria noção do caso fortuito decorrem os dois elementos indispensáveis à sua caracterização: um interno, de ordem objetiva: a inevitabilidade, ou impossibilidade de impedir ou resistir ao acontecimento, objetivamente considerado, tendo em vista as possibilidades humanas, atendidas em toda sua generalidade, sem nenhuma consideração pelas condições pessoais do indivíduo cuja responsabilidade está em causa: outro externo, de ordem subjetiva: a ausência de culpa" (*Caso fortuito e teoria da imprevisão*, Rio de Janeiro: Forense, 1943, p. 143).

do devedor, para o cumprimento da obrigação, sacrifício insuportável, fora do comum, que impossibilite efetivamente o adimplemento no prazo e modo estipulados.[180]

Exige-se, dessa forma, para a qualificação de determinado fato, na concreta relação contratual, como caso fortuito ou de força maior, o atendimento a dois requisitos, a saber: (i) não imputabilidade do acontecimento ao devedor; e (ii) impossibilidade de o devedor resistir ao evento extraordinário (*rectius*, inevitabilidade do evento).[181] Observe-se que a imprevisibilidade do evento não consiste, necessariamente, em requisito caracterizador do caso fortuito.[182] Isso porque mesmo eventos previsíveis têm o condão, por vezes, de atingir a relação obrigacional de tal maneira que se tornam irresistíveis ao devedor, impossibilitando-o de adimplir sua obrigação. Por outro lado, casos há em que eventos imprevisíveis podem ser contornados pelo devedor, a afastar a inevitabilidade essencial à caracterização do caso fortuito.[183] De todo modo, ainda que, em tese, se exclua a imprevisibilidade como requisito para a caracterização do caso fortuito, frequentemente o evento, por ser imprevisível, se afigura, em concreto, inevitável ao devedor, a configurar o caso fortuito.[184]

---

[180] Exemplifica Agostinho Alvim: "Suponha-se que alguém, obrigado a despachar grande quantidade de mercadorias, vê-se diante de uma greve de ferroviários. Se lhe for possível enviar as mercadorias por estrada de rodagem, a isso está obrigado, ainda que o ônus seja maior, ou muito maior. Todavia, se não houver serviço regular por estrada de rodagem, não está ele obrigado a adquirir caminhões, ou a fretá-los de particulares a qualquer preço. Não resta dúvida que, em casos assim, poder-se-ia dizer que não se caracterizou a impossibilidade de cumprimento, tomada a palavra ao pé da letra. Mas, a diligência a que está obrigado o devedor, se, por um lado, impõe-lhe a obrigação de suportar maior ônus do que o esperado, não lhe impõe, todavia, a obrigação de arruinar-se. (...) Em tal caso, o devedor não incorre em mora. Mas, a exoneração só se dá quando a dificuldade assume o aspecto de impossibilidade, como no caso que figuramos, ou outros semelhantes, que exigiriam do devedor uma previdência fora do comum, ou sacrifícios insuportáveis" (*Da Inexecução das Obrigações e suas Consequências*, São Paulo: Saraiva, 1972, pp. 328 e 329).

[181] Para uma análise funcional do caso fortuito e força maior, v. Simone Cohn Dana, Caso fortuito e força maior: limites funcionais e contratualização, Dissertação (Mestrado em Direito), orientada por Gustavo Tepedino, Faculdade de Direito, Universidade do Estado do Rio de Janeiro, Rio de Janeiro, 2024.

[182] Sobre o ponto, observou-se em outra sede: "A definição afasta também a tese de que a imprevisibilidade é requisito do caso fortuito ou de força maior. Em nosso direito civil, não importa se o evento poderia ter sido ou mesmo se foi previsto pelo devedor, em que pese alguma insistência dos tribunais em perquirir a imprevisibilidade dos fortuitos. Se o evento era inevitável, e implicou no inadimplemento, há caso fortuito ou força maior, e o devedor não responde por perdas e danos, pela simples razão de que o prejuízo deriva de causa alheia à sua conduta. Trata-se, portanto, de fato estranho à cadeia causal, apto a romper o liame de causalidade inicial entre a atividade do agente e o dano" (Anderson Schreiber. Obrigações. In: Gustavo Tepedino (org.), *Fundamentos do Direito Civil*, Rio de Janeiro: Forense, 2020, p. 379).

[183] Afirma-se, em doutrina: "mesmo previsível o evento, se surgiu como força indomável e inarredável, e obstou ao cumprimento da obrigação, o devedor não responde pelo prejuízo. Às vezes a imprevisibilidade determina a inevitabilidade, e, então, compõe a etiologia desta. O que não há é mister de ser destacado como elemento de sua constituição" (Caio Mário da Silva Pereira, *Instituições de direito civil*, vol. II, cit., p. 385).

[184] Nessa direção, observa Arnoldo Medeiros da Fonseca, *Caso Fortuito e Teoria da Imprevisão*, cit., p. 146: "Todavia, apesar disso, não nos convencemos da necessidade desse novo elemento [imprevisibilidade] para caracterização do fortuito, porque, ou o acontecimento, pela sua imprevisibilidade, se tornou irresistível, aparecendo aquela como simples razão da inevitabilidade, que permanece como único requisito; ou o obrigado poderia resistir ao acontecimento, embora, imprevisto, e estará em culpa se não o fizer. A necessidade da ausência de culpa é, assim, uma condição que exclui a possibilidade de

Nos contratos de seguro, a autonomia privada pode delimitar a noção de fortuito, já que a garantia do interesse legítimo, desde que proporcional ao prêmio ajustado, varia de acordo com o espectro do risco segurado. Assim, não há, no contrato de seguro, conceito uniforme de fortuito ou força maior. Na prática dos contratos de seguro, de modo geral, considera-se, como fortuito, a título exemplificativo, guerra, tumulto, terrorismo, eventos da natureza, epidemias, pandemias, entre outros. Tais eventos de força maior são comumente afastados da esfera de responsabilidade do segurador, por meio de cláusulas excludentes de responsabilidade. Assim, a ocorrência dos eventos listados excluirá a cobertura, ainda que o segurado sofra dano. Em consonância com a legislação civil, a Lei 15.040/2024 determina a interpretação restritiva quanto à incidência e abrangência das cláusulas referentes à exclusão de riscos e prejuízos ou que impliquem limitação ou perda de direitos e garantias (art. 59).[185]

Fortuito no contrato de seguro

Tal delimitação da cobertura, como expressão da autonomia privada, afigura-se legítima em abstrato, mesmo quando inseridas em contratos de consumo. Todavia, essas cláusulas de limitação da álea assumida, em tese legítimas, poderão ser afastadas no concreto regulamento de interesses sempre que comprometerem a finalidade dos contratos de seguro. De fato, no direito brasileiro, o que se proíbe é a desvirtuação da função do contrato mediante a exoneração de responsabilidade, o que, evidentemente, não ocorre na delimitação, na apólice, do espectro de incidência da cobertura e, em consequência, na definição consensual da noção de fortuito e dos sinistros excluídos da cobertura.

Controle de validade das cláusulas excludentes de responsabilidade pelo fortuito

Em termos práticos, as cláusulas excludentes de cobertura, comumente, afastam a responsabilidade do segurador pelo fortuito, pois, por ser evento inevitável e necessário, os seus efeitos fogem da ordinariedade dos acontecimentos que são levados em conta no cálculo da probabilidade de ocorrência do sinistro e do prêmio a ser pago pelo segurado, os quais definem o equilíbrio da avença. O evento de força maior, por extrapolar o risco assumido pela seguradora, geraria desequilíbrio contratual em seu desfavor caso lhe fosse atribuída a responsabilidade pelo fortuito, que apenas poderia ser recomposto pela majoração do prêmio. Note-se que a Lei 15.040/2024, expressamente, dispõe, no art. 55, VIII, que a seguradora é obrigada a entregar ao contratante, no prazo de até 30 (trinta) dias, contado da aceitação, documento probatório do contrato, do qual constarão os interesses, os prejuízos e os riscos excluídos da cobertura.[186]

Como visto, a função do contrato de seguro, compreendida como sua mínima unidade de efeitos essenciais, constitui a garantia de que o contratante tem seu interesse legítimo assegurado contra sinistros. Sendo esse o escopo econômico e a finalidade

---

haver caso fortuito quando se trate de acontecimento imprevisto, ao qual possa o devedor resistir. E a inevitabilidade, em tais condições, fica sendo o único requisito objetivo que subsiste, quer decorra da própria imprevisibilidade do evento, quer de modo irresistível pelo qual este se manifeste".

[185] Lei 15.040/2024, "Art. 59. As cláusulas referentes a exclusão de riscos e prejuízos ou que impliquem limitação ou perda de direitos e garantias são de interpretação restritiva quanto à sua incidência e abrangência, cabendo à seguradora a prova do seu suporte fático."

[186] Lei 15.040/2024, "Art. 55. A seguradora é obrigada a entregar ao contratante, no prazo de até 30 (trinta) dias, contado da aceitação, documento probatório do contrato, do qual constarão os seguintes elementos: (...) VIII – os interesses, os prejuízos e os riscos excluídos".

do negócio securitário, somente será inválida a cláusula de exclusão de cobertura que pretenda subverter essa lógica securitária.

SEGURO DE DANO

6. CONCEITO. EFEITOS ESSENCIAIS

Conceito

O seguro de dano consiste no negócio jurídico pelo qual o segurador garante coisas ou bens do segurado contra riscos predeterminados. O objeto do contrato constitui, portanto, a proteção de coisas ou bens em relação aos quais a superveniência do risco impactará no patrimônio do segurado ou beneficiário. Desse modo, afiguram-se como efeitos essenciais do contrato de seguro de dano a obrigação do segurador de garantir bens contra riscos predeterminados, em contraprestação ao pagamento do prêmio pelo segurado, sendo devida ao segurado indenização na hipótese de sinistro. Diversas são as espécies de seguro de dano, como o seguro contra incêndio, seguro de veículos ou o seguro residencial. Note-se que a Lei 15.040/2024 dedica-se, em seu Capítulo II, à disciplina dos Seguros de Dano.

Princípio indenitário

O princípio indenitário, previsto no art. 778[187] do Código Civil e nos arts. 89 e 90 da Lei 15.040/2024,[188] norteia o contrato de seguro de dano. Segundo este princípio, a quantia que o segurador se compromete a pagar a título de indenização em caso de sinistro não pode ultrapassar o valor do interesse segurado no momento da conclusão do contrato, ou seja, não pode ser superior ao valor da coisa objeto da contratação.[189]

Função especulativa: incompatibilidade

Tal princípio tem por escopo evitar que o segurado lucre com o recebimento da indenização, de sorte que não pode pretender, com o contrato de seguro, mais do que a reposição do seu patrimônio à situação anterior à ocorrência do sinistro.[190] Assim,

---

[187] CC/2002, "Art. 778. Nos seguros de dano, a garantia prometida não pode ultrapassar o valor do interesse segurado no momento da conclusão do contrato, sob pena do disposto no art. 766, e sem prejuízo da ação penal que no caso couber".

[188] Lei 15.040/2024, "Art. 89. Os valores da garantia e da indenização não poderão superar o valor do interesse, ressalvadas as exceções previstas nesta Lei"; "Art. 90. A indenização não poderá exceder o valor da garantia, ainda que o valor do interesse lhe seja superior". No tocante às exceções, verifica-se, por exemplo, a hipótese de mora da seguradora prevista no art. 88 da Lei 15.040/2024.

[189] Tal diretriz foi reafirmada em decisão proferida recentemente pela 4ª Turma do STJ, na qual, em litígio relativo à perda total de imóvel após incêndio, entendeu-se que a indenização deve corresponder ao valor do efetivo prejuízo experimentado no momento do sinistro, observado o valor máximo previsto na apólice do seguro de dano. Ressaltou o relator, Min. Antonio Carlos Ferreira, a importância do princípio indenitário nos contratos de seguro de dano, impedindo o pagamento de indenização em valor superior ao interesse segurado no momento do sinistro, justamente com o objetivo de evitar que o segurado obtenha lucro com o incidente. Ainda segundo o Ministro, foram estabelecidos "dois tetos limitadores da indenização: o valor do interesse segurado e o limite máximo da garantia prevista na apólice" (STJ, 4ª T., REsp 1.955.422/PR, Rel. Min. Antonio Carlos Ferreira, julg. 14.6.2022, publ. DJ 1.8.2022).

[190] Conforme já se observou em outra sede: "Ao determinar que o montante garantido previsto na apólice de seguros de dano não pode ultrapassar o valor do interesse segurado no momento da conclusão do contrato, o art. 778 corporifica, no Direito brasileiro, o princípio indenitário. Significa que o ajuste entre segurador e segurado deve ter o escopo exclusivo de garantir a reparação do interesse segurado pelo exato dano sofrido, sem que o seguro constitua fonte de enriquecimento

se o valor atribuído ao interesse segurado for exagerado, desvirtua-se a finalidade do contrato de seguro, que se torna especulativo, meio de obtenção de lucro, no lugar de indenização. Permite-se ao segurado, nesta hipótese, receber a título de indenização valor superior ao da coisa avariada. O contrato de seguro com finalidade lucrativa estimularia comportamentos negligentes por parte do segurado, certo de que o sinistro lhe renderia vantagens econômicas.[191]

Firme na finalidade indenizatória dos Seguros de Dano, a Lei 15.040/2024 prevê que os seguros contra os riscos de morte e de perda de integridade física de pessoa que visem garantir direito patrimonial de terceiro ou que tenham finalidade indenizatória se submetem, no que couber, às regras do seguro de dano (art. 97).[192]

Caso o seguro tenha sido feito em valor superior ao da coisa segurada, a partir de declarações inexatas ou omissões do segurado, dispôs o art. 766 do Código Civil que o segurado de má-fé perde o direito à garantia além de ficar obrigado ao prêmio vencido. Presume-se, aqui, a intenção dolosa do segurado de lucrar com o sacrifício do objeto segurado. Há ainda a possibilidade de ação penal contra o segurado. Como mencionado anteriormente, da Lei 15.040/2024 extrai-se que o potencial segurado ou estipulante é obrigado a fornecer as informações necessárias à aceitação da proposta e à fixação da taxa para cálculo do valor do prêmio, de acordo com o questionário que lhe submeta a seguradora (art. 44)[193]. A Lei 15.040/2024 prevê a elaboração de um questionário para avaliar os riscos no momento da contratação do seguro. Dessa forma, a seguradora só poderá alegar que houve omissão por parte do segurado caso, uma vez questionado, tenha deixado de dar alguma informação relevante. Trata-se do dever de informar, cujo descumprimento doloso importará em perda da garantia, sem prejuízo da dívida

Má-fé do segurado

---

ao segurado. Por outras palavras, o contrato de seguro não possui finalidade lucrativa; ao revés, destina-se a recompor o patrimônio segurado ao estado anterior à contratação nos limites avençados. Para tanto, o legislador impõe limitação ao montante garantido, determinando que a importância prevista na apólice somente pode ser menor ou igual ao valor do interesse segurado, não podendo ultrapassá-lo" (Gustavo Tepedino, Paula Greco Bandeira e Bruna Vilanova Machado, Seguro de dano. In: Ilan Goldberg e Thiago Junqueira (coord.), *Direito dos seguros*: comentários ao Código Civil, Rio de Janeiro: Forense, 2023, p. 368).

[191] Nesse sentido, destaca Pedro Alvim, em obra especializada: "O seguro não constitui fonte de renda, mas apenas garantia e segurança. Não é uma operação de jogo ou aposta, mas de previdência. A especulação é contrária à sua natureza. O risco é algo indesejável nos seguros de dano. Não deve ser querido pelo segurado. Ora, se a operação der margem a que possa tirar algum proveito da ocorrência, poderá haver mudança no seu comportamento. A instituição do seguro estará, então, comprometida, pois o risco deixará de ser uma eventualidade temida para tornar-se um estímulo ao enriquecimento do segurado" (*O contrato de seguro*, cit., p. 313).

[192] Lei 15.040/2024, "Art. 97. Os seguros contra os riscos de morte e de perda de integridade física de pessoa que visem a garantir direito patrimonial de terceiro ou que tenham finalidade indenizatória submetem-se, no que couber, às regras do seguro de dano". Ainda, dispõe o parágrafo único do art. 97: "Quando, no momento do sinistro, o valor da garantia superar o valor do direito patrimonial garantido, o excedente sujeitar-se-á às regras do seguro de vida, e será credor da diferença aquele sobre cuja vida ou integridade física foi contratado o seguro e, no caso de morte, o beneficiário, observando-se as disposições do Capítulo III desta Lei".

[193] Lei 15.040/2024, "Art. 44. O potencial segurado ou estipulante é obrigado a fornecer as informações necessárias à aceitação da proposta e à fixação da taxa para cálculo do valor do prêmio, de acordo com o questionário que lhe submeta a seguradora.

de prêmio e da obrigação de ressarcir as despesas efetuadas pela seguradora (art. 44, §1º).[194]

Boa-fé do segurado

Por outro lado, se o segurado estiver de boa-fé, o segurador poderá resolver o contrato, caso o sinistro ainda não tenha ocorrido, ou manter o contrato reduzindo o seguro ao seu valor real, de modo a restituir ao segurado o excesso do prêmio. A Lei 15.040/2024 faz referência ao "descumprimento culposo do dever de informar" – isto é, descumprimento culposo do dever de prestar as informações necessárias à aceitação da proposta e à fixação da taxa para cálculo do valor do prêmio de acordo com o questionário submetido pela seguradora ao segurado. Nesta hipótese, portanto, haverá a redução da garantia proporcionalmente à diferença entre o prêmio pago e o que seria devido caso prestadas as informações posteriormente reveladas (art. 44, § 2º, Lei 15.040/2024).[195]

Mais de um seguro sobre o mesmo interesse

Em razão da necessidade de se observar, no momento da contratação, o limite do valor do interesse segurado, se o segurado pretender obter novo seguro sobre o mesmo interesse contra o mesmo risco junto a outro segurador, deverá comunicar por escrito ao primeiro segurador quanto a esta intenção, indicando o valor do novo seguro (CC, art. 782).[196] Tal exigência decorre do princípio da boa-fé objetiva e do princípio indenitário, garantindo-se, assim, que eventual indenização se limite ao valor do objeto segurado. Caso assim não proceda, o segurado incorrerá nas consequências do art. 766 do Código Civil.

Em análise comparativa, conforme mencionado no início do capítulo, a Lei 15.040/2024 tratou de duas hipóteses distintas: (i) o cosseguro e (ii) o seguro cumulativo. O cosseguro se verifica na hipótese em que duas ou mais seguradoras, por acordo expresso entre si e o segurado ou o estipulante, garantem o mesmo interesse contra o mesmo risco, ao mesmo tempo, cada uma delas assumindo uma cota de garantia (arts. 33 a 35). Nesse contexto, a cosseguradora líder administra o cosseguro, representando as demais na formação e na execução do contrato, e as substitui, ativa ou passivamente, nas arbitragens e processos judiciais. Destaque-se, ainda, que não há solidariedade entre as cosseguradoras, arcando cada uma exclusivamente com sua cota de garantia, salvo previsão contratual diversa (art. 35, § 3º).

---

[194] Lei 15.040/2024, "Art. 44. (...) § 1º O descumprimento doloso do dever de informar previsto no *caput* deste artigo importará em perda da garantia, sem prejuízo da dívida de prêmio e da obrigação de ressarcir as despesas efetuadas pela seguradora.

[195] Lei 15.040/2024, "Art. 44. (...) § 2º O descumprimento culposo do dever de informar previsto no *caput* deste artigo implicará a redução da garantia proporcionalmente à diferença entre o prêmio pago e o que seria devido caso prestadas as informações posteriormente reveladas". Em complemento, o § 3º do dispositivo trata da "garantia impossível", ao afirmar que "§ 3º Se, diante dos fatos não revelados, a garantia for tecnicamente impossível, ou se tais fatos corresponderem a um tipo de interesse ou risco que não seja normalmente subscrito pela seguradora, o contrato será extinto, sem prejuízo da obrigação de ressarcir as despesas efetuadas pela seguradora".

[196] "Art. 782. O segurado que, na vigência do contrato, pretender obter novo seguro sobre o mesmo interesse, e contra o mesmo risco junto a outro segurador, deve previamente comunicar sua intenção por escrito ao primeiro, indicando a soma por que pretende segurar-se, a fim de se comprovar a obediência ao disposto no art. 778".

Por outro lado, a Lei 15.040/2024 define o seguro cumulativo como a distribuição entre várias seguradoras estabelecida pelo segurado ou pelo estipulante, por força de contratações independentes, sem limitação a uma cota de garantia (art. 36).[197] Como consequência, nos seguros de dano, haverá redução proporcional da importância segurada de cada contrato celebrado, quando a soma das importâncias seguradas superar o valor do interesse (art. 36, § 2º).

A norma do art. 778 é reforçada pelo art. 781 do Código Civil,[198] que estabelece que a indenização não pode ultrapassar o valor do interesse segurado no momento do sinistro e, em hipótese alguma, o limite máximo fixado na apólice, salvo na hipótese de mora do segurador.[199] O valor do interesse segurado constitui, assim, o limite da obrigação do segurador. A norma pressupõe que, após a contratação do seguro e até o momento do sinistro, pode haver valorização ou desvalorização do bem. Na hipótese de valorização ou desvalorização, a indenização do segurador poderá refletir esse aumento ou depreciação. Busca-se, assim, limitar a indenização aos prejuízos efetivamente sofridos pelo segurado com o sinistro, em aplicação ao princípio indenitário, observado o limite máximo de indenização estabelecido pela apólice.[200] A Lei 15.040/2024 seguiu a mesma linha, estabelecendo no art. 6º, parágrafo único, que "Se ocorrer redução relevante do interesse, o valor do prêmio será proporcionalmente reduzido, ressalvado, na mesma proporção, o direito da seguradora às despesas realizadas com a contratação".

Apreciação do interesse segurado no momento do sinistro

A exceção ao princípio indenitário só ocorre na hipótese de mora do segurador, caso em que o valor do interesse segurado será acrescido de juros moratórios e correção monetária (CC, art. 772). A hipótese de mora da seguradora encontra-se regu-

Exceção ao princípio indenitário

---

[197] Lei 15.040/2024, "Art. 36. Ocorre seguro cumulativo quando a distribuição entre várias seguradoras for feita pelo segurado ou pelo estipulante por força de contratações independentes, sem limitação a uma cota de garantia.

§ 1º Nos seguros cumulativos de dano, o segurado deverá comunicar a cada uma das seguradoras a existência dos contratos com as demais. § 2º Será reduzida proporcionalmente a importância segurada de cada contrato celebrado, quando a soma das importâncias seguradas, nos seguros cumulativos de dano, superar o valor do interesse, desde que haja coincidência de garantia entre os seguros cumulados. § 3º Na redução proporcional prevista no § 2º deste artigo não se levará em conta os contratos celebrados com seguradoras que se encontrarem insolventes".

[198] "Art. 781. A indenização não pode ultrapassar o valor do interesse segurado no momento do sinistro, e, em hipótese alguma, o limite máximo da garantia fixado na apólice, salvo em caso de mora do segurador".

[199] Ilustrativamente, confira-se precedente proferido pela 4ª Turma do Superior Tribunal de Justiça: "em caso de perda total do bem segurado, a indenização securitária deve corresponder ao valor do efetivo prejuízo experimentado no momento do sinistro, observado, contudo, o valor máximo previsto na apólice do seguro de dano, nos termos dos arts. 778 e 781 do CC/2002" (STJ, 4ª T., REsp 1.955.422/PR, Rel. Min. Antônio Carlos Ferreira, julg. 14.6.2022, publ. DJ 15.9.2022). V. também STJ, 3ª T., REsp 1.943.335/RS, Rel. Min. Moura Ribeiro, julg. 14.12.2021, publ. DJ. 17.12.2021.

[200] "(...) Impõe a lei que o pagamento se faça pelo valor da coisa ao tempo do sinistro, e sempre limitado ao importe máximo da garantia, o que significa patentear que o seguro de dano tem dois importes: o da apólice, que representa o limite máximo da indenização que poderá ser paga, em caso de sinistro, e o da cobertura pelo sinistro havido, correspondente, observado aquele teto máximo, ao exato importe do prejuízo experimentado, no momento em que ocorrido" (Claudio Luiz Bueno de Godoy. In: Cezar Peluso (coord.), *Código Civil Comentado*, Barueri: Manole, 2013, 7ª ed., p. 784).

lada no art. 88 da Lei 15.040/2024, prevendo-se, expressamente, a incidência de multa de 2% (dois por cento) sobre o montante devido, corrigido monetariamente, sem prejuízo dos juros legais.[201] O segurado pode, ainda, vir a apurar eventual responsabilidade do segurador por outras perdas e danos decorrentes do atraso deste no pagamento da indenização securitária (art. 772, CC e art. 88, Lei 15.040/2024). Tal indenização, fundada na responsabilidade pelo inadimplemento contratual do segurador, não se confunde com aquela devida em decorrência do implemento do risco coberto na apólice.

Seguro de veículos

No que tange ao seguro de veículos, a Circular 639 da SUSEP abre a possibilidade de escolha, pelo segurado, de duas modalidades de contratação, com indenizações diversas: a primeira que, consoante o art. 781 do Código Civil, determina que a indenização em caso de perda total do veículo levará em conta o valor do bem na data da ocorrência do dano; e a segunda, em que o contrato estabelece a indenização no valor do bem segurado à época da contratação do seguro.[202] A Lei 15.040/2024, ao tratar do prazo máximo de 30 (trinta) dias para a seguradora manifestar-se sobre a cobertura (art. 86),[203] tratou especificamente do seguro de veículos automotores no § 4º, definindo que o prazo estabelecido apenas pode ser suspenso 1 (uma) vez nos sinistros relacionados a seguros de veículos automotores e em todos os demais segu-

---

[201] Lei 15.040/2024, "Art. 88. A mora da seguradora fará incidir multa de 2% (dois por cento) sobre o montante devido, corrigido monetariamente, sem prejuízo dos juros legais e da responsabilidade por perdas e danos desde a data em que a indenização ou o capital segurado deveriam ter sido pagos, conforme disposto nos arts. 86 e 87 desta Lei".

[202] "Art. 4º As coberturas de casco poderão ser oferecidas nas modalidades de valor de mercado referenciado, de valor determinado e/ou com outro critério objetivo e transparente para determinação do limite máximo de indenização (LMI) na data da ocorrência do sinistro.

§ 1º A modalidade valor de mercado referenciado garante ao segurado, no caso de indenização integral, o pagamento de quantia variável, em moeda corrente nacional, determinada de acordo com tabela de referência expressamente indicada na proposta do seguro, conjugada com fator de ajuste, em percentual acordado entre as partes e estabelecido na proposta, a ser aplicado sobre o valor de cotação do veículo na data da ocorrência do sinistro.

§ 2º A modalidade valor determinado garante ao segurado, no caso de indenização integral, o pagamento de quantia fixa, em moeda corrente nacional, estipulada pelas partes no ato da contratação do seguro."

[203] Lei n.º 15.040/2024, "Art. 86. A seguradora terá o prazo máximo de 30 (trinta) dias para manifestar-se sobre a cobertura, sob pena de decair do direito de recusá-la, contado da data de apresentação da reclamação ou do aviso de sinistro pelo interessado, acompanhados de todos os elementos necessários à decisão a respeito da existência de cobertura.

§ 1º Os elementos necessários à decisão sobre a cobertura devem ser expressamente arrolados nos documentos probatórios do seguro.

§ 2º A seguradora ou o regulador do sinistro poderão solicitar documentos complementares, de forma justificada, ao interessado, desde que lhe seja possível produzi-los.

§ 3º Solicitados documentos complementares dentro do prazo estabelecido no *caput* deste artigo, o prazo para a manifestação sobre a cobertura suspende-se por no máximo 2 (duas) vezes, recomeçando a correr no primeiro dia útil subsequente àquele em que for atendida a solicitação.

§ 4º O prazo estabelecido no *caput* deste artigo somente pode ser suspenso 1 (uma) vez nos sinistros relacionados a seguros de veículos automotores e em todos os demais seguros em que a importância segurada não exceda o correspondente a 500 (quinhentas) vezes o salário mínimo vigente".

ros em que a importância segurada não exceda o correspondente a 500 (quinhentas) vezes o salário mínimo vigente (art. 86, § 4º).

Do mesmo modo, o art. 87 da Lei 15.040/2024 impõe o prazo de 30 (trinta) dias à seguradora para, uma vez reconhecida a cobertura, pagar a indenização ou o capital estipulado. Note-se que o § 4º do mencionado dispositivo determina que o prazo estabelecido somente pode ser suspenso 1 (uma) vez nos sinistros relacionados a seguros de veículos automotores e seguros de vida e integridade física, assim como em todos os demais seguros em que a importância segurada não exceda o correspondente a 500 (quinhentas) vezes o salário mínimo vigente.[204]

As partes poderão, por outro lado, pactuar seguro que não cubra o valor total da coisa segurada, denominado sub-seguro, por meio da cláusula de rateio. Nesse caso, o titular do bem será considerado o próprio segurador da parte não abrangida pela cobertura securitária. Assim, em caso de prejuízo à totalidade da coisa, o segurador só deverá indenizar na proporção à que se obrigou, sofrendo o segurado o prejuízo em relação à diferença entre o valor real do bem segurado e a importância prevista na apólice. O segurado considera-se, assim, cossegurador da diferença e deverá participar do montante dos prejuízos proporcionalmente à sua participação nos riscos cobertos, no caso de sinistro parcial (CC, art. 783).[205]

As partes podem também pactuar que o segurador ofereça cobertura integral, no limite da importância segurada, mesmo em caso de sinistros parciais, denominado seguro a primeiro risco.

A Lei 15.040/2024 também disciplina a matéria ao dispor que, na hipótese de sinistro parcial, o valor da indenização devida não será objeto de rateio em razão de seguro contratado por valor inferior ao do interesse, salvo disposição em contrário (art. 91).[206] Por outro lado, segundo o art. 92, § 2º, da Lei 15.040/2024, não são admitidas

---

[204] Lei 15.040/2024, "Art. 87. Reconhecida a cobertura, a seguradora terá o prazo máximo de 30 (trinta) dias para pagar a indenização ou o capital estipulado.

§ 1º Os elementos necessários à quantificação dos valores devidos devem ser expressamente arrolados nos documentos probatórios do seguro.

§ 2º A seguradora ou o liquidante do sinistro poderão solicitar documentos complementares, de forma justificada, ao interessado, desde que lhe seja possível produzi-los.

§ 3º Solicitados documentos complementares dentro do prazo estabelecido no *caput* deste artigo, o prazo para o pagamento da indenização ou do capital estipulado suspende-se por no máximo 2 (duas) vezes, recomeçando a correr no primeiro dia útil subsequente àquele em que for atendida a solicitação.

§ 4º O prazo estabelecido no *caput* deste artigo somente pode ser suspenso 1 (uma) vez nos sinistros relacionados a seguros de veículos automotores e seguros de vida e integridade física, assim como em todos os demais seguros em que a importância segurada não exceda o correspondente a 500 (quinhentas) vezes o salário mínimo vigente."

[205] "Art. 783. Salvo disposição em contrário, o seguro de um interesse por menos do que valha acarreta a redução proporcional da indenização, no caso de sinistro parcial".

[206] Lei 15.040/2024, "Art. 91. Na hipótese de sinistro parcial, o valor da indenização devida não será objeto de rateio em razão de seguro contratado por valor inferior ao do interesse, salvo disposição em contrário.

§ 1º Quando expressamente pactuado o rateio, a seguradora exemplificará na apólice a fórmula para cálculo da indenização.

as cláusulas de rateio no "seguro a valor de novo" – modalidade de seguro de danos que garante ao segurado o recebimento do valor do bem no estado de novo (art. 92, §§ 1º e 2º, Lei 15.040/2024).[207]

Vício intrínseco da coisa não declarado Se o sinistro for provocado por vício intrínseco da coisa, conhecido pelo segurado, mas por ele não declarado, não caberá indenização pelo segurador (CC, art. 784). O vício intrínseco é aquele inerente à coisa, que não se encontra normalmente em outras da mesma espécie. O segurador, contudo, poderá se obrigar pelo vício intrínseco por cláusula expressa. Note-se que o art. 93 da Lei 15.040/2024 dispõe que não se presume a obrigação da seguradora de indenizar pelo vício "não aparente" e "não declarado" pelo segurado no momento da contratação do seguro.[208]

Seguro em contrato de transporte Nos contratos de transporte, no seguro das coisas transportadas, a vigência da garantia se inicia no momento em que a coisa é recebida pelo transportador e termina com sua entrega ao destinatário, segundo o art. 780 do Código Civil e o art. 9º, § 4º, da Lei 15.040/2024.[209] Esta norma corrobora o disposto no art. 750 do Código Civil, segundo o qual a responsabilidade do transportador tem início no momento do recebimento da coisa e termina quando esta é entregue ao destinatário. Cuida-se de norma dispositiva, de modo que as partes poderão dispor diversamente.

7. DIREITOS E DEVERES DAS PARTES

Conforme se extrai da própria definição do contrato de seguro, o principal dever do segurado consiste no pagamento do prêmio ao segurador, que, por sua vez, assume prestação de garantia em favor do interesse legítimo do segurado sobre determinada coisa, indenizando-o em caso de sinistro.

Dever de informação do segurado No seguro de dano, incidirão, como visto, os deveres decorrentes da boa-fé objetiva e subjetiva, dentre os quais a obrigação de atuar na mais estreita transpa-

---

§ 2º A aplicação do rateio em razão de infrasseguro superveniente será limitada aos casos em que for expressamente afastado na apólice o regime de ajustamento final de prêmio, e o aumento do valor do interesse lesado decorrer de ato voluntário do segurado".

[207] Lei 15.040/2024, "Art. 92. É lícito contratar o seguro a valor de novo.
§ 1º É lícito convencionar a reposição ou a reconstrução paulatina com pagamentos correspondentes, salvo quando esse regime impedir a reposição ou a reconstrução.
§ 2º Nos seguros de que trata este artigo, não são admitidas cláusulas de rateio".

[208] Lei 15.040/2024, "Art. 93. Não se presume na garantia do seguro a obrigação de indenizar o vício não aparente e não declarado no momento da contratação do seguro, nem seus efeitos exclusivos.
§ 1º Salvo disposição em contrário, se houver cobertura para o vício, a garantia compreende tanto os danos ao bem no qual se manifestou o vício quanto aqueles decorrentes do vício. § 2º A simples inspeção prévia pela seguradora de riscos relacionados com atividades empresariais não autoriza a presunção de conhecimento do vício."

[209] "Art. 780. A vigência da garantia, no seguro de coisas transportadas, começa no momento em que são pelo transportador recebidas, e cessa com a sua entrega ao destinatário". Note-se que o dispositivo manteve-se praticamente idêntico na Lei 15.040/2024, abarcando também a modalidade de seguro de responsabilidade civil: "Art. 9º (...) § 4º Nos seguros de transporte de bens e de responsabilidade civil pelos danos relacionados a essa atividade, a garantia começa quando as mercadorias são de fato recebidas pelo transportador e cessa com a efetiva entrega ao destinatário".

CAPÍTULO XI | CONTRATO DE SEGURO

rência, lealdade e probidade. Relativamente ao segurado, este deverá, por ocasião do envio da proposta de contratação, indicar todas as circunstâncias relevantes sobre a coisa, que influirão no cálculo do prêmio pelo segurador. Neste particular, mostra-se fundamental que o segurado preste todas as informações relativas ao bem objeto do contrato, suas condições físicas e de conservação, o modo em que se dará sua guarda, a destinação para qual será utilizado e todos os demais fatores relevantes no caso concreto. Nessa direção, como visto, os arts. 44 e 45, da Lei 15.040/2024, impõem amplo dever de informação do segurado quanto ao risco que se pretende garantir.

Ainda no âmbito do dever de informar, no seguro de responsabilidade civil, em que o segurador garante o pagamento de indenização devida pelo segurado em face de terceiro, a norma contida no art. 787, § 1º,[210] reforça o dever estabelecido no art. 771, ao determinar que cabe ao segurado participar ao segurador o sinistro, logo que o saiba, sob pena de perder o direito à indenização. Destaque-se, por oportuno, decisão do STJ que flexibiliza, com fundamento no princípio da razoabilidade, o rigor do art. 771, *caput*, do Código Civil, correspondente ao art. 66, da Lei 15.040/2024. Ao analisar hipótese em que o segurado avisou com atraso o roubo do veículo, o STJ considerou que não seria razoável, diante das ameaças recebidas pela vítima do roubo, que se lhe fosse exigido informar o sinistro à seguradora logo após o ocorrido. Argumentou-se que "o temor de represálias era real e não seria razoável exigir do segurado comportamento diverso, que poderia colocar em risco não só sua segurança, mas também de sua família".[211] Observe-se, por oportuno, que, a partir da Lei 15.040/2024, o segurado passa a ter o dever legal de comunicar o sinistro no momento em que "tomar ciência (...) da iminência de seu acontecimento" (art. 66), e não somente a partir de sua efetiva verificação, a robustecer, ainda uma vez, o dever de informar do segurado.

O segurado, além da comunicação quanto à ocorrência do fato, deve dar ciência ao segurador da ação indenizatória que venha a ser proposta por terceiro contra o segurado (CC, art. 787, § 3º, e Lei 15.040/2024, art. 101[212]), sendo-lhe vedado,

> *Dever de comunicar o sinistro*

---

[210] "Art. 787. (...) § 1º Tão logo saiba o segurado das consequências de ato seu, suscetível de lhe acarretar a responsabilidade incluída na garantia, comunicará o fato ao segurador".

[211] STJ, 3ª T. REsp 1.546.178/SP. Rel. Min. Ricardo Villas Bôas Cueva, julg. 13.9.2016, publ. *DJ* 19.9.2016, no qual se lê: "A pena de perda do direito à indenização securitária inscrita no art. 771 do CC, ao fundamento de que o segurado não participou o sinistro ao segurador logo que teve ciência, deve ser interpretada de forma sistemática com as cláusulas gerais da função social do contrato e de probidade, lealdade e boa-fé previstas nos arts. 113, 421, 422 e 765 do CC, devendo a punição recair primordialmente em posturas de má-fé ou culpa grave, que lesionem legítimos interesses da seguradora. A sanção de perda da indenização securitária não incide de forma automática na hipótese de inexistir pronta notificação do sinistro, visto que deve ser imputada ao segurado uma omissão dolosa, injustificada, que beire a má-fé, ou culpa grave, que prejudique, de forma desproporcional, a atuação da seguradora, que não poderá se beneficiar, concretamente, da redução dos prejuízos indenizáveis com possíveis medidas de salvamento, de preservação e de minimização das consequências".

[212] "Art. 787. (...) § 3º Intentada a ação contra o segurado, dará este ciência da lide ao segurador". Dispõe o art. 101, da Lei 15.040/2024: "Art. 101. Quando a pretensão do prejudicado for exercida exclusi-

porém, reconhecer sua responsabilidade, confessar ou transigir com o terceiro; ou, ainda, indenizá-lo diretamente, sem anuência expressa do segurador, que é quem efetivamente responderá pelos prejuízos (CC, art. 787, § 2º[213]). Em contrapartida, se o segurador for insolvente, subsistirá a responsabilidade do segurado perante o terceiro (CC, art. 787, § 4º[214]). A Lei 15.040/2024 enuncia ainda como dever do segurado a "divulgação" do seguro, ao dispor que o segurado deve empreender todos os esforços para informar os terceiros prejudicados sobre a existência e o conteúdo do seguro contratado (art. 105).[215]

A Lei 15.040/2024 dedica a Seção II do capítulo sobre seguros de danos ao tratamento exclusivo do "Seguro de Responsabilidade Civil",[216] definindo-o como negócio que visa a garantir o interesse do segurado contra os efeitos da imputação de responsabilidade e do seu reconhecimento, assim como o dos terceiros prejudicados à indenização (arts. 98 a 107).[217]

Como deveres impostos ao responsável garantido pelo seguro, a Lei 15.040/2024 indica: I – informar prontamente a seguradora das comunicações recebidas que possam gerar reclamação futura; II – fornecer os documentos e outros elementos a que tiver acesso e que lhe forem solicitados pela seguradora; III – comparecer aos

---

vamente contra o segurado, este será obrigado a cientificar a seguradora, tão logo seja citado para responder à demanda, e a disponibilizar os elementos necessários para o conhecimento do processo. Parágrafo único. O segurado poderá chamar a seguradora a integrar o processo, na condição de litisconsorte, sem responsabilidade solidária".

[213] "Art. 787. (...) § 2º É defeso ao segurado reconhecer sua responsabilidade ou confessar a ação, bem como transigir com o terceiro prejudicado, ou indenizá-lo diretamente, sem anuência expressa do segurador". A Lei 15.040/2024 não reproduziu o dispositivo; por outro lado, estabeleceu, no art. 106, que a seguradora poderá celebrar transação sem implicar na responsabilidade do segurado: "Art. 106. Salvo disposição em contrário, a seguradora poderá celebrar transação com os prejudicados, o que não implicará o reconhecimento de responsabilidade do segurado nem prejudicará aqueles a quem é imputada a responsabilidade".

[214] "Art. 787. (...) § 4º Subsistirá a responsabilidade do segurado perante o terceiro, se o segurador for insolvente.

[215] Lei 15.040/2024, "Art. 105. O segurado deverá empreender os melhores esforços para informar os terceiros prejudicados sobre a existência e o conteúdo do seguro contratado".

[216] Em comentários ao PL n. 2597/2024, que deu origem à Lei 15.040/2024, Gabriel Schulman e Marcelo Luiz Francisco de Macedo Bürger afirmam que: "Em boa hora, o seguro de responsabilidade civil recebe especial atenção, passando a contar com regramento em capítulo próprio entre os seguros de dano. A positivação legal apenas materializa o que a doutrina há muito enuncia (...) A facilitação do seguro de responsabilidade civil é de todo desejável: ganha o mercado, com a maior segurança dos profissionais no exercício de sua atividade, e também as vítimas, que passam a não depender da saúde financeira do causador do dano para obter a devida reparação pelos danos que venha a suportar" (Primeiras reflexões sobre a nova lei dos contratos de seguros e o Direito de Danos. *Migalhas*. Disponível em: https://www.migalhas.com.br/coluna/migalhas-de-responsabilidade-civil/420393/reflexoes-iniciais-sobre-a-nova-lei-dos-seguros-e-o-direito-de-danos. Acesso em: 29 nov. 2024).

[217] Lei 15.040/2024, "Art. 98. O seguro de responsabilidade civil garante o interesse do segurado contra os efeitos da imputação de responsabilidade e do seu reconhecimento, assim como o dos terceiros prejudicados à indenização. § 1º No seguro de responsabilidade civil, o risco pode caracterizar-se pela ocorrência do fato gerador, da manifestação danosa ou da imputação de responsabilidade. § 2º Na garantia de gastos com a defesa contra a imputação de responsabilidade, deverá ser estabelecido um limite específico e diverso daquele destinado à indenização dos prejudicados".

atos processuais para os quais for intimado; IV – abster-se de agir em detrimento dos direitos e das pretensões da seguradora (art. 100, Lei 15.040/2024).[218]

Aduza-se ainda à previsão do art. 107, Lei 15.040/2024, para o qual, na hipótese de pluralidade de prejudicados no mesmo evento, a seguradora ficará liberada com a prestação da totalidade das indenizações decorrentes da garantia do seguro a um ou mais prejudicados, sempre que ignorar a existência dos demais.[219]

Como já referido anteriormente, prescreve em 1 (um) ano a pretensão do segurado contra o segurador no caso de seguro de responsabilidade civil, contado o prazo da data em que é citado para responder à ação de indenização proposta pelo terceiro prejudicado. Se o segurado indenizar o terceiro, o prazo contar-se-á desta data, com anuência da seguradora (CC, art. 206, § 1º, II). Conforme também já mencionado, a Lei 15.040/2024 introduziu mudanças importantes sobre a prescrição no âmbito do contrato de seguro. Em síntese, a Lei de 2024 revoga o art. 206, § 1º, II, do Código Civil, trazendo novas regras aplicáveis igualmente ao seguro de Responsabilidade Civil.

> Prescrição ânua

Sublinhe-se a previsão de seguro de reembolso em apólices de seguro de responsabilidade civil, pelo qual o segurado paga as perdas e danos ao terceiro e depois se reembolsa junto ao segurador. Entretanto, a jurisprudência tem reconhecido a legitimidade do terceiro para ingressar diretamente com a ação indenizatória em face do segurador. Inicialmente, reconhecia-se a legitimidade do terceiro para ingressar com a ação exclusivamente contra o segurador, sem a participação do segurado. Todavia, em maio de 2015, o STJ editou o enunciado da Súmula 529, estabelecendo que "no seguro de responsabilidade civil facultativo, não cabe o ajuizamento de ação pelo terceiro prejudicado direta e exclusivamente em face da seguradora do apontado causador do dano". Assim, faculta-se ao lesado ajuizar ação contra o segurado, que, por sua vez, poderá denunciar a lide contra a seguradora; ou contra o segurado e a seguradora, em litisconsórcio facultativo. Seguindo o mesmo entendimento, a Lei 15.040/2024 dispõe que: (i) o segurado poderá chamar a seguradora a integrar o processo, na condição de litisconsorte, sem responsabilidade solidária (art. 101, parágrafo único); e, (ii) os prejudicados poderão exercer seu direito de ação contra a seguradora, desde que em litisconsórcio passivo com o segurado (art. 102), sendo dispensado o litisconsórcio quando o segurado não tiver domicílio no Brasil (art. 102, parágrafo único).

> Seguro de reembolso

---

[218] Lei 15.040/2024, "Art. 100. O responsável garantido pelo seguro que não colaborar com a seguradora ou praticar atos em detrimento dela responderá pelos prejuízos a que der causa, cabendo-lhe: I – informar prontamente a seguradora das comunicações recebidas que possam gerar reclamação futura; II – fornecer os documentos e outros elementos a que tiver acesso e que lhe forem solicitados pela seguradora; III – comparecer aos atos processuais para os quais for intimado; IV – abster-se de agir em detrimento dos direitos e das pretensões da seguradora".

[219] Lei 15.040/2024, "Art. 107. Se houver pluralidade de prejudicados em um mesmo evento, a seguradora ficará liberada com a prestação da totalidade das indenizações decorrentes da garantia do seguro a um ou mais prejudicados, sempre que ignorar a existência dos demais".

Seguro de responsabilidade civil obrigatório

Por outro lado, no seguro de responsabilidade civil obrigatório, estabelecido como garantia instituída pelo Poder Público em favor das vítimas de atividades perigosas, a indenização do sinistro será paga pelo segurador diretamente ao terceiro prejudicado (CC, art. 788).[220] Trata-se de seguro estabelecido no interesse de terceiros. Enumerem-se, exemplificativamente, o seguro DPVAT, aplicável às vítimas de acidente de trânsito, que tenham sofrido o dano morte, invalidez permanente (total ou parcial) e/ou despesas médicas e suplementares, regulado pela Lei 6.194, de 19 de dezembro de 1974; e o seguro obrigatório de danos pessoais causados por embarcações marítimas ou por sua respectiva carga, regulado pela Lei 8.374, de 30 de dezembro de 1991.

Conforme o art. 788, parágrafo único,[221] do Código Civil, quando o segurador é demandado diretamente pela vítima do dano, não poderá opor exceção de contrato não cumprido em razão do não cumprimento de obrigações por parte segurado no âmbito do contrato de seguro, notadamente o não pagamento do prêmio, sem promover a citação do segurado para integrar o contraditório.[222]

Abrangência da indenização

Com relação à obrigação do segurador de indenizar o segurado, o segurador se obriga a ressarcir não apenas os danos diretamente relacionados aos riscos assumidos (*v.g.* danos decorrentes de incêndio, em seguro contra incêndio), mas também aqueles resultantes ou consequentes do sinistro, como as perdas decorrentes da tentativa de evitar o sinistro, salvar a coisa ou diminuir o dano, que se associam ao risco concretizado (CC, art. 779).[223] A leitura conjunta dos arts. 779 e 771 do Código Civil determina que as despesas incorridas pelo segurado para mitigar os danos decorrentes do sinistro hão de ser ressarcidas pelo segurador quando do pagamento da indenização. Controverte-se, de outra parte, quanto à possibilidade de cláusula limitativa de responsabilidade que exclua a responsabilidade do segurador pelas despesas para evitar o sinistro ou diminuir suas consequências.[224] Vale relembrar que o art. 59 da

---

[220] "Art. 788. Nos seguros de responsabilidade legalmente obrigatórios, a indenização por sinistro será paga pelo segurador diretamente ao terceiro prejudicado".

[221] "Art. 788. (...) Parágrafo único. Demandado em ação direta pela vítima do dano, o segurador não poderá opor a exceção de contrato não cumprido pelo segurado, sem promover a citação deste para integrar o contraditório".

[222] Lei 15.040/2024: "Art. 103. Salvo disposição legal em contrário, a seguradora poderá opor aos prejudicados as defesas fundadas no contrato de seguro que tiver contra o segurado antes do sinistro. Art. 104. A seguradora poderá opor aos terceiros prejudicados todas as defesas que contra eles possuir".

[223] "Art. 779. O risco do seguro compreenderá todos os prejuízos resultantes ou consequentes, como sejam os estragos ocasionados para evitar o sinistro, minorar o dano, ou salvar a coisa". Seria o caso, por exemplo, de "demolições que se fizerem necessárias para evitar a propagação do fogo, ou pela água usada para debelar o incêndio" (Carlos Roberto Gonçalves, *Direito Civil brasileiro*, vol. 3, 7.ª ed., São Paulo: Saraiva, 2010, p. 511).

[224] Pela impossibilidade de excluir a indenização: "a regra em discussão estabelece que justamente essas despesas, que experimenta o segurado no cumprimento do dever que possui de tomar medidas de diminuição dos efeitos do sinistro, fazem parte do risco coberto pelo segurador. E isso, agora, com a supressão da permissão de disposição em contrário na apólice, contida no art. 1.438 do CC/1916, sem que essa mesma responsabilidade do segurador possa ser afastada por convenção. Em outras palavras, tem-se hoje regra cogente de responsabilidade do segurador pelas despesas já mencio-

Lei 15.040/2024 determina a interpretação restritiva das cláusulas referentes à exclusão de riscos e prejuízos ou que impliquem limitação ou perda de direitos e garantias.

Por outro lado, uma vez verificado o sinistro e efetuado o pagamento da indenização, o segurador se sub-roga nos direitos e ações do segurado contra o autor do dano, até o limite do valor da indenização, a traduzir hipótese de sub-rogação legal. A disposição, contida expressamente no art. 786 do Código Civil, era acolhida pela jurisprudência mesmo antes da edição do diploma de 2002, com base na sub-rogação legal da teoria geral das obrigações,[225] operada de pleno direito em favor de terceiro interessado que paga dívida alheia pela qual era ou podia ser obrigado, no todo ou em parte.[226] O enunciado da Súmula 188 do STF, nessa direção, determinava: "O segurador tem ação regressiva contra o causador do dano, pelo que efetivamente pagou, até ao limite previsto no contrato de seguro".

Sub-rogação legal

Na mesma esteira, o STJ entende que a seguradora que se sub-roga nos direitos do segurado terá as mesmas prerrogativas que lhe são asseguradas. À guisa de exemplo, a 3ª Turma decidiu, no julgamento do Recurso Especial 1.745.642, que a seguradora poderá fazer uso das garantias do CDC das quais o segurado poderia se valer. No caso, entendeu-se que, se houver relação de consumo entre o segurado e o causador do dano, serão os dispositivos do CDC aplicáveis na ação de regresso promovida pela seguradora, bem como todas as normas que o titular do interesse poderia invocar se ingressasse com ação em face de seu ofensor.[227] Sobre a sub-rogação, a Lei 15.040/2024 dispõe que a seguradora poderá opor (i) aos prejudicados as defesas fundadas no contrato de seguro que tiver contra o segurado antes do sinistro e (ii)

Sub-rogação: mesmas prerrogativas

---

nadas, independentemente de expressa alusão do ajuste e sem que nele se possa, portanto, excluir a respectiva cobertura" (Claudio Luiz Bueno de Godoy. In: Cezar Peluso (coord.), *Código Civil Comentado*, cit., p. 783). Em sentido contrário: "Embora o risco não possa ser alargado, incluem-se na cobertura todos os prejuízos dele resultantes ou consequentes, como estragos ocasionados para evitar o sinistro, minorar o dano ou salvar a coisa, salvo expressa restrição na apólice (art. 779). O Código em vigor não menciona a possibilidade de a apólice excluir essas indenizações, mas continua evidente que os contratantes podem fazê-lo, suprimindo expressamente determinada categoria de prejuízos" (Silvio de Salvo Venosa, *Direito Civil*, vol. 3, São Paulo: Atlas, 2013, 13ª ed., p. 407).

[225] "Art. 346. A sub-rogação opera-se, de pleno direito, em favor: (...) III – do terceiro interessado, que paga a dívida pela qual era ou podia ser obrigado, no todo ou em parte".

[226] Convém destacar o disposto no art. 94 da Lei 15.040/2024 que trata da sub-rogação: "Art. 94. A seguradora sub-roga-se nos direitos do segurado pelas indenizações pagas nos seguros de dano. § 1º É ineficaz qualquer ato do segurado que diminua ou extinga a sub-rogação. § 2º O segurado é obrigado a colaborar no exercício dos direitos derivados da sub-rogação, respondendo pelos prejuízos que causar à seguradora. § 3º A sub-rogação da seguradora não poderá implicar prejuízo ao direito remanescente do segurado ou do beneficiário contra terceiros".

[227] Confira-se: "Sub-rogando-se a seguradora nos direitos do segurado, o prazo de prescrição da ação contra a seguradora para cobrar a indenização será o mesmo estabelecido para a ação que poderia ter sido manejada pelo titular originário dos direitos. 8. Recurso especial parcialmente conhecido e, nessa parte, não provido. (...) Portanto, a recorrida seguradora manterá os mesmos direitos e deveres que a segurada possuía em face da recorrente. Em consequência, se entre FUJICOM e TAM havia uma relação de consumo, a seguradora gozará das mesmas prerrogativas que sua segurada. Sendo a relação originariamente estabelecida de natureza comercial, da mesma forma será a relação entre seguradora e empresa aérea na hipótese" (STJ, 3ª T., REsp. 1.745.642, Rel. Min. Nancy Andrighi, julg.19.2.2019, publ. DJ 22.2.2019).

aos terceiros prejudicados todas as defesas que contra eles possuir (arts. 103 e 104),[228] nada dispondo acerca da possibilidade de sub-rogação, pela seguradora, nas garantias processuais previstas no CDC de que dispunha o segurado.

Mais recentemente, todavia, a Corte Especial do STJ afetou três Recursos Especiais de relatoria da Min. Nancy Andrighi, para julgamento pelo rito dos recursos repetitivos, no Tema n. 1.282, com o objetivo de "definir se a seguradora sub-roga-se nas prerrogativas processuais inerentes aos consumidores, em especial na regra de competência prevista no artigo 101, inciso I, do CDC, em razão do pagamento de indenização ao segurado em virtude do sinistro".[229] Um dos recursos selecionados decorre de ação regressiva de ressarcimento de danos materiais ajuizada por seguradora, que indenizou o segurado cujos equipamentos foram danificados por descarga elétrica. Condenada em segunda instância, a empresa distribuidora de energia recorreu ao STJ alegando que a seguradora não poderia se beneficiar de direitos que o CDC assegura ao consumidor, como a inversão do ônus da prova e o ajuizamento da ação no foro de seu próprio domicílio. O tema tem enorme repercussão prática. Em linha de princípio, mostra-se duvidosa a extensão interpretativa da tutela do consumidor a não consumidor, como a seguradora que se sub-roga no crédito do segurado para se ressarcir em face do fornecedor.[230] Afinal, trata-se de normas protetivas associadas à particular situação de vulnerabilidade da pessoa do consumidor. Em tal perspectiva parece situar-se a jurisprudência nas hipóteses referentes a regras processuais de competência, cláusula de eleição de foro e cláusula compromissória.

Afastamento da sub-rogação

Se, porém, o dano houver sido causado pelo cônjuge do segurado, seus ascendentes ou descendentes, consanguíneos ou afins, incluindo-se também o companheiro em razão da equiparação da união estável ao casamento, a sub-rogação não ocorrerá, exceto na hipótese de dolo (CC, art. 786, § 1º).[231] Preocupa-se o legislador com a proteção do patrimônio do próprio segurado, que poderia vir a ser atingido pela ação do segurador na hipótese de prática de ato de familiares próximos que, involuntariamente, causaram-lhe dano.[232] Fiel à mesma lógica, dispõe o art. 95, da Lei 15.040/2024, que a seguradora não terá ação própria ou derivada de sub-rogação

---

[228] Lei n.º 15.040/2024: "Art. 103. Salvo disposição legal em contrário, a seguradora poderá opor aos prejudicados as defesas fundadas no contrato de seguro que tiver contra o segurado antes do sinistro" e "Art. 104. A seguradora poderá opor aos terceiros prejudicados todas as defesas que contra eles possuir".

[229] STJ, Corte Especial, Tema n. 1.282, REsp 2.092.308; REsp 2092310/SP, e REsp 2092311/SP, Rel. Min. Nancy Andrighi, julg. 16.9.2024.

[230] Para análise do tema, cfr. Gustavo Tepedino, Carlos Nelson Konder. Repercussões do pagamento com sub-rogação. Homenagem ao Professor Guilherme Calmon Nogueira da Gama, no prelo.

[231] "Art. 786. (...) § 1º. Salvo dolo, a sub-rogação não tem lugar se o dano foi causado pelo cônjuge do segurado, seus descendentes ou ascendentes, consanguíneos ou afins".

[232] Registra, ao propósito, a doutrina: "O parágrafo sob análise impede assim que o segurador se volte contra o patrimônio do segurado, protegendo interesses familiares, não podendo estar prevista no contrato de seguro cláusula em sentido contrário ao previsto neste dispositivo. Caso o segurador comprove o dolo do cônjuge do segurado, de seus descendentes ou ascendentes, poderá ingressar com a ação regressiva, devendo, contudo indenizar o segurado" (Flávio H. A. Tersi. In: Costa Ma-

quando o sinistro decorrer de "culpa não grave de": I – cônjuge ou parentes até o segundo grau, consanguíneos ou por afinidade, do segurado ou beneficiário; II – empregados ou pessoas sob a responsabilidade do segurado.[233]

Afasta-se, de igual modo, a sub-rogação nos seguros de pessoa, por força da natureza diversa dessa modalidade de seguro, eis que o ofendido continua legitimado a pleitear indenização contra o causador do dano, e o recebimento de pagamento securitário mostra-se, neste particular, irrelevante (CC, art. 800).[234]

O art. 786, § 2º,[235] do Código Civil, determina ainda a ineficácia de qualquer ato do segurado que diminua ou extinga, em prejuízo do segurador, os direitos decorrentes da sub-rogação legal.

Ineficácia do ato em prejuízo ao segurador

De outra parte, dentre os direitos do segurado, insere-se o direito de transferir o contrato a terceiro, com a alienação ou cessão do interesse segurado (CC, art. 785).[236] Trata-se da hipótese em que o titular do interesse segurado aliena-o ou cede-o a terceiro, e transfere, juntamente com o objeto, o seguro que sobre ele recai. Ao contrário do disposto no Código Civil de 1916, essa transferência não é automática, mas será sempre possível, salvo disposição em contrário na apólice.

Alienação ou cessão do interesse segurado

A depender do tipo de apólice, o modo de transferência será diferente. Se o instrumento for nominativo, a transferência será feita sob a forma de cessão da posição contratual, ou seja, por ato bilateral, e só produzirá efeitos em relação ao segurador mediante aviso escrito e assinado pelo cedente e cessionário. Se, ao contrário, a apólice for à ordem, a transferência se dará por ato unilateral consistente no endosso em

---

chado (org.) e Silmara Juny Chinellato (coord.), *Código Civil Interpretado*, Barueri: Manole, 2017, 10ª ed., p. 599).

[233] Lei 15.040/2024, "Art. 95. A seguradora não terá ação própria ou derivada de sub-rogação quando o sinistro decorrer de culpa não grave de: I – cônjuge ou parentes até o segundo grau, consanguíneos ou por afinidade, do segurado ou beneficiário; II – empregados ou pessoas sob a responsabilidade do segurado. Parágrafo único. Quando o culpado pelo sinistro for garantido por seguro de responsabilidade civil, é admitido o exercício do direito excluído pelo *caput* deste artigo contra a seguradora que o garantir". A "culpa não grave" é alvo de críticas na doutrina, confira-se: "O resgate de gradação de culpa e distanciamento da responsabilidade por fato de terceiro de que trata o CC merece crítica. (...) Em relação a controvérsia sobre a expressão, recorde-se o que estabelece a CIRCULAR SUSEP 541/2016, art. 3º, inc. VIII: 'culpa grave': é aquela que, por suas características, se equipara ao dolo, sendo motivo para a perda de direitos por parte do Segurado. A culpa grave deverá ser definida pelo Judiciário ou por arbitragem" (Gabriel Schulman; Marcelo Luiz Francisco de Macedo Bürger, Primeiras reflexões sobre a nova lei dos contratos de seguros e o Direito de Danos. *Migalhas*. D isponível em: https://www.migalhas.com.br/coluna/migalhas-de-responsabilidade-civil/420393/reflexoes-iniciais-sobre-a-nova-lei-dos-seguros-e-o-direito-de-danos. Acesso em: 29 nov. 2024).

[234] "Art. 800. Nos seguros de pessoas, o segurador não pode sub-rogar-se nos direitos e ações do segurado, ou do beneficiário, contra o causador do sinistro".

[235] "Art. 786. (...) § 2º. É ineficaz qualquer ato do segurado que diminua ou extinga, em prejuízo do segurador, os direitos a que se refere este artigo".

[236] "Art. 785. Salvo disposição em contrário, admite-se a transferência do contrato a terceiro com a alienação ou cessão do interesse segurado. § 1º Se o instrumento contratual é nominativo, a transferência só produz efeitos em relação ao segurador mediante aviso escrito assinado pelo cedente e pelo cessionário. § 2º A apólice ou o bilhete à ordem só se transfere por endosso em preto, datado e assinado pelo endossante e pelo endossatário".

preto, que é aquele que menciona o nome do endossatário, datado e assinado pelo endossante e endossatário (CC, art. 785).[237]

A Lei 15.040/2024 dedica a Seção III do capítulo sobre Seguros de Danos à temática da "Transferência do Interesse", que implica a cessão do seguro correspondente, obrigando-se o cessionário no lugar do cedente (art. 108).

Em contraponto ao art. 785, CC/2002, o art. 108, § 1º, Lei 15.040/2024, indica a necessidade de anuência prévia da seguradora – como condição para a cessão do seguro – apenas quando o cessionário exercer atividade capaz de aumentar de forma relevante o risco ou não preencher os requisitos exigidos pela técnica de seguro, hipóteses em que o contrato será resolvido com a devolução proporcional do prêmio, ressalvado, na mesma proporção, o direito da seguradora às despesas incorridas (art. 108, § 1º).[238]

Quanto à necessidade de comunicação à seguradora, a Lei 15.040/2024 estabelece que, no caso de seguros não obrigatórios, a cessão do seguro correspondente deixará de ser eficaz se não for comunicada à seguradora nos 30 (trinta) dias posteriores à transferência do interesse garantido (art. 109). Por outro lado, na hipótese de seguros obrigatórios, a transferência do interesse garantido implica a cessão do seguro correspondente, independentemente da comunicação à seguradora (art. 110).

Súmula 465 do STJ

A Súmula 465 do STJ, no que se refere aos seguros de veículos, flexibiliza a exigência do art. 785 do Código Civil: caso as partes não comuniquem a transferência do veículo ao segurador, haverá a perda da garantia apenas se houver efetivo agravamento do risco em razão da cessão.[239] Note-se, portanto, que a Lei 15.040/2024

---

[237] As regras sobre a transferência do seguro são previstas no art. 785, Código Civil: "Art. 785. Salvo disposição em contrário, admite-se a transferência do contrato a terceiro com a alienação ou cessão do interesse segurado. § 1º. Se o instrumento contratual é nominativo, a transferência só produz efeitos em relação ao segurador mediante aviso escrito assinado pelo cedente e pelo cessionário. § 2º A apólice ou o bilhete à ordem só se transfere por endosso em preto, datado e assinado pelo endossante e pelo endossatário".

[238] Lei 15.040/2024, "Art. 108. A transferência do interesse garantido implica a cessão do seguro correspondente, obrigando-se o cessionário no lugar do cedente. § 1º A cessão do seguro não ocorrerá sem anuência prévia da seguradora quando o cessionário exercer atividade capaz de aumentar de forma relevante o risco ou não preencher os requisitos exigidos pela técnica de seguro, hipóteses em que o contrato será resolvido com a devolução proporcional do prêmio, ressalvado, na mesma proporção, o direito da seguradora às despesas incorridas. § 2º Caso a cessão do seguro implique alteração da taxa de prêmio, será feito o ajuste e creditada a diferença à parte favorecida. § 3º As bonificações, as taxações especiais e outras vantagens personalíssimas do cedente não se comunicam com o novo titular do interesse".

[239] "Súmula 465: Ressalvada a hipótese de efetivo agravamento do risco, a seguradora não se exime do dever de indenizar em razão da transferência do veículo sem a sua prévia comunicação". Leia-se, nessa direção, o seguinte precedente do STJ: "A só e só transferência de titularidade do veículo segurado sem comunicação à seguradora não constitui agravamento do risco. Na hipótese, como retratado pela decisão recorrida, não houve má-fé por parte do anterior e do atual proprietários do veículo no que seja atinente à sua transferência, não tendo havido, objetivamente, ofensa aos termos do contrato, pois ausente qualquer comprovação de que a transferência se fizera para uma pessoa inabilitada, seja técnica ou moralmente. (...) É que se deve, com essas peculiaridades,

parece ter expandido tal entendimento além dos seguros de veículos, ao estabelecer, no art. 108, § 1º, como visto, a necessidade de anuência prévia da seguradora apenas quando o cessionário exercer atividade capaz de aumentar de forma relevante o risco ou não preencher os requisitos exigidos pela técnica de seguro, hipóteses em que o contrato será resolvido com a devolução proporcional do prêmio, ressalvado, na mesma proporção, o direito da seguradora às despesas incorridas.

De igual modo, a jurisprudência tem se posicionado no sentido de que a proibição contratual quanto à transferência do interesse segurado somente terá eficácia, para efeito de eximir o segurador de obrigação em relação ao cessionário, caso o segurador demonstre que, se houvesse sido notificado da transferência, teria se recusado a autorizá-la por motivos razoáveis, devidamente comprovados.[240] *Razoabilidade da proibição*

Aduza-se que a Lei 15.040/2024 tratou também, no art. 3º, da hipótese de cessão da posição contratual pela seguradora, dispondo que, se a transferência, no todo ou em parte, ocorrer sem concordância prévia dos segurados e de seus beneficiários conhecidos, ou sem autorização prévia e específica da autoridade fiscalizadora, a cedente será solidariamente responsável com a seguradora cessionária.[241]

SEGURO DE PESSOA

8. CONCEITO. EFEITOS ESSENCIAIS

O seguro de pessoa consiste no negócio jurídico por meio do qual o segurador *Conceito* se obriga a garantir interesse legítimo do segurado relativo à pessoa contra riscos

---

como destacado pela Douta Câmara Julgadora, entender que "*o seguro incidente sobre bens tem quase a natureza de jus in re, ou seja, acompanha o bem*". Assim, em linha de princípio, perdura a responsabilidade da seguradora perante o novo proprietário do veículo, ainda que não seja feita a comunicação da transferência, quando ausentes má-fé ou inabilitação técnica ou moral do adquirente" (STJ, 4ª T., REsp. 188.694, Rel. Min. Ruy Rosado de Aguiar Junior, julg. 18.4.2000, publ. DJ 12.6.2000).

[240] Nesse sentido, já afirmou o TJSP sobre cláusula constante da apólice que estabelecia a perda da indenização securitária na hipótese de inadimplemento, pelo segurado, da obrigação de comunicar por escrito à seguradora quanto à transferência da propriedade do bem segurado: "ainda que se reconheça tal dever por parte do segurado, ditado pelo princípio da boa-fé objetiva, a aplicação de referida cláusula mostra-se abusiva por eliminar ao todo o direito à indenização no caso de ausência de comunicação, o que fere o princípio da razoabilidade" (TJSP, 25ª C. D. Priv., Ap. Cív. 9000007-85.2010.8.26.0615, Rel. Des. Edgard Rosa, julg. 31.7.2014, publ. DJ 21.8.2014).

[241] Lei 15.040/2024, "Art. 3º A seguradora que ceder sua posição contratual a qualquer título, no todo ou em parte, sem concordância prévia dos segurados e de seus beneficiários conhecidos, ou sem autorização prévia e específica da autoridade fiscalizadora, será solidariamente responsável com a seguradora cessionária. § 1º A cessão parcial ou total de carteira por iniciativa da seguradora sempre deverá ser autorizada pela autoridade fiscalizadora. § 2º A cessão de carteira mantém a cedente solidária perante o cedido, caso a cessionária se encontre ou venha a tornar-se insolvente no período de vigência do seguro ou no prazo de 24 (vinte e quatro) meses, contado da cessão da carteira, o que for menor."

predeterminados. Diversamente do seguro de dano, o seguro de pessoa não desempenha função indenizatória, de sorte que seu valor pode ser estipulado livremente, sem limitação.

Diversa função A estrutura do seguro de pessoas se aproxima muito daquela do seguro de danos. As duas modalidades, porém, se diferenciam em sua função e, por isso mesmo, inspiram disciplinas jurídicas diferenciadas, sendo tratadas em seções distintas do Código Civil. No seguro de dano, a função do seguro consiste em garantir interesse legítimo do segurado em relação à determinada coisa, indenizando-o na hipótese de sinistro. Em consequência, vige o princípio indenitário, segundo o qual o segurado não pode contratar seguro que ultrapasse o valor do bem segurado, com vistas a impedir que o contrato de seguro constitua meio de especulação, desvirtuando-se sua finalidade indenizatória.

Inaplicabilidade do princípio indenitário No seguro de pessoa, em contrapartida, não incide o princípio indenitário, vez que não possui função indenizatória, já que o objeto do seguro (*v.g.* a vida e outros valores existenciais, como a saúde e a integridade física) não se sujeita à apreciação patrimonial. Por essa razão, o Código Civil permite que o objeto seja segurado mais de uma vez por qualquer valor. Dito diversamente, admite-se que o capital segurado seja livremente estipulado, e que o titular contrate mais de um seguro com garantia incidente sobre o mesmo interesse, seja com o mesmo segurador, seja com seguradores diversos (CC, art. 789).[242] No mesmo sentido, a Lei 15.040/2024 determina que, nos seguros sobre a vida e a integridade física, o capital segurado é livremente estipulado pelo proponente, que pode contratar mais de um seguro sobre o mesmo interesse, com a mesma ou com diversas seguradoras (art. 112).[243]

Seguro sobre a vida de outros De todo modo, porém, permanece a preocupação do legislador em evitar que o seguro seja utilizado como instrumento de especulação, ou seja, que o segurado tenha a possibilidade de lucrar com a ocorrência do sinistro em razão do recebimento da verba acordada. Por isso, no art. 790 do Código Civil,[244] restou determinado que, caso o seguro seja estipulado sobre a vida de terceiro, o proponente será obrigado a declarar o seu interesse pela preservação da vida do segurado, sob pena de responder pela declaração falsa que fizer. Aliás, o art. 8º da Lei 15.040/2024 praticamente repetiu o texto do dispositivo, propondo como consequência da não

---

[242] "Art. 789. Nos seguros de pessoas, o capital segurado é livremente estipulado pelo proponente, que pode contratar mais de um seguro sobre o mesmo interesse, com o mesmo ou diversos seguradores".

[243] Lei 15.040/2024, "Art. 112. Nos seguros sobre a vida e a integridade física, o capital segurado é livremente estipulado pelo proponente, que pode contratar mais de um seguro sobre o mesmo interesse, com a mesma ou com diversas seguradoras. § 1º O capital segurado, conforme convencionado, será pago sob a forma de renda ou de pagamento único. § 2º É lícita a estruturação de seguro sobre a vida e a integridade física com prêmio e capital variáveis".

[244] "Art. 790. No seguro sobre a vida de outros, o proponente é obrigado a declarar, sob pena de falsidade, o seu interesse pela preservação da vida do segurado.
Parágrafo único. Até prova em contrário, presume-se o interesse, quando o segurado é cônjuge, ascendente ou descendente do proponente".

declaração, todavia, a nulidade do contrato.[245] O interesse poderá ser material ou afetivo.

Se o segurado for cônjuge, ascendente ou descendente do proponente, haverá presunção desse interesse, tendo em vista que, nesses casos, em razão do parentesco, a relação afetiva é manifesta, dispensando-se, assim, a declaração. Cuida-se, contudo, de presunção relativa, de sorte que a seguradora poderá solicitar ao proponente que produza prova de tal interesse. A interpretação constitucional da norma determina a sua ampliação no sentido de abranger o companheiro no escopo de sua proteção. O parágrafo único do art. 8º da Lei 15.040/2024 pacificou a questão, incluindo expressamente o companheiro no aludido rol.

Impossibilidade de sub-rogação

Também decorre da inaplicabilidade do princípio indenitário a vedação, presente no art. 800 do Código Civil,[246] de que o segurador se sub-rogue nos direitos e ações do segurado ou do beneficiário contra o causador do sinistro. Em tal perspectiva, aduz o art. 122 da Lei 15.040/2024, que os capitais segurados devidos em razão de morte ou de perda da integridade física não implicam sub-rogação, quando pagos, e são impenhoráveis. O valor pago pelo segurador na hipótese de sinistro não consiste em indenização, mas apenas em capital ajustado contratualmente, que não reflete o valor existencial objeto do seguro, tais como a vida, a integridade e a saúde, inestimável economicamente. Por essa razão, o segurador, ao pagar o acordado, não tem direito de regresso contra o causador do dano, pretensão que permanece com o segurado ou beneficiário ofendido. Considera-se, assim, nula a cláusula que preveja a sub-rogação no seguro de pessoa.

Espécies

O seguro de pessoa consiste em gênero, que abrange diversas espécies. A primeira delas é o seguro de vida, que oferece garantia pela morte natural ou acidental, e pode ser estabelecido por toda a vida do segurado, por lapso temporal determinado, em razão da sobrevida de um beneficiário em relação ao segurado; ou o seguro misto comum, em que o segurador é obrigado a pagar determinada quantia ao segurado ou a beneficiários por ele indicados a depender do estado de vida ou morte do segurado em data estipulada (CC, art. 796, *caput*; e art. 22, Lei 15.040/2024).[247] Além do seguro de vida, há o seguro de acidentes pessoais, com garantia para invalidez permanente total ou parcial, por acidente ou doença; e a garantia de pensão futura ou renda vitalícia.

Garantia de reembolso de despesas hospitalares ou de tratamento médico, bem como custeio de despesas de luto e funeral do segurado, embora possam ser conside-

---

[245] Lei 15.040/2024, "Art. 8º No seguro sobre a vida e a integridade física de terceiro, o proponente é obrigado a declarar, sob pena de nulidade do contrato, seu interesse sobre a vida e a incolumidade do segurado. Parágrafo único. Presume-se o interesse referido no *caput* deste artigo quando o segurado for cônjuge, companheiro, ascendente ou descendente do terceiro cuja vida ou integridade física seja objeto do seguro celebrado."

[246] "Art. 800. Nos seguros de pessoas, o segurador não pode sub-rogar-se nos direitos e ações do segurado, ou do beneficiário, contra o causador do sinistro".

[247] "Art. 796. O prêmio, no seguro de vida, será conveniado por prazo limitado, ou por toda a vida do segurado".

rados seguros de pessoa, se subordinam à regulamentação especial (CC, art. 802).[248] É o caso do seguro de saúde, que figura como espécie de seguro de pessoas e tem por finalidade a cobertura das despesas médico-hospitalares na forma e nos limites da apólice, sendo regulado pela Lei 9.656, de 3 de junho de 1998.

Seguro coletivo

O contrato de seguro de pessoa também pode ser individual ou coletivo. Nos contratos coletivos, há um só contrato entabulado entre estipulante, pessoa física ou jurídica, e o segurador, em benefício de coletividade de segurados.[249] No seguro coletivo, o estipulante se obriga ao pagamento de prêmio global (para cuja formação os segurados poderão ou não concorrer) e o segurador se compromete a ressarcir pessoas pertencentes a determinado grupo, denominado grupo segurado, ligadas por interesse comum. Desse modo, entre o estipulante e o grupo segurado deve haver um vínculo, como, por exemplo, uma relação de emprego ou profissional, a existência de sociedade civil ou comercial, associação religiosa ou de classe (CC, art. 801, *caput*).[250]

Obrigações do estipulante e do segurador

O estipulante responde perante o segurador pelo cumprimento das obrigações contratuais, como por exemplo o pagamento do prêmio e a comunicação de todo incidente que possa agravar consideravelmente o risco coberto (CC, art. 801, § 1º).[251] O estipulante assume, portanto, a função de representante ou mandatário dos segurados, salvo cláusula expressa em contrário no contrato.[252] Por outro lado, o

---

[248] "Art. 802. Não se compreende nas disposições desta Seção a garantia do reembolso de despesas hospitalares ou de tratamento médico, nem o custeio das despesas de luto e de funeral do segurado".

[249] O ponto é destacado pel a Lei º 15.040/2024: "Art. 30. Considera-se estipulante de seguro coletivo aquele que contrata em proveito de um grupo de pessoas, pactuando com a seguradora os termos do contrato para a adesão de eventuais interessados".

[250] "Art. 801. O seguro de pessoas pode ser estipulado por pessoa natural ou jurídica em proveito de grupo que a ela, de qualquer modo, se vincule". No mesmo sentido, o art. 31 da Lei n.º 15.040/2024 enuncia: "Admite-se como estipulante de seguro coletivo apenas aquele que tiver vínculo anterior e não securitário com o grupo de pessoas em proveito do qual contratar o seguro, sem o que o seguro será considerado individual".

[251] "Art. 801. (...) § 1º. O estipulante não representa o segurador perante o grupo segurado, e é o único responsável, para com o segurador, pelo cumprimento de todas as obrigações contratuais".

[252] A 3ª Turma do STJ decidiu que a empresa estipulante do contrato de seguro de vida coletivo possui legitimidade para ajuizar ação contra a seguradora visando ao cumprimento das obrigações contratuais. No caso, a estipulante ajuizou ação para cobrar a indenização securitária que a seguradora teria se negado a pagar, sob a alegação de que o segurado falecido tinha mais de 65 anos, idade não abrangida pelo contrato coletivo. O juízo de origem negou ao estipulante a legitimidade ativa, tendo sido a decisão reformada pelo Tribunal de Justiça de São Paulo. Para o STJ, que confirmou o entendimento do Tribunal estadual, a estipulante em favor de terceiro, embora não tenha legitimidade para figurar no polo passivo de ação, com vistas ao pagamento de indenização securitária, tem legitimidade ativa, como interveniente, para exigir o cumprimento da obrigação devida, nos termos do art. 436 do Código Civil. Com efeito, a legitimidade da estipulante associa-se ao fato de ser mandatária do segurado na contratação do seguro, sendo certo que o descumprimento de obrigações contratuais pela seguradora lhe traz prejuízo, visto que pagou para o benefício a ser auferido pelo terceiro (STJ, 3ª T., REsp 2.004.461, Rel. Min. Nancy Andrighi, julg. 27.9.2022, publ. DJ 30.9.2022). Note-se que o art. 32, Lei 15.040/2024, dispõe que "O estipulante de seguro coletivo representa os segurados e os beneficiários durante a formação e a execução do contrato e responde perante eles e a seguradora por seus atos e omissões. Parágrafo único. Para que possam valer as exceções e as defesas da seguradora em razão das declarações prestadas para a formação do contrato, o documento de adesão ao seguro deverá ter seu conteúdo preenchido pessoalmente pelos segurados ou pelos beneficiários".

estipulante não representa o segurador perante o grupo segurado, sendo, portanto, o segurador o único responsável pelo adimplemento das obrigações contratuais. Destaque-se que a Lei 15.040/2024 definiu, no art. 24, a hipótese técnica de estipulação em favor de terceiro nos seguintes termos: "o seguro será estipulado em favor de terceiro quando garantir interesse de titular distinto do estipulante, determinado ou determinável". Além disso, dispôs o art. 26 que "o seguro em favor de terceiro pode coexistir com o seguro por conta própria, ainda que no âmbito do mesmo contrato".

A relação jurídica principal, estabelecida entre o estipulante e o segurador, permanece estável e inalterável durante toda a vida do contrato, ao passo que, no âmbito do grupo, ocorre constante mutação, em razão da permanente entrada e saída de segurados. O art. 801, § 2º,[253] do Código Civil, determina que a modificação da apólice em vigor dependerá da anuência expressa de segurados que representem três quartos do grupo, a fim de garantir os segurados contra acordos que poderiam ser feitos entre o estipulante e o segurador em prejuízo de seus interesses. Nesse mesmo diapasão, a Lei 15.040/2024 estabeleceu, no art. 123, *caput* e parágrafo único,[254] que a modificação dos termos do contrato coletivo em vigor que possa gerar efeitos contrários aos interesses dos segurados e dos beneficiários dependerá da anuência expressa de segurados que representem pelo menos 3/4 (três quartos) do grupo.

Mutação da relação

9. DIREITOS E DEVERES DAS PARTES

Assim como no seguro de dano, o principal dever do segurado é o pagamento do prêmio, em contrapartida à obrigação do segurador de prestar garantia ao interesse segurado durante a vigência do contrato, bem como de pagar a quantia estipulada por ocasião do sinistro.

Deveres principais

Consoante já referido, em razão da não incidência do princípio indenitário, o pagamento do valor estipulado funciona como espécie de compensação contratualmente ajustada, já que a vida e os valores humanos não podem ser precificados, não tendo finalidade indenizatória. O capital segurado resulta, assim, de avaliação eminentemente subjetiva, cuja fixação fica na dependência exclusiva do próprio segurado. Por esse motivo, verificado o sinistro, veda-se qualquer transação para reduzir o valor a ser pago pelo segurador (CC, art. 795).[255] Na hipótese de seguros de acidentes pessoais, o valor do capital segurado é pago proporcionalmente ao grau de invalidez

Impossibilidade de transação

---

[253] "Art. 801. (...) § 2º. A modificação da apólice em vigor dependerá da anuência expressa de segurados que representem três quartos do grupo".

[254] Lei 15.040/2024: "Art. 123. Nos seguros coletivos sobre a vida e a integridade física, a modificação dos termos do contrato em vigor que possa gerar efeitos contrários aos interesses dos segurados e dos beneficiários dependerá da anuência expressa de segurados que representem pelo menos 3/4 (três quartos) do grupo. Parágrafo único. Quando não prevista no contrato anterior, a modificação do conteúdo dos seguros coletivos sobre a vida e a integridade física, em caso de renovação, dependerá da anuência expressa de segurados que representem pelo menos 3/4 (três quartos) do grupo".

[255] "Art. 795. É nula, no seguro de pessoa, qualquer transação para pagamento reduzido do capital segurado".

sofrido pelo segurado, não por se tratar de redução – o que não seria admitido –, mas por força de verificação parcial do risco.

Deveres de boa-fé

Tal como no seguro de dano, incidem no seguro de pessoa, com especial força, todos os deveres oriundos da aplicação da boa-fé objetiva e subjetiva, descritos pelo legislador nas normas gerais do tipo contratual.

Mora do segurado

No que tange à mora do segurado no pagamento do prêmio, diversamente do que determina a regra geral constante do art. 763 do Código Civil, no caso do seguro de vida, o segurador poderá resolver o contrato, com a restituição da reserva já formada, caso ainda não tenha se verificado o sinistro, ou reduzir o capital garantido proporcionalmente ao prêmio pago, se o sinistro tiver ocorrido.[256] Em qualquer hipótese, no seguro individual, o segurador não terá "ação" para cobrar o prêmio vencido (CC, art. 796).[257] No caso dos seguros coletivos, os segurados não serão prejudicados se o estipulante, responsável pelo recolhimento dos prêmios, recebendo-os regularmente, não os verter à sociedade seguradora no prazo devido. Neste caso, as importâncias seguradas deverão ser normalmente pagas pela seguradora, que, por sua vez, poderá lançar mão de todos os meios legais para haver os prêmios indevidamente retidos.[258]

Beneficiário do seguro de pessoa

No seguro de pessoa, mostra-se corriqueira a figura do beneficiário, que será a pessoa indicada pelo segurado ou estipulante para receber o valor definido na apólice em caso de sinistro. Do ponto de vista técnico, configura-se, nessa hipótese, estipulação em favor de terceiro.

Quem pode ser beneficiário

Por se equiparar a ato de liberalidade, o Código Civil de 1916, em norma não reproduzida pelo Código Civil de 2002, vedava que a estipulação fosse feita em favor de pessoa proibida de receber doações do segurado.[259] Mostrava-se impossível, por

---

[256] Sobre o tema, assinala Guilherme Calmon Nogueira da Gama: "Tal norma vem a ser uma especialização, no campo do seguro individual de vida, da regra aplicável aos contratos em geral que autoriza um dos contratantes a rever o cumprimento de sua prestação quando não houver cumprimento integral da prestação do outro. É importante observar que o preceito contido no art. 796 é especial em relação à regra contida no art. 763 do novo CC, que prevê a perda do direito à indenização do segurado que estiver em mora no pagamento do prêmio, se o sinistro ocorreu antes da purgação da mora. Assim, diante do tratamento especial relativamente ao contrato de seguro de vida, a norma aplicável é a constante do art. 796, e não a do art. 763, ambas do novo CC" (O seguro de pessoa no Novo Código Civil. *Revista dos Tribunais*, vol. 826, junho, São Paulo: Revista dos Tribunais, 2004, pp. 11-24).

[257] "Art. 796. O prêmio, no seguro de vida, será conveniado por prazo limitado, ou por toda a vida do segurado.
Parágrafo único. Em qualquer hipótese, no seguro individual, o segurador não terá ação para cobrar o prêmio vencido, cuja falta de pagamento, nos prazos previstos, acarretará, conforme se estipular, a resolução do contrato, com a restituição da reserva já formada, ou a redução do capital garantido proporcionalmente ao prêmio pago".

[258] Registra Ayrton Pimentel: "caso o estipulante tenha deixado de pagar o prêmio global, é questão a ser dirimida entre este e o segurador" (Os seguros de vida e acidentes pessoais. In: Escola Paulista da Magistratura e Instituto Brasileiro de Direito de Seguro (coords.), *Seguros*: uma questão atual, vol. III, São Paulo: Max Limonad, 2001, p. 227).

[259] "Art. 1.474. Não se pode instituir beneficiário pessoa que for legalmente inibida de receber a doação do segurado".

exemplo, a instituição de seguro em favor da concubina do segurado. Ainda sob a égide do Código anterior, porém, a jurisprudência procedia a interpretações baseadas na isonomia, havendo precedente do STJ permitindo a repartição igualitária da indenização securitária entre a concubina – instituída como beneficiária de seguro de vida – e a esposa, no caso em que o segurado mantinha famílias simultâneas e possuía prole com ambas.[260] Embora o Código atual não contenha essa proibição, parte da doutrina defende a aplicação analógica do art. 550[261] do Código Civil, que estabelece que a doação do cônjuge adúltero ao seu cúmplice pode ser anulada pelo outro cônjuge, ou por seus herdeiros necessários, até 2 (dois) anos depois de dissolvida a sociedade conjugal.[262] A Lei 15.040/2024 refere-se em ampla dicção à indicação de beneficiários nos seguros de vida, ao dispor, no art. 113, que "é livre a indicação do beneficiário nos seguros sobre a vida e a integridade física". Note-se, contudo, que a Lei inova ao relacionar diretamente a disciplina dos seguros às hipóteses de revogação da doação, previstas nos arts. 555, 556 e 557, do Código Civil. O art. 115, § 5º, nessa direção, dispõe que não prevalecerá a indicação de beneficiário nas hipóteses de revogação da doação, observado o disposto nos arts. 555, 556 e 557 do Código Civil.

---

[260] "Civil e processual. Seguro de vida realizado em favor de concubina. Homem casado. Situação peculiar, de coexistência duradoura do de cujus com duas famílias e prole concomitante advinda de ambas as relações. Indicação da concubina como beneficiária do benefício. Fracionamento. CC, arts. 1.474, 1.177 e 248, IV. (...) Inobstante a regra protetora da família, consubstanciada nos arts. 1.474, 1.177 e 248, IV, da lei substantiva civil, impedindo a concubina de ser instituída como beneficiária de seguro de vida, porque casado o de cujus, a particular situação dos autos, que demonstra espécie de 'bigamia', em que o extinto mantinha-se ligado à família legítima e concubinária, tendo prole concomitante com ambas, demanda solução isonômica, atendendo-se à melhor aplicação do Direito. III. Recurso conhecido e provido em parte, para determinar o fracionamento, por igual, da indenização securitária" (STJ, 4ª T., REsp. 100.888, Rel. Min. Aldir Passarinho Junior, julg. 14.12.2000, publ. DJ 12.3.2001). Na mesma direção, nos tribunais estaduais: TJSP, Ap. Cív. 0045709-75.2010.8.26.0562, 4ª C. D. Priv., Rel. Des. Milton Carvalho, julg. 7.8.2014, publ. DJ 12.8.2014; TJSP, Ap. Cív. 0016820-84.2006.8.26.0196, 27ª C. D. Priv., Rel. Des. Berenice Marcondes Cesar, julg. 23.7.2013, publ. DJ 1.8.2013; e TJRS, Ap. Cív. 70002779494, 6ª CC., Rel. Des. Osvaldo Stefanello, julg. 19.12.2001. Em sentido contrário, confira-se recente decisão proferida pela 4ª Turma do Superior Tribunal de Justiça: "o seguro de vida não pode ser instituído por pessoa casada, não separada de fato e nem judicialmente, em benefício de parceiro em relação concubinária, por força de expressa vedação legal (CC/2002, arts. 550 e 793). (...). Diante da orientação do STF, no mesmo precedente, no sentido de que 'subsistem em nosso ordenamento jurídico constitucional os ideais monogâmicos, para o reconhecimento do casamento e da união estável, sendo, inclusive, previsto como deveres aos cônjuges, com substrato no regime monogâmico, a exigência de fidelidade recíproca durante o pacto nupcial (art. 1.566, I, do Código Civil)', é inválida, à luz do disposto no art. 793 do Código Civil de 2002, a indicação de concubino como beneficiário de seguro de vida instituído por segurado casado e não separado de fato ou judicialmente na época do óbito. Não podendo prevalecer a indicação da primeira beneficiária, deve o capital segurado ser pago ao segundo beneficiário, indicado pelo segurado para a hipótese de impossibilidade de pagamento ao primeiro, em relação ao qual, a despeito de filho da concubina, não incide a restrição do art. 793 do Código Civil" (STJ, 4ª T., REsp 1.391.954/RJ, Rel. Min. Maria Isabel Gallotti, julg. 22.3.2022, publ. DJ 27.4.2022).

[261] "Art. 550. A doação do cônjuge adúltero ao seu cúmplice pode ser anulada pelo outro cônjuge, ou por seus herdeiros necessários, até dois anos depois de dissolvida a sociedade conjugal".

[262] Nessa direção, v. Claudio Luiz Bueno de Godoy. In: Cezar Peluso (coord.), *Código Civil Comentado*, cit., p. 801.

Companheiro como beneficiário

A situação é diversa, contudo, caso o segurado seja separado de fato ou judicialmente e viva em união estável. Nesses casos, o Código Civil de 2002 garantiu expressamente a possibilidade de instituição do companheiro como beneficiário (CC, art. 793).[263] Ainda sobre o tema, o STJ fixou a possibilidade de pessoa, já casada pela segunda vez, optar por fazer seguro em favor do ex-cônjuge, em detrimento da viúva, a prestigiar a autonomia privada.[264]

Alteração do beneficiário

Admite-se, a princípio, a possibilidade de alteração do beneficiário, por ato entre vivos ou de última vontade, independentemente da vontade do segurador. Vale dizer: é direito do estipulante modificar o beneficiário, se não houver renúncia a essa faculdade ou se o seguro não tiver como causa declarada a garantia de alguma obrigação, já que, nesse último caso, o seguro teria sido contratado em favor de beneficiário específico (CC, art. 791, *caput* e art. 114, *caput*, Lei 15.040/2024).[265-266] Não incidindo qualquer das exceções, o segurado poderá proceder a seu nuto à modificação, sem necessidade de apresentar justificativa. Nem o segurador nem o beneficiário originalmente indicado poderão fazer objeções à mudança, sendo certo que o beneficiário tem apenas expectativa de direito. Note-se, contudo, que o exercício desse direito de substituição do beneficiário sofre controle valorativo, sendo certo que, em algumas hipóteses, pode ser desconsiderado, por contrariedade à sua função.[267]

---

[263] "Art. 793. É válida a instituição do companheiro como beneficiário, se ao tempo do contrato o segurado era separado judicialmente, ou já se encontrava separado de fato".

[264] STJ, 4ª T., AgRg no AREsp 2.320/SP, Rel. Min. Maria Isabel Gallotti, julg. 6.2.2014, publ. DJ 14.2.2014.

[265] "Art. 791. Se o segurado não renunciar à faculdade, ou se o seguro não tiver como causa declarada a garantia de alguma obrigação, é lícita a substituição do beneficiário, por ato entre vivos ou de última vontade". No mesmo sentido, segundo a Lei 15.040/2024: "Art. 114. Salvo renúncia do segurado, é lícita a substituição do beneficiário do seguro sobre a vida e a integridade física por ato entre vivos ou por declaração de última vontade".

[266] Ilustrativamente, acerca das hipóteses de impossibilidade de substituição de beneficiário, a 3ª Turma do STJ, confirmando decisão do Tribunal de Justiça do Paraná, vedou ao segurado substituir a ex-esposa em seguro de vida celebrado na ocasião do divórcio. Em tal perspectiva, a mulher obteve a declaração de invalidade da nomeação dos beneficiários de seguro de vida deixado por seu ex-marido falecido, que refez a apólice após o segundo casamento e a excluiu do benefício, violando o acordo de divórcio homologado judicialmente, que previa a manutenção da ex-esposa como única favorecida do contrato. Segundo o Relator, Ministro Ricardo Villas Bôas Cueva, a beneficiária, por conta do acordo, não era titular de expectativa de direito, mas do "direito condicional de receber o capital contratado". Por esse motivo, a seguradora, ao pagar aos novos beneficiários a indenização securitária, pagou mal e não pode se socorrer da eficácia do pagamento a credor putativo. Terá que efetuar novamente o pagamento (STJ, 3ª T., REsp 2.009.507, Rel. Min. Ricardo Villas Bôas Cueva, julg. 5.3.2024, publ. *DJe* 11.3.2024).

[267] Veja-se, nessa direção, interessante precedente do STJ: "2. Cinge-se a controvérsia a saber se foi legítimo o ato do segurado, alcóolatra habitual, que alterou o rol de beneficiários de dois seguros de vida para incluir a irmã em detrimento dos filhos menores. 3. No contrato de seguro de vida, há uma espécie de estipulação em favor de terceiro, visto que a nomeação do beneficiário é, a princípio, livre, podendo o segurado promover a substituição a qualquer tempo, mesmo em ato de última vontade, até a ocorrência do sinistro, a menos que tenha renunciado a tal faculdade ou a indicação esteja atrelada à garantia de alguma obrigação (art. 791 do CC/2002). 4. O beneficiário a título gratuito de seguro de vida detém mera expectativa de direito de receber o capital segurado. Somente com a ocorrência do evento morte do segurado é que passará a obter o direito adquirido à indenização securitária. Até a efetivação desse resultado, o tomador do seguro poderá modificar o rol de agraciados. 5. A falta de restrição para o segurado designar ou modificar beneficiário no

Vale ressaltar que, se o segurado não avisa à seguradora quanto à substituição do beneficiário, a seguradora se libera pagando ao beneficiário original, já que a alteração não lhe é eficaz (CC, art. 791, parágrafo único e art. 114, parágrafo único, Lei 15.040/2024).[268]

O beneficiário pode ser incerto ou desconhecido, ou mesmo à ordem, assim entendido quando o segurado se reserva o direito de designar o beneficiário oportunamente, a qualquer momento, por ato entre vivos ou testamento. A indicação posterior não se confunde com a substituição do beneficiário.

Beneficiário

Se o proponente falecer sem indicar o beneficiário – no caso da apólice emitida à ordem – ou, por qualquer motivo, não prevalecer a indicação feita – impedimento legal ou falecimento do indicado –, o segurador deverá pagar metade da importância segurada ao cônjuge sobrevivente, qualquer que seja o regime de bens, e a outra metade aos herdeiros necessários, obedecida a ordem de vocação hereditária, entre os quais poderá se incluir o mesmo cônjuge, conforme seja o regime de bens, embora tal benefício não constitua herança (CC, art. 792, *caput*).[269] O art. 115 da Lei 15.040/2024 mantém enunciado normativo praticamente idêntico – embora tenha suprimido a expressão "obedecida a ordem de vocação hereditária".[270] A despeito da

---

seguro de vida não afasta a incidência de princípios gerais do Direito Contratual, como as normas dos arts. 421 (função social do contrato) e 422 (probidade e boa-fé) do CC. 6. O segurado, ao contratar o seguro de vida, geralmente possui a intenção de amparar a própria família, os parentes ou as pessoas que lhe são mais afeitas, de modo a não deixá-los desprotegidos economicamente quando de seu óbito. 7. Na hipótese, havendo ou não má-fé da recorrente por instigar o irmão, alcoólatra compulsivo, a substituir os rebentos dele como beneficiários dos seguros de vida a fim de incluí-la, os capitais constituídos nunca foram para favorecê-la, pois a real intenção do segurado foi sempre a de assegurar proteção econômica aos filhos menores, recebendo eles os valores da indenização securitária diretamente (em um primeiro momento) ou por intermédio da tia (na condição de gestora de recursos). Necessidade de anulação do ato de alteração dos agraciados, excluindo-a do rol, para que a verba possa ser usada em proveito dos verdadeiros beneficiados" (STJ, 3ª T., REsp 1.510.302, Rel. Min. Cueva, julg. 5.12.2017, publ. DJ 18.2.2017).

[268] "Art. 791. (...) Parágrafo único. O segurador, que não for cientificado oportunamente da substituição, desobrigar-se-á pagando o capital segurado ao antigo beneficiário". Em idêntico sentido: Lei 15.040/2024, "Art. 114. (...) Parágrafo único. A seguradora não cientificada da substituição será exonerada pagando ao antigo beneficiário".

[269] "Art. 792. Na falta de indicação da pessoa ou beneficiário, ou se por qualquer motivo não prevalecer a que for feita, o capital segurado será pago por metade ao cônjuge não separado judicialmente, e o restante aos herdeiros do segurado, obedecida a ordem da vocação hereditária."

[270] Lei 15.040/2024, "Art. 115. Na falta de indicação do beneficiário ou se não prevalecer a indicação feita, o capital segurado será pago ou, se for o caso, será devolvida a reserva matemática por metade ao cônjuge, se houver, e o restante aos demais herdeiros do segurado. § 1º Considera-se ineficaz a indicação quando o beneficiário falecer antes da ocorrência do sinistro ou se ocorrer comoriência. § 2º Se o segurado for separado, ainda que de fato, caberá ao companheiro a metade que caberia ao cônjuge. § 3º Se não houver beneficiários indicados ou legais, o valor será pago àqueles que provarem que a morte do segurado os privou de meios de subsistência. § 4º Se a seguradora, ciente do sinistro, não identificar beneficiário ou dependente do segurado para subsistência no prazo prescricional da respectiva pretensão, o capital segurado será tido por abandonado, nos termos do inciso III do *caput* do art. 1.275 da Lei nº 10.406, de 10 de janeiro de 2002 (Código Civil), e será aportado no Fundo Nacional para Calamidades Públicas, Proteção e Defesa Civil (Funcap). § 5º Não prevalecerá a indicação de beneficiário nas hipóteses de revogação da doação, observados o disposto nos arts. 555, 556 e 557 da Lei nº 10.406, de 10 de janeiro de 2002 (Código Civil)".

literalidade da norma, o art. 792 do Código Civil também deverá contemplar o companheiro, considerado herdeiro (CC, art. 1.790). Não existindo as pessoas indicadas no dispositivo, o beneficiário será aquele que fizer prova de que a morte do segurado o privou do necessário para o sustento (CC, art. 792, parágrafo único e art. 115, § 3º, Lei 15.040/2024).[271]

Exclusão da herança

Sublinhe-se que o montante conferido a título de indenização no seguro de vida ou de acidente pessoal para o caso de morte não se caracteriza como herança, razão pela qual não estará sujeito às dívidas do falecido, não integrando o inventário (CC, art. 794).[272] O capital estipulado é, portanto, impenhorável e não se sujeita à colação.

10. SEGURO DE VIDA PARA O CASO DE MORTE. A QUESTÃO DO SUICÍDIO

Período de carência

O seguro de pessoas pode ser estipulado por prazo limitado, nos casos em que o benefício será deferido quando o segurado atingir certa idade, ou por toda a vida do segurado, caso clássico de seguro de vida em que o beneficiário receberá o montante estipulado quando da morte do segurado. Via de regra, ocorrendo o sinistro, o beneficiário poderá exigir o pagamento do montante estipulado imediatamente do segurador. Entretanto, é possível, no seguro de pessoas para o caso de morte, estipular-se período de carência, durante o qual o segurador poderá se eximir da responsabilidade em caso de ocorrência do sinistro (CC, art. 797, *caput*).[273] A possibilidade de estipulação de período de carência também é prevista pela Lei 15.040/2024 no art. 118.[274]

Prazo máximo de carência

A Resolução 117/2004 do Conselho Nacional de Seguros Privados determina limite máximo do prazo de carência, fixando-o em 2 (dois) anos. Tal prazo de carên-

---

[271] "Art. 792. (...) Parágrafo único. Na falta das pessoas indicadas neste artigo, serão beneficiários os que provarem que a morte do segurado os privou dos meios necessários à subsistência". Seguindo a mesma linha, aduz a Lei 15.040/2024: "Art. 11 5. (...) § 3º Se não houver beneficiários indicados ou legais, o valor será pago àqueles que provarem que a morte do segurado os privou de meios de subsistência".

[272] "Art. 794. No seguro de vida ou de acidentes pessoais para o caso de morte, o capital estipulado não está sujeito às dívidas do segurado, nem se considera herança para todos os efeitos de direito".

[273] "Art. 797. No seguro de vida para o caso de morte, é lícito estipular-se um prazo de carência, durante o qual o segurador não responde pela ocorrência do sinistro".

[274] Lei 15.040/2024, "Art. 118. Nos seguros sobre a vida própria para o caso de morte e sobre a integridade física própria para o caso de invalidez por doença, é lícito estipular-se prazo de carência, durante o qual a seguradora não responde pela ocorrência do sinistro.

§ 1º O prazo de carência não pode ser convencionado quando se tratar de renovação ou de substituição de contrato existente, ainda que seja outra a seguradora.

§ 2º O prazo de carência não pode ser pactuado de forma a tornar inócua a garantia e em nenhum caso pode exceder a metade da vigência do contrato.

§ 3º Ocorrendo o sinistro no prazo de carência, legal ou contratual, a seguradora é obrigada a entregar ao segurado ou ao beneficiário o valor do prêmio pago, ou a reserva matemática, se houver. § 4º Convencionada a carência, a seguradora não poderá negar o pagamento do capital sob a alegação de preexistência de estado patológico".

cia, salvo nos casos de suicídio ou tentativa, não poderá ultrapassar metade do prazo contratual.[275]

Caso, porém, venha a ocorrer o sinistro durante o período de carência, o segurador será obrigado a devolver ao beneficiário o montante de reserva técnica já formada (CC, art. 797, parágrafo único).[276]

No que se refere ao seguro de pessoa por morte em caso de suicídio, doutrina e jurisprudência por longos anos controvertiam quanto à incidência da cobertura securitária na hipótese de suicídio premeditado. Quando da vigência do Código Civil de 1916, a morte voluntária, que incluía o suicídio premeditado por pessoa em seu juízo, era excluída da cobertura de seguro de vida.[277] Em consequência, entendia-se que o suicídio não premeditado poderia ser objeto de cobertura.

Cobertura por suicídio

A nomenclatura do Código Civil de 1916 oferecia problemas, vez que, por sua própria definição, o suicídio é um ato premeditado de retirar a própria vida. Fosse um ato não pensado, ou seja, se o falecido não tivesse intenção de se matar, não haveria que se falar em suicídio, mas em morte por acidente. Por essa razão, a premeditação deveria ser compreendida como o ato doloso contra a comunidade segurada, contraposto ao ato não premeditado, ou seja, ao suicídio no qual o agente não tinha a intenção de fraudar o seguro.

De fato, a imprevisibilidade do risco e o fato de ele ter advindo de fatores externos é fundamental ao contrato de seguro, pois se o segurado pudesse decidir sobre a ocorrência do sinistro, restaria rompida a relação de solidariedade e mutualismo, necessária a esse tipo contratual.

Imprevisibilidade

As seguradoras passaram, então, a estipular nas apólices de seguro de vida, período de carência, no qual estaria afastada a cobertura de qualquer modalidade de suicídio, independentemente da intenção do agente. O STF, porém, se posicionou em sentido contrário a essa prática, editando, em 1963, o enunciado da Súmula 105,[278] determinando que o período de carência só valeria para o suicídio premeditado, de modo que o suicídio não premeditado ensejaria cobertura mesmo durante o período de carência. Algumas décadas depois, o STJ reforçou esse entendimento, consagran-

Carência no suicídio

---

[275] "Art. 22. O plano de seguro poderá estabelecer prazo de carência, respeitado o limite de dois anos e o disposto neste capítulo.
§ 1º. O prazo de carência, exceto no caso de suicídio ou sua tentativa, não poderá exceder metade do prazo de vigência previsto pela apólice, no caso de contratação individual, ou pelo certificado, no caso de contratação coletiva.
§ 2º. A carência a que se refere este artigo poderá, a critério da sociedade seguradora, ser reduzida ou substituída por declaração pessoal de saúde ou de atividade e/ou exame médico".

[276] "Art. 797. (...) Parágrafo único. No caso deste artigo o segurador é obrigado a devolver ao beneficiário o montante da reserva técnica já formada".

[277] "Art. 1.440. A vida e as faculdades humanas também se podem estimar como objeto segurável, e segurar, no valor ajustado, contra os riscos possíveis, como o de morte involuntária, inabilitação para trabalhar, ou outros semelhantes. Parágrafo único. Considera-se morte voluntária a recebida em duelo, bem como o suicido premeditado por pessoa em seu juízo".

[278] Súmula 105 STF: "Salvo se tiver havido premeditação, o suicídio do segurado no período contratual de carência não exime o segurador do pagamento do seguro".

do no enunciado da Súmula 61 de 1992, posteriormente cancelada, segundo a qual "o seguro de vida cobre o suicídio não premeditado".

Segundo este entendimento sumulado, cabia ao segurador o ônus de provar que o suicídio do segurado fora premeditado para se eximir de pagar o capital estipulado. Tratava-se de prova diabólica, cuja obtenção dependia, muitas vezes, da invasão, pelo segurador, do luto familiar, o que poderia acabar por desrespeitar direitos da personalidade do segurado, que sabidamente se projetam após a morte.

Critério objetivo Ciente da imprecisão da redação anterior, o Código Civil de 2002, inspirando-se no Código Civil italiano de 1942, eliminou as indagações subjetivas quanto à premeditação do segurado e estabeleceu critério objetivo, de caráter temporal, para fins de determinação da cobertura securitária em caso de suicídio. Segundo o art. 798 do atual diploma, "o beneficiário não tem direito ao capital estipulado quando o segurado se suicida nos primeiros dois anos de vigência inicial do contrato, ou da sua recondução depois de suspenso, observado o disposto no parágrafo único do artigo antecedente".

Reincidência do elemento intencional Apesar de o novo dispositivo romper com a lógica da premeditação, o STJ, após a edição do Código Civil de 2002, continuou baseando seu entendimento no estado anímico do segurado. Em 2011, em precedente de relatoria do Ministro Luís Felipe Salomão, a 2ª Seção do STJ,[279] baseada no princípio da boa-fé objetiva, entendeu que a redação do art. 798 do Código Civil não autoriza a seguradora a se eximir automaticamente da cobertura em razão de suicídio verificado no período de carência, sendo necessário para tanto a comprovação, pela própria seguradora, "da premeditação por parte do segurado".

Presunção relativa de premeditação Ao lado dessa interpretação, parte da doutrina se posicionou no sentido de que o art. 798 do Código Civil impõe presunção relativa de premeditação pelo suicida nos dois primeiros anos da contratação, de modo que seria possível que o beneficiário fizesse prova da ausência de premeditação, a retomar o dever da seguradora de pagar a compensação acordada.[280] Nesse sentido, destaque-se o Enunciado 187 da III

---

[279] É ver-se: "Agravo Regimental em Agravo de Instrumento. Ação de cobrança. Seguro de vida. Suicídio cometido dentro do prazo de 2 (dois) anos de início de vigência da apólice de seguro. Negativa de pagamento do seguro. Art. 798 do CC/2002. Interpretação lógico-sistemática. Boa-fé. Princípio norteador do diploma civil. Presunção. Necessidade de prova da premeditação para afastar-se a cobertura securitária. Precedente. Acórdão do tribunal. Análise de provas. Afastada a premeditação. Revisão. Súmula 7/STJ. Agravo regimental a que se nega provimento. (...) 2. A interpretação do art. 798, do Código Civil de 2002, deve ser feita de modo a compatibilizar o seu ditame ao disposto nos arts. 113 e 422 do mesmo diploma legal, que evidenciam a boa-fé como um dos princípios norteadores da redação da nova codificação civil. 3. Nessa linha, o fato de o suicídio ter ocorrido no período inicial de dois anos de vigência do contrato de seguro, por si só, não autoriza a companhia seguradora a eximir-se do dever de indenizar, sendo necessária a comprovação inequívoca da premeditação por parte do segurado, ônus que cabe à Seguradora, conforme as Súmulas 105/STF e 61/STJ expressam em relação ao suicídio ocorrido durante o período de carência" (STJ, 2ª S., AgRg no Ag 1.244.022, Rel. Min. Luis Felipe Salomão, julg. 13.4.2011, publ. DJ 25.10.2011).

[280] Na doutrina: "Ao estabelecer que o suicídio não gera indenização, caso ocorrido nos dois primeiros anos do contrato, ou da sua recondução depois de suspenso, o art. 798 do CC/2002 (LGL\2002\400) não impede que se continue a distinguir o suicídio premeditado do não premeditado dentro do

Jornada de Direito Civil: "no contrato de seguro de vida, presume-se, de forma relativa, ser premeditado o suicídio cometido nos dois primeiros anos de vigência da cobertura, ressalvado ao beneficiário o ônus de demonstrar a ocorrência do chamado suicídio involuntário".

De outra parte, sustenta-se a interpretação literal do art. 798 do Código Civil, de modo a afastar quaisquer perquirições subjetivas acerca da premeditação do segurado, atendo-se apenas à limitação temporal do novo Código.[281] Esse é o entendimento que vem prevalecendo na jurisprudência desde 2015 após o julgamento paradigmático do Recurso Especial 1.334.005,[282] em respeito à nova redação do diploma civil e que originou o enunciado da Súmula 610 do STJ: "O suicídio não é coberto nos dois primeiros anos de vigência do contrato de seguro de vida, ressalvado o direito do beneficiário à devolução do montante da reserva técnica formada". Vale dizer: o suicídio verificado no período de carência referente aos 2 (dois) primeiros anos de vigência do contrato encontra-se excluído da cobertura, independentemente do elemento intencional do agente, devendo o segurador, nesta hipótese, restituir o montante da reserva técnica formada. A Lei 15.040/2024 disciplina a matéria na mesma direção, dispondo, no art. 120, que "o beneficiário não terá direito ao recebimento do capital segurado quando o suicídio voluntário do segurado ocorrer antes de completados 2 (dois) anos de vigência do seguro de vida".[283]

Prevalência do critério objetivo

---

período de dois anos. Essa é a visão espelhada pelo Enunciado 187, aprovado na III Jornada de Direito Civil do Conselho da Justiça Federal, no sentido de que o prazo de dois anos tem apenas o condão de inverter o ônus da prova, presunção essa desfeita após o seu decurso" (Guilherme Magalhães Martins, Responsabilidade civil do segurador: diálogos entre o Código Civil e o Código do Consumidor. *Revista de Direito do Consumidor*, vol. 79, jul.-set. 2011, pp. 123-161).

[281] Destaque-se Judith Martins-Costa, Contrato de seguro. Suicídio do segurado. Art. 798, Código Civil. Interpretação. Diretrizes e princípios do Código Civil. Proteção ao consumidor. *Revista Brasileira de Direito Civil*, vol.1, jul.-set. 2014, pp. 223-270.

[282] "Recurso Especial. Ação de cobrança. Seguro de vida. Suicídio dentro do prazo de dois anos do início da vigência do seguro. Recurso especial provido. 1. Durante os dois primeiros anos de vigência do contrato de seguro de vida, o suicídio é risco não coberto. Deve ser observado, porém, o direito do beneficiário ao ressarcimento do montante da reserva técnica já formada (Código Civil de 2002, art. 798 c/c art. 797, parágrafo único). 2. O art. 798 adotou critério objetivo temporal para determinar a cobertura relativa ao suicídio do segurado, afastando o critério subjetivo da premeditação. Após o período de carência de dois anos, portanto, a seguradora será obrigada a indenizar, mesmo diante da prova mais cabal de premeditação. 3. Recurso especial provido" (STJ, 2ª S., REsp. 1.334.005, Rel. Min. Maria Isabel Gallotti, julg. 8.4.2015, publ. DJ 23.6.2015). No mesmo sentido, 4ª T., AgI no REsp. 1.667.180, Rel. Min. Lázaro Guimarães, julg. 17.4.2018, publ. DJ 25.4.2018; STJ, 4ª T., AgI no REsp. 1.642.768, Rel. Min. Lázaro Guimarães, julg. 19.10.2017, publ. DJ 25.10.2017; STJ, 3ª T., AgI no REsp. 1.584.432, Rel. Min. Paulo de Tarso Sanseverino, julg. 19.9.2017, publ. DJ 29.9.2017.

[283] Lei 15.040/2024, "Art. 120. O beneficiário não terá direito ao recebimento do capital segurado quando o suicídio voluntário do segurado ocorrer antes de completados 2 (dois) anos de vigência do seguro de vida. § 1º Quando o segurado aumentar o capital, o beneficiário não terá direito à quantia acrescida se ocorrer o suicídio no prazo previsto no *caput* deste artigo. § 2º É vedada a fixação de novo prazo de carência, nas hipóteses de renovação e de substituição do contrato, ainda que seja outra a seguradora. § 3º O suicídio em razão de grave ameaça ou de legítima defesa de terceiro não está compreendido no prazo de carência. § 4º É nula a cláusula de exclusão de cobertura de suicídio de qualquer espécie. § 5º Ocorrendo o suicídio no prazo de carência, é assegurado o direito à devolução do montante da reserva matemática formada".

Hipóteses de incidência da cobertura

Ainda quanto aos seguros de pessoa, em que o risco segurado seja a morte ou incapacidade, não se admite que o segurador se exima do pagamento da indenização caso a morte ou incapacidade decorra do uso de meio de transporte mais arriscado, da prestação de serviço militar, prática de esporte ou ato de humanidade em auxílio de outrem, mesmo que a restrição conste da apólice (CC, art. 799, e Lei 15.040/2024, art. 121).[284] Parte-se da ideia de que a função do seguro de pessoa é garantir o risco na sua maior extensão possível. Em consequência, se o segurado prestou todas as informações de modo satisfatório, a cobertura será devida.[285] A cláusula que exclua a cobertura nessas hipóteses deverá ser considerada inválida. A norma não se aplica, contudo, a transporte ilegal ou esporte proibido, quando não será devida a cobertura.

Seguro de vida e seguro de acidentes pessoais: distinção

Releva, ainda, a distinção, efetuada pela jurisprudência, entre o seguro de vida e por acidentes pessoais. Segundo o entendimento do Superior Tribunal de Justiça, o seguro de vida tem por objeto a cobertura de morte decorrente de causas naturais e acidentais; ao passo que o seguro de acidentes pessoais apenas abrange em sua cobertura infortúnios causados por acidente pessoal, a exemplo da morte acidental.[286] Nessa direção, entendeu-se que não seria devida a cobertura em seguro de acidente pessoal em que a morte do segurado decorreu de doença, especificamente acidente vascular cerebral, por se tratar de morte natural, desencadeada por fatores internos à pessoa.[287]

---

[284] "Art. 799. O segurador não pode eximir-se ao pagamento do seguro, ainda que da apólice conste a restrição, se a morte ou a incapacidade do segurado provier da utilização de meio de transporte mais arriscado, da prestação de serviço militar, da prática de esporte, ou de atos de humanidade em auxílio de outrem". No mesmo sentido, dispõe o art. 121, Lei 15.040/2024: "A seguradora não se exime do pagamento do capital segurado, ainda que previsto contratualmente, quando a morte ou a incapacidade decorrer do trabalho, da prestação de serviços militares, de atos humanitários, da utilização de meio de transporte arriscado ou da prática desportiva".

[285] Sobre o dispositivo, anota a doutrina: "O que, portanto, quer exprimir o CC/2002, no artigo em pauta, é que contingências de transporte, serviço militar, esporte ou atos de auxílio ou salvamento de que decorra a morte ou incapacidade da pessoa inserem-se, já, no risco normal do contrato, motivo pelo qual não podem encerrar causa de exclusão da cobertura. São, de toda forma, eventos aleatórios, contingenciais na vida da pessoa, que não servem a impedir o pagamento, havido o sinistro, do capital segurado" (Claudio Luiz Bueno de Godoy. In: Cezar Peluso (coord.), *Código Civil Comentado*, cit., p. 807).

[286] A 4ª Turma do STJ possui o entendimento de que, nos termos do art. 585, III, do CPC/1973, com a redação dada pela Lei 11.382/2006, o contrato de seguro de acidentes pessoais não é título executivo apto a embasar execução de indenização por invalidez decorrente de acidente (STJ, 4ª T., REsp 1.659.768, Rel. Min. Raul Araújo, julg. 16.8.2022, publ. DJ 25.8.2022).

[287] "(...) 3. O seguro de vida difere do seguro de acidentes pessoais. No primeiro, a cobertura de morte abarca causas naturais e também causas acidentais; já no segundo, apenas os infortúnios causados por acidente pessoal, a exemplo da morte acidental, são garantidos. 4. Para fins securitários, a morte acidental evidencia-se quando o falecimento da pessoa decorre de acidente pessoal, sendo este definido como um evento súbito, exclusivo e diretamente externo, involuntário e violento. Já a morte natural configura-se por exclusão, ou seja, por qualquer outra causa, como as doenças em geral, que são de natureza interna, feita exceção às infecções, aos estados septicêmicos e às embolias resultantes de ferimento visível causado em decorrência de acidente coberto (Resolução CNSP nº 117/2004). 5. Apesar da denominação "acidente vascular cerebral", o AVC é uma patologia, ou seja, não decorre de causa externa, mas de fatores internos e de risco da saúde da própria pessoa que levam à sua ocorrência. 6. Contratado o seguro de acidentes pessoais (garantia por morte acidental), não há falar em obrigação da seguradora em indenizar o beneficiário quando a morte do segurado

Outra questão interessante refere-se ao cabimento da cobertura securitária na hipótese em que o evento morte ou incapacidade decorra de acidente de trânsito verificado quando o condutor se encontrava embriagado. Sobre o tema, o Superior Tribunal de Justiça editou a Súmula 620, consoante a qual "a embriaguez do segurado não exime a seguradora do pagamento da indenização prevista em contrato de seguro de vida".[288] A matéria é também objeto da Carta Circular SUSEP/DETEC/GAB 08/2007, com o seguinte teor: "Nos Seguros de Pessoas e Seguros de Danos, é vedada a exclusão de cobertura na hipótese de 'sinistros ou acidentes decorrentes de atos praticados pelo segurado em estado de insanidade mental, de alcoolismo ou sob efeito de substâncias tóxicas'".

Acidente de trânsito com condutor embriagado

Muito embora subordinado à disciplina especial, o seguro de vida, tal qual o seguro de dano, subordina-se às disposições gerais previstas nos arts. 757 a 777 do Código Civil, entre as quais a norma que determina a perda do direito à cobertura nos casos em que o segurado provoca o sinistro ou agrava consideravelmente o risco (art. 768, Código Civil; art. 13, Lei 15.040/2024).

Incidência do art. 768 do Código Civil ao seguro de pessoas

Nessa direção, em qualquer que seja a espécie de contrato de seguro, o sinistro deve configurar evento futuro e incerto e, portanto, independente da vontade ou da conduta deliberada de qualquer das partes, sob pena de deflagrar-se inevitável desequilíbrio econômico-financeiro, em violação aos princípios do mutualismo e do equilíbrio econômico dos pactos. Tal desequilíbrio de contratos individuais importa a instabilidade de toda a rede de contratos, visto que as suas consequências extrapolam a concreta relação securitária bilateral, afetando toda a carteira do segurador.

é decorrente de causa natural, a exemplo da doença conhecida como acidente vascular cerebral (AVC), desencadeada apenas por fatores internos à pessoa. 7. Recurso especial não provido" (STJ, 3ª T., REsp. 1.443.115/SP, Rel. Min. Cueva, julg. 21.10.2014, publ. DJ 28.10.2014).

[288] Na mesma direção, no âmbito do contrato de seguro de acidente pessoal, o STJ reconheceu ser irrelevante o agravamento do risco pelo segurado para fins de incidência da cobertura securitária: "(...) 4. O seguro de acidente pessoal é modalidade de seguro de pessoas, diferenciando-se do seguro de vida em relação à natureza do risco contratado. A cobertura do primeiro abrange apenas os infortúnios causados por acidentes, enquanto o segundo abarca as causas naturais e eventos externos. Precedentes desta Corte. 5. A Segunda Seção desta Corte reafirmou o entendimento no sentido de que, 'nos seguros de pessoas, é vedada a exclusão de cobertura na hipótese de sinistros ou acidentes decorrentes de atos praticados pelo segurado em estado de insanidade mental, de alcoolismo ou sob efeito de substâncias tóxicas, ressalvado o suicídio ocorrido dentro dos dois primeiros anos do contrato' (REsp 1.999.624/PR, Segunda Seção, DJe 2/12/2022). 6. No mesmo julgamento, estabeleceu-se que 'o agravamento do risco pela embriaguez, assim como a existência de eventual cláusula excludente da indenização, são cruciais apenas para o seguro de coisas, sendo desimportante para o contrato de seguro de vida, nos casos de morte'. De maneira análoga, na hipótese de seguro de acidentes pessoais, modalidade de seguro de pessoas, a discussão acerca do suposto agravamento do risco do sinistro pelo segurado é desnecessária. 7. Se a cobertura nos seguros pessoais deve abranger até mesmo o suicídio premeditado após os dois primeiros anos do contrato, bem como os sinistros decorrentes de atos praticados pelo segurado em estado de insanidade mental, de alcoolismo ou sob efeito de substâncias tóxicas, não há como se afastar a cobertura securitária ao segurado que, por motivos desconhecidos, ao conduzir veículo em alta velocidade, invadiu a contramão e colidiu com terceiro, ocasionando acidente que culminou em sua morte (...)" (STJ, 3ª T., REsp 2.045.637/SC, Rel. Min. Nancy Andrgihi, julg. 9.5.2023, publ. DJ 11.5.2023).

Dito diversamente, a imprevisibilidade do risco e a sua inimputabilidade aos contratantes mostram-se fundamentais a esse tipo contratual, pois, se fosse dada ao segurado a possibilidade de decidir sobre a ocorrência do sinistro, restaria de todo rompido o mutualismo ínsito à lógica securitária. Se assim é, também o seguro de vida se orienta pelo princípio do mutualismo, refratário à conduta do segurado que agrave intencionalmente o risco, ampliando a probabilidade de verificação do sinistro e, em consequência, afetando o cálculo atuarial do segurador, a provocar violação ao equilíbrio econômico do contrato de seguro. Mostra-se, nessa direção, inequívoca a incidência do art. 768 do Código Civil e do art. 13, Lei 15.040/2024, aos contratos de seguro de vida.

Incidência da boa-fé objetiva

Sublinhe-se que a conduta do segurado em agravar intencionalmente o risco é ainda coibida pelo princípio da boa-fé objetiva, que assume particular relevância nas relações securitárias. Destacado no art. 765 do Código Civil, o princípio da boa-fé objetiva, em suas três funções fundamentais,[289] visa, precipuamente, garantir a realização do escopo econômico comum do contrato de seguro, pautado pelo princípio do mutualismo. Se assim é, incide o art. 768 do Código Civil, que busca, precisamente, evitar que o segurado agrave intencionalmente o risco ou dê causa ao sinistro com vistas a obter o direito à cobertura, desequilibrando as prestações contratualmente estabelecidas.

Conforme elucidado anteriormente, a Lei 15.040/2024 também disciplina a hipótese de agravamento do risco segurado. Aduz-se que o segurado não pode agravar intencionalmente o risco do contrato de seguro, conduzindo ao aumento significativo da probabilidade de sua verificação, sob pena de perder a garantia, exceto se a seguradora, comunicada quanto ao agravamento do risco, anuir com a continuidade da garantia (art. 13). Outrossim, dispõe o art. 16 da Lei 15.040/2024 que a seguradora somente poderá recusar-se a indenizar caso prove o nexo causal entre o relevante agravamento do risco e o sinistro caracterizado. Prevê-se, ainda, a hipótese de relevante redução do risco, indicando-se que, nesse caso, "o valor do prêmio será proporcionalmente reduzido, ressalvado, na mesma proporção, o direito da seguradora ao ressarcimento das despesas realizadas com a contratação" (art. 18).

Interpretação evolutiva da Súmula 620 do STJ

Desse modo, a solução da matéria não pode se dar de maneira apriorística, *in abstracto*, devendo-se qualificar o suporte fático à luz do arcabouço normativo aplicável, notadamente o Código Civil e a disciplina setorial, em sistemática interpretação. Vale dizer: a embriaguez, por si só, em abstrato, não terá a força de afastar a cobertura securitária nos seguros de vida *ex vi* da Súmula 620 do STJ. Todavia, nos casos em que se restar demonstrado que o sinistro decorreu direta e necessariamente da embriaguez do segurado, há de se afastar a cobertura securitária.

Por tais razões, a Súmula 620 do STJ há de ser interpretada de modo evolutivo, no sentido de que "a embriaguez do segurado não exime a seguradora do pagamento da indenização prevista em contrato de seguro de vida" desde que não reste demonstrado

---

[289] Sobre as funções da boa-fé objetiva, v. o volume II desta Coleção.

que o sinistro decorreu direta e necessariamente de ato do segurado. Em contrapartida, uma vez comprovado que o sinistro decorreu direta e necessariamente de ato do segurado embriagado, há de se afastar a cobertura nos contratos de seguro de vida.

Destaque-se que a 4ª Turma do STJ afetou o tema para análise da 2ª Seção, tendo o Ministro Relator Luis Felipe Salomão defendido a possibilidade de excluir a cobertura por conta do agravamento do risco causado pela condução do veículo sob estado de embriaguez, desde que o ônus de comprovação fosse da empresa.

No entanto, no julgamento do REsp 1.999.624/PR, consagrou-se vencedor o voto divergente do ministro Raul Araújo, que propôs a reafirmação do texto da Súmula 620 e de sua interpretação mais restritiva.[290]

Em outros termos, concluiu-se que, em se tratando de seguro de vida, independentemente de a morte por acidente ter sido causada por condutor embriagado ou alterado por entorpecentes, a indenização deve ser paga, já que o Código Civil, em seu art. 798, prevê a reparação mesmo nos casos de morte voluntária — exceto na hipótese de o suicídio ocorrer nos dois primeiros anos de vigência do contrato de seguro de vida, como indica o parágrafo único. Na ocasião, pontuou-se também que admitir a exclusão da indenização por conta do estado de embriaguez do condutor do veículo, na prática, implicaria enorme insegurança jurídica.

Caso fortuito e força maior no contrato de seguro

11. OS EFEITOS DA PANDEMIA DE COVID-19 NO CONTRATO DE SEGURO

As partes, no livre exercício de sua autonomia privada, não raro, estipulam, no contrato de seguro, cláusulas excludentes da cobertura. Essas disposições têm o condão de afastar a responsabilidade do segurador nas hipóteses especificamente previstas na cláusula, dentre as quais se destaca a previsão que exclui a cobertura na hipótese de caso fortuito ou de força maior. Nesses casos, as partes entendem que os eventos listados, embora previsíveis, escapam ao ordinário, de modo que sua verificação não é levada em conta na precificação do prêmio.

Cláusulas excludentes da cobertura em caso de fortuito

Nesse cenário, questiona-se se a pandemia do novo coronavírus se caracteriza como caso fortuito ou força maior apta a afastar a cobertura em contratos de seguro. Essa análise é relevante, pois diversas apólices estabelecem as epidemias e pandemias

Pandemia do novo coronavírus

---

[290] STJ, 2ª S., REsp 1.999.624/PR, Rel. Min. Raul Araújo, julg. 28.9.2022, publ. DJ 2.12.2022. Confiram-se trechos do voto do Ministro Relator Raul Araújo: "Mais recentemente ainda, a eg. Segunda Seção desta Corte julgou os Embargos de Divergência no Recurso Especial n. 973.725/SP, consolidando o entendimento de que a cobertura dos seguros de vida deve abranger os casos de sinistros ou acidentes decorrentes de atos praticados pelo segurado, inclusive em estado de insanidade mental, alcoolismo ou sob efeito de outras substâncias tóxicas, ressalvado o suicídio ocorrido dentro dos dois primeiros anos de contrato, somente podendo ser excluída a cobertura nos seguros de bens cujo objeto segurado seja veículo automotor quando os danos ocorridos a este sejam em decorrência de sua condução por pessoa embriagada ou sob efeito de drogas, quando haja comprovação do estado alterado por entorpecentes. (...). Desse modo, propõe-se seja a jurisprudência da eg. Segunda Seção confirmada, relativamente ao entendimento de que, nos seguros de pessoas, é vedada a exclusão de cobertura na hipótese de sinistros ou acidentes decorrentes de atos praticados pelo segurado em estado de insanidade mental, de alcoolismo ou sob efeito de substâncias tóxicas".

como riscos excluídos da cobertura securitária, o que motivou a eclosão de diversas discussões sobre a validade da estipulação diante da expansão da covid-19.

A despeito da natureza aleatória dos contratos de seguro, estes se sujeitam ao princípio do equilíbrio econômico dos pactos. Para além do equilíbrio da rede de contratos propiciado pelo mutualismo, o equilíbrio econômico do contrato individual é garantido por prestações correspectivas assumidas pelas partes, que atendam aos interesses por elas perseguidos no concreto regulamento de interesses. Cumpre dizer, o segurador não assume todos os riscos correlacionados ao objeto segurado nem se obriga à cobertura contra quaisquer sinistros que venham a ocorrer. Ao revés, os contratantes delimitarão, na apólice, os sinistros sujeitos à cobertura indenitária, e os que estarão excluídos, estabelecendo-se o equilíbrio entre as prestações correspectivas. É nesse contexto que se controverte acerca das cláusulas excludentes de responsabilidade, inseridas em contratos de seguro, muitas vezes excluindo epidemias ou pandemias.[291]

A propósito, a Organização Mundial de Saúde (OMS) define pandemia como o espalhamento, pelo mundo, de doença infecciosa que afeta grande número de pessoas.[292] Não restam dúvidas, portanto, de que a pandemia é evento externo aos contratantes, que atinge a avença independentemente de culpa e que tem efeitos inevitáveis. Dessa forma, as consequências da pandemia poderão escapar da alocação de riscos estabelecida entre as partes, de modo que se pode afirmar que a pandemia consiste, potencialmente, em evento de força maior.

<small>Atos infralegais autorizando a exclusão</small>

Por essa razão, diversos atos infralegais autorizam expressamente a exclusão de epidemias e pandemias da cobertura do seguro. Era o caso da Resolução 31/1994 do Conselho Nacional de Seguros Privados (CNSP), revogada em 2001, que autorizava referida estipulação nos seguros de assistência médica ou hospitalar.[293]

---

[291] Cfr. Gustavo Tepedino e Paula Greco Bandeira, A força maior nos contratos de seguro. In: Ilan Goldberg e Thiago Junqueira (orgs.), *Temas Atuais de Direito dos Seguros*, São Paulo: Thomson Reuters Brasil, vol. 2, 2020, pp. 74-92.

[292] "Uma pandemia é a disseminação mundial de uma nova doença. Uma pandemia de gripe ocorre quando um novo vírus da gripe surge e se espalha pelo mundo, e a maioria das pessoas não tem imunidade. Os vírus que causaram pandemias passadas geralmente se originaram de vírus da gripe animal" (*What is a pandemic*. In: World Health Organization. Disponível em: https://www.who.int/csr/disease/swineflu/frequently_asked_questions/pandemic/en/. Acesso em: 15.7.2020; tradução livre). No original: "A pandemic is the worldwide spread of a new disease. An influenza pandemic occurs when a new influenza virus emerges and spreads around the world, and most people do not have immunity. Viruses that have caused past pandemics typically originated from animal influenza viruses".

[293] "Art. 4º Fica instituída, no ramo de seguro de assistência médica e/ou hospitalar, a Apólice de Garantia Compreensiva, que, respeitadas as limitações previstas no contrato e respectiva nota técnica, não poderá conter restrições de cobertura a qualquer doença ou lesão, exceto: I – doenças e lesões preexistentes à assinatura do contrato; II – tratamentos clínicos ou cirúrgicos experimentais; III – cirurgias plásticas não restauradoras e, cumulativamente, não decorrentes de acidente pessoal; IV – tratamento de doenças mentais; V – lesões e quaisquer consequências de ingestão de bebida alcoólica ou uso de drogas psicoativas; VI – tratamentos de rejuvenescimento e emagrecimento; VII – tratamentos odontológicos de qualquer natureza; VIII – atendimento em casos de calamidade pública, guerras, comoções internas, epidemias quando declaradas pela autoridade competente".

Afirma-se que a exclusão é legítima em razão da universalidade dos efeitos da pandemia. Isso porque, caso esses riscos estivessem incluídos na cobertura, o segurador seria demandado por uma multiplicidade de pleitos indenizatórios concomitantes, o que geraria sacrifício econômico desproporcional por parte do segurador, comprometendo o equilíbrio contratual.[294]

Apesar disso, diante da diversidade de modalidades de seguros, é fundamental investigar se a genérica autorização de exclusão de cobertura afigura-se válida e eficaz na hipótese concreta, especialmente no que diz respeito aos efeitos da pandemia da covid-19. Ou seja, para além dos requisitos de validade, atinentes à formação do negócio, deve-se atentar para a eficácia da incidência da disposição no concreto regulamento de interesses estabelecido entre as partes.

No plano da validade, há de se verificar inicialmente se, na hipótese de relação de consumo, restam atendidos os requisitos de validade previstos no CDC. Além disso, o segurador deve se desincumbir de seu dever de informação, em momento prévio à contratação, prestando informações claras, completas e precisas ao segurado em relação aos limites da cobertura e aos riscos excluídos. No plano da eficácia, há de se verificar se o grau de sinistralidade decorrente da pandemia se mostra hábil a romper o equilíbrio contratual, ou seja, a margem de segurança atuarial prevista para a garantia do risco contratado. É dizer: caso reste demonstrado que, a despeito da previsão de cláusula de exclusão da cobertura no caso de epidemia ou pandemia, a incidência da cobertura na hipótese de sinistros efetivamente verificados, em razão da pandemia do novo coronavírus, entre o grupo de segurados, não desequilibra o contrato, por estar remunerada no preço do prêmio correspondente aos cálculos atuariais que lhe serviram de base, há de incidir a cobertura, sob pena de desvirtuar a finalidade do contrato. Em uma palavra, embora a pandemia e a epidemia consistam, em tese, em fatos extraordinários, que atingiriam indistintamente a multiplicidade de contratos, e que, por isso mesmo, são objetos das cláusulas de exclusão de cobertura, *in concreto* poderão se situar na margem de risco assumida pelo segurador.

> *Análise concreta*

Essa análise casuística é fundamental, pois as variadas espécies de seguros se distinguem em razão da diversidade dos legítimos interesses segurados. Como consequência, cada tipo negocial sofrerá impacto diferente decorrente da pandemia da covid-19.

Nos seguros de pessoas, por exemplo, o interesse segurado é justamente a incolumidade física do segurado, sujeitando-se, por isso mesmo, aos efeitos da crise sanitária global. Nesses negócios, a estipulação de cláusula excludente que impeça a cobertura em caso de pandemias e epidemias restringirá sensivelmente a proteção ao interesse legitimamente segurado, demandando maior cautela no exame quanto à preservação da finalidade do negócio jurídico.

---

[294] Sobre a análise, confira-se Thiago Junqueira. Os seguros privados cobrem eventos associados a pandemias? Conjur. Disponível em: https://www.conjur.com.br/2020-abr-01/direito-civil-atual-seguros-privados-cobrem-eventos-associados-pandemias#sdfootnote2anc. Acesso em: 6.9.2020.

Dessa forma, a análise da eficácia da causa excludente deverá levar em conta não apenas os índices de sinistralidade em abstrato, mas especificamente o número de sinistros verificados no grupo segurado, com suas características e perfis determinados. Nesse sentido, é fundamental que as cláusulas de exclusão de cobertura sejam consentâneas com o princípio da boa-fé objetiva, para assegurar, a um só tempo, a vontade declarada pelas partes e o equilíbrio econômico construído atuarialmente entre apólice e risco segurado.

PROBLEMAS PRÁTICOS

1. No seguro de responsabilidade civil, mostra-se válida e eficaz a cláusula contratual que exclui a cobertura securitária na hipótese de acidente ocasionado por embriaguez do segurado na condução do veículo?

2. Mário buscou a seguradora Protege S.A. para celebrar contrato de seguro de veículo. Na ocasião da contratação, Mário afirmou ter garagem coberta e com segurança em seu condomínio, quando, na verdade, sua unidade imobiliária não dispunha de vaga de garagem, razão pela qual o carro fazia pernoite na rua todos os dias, sem segurança. Em determinada madrugada, o carro foi roubado, e Mário buscou junto à seguradora a cobertura pelo sinistro. Mário tem razão?

 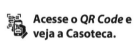
Acesse o *QR Code* e veja a Casoteca.
> http://uqr.to/1pdq8

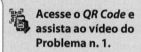
Acesse o *QR Code* e assista ao vídeo do Problema n. 1.
> http://uqr.to/ntj8

Capítulo XII
CONSTITUIÇÃO DE RENDA. JOGO E APOSTA

Sumário: CONSTITUIÇÃO DE RENDA – 1. Conceito – 2. Características – 3. Execução do contrato de constituição de renda – 4. Extinção do contrato de constituição de renda – JOGO E APOSTA – 5. Conceito – 6. Caráter aleatório dos contratos de jogo e aposta – 7. Jogos autorizados, tolerados e proibidos – 8. Contratos diferenciais – Problemas práticos.

CONSTITUIÇÃO DE RENDA

1. CONCEITO

Por conceito de constituição de renda compreende-se o contrato pelo qual uma parte, denominada rendeiro, censuário, censatário ou simplesmente devedor, compromete-se a efetuar prestação periódica (renda) em favor da outra parte, credor da renda ou beneficiário, por tempo determinado, a título gratuito,[1] ou em contraprestação à transferência de bens móveis ou imóveis[2] ou à cessão de capital.[3] O credor da

---

[1] Clóvis Beviláqua afirma que, nesse caso, o contrato de constituição de renda tomará a natureza de doação (*Código Civil dos Estados Unidos do Brasil Comentado*, vol. V, Rio de Janeiro: Ed. Paulo de Azevedo Ltda., 1958, p. 140). No mesmo sentido, J. M. Carvalho Santos, *Código Civil interpretado*, vol. XIX, Rio de Janeiro: Freitas Bastos, 1964, 8ª ed., p. 183.

[2] Gustavo Tepedino et al., *Código Civil Interpretado conforme a Constituição da República*, vol. II, Rio de Janeiro: Renovar, 2006, p. 612 e ss.

[3] Miguel Maria de Serpa Lopes assevera que a constituição de renda a título oneroso não é contrato específico, autônomo, mas toma o aspecto da compra e venda com caráter aleatório na hipótese de entrega de bens móveis ou imóveis, ou de mútuo por ocasião da transferência de capital do instituidor em favor do rendeiro (*Curso de Direito Civil*: Fonte das obrigações: contratos, vol. IV, Rio de Janeiro: Livraria Freitas Bastos, 1962, p. 351).

renda pode ser o próprio constituinte ou terceiro, hipótese em que existirá estipulação em favor de terceiro, adquirindo o contrato feição de gratuidade, vez que o terceiro extrai tão somente vantagens patrimoniais do ajuste.[4]

Constituição de renda onerosa

No caso do contrato de constituição de renda oneroso, o beneficiário é chamado de instituidor, já que, provavelmente por se sentir inseguro quanto à administração de seu capital, entrega ao rendeiro certo bem ou parcela patrimonial, para a obtenção de renda periódica. O capital transferido lhe assegura, assim, a renda. Desse modo, o instituidor concorda em transferir o domínio de seu capital ao rendeiro que, por sua vez, se obriga a fornecer-lhe renda fixa por certo prazo, cujo termo, em geral, é a morte do instituidor, de forma a garantir recursos para subsistir até morrer.[5]

Modalidade de direito real: extinção

No Código Civil de 1916, admitia-se a constituição de renda vinculada a imóvel como modalidade de direito real (art. 1.431, CC/16),[6] previsão suprimida da codificação atual.

Utilidade

Embora mantido pelo Código Civil, o contrato de constituição de renda tem escassa difusão nos dias atuais. A doutrina ressalta, contudo, que o instituto poderia ser mais bem aproveitado diante da insuficiência dos planos de previdência privada. Assim, "em vez de o interessado contribuir periodicamente durante certo tempo para usufruir ao final uma pensão, pode optar pela consignação de um capital, usufruindo imediatamente o benefício vitalício".[7] Destaca-se ainda que o instituto seria útil especialmente aos que não podem, em razão da idade, contratar planos comuns de pensão, além de possibilitar a aquisição de bens móveis e imóveis para a concessão de renda.[8]

Renda

A expressão *renda* traduz qualquer prestação periódica que tenha por objeto dinheiro ou coisas fungíveis, ou, ainda, caráter misto, constituída em parte por soma de dinheiro e em outra parte de coisas fungíveis. A prestação não precisa ser determinada, bastando sua determinabilidade.[9]

Contrato de trato sucessivo

A renda constitui precisamente obrigações periódicas ou várias prestações coligadas entre si pelo elemento temporal, cada qual com prazo específico mas distanciadas umas das outras por intervalo constante de tempo, determinado pela autono-

---

[4] Orlando Gomes, *Contratos,* Rio de Janeiro: Forense, 2009, 26ª ed., p. 501.

[5] Silvio Rodrigues, *Direito Civil*: Dos contratos e das declarações unilaterais de vontade, vol. III, São Paulo: Saraiva, 2006, 30ª ed., p. 325.

[6] "O Código Civil de 1916 cogitava da constituição de renda como direito real, e sob este aspecto a disciplinava (arts. 749 e segs.), quando a renda era vinculada a um imóvel. Sujeitava, ainda, ao direito sucessório, se criada por disposição testamentária" (Caio Mário da Silva Pereira, *Instituições de Direito Civil*, vol. III, Rio de Janeiro: Forense, 2016, 20ª ed., p. 449).

[7] Sílvio de Salvo Venosa, *Direito Civil*: Contratos em espécie, vol. III, São Paulo: Atlas, 2003, p. 368.

[8] Sílvio de Salvo Venosa, *Direito Civil,* cit., p. 368. Orlando Gomes ressalta a importância da constituição de renda: "(...) quando sua prática constitui objeto de atividade econômica de empresas financeiras" (Orlando Gomes, *Contratos,* cit., p. 499).

[9] Giovanni Di Giandomenico, I contratti speciali: I contratti aleatori. *Trattato di diritto privato diretto da Mario Bessone,* vol. XIV, Torino: G. Giappichelli Editore, 2005, p. 273.

mia privada.[10] O contrato de constituição de renda consiste, pois, em contrato de trato sucessivo ou de execução periódica.

2. CARACTERÍSTICAS

A constituição de renda assumirá, no mais das vezes, o caráter bilateral, tendo em conta o sinalagma entre as prestações, isto é, a transferência do bem ou do capital pelo instituidor ao rendeiro em contrapartida ao pagamento da renda por este último em favor do instituidor ou de terceiro. O sinalagma evidencia a onerosidade do contrato. A constituição de renda unilateral, de outra parte, se configurará na hipótese em que o negócio for gratuito, ocasião em que o rendeiro efetuará o pagamento da renda sem qualquer contraprestação por parte do beneficiário.[11]

Bilateral ou unilateral; gratuito ou oneroso

Embora se sustentasse tradicionalmente que o contrato de constituição de renda traduz contrato real,[12] uma vez que se concluiria mediante a transferência da propriedade do bem ou do capital ao rendeiro, a manifestação de vontade se afigura suficiente à formação do contrato, sendo certo que, na constituição de renda gratuita, inexiste sequer a aludida transferência.[13] Ressalte-se, contudo, que a manifestação de vontade deverá assumir a forma escrita, exigindo-se, assim, escritura pública para o aperfeiçoamento da constituição de renda (CC, art. 807),[14-15] a denotar que se trata de contrato formal.

Contrato formal

Por se tratar de contrato, a constituição de renda não poderá ser instituída por disposição de última vontade, o que lhe atribuiria a natureza de legado com encargo. De outra parte, por vezes, ocorre a constituição de renda em ação de alimentos ou de responsabilidade civil, hipótese em que a constituição de renda não assume a natureza negocial, por decorrer de determinação judicial.[16] Contudo, as partes poderão negocialmente convencionar a constituição de renda em matéria de alimentos ou responsabilidade civil, que se sujeitará, na hipótese de descumprimento, à execução

Natureza negocial

---

10   Giovanni Di Giandomenico, I contratti speciali, cit., p. 273.

11   Sobre a constituição de renda gratuita, v. interessante precedente: STJ, 4ª T., AgRg no REsp 968.179/RJ, Rel. Min. Antonio Carlos Ferreira, julg. 17.12.2013, publ. DJ 3.2.2014.

12   Nessa direção, v. Clovis Bevilaqua, *Código Civil*, cit., p. 180; Pontes de Miranda, *Tratado de Direito Privado*: Parte Especial, tomo XLIV, São Paulo: Revista dos Tribunais, 2013, pp. 366-367; e Caio Mário da Silva Pereira, *Instituições de Direito Civil*: contratos, vol. III, Rio de Janeiro: Forense, 2003, 11ª ed., p. 476.

13   Nesse sentido, cfr. Miguel Maria de Serpa Lopes, *Curso de Direito Civil*, vol. IV, cit., p. 409, no mesmo sentido Silvio Rodrigues, *Direito Civil*, cit., p. 326 e Silvio de Salvo Venosa, *Direito Civil*, cit., p. 369.

14   "Art. 807. O contrato de constituição de renda requer escritura pública".

15   Em sentido contrário, Flávio Tartuce sustenta a natureza consensual do contrato de constituição de renda, que apenas se tornaria formal nas hipóteses de negócios imobiliários de valor superior a 30 (trinta) salários mínimos (Direito Civil, vol. 3, Rio de Janeiro: Forense, 2019, 14ª ed., pp. 1005-1006, livro digital).

16   Na jurisprudência, v. exemplificativamente: "Execução provisória. Pensão alimentícia decorrente de ato ilícito. Constituição de capital. (...) a constituição de renda se presta a garantir o pagamento de prestações alimentícias futuras (e não pretéritas)" (TJSP, 28ª C. D. Priv., AgI 0162983-63.2011.8.26.0000, Rel. Des. Júlio Vidal, julg. 8.11.2011, publ. DJ 10.11.2011).

específica, atendidos os requisitos do art. 784, III,[17] CPC; ou à ação de conhecimento caso não constitua título executivo extrajudicial.

Contrato comutativo ou aleatório   O contrato será comutativo se houver certeza dos contratantes quanto à existência, à extensão das prestações e o momento de sua verificação (*certus an* e *certus quando*), assumindo o rendeiro o pagamento da renda por prazo com termo final certo. De outra parte, o contrato de constituição de renda afigurar-se-á aleatório se for oneroso e vitalício, isto é, tiver prazo atrelado à duração da vida do beneficiário;[18] ou, ainda, do devedor (CC, art. 806)[19] (*incertus an* e *incertus quando*).[20] Como se sabe, os contratos aleatórios são sempre onerosos, vez que dele resultam vantagens e prejuízos recíprocos, delimitados, do ponto de vista subjetivo e objetivo, pelo evento incerto, desconhecido no momento da celebração do ajuste, noção essa incompatível com a gratuidade.[21] Por outro lado, a impossibilidade de se prever o momento da morte do beneficiário ou do devedor torna incerta a consistência física da prestação do rendeiro e a relação entre as prestações dos contraentes.[22]

Álea   A álea encontra-se, pois, conexa à incerteza da duração da vida contemplada.[23] Tem-se, assim, de um lado, a prestação certa do beneficiário consubstanciada na obrigação de transferência de bens móveis ou imóveis ou na cessão de capital, e, de outro lado, prestação incerta do rendeiro determinada em sua consistência física pelo evento morte. Desse modo, no momento do acordo de vontades, as partes desconhecem se do negócio decorrerá lucro ou prejuízo em termos de atribuição

---

[17]   "Art. 784. São títulos executivos extrajudiciais: (...) III – o documento particular assinado pelo devedor e por 2 (duas) testemunhas".

[18]   Silvio Rodrigues, *Direito Civil,* cit., p. 327; Washington de Barros Monteiro, *Curso de direito civil:* Direito das obrigações: 2ª Parte, vol. V, São Paulo: Saraiva, 2007, 35ª ed., p. 366; Miguel Maria de Serpa Lopes, *Curso de Direito Civil,* cit., p. 345.

[19]   "Art. 806. O contrato de constituição de renda será feito a prazo certo, ou por vida, podendo ultrapassar a vida do devedor mas não a do credor, seja ele o contratante, seja terceiro".

[20]   Clovis Bevilaqua, *Código Civil,* cit., p. 140; J. M. Carvalho Santos, *Código Civil interpretado,* cit., pp. 182-183.

[21]   Nessa direção, cfr. J. M. Carvalho Santos, "Nem se poderia, por outro lado, considerar como aleatório o contrato no caso da constituição ter sido feita a título gratuito, pois os contratos dessa natureza excluem a possibilidade de serem considerados aleatórios. Em verdade, a possibilidade do ganho ou perda não se concebe num obrigado em contrato a título puramente gratuito: aquele que se constituiu devedor, ou que constituiu seu herdeiro devedor da renda não tem nenhuma esperança de ganho, assim como não corre risco algum de perda. Somente a liberalidade será maior ou menor, mais considerável ou de menor valor, segundo a maior ou menor duração da obrigação de efetuar o pagamento da renda" (*Código Civil Interpretado,* cit., p. 183).

[22]   Domenico Riccio, I contratti speciali: I contratti aleatori. *Trattato di diritto privato diretto da Mario Bessone,* vol. XIV, Torino: G. Gianppichelli Editore, 2005, p. 332. Nas palavras de Rosario Nicolò, "a circunstância de que a prestação da renda tenha como termo final a morte do beneficiário torna conatural ao contrato uma situação de incerteza em relação à prestação do rendeiro, relativamente às suas dimensões quantitativas, a qual constitui o correspectivo da prestação certa executada pelo beneficiário" (Alea. *Enciclopedia del diritto,* vol. I, Milano: Giuffrè, 1954. p. 1030). No original: "la circostanza che la prestazione della rendita abbia come termine finale la morte del vitaliziato rende connaturale al contratto una situazione di incertezza in ordine alla prestazione del vitaliziante, per quanto attiene alle sue dimensioni quantitative, che costituisce il corrispettivo della prestazione *certa,* eseguita dal vitaliziato".

[23]   Giovanni Dattilo, *Enciclopedia del diritto,* vol. XXXIX, Milano: Giuffrè, 1988, p. 875.

patrimonial, o que dependerá da verificação do evento incerto, no caso, a morte do beneficiário ou do devedor, ocasião em que se apurarão as prestações até então efetuadas pelo rendeiro e os bens a ele transferidos pelo beneficiário. A morte precoce do beneficiário acarretará perda patrimonial para o *de cujus,* ao passo que o falecimento na idade esperada importa perda patrimonial para o rendeiro. De igual forma, o falecimento prematuro do rendeiro, na hipótese de o contrato estar atrelado à duração de sua vida, resultará em perda patrimonial para o beneficiário; e a sua morte na idade estimada, a seu turno, representará perda patrimonial para o devedor falecido.

3. EXECUÇÃO DO CONTRATO DE CONSTITUIÇÃO DE RENDA

O contrato de constituição de renda, por se tratar de contrato benéfico, não poderá ultrapassar a vida do credor, seja ele contratante ou terceiro (CC, art. 806), mas poderá extrapolar a vida do devedor. Assim, se o contrato estiver subordinado à vida do credor e o devedor morrer antes dele, os herdeiros deste continuarão com a obrigação de pagar as prestações. Por outro lado, se o prazo do contrato estiver subordinado à vida do devedor, a morte do credor antes do advento do termo final deflagrará para os seus sucessores o direito de receber a renda a ser paga pelo devedor.

Termo certo

A constituição de renda em favor de pessoa já falecida, ou que, nos 30 (trinta) dias seguintes, vier a falecer de moléstia que já sofria, quando foi celebrado o contrato, afigura-se nula de pleno direito (CC, art. 808).[24] Mostra-se irrelevante o conhecimento quanto à existência da doença no momento da contratação, bastando, para invalidar o contrato, que se prove que ela existia desde antes da contratação. Se, mesmo doente, o credor morrer nos 30 (trinta) dias seguintes à contratação em decorrência de causa diversa, como acidente, suicídio, ou outra doença qualquer, surgida após a celebração do contrato, este não será nulo. Se o falecimento se der após o prazo legal, não haverá nulidade, mas extinção do contrato, mantidos todos os seus efeitos produzidos até então.

O contrato de constituição de renda pode ser feito em benefício de mais de um titular. Nesta hipótese, se uma destas pessoas estiver morta quando da contratação ou vier a falecer dentro dos 30 (trinta) dias subsequentes, por moléstia preexistente, o contrato continua válido para os demais credores, sendo nulo apenas na parte que competia ao falecido. Isso porque, salvo estipulação expressa nesse sentido, não haverá direito de acrescer entre os beneficiários, ou seja, a fração de parte já falecida não se transfere de forma proporcional aos que sobreviverem. O regramento é semelhante ao dispensado pelo legislador ao usufruto, à doação e aos legados.

Direito de acrescer

---

24 "Art. 808. É nula a constituição de renda em favor de pessoa já falecida, ou que, nos trinta dias seguintes, vier a falecer de moléstia que já sofria, quando foi celebrado o contrato".

Se, porém, os beneficiários forem cônjuges, um sucederá o outro no benefício, em aplicação analógica da regra do art. 551 do Código Civil.[25] Assim, o cônjuge vivo terá direito a perceber a fração do benefício oferecido ao cônjuge falecido.[26]

Garantia real ou pessoal

O credor poderá exigir garantia real ou fidejussória do devedor (CC, art. 805), como forma de assegurar que a renda será paga na forma convencionada.

Resolução do contrato por inadimplemento

No contrato de constituição de renda oneroso, se o rendeiro inadimplir sua prestação de efetuar o pagamento da renda e, uma vez notificado pelo credor, não corrigir a sua mora; ou, ainda, se o devedor não prestar a garantia real ou pessoal exigida pelo credor, este poderá resolver o contrato (CC, art. 810). Uma vez operada a resolução, os efeitos produzidos até então serão preservados. Assim, o credor poderá requerer a restituição do bem móvel ou imóvel transferido ao devedor; contudo, os frutos provenientes deste bem, produzidos até o momento da extinção do contrato, permanecem com o rendeiro. De igual modo, a renda percebida pelo credor não deverá ser restituída. Na hipótese de cessão do capital, o devedor deverá restituir o saldo restante devido ao credor, atualizado monetariamente e com juros de mora, apurado a partir da subtração das rendas já pagas do montante total inicialmente recebido pelo devedor.

Extinção contrato de constituição

O contrato de constituição de renda a título gratuito, por se tratar de liberalidade, poderá ser extinto a qualquer tempo pelo devedor, ao que não poderá se opor o credor, afastando-se a caracterização do inadimplemento; a menos que tenha sido celebrado com prazo certo, hipótese em que a resilição antecipada acarretará inadimplemento contratual. No caso de extinção unilateral, de todo modo, o credor poderá exigir o pagamento das rendas em atraso, vencidas até o momento da extinção do contrato e não pagas.

Inalienabilidade e impenhorabilidade

No contrato de constituição de renda a título gratuito, a autonomia privada poderá fixar que a renda será inalienável e impenhorável, restando-a a salvo de execuções pendentes ou futuras contra o beneficiário (CC, art. 813).[27-28] De igual modo, a lei estabelece que os montepios e as pensões alimentícias, em razão da sua natureza alimentar, gozam da mesma isenção, a prescindir de estipulação pelas partes.

---

[25] "Art. 551. Salvo declaração em contrário, a doação em comum a mais de uma pessoa entende-se distribuída entre elas por igual. Parágrafo único. Se os donatários, em tal caso, forem marido e mulher, subsistirá na totalidade a doação para o cônjuge sobrevivo".

[26] Carlos Roberto Gonçalves, Direito Civil, vol. III, São Paulo: Saraiva, 2012, 9ª ed., p. 536.

[27] "Art. 813. A renda constituída por título gratuito pode, por ato do instituidor, ficar isenta de todas as execuções pendentes e futuras. Parágrafo único. A isenção prevista neste artigo prevalece de pleno direito em favor dos montepios e pensões alimentícias".

[28] Conforme registra Claudio Luiz Bueno de Godoy. Além disso, "impõe-se uma impenhorabilidade legal, que vem desde o Regulamento n. 737 de 1850, em favor das instituições de rendas alimentícias, como é aquela devida, nos montepios, aos beneficiários, também ditos pensionistas, de alguém via de regra falecido. É, enfim, nesse caso, a impenhorabilidade do pecúlio devido aos beneficiários. Ainda em outras palavras, a ideia é que essas pensões instituídas não respondem pelas dívidas do instituidor, dada a natureza alimentar em favor de seus beneficiários" (in: Cezar Peluso (coord.), *Código Civil Comentado*, Barueri: Manole, 2013, 7ª ed., p. 817).

4. EXTINÇÃO DO CONTRATO DE CONSTITUIÇÃO DE RENDA

Extingue-se o contrato de constituição de renda: a) pelo término do prazo ou do número de prestações convencionadas, ou pelo implemento da condição resolutiva; b) pela morte do beneficiário, ou do devedor, se a renda for vitalícia para um ou para outro lado; c) pela rescisão do contrato (CC, art. 810); d) pelo resgate por parte do rendeiro, que, para exonerar-se, paga de uma só vez a quantia determinada, equivalente ao capital cuja renda assegure ao credor a renda equivalente segundo a taxa legal de juros, liberando o bem do gravame, em se tratando de constituição de renda vinculada a imóvel. O resgate é facultativo, nada impedindo que seja convencional.

Formas de extinção do contrato

JOGO E APOSTA

5. CONCEITO

O contrato de jogo consiste no acordo, independentemente do motivo (diversão, exercício dos dotes físicos, intelectuais ou lucro), no qual se convenciona efetuar uma competição ou partida em observância às regras estabelecidas, obrigando-se os participantes, nas hipóteses em que se identifique o propósito de lucro, a desempenhar prestação de conteúdo patrimonial em favor de um ou mais jogadores segundo o êxito da partida ou competição.

Conceito de jogo

A aposta, por sua vez, corresponde ao negócio no qual duas ou mais pessoas se obrigam reciprocamente a cumprir determinada prestação de conteúdo patrimonial em favor de quem tenha formulado o prognóstico ou indicado a solução exata.[29]

Conceito de aposta

Por outras palavras, no contrato de jogo, os contraentes são também competidores, ao passo que na aposta os contratantes não participam diretamente da competição, mas se obrigam a determinada prestação em benefício daquele que tiver adivinhado o êxito de uma competição, cujos protagonistas não participam da aposta.[30] A título ilustrativo, está-se diante de um jogo quando dois lutadores de boxe competem entre si; e, de uma aposta, no caso em que dois espectadores dis-

Distinção entre jogo e aposta

---

[29] Na doutrina estrangeira, cfr. Planiol, Georges Ripert e Jean Boulanger, *Traité élémentaire de droit civil*, tomo II, Paris: Librairie Générale de Droit et de Jurisprudence, 1952, pp. 988-989: "O jogo e a aposta são contratos vizinhos um do outro, pelos quais *duas pessoas se prometem reciprocamente, e sob condição semelhante, uma soma determinada ou uma coisa in natura,* de tal sorte que uma só dentre elas será finalmente credora da outra, caducando sua própria promessa. (...) O jogo se difere da aposta pois a condição a preencher para o ganho do jogo é um fato a ser cumprido pelas partes, enquanto que o ganho da aposta depende da simples verificação de um fato já cumprido ou ainda de estado futuro, mas que, nesse último caso, não deve ser obra das partes" (tradução livre). No original: "Le jeu et le pari sont des contrats voisins l'un de l'autre, par lesquels *deux personnes se promettent réciproquement, et sous une condition semblable, une somme déterminée ou une chose en nature,* de telle sorte qu'une seule d'entre elles sera finalement créancière de l'autre, sa propre promesse étant caduque. (...) Le jeu diffère du pari en ce que la condition à remplir pour le gain du jeu est *un fait à accomplir par les parties,* tandis que le gain du pari dépend de la simple verification d'un fait déjà accompli ou encore à l'état futur, mais que, dans ce dernier cas, ne doit pas être l'oeuvre des parties".

[30] Domenico Riccio, *I contratti speciali,* cit., pp. 134-135.

putam uma soma que será atribuída àquele que confiou de antemão no efetivo vencedor da luta.[31]

Relevância jurídica

Alguns autores sustentam que a aposta se afigura sempre relevante para o direito, vez que possui conteúdo patrimonial, ao passo que o jogo apenas adquire relevância para o ordenamento quando se torna fonte de obrigações de conteúdo patrimonial, isto é, na hipótese em que os contraentes-jogadores acordam pagar determinada importância ao contraente vencedor da competição.[32]

Conteúdo econômico

Na doutrina italiana, afirma-se que não interessa ao direito se o sujeito faz exercício físico ou joga uma partida de cartas sem interesse econômico, tendo o jogo relevância jurídica apenas se acompanhado da aposta,[33] a qual tem, por definição, conteúdo econômico, sendo compreendida como a promessa de pagar soma de dinheiro ou de cumprir uma prestação de conteúdo patrimonial (ou, ainda, de dar uma coisa em pagamento) de acordo com o êxito do jogo ou de qualquer fato subjetivamente incerto.[34]

Assim, a diferença entre jogo e aposta residiria no conteúdo econômico dessa última e não propriamente na causa, já que em ambas as figuras a causa não seria reconhecida como digna de plena tutela.[35]

Uniformidade de disciplina

A despeito da distinção doutrinária entre as duas figuras contratuais, o ordenamento jurídico brasileiro dispensa a elas o mesmo tratamento, tornando a distinção pouco profícua do ponto de vista prático.[36] Tal uniformidade de disciplina decorre do elemento comum que permeia esses contratos, qual seja, a álea, que, aqui, assume a particularidade de os contratantes relegarem o pagamento de certa soma em dinheiro ou a entrega de determinado objeto ao ganhador, conforme o resultado do evento fortuito eleito pelas partes.[37]

Causa

O acordo das partes sobre o montante da aposta a ser paga por cada um dos jogadores ou apostadores e, por conseguinte, o prêmio esperado pelo vencedor – ao lado da natureza incerta do evento que subordina a determinação do vencedor e as

---

[31]   Henri Mazeaud, Léon Mazeaud e Jean Mazeaud, *Leçons de droit civil*, t. III, Paris: Éditions Montchrestien, 1960, p. 1284.

[32]   Domenico Riccio, *I contratti speciali*, cit., pp. 134-135.

[33]   Para uma visão crítica do fato social, v. Pietro Perlingieri, *O Direito Civil na Legalidade Constitucional*, Rio de Janeiro: Renovar, 2008, pp. 638-640, para quem todo fato social é dotado de juridicidade, ou seja, tem relevância positiva ou negativa, em termos de valores, para o ordenamento jurídico.

[34]   Carlo Alberto Funaioli, Giuoco e scommessa. *Novíssimo digesto italiano*, vol. VII, Torino: UTET, 1957, 3ª ed., p. 931. Sobre o tema, v., ainda, Emilio Valsecchi, Giuochi e scommesse. *Enciclopedia del diritto*, vol. XIX, Milano: Giuffrè, 1970, p. 51, o qual sustenta que o contrato de aposta encontra seu pressuposto de fato no jogo, inserindo-lhe elementos utilitários que lhe conferem a característica da patrimonialidade, condição essencial à relevância jurídica. Todavia, o jogo e a aposta permanecem sempre distintos e autônomos, mas, quando um se torna o pressuposto do outro, o jogo assume função de instrumentalidade relativamente à aposta, assumindo apenas esta última a qualificação de contrato.

[35]   Carlo Alberto Funaioli, *Giuoco e scommessa*, cit., p. 932.

[36]   Domenico Riccio, *I contratti speciali*, cit., p. 131.

[37]   Caio Mário da Silva Pereira, *Instituições de Direito Civil*, vol. III, Rio de Janeiro: Forense, 2003, 11ª ed., p. 483.

condições necessárias à sua configuração –, consistem em efeitos essenciais ao contrato de jogo e aposta, razão pela qual integram a causa do contrato.[38]

Os contratos de jogo e aposta apresentam, desse modo, causa idêntica, atraindo, portanto, a mesma disciplina jurídica. A diferença entre os dois negócios baseia-se no aspecto estrutural da avença. Sob o aspecto estrutural, em ambos os contratos, o evento incerto determinará a existência ou a consistência física da prestação, bem como o sujeito em favor de quem será efetuada a prestação. Esse evento pode depender exclusivamente da sorte ou da sorte em conjunto com a habilidade dos jogadores[39] ou apostadores. Todavia, no contrato de jogo, os contratantes também figuram como competidores, ao passo que na aposta os contraentes não participam diretamente da competição, mas se obrigam a determinada prestação em favor daquele que tiver adivinhado o seu êxito.

Identidade de disciplina jurídica

Os contratos de jogo e aposta traduzem negócio oneroso tendo em vista que os contratantes executam a prestação, depositando as somas representativas suas apostas, não por espírito de liberalidade, mas mediante contraprestação. Afirma-se, por outro lado, que esses contratos se caracterizam pela artificialidade da criação do risco, tendo em vista que as partes criam o risco que incidirá sobre sua situação patrimonial.[40]

Onerosidade

Os contratos de jogo e aposta afiguram-se, pois, onerosos e caracterizados pela artificialidade da criação do risco, apresentando a estrutura de contrato bilateral ou plurilateral, no sentido de que do contrato participam duas ou mais pessoas com escopo comum.

Bilateral ou plurilateral

6. CARÁTER ALEATÓRIO DOS CONTRATOS DE JOGO E APOSTA

Os contratos de jogo e aposta consistem em negócios aleatórios, identificando-se a álea jurídica como traço essencial de sua causa. Como observado em outra sede, a álea jurídica, que qualifica o contrato como aleatório, há de ser compreendida como a incerteza de ambos os contratantes, no momento da celebração do negócio, quanto ao lucro ou prejuízo, em termos de atribuição patrimonial, que dele decorrerá, a depender da verificação de evento incerto e incontrolável, embora previsto pelas partes. Dito diversamente, nos contratos aleatórios, as partes perseguem com o concreto negócio resultado final (em termos de atribuição patrimonial) incerto, cujo desfecho dependerá da ocorrência do evento estipulado.[41]

Álea

---

[38] Domenico Riccio, *I contratti speciali*, cit., p. 146.

[39] Domenico Riccio, I contratti speciali, cit., p. 139.

[40] "Enquanto nos outros contratos aleatórios (por exemplo, o seguro), o risco preexiste e se reflete sobre a causa do contrato como elemento socialmente apreciável, na aposta isso é criado artificialmente ao único escopo, socialmente inútil, de determinar uma incidência na situação patrimonial dos contratantes" (Emilio Valsecchi, *Giuochi e scommesse*, cit., p. 54; tradução livre). No original: "Mentre negli altri contratti aleatori (per esempio, l'assicurazione), il rischio preesiste e si riflette sulla causa del contratto come elemento socialmente apprezzabile, nella scommessa esso è creato artificialmente al solo scopo, socialmente inutile, di determinare una incidenza nella situazione patrimoniale dei contraenti".

[41] Paula Greco Bandeira, *Contratos aleatórios no direito brasileiro*, Rio de Janeiro: Renovar, 2010, p. 45.

Álea jurídica

O lucro ou prejuízo sobre o qual pairam dúvidas dos contratantes ao firmarem o negócio se afigura jurídico, traduzindo-se na execução de prestação, com a transferência de ativo, do patrimônio de uma parte para o de outra em favor de quem a prestação é desempenhada, deflagrada pelo implemento do evento incerto. A incerteza recai, em outras palavras, na existência da prestação (*an*) e/ou na sua consistência física (peso, número e medida – *quantum*) e será dirimida por ocasião da ocorrência do evento incerto, que disparará a execução da prestação. Do ponto de vista jurídico, aquele que desempenha a prestação sofre perda, ao passo que a parte que recebe a prestação aufere lucro. O lucro ou prejuízo de caráter econômico, portanto, não serve a qualificar determinado negócio como aleatório, mas sim o lucro ou prejuízo jurídico, isto é, em termos de atribuição patrimonial.[42]

Incerteza quanto ao vencedor

Nos contratos de jogo e aposta, as partes celebram a avença dotadas de incerteza acerca do lucro ou prejuízo, em termos de atribuição patrimonial, que resultará do negócio, o que dependerá da verificação de evento incerto escolhido pelas partes e por elas incontrolável. Dito diversamente, mostram-se incertos *ab initio* o vencedor e o perdedor do jogo ou da aposta e, em consequência, quem irá lucrar ou perder com o negócio, de tal sorte que a deflagração do evento incerto determinará o resultado final do ajuste.

7. JOGOS AUTORIZADOS, TOLERADOS E PROIBIDOS

Espécies de jogos

Releva distinguir o jogo que serve ao exercício e habilidade do corpo associado à sorte, daquele que constitua simples forma de distração; ou, ainda, do jogo de azar em que as partes confiam exclusivamente à sorte a obtenção de lucro. Denominam-se, respectivamente, jogos autorizados, tolerados e proibidos. O ordenamento jurídico reconhece efeitos apenas para as duas primeiras hipóteses, sendo os jogos proibidos ou de azar considerados contravenção penal e, como atos ilícitos, insuscetíveis de gerar direitos, sujeitando o infrator à punição (arts. 50 e ss. do Dec.-lei 3.688/41).

Jogos autorizados

Os jogos autorizados constituem aqueles socialmente úteis, por força do benefício que trazem a quem os pratica e à sociedade em geral, a exemplo de competições esportivas e corridas automobilísticas;[43] estimulam atividades econômicas de interesse geral (*v.g.* turfe e trote); ou beneficiam o Estado, que emprega o proveito em obras sociais relevantes, como a loteria.[44] Por restarem legalmente autorizados, tais jogos dão origem a negócios jurídicos tutelados pelo ordenamento, de sorte que quem ganha tem ação para reaver seu crédito, cuidando-se de obrigação plenamente exigí-

---

[42] O lucro ou prejuízo econômico, por outro lado, integra a álea normal dos contratos, associada ordinariamente aos contratos comutativos, a qual será gerida pela alocação positiva dos riscos econômicos, segundo as cláusulas contratuais definidas pelos contratantes ou, ainda, pela gestão negativa desses riscos, mediante o contrato incompleto. Sobre o ponto, v. Paula Greco Bandeira, *Contrato incompleto,* São Paulo: Atlas, 2015, pp. 117-162.

[43] A respeito das competições esportivas, Carlo Alberto Funaioli sublinha que o direito italiano reconhece a plenitude de seus efeitos por contribuir para a saúde, educação e formação do caráter e de valores morais, com crescente importância social para a massa (*Giuoco e scommessa*, cit., p. 933).

[44] Caio Mário da Silva Pereira, *Instituições de direito civil*, cit., p. 488.

vel nos termos dos §§ 2°[45] e 3°[46] do art. 814 do Código Civil. Quanto aos jogos autorizados, merecem destaque as apostas de quota fixa, previstas pela Lei 13.756, de 12 de dezembro de 2018, que consistem em apostas, efetivadas por meio físico ou eletrônico, referentes à competição esportiva, em que o jogador efetua prognóstico relativo ao resultado da competição, sabendo de antemão qual o prêmio receberá caso seu prognóstico se confirme (Lei 13.756/2018, art. 29).[47] Vale dizer: não há flutuação no prêmio, conhecido do jogador no momento da aposta. A lei qualifica a aposta de quota fixa como serviço público exclusivo da União, que poderá ser explorado direta ou indiretamente pelo Poder Público.[48] A aposta de quota fixa deverá ser regulamentada pelo Ministério da Fazenda, nos termos da lei.[49]

---

[45]   "Art. 814. (...) § 2°. O preceito contido neste artigo tem aplicação, ainda que se trate de jogo não proibido, só se excetuando os jogos e apostas legalmente permitidos".

[46]   "Art. 814. (...) § 3°. Excetuam-se, igualmente, os prêmios oferecidos ou prometidos para o vencedor em competição de natureza esportiva, intelectual ou artística, desde que os interessados se submetam às prescrições legais e regulamentares".

[47]   "Art. 29. Fica criada a modalidade lotérica, sob a forma de serviço público exclusivo da União, denominada apostas de quota fixa, cuja exploração comercial ocorrerá em todo o território nacional.

§ 1°. A modalidade lotérica de que trata o *caput* deste artigo consiste em sistema de apostas relativas a eventos reais de temática esportiva, em que é definido, no momento de efetivação da aposta, quanto o apostador pode ganhar em caso de acerto do prognóstico.

§ 2°. A loteria de apostas de quota fixa será autorizada ou concedida pelo Ministério da Fazenda e será explorada, exclusivamente, em ambiente concorrencial, com possibilidade de ser comercializada em quaisquer canais de distribuição comercial, físicos e em meios virtuais.

§ 3°. O Ministério da Fazenda regulamentará no prazo de até 2 (dois) anos, prorrogável por até igual período, a contar da data de publicação desta Lei, o disposto neste artigo".

[48]   "Em termos práticos, o apostador escolherá certo resultado de um evento esportivo real, sabendo o valor do prêmio por esse resultado. Trata-se de uma prática de aposta esportiva bastante antiga e comum, amplamente praticada na internet inclusive por brasileiros. (...) O art. 29, *caput*, do PL qualifica a modalidade lotérica de aposta de quota fixa como serviço público de titularidade exclusiva da União. Disso, decorrem duas consequências. Em primeiro lugar, a aposta de quota fixa estará submetida ao regime jurídico de direito público e às normas jurídicas especiais dos serviços públicos. Isto é, a ela aplicam-se os princípios e regras inerentes ao exercício da função administrativa, com a exploração dessa atividade pelo Poder Público, direta ou indiretamente, nos termos do art. 175 da Constituição Federal. A incidência do regime de direito público cria uma limitação à exploração da atividade pela iniciativa particular. Em segundo lugar, estipulou-se a titularidade da União sobre a modalidade lotérica aposta de quota fixa. Isso significa que incumbe à União delegar, regular e fiscalizar esse serviço público. O PL prevê que caberá ao Ministério da Fazenda a execução dessas atividades. Embora gravada pelo PL como serviço público, essa atividade não parece apresentar, em princípio, o atributo material da essencialidade. Implica dizer que a sua realização não se destina à "satisfação de necessidades individuais ou transindividuais de cunho essencial" (Fernão Justen de Oliveira e Ricardo de Paula Feijó, Apostas esportivas no Brasil. *Jota*, disponível: https://www.jota.info/opiniao-e-analise/colunas/coluna-do-justen/apostas-esportivas-no-brasil-19122018. Acesso em: 5.8.2019).

[49]   Recentemente, o TJCE chegou a analisar, à luz da legalização das apostas esportivas de quota fixa realizada pela Lei 13.756/2018, situação em que se discutia a prática de jogos de azar, entendendo-se que a averiguação de atipicidade das condutas demanda profunda análise do material fático-probatório. Diante da possibilidade de atipicidade, a ser analisada minuciosamente, considerou-se desnecessária a manutenção de prisão preventiva. Informou-se que "não se identifica, *prima facie*, a alegada atipicidade das condutas imputadas aos pacientes tão somente por conta da promulgação da Lei Federal n° 13.756/2018, a qual legalizou as apostas esportivas de quota fixa, uma vez que não é possível constatar, sem um exame minucioso da prova colilida nos autos, se as atividades praticadas se enquadram ou não na modalidade lotérica agora legalizada pelo Congresso Nacional" (TJCE, 1ª Câm. Crim., HC 0622499-23.2019.8.06.0000, Rel. Des. Ligia Andrade de Alencar Magalhães, julg. 16.4.2019, publ. DJ 17.4.2019). Em sede recursal, v. STJ, Decisão Monocrática, RHC 112.430, Rel. Min. Antonio Saldanha Palheiro, julg. 10.6.2019, publ. DJ 14.5.2019.

Essa é a hipótese dos atuais aplicativos e sites de apostas esportivas, que estão em expansão no mercado brasileiro. Nesses casos, os sites são hospedados no exterior, em países onde a exploração de jogos de azar é permitida. Assim, a transação do apostador brasileiro limita-se à transferência bancária para essas contas, não incidindo na ilegalidade da Lei de Contravenções Penais. Mais recentemente, a Lei n.º 14.790, de 29 de dezembro de 2023, regulamentou as apostas de quota fixa. Dentre outros aspectos, dispôs sobre o produto da arrecadação da loteria de prognóstico específico; atribuiu ao Ministério da Fazenda a competência para regulamentar diversos aspectos dessa atividade; e definiu infrações administrativas, como a exploração de loteria de apostas de quota fixa sem prévia outorga ministerial.

Apesar dos avanços registrados com a disciplina parcial conferida pela Lei nº 13.756/2018 e suas posteriores alterações, aguarda-se a regulamentação a ser conferida pelo Ministério da Fazenda, que elucidará os critérios de regularidade das empresas que exploram apostas de quota fixa e permitirá efetiva fiscalização dessa atividade.[50]

Jogos tolerados

Os jogos tolerados,[51] por sua vez, correspondem àqueles em que o resultado não depende exclusivamente da sorte, como a canastra, o *bridge* e o truco, embora constituam divertimento sem utilidade, ou mesmo vícios que não merecem repressão, de modo que a ordem legal não penetra em sua órbita, não lhe regulando os efeitos.[52] A falta de utilidade social impõe a recusa à exigibilidade da obrigação;[53] entretanto, nega-se a repetição do indébito ao perdedor que paga, consoante o que dispôe o art.

---

[50] Sobre o tema, anota Rodrigo da Guia Silva: "A regulamentação estatal é premente, contudo, não apenas para a disciplina estritamente contratual, mas igualmente (quiçá, com ainda mais urgência) para toda uma miríade de questões relacionadas à exploração da atividade de apostas esportivas pelas plataformas. Destaco, por exemplo, questões como a necessidade de proteção a crianças e adolescentes, a necessidade de proteção à saúde mental dos apostadores, o crescente risco de superendividamento e a repressão à publicidade enganosa e/ou abusiva. Ademais, avulta a importância premente da regulação no contexto atual de difusão de suspeitas de manipulações de resultados desportivos em razão de interesses escusos no universo das apostas, o que agrava ainda mais a insegurança que infelizmente caracteriza o atual estado do setor em questão. As dívidas oriundas de apostas esportivas *on-line* são juridicamente exigíveis? *Migalhas*, Disponível em https://www.migalhas.com.br/coluna/migalhas-contratuais/388099/dividas-oriundas-de-apostas-esportivas--sao-juridicamente-exigiveis, acesso em 6 out. 2023).

[51] Ao discorrer sobre a aposta tolerada, Emilio Valsecchi exclui sua natureza aleatória, ao argumento de que a possibilidade reconhecida ao devedor de não adimplir sua obrigação – por se tratar de obrigação natural – anula todos os riscos por ele assumidos, o que equivaleria a afirmar que o devedor não assume risco algum (*Giuochi e scommesse*, cit., p. 53).

[52] Na lição de Clóvis Beviláqua, "Outros [jogos] são lícitos, mas são atos estranhos ao direito. Passam-se no domínio dos costumes; regula-os a moral. O direito civil não os quer disciplinar, porque ou são meros passatempos, e não criam relações juridicamente apreciáveis, ou constituem vícios moralmente condenáveis, economicamente desastrosos, e contra eles se deve premunir a ordem jurídica" (*Código Civil*, cit., p. 183).

[53] Carlo Alberto Funaioli chega mesmo a afirmar, no âmbito do direito italiano, que a lei não reconhece plena eficácia jurídica obrigatória ao contrato de aposta por força da causa essencialmente não produtiva deste tipo de negócio, vez que não se baseia no resultado de um trabalho útil, mas na perda ou falta de sorte de outrem (*Giuoco e scomessa*, cit., pp. 931-932).

CAPÍTULO XII | CONSTITUIÇÃO DE RENDA. JOGO E APOSTA

814, *caput,* do Código Civil.[54] As dívidas resultantes de jogos tolerados, dessa feita, _{Obrigação} _{natural} não se revelam exigíveis, configurando obrigação natural, na qual se reconhece o débito, mas não sua exigibilidade. Por isso mesmo, aquele que voluntariamente paga não tem direito à restituição. Excepcionalmente, todavia, admite-se a restituição em duas hipóteses: (i) naquela em que o ganhador age com dolo, manipulando o resultado; ou (ii) quando o perdente for menor ou interdito, voltando-se o ordenamento à proteção do incapaz (parte final do art. 814, *caput,* do Código Civil).

Os jogos proibidos configuram-se quando o fator sorte tem caráter absoluto ou _{Jogos proibidos} predominante, como a roleta e o jogo do bicho. Controverte-se em doutrina acerca dos efeitos civis decorrentes dos jogos proibidos. De uma parte, sustentava-se que, por ser absolutamente nulo, a lei deveria negar todos seus efeitos, autorizando-se, em consequência, a repetição do pagamento eventualmente efetuado.[55] De outra, reconhecia-se mesmo para esta categoria de jogo o dever moral do pagamento da dívida assumida, ainda que o fato do qual esse dever se origina fosse imoral e ilícito. O pagamento de dívidas resultantes de jogos proibidos equivaleria, assim como nos jogos tolerados, à obrigação natural.[56] Segundo tal construção, aquele que perde não tem o dever jurídico de pagar, mas, uma vez efetuado o pagamento, não poderia repetir o indébito. Sob outro ponto de vista, argumenta-se que, embora o jogo proibido tenha causa ilícita, sendo nulo de pleno direito, a dívida não poderia ser repetida em razão da existência de causa torpe para ambas as partes, afastando-se, contudo, a ideia de obrigação natural. O direito civil, assim, estaria em consonância com o direito penal na repressão do ilícito (Decreto-lei 3.688, de 3 outubro de 1941, art. 50, § 3º, "a").[57]

---

[54] "Art. 814. As dívidas de jogo ou de aposta não obrigam a pagamento; mas não se pode recobrar a quantia, que voluntariamente se pagou, salvo se foi ganha por dolo, ou se o perdente é menor ou interdito".

[55] Cf. o debate doutrinário em Emilio Valsecchi, *Giuochi e scommesse,* cit., p. 57.

[56] Nesta direção, Miguel Maria de Serpa Lopes destaca que "a regra relativa à denegação de qualquer ação com fundamento no jogo e na aposta e a inerente à recusa da *repetitio indebiti* são princípios estabelecidos, sem restrições, tanto ao jogo como à aposta, sem se procurar indagar se tem uma causa lícita ou ilícita. Essa consideração leva-nos a crer que se trata de uma obrigação natural, por isso que estão presentes todos os seus pressupostos. Se a lei estabeleceu um regime uniforme para os jogos e apostas de todas as espécies, nada autoriza uma distinção entre os lícitos e os ilícitos, para se excluir destes o caráter de obrigação natural" (*Curso de Direito Civil,* cit., p. 419). Em crítica a esse entendimento, Orlando Gomes afirma que a obrigação natural tem um fim moral e seu suporte psicológico é a convicção de que deve ser cumprida porque assim manda a consciência. A prática do ato ilícito, por sua vez, não pode gerar obrigação com semelhante finalidade, nem desperta sentimento de que é desonroso o inadimplemento. Daí ser equivocado o entendimento de que os jogos proibidos gerariam obrigação natural (*Contratos,* cit., p. 529).

[57] "Realizado como é contra proibição legal, esse contrato não pode originar qualquer efeito. Contudo, argúi-se que a repetição deve ser repelida com apoio no princípio geral que manda suprimir a *condictio* procedente da nulidade dos contratos quando há causa torpe para ambas as partes, *in pari causa turpitudinis, cessat repetitio.* A nulidade do contrato justifica a inexistência de obrigação, mas a *repetição* se exclui pela concorrência de causa torpe" (Orlando Gomes, *Contratos,* cit., pp. 529-530). Nesse sentido, assevera Clovis Bevilaqua que "aquele que pagou o que perdeu em jogo ilícito não tem ação para recobrar o que, voluntariamente, desembolsou, porque é um delinquente, e não poderá erigir o seu delito em fundamento de uma ação. Por este modo, o direito civil vai em apoio do penal, na repressão do jogo" (*Código Civil,* cit., p. 183). No mesmo sentido, J. M. Carvalho Santos, *Código Civil Interpretado,* cit., p. 415.

Impossibilidade de repetição nos jogos proibidos

Independentemente dos fundamentos éticos que se adote, o Código Civil estendeu o tratamento do jogo tolerado ao jogo ilícito, vedando a repetição das quantias pagas em tais jogos ou apostas, nos termos do art. 814, § 2º, *in verbis*: "O preceito tem aplicação, ainda que se trate de jogo não proibido, só se exceptuando os jogos e apostas legalmente permitidos". Diante disso, as dívidas de jogos, tolerados ou proibidos, não se sujeitam à repetição de indébito.

Tal mecanismo foi elaborado originariamente para lidar com os jogos tolerados que, não sendo lícitos nem ilícitos, traduzem situação moral limítrofe, entre os juízos de reprovação e aceitação social. Nessa direção, a dívida de jogo, difusamente compreendida como obrigação natural, revela solução de compromisso do legislador para prática de aceitação social duvidosa, em que, não sendo juridicamente reconhecidas as práticas de jogo e aposta, prefere-se impedir a repetição do que se pagou a este título do que aprofundar o conflito de interesses moralmente duvidoso, por meio da tutela jurisdicional que garantisse o ressarcimento daquele que efetuou a transferência patrimonial.

Reconhecimento, novação ou fiança da dívida de jogo

Nesta mesma perspectiva, o legislador determina que o negócio que encubra ou envolva o reconhecimento, novação ou fiança das dívidas decorrentes de jogos tolerados ou proibidos não deflagra prestação exigível (art. 814, § 1º, do Código Civil). De modo exemplificativo, a transação entre os jogadores da qual resultasse confissão de dívida não tem o condão de transformar a dívida de jogo em obrigação exigível, tampouco seria legítima a garantia de tal dívida por parte de fiador.

Proteção ao terceiro de boa-fé

Por outro lado, se destes jogos resulta obrigação nula ou mesmo título de crédito nulo, a nulidade não poderá ser oposta a terceiro de boa-fé, que ignora o vício. Assim, à guisa de exemplo, no caso de cessão a terceiro de título que tenha por lastro aludida confissão de dívida do jogador, não poderá ser oposta ao terceiro de boa-fé a nulidade decorrente da origem reprovada da dívida, de sorte que o jogador perdente ficará obrigado ao pagamento em favor do cessionário. Todavia, garante-se ao jogador (que pagou o valor do título, portanto, ao cessionário de boa-fé) ação de regresso em face do cedente (o jogador vencedor), para dele reaver o valor pago.[58] Afinal, a obrigação do jogador era desprovida de exigibilidade, de sorte que a lei admite, nesse caso, que o perdente possa recobrar o que pagou ao vencedor, cedente,

---

[58] Como assinala a doutrina: "Importa, porém, ressalvar que a nulidade resultante do parágrafo 1º, ora comentado, não pode ser oposta ao terceiro de boa-fé. Afinal, não é razoável que aquele que efetivamente ignora a origem reprovada da dívida (portanto, terceiro de boa-fé) seja sancionado. Ao perdente, caberá, então, se transferido o título por cessão, ou endosso, honrar o pagamento junto ao terceiro de boa-fé, "restando-lhe, todavia, direito regressivo contra o cedente ou endossante para dele haver a quantia que tiver sido obrigado a pagar". E aqui entendemos ser plausível a repetição, na medida em que o perdente, ao exercitar, excepcionalmente, a ação regressiva, pretende, em última análise, opor a exceção da inexigibilidade da obrigação pela única forma que lhe é possível, depois de feita a transmissão do título" (Maria Ester V. Arroyo Monteiro de Barros. In: Arruda Alvim e Thereza Alvim (coords.), *Comentários ao Código Civil brasileiro*, Rio de Janeiro: Forense, 2004, pp. 457-458); José Augusto Delgado. In: Sálvio de Figueiredo Teixeira (coord.), *Comentários ao Novo Código Civil*, vol. XI, t. II, Rio de Janeiro: Forense, 2014, p. 145; Claudio Luiz Bueno de Godoy. In: Cezar Peluso (coord.), *Código Civil Comentado*, cit., p. 819.

que se responsabiliza pela existência do crédito perante o cessionário de boa-fé (CC, art. 295).

8. CONTRATOS DIFERENCIAIS

O Código Civil de 2002, em orientação diametralmente oposta à do Código Civil de 1916, excluiu, no art. 816,[59] a aplicação das regras pertinentes ao jogo e à aposta aos contratos sobre títulos de bolsa, mercadorias ou valores, nos quais se estipulem a liquidação exclusivamente pela diferença entre o preço ajustado e a cotação que eles tenham no vencimento do ajuste. Em tais contratos, denominados diferenciais, as partes especulam em torno das diferenças das cotações dos títulos de bolsa, mercadorias ou valores, sem a intenção de efetuar ao final a entrega dos títulos. Por outras palavras, as operações diferenciais consistem na especulação sobre os preços que determinados títulos têm em uma mesma bolsa em momentos sucessivos. Esses contratos deixaram de ser equiparados ao jogo e à aposta, a despeito da especulação em torno da oscilação do preço de mercado que lhes é peculiar. Os contratos diferenciais, praticados nas operações levadas a cabo na Bolsa de Mercadorias & Futuros, se encontram sujeitos à fiscalização da Comissão de Valores Mobiliários (CVM).[60]

> Exclusão das regras de jogo e aposta aos contratos diferenciais

✍ PROBLEMAS PRÁTICOS

1. É possível a Cassino estrangeiro, onde os jogos de azar são permitidos, cobrar no Brasil dívida de jogo contraída naquele estabelecimento por jogador brasileiro, que escapara para o Brasil, onde é domiciliado, sem efetuar o pagamento?

2. Marcela celebrou com Sabrina contrato por meio do qual se obrigou a realizar prestação periódica em dinheiro a título gratuito. No ajuste, as partes estipularam que a obrigação duraria até o falecimento da credora Sabrina. Cinco anos após a pactuação, Marcela veio a falecer. Temendo deixar de receber a renda periódica, Sabrina notificou os herdeiros de Marcela acerca da necessidade de manutenção do pagamento. Em resposta, os herdeiros alegaram que a obrigação de prestação de renda periódica era personalíssima, tendo sido extinta com o falecimento da devedora. Responda, à luz do regramento da constituição de renda, se os herdeiros têm razão em sua argumentação.

---

[59] "Art. 816. As disposições dos arts. 814 e 815 não se aplicam aos contratos sobre títulos de bolsa, mercadorias ou valores, em que se estipulem a liquidação exclusivamente pela diferença entre o preço ajustado e a cotação que eles tiverem no vencimento do ajuste".

[60] Como pontuado por Ricardo Fiuza, "Os negócios de mercadorias, derivativos e futuros, têm seu risco e a possibilidade sempre presente de, de um lado, alguém perder, e, de outro, alguém ganhar tal como ocorre nas Bolsas de Valores clássicas. E isso jamais foi considerado ilegal por constituir jogo ou aposta proibidos. *Mutatis mutandis*, é o que ocorre nos negócios de títulos de bolsas de mercadorias, derivados e futuros, supracitados, mesmo quando a venda não é feita e o negócio se desfaz pelo pagamento da diferença, no preço, pelo que perdeu" (*Novo Código Civil Comentado*, São Paulo: Saraiva, 2002, p. 384).

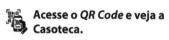

Acesse o *QR Code* e veja a Casoteca.

> *http://uqr.to/1pdq9*

Capítulo XIII
FIANÇA

Sumário: 1. Conceito. Efeitos essenciais – 2. Espécies – 3. Características – 4. Efeitos da fiança – 5. Extinção da fiança – Problemas práticos.

1. CONCEITO. EFEITOS ESSENCIAIS

Ao estabelecer relação obrigacional que não seja gratuita, isto é, que implique sacrifício econômico, o devedor garante o cumprimento da prestação com seu patrimônio. Por outras palavras, o patrimônio do devedor constitui a garantia geral dos credores para o cumprimento de suas obrigações (CC, art. 391;[1] CPC, art. 789[2]). O princípio já era conhecido no Código Civil francês de 1804, cujo art. 2.093 dispunha: "Os bens do devedor são a garantia comum de seus credores, e o preço é distribuído entre eles por contribuição, a menos que haja entre os credores causas legítimas de preferência".[3] Significa dizer, portanto, que o patrimônio do devedor traduz o conjunto de bens sob sua titularidade destinado a satisfazer o seu credor, seja por meio do cumprimento específico do que é devido, seja por meio de indenização correspondente, em razão de eventual inadimplemento.[4]

Garantia geral dos credores

---

[1] "Art. 391. Pelo inadimplemento das obrigações respondem todos os bens do devedor".
[2] "Art. 789. O devedor responde com todos os seus bens presentes e futuros para o cumprimento de suas obrigações, salvo as restrições estabelecidas em lei".
[3] No original: "*Les biens du débiteur sont le gage commun de ses créanciers, et le prix s'en distribue entre eux par contribution, à moins qu'il n'y ait entre les créanciers des causes legitimes de préférence.*" Na recente reforma do *Code Civil*, o dispositivo encontra correspondente no artigo 2.285, no Livro IV: *Des sûretés*.
[4] J. R. Castro Neves, As garantias do cumprimento da obrigação. *Revista da EMERJ*, vol. 11, n. 44, 2008, pp. 117-118.

Garantia especial: real ou pessoal

Entretanto, é possível que as partes optem por reforçar a obrigação por meio da estipulação de garantia especial, que pode ter natureza real ou fidejussória, esta também denominada pessoal. A garantia real, dentre as quais o penhor, a hipoteca e a anticrese, é constituída mediante a afetação de bem específico do patrimônio do devedor ao pagamento de determinada dívida. Nesse caso, o credor receberá o valor correspondente à alienação do bem oferecido em garantia na hipótese de inadimplemento do devedor.

Garantia pessoal ou fidejussória

Na modalidade fidejussória ou pessoal, em contrapartida, a garantia é oferecida por meio da vinculação de patrimônio de terceiro à satisfação da dívida, em reforço ao cumprimento da prestação pelo devedor.

Dentre as garantias pessoais, destaca-se a fiança, que consiste em contrato por meio do qual o fiador garante satisfazer ao credor determinada obrigação assumida pelo devedor, denominado afiançado, caso este não a cumpra (CC, art. 818). Dito diversamente, no contrato de fiança, o fiador se obriga perante o credor da obrigação principal a cumprir a prestação assumida pelo devedor no caso de inadimplemento deste último. Cuida-se, em uma palavra, de reforço da obrigação principal. O devedor da obrigação é, portanto, terceiro em relação ao contrato de fiança, e não precisa consentir para o aperfeiçoamento do contrato entre o fiador e seu credor (CC, art. 820),[5] podendo-se contratar a fiança mesmo contra a sua vontade. Note-se, contudo, que, na maioria dos contratos celebrados contemporaneamente, o próprio devedor é quem providencia a garantia pessoal.

Abonador

Diversamente do Código Civil de 1916,[6] o Código Civil de 2002 não positivou a figura do abonador, que corresponde ao terceiro que oferece garantia de pagamento para a hipótese em que o fiador não satisfaz sua obrigação, em espécie de subfiança. Todavia, admite-se a sua criação pela autonomia privada.[7]

Objeto

Como se verá, a fiança poderá ter como objeto a inteira dívida ou apenas parte dela, incluindo ou não seus acessórios. Além disso, a obrigação garantida pode representar dívida atual ou futura e, em todo caso, haverá de ser válida e exigível. Não caberá, por isso mesmo, fiança de obrigação nula ou de obrigação natural, desprovida de exigibilidade.

2. ESPÉCIES

Fiança civil e mercantil

Sob a égide do Código de 1916, a fiança classificava-se em civil e mercantil. A primeira era regida pelos arts. 1.481 e seguintes daquele diploma, enquanto o regra-

---

[5] "Art. 820. Pode-se estipular a fiança, ainda que sem consentimento do devedor ou contra a sua vontade".

[6] Na dicção do art. 1.482 do Código Civil de 1916, "Art. 1.482. Se o fiador tiver quem lhe abone a solvência, ao abonador se aplicará o disposto, neste capítulo, sobre fiança".

[7] Como registra a doutrina: "Se o fiador tiver quem lhe abone a solvência, ao abonador aplicar-se-á o disposto neste Capítulo sobre fiança. Pode haver, pois, fiador de fiador, que, em direito português, se chama abonador; neste caso, o abonador assume as obrigações do fiador, aplicando-se-lhe, de tal arte, todas as prescrições legais relativas à fiança" (Washington de Barros Monteiro, *Curso de Direito Civil*: direito das obrigações, vol. 5, São Paulo: Saraiva, 2007, 35ª ed., p. 380).

mento da segunda estava no Código Comercial de 1850. Para ser considerada mercantil, a fiança deveria se dar no âmbito de uma relação comercial, sendo o afiançado comerciante, embora não fosse exigido que o fiador também o fosse.[8]

Com a revogação do diploma comercial, essa distinção foi abandonada, de modo que no regime atual a fiança sempre será civil. Apesar disso, é possível denominar de empresária a fiança destinada a garantir o exercício da atividade própria de empresário.

Atualmente, é possível classificar a fiança de acordo com a formação do vínculo jurídico. A espécie de fiança regida pelo Código Civil a partir do art. 818 é aquela que resulta do livre encontro de vontades dos contratantes denominada fiança convencional. Entretanto, é possível que a garantia decorra de exigência legal. É o caso, por exemplo, do art. 1.400 do Código Civil,[9] que impõe ao usufrutuário o oferecimento de uma garantia fidejussória ou real sobre os bens que receber, se assim exigir o dono. Optando, nesse caso, pela constituição de fiança, será ela da espécie legal. Além disso, é possível falar em fiança judicial, que é determinada pelo juiz, de ofício ou a requerimento da parte.

> *Fiança consensual, legal ou judicial*

3. CARACTERÍSTICAS

Segundo a maior parte da doutrina, a fiança traduz de contrato unilateral, por gerar obrigações apenas para o fiador.[10] Existem, porém, autores que defendem sua bilateralidade imperfeita, em razão da sub-rogação que existe em favor do fiador caso este pague a dívida, deflagrando-se pretensão do fiador em face do afiançado.[11] Tal entendimento, contudo, não colhe, uma vez que o pagamento da dívida pelo fiador extingue o contrato de fiança, de sorte que a sub-rogação se opera pelas normas dos direitos das obrigações (CC, art. 346, III),[12] mostrando-se desinfluente sobre a unilateralidade do contrato de fiança.[13] O contrato de fiança, portanto, desde que gratuito, é unilateral, vez que as obrigações assumidas pelo fiador não encontram correspectivo nas obrigações contraídas pelo credor.

> *Contrato unilateral*

---

[8] "Art. 256 – Para que a fiança possa ser reputada mercantil, é indispensável que o afiançado seja comerciante, e a obrigação afiançada derive de causa comercial, embora o fiador não seja comerciante".

[9] "Art. 1.400. O usufrutuário, antes de assumir o usufruto, inventariará, à sua custa, os bens que receber, determinando o estado em que se acham, e dará caução, fidejussória ou real, se lha exigir o dono, de velar-lhes pela conservação, e entregá-los findo o usufruto".

[10] Ilustrativamente: "O contrato de fiança é unilateral. Só se vincula a prestar quem dá a fiança." (Pontes de Miranda, *Tratado de Direito Privado*, t. XLIV, São Paulo: Editora Revista dos Tribunais, 2013, p. 200); V. tb. Caio Mário da Silva Pereira, *Instituições de Direito Civil*, vol. III, Rio de Janeiro: Forense, 2016, 20ª ed., p. 468.

[11] Nesse sentido, Clóvis Beviláqua, *Código Civil dos Estados Unidos do Brasil*, vol. V, Rio de Janeiro: Ed. Paulo de Azevedo Ltda., 1958, p. 186.

[12] "Art. 346. A sub-rogação opera-se, de pleno direito, em favor: (...) III – do terceiro interessado, que paga a dívida pela qual era ou podia ser obrigado, no todo ou em parte".

[13] Assinala Orlando Gomes sobre o entendimento: "Insustentável, demais disso, porque, cumprida a obrigação do fiador, se extingue o contrato de fiança" (*Contratos*, 26ª ed., Rio de Janeiro: Forense, 2009, p. 537).

Gratuito ou oneroso

O contrato de fiança afigura-se, em regra, gratuito, já que estabelece vantagens econômicas apenas ao credor. Não raro, porém, uma retribuição pecuniária é acordada em favor do fiador, tal como ocorre na fiança bancária, de modo a compensar o risco patrimonial que este sofre com o reforço à dívida de terceiro. Neste caso, a fiança se torna onerosa e sinalagmática, tendo sido concedida em face da remuneração que lhe serve de contraprestação.

Contrato acessório

Em relação ao contrato principal do qual provém a dívida, a fiança consiste em negócio acessório, extinguindo-se no caso de dissolução da relação principal.[14] Pelo princípio de que o acessório segue a sorte do principal, a fiança será nula sempre que estabelecida em reforço de obrigação também nula *ex vi* do art. 824 do Código Civil.[15] Tal dispositivo há de ser interpretado extensivamente para abarcar todos os tipos de invalidade, seja nulidade, seja anulabilidade.[16] De outra parte, caso a nulidade resulte apenas da incapacidade pessoal do devedor, a fiança prevalecerá, exceto se garantir dívida decorrente de mútuo contraído por menor (CC, art. 824, parágrafo único),[17] em consonância com o disposto no art. 588 do Código Civil.[18]

Negócio personalíssimo

Além disso, o contrato de fiança consiste em negócio personalíssimo, por se estabelecer em razão da relação de confiança existente entre as partes, sendo certo que a fidúcia lhe é essencial. Por esta razão, o credor não é obrigado a aceitar como fiador pessoa que não seja idônea, domiciliada fora do município onde a prestação deva ser adimplida, ou sem bens suficientes para cumprir a obrigação,[19] consoante o disposto no art. 825 do Código Civil.[20] Em contrapartida, em qualquer caso, a recusa deverá ser fundamentada, a suscitar controle de abusividade, não se sujeitando, por-

---

[14] Apesar da relação de acessoriedade, Caio Mário da Silva Pereira defende que não há identidade entre os dois negócios: "se a fiança não pode ser mais onerosa (*in duriorem causam*), pode ser inferior ao valor da obrigação garantida, como também é possível dar fiança condicional ou a termo a uma obrigação pura e simples" (*Instituições de Direito Civil*, vol. III, Rio de Janeiro: Forense, 2016, 20ª ed., p. 468).

[15] "Art. 824. As obrigações nulas não são suscetíveis de fiança, exceto se a nulidade resultar apenas de incapacidade pessoal do devedor".

[16] Pontes de Miranda, *Tratado de Direito Privado*, t. XLIV, São Paulo: Editora Revista dos Tribunais, 2013, pp. 287-288.

[17] "Art. 824. (...) Parágrafo único. A exceção estabelecida neste artigo não abrange o caso de mútuo feito a menor".

[18] "Art. 588. O mútuo feito a pessoa menor, sem prévia autorização daquele sob cuja guarda estiver, não pode ser reavido nem do mutuário, nem de seus fiadores".

[19] Sobre o conceito de idoneidade, Caio Mário da Silva Pereira defende que esta compreende o aspecto financeiro e o moral: "No caso de ser o devedor obrigado a oferecer fiador, ou por ser exigência legal, ou por se ter comprometido a fazê-lo, o credor tem a liberdade de recusar, se o indigitado não for: *a*) pessoa idônea, compreendendo-se neste requisito tanto a idoneidade *financeira*, que se avalia confrontando o valor do débito com a estimativa dos bens livres, quanto a idoneidade *moral*, apurada pela honorabilidade do fiador e seu conceito no meio em que vive. Um indivíduo rixoso, demandista habitual, pode ser enjeitado, não obstante a robustez de seu patrimônio, pois o que o credor procura na fiança é a perspectiva de uma fácil liquidação, e não os tormentos de um litígio; *b*) *residente* no município, o que facilita ser procurado e avisado pelo credor, no inadimplemento do devedor garantido" (*Instituições de Direito Civil*, vol. III, cit., p. 471).

[20] "Art. 825. Quando alguém houver de oferecer fiador, o credor não pode ser obrigado a aceitá-lo se não for pessoa idônea, domiciliada no município onde tenha de prestar a fiança, e não possua bens suficientes para cumprir a obrigação".

tanto, ao puro arbítrio do credor, que não poderá recusar o fiador injustificadamente. Não há, em uma palavra, direito potestativo de recusa pelo credor, vez que esta há de ser fundamentada.[21]

Por outro lado, na hipótese de insolvência ou incapacidade superveniente do fiador, o credor poderá exigir do devedor a sua substituição (CC, art. 826).[22] Caso a garantia não seja reforçada ou substituída, será facultado ao credor requerer a resolução do contrato principal por inadimplemento.

> *Insolvência ou incapacidade superveniente do fiador*

O legislador estabeleceu, ainda, requisito formal para a validade do contrato de fiança, qual seja, a forma escrita. Trata-se de pressuposto *ad substantiam actus,* razão pela qual deve ser observado mesmo quando o contrato principal for firmado apenas verbalmente.[23] Registre-se que o contrato de fiança poderá ser celebrado por escritura pública ou particular.

> *Negócio formal*

Por ser negócio de caráter eminentemente benéfico, a fiança deve ser interpretada restritivamente (CC, art. 819),[24] "de maneira que sempre estará limitada aos encargos expressa e inequivocamente assumidos pelo fiador".[25] Cuida-se de especificação do princípio geral contido no art. 114 do Código Civil.[26] A interpretação restritiva do contrato de fiança revela-se, assim, fundamental, especialmente considerando que o Código Civil autoriza que a fiança seja prestada em relação apenas à parte da dívida. Desse modo, o intérprete deverá ter cautela ao delimitar o objeto da fiança, não permitindo que o fiador seja responsabilizado para além do que pactuou.[27]

> *Interpretação restritiva*

Se, por outro lado, a fiança não for limitada, a garantia compreenderá todas as despesas acessórias à obrigação principal (CC, art. 822).[28] Dentre tais despesas acessórias, incluem-se as despesas judiciais referentes ao processo movido pelo credor

> *Fiança não limitada*

---

[21] Miguel Maria de Serpa Lopes, *Curso de Direito Civil*, vol. IV, Rio de Janeiro: Freitas Bastos, 1993, 4ª ed., p. 474. Na jurisprudência, cfr. TJSP, 12ª C. Ext. D. Priv., Ap. Cív. 1015171-68.2014.8.26.0008, Rel. Des. Alfredo Attié, julg. 8.5.2015, publ. DJ 11.5.2015.

[22] "Art. 826. Se o fiador se tornar insolvente ou incapaz, poderá o credor exigir que seja substituído".

[23] Nesse sentido: "Daí decorre que não há fiança verbal, ainda que o contrato principal o seja, pois é da sua essência a adoção da forma exigida pela lei, sem a qual o contrato não se forma validamente" (Gustavo Tepedino *et al., Código Civil Interpretado conforme a Constituição da República*, vol. II, Rio de Janeiro: Renovar, 2012, 2ª ed., p. 635).

[24] "Art. 819. A fiança dar-se-á por escrito, e não admite interpretação extensiva".

[25] STJ, 3ª T., REsp 1.185.982, Rel. Min. Nancy Andrighi, julg. 14.12.2010, publ. DJ 2.2.2011.

[26] "Art. 114. Os negócios jurídicos benéficos e a renúncia interpretam-se estritamente".

[27] Confira-se o entendimento do STJ: "(...) Por se tratar de contrato benéfico, as disposições relativas à fiança devem ser interpretadas de forma restritiva (CC, art. 819), ou seja, da maneira mais favorável ao fiador, razão pela qual, no caso, em que a dívida é oriunda de contrato de locação, tendo o recorrente outorgado fiança limitada até R$ 30.000,00 (trinta mil reais), forçoso reconhecer que a sua responsabilidade não pode ultrapassar esse valor. 3. Tratando-se, portanto, de fiança limitada, a interpretação mais consentânea com o sentido teleológico da norma é a que exime o fiador do pagamento das despesas judiciais e, também, dos honorários advocatícios, uma vez que a responsabilidade do garante, que, em regra, é acessória e subsidiária, não pode estender-se senão à concorrência dos precisos limites nela indicados" (STJ, 3ª T., REsp. 1.482.565, Rel. Min. Marco Aurélio Bellizze, julg. 6.12.2016, publ. DJ 15.12.2016).

[28] "Art. 822. Não sendo limitada, a fiança compreenderá todos os acessórios da dívida principal, inclusive as despesas judiciais, desde a citação do fiador".

para a cobrança da dívida surgidas após a citação do fiador, já que este não pode se responsabilizar por despesas pretéritas, que poderia ter evitado mediante o pagamento da dívida ou a apresentação de defesa.[29]

Fiança em valor igual ou inferior à dívida afiançada

De outra parte, admite-se que o fiador se obrigue por valor inferior à dívida afiançada ou em condições menos onerosas. Caso, entretanto, as partes pactuem fiança em valor superior ao da dívida do devedor principal ou em condições mais onerosas, a fiança não valerá senão até o limite da obrigação afiançada (CC, art. 823).[30] O preceito proíbe que o fiador assuma responsabilidade mais gravosa do que a do devedor, ao mesmo tempo em que preserva o negócio jurídico, determinando o reajuste da fiança ao valor da dívida afiançada, sem determinar a nulidade do negócio, em homenagem ao princípio da conservação dos negócios jurídicos.[31]

Dívidas futuras

Ainda em relação ao objeto da garantia, o art. 821 do Código Civil autoriza que as dívidas futuras sejam objeto de fiança. Vale dizer: ao lado das dívidas atuais, mostra-se possível que uma prestação sujeita a termo inicial ou condição suspensiva constitua objeto de garantia fidejussória. Embora a dívida seja futura, a vinculação do fiador será atual, pois já perfectibilizados o contrato principal e o acessório. Entretanto, o garantidor só poderá ser demandado após a dívida se tornar líquida e certa. Além disso, como de ordinário no contrato de fiança, o fiador só deve ser chamado a responder uma vez que a dívida esteja vencida e se verifique o inadimplemento do devedor principal.

Outorga uxória

Além dos requisitos gerais necessários ao aperfeiçoamento do negócio jurídico, a fiança requer pressuposto fundamental, de caráter subjetivo, consistente na outorga uxória. O contrato de fiança reforça a obrigação principal em caso de inadimplemento do devedor. Trata-se, portanto, de contrato que estabelece vinculação patrimonial de terceiro em favor de dívida alheia. Por essa razão, e para evitar o comprometimento unilateral do patrimônio comum, o Código Civil de 2002 repetiu a disposição que já era presente no diploma anterior, ao determinar, no art. 1.647, III,[32] a necessidade de outorga do cônjuge para a prestação da garantia pessoal, salvo nos casos de regime de separação absoluta de bens.[33]

---

[29] V. TJMG, 17ª CC, Ap. Cív. 0076354-51.2015.8.13.0439, Rel. Des. Roberto Vasconcellos, julg. 22.8.2019, publ. DJ 2.9.2019.

[30] "Art. 823. A fiança pode ser de valor inferior ao da obrigação principal e contraída em condições menos onerosas, e, quando exceder o valor da dívida, ou for mais onerosa que ela, não valerá senão até ao limite da obrigação afiançada".

[31] Confira em Orlando Gomes, *Contratos*, Rio de Janeiro: Forense, 2009, 26ª ed., pp. 538-539.

[32] "Art. 1.647. Ressalvado o disposto no art. 1.648, nenhum dos cônjuges pode, sem autorização do outro, exceto no regime da separação absoluta: (...) III – prestar fiança ou aval";

[33] Na jurisprudência do Superior Tribunal de Justiça: "exceto no regime de separação absoluta de bens, a fiança prestada sem outorga conjugal conduz à nulidade do contrato mesmo que o indivíduo tenha prestado a fiança na condição de empresário". Preservou-se assim a exigência geral de outorga conjugal para prestar fiança, sendo indiferente o fato de o fiador prestá-la na condição de comerciante ou empresário, considerando a necessidade de proteção da segurança econômica familiar (STJ, 4ª T., REsp 1.525.638/SP, Rel. Min. Antonio Carlos Ferreira, julg. 14.6.2022, publ. DJ 21.6.2022). Destaque-se ainda o entendimento da 4ª Turma do STJ, no sentido de também ser necessária a

Capítulo XIII | Fiança 561

Contudo, diferentemente do que acontecia no regime anterior, o legislador de **Anulabilidade** 2002 se preocupou em descrever os efeitos gerados pela fiança prestada sem autorização do consorte, determinando, no art. 1.649,[34] que o ato será anulável, cabendo ao outro cônjuge pleitear a anulação em prazo decadencial de 2 (dois) anos, contados a partir da dissolução da sociedade conjugal. Segundo o entendimento sumulado pelo STJ,[35] a anulação deverá ser requerida em relação à totalidade da garantia, e não somente no que diz respeito à meação do cônjuge prejudicado. Tal entendimento é, contudo, mitigado caso o fiador omita seu estado de casado, hipótese em que se preserva a meação do cônjuge que não se obrigou como fiador, valendo a garantia apenas em relação aos bens daquele que se obrigou.[36]

A aplicação desse pressuposto subjetivo, porém, não se comunica aos casos de **Dispensa de outorga uxória** união estável, segundo entendimento consolidado do STJ,[37] no sentido de ser dispen- **na união estável**

---

outorga conjugal para fiança em favor de sociedade cooperativa (STJ, 4ª T., REsp 1.351.058/SP, Rel. Min. Luis Felipe Salomão, julg, 26.11.2019, publ. DJ 4.2.2020).

[34] "Art. 1.649. A falta de autorização, não suprida pelo juiz, quando necessária (art. 1.647), tornará anulável o ato praticado, podendo o outro cônjuge pleitear-lhe a anulação, até dois anos depois de terminada a sociedade conjugal. Parágrafo único. A aprovação torna válido o ato, desde que feita por instrumento público, ou particular, autenticado".

[35] Súmula 332 STJ: "A fiança prestada sem autorização de um dos cônjuges implica a ineficácia total da garantia".

[36] Confira-se: "Nos termos da jurisprudência pacífica desta Corte, a fiança prestada sem autorização de um dos cônjuges implica a ineficácia total da garantia (Súmula 332/STJ), salvo se o fiador emitir declaração falsa, ocultando seu estado civil de casado. Precedentes. 2.1. A Corte Estadual reconheceu a má-fé do devedor, ora recorrente, que omitiu seu estado civil, objetivando frustrar a garantia" (STJ, 4ª T., AgInt no REsp 1.533.161/SP, Rel. Min. Marco Buzzi, julg. 23.8.2018, publ. DJ 31.8.2018). Ainda: "1. Controvérsia acerca da validade de fiança prestada pelo marido sem o consentimento da esposa, sendo a nulidade por ela alegada. 2. 'A fiança prestada sem autorização de um dos cônjuges implica a ineficácia total da garantia' (Súmula 332/STJ). 3. Mitigação da Súmula 332/STJ na hipótese em que o fiador omite o estado de casado. 4. Aplicação da teoria dos atos próprios, concretizada na fórmula 'venire contra factum proprium'. 5. Validade da garantia, na espécie, ainda que a nulidade tenha sido alegada pelo cônjuge que não participou do negócio jurídico. Precedentes. 6. Preservação da meação do cônjuge que não se obrigou como fiador" (STJ, 3ª T., AgInt nos EDcl no REsp 1.384.112/SC, Rel. Des. Paulo de Tarso Sanseverino, julg. 4.10.2016, publ. DJ 11.10.2016). No mesmo sentido: STJ, 4ª T., AgInt no REsp 1.345.901/SP, Rel. Min. Raul Araújo, julg. 25.4.2017, publ. DJ 12.5.2017; STJ, 3ª T., AgInt no AgInt no AREsp 853.490/SP, Rel. Min. Marco Aurélio, julg. 1.9.2016, publ. DJ 8.9.2016.

[37] Nesse sentido, confira-se o seguinte precedente: "Direito civil-constitucional. Direito de família. Contrato de locação. Fiança. Fiadora que convivia em união estável. Inexistência de outorga uxória. Dispensa. Validade da garantia. Inaplicabilidade da Súmula n. 332/STJ. 1. Mostra-se de extrema relevância para a construção de uma jurisprudência consistente acerca da disciplina do casamento e da união estável saber, diante das naturais diferenças entre os dois institutos, quais os limites e possibilidades de tratamento jurídico diferenciado entre eles. 2. Toda e qualquer diferença entre casamento e união estável deve ser analisada a partir da dupla concepção do que seja casamento – por um lado, ato jurídico solene do qual decorre uma relação jurídica com efeitos tipificados pelo ordenamento jurídico, e, por outro, uma entidade familiar, dentre várias outras protegidas pela Constituição. 3. Assim, o casamento, tido por entidade familiar, não se difere em nenhum aspecto da união estável – também uma entidade familiar –, porquanto não há famílias timbradas como de "segunda classe" pela Constituição Federal de 1988, diferentemente do que ocorria nos diplomas constitucionais e legais superados. Apenas quando se analisa o casamento como ato jurídico formal e solene é que as diferenças entre este e a união estável se fazem visíveis, e somente em razão dessas diferenças entre casamento – ato jurídico – e união estável é que o tratamento legal ou jurisprudencial diferenciado se justifica. 4. A exigência de outorga uxória a determinados negócios jurídicos transita

sada a autorização do companheiro para a constituição desta garantia fidejussória. Tal distinção não se mostra incompatível com o reconhecimento da união estável como entidade familiar, equiparada ao casamento, com fulcro na solidariedade familiar, já que se baseia nas diferenças entre os efeitos decorrentes do casamento como ato formal (celebração do casamento) e como relação jurídica dele decorrente (relação matrimonial). Os efeitos associados à celebração do casamento não podem ser equiparados às entidades familiares, sendo estas desprovidas de ato constitutivo. Já os efeitos decorrentes do casamento como relação jurídica, fundada na solidariedade, devem ser equiparados aos da união estável, por identidade de *ratio*.[38]

4. EFEITOS DA FIANÇA

Benefício de ordem

A obrigação típica do fiador estabelecida pela garantia pessoal é a de cumprir a obrigação se o devedor principal a inadimplir. Trata-se, portanto, de obrigação subsidiária,[39] e é por essa razão que a lei civil confere ao fiador o benefício de ordem, também denominado benefício de excussão, consistente na faculdade de exigir que

---

exatamente por este aspecto em que o tratamento diferenciado entre casamento e união estável é justificável. É por intermédio do ato jurídico cartorário e solene do casamento que se presume a publicidade do estado civil dos contratantes, de modo que, em sendo eles conviventes em união estável, hão de ser dispensadas as vênias conjugais para a concessão de fiança. 5. Desse modo, não é nula nem anulável a fiança prestada por fiador convivente em união estável sem a outorga uxória do outro companheiro. Não incidência da Súmula n. 332/STJ à união estável" (STJ, 4ª T., REsp. 1.299.866, Rel. Min. Luis Felipe Salomão, julg. 25.2.2014, publ. DJ 21.3.2014). V. tb STJ, 3ª T., AgI no EDcl. no REsp. 1.711.164, Rel. Min. Ricardo Villas Boas Cueva, julg. 24.9.2018, publ. DJ 27.9.2018; STJ, 3ª T., AgI no AREsp. 841.104, Rel. Min. Ricardo Villas Boas Cueva, julg. 16.6.2016, publ. DJ 27.6.2016.

[38] Como observado em outra sede: "A Constituição Federal, contudo, não pretendeu equiparar entidades heterogêneas, identificando a relação familiar de fato com o mais solene dos atos jurídicos. O casamento, com efeito, como ato jurídico, pressupõe uma profunda e prévia reflexão de quem o contrai, daí decorrendo imediatamente uma série de efeitos que lhe são próprios — dada a certeza e a segurança que oferecem os atos solenes. Já a união estável, ao contrário, formada pela sucessão de eventos naturais que caracterizam uma relação de fato, tem outros elementos constitutivos, identificáveis ao longo do tempo, na medida em que se consolida a vida comum. Aí está o cerne da questão: os efeitos jurídicos que decorrem do ato solene consubstanciado pelo casamento, cujo substrato axiológico vincula-se ao estado civil e à segurança que as relações sociais reclamam, não podem se aplicar à união estável por diversidade de *ratio*. A união estável, como entidade familiar, aplicam-se, em contraponto, todos os efeitos jurídicos próprios da família, não diferenciando o constituinte, para efeito de proteção do Estado (e, portanto, para todos os efeitos legais, sendo certo que as normas jurídicas são emanação do poder estatal), a entidade familiar constituída pelo casamento daquela constituída pela conduta espontânea e continuada dos companheiros, não fundada no matrimônio. Trata-se de identificar a *ratio* das normas que se pretende interpretar. Quando informadas por princípios relativos à solenidade do casamento, não há que se estendê-las às entidades familiares extramatrimoniais. Quando informadas por princípios próprios da convivência familiar, vinculada à solidariedade dos seus componentes, aí, sim, indubitavelmente, a não aplicação de tais regras contraria o ditame constitucional" (Gustavo Tepedino, Novas Formas de Entidades Familiares. *Temas de Direito Civil*, Rio de Janeiro: Renovar, 4.ª ed., Rio de Janeiro: Renovar, 2008, pp. 407-408). Nessa direção, cfr. o Enunciado 641 da VIII Jornada de Direito Civil, promovida pelo Centro de Estudos da Justiça Federal: "ENUNCIADO 641 – Art. 1.790: "A decisão do Supremo Tribunal Federal que declarou a inconstitucionalidade do art. 1.790 do Código Civil não importa equiparação absoluta entre o casamento e a união estável. Estendem-se à união estável apenas as regras aplicáveis ao casamento que tenham por fundamento a solidariedade familiar. Por outro lado, é constitucional a distinção entre os regimes, quando baseada na solenidade do ato jurídico que funda o casamento, ausente na união estável".

[39] Confira-se a lição de J. M. de Carvalho Santos: "se o fiador, intimado a pagar a dívida, prova que é desnecessário o procedimento contra ele, porque a ação contra o devedor, diretamente, terá plena

a execução da dívida vencida recaia sobre os bens do devedor em primeiro lugar (CC, art. 827).[40] Se o fiador for acionado primeiramente, portanto, deverá indicar, até a contestação, por meio do chamamento ao processo (CPC, art. 130),[41] bens desembaraçados do devedor, situados no mesmo município onde deva ser cumprida a obrigação, para execução, de modo que seus bens só serão penhorados se os bens do obrigado principal forem insuficientes (CPC, art. 794).[42]

É possível, porém, que as partes convencionem o afastamento do benefício de ordem do fiador. Nesses casos, o fiador poderá ser demandado imediatamente diante do inadimplemento da obrigação pelo devedor e não poderá invocar a sua responsabilidade subsidiária. De um lado, o fiador poderá renunciar expressamente ao benefício de ordem, seja no próprio contrato de fiança, seja por meio de pacto adjeto ao contrato que estabelece a garantia, mostrando-se, nessa direção, corriqueiras cláusulas de renúncia ao benefício de ordem (CC, art. 828, I).[43] Além disso, é possível que o fiador se obrigue como principal pagador ou devedor solidário, podendo ser demandado pela totalidade da dívida sem benefício de ordem (CC, art. 828, II).[44]

<small>Renúncia ao benefício de ordem</small>

Existe, ainda, hipótese em que, mesmo não havendo afastamento convencional ao benefício de ordem, o fiador poderá ser demandado de imediato. É o que ocorre quando o devedor principal, por razão superveniente, torna-se insolvente ou falido, não dispondo de bens para solver seu débito. Nesses casos, o patrimônio do fiador, garantidor pessoal da dívida, deve se destinar a promover o pagamento ao credor (CC, art. 828, III).[45]

Em qualquer caso das hipóteses de exclusão do benefício de ordem, o fiador terá ação regressiva contra o devedor principal para cobrar a dívida, de sua exclusiva responsabilidade.

<small>Ação de regresso</small>

Caso o credor inicie a execução contra o devedor e, sem justa causa, não dê a ela andamento, agindo de modo desidioso, o art. 834 do Código Civil faculta ao fiador promover o andamento da demanda. A *ratio* da norma consiste em prestigiar o

<small>Desídia do credor</small>

---

eficácia, é justo que se lhe poupe a intervenção, que deve ser sempre subsidiária" (*Código Civil Brasileiro Interpretado*, vol. XIX, Rio de Janeiro: Freitas Bastos, 1958, p. 462).

[40] "Art. 827. O fiador demandado pelo pagamento da dívida tem direito a exigir, até a contestação da lide, que sejam primeiro executados os bens do devedor. Parágrafo único. O fiador que alegar o benefício de ordem, a que se refere este artigo, deve nomear bens do devedor, sitos no mesmo município, livres e desembargados, quantos bastem para solver o débito".

[41] "Art. 130. É admissível o chamamento ao processo, requerido pelo réu: I – do afiançado, na ação em que o fiador for réu".

[42] "Art. 794. O fiador, quando executado, tem o direito de exigir que primeiro sejam executados os bens do devedor situados na mesma comarca, livres e desembargados, indicando-os pormenorizadamente à penhora. § 1º Os bens do fiador ficarão sujeitos à execução se os do devedor, situados na mesma comarca que os seus, forem insuficientes à satisfação do direito do credor. § 2º O fiador que pagar a dívida poderá executar o afiançado nos autos do mesmo processo. § 3º O disposto no *caput* não se aplica se o fiador houver renunciado ao benefício de ordem".

[43] "Art. 828. Não aproveita este benefício ao fiador: I – se ele o renunciou expressamente (...)".

[44] "Art. 828. Não aproveita este benefício ao fiador: (...) II – se se obrigou como principal pagador, ou devedor solidário".

[45] "Art. 828. Não aproveita este benefício ao fiador: (...) III – se o devedor for insolvente, ou falido".

interesse legítimo do fiador em ultimar a execução, com a satisfação do credor, de sorte a liberá-lo do vínculo obrigacional assumido.[46]

Pluralidade de fiadores

A garantia pessoal estabelecida com a fiança pode se dar por meio de mais de um patrimônio vinculado, ou seja, pode haver mais de um fiador obrigado no reforço de uma mesma dívida. Haverá, assim, pluralidade de fiadores, por meio de contratos de fiança separados ou pela fiança conjunta ou coletiva, prestada em contrato único. Nesses casos, a lei estabelece a solidariedade legal entre os cofiadores, podendo cada um ser demandado pela totalidade da dívida. No entanto, o benefício de ordem ainda deve ser invocado, já que a solidariedade entre os fiadores não se confunde com a solidariedade entre os garantidores e o devedor principal da dívida. Não há, de outra parte, solidariedade entre o fiador e o seu cônjuge, que anuiu com a fiança, de sorte que, na hipótese de morte do fiador, o cônjuge assume a obrigação na qualidade de herdeiro na forma do art. 836 do Código Civil.

Afastamento da solidariedade

A lei faculta, porém, às partes, a afastarem a solidariedade, por meio da estipulação de divisão de parcelas da dívida entre os fiadores, denominado benefício da divisão. Assim, embora a fiança seja conjunta, referente à inteira dívida, cada fiador só poderá ser demandado pela parcela à qual se obrigou expressamente (CC, art. 829).[47] Por outro lado, mostra-se possível apenas a fiança parcial, em que cada fiador assume uma parte da dívida, não podendo ser demandado por mais (CC, art. 830).[48] Esta hipótese não se confunde com o benefício da divisão, de que trata o art. 829, em que há fiança conjunta ou coletiva sobre o inteiro débito, restando cada fiador responsável por parte do pagamento. Na fiança parcial, de outra parte, o fiador se obriga apenas por uma parcela da dívida. Trata-se de garantia parcial até determinado valor.[49]

Sub-rogação

Se o fiador demandado pagar a dívida, ele se sub-rogará na posição do credor da obrigação principal, tendo, assim, pretensão em face do afiançado, podendo invocar

---

[46] O Código Civil de 1916, no art. 1.499, atribuía maiores poderes ao fiador, permitindo-lhe ingressar com a própria execução em face do devedor diante da inércia do credor. Na dicção do preceito legal: "O fiador, ainda antes de haver pago, pode exigir que o devedor satisfaça a obrigação, ou o exonere da fiança desde que a dívida se torne exigível, ou tenha decorrido o prazo dentro no qual o devedor se obrigou a desonerá-lo". Todavia, o Código Civil atual optou por não repetir essa disposição, na medida em que a norma acabava por situar o fiador em posição superior a do próprio credor, decidindo os rumos da execução.

[47] "Art. 829. A fiança conjuntamente prestada a um só débito por mais de uma pessoa importa o compromisso de solidariedade entre elas, se declaradamente não se reservarem o benefício de divisão. Parágrafo único. Estipulado este benefício, cada fiador responde unicamente pela parte que, em proporção, lhe couber no pagamento".

[48] "Art. 830. Cada fiador pode fixar no contrato a parte da dívida que toma sob sua responsabilidade, caso em que não será por mais obrigado".

[49] Acerca da distinção, anota Silvio de Salvo Venosa: "A fiança coletiva, prestada por mais de um fiador relativa ao mesmo débito, importa em solidariedade entre fiadores, por força do art. 829 (Antigo, art. 1.493), se não se reservarem o chamado benefício de divisão. (...) Cuida-se de solidariedade entre os diversos fiadores. Se eles estabelecerem o benefício de divisão, cada um responderá unicamente pela parte que, em proporção, lhe couber no pagamento (parágrafo único do art. 829; antigo, art. 1.493, parágrafo único). Nesse caso, estabelece-se uma fiança parcial no que toca a cada fiador. Ainda, o art. 1.494 especifica que cada cofiador pode taxar (fixar, na linguagem do art. 830 do novo Código) no contrato a parte da dívida que garante, não se obrigando a mais. Nesse caso, não se trata propriamente de divisão da garantia, mas a garantia parcial até determinado valor" (*Direito Civil*: contratos em espécie, São Paulo: Atlas, 2003, 3ª ed., p. 430).

todos os direitos de que gozava o credor originário (CC, art. 831, *caput*).[50] Isso porque, apesar de ser firmado em benefício do credor, a fiança não importa doação ao devedor primário, que continuará obrigado pela sua prestação.[51] Nesse caso, o fiador poderá reaver do devedor não apenas o valor pago, mas também as perdas e danos que sofreu em decorrência da fiança do inadimplemento do devedor quanto à obrigação principal e da fiança (CC, art. 832).[52] Além disso, poderá cobrar do afiançado juros pelo desembolso, em taxa estipulada na obrigação principal, ou, não havendo, pelos juros legais de mora. Estes juros incidirão no interregno entre o pagamento efetuado pelo fiador ao credor e o pagamento pelo devedor ao fiador[53] (CC, art. 833).[54]

Na hipótese de pluralidade de fiadores, aquele que paga a dívida poderá cobrar dos demais cofiadores, em ação de regresso, a cota parte de cada um. De outra parte, caso haja insolvência de um dos cofiadores, os demais irão ratear a sua cota parte (CC, art. 831, parágrafo único).[55]

> *Regresso na pluralidade de fiadores*

Caio Mário da Silva Pereira afirma que o fiador não poderá demandar o regresso do afiançado se: a) por sua omissão, o devedor, não ciente do adimplemento, pagar o mesmo débito; b) houver prestado fiança com *animus donandi*; c) a prestação paga não for devida ou for maior que o valor da obrigação; d) tiver pago sem ser demandado.[56]

> *Não cabimento da ação de regresso*

A fiança pode ser firmada com ou sem prazo determinado. Se houver prazo, o fiador não poderá se exonerar antes de decorrido o tempo do contrato, ao qual se encontra obrigado. Por outro lado, se a garantia for prestada sem limitação temporal, o fiador não está obrigado a vincular seu patrimônio indefinidamente ao cumprimento da obrigação de terceiro, podendo se exonerar mediante notificação ao credor, que gerará efeitos após 60 (sessenta) dias, período durante o qual o fiador ainda está obrigado a garantir o inadimplemento do devedor (CC, art. 835).[57]

> *Prazo determinado ou indeterminado*

---

50 "Art. 831. O fiador que pagar integralmente a dívida fica sub-rogado nos direitos do credor; mas só poderá demandar a cada um dos outros fiadores pela respectiva quota".

51 Caio Mário da Silva Pereira, Instituições de Direito Civil, vol. III, p. 473.

52 "Art. 832. O devedor responde também perante o fiador por todas as perdas e danos que este pagar, e pelos que sofrer em razão da fiança".

53 Em comentário ao dispositivo, elucida a doutrina: "O artigo em tela, tal como seu correspondente no CC/1916, cuida do que se convencionou chamar de juros do desembolso. Ou seja, o fiador, desde o instante em que paga a obrigação afiançada, vê vencer, em seu favor, juros pelo quanto a esse propósito tenha despendido. Bem se vê, portanto, que tais juros não se confundem com os juros que incidem sobre o débito principal, aquele afiançado. A regra, a rigor, dessume-se do mesmo princípio insculpido no dispositivo do artigo precedente. Mesmo prestada de forma benéfica, a fiança difere da doação porque, a priori, não tenciona o fiador, com ela, transferir de seu patrimônio bens ou valores ao afiançado. Por isso que, honrando a fiança, deve ser ressarcido de tudo que a esse título haja pago. Tem o devedor afiançado, portanto, uma obrigação de reembolsar o fiador quando este tenha pago seu débito ao credor, destarte desde aí vencendo juros sobre essa quantia a ser reembolsada" (Claudio Luiz Bueno de Godoy. In: Cezar Peluso (coord.), *Código Civil comentado*, Barueri: Manole, 2013, 7ª ed., p. 836).

54 "Art. 833. O fiador tem direito aos juros do desembolso pela taxa estipulada na obrigação principal, e, não havendo taxa convencionada, aos juros legais da mora".

55 "Art. 831. (...) Parágrafo único. A parte do fiador insolvente distribuir-se-á pelos outros".

56 Caio Mário da Silva Pereira, *Instituições de Direito Civil*, vol. III, cit., pp. 473-474.

57 "Art. 835. O fiador poderá exonerar-se da fiança que tiver assinado sem limitação de tempo, sempre que lhe convier, ficando obrigado por todos os efeitos da fiança, durante sessenta dias após a notificação do credor".

Lei do Inquilinato

O tema é de grande relevância nas locações de imóveis urbanos: o art. 39 da Lei 8.245/91, com a redação introduzida pela Lei 12.112, de 9 de dezembro de 2009, determina que "salvo disposição em contrário, qualquer das garantias da locação se estende até a efetiva devolução do imóvel, ainda que prorrogada a locação por prazo indeterminado, por força desta lei". Esta prorrogação da eficácia da fiança mesmo no caso de prorrogação da locação por prazo indeterminado não constava da redação original, entendendo-se, então, na jurisprudência, que dependeria de expressa previsão contratual. A partir de 2012, com a nova redação do dispositivo, o STJ passou a admitir a permanência da fiança nas prorrogações contratuais por prazo indeterminado, desde que não haja convenção em contrário, conforme o entendimento da Súmula 214: "o fiador na locação não responde por obrigações resultantes de aditamentos com os quais não anuiu". Basta, portanto, existir no contrato estipulação no sentido de que o fiador permanecerá responsável até a entrega das chaves, para que a fiança subsista no caso de prorrogação do contrato por prazo indeterminado,[58] pondo-se a salvo o direito de exoneração do fiador mediante notificação com 120 (cento e vinte) dias de antecedência, nos moldes do art. 40, X,[59] Lei 8.245/91.[60] Sobre o tema, ainda, a 2ª Seção do Superior Tribunal de Justiça aprovou o Enunciado da Súmula 656, segundo o qual "É válida a cláusula de prorrogação automática de fiança na renovação do contrato principal. A exoneração do fiador depende da notificação prevista no artigo 835 do Código Civil".[61]

Bem de família do fiador

Ainda no âmbito da Lei do Inquilinato, discute-se se o bem de família indicado pelo fiador sujeita-se à execução. Como se sabe, a Lei 8.009, de 29 de março de 1990,

---

[58] A 3ª Turma do STJ, por unanimidade, admitiu a inclusão do fiador no polo passivo da fase de cumprimento de sentença em ação renovatória, ainda que não tenha integrado o polo ativo da relação processual na fase de conhecimento. Ao contrário da regra geral do art. 513 do CPC, que não permite a inclusão do fiador que esteve ausente à ação de conhecimento na fase de cumprimento de sentença, a Lei do Inquilinato prevê exigências específicas que devem instruir a ação renovatória, como a indicação expressa do fiador e da comprovação de que aceitou todos os encargos da fiança. Tal circunstância atesta a anuência dos fiadores com a renovação do contrato e, por isso, permite que sejam incluídos no cumprimento de sentença, ainda que ausentes na fase de conhecimento, sem violação aos princípios da ampla defesa, do contraditório e do devido processo legal. (STJ, 3ª T., REsp 2.060.759/SP, Rel. Min. Nancy Andrighi, julg. 16.5.2023. publ. DJ 19.5.2023).

[59] "Art. 40. O locador poderá exigir novo fiador ou a substituição da modalidade de garantia, nos seguintes casos: (...) X – prorrogação da locação por prazo indeterminado uma vez notificado o locador pelo fiador de sua intenção de desoneração, ficando obrigado por todos os efeitos da fiança, durante 120 (cento e vinte) dias após a notificação ao locador". Como o inciso em análise apenas entrou em vigência em 2009, incluído pela Lei 12.112/2009 na Lei 8.245/91, o STJ possui o entendimento de que, em locação anterior a 2009, o fiador só continua obrigado por 60 dias após notificar exoneração, aplicando-se, portanto, o prazo previsto no art. 835 do Código Civil (STJ, 3ª T., REsp 1.863.571/ES, Rel. Min. Nancy Andrighi, julg. 24.11.2020, publ. *DJ* 1.12.2020).

[60] Na jurisprudência: "O Superior Tribunal de Justiça compreende que, ante a existência de cláusula expressa no contrato prevendo que os fiadores respondem pelos débitos locatícios até a efetiva entrega do imóvel, também entendida como entrega das chaves, subsiste a fiança no período em que referido contrato foi prorrogado, ressalvada a hipótese de exoneração do encargo" (STJ, 3ª T., AgI no AREsp. 1.334.812, Rel. Min. Moura Ribeiro, julg. 17.12.2018, publ. DJ 19.12.2018). V., também, o RgI no Resp 1.335.485/SP, 4ª T., Rel. Min. Luis Felipe Salomão, julg. 12.9.2017, publ. DJ 15.9.2017, em que a evolução legislativa e suas controvérsias são passadas em revista.

[61] A 4ª Turma do Superior Tribunal de Justiça reafirmou que "a jurisprudência desta Corte é no sentido da validade da cláusula que estabelece a prorrogação automática da fiança com a renovação do contrato principal, cabendo ao fiador, acaso intente sua exoneração, efetuar, no período de prorrogação contratual, a notificação de que reza o art. 835 do Código Civil" (STJ, 4ª T., AgInt no AREsp 1.599.023/SP, Rel. Min. Antonio Carlos Ferreira, julg. 30.5.2022, publ. DJ 2.6.2022).

ao disciplinar o bem de família, assim compreendido como o imóvel residencial próprio do casal ou da entidade familiar que se mostra impenhorável (Lei 8.009/90, art. 1º),[62] determinou a possibilidade de penhora de bem de família oferecido pelo fiador em reforço à dívida do devedor principal em contrato de locação (Lei 8.009/90, art. 3º, VII). A jurisprudência majoritária, em interpretação literal ao art. 3º, VII, reconheceu a validade da penhora do bem de família do fiador em locação para fins de moradia, uma vez que este assume todos os riscos decorrentes do inadimplemento do devedor. Segundo estabelecido pela Corte, a penhorabilidade acabaria, por via indireta, por favorecer o direito de moradia do locatário, ampliando a oferta de imóveis para locação, em razão do reforço da garantia oferecida aos locadores.[63] Por outro lado, o STF, ao apreciar o Recurso Extraordinário 605.709, decidiu que o bem de família do fiador em contratos de locação para fins empresariais há de ser considerado impenhorável, de sorte que o direito de moradia do fiador prepondera sobre a livre-iniciativa ou o direito de crédito do locador.[64-65]

---

[62] "Art. 1º O imóvel residencial próprio do casal, ou da entidade familiar, é impenhorável e não responderá por qualquer tipo de dívida civil, comercial, fiscal, previdenciária ou de outra natureza, contraída pelos cônjuges ou pelos pais ou filhos que sejam seus proprietários e nele residam, salvo nas hipóteses previstas nesta lei. Parágrafo único. A impenhorabilidade compreende o imóvel sobre o qual se assentam a construção, as plantações, as benfeitorias de qualquer natureza e todos os equipamentos, inclusive os de uso profissional, ou móveis que guarneçam a casa, desde que quitados".

[63] Afirmou o STJ em sede de Recurso Repetitivo: "1. Para fins do art. 543-C do CPC: "É legítima a penhora de apontado bem de família pertencente a fiador de contrato de locação, ante o que dispõe o art. 3º, inciso VII, da Lei n. 8.009/1990" (STJ, 2ª S., REsp. 1.363.368, Rel. Min. Luis Felipe Salomão, julg. 12.11.2014, publ. DJ 21.1.2014). O voto do Relator transcreve trechos do acórdão do RE 407.688, Tribunal Pleno, Rel. Min. Cezar Peluso, julg. 8.2.2006, publ. DJ 6.10.2006 do STF, em que foi declarada a constitucionalidade do art. 3º da Lei 8.009/90: "não repugna à ordem constitucional que o direito social de moradia – o qual, é bom observar, se não confunde, necessariamente, com o direito à propriedade imobiliária ou direito de ser proprietário de imóvel – pode, sem prejuízo de outras alternativas conformadoras, reputar-se, em certo sentido, implementado por norma jurídica que estimule ou favoreça o incremento da oferta de imóveis para fins de locação habitacional, mediante previsão de reforço das garantias contratuais dos locadores".

[64] "Recurso extraordinário manejado contra acórdão publicado em 31.8.2005. Insubmissão à sistemática da repercussão geral. Premissas distintas das verificadas em precedentes desta suprema corte, que abordaram garantia fidejussória em locação residencial. Caso concreto que envolve dívida decorrente de contrato de locação de imóvel comercial. Penhora de bem de família do fiador. Incompatibilidade com o direito à moradia e com o princípio da isonomia. 1. A dignidade da pessoa humana e a proteção à família exigem que se ponham ao abrigo da constrição e da alienação forçada determinados bens. É o que ocorre com o bem de família do fiador, destinado à sua moradia, cujo sacrifício não pode ser exigido a pretexto de satisfazer o crédito de locador de imóvel comercial ou de estimular a livre-iniciativa. Interpretação do art. 3º, VII, da Lei nº 8.009/1990 não recepcionada pela EC nº 26/2000. 2. A restrição do direito à moradia do fiador em contrato de locação comercial tampouco se justifica à luz do princípio da isonomia. Eventual bem de família de propriedade do locatário não se sujeitará à constrição e alienação forçada, para o fim de satisfazer valores devidos ao locador. Não se vislumbra justificativa para que o devedor principal, afiançado, goze de situação mais benéfica do que a conferida ao fiador, sobretudo porque tal disparidade de tratamento, ao contrário do que se verifica na locação de imóvel residencial, não se presta à promoção do próprio direito à moradia. 3. Premissas fáticas distintas impedem a submissão do caso concreto, que envolve contrato de locação comercial, às mesmas balizas que orientaram a decisão proferida, por esta Suprema Corte, no exame do tema nº 295 da repercussão geral, restrita aquela à análise da constitucionalidade da penhora do bem de família do fiador em contrato de locação residencial. 4. Recurso extraordinário conhecido e provido" (STF, 1ª T., RE 605709, Rel. Min. Dias Toffoli, julg. 12.6.2018, publ. DJ 15.2.2019).

[65] Em sentido contrário ao que decidiu o STF, cfr. recente decisão do TJRJ em que foi considerada possível a penhora do bem do fiador em locação comercial: "Aduz a parte agravante ser legítima a

O Supremo Tribunal Federal, contudo, em maio de 2022, considerou constitucional a penhora do bem de família do fiador de contrato de locação – seja residencial, seja comercial (Tema 1.127). Ao consolidar o entendimento da Corte Constitucional, prevaleceu, por maioria, a tese de que "é constitucional a penhora de bem de família pertencente a fiador de contrato de locação, seja residencial, seja comercial".[66]

Nesse cenário, a 2ª Seção do Superior Tribunal de Justiça, sob a sistemática dos recursos especiais repetitivos (Tema 1.091), estabeleceu a tese de que é válida a

---

penhora do bem de família pertencente a fiador de contrato de locação, em qualquer modalidade. Afirma que o bem de família do fiador pode ser penhorado em razão de obrigação decorrente de contrato de locação. Requer a reforma da decisão agravada para que seja mantida a penhora sobre o imóvel, bem como seja determinada a venda judicial em hasta pública, sem novos ônus para a agravante. Assiste-lhe razão. Com efeito, dispõe o art. 3º, inciso VII, da Lei 8.009/90 que há de ser considerado penhorável o bem pertencente ao fiador de contrato de locação, não fazendo a lei nenhuma distinção entre locação residencial e comercial" (TJRJ, 4ª CC., AgI 0066966613201881900000, Rel. Des. Cleber Ghelfenstein, julg.29.5.2019, publ. DJ 30.5.2019).

[66] STF, Plenário, RE 1.307.334/SP, Rel. Min. Alexandre de Moraes, julg. 10.3.2022, publ. DJ 26.5.2022. Confira-se a ementa do acórdão: "Constitucional e civil. artigo 3º, VII, da Lei 8.009/1990. Contrato de locação de imóvel comercial. Penhorabilidade do bem de família do fiador. Respeito ao direito de propriedade, à livre-iniciativa e ao princípio da boa-fé. Não violação ao artigo 6º da Constituição Federal. Recurso extraordinário desprovido. 1. Os fundamentos da tese fixada por esta Corte quando do julgamento do Tema 295 da repercussão geral (É constitucional a penhora de bem de família pertencente a fiador de contrato de locação, em virtude da compatibilidade da exceção prevista no art. 3º, VII, da Lei 8.009/1990 com o direito à moradia consagrado no art. 6º da Constituição Federal, com redação da EC 26/2000), no tocante à penhorabilidade do bem de família do fiador, aplicam-se tanto aos contratos de locação residencial, quanto aos contratos de locação comercial. 2. O inciso VII do artigo 3º da Lei 8.009/1990, introduzido pela Lei 8.245/1991, não faz nenhuma distinção quanto à locação residencial e locação comercial, para fins de excepcionar a impenhorabilidade do bem de família do fiador. 3. A exceção à impenhorabilidade não comporta interpretação restritiva. O legislador, quando quis distinguir os tipos de locação, o fez expressamente, como se observa da Seção III, da própria Lei 8.245/1991 – que, em seus artigos 51 a 57 disciplinou a 'Locação não residencial'. 4. No pleno exercício de seu direito de propriedade, o fiador, desde a celebração do contrato (seja locação comercial ou residencial), já tem ciência de que todos os seus bens responderão pelo inadimplemento do locatário – inclusive seu bem de família, por expressa disposição do multicitado artigo 3º, VII, da Lei 8.009/1990. Assim, ao assinar, por livre e espontânea vontade, o contrato de fiança em locação de bem imóvel – contrato este que só foi firmado em razão da garantia dada pelo fiador –, o fiador abre mão da impenhorabilidade de seu bem de família, conferindo a possibilidade de constrição do imóvel em razão da dívida do locatário, sempre no pleno exercício de seu direito de propriedade. 5. Dentre as modalidades de garantia que o locador poderá exigir do locatário, a fiança é a mais usual e mais aceita pelos locadores, porque menos burocrática que as demais, sendo a menos dispendiosa para o locatário e mais segura para o locador. Reconhecer a impenhorabilidade do imóvel do fiador de locação comercial interfere na equação econômica do negócio, visto que esvazia uma das principais garantias dessa espécie de contrato. 6. A proteção à moradia, invocada pelo recorrente, não é um direito absoluto, devendo ser sopesado com (a) a livre-iniciativa do locatário em estabelecer seu empreendimento, direito fundamental também expressamente previsto na Constituição Federal (artigos 1º, IV e 170, caput); e (b) o direito de propriedade com a autonomia de vontade do fiador que, de forma livre e espontânea, garantiu o contrato. 7. Princípio da boa-fé. Necessária compatibilização do direito à moradia com o direito de propriedade e direito à livre-iniciativa, especialmente quando o detentor do direito, por sua livre vontade, assumiu obrigação apta a limitar sua moradia. 8. O reconhecimento da impenhorabilidade violaria o princípio da isonomia, haja a vista que o fiador de locação comercial, embora também excepcionado pelo artigo 3º, VII, da Lei 8.009/1990, teria incólume seu bem de família, ao passo que o fiador de locação residencial poderia ter seu imóvel penhorado. 9. Recurso Extraordinário desprovido. Fixação de tese de repercussão geral para o Tema 1127: É constitucional a penhora de bem de família pertencente a fiador de contrato de locação, seja residencial, seja comercial".

penhora do bem de família de fiador dado em garantia em contratos de locação de imóvel – seja residencial, seja comercial –, nos termos do art. 3º, VII, da Lei 8.009/90, alterando o entendimento que até então vigorava, tendo como base o entendimento firmado pelo Supremo Tribunal.

Na ocasião, o Ministro Relator Luis Felipe Salomão ressaltou que, de fato, a lei não distinguiu os contratos de locação para fins de afastamento de regra de impenhorabilidade do bem de família. Nessa perspectiva, o Ministro entendeu não ser possível criar distinções onde a lei não o fez – sob pena de violar o princípio da isonomia no instituto da fiança, pois o fiador de locação comercial teria protegido o seu bem de família, ao passo que o fiador de locação residencial poderia ter o seu imóvel penhorado.[67]

Em qualquer caso, os efeitos da fiança passam aos herdeiros do fiador em caso de falecimento deste. Entretanto, a responsabilidade dos sucessores só abarcará as obrigações constituídas até a morte do obrigado e respeitadas as forças da herança (CC, art. 1.792), de modo que os herdeiros não poderão ser chamados a pagar a dívida com patrimônio próprio. A literalidade do art. 836 pode induzir em erro, já que, a rigor, a obrigação assumida pela fiança se extingue pela morte do fiador, transmitindo-se aos herdeiros a responsabilidade pela dívida nos limites das forças da herança.[68]

Transmissão aos herdeiros do fiador

5. EXTINÇÃO DA FIANÇA

Sempre que demandado, o fiador poderá se defender usando todas as exceções pessoais que lhe disserem respeito, bem como aquelas que se relacionem à extinção da obrigação principal do afiançado, tais como o pagamento, a confusão, prescrição, nulidade ou anulabilidade. Cuida-se de exceções gerais das quais o devedor poderia se valer.[69]

Exceções

---

[67] "Processo Civil. Direito Civil. Recurso Especial representativo de controvérsia. Art. 1.036 do CPC. Execução. Lei n. 8.009/1990. Alegação de bem de família. Fiador em contrato de locação comercial e residencial. Penhorabilidade do imóvel. Possibilidade. Precedentes do STF e do STJ. 1. Para fins do art. 1.036 do CPC: 'É válida a penhora do bem de família de fiador apontado em contrato de locação de imóvel, seja residencial, seja comercial, nos termos do inciso VII do art. 3º da Lei n. 8.009/1990'. 2. No caso concreto, recurso especial provido" (STJ, 2ª S., REsp 1.822.033/PR, Rel. Min. Luis Felipe Salomão, julg. 8.6.2022, publ. DJ 1.8.2022). V. também: STJ, 3ª T., AgInt no REsp. 2.037.701, Rel. Min. Marco Aurélio Bellizze, julg. 23.10.2023, publ. DJ 26.10.2023; STJ, 4ª T., AgInt no AREsp. 2.301.255, Rel. Min. Raul Araújo, julg. 25.9.2023, publ. DJ 28.9.2023; STJ, 3ª T., AgInt no REsp. 2.025.512, Rel. Min. Humberto Martins, julg. 28.8.2023, publ. DJ 30.8.2023; STJ, 2ª S., REsp 1.822.040/PR, Rel. Min. Luis Felipe Salomão, julg. 8.6.2022, publ. DJ 1.8.2022.

[68] "Art. 836. A obrigação do fiador passa aos herdeiros; mas a responsabilidade da fiança se limita ao tempo decorrido até a morte do fiador, e não pode ultrapassar as forças da herança".

[69] Registra a doutrina: "(...) pode o fiador opor ao credor tudo quanto se relacione com vício da fiança em si, tal como a sua nulidade ou anulabilidade, inclusive provocada por eventual vício de vontade que acaso tenha ocorrido. Lembre-se, ainda, das questões de forma, de exoneração, de termo da fiança, conforme comentário aos arts. 819 e 835, todas exceções pessoais oponíveis pelo fiador. Da mesma forma, as restrições específicas que tocam a algumas pessoas para a prestação de fiança (ver comentário ao art. 818). Sem contar os meios indiretos extintivos da própria obrigação fidejussória, como a novação, compensação ou remissão, que ao fiador se refiram. Mas, além de todas essas exceções pessoais, também é lícito ao fiador opor ao credor qualquer exceção que, posto não pessoal, destarte ainda que deduzível pelo devedor principal, seja extintiva da obrigação" (Claudio Luiz de Godoy Bueno. In: Cezar Peluso (coord.), *Código Civil comentado*, cit., pp. 840-841).

Todavia, se o fiador, ao prestar a garantia, já sabia de causa de invalidade, não poderá invocá-la para exonerar-se.[70]

O fiador, por outro lado, não poderá invocar exceções pessoais do devedor para extinguir a fiança.[71] Também não poderá o fiador alegar a incapacidade pessoal do devedor em benefício próprio, salvo na hipótese de mútuo feito a menor, que não pode ser reavido do fiador (CC, arts. 588 e 837),[72] exceto nas hipóteses previstas no art. 589 do Código Civil.

Extinção da obrigação afiançada

Em decorrência do seu caráter acessório, a fiança será extinta sempre que a obrigação garantida também se extinguir, seja pelo modo ordinário, isto é, pelo adimplemento, seja por dação em pagamento, remissão ou novação. É o que Orlando Gomes denomina extinção "por via de consequência".[73] No caso da dação em pagamento, o fiador estará exonerado mesmo que o credor venha a perder o bem dado pelo devedor em razão de futura evicção. Nesta hipótese, o devedor responderá pelos prejuízos da evicção, mas a fiança não se restabelece (CC, art. 838, III).

Concessão de prazo adicional ao devedor

O fiador também estará desobrigado de sua obrigação se o credor expressamente conceder prazo adicional (*rectius,* moratória) ao afiançado para o adimplemento da prestação vencida (CC, art. 838, I). Entende-se, nesse caso, que, se o fiador não anuiu com o acerto feito entre as partes da obrigação originária, não pode ter sua obrigação agravada. Tal moratória há de ser atribuída expressamente ao devedor, tornando-se direito exigível.

Impossibilidade de sub-rogação nos mesmos direitos e preferências creditórios

O mesmo ocorre quando algum fato imputável ao credor impossibilite a sub-rogação do fiador em seus direitos e preferências, de modo a situar o fiador em posição pior relativamente àquela que seria ocupada pelo credor originário (CC, art. 838, II). À guisa de exemplo, tem-se o caso em que o credor renuncia a alguma garantia real, como a hipoteca ou o penhor.

---

[70] Na jurisprudência: "*In casu*, nada obstante o embargante-devedor tenha sido casado sob o regime de comunhão de bens (fl. 49), o próprio se qualifica como viúvo (fls. 02, 48, 56), sendo parte ilegítima para suscitar em sede de embargos à execução a anulação da fiança concedida. Ao revés, apenas por hipótese, os arts. 1.502 e 837 do Código Civil de 1916 e 2002 autorizam ao fiador opor exceções pessoais ao credor, o que não se coaduna com a carência de outorga concedida pelo cônjuge que não assentiu com a garantia fidejussória. Sobre o tema, inclusive, o c. Superior Tribunal de Justiça pacificou que 'nos termos do art. 239 do Código Civil de 1.916 (atual art. 1.650 do Novo Código Civil), a nulidade da fiança só pode ser demandada pelo cônjuge que não a subscreveu, ou por seus respectivos herdeiros' (REsp 772419/SP, 5ª T., Rel. Min. Arnaldo Esteves Lima, julg. 16.3.2006, publ. DJ 24.4.2006). Tal posicionamento visa preservar o princípio consagrado na Lei Substantiva Civil, segundo o qual não pode se beneficiar de ato nulo/anulável aquele que o praticou. Nesse sentido: AgRg no REsp 749.999/SP, 6ª T., Rel. Min. Paulo Gallotti, julg. 25.6.2009, publ. DJ 3.8.2009; AgRg no Ag 1.134.564/RJ, 5ª T., Rel. Min. Jorge Mussi, julg. 2.3.2010, publ. DJ 29.3.2010" (TJDFT, 3ª T. C., Ap. Cív. 20120110644017, Rel. Des. Otávio Augusto, julg. 10.7.2013, publ. DJ 19.8.2013).

[71] Carvalho Santos, Código Civil Brasileiro interpretado, vol. XIX, cit., p. 489.

[72] "Art. 837. O fiador pode opor ao credor as exceções que lhe forem pessoais, e as extintivas da obrigação que competem ao devedor principal, se não provierem simplesmente de incapacidade pessoal, salvo o caso do mútuo feito a pessoa menor".

[73] Orlando Gomes, *Contratos*, Rio de Janeiro: Forense, 2009, 26ª ed., p. 542.

Por fim, o art. 839 do Código Civil[74] determina que, se o fiador, demandado pelo credor, invocar o benefício de ordem e indicar os bens do devedor à penhora, estará exonerado mesmo em caso de futura insolvência do devedor ocasionada por retardo na execução por parte do credor. Isso porque o fiador não pode ser prejudicado pela desídia do credor em promover a execução dos bens do devedor, devendo fazer a prova de que os bens por ele indicados eram bastantes e suficientes para a satisfação do credor.[75]

Retardo do credor na execução

Por outro lado, em curioso caso, o STJ já negou o pedido de exoneração da fiança ao argumento de ter sido a garantia prestada devido a vínculo afetivo com o sócio que se retirou da empresa locatária no curso do prazo contratual.[76] No caso, a fiadora notificou extrajudicialmente o locador com a finalidade de exoneração da garantia. Contudo, antes do término do contrato, foi ajuizada ação de despejo e cobrança de aluguéis. O Tribunal de origem declarou a ilegitimidade passiva da fiadora, sob o fundamento de que, com a alteração do contrato social, não mais existiria o intuito personae que justificou a prestação da garantia. O STJ, todavia, entendeu injustificada a exoneração da fiadora. Isso porque, embora válida a notificação, a exoneração somente surte efeito após o término da vigência do contrato por prazo determinado, quando a garantia se restringe ao período contratual; ou após 120 dias da data da notificação ao locador, nos termos do art. 40 da Lei 8.245/1990, se o contrato é prorrogado por prazo indeterminado e o fiador se comprometeu a acompanhar eventual prorrogação contratual. Segundo ressaltado no acórdão, se o vínculo pessoal entre o fiador e algum dos sócios da empresa afiançada fosse essencial na manutenção da garantia, ele deveria estar expresso no contrato, nos termos do art. 830 do Código Civil.

PROBLEMAS PRÁTICOS

1. Em contrato de locação de certo imóvel urbano celebrado pelo prazo de um ano, avençou-se fiança com expressa previsão de manutenção da garantia em caso de prorrogação do contrato principal, até a efetiva entrega do imóvel. Após 11 (onze) meses, o credor concordou em prorrogar o contrato por tempo indeterminado. No segundo ano, ocorreu o inadimplemento por parte do locatário. Diante da cobrança efetuada pelo credor (locador) em face do fiador, este alega que apenas se obrigou como garantidor do locatário pelo primeiro ano e que há nulidade da cláusula. Assiste razão ao fiador? Justifique.

---

[74] "Art. 839. Se for invocado o benefício da excussão e o devedor, retardando-se a execução, cair em insolvência, ficará exonerado o fiador que o invocou, se provar que os bens por ele indicados eram, ao tempo da penhora, suficientes para a solução da dívida afiançada".

[75] A respeito da exoneração do fiador, cabe destacar o entendimento firmado pelo Superior Tribunal de Justiça no sentido de que a alteração do quadro societário da pessoa jurídica devedora não exonera automaticamente o fiador da garantia prestada no contrato, sendo necessárias a comunicação da alteração do quadro societário e a formulação de pedido de exoneração das garantias (STJ, 4ª T., AgInt no REsp 1.792.659/DF, Rel. Min. Raul Araújo, julg. 21.3.2022, DJe 25.4.2022).

[76] STJ, 3ª T., REsp 2.121.585, Rel. Min. Nancy Andrighi, julg. 14.5.2024, publ. *DJe* 17.5.2024.

2. Rafael abriu uma oficina mecânica e pediu que seu pai, Carlos, fosse seu garantidor no contrato de locação da loja. Carlos prontamente concordou, celebrando contrato de fiança com o proprietário do imóvel. Sete meses após o início da operação comercial, Rafael deixou de pagar o aluguel da loja, em razão dos prejuízos que vinha sofrendo com o negócio. O proprietário da loja buscou o locatário e o fiador para receber o pagamento e, diante da não satisfação de seu crédito, requereu judicialmente a penhora do único imóvel próprio do fiador, que servia como moradia de sua família. Em juízo, Carlos defendeu a impossibilidade de penhora de seu imóvel, pois constituiría bem de família. A quem assiste razão?

Capítulo XIV
TRANSAÇÃO.
COMPROMISSO E CONVENÇÃO DE ARBITRAGEM

Sumário: TRANSAÇÃO – 1. Conceito – 2. Características – 3. Eficácia da transação – COMPROMISSO E CONVENÇÃO DE ARBITRAGEM – 4. Conceito – 5. Convenção de arbitragem: compromisso arbitral e cláusula compromissória – 6. Objeto do compromisso e da cláusula compromissória – 7. Extensão subjetiva e objetiva da cláusula compromissória – 8. Poderes dos árbitros – 9. Sentença arbitral – Problemas práticos.

TRANSAÇÃO

1. CONCEITO

A transação traduz negócio jurídico mediante o qual as partes previnem ou extinguem litígio mediante concessões mútuas (CC, art. 840). Deste modo, constituem requisitos da transação: (i) o acordo entre as partes; (ii) o escopo de impedir o surgimento de controvérsia ou de extinguir litígio existente; (iii) a reciprocidade das concessões. A transação tem, assim, por pressuposto, a dúvida quanto ao desfecho de determinada relação jurídica; ou, ainda, a existência de litígio já instaurado, que as partes pretendem extinguir. *Definição*

A finalidade da transação consiste, portanto, em prevenir o surgimento de controvérsia ou extinguir litígio já existente, a partir do reconhecimento de direitos, da extinção ou mesmo da constituição de relações jurídicas. Observe-se que a linguagem do art. 843 do Código Civil, em sua literalidade, circunscreve o escopo da transação ao reconhecimento ou à declaração de direitos. Todavia, ao determinar que "a transação interpreta-se restritivamente, e por ela não se transmitem, apenas se declaram ou reconhecem direitos", o dispositivo pretendeu apenas determinar que a transação *Função* seja interpretada restritivamente, por veicular renúncia a direito (CC, art. 114). Tal não quer significar, contudo, que as partes, no exercício de sua autonomia privada, não possam constituir direitos no âmbito da transação.[1] Com efeito, na prática negocial, as partes poderão transacionar, constituindo novas obrigações que irão reger a (nova) relação jurídica, não se limitando, portanto, ao mero reconhecimento ou extinção de direitos. Como observado argutamente por Pontes de Miranda, "a redução da transação, a priori, a negócio jurídico de reconhecimento, seria construção extraordinariamente forçada. A transação modifica a relação jurídica das obrigações ou de direito das coisas".[2]

2. CARACTERÍSTICAS

Classificação

A transação consiste em negócio jurídico bilateral, oneroso e comutativo, assumindo a natureza de contrato típico. A autonomia privada tem plena liberdade na estipulação das cláusulas da transação, podendo, por exemplo, inserir cláusula penal na hipótese de seu descumprimento (CC, art. 847).

Validade

Por se tratar de negócio jurídico, sujeita-se ao exame de validade dos negócios jurídicos em geral (CC, art. 104). Deste modo, as partes que transacionam devem ser capazes; o objeto da transação há de corresponder a direitos patrimoniais disponíveis; e a forma da transação deverá observar a escritura pública nas obrigações em que a lei a exige (CC, art. 842). Como se sabe, vige, no direito dos contratos, o princípio da liberdade das formas, de modo que a forma do negócio será livre, a menos que a lei imponha a observância de forma solene. Caso exista litígio judicial ou arbitral, a transação deverá constar de escritura pública ou ser feita no bojo do processo, sujeita à homologação (CC, art. 842). Nesse caso, em se tratando de processo judicial, a transação somente produzirá seus efeitos a partir do trânsito em julgado da homologação pelo juízo, com extinção do processo com resolução do mérito (CPC, art. 487, III, b). A sentença homologatória de transação ou conciliação constitui título executivo judicial (CPC, art. 515, II e III). Se o litígio for arbitral, prevalece a autonomia privada.

Conservação dos negócios jurídicos

No exame de validade das cláusulas contidas na transação, deve-se identificar se tais disposições se afiguram independentes umas das outras ou se, ao revés, há interdependência entre elas. Sempre que possível, a invalidade de uma das disposições não contaminará as demais, em observância ao princípio da conservação dos negócios jurídicos, exceto se restar demonstrado que a cláusula nula constitui a causa da estipulação da outra disposição, que, assim, também será considerada inválida (CC, art. 848). Não raro, a autonomia privada insere disposição contratual no sentido de assegurar, sempre que possível, a preservação do pacto. Caberá, assim, ao intérprete, a identificação, no caso concreto, da nulidade e de seus efeitos.

---

[1] Nessa direção, cfr. Miguel Maria de Serpa Lopes, *Curso de Direito Civil:* obrigações em geral, vol. II, Rio de Janeiro: Freitas Bastos, 1966, 4ª ed., p. 302; Orlando Gomes, *Contratos*, Rio de Janeiro: Forense, 2007, p. 543.

[2] Pontes de Miranda, *Tratado de Direito Privado,* tomo XXV, São Paulo: Editora Revista dos Tribunais, 1984, 3ª ed., p. 167.

O objeto da transação consiste em direitos patrimoniais disponíveis (CC, art. 841). Daí decorrem duas consequências fundamentais: (i) os direitos, ainda que apreciáveis economicamente, devem se sujeitar à disposição pelos particulares, a excluir, por exemplo, os bens públicos e os bens gravados com cláusula de inalienabilidade; e (ii) não se pode transigir acerca de direitos existenciais, embora os efeitos patrimoniais da situação jurídica existencial sujeitem-se à transação, como na hipótese de transação quanto ao valor dos danos morais devidos. *Objeto*

3. EFICÁCIA DA TRANSAÇÃO

A transação, como visto, previne ou extingue o litígio mediante concessões mútuas das partes. Em atenção ao princípio da relatividade, os seus efeitos se circunscrevem aos contratantes (CC, art. 844, *caput*). Todavia, em exceção a esta regra, se a transação for efetivada entre um dos credores solidários e o devedor, desobrigará o devedor relativamente aos outros credores (CC, art. 844, § 2º). De igual modo, caso a transação seja celebrada entre um dos devedores solidários e o credor, a dívida será extinta em relação aos demais codevedores (CC, art. 844, § 3º). De outra parte, se a transação for concluída entre o credor e o devedor, o fiador ficará desobrigado (CC, art. 844, § 1º), em consonância com o princípio da gravitação jurídica, segundo o qual o acessório segue o principal. *Efeitos da transação*

Uma vez operada a transação, caso a coisa renunciada por um dos transigentes, ou por ele transferida à outra parte, se torne evicta, a obrigação extinta não ressurgirá, cabendo ao evicto postular tão somente as perdas e danos. Após a conclusão da transação, os transigentes poderão adquirir novo direito sobre a coisa renunciada ou transferida na transação (CC, art. 845). *Evicção*

Tal como os negócios jurídicos em geral, a transação poderá ser anulada por dolo (essencial), coação, ou erro essencial quanto à pessoa ou coisa controversa, dentro dos prazos prescricionais aplicáveis. Entretanto, a transação não se anula por erro de direito a respeito das questões que foram objeto de controvérsia entre as partes. Ou seja, uma das partes não poderá requerer a anulação da transação ao argumento de que desconhecia o direito aplicável ao negócio pactuado (CC, art. 849). Identificado o vício que macule a vontade dos transigentes, extirpam-se os efeitos da transação *ab initio*. *Vício do consentimento*

Caso a transação tenha sido homologada em juízo, o termo inicial da prescrição para invalidar o negócio consiste na data do trânsito em julgado da sentença homologatória,[3] pois a partir daí se produzirão os efeitos da transação. O prejudicado deverá ingressar com a ação anulatória para invalidar a transação objeto de sentença

---

[3]   Na jurisprudência: "A ação para anular homologação de partilha amigável prescreve em um ano a contar do trânsito em julgado da sentença homologatória" (STJ, 3ª T, REsp 279.177/SP, Rel. Min. Humberto Gomes de Barros, julg. 4.4.2006, publ. DJ 14.8.2006). V. tb. STJ, 3ª T., REsp 209.707/CE, Rel. Min. Antônio de Pádua Ribeiro, julg. 9.11.2000, publ. DJ 12.2.2001; STJ, 3ª T., REsp 103.368/RJ, Rel. Min. Waldemar Zveiter, julg. 20.5.1997, publ. DJ 12.8.1997; STJ, 4ª T., REsp 83.642/SP, 4ª T., Rel. Min. Ruy Rosado de Aguiar, julg. 12.3.1996, publ. DJ 29.4.1996.

meramente homologatória (CPC, art. 966, § 4º⁴). Se, por outro lado, o juiz tiver ingressado no exame de mérito da transação, caberá ação rescisória para a sua invalidação (CPC, art. 966, III⁵)⁶, embora parte da doutrina sustente o cabimento, também aqui, de ação anulatória, tendo em conta a supressão, no atual diploma processual, de dispositivo que reproduza o art. 485, VIII, CPC/1973.⁷

Nulidade da transação

Afigura-se, ainda, nula a transação a respeito de litígio decidido por sentença transitada em julgado, se (i) um dos transatores dela não tivesse ciência; ou (ii) as partes tiverem transigido sobre direito alheio, circunstância descoberta ulteriormente à transação (CC, art. 850). Todavia, revela-se lícito às partes, tendo ciência da transação homologada por sentença transitada em julgado, repactuar consensualmente a matéria transacionada.

---

4 "Art. 966. (...) § 4º Os atos de disposição de direitos, praticados pelas partes ou por outros participantes do processo e homologados pelo juízo, bem como os atos homologatórios praticados no curso da execução, estão sujeitos à anulação, nos termos da lei".

5 "Art. 966. A decisão de mérito, transitada em julgado, pode ser rescindida quando: (...) III – resultar de dolo ou coação da parte vencedora em detrimento da parte vencida ou, ainda, de simulação ou colusão entre as partes, a fim de fraudar a lei;".

6 Nessa direção, já na vigência do Novo Código de Processo Civil, cfr. Fredie Didier Jr. e Leonardo Carneiro da Cunha, *Curso de Direito Processual Civil*, vol. III, Salvador: JusPodivm, 2016, pp. 429-443; Paulo Cezar Pinheiro Carneiro e Humberto Dalla Bernardina de Pinho (coords.), *Novo Código de Processo Civil*, Rio de Janeiro: Forense, 2017, p. 577. Sob o Código de Processo Civil de 1973, v. os seguintes julgados do Superior Tribunal de Justiça: "1. Os efeitos da transação podem ser afastados mediante a ação anulatória própria prevista no artigo 486 do CPC, sempre que o negócio jurídico tiver sido objeto de sentença meramente homologatória, que nada dispôs a respeito do conteúdo da pactuação. 2. Se, ao reverso, a sentença avança para além da mera homologação, proferindo mesmo juízo de valor acerca da avença, mostrar-se-á descabida a ação anulatória a que alude o art. 486 do CPC" (STJ, 4ª T., AgRg no REsp 1.314.900/CE, Rel. Min. Luis Felipe Salomão, julg. 18.12.2012, publ. DJ 4.2.2013); "A análise da ação adequada à invalidação da partilha tem por pressuposto a análise do conteúdo e dos limites da sentença proferida nos autos do inventário: se homologada, simplesmente, a partilha, mesmo que para aprovar o plano apresentado pelo inventariante, mas desde que ausente litigiosidade, deve-se ajuizar a ação anulatória; se, ao revés, na sentença forem resolvidas questões suscitadas pelos interessados quanto à divisão de bens e/ou à admissão de herdeiros, cabível é a ação rescisória" (STJ, 3ª T., REsp 1.238.684/SC, 3ª T., Rel. Min. Nancy Andrighi, julg. 3.12.2013, publ. DJ 21.2.2014). Na doutrina, v. Luiz Fux, *Curso de direito processual civil*, Rio de Janeiro: Forense, 2004, pp. 867-868; José Miguel Garcia Medina, *Código de Processo Civil comentado*: com remissões e notas comparativas ao projeto do novo CPC, São Paulo: Editora Revista dos Tribunais, 2012, 2ª ed., pp. 531-532; e Luiz Guilherme Marinoni e Daniel Mitidiero, *Código de Processo Civil*: comentado artigo por artigo, São Paulo: Editora Revista dos Tribunais, 2013, 5ª ed., p. 511.

7 Na doutrina processual: "De acordo com o § 4º do art. 966 do CPC/2015, os atos homologados pelo juízo (p. ex., renúncia, reconhecimento, transação, cf. art. 487, III, do CPC/2015) sujeitam-se à anulação. No caso, pois, não se admite ação rescisória. À luz do art. 485, VIII, do CPC/73, seria possível sustentar o cabimento de ação rescisória, quando, interpretando confissão, desistência ou transação realizada pelas partes, o juiz julga o pedido procedente ou improcedente, e ação anulatória, quando o juiz proferir sentença homologatória sem julgar o pedido (...). À luz da nova lei processual, passa a ser admissível apenas a anulatória prevista no § 4º do art. 966 do CPC/2015, quando se tratar de vício do ato homologado" (José Miguel Garcia Medina. Art. 966. In: Lenio Luiz Streck *et al.*, *Comentários ao Código de Processo Civil*, São Paulo: Saraiva, 2016, pp. 1260-1261). V., no mesmo sentido, Luiz Guilherme Marinoni e Daniel Mitidiero. In: Sérgio Cruz Arenhart e Daniel Mitidiero (coords.), Comentários ao Código de Processo Civil, vol. XV, São Paulo: Editora Revista dos Tribunais, 2016, pp. 451-453.

COMPROMISSO E CONVENÇÃO DE ARBITRAGEM

4. CONCEITO

Disciplinado em caráter geral no Título V, destinado aos contratos em espécie, *Definição*
o compromisso consiste em negócio jurídico (*rectius*, contrato) típico, por meio do
qual as partes submetem determinada controvérsia, relativa a direitos patrimoniais
disponíveis, à arbitragem (CC, art. 851; Lei 9.307/96, arts. 1º e 9º). Por outras palavras,
diante de determinada disputa atinente a direito patrimonial disponível, as partes
decidem atribuir a árbitros, por elas eleitos, o poder de dirimir a controvérsia. O
compromisso poderá ser judicial, quando celebrado por termo nos autos, perante o
juízo ou tribunal, onde tem curso a demanda (Lei 9.307/96, art. 9º, § 1º); ou extrajudicial, no caso em que celebrado por escrito particular, assinado por duas testemunhas,
ou por instrumento público (Lei 9.307/96, art. 9º, § 2º). Para além da disciplina geral
do Código Civil, a Lei de Arbitragem (Lei 9.307/96) regulará o compromisso arbitral,
ao lado da cláusula compromissória, espécies do gênero convenção de arbitragem,
definindo-os e atribuindo-lhes efeitos legais.

Por se tratar de contrato, o compromisso subordina-se ao exame de validade *Validade*
dos negócios jurídicos em geral, devendo-se investigar, portanto, a higidez da declaração vontade; a idoneidade e liceidade do objeto; a observância da forma prescrita
em lei (se houver); a capacidade e legitimidade das partes. O compromisso arbitral
deverá obedecer aos requisitos obrigatórios previstos no art. 10, Lei 9.307/1996, podendo, ainda, atender aos requisitos facultativos dispostos no art. 11 da mesma Lei.

5. CONVENÇÃO DE ARBITRAGEM: COMPROMISSO ARBITRAL E CLÁUSULA COMPROMISSÓRIA

A cláusula compromissória e o compromisso consistem em espécie do gênero
convenção de arbitragem (art. 3º, Lei 9.307/96).

A cláusula compromissória constitui disposição introduzida pela autonomia *Cláusula com-*
privada no contrato ou em documento apartado que a ele se refira, consoante a qual *promissória*
as partes se comprometem a submeter à arbitragem os litígios (futuros) que possam
vir a surgir, relativamente a tal contrato (art. 4º, Lei 9.307/96). Do ponto de vista
técnico, a cláusula compromissória traduz negócio jurídico autônomo e independente daquele em que se insere, consoante o disposto no art. 8º, Lei 9.307/96. Trata-se da
doutrina da autonomia ou separabilidade da cláusula compromissória.[8] Ou, em outros
termos, as cláusulas compromissórias "não dependem da validade ou eficácia de um
outro contrato em que esteja inserida ou ao qual se refira, de tal modo que não há de
se falar em relação de acessoriedade entre aquela e este".[9]

---

[8] Sobre o ponto, v. J. E. Carreira Alvim, *Tratado Geral da Arbitragem*, Belo Horizonte: Mandamentos, 2000, p. 235.

[9] Jacob Dolinger e Carmen Tiburcio, *Direito Internacional Privado*: Arbitragem Comercial Internacional, Rio de Janeiro: Renovar, 2003, p. 173. Nesta esteira, confiram-se as seguintes decisões: "Inclusive,

Cláusula compromissória cheia e vazia

A cláusula compromissória poderá ser (i) cheia, na qual as partes preveem o modo de instituição da arbitragem, a lei aplicável, a sede da arbitragem, dentre outros elementos que permitem a instauração da arbitragem, a prescindir do compromisso arbitral (art. 5º, Lei 9.307/96); ou (ii) vazia, em que as partes apenas estabelecem que os litígios decorrentes do contrato serão dirimidos por arbitragem, sem prever como esta irá se instaurar e qual será o procedimento aplicável.

Compromisso

O compromisso arbitral, por sua vez, traduz, como visto, negócio jurídico por meio do qual as partes submetem determinada controvérsia já existente, relativa a direitos patrimoniais disponíveis, à arbitragem (art. 9º, Lei 9.307/96).

Distinção

A distinção entre cláusula compromissória e compromisso tinha especial relevância no regime anterior à Lei 9.307/1996, no qual a cláusula compromissória valia apenas como promessa de se comprometer, exigindo-se invariavelmente a lavratura do compromisso para a instituição da arbitragem. A cláusula compromissória assumia, assim, a natureza de contrato preliminar. Inicialmente, o descumprimento desta obrigação de fazer – isto é, de se submeter à arbitragem – resultava em perdas e danos. Posteriormente, com a regra da execução específica das obrigações, a resistência de uma das partes à instituição da arbitragem deflagraria à parte prejudicada o direito de requerer ao Poder Judiciário a execução específica da cláusula compromissória, determinando-se a celebração do compromisso arbitral. Ou seja, o compromisso arbitral seria lavrado sempre que uma das partes se furtasse ao cumprimento da cláusula compromissória.[10]

Após a promulgação da Lei de Arbitragem, exigir-se-á a celebração do compromisso apenas nas hipóteses de terem as partes previsto cláusula compromissória vazia, determinando-se seja a parte recalcitrante à instituição da arbitragem citada para comparecer em juízo a fim de lavrar o compromisso (art. 7º, Lei 9.307/1996). A sentença que julgar procedente o pedido valerá como compromisso arbitral (art. 7º, § 7º, Lei 9.307/1996).

---

tamanha foi a preocupação do legislador em preservar a cláusula compromissória, que o art. 8º da Lei nº 9.307/96 consagra a sua autonomia, ou seja, a referida cláusula é absolutamente autônoma em relação ao contrato no qual estiver inserida, possuindo ligação meramente instrumental com o objeto principal do negócio jurídico. Daí decorre que eventual manifestação de vontade das partes modificando o negócio principal não afeta a cláusula compromissória. Mais do que isso, a autonomia da cláusula compromissória é corolário do princípio da *kompetenz-kompetenz*, isto é, da competência *stricto sensu* do juízo arbitral e não do Poder Judiciário para resolução de qualquer discussão acerca do contrato principal, seus anexos e das alterações neles imprimidas" (STJ, Corte Especial SEC 1 EX 2007/0156979-5, Rel. Min. Maria Thereza de Assis Moura, julg. 19.10.2011, publ. DJ1.2.2012). V. tb. STJ, 3ª T REsp. 1.288.251., Rel. Min. Sidnei Beneti, julg. 9.10.2012, publ. DJ 16.10.2012; STJ, SEC 854 EX 2005/0123803-1, Rel. Min. Luiz Fux, julg. 16.10.2013, publ. DJ 7.11.2013.

[10] Sobre o tema, v. José Emílio Nunes Pinto, Contrato de adesão. Cláusula Compromissória. Aplicação do princípio da boa-fé. A convenção arbitral como elemento de equação econômico-financeira do contrato. *Revista de Arbitragem e Mediação*, vol. 10, jul.-set. 2006, pp. 234-242; Celso Agrícola Barbi Filho, Execução específica de cláusula arbitral. *Revista dos Tribunais*, vol. 732, out., 1996; Nadia de Araujo, O princípio da autonomia da cláusula arbitral na jurisprudência brasileira. *Doutrinas Essenciais*: Obrigações e Contratos, vol. VI, São Paulo: Editora Revista dos Tribunais, 2011, pp. 1023-1025.

CAPÍTULO XIV | TRANSAÇÃO. COMPROMISSO E CONVENÇÃO DE ARBITRAGEM

Em matéria de arbitragem, prevalece o princípio da autonomia privada. As partes poderão (i) submeter o exame da matéria a árbitro único ou a Tribunal Arbitral; (ii) escolher se a arbitragem será *ad hoc* ou conduzida perante Câmara de Arbitragem; (iii) escolher a sede da arbitragem; (iv) escolher a lei aplicável; (v) decidir se a matéria poderá ser decidida por equidade etc.

Autonomia privada

No exercício de sua autonomia privada, as partes poderão prever, ao lado da cláusula compromissória, a cláusula de *hardship*,[11] a qual consiste em previsão aposta ordinariamente em contratos internacionais, que determina a renegociação, pelos contratantes, dos termos contratuais originários, com vistas à manutenção do negócio em novas bases.

Cláusula de hardship

Hardship corresponde basicamente à alteração fundamental do equilíbrio do contrato por força de circunstâncias supervenientes à sua celebração, em regra de caráter imprevisível, que fogem ao controle das partes e, por isso mesmo, não se inserem na alocação de riscos efetuada pelos contratantes. Inspirada nos princípios da conservação dos negócios jurídicos e da boa-fé objetiva, a cláusula de *hardship* impõe aos contratantes o dever de renegociar o contrato diante de fato superveniente, que abale as bases objetivas do negócio[12]. Almeja-se, assim, adaptar o programa negocial às mudanças das circunstâncias fáticas verificadas no decorrer do tempo. Em regra, a cláusula de *hardship* incidirá na hipótese de configuração da excessiva onerosidade. Todavia, a autonomia privada poderá definir o evento que considera, na concreta relação contratual, como capaz de configurar o *hardship*, incluindo eventos previsíveis.[13]

Em síntese, diante do *hardship*, as partes irão renegociar o contrato pessoalmente ou atribuirão a terceiro a tarefa de resolver a controvérsia, adaptando o contrato à nova realidade, de modo a restaurar a correspectividade original. Ou, ainda, estipularão cláusula que estabeleça multietapas de solução de controvérsias (*multi-tiered dispute resolution system*), segundo a qual, configurado o *hardship*, surge o dever das partes de renegociar o contrato, e, caso a renegociação reste frustrada, poderão as partes recorrer à arbitragem.[14]

---

[11]   Sobre esse ponto, v. Paula Greco Bandeira, As cláusulas de hardship e o dever da boa-fé objetiva na renegociação dos contratos. *Revista Pensar*, vol. 21, n. 3, Fortaleza: Universidade de Fortaleza, 2016, pp. 1031-1054.

[12]   Como sublinha Judith Martins-Costa: "Tendo as partes estipulado tais cláusulas, e ocorrendo evento nelas previsto, abre-se, *ipso facto*, a obrigatoriedade da renegociação do contrato para reaproximar-se o sinalagma funcional ou dinâmico – isto é, o que acompanha a vida do contrato, no curso de sua execução – ao sinalagma genético, a saber, aquele que marca o momento da conclusão do ajuste" (A cláusula de *hardship* e a obrigação de renegociar nos contratos de longa duração. *Revista de Arbitragem e Mediação*, São Paulo: Editora Revista dos Tribunais, n. 25, abr.-jun. 2010, p. 23).

[13]   Sobre o ponto, v. La rinegoziazione del contratto: strumenti legali e convenzionali a tutela dell'equilibrio negoziale. In: Francesco Galgano (org.), *Le monografie di contratto e impresa*, Padova: CEDAM, 2006, p. 66.

[14]   Sobre o tema, v. José Emilio Nunes Pinto, O mecanismo multietapas de solução de controvérsias. [S.l.: s.n., 20--]. 2p. Disponível em: <http://www.ambito-juridico.com.br/site/index.php?n_link=revista_artigos_leitura&artigo_id=4510>. Acesso em: 29.3.2014.

As cláusulas de *hardship*, ao atribuírem aos contratantes o dever de renegociar o contrato, traduzem modalidade de contrato incompleto por determinação de ambas as partes, na medida em que impõem aos contratantes a renegociação dos termos contratuais diante da configuração do *hardship*, guiada pelos critérios prefixados no contrato, a permitir a definição de novas cláusulas contratuais no (novo) cenário em que se insere o negócio.[15]

6. OBJETO DO COMPROMISSO E DA CLÁUSULA COMPROMISSÓRIA

Direitos patrimoniais disponíveis

O compromisso (ou cláusula compromissória) terá por objeto direitos patrimoniais disponíveis. Deste modo, não podem ser objeto do compromisso questões de estado, de direito pessoal de família e de outras que não tenham caráter estritamente patrimonial (CC, art. 852; art. 1º, Lei 9.307/96). Tais matérias, por traduzirem valores existenciais, relacionados à personalidade humana, não são arbitráveis, cabendo exclusivamente ao Poder Judiciário o seu exame. Objetiva-se impedir que a pessoa disponha de direitos inerentes à sua condição humana, através de compromisso, atribuindo-lhes conteúdo patrimonial.

Estado civil

O estado civil consiste no conjunto do estado individual ou pessoal, do estado familiar e do estado político da pessoa, que decorre de fatos jurídicos como nascimento, casamento, filiação, dentre outros, e é fonte de inúmeros direitos e deveres. O estado individual, por sua vez, relaciona-se com o sexo do indivíduo, sua saúde mental e sua idade. O estado familiar, a seu turno, dirá se a pessoa é casada, solteira ou companheira e traduzirá as já estabelecidas relações de parentesco consanguíneo, tais como filho, pai, avô, irmão, tio, assim como as relações de parentesco por afinidade: cunhado, sogro, genro etc. Já o estado político distingue o indivíduo nacional do estrangeiro.

Direito de família

Quanto às questões de direito de família, entende-se que a quase totalidade das normas que a ele se referem mostra-se imperativa, por disciplinar direitos existenciais indisponíveis, relacionados à promoção da dignidade dos membros que compõem o núcleo familiar. Faz-se necessário, contudo, mencionar que alguns direitos de família têm caráter patrimonial[16] Assim, há, atualmente, duas categorias de direitos de família: os direitos patrimoniais de família, que podem ser objeto de contratos e se submetem ao arbítrio da autonomia privada, fazendo com que as lides relacionadas a eles possam ser solucionadas por via do compromisso; e também os direitos pessoais de família, cujas pendências não são dirimíveis pelo compromisso, por se revelarem indisponíveis em virtude da defesa da família, principalmente pelo que ela representa para o desenvolvimento completo da pessoa humana.

---

[15] Sobre o tema contrato incompleto, cfr. Paula Greco Bandeira, *Contrato incompleto*, São Paulo: Atlas, 2015, *passim*.

[16] Washington de Barros Monteiro, *Curso de Direito*, p. 4.

CAPÍTULO XIV | TRANSAÇÃO. COMPROMISSO E CONVENÇÃO DE ARBITRAGEM

Além disso, é possível que controvérsias oriundas de certos temas considerados aprioristicamente não arbitráveis, por terem origem em direitos não patrimoniais, gerem repercussões patrimoniais na esfera jurídica dos atingidos. Nesses casos, embora o litígio possa envolver direito não disponível, será facultado às partes dispor (não quanto à existência do direito, mas) acerca de seus efeitos patrimoniais. Vale dizer: ainda que determinados direitos sejam essencialmente existenciais e, portanto, indisponíveis, é possível que os efeitos patrimoniais decorrentes de sua violação se sujeitem à arbitragem. Por outras palavras, embora não possa se dispor de direitos existenciais, as repercussões da infração a esses direitos terão, em regra, caráter indenizatório, sendo cabível, quanto aos efeitos patrimoniais, a transação e, consequentemente, a discussão em sede arbitral.[17]

> *Repercussões patrimoniais das relações existenciais*

Sobre o ponto, a doutrina formula interessante discussão acerca da possibilidade de as partes se valerem de arbitragem para solucionar controvérsias sobre direito a alimentos de pessoas maiores. Aduz-se que, "se a controvérsia gira apenas em torno de valores (não quanto a própria existência da obrigação de alimentar, eis que aí a causa versará matéria indisponível), nada impede que as partes elejam um árbitro para decidir o conflito".[18-19] Portanto, a melhor interpretação do art. 1º da Lei nº

---

[17] Confira-se: "A disponibilidade dos direitos se liga, conforme pensamos, à possibilidade de alienação e, demais disso e principalmente, àqueles direitos que são passíveis de transação. Assim, por exemplo, não é possível transacionar acerca do direito ao próprio corpo, à liberdade, à igualdade e ao direito à vida. Entretanto, esses conceitos não são suficientes para que possamos entender os limites impostos à possibilidade de as partes adotarem a solução arbitral. Nessa medida, a afronta aos direitos indisponíveis, a exemplo dos direitos da personalidade, como é cediço, são indenizáveis e, quanto a essa indenização, cabe a arbitragem, tal qual delineada na Lei 9.307/1996. Por exemplo: ninguém pode transacionar, abrindo mão do seu direito à honra, que é um direito da personalidade. Contudo, a afronta à honra da pessoa gera o direito de receber indenização por danos morais. Assim, diante da afronta ao seu direito, nada obsta que, através de compromisso arbitral com o ofensor, o valor da reparação seja arbitrado nos termos da Lei 9.307/1996" (Luiz Antonio Scavone Junior, *Manual de arbitragem*: mediação e conciliação, Rio de Janeiro: Forense, 2018, 8ª ed., e-book).

[18] Alexandre Freitas Câmara, *Arbitragem*, Rio de Janeiro: Lumen Juris, 2009, 5ª ed., p. 14.

[19] No mesmo sentido: "De maneira geral, não estão no âmbito do direito disponível as questões relativas ao direito de família e em especial ao estado das pessoas, tais como filiação, pátrio poder, casamento, alimentos), aquelas atinentes ao direito de sucessão, as que têm por objeto as coisas fora do comércio, as obrigações naturais, as relativas ao direito penal, entre tantas outras, já que ficam estas matérias todas fora dos limites em que pode atuar a autonomia da vontade dos contendentes. Estas constatações não são suficientes, porém, para excluir de forma absoluta do âmbito da arbitragem toda e qualquer demanda que tanja o direito de família ou o direito penal, pois as consequências patrimoniais tanto num caso como noutro podem ser objeto de solução extrajudicial. Dizendo de outro modo, se é verdade que uma demanda que verse sobre o direito de prestar e receber alimentos trata de direito indisponível, não é menos verdadeiro que o quantum da pensão pode ser livremente pactuado pelas partes (e isto torna arbitrável esta questão); da mesma forma, o fato caracterizador de conduta antijurídica típica deve ser apurado exclusivamente pelo Estado, sem prejuízo de as partes levarem à solução arbitral a responsabilidade civil decorrente de ato delituoso. É neste sentido, portanto, que deve ser interpretado o art. 852 do Código Civil, ao vedar o compromisso arbitral para questões de estado, de direito pessoal de família e "de outras que não tenham caráter estritamente patrimonial". Em outros termos, a edição do artigo em questão do Código Civil vigente nada acrescentou (e nada retirou) ao art. 1 º da Lei de Arbitragem" (Carlos Alberto Carmona, *Arbitragem e Processo*: um comentário à Lei nº 9.307/96, São Paulo: Atlas, 2009, 3ª ed., pp. 38-39).

9.307/1996 é aquela que considera arbitráveis todos os direitos passíveis de transação pelas partes (arbitrabilidade objetiva), ainda que se originem de relação jurídica de cunho não patrimonial.[20]

Contratos de adesão

O legislador estipulou regras específicas para as cláusulas arbitrais inseridas em contratos de adesão e em contratos de consumo. Em contratos de adesão, ainda que paritários, a cláusula compromissória só terá eficácia se o aderente tomar a iniciativa de instituir a arbitragem ou concordar, expressamente, com sua instituição, desde que por escrito em documento anexo ou em negrito, com a assinatura ou visto especial para esta cláusula (art. 4º, § 2º, Lei 9.307/96).

Relações de consumo

Em relação aos contratos consumeristas, têm-se que as matérias referentes às relações de consumo são arbitráveis, desde que as partes consintam com a instituição da arbitragem, em consonância com o princípio da autonomia privada. Nesta esteira, o CDC fulmina de nulidade cláusula que determine a utilização compulsória de arbitragem (CDC, art. 51, VII). À luz dessa norma protetiva, a Segunda Seção do STJ proferiu decisão estabelecendo que "o ajuizamento, pelo consumidor, de ação perante o Poder Judiciário caracteriza a sua discordância em submeter-se ao juízo arbitral, não podendo prevalecer a cláusula que impõe a sua utilização".[21]

---

[20] Veja-se: "São arbitráveis, portanto, as causas que tratem de matérias a respeito das quais o Estado não crie reserva específica por conta do resguardo dos interesses fundamentais da coletividade, e desde que as partes possam livremente dispor acerca do bem sobre que controvertem. Pode-se continuar a dizer, na esteira do que dispunha o Código de Processo Civil (art. 1.072, revogado), que são arbitráveis as controvérsias a cujo respeito os litigantes podem transigir" (Carlos Alberto Carmona, *Arbitragem e Processo*: um comentário à Lei nº 9.307/96, São Paulo: Atlas, 2009, 3ª ed., p. 39).

[21] Confira-se a ementa do julgado: "Embargos de divergência no Recurso Especial. Processual Civil e Consumidor. Ação cominatória para entrega de imóvel. Convenção de arbitragem. Impossibilidade. Nulidade. 1. O propósito dos embargos de divergência consiste em dizer se: a) é nula a cláusula de contrato de consumo que determina a utilização compulsória da arbitragem; e b) se o fato de o consumidor ajuizar ação judicial afasta a obrigatoriedade de participação no procedimento arbitral. 2. Na linha da pacífica e atual jurisprudência desta Corte Superior, observa-se que, com a promulgação da Lei de Arbitragem, passaram a conviver, em harmonia, três regramentos de diferentes graus de especificidade: (I) a regra geral, que obriga a observância da arbitragem quando pactuada pelas partes; (II) a regra específica, aplicável a contratos de adesão genéricos, que restringe a eficácia da cláusula compromissória; e (III) a regra ainda mais específica, incidente sobre contratos sujeitos ao CDC, sejam eles de adesão ou não, impondo a nulidade de cláusula que determine a utilização compulsória da arbitragem, ainda que satisfeitos os requisitos do art. 4º, § 2º, da Lei nº 9.307/96. 3. É nula a cláusula de contrato de consumo que determina a utilização compulsória da arbitragem. 4. O ajuizamento, pelo consumidor, de ação perante o Poder Judiciário caracteriza a sua discordância em submeter-se ao juízo arbitral, não podendo prevalecer a cláusula que impõe a sua utilização. 5. Na hipótese dos autos, extrai-se dos fatos delineados pelas instâncias ordinárias, que se está diante de contrato de consumo, motivo pelo qual é nula a cláusula que determina a utilização compulsória da arbitragem pelos consumidores, que, ademais, optaram por ajuizar a presente ação, o que denota a sua discordância em submeter-se ao juízo arbitral, não podendo prevalecer a cláusula que impõe a sua utilização. 6. Embargos de divergência acolhidos para negar provimento ao recurso especial" (STJ, 2ª S., EREsp. 1.636.889, Rel. Min. Nancy Andrighi, julg. 9.8.2023, publ DJ 14.8.2023).

7. EXTENSÃO SUBJETIVA E OBJETIVA DA CLÁUSULA COMPROMISSÓRIA

Como se sabe, a arbitragem consiste em modo privado de resolução de controvérsias em que prevalece o princípio do consensualismo, vez que ninguém pode ser obrigado a se submeter à jurisdição privada, renunciando ao direito de recorrer ao Poder Judiciário. Em decorrência disso, afirma-se que apenas podem participar da arbitragem aqueles que assinaram a cláusula compromissória, delimitando, assim, a sua eficácia subjetiva. Na mesma direção, a matéria a ser dirimida por arbitragem restringir-se-ia àquelas objeto de regulação no contrato no qual se insere a cláusula compromissória, determinando-se, deste modo, a sua eficácia objetiva.

Consensualismo

Todavia, a despeito da controvérsia doutrinária e jurisprudencial, admite-se, em caráter excepcional, a extensão subjetiva e objetiva da cláusula compromissória. Do ponto de vista subjetivo, mostra-se possível estender a cláusula compromissória a sociedades do mesmo grupo econômico daquela que assinou a cláusula compromissória, sempre que identificada a unidade de interesses ou de posição jurídica, o que ocorre notadamente nos casos de aplicação da chamada teoria do grupo.

Extensão subjetiva da cláusula compromissória

À guisa de exemplo, pode-se indicar a unidade de interesses nos casos em que os conselhos de administração, nos diversos níveis das companhias, são formados substancialmente pelas mesmas pessoas, sendo certo que as sociedades perseguem os mesmos interesses econômicos, emanados de centro de decisões comum. Em hipóteses como essa, existindo cláusula compromissória idêntica[22] nos respectivos acordos de acionistas, há de se admitir a instauração de um único procedimento arbitral, com a participação de todas as companhias envolvidas. A exigência de procedimentos arbitrais autônomos, que discutissem matérias correlatas, feriria os princípios da economicidade, celeridade e eficiência que orientam os procedimentos arbitrais, para além de abrir flanco para decisões contraditórias.

A teoria do grupo, amplamente difundida nos mais diversos ordenamentos,[23] aplica-se sempre que várias sociedades se encontrem sob controle comum, podendo ser vislumbrada entre as diversas pessoas jurídicas uma unidade de orientação econômica.[24] Em tais casos, não obstante cada sociedade conserve personalidade jurídi-

Teoria do grupo

---

[22] As cláusulas compromissórias idênticas em seu conteúdo, normalmente, elegerão (i) as mesmas normas de determinada Corte Arbitral como direito procedimental, (ii) a mesma lei aplicável, (iii) o mesmo idioma da arbitragem, e (iv) a mesma sede do procedimento arbitral.

[23] No direito brasileiro, assinala Modesto Carvalhosa: "(...) as sociedades envolvidas mantêm sua identidade, e, assim, sua personalidade jurídica e seu patrimônio individualizado, formando, pela participação relevante no capital das sociedades envolvidas, um grupo societário de fato, e, assim, uma entidade econômica de relevância jurídica" (*Comentários à Lei de Sociedades Anônimas*, São Paulo, Saraiva, 1998, pp. 11-12).

[24] Como se colhe da jurisprudência da Câmara de Comércio Internacional – CCI: "(...) the concept of a group is not to be found in the formal independence created by the establishment of separate legal entities, but in the single economic orientation given by a common authority" (I, ICC Awards 257, *apud* Craig, Park and Paulsson, *International Chamber of Commerce Arbitration*, New York: Oceana Publications, Inc., 2000, 3rd ed., p. 77).

ca autônoma, o grupo de sociedades adquire relevância jurídica, impondo que as diversas sociedades envolvidas sejam contempladas em sua unidade.

Unidade de orientação econômica

Tal unidade de orientação econômica, com a subordinação das sociedades a controle comum, determina que controvérsias decorrentes de acordo de acionistas, que decorram de atuação concertada entre estas sociedades, sejam dirimidas no mesmo procedimento arbitral, com a participação de todos os interessados. Não há, em regra, interesse legítimo das sociedades integrantes de um mesmo grupo econômico em se opor a este tratamento jurídico unitário. No âmbito das arbitragens, como ressaltam os comentaristas das normas da Câmara de Comércio Internacional – CCI, tais hipóteses não são sequer consideradas como *multi-party arbitrations*, sendo as sociedades controladas e controladora consideradas como um único Requerido ou Requerente.[25]

No sentido de ampliar ainda mais os efeitos subjetivos da cláusula compromissória, alguns tribunais arbitrais da ICC aplicam a teoria do grupo para estender os efeitos de uma cláusula compromissória a quem não tenha concordado com o recurso à arbitragem como meio de solução de conflitos.[26]

---

[25] Confira-se: "(...) there are many cases with multiple parties that are not necessarily true multi-party arbitrations, e.g., where multiple Respondents are under common control or otherwise have identical interests in the outcome of the arbitration. In such a case, the multiple entities concerned might more properly be seen as forming, in reality, a single Respondent party, and there would not seem to be any legitimate reason why they should not normally be expected to agree upon an arbitrator" (Yves Derains e Eric A. Schwartz, *A Guide to the New ICC Rules of Arbitration*, Haia: Kluwer Law International, 1998, p. 172).

[26] Nessa direção, W. Laurence Craig, William W. Park e Jan Paulsson, *International Chamber of Commerce Arbitration*, cit., p. 77: "It may be instructive to consider how some ICC arbitrators have sought to apply the group theory as a justification to extend arbitral jurisdiction beyond the signatories of the agreement to arbitrate". Em sentido semelhante, afirma Otto Sandrock, *Arbitration Agreements and Groups of Companies*, p. 943: "(...) arbitrators acting under the auspices of the ICC show a strong tendency to recognize that an arbitration agreement signed by a company belonging to a group of companies obligates and entitles the other member companies of such group if that agreement fulfills certain minimum requirements". Vejam-se os seguintes precedentes da CCI: "ICC Case 2375/1975 resulted in both the acceptance of a claimant and the inclusion of a defendant against the joint defendants' wishes" (W. Laurence Craig, William W. Park e Jan Paulsson, *International Chamber of Commerce Arbitration*, cit., p. 77); "As três sociedades Demandantes, quando da conclusão, execução, inexecução e renegociação das relações contratuais mantidas com (as Demandadas), aparecem segundo a vontade comum de todas as partes do procedimento como tendo sido as verdadeiras partes no conjunto dos contratos. Esta análise se baseia, na sua carta e no seu espírito, em uma tendência marcada e aprovada pela unidade do grupo (...). O Tribunal Arbitral estima que, na espécie, as condições para o reconhecimento da unidade do grupo estão atendidas, tendo as sociedades que o compõem todas participado em uma confusão mais real que aparente de uma complexa relação contratual internacional, na qual o interesse do grupo se sobrepunha àquele de cada uma delas. A segurança das relações comerciais internacionais exige que seja levado em conta essa realidade econômica e que todas as sociedades do grupo sejam tomadas em conjunto solidariamente pelas dívidas das quais elas direta ou indiretamente lucraram na ocasião" (tradução nossa). No original: "Les trois sociétés demanderesses, lors de la conclusion, l'exécution, l'inexécution et la renégociation de relations contractuelles entretenues avec (les défenderesses), apparaissent selon la commune volonté de toutes les parties à la procédure comme ayant été de véritables parties à l'ensemble de ces contrats. Cette analyse s'appuie, dans sa lettre et dans son esprit, sur une tendance remarquée et approuvée de la 'jurisprudence arbitrale' favorable à la reconnaissance, dans de telles circonstances, de l'unité

CAPÍTULO XIV | TRANSAÇÃO. COMPROMISSO E CONVENÇÃO DE ARBITRAGEM

Discute-se, ainda, a possibilidade de se estender a cláusula compromissória à parte interveniente de contrato no qual aludida disposição esteja inserida. De ordinário, em acordo de acionistas que regule a relação entre os sócios de companhia controlada, esta figura como parte interveniente do acordo. Nestes casos, a companhia controlada consiste no próprio objeto de regulação deste acordo, sendo certo que o acordo de acionistas atinge diretamente sua esfera jurídica. Note-se que seria mesmo imprópria a condição de parte formal à companhia controlada em acordo de acionistas, o qual, como sua própria designação indica, admite como partes formais os acionistas da companhia controlada. A sua posição formal como interveniente, contudo, não exclui a possibilidade de a companhia figurar como parte do procedimento arbitral que lhe diz respeito e cuja decisão repercutirá diretamente em sua esfera jurídica. Ao lado disso, a ciência, pela companhia, de todos os termos do acordo (inclusive em razão de seu arquivamento na sede da companhia, nos termos do art. 118 da Lei 6.404/76),[27] acarreta-lhe o dever de respeitar o ajuste, incluindo-se aí a observância da cláusula compromissória. Deste modo, a não vinculação da companhia controlada à decisão arbitral subtrairia a eficácia das disputas instauradas entre os acionistas, retirando a efetividade da cláusula compromissória, tendo em conta que a disputa acabaria por ser submetida ao Poder Judiciário pela companhia controlada.

Inclusão da parte interveniente no procedimento arbitral

Destaque-se, ainda, a hipótese em que os Tribunais Arbitrais estendem a cláusula compromissória à pessoa que tenha participado da negociação, celebração ou execução do contrato ou, ainda, que sofra diretamente os efeitos de sua execução, embora não tenha formalmente assinado o acordo, pois seria possível extrair, das circunstâncias do caso concreto, sua vontade em participar do procedimento de arbitragem.[28] O consentimento do sujeito à arbitragem é expresso de modo implícito,

Vontade tácita em aderir à arbitragem

---

du groupe (...). Le Tribunal arbitral estime qu'en l' espèce les conditions de la reconnaissance de l' unité du groupe sont remplies, les sociétés composant celui-ci ayant toutes participé, dans une confusion aussi réelle qu' apparente, à une relation contractuelle internationale complexe dans laquelle l' intérêt du groupe l' emportait sur celui de chacune d' elles. La sécurité des relations commerciales internationales exige qu'il soit tenu compte de cette réalité économique et que toutes les sociétés du groupe soient tênues ensemble et solidairement des dettes dont elles ont directement ou indirectement profité à cette occasion" (Sentença proferida no case n. 5103, 1988, in *Collection of ICC Arbitral Awards*, 1986-1990, pp. 366-367); "Resultado similar foi obtido no caso CCI 1434, onde o conceito de grupo econômico foi de igual modo aplicado para vincular as pessoas do grupo à cláusula compromissória inserida no contrato que elas não haviam assinado" (tradução nossa). No original: "A similar resulted was obtained in ICC Case 1434, where the concept of the corporate group was likewise applied to hold corporate entities bound to an arbitration clause contained in a contract they had not signed" (W. Laurence Craig, William W. Park e Jan Paulsson, *International Chamber of Commerce Arbitration*, cit., p. 78).

[27] "Art. 118. Os acordos de acionistas, sobre a compra e venda de suas ações, preferência para adquiri-las, exercício do direito a voto, ou do poder de controle deverão ser observados pela companhia quando arquivados na sua sede".

[28] Sobre o ponto, cfr. o precedente invocado por Fouchard, Gaillard, Goldman, International commercial arbitration, Hague: Kluwer Law International, 1999, pp. 281-282; e os precedentes ICC Case n. 6673 in Jean-Jacques Arnaldez, Yves Derains e Dominique Hascher, Collection of ICC arbitral awards 1991-1995, Hague: Kluwer Law International, 1997, p. 433; ICC case n. 9987, disponível em: http://www.kluwerarbitration.com/document.aspx?id=KLI-KA-1121236-n, acesso em: 15.12.2011; ICC case n. 9987, disponível em: http://www.kluwerarbitration.com/document.

a partir de seu comportamento, a traduzir o que se tem referido como "concepção material e não psicológica da obrigação convencional".[29]

Ainda sob o aspecto subjetivo, destaque-se decisão da Corte Especial do Superior Tribunal de Justiça que, ao examinar pedido de homologação de sentença arbitral estrangeira, entendeu que a seguradora, ao se sub-rogar nos direitos e obrigações do segurado mediante o pagamento da indenização securitária *ex vi* do art. 786 do Código Civil – regra, aliás, mantida no art. 94 da Lei 15.040/2024, abordado no capítulo sobre o contrato de seguro –, se vincula à cláusula compromissória pactuada entre o segurado e o outro contratante. Conclui, assim, que a sub-rogação legal importa cessão da cláusula compromissória.[30] Discussão semelhante foi recentemente submetida à apreciação da Quarta Turma do Superior Tribunal de Justiça. Na hipótese, fora estabelecida cláusula arbitral em contrato de transporte. Diante do alto valor da carga, as partes estipularam

---

aspx?id=KLI-KA-1121236-n, acesso em: 15.12.2011; ICC Case n. 2375, in Jacques Arnaldez, Yves Derains e Dominique Hascher, *Collection of ICC arbitral awards 1974-1985*, Hague: Kluwer Law International, 2003, p. 261; e ICC Case n. 6519, in Jacques Arnaldez, Yves Derains e Dominique Hascher, *Collection of ICC arbitral awards 1991-1995*, cit., p. 422.

[29] "(...) existe outra hipótese na qual o não firmante pode ser atraído na arbitragem ainda que *a priori* fosse uma violação ao princípio da relatividade dos contratos. Sem embargo, veremos que não é assim, porque se trata de um 'falso' terceiro ao acordo arbitral na medida em que expressou seu consentimento de outra maneira diversa da assinatura. *Trata-se de uma parte que interveio na negociação, celebração ou execução do contrato e, por sua intervenção, consentiu de maneira implícita ao acordo arbitral não obstante nunca tê-lo assinado*. É assim que na decisão *Jaguar* a Corte de Apelação de Paris anunciou que 'no direito da arbitragem internacional, *os efeitos do acordo arbitral se estendem a todas as partes diretamente relacionadas à execução do contrato desde o momento que sua situação e suas atividades fazem presumir que tiveram conhecimento da existência e do conteúdo do acordo arbitral, e permitindo assim ao árbitro conhecer todos os aspectos econômicos do litígio'*. Como se escreveu, esta jurisprudência manifesta a inquietude de uma boa administração da justiça e seu principal interesse é de não subestimar uma realidade econômica em detrimento de uma observação demasiada estrita das formas prescritas pelo sistema jurídico nacional. Não se trata de buscar um intercâmbio de consentimento senão de pôr em evidência um concurso implícito de consentimentos. Em outras palavras, a jurisprudência francesa adota uma concepção material e não psicológica da obrigação convencional" (James A. Graham, *Terceros, no-firmantes, y acuerdos arbitrales. Revista Brasileira de Arbitragem*, n. 16, Porto Alegre: Síntese; Curitiba: Comitê Brasileiro de Arbitragem, 2007, p. 103; tradução livre). No original: "(...) existe otra hipótesis en donde el no-firmante puede ser atraído al arbitraje aunque que a *priori* sería una violación del principio del efecto relativo de los contratos. Sin embargo, veremos que no es así, porque se trata de un 'falso' tercero al acuerdo arbitral en la medida que ha expresado su consentimiento de otra manera que por la firma. Se trata de una parte que intervino en la negociación, celebración o ejecución del contrato y por su intervención consintió de manera implícita al acuerdo arbitral no obstante que nunca lo ha firmado. Es así que por la decisión, *Jaguar*, la Corte de apelación de París enunció que 'en el derecho del arbitraje internacional, los efectos del acuerdo arbitral se extienden a todas las partes directamente implicados en la ejecución del contrato desde el momento que su situación y sus actividades hacen presumir que tuvieron conocimiento de la existencia y del contenido del acuerdo arbitral, y permitiendo así al árbitro conocer todos los aspectos económicos del litigio'. Como se escribió, esta jurisprudencia manifiesta la inquietud de una buena administración de justicia y su principal interés es de no subestimar una realidad económica al detrimento de una observación demasiada estricta de las formas prescritas por el sistema jurídico nacional. No se trata de buscar un intercambio de consentimiento sino de poner en evidencia un concurso implícito de consentimientos. En otras palabras, la jurisprudencia francesa adopta una concepción material y no psicológica de la obligación convencional".

[30] STJ, Corte Especial, Sentença Estrangeira Contestada 14.930 – EX, Rel. Min. Og Fernandes, julg. 15.5.2019, publ. DJ 27.6.2019.

Capítulo XIV | Transação. Compromisso e convenção de arbitragem

contrato de seguro. Ocorrendo o sinistro, a seguradora que efetuou o pagamento da indenização sub-rogou-se no direito de exigir o ressarcimento dos danos da empresa responsável pelo transporte. A discussão sobre a jurisdição do tribunal arbitral para dirimir a matéria chegou ao Superior Tribunal de Justiça. A Corte considerou que "a ciência prévia da seguradora a respeito de cláusula arbitral pactuada no contrato objeto de seguro garantia resulta na sua submissão à jurisdição arbitral, por integrar a unidade do risco objeto da própria apólice securitária".[31]

Do ponto de vista objetivo, admite-se, em alguns casos – embora não sem dissenso doutrinário e jurisprudencial –, a extensão objetiva da cláusula compromissória, para ampliar o escopo da arbitragem para além das matérias especificamente nela indicadas. A título de ilustração, pode-se indicar a extensão da cláusula compromissória para abranger contratos coligados àquele no qual ela se insere; ou, ainda, a inclusão no procedimento arbitral de contratos acessórios ao principal, em que se encontra a cláusula compromissória. De fato, caso reste demonstrada a interdependência entre os contratos, com finalidade econômica única, há de se discutir a inteira matéria no mesmo procedimento arbitral, previsto em convenção de arbitragem inserida no âmbito dos contratos conexos, ainda que as partes sejam distintas.[32]

> Extensão objetiva da cláusula compromissória

---

[31] Confira-se a ementa: "Civil e Processual Civil. Contrato de transporte marítimo internacional. Dano em carga. Ação regressiva. Seguradora. Cláusula compromissória pactuada no contrato de transporte. Seguro garantia. Ciência prévia pela seguradora do conteúdo do contrato a ser garantido antes da emissão da apólice. Art. 4º, § 2º, da lei n. 9.307/96. Inaplicabilidade. Contrato de adesão não configurado. Reexame de provas. Súmulas 5 e 7/STJ. 1. A ciência prévia da seguradora a respeito de cláusula arbitral pactuada no contrato objeto de seguro garantia resulta na sua submissão à jurisdição arbitral, por integrar a unidade do risco objeto da própria apólice securitária, dado que elemento objetivo a ser considerado na avaliação de risco pela seguradora, nos termos do artigo 757 do Código Civil. 2. Nos termos do entendimento desta Corte, o contrato de adesão possui como elementos essenciais a uniformidade, a predeterminação e a rigidez das cláusulas gerais elaboradas unilateralmente, bem como a indeterminação de possíveis aderentes em razão da proposta permanente e geral. 3. A circunstância de o contrato ser materializado por formulário e a existência de cláusulas padronizadas não implica a necessária conclusão de se tratar de contrato de adesão. Para tanto, cumpre esteja presente a característica de contratualidade meramente formal, vale dizer, que a parte não responsável pela prévia determinação uniforme do conteúdo do contrato tenha meramente aderido ao instrumento, sem aceitar efetivamente as suas cláusulas. 4. Hipótese em que o Tribunal de origem, soberano na análise do conteúdo fático e contratual, entendeu tratar-se de contrato paritário, em razão do significativo porte econômico da contratante do transporte internacional e do elevado valor do bem transportado, concluindo pela efetiva anuência à cláusula compromissória expressa no contrato. 5. Rever a inaplicabilidade do artigo 4º, § 2º, da Lei nº 9.307/96 ao contrato em debate esbarraria na vedação de análise cláusulas contratuais e reexame matéria fático-probatória (Súmulas 5 e 7/STJ). 6. Recurso especial parcialmente conhecido e, na parte conhecida, não provido" (STJ, 4ª T., REsp. 1.988.894, Rel. Min. Maria Isabel Gallotti, julg. 9.5.2023, publ. DJ 15.5.2023).

[32] V., nesse sentido, STJ, 3ª T., REsp. 653.733, Rel. Min. Nancy Andrighi, julg. 3.8.2006, publ. DJ 30.10.2006. Na doutrina, registra Carmen Tibúrcio: "Uma circunstância relevante para aferir a vinculação de partes não signatárias é o fato de a convenção de arbitragem estar inserida em um conjunto de contratos coligados. A configuração da conexão contratual pressupõe a existência de dois ou mais contratos, não necessariamente celebrados entre as mesmas partes, e a existência de relação de dependência recíproca ou unilateral entre os negócios, que pode decorrer de disposição legal, da natureza acessória de um deles ou do conteúdo contratual. Nesse último caso, a conexão contratual decorre da simples existência de um fim econômico único perseguido pelo conjunto de contratos. Especificamente em relação ao alcance da cláusula compromissória, a extensão dos efeitos da cláusula a contratos conexos é bem aceita pela doutrina" (Cláusula compromissória em

8. PODERES DOS ÁRBITROS

Lei aplicável, equidade e práticas comerciais

Uma vez nomeados pelas partes, os árbitros decidirão a controvérsia acerca dos direitos patrimoniais disponíveis, afastando-se, assim, a justiça estatal para o exame da matéria. Os árbitros julgarão de acordo com a lei aplicável e apenas poderão efetuar juízo de equidade ou fazer incidir os princípios internacionais (*rectius, soft law*), se autorizados pelas partes (art. 2º, Lei 9.307/96). Os árbitros poderão, ainda, recorrer aos usos e práticas comerciais como fonte de integração ao contrato, dentro do ordenamento. Admite-se também que o Tribunal Arbitral requalifique o contrato à luz da legislação aplicável.

Princípio kompetez-kompetez

Embora a autonomia privada afaste a justiça estatal do julgamento da causa, mostra-se possível ao Poder Judiciário examinar preliminarmente a validade da cláusula compromissória, relativizando-se, assim, o princípio *kompetez-kompetez*. Segundo este princípio, apenas os árbitros teriam o poder de julgar acerca de sua própria competência, a partir do exame da validade da cláusula compromissória.

Cláusula compromissória com vício de nulidade

Todavia, nos casos em que os contratos que contenham a cláusula compromissória apresentem vício de nulidade, que acabe por contaminar a referida cláusula, há de se admitir o exame da validade da cláusula compromissória pela justiça estatal. Com efeito, embora a cláusula compromissória consista em negócio jurídico autônomo, em determinadas hipóteses, a causa de nulidade do contrato atingirá a validade da cláusula compromissória, a exemplo de contrato firmado por pessoa incapaz. Pode-se afirmar, assim, que nos casos de vícios atinentes à capacidade das partes ou à formação da vontade necessária ao negócio como um todo, não se pode considerar existente e válida a cláusula arbitral, e assim preservar a competência exclusiva do tribunal arbitral para o exame da validade da cláusula compromissória.[33] Assim sendo, qualquer interpretação do art. 8º da Lei 9.307/96, que levasse a restringir aos tribunais arbitrais o exame da existência, validade e eficácia da cláusula compromissória, mesmo nos casos de flagrante ausência do elemento volitivo das partes com relação à eleição da arbitragem como meio de solução de conflitos, seria necessariamente inconstitucional, por implicar, em última análise, arbitragem obrigatória, imposta a partes que não concordaram com sua instituição.

Tutelas de urgência

Quanto aos poderes dos árbitros, vale notar que o Tribunal Arbitral poderá conceder medidas liminares ou tutelas de urgência, confirmando, revogando ou alterando eventual medida liminar concedida pelo Poder Judiciário (art. 22-B, Lei 9.307/96).[34]

---

contrato internacional: interpretação, validade, alcance objetivo e subjetivo. *Revista de Processo*, vol. 241, mar. 2015, pp. 521-566). V. tb. Arnoldo Wald, A arbitragem, os grupos societários e os conjuntos de contratos conexos. *Revista de Arbitragem e Mediação*, vol. 2, mai-ago. 2004, pp. 31-59.

[33] Nessa direção, v. art. II, item 3, da Convenção de Nova Iorque, incorporada ao direito brasileiro pelo Decreto 4.311, de 23 de julho de 2002: "*O tribunal de um Estado signatário*, quando de posse de ação sobre matéria com relação à qual as partes tenham estabelecido acordo nos termos do presente artigo, a pedido de uma delas, encaminhará as partes à arbitragem, *a menos que constate que tal acordo é nulo e sem efeitos, inoperante ou inexequível*".

[34] "Art. 22-B. Instituída a arbitragem, caberá aos árbitros manter, modificar ou revogar a medida cautelar ou de urgência concedida pelo Poder Judiciário".

9. SENTENÇA ARBITRAL

A Lei 9.307/1996 equiparou a sentença arbitral à decisão judicial, reconhecendo-lhe força de título executivo "capaz de mobilizar o poder de coerção da justiça estatal, para promover sua execução forçada, da mesma forma com que se executam as sentenças judiciais".[35] Deste modo, a decisão arbitral não estará mais sujeita à homologação do Poder Judiciário (Lei 9.307/1996, art. 18), tal como no sistema anterior à Lei 9.307/1996.

Título executivo

A sentença arbitral não admite recurso, sendo definitiva a partir de sua prolação pelo tribunal arbitral ou pelo árbitro único. No entanto, a Lei 13.129, que reformou a Lei de Arbitragem em 2015, criou ou aprimorou alguns mecanismos de integração da sentença arbitral. O primeiro instrumento para tanto está previsto no art. 30[36] e se trata do pedido de esclarecimentos. Por meio desse expediente, a parte poderá solicitar ao tribunal ou ao árbitro único que corrija erros materiais na sentença arbitral ou esclareça alguma obscuridade, dúvida ou contradição que tenha restado no laudo.[37] Referido pedido deve ocorrer no prazo de 5 (cinco) dias, a contar do recebimento da notificação ou da ciência pessoal quanto à sentença arbitral, e o julgador decidirá no prazo de 10 (dez) dias se outro não for acordado pelas partes.

Ação de nulidade

Pedido de esclarecimentos

Outro mecanismo encontra-se previsto no § 4º do art. 33,[38] referente ao pedido de complementação da sentença arbitral. Ao contrário do pedido de esclarecimentos, não é direcionado ao tribunal arbitral, mas sim ao Poder Judiciário. O objetivo da demanda é determinar que o árbitro profira nova sentença arbitral para complementar o decidido anteriormente e sanar omissões. Ou seja, será cabível quando a decisão arbitral não tiver abrangido todos os pedidos que foram submetidos ao tribunal arbitral pelas partes.[39]

Sentença arbitral complementar

---

[35] Carlos Augusto da Silveira Lobo, Uma Introdução à Arbitragem. In: Ricardo Ramalho Almeida (coord.), *Arbitragem Interna e Internacional*: questões de doutrina e da prática, Rio de Janeiro: Renovar, 2003, p. 14.

[36] "Art. 30. No prazo de 5 (cinco) dias, a contar do recebimento da notificação ou da ciência pessoal da sentença arbitral, salvo se outro prazo for acordado entre as partes, a parte interessada, mediante comunicação à outra parte, poderá solicitar ao árbitro ou ao tribunal arbitral que: I – corrija qualquer erro material da sentença arbitral; II – esclareça alguma obscuridade, dúvida ou contradição da sentença arbitral, ou se pronuncie sobre ponto omitido a respeito do qual devia manifestar-se a decisão. Parágrafo único. O árbitro ou o tribunal arbitral decidirá no prazo de 10 (dez) dias ou em prazo acordado com as partes, aditará a sentença arbitral e notificará as partes na forma do art. 29".

[37] A doutrina esclarece que o expediente é análogo aos embargos de declaração no processo civil: "Por fim, prevê a Lei de Arbitragem o cabimento dos embargos declaratórios quando houver na decisão alguma omissão, tendo o árbitro (ou o tribunal arbitral) deixado de se pronunciar sobre algum ponto quando deveria tê-lo feito, hipótese em que os embargos serão cabíveis com o fim de buscar a integração da decisão judicial" (Alexandre Freitas Câmara, *Arbitragem*. Rio de Janeiro: Lumen Juris, 2009, 5ª ed., pp. 116-117).

[38] "Art. 33. A parte interessada poderá pleitear ao órgão do Poder Judiciário competente a declaração de nulidade da sentença arbitral, nos casos previstos nesta Lei. (..) § 4º A parte interessada poderá ingressar em juízo para requerer a prolação de sentença arbitral complementar, se o árbitro não decidir todos os pedidos submetidos à arbitragem".

[39] Arnoldo Wald, A reforma da lei de arbitragem. *Revista dos Tribunais*, São Paulo: Revista dos Tribunais, vol. 962, dez. 2015, pp. 195-216.

Por fim, as partes também podem impugnar a sentença arbitral via ação anulatória. Ao contrário dos dois expedientes anteriormente descritos, a ação anulatória de sentença arbitral não é forma de integração do laudo, mas de sua desconstituição. A ação será direcionada ao Poder Judiciário, quando presentes as hipóteses previstas no art. 32 da Lei de Arbitragem.[40] Nesse ponto, vale trazer à baila a discussão doutrinária acerca do cabimento da ação anulatória caso a sentença arbitral desrespeite o entendimento consolidado pelo Poder Judiciário através de algum precedente definido como vinculante pelo Código de Processo Civil.[41]

Ação de nulidade

Ressalte-se que a Lei de Arbitragem estabelece ampla liberdade às partes no que tange à determinação da lei aplicável. A propósito, o art. 2º, § 1º,[42] estabelece que as partes poderão escolher, livremente, as regras de direito que serão aplicadas, desde que não haja violação aos bons costumes e à ordem pública. Assim, não há impedimento a que as partes definam a aplicabilidade dos precedentes vinculantes ao procedimento arbitral.

No entanto, ausente essa previsão, a violação, por si só, a precedentes vinculantes assim previstos pelo Código de Processo Civil não autoriza a propositura da

---

[40] "Art. 32. É nula a sentença arbitral se: I – for nula a convenção de arbitragem; II – emanou de quem não podia ser árbitro; III – não contiver os requisitos do art. 26 desta Lei; IV – for proferida fora dos limites da convenção de arbitragem; V – Revogado; VI – comprovado que foi proferida por prevaricação, concussão ou corrupção passiva; VII – proferida fora do prazo, respeitado o disposto no art. 12, inciso III, desta Lei; e VIII – forem desrespeitados os princípios de que trata o art. 21, § 2º, desta Lei".

[41] A vinculação (ou não) dos árbitros aos precedentes judiciais revela-se controvertida. Parte da doutrina entende que, ao não respeitar os precedentes, o árbitro estaria julgando por equidade, e não à luz do direito aplicável, o que apenas seria possível se as partes houvessem convencionado, sob pena de violação da própria convenção de arbitragem (art. 32, IV, da Lei 9.307/96). Nesse cenário, entende-se que o árbitro estaria violando o dever de fundamentação, o que autorizaria a propositura de ação anulatória (arts. 32, III, e 33 da Lei 9.307/96). Nesse sentido, confira-se a posição de Luis Felipe Salomão e Rodrigo Fux: "nessas raríssimas exceções a serem analisadas caso a caso, quando se estiver diante de completa negativa de aplicação de precedentes vinculantes, será possível a propositura de ação anulatória, não pelo rol do art. 32, mas sim com lastro no art. 2º, § 1º, da Lei de Arbitragem, o qual prevê que as regras escolhidas pelas partes não poderão violar a ordem pública. (...). A segunda hipótese, a nosso ver, capaz de fundamentar o controle da decisão arbitral que não observou o precedente vinculante seria aquela prevista no inciso IV do art. 32 da Lei de Arbitragem" (Arbitragem e precedentes: possível vinculação do árbitro e mecanismos de controle. *Revista de Arbitragem e Mediação*, vol. 66, jul.-set. 2020, pp. 139-174). Ainda, seguindo a mesma posição doutrinária, v. Ruy Rosado de Aguiar. Arbitragem, os precedentes e a ordem pública. In: *BRASIL. Superior Tribunal de Justiça*. Doutrina: edição comemorativa 30 anos do STJ. Brasília: STJ, 2019, p. 199 e Márcio Bellocchi. Apontamentos sobre os precedentes obrigatórios e o controle difuso da inconstitucionalidade no procedimento arbitral. *Revista de Arbitragem e Mediação*, vol. 70, jul-set. 2021, pp. 175-197. Em sentido contrário, sustenta-se que, embora devam os árbitros respeitarem os precedentes, não estariam obrigatoriamente a ele vinculados, motivo pelo qual não haveria a possibilidade automática de propositura de ação anulatória. V., sobre o tema: André Vasconcelos Roque; Fernando da Fonseca Gajardoni. Sentença arbitral deve seguir precedente judicial do novo CPC? Disponível em: www.jota.info/opiniao-e-analise/colunas/novo-cpc/sentenca-arbitral-deve-seguir-o-precedente-judicial-novo-cpc-07112. Acesso em: 1.12.2022 e Osmar Mendes Paixão Côrtes; Paula Menna Barreto Marques. A aplicabilidade dos precedentes judiciais no processo arbitral. *Revista de Processo*, vol. 323, jan. 2022, pp. 487-504.

[42] "Art. 2º A arbitragem poderá ser de direito ou de equidade, a critério das partes. § 1º Poderão as partes escolher, livremente, as regras de direito que serão aplicadas na arbitragem, desde que não haja violação aos bons costumes e à ordem pública".

ação anulatória. Nessa direção, autorizada doutrina sublinha que a valorização dos precedentes no Direito brasileiro não tem o condão de incluir novas hipóteses de ação anulatória no rol do art. 32 da Lei de Arbitragem: "Assim, embora o tema dê ensejo a relevantes reflexões, no que tange à aplicação de precedentes, a anulatória será cabível nas hipóteses de ofensas às garantias processuais, falta de fundamentação ou desrespeito à convenção de arbitragem, na exata medida em que seria se se cogitasse de violação à lei".[43]

Ainda sobre a ação de nulidade da sentença arbitral, muito se tem debatido acerca da quebra, pelo árbitro, do dever de revelar fato que poderia suscitar "dúvida justificada quanto à sua independência e imparcialidade" (art. 14, § 1º,[44] da Lei de Arbitragem), a configurar a hipótese de nulidade prevista no art. 32, II, da Lei de Arbitragem.

Na esteira da prática internacional de arbitragem, jurisprudência,[45] doutrina[46] e, especialmente, regulamento da Câmara de Arbitragem da Corte de Comércio Internacional – CCI,[47] tal dúvida justificada deve ser interpretada aos "olhos das partes", e não sob a perspectiva do árbitro. Vale dizer: todo fato que, na perspectiva da parte,

---

[43] Sofia Temer. Precedentes judiciais e arbitragem: reflexões sobre a vinculação do árbitro e o cabimento de ação anulatória. *Revista de Processo*, vol. 278, abr. 2018, pp. 523-543.

[44] "Art. 14. (...) § 1º As pessoas indicadas para funcionar como árbitro têm o dever de revelar, antes da aceitação da função, qualquer fato que denote dúvida justificada quanto à sua imparcialidade e independência".

[45] TJSP, Ap. Cív. 1121216-09.2017.8.26.0100, 31ª C. D. Priv., Rel. Des. Adilson de Araújo, julg. 19.2.2019, publ. DJ 14.3.2019; TJSP, AI 2166470-26.2019.8.26.0000, 1ª Câm. Res. de Dir. Emp., Rel. Des. Fortes Barbosa, julg. 9.10.2019, publ. DJ 22.10.2019; STJ, SEC 9.412/US, Corte Especial, Rel. Min. Felix Fischer, Rel. p/ acórdão Min. João Otávio de Noronha, julg. 19.4.2017, publ. DJ 30.5.2017; TJSP; Ap. Cív. 1056400-47.2019.8.26.0100, 1ª Câm. Res. de Dir. Emp., Rel. Des. Fortes Barbosa, julg. 25.8.2020, publ. DJ 25.8.2020; e TJSP, Ap. Cív. 1055194-66.2017.8.26.0100, 5ª C. D. Priv., Rel. Des. Erickson Gavazza Marques, julg. 6.8.2021, publ. DJ 6.8.2021.

[46] Segundo Carlos Alberto Carmona: "além das hipóteses capituladas no Código de Processo Civil (arts. 134 e 135), o árbitro deve revelar qualquer situação que, do ponto de vista das partes, possa gerar dúvida objetiva sobre sua capacidade de julgar com imparcialidade e independência" (Arbitragem e Processo: um comentário à Lei n.º 9.307/96. 3ª ed. São Paulo: Atlas, 2009, p. 254). Nas palavras de Selma Maria Ferreira Lemes: "Como elemento direcionador e considerando o que deve ser revelado seja algo que esteja diretamente vinculado ao ato de julgar com independência e imparcialidade, o fato deve, em primeiro lugar, ser importante a ponto de suscitar questionamentos e insegurança no espírito da parte" (O dever de revelação do árbitro, o conceito de dúvida justificada quanto a sua independência e imparcialidade e a ação de anulação de sentença arbitral. *Revista de Arbitragem e Mediação*, vol. 36, jan.-mar. 2013, pp. 231-251). No mesmo sentido, é a posição de Pedro A. Martins. Normas e princípios aplicáveis aos árbitros. In: Pedro A. Martins; Selma M. Ferreira Lemes; Carlos Alberto Carmona. *Aspectos fundamentais da lei de arbitragem*. Rio de Janeiro: Forense, 1999, pp. 289-311; Erik Schàfer. Elección y nombramiento de los árbitros. Desde el punto de vista de las partes. *Revista Peruana de Arbitraje*, v. 6 (2008), pp. 89-99 e Jacob Dolinger. O árbitro da parte – Considerações éticas e práticas. In: Jacob Dolinger, Direito & amor. Rio de Janeiro/São Paulo/Recife: Renovar, 2009, p. 378.

[47] "Art. 11(2): Antes da sua nomeação ou confirmação, a pessoa proposta como árbitro deverá assinar declaração de aceitação, disponibilidade, imparcialidade e independência. A pessoa proposta como árbitro deverá revelar por escrito à Secretaria quaisquer fatos ou circunstâncias cuja natureza possa levar ao questionamento da sua independência aos olhos das partes, assim como quaisquer circunstâncias que possam gerar dúvidas razoáveis em relação à sua imparcialidade. A Secretaria deverá comunicar tal informação às partes por escrito e estabelecer um prazo para apresentarem os seus eventuais comentários".

possa gerar dúvida justificada quanto à independência e à imparcialidade do árbitro deve ser revelado, ainda que este entenda que tal fato não o comprometa. Cuida-se de exame objetivo, que prescinde de qualquer valoração acerca da intenção do árbitro ou dos motivos que possam ter levado à sua omissão no dever de revelar. E, em caso de dúvida, a revelação deve ser ampla, mesmo que o fato seja público e notório. O Eg. STJ, nessa direção, ressaltou que "na dúvida é melhor que o árbitro revele todo e qualquer contato que tenha tido com o caso ou com as partes".[48]

Nessa direção, situam-se as recomendações de dois dos mais relevantes guias internacionais sobre o assunto: as *IBA Guidelines on Conflict of Interest in International Arbitration* ("IBA Guidelines"), cujo item 3(d) da parte I estabelece que "qualquer dúvida quanto à necessidade de revelação de determinados fatos ou circunstâncias por um árbitro deve ser resolvida em favor da revelação";[49] e o *Code of Ethics for Arbitrators in Commercial Disputes*, elaborado pela renomada AAA, de Nova York, cujo item (d) do Canon II dispõe que "qualquer dúvida sobre se a divulgação deve ser feita ou não deve ser resolvida em favor da divulgação".[50]

Convém sublinhar que o dever de revelação do árbitro se estende a quem o indicou, por imperativo da boa-fé objetiva, que impõe à parte o dever de cooperar na revelação de fatos de que saiba ou deveria saber, que maculam a imparcialidade e independência do árbitro. Nessa linha, o item 7(d) das *IBA Guidelines* determina que: "A parte deve informar o árbitro, o Tribunal Arbitral, as outras partes e a instituição arbitral ou outra autoridade responsável pela nomeação (se existir) sobre a identidade do seu mandatário na arbitragem, e de qualquer relacionamento, incluindo o facto de ser membro da mesma câmara de barristers, entre o seu mandatário e o árbitro. A parte deve assim proceder por iniciativa própria, na primeira oportunidade, e sempre que houver alterações na sua equipa de mandatários".

Embora as mesmas *IBA Guidelines* estabeleçam, em seu item 7(c), que cabe às partes *"proceder a averiguações razoáveis e fornecer qualquer informação relevante de que disponha"*, não cabe à parte prejudicada fazer uma devassa na vida do árbitro, buscando identificar, mediante sofisticada investigação, fatos que comprometam sua independência e imparcialidade. Tal representaria atribuir à parte prejudicada os ônus da não revelação do fato pelo árbitro, a quem incumbe tal dever, e que dispõe da informação. O dever da parte prejudicada de averiguar os fatos se circunscreve àquilo que foi revelado pelo árbitro, mediante juízo de razoabilidade.[51]

---

[48] SEC 9.412/US, Corte Especial, Rel. Min. Felix Fischer, Rel. p/ acórdão Min. João Otávio de Noronha, julg. 19.4.2017, publ. DJ 30.5.2017.

[49] Disponível em: https://www.ibanet.org/Publications/publications_IBA_guides_and_free_materials. aspx. Acesso em: 28.nov.2023.

[50] No original: Tradução livre em inglês: "D. Any doubt as to whether or not disclosure is to be made should be resolved in favor of disclosure".

[51] Na doutrina especializada: "Uma coisa é exigir das partes que busquem conhecer sozinhas informações que constam do próprio currículo do profissional; outra, totalmente distinta e exagerada, seria exigir que se conhecesse uma informação que foi apenas publicada no diário oficial ou em determinada notícia local e isolada disponível na internet. Trata-se de análise também de razoabi-

Nota-se, na prática arbitral, a tentativa das partes derrotadas no processo arbitral de se valer da ação de nulidade como forma de alterar, por via transversa, o resultado obtido. Há de se afastar esta conduta que gera incertezas e insegurança quanto à efetividade da arbitragem.[52]

PROBLEMAS PRÁTICOS

1. Após o inadimplemento do contrato de locação, em que figurou como fiadora pessoa casada, com a devida *outorga uxória*, celebram as partes transação, com a autorização do fiador, que renunciou ao benefício de ordem, renegociando os débitos pendentes e estabelecendo novos prazos para o pagamento. Na hipótese de novo inadimplemento, seria possível ao cônjuge do fiador arguir a nulidade da transação por falta de sua anuência no instrumento de transação?

2. Carolina é locatária do apartamento de propriedade de Thiago, sendo Ângela, mãe de Carolina, a fiadora. Ao fim do contrato, Thiago verificou que Carolina devia R$ 500,00 (quinhentos reais) a título de aluguéis vencidos. Ao ser notificada do débito, Carolina identificou que, por dois meses, no início da execução contrato, havia transferido valores a menor para Thiago em razão de um erro material durante o depósito dos aluguéis. Em razão da relação de amizade existente entre locador e locatário, Thiago concordou em receber apenas R$ 250,00 (duzentos e cinquenta reais) de Carolina, dando quitação integral em relação aos débitos. No entanto, uma semana após a celebração da transação com Carolina, Thiago demandou Ângela pela integralidade dos valores restantes. Thiago tem razão em sua pretensão?

Acesse o *QR Code* e veja a Casoteca.

> http://uqr.to/1pdqb

---

lidade" (Ricardo Dalmaso Marques, O dever de revelação do árbitro, São Paulo: Almedina, 2018, pp. 200-211).

[52] V., exemplificativamente: "Aventada necessidade de revisão judicial de sentença proferida por câmara de arbitragem, nos termos do art. 33 da Lei n. 9.307/1996. Possibilidade, se constam os vícios elencados no art. 32 da referida legislação. Verberada a ocorrência de quebra da imparcialidade do juízo arbitral e da isonomia entre as partes. Vícios que, em tese, ensejam a análise de *decisum* arbitral pelo Poder Judiciário. Descabimento na hipótese dos autos. Pretensão que se revela como tentativa de reapreciação das provas contidas no processo arbitral" (TJSC, 3ª C. D. Com., Ap. 20090628661, Rel. Des. Rosane Portella Wolff, julg. 22.1.2014, publ. DJ 23.1.2014).

Capítulo XV
ACORDOS DE COLABORAÇÃO PREMIADA

SUMÁRIO: ACORDOS DE COLABORAÇÃO PREMIADA – 1. Conceito – 2. Características – 3. Critérios de interpretação dos acordos de colaboração premiada – 4. Incidência dos princípios contratuais – 5. A disciplina do adimplemento e do inadimplemento – Problemas práticos.

ACORDOS DE COLABORAÇÃO PREMIADA

1. CONCEITO

Os acordos de colaboração premiada foram incorporados ao ordenamento jurídico brasileiro pela Lei 12.850/2013, que dispõe sobre crime de organização criminosa, investigação penal, meios de obtenção da prova e procedimento criminal. Desenvolvido com vistas a maior efetividade na persecução penal, tal instrumento representa mecanismo de justiça consensual e traduz verdadeiro contrato firmado entre o colaborador e o Ministério Público ou o Delegado de Polícia, no âmbito do qual o colaborador disponibiliza provas e elementos de corroboração (art. 3º-C, § 4º,[1] da Lei 12.850/2013). *Surgimento*

A colaboração premiada traduz, nessa direção, modalidade de cooperação no processo criminal, em que se busca a obtenção de provas de difícil esclarecimento, *Finalidade*

---

[1] "Art. 3º-C. (...) § 4º Incumbe à defesa instruir a proposta de colaboração e os anexos com os fatos adequadamente descritos, com todas as suas circunstâncias, indicando as provas e os elementos de corroboração".

especialmente quanto à autoria e à materialidade dos crimes de organização criminosa e correlatos, por meio de mecanismo premial para os infratores.[2]

Por representar encontro de vontades entre o colaborador e o Ministério Público ou delegado de polícia, destinado à produção de efeitos jurídicos, o acordo de colaboração premiada traduz contrato típico, celebrado *intuitu personae*, segundo a figura do colaborador, e firmado no âmbito do processo penal. O acordo de colaboração premiada apresenta como efeitos essenciais a entrega, pelo colaborador, de um ou mais dos resultados previstos no art. 4º da Lei 12.850/2013 em contrapartida à sanção premial, consistente no perdão judicial, na redução da pena privativa de liberdade ou na sua substituição pela pena restritiva de direitos. Embora o modelo não se encontre contido no rol dos tipos contratuais do Código Civil, o que justificaria a sua natureza atípica, a tipificação pelo legislador do acordo de delação premiada e a sua previsão como negócio jurídico processual fundamentam a sua tipicidade legal.

2. CARACTERÍSTICAS

Negócio jurídico personalíssimo, oneroso e bilateral

Pode-se afirmar, assim, que, do ponto de vista técnico-jurídico, o acordo de colaboração premiada consiste em negócio jurídico de natureza processual,[3] personalíssimo,[4] bilateral e oneroso, como, de resto, já reconheceu o Supremo Tribunal Federal.

Negócio jurídico processual

Em tal perspectiva, a Orientação Conjunta 1/2018, formalizada pela 2ª e 5ª Câmara de Coordenação e Revisão de Combate à Corrupção do Ministério Público Federal, determina que "o acordo de colaboração premiada é negócio jurídico processual, meio de obtenção de prova, que pressupõe utilidade e interesse públicos (...)". Tal posição foi expressamente consagrada pela Lei 13.964/2019, que, buscando aperfeiçoar a legislação penal e processual penal, alterou a Lei 12.850/2013, para fazer constar, expressamente, no art. 3º-A, que "o acordo de colaboração premiada é negócio jurídico processual".[5]

---

[2] Sobre o ponto: "Uma das razões propulsoras desse protagonismo da colaboração premiada é o também protagonismo assumido por uma política criminal de combate à criminalidade complexa, especialmente envolvendo agentes políticos. Nesses casos, lança-se mão da colaboração premiada como um privilegiado meio de obtenção de prova relativamente a fatos de dificílimo esclarecimento – seja em relação à materialidade, seja em relação à autoria e sua delimitação" (André Luís Callegari, Introdução. In: André Luís Callegari (coord.), *Colaboração Premiada*: aspectos teóricos e práticos, São Paulo: Saraiva, 2019, pp. 9-10).

[3] Nesse sentido, v. STF, AgR no Inq 4.619/DF, 1ª T., Rel. Min. Luiz Fux, julg. 10.9.2018; STF, Questão de Ordem no Inq 4.483/DF, Tribunal Pleno, Rel. Min. Edson Fachin, julg. 21.9.2017; STF, Questão de Ordem na Pet 7.074/DF, Tribunal Pleno, Rel. Min. Edson Fachin, julg. 29.6.2017 e STF, HC 127.483/PR, Tribunal Pleno, Rel. Min. Dias Toffoli, julg. 27.8.2015.

[4] Nessa direção, cfr. STF, RE 1.103.435/SP, Dec. Monocrática, Rel. Min. Ricardo Lewandowski, julg. 28.2.2019; STF, MC na Rcl 30.674/RJ, Dec. Monocrática, Rel. Min. Edson Fachin, julg. 1.6.2018; STF, AgR no Inq 4.405/DF, 1ª T., Rel. Min. Roberto Barroso, julg. 27.2.2018; STF, AgR na Pet 6.138/DF, 2ª T., Rel. Min. Edson Fachin, julg. 21.2.2017; STF, AgR no Rcl 21.258/PR, 2ª T., Rel. Min. Dias Toffoli, julg. 15.3.2016 e STF, HC 127.483/PR, Tribunal Pleno, Rel. Min. Dias Toffoli, julg. 27.8.2015.

[5] Na doutrina: "Bem firmadas as premissas, é possível perceber que, para além de um negócio jurídico, a colaboração premiada é um claro negócio jurídico processual, tendo em vista o estabelecimento

O acordo de colaboração tem por objeto as prestações assumidas pelo colaborador e pelo Ministério Público ou delegado de polícia, partes do contrato.[6] Com efeito, o colaborador se obriga a entregar provas e elementos de corroboração que auxiliem na persecução criminal, permitindo a obtenção dos resultados indicados no art. 4º[7] Lei 12.850/2013.

Objeto

Em contrapartida à obtenção desses resultados, o Estado se compromete a conceder ao colaborador a sanção premial, que poderá consistir no perdão judicial, na redução da pena privativa de liberdade ou na sua substituição por pena restritiva de direitos, que será homologada pelo juiz.[8] Pode-se afirmar, nessa direção, que há sina-

Contrato sinalagmático

---

de situações jurídicas processuais. De um lado, o colaborador renuncia ao seu direito ao silêncio e presta a colaboração (art. 4º, incisos I a V). Do outro, o Ministério Público compromete-se a não apresentar a denúncia (pacto de non petendo, previsto no art. 4º, § 4º) ou a requerer judicialmente a aplicação dos benefícios legais (art. 4º, *caput*)" (João Paulo Lordelo Guimarães Tavares, A aplicação do instituto da colaboração premiada nas ações de improbidade administrativa. *Revista de Processo*, vol. 284, out. 2018, pp. 371-396).

[6] Nesse ponto, vale destacar que o Superior Tribunal de Justiça já reconheceu a impossibilidade de a vítima figurar como parte no acordo de colaboração premiada, porque lhe faltaria interesse, visto que é a interessada na tutela punitiva. Confira-se: "Nos termos do § 6º do art. 4º da Lei 12.850/2013, 'O juiz não participará das negociações realizadas entre as partes para a formalização do acordo de colaboração, que ocorrerá entre o delegado de polícia, o investigado e o defensor, com a manifestação do Ministério Público, ou, conforme o caso, entre o Ministério Público e o investigado ou acusado e seu defensor'. Os precedentes e a exegese da legislação pertinente indicam que a vítima não pode ser colaboradora" (STJ, 6ª T., HC 750.946, Rel. Min. Olindo Menezes (Desembargador convocado do TRF da 1ª Região), julg. 11.10.2022, publ. DJ 9.12.2022).

[7] "Art. 4º O juiz poderá, a requerimento das partes, conceder o perdão judicial, reduzir em até 2/3 (dois terços) a pena privativa de liberdade ou substituí-la por restritiva de direitos daquele que tenha colaborado efetiva e voluntariamente com a investigação e com o processo criminal, desde que dessa colaboração advenha um ou mais dos seguintes resultados: I – a identificação dos demais coautores e partícipes da organização criminosa e das infrações penais por eles praticadas; II – a revelação da estrutura hierárquica e da divisão de tarefas da organização criminosa; III – a prevenção de infrações penais decorrentes das atividades da organização criminosa; IV – a recuperação total ou parcial do produto ou do proveito das infrações penais praticadas pela organização criminosa; V – a localização de eventual vítima com a sua integridade física preservada".

[8] A Lei 12.850/2013, com a redação dada pela Lei 13.964/2019, dispõe: "Art. 4º O juiz poderá, a requerimento das partes, conceder o perdão judicial, reduzir em até 2/3 (dois terços) a pena privativa de liberdade ou substituí-la por restritiva de direitos daquele que tenha colaborado efetiva e voluntariamente com a investigação e com o processo criminal, desde que dessa colaboração advenha um ou mais dos seguintes resultados:

(...) § 7º. Realizado o acordo na forma do § 6º deste artigo, serão remetidos ao juiz, para análise, o respectivo termo, as declarações do colaborador e cópia da investigação, devendo o juiz ouvir sigilosamente o colaborador, acompanhado de seu defensor, oportunidade em que analisará os seguintes aspectos na homologação:

I – regularidade e legalidade;

II – adequação dos benefícios pactuados àqueles previstos no *caput* e nos §§ 4º e 5º deste artigo, sendo nulas as cláusulas que violem o critério de definição do regime inicial de cumprimento de pena do art. 33 do Decreto-Lei nº 2.848, de 7 de dezembro de 1940 (Código Penal), as regras de cada um dos regimes previstos no Código Penal e na Lei nº 7.210, de 11 de julho de 1984 (Lei de Execução Penal) e os requisitos de progressão de regime não abrangidos pelo § 5º deste artigo;

III – adequação dos resultados da colaboração aos resultados mínimos exigidos nos incisos I, II, III, IV e V do *caput* deste artigo;

IV – voluntariedade da manifestação de vontade, especialmente nos casos em que o colaborador está ou esteve sob efeito de medidas cautelares".

lagma, correspectividade ou bilateralidade entre os benefícios da colaboração premiada e a obtenção, pelo Estado, dos resultados pretendidos com a colaboração. É dizer: em contrapartida à efetividade do acordo de colaboração premiada, mediante a obtenção dos resultados indicados por lei, o Estado tem a obrigação inafastável de conceder a sanção premial.

Direito subjetivo à sanção premial

Eis o sinalagma do acordo de colaboração premiada, que traduz o equilíbrio entre as prestações. Tais prestações, embora tenham por objeto bens jurídicos até então insuscetíveis de contratação, tornam-se disciplinadas pelo legislador brasileiro, devendo, por isso mesmo, receber tratamento jurídico compatível com a teoria contratual. Em consequência, a sanção premial, uma vez contratada, traduz direito subjetivo do colaborador, podendo ser exigido no Poder Judiciário em caso de violação.[9] Em decorrência do caráter sinalagmático das prestações, pode-se afirmar que, uma vez obtidos os resultados indicados no art. 4º da Lei 12.850/2013, o colaborador tem o direito subjetivo à sanção premial.[10]

Validade e eficácia

Dessa qualificação do acordo de colaboração premiada como contrato decorrem, ainda, duas consequências fundamentais. A primeira é a de que os acordos de colaboração premiada se sujeitam às regras de interpretação e de validade relativas aos negócios jurídicos.[11] No plano da validade, os acordos de colaboração premia-

---

[9] Como reconhecido pelo STF no HC 127.483/PR, de relatoria do eminente Ministro Dias Toffoli: "Os princípios da segurança jurídica e da proteção da confiança tornam indeclinável o dever estatal de honrar o compromisso assumido no acordo de colaboração, concedendo a sanção premial estipulada, legítima contraprestação ao adimplemento da obrigação por parte do colaborador. (...) Caso a colaboração seja efetiva e produza os resultados almejados, há que se reconhecer o direito subjetivo do colaborador à aplicação das sanções premiais estabelecidas no acordo, inclusive de natureza patrimonial. (...) Assim, caso se configure, pelo integral cumprimento de sua obrigação, o direito subjetivo do colaborador à sanção premial, tem ele o direito de exigi-la judicialmente, inclusive recorrendo da sentença que deixar de reconhecê-la ou vier a aplicá-la em desconformidade com o acordo judicialmente homologado, sob pena de ofensa aos princípios da segurança jurídica e da proteção da confiança" (STF, HC 127.483/PR, Tribunal Pleno, Rel. Min. Dias Toffoli, julg. 27.8.2015). Na doutrina, v. Dias Toffoli, Centralidade do direito civil na obra de Antônio Junqueira de Azevedo. *Revista de Direito Civil Contemporâneo*, vol. 13, São Paulo: Editora Revista dos Tribunais, out.-dez. 2017, pp. 33-57.

[10] Como reconhecido pelo Ministro Relator Edson Fachin na Petição 5.789, na esteira do entendimento do Plenário: "Ainda sobre o tema, sublinho o entendimento sedimentado no Plenário desta Corte Suprema, segundo o qual a obtenção das benesses clausuladas afigura-se como direito subjetivo do colaborador premiado, desde que as declarações prestadas sejam efetivas e delas advenham resultados consistentes, os quais devem ser reconhecidos pelo juízo sentenciante. (...)" (STF, Pet 5.789/DF, Dec. Monocrática, Min. Edson Fachin, julg. 11.10.2018).

[11] Consoante o Min. Dias Toffoli, ao mencionar o julgamento do HC 127.483/PR: "Em meu voto, utilizei-me da doutrina de Antônio Junqueira de Azevedo, para corroborar o entendimento de que a delação premiada é negócio jurídico, trazendo especialmente a definição de negócio jurídico pela estrutura: In concreto, negócio jurídico é todo fato jurídico consistente em declaração de vontade, a que o ordenamento jurídico atribui os efeitos designados como queridos, respeitados os pressupostos de existência, validade e eficácia impostos pela norma jurídica que sobre ele incide. No voto, afirmei que 'embora essa doutrina se refira ao negócio jurídico privado, sua lição é inteiramente aplicável ao negócio jurídico processual da colaboração premiada'" (Centralidade do direito civil na obra de Antônio Junqueira de Azevedo. *Revista de Direito Civil Contemporâneo*, vol. 13, São Paulo: Editora Revista dos Tribunais, out.-dez. 2017, pp. 33-57).

da devem observar os requisitos dispostos no art. 104[12] Código Civil, sujeitando-se, ainda, às normas relativas à anulabilidade (*v.g.*, vícios do consentimento) e à nulidade dos negócios jurídicos.[13] No plano da eficácia, por sua vez, os acordos de colaboração premiada, por expressarem relação obrigacional, com prestações assumidas pelo colaborador e pelo Ministério Público ou autoridade policial, são passíveis de inadimplemento.

A segunda consequência fundamental é a de que se aplicam aos acordos de colaboração premiada os princípios contratuais, notadamente os da obrigatoriedade dos pactos, do equilíbrio contratual, da boa-fé objetiva e da conservação dos negócios jurídicos.[14]

Note-se que os acordos de colaboração premiada poderão ser precedidos por pré-contratos, normalmente denominados Termo de Pré-Acordo de Colaboração Premiada, que estabeleçam a obrigação das Partes de celebrar o contrato definitivo, a partir da disponibilização imediata, pelo colaborador, de provas e documentos relacionados a fatos ilícitos, de relevante interesse público, que tenham sido revelados. Tais pré-contratos consistem em contratos preliminares, os quais, disciplinados nos arts. 462 a 466 do Código Civil, consubstanciam-se no negócio jurídico por meio do qual as partes se obrigam a celebrar, no futuro, o contrato principal ou definitivo. Dito diversamente, o contrato preliminar, também denominado pré-contrato, compromisso ou promessa de contrato, constitui negócio mediante o qual ambas as partes (bilateral) ou apenas uma delas (unilateral) assume obrigação de fazer, precisamente a

> Contrato preliminar

---

[12] "Art. 104. A validade do negócio jurídico requer: I – agente capaz; II – objeto lícito, possível, determinado ou determinável; III – forma prescrita ou não defesa em lei".

[13] Convém destacar, a respeito do plano de validade dos acordos de colaboração premiada, que a Lei 14.365/2022 atualiza o Estatuto da Advocacia, ao adicionar, entre outros dispositivos, o § 6º-I ao art. 7º do diploma legal, que trata dos "direitos do advogado". Com a novidade normativa, é vedado ao advogado celebrar acordos de colaboração premiada contra quem seja ou tenha sido seu cliente. O descumprimento dessa regra implicará processo disciplinar previsto no art. 35 do Estatuto da Advocacia e pena prevista no Código Penal. É interessante ressaltar que o Superior Tribunal de Justiça declarou nula a delação premiada feita por um advogado contra seu próprio cliente e, consequentemente, trancou a ação penal por falta de provas válidas (STJ, 5ª T., RHC 164.616/GO, Rel. Min. João Otávio de Noronha, julg. 27.9.2022, publ. DJ 30.9.2022).

[14] Sobre o ponto, cfr.: "Os contratos são celebrados para que sejam cumpridos; as situações jurídicas deles decorrentes são irradiadas para que sejam satisfeitas. (...). Se o negócio celebrado é, ainda, submetido ao controle do órgão jurisdicional, para que as suas situações jurídicas sejam reconhecidas e irradiadas, esta estabilidade ganha ainda maior força e fundamento. Nesse caso, estabilidade e imutabilidade decorrem não apenas do princípio da força obrigatória contratual, mas também do exercício da função jurisdicional. (...) No caso do negócio de colaboração premiada, a estabilidade a que ficam submetidas as situações jurídicas processuais não apenas é consequência do negócio, mas também se encontra na esfera causal negocial. O acordo é celebrado pelo Ministério Público ou pelo delegado de polícia para que ele seja cumprido pelo colaborador e, assim, a prova possa ser colhida. As consequências jurídicas irradiadas projetam-se para além do processo em que se verifica a homologação do negócio (que tem natureza de jurisdição voluntária). Esta é a razão de ser do negócio, sob a perspectiva de uma das partes: colher informações e elementos para que possam ser prova de fatos afirmados em outros processos e contra outros sujeitos (terceiros)" (Fredie Didier Jr. e Daniela Bomfim, Colaboração Premiada (Lei nº 12.850/2013): Natureza Jurídica e Controle da Validade por Demanda Autônoma – um Diálogo com o Direito Processual Civil. *Revista do Ministério Público do Rio de Janeiro*, n. 62, out.-dez. 2016, pp. 44-45).

de concluir o contrato definitivo. Cuida-se de contrato acessório ou preparatório[15] ao contrato principal.

O objeto do contrato preliminar cinge-se, pois, à obrigação de celebrar futuramente o contrato principal. Afirma-se, nessa direção, que os contratos preliminares traduzem fase intermediária entre as negociações e o contrato definitivo, perfeito e acabado.[16] Em determinados casos, contudo, o contrato preliminar produzirá antecipadamente alguns efeitos do contrato principal que se pretende concluir futuramente.

O contrato preliminar tem por finalidade assegurar que as partes, no futuro, celebrem o contrato pretendido, cuja assinatura imediata não atende aos seus interesses ou se revela mesmo impossível. As partes vinculam-se, assim, imediatamente ao negócio futuro, cuja celebração imediata se mostra jurídica ou materialmente impossível.[17] Em uma palavra, a função prático-social do contrato preliminar consiste em obrigar as partes a celebrar o contrato definitivo posteriormente, conferindo segurança aos contratantes.[18] A assinatura do contrato preliminar permite, desse modo, que as partes tenham certeza quanto à conclusão do negócio e, ao mesmo tempo, exerçam atos preparatórios para a finalização do contrato definitivo, a atender aos interesses específicos em cada caso concreto.

Especificamente em acordos de colaboração premiada, o contrato preliminar permite o acesso imediato, pelo Ministério Público ou delegado de polícia, às provas e aos documentos disponibilizados pelo colaborador, concedendo-lhe prazo para a reunião de mais provas e elementos a serem entregues no momento do acordo definitivo. Nesse interregno, o Ministério Público ou delegado de polícia avalia a importância das provas e dos elementos de corroboração e se obriga a conceder a sanção premial mediante a assinatura dos acordos definitivos de colaboração premiada desde que tenham sido atingidos os resultados previstos no art. 4º da Lei 12.850/2013.

Contrato principal ou definitivo

Desse modo, a assinatura dos acordos definitivos de colaboração premiada pressupõe o fornecimento, pelos colaboradores, das informações necessárias à concretização do sinalagma contratual (contrato de execução instantânea), a evidenciar, por si só, que os resultados pretendidos com a colaboração foram integralmente alcançados, ensejando aos colaboradores a aquisição do direito subjetivo aos benefícios da colaboração premiada garantidos pelo Ministério Público.

---

[15] Sobre o ponto, v. Vincenzo Ricciuto, Formazione progressiva del contratto e obblighi a contrarre, Torino: UTET, 1999, p. 83.

[16] Vincenzo Ricciuto, Formazione progressiva del contratto e obblighi a contrarre, cit., pp. 86-87.

[17] Paolo Forchielli, Contratto preliminare. *Novissimo Digesto Italiano*, v. 4, Torino: UTET, 1957, 3ª ed., p. 683.

[18] Gustavo Tepedino et al., *Código Civil interpretado Conforme a Constituição da República*, vol. 2, Rio de Janeiro: Renovar, 2012, 2ª ed., p. 100. Na perspectiva do texto, sobre a causa do contrato ou a função prático-social como elemento de validade e qualificação, v. Carlos Konder, Causa do Contrato x Função Social do Contrato: Estudo Comparativo sobre o Controle da Autonomia Negocial. *Revista Trimestral de Direito Civil – RTDC*, vol. 43, Rio de Janeiro: Padma, jul.-set. 2010, pp. 37 e ss.

CAPÍTULO XV | ACORDOS DE COLABORAÇÃO PREMIADA

Mencionada dinâmica contratual demonstra que o acordo de colaboração premiada se constitui em contrato de execução instantânea, diferindo-se no tempo (não a prestação entregue pelos colaboradores, que o caracteriza, mas) os efeitos benéficos para a sociedade em decorrência das operações suscitadas pelas informações integralmente entregues, rigorosamente conforme o pactuado.

Contrato de execução instantânea

Por outro lado, embora a Lei 12.850/2013, em seu art. 4º, § 6º, refira-se às negociações realizadas entre o investigado, seu defensor e o Ministério Público, os acordos de colaboração premiada configuram típicos contratos de adesão, sem espaço de negociação quanto às suas cláusulas, já que o colaborador, uma vez expostas as informações que pretende oferecer, se limita a anuir ao acordo adrede preparado. Em consequência, suas cláusulas hão de ser interpretadas em favor do colaborador aderente (art. 423[19] do Código Civil).

Contrato de adesão

3. CRITÉRIOS DE INTERPRETAÇÃO DOS ACORDOS DE COLABORAÇÃO PREMIADA

Os acordos de colaboração premiada, por terem como objeto a revelação de ilicitudes cometidas pelo colaborador ou por terceiros de que tenha conhecimento, com a entrega de provas que as demonstrem, atingem aspectos existenciais da personalidade do colaborador, a determinar interpretação e disciplina diferenciadas.[20] Assim, e por se tratar, como anteriormente registrado, de contrato de adesão, há de se interpretar o acordo de colaboração em favor do colaborador,[21] uma vez que este

Direitos fundamentais do colaborador

---

[19] Art. 423, do Código Civil: "Quando houver no contrato de adesão cláusulas ambíguas ou contraditórias, dever-se-á adotar a interpretação mais favorável ao aderente".

[20] Na página clássica de Pietro Perlingieri: "A concepção exclusivamente patrimonialista das relações privadas, fundada sobre a distinção entre interesses de natureza patrimonial e de natureza existencial, não responde aos valores inspiradores do ordenamento jurídico vigente. Também os interesses que não têm caráter patrimonial são juridicamente relevantes e tutelados pelo ordenamento. Por outro lado, não faltam situações patrimoniais que, por sua ligação estrita com o livre desenvolvimento da pessoa, assumem uma relevância existencial. Recusar a tese da necessária patrimonialidade das relações privadas é útil também em tema de relações obrigacionais" (Pietro Perlingieri, *O Direito Civil na Legalidade Constitucional*, trad. Maria Cristina de Cicco, Rio de Janeiro: Renovar, 2008, p. 760).

[21] Acerca dos contratos de colaboração premiada, Fredie Didier Jr. e Daniela Bomfim destacam: "Há também critério interpretativo específico: no âmbito do direito penal, a regra é que a interpretação deva ser restritiva, principalmente se a extensiva for para prejudicar o acusado" (Colaboração Premiada (Lei nº 12.850/2013): natureza jurídica e controle de validade por demanda autônoma – um diálogo com o Direito Processual Civil, cit. p. 44). Nesse sentido, a jurisprudência já impediu a imposição de recolhimento domiciliar aos feriados quando o acordo de colaboração previa tal necessidade apenas aos finais de semana, a denotar interpretação em favor do colaborador: "Aduz para tanto, em síntese, que o acordo de colaboração premiada e a sentença não previam (e nem o MPF o requereu) recolhimento domiciliar nos feriados, mas apenas nos finais de semana. Por isso, a decisão que impôs a obrigatoriedade de recolhimento nos feriados constituiria indevida ofensa à liberdade de locomoção do apenado, devendo ser reformada. (...) De fato, como destacado no próprio parecer ministerial, a irresignação merece prosperar. (...) Este foi o teor do ajuste estabelecido entre as partes e homologado pelo Poder Judiciário. Em tal cenário, o raciocínio que norteou o voto vencedor proferido na origem configura verdadeira analogia in malam partem, pois o Tribunal local baseou-se em uma similaridade entre os conceitos de 'final de semana' e 'feriado', enquanto antítese de 'dias úteis', para agravar a situação prática do réu, impondo-lhe dias adicionais de restrição à

abre mão de garantias fundamentais, produzindo provas autoincriminatórias e renunciando ao direito a permanecer em silêncio.[22]

Busca-se, desse modo, com o acordo de colaboração premiada, a um só tempo, tutelar o interesse público e resguardar garantias constitucionais de singular relevância, haja vista que o colaborador renuncia ao direito ao silêncio, ao direito de não produzir provas contra si mesmo e ao direito de não incriminar a si próprio – fatos irreversíveis.[23]

Dada a magnitude dos atos de renúncia e de disposição de garantias fundamentais, estes não podem vir desacompanhados, no Estado Democrático de Direito, de

---

sua liberdade de locomoção (e-STJ, fl. 171). A mera necessidade de realizar esse raciocínio analógico, na verdade, já demonstra sua fragilidade. Em sede sancionadora, é absolutamente inviável o cumprimento de pena sem prévia cominação legal – ou, no presente caso, sem a anterior previsão no acordo de colaboração –, nos termos do art. 1º do CP, sendo inadmissível a complementação de eventual deficiência da redação do ajuste, quando já homologado por decisão transitada em julgado, a fim de agravar a posição do apenado. Na verdade, a manutenção do acórdão recorrido violaria, a um só tempo: (I) a vedação à analogia in malam partem, pois a extensão da limitação aos feriados teve por fundamento a sua similaridade com os finais de semana; (II) a eficácia preclusiva da coisa julgada, uma vez que o acordo foi objeto de decisão judicial já acobertada pelo trânsito em julgado; e (III) a própria boa-fé objetiva, considerando que uma das partes do acordo pretendeu surpreender a outra, após sua celebração e homologação, com regra antes não prevista. A confiança legitimamente investida pelo colaborador no aparato estatal restaria, deste modo, completamente frustrada, em detrimento até mesmo da credibilidade do instituto da colaboração premiada" (STJ, REsp 1.927.325/RS, Dec. Monocrática, Rel. Min. Ribeiro Dantas, julg. 20.4.2021).

22 Lei 12.850/13, art. 4º, § 14: "Nos depoimentos que prestar, o colaborador renunciará, na presença de seu defensor, ao direito ao silêncio e estará sujeito ao compromisso legal de dizer a verdade".

23 Na doutrina: "Obrigação de colaboração e a consequente obrigação de renúncia ao direito ao silêncio são consequências jurídicas definidas em razão do ato de escolha dos negociantes" (Fredie Didier Jr e Daniela Bomfim, Colaboração Premiada (Lei nº 12.850/2013): natureza jurídica e controle de validade por demanda autônoma – um diálogo com o Direito Processual Civil, cit., p. 33). Em sentido semelhante: "Em verdade, entende-se que, quando o colaborador renuncia ao seu direito ao silêncio e compromete-se a colaborar com a persecução penal, ele o faz apostando na boa-fé do Estado. Se o colaborador agiu em boa-fé, incriminando-se e trazendo provas que lhe deem suporte, ele espera também do Estado uma atitude de boa-fé" (Anamaria Prates Barroso, Vanessa Reichert, Vinícius Gomes de Vasconcellos, A boa-fé e o compartilhamento de provas obtidas por meio de acordo de colaboração premiada. *Revista Brasileira de Ciências Criminais*, vol. 177, mar. 2019, pp. 47-69). Na jurisprudência: "(...) II – O sistema processual penal brasileiro impede a oitiva de corréu na qualidade de testemunha, na mesma ação penal, em razão da incompatibilidade entre o direito constitucional ao silêncio e a obrigação de dizer a verdade imposta nos termos do Código de Processo Penal. III – No entanto, não há impedimento ao depoimento de colaborador como testemunha, na medida em que, não sendo acusado no mesmo processo que o recorrente figure como réu, sua oitiva constitua verdadeira garantia de exercício da ampla defesa e do contraditório dos delatados, ao mesmo tempo que também consubstancia mecanismo de confirmação das declarações e de validação dos benefícios previstos no acordo de colaboração. IV – Neste sentido, ainda que sob a égide da Lei n. 9.807/1999, o Plenário do col. Supremo Tribunal Federal consignou que 'O sistema processual brasileiro não admite a oitiva de co-réu na qualidade de testemunha ou, mesmo, de informante, (...) Exceção aberta para o caso de co-réu colaborador ou delator, a chamada delação premiada, prevista na Lei 9.807/1999' (Sétimo Agravo Regimental na AP n. 470/MG, Tribunal Pleno, Rel. Min. Joaquim Barbosa, DJe de 2/10/2009), entendimento que deve ser reforçado se considerado o § 14 do art. 4º da Lei 12.850/2013, o qual dispõe que 'Nos depoimentos que prestar, o colaborador renunciará, na presença de seu defensor, ao direito ao silêncio e estará sujeito ao compromisso de dizer a verdade'" (STJ, 5ª T., RHC 67.493/PR, Rel. Min. Felix Fischer, julg. 19.4.2016, publ. DJ 2.5.2016).

garantias mínimas quanto às consequências do acordo para o colaborador, *ex vi* do art. 5º[24] da Lei 12.850/2013. Daí a alusão à segurança jurídica e à proteção da confiança pelo Ministro Dias Toffoli no julgamento do HC 127.483/PR.

Incide, nesse particular, com maior intensidade do que nas relações patrimoniais, o princípio da conservação dos negócios jurídicos, que pretende assegurar, sempre que possível, a manutenção do contrato em detrimento de sua resolução.[25]

4. INCIDÊNCIA DOS PRINCÍPIOS CONTRATUAIS

Como anteriormente mencionado, cuidando-se de contrato, aos acordos de colaboração premiada se aplicam os princípios contratuais. Nesse particular, assume relevo o princípio da obrigatoriedade ou intangibilidade dos pactos, segundo o qual, salvo nas hipóteses, hoje excepcionais, previstas em lei, o contrato faz lei entre as partes – pacta sunt servanda. Se assim é, uma vez garantida contratualmente a sanção premial e satisfeitas as obrigações pelo colaborador, cabe ao Ministério Público honrar suas obrigações. *(Princípio da obrigatoriedade dos pactos)*

Associado ao princípio da obrigatoriedade dos pactos, situa-se o princípio do equilíbrio contratual, o qual resta preservado mediante a observância do sinalagma contratual pautado entre, de um lado, a obtenção dos resultados previstos no art. 4º da Lei 12.850/13 e, de outro lado, a atribuição da sanção premial ao colaborador. *(Princípio do equilíbrio contratual)*

Atente-se para o princípio da autonomia negocial, segundo o qual os contratantes podem contratar o conteúdo que desejarem, desde que lícito, com quem quiserem, respeitadas as normas de ordem pública. Nos acordos de colaboração premiada, a autonomia negocial encontra-se limitada não só pelas normas de ordem pública próprias do direito penal mas também pelos aspectos existenciais que integram a dignidade do colaborador e são atingidos pelos acordos de colaboração, a impor lógica diferenciada. *(Princípio da autonomia negocial)*

Aplica-se, ainda, o princípio da relatividade, segundo o qual o acordo de colaboração produz efeitos entre os seus signatários, flexibilizado, contudo, pelo princípio da função social, que, aqui, ocupa relevante papel: os efeitos dos acordos de colaboração premiada se expandem para fora do contrato, trazendo importantes benefícios à sociedade. *(Princípios da relatividade e da função social)*

---

[24] "Art. 5º. São direitos do colaborador: I – usufruir das medidas de proteção previstas na legislação específica; II – ter nome, qualificação, imagem e demais informações pessoais preservados; III – ser conduzido, em juízo, separadamente dos demais coautores e partícipes; IV – participar das audiências sem contato visual com os outros acusados; V – não ter sua identidade revelada pelos meios de comunicação, nem ser fotografado ou filmado, sem sua prévia autorização por escrito; VI – cumprir pena ou prisão cautelar em estabelecimento penal diverso dos demais corréus ou condenados".

[25] Nesse sentido, Fredie Didier Jr. e Daniela Bomfim destacam que "a regra é a irretratabilidade dos contratos, já que eles são celebrados para que sejam cumpridos. Cuida-se de decorrência do princípio da força obrigatória contratual. A retratabilidade é a exceção e deve ser prevista, pelas partes ou por lei. Não se deve presumir a retratabilidade" (Colaboração Premiada (Lei nº 12.850/2013): natureza jurídica e controle de validade por demanda autônoma – um diálogo com o Direito Processual Civil, cit., p. 41).

Ao propósito, embora por vezes o cidadão comum, instigado por setores da mídia ou de redes sociais, tenha sua percepção voltada exclusivamente para os benefícios recebidos pelos colaboradores, a formidável contrapartida, decorrente dos acordos em questão, em favor de toda a sociedade, se espraia por todos os campos da vida política e econômica, promovendo ação fiscalizadora mais eficaz pelas agências reguladoras, pelas instituições e pelo próprio legislador. Na lógica dos acordos de colaboração, substancioso é o benefício para o colaborador se (e somente se) colossal revelou-se igualmente, na valoração do Poder Público, o benefício que propiciou à sociedade.

Princípio da boa-fé objetiva

De igual modo, incide aos acordos de colaboração o princípio da boa-fé objetiva, que veda o comportamento contraditório e tutela o adimplemento substancial.

Interpretação da integralidade do acordo

Além da aplicação dos princípios contratuais, os acordos de colaboração premiada também sofrerão a incidência dos métodos interpretativos referentes à Teoria Geral dos Contratos. Assim, as cláusulas dos acordos de colaboração premiada não poderão ser examinadas isoladamente, sendo imperativo que o intérprete leve em consideração o instrumento em sua integralidade, em interpretação sistemática de suas disposições, identificando-se o sinalagma entre as prestações estabelecidas pelas partes. Nesse sentido, o Superior Tribunal de Justiça já estabeleceu que o acordo de colaboração premiada deve ser lido em sua integralidade, como corpo único, e passa a configurar, a partir de sua homologação, título executivo judicial.[26]

5. A DISCIPLINA DO ADIMPLEMENTO E DO INADIMPLEMENTO

Uma vez verificado o adimplemento das obrigações por parte do colaborador, com a obtenção dos resultados indicados pelo art. 4º da Lei 12.850/2013, há de se atribuir aos colaboradores o direito subjetivo à sanção premial, o qual encontra, ainda, fundamento no art. 1º, § 5º, da Lei 9.613/98;[27] e arts. 13 a 15 da Lei 9.807/99.

---

[26] Confira-se a ementa: "Agravo Regimental no Recurso em *Habeas Corpus*. Associação criminosa e lavagem de dinheiro. Colaboração premiada. Cumprimento de penas corporais e pecuniárias impostas no acordo. Pleito de extinção de punibilidade. Impossibilidade. Não cumprimento de período de 10 anos após homologação da delação previsto na cláusula 7ª da avença. Ilegalidade inexistente. 1. A Lei 12.850, de 02/08/2013, estatui que o acordo de colaboração premiada constitui negócio jurídico processual e meio de obtenção de prova (art. 3º-A), isto é, uma vontade de resultados que estabelece termos, encargos, condições e cláusulas as mais diversas, correspondentes aos seus objetivos e interesses. 2. O acordo de colaboração premiada celebrado pelo agravante e o Ministério Público Federal, apesar de suas cláusulas assaz gravosas ao recorrente – como a retomada dos prazos de prescrição de todos os crimes depois de dez anos de suspensão –, foi por ele aceito e deve ser visto na sua integralidade, como um corpo único, e passa a configurar, a partir de sua homologação, um título executivo judicial" (STJ, 6ª T., AgRg no RHC 163.224, Rel. Min. Jesuíno Rissato (Desembargador convocado do TJDFT), julg. 14.3.2023, publ. DJ 17.3.2023).

[27] "O art. 1º, § 5º, da Lei n. 9.613/1998, contempla hipótese de colaboração premiada que independe de negócio jurídico prévio entre o réu e o órgão acusatório (colaboração premiada unilateral) e que, desde que efetiva, deverá ser reconhecida pelo magistrado, de forma a gerar benefícios em favor do réu colaborador" (STJ, 6ª T., REsp 1.691.901/RS, Rel. Min. Sebastião Reis Júnior, julg. 26.9.2017, publ. DJ 9.10.2017).

Por se tratar a sanção premial de benefício legal atribuído ao colaborador em contrapartida aos benefícios obtidos pelo Poder Público na persecução criminal (comutatividade intrínseca ao contrato bilateral que caracteriza o seu sinalagma), uma vez atingidos os resultados indicados no art. 4º da Lei 12.850/2013, e incorporados ao programa contratual, deve-se atribuir necessariamente ao colaborador os benefícios da colaboração, pactuados no contrato, sob pena de inadimplemento por parte do Poder Público.[28]

Inadimplemento do Poder Público

Pode-se afirmar, desse modo, que o acordo de colaboração premiada se caracteriza pelo sinalagma entre a obtenção dos resultados previstos no art. 4º da Lei 12.850/2013, decorrente do adimplemento das obrigações pelos colaboradores, e a atribuição dos benefícios da colaboração premiada. Daí decorrem três consequências fundamentais: (i) a obtenção pelo Estado dos resultados previstos em lei enseja, necessariamente, o direito subjetivo dos colaboradores de obter os benefícios da colaboração premiada;[29] (ii) o inadimplemento atribuído aos colaboradores de obrigações que não integrem o sinalagma, isto é, por fatos estranhos ao vínculo comutativo estabelecido, não autoriza a revogação dos benefícios da colaboração;[30] e, portanto, (iii) o único inadimplemento capaz de gerar a rescisão consiste na não obtenção dos resultados indicados no art. 4º da Lei 12.850/2013 (*rectius*, não efetividade da colaboração).[31]

Resolução na hipótese de inadimplemento, pelo colaborador, da prestação sinalagmática

---

[28] Como se lê em trecho do voto do Ministro Celso de Mello na Questão de Ordem na PET 7.074: "(...) o cumprimento das obrigações assumidas pelo agente colaborador impede o Poder Judiciário de recusar-lhe a concessão dos benefícios de ordem premial, sob pena de o Estado-Juiz incidir em comportamento desleal" (STF, Questão de Ordem na PET 7.074/DF, Tribunal Pleno, Rel. Min. Edson Fachin, julg. 29.6.2017, publ. DJ 3.5.2018).

[29] Nessa direção, cfr. trecho da decisão do Min. Dias Toffoli, no julgamento do HC 127.483/PR: "A colaboração premiada é um negócio jurídico processual, uma vez que, além de ser qualificada expressamente pela lei como 'meio de obtenção de prova', seu objeto é a cooperação do imputado para a investigação e para o processo criminal, atividade de natureza processual, ainda que se agregue a esse negócio jurídico o efeito substancial (de direito material) concernente à sanção premial a ser atribuída a essa colaboração. Dito de outro modo, embora a colaboração premiada tenha repercussão no direito penal material (ao estabelecer as sanções premiais a que fará jus o imputado-colaborador, se resultar exitosa sua cooperação), ela se destina precipuamente a produzir efeitos no âmbito do processo penal" (STF, HC 127.483/PR, Tribunal Pleno, Rel. Min. Dias Toffoli, julg. 27.8.2015, publ. DJ 4.2.2016).

[30] Como registra Pontes de Miranda: "Nem tôdas as dívidas e obrigações que se originam dos contratos bilaterais são dívidas e obrigações bilaterais, em sentido estrito, isto é, em relação de reciprocidade. A contraprestação do locatário é o aluguer; porém não há sinalagma no dever de devolução do bem locado, ao cessar a locação, nem da dívida do locatário por indenização de danos à coisa, ou na dívida do locador por despesas feitas pelo locatário. A bilateralidade – prestação e contraprestação – faz ser bilateral o contrato; mas o ser bilateral o contrato não implica que tôdas as dívidas e obrigações que dêle se irradiam seja bilaterais" (*Tratado de Direito Privado*: Parte Especial: Direito das Obrigações, atualizado pelo Ministro Ruy Rosado de Aguiar Junior e por Nelson Nery Jr., tomo XXVI, São Paulo: Editora Revista dos Tribunais, 2012, p. 206).

[31] Nesse sentido, registrou o Ministro Dias Toffoli, em seu voto na Questão de Ordem na PET 7074: "Finalmente, havendo um acordo de colaboração existente, válido e eficaz, nos termos do art. 4º, I a V, da Lei nº 12.850/13, a aplicação da sanção premial nele prevista dependerá do efetivo cumprimento pelo colaborador das obrigações por ele assumidas, com a produção de um ou mais dos seguintes resultados: a) identificação dos demais coautores e partícipes da organização criminosa e das infrações penais por eles praticadas; b) revelação da estrutura

Como registrado pelo Ministro Edson Fachin, "com a institucionalização do acordo, estabeleceu-se modalidade de colaboração por meio da qual direitos e deveres do colaborador são previamente avençados com o Estado, descritos e estipulados, conferindo-se lhe, desde que cumpra com suas próprias obrigações, *direito subjetivo aos benefícios assentados no termo*".[32]

Impossibilidade de aproveitamento das provas sem sanção premial

A concretização do aludido direito subjetivo adquirido pelos colaboradores, que configura garantia constitucional, pressupõe o respeito ao sinalagma contratual que o fundamentou. Nessa esteira, o respeito ao direito subjetivo adquirido associa-se visceralmente à impossibilidade jurídica de aproveitamento das provas sem a consequente sanção premial.

Nessa direção, cabe ao Ministério Público cumprir o acordado, garantindo aos colaboradores, que adimpliram suas prestações sinalagmáticas, os benefícios da colaboração premiada em observância ao princípio da obrigatoriedade dos pactos (*pacta sunt servanda*). Mostra-se, assim, juridicamente impossível a resilição unilateral de acordos de colaboração premiada pelo Ministério Público caso haja direito adquirido aos benefícios por parte dos colaboradores, pois tal rescisão equivaleria à sentença de condenação criminal, fazendo-se tábula rasa das garantias constitucionais e ignorando-se todos os proveitos obtidos pelo Estado com a colaboração em razão do adimplemento das prestações sinalagmáticas pelos colaboradores.

Isso significa que a decisão de rescindir o acordo não pode vir desacompanhada da valoração da sua utilidade, não podendo se apegar a supostas violações laterais. Vale dizer: a imputação de descumprimento, pelo colaborador, de obrigações não essenciais, desassociadas do sinalagma contratual, não autoriza a rescisão dos acordos. Afinal, o Ministério Público – e, em última análise, a sociedade – se beneficiaram dos frutos decorrentes da colaboração, a partir da satisfação, pelos colaboradores, de suas obrigações essenciais que permitiram a obtenção dos resultados indicados no art. 4º da Lei 12.850/2013.[33]

---

hierárquica e da divisão de tarefas da organização criminosa; c) prevenção de infrações penais decorrentes das atividades da organização criminosa; d) recuperação total ou parcial do produto ou do proveito das infrações penais praticadas pela organização criminosa; e) localização de eventual vítima com a sua integridade física preservada. Se não sobrevier nenhum desses resultados concretos para a investigação, restará demonstrado o inadimplemento do acordo por parte do colaborador, e não se produzirá a consequência por ele almejada (aplicação da sanção premial)" (STF, Questão de Ordem na PET 7.074/DF, Tribunal Pleno, Rel. Min. Edson Fachin, julg. 29.6.2017, publ. DJ 3.5.2018).

[32] STF, Pet. 7.003/DF, Dec. Monocrática, Rel. Min. Edson Fachin, julg. 27.6.2018, publ. DJ 1.8.2018.

[33] Nessa esteira, relembre-se a sentença proferida, com acerto, pelo magistrado Sergio Moro, de 24 de agosto de 2018, na Ação Penal 5025676-71.2014.4.04.7000, que, ao examinar fatos mentirosos apresentados pelos colaboradores familiares de Paulo Roberto Costa após a assinatura dos acordos de colaboração, ainda assim, manteve os acordos, tendo em vista os resultados deles provenientes, a consagrar o direito subjetivo à sanção premial. É ver-se: "Romper o acordo de colaboração é algo grave e a situação de violação deve estar sempre muito bem caracterizada. No caso, o acordo de colaboração de Paulo Roberto Costa celebrado com a Procuradoria Geral da República e homologado pelo Supremo Tribunal Federal teve grande relevância probatória. A partir dele e também do acordo com Alberto Youssef é que foi revelada a dimensão dos crimes havidos na Petrobrás, com a estrutura da empresa estatal tendo sido capturada para locupletamento ilícito

Assim, a eventual comprovação de descumprimentos laterais pelos colaboradores teria como única consequência possível a repactuação do acordo quanto aos seus aspectos patrimoniais, sem atingir seus direitos fundamentais, em linha com o princípio da conservação dos negócios jurídicos e com a gradação que deve ser observada pelo magistrado por ocasião do dimensionamento dos benefícios *vis-à-vis* à efetividade da colaboração (art. 4º, §§ 1º[34] e 8º,[35] da Lei 12.850/2013).[36]

Impossibilidade de resolução por inadimplemento de prestações laterais

Desse modo, a decisão, por parte do Ministério Público, entre repactuar ou rescindir, não há de ser arbitrária, submetida ao talante e à percepção subjetiva do Ministério Público. Ao reverso, a gradação de consequências, a cargo do Poder Judiciário, dependeria da demonstração cabal de eventuais ilícitos e da repercussão causal do inadimplemento no depauperamento dos benefícios angariados pelo Poder Público com o acordo.

Em última análise, qualquer resolução contratual de acordo bilateral associa-se à frustração do contratante diante da não satisfação do seu crédito. Basta pensar numa singela compra e venda de imóvel, em que a resolução do contrato pressupõe o não pagamento do preço ou a não entrega da coisa, não já o desatendimento de prestações laterais. Além disso, resolvida a compra e venda por inadimplemento do preço, encontrar-se-ia fora de cogitação preservar a alienação do imóvel.

---

e financiamento ilegal de campanhas por agentes privados e públicos inescrupulosos. 125. Parte importante do acordo disse respeito aos benefícios visados pelo colaborador Paulo Roberto Costa a seus familiares. Estes igualmente celebraram acordos de colaboração próprios. 126. Em Juízo, há impressão que, em seus depoimentos, não foram totalmente verdadeiros, buscando os acusados, mediante modificação das circunstâncias do ocorrido, atenuar, sem sucesso, as suas responsabilidades ou pelo menos a de Márcio Lewkowicz e de Shanni Azevedo Costa Bachmann. 127. Apesar disso, entendo que o acordo com Paulo Roberto Costa e com seus familiares deve ser mantido e prestigiado, pois o cerne da colaboração não foi alterado e, mesmo quanto aos depoimentos, houve aparente alteração das circunstâncias, mas sem comprometer completamente o conteúdo. Não se justifica negar os benefícios quando há alterações meramente circunstanciais dos depoimentos autoincriminatórios e que não prejudicam a condenação deles ou de terceiros. (...) A efetividade do acordo celebrado por Paulo Roberto Costa, que é uma das condições para à concessão dos benefícios nos acordos acessórios (Cláusula 3ª, Parágrafo único), não se discute. Prestou informações e forneceu provas relevantíssimas para Justiça criminal de um grande esquema criminoso. A cláusula de acessoriedade e o cumprimento com as obrigações previstas nos respectivos acordos confere aos familiares de Paulo Roberto Costa o direito de receber os benefícios neles previstos" (Seção Judiciária do Paraná, 13ª Vara Federal Criminal de Curitiba, Ação Penal 5025676-71.2014.4.04.7000/PR, Juiz Federal Sergio Fernando Moro, julg. 24.8.2018, publ. DJ 27.8.2018).

34 "Art. 4º (...) § 1º Em qualquer caso, a concessão do benefício levará em conta a personalidade do colaborador, a natureza, as circunstâncias, a gravidade e a repercussão social do fato criminoso e a eficácia da colaboração".

35 "Art. 4º (...) § 8º O juiz poderá recusar a homologação da proposta que não atender aos requisitos legais, devolvendo-a às partes para as adequações necessárias".

36 Na jurisprudência: "o juiz, ao decidir sobre a colaboração, limita-se à sua homologação ou rejeição, não podendo estender ou reduzir o acordado entre as partes. Ao sentenciar o feito, porém, cabe ao magistrado dimensionar os benefícios, de acordo com o caso concreto e com a efetividade da colaboração" (TRF4, 8ª T., ACR 5061578-51.2015.4.04.7000, Rel. p/ acórdão Leandro Paulsen, julg. 30.5.2018, publ=. DJ 31.5.2018).

Uma vez adotada, pelo legislador brasileiro, sob inspiração de legislação de diversos países, a técnica contratual para a colaboração premiada, ampliando-se o espectro de bens jurídicos objeto de relação contratual no direito brasileiro, há de ser respeitada a comutatividade entre as prestações de parte a parte. No âmbito da técnica contratual empregada, destaca-se o princípio da conservação dos contratos, que preserva o negócio jurídico desde que se identifique o interesse útil do credor, consubstanciado nos benefícios auferidos pelo Ministério Público e pela sociedade brasileira.

Princípio da conservação dos negócios jurídicos

Por força do princípio da conservação dos contratos, que permeia diversos dispositivos da legislação como princípio geral de direito, a resolução do contrato deve ser, sempre que possível, evitada, em favor ora da convalidação do negócio (art. 172[37] do CC), ora da revisão contratual (art. 478[38] do CC), ora da extinção parcial do ajuste, ora da conversão do negócio jurídico (art. 170[39] do CC), ora da renegociação entre as partes como imperativo da boa-fé objetiva.

Diante de tais circunstâncias, o acordo de colaboração não admite rescisão unilateral pelo Ministério Público, sujeitando-se a sua extinção à demonstração, pelo Ministério Público, do inadimplemento da prestação sinalagmática, isto é, da não obtenção dos resultados previstos no art. 4º da Lei 12.850/2013,[40] a fim de demonstrar a não efetividade do acordo de colaboração.[41]

---

[37] "Art. 172. O negócio anulável pode ser confirmado pelas partes, salvo direito de terceiro".

[38] "Art. 478. Nos contratos de execução continuada ou diferida, se a prestação de uma das partes se tornar excessivamente onerosa, com extrema vantagem para a outra, em virtude de acontecimentos extraordinários e imprevisíveis, poderá o devedor pedir a resolução do contrato. Os efeitos da sentença que a decretar retroagirão à data da citação".

[39] "Art. 170. Se, porém, o negócio jurídico nulo contiver os requisitos de outro, subsistirá este quando o fim a que visavam as partes permitir supor que o teriam querido, se houvessem previsto a nulidade".

[40] Nesse sentido: "Se a defesa acompanhou todo o processo e anuiu com o acordo, não há falar em prejuízo para o colaborador, em especial porque a discordância do Ministério Público Federal, por si só, não será suficiente para impedir eventual aplicação dos benefícios relativos às penas pelo juízo, quando da prolação da sentença, se a autoridade judiciária entender que a colaboração teve a eficácia pretendida" (TRF-4, 7ª T., ACR 5006176-51.2017.4.04.7117, Rel. Des. Federal Salise Monteiro Sanchonete, julg. 12.6.2018, publ. DJ 13.6.2018).

[41] Veja-se: "[o] acordo não pode gerar obrigações somente para o acusado colaborador. O Estado também assume obrigações, e uma delas é justamente conceder os prêmios nos moldes do que foi pactuado e devidamente homologado pelo juiz. Não haveria sentido à homologação se não vinculasse o Poder Judiciário. Aliás, a homologação judicial tem a finalidade de garantir futuramente o cumprimento do acordo pelo Estado juiz se alcançar os resultados. O artigo 4º, *caput*, da Lei 12.850/13 reza que o juiz 'poderá' conceder um dos prêmios lá previstos, fazendo transparecer que seria faculdade do juiz. Contudo, se o colaborador cumpriu todo o acordo, tendo sua cooperação sido determinante no alcance dos resultados lá previstos, será um dever do magistrado conceder os prêmios. O juiz está na realidade vinculado ao acordo celebrado se ele [o] homologou. Prova de que o juiz vincula-se ao acordo de colaboração é a redação do artigo 4º, § 1º, da Lei nº 12.850/13, que reza que 'a sentença apreciará os termos do acordo homologado e sua eficácia'. Vale dizer, o juiz apenas avaliará os resultados obtidos e os objetivos pretendidos, concedendo os prêmios na exata medida do que foi pactuado. (...) Claro que é na ocasião da sentença, após terminada a instrução e obtido o conjunto da prova, que o juiz poderá apurar com maior precisão o requisito da eficácia da colaboração, podendo, então, suprimir, total ou parcialmente, o benefício concedido, de forma justificada, caso, ao final, se comprove que a colaboração não foi eficaz" (Luiz Flávio Gomes e Marcelo Rodrigues da Silva, *Organizações criminosas e técnicas especiais de investigação – questões controvertidas, aspectos teóricos e práticos e análise da Lei 12.850/2013*, Salvador: JusPodivm, 2015, pp. 283-284).

Na mesma esteira, o princípio da boa-fé objetiva impede a resolução dos acordos de colaboração premiada na hipótese de adimplemento substancial, isto é, caso os colaboradores tenham adimplido substancialmente as suas obrigações e os resultados pretendidos pelo Ministério Público tenham sido alcançados, afiguran-do-se o descumprimento ínfimo diante da realização do programa contratual. Nesse caso, sendo indiscutível o benefício integralmente recebido pelo Poder Público credor, em favor da sociedade, faculta-se ao credor apenas, se for o caso, pleitear as perdas e danos cabíveis.[42]

Boa-fé objetiva nos acordos de colaboração premiada

Ainda como decorrência da boa-fé objetiva, caso o Ministério Público requeira a rescisão dos acordos de colaboração premiada, mesmo tendo obtido integralmente os resultados pretendidos e, ao mesmo tempo, continue a se aproveitar das informações disponibilizadas pelos colaboradores, violará a legítima confiança despertada nestes últimos,[43] que acreditaram que o Ministério Público manteria os benefícios da colaboração, incorrendo em comportamento contraditório, vedado pela boa-fé objetiva.

---

[42] Sobre o ponto, cfr.: "Há, ainda, que se entender que é sobretudo o fato material que deve ser analisado para verificar a culpabilidade e, consequentemente, o descumprimento contratual, tendo – contudo – em consideração o princípio do adimplemento substancial. Isso à luz dos interesses públicos envolvidos e identificados nos princípios fundamentais do ordenamento jurídico que chamam ao respeito do favor rei, ou in dubio pro reo. A rescisão ou ruptura na colaboração, portanto, é materialmente impossível quando os dados da colaboração já se tornaram públicos, e os seus efeitos, produzidos. (...) De outra forma, o próprio Ministério Público não pode mais dispor daquilo que não é mais dele, porque é do interesse difuso o resultado da manifestação da sua vontade (que age unicamente para exercer um interesse público). O Ministério Público faz algo não para si, mas para o interesse difuso. Os acordos de colaboração possuem já por si implícito um 'anticorpo' a qualquer lógica de inadimplemento e de ruptura do relacionamento de cooperação. Consideradas a importância e o sofisticado instituto da colaboração premiada, é difícil pensar que, quando tenha plena disponibilidade objetiva a colaborar, exista um válido motivo para querer interromper a colaboração, sem cair no risco de uma arbitrariedade. Ainda mais quando o colaborador prestou e cumpriu materialmente o conteúdo do acordo, até através de facta concludencia irrepetíveis (veja-se o exemplo da ação controlada) e que modificaram definitivamente o status do colaborador e a sua percepção pela sociedade" (Andrea Marighetto, Aspectos patológicos dos acordos de colaboração premiada, *Conjur*. Disponível em: https://www.conjur.com.br/2018-jul-05/andrea-marighetto-aspectos-patologicos-acordos-delacao. Acesso em: 18.3.2019); "Estipuladas as obrigações dos contratantes, no caso de ampla colaboração do delator, com muitos delatados e multiplicidade de informações, pode-se discutir a substancial performance adimplida. Isso porque, a partir da boa-fé objetiva e do dever de cooperação, eventual erro ou falta de informações corroboradoras de pequena parcela do conteúdo delatado pode significar a deslealdade do Estado, via resolução do termo de acordo de delação. O acordo compra informações e cooperação, e não a alma do delator, sob pena de virar um pacto com o Diabo, como se critica no ambiente do *plea bargaining*. Deve-se prever possibilidade de renegociação (recall) e, atendidas as peculiaridades do caso penal, reconhecer-se o adimplemento substancial" (Aury Lopes Jr e Alexandre Morais da Rosa, Delação não pode ser rescindida unilateralmente por capricho do Estado. *Conjur*. Disponível em: https://www.conjur.com.br.2017-out-06.1imite-penal-delacao--naoanulada-unilateralmente-capricho-estado. Acesso em: 29.3.2019).

[43] Sobre a deslealdade do Estado na revogação da sanção premial, cfr. precedente do STF: "A partir do momento em que o Direito admite a figura da delação premiada (art. 14 da Lei 9.807/99) como causa de diminuição de pena e como forma de buscar a eficácia do processo criminal, reconhece que o delator assume uma postura sobremodo incomum: afastar-se do próprio instinto de conservação ou autoacobertamento, tanto individual quanto familiar, sujeito que fica a retaliações de toda ordem. Daí porque, ao negar ao delator o exame do grau da relevância de sua colaboração ou mesmo criar outros injustificados embaraços para lhe sonegar a sanção premial da causa de diminuição da pena, o Estado-juiz assume perante ele conduta desleal" (STF, 1ª T., HC 99.736/DF, Rel. Min. Ayres Britto, julg. 27.4.2010, publ. DJ 21.5.2010).

Nesse cenário, seria atentatório à Constituição da República que o acordo de colaboração premiada, tratado no âmbito da autorregulação e do consenso, com renúncia a direitos fundamentais em contrapartida a determinados benefícios previamente ajustados, fosse, na hipótese de inadimplemento, transmudado em punição, e das mais graves e desproporcionais: produção total de provas contra si mesmo sem qualquer contrapartida, em renúncia pura e simples a direitos fundamentais. Seria a lógica de talião sobrepondo-se à lógica contratual, legalmente estabelecida.

Em síntese, a natureza contratual dos acordos de colaboração, como pretendeu o legislador brasileiro, para além de proteger os interesses do colaborador, promove o interesse social com o combate à corrupção e à criminalidade complexa, trazendo importantes benefícios a toda a coletividade, em consecução ao princípio da função social. Eis a louvável intersecção do direito civil com o direito penal, a permitir a correta delimitação interpretativa do instituto da colaboração premiada, com repercussão em sua inteira disciplina jurídica.

PROBLEMAS PRÁTICOS

1. É possível a resolução do acordo de colaboração premiada, a pedido do Ministério Público, caso o colaborador, entregando as provas e informações solicitadas, descumpra prestações acessórias?

2. Gilberto cometeu o crime de organização criminosa e, para obter o abrandamento da sua sanção penal, decidiu celebrar acordo de colaboração premiada. O acordo foi devidamente celebrado e Gilberto disponibilizou provas e elementos de corroboração em relação ao crime, tendo o Ministério Público se comprometido a substituir a pena privativa de liberdade do colaborador por uma sanção restritiva de direitos. O instrumento foi homologado pelo juiz e as informações prestadas por Gilberto no âmbito da colaboração se mostraram de grande valia para a persecução criminal, tendo as autoridades policiais obtido sucesso em identificar e punir os demais integrantes da organização criminosa. Apesar disso, Gilberto foi surpreendido com a determinação de cumprimento integral da pena restritiva de liberdade. Ao questionar a decisão, Gilberto foi informado pelo Ministério Público que o acordo de colaboração, por não consubstanciar negócio jurídico típico de direito civil, não era obrigatório, não incidindo sobre ele as normas relativas à teoria geral dos contratos. Comente se o Ministério Público tem razão em sua tese.

Capítulo XVI
CONTRATO DE ADMINISTRAÇÃO FIDUCIÁRIA DE GARANTIAS

Em 30 de outubro de 2023, foi publicada a Lei nº 14.711/2023, que dispõe sobre o aprimoramento das regras relativas ao tratamento do crédito e das garantias e às medidas extrajudiciais para recuperação do crédito. Chamado de Marco Legal das Garantias, o novo diploma atualizou a disciplina legal de diversas modalidades de garantia, notadamente a hipoteca e a alienação fiduciária.[1]

A Lei nº 14.711/2023 promoveu sensíveis modificações em diversas leis especiais, como a Lei nº 6.015/1973, que trata sobre os registros públicos, e a Lei nº 9.514/1997, que dispõe sobre o Sistema Financeiro Imobiliário. Trata-se de diploma multidisciplinar, versando não apenas sobre o Direito Civil, mas contendo normas também de Direito Processual e de Direito Imobiliário, por exemplo.

Lei nº 14.711/2023 como diploma multidisciplinar

Uma das mais relevantes alterações legislativas implementada pela nova Lei, na seara dos Contratos, foi a inclusão, no Código Civil, do art. 853-A,[2] que introduziu

---

[1] Para estudo dos direitos reais de garantia, cfr. o volume 5: Direitos Reais, desta coleção.

[2] "Art. 853-A. Qualquer garantia poderá ser constituída, levada a registro, gerida e ter a sua execução pleiteada por agente de garantia, que será designado pelos credores da obrigação garantida para esse fim e atuará em nome próprio e em benefício dos credores, inclusive em ações judiciais que envolvam discussões sobre a existência, a validade ou a eficácia do ato jurídico do crédito garantido, vedada qualquer cláusula que afaste essa regra em desfavor do devedor ou, se for o caso, do terceiro prestador da garantia.
§ 1º O agente de garantia poderá valer-se da execução extrajudicial da garantia, quando houver previsão na legislação especial aplicável à modalidade de garantia.
§ 2º O agente de garantia terá dever fiduciário em relação aos credores da obrigação garantida e responderá perante os credores por todos os seus atos.
§ 3º O agente de garantia poderá ser substituído, a qualquer tempo, por decisão do credor único ou dos titulares que representarem a maioria simples dos créditos garantidos, reunidos em assembleia, mas a substituição do agente de garantia somente será eficaz após ter sido tornada pública pela mesma forma por meio da qual tenha sido dada publicidade à garantia.

no Título VI, dedicado às várias espécies de contratos, o Capítulo XXI, "Do Contrato de Administração Fiduciária de Garantias".

Contrato de administração fiduciária de garantias: noções gerais

Segundo o novo dispositivo, qualquer garantia poderá ser constituída, levada a registro, gerida e ter a sua execução pleiteada por agente de garantia. Esse sujeito será designado pelos credores da obrigação garantida para esse fim e atuará em nome próprio e em benefício dos credores, inclusive em ações judiciais relativas à existência, à validade ou à eficácia do ato jurídico do crédito garantido, sendo vedada qualquer cláusula que afaste essa regra em desfavor do devedor ou, se for o caso, do terceiro prestador da garantia.

O agente também poderá se valer da execução extrajudicial da garantia quando as normas aplicáveis à concreta modalidade de garantia assim permitirem. O principal exemplo dessa aplicação é a garantia instituída na modalidade de alienação fiduciária, cuja disciplina prevê procedimento extrajudicial de execução.

Contrato de administração fiduciária de garantias: objetivo

O objetivo da inovação legislativa foi trazer, ao ordenamento brasileiro, maior segurança jurídica, incrementando a eficiência na gestão dos ativos garantidores. Por meio do contrato de administração fiduciária de garantias, "os direitos correspondentes à garantia, incluindo o produto da excussão, são atribuídos em caráter fiduciário a um agente de garantia, com o encargo de administrar empréstimos concedidos por dois ou mais credores a um único tomador, nos quais em geral a garantia é compartilhada".[3]

Em tal perspectiva, o agente de garantia assume, em relação aos credores, deveres fiduciários, responsabilizando-se pelos seus atos. Em razão dessa relação de

---

§ 4º Os requisitos de convocação e de instalação das assembleias dos titulares dos créditos garantidos estarão previstos em ato de designação ou de contratação do agente de garantia.

§ 5º O produto da realização da garantia, enquanto não transferido para os credores garantidos, constitui patrimônio separado daquele do agente de garantia e não poderá responder por suas obrigações pelo período de até 180 (cento e oitenta) dias, contado da data de recebimento do produto da garantia.

§ 6º Após receber o valor do produto da realização da garantia, o agente de garantia disporá do prazo de 10 (dez) dias úteis para efetuar o pagamento aos credores.

§ 7º Paralelamente ao contrato de que trata este artigo, o agente de garantia poderá manter contratos com o devedor para:

I – pesquisa de ofertas de crédito mais vantajosas entre os diversos fornecedores;

II – auxílio nos procedimentos necessários à formalização de contratos de operações de crédito e de garantias reais;

III – intermediação na resolução de questões relativas aos contratos de operações de crédito ou às garantias reais; e

IV – outros serviços não vedados em lei.

§ 8º Na hipótese do § 7º deste artigo, o agente de garantia deverá agir com estrita boa-fé perante o devedor".

[3] Melhim Namen Chalhub; Carlos Alberto Garbi, Administração fiduciária de garantias no PL 4.188/2021, *Migalhas*, Disponível em https://www.migalhas.com.br/coluna/novos-horizontes-do--direito-privado/365012/administracao-fiduciaria-de-garantias-no-pl-4-188-2021, acesso em 23 nov. 2023.

confiança que deve existir entre as partes,[4] a nova normativa dispõe que o agente de garantia poderá ser substituído, a qualquer tempo, por decisão do credor único ou dos titulares que representarem a maioria simples dos créditos garantidos, reunidos em assembleia. No entanto, para proteger o interesse de terceiros, a substituição do agente somente produzirá efeitos após ter sido tornada pública pela mesma forma por meio da qual tenha sido dada publicidade à garantia.

A doutrina elucida que um dos escopos da introdução do contrato de administração fiduciária de garantias é a criação de um concurso de garantias sob a gestão do agente designado, o que permite a inclusão e exclusão de operações com diversos credores, conferindo flexibilidade e dinamismo ao sistema. Nesse contexto, afirma-se que "o agente de garantia, ao atuar como administrador desse concurso, não apenas gerencia as garantias existentes, mas também facilita a entrada de novos credores ou a retirada de antigos, proporcionando uma estrutura adaptável e eficiente que atende às demandas mutáveis do mercado".[5]

A assembleia dos titulares dos créditos encontra-se disciplinada pelo § 4º do art. 853-A, que dispõe que "os requisitos de convocação e de instalação das assembleias dos titulares dos créditos garantidos estarão previstos em ato de designação ou de contratação do agente de garantia". Nesse ponto, o legislador conferiu liberdade às partes, que estipularão, no exercício de sua autonomia negocial, a disciplina atinente à assembleia dos titulares dos créditos garantidos.

Assembleia dos titulares dos créditos

No que diz respeito à execução da garantia, a nova normativa estabelece que o agente de garantia disporá do prazo de 10 (dez) dias úteis para efetuar o pagamento aos credores após receber o valor do produto da realização da garantia. A norma pretende assegurar a celeridade na distribuição dos recursos aos credores, tornando todo o procedimento de satisfação dos créditos mais seguro e eficiente.

Distribuição dos recursos pelo agente aos credores

Além disso, o legislador estabeleceu que o produto da realização da garantia, enquanto não for transferido para os credores garantidos, constituirá patrimônio separado em relação ao patrimônio geral do agente de garantia, não podendo responder por suas obrigações pelo período de 180 (cento e oitenta) dias, contados da data de recebimento do produto da garantia. Aludida "blindagem" patrimonial tem o objetivo

Separação patrimonial

---

[4]   Acerca da inter-relação entre o elemento da fidúcia e o sistema brasileiro de garantias, cfr. Gustavo Tepedino, Milena Donato Oliva, Compartilhamento de garantias imobiliárias por meio da titularidade fiduciária. In: Marcus Vinícius Motter Borges (org.). *Doutrinas Essenciais de Direito Imobiliário*, vol. 3, São Paulo: Thomson Reuters Brasil, 2023, pp. 905-934, em que se consignou, em relação ao compartilhamento de garantias: "A técnica da titularidade fiduciária pode ser aplicada não apenas na criação de garantias que passarão a integrar o patrimônio do credor, como também para a otimização das garantias em geral, mediamente compartilhamento de garantias via agente fiduciário. Nesse caso, atribui-se, por exemplo, o direito real de penhor ou de hipoteca a determinado agente fiduciário para que este exerça as prerrogativas que lhe foram concedidas em benefício de específicos credores, a viabilizar eficiente compartilhamento de garantias".

[5]   Daniel Carnio Costa; Alexandre Correa Nasser Melo; Humberto Lucas Almeida, O contrato de administração fiduciária de garantias: uma nova modalidade contratual na lei 14.711/2023, *Migalhas,* Disponível em https://www.migalhas.com.br/coluna/insolvencia-em-foco/397222/o-contrato-de-administracao-fiduciaria-de-garantias, acesso em 23 nov. 2023.

de proteger os ativos decorrentes do produto da garantia, estabelecendo que esses bens não podem ser utilizados para outro fim. Isto é, durante o prazo previsto em lei, os bens permanecerão afetados à finalidade fiduciária envolvida na garantia.[6]

O legislador estabeleceu ainda que o agente de garantia poderá manter com o devedor diversos negócios jurídicos com objeto não vedado em lei, notadamente: (i) pesquisa de ofertas de crédito mais vantajosas entre os diversos fornecedores; (ii) auxílio nos procedimentos necessários à formalização de contratos de operações de crédito e de garantias reais; (iii) intermediação na resolução de questões relativas aos contratos de operações de crédito ou às garantias reais; e (iv) outros serviços não vedados em lei.

⮞ PROBLEMA PRÁTICO

1. À luz do regramento legal sobre o contrato de administração fiduciária de garantias no Código Civil, explique o expediente da separação patrimonial aplicável a esse tipo contratual e a sua importância na disciplina do negócio jurídico.

---

[6] Sobre o expediente de separação patrimonial, confira-se: Milena Donato Oliva, *Patrimônio separado*: herança, massa falida, securitização de créditos imobiliários, incorporação imobiliária, fundos de investimento imobiliário, *trust*, Rio de Janeiro: Renovar, 2009, *passim*.

GUSTAVO **TEPEDINO**
CARLOS NELSON **KONDER**
PAULA GRECO **BANDEIRA**

PARTE 3
ATOS UNILATERAIS

Capítulo I
PROMESSA DE RECOMPENSA

Após cuidar dos contratos em espécie, o Código Civil volta-se à temática dos atos unilaterais, reunindo sob o mesmo título os seguintes institutos: promessa de recompensa, gestão de negócios, pagamento indevido e enriquecimento sem causa. Em negócios unilaterais, o ordenamento permite a criação, modificação ou extinção da relação jurídica a partir de uma única declaração de vontade. A abrangente e heterogênea categoria dos negócios unilaterais se caracteriza estruturalmente pela existência de um único centro de imputação subjetivo, do qual decorre o regulamento de interesses. São exemplos de negócios unilaterais o reconhecimento de filhos e o testamento. *Atos unilaterais*

Ao contrário do contrato, cuja formação requer a convergência de emissões volitivas, o negócio unilateral obriga o declarante independentemente da participação do destinatário a quem se dirige.[1] A promessa de recompensa, primeira figura tratada no título dos atos unilaterais, consiste em negócio jurídico unilateral por meio do qual o promitente se obriga a cumprir determinada prestação em favor de quem preencha certa condição ou realize determinado serviço, anunciado publicamente (CC, art. 854).[2-3] *Promessa de recompensa: conceito*

Disciplinada nos arts. 854 a 860 do Código Civil, a promessa de recompensa classifica-se de acordo com o comportamento exigido do destinatário:[4] *gratuita*,

---

[1] Caio Mário da Silva Pereira, *Instituições de direito civil*, vol. III, atualizado por Caitlin Mulholland, Rio de Janeiro: Forense, 2019, 23ª ed., p. 509 e ss.

[2] "Art. 854. Aquele que, por anúncios públicos, se comprometer a recompensar, ou gratificar, a quem preencha certa condição, ou desempenhe certo serviço, contrai obrigação de cumprir o prometido".

[3] Sobre o tema, v. Pontes de Miranda, *Tratado de direito privado*, t. XXXI, atualizado por Gustavo Tepedino, São Paulo: Revista dos Tribunais, 2012, p. 321 e ss.

[4] Eis o teor do art. 854, Código Civil: "Aquele que, por anúncios públicos, se comprometer a recompensar, ou gratificar, a quem preencha certa condição, ou desempenhe certo serviço, contrai obrigação de cumprir o prometido".

quando o efeito prometido, à ocorrência de determinada condição, prescinde de qualquer sacrifício econômico do beneficiário, motivada por espírito de liberalidade; ou *onerosa*, se a sua eficácia, ao contrário, sujeita-se a desembolso ou atividade específica do beneficiário para a obtenção do objeto prometido.

Espécies

Para o seu aperfeiçoamento, devem ser observados os requisitos de validade dos negócios jurídicos em geral, conforme o art. 104 do Código Civil, isto é, agente capaz, licitude do objeto e forma especial, nos casos em que a lei o exija.[5] Além disso, para possibilitar o conhecimento da coletividade, requer-se, para a validade da promessa, a sua publicidade.[6] Nessa direção, afirma-se que a promessa de recompensa não necessita dirigir-se obrigatoriamente ao público em geral ou a número indeterminado de pessoas, podendo se restringir a determinadas pessoas.[7]

Publicidade

Discutiu-se, no passado, se a promessa de recompensa não seria, afinal, mera oferta de contrato dirigida à sociedade, que só poderia ser aceita mediante a execução do ato com intenção de acolhimento da oferta. Afastou-se, contudo, tal entendimento, considerando-se atualmente que a promessa de recompensa consiste em ato unilateral não receptício,[8] que produz efeitos vinculantes desde a declaração do promitente endereçada com objeto determinado,[9] mostrando-se, assim, desnecessária

Ato unilateral
não receptício

---

[5] Pontes de Miranda ressalta, ao lado do objeto ilícito, o impossível ou imoral, capaz de viciar o ato por ausência de um "mínimo ético" ou de "seriedade", sendo o requisito da possibilidade, como nos atos jurídicos em geral, "assaz valioso e capital nas promessas ao público". E exemplifica de modo eloquente: "dois milhões a quem escrever o mais tremendo artigo contra o governo; um piano a quem atravessar a Avenida Rio Branco a cantar canções imorais ou ofensivas" (*Tratado de direito privado*, t. XXXI, cit., pp. 345-346).

[6] Na lição de Orlando Gomes: "Feita, como deve ser, a credor incerto, tem de ser levada a conhecimento público, para que os interessados possam se dispor à prestação do serviço ou ao preenchimento da condição, adquirindo, se o prestar, ou satisfizer esta, a qualidade de credor" (Orlando Gomes, *Obrigações*, Rio de Janeiro: Forense, 2019, 19ª ed., p. 242). No mesmo sentido, Maria Helena Diniz, *Curso de direito civil brasileiro*, vol. 3, São Paulo: Saraiva, 2011, 27ª ed., p. 815.

[7] Sintetiza Pontes de Miranda "O número mínimo para que a promessa seja ao público é o de dois; o máximo, a humanidade. Exemplo: dou um milhão de cruzeiros a quem apresentar o melhor estudo sobre o descobrimento do Brasil. Se diminuirmos cada vez mais o círculo, temos: a quem, dentre os brasileiros, apresente o melhor estudo sobre o fideicomisso; ao membro do Instituto dos Advogados que defenda a tese mais profunda sobre a deserção processual; ao membro da Comissão de Justiça da Câmara dos Deputados que escreva o melhor parecer; ao jurista, dentre três, que escreva o melhor comentário da lei de inquilinato; ao partido de futebol que vença, nas próximas justas" (*Tratado de direito privado*, vol. XXXI, cit., p. 325).

[8] Na expressão didática inigualável de Silvio Rodrigues: "o promitente se obriga à prestação prometida ainda que o beneficiário não manifeste a intenção de reclamá-la; ainda que este satisfaça a condição sem almejar recompensa; e mais: ainda que ignore a promessa. Se alguém, com publicidade adequada, prometer prêmio à primeira pessoa que neste ano atravessar o Canal da Mancha a nado, o prêmio será devido ao atleta que o fizer, mesmo que este desconheça a promessa. Ora, se isso é verdade, a concepção contratual é inconcebível, pois obviamente falta ao negócio o consentimento de uma das partes" (*Direito civil*, vol. 3, São Paulo: Saraiva, 2002, p. 390).

[9] Fundamental, para a validade da promessa, é a determinação do negócio ou da ação pretendida pelo emissor: "A impossibilidade de determinar-se o objeto tornaria incompleta, inútil, a promessa. É preciso que se dê a alguém do público os meios para *se legitimar como executante*. Se prometo trezentos mil cruzeiros a quem faça livro de contos, não me obrigo: a minha declaração unilateral de vontade está incompleta; a minha vontade não foi bem expressa; falta-lhe a determinação do que se quer. Subentende-se, talvez, que escolherei o melhor, ou designarei quem escolha; mas a ação

CAPÍTULO I | PROMESSA DE RECOMPENSA

619

sua aceitação para o seu aperfeiçoamento.[10] A prestação é exigível por quem preencher a condição ou realizar o serviço prometido.[11]

Em tal perspectiva, por aperfeiçoar-se com a simples declaração de vontade do emissor, qualquer pessoa que realize o serviço ou satisfaça a condição, ainda que não motivada pela promessa, poderá exigir a recompensa (CC, art. 855).[12] Ou seja, tem o credor o direito de receber o prêmio objeto da promessa independentemente de sua intenção de adimplir a condição ou mesmo de seu prévio conhecimento do anúncio.[13] Tal determinação, contudo, é dispositiva, podendo o devedor, na promessa pública, fazer ressalvas quanto ao público-alvo. Ainda em razão da natureza unilateral da promessa, infere-se que a capacidade do agente que realiza o serviço ou satisfaz a obrigação não é requisito para o recebimento da retribuição, já que sua vontade não configura elemento formativo do negócio. Por isso, o incapaz que exerce a condição exigida fará jus ao recebimento daquilo que foi prometido, sendo prescindível, para tanto, a identificação de vontade hígida direcionada à obtenção do benefício. Em contrapartida, se a recompensa depende da realização de negócio jurídico, a capacidade de exercício é indispensável, já que a realização do negócio válido é exigida para a produção dos efeitos dele decorrentes, sendo nesse caso o negócio nulo ineficaz para a concretização da promessa.

Credor da promessa de recompensa

A publicidade da promessa de recompensa tem o condão de permitir que a oferta do promitente alcance conjunto determinado ou indeterminado de pessoas, as quais, ao cumprirem a prestação ou preencherem a condição, adquirem o direito de receber o estipulado.[14] Para definir quem receberá a recompensa nesses casos, o Código Civil, adotando a teoria da prioridade, assegura o prêmio ao primeiro que exe-

Teoria da prioridade

---

    do apresentante é nenhuma, se alego o incompleto do que publiquei. A falta é de *vinculatividade*" (*Tratado de direito privado*, vol. XXXI, cit., p. 325).

[10] Por todos, San Tiago Dantas, *Programa de direito civil*, vol. II, Rio de Janeiro: Editora Rio, 1918, p. 333. Na jurisprudência, reconhece-se, sem dissenso, a vinculação do emitente da declaração de vontade independentemente de qualquer aceitação. V., sobre o ponto, TJ/RJ, 21ª CC., Ap. Cív. 0010475-35.2013.8.19.0202, Rel. Des. Denise Levy Tredler, julg. 15.10.2015, publ. DJ 23.10.2015.

[11] Cfr. na jurisprudência, TJ/RJ, 1ª CC., Ap. Cív. 0008151-45.2003.8.19.0001, Rel. Des. Henrique Carlos de Andrade Figueira, julg. 14.6.2005, publ. DJ 17.6.2005.

[12] "Art. 855. Quem quer que, nos termos do artigo antecedente, fizer o serviço, ou satisfizer a condição, ainda que não pelo interesse da promessa, poderá exigir a recompensa estipulada".

[13] Sobre o ponto, v. a tese 610 do Superior Tribunal de Justiça em sede de recursos repetitivos, pela qual a promessa de recompensa, como ato unilateral de vontade, comporta o ajuizamento de ação por quem prestou o serviço ou satisfez a condição com fundamento na vedação ao enriquecimento sem causa, incidindo o prazo prescricional trienal previsto no art. 206, § 3º, IV, do Código Civil. V. STJ, 2ª S., REsp 1.361.182/RS, Rel. Min. Marco Buzzi, Rel. p/ Acórdão Min. Marco Aurélio Bellizze, julg. 10.8.2016, publ. DJ 19.9.2016.

[14] Como assinala Sílvio Venosa, "não importa o número de pessoas que tenham ouvido ou visto a promessa de recompensa. O efeito desse negócio unilateral opera se uma só pessoa tomou conhecimento da proposta" (*Código Civil interpretado*, São Paulo: Atlas, 2019, 4ª ed., p. 1838). Em decisão do Tribunal de Justiça do Estado de São Paulo, considerou-se incabível a promessa de recompensa quando dirigida à pessoa determinada: "sequer se poderia falar em promessa de recompensa, dado que teria havido promessa de remuneração pelo ato de uma pessoa, individualmente determinada" (TJ/SP, 5ª C. D. Priv., Ap. Cív. 4003144-17.2013.8.26.0079, Rel. Des. A. C. Mathias Coltro, julg. 11.9.2019, publ. DJ 12.9.2019).

cutar o ato (CC, art. 857).[15] A regra incide tanto na execução de promessa sem determinação de prazo quanto no caso em que o adimplemento tenha sido executado dentro do prazo determinado pelo promitente, não havendo, nessa última hipótese, recompensa se a realização da condição ou serviço ocorrer fora do prazo assinalado. Vale dizer, se o primeiro a preencher a condição ou executar o serviço o fez fora do prazo ao qual se subordina a eficácia da promessa, não há recompensa devida.

Execução simultânea

No caso de execução simultânea por duas pessoas, o art. 858 do Código Civil determina o rateio igualitário da gratificação.[16] Caso o objeto seja indivisível, a recompensa será atribuída mediante sorteio entre os pretendentes. Como o legislador não previu o modo específico pelo qual se deve realizar o sorteio, entende-se que poderá o promitente estipulá-lo desde que, revestindo-se de seriedade, assegure a todos a mesma probabilidade e a possibilidade de fiscalização, pessoalmente ou por procuração, visando afastar quaisquer irregularidades. Dessa forma, torna-se exequível o controle, pelos interessados, da lisura do sorteio.[17] Com vistas a garantir a isonomia, aquele que for sorteado e receber o prêmio deve dar ao perdedor o quinhão que lhe cabe na divisão da retribuição.

Revogabilidade

A promessa de recompensa fixada sem prazo é revogável a qualquer tempo, enquanto não realizado o serviço ou preenchida a condição (CC, art. 856, *caput*).[18] Vale dizer, na medida em que não se cumpre a condição ou não se presta o serviço atinentes à promessa, não há direito adquirido à recompensa e o promitente poderá revogar o ato unilateral. A revogação, todavia, deve ser feita com a mesma publicidade da oferta. Como nem sempre o mesmo veículo usado para a divulgação do negócio é o meio eficaz para dar publicidade à revogação, deverá o promitente buscar meio igualmente idôneo ao alcance do público-alvo. Quando, todavia, a promessa é feita com a estipulação de prazo específico, há presunção *juris tantum* de que o anunciante renunciou ao seu arbítrio de revogá-la durante o lapso temporal concedido.[19] Além disso, alude o parágrafo único do art. 856 que o estipulador da promessa deve indenizar, nesses casos, eventuais despesas efetuadas por executores de boa-fé, com o fito de realizar o serviço ou a condição.[20] A regra não importa, naturalmente, no dever de indenizar todo aquele que, com a revogação da promessa de recompensa, teve

---

[15] "Art. 857. Se o ato contemplado na promessa for praticado por mais de um indivíduo, terá direito à recompensa o que primeiro o executou".

[16] "Art. 858. Sendo simultânea a execução, a cada um tocará quinhão igual na recompensa; se esta não for divisível, conferir-se-á por sorteio, e o que obtiver a coisa dará ao outro o valor de seu quinhão".

[17] Pontes de Miranda, que ressalta a importância de afastar qualquer "clandestinidade", exigindo-se "seriedade" própria do ato jurídico: "qualquer dos interessados pode impugná-lo judicialmente" (*Tratado de direito privado*, vol. XXXI, cit., p. 382).

[18] "Art. 856. Antes de prestado o serviço ou preenchida a condição, pode o promitente revogar a promessa, contanto que o faça com a mesma publicidade; se houver assinado prazo à execução da tarefa, entender-se-á que renuncia o arbítrio de retirar, durante ele, a oferta".

[19] Assim, dentre outros, Orlando Gomes, *Obrigações*, cit., p. 242; Silvio Rodrigues, *Direito civil*, vol. 3, cit., p. 392.

[20] "Art. 856. (...). Parágrafo único. O candidato de boa-fé, que houver feito despesas, terá direito a reembolso".

frustrada sua expectativa unicamente subjetiva, mantida no plano das intenções e sem qualquer repercussão material.

O art. 859 do Código Civil trata ainda do concurso com promessa pública de recompensa, que, contudo, possui disciplina especial.[21] Essa espécie de promessa de recompensa exige que o candidato, usando qualidades técnicas específicas, com dispêndio de tempo, e fazendo uso de recursos diversos, execute a condição determinada. O caráter oneroso da promessa limita o arbítrio do promitente, ao qual se obsta o poder de revogar a promessa por mero capricho, devendo, em regra, respeitar o prazo estabelecido para a realização do serviço ou condição. Diferentemente da generalidade de promessas de recompensa, no concurso, o prêmio não é atribuído àquele que primeiro realizou o ato, mas sim àquele que demonstra maior mérito no processo de seleção. São requisitos essenciais o aludido prazo para a consecução da atividade prevista; a estipulação do julgador ou da comissão julgadora, que avaliará o desempenho dos concorrentes, sendo admissível, à falta de julgador designado, que se considere como juiz o próprio emissor de vontade;[22] e a divisão ou sorteio do prêmio em caso de igual mérito.

A nomeação do julgador, cuja decisão vincula todos os interessados,[23] deve constar da publicação, a fim de possibilitar o conhecimento da escolha aos potenciais candidatos. Em caso de omissão, há presunção relativa de que o promitente reservou essa tarefa para si. No primeiro caso, o promitente pode participar do concurso; ao avaliador, por outro lado, não há essa possibilidade. A escolha do concorrente a ser premiado pode levar em conta requisitos objetivos, consistentes nas rígidas regras do concurso, e subjetivos, relativos à avaliação qualitativa dos candidatos. A possibilidade de não premiação, no caso de inexistir candidato que, na avaliação do órgão julgador, tenha alcançado o patamar pretendido, há de ser expressa e publicamente prevista. De outra parte, a participação em concurso não pressupõe, salvo disposição expressa e inequívoca, a alienação da obra do concorrente ao promitente, não havendo falar em transmissão automática de propriedade, seja pela participação, seja pela vitória no concurso, conforme se extrai do art. 860 do Código Civil. O ato unilateral traduz incentivo ao desenvolvimento científico ou artístico de forma desinteressada, servindo de exemplo a submissão de artigo científico por meio de edital publicado por periódicos ou revistas, com o respectivo reconhecimento do direito autoral, e não alienação da propriedade literária.

---

[21] "Art. 859. Nos concursos que se abrirem com promessa pública de recompensa, é condição essencial, para valerem, a fixação de um prazo, observadas também as disposições dos parágrafos seguintes.

§ 1º A decisão da pessoa nomeada, nos anúncios, como juiz, obriga os interessados.

§ 2º Em falta de pessoa designada para julgar o mérito dos trabalhos que se apresentarem, entender-se-á que o promitente se reservou essa função.

§ 3º Se os trabalhos tiverem mérito igual, proceder-se-á de acordo com os arts. 857 e 858".

[22] Sílvio Rodrigues, *Direito civil*, vol. 3, cit., pp. 394-395.

[23] O controle de legalidade do julgamento é exercido pelo Judiciário, cfr. STJ, 3ª T., REsp 1.383.437/SP, Rel. Min. Sidnei Beneti, julg. 27.8.2013, publ. DJ 6.9.2013; TJ/RJ, 23ª CC., Ap. Cív. 0058003-62.2013.8.19.0203, Rel. Des. Sônia de Fátima Dias, julg. 8.6.2016, publ. DJ 10.6.2016.

📝 PROBLEMAS PRÁTICOS

1. Mediante anúncio direcionado a grupo determinado de arquitetos, um empresário se obrigou, sem a estipulação de prazo específico, ao pagamento de elevado valor pecuniário em favor de quem apresentasse solução para problema técnico identificado no projeto arquitetônico da futura sede da empresa. Pode o promitente revogar a promessa de recompensa a qualquer tempo? O arquiteto que realizou o serviço após a revogação encontra proteção na ordem jurídica?

2. Fabiana Monteiro era uma famosa fotógrafa que faleceu precocemente. Buscando reunir seu legado em uma exposição, a família de Fabiana divulgou anúncio por meio do qual se comprometia a pagar vultosa quantia a quem fosse capaz de localizar e entregar uma das fotografias mais famosas da artista, que havia sido impressa e leiloada, muitos anos antes, em quantidade limitada. O anúncio, veiculado por prazo indeterminado, foi publicado em telejornais e na internet. Cinco semanas após o início da publicação da campanha, Letícia, dona de uma das fotografias, tomou conhecimento da iniciativa e decidiu entregar a obra à família de Fabiana. Ao entrar em contato com a família, porém, recebeu a notícia de que a campanha já havia sido encerrada, não sendo devida recompensa. A família de Fabiana tem razão?

Acesse o *QR Code* e veja a Casoteca.

> http://uqr.to/1pdqd

Capítulo II
GESTÃO DE NEGÓCIOS

A gestão de negócios encontrava-se, no Código de 1916, disciplinada no Título V do Livro III, dedicado aos contratos em espécie, embora, na dicção do art. 1.331,[1] o seu aperfeiçoamento prescindisse da autorização do interessado, a evidenciar a unilateralidade do ato. O codificador atual, reproduzindo o conteúdo do diploma anterior, corrigiu a inconsistência classificatória, tratando a gestão de negócios como ato unilateral. Compreende-se, assim, por gestão de negócios o ato unilateral por meio do qual determinado sujeito intervém na gestão de negócio alheio, sem autorização do interessado, atuando conforme o interesse e a vontade presumível de seu dono, de sorte a se responsabilizar perante este e os terceiros com quem tratar (CC, art. 861).[2]

Por outras palavras, o gestor *sponte sua* gere negócio alheio sem procuração, praticando atos ou emitindo manifestação de vontade no interesse presumido do dono do negócio. Nessa direção, Caio Mário da Silva Pereira afirma que a gestão de negócios traz em si representação inoficiosa,[3] ou seja, a administração não autorizada de interesses alheios.[4] A gestão de negócios caracteriza-se pela confluência dos seguintes requisitos: (i) administração de negócio alheio; (ii) atuação por iniciativa exclusiva do gestor; Ausência de representação

Requisitos

---

[1] "Art. 1.331. Aquele, que, sem autorização do interessado, intervém na gestão de negócio alheio, dirigi-lo-á segundo o interesse e a vontade presumível de seu dono, ficando responsável a este e às pessoas com quem trata".

[2] "Art. 861. Aquele que, sem autorização do interessado, intervém na gestão de negócio alheio, dirigi-lo-á segundo o interesse e a vontade presumível de seu dono, ficando responsável a este e às pessoas com que tratar".

[3] Caio Mário da Silva Pereira, *Instituições de direito civil*, vol. 3, Rio de Janeiro: Forense, 2017, 21ª ed., livro digital, p. 263.

[4] Caio Mário da Silva Pereira, *Instituições de direito civil*, vol. 3, cit., p. 299.

(iii) segundo a vontade presumida do dono do negócio; e (iv) inexistência de autorização (*rectius*, outorga de poderes) por parte do dono do negócio.[5]

No mais das vezes, a gestão de negócios configura ato altruísta do gestor, que, com o intuito de evitar prejuízo ao dono do negócio, assume seus interesses, notadamente na hipótese de sua ausência. Por outro lado, a existência de eventual interesse pessoal do gestor não descaracteriza a gestão de negócios.

Liberalidade

Note-se que a falta de anuência prévia do dono do negócio quanto à gestão não se confunde com a sua desautorização manifesta ou presumível. Essa última ocorrerá quando, por exemplo, o dono do negócio revelar ao gestor o desejo de não empreender determinado negócio; ou a gestão abranger a realização de atos que não são do hábito do dono do negócio.[6] Nesses casos, verifica-se agravamento da responsabilidade do gestor, que responderá inclusive pelos danos decorrentes de casos fortuitos, a menos que prove que os prejuízos teriam sobrevindo ainda que sem a sua intervenção (CC, art. 862).[7]

Responsabilidade pelo fortuito

Em qualquer caso, o gestor deverá comunicar ao dono do negócio sobre a gestão tão logo possível (CC, art. 864).[8] Até que receba a resposta do interessado, se da espera não resultar perigo, a atuação do gestor deverá se ater a atos conservativos e, sempre que possível, aguardar a autorização do dono para a realização dos demais negócios. Ao receber a comunicação quanto à gestão do terceiro, o dono do negócio poderá discordar de sua atuação, ou aprová-la, de forma expressa ou tácita.[9]

Comunicação ao gestor

Se o dono do negócio aprovar a gestão, o gestor se converterá em mandatário. A ratificação pura e simples retroage ao dia do começo da gestão, e, desde então, a atuação do gestor será tida como legítima representação (CC, art. 873).[10] Ou seja, o mandante aceita, como se ordenados por ele, todos os atos praticados pelo gestor,

Conversão em mandato

---

[5] Na jurisprudência do Superior Tribunal de Justiça: "(...) 1. Para configurar o instituto da gestão de negócios é necessária a reunião dos seguintes elementos: administração de negócio alheio; atuação por iniciativa do gestor; inexistência de autorização por parte do dono; e, por fim, ser o negócio de um terceiro que se encontra ausente e não possui mandatário. 2. Não caracteriza gestão de negócios a atuação de advogado nos limites das instruções dadas pelo mandante. 2. Incide a Súmula n. 7 do STJ na hipótese em que a tese versada no recurso especial reclama a análise dos elementos probatórios produzidos ao longo da demanda. 3. Agravo regimental provido para não conhecer do recurso especial" (STJ, 4ª T., AgRg no REsp 723.816/DF, Rel. Min. João Otávio de Noronha, julg. 13.10.2009, publ. DJ 26.10.2009).

[6] J. M. de Carvalho Santos, *Código Civil Brasileiro interpretado*, vol. XVIII, Rio de Janeiro: Freitas Bastos, 1952, 4ª ed., p. 391.

[7] "Art. 862. Se a gestão foi iniciada contra a vontade manifesta ou presumível do interessado, responderá o gestor até pelos casos fortuitos, não provando que teriam sobrevindo, ainda quando se houvesse abatido".

[8] "Art. 864. Tanto que se possa, comunicará o gestor ao dono do negócio a gestão que assumiu, aguardando-lhe a resposta, se da espera não resultar perigo".

[9] Hamid Charaf Bdine Jr. afirma que "o silêncio do dono do negócio deverá ser havido como consentimento tácito, salvo se ele não tiver condições de manifestar sua discordância" (in: Cezar Peluso (coord.), *Código Civil comentado*: doutrina e jurisprudência, Barueri: Manole, 2018, 12ª ed., p. 858).

[10] "Art. 873. A ratificação pura e simples do dono do negócio retroage ao dia do começo da gestão, e produz todos os efeitos do mandato".

com os proveitos e os encargos daí decorrentes. Como consequência, esgotam-se as responsabilidades atribuídas ao gestor em razão de sua atuação antes inoficiosa.[11]

Por outro lado, se a resposta do dono do negócio for negativa, vigorará o mesmo regramento dispensado à hipótese de gestão iniciada contra a manifesta vontade do dono. Ou seja, se o interessado desaprovar a gestão, considerando-a contrária a seus interesses, o gestor responderá até mesmo pelo caso fortuito (CC, art. 874).[12] Nesse caso, se os prejuízos resultantes da gestão sobejarem os seus proveitos, o dono do negócio poderá alternativamente exigir que o gestor restitua as coisas ao estado anterior ou o indenize da diferença (CC, art. 863).[13]

Reprovação da gestão

A aprovação da gestão do negócio, porém, não é deixada ao livre-arbítrio do dono, de modo que, se o negócio for utilmente administrado, cumprirá a este assumir as obrigações contraídas em seu nome, consoante o disposto no art. 869[14] do Código Civil. Ainda nessa hipótese, com vistas a conferir maior proteção ao gestor altruísta, impõe-se ao dono de negócio utilmente gerido o reembolso ao gestor das despesas necessárias e úteis que este houver realizado, acrescidas de juros legais desde o desembolso, além de indenização contra eventuais perdas e danos decorrentes da administração. Sobre o ponto, o § 1º do art. 869 dispõe que a utilidade ou a necessidade da despesa será determinada de acordo com as circunstâncias que as ordenaram, e não somente à luz do resultado obtido.

Gestão útil

O legislador determina parâmetros para a verificação da utilidade da administração, estabelecendo, no art. 870[15] do Código Civil, que a gestão será considerada útil quando se proponha a acudir prejuízos iminentes ou quando redunde em proveito do dono do negócio, hipótese em que a indenização ao gestor se limita às vantagens obtidas.

Parâmetros para a utilidade da gestão

De outra parte, afasta-se a necessidade de ratificação por parte do interessado na hipótese de assunção da obrigação de prestar alimentos. Nesses casos, o gestor de negócios terá o direito de reaver o valor do obrigado ainda que este não confirme o

Dispensa de ratificação

---

[11] Clovis Bevilaqua, *Código Civil dos Estados Unidos do Brasil comentado*, Rio de Janeiro: Ed. Rio, 1975, p. 466.

[12] "Art. 874. Se o dono do negócio, ou da coisa, desaprovar a gestão, considerando-a contrária aos seus interesses, vigorará o disposto nos arts. 862 e 863, salvo o estabelecido nos arts. 869 e 870".

[13] "Art. 863. No caso do artigo antecedente, se os prejuízos da gestão excederem o seu proveito, poderá o dono do negócio exigir que o gestor restitua as coisas ao estado anterior, ou o indenize da diferença".

[14] "Art. 869. Se o negócio for utilmente administrado, cumprirá ao dono as obrigações contraídas em seu nome, reembolsando ao gestor as despesas necessárias ou úteis que houver feito, com os juros legais, desde o desembolso, respondendo ainda pelos prejuízos que este houver sofrido por causa da gestão.
§ 1º A utilidade, ou necessidade, da despesa, apreciar-se-á não pelo resultado obtido, mas segundo as circunstâncias da ocasião em que se fizerem.
§ 2º Vigora o disposto neste artigo, ainda quando o gestor, em erro quanto ao dono do negócio, der a outra pessoa as contas da gestão".

[15] "Art. 870. Aplica-se a disposição do artigo antecedente, quando a gestão se proponha a acudir a prejuízos iminentes, ou redunde em proveito do dono do negócio ou da coisa; mas a indenização ao gestor não excederá, em importância, as vantagens obtidas com a gestão".

ato (CC, art. 871[16]).[17] Note-se, ainda, que a pessoa obrigada a prestar alimentos também poderá ser chamada a ressarcir o gestor quanto ao pagamento das despesas de enterro do alimentando, caso este não tenha deixado bens (CC, art. 872).[18] A despeito da literalidade do dispositivo, na hipótese em que o *de cujus* tiver deixado bens, estes responderão pelas despesas do funeral (CC, art. 1.847).[19] Tal obrigação do alimentante cessa, contudo, se restar demonstrado que o gestor efetuou essas despesas por altruísmo (CC, art. 872, parágrafo único).[20] Nessa hipótese, pelas circunstâncias, considera-se que há liberalidade e não gestão de negócios.

Deveres do gestor

Além do dever fundamental de comunicar ao dono, logo que possível, sobre sua gestão, consiste em obrigação do gestor empregar toda a sua diligência habitual na administração do negócio, devendo dirigi-lo segundo a vontade presumível do dono, ressarcindo-o de prejuízos decorrentes de sua culpa na gestão (CC, art. 866).[21] Se o gestor realizar operações arriscadas no negócio de terceiro, responderá por todos os prejuízos, inclusive os decorrentes do fortuito, ainda que as transações fossem do hábito do dono do negócio (CC, art. 868).[22] Todavia, caso o dono do negócio pretenda se aproveitar da gestão, deverá indenizar o gestor das despesas necessárias que tiver incorrido, bem como dos prejuízos eventualmente sofridos com a gestão (CC, art. 868, parágrafo único).[23]

---

[16] "Art. 871. Quando alguém, na ausência do indivíduo obrigado a alimentos, por ele os prestar a quem se devem, poder-lhes-á reaver do devedor a importância, ainda que este não ratifique o ato".

[17] Sobre a prescrição da pretensão de ressarcimento do gestor, confira-se interessante precedente do STJ: "Recurso Especial. Direito de Família. Alimentos. Inadimplemento. Genitora que assume os encargos que eram de responsabilidade do pai. Caracterização da gestão de negócios. Art. 871 do CC. Sub-rogação afastada. Reembolso do crédito. Natureza pessoal. Prescrição. Prazo geral do art. 205 do CC (...) Assim, tendo-se em conta que a pretensão do terceiro ao reembolso de seu crédito tem natureza pessoal (não se situando no âmbito do direito de família), de que se trata de terceiro não interessado – gestor de negócios *sui generis* –, bem como afastados eventuais argumentos de exoneração do devedor que poderiam elidir a pretensão material originária, não se tem como reconhecer a prescrição no presente caso. 5. Isso porque a prescrição a incidir na espécie não é a prevista no art. 206, § 2º, do Código Civil – 2 (dois) anos para a pretensão de cobrança de prestações alimentares –, mas a regra geral prevista no *caput* do dispositivo, segundo a qual a prescrição ocorre em 10 (dez) anos quando a lei não lhe haja fixado prazo menor. 6. Recurso especial provido" (STJ, 4ª T., REsp 1.453.838/SP, Rel. Min. Luis Felipe Salomão, julg. 24.11.2015, publ. DJ 7.12.2015).

[18] "Art. 872. Nas despesas do enterro, proporcionadas aos usos locais e à condição do falecido, feitas por terceiro, podem ser cobradas da pessoa que teria a obrigação de alimentar a que veio a falecer, ainda mesmo que esta não tenha deixado bens".

[19] "Art. 1.847. Calcula-se a legítima sobre o valor dos bens existentes na abertura da sucessão, abatidas as dívidas e as despesas do funeral, adicionando-se, em seguida, o valor dos bens sujeitos a colação".

[20] "Art. 872. (...) Parágrafo único. Cessa o disposto neste artigo e no antecedente, em se provando que o gestor fez essas despesas com o simples intento de bem-fazer".

[21] "Art. 866. O gestor envidará toda sua diligência habitual na administração do negócio, ressarcindo ao dono o prejuízo resultante de qualquer culpa na gestão".

[22] "Art. 868. O gestor responde pelo caso fortuito quando fizer operações arriscadas, ainda que o dono costumasse fazê-las, ou quando preterir interesse deste em proveito de interesses seus". A corroborar o dever insuperável do gestor para com o negócio alheio, mostrava-se eloquente a linguagem do art. 1.338 do Código Civil de 1916: "O gestor responde pelo caso fortuito, quando fizer operações arriscadas, ainda que o dono costumasse fazê-las, ou quando preterir interesses deste por *amor* dos seus".

[23] "Art. 868. (...) Parágrafo único. Querendo o dono aproveitar-se da gestão, será obrigado a indenizar o gestor das despesas necessárias, que tiver feito, e dos prejuízos, que por motivo da gestão, houver sofrido".

Adicionalmente, o gestor deve continuar a gestão iniciada se a interrupção causar prejuízo ao dono do negócio, pois, embora espontânea, sua atuação representa ingerência na esfera patrimonial alheia, de modo que deve atuar para não gerar danos ao interessado.[24] Tal obrigação restringe-se ao negócio que houver desencadeado, por cuja conclusão deverá zelar à espera das providências a serem adotadas pelo dono do negócio, inexistindo, contudo, dever de iniciar outros negócios independentes. Na hipótese de o dono do negócio vir a falecer durante a gestão, o gestor deverá aguardar as instruções dos herdeiros sem se descurar das medidas que se fizerem necessárias a se evitarem prejuízos (CC, art. 865).[25]

Interrupção da gestão

Revela-se, ainda, dever do gestor prestar contas de seus atos, ressarcindo eventuais danos decorrentes da gestão e restituindo qualquer proveito dela auferido. Vale ressaltar que as obrigações do gestor continuam a incidir mesmo que este se substitua por outrem, de modo que o gestor responderá pelas faltas do substituto, ainda que seja pessoa idônea, sem prejuízo da ação que contra o substituto possa mover (CC, art. 867).[26] Na hipótese de pluralidade de gestores, incide a responsabilidade solidária (CC, art. 867, parágrafo único).[27]

Dever de prestar contas

Caso o negócio do gestor seja conexo ao do titular dos interesses que administra inoficiosamente, de tal modo que não se possam gerir as operações separadamente, a gestão é tida como comum, formando-se espécie de associação de negócios.[28] Nesse caso, o gestor será havido como sócio daquele cujos interesses agenciar, e este só será obrigado em razão das vantagens que lograr (CC, art. 875).[29]

Operações conexas

Apesar do extenso regramento dedicado pelo Código Civil à gestão de negócios, o instituto vem paulatinamente perdendo importância prática, especialmente diante das eficientes tecnologias de comunicação. Em termos práticos, nos negócios mais relevantes, a representação ou o mandato se afiguram fundamentais para conferir segurança jurídica às partes, de modo que, em muitos casos, o contratante não negociará com mero gestor de negócios. De outra parte, a transitoriedade que caracteriza a gestão de negócios limita a sua aplicação. Afinal, uma vez comunicada a gestão ao dono (o que deve ocorrer tão logo seja possível), abre-se a alternativa: ou bem o dono do negócio ratifica a gestão, caso em que esta se transformará em mandato, com efeitos

---

24 Nesse sentido: Orlando Gomes, *Obrigações*, Rio de Janeiro: Forense, 2004, 16ª ed., p. 287.

25 "Art. 865. Enquanto o dono não providenciar, velará o gestor pelo negócio, até o levar a cabo, esperando, se aquele falecer durante a gestão, as instruções dos herdeiros, sem se descuidar, entretanto, das medidas que o caso reclame".

26 "Art. 867. Se o gestor se fizer substituir por outrem, responderá pelas faltas do substituto, ainda que seja pessoa idônea, sem prejuízo da ação que a ele, ou ao dono do negócio, contra ela possa caber".

27 "Art. 867. (...) Parágrafo único. Havendo mais de um gestor, solidária será a sua responsabilidade".

28 Arnaldo Rizzardo, *Direito das obrigações*, Rio de Janeiro: Forense, 2004, 2ª ed., p. 586.

29 "Art. 875. Se os negócios alheios forem conexos ao do gestor, de tal arte que se não possam gerir separadamente, haver-se-á o gestor por sócio daquele cujos interesses agenciar de envolta com os seus.

Parágrafo único. No caso deste artigo, aquele em cujo benefício interveio o gestor só é obrigado na razão das vantagens que lograr".

retroativos, de sorte a atrair a sua disciplina (CC, art. 873); ou bem o dono desaprova a gestão, extinguindo-a.[30]

📝 PROBLEMAS PRÁTICOS

1. Um genitor está inadimplente na obrigação de prestar alimentos a seu filho menor. Temendo pelo sustento da criança, uma tia do menor, irmã do obrigado, passa a realizar o pagamento das parcelas. Ao ser demandado judicialmente para a restituição dos valores pagos, o genitor inadimplente alega a prescrição da pretensão, já que a demanda só fora ajuizada após o transcurso de 2 (dois) anos desde o vencimento das prestações alimentares, estando ultrapassado o prazo do art. 206, § 2º, do Código Civil, que trata da prescrição das obrigações alimentares. O argumento procede?

2. Mário é pai de Laís, uma criança de 8 (oito) anos de idade, e foi obrigado, por sentença judicial transitada em julgado, a custear, a título de alimentos, os gastos de primeira necessidade da menor, como plano de saúde e mensalidades escolares. Mário, porém, nunca adimpliu sua obrigação, razão pela qual Joana, mãe de Laís, foi obrigada durante meses a pagar todas as despesas da menor. Indignada com o comportamento recalcitrante de Mário, Joana ingressou com ação judicial visando a ser reembolsada pelos pagamentos realizados, sob o argumento de que teria atuado como gestora dos negócios de Mário. Em resposta, Mário alega a ausência do dever de reembolso, por não ter ratificado os supostos atos de gestão praticados por Joana. A quem assiste razão?

---

[30] Silvio Rodrigues, *Direito civil*, vol. 3, cit., pp. 398-399.

Capítulo III
PAGAMENTO INDEVIDO

A disciplina do pagamento indevido no Código Civil regula a pretensão do *solvens* à restituição daquilo que foi indevidamente pago: a repetição do indébito.[1] Com efeito, ainda que realizado o pagamento de forma inadequada, não se justifica que possa o *accipiens* reter o que foi injustificadamente recebido, impondo-se a ele a obrigação de restituir o indébito, sob pena de enriquecimento sem causa. Na vigência da codificação anterior, o pagamento indevido era tido como fundamento normativo para o reconhecimento de um princípio geral de vedação ao enriquecimento sem causa. Já com a positivação do enriquecimento sem causa, reconhece-se no pagamento indevido hipótese especial de obrigação de restituir, com requisitos e regras próprias. No âmbito jurisprudencial, a controvérsia acerca da autonomia da repetição de indébito manifesta-se relativamente à aplicabilidade do prazo prescricional trienal previsto no art. 206, § 3º, IV, do Código Civil, para as pretensões de ressarcimento de enriquecimento sem causa.[2]

Restituição do indébito

---

[1] As regras relativas ao pagamento propriamente dito, que compreendem os requisitos para que ele seja reputado eficaz, encontram-se reunidas no âmbito da teoria geral das obrigações e foram objeto de estudo no volume II.

[2] No sentido de sua aplicação à pretensão de repetição decorrente da declaração de nulidade de cláusula contratual de plano de saúde, STJ, 2ª S., REsp 1.361.182/RS e REsp 1.360.969/RS, Rel. Min. Marco Buzzi, Rel. p/ acórdão Min. Marco Aurélio Bellizze, julg. 10.8.2016, publ. DJ 19.9.2016. Por outro lado, decidiu o STJ que "a repetição de indébito por cobrança indevida de valores referentes a serviços não contratados, promovida por empresa de telefonia, deve seguir a norma geral do lapso prescricional (10 anos – art. 205 do Código Civil), a exemplo do que decidido e sumulado (Súmula 412/STJ) no que diz respeito ao lapso prescricional para repetição de indébito de tarifas de água e esgoto" (STJ, Corte Especial, EAREsp 750.497, Rel. Min. Og Fernandes, julg. 20.2.2019), e que "a pretensão de repetição de indébito por cobrança indevida de valores referentes a serviços

Indébito objetivo e indébito subjetivo

A obrigação de restituir o pagamento indevido abrange tanto o chamado indébito objetivo, referente às situações em que não havia obrigação a se adimplir (dívidas já pagas, nulas ou inexistentes), como também o dito indébito subjetivo, quando a prestação efetivamente devida foi cumprida perante quem não era legitimado a recebê-la. Tome-se o exemplo jurisprudencial dessa última hipótese no caso do locatário que continuou a pagar ao curador da locadora mesmo após sua morte e nomeação de terceiro como inventariante: embora ineficaz o pagamento, cabe-lhe o direito de pretender do curador a devolução dos valores pagos indevidamente.[3]

Obrigações condicionais

Ao consagrar, de forma geral, a obrigação de restituir o indevidamente recebido no art. 876 do Código Civil,[4] destacou o legislador sua aplicação também às obrigações condicionais. Com efeito, enquanto o termo subordina somente o exercício do direito, a condição, por sua incerteza, subordina a sua própria aquisição, razão pela qual o pagamento de dívida antes do advento do termo configura somente renúncia a esse benefício (termo a favor do devedor), à medida que o pagamento de dívida condicional antes do implemento da condição caracteriza pagamento indevido (já que não se sabe se ocorrerá, efetivamente, o evento futuro e incerto e, em consequência, o surgimento da dívida).

Prova do erro

O legislador, todavia, condiciona a repetição do indébito à prova do erro quando o pagamento tiver sido voluntário. A referência à voluntariedade, contudo, deve ser entendida estritamente, de modo a reputar igualmente involuntárias as hipóteses de adimplemento que, posto não realizadas em processo de execução forçada, tenham sido objeto de cobrança, judicial ou extrajudicial, como no exemplo de concessionária de serviço público que envia faturas para condomínio.[5] A exigência da prova do erro nos casos de pagamento dito voluntário se justificaria para evitar que o dispositivo pudesse servir como fundamento para o arrependimento de liberalidades, como, por exemplo, o doador que, desgostoso de ter feito a dádiva ao donatário, buscasse reavê-la sob a alegação de que não se tratava de doação, mas que dera o bem acreditando devê-lo a quem o recebeu.[6] Diante disso, justifica-se a interpretação restritiva da exigência de prova do erro, limitando-a às hipóteses em que se afigure possível o cenário que a norma visa combater. Assim, não é incomum que se inverta o *onus probandi*, de modo a presumir o erro em vez da liberalidade, impondo ao *accipiens* o ônus de ilidi-la.[7] Na mesma linha, a jurisprudência afasta a exigência de prova do erro para a repetição do indébito em relações em que não se possa presumir a libe-

---

de TV por assinatura não previstos no contrato sujeita-se à norma geral do lapso prescricional de dez anos" (STJ, 4ª T., REsp 1.951.988, Rel. Min. Antonio Carlos Ferreira, julg. 10.5.2022).

[3] STJ, 3ª T., REsp 1.252.875/SP, Rel. Min. Paulo de Tarso Sanseverino, julg. 18.12.2012, publ. DJ 4.2.2013.

[4] "Art. 876. Todo aquele que recebeu o que lhe não era devido fica obrigado a restituir; obrigação que incumbe àquele que recebe dívida condicional antes de cumprida a condição".

[5] STJ, 1ª T., AgRg no AREsp 310.759/SP, Rel. Min. Ari Pargendler, julg. 13.5.2014, publ. DJ 21.5.2014.

[6] Antunes Varela, *Direito das obrigações*, Rio de Janeiro: Forense, 1977, p. 182.

[7] Teresa Negreiros, Enriquecimento sem causa – aspectos de sua aplicação no Brasil como um princípio geral de direito. *Revista da Ordem dos Advogados*, Lisboa, vol. 55, n. 3, dez. 1995, p. 817.

CAPÍTULO III | PAGAMENTO INDEVIDO   631

ralidade, como nos contratos bancários[8] e quando presente dúvida objetiva sobre a prestação.[9] Afirma-se, ainda, que, mesmo nos casos em que se exige a prova do erro, não seriam necessários os requisitos próprios do erro vício do negócio jurídico, como a escusabilidade e a recognoscibilidade.[10]

De modo geral, se antes da restituição do pagamento indevido sobrevierem, sobre a prestação, frutos, benfeitoria, acessão ou deterioração, aplicam-se as regras relativas ao possuidor de boa-fé ou de má-fé, conforme o caso (CC, art. 878).[11] O legislador reservou regime especial, todavia, às hipóteses em que o pagamento consistir em transferência de imóvel ou em prestação de fazer ou não fazer. No que tange à transferência de imóvel, que tenha sido alienado pelo *accipiens*, o regime aplicável condiciona-se à sua boa-fé: se estava ciente do erro ao recebê-lo, a obrigação de restituir ao *solvens* somente o preço recebido pela venda transforma-se em verdadeira obrigação de indenizar, impondo-lhe ressarcir o equivalente pecuniário do bem, mais perdas e danos (CC, art. 879).[12] O *solvens* somente poderá pretender que o terceiro devolva o imóvel se o recebeu gratuitamente ou se estava de má-fé.

> Posse de boa-fé ou de má-fé

Já no tocante à prestação de fazer ou não fazer, uma vez consumada, torna-se impossível a sua devolução. Por esse motivo, determina o legislador que a restituição se dê pela medida do lucro obtido (CC, art. 881).[13] A liquidação do montante do lucro, todavia, compreende a controvertida quantificação do enriquecimento sem causa, objeto do próximo item.

> Obrigação de fazer e não fazer

Por vezes, ainda quando indevido o pagamento, garante-se ao *accipiens* a prerrogativa de retê-lo. É o caso do credor que recebeu o pagamento como se fosse referente a obrigação que efetivamente lhe era devida por outrem e que, por reputá-la já paga, perdeu as prerrogativas que possuiria para a sua cobrança. Por exemplo, Caio é credor de Tício e assim recebe de Semprônio pagamento que reputa estar sendo feito em benefício do seu devedor, e, quando Semprônio pretende a devolução do pagamento por ter sido indevido, Caio já não mais pode cobrar de Tício nos termos em que antes poderia, porque inutilizou o título do crédito, deixou prescrever a pre-

> Retenção do indébito

---

[8] STJ, 4ª T., REsp 468.268, Rel. Min. Ruy Rosado de Aguiar, julg. 22.4.2003, publ. DJ 30.6.2003. Mais especificamente, preconiza o enunciado da Súmula 322 do STJ: "Para a repetição de indébito, nos contratos de abertura de crédito em conta-corrente, não se exige a prova do erro".

[9] STJ, 4ª T., REsp 59.292, Rel. Min. Barros Monteiro, julg. 10.8.1999, publ. DJ 25.10.1999.

[10] Claudio Michelon Jr., *Direito restituitório*: enriquecimento sem causa, pagamento indevido, gestão de negócios, São Paulo: Revista dos Tribunais, 2007, p. 146.

[11] "Art. 878. Aos frutos, acessões, benfeitorias e deteriorações sobrevindas à coisa dada em pagamento indevido, aplica-se o disposto neste Código sobre o possuidor de boa-fé ou de má-fé, conforme o caso".

[12] "Art. 879. Se aquele que indevidamente recebeu um imóvel o tiver alienado em boa-fé, por título oneroso, responde somente pela quantia recebida; mas, se agiu de má-fé, além do valor do imóvel, responde por perdas e danos.
Parágrafo único. Se o imóvel foi alienado por título gratuito, ou se, alienado por título oneroso, o terceiro adquirente agiu de má-fé, cabe ao que pagou por erro o direito de reivindicação".

[13] "Art. 881. Se o pagamento indevido tiver consistido no desempenho de obrigação de fazer ou para eximir-se da obrigação de não fazer, aquele que recebeu a prestação fica na obrigação de indenizar o que cumpriu, na medida do lucro obtido".

tensão ou abriu mão das garantias especiais que detinha (CC, art. 880).[14] Nesses casos, o legislador reserva a Caio a possibilidade de reter o pagamento feito por Semprônio, facultando a este, todavia, a possibilidade de regredir contra o verdadeiro devedor Tício, de modo a evitar seu enriquecimento às suas custas.

Dívida prescrita ou inexigível

O Código Civil inclui ainda entre as hipóteses de retenção do pagamento indevido aquele feito para solver dívida prescrita ou inexigível (CC, art. 882),[15] embora se reconheça de forma ampla que, tanto no caso de obrigações prescritas como no das obrigações naturais, não se estará diante de pagamento indevido na realidade, já que são fenômenos que não privam a dívida de sua existência, mas tão somente de coercibilidade. Consequentemente, o pagamento nesses casos pode ser retido justamente porque era devido, embora inexigível.

Fim ilícito, imoral ou proibido por lei

Por fim resta vedada a repetição quando o pagamento se deu para a obtenção de fim ilícito, imoral ou proibido por lei (CC, art. 883).[16] A referência legislativa a "fim imoral" deve ser lida à luz do pluralismo democrático estabelecido pelo constituinte, de modo que a incidência do dispositivo não se guia pelos valores pessoais do intérprete, mas somente pela principiologia constitucional. Acaba por traduzir-se, portanto, em juízo de antijuridicidade, como pode ocorrer em pagamentos que impliquem a instrumentalização ou mercantilização da pessoa, coibida pelo princípio da dignidade humana. O dispositivo abrange igualmente as hipóteses de ilicitude e violação à proibição legal expressa, como nos pagamentos para a realização de atividades criminosas. Em tais casos, embora coibindo a repetição, o legislador de 2002 tampouco autorizou a retenção pelo *accipiens*, criando a inusitada solução de franquear ao juiz a reversão do pagamento em benefício de estabelecimento local de beneficência à sua escolha.

PROBLEMAS PRÁTICOS

1. Cliente que pleiteia da instituição financeira a devolução de valores pagos a título de "tarifa de abertura de crédito" (TAC), em razão da declaração de nulidade dessa cláusula contratual, deve provar que fez o pagamento eivado por erro?

2. Caio pegou R$ 1.000.000,00 emprestados com Tício para que pudesse realizar uma grande festa de casamento. Chegado o termo para o pagamento da

---

[14] "Art. 880. Fica isento de restituir pagamento indevido aquele que, recebendo-o como parte de dívida verdadeira, inutilizou o título, deixou prescrever a pretensão ou abriu mão das garantias que asseguravam seu direito; mas aquele que pagou dispõe de ação regressiva contra o verdadeiro devedor e seu fiador".

[15] "Art. 882. Não se pode repetir o que se pagou para solver dívida prescrita, ou cumprir obrigação judicialmente inexigível".

[16] "Art. 883. Não terá direito à repetição aquele que deu alguma coisa para obter fim ilícito, imoral, ou proibido por lei.
Parágrafo único. No caso deste artigo, o que se deu reverterá em favor de estabelecimento local de beneficência, a critério do juiz".

dívida, Caio ofereceu, em lugar do dinheiro, um imóvel de mesmo valor, a fim de adimplir a obrigação, tendo Tício consentido com a dação em pagamento. Semanas depois, Caio descobriu que seu irmão, Semprônio, por ato de generosidade, já tinha pagado a sua dívida perante Tício antes do vencimento. Irritado por pagar dívida inexistente, Caio exige de Tício a devolução do imóvel, mas este fora leiloado a terceiro para saldar dívidas que Tício inadimplira. Diante disso, Caio lhe procura para saber o que pode ser feito.

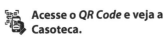

Acesse o *QR Code* e veja a Casoteca.

> *http://uqr.to/1pdqf*

Capítulo IV

ENRIQUECIMENTO SEM CAUSA

Inferida a partir de diversos dispositivos legais do Código Civil anterior, a vedação ao enriquecimento sem causa há muito é tida como princípio geral de direito no ordenamento brasileiro, e frequentou a jurisprudência de forma recorrente em questões que vão do cheque em garantia à correção monetária, tendo sido mesmo reputada "garantia constitucional implícita".[1] Foi somente com a codificação de 2002 que se positivou expressamente o enriquecimento sem causa, com repercussão imediata na teoria das fontes das obrigações. Discute-se, com efeito, se o locupletamento consiste em fonte autônoma, ao lado da lei, dos contratos e dos atos unilaterais ou se, ao contrário, o dever de restituir o lucro indevidamente auferido decorre justamente da ausência de fonte obrigacional legitimadora de determinada transferência patrimonial.

Conceitualmente se distingue da responsabilidade civil porque não visa reparar danos, mas somente realocar bens ao patrimônio de quem é de direito. Por essa razão, a obrigação de devolver o lucro obtido prescinde de requisitos como dano e culpa, de modo que pode decorrer de atos lícitos e mesmo de fatos naturais.[2] Com efeito, ao lado das hipóteses de efetiva transferência patrimonial, o enriquecimento sem causa pode decorrer da exploração de bens, trabalho ou direitos alheios, como no caso do condômino que desfruta da propriedade toda e do publicitário que se utiliza da imagem de modelo fotográfico sem autorização adequada. Pode decorrer de ato do enriquecido, mas pode ainda ser consequência de ato do titular do direito (como

Enriquecimento sem causa × responsabilidade civil

---

[1] STF, 2ª T., Ag. Inst. 182.458/SP, Rel. Min. Marco Aurélio, julg. 4.3.1997, publ. DJ 16.5.1997. Para uma visão geral da invocação jurisprudencial do princípio antes do Código Civil de 2002, v. Carlos Nelson Konder, Enriquecimento sem causa e pagamento indevido. In: Gustavo Tepedino (coord.), *Obrigações*: estudos na perspectiva civil-constitucional, Rio de Janeiro: Renovar, 2005, p. 369 e ss.

[2] Fernando Noronha, Enriquecimento sem causa. *Revista de Direito Civil, Imobiliário, Agrário e Empresarial*, vol. 15, n. 56, abr.-jun. 1991, p. 57.

ocorre no pagamento indevido) ou de fato natural ou de terceiro, como nos casos de avulsão e de plantio ou pastagem em terreno alheio.

A cláusula geral prevista no art. 884, *caput*,[3] do Código Civil compreende todas essas hipóteses de forma abrangente, limitando-se a indicar os dois primeiros requisitos para a pretensão restitutória (*actio de in rem verso*): a caracterização do enriquecimento e que ele tenha se dado às custas de outrem. O enriquecimento constitui a vantagem patrimonial auferida, que pode ocorrer por efetivo aumento no patrimônio (lucro emergente) ou pela poupança de uma despesa (dano cessante).[4] Discute-se se a vantagem não patrimonial também poderia ensejar enriquecimento sem causa, na mesma linha que o dano moral enseja reparação civil.[5] A orientação predominante, todavia, é a de que, mesmo nesses casos, o objeto da restituição serão os efeitos patrimoniais advindos daquela vantagem.[6] O segundo requisito, por sua vez, consiste no enriquecimento dar-se às custas de outrem. A doutrina rejeita aqui o termo "empobrecido", em virtude de a restituição prescindir de efetivo dano ao titular do direito.[7]

Requisitos da actio in rem verso

O legislador previu expressamente que, quando o enriquecimento se dá pela transferência de coisa determinada, exige-se a sua restituição. Se a coisa houver se perdido, restituir-se-á o seu valor na época em que foi demandada (CC, art. 884, parágrafo único).[8] Nos casos em que o enriquecimento se deu por intervenção (ou lucro de intervenção), todavia, a quantificação da obrigação de restituir torna-se bastante tormentosa. De plano, constata-se a existência de duas formas distintas de cálculo: o chamado enriquecimento real, que se mede pelo valor objetivo da vantagem fruída, e o dito enriquecimento patrimonial, estimado pela comparação entre a situação atual do enriquecido e aquela em que ele estaria caso não tivesse intervindo sobre o direito alheio.[9] Tome-se o exemplo de alguém que presta alimentos a filho alheio acreditando ser seu e depois demanda ao pai verdadeiro o ressarcimento: enquanto o enriquecimento real seria simplesmente o valor da pensão alimentícia prestada, o enriquecimento patrimonial auferido seria o valor da pensão alimentícia que o pai verdadeiro da criança pagaria.[10] Nesses casos, difundiu-se a aplicação da teoria do duplo limite, segundo a qual o *quantum* da *actio de in rem verso* não deve-

Enriquecimento real e enriquecimento patrimonial

---

[3] "Art. 884. Aquele que, sem justa causa, se enriquecer à custa de outrem, será obrigado a restituir o indevidamente auferido, feita a atualização dos valores monetários".

[4] As expressões "dano cessante" e "lucro emergente", que invertem as conhecidas categorias "dano emergente" e "lucro cessante", são utilizadas pela doutrina para demonstrar os efeitos próprios do enriquecimento sem causa.

[5] Giovanni Ettore Nanni, *Enriquecimento sem causa*, São Paulo: Saraiva, 2004, p. 230 e ss.

[6] Agostinho Alvim, Do enriquecimento sem causa. *Revista dos Tribunais*, v. 46, n. 259, maio 1957, p. 57.

[7] Diogo de Leite Campos, Enriquecimento sem causa, responsabilidade civil e nulidade. *Revista dos Tribunais*, vol. 71, n. 560, jun. 1982, p. 262.

[8] "Art. 884. (...). Parágrafo único. Se o enriquecimento tiver por objeto coisa determinada, quem a recebeu é obrigado a restituí-la, e, se a coisa não mais subsistir, a restituição se fará pelo valor do bem na época em que foi exigido".

[9] Francisco Manuel Pereira Coelho, *O enriquecimento e o dano*, Coimbra: Almedina, 1999, p. 26.

[10] Carlos Nelson Konder, *Enriquecimento sem causa e pagamento indevido*, cit., p. 384.

ria superar qualquer das duas formas de quantificação, por restarem ausentes a ilicitude e o dano. Trata-se de teoria que tem sido objeto de críticas.[11]

O terceiro requisito para a pretensão restitutória consiste na ausência de causa para o enriquecimento às custas de outrem. O termo "causa" não se refere aqui à causa do contrato, tida como sua função prático-individual e síntese de seus efeitos essenciais, sendo ao revés empregado como título justificativo ou fonte obrigacional para a transferência patrimonial realizada, alcançando, desse modo, todas as hipóteses em que faltou à transferência (*rectius*, ao locupletamento) título jurídico idôneo a justificá-lo.[12] Assim, podem servir como fundamento justificativo do enriquecimento às custas de outrem a prescrição, a usucapião, o ato de tolerância do titular do direito etc. Na avaliação da causa do enriquecimento, portanto, para que se possa qualificá-lo como tal, acaba por imiscuírem-se outras normas que podem servir a justificar o enriquecimento, como se observa pelo exemplo dos chamados condomínios de fato, em que se reputou indevida a cobrança de taxas pela associação de moradores a não associados, sob o fundamento de que, ainda que beneficiados pelos serviços de segurança por ela prestados, prevalecem no caso a autonomia privada e a liberdade de associação.[13]

Ausência de causa

O legislador destaca que a pretensão à restituição também se justifica quando a ausência de causa é superveniente, como nos casos em que, iniciada a execução, o contrato vem a ser invalidado, justificando-se, assim, a devolução do que já tenha sido prestado (CC, art. 885).[14]

Ausência superveniente de causa

Por fim, cogita-se do requisito da subsidiariedade da *actio de in rem verso*, que teria fundamento no disposto no art. 886 do Código Civil,[15] que afasta a pretensão baseada em enriquecimento sem causa quando há previsão legal de outros meios para que o titular do direito demande ressarcimento. A justificativa para o requisito estaria no receio de que o titular do direito fundasse sua pretensão na cláusula geral do enriquecimento sem causa para burlar requisitos especiais que o legislador tenha demandado para aquela pretensão específica, como o erro no caso de pagamento

Subsidiariedade

---

[11] Rodrigo da Guia Silva, *Enriquecimento sem causa*: as obrigações restitutórias no direito civil, São Paulo: Thomson Reuters, 2018, p. 158 e ss.

[12] Pietro Perlingieri, *Manuale di diritto civile*, Napoli: ESI, 2000, p. 237.

[13] STJ, 2ª S., REsp 1.280.871/SP e REsp 1.439.163/SP, Rel. Min. Ricardo Villas Bôas Cueva, Rel. p/ acórdão Min. Marco Buzzi, julg. 11.3.2015, publ. DJ 22.5.2015. Na mesma linha, decidiu o STF: "É inconstitucional a cobrança por parte de associação de taxa de manutenção e conservação de loteamento imobiliário urbano de proprietário não associado até o advento da Lei nº 13.465/17, ou de anterior lei municipal que discipline a questão, a partir da qual se torna possível a cotização dos proprietários de imóveis, titulares de direitos ou moradores em loteamentos de acesso controlado, que i) já possuindo lote, adiram ao ato constitutivo das entidades equiparadas a administradoras de imóveis ou (ii) sendo novos adquirentes de lotes, o ato constitutivo da obrigação esteja registrado no competente Registro de Imóveis" (STF, Pleno, RE 695.911, Rel. Min. Dias Toffoli, julg. 15.12.2020).

[14] "Art. 885. A restituição é devida, não só quando não tenha havido causa que justifique o enriquecimento, mas também se esta deixou de existir".

[15] "Art. 886. Não caberá a restituição por enriquecimento, se a lei conferir ao lesado outros meios para se ressarcir do prejuízo sofrido".

indevido voluntário ou, no caso de ressarcimento de benfeitoria, sua necessidade ou utilidade, bem como a boa-fé do possuidor.[16]

Destaca-se, todavia, que o requisito deve ser compreendido somente com o objetivo de se coibirem em concreto violações ou fraudes à lei.[17] Nesse sentido, observa-se que não se presta a afastar a possibilidade de cumular a pretensão restitutória com aquela ressarcitória nos casos do chamado lucro da intervenção, em que, tendo o ofensor lucro maior que o dano gerado à vítima, se busque não somente indenizar o dano causado, mas também restituir o lucro auferido.[18] A hipótese mais recorrente é a publicidade realizada mediante uso não autorizado de direito de imagem: por vezes, mesmo após a condenação a indenizar a vítima em danos morais e materiais, o publicitário ofensor aufere lucro, enriquecendo-se às custas da violação do direito alheio.

PROBLEMAS PRÁTICOS

1. Determinada atriz recusou proposta contratual para fazer publicidade de certa marca de produtos de beleza. Ainda assim, a fabricante dos produtos utilizou-se indevidamente da imagem da atriz para divulgar sua marca. Condenada a indenizar a atriz por danos materiais e morais, todavia, no saldo final, o ilícito revelou-se lucrativo, na medida em que a publicidade aumentou as vendas em valor superior às indenizações. Para evitar o estímulo a esse tipo de utilização coativa, existe fundamento normativo para que a atriz possa demandar da fabricante também o pagamento desse lucro excedente?

2. Tícia, sorrateiramente, aproveita-se da viagem de seu irmão, Caio, para fazer uso de seu automóvel. Após uma semana, o irmão retorna e vem a descobrir o "furto de uso". Interpela então a irmã, pleiteando algum tipo de reparação pecuniária, mas esta se defende afirmando que o automóvel se encontra como antes, que o desgaste foi desprezível e que o tanque foi enchido, então não houve prejuízo que justificasse indenização. *Quid juris*?

---

[16] Marcelo Trindade, Enriquecimento sem causa e repetição de indébito: observações à luz do Código Civil de 2002. *Revista Trimestral de Direito Civil*, n. 18, abr.-jun. 2004, p. 242.

[17] Giovanni Ettore Nanni, *Enriquecimento sem causa*, São Paulo: Saraiva, 2004, p. 276.

[18] Sobre o tema, v. Sergio Savi, *Responsabilidade civil e enriquecimento sem causa*: o lucro da intervenção, São Paulo: Atlas, 2012; Thiago Lins, *O lucro da intervenção e o direito à imagem*, Rio de Janeiro: Lumen Juris, 2016; Carlos Nelson Konder, Dificuldades de uma abordagem unitária do lucro da intervenção. *Revista de Direito Civil Contemporâneo*, vol. 13, 2017, pp. 231-248; Anderson Schreiber e Rodrigo da Guia Silva, Aspectos relevantes para a sistematização do lucro da intervenção no direito brasileiro, *Pensar*, vol. 23, n. 4. Fortaleza, out.-dez. 2018, pp. 1-15; Aline de Miranda Valverde Terra e Gisela Sampaio da Cruz Guedes, Revisitando o lucro da intervenção: novas reflexões para antigos problemas, *Revista Brasileira de Direito Civil – RBDCivil*, Belo Horizonte, v. 29, jul./set. 2021, p. 281-305.

REFERÊNCIAS BIBLIOGRÁFICAS

Agostinho Alvim, *Da doação*, São Paulo: Saraiva, 2ª ed. (1ª ed., 1963), 1972.

Agostinho Alvim, *Da inexecução das obrigações e suas consequ*ências, São Paulo: Editora Jurídica e Universitária, 1965, 3ª ed.

Agostinho Alvim, *Da inexecução das obrigações e suas consequências*, São Paulo: Saraiva, 1972.

Agostinho Alvim, Do enriquecimento sem causa. *Revista dos Tribunais*, vol. 46, n. 259, maio 1957.

Agostino Gambino, *L'assicurazione nella teoria dei contratti aleatori,* Milano: Giuffrè, 1964.

Alberto Asquini, Trasporto (in genere), *Novissimo digesto italiano*, vol. XIX, Torino: UTET, 1957.

Alberto Trabucchi, *Istituzioni di diritto civile*, Pádua: Cedam, 1993, 34ª ed.

Alcides Tomasetti Jr., *Execução de contrato preliminar*, Tese, Faculdade de Direito da USP, 1982.

Aldo Boselli, Alea, *Novissimo digesto italiano*, vol. I, Torino: Unione Tipografica, 1957.

Alessandra Cristina Furlan, Contrato com pessoa a declarar: aspectos controversos, *Civilistica. com*, a. 9, n. 1, 2020.

Alexandre Freitas Câmara, *Arbitragem*, Rio de Janeiro: Lumen Juris, 2009, 5ª ed.

Alexandre Laizo Clápis, Obrigações de meio, de resultado e de garantia. *Revista de Direito Privado*, vol. 39, jul.-set. 2009.

Aline de Miranda Valverde Terra, *Cláusula resolutiva expressa*, Belo Horizonte: Fórum, 2017.

Aline de Miranda Valverde Terra e Giovanni Ettore Nanni, A cláusula resolutiva expressa como instrumento privilegiado de gestão de riscos contratuais. *Revista Brasileira de Direito Civil – RBDCivil*, Belo Horizonte, vol. 31, n. 1, jan.-mar. 2022.

Aline de Miranda Valverde Terra e Gisela Sampaio da Cruz Guedes, Adimplemento substancial e tutela do interesse do credor: análise da decisão proferida no REsp 1.581.505. *Revista Brasileira de Direito Civil – RBDCivil*, vol. 11, 2017.

Aline de Miranda Valverde Terra e Gisela Sampaio da Cruz Guedes, Revisitando o lucro da intervenção: novas reflexões para antigos problemas, *Revista Brasileira de Direito Civil – RBDCivil*, Belo Horizonte, v. 29, jul./set. 2021.

Álvaro Villaça Azevedo, *Teoria geral dos contratos* típicos e *atípicos*, São Paulo: Atlas, 2004 (2002), 2ª ed.

Alvino Lima, *Culpa e risco*, São Paulo: Revista dos Tribunais, 1960.

Ana Carolina Brochado Teixeira e Carlos Nelson Konder, Situações jurídicas dúplices: controvérsias na nebulosa fronteira entre patrimonialidade e extrapatrimonialidade. In: Gustavo Tepedino e Luiz Edson Fachin (coords.), *Diálogos sobre direito civil*, t. 3, Rio de Janeiro: Renovar, 2012.

Ana Carolina Osório, Lei que proíbe despejos intervém nos contratos para proteger vulneráveis. *Conjur*. Disponível em: https://www.conjur.com.br/2021-out-17/lei-veta-despejos-intervem--contratos-apoiar-vulneraveis. Acesso em: 22.10.2021.

Ana López Frías, *Los contratos conexos*, Barcelona: Bosch, 1994.

Anamaria Prates Barroso, Vanessa Reichert, Vinícius Gomes de Vasconcellos, A boa-fé e o compartilhamento de provas obtidas por meio de acordo de colaboração premiada. *Revista Brasileira de Ciências Criminais*, vol. 177, mar. 2019.

Ana Prata, *O contrato-promessa e o seu regime civil*, Coimbra: Almedina, 2001.

Anatole France, *Le Lys rouge*, Calmann-Lévy, 1894, 14ème ed.

Anderson Schreiber, *A proibição de comportamento contraditório*: tutela da confiança e *venire contra factum proprium*, São Paulo: Atlas, 2016, 4ª ed.

Anderson Schreiber, A representação no novo Código Civil. In: Gustavo Tepedino (coord.), *A Parte Geral do Novo Código Civil*: estudos na perspectiva civil-constitucional, Rio de Janeiro: Renovar, 2013.

Anderson Schreiber, Contratos eletrônicos e consumo. *Revista brasileira de direito civil – RBDCivil*, vol. 1, Rio de Janeiro, jul.-set. 2014.

Anderson Schreiber, *Equilíbrio contratual e dever de renegociar*, São Paulo: Saraiva, 2018.

Anderson Schreiber, *Manual de Direito Civil Contemporâneo*, São Paulo: Saraiva Educação, 2019, 2ª ed.

Anderson Schreiber. Obrigações. Gustavo Tepedino (org.), *Fundamentos do Direito Civil*, Rio de Janeiro: Forense, 2020.

Anderson Schreiber, O princípio do equilíbrio das prestações e o instituto da lesão. *Direito civil e constituição*, São Paulo: Atlas, 2013.

Anderson Schreiber e Rodrigo da Guia Silva, Aspectos relevantes para a sistematização do lucro da intervenção no direito brasileiro. *Pensar*, vol. 23, n. 4, Fortaleza, out./dez. 2018.

André Brandão Nery Costa. *Contrato preliminar*: função, objeto e execução específica, Rio de Janeiro: GZ, 2011.

André Faoro e José Inácio Fucci, As coberturas do Seguro DPVAT. *DPVAT*: um seguro em evolução. O seguro DPVAT visto por seus administradores e pelos juristas, Rio de Janeiro: Renovar, 2013.

André Javier Ferreira Payar, *A escravidão entre os seguros*: as seguradoras de escravos na província do Rio de Janeiro (1831-1888), Dissertação de mestrado, Faculdade de Direito da Universidade de São Paulo (USP), São Paulo, 2012.

André Luís Callegari, Introdução. André Luís Callegari (coord.), *Colaboração Premiada*: aspectos teóricos e práticos, São Paulo: Saraiva, 2019.

Andre Roque. In: Fernando Gajardoni, Luiz Dellore, Andre Roque e Zulmar Oliveira Jr., *Comentários ao Código de Processo Civil*, Rio de Janeiro: Forense, 2021, 4ª ed.

André Vasconcelos Roque; Fernando da Fonseca Gajardoni. *Sentença arbitral deve seguir precedente judicial do novo CPC?* Disponível em: www.jota.info/opiniao-e-analise/colunas/novo-cpc/sentenca-arbitral-deve-seguir-o-precedente-judicial-novo-cpc-07112. Acesso em: 1.12.2022.

Andrea Marighetto, Aspectos patológicos dos acordos de colaboração premiada. *Conjur*. Disponível em: https://www.conjur.com.br/2018-jul-05/andrea-marighetto-aspectos-patologicos--acordos-delacao. Acesso em: 18.3.2019.

Andrea Torrente e Piero Schlesinger, *Manuale di diritto privato*, Milano: Dott. A. Giuffrè, 1999.

Antônio Carlos Efing, Contratos e procedimentos bancários à luz do Código de Defesa do Consumidor. In: Antonio Herman V. Benjamin e Claudia Lima Marques (coords.). *Biblioteca de Direito do Consumidor*, vol. 12, São Paulo: Revista dos Tribunais, 2012, 2ª ed.

Antonio dos Reis Júnior, O problema da execução do contrato preliminar: esboço de sistematização em perspectiva civil-constitucional. *Civilistica.com*, a. 6, n. 1, Rio de Janeiro, 2017.

Antônio Junqueira de Azevedo, Insuficiências, deficiências e desatualização do Projeto de Código Civil na questão da boa-fé objetiva nos contratos. *Revista Trimestral de Direito Civil*, n. 1, vol. 1, 2000.

Antônio Junqueira de Azevedo, *Negócio jurídico e declaração negocial*, São Paulo, 1986.

Antônio Junqueira de Azevedo, *Negócio jurídico: existência, validade e eficácia*, São Paulo: Saraiva, 2007, 4ª ed.

Antônio Junqueira de Azevedo, O regime jurídico do contrato preliminar no direito brasileiro. Classificação do contrato preliminar conforme o grau de previsão do conteúdo do contrato definitivo; eficácia forte e eficácia fraca. Distinção entre requisitos para a configuração do contrato preliminar e pressupostos de admissibilidade para a execução específica. *Novos estudos de direito privado*, São Paulo: Saraiva, 2009.

Antônio Junqueira de Azevedo, Os princípios do atual direito contratual e a desregulamentação do mercado. Direito de exclusividade nas relações contratuais de fornecimento. Função social do contrato e responsabilidade aquiliana do terceiro que contribui para inadimplemento contratual. *Estudos e pareceres de direito privado*, São Paulo: Saraiva, 2004.

Antônio Junqueira de Azevedo, Responsabilidade pré-contratual no Código de Defesa do Consumidor: Estudo comparativo com a responsabilidade pré-contratual no direito comum. *Revista de Direito do Consumidor*, vol. 18, 1996.

Antonio Menezes Cordeiro, *Da boa fé no direito civil*, Coimbra: Almedina, 1997.

António Menezes Cordeiro, *Tratado de direito civil português*, Coimbra: Almedina, vol. 2, t. 2, 2010.

Antonio Pedro Medeiros Dias, *Revisão e resolução por excessiva onerosidade*, Belo Horizonte: Forum, 2017.

António Pinto Monteiro, *Cláusula penal e indemnização*, Coimbra: Almedina, 1999.

António Pinto Monteiro, *Contratos de Distribuição Comercial*, Coimbra: Almedina, 2002.

António Pinto Monteiro, *Denúncia de um contrato de concessão comercial*, Coimbra: Coimbra Editora, 1998.

António Pinto Monteiro, A tutela da confiança. *Revista Brasileira de Direito Civil – RBDCivil*, Belo Horizonte, vol. 32, n. 2, abr./jun. 2023.

Antunes Varela, *Das obrigações em geral*, vol. I, Coimbra: Almedina, 1998, 9ª ed.

Antunes Varela, *Direito das obrigações*, Rio de Janeiro: Forense, 1977.

Araken de Assis, *Contratos nominados*, São Paulo: Revista dos Tribunais, 2005.

Araken de Assis, Do distrato no Código Civil. *Revista CEJ*, n. 24, jan.-mar. 2004.

Araken de Assis, *Resolução do contrato por inadimplemento*, São Paulo: Revista dos Tribunais, 2004, 4ª ed.

Araken de Assis. In: Arruda Alvim e Thereza Alvim (coords.), *Comentários ao Código Civil brasileiro*, vol. V, Rio de Janeiro: Forense, 2007.

Arnaldo Rizzardo, *Contratos*, Rio de Janeiro: Forense, 2008, 7ª ed.

Arnoldo Medeiros da Fonseca, *Caso fortuito e teoria da imprevisão*, Rio de Janeiro: Forense, 1943.

Arnoldo Medeiros da Fonseca, *Caso fortuito e teoria da imprevisão*, Rio de Janeiro: Forense, 1958, 3ª ed.

Arnoldo Wald, A arbitragem, os grupos societários e os conjuntos de contratos conexos. *Revista de Arbitragem e Mediação*, vol. 2, mai.-ago. 2004.

Arnoldo Wald, A reforma da Lei de Arbitragem. *Revista dos tribunais*, São Paulo: Revista dos Tribunais, vol. 962, dez. 2015.

Arnoldo Wald, *Direito civil*: direito das obrigações e teoria geral dos contratos, vol. 2, São Paulo: Saraiva, 2009, 18ª ed.

Arnoldo Wald, *Obrigações e contratos,* São Paulo: Saraiva, 2004, 16ª ed.

Artur R. Carbone e Luís Felipe Galante, Delineamentos jurídicos sobre os contratos de utilização de embarcações. *Revista de Direito Privado,* vol. 4, out.-dez. 2000.

Aury Lopes Jr. e Alexandre Morais da Rosa, Delação não pode ser rescindida unilateralmente por capricho do Estado. *Conjur.* Disponível em: https://www.conjur.com.br.2017-out-06.1imite--penal-delacao-naoanulada-unilateralmente-capricho-estado. Acesso em: 29.3.2019.

Ayrton Pimentel, Os seguros de vida e acidentes pessoais. In: Escola Paulista da Magistratura e Instituto Brasileiro de Direito de Seguro (coords.), *Seguros*: uma questão atual, vol. III, São Paulo: Max Limonad, 2001.

B. Windscheid, *Diritto deite pandette*, trad. it. de C. Fadda e P. E. Densa, vol. I, Torino: Unione tipografico-editrice, 1930, rest. (15 ed. 1902).

Bernard Teyssié, *Les groupes de contrats*, Paris: L.G.D.J., 1975.

Bernhard Windscheid, *Diritto delle pandette*, trad. Carlo Fadda e Paolo Emilio Bensa, vol. II, p. II, Torino: Unione Tipografico-Editrice, 1904.

Caio Brandão; Felipe Hanszmann; Ricardo Mafra, Contingências ocultas em Contratos de M&A: Vícios redibitórios, Evicção e Declarações e Garantias. In: Henrique Barbosa; Jorge Cesa Ferreira da Silva (Coord.), *A Evolução do Direito Empresarial e Obrigacional*, vol. 2, São Paulo: Quartier Latin, 2020, pp. 147-169.

Caio Mário da Silva Pereira, Exposição de Motivos ao Anteprojeto de Código de Obrigações. In: BRASIL. *Código Civil*: anteprojetos, vol. 3, Brasília, Subsecretaria de Edições Técnicas do Senado Federal, 1989.

Caio Mário da Silva Pereira, *Instituições de direito civil,* vol. I, Rio de Janeiro: Forense, 2005, 21ª ed.

Caio Mário da Silva Pereira, *Instituições de direito civil,* vol. II, Rio de Janeiro: Forense, 2014, 26ª ed.

Caio Mário da Silva Pereira, *Instituições de Direito Civil,* vol. 3: contratos, Rio de Janeiro: Forense, 23ª ed. rev. e atual. por Caitlin Mulholland, 2019.

Caio Mário da Silva Pereira, *Instituições de direito civil,* vol. III, Rio de Janeiro, Forense, 2016, 20ª ed. atual. Caitlin Mulholland.

Caio Mário da Silva Pereira, *Lesão nos contratos*: edição com referência à Constituição de 1988, ao Projeto do Código de Obrigações de 1965, ao Projeto do Código Civil de 1975 e ao Código de Defesa e Proteção do Consumidor, Rio de Janeiro: Forense, 1993.

Caio Mário da Silva Pereira, *Responsabilidade civil*, Rio de Janeiro: Forense, 2018, 12ª ed. atual. por Gustavo Tepedino.

Caitlin Sampaio Mulholland, *Internet e contratação*, Rio de Janeiro: Renovar, 2006.

Camila Ferrão dos Santos e Gustavo Souza de Azevedo, Direito de arrependimento e abuso de direito: uma análise dos casos de aquisição de passagem aérea fora do estabelecimento comercial. *Civilistica.com*, a. 8, n. 3, 2019.

Cândido Rangel Dinamarco, *Instituições de direito processual civil*, vol. 1, São Paulo: Malheiros, 2017.

Carlo Alberto Funaioli, Giuoco e scommessa. *Novissimo digesto italiano,* vol. VII, Torino: UTET, 1957, 3ª ed.

Carlo Angelici, Responsabilità precontrattuale e protezione dei terzi in una recente sentenza del Bundesgerichtshof. *Rivista del Diritto Commerciale e del Diritto Generale delle Obbligazioni*, I, ano LXXV, 1977.

Carlos Affonso Pereira de Souza, Ronaldo Lemos, Aspectos jurídicos da economia do compartilhamento: função social e tutela da confiança. *Revista de Direito da Cidade*, vol. 18, n. 4.

Carlos Alberto Bittar, *Contratos comerciais*, Rio de Janeiro: Forense, 2008, 5ª ed.

Carlos Alberto Carmona, *Arbitragem e Processo*: um comentário à Lei n.º 9.307/96. 3ª ed. São Paulo: Atlas, 2009.

Carlos Alberto da Mota Pinto, António Pinto Monteiro, Paulo Mota Pinto, *Teoria geral do direito civil*, Coimbra: Coimbra Editora, 2005.

Carlos Alberto da Mota Pinto, *Cessão da posição contratual*. Coimbra: Atlântida, 1970.

Carlos Augusto da Silveira Lobo, Contrato preliminar. In: Gustavo Tepedino e Luiz Edson Fachin (coords.), *O direito e o tempo*: embates jurídicos e utopias contemporâneas – estudos em homenagem ao professor Ricardo Pereira Lira, Rio de Janeiro: Renovar, 2008.

Carlos Augusto da Silveira Lobo, Uma introdução à arbitragem. In: Ricardo Ramalho Almeida (coord.), *Arbitragem interna e internacional*: questões de doutrina e da prática, Rio de Janeiro: Renovar, 2003.

Carlos Edison do Rêgo Monteiro Filho, Rafael Cândido da Silva, A proibição dos pactos sucessórios: releitura funcional de uma antiga regra. *Revista de Direito Privado*, São Paulo: Thomson Reuters, vol. 72, dez. 2016.

Carlos Emmanuel Joppert Ragazzo, Agência e distribuição. *Revista Trimestral de Direito Civil*, n. 19, vol. 5, 2004.

Carlos Leduar Lopes, Comodato modal. *Revista dos Tribunais*, vol. 82, n. 697, nov. 1993.

Carlos Nelson Konder, Causa do contrato x função social do contrato: estudo comparativo sobre o controle da autonomia negocial. *Revista Trimestral de Direito Civil – RTDC*, vol. 43, Rio de Janeiro: Padma, jul.-set. 2010.

Carlos Nelson Konder e Deborah Pereira Pinto dos Santos, O equilíbrio contratual nas locações em *shopping center*: controle de cláusulas abusivas e a promessa de loja âncora. *Scientia Iuris*, vol. 20, nº. 3, novembro, Londrina, 2016.

Carlos Nelson Konder e Pablo Renteria, A funcionalização das relações obrigacionais: interesse do credor e patrimonialidade da prestação. In: Gustavo Tepedino e Luiz Edson Fachin (coords.), *Diálogos de direito civil*, t. II, Rio de Janeiro: Renovar, 2008.

Carlos Nelson Konder, *Contratos conexos*: grupos de contratos, redes contratuais e contratos coligados, Rio de Janeiro: Renovar, 2006.

Carlos Nelson Konder, *Função social na conservação de efeitos do contrato*, Indaiatuba: Foco, 2024.

Carlos Nelson Konder, Dificuldades de uma abordagem unitária do lucro da intervenção. *Revista de Direito Civil Contemporâneo*, vol. 13, 2017.

Carlos Nelson Konder, Enriquecimento sem causa e pagamento indevido. In: Gustavo Tepedino (coord.), *Obrigações*: estudos na perspectiva civil-constitucional, Rio de Janeiro: Renovar, 2005.

Carlos Nelson Konder, Interpretação dos contratos, interpretação da lei e qualificação: superando fronteiras. *Scientia Iuris*, vol. 19, 2015.

Carlos Nelson Konder, Agravamento intencional do risco em contrato de seguro: critérios interpretativos para a perda da garantia. In: Ernesto Tzirulnik et al. (org.) *Anais do II Congresso Internacional de Direito de Seguro e VIII Fórum José Sollero Filho*. São Paulo: 2022, p. 681-696.

Carlos Nelson Konder. Para além da principialização da função social do contrato. *Revista Brasileira de Direito Civil – RBDCivil*, vol. 13, n. 3, jul.-set. 2017.

Carlos Roberto Gonçalves, *Direito civil brasileiro*, vol. II, São Paulo: Saraiva, 2016, 13ª ed.

Carlos Roberto Gonçalves, *Direito civil brasileiro*, vol. III, São Paulo: Saraiva, 2010, 7ª ed.

Carlos Roberto Gonçalves, *Direito civil esquematizado*: Parte geral, obrigações, contratos, vol. 1, São Paulo: Saraiva, 2011.

Carmen Tibúrcio, Cláusula compromissória em contrato internacional: interpretação, validade, alcance objetivo e subjetivo. *Revista de Processo*, vol. 241, mar. 2015.

Celso Agrícola Barbi Filho, Execução específica de cláusula arbitral. *Revista dos Tribunais*, vol. 732, out. 1996.

César Fiuza, Aplicação da cláusula *rebus sic standibus* aos contratos aleatórios. *Revista de Informação Legislativa*, Brasília, vol. 36, n. 144, 1999.

Cesare Pedrazzi, *Inganno ed errore nei delitti contro il patrimonio*, Milano: Giuffrè, 1955.

Cesare Vivante, *Trattato di diritto commerciale*, vol. IV, Milano: Casa Editrice Dottor Francesco Vallardi, 1929, 5ª ed.

Cíntia Muniz de Souza Konder, *A concessão abusiva de crédito por informação inadequada*, Tese de doutorado, Rio de Janeiro: UERJ, 2018.

Claudia Lima Marques, Antônio Herman V. Benjamin, Bruno Miragem, *Comentários ao Código de Defesa do Consumidor*, São Paulo: Revista dos Tribunais, 2006, 2ª ed.

Claudia Lima Marques, A nova noção de fornecedor no consumo compartilhado: um estudo sobre as correlações do pluralismo contratual e o acesso ao consumo. *Revista de Direito do Consumidor*, São Paulo: Revista dos Tribunais, vol. 111, mai.-jun. 2017.

Claudia Lima Marques, *Contratos no Código de Defesa do Consumidor*, São Paulo: Revista dos Tribunais, 2014, 7ª ed.

Claudio Luiz Bueno de Godoy. In: Cezar Peluso (coord.), *Código Civil comentado*, Barueri: Manole, 2013, 7ª ed.

Claudio Michelon Jr., *Direito restituitório*: enriquecimento sem causa, pagamento indevido, gestão de negócios, São Paulo: Revista dos Tribunais, 2007.

Claus-Wilhelm Canaris, *Pensamento sistemático e conceito de sistema na ciência do direito*, Lisboa: Fundação Calouste Gulbenkian, 1996.

Clóvis Beviláqua, *Código Civil dos Estados Unidos do Brasil comentado por Clovis Bevilaqua*, vol. IV, Rio de Janeiro: Francisco Alves, 1958, 11ª ed. rev. e atual. por Achilles Bevilaqua e Isaias Bevilaqua.

Clóvis Beviláqua, *Código Civil dos Estados Unidos do Brasil, comentado por Clóvis Bevilaqua*, vol. I, Rio de Janeiro: Ed. Rio, 1957.

Clóvis Beviláqua, *Código Civil dos Estados Unidos do Brasil comentado*, edição histórica, vol. II, Rio de Janeiro: Ed. Rio, 1957.

Clóvis Beviláqua, *Código Civil dos Estados Unidos do Brasil comentado*, vol. V, Rio de Janeiro: Francisco Alves, 1956.

Clóvis Beviláqua, *Direito das obrigações*, Rio de Janeiro: Rio, 1982 (1977).

Clóvis Couto e Silva, *A obrigação como processo*, Rio de Janeiro: Editora FGV, 2006.

Clóvis Veríssimo do Couto e Silva. Teoria da causa no direito privado. *Revista jurídica*, n. 2. Porto Alegre, 1954.

Cristiano Chaves de Almeida e Nelson Rosenvald, *Curso de direito civil*, vol. 4, São Paulo: Atlas 2015, 5ª ed.

Custódio da Piedade Ubaldino Miranda, O *leasing*. *Revista dos Tribunais*, vol. 645, julho, São Paulo Revista dos Tribunais, 1989.

Daniel Bucar, *Superendividamento*, São Paulo: Saraiva, 2017.

Daniel Carnio Costa; Alexandre Correa Nasser Melo; Humberto Lucas Almeida, O contrato de administração fiduciária de garantias: uma nova modalidade contratual na lei 14.711/2023. *Mi-*

galhas, Disponível em: https://www.migalhas.com.br/coluna/insolvencia-em-foco/397222/o--contrato-de-administracao-fiduciaria-de-garantias. Acesso em: 23 nov. 2023.

Darcy Arruda Miranda, *Anotações ao Código Civil brasileiro*, vol. 3, São Paulo: Saraiva, 1995, 4ª ed.

Darcy Bessone, *Da compra e venda*: promessa, reserva de domínio e alienação em garantia, São Paulo: Saraiva, 1997.

Darcy Bessone, *Do contrato*: Teoria Geral, São Paulo: Saraiva, 1997, 4ª ed.

Deisy Ellen Schwanz, Noções sobre o risco e sua agravação. In: Antonio Carlos Teixeira (coord.), *Em debate*: contrato de seguro, danos, risco e meio ambiente, vol. 5, Rio de Janeiro: FUNENSEG, 2004.

Dias Toffoli, Centralidade do direito civil na obra de Antônio Junqueira de Azevedo. *Revista de Direito Civil Contemporâneo*, vol. 13, São Paulo: Editora Revista dos Tribunais, out.-dez. 2017.

Dilvanir José da Costa, A locação no direito brasileiro, Belo Horizonte: DelRey, 1993.

Diogo de Leite Campos, Enriquecimento sem causa, responsabilidade civil e nulidade. *Revista dos Tribunais*, vol. 71, n. 560, jun. 1982.

Domenico Riccio, I contratti speciali: I contratti aleatori. *Trattato di diritto privato diretto da Mario Bessone*, vol. XIV, Torino: G. Giappichelli Editore, 2005.

Ebert Vianna Chamoun, *Direito civil:* 3º ano, notas das aulas taquigrafas pela aluna Helena Maranhão, Rio de Janeiro, 1954.

Eduardo Antônio Klausner, O contrato de mútuo no novo Código Civil. *Revista da EMERJ*, vol. 5, n. 20, Rio de Janeiro: EMERJ, 2002.

Eduardo Espínola, *Garantia e extinção das obrigações*: obrigações solidárias e indivisíveis, Rio de Janeiro: Freitas Bastos, 1957.

Eduardo Heitor da Fonseca Mendes, *A incidência da garantia contra evicção nas hastas públicas*, Dissertação de Mestrado, Rio de Janeiro: UERJ, 2015.

Eduardo Nunes de Souza, A perda do direito à garantia securitária prevista pelo art. 766 do Código Civil à luz da teoria geral das invalidades do negócio jurídico. *Revista Eletrônica Direito e Sociedade – REDES*, vol. 1, 2022.

Eduardo Nunes de Souza, Merecimento de tutela: a nova fronteira da legalidade no direito civil. *Revista de Direito Privado*, vol. 58, São Paulo, 2014.

Eduardo Takemi Kataoka, *A coligação contratual*, Rio de Janeiro: Lumen Juris, 2008.

Emanuele Passaro, L'impossibilità sopravvenuta della prestazione. In: Mauro Paladini (coord.), *L'estinzione dell'obbligazione senza adempimento*. Torino: Utet, 2010.

Emidio Pires da Cruz, *Dos vícios redibitórios no direito português*, Lisboa: Portugalia, 1942.

Emilio Betti, Causa del negozio giuiridico, *Novissimo digesto italiano*, Torino: UTET, 1957.

Emilio Betti, *Teoria geral do negócio jurídico*, t. I, Coimbra: Ed. Coimbra, 1969.

Emilio Valsecchi, Giuochi e scommesse. *Enciclopedia del diritto,* vol. XIX, Milano: Giuffrè, 1970.

Ennio Russo, *L'evizione*, Milano: Giuffrè, 2016.

Erik Schàfer. Elección y nombramiento de los árbitros. Desde el punto de vista de las partes, *Revista Peruana de Arbitraje*, vol. 6, 2008.

Ernesto Tzirulnik, Apontamentos sobre a operação de seguros. *Revista Brasileira de Direito de Seguros*, setembro, São Paulo: IBDS, 1997.

Ernesto Tzirulnik, *Seguros de Riscos de Engenharia:* instrumento do desenvolvimento, Tese de Doutorado, Faculdade de Direito da Universidade de São Paulo – USP, São Paulo, 2014.

Fabiana Barletta, *A revisão contratual no Código Civil e no Código de Defesa do Consumidor*, São Paulo: Saraiva, 2002.

Fabio Bortolotti e Giampiero Bondanini, *Il contratto di agenzia commerciale*, Padova: Cedam, 2003.

Fábio Konder Comparato, A proteção do consumidor: importante capítulo do direito econômico. *Ensaios e pareceres de direito empresarial*, Rio de Janeiro: Forense, 1978.

Fábio Konder Comparato, Contrato de *leasing*. *Doutrinas Essenciais de Direito Empresarial*, vol. 4, São Paulo: Revista dos Tribunais, 2010.

Fábio Konder Comparato; Calixto Salomão Filho, *O poder de controle na sociedade anônima*, Rio de Janeiro: Forense, 2005, 4ª ed.

Fábio Konder Comparato, Reflexões sobre as promessas de cessão de controle societário. *Revista forense*, n. 266, São Paulo: abr.-mai. 1979.

Fábio Siebeneichler de Andrade, Causa e *consideration*. *Ajuris*, vol. 18, n. 53. Porto Alegre, nov. 1991.

Fábio Ulhoa Coelho, *Curso de direito comercial*, vol. III, São Paulo: Saraiva, 2002.

Fabrício D. Rodrigues. In: Costa Machado (org.) e Silmara Chinelato (coord.), *Código Civil interpretado*, Barueri: Manole, 2017, 10ª ed.

Fernando Jorge da Costa Mota Nunes, *O direito de retenção do empreiteiro na empreitada de construção de imóveis*. Dissertação de Mestrado, Universidade Católica Portuguesa, Porto, 2012.

Fernando Noronha, Enriquecimento sem causa. *Revista de Direito Civil, Imobiliário, Agrário e Empresarial*, vol. 15, n. 56, abr.-jun. 1991.

Fernando Noronha, Responsabilidade civil: uma tentativa de ressistematização. Responsabilidade civil em sentido estrito e responsabilidade negocial. Responsabilidade subjetiva e objetiva. Responsabilidade subjetiva comum ou normal, e restrita a dolo ou culpa grave. Responsabilidade objetiva normal e agravada. *Doutrinas Essenciais de Responsabilidade Civil*, vol. 1, São Paulo: Revista dos Tribunais, 2011.

Fernão Justen de Oliveira e Ricardo de Paula Feijó, Apostas esportivas no Brasil. *Jota*. Disponível em: https://www.jota.info/opiniao-e-analise/colunas/coluna-do-justen/apostas-esportivas-no-brasil-19122018. Acesso em: 5.8.2019.

Flávio H. A. Tersi. In: Costa Machado (org.) e Silmara Juny Chinellato (coord.), *Código Civil interpretado*, Barueri: Manole, 2017, 10ª ed.

Flávio Tartuce, *Direito civil*, vol. 3, Rio de Janeiro: Forense, 2019, 14ª ed.

Fouchard, Gaillard, Goldman, *International commercial arbitration*, Hague: Kluwer Law International, 1999.

Fran Martins, *Contratos e obrigações comerciais*, Rio de Janeiro: Forense, 1986, 8ª ed.

Francesco Camilletti, Profili del problema dell'equilibrio contrattuale. *Collana diritto privato*. Università Degli Studi di Milano. Dipartimento Giuridico-Politico: sezione di diritto privato, Milano: Giuffrè, 2004, vol. 1.

Francesco Carnelutti, Formazione progressiva del contratto. *Rivista di Diritto Commerciale*, 1916, I.

Francesco Ferrara, Simulazione dei negozi giuridici. *Nuovo Digesto Italiano,* Torino: UTET, 1940.

Francesco Galgano, *Le monografie di contratto e impresa*, Padova: CEDAM, 2006.

Francesco Messineo, Contratto. *Enciclopedia del diritto,* vol. IX, Milano: Giuffrè, 1958.

Francisco de Assis Viégas, *Denúncia contratual e dever de pré-aviso*, Belo Horizonte: Fórum, 2018.

Francisco Manuel Pereira Coelho, *O enriquecimento e o dano*, Coimbra: Almedina, 1999.

Francisco Paulo De Crescenzo Marino, *Contratos coligados no direito brasileiro*, São Paulo: Saraiva, 2009.

Francisco Paulo De Crescenzo Marino, Responsabilidade contratual. In: Renan Lotufo e Giovanni Ettore Nanni (coords.), *Teoria geral dos contratos*, São Paulo: Atlas, 2011.

Francisco Paulo De Crescenzo Marino, *Revisão contratual*: onerosidade excessiva e modificação contratual equitativa, São Paulo: Almedina, 2020.

REFERÊNCIAS BIBLIOGRÁFICAS

Francisco Pereira Coelho, Cessação dos contratos duradouros: regime específico e contrato de agência, *Actas do Colóquio Distribuição Comercial nos 30 anos da Lei do Contrato de Agência*, Coimbra: Instituto Jurídico, 2017.

Franz Wieacker, *El principio general de la buena fé*, trad. espanhola de Jose Luis de los Mozos, Madrid, Civitas, 1976.

Fredie Didier Jr. e Daniela Bomfim, Colaboração premiada (Lei nº 12.850/2013): natureza jurídica e controle da validade por demanda autônoma – um diálogo com o direito processual civil. *Revista do Ministério Público do Rio de Janeiro*, n. 62, out.-dez. 2016.

Fredie Didier Jr., Leonardo Carneiro da Cunha, *Curso de direito processual civil*, vol. III, Salvador: JusPodivm, 2016.

Gabriel Mazarin Mendonça, PL 827/2020 é um incentivo à invasão de áreas públicas e privadas. *Conjur*. Disponível em: https://www.conjur.com.br/2021-mai-27/mazarin-pl-incentiva--invasao-areas-publicas-privadas. Acesso em: 22 out. 2021.

Gabriel Rocha Furtado, *Mora e inadimplemento substancial*, São Paulo: Atlas, 2014.

Gabriel Saad Kik Buschinelli, *Compra e venda de participações societárias de controle*, 2017. Tese de Doutorado, Faculdade de Direito da Universidade de São Paulo.

Gabriel Seijo Leal de Figueiredo, Estipulação em favor de terceiro. In: Renan Lotufo e Giovanni Ettore Nanni (coords.), *Teoria geral dos contratos*, São Paulo: Atlas, 2011.

Galvão Telles, *Manual dos contratos em geral*, Coimbra: Coimbra Editora, 2010.

Gaston Morin, *La révolte du droit contre le code* – la révision nécessaire des concepts juridiques: contrat, responsabilité, propriété, Paris: Sirey, 1945.

Giacomo Grezzana, *A Cláusula de Declarações e Garantias em Alienação de Participações Societárias*, São Paulo: Quartier Latin, 2019.

Giorgio De Nova, *Il tipo contrattuale*, Padova: Cedam, 1974.

Giorgio Lener, *Profili del collegamento negoziale*, Milano: Giuffrè, 1999.

Giovanni Dattilo, *Enciclopedia del diritto*, vol. XXXIX, Milano: Giuffrè, 1988.

Giovanni Di Giandomenico, I contratti speciali: I contratti aleatori. *Trattato di diritto privato diretto da Mario Bessone*, vol. XIV, Torino: G. Giappichelli Editore, 2005.

Giovanni Ettore Nanni, *Enriquecimento sem causa*, São Paulo: Saraiva, 2004.

Giovanni Maresca, *Alea contrattuale e contratto di assicurazione*, Napoli: Giannini Editore, 1979.

Gisela Sampaio da Cruz Guedes e Laura Osório Bradley dos Santos Dias, A importância do nexo causal na teoria da onerosidade excessiva. In: Carlos Edison do Rêgo Monteiro Filho e Gisela Sampaio da Cruz Guedes (orgs.), *Regime jurídico da pandemia e relações privadas*, Rio de Janeiro: Editora Processo, 2022.

Giuseppe Auletta, Attività (dir. priv.). *Enciclopedia del diritto*, vol. III, Milano, Giuffrè, 1958.

Giuseppe Ferri, *Manuale di diritto commerciale*, Torino: UTET, 1962.

Giuseppina Capaldo, *Contratto aleatorio e alea*, Milano: Giuffrè, 2004.

Guido Alpa, Responsabilità precontrattuale, *Enciclopedia Giuridica*, vol. XXVII, Roma: Istituto della Enciclopedia Italiana, 1991.

Guilherme Calmon Nogueira da Gama, Contrato de *shopping center*. *Revista da EMERJ*, vol. 5, n. 16, Rio de Janeiro: EMERJ, 2002.

Guilherme Calmon Nogueira da Gama, O seguro de pessoa no novo Código Civil. *Revista dos Tribunais*, vol. 826, junho, São Paulo: Revista dos Tribunais, 2004.

Guilherme Calmon da Gama e Thiago Neves, Deferir ou não deferir liminares em ação de despejo durante a pandemia: Eis a questão. *Migalhas*. Disponível em: https://www.migalhas.com.br/depeso/329033/deferir-ou-nao-deferir-liminares-em-acao-de-despejo-durante-a-pandemia--eis-a-questao. Acesso em: 22 dez. 2021.

Guilherme Magalhães Martins, *Formação dos contratos eletrônicos de consumo via internet*, Rio de Janeiro: Lumen Juris, 2010, 2ª ed.

Guilherme Magalhães Martins, Responsabilidade civil do segurador: diálogos entre o Código Civil e o Código do Consumidor. *Revista de Direito do Consumidor*, vol. 79, jul.-set. 2011.

Günther Haupt, Über faktische Vertragsverhältnisse, 1941.

Gustavo Tepedino e Anderson Schreiber, Os efeitos da Constituição em relação à cláusula da boa-fé no Código de Defesa do Consumidor e no Código Civil. *Revista da EMERJ*, vol. 6, Rio de Janeiro, 2003.

Gustavo Tepedino e Carlos Nelson Konder, Qualificação e disciplina do contrato preliminar no Código Civil Brasileiro. In: Henrique Barbosa e Jorge Cesa Ferreira da Silva (coords.), *A evolução do direito empresarial e obrigacional*: os 18 anos do Código Civil, vol. 2, São Paulo: Quartier Latin, no prelo.

Gustavo Tepedino e Carlos Nelson Konder, Inexecução das obrigações e suas vicissitudes: ensaio para a análise sistemática dos efeitos da fase patológica das relações obrigacionais. *Revista Brasileira de Direito Civil*, vol. 32, n. 3, 2024, p. 159-200.

Gustavo Tepedino e Danielle Tavares Peçanha. Função social dos contratos e funcionalização do Direito Civil à luz da jurisprudência do Superior Tribunal de Justiça. In: Otavio Luiz Rodrigues Jr.; Jadson Santana de Sousa (orgs.), *Direito Federal Interpretado*: estudos em homenagem ao Ministro Humberto Martins, Rio de Janeiro: GZ, 2024.

Gustavo Tepedino e Francisco de Assis Viegas, A evolução da prova entre o direito civil e o direito processual civil. *Pensar*, vol. 22, n. 2, Fortaleza, maio/ago. 2017.

Gustavo Tepedino e Laís Cavalcanti, Acesso à justiça e extensão da convenção de arbitragem em contratos coligados. In: Luiz Fux, Henrique Ávila e Trícia Navarro Xavier Cabral (orgs.), *Tecnologia e Justiça Multiportas*, São Paulo: Editora Foco, 2021.

Gustavo Tepedino e Laís Cavalcanti, Notas sobre as alterações promovidas pela Lei n. 13.874/2019 nos arts. 50, 113 e 421 do Código Civil. In: Luis Felipe Salomão, Ricardo Villas Bôas Cueva e Ana Frazão (coords.), *Lei de Liberdade Econômica e seus impactos no direito brasileiro*, São Paulo: Thomson Reuters Brasil, 2020.

Gustavo Tepedino e Milena Donato Oliva, Compartilhamento de garantias imobiliárias por meio da titularidade fiduciária. In: Marcus Vinícius Motter Borges (org.). *Doutrinas Essenciais de Direito Imobiliário*, vol. 3, São Paulo: Thomson Reuters Brasil, 2023.

Gustavo Tepedino e Milena Donato Oliva, *Fundamentos de Direito Civil*, vol. I, Teoria Geral do Direito Civil, Rio de Janeiro: Forense, 2020.

Gustavo Tepedino e Milena Donato Oliva, Notas sobre a representação voluntária e o contrato de mandato. *Revista Brasileira de Direito Civil*, vol. 12, 2017.

Gustavo Tepedino e Paula Greco Bandeira, A força maior nos contratos de seguro. In: Ilan Goldberg e Thiago Junqueira (orgs.), *Temas atuais de direito dos seguros*, São Paulo: Thomson Reuters Brasil, vol. 2, 2020.

Gustavo Tepedino e Paula Greco Bandeira, A natureza contratual dos acordos de colaboração premiada e suas repercussões no direito brasileiro. In: Heloisa Helena Barboza, *20 anos do Código Civil*: perspectivas presentes e futuras, Rio de Janeiro: Processo, 2022.

Gustavo Tepedino, Paula Greco Bandeira e Bruna Vilanova Machado, Seguro de dano. In: Ilan Goldberg e Thiago Junqueira (coord.), *Direito dos seguros*: comentários ao Código Civil, Rio de Janeiro: Forense, 2023.

Gustavo Tepedino, Paula Greco Bandeira e Danielle Tavares Peçanha. A cláusula *solve et repete* como mecanismo de gestão dos riscos contratuais: contornos e limites no direito brasileiro. *Pensar*, Fortaleza, vol. 29, jun./abr. 2024.

REFERÊNCIAS BIBLIOGRÁFICAS

Gustavo Tepedino e Rodrigo da Guia Silva, Smart contracts e as novas perspectivas de gestão do risco contratual. *Revista de Ciências Jurídicas – Pensar*, vol. 26, n. 1, Fortaleza, 2021. Disponível em: https://ojs.unifor.br/rpen/article/view/11737. Acesso em: 17.11.2022.

Gustavo Tepedino et al., *Código Civil interpretado conforme a Constituição da República,* vol. II, Rio de Janeiro: Renovar, 2012, 2ª ed.

Gustavo Tepedino et al., *Código Civil interpretado pela Constituição da República,* vol. I, Rio de Janeiro: Renovar, 2014, 3ª ed.

Gustavo Tepedino, A evolução da responsabilidade civil no direito brasileiro e suas controvérsias na atividade estatal. *Temas de Direito Civil*, t. 1, Rio de Janeiro: Renovar, 2001, 2ª ed., rev. e atual.

Gustavo Tepedino, A incorporação dos direitos fundamentais pelo ordenamento brasileiro: sua eficácia nas relações jurídicas privadas. *Temas de direito civil*, tomo III. Rio de Janeiro: Renovar, 2009, p. 45-46.

Gustavo Tepedino, A responsabilidade civil nos contratos de turismo. *Temas de direito civil*, Rio de Janeiro: Renovar, 2008, 4ª ed.

Gustavo Tepedino, A responsabilidade civil nos contratos de turismo. *Revista de Direito do Consumidor*, São Paulo: Revista dos Tribunais, vol. 26, abr.-jun. 1998.

Gustavo Tepedino, A responsabilidade civil por acidentes de consumo na ótica civil-constitucional. *Temas de Direito Civil,* Rio de Janeiro: Renovar, 2004, 3ª ed.

Gustavo Tepedino, Anotações à Lei do Inquilinato (arts. 1º a 26). *Temas de direito civil*, t. I, Rio de Janeiro: Renovar, 2008, 4ª ed.

Gustavo Tepedino, Atividade sem negócio jurídico fundante e a formação progressiva dos contratos. *Revista Trimestral de Direito Civil*, n. 11, vol. 44, Rio de Janeiro: Padma, 2011.

Gustavo Tepedino, Autonomia privada (entre a vontade individual e coletiva) na convivência condominial. Editorial. *Revista Brasileira de Direito Civil – RBDCivil*, vol. 31, n. 2, abr.-jun. 2022, pp. 11-13.

Gustavo Tepedino, Cessão do contrato de locação de imóvel. In: Heloisa Helena Barboza, Guilherme Calmon Nogueira da Gama e Thiago Ferreira Cardoso Neves (orgs.), *Lei do Inquilinato*: exame dos 30 anos da Lei de Locação Urbana, São Paulo: Editora Foco, 2021.

Gustavo Tepedino, Funcionalização do Direito Civil e o princípio da função social dos contratos. In: Guilherme Calmon Nogueira da Gama e Thiago Ferreira Cardoso Neves (orgs.), *20 anos do Código Civil*: relações privadas no início do século XXI, São Paulo: Editora Foco, 2022.

Gustavo Tepedino, Notas sobre a função social dos contratos. In: Gustavo Tepedino e Luiz Edson Fachin (coords.), *O Direito e o Tempo*: embates jurídicos e utopias contemporâneas, Rio de Janeiro: Renovar, 2008.

Gustavo Tepedino, Novas formas de entidades familiares. *Temas de Direito Civil*, Rio de Janeiro: Renovar, Rio de Janeiro: Renovar, 2008, 4ª ed.

Gustavo Tepedino, Novos princípios contratuais e a teoria da confiança: a exegese da cláusula to the best knowledge of the sellers. *Temas de Direito Civil*, t. 2, Rio de Janeiro: Renovar, 2006.

Gustavo Tepedino, O regime jurídico da revogação de doações. *Soluções práticas de direito*, vol. II, São Paulo: Revista dos Tribunais, 2012.

Gustavo Tepedino, Os novos contratos no novo Código Civil. *Revista da EMERJ. Número Especial 2002*, Parte 1, Rio de Janeiro: Irapuã Araújo, 2002.

Gustavo Tepedino, O prazo mais benéfico para a Fazenda Pública à luz do Código Civil de 2002. Soluções Práticas de Direito: pareceres: novas fronteiras do direito civil, vol. I, São Paulo: Revista dos Tribunais, 2012, pp. 547-553.

Gustavo Tepedino, Premissas metodológicas para a constitucionalização do direito civil. Gustavo Tepedino, *Temas de Direito Civil*, Rio de Janeiro: Renovar, 2004, 3ª ed.

Gustavo Tepedino, Prescrição aplicável à responsabilidade contratual: crônica de uma ilegalidade anunciada (Editorial), *Revista Trimestral de Direito Civil*, vol. 27, Rio de Janeiro: Padma, 2009.

Gustavo Tepedino, Prescrição da nulidade em instrumento de cessão de créditos. *Soluções Práticas*, vol. 1, São Paulo: Revista dos Tribunais, pp. 573-592.

Gustavo Tepedino, Questões controvertidas sobre o contrato de corretagem. *Temas de Direito Civil*, Rio de Janeiro: Renovar, 2008, 4ª ed.

Gustavo Tepedino, Validade e efeitos da resilição unilateral dos contratos. *Soluções Práticas de Direito*, vol. II, São Paulo: Revista dos Tribunais, 2012.

Gustavo Tepedino. In: Sálvio de Figueiredo Teixeira (coord.), *Comentários ao novo Código Civil*, vol. X: das várias espécies de contrato, Rio de Janeiro: Forense, 2008.

Hamid Charaf Bdine Júnior, *Cessão da posição contratual*, São Paulo: Saraiva, 2007.

Hamid Charaf Bdine, Empreitada. *Doutrinas Essenciais:* obrigações e contratos, vol. 6, São Paulo: Revista dos Tribunais, 2011.

Hélio do Valle Pereira, *Manual da Fazenda Pública em Juízo*, Rio de Janeiro: Renovar, 2008, 3ª ed., rev., atual. e ampl., pp. 658-659.

Henri Dominique Lacordaire, *Conférences de Notre-Dame de Paris*, Tome 3éme, Paris: Librairie Poussielgue Frères, 1846-1848.

Henri Mazeaud, Léon Mazeaud e Jean Mazeaud, *Leçons de droit civil*, t. III, Paris: Éditions Montchrestien, 1960.

Humberto Theodoro Júnior e Adriana Mandim Theodoro de Mello, O regime do contrato (típico) de agência e distribuição (representação comercial) no novo Código Civil em cotejo com a situação jurídica do contrato (atípico) de concessão comercial. Indenizações cabíveis na extinção da relação contratual. *Revista dos Tribunais*, vol. 825, jul., 2004.

Humberto Theodoro Júnior, Contrato de seguro. Ação do segurado contra o segurador. Prescrição. *Revista dos Tribunais*, vol. 924, out. 2012.

Humberto Theodoro Júnior, Do contrato de agência e distribuição no novo Código Civil. *Revista dos Tribunais*, vol. 825, jun. 2003.

Humberto Theodoro Júnior, Novidades no campo da intervenção de terceiros no processo civil: a denunciação da lide *per saltum* (ação direta) e o chamamento ao processo da seguradora na ação de responsabilidade civil. *Revista Magister de Direito Civil e Processual Civil*, Porto Alegre, vol. 5, n. 27, nov.-dez. 2008.

Ilan Goldberg, *Direito de seguro e resseguro*, Rio de Janeiro: Elsevier, 2012.

Ivan Gustavo Junior Santos Trindade, *Os reflexos do Estatuto da Pessoa com Deficiência (Lei n. 13.146/15) no sistema brasileiro de incapacidade civil*. Dissertação apresentada como requisito parcial à obtenção do título de Mestre em Direito pela Faculdade de Direito da Pontifícia Universidade Católica de Goiás, 2016.

J. E. Carreira Alvim, *Tratado geral da arbitragem*, Belo Horizonte: Mandamentos, 2000.

J. M. de Carvalho Santos, *Código Civil brasileiro interpretado*, vol. XV, Rio de Janeiro: Freitas Bastos, 1975, 8ª ed.

J. M. de Carvalho Santos, *Código Civil brasileiro interpretado*, vol. XVI, Rio de Janeiro: Freitas Bastos, 1964, 9ª ed.

J. M. de Carvalho Santos, *Código Civil interpretado*, vol. XVII, Rio de Janeiro: Freitas Bastos, 1980, 9ª ed.

J. M. de Carvalho Santos, *Código Civil brasileiro interpretado*, vol. XVIII, Rio de Janeiro, Freitas Bastos, 1993, 12ª ed.

J. M. de Carvalho Santos, *Código Civil brasileiro interpretado*, vol. XIX, Rio de Janeiro: Freitas Bastos, 1964, 8ª ed.

J. M. de Carvalho Santos, *Código Civil brasileiro interpretado*, vol. XXVII, Rio de Janeiro: Freitas Bastos, 1961.

J. R. Castro Neves, As garantias do cumprimento da obrigação. *Revista da EMERJ*, vol. 11, n. 44, 2008.

J. X. Carvalho de Mendonça, *Tratado de direito commercial brasileiro*, vol. VI, Rio de Janeiro: Freitas Bastos, 1939, 2ª ed.

Jacob Dolinger. O árbitro da parte – considerações éticas e práticas. In: Jacob Dolinger, *Direito & amor*. Rio de Janeiro/São Paulo/Recife: Renovar, 2009.

Jacob Dolinger e Carmen Tiburcio, *Direito internacional privado*: arbitragem comercial internacional, Rio de Janeiro: Renovar, 2003.

Jacques Arnaldez, Yves Derains e Dominique Hascher, *Collection of ICC arbitral awards 1974-1985*, Hague: Kluwer Law International, 2003.

Jacques Arnaldez, Yves Derains e Dominique Hascher, *Collection of ICC arbitral awards 1991-1995*, Hague: Kluwer Law International, 1997.

Jacques Ghestin, *Cause de l'engagement et validité du contrat*, Paris: L.G.D.J., 2006.

James A. Graham, Terceros, no-firmantes, y acuerdos arbitrales. *Revista Brasileira de Arbitragem*, n. 16, Porto Alegre: Síntese; Curitiba: Comitê Brasileiro de Arbitragem, 2007.

Jérôme Huet, *Traité de droit civil: les principaux contrats spéciaux*, dir. Jacques Ghestin, Paris: L.G.D.J., 1996.

João Calvão da Silva, *Responsabilidade civil do produtor*, Coimbra: Almedina, 1990.

João Luiz Alves, *Código Civil da República dos Estados Unidos do Brasil anotado*, vol. IV, Rio de Janeiro: Borsoi, 1958.

João Luiz Alves, *Código Civil da República dos Estados Unidos do Brasil*, Rio de Janeiro: F. Briguiet & Cia. Editores-Livreiros, 1926.

João Luiz Coelho da Rocha, Representação comercial e distribuição comercial – Importância dos traços distintivos. *Revista de Direito Mercantil*, vol. 101, São Paulo: Malheiros Editores, 1996.

João Paulo Lordelo Guimarães Tavares, A aplicação do instituto da colaboração premiada nas ações de improbidade administrativa. *Revista de Processo*, vol. 284, out. 2018.

Jorge Cesa Ferreira da Silva. *A boa-fé e a violação positiva do contrato*, Rio de Janeiro: Renovar, 2002.

Jorge Lobo, *Contrato de franchise*, Rio de Janeiro: Forense, 2003.

Jorge Mosset Iturraspe, *Contratos conexos*: grupos y redes de contratos, Buenos Aires: Rubinzal--Culzoni Editores, 1999.

José Augusto Delgado, *Comentários ao novo Código Civil*: das várias espécies de contrato de seguro: arts. 757 a 802, vol. XI, tomo I, Rio de Janeiro: Forense, 2007.

José Augusto Delgado. In: Sálvio de Figueiredo Teixeira (coord.), *Comentários ao novo Código Civil*, vol. XI, t. II, Rio de Janeiro: Forense, 2014.

José Carlos Barbosa Moreira, *O novo processo civil brasileiro* (1975), Rio de Janeiro: Forense, 2007, 25ª ed.

José Carlos Barbosa Moreira, Unidade ou pluralidade de contratos: contratos conexos, vinculados ou coligados. Litisconsórcio necessário ou facultativo. "Comunhão de interesses", "conexão de causas" e "afinidade de questões por um ponto comum de fato ou de direito". *Revista dos Tribunais*, vol. 448, São Paulo, fev. 1973.

José Carlos Moreira Alves, *A retrovenda*, São Paulo: Revista dos Tribunais, 1987.

José Carlos Moreira Alves, *Direito romano*, vol. 2, Rio de Janeiro: Forense, 2000.

José Eduardo da Rocha Frota, Ação revocatória de doação. *Revista de Processo*, São Paulo, vol. 19, jul.-set. 1980.

José Emilio Nunes Pinto, Contrato de adesão. Cláusula compromissória. Aplicação do princípio da boa-fé. A convenção arbitral como elemento de equação econômico-financeira do contrato. *Revista de Arbitragem e Mediação*, vol. 10, jul.-set. 2006.

José Emilio Nunes Pinto, O mecanismo multietapas de solução de controvérsias. [S.l.: s.n., 20--]. 2p. Disponível em: http://www.ambito-juridico.com.br/site/index.php?n_link=revista_artigos_leitura&artigo_id=4510. Acesso em: 29.3.2014.

José Ernesto de Lemos Chagas, *Leasing* – arrendamento mercantil. *Doutrinas Essenciais:* Obrigações e Contratos, vol. 5, São Paulo: Revista dos Tribunais, 2011.

José Fernando Simão, *Direito civil*: contratos. São Paulo, Atlas, 2011, 5ª ed.

José Luiz de Queiroz, *Comutatividade no contrato de seguro*, Dissertação de Mestrado, Faculdade de Direito da Pontifícia Universidade Católica de São Paulo, São Paulo, 2007.

José Maria Trepat Cases, Código Civil comentado, vol. III, São Paulo: Atlas, 2003.

José Maria Trepat Cases, *Código Civil comentado*, vol. VIII, São Paulo: Atlas, 2003.

José Miguel Garcia Medina, *Código de Processo Civil comentado*: com remissões e notas comparativas ao projeto do novo CPC, São Paulo: Editora Revista dos Tribunais, 2012, 2ª ed.

José Miguel Garcia Medina. Art. 966. In: Lenio Luiz Streck et al., *Comentários ao Código de Processo Civil*, São Paulo: Saraiva, 2016.

Judith Martins-Costa, *A boa-fé no direito privado*: critérios para sua aplicação, São Paulo: Saraiva, 2018, 2ª ed.

Judith Martins-Costa, *A boa-fé no direito privado*: sistema e tópica no processo obrigacional, São Paulo: Revista dos Tribunais, 2000.

Judith Martins-Costa, A cláusula de *hardship* e a obrigação de renegociar nos contratos de longa duração. *Revista de Arbitragem e Mediação*, São Paulo: Editora Revista dos Tribunais, n. 25, abr.-jun. 2010.

Judith Martins-Costa, A teoria da causa em perspectiva comparativista: a causa no sistema francês e no sistema civil brasileiro. *Ajuris*, vol. 16, n. 45, Porto Alegre, mar., 1989.

Judith Martins-Costa, *Comentários ao novo Código Civil*, vol. V, t. I, Rio de Janeiro: Forense, 2003.

Judith Martins-Costa, Contrato de seguro. Suicídio do segurado. Art. 798, Código Civil. Interpretação. Diretrizes e princípios do código civil. Proteção ao consumidor. *Revista Brasileira de Direito Civil*, vol. 1, jul.-set. 2014.

Judith Martins-Costa, Contratos internacionais – Cartas de intenção no processo formativo da contratação internacional – graus de eficácia dos contratos. *Revista Trimestral de Direito Público*, vol. 94, São Paulo, 1994.

Juliana Pedreira da Silva, *Contratos sem negócio*: crítica das relações contratuais de fato, São Paulo: Atlas, 2011.

Karl Larenz, *Allgemeiner Teil des Bürgerlichen Rechts*, Beck Juristischer, 2004.

Karl Larenz, *Base del negocio jurídico y cumplimiento de los contratos*, Madrid: Editorial Revista de Derecho Privado, 1956.

Karl Larenz, *Metodologia da ciência do direito*, Lisboa: Fundação Calouste Gulbenkian, 2005, 4ª ed.

Karl Larenz, O estabelecimento de relações obrigacionais por meio de comportamento social típico (1956). *Revista Direito GV*, vol. 2, n. 1, jan-jun. 2006.

Kiyoshi Harada, Contrato de depósito. *Revista do Instituto dos Advogados de São Paulo*, vol. 3, jan.-jun. 1999.

Lacerda de Almeida, *Direito das coisas*, Rio de Janeiro, J. Ribeiro Santos, 1908.

Leonardo Carneiro da Cunha, *A Fazenda Pública em Juízo*, Rio de Janeiro: Forense, 2021, 18ª ed., e-book.

Leonardo Mattietto, A representação voluntária e o negócio jurídico de procuração. *Revista Trimestral de Direito Civil,* n. 4, vol. 1, Rio de Janeiro: Padma, 2000.

Leonardo Oliveira Soares, O prazo prescricional das ações (pretensões) indenizatórias propostas contra o poder público no estado democrático de direito brasileiro, *Revista de Processo,* vol. 195, São Paulo: Revista dos Tribunais, maio 2011.

Leonardo Roscoe Bessa, *Cadastro positivo*: comentários à Lei 12.414, de 9 de junho de 2011, São Paulo: Revista dos Tribunais, 2011.

Louis Josserand, *Cours de droit civil positif français,* II, Paris: Recueil Sirey, 1939, 3éme ed.

Luca Buttaro, *L'interesse nell'assicurazione,* Milano: Giuffrè, 1954.

Luciana Cabella Pisu, Dell'impossibilità sopravvenuta (art. 1.463-1466). Commentario del codice civile Scialoja-Branca (a cura di Francesco Galgano), *Libro quarto – delle obbligazioni.* Bologna-Roma: Zanichelli-Foro Italiano, 2002.

Luciano de Camargo Penteado, *Efeitos contratuais perante terceiros,* São Paulo: Quartier Latin, 2007.

Lucio V. Moscarini, Prelazioni. *Enciclopedia del diritto,* vol. XXXIV, Varese: Giuffrè Editore, 1985.

Luigi Balestra, *Il contratto aleatorio e l'alea normale,* Padova: CEDAM, 2000.

Luís Antonio de Andrade, Evolução das Leis do Inquilinato. *Revista de Informação Legislativa,* vol. 16, n. 62, pp. 107-116, abr.-jun. 1979.

Luis Díez-Picazo, *Fundamentos del derecho civil patrimonial,* vol. I, Pamplona: Thomson-Civitas, 2007, 6ª ed.

Luis Felipe Salomão e Rodrigo Fux, Arbitragem e precedentes: possível vinculação do árbitro e mecanismos de controle. *Revista de Arbitragem e Mediação,* vol. 66, jul-set. 2020.

Luis Renato Ferreira da Silva, Cessão de posição contratual. In: Renan Lotufo e Giovanni Ettore Nanni (coords.), *Teoria geral dos contratos,* São Paulo: Atlas, 2011.

Luis Renato Ferreira da Silva, *Revisão dos contratos,* Rio de Janeiro: Forense, 1999.

Luiz Antonio Rizzatto Nunes, *Curso de Direito do Consumidor,* São Paulo: Saraiva, 2012, 7ª ed.

Luiz Antonio Scavone Junior, *Manual de arbitragem*: mediação e conciliação, Rio de Janeiro: Forense, 2018, 8ª ed.

Luiz Edson Fachin, *Direito civil*: sentidos, transformações e fim, Rio de Janeiro: Renovar, 2015.

Luiz Edson Fachin, Responsabilidade civil contratual e a interpretação da cláusula de não indenizar. *Soluções Práticas de Direito,* vol. I, São Paulo: Revista dos Tribunais, 2012.

Luiz Fernando do Vale de Almeida Guilherme, O Contrato de *leasing* e a Súmula 263 do STJ. *Revista de Direito Privado,* São Paulo, vol. 26, abr.-jun. 2006.

Luiz Fux, *Curso de direito processual civil,* Rio de Janeiro: Forense, 2004.

Luiz Guilherme Marinoni e Daniel Mitidiero, *Código de Processo Civil*: comentado artigo por artigo, São Paulo: Editora Revista dos Tribunais, 2013, 5ª ed.

Luiz Guilherme Marinoni e Daniel Mitidiero. In: Sérgio Cruz Arenhart e Daniel Mitidiero (coords.), *Comentários ao Código de Processo Civil,* vol. XV, São Paulo: Editora Revista dos Tribunais, 2016.

Luiz Guilherme Marinoni, *Ações para obtenção de coisa,* disponibilizado pelo autor em seu site: http://www.marinoni.adv.br/wp-content/uploads/2012/06/PROF-MARINONI-As-ações--para-a-obtenção-de-coisa-art.-461-A-do-CPC-.pdf. Acesso em: 20.6.2019.

Luiz Roldão de Freitas Gomes, *Contrato com pessoa a declarar,* Rio de Janeiro: Renovar, 1994.

Luiz Roldão de Freitas Gomes, *Contrato,* Rio de Janeiro: Renovar, 2002, 2ª ed.

Luiz Antonio Scavone Junior, *Manual de arbitragem*: mediação e conciliação, Rio de Janeiro: Forense, 2018, 8ª ed., e-book.

Luiza Bianchinni, *Contrato preliminar*: conteúdo mínimo e execução, Porto Alegre: Arquipélago, 2017.

Luiza Lourenço Bianchini, *Contrato preliminar*: conteúdo mínimo e execução, Porto Alegre: Arquipélago Editorial, 2017.

Manoel Ignacio Carvalho de Mendonça, *Contratos no direito civil brasileiro*, t. II, Rio de Janeiro: Forense, 1955.

Manoel Ignacio Carvalho de Mendonça, *Doutrina e prática das obrigações*, t. I, Rio de Janeiro: Francisco Alves, 1911.

Manuel A. Carneiro da Frada. *Contrato e deveres de proteção*. Coimbra: Coimbra, 1994.

Manuel Januário da Costa Gomes, Sobre a (vera e própria) denúncia do contrato de arrendamento: considerações gerais. *O direito*, a. 143, n. 1, 2011.

Marcelo Dickstein, *A boa-fé objetiva na modificação tácita da relação jurídica: surrectio e supressio*, Rio de Janeiro: Lumen Juris, 2010.

Marcelo Junqueira Calixto, *A responsabilidade civil do fornecedor de produtos pelos riscos do desenvolvimento*, Rio de Janeiro: Renovar, 2004.

Marcelo Terra, Permuta de terreno por área construída. *Doutrinas Essenciais de Direito Registral*, vol. 3, São Paulo: Revista dos Tribunais, 2011.

Marcelo Trindade, Enriquecimento sem causa e repetição de indébito: observações à luz do Código Civil de 2002. *Revista Trimestral de Direito Civil*, n. 18, abr.-jun. 2004.

Marcelo Vieira Von Adamek; André Nunes Conti, Vícios redibitórios na alienação de participações societárias, *Revista de Direito Societário e M&A*, v. 3, jan./jun., 2023.

Marcília Metzker S. Brêtas e Marta Célia Oliveira, Aproveitamento de créditos de ICMS sobre insumos na produção de energia elétrica. *Revista Tributária e de Finanças Públicas*, São Paulo, Ed. Revista dos Tribunais, vol. 12. n. 55, abr.-mar., 2004.

Márcio Bellocchi. Apontamentos sobre os precedentes obrigatórios e o controle difuso da inconstitucionalidade no procedimento arbitral. *Revista de Arbitragem e Mediação*, vol. 70, jul.-set. 2021.

Marco Aurélio Bezerra de Melo, *Teoria geral dos contratos*, São Paulo: Atlas, 2015.

Marco Aurélio Bezerra de Melo. In: J. M. Leoni Lopes de Oliveira e Marco Aurélio Bezerra de Melo (coords.). *Direito Civil*: contratos, Rio de Janeiro: Forense, 2018, 2ª ed.

Marco Aurélio de Sá Viana, *Curso de direito civil*, vol. 5, Belo Horizonte: DelRey, 1996.

Marcos Ehrhardt Jr., *Responsabilidade civil pelo inadimplemento da boa-fé*, Belo Horizonte: Forum, 2014.

Maria Cândida do Amaral Kroetz, *A representação voluntária no direito privado*, São Paulo: Revista dos Tribunais, 1998.

Maria Celina Bodin de Moraes, A causa dos contratos. *Revista Trimestral de Direito Civil*, n. 21, 2005.

Maria Celina Bodin de Moraes, Notas sobre a promessa de doação. *Civilistica.com*, a. 2, n. 3, Rio de Janeiro: jul.-set., 2013. Disponível em: http://civilistica.com/notas-sobre-a-promessa-de-doacao/. Acesso em: 3.4.2018.

Maria Celina Bodin de Moraes, O procedimento de qualificação dos contratos e a dupla configuração do mútuo no direito civil brasileiro. *Revista Forense*, vol. 309, ano 86, jan.-mar. 1990.

Maria Costanza, *Profili dell'interpretazione del contratto secondo buona fede*, Milano, Giuffrè, 1989.

Maria Ester V. Arroyo Monteiro de Barros. In: Arruda Alvim e Thereza Alvim (coords.), *Comentários ao Código Civil brasileiro*, Rio de Janeiro: Forense, 2004.

Maria Helena Diniz, *Curso de Direito Civil Brasileiro*, vol. 3: teoria das obrigações contratuais e extracontratuais, São Paulo: Saraiva, 2011, 27ª ed.

Maria Helena Diniz, *Tratado teórico e prático dos contratos*, vol. III, São Paulo: Saraiva, 1993.

Maria João Castanheira Carapinha, *Cláusula de preferência em acordo parassocial*: que tutela para o sócio preferente?, Dissertação de Mestrado, Coimbra: Universidade de Coimbra, 2015.

Mário Júlio de Almeida Costa, *Direito das obrigações*, Coimbra: Almedina, 2009, 12ª ed.

REFERÊNCIAS BIBLIOGRÁFICAS

Mario Ricca-Barberis, *Trattato della garanzia per evizione*. Torino: Giappichelli, 1958.

Massimo Bianca, *Diritto civile*, vol. III, Milano: Giuffrè, 1987.

Massimo Franzoni, Il danno risarcibile. *Trattato della responsabilità civile*, Milano: Giuffrè, 2010.

Maurício Godinho Delgado, *Curso de direito do trabalho,* São Paulo: LTr, 2017, 16ª ed.

Melhim Namen Chalhub; Carlos Alberto Garbi, Administração fiduciária de garantias no PL 4.188/2021, *Migalhas*, Disponível em https://www.migalhas.com.br/coluna/novos-horizontes--do-direito-privado/365012/administracao-fiduciaria-de-garantias-no-pl-4-188-2021. Acesso em: 23 nov. 2023.

Michele Giorgianni, O direito privado e suas atuais fronteiras. *Revista dos Tribunais*, vol. 747, Rio de Janeiro, jan. 1988.

Miguel Maria de Serpa Lopes, *Curso de direito civil,* vol. III, Rio de Janeiro: Freitas Bastos, 1991, 4ª ed.

Miguel Maria de Serpa Lopes, *Curso de direito civil*, vol. IV, Rio de Janeiro: Freitas Bastos, 1993, 4ª ed.

Miguel Maria de Serpa Lopes, *Curso de direito civil:* obrigações em geral, vol. II, Rio de Janeiro: Freitas Bastos, 1966, 4ª ed.

Miguel Maria de Serpa Lopes, *Exceções substanciais:* exceção de contrato não cumprido, Rio de Janeiro: Freitas Bastos, 1959.

Miguel Maria de Serpa Lopes, *O silêncio como manifestação de vontade*, Rio de Janeiro: Freitas Bastos, 1961, 3ª ed.

Milena Donato Oliva; Pablo Rentería, Tutela do consumidor na perspectiva civil-constitucional: a cláusula geral de boa-fé objetiva nas situações jurídicas obrigacionais e reais e os Enunciados 302 e 308 da Súmula da jurisprudência predominante do Superior Tribunal de Justiça. *Revista de Direito do Consumidor*, São Paulo, vol. 101, set.-out./2015.

Milena Donato Oliva, *Patrimônio separado:* herança, massa falida, securitização de créditos imobiliários, incorporação imobiliária, fundos de investimento imobiliáriao, *trust*, Rio de Janeiro: Renovar, 2009, *passim*.

Modesto Carvalhosa, *Comentários à Lei de Sociedades Anônimas*, São Paulo: Saraiva, 1998.

Nadia de Araujo, O princípio da autonomia da cláusula arbitral na jurisprudência brasileira. *Doutrinas Essenciais:* Obrigações e Contratos, vol. VI, São Paulo: Editora Revista dos Tribunais, 2011.

Nagib Slaibi Filho e Romar Navarro de Sá, *Comentários à Lei do Inquilinato*, Rio de Janeiro: Forense, 2010, 10ª ed.

Nancy Andrighi. In: Sálvio de Figueiredo Teixeira (coord.), *Comentários ao novo Código Civil*, vol. IX, Rio de Janeiro: Forense, 2008.

Natalino Irti, L'età della decodificazione. *Revista de Direito Civil, Imobiliário, Agrário e Empresarial*, vol. 3, n. 10. São Paulo: out.-dez. 1979.

Nelly Potter, *Revisão e resolução dos contratos no Código Civil*, Rio de Janeiro: Lumen Juris, 2009.

Nelson Rosenvald. In: Cezar Peluso, *Código Civil comentado:* doutrina e jurisprudência, Barueri: Manole, 2013, 7ª ed.

Netônio Machado, Depositário por equiparação – Inadmissibilidade – Prisão do depositário infiel. *Revista dos Tribunais*, vol. 744, São Paulo: Revista dos Tribunais, out. 1997.

Norberto Bobbio, *Teoria da norma jurídica*, Bauru: Edipro, 2003, 2ª ed.

Odair Márcio Vitorino. In: Costa Machado (org.) e Anna Candida da Cunha Ferraz (coord.), *Constituição Federal interpretada,* Barueri: Manole, 2018, 9ª ed.

Orlando Gomes, *Contratos,* Rio de Janeiro: Forense, 2009, 26ª ed., rev. e atual. por Antônio Junqueira de Azevedo e Francisco Paulo de Crescenzo Marino.

Orlando Gomes, *Obrigações*, Rio de Janeiro: Forense, 2019, 19ª ed.

Osmar Mendes Paixão Côrtes; Paula Menna Barreto Marques. A aplicabilidade dos precedentes judiciais no processo arbitral. *Revista de Processo*, vol. 323, jan. 2022.

Otavio Luiz Rodrigues Junior, *Revisão judicial dos contratos*, São Paulo: Atlas, 2006.

Otavio Luiz Rodrigues Junior. In: Álvaro Villaça Azevedo (coord.), *Código Civil comentado*, vol. VI, t. I, São Paulo: Atlas, 2003.

Otávio Pinto e Silva, O direito romano e as origens do trabalho autônomo. *Revista da Faculdade de Direito*, São Paulo: Universidade de São Paulo, 2004.

Otto Sandrock, Arbitration agreements and groups of companies. *The International Lawyer,* vol. 27, n. 4, 1993.

Pablo Renteria, *Penhor e autonomia privada*, São Paulo: Atlas, 2016.

Pablo Stolze Gagliano e Rodolfo Pamplona Filho, *Novo curso de direito civil*, vol. IV, t. I, São Paulo: Saraiva, 2006, 2ª ed.

Paolo Forchielli, Contratto preliminare. *Novissimo Digesto Italiano*, vol. 4, Torino: UTET, 1957, 3ª ed.

Paul Oertmann, *Das Recht Der Schuldverhältnisse*, Berlin: Heymann, 1910.

Paula A. Forgioni, *Contratos empresariais*: teoria geral e aplicação, São Paulo: Revista dos Tribunais, 2016.

Paula Forgioni, *Contrato de distribuição,* São Paulo: Revista dos Tribunais, 2008.

Paula Greco Bandeira, As cláusulas de *hardship* e o dever da boa-fé objetiva na renegociação dos contratos. *Revista Pensar,* Fortaleza: Universidade de Fortaleza, vol. 21, n. 3, 2016.

Paula Greco Bandeira, *Contrato incompleto,* São Paulo: Atlas, 2015.

Paula Greco Bandeira, *Contratos aleatórios no direito brasileiro*, Rio de Janeiro: Renovar, 2010.

Paula Greco Bandeira, Fundamentos da responsabilidade civil do terceiro cúmplice. *Revista Trimestral de Direito Civil*, vol. 30, ano 8, abr.-jun. 2007.

Paula Greco Bandeira e Bruna Vilanova Machado, Notas sobre a execução dos smart contracts. In: Anna Carolina Pinho (org.), Manual de Direito na Era Digital: direito civil, Indaiatuba: Foco, 2022.

Paulo Barbosa de Campos Filho, *O problema da causa no Código Civil brasileiro*, São Paulo: Max Limonad, 1978.

Paulo Cezar Pinheiro Carneiro e Humberto Dalla Bernardina de Pinho (coords.), *Novo Código de Processo Civil*, Rio de Janeiro: Forense, 2017.

Paulo de Tarso Vieira Sanseverino, Contratos nominados II: contrato estimatório, doação, locação de coisas, empréstimo. In: Miguel Reale e Judith Martins-Costa (coords.), *Coleção biblioteca de direito civil*: estudos em homenagem ao professor Miguel Reale, São Paulo: Revista dos Tribunais, 2007.

Paulo Eduardo Lilla, *O abuso de direito na denúncia dos contratos de distribuição*: o entendimento dos tribunais brasileiros e as disposições do Novo Código Civil. Disponível em: http://www.socejur.com.br/artigos/contratos.doc. Acesso em: 21.8.2006.

Paulo Luiz de Toledo Piza, *Contrato de resseguro*, São Paulo: IBDS, 2002.

Paulo Luiz Netto Lôbo, *Condições gerais dos contratos e cláusulas abusivas,* São Paulo: Saraiva, 1991.

Paulo Luiz Netto Lôbo, *Direito civil*: contratos, São Paulo: Saraiva, 2017.

Paulo Luiz Netto Lôbo. In: Antônio Junqueira de Azevedo (coord.), *Comentários ao Código Civil,* vol. 6, São Paulo: Saraiva, 2003.

Paulo Magalhães Nasser, *Onerosidade excessiva no contrato civil*, São Paulo: Saraiva, 2011.

Paulo Mota Pinto, *Declaração tácita e comportamento concludente no negócio jurídico*, Coimbra: Almedina, 1995.

Paulo Mota Pinto, *Interesse contratual negativo e interesse contratual positivo*, Coimbra, Coimbra Editora, 2009.

Paulo Nader, *Curso de Direito Civil*, vol. III, Rio de Janeiro: Forense, 2018, 9ª ed.

Pedro Alvim, *O contrato de seguro*, Rio de Janeiro: Forense, 1983.

Pedro A. Martins. Normas e princípios aplicáveis aos árbitros. In: Pedro A. Martins; Selma M. Ferreira Lemes; Carlos Alberto Carmona. *Aspectos fundamentais da lei de arbitragem*. Rio de Janeiro: Forense, 1999.

Pedro Pais de Vasconcelos, *Contratos atípicos*, Coimbra: Almedina, 2002.

Pedro Romano Martinez, *O subcontrato*, Coimbra: Almedina, 1989.

Philippe Stoffel-Munck, La rupture du contrat. *Le contrat*: travaux de l'Association Henri Capintant des Amis de la Culture Juridique Française, Paris: Société de Législation Comparée, 2005.

Pietro Perlingieri, *Forma del negozio e formalismo degli interpreti*, Napoli: ESI, 1987.

Pietro Perlingieri, *Il diritto civile nella legalità costituzionale*: secondo il sistema italo-comunitario delle fonti, Napoli: Edizioni Scientifiche Italiane, 2006, 3ª ed.

Pietro Perlingieri, In tema di tipicità e atipicità nei contratti. *Il diritto dei contratti fra persona e mercato*: problemi del diritto civile, Napoli: ESI, 2003.

Pietro Perlingieri, *Manuale di diritto civile*, Napoli: ESI, 1997.

Pietro Perlingieri, *Manuale di diritto civile*, Napoli: ESI, 2000.

Pietro Perlingieri, *Manuale di diritto civile*, Napoli: Scientifiche Italiane, 2005, 5ª ed.

Pietro Perlingieri, Normas constitucionais nas relações privadas. Revista da Faculdade de Direito da UERJ, n. 6 e 7, 1998/1999, pp. 63-64.

Pietro Perlingieri, *O direito civil na legalidade constitucional*, Rio de Janeiro: Renovar, 2008.

Pietro Perlingieri, *Perfis de direito civil:* introdução ao direito civil constitucional, Rio de Janeiro: Renovar, 2007, 3ª ed.

Pietro Rescigno, *Manuale del diritto privato italiano*, Napoli: Novene, 1994.

Planiol, Georges Ripert e Jean Boulanger, *Traité élémentaire de droit civil,* tomo II, Paris: Librairie Générale de Droit et de Jurisprudence, 1952.

Pontes de Miranda, *Tratado de direito predial*, t. IV, Rio de Janeiro: José Konfino, 1952.

Pontes de Miranda, *Tratado de direito privado*, t. XLIII, São Paulo: Revista dos Tribunais, 1984, 3ª ed.

Pontes de Miranda, *Tratado de direito privado*, t. XLIV, São Paulo: Editora Revista dos Tribunais, 2013.

Pontes de Miranda, *Tratado de direito privado*, t. XLV, Rio de Janeiro: Borsoi, 1964.

Pontes de Miranda, *Tratado de direito privado*, t. XLVI, São Paulo: Revista dos Tribunais, 2012.

Pontes de Miranda, *Tratado de direito privado*, t. XLII, São Paulo: Revista dos Tribunais, 1984, 3ª ed.

Pontes de Miranda, *Tratado de direito privado*, t. XXIII, São Paulo: Revista dos Tribunais, 2012.

Pontes de Miranda, *Tratado de direito privado*, t. XXV, São Paulo: Editora dos Tribunais, 2012.

Pontes de Miranda, *Tratado de direito privado*, t. XXVI São Paulo: Revista dos Tribunais, 2012.

Pontes de Miranda, *Tratado de direito privado,* t. XXXIX, São Paulo: Revista dos Tribunais, 1984, 3ª ed.

Pontes de Miranda, *Tratado de direito privado*, t. XXXIX, São Paulo: Revista dos Tribunais, 2012.

Pontes de Miranda, *Tratado de direito privado*, t. XXXVIII, São Paulo: Revista dos Tribunais, 2012.

Pontes de Miranda, *Tratado de direito privado*, vol. XXXI, São Paulo: Revista dos Tribunais, atualizado por Gustavo Tepedino, 2012.

Pontes de Miranda, *Tratado de direito privado*: Parte especial: Direito das obrigações, atualizado pelo Ministro Ruy Rosado de Aguiar Júnior e por Nelson Nery Jr., tomo XXVI, São Paulo: Editora Revista dos Tribunais, 2012.

Pontes de Miranda, *Tratado de direito privado*, vol. 43 (atualizado por Claudia Lima Marques), São Paulo: Ed. Revista dos Tribunais, 2012.

Pontes de Miranda, *Tratado de direito privado*, vol. 45 (atualizado por Bruno Miragem), São Paulo: Ed. Revista dos Tribunais, 2012.

Pontes de Miranda, *Tratado de direito privado*: parte especial, t. XIII, São Paulo: Editora Revista dos Tribunais, 2012.

Priscila Mathias Fichtner, A boa-fé qualificada nos contratos de seguro. In: Anderson Schreiber; Carlos Edison do Rêgo Monteiro Filho; Milena Donato Oliva, Problemas de direito civil: homenagem aos 30 anos de cátedra do Professor Gustavo Tepedino por seus orientandos e ex-orientandos, Rio de Janeiro: Forense, 2021.

Rafael Marinangelo, Subcontrato. In: Renan Lotufo e Giovanni Ettore Nanni (coords.), *Teoria geral dos contratos*, São Paulo: Atlas, 2011.

Rafael Tárrega Martins, *Seguro DPVAT*: seguro obrigatório de veículos automotores de vias terrestres, Campinas: LZN Editora, 2007, 2ª ed.

Raffaele Caravaglios, *Il contratto per persona da nominare*, Milano: Giuffrè, 1998.

Raoul Charles Van Caenegen, *Uma introdução histórica ao direito privado*, São Paulo: Martins Fontes, 2000, 2ª ed.

Raquel Bellini Salles, *Autotutela nas relações contratuais*, Rio de Janeiro: Processo, 2019.

Renata C. Steiner, *Reparação de danos: interesse positivo e interesse negativo*, São Paulo: Quartier Latin, 2019.

Regis Velasco Fichtner, *A responsabilidade civil pré-contratual: teoria geral e responsabilidade pela ruptura das negociações contratuais*, Rio de Janeiro: Renovar, 2001.

Renan Lotufo, O contrato de transporte de pessoas no novo Código Civil. *Revista de Direito do Consumidor*, São Paulo: Revista dos Tribunais, n. 43, jul.-set. 2002.

Ricardo Bechara Santos, O contrato de seguro e as condenações além do risco assumido: áleas do Genial *Homo Sapiens*. *Cadernos de Seguro*: Coletânea, 1981-2001, vol. 2, Rio de Janeiro: Funseng, 2001.

Ricardo Dalmaso Marques, *O dever de revelação do árbitro*, São Paulo: Almedina, 2018.

Ricardo Fiuza, *Novo Código Civil comentado*, São Paulo: Saraiva, 2002.

Ricardo Marcelo Fonseca, *Introdução teórica à história do direito*, Curitiba: Juruá, 2012.

Roberta Mauro Medina Maia, Critérios para alocação dos riscos de evicção de direito nos contratos imobiliários. *Revista Brasileira de Direito Civil – RBDCivil*, Belo Horizonte, vol. 31, n. 3, jul.-set. 2022.

Roberto Augusto Castellanos Pfeiffer, Aplicação do Código de Defesa do Consumidor aos serviços públicos. *Revista de Direito do Consumidor,* vol. 65, jan.-mar. 2008.

Roberto de Ruggiero, *Istituzioni di diritto civile*, vol. 3, Messina-Milão: Casa Editrice Giuseppe Principato, 1935, 7ª ed.

Roberto Wagner Marquesi, A doação modal no Código Reale. *Doutrinas Essenciais*: obrigações e contratos, vol. V, São Paulo: Revista dos Tribunais, 2011.

Rodolfo Sacco e Michele Graziadei, La rupture du contrat. *Le contrat*: travaux de l'Association Henri Capitant des Amis de la Culture Juridique Française, Paris: Société de Législation Comparée, 2005.

Rodrigo da Guia Silva, As dívidas oriundas de apostas esportivas online são juridicamente exigíveis? *Migalhas*. Disponível em: https://www.migalhas.com.br/coluna/migalhas-contratuais/388099/dividas-oriundas-de-apostas-esportivas-sao-juridicamente-exigiveis. Acesso em: 6 out. 2023.

Rodrigo da Guia Silva, *Enriquecimento sem causa*: as obrigações restitutórias no direito civil, São Paulo: Thomson Reuters, 2018.

Referências Bibliográficas

Rodrigo da Guia Silva, Prazo prescricional da pretensão de repetição de indébito: um diálogo necessário entre pagamento indevido e enriquecimento sem causa. *Civilista.com*, vol. 8, n. 2, set. 2019, pp. 16-17.

Rodrigo da Guia Silva, *Remédios ao inadimplemento dos contratos*: princípio do equilíbrio e tutela do programa contratual. São Paulo: Thomson Reuters, 2023.

Rodrigo Ferreira Zidan, Aviso de sinistro: aspectos do descumprimento da obrigação de pronto aviso. In: Walter Polido (coord.), *Em Debate,* vol. 8, Rio de Janeiro: Funenseg, 2014.

Rodrigo Garcia da Fonseca, Os juros à luz do Código Civil de 2002. In: Gustavo Tepedino et al., *O Direito e o Tempo*, Rio de Janeiro: Renovar, 2008.

Rodrigo Toscano de Brito, *Equivalência material dos contratos*, São Paulo: Saraiva, 2007.

Rodrigo Xavier Leonardo, Contratos coligados. In: Leonardo Brandelli (org.), *Estudos de direito civil, internacional privado e comparado*: coletânea em homenagem à professora Vera Jacob de Fradera, São Paulo: LEUD, 2014.

Rodrigo Xavier Leonardo, *Redes contratuais no mercado habitacional*, São Paulo: Revista dos Tribunais, 2003.

Rosario Nicolò, Alea. *Enciclopedia del diritto*, vol. I, Milano: Giuffrè, 1958.

Rose Melo Vencelau Meireles, *Autonomia privada e dignidade humana*, Rio de Janeiro: Renovar, 2009.

Rubens Requião, Agência. *Enciclopédia Saraiva do Direito*, vol. 5, São Paulo: Saraiva, 1977.

Rubens Requião, *Do representante comercial,* Rio de Janeiro: Forense, 2005.

Rubens Requião, *Nova regulamentação da representação comercial autônoma*, São Paulo: Saraiva, 2003.

Ruy Rosado de Aguiar Júnior. Arbitragem, os precedentes e a ordem pública. In: BRASIL. Superior Tribunal de Justiça. *Doutrina*: edição comemorativa 30 anos do STJ. Brasília: STJ, 2019.

Ruy Rosado de Aguiar Júnior, *Extinção dos contratos por incumprimento do devedor*, Rio de Janeiro: Aide, 2004.

Ruy Rosado de Aguiar Júnior, *Comentários ao novo Código Civil*, vol. VI, t. II, Rio de Janeiro: Forense, 2011.

Ruy Rosado de Aguiar Júnior, Os contratos bancários e a jurisprudência do Superior Tribunal de Justiça. *Informativo Jurídico da Biblioteca Ministro Oscar Saraiva*, vol. 15, n. 1, p. 1-148, jan./jun. 2003.

Salvatore Orlando Cascio e Carlo Argiroffi, Contratti misti e contratti collegati. *Enciclopedia giuridica Treccani*, IX, Roma: Treccani, 1988.

Salvatore Pugliatti, Precisazioni in tema di causa del negozio giuridico. *Diritto Civile: Metodo – Teoria – Pratica*, Milano: Giuffrè, 1951.

Salvatore Pugliatti, *Scritti giuridici*, vol. I, Milano: Giuffrè, 2008.

San Tiago Dantas, *Programa de direito civil:* teoria geral, Rio de Janeiro: Forense, 2001, 3ª ed.

San Tiago Dantas, *Programa de direito civil*, vol. II: os contratos, Rio de Janeiro: Editora Rio, 1918.

Sebastião José Roque, *Direito contratual civil-mercantil*: teoria geral dos contratos e contratos em espécie, São Paulo: Ícone, 2003, 2ª ed.

Selma Maria Ferreira Lemes, O dever de revelação do árbitro, o conceito de dúvida justificada quanto a sua independência e imparcialidade e a ação de anulação de sentença arbitral, *Revista de Arbitragem e Mediação*, vol. 36, jan-mar. 2013.

Sergio Cavalieri Filho, A Responsabilidade no transporte terrestre de passageiro à luz do Código do Consumidor. *Revista de Direito do TJERJ*, n. 25.

Sergio Cavalieri Filho, *Programa de responsabilidade civil*, São Paulo: Atlas, 2012, 10ª ed.

Sergio Savi, *Responsabilidade civil e enriquecimento sem causa*: o lucro da intervenção, São Paulo: Atlas, 2012.

Sergio Ruy Barroso de Mello, A importância da extrema boa-fé no resseguro. *Resseguro On-line*, vol. 44, São Paulo: Pellon & Associados, 2015. Disponível em: http://www.pellon-associados.com.br/portal/index.php/pt/informativos/resseguro-on-line/item/2593-resseguro-online-44. Acesso em: 24.3.2019.

Sílvio de Salvo Venosa, *Direito civil*, vol. 2, São Paulo: Atlas, 2008.

Sílvio de Salvo Venosa, *Direito Civil*: contratos em espécie, vol. 3, São Paulo: Atlas, 2006, 6ª ed.

Sílvio de Salvo Venosa, *Lei do Inquilinato comentada* (Doutrina e Prática), São Paulo: Atlas, 2013, 12ª ed.

Silvio Rodrigues, *Direito Civil. Dos contratos e das declarações unilaterais da vontade*, vol. 3, São Paulo: Saraiva, 2004, 30ª ed.

Sofia Temer, Precedentes judiciais e arbitragem: reflexões sobre a vinculação do árbitro e o cabimento de ação anulatória. *Revista de Processo*, vol. 278, abr. 2018.

Sylvio Capanema de Souza, *Comentários ao Código Civil*: arts 565 a 578. In: Sálvio de Figueiredo (coord.), Rio de Janeiro, Forense, 2004.

Sylvio Capanema de Souza, *Lei do Inquilinato comentada*, Rio de Janeiro: Forense, 2014, 9ª ed. rev., atual. e ampl.

Teresa Ancona Lopez. In: Antônio Junqueira de Azevedo (coord.), *Comentários ao Código Civil*, vol. 7, São Paulo: Saraiva, 2003.

Teresa Negreiros, Enriquecimento sem causa – aspectos de sua aplicação no Brasil como um princípio geral de direito. *Revista da Ordem dos Advogados*, Lisboa, vol. 55, n. 3, dez. 1995.

Teresa Negreiros, *Teoria do contrato*: novos paradigmas, Rio de Janeiro: Renovar, 2006, 2ª ed.

Thiago Junqueira. Os seguros privados cobrem eventos associados a pandemias? *Conjur*. Disponível em: https://www.conjur.com.br/2020-abr-01/direito-civil-atual-seguros-privados-cobrem-eventos-associados-pandemias#sdfootnote2anc. Acesso em: 6.9.2020.

Thiago Lins, *O lucro da intervenção e o direito à imagem*, Rio de Janeiro: Lumen Juris, 2016.

Thiago Rosa Soares, A capacidade de fato das pessoas com deficiência. *Consultoria Legislativa*, Brasília: Câmara dos Deputados, 2015.

Thiago Villela Junqueira, Os contratos aleatórios e os mecanismos de equilíbrio contratual. In: César Augusto de Castro Fiuza, Rafael Peteffi da Silva e Otávio Rodrigues Júnior (orgs.), *(Re)Pensando o Direito*: Desafios para a Construção de novos Paradigmas, Florianópolis: CONPEDI, 2014.

Thyago Lacerda Didini, *A teoria do risco putativo no contrato de seguro*, Rio de Janeiro: Escola Nacional de Seguros – Centro de Pesquisa e Economia do Seguro, 2015.

Tullio Ascarelli, *Lezioni di diritto commerciale – Introduzione*, Milano: Giuffrè, 1955.

Tullio Ascarelli, O contrato plurilateral. *Problemas das sociedades anônimas e direito comparado*, São Paulo: Saraiva, 1945.

Umberto Eco, *Interpretação e superinterpretação*, São Paulo: Martins Fontes, 2005.

Vera Chemim, Lei que proíbe despejos intervém nos contratos para proteger vulneráveis. *Conjur*. Disponível em: https://www.conjur.com.br/2021-out-17/lei-veta-despejos-intervem-contratos-apoiar-vulneraveis. Acesso em: 22.12.2021.

Vincenzo Cerami, Agenzia. *Enciclopedia del Diritto*, vol. I, Milano: Giuffrè.

Vincenzo Ricciuto, *Formazione progressiva del contratto e obblighi a contrarre*, Torino: UTET, 1999.

Vincenzo Roppo, Il contratto. In: Giovanni Iudica e Paolo Zatti (orgs.), *Trattato di diritto privato*, Milano: Giuffrè, 2001.

Vincenzo Roppo, *Il contratto*, Milano: Giuffrè, 2001.

Vivianne da Silveira Abílio, *Cláusulas penais moratória e compensatória*: critérios de distinção, Belo Horizonte: Fórum, 2019.

Vladimir Mucury Cardoso, *Revisão contratual e lesão*, Rio de Janeiro: Renovar, 2008.

Voltaire Giavarina Marensi, A reciprocidade e cooperação nos contratos de seguro. *Revista dos Tribunais Sul*, vol. 8, São Paulo: Revista dos Tribunais, 2014.

W. Laurence Craig, William W. Park e Jan Paulsson, *International Chamber of Commerce Arbitration*, New York: Oceana Publications, 2000, 3ª ed.

Waldirio Bulgarelli, *Contratos mercantis*, São Paulo: Atlas, 1987, 4ª ed.

Waldirio Bulgarelli, Pré-contrato de venda de ações, *Problemas de direito empresarial moderno*, São Paulo: Revista dos Tribunais, 1981.

Waldirio Bulgarelli, *Questões atuais de direito empresarial*, São Paulo: Malheiros, 1995.

Walter A. Polido, *Contrato de seguro*: novos paradigmas, São Paulo: Editora Roncarati, 2010.

Walter Ceneviva, *Lei dos Registros Públicos comentada*, São Paulo: Saraiva, 2010, 20ª ed., livro digital.

Wanderley Fernandes, Formação de contrato preliminar suscetível de adjudicação compulsória. *Revista de Direito Mercantil, Industrial, Econômico e Financeiro*, n. 77, São Paulo: jan-mar. 1990.

Washington de Barros Monteiro, *Curso de direito civil*. Direito das obrigações. 2ª Parte, vol. V, São Paulo: Saraiva, 2007, 35ª ed.

Yves Derains e Eric A. Schwartz, *A guide to the new ICC rules of arbitration*, Haia: Kluwer Law International, 1998.